塔里木石油年鉴

2023

塔里木石油史志编纂委员会　编

石油工业出版社

图书在版编目（CIP）数据

塔里木石油年鉴.2023/ 塔里木石油史志编纂委员会编.－－北京：石油工业出版社，2024.12.－－ISBN 978-7-5183-7401-4

Ⅰ.F426.22-54

中国国家版本馆 CIP 数据核字第 20252DY598 号

塔里木石油年鉴 2023

TARIM PETROLEUM YEARBOOK 2023

出版发行：石油工业出版社
　　　　　（北京安定门外安华里 2 区 1 号　100011）
　　　　　网　　　址：www.petropub.com
　　　　　图书营销中心：(010) 64523731
　　　　　编 辑 部：(010) 64523592
经　　销：全国新华书店
印　　刷：北京中石油彩色印刷有限责任公司

2024 年 12 月第 1 版　2024 年 12 月第 1 次印刷
787×1092 毫米　开本：1/16　印张：43.75　插页：28
字数：1500 千字

定价：210.00 元
（如出现印装质量问题，请与图书营销中心联系）
版权所有　侵权必究

塔里木石油史志编纂委员会

主　任：王清华
副主任：刘　强　田　军　胥志雄　王子云　文　章　杨海军
　　　　刘　虎　房树旺　吴贤顺
委　员：王洪峰　杨海军　汪如军　李汝勇　张　强　张丽娟
　　　　王春生　潘昭才　亢　春　魏云峰　罗　剑　徐周平
　　　　宋周成　朱力挥　张保书　刘　炯　王永远　孙阳洋
　　　　李旭光　于　洁　谭建华　赵志忠　姬鲁阳　孟祥娟
　　　　牛明勇　王永远　李　勇　阳建平　周理志　孔　伟
　　　　李亚军　赵卫东　李艳勇　崔积民　段锡钧　蔡振忠
　　　　任永苍　邱　斌　闫建业　雷　霆　王胜军　王光辉
　　　　杨　勇　张庆春　王小鹏　王胜雷　崔小虎　王增志
　　　　常桂川　贾应林　邰建新　王永杰　张　伟　张　浩
　　　　杨　刚　杨金华　施　英　金　雷　王　俊　周　伟
　　　　陈　平　阙建锋　刘艳泽　徐　扬　桑峰军　吴朝明
　　　　田　辉　王锦生　李　峰　马　淼　黄永平　宋　杰
　　　　王鹤民

《塔里木石油年鉴》主编、副主编

主　　　编：王清华
副 主 编：刘　强　田　军
执行副主编：刘　炯　张成栋　叶　青　刘绪秋

《塔里木石油年鉴》编辑部

主　　　任：刘绪秋
总　　　纂：滑晓燕
编　　　辑：高同昌　袁蕾雅　张朋妮　马翠玲　方　竟
　　　　　　刘忠亮
编　　　务：张朋妮

编 辑 说 明

一、《塔里木石油年鉴》为区域性行业年鉴，创刊于1996年，是以年为期、连续出版、公开发行的资料性文献。

二、《塔里木石油年鉴》编纂以马克思列宁主义、毛泽东思想、邓小平理论、"三个代表"重要思想、科学发展观、习近平新时代中国特色社会主义思想为指导，全面、真实、系统地反映2022年塔里木石油探区社会主义物质文明建设和精神文明建设的成就。

三、《塔里木石油年鉴2023》（简称《年鉴2023》）在塔里木油田公司党工委和塔里木石油史志编纂委员会的统一领导下，由塔里木油田公司主编，主要记录塔里木油田及相关单位2022年的各方面发展情况，全面、系统、真实向社会各界介绍塔里木石油勘探开发和石油化工业务的新进展、新成就、新经验，为领导决策提供参考，为国内外开展经济交流与技术合作提供服务。

四、《年鉴2023》延续上卷结构，内容除彩页外，依次设19个部类：总述、特载、大事记、油气勘探、工程技术、油气田开发、新能源业务、地面工程建设、储运与销售、企业管理、科学技术管理、信息化管理、生产运行与安全环保、党的建设、群团工作与精神文明建设、油田与地方关系、人物与荣誉、基层与相关单位概览、附录。

五、《年鉴2023》稿件、资料由塔里木油田公司机关各部门、各基层单位提供，各条目使用的主要数据来源于统计部门或供稿单位，全书内容均经各单位和部门主管领导及编委会成员审定。文中所收资料，虽经反复核实，但由于统计重点不同、来源渠道多样、形成时间有差异，难免存在收集不全、记述不准，甚至相互不一致的地方，引用时一律以"统计资料"为准。部分数据由于保密要求，用**代替。

六、为行文简洁，中国石油天然气集团有限公司简称"集团公司"，中国石油天然气股份有限公司简称"股份公司"，两者统称"中国石油"，新疆维吾尔自治区简称"自治区"或"新疆"，巴音郭楞蒙古自治州简称"巴州"，克孜勒苏柯尔克孜自治州简称"克州"，中国石油天然气股份有限公司塔里木油田分公司简称"塔里木油田公司"或"塔里木油田"，中国石油天然气股份有限公司塔里木油田分公司党工委又称"塔里木油田公司党工委"或"塔里木油田党工委"，中国石油集团东方地球物理勘探有限责任公司简称"东方物探"，中国石油集团西部钻探工程有限公司巴州分公司简称"西部钻探巴州分公司"，中国石油集团川庆钻探工程有限公司新疆分公司简称"川庆钻探新疆分公司"，中国石化中原石油工程有限公司塔里木分公司简称"中国石化中原石油塔里木分公司"，渤海钻探工程有限公司库尔勒分公司简称"渤海钻探库尔勒分公司"，中国石化胜利石油工程有限公司塔里木分公司简称"中国石化胜利石油塔里木分公司"，中国石油运输有限公司新疆塔里木运输分公司简称"塔运司"，中国石油运输有限公司沙漠运输分公司简称"沙运司"，塔里木油田公司塔西南勘探开发公司简称"塔西南公司"。

重要会议

2022年1月11—12日，塔里木油田公司六届三次职工代表大会暨2022年工作会议在库尔勒召开（陈士兵 摄）

2022年3月14日，塔里木油田公司党工委全委（扩大）会在库尔勒召开，传达学习贯彻习近平总书记重要讲话精神和全国"两会"精神，专题研究部署"绿色企业"创建提升行动

（赵炳春 摄）

油气勘探

　　2022年，塔里木油田公司突出资源掌控，坚持高效勘探，开展新一轮找矿突破战略行动，全年完成二维地震1046千米、三维地震2562平方千米；完成探井41口，获工业油气流21口井，"四新"领域取得富东1井、克探1井、迪北5井重大突破3个，油气预探取得大北13、满深8、满深71、满深17、玉科7、富源6重大发现6个，部署8口风险探井，创历史新高。全年新增探明石油地质储量2.25亿吨，博孜—大北地区博孜1、大北12气藏含气范围不断扩大，基本靠实两个千亿立方米规模储量区。

2022年9月21日，塔里木油田富东1井在地下8000米超深层试获高产油气流，折日产天然气40.5万立方米、油21.4立方米，开辟"高产层位找接替"的全新领域

（孙　源　摄）

2022年12月25日，塔里木油田克探1井成功投产，日产天然气30.04万立方米，实现"克拉之下找克拉"的战略构想（史永哲 摄）

2022年5月12日，塔里木油田迪北5井探索新类型获成功，展示出"库车新区找万亿"的勘探曙光（魏银和 摄）

2022年，塔里木油田风险探井昆探1井、恰探1井在塔西南山前石炭系—二叠系取得重要油气发现苗头，打开塔西南公司新区勘探局面，图为昆探1井现场全景（陈士兵　摄）

2022年1月17日，塔里木油田玉科7井在奥陶系放喷求产，折日产油83.2立方米、天然气18.09万立方米，证实富满油田东部勘探区有较大潜力

（谢向威　摄）

2022 年 1 月 10 日，塔里木油田满深 301H 井获高产，折日产油 615 立方米、天然气 19.19 万立方米，标志 F_1 17 断裂带奥陶系鹰山组评价获新的重大突破

（张兴旺　摄）

2022 年 5 月 30 日，塔里木油田满深 71 井在奥陶系鹰山组常规测试，折日产油 725 立方米、天然气 63.25 万立方米，这是 2022 年在富满区块的第三口千吨油气井

（马腾飞　摄）

2022 年 4 月 26 日，塔里木油田满深 8 井在奥陶系鹰山组常规测试，折日产油 105 立方米、天然气 28.86 万立方米，证实 F_1 20 断裂带整体富含油气（马腾飞　摄）

2022年8月5日,塔里木油田迪北2—康村三维地震采集项目野外地震资料采集提前15天竣工。此项目是塔里木油田公司有史以来部署实施的最大山地三维项目,满覆盖面积701.95平方千米,设计激发点60585个,接收点344225个(陈士兵 摄)

2022年10月31日，塔里木盆地西南坳陷乌依塔格三维地震采集项目完成全部采集任务（田志宏 摄）

2022年3月14日，塔里木油田公司轮古三维地震采集项目施工队在恰尔巴格乡牧业队的冰水棉田运送20多千克测线至路边（陈士兵 摄）

2022年5月19日，塔里木油田公司2022年度甫沙三维地震采集项目完工，实现平均日效752炮，最高日效980炮

（陈士兵 摄）

2022年2月7日,塔里木油田公司勘探事业部塔西南勘探项目部钻工起下麦探1井钻杆

(陈士兵 摄)

2022年2月21日,塔里木油田公司油气田产能建设事业部库车项目经理部在新上钻的克深10-4井起钻杆(陈士兵 摄)

2022年7月15日，塔里木油田公司满深10井地质监督和钻井工程师分析该井三开6104米上返的地层岩屑（陈士兵 摄）

2022年3月26日，塔里木油田公司监督中心联合库车山前、塔北台盆区域专家组与勘探事业部四方联动"会诊"，取全取准麦探1井地质资料（陈 柳 摄）

2022年10月,塔里木油田公司勘探开发研究院科研人员谋划富满油田超深勘探部署,构思第二个10亿吨规模储量区(罗日升 摄)

2022年,塔里木油田公司成立"6+4"勘探专班和5个开发专班,分领域深化地质认识,突出抓好圈闭井位落实(丁志文 摄)

油气田开发

2022年，塔里木油田公司实施油气生产能力提升、重点项目（工程）建设年行动，突出富满油田、博孜—大北集中规模建产，启动老油气田稳产"压舱石工程"，深化二次综合治理，油气产量继续保持百万吨以上增长，生产石油液体736万吨、天然气323亿立方米，油气产量当量3310万吨。

2022年，塔里木油田公司富满油田47口井试获日产百吨以上高产，年均保持50万吨以上快速增长，成为国内效益建产示范区、原油上产主战场及深地领域上产速度最快油田

（谭辉 摄）

截至 2022 年 1 月 29 日，塔里木油田公司克拉采油气管理区克拉处理站累计天然气处理量突破 1500 亿立方米

（陈士兵 摄）

2022 年 5 月 17 日，塔里木油田公司柯克亚凝析气田开发建设 45 周年，累计生产原油 518.8 万吨、天然气 124.1 亿立方米，油气产量当量 1507 万吨（陈士兵 摄）

2022 年 11 月 22 日，塔里木油田公司塔西南天然气处理总厂成立（韦 强 摄）

2022 年 12 月 26 日，塔里木油田公司在库尔勒召开富满油田超深油气产量突破 300 万吨总结表彰大会

（吴朋 摄）

2022 年 6 月 18 日，塔里木油田公司塔里木能源公司轮南轻烃厂全面检修 4 个 3000 立方米液化气球罐

（欧阳宏 摄）

2022 年 10 月，塔里木油田公司阿克莫木气田党员突击队现场处理装置问题，确保向下游安全平稳供气

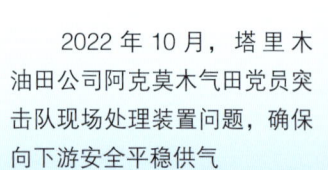

（陈士兵 摄）

2022 年 6 月 29 日，塔里木油田公司哈得采油气管理区哈四联合站检查 2 号分离脱水器防腐涂层施工质量

（刘 伟 摄）

2022 年 8 月 20 日，塔里木油田公司东河采油气管理区东河油气运维中心开展储气库建设先导性试验后的首次检修（陈士兵 摄）

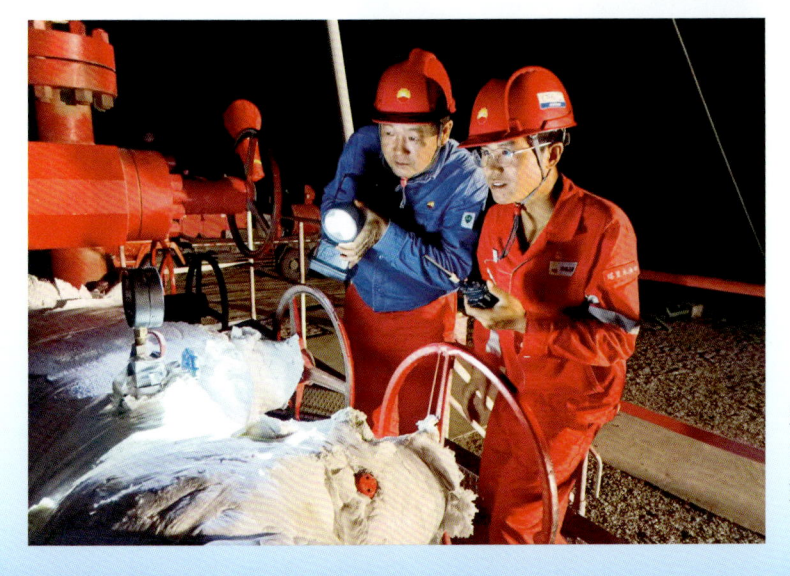

2022 年 7 月 17 日，塔里木油田公司英买采油气管理区英西采气作业区员工连夜处理玉东 7-3-4 井生产故障

（胥勋勇 摄）

17

2022年3月20日，塔里木油田公司博大采油气管理区大北采气作业区工程师在大北9井区检查输气压力

（陈士兵 摄）

2022年5月13日，塔里木油田公司泽普采油气管理区柯克亚天然气处理站采取三级交叉模式进行雨天巡检

（陈士兵 摄）

2022年4月21日，塔里木油田公司轮南采油气管理区桑吉采油作业区巡井工在沙尘暴中巡视轮古东井区

（陈士兵 摄）

2022年7月7日小暑时节，塔里木油田公司生产一线掀起"战高温、保上产"热潮（陈士兵 摄）

2022年9月18日，塔里木油田公司东河采油气管理区成立专班，采取保护措施，确保原油日产量在计划线上运行。图为哈601-19井静梯测试作业现场（姜许健 摄）

2022年5月24日，塔里木油田公司首次运输52吨3080袋磺甲基酚醛树脂至哈萨克斯坦

（张尧尧　摄）

2022年3月20日，塔里木油田公司塔中采油气管理区第三联合站质检员检查工业硫黄质量

（陈士兵　摄）

地面工程建设

2022年，塔里木油田公司坚持"抢先抓早、有序有效、统筹兼顾、质效并重"原则，克服新冠肺炎疫情带来不利影响，组织筹划7大类455项重点工程，高效建成大北3区块集输系统、哈一联气系统扩建、果勒东试采等343项重点工程，投产满深71区块地面试采工程、博孜1集气站—大北处理站天然气外输管道等冬季保供重点工程。

2022年12月30日，塔里木油田公司塔西南天然气综合利用工程核心工艺装置在喀什地区疏附县建成投产，图为建产现场（王伟伟 摄）

2022年7月25日，塔里木油田公司博孜—大北超深气区100亿立方米产能建设开工暨"建新疆大庆"劳动竞赛启动仪式在阿克苏地区温宿县举行，标志着我国最大超深凝析气田全面投入开发建设（陈士兵 摄）

2022年2月12日，塔里木油田公司富满油田满深71区块试采地面工程投产，释放满深区块产能天然气2.45亿立方米、油21万吨，为冬供增添"底气"（谭 辉 摄）

2022 年 5 月 29 日，塔里木油田公司哈一联合站 100 万立方米天然气处理装置一次投产成功（谭　辉　摄）

2022 年 12 月 17 日，塔里木油田公司博孜 1 集气站—大北处理站天然气外输管道工程一次投产成功（谭　辉　摄）

2022 年 3 月 31 日，塔里木油田公司大北 3 区块集输系统完善工程提前两个月成功投运（吴　朋　摄）

2022年7月19日，塔里木油田公司凝析油储运完善工程轮南项目建设现场（陈士兵 摄）

2022年5月29日，塔里木油田公司克深气田100亿立方米稳产优化地面工程开工建设（方永江 摄）

2022年6月6日，塔里木油田公司在库尔勒举办研发中心暨保利·石油花园竣工交付仪式

（陈士兵　摄）

2022年，塔里木油田公司研发中心主楼、实验楼在库尔勒建成，图为全貌

（陈士兵　摄）

2022年，巴州库尔勒保利·石油花园小区建成，图为全貌（陈士兵　摄）

25

科技创新

　　2022年，塔里木油田公司贯彻落实习近平总书记"向地球深部进军"等重要指示批示精神，聚焦超深复杂世界级难题，加快推进科技管理体制改革，突出抓好地质理论创新、关键技术攻关，打造我国深地科技攻关高地、原创技术"策源地"，一批8000米超深井高效完钻，取得富东1等找矿突破成果。

2022年，塔里木油田不断丰富完善超深层钻井技术，为探索"地下珠峰"提供技术支撑

（谭辉 摄）

2022年8月22日，塔里木油田公司在库尔勒召开2022年科学技术委员会（扩大）会议（魏　东　摄）

2022年12月31日，塔里木油田公司在库尔勒召开《超深层工程技术系列手册》《井控管理体系手册》发布会（赵炳春　摄）

2022年8月1日，2022年度集团公司科学技术奖会议评审通过一等奖项目现场核查会在塔里木油田公司召开（吴　朋　摄）

2022年，塔里木油田公司累计打成34口8000米超深井，全年平均钻井井深7098米，首次突破年均井深7000米大关（陈士兵　摄）

2022年12月21日，塔里木油田公司油气田产能建设事业部钻进克深10-6井，完成国内首次23.55毫米高钢级厚壁套管开窗（陈梦羽　摄）

2022年3月，塔里木油田公司克拉2-J3井成功应用105兆帕国产化采气树，图为工作现场（吴　朋　摄）

2022年5月6日，塔里木油田公司首款245兆帕超高压射孔技术现场试验取得成功，图为试验测量现场（苏　华　摄）

2022年7月25日，塔里木油田公司自主研发的球形储罐智能安全监测与风险评价系统在塔里木能源公司天然气乙烷回收厂成功投用

（王成凯　摄）

2022年11月12日，塔里木油田公司油气工程研究院院长刘洪涛获中国青年科技奖特别奖，成为新疆维吾尔自治区、塔里木油田首个获此奖项的科研人员（钟　诚　摄）

2022年11月10日，塔里木油田公司完成集团公司关键核心技术攻关项目3个课题开题论证，图为175兆帕特高压井口及配套装备方案设计审查会现场（周小君　摄）

油气运销

2022年，塔里木油田公司以推动油气运销核心业务转型升级为主线，建立全过程无接触装车管控流程，油气公路装车2.60万车，铁路装车1.95万节，向西气东输管网供应天然气253亿立方米，向南疆五地州供气54.96亿立方米，销售石油液体734万吨，销售天然气305亿立方米。

2022年3月14日，塔里木油田公司通过西气东输工程累计向我国中东部地区供气突破3000亿立方米（陈士兵　摄）

2022年10月4日，塔里木油田公司油气运销部新增并实时监测1206个SCADA系统点位，保障安全高效供气（魏婉丽　摄）

2022年6月2日，塔里木油田公司南疆利民管网D2号阀室向新疆阿克苏地区拜城县察尔齐镇供气，图为D2号阀室投产后现场（魏婉丽 供）

2022年8—12月，塔里木油田公司油气运销部进站车辆需无接触装车，图为管理人员检查指导无接触装车现场

（包安隽 摄）

2022年，塔里木油田公司油气运销部开展管道减阻剂实验，减阻率44%、增输率77%以上，图为工作人员查看减阻剂应用情况（魏婉丽 供）

2022年3月6日，塔里木油田公司阿克苏油气储运中心英买外输首站率先在塔里木油田公司推行运维"一体化"管理新模式（陈士兵 摄）

2022年3月6日，塔里木油田公司油气运销部女员工化验分析原油含水情况（陈士兵 摄）

2022年4月6日，塔里木油田公司油气运销部员工为周边村民发放管道保护传单，讲解相关知识（包安隽 摄）

33

新能源建设

  2022年，塔里木油田公司统筹风光资源、电网架构、传输余量、市场消纳，竞获130万千瓦绿电指标，与巴州、阿克苏、喀什签订战略合作框架协议，形成"一期20万建成、二期110万在握、三期200万在望"的良性发展格局。

2022年3月12日，塔里木油田公司新能源事业部成立（李　梅　摄）

2022年9月11日，塔里木油田公司在库尔勒召开新能源工作推进会，汇报绿色低碳转型、"沙戈荒"新能源基地建设进展（赵炳春　摄）

2022年7月12日，塔里木油田公司与巴音郭楞蒙古自治州签订"沙戈荒"新能源基地建设战略合作协议（赵炳春　摄）

2022年12月29日，塔里木油田公司举行尉犁10万千瓦光伏发电项目建成仪式（吴　朋　摄）

2022年11月5日，塔里木油田公司和田河气田开发调整地面工程3.6兆瓦光伏电站项目投产，标志着塔里木油田公司首批最大单体光伏电站正式建成投用（韦　强　摄）

2022年12月31日，塔里木油田公司尉犁、且末200兆瓦光伏发电项目主体工程完工，具备并网发电条件，图为且末10万千瓦光伏项目全景（陈士兵　摄）

2022 年 7 月 29 日，集团公司首台井口光电一体化加热炉在塔里木油田公司一次试运成功（牛作杰 摄）

2022 年 12 月 28 日，中国石油第一台光热加热炉在塔里木油田公司轮古 11-5 井投运成功（苏华 摄）

2022 年，塔里木油田公司油气田产能建设事业部加大网电钻机的推广力度，以电代油率 99.5%（陈士兵 摄）

37

安全环保

2022年，塔里木油田公司落实"四全""四查"要求，深化隐患排查整改"四全"管理子体系建设和运行，建立健全"鼓励发现问题、奖励整改隐患、从严处理事故"工作机制，排查整改隐患33.6万项，安全生产形势稳定向好，QHSE体系审核结果排名集团公司油气田企业第一。

2022年12月31日，塔里木油田公司在库尔勒召开2023年QHSE工作会议，总结回顾2022年工作，安排部署2023年重点工作（魏　东　摄）

2022年6月28日，塔里木油田公司在库尔勒首次举办HSE实用工具应用竞赛活动（张尧尧　摄）

2022年6月，塔里木油田公司各单位开展以"遵守安全生产法，当好第一责任人"为主题的安全生产月活动（陈梦羽 摄）

2022年3月11日，塔里木油田公司哈得采油气管理区哈四联合站首次应用双目监控（AI智能移动终端）开展年度检修

（周建国 摄）

2022年2月18日，塔里木油田公司东河采油气管理区对东河1-H12井注液态二氧化碳现场承包商资质及工用具设备进行开工检查（郑伟涛 摄）

2022年4月8日，塔里木油田公司监督中心地质监督在富东1井检查人员资质，评估关键岗位人员能力（白宏军 摄）

39

2022年7月24日，塔里木油田公司应急中心增设油气场站储罐高温处置消防应急专项演练（魏杨峰 摄）

2022年6月，塔里木油田公司勘探事业部联合工程技术处、应急中心等单位在迪北105XCS井开展井控突发事件应急演练

（胡开银 供）

2022年8月24日，塔里木油田公司监督中心HSE监督与塔里木能源公司轮南轻烃厂属地监督共同落实装置检修"双监督"包保制（唐福俊 摄）

2022年6月3日，塔里木油田公司塔中采油气管理区医生在健康小屋为员工们检查身体健康情况（陈士兵 摄）

2022年,塔里木油田公司哈得采油气管理区加快推进火炬熄灭工程,投运9座零散气回收站,零散气回收率90%以上(陈士兵 摄)

2022年6月2日,中国首条零碳沙漠公路——塔里木油田沙漠公路零碳示范工程在塔克拉玛干沙漠建成投产(陈士兵 摄)

2022年11月22日,塔里木油田公司首个低碳示范工程——轮南油田低碳示范区工程全面展开(牛作杰 摄)

2022年2月10日，塔里木油田公司克拉采油气管理区开展固体废物清理整治，迎接第二轮中央环保督察
（吴滨江　摄）

2022年7月4日，塔里木油田公司东河采油气管理区测试东河1-8-8井期间裹上塑料布，防止原油外溅（陈士兵　摄）

2022年，塔里木油田公司在库车山前建造油基废料环保站，实现固废减量不落地
（陈士兵　摄）

服务保障

2022年，塔里木油田公司物资、工程技术、水电、运输、应急组织、信息通信、社区生活等单位围绕中心工作，做好服务保障。

2022年6月20日，塔里木油田公司物资采办事业部在大二线物流园区铁路专用一线站台吊装油田重点工程项目建设物资（吴厚全 摄）

2022年5月18日，塔里木油田公司应急中心获新疆消防救援总队2022年度体技能比训（南疆片区）3金1铜、专职消防队精神文明奖

（席志俊 摄）

2022年6月11日，塔里木油田公司油气生产技术部哈得电力工区首次采用无人机验收新建的110千伏杨满线

（毛晨彬 摄）

2022年8月7日，塔里木油田公司成立公用事业部（张尧尧 摄）

2022年4月25日，塔里木油田公司信息与通讯技术中心更名为油气数智中心，图为技术支持中心成果展示现场（高敏 摄）

2022年4月20日，塔里木油田公司实验检测研究院对钻井堵漏的果壳类材料开展耐高温、高压试验，填补检测行业空白（陈梦羽 摄）

2022年5月，塔里木油田公司审计组到塔中4油田402井区C_{III}油藏竣工决算现场审计（卞春燕 摄）

党建工作和精神文明建设

2022年，塔里木油田公司党工委坚持以习近平新时代中国特色社会主义思想为指导，深入学习贯彻党的二十大精神，纵深推进基层党建、党风廉政建设工作，统筹开展主题教育、新闻宣传、企业文化、民生工程、扶贫帮困、群团组织等工作，连续4年获集团公司党建考核A+。

2022年10月16日，塔里木油田公司通过"线上+线下"方式，组织4.6万余名甲乙方干部员工同步收看中国共产党第二十次全国代表大会开幕盛况（刘 伟 摄）

2022年6月21日，塔里木油田公司在库尔勒举办"奋进新征程、建功新时代、喜迎二十大"塔里木油田公司学习贯彻习近平新时代中国特色社会主义思想成果交流会

（陈士兵　摄）

2022年6月1日，塔里木油田公司在库尔勒召开基层党建"三基本"建设与"三基"工作有机融合典型案例终评发布会（吴　朋　摄）

2022年6月16日，塔里木油田公司在库尔勒召开青年精神素养提升工程启动会暨十大杰出青年表彰大会

（唐　浩　摄）

2022年3月25日，塔里木油田公司为阿克苏地区库车市牙哈镇阿克布亚村捐赠40吨化肥助力春耕

（吴　朋　摄）

2022年5月25日，塔里木油田公司迪那采油气管理区团委到牙哈镇小学开展爱心支教活动（陈士兵　摄）

2022年4月6日，塔里木油田公司驻英买里村第一书记与经营方商议鸡场扩大事宜

（唐　浩　摄）

47

2022年1月25日，塔里木油田公司在库尔勒塔指小区开展"民俗文化街"活动（陈梦羽 摄）

2022年6月1日，宝石花物业塔里木油田地区公司第四职工餐厅组织后厨人员包粽子（陈梦羽 摄）

2022年6月28日，塔里木油田公司公共事务部退管中心联合康都街道塔油社区举行"忆红色初心，喜迎二十大"光荣在党50年纪念章颁授大会（席志俊 摄）

2022 年 7 月 27 日—8 月 5 日，第四届全国石油石化专业职业技能竞赛暨集团公司首届技术技能大赛油藏动态分析竞赛在塔里木油田公司举办

（张尧尧 摄）

2022 年 7 月 25 日，塔里木油田公司开展"喜迎二十大、探秘超深层"媒体开放日活动（陈士兵 摄）

2022 年 4 月 29 日，塔里木油田公司在博孜 34 井开展"入地八千米——油宝寻宝记"石油人劳动节慢直播活动

（王翔 供）

2022年6月26日,塔里木油田公司在库尔勒塔指小区影剧院前广场举办"石油工人颂党恩、携手共迎二十大"文艺演出(张尧尧 摄)

2022年7月1日,塔里木油田公司在库尔勒塔指小区影剧院举办"喜迎二十大、奋进新征程、永远跟党走"庆"七一"文艺晚会(陈梦羽 摄)

2022年8月6日,塔里木油田公司在库尔勒塔指小区影剧院举办"青春献礼塔里木、强企有我新征程"2022年新员工文艺汇演(吴朋 摄)

2022年1—2月，塔里木油田公司在库尔勒塔指小区和生产一线开展各种冰雪运动和趣味游戏（陈士兵　摄）

2022年2月4日，塔里木油田公司在库尔勒塔指影剧院举行冬奥文化广场专场文艺演出（陈士兵　摄）

2022年2月11日，塔里木油田公司监督中心钻井监督在迪北5井井场堆砌的冰墩墩（李昌池　摄）

2022年6月18日，塔里木油田公司举办2022年"喜迎二十大、奋进新征程、建功新时代"职工游泳比赛

（陈梦羽　摄）

2022年7月15—17日，塔里木油田公司举办2022年"喜迎二十大、奋进新征程、建功新时代"职工羽毛球比赛

（张春元　摄）

2022年7月29—31日，塔里木油田公司首次举办"喜迎二十大、奋进新征程、建功新时代"职工气排球比赛

（唐浩　摄）

疫情防控

  2022年，塔里木油田公司党工委坚持"外防输入、内防反弹"总策略，制定"1+7+12"组织模式，全面实行网格化管理和封闭生产，重要生产施工现场守住"零疫情"底线，塔油社区提前实现低风险目标。

2022年9月4日，塔里木油田公司在库尔勒召开新冠肺炎疫情防控工作领导小组第205次例会（魏　东　摄）

2022年11月18日晚，渤海钻探工程有限公司库尔勒分公司首批100名休假员工搭乘飞机抵达库尔勒进行复工复产（李胜民　摄）

2022年9月21日，塔里木油田公司开展办公楼核酸采样工作（陈梦羽 摄）

2022年9月20日，塔里木油田公司应急中心志愿服务队队员对库尔勒塔指小区进行全面消杀（魏杨峰 摄）

2022年8月，塔里木油田公司累计协调3万余车次、90万吨重点物资通行，保障防疫生产两不误（陈士兵 摄）

目　录

总　述

概　况

塔里木盆地地理概貌……………………（1）
塔里木油田基本情况……………………（2）

工作综述

概述………………………………………（2）
勘探概况…………………………………（2）
油气开发…………………………………（3）
绿色低碳转型……………………………（3）
科技与信息化……………………………（3）
企业改革…………………………………（4）
安全环保…………………………………（4）
党建工作…………………………………（4）
富满油田连获重大发现…………………（5）
富东1井探索新领域获重大突破…………（5）
克探1井探索新层系获成功 ………………（5）
迪北5井获工业油气流 ……………………（5）
玉科7井在奥陶系一间房组裸眼常规测试获高产
　油气流……………………………………（5）
塔里木油田建成沙漠公路零碳示范工程………（5）
中国石油超深层复杂油气藏勘探开发技术研发
　中心启动运行……………………………（6）
塔西南天然气综合利用工程建成投产……（6）
塔里木油田大北201集气站至大北处理站集输
　管线工程建成投产………………………（6）
塔里木油田哈一联气系统扩建工程建成投产…（6）
塔里木油田累计向西气东输供气突破3000亿
　立方米……………………………………（6）
集团公司首台井口光电一体化加热炉在
　塔里木油田公司成功投运………………（7）
塔里木油田公司开展集团公司首次慢
　直播活动…………………………………（7）
主流媒体专题聚焦塔里木油田超深层
　勘探开发…………………………………（7）
塔里木油田定点帮扶村通过国家巩固脱贫攻坚
　成果同乡村振兴有效衔接实地考核评估……（7）
塔里木油田深入推进健康企业建设………（7）
塔里木油田刘洪涛获中国青年科技奖特别奖…（8）

特 载

专 文

砥砺奋进高质量　勇毅前行创一流　以优异业绩
　迎接党的二十大胜利召开
　　——杨学文在塔里木油田公司六届三次职代会
　　暨2022年工作会议上的主题报告…………… (9)
强化生产组织　深化提质增效　高质量完成全年
　生产经营目标任务
　　——在沈复孝塔里木油田公司六届三次职代会
　　暨2022年工作会议上的生产经营报告……… (18)
杨学文在塔里木油田公司2022年党风廉政建设和
　反腐败工作会议上的讲话………………………… (23)
沈复孝在塔里木油田公司2022年科学技术
　委员会(扩大)会议上的讲话…………………… (28)
沈复孝在塔里木油田公司基层基础管理提升
　推进会上的讲话………………………………… (33)
深入学习贯彻党的二十大精神　率先建成中国式
　现代化世界一流能源企业
　　——沈复孝在塔里木油田公司学习贯彻
　　党的二十大精神报告会上的宣讲提纲……… (36)
沈复孝在富满油田超深油气产量突破300万吨
　总结表彰大会上的讲话………………………… (41)

上级领导考察活动

马兴瑞到塔里木油田公司调研…………………… (44)
玉苏甫江·麦麦提到塔里木油田公司调研 …… (44)
玉苏甫江·麦麦提听取塔里木油田公司
　工作汇报………………………………………… (44)
侯启军电话连线慰问塔里木油田公司…………… (44)

塔里木油田公司领导现场办公

杨学文到克深一线调研…………………………… (44)
沈复孝走访慰问塔西南公司员工………………… (44)
沈复孝到塔里木油田公司驻村工作队调研
　慰问………………………………………………… (44)
沈复孝春节前夕慰问在岗甲乙方干部员工…… (45)
杨学文到迪那油气开发部生产一线调研……… (45)
杨学文到克拉、克深勘探开发一线调研 ……… (45)
杨学文到博孜、大北勘探开发一线调研 ……… (45)
杨学文到英买油气开发部调研………………… (45)
沈复孝到物资采办事业部调研………………… (45)
沈复孝到应急中心、油建公司和实验检测研究院
　调研……………………………………………… (45)
杨学文到轮南生产一线调研…………………… (45)
杨学文到轮南轻烃厂和东河油气开发部调研… (45)
杨学文到富满勘探开发一线调研……………… (45)
杨学文到塔中一线调研………………………… (46)
杨学文到塔西南公司调研……………………… (46)
杨学文到泽普油气开发部调研………………… (46)
沈复孝到监督中心调研………………………… (46)
杨学文到科技研发中心调研…………………… (46)
杨学文到档案中心调研………………………… (46)
沈复孝到轮南片区调研慰问…………………… (46)
沈复孝到新能源事业部调研…………………… (47)
杨学文到公共事务部调研……………………… (47)
沈复孝到轮南生产一线调研慰问……………… (47)
沈复孝到"三院一中心"调研慰问……………… (47)
王清华到东方物探山地物探项目部、西北
　研究室调研……………………………………… (47)
沈复孝到塔西南公司调研……………………… (48)
王清华到尉犁10万千瓦光伏发电项目施工
　现场调研………………………………………… (48)
沈复孝到克拉和迪那生产一线调研…………… (48)
沈复孝到研发中心智能运营中心现场调研…… (48)
沈复孝与王清华到钻完井远程管控中心调研… (48)
沈复孝到石油基地开展新冠肺炎疫情
　管理调研………………………………………… (48)
沈复孝到基地小区检查疫情管理工作………… (48)
沈复孝与任广鹏到尉犁光伏发电项目
　现场调研………………………………………… (48)
沈复孝到南疆利民油气运行中心调研慰问…… (49)

重要工作会议

塔里木油田公司党史学习教育总结会议……… (49)
塔里木油田公司六届三次职代会暨2022年
　工作会议………………………………………… (49)

塔里木油田公司建设世界一流暨深化改革工作
　　部署会………………………………………(49)
塔里木油田公司2022年党风廉政建设和反腐败
　　工作会…………………………………………(50)
塔里木油田公司改革三年行动工作总结暨
　　2022年深化改革工作部署会…………………(50)
塔里木油田公司党工委2022年专项巡察动员
　　部署会…………………………………………(50)
塔里木油田公司党工委召开全委(扩大)会……(50)
塔里木油田公司召开人才强企推进会…………(51)
塔里木油田公司党工委书记讲党课暨提升
　　基层党建工作质量推进会……………………(51)
塔里木油田公司2022年警示教育大会…………(51)
塔里木油田公司2022年科学技术委员会(扩大)
　　会议……………………………………………(51)
塔里木油田公司新能源工作推进会……………(52)
塔里木油田公司2022年基层基础管理提升
　　推进会…………………………………………(52)
塔里木油田公司学习贯彻党的二十大精神宣讲
　　报告会…………………………………………(53)
塔里木油田公司2022年度党委书记抓基层党建
　　述职评议考核会………………………………(53)
塔里木油田公司2022年科学技术奖终评会……(53)
中国石油超深层复杂油气藏勘探开发技术研发
　　中心第一届技术委员会第一次会议…………(53)

大事记

1月 …………………………………………………(55)
2月 …………………………………………………(58)
3月 …………………………………………………(60)
4月 …………………………………………………(62)
5月 …………………………………………………(65)
6月 …………………………………………………(68)
7月 …………………………………………………(72)
8月 …………………………………………………(74)
9月 …………………………………………………(76)
10月…………………………………………………(78)
11月…………………………………………………(80)
12月…………………………………………………(83)

油气勘探

综　　述

概述………………………………………………(87)
勘探计划…………………………………………(87)
勘探管理…………………………………………(87)
矿权储量管理……………………………………(88)
勘探效益…………………………………………(88)
风险勘探管理……………………………………(88)
四新领域勘探……………………………………(89)
两大根据地评价…………………………………(89)
"6+4"研究专班……………………………………(89)
"十横十纵"盆地格架线…………………………(89)
《塔里木油田矿权巡护重点地区工作指南》
　　编制……………………………………………(89)

勘探成果

地球物理勘探……………………………………(89)
勘探钻井…………………………………………(91)
勘探录井…………………………………………(91)
勘探测井…………………………………………(92)
探井试油…………………………………………(92)
库车坳陷侏罗系阿合组致密气迪北5井获重大
　　突破……………………………………………(94)
富东1井实现富满油田主干断裂之外新类型
　　勘探历史性突破………………………………(94)
克探1井风险勘探新层系白垩系亚格列木组
　　获重大突破……………………………………(94)
克深1901井获工业气流,实现克深5南区块低效
　　到高产转变……………………………………(95)
大北13井白垩系巴什基奇克组获高产…………(95)
博孜1气藏4口井测试获高产油气流……………(95)
大北303JS井获高产气流 ………………………(95)
富源4井获高产油气流 …………………………(96)
中深101井、塔中56H获工业油流 ………………(96)
奥陶系深层新发现4条富油气断裂带 …………(96)

台盆区奥陶系深层碳酸盐岩5口预探井
　　获高产……………………………………（96）
昆探1井石炭系测井解释气层5.5米/2层 ………（97）
恰探1井石炭系—二叠系测井解释差气层
　　63米/7层 …………………………………（97）

勘探研究及认识

基础研究……………………………………（97）
区带目标研究………………………………（98）
圈闭研究……………………………………（98）
储量研究……………………………………（98）
地质认识……………………………………（98）
地层构造研究………………………………（99）
沉积储层研究………………………………（99）
含油气系统研究……………………………（99）
油气成藏研究………………………………（100）
碳酸盐岩油气藏地质研究…………………（100）
勘探井位研究及部署………………………（100）
钻探目标失利分析…………………………（100）
风险勘探……………………………………（104）
新一轮塔里木盆地主要地质时期温压场研究…（105）
塔里木盆地主相区地层优化命名草案………（105）

工程技术

综　述

概述…………………………………………（106）
工程技术服务队伍管理……………………（106）
制度建设……………………………………（107）
工程技术攻关………………………………（107）
工程类科研项目管理………………………（107）
工程技术信息化建设………………………（107）
钻完井方案设计……………………………（107）
钻完井工程事故复杂管理…………………（107）
现场钻井液性能监测工作…………………（108）
工程技术提质增效…………………………（108）
质量提升专项行动…………………………（108）
中中合作……………………………………（109）
工程方案论证和技术交流…………………（109）
超深层工程技术系列手册发布……………（109）
《塔里木油田重点区块工程技术模板》编制
　　发布………………………………………（109）

物　探

概述…………………………………………（109）
物探管理……………………………………（109）
物探技术攻关………………………………（110）
地震关键技术攻关…………………………（110）
地质力学攻关与应用………………………（110）
物探工程设计………………………………（112）
不规则部署边界地震采集技术……………（112）
基于共炮检点矢量互换原理的炮、检点布设
　　方法………………………………………（112）
野外单炮实时智能评价技术………………（112）
地震处理质控平台…………………………（112）
塔里木盆地"十横十纵"20条格架线处理……（113）
井中地震处理解释技术……………………（113）
地震岩石物理分析技术……………………（113）
超深层弱信号恢复与增强技术……………（113）
零井源距VSP综合标定软件 ………………（113）
复杂山地Walkawy-VSP成像技术 …………（113）
储层预测工序质控平台……………………（113）
二三维联合叠后反演………………………（113）
盆地级地震数据库建设……………………（114）
基于Web的地震数据可视化………………（114）
非地震勘探之微生物油气检测……………（114）
非地震勘探之时频电磁……………………（114）

钻　井

概述…………………………………………（114）
钻井管理……………………………………（115）
钻井时速……………………………………（115）
钻井时效……………………………………（115）
取心…………………………………………（115）
各区块钻井…………………………………（115）
钻井队伍……………………………………（117）
钻井技术指标分析…………………………（117）

水平井、定向井、直井钻井…………………… (117)	塔里木油田公司首次完成固井质量刻度井
钻井新纪录………………………………………… (118)	资料采集……………………………………… (128)
各勘探公司钻井…………………………………… (118)	塔标Ⅲ井身结构封隔式双级固井技术……… (129)
各勘探公司完成井钻井…………………………… (118)	大吨位套管坐挂吨位技术图版……………… (129)
万米深地钻完井工程技术………………………… (119)	超深层工程技术系列手册——固井
库车山前难钻地层系统提速技术………………… (119)	技术手册……………………………………… (129)
富满油田超深井钻井技术………………………… (119)	
大尺寸长裸眼堵漏技术…………………………… (120)	## 试油作业
侏罗系目的层欠平衡钻井液技术………………… (120)	
裂缝性漏失智能堵漏决策软件首次应用………… (120)	概述…………………………………………… (129)
宝钢超级13铬油管评估…………………………… (120)	试油完井工具管理…………………………… (129)
油套管特殊接头商检公差与设计公差	试油工作量…………………………………… (129)
关系式………………………………………… (120)	试油完井技术攻关…………………………… (130)
高强高韧钛合金钻杆……………………………… (120)	储层改造作业………………………………… (131)
设计研发高抗内压抗硫套管……………………… (120)	储层改造技术攻关…………………………… (131)
气密封扣油套管四新产品认证…………………… (121)	储层保护……………………………………… (131)
螺纹结构和质量问题导致5井次钻工具	试油完井新工艺现场试验…………………… (132)
失效…………………………………………… (121)	储层改造新工艺现场试验…………………… (133)
非API套管规范化管理…………………………… (121)	重点井储层改造……………………………… (133)
油套管、井口、钻杆产品和井下工具质控…… (121)	承包商考核评估……………………………… (133)
钻完井远程管控(DROC)………………………… (121)	
钻完井远程管控值班值守机制…………………… (121)	## 井控管理

测井录井

	概述…………………………………………… (134)
概述………………………………………………… (121)	井控装备管理………………………………… (134)
测井录井管理……………………………………… (122)	组织机构……………………………………… (134)
测井评价…………………………………………… (123)	规章制度……………………………………… (134)
测井技术攻关……………………………………… (123)	井控工作量…………………………………… (134)
测试解释与评价…………………………………… (124)	科研攻关与推广应用………………………… (134)
套管井测井评价…………………………………… (124)	关键岗位井控能力评估……………………… (134)
录井评价…………………………………………… (124)	过程管控……………………………………… (135)
录井技术攻关与应用……………………………… (124)	风险分级管理………………………………… (135)
直推存储式单发八收数字声波处理技术……… (124)	应急处置能力………………………………… (135)
井筒距离与深横波联合评价井旁反射体有效性	井控隐患检查及整改………………………… (135)
技术…………………………………………… (124)	井控例会……………………………………… (135)
井筒质量评价……………………………………… (124)	井控培训……………………………………… (135)
示踪流量测井解释评价…………………………… (125)	井控现场支撑………………………………… (135)
	重泥浆应急储备站…………………………… (135)

固井作业

钻井事故与井下复杂

概述………………………………………………… (125)	
固井工作量………………………………………… (125)	概述…………………………………………… (135)

钻井事故……………………………………（135）
井下复杂……………………………………（136）

油气田开发

综　述

概述…………………………………………（138）
油气开发指标………………………………（139）
油藏评价……………………………………（140）
油气藏开发研究……………………………（140）
开发方案……………………………………（140）
老油气田综合治理…………………………（140）
产能建设……………………………………（140）
注水注气……………………………………（140）
动态监测……………………………………（141）
井完整性管理………………………………（141）
采油气工艺…………………………………（141）
油气生产能力提升专项行动………………（141）
储气库建设…………………………………（141）
重大开发试验………………………………（141）
油气生产能力提升行动工作推进会………（141）
富满油田超深油气产量突破300万吨总结表彰
　　大会……………………………………（142）

油田开发

轮南油田……………………………………（142）
桑塔木油田…………………………………（143）
解放渠东油田………………………………（143）
轮古油田……………………………………（144）
东河塘油田…………………………………（145）
红旗油田……………………………………（145）
牙哈1油田…………………………………（146）
牙哈7油田…………………………………（146）
哈拉哈塘油田………………………………（147）
哈得逊油田…………………………………（148）
塔中4油田…………………………………（148）
塔中10油田…………………………………（149）
塔中16油田…………………………………（150）
英买力油田…………………………………（151）
大宛齐油田…………………………………（152）
巴什托普油田………………………………（153）
塔中西部油田………………………………（153）
富满油田……………………………………（154）
玛东区块试采区……………………………（154）
甫沙8试采区………………………………（155）

气田开发

柯克亚凝析气田……………………………（155）
牙哈凝析气田………………………………（156）
克拉2气田…………………………………（156）
轮古气田……………………………………（157）
和田河气田…………………………………（158）
阿克莫木气田………………………………（158）
英买力凝析气田……………………………（159）
迪那2气田…………………………………（160）
塔中6凝析气田……………………………（160）
塔中Ⅰ号气田………………………………（161）
大北气田……………………………………（162）
克深气田……………………………………（163）
迪那1凝析气田……………………………（165）
迪北区块试采区……………………………（166）
吐孜气田……………………………………（166）
中秋1区块试采区…………………………（166）
博孜气田……………………………………（167）
吐格尔明气田试采区………………………（168）
罗斯试采区…………………………………（168）

开发技术

博孜—大北地区油气藏地质研究…………（169）
迪那2气田地质研究………………………（169）
塔中东部石炭系生屑灰岩段油藏地质研究…（169）
碎屑岩油藏气驱……………………………（169）
深层薄砂层油藏滚动开发…………………（169）
塔中石炭系碳酸盐岩储层测井综合
　　评价技术………………………………（170）
低渗水敏油藏注二氧化碳复合氮气驱技术…（170）
CCUS-EOR先导试验 ………………………（170）

油藏型储气库先导试验……………………（170）
柯克亚近衰竭凝析气藏转建储气库与注气提采
　协同技术…………………………………（170）
富满油田老井储层改造配套技术…………（170）
四类改善注水提采技术……………………（171）
注减氧空气提采实验研究…………………（171）
富满油田完井工艺设计优化………………（171）
迪那2控水稳产技术………………………（171）
克深8区块排水采气………………………（171）
克深24区块排水采气……………………（171）
玉东7油田规模化转气举生产……………（171）
高泵压挤原油解堵新工艺…………………（172）
机采井自动液面监测………………………（172）
电泵工况实时监测…………………………（172）
清防蜡工艺技术……………………………（172）
示踪剂技术…………………………………（172）

新能源业务

综　述

概述…………………………………………（173）
新能源制度体系建设………………………（173）
绿色低碳转型………………………………（173）
沙戈荒新能源基地建设……………………（174）
CCUS/CCS业务发展规划…………………（174）
轮南油田低碳示范区建设工程……………（174）
新能源工作推进会…………………………（174）
被评为中国石油绿色企业…………………（174）
与巴州签订战略合作框架协议……………（175）
与阿克苏签订战略协议……………………（175）
与喀什签订战略协议………………………（175）
与大唐新疆发电有限公司签订战略联盟
　合作协议…………………………………（175）
与新疆和硕县签订合作开发意向书………（175）

节能减排

概述…………………………………………（175）

能源及水资源消耗…………………………（175）
能源管控……………………………………（175）
源头节能管控………………………………（175）
设备能效管理………………………………（175）
节能监测……………………………………（176）
能效对标……………………………………（176）
节能挖潜……………………………………（176）
清洁替代……………………………………（176）
节能降耗减排示范区………………………（176）
节能技术科研攻关…………………………（176）
节能节水宣传………………………………（177）

清洁供能

我国首条零碳沙漠公路建成投产…………（177）
零碳沙漠公路入选"2022年度央企十大超级
　工程"………………………………………（177）
巴州20万千瓦光伏发电项目……………（177）
和田河气田光伏电站建成…………………（177）
喀什110万千瓦光伏发电项目……………（177）
集团公司首台井口光电一体化加热炉试运
　成功………………………………………（177）
首次实现沙漠偏远单井"零碳绿电"………（177）
第一座单井分布式光伏发电项目正式并网
　发电………………………………………（177）
轮南油田低碳示范区光伏发电项目………（178）
全天候太阳能真空加热系统在轮古11-5井
　投运………………………………………（178）

新业务

战略资源普查工程…………………………（178）
战略资源开发工程…………………………（178）

地面工程建设

综　述

概述…………………………………………（179）

地面工程管理

概述…………………………………………（182）
地面工程体系建设…………………………（182）
前期工作管理………………………………（182）
设计管理……………………………………（183）
工程建设管理………………………………（183）
项目竣工管理………………………………（184）
质量提升专项行动…………………………（184）
地面系统安全管理…………………………（184）
基建市场与承包商管理……………………（184）
管道和站场完整性管理……………………（185）
地面系统数字化管理………………………（185）
自动化管理…………………………………（186）
地面工程技术攻关…………………………（187）
零散气回收…………………………………（187）
库车山前"西气东调"工程…………………（187）
"北水南调"工程……………………………（187）
消灭拉油点专项行动………………………（187）
智能化油气田建设…………………………（187）
挥发性有机物治理…………………………（187）
2022年重点项目（工程）推进会……………（187）

重点地面工程

博孜天然气处理厂建设工程………………（188）
博孜油气外输管道工程……………………（188）
哈拉哈塘油田富源Ⅱ区块奥陶系油藏滚动开发
　地面工程（集油部分）……………………（189）
富满油田跃满区块奥陶系油藏开发方案地面
　工程…………………………………………（189）
柯克亚储气库建设工程……………………（190）
富源210断裂带注水先导试验地面工程……（190）
哈得逊油田玉科区块碳酸盐岩油气藏开发地面
　工程…………………………………………（191）
塔里木油田公司科研实验楼项目…………（191）
富满油田$F_1$19断裂带满深71井区试采地面
　工程…………………………………………（191）
富满油田$F_1$20断裂带试采地面工程
　（满深8）……………………………………（192）
富满油田果勒东Ⅰ区奥陶系油藏试采地面
　工程…………………………………………（192）
富满油田富源3—富源303H井区试采工程…（192）
富满油田哈得32—哈得302H井区试采
　工程…………………………………………（193）
哈得251断裂带地面配套工程……………（193）
克深10区块开发地面工程…………………（193）
大北气田大北12区块开发方案地面工程…（194）
南疆利民管网天然气增压输送工程（三岔
　压气站）……………………………………（194）
阿克苏至和田管道输送能力提升工程
　（泽普增压站）………………………………（195）
塔里木油田公司凝析油储运系统完善工程…（195）
博孜—大北区块地面骨架工程（凝析油
　稳定部分）…………………………………（195）
迪那2气田开发调整地面工程……………（196）
克深3集气站至克深2清管站输气管道工程…（196）
克深气田100亿立方米稳产优化地面工程…（197）
克深8区块提采重大开发试验地面工程…（197）
克拉2气田开发调整地面工程……………（198）
轮古西奥陶系油藏注水提采地面工程……（198）
塔西南天然气综合利用工程………………（199）
和田河气田天然气净化及综合利用工程…（199）
大北3区块集输系统完善工程……………（199）
博孜1集气站扩建天然气脱水站工程……（200）
大北201集气站至大北处理站集气管线工程…（200）
塔一联至塔二联原油外输管道改造工程…（200）
库车山前排水采气工程……………………（201）

储运与销售

综　述

概述…………………………………………（203）
合规管理……………………………………（203）
安全环保……………………………………（203）
承包商管理…………………………………（204）
工程管理……………………………………（204）
计量质量管理………………………………（204）

储运生产数字化转型升级…………(204)
油气营销管理部成立………………(204)
营销体制改革………………………(204)

油气储运

概述……………………………………(205)
管道运行管理…………………………(209)
管道巡护………………………………(210)
管道清管作业…………………………(210)
管道专项检测…………………………(211)
管道保护………………………………(211)
完整性管理……………………………(211)
冬季保供………………………………(211)
应急管理………………………………(211)
管道应急抢险事件……………………(211)
外输管道高后果区识别与管理………(211)
油气储运科研与技术创新成果………(212)
油气集中调控中心运行管理…………(212)
生产协调………………………………(212)
提质增效………………………………(212)
计划管理………………………………(212)
经营管理转型…………………………(212)
油气储运小型站场实现无人值守……(212)
新式石油液化气铁路罐车投入使用…(212)
国家油气供应物联网应用示范二期工程…(213)
塔西南公司管道运行管理……………(213)
南疆天然气利民工程管网运行………(215)

油气销售

概述……………………………………(215)
油气销售管理…………………………(216)
市场营销………………………………(217)
产品质量管控…………………………(217)
产品计量………………………………(217)
向南疆五地州供气……………………(217)
周边工业用气销售……………………(221)
天然气销售业务移交…………………(221)
轻质油分质分销………………………(221)

企业管理

企业改革与管理

概述……………………………………(222)
企业改革………………………………(222)
制度建设………………………………(223)
内控管理………………………………(223)
风险管理………………………………(223)
市场管理………………………………(223)
招标管理………………………………(224)
合同管理………………………………(224)
法律事务………………………………(224)
工商事务及股权管理…………………(225)
基层基础管理…………………………(225)
管理创新成果…………………………(225)
对标管理………………………………(225)
国企改革三年行动"回头看"…………(225)
"服务型甲方、诚信型乙方"工作机制…(225)
组长单位负责制………………………(226)
坚持依法合规治企和强化管理工作推进会…(226)
基层基础管理提升推进会……………(226)
与海峡能源公司签订战略联盟合作协议…(226)
高质量战略合作伙伴培育……………(226)

规划计划与统计

规划管理………………………………(226)
项目前期管理…………………………(226)
投资管理………………………………(227)
计划管理………………………………(227)
经济评价………………………………(227)
统计管理………………………………(227)

财务资产管理

概述……………………………………(228)

提质增效	(228)
预算管理	(228)
成本管理	(229)
资金管理	(229)
税价管理	(230)
资产管理	(230)
会计核算	(230)
业财融合管理建设	(231)
财务共享	(231)
造价指标体系建设	(232)
工程造价制度体系建设	(232)
工程造价管理	(232)
计价依据管理	(232)
设备材料价格管理	(232)
工程量清单计价	(232)
房租减免工作	(233)
《新冠肺炎疫情期间承包商结算付款政策》制定发布	(233)

行政管理

概述	(233)
油田公司执行董事办公会	(233)
油田公司重要通知	(234)
政研工作	(239)
党政值班	(239)
现场调研	(239)
会议管理	(239)
重大活动组织	(239)
业务接待	(239)
公务用车	(239)
重大事项督查督办	(239)
党建督查	(239)
政务信息	(240)
文书工作	(240)
保密工作	(240)
综合事务	(241)
外事工作	(241)
"三重一大"决策制度建设	(242)
"云端联动、高效办公"工作模式建立	(242)
"五种干部"排查整改	(242)
民生工程常态化建设	(242)
"我为基层(员工)办实事"	(242)
"我为油田献一策"	(242)
三十条措施力戒形式主义	(242)

组织人事管理

组织人事管理概况	(243)
劳动组织管理	(243)
薪酬管理	(243)
干部管理	(244)
技术干部管理	(244)
员工管理	(245)
人才强企工程	(246)
领导干部任期制和契约化管理	(246)
科技人才培养和"十百千"人才培养工程	(246)
"张明技能大师工作室"获评国家级技能大师工作室	(246)

审计工作

概述	(246)
经济责任审计	(246)
建设工程审计	(247)
管理效益审计及专项审计	(247)
审计信息化建设	(247)
审计质量控制	(247)
审计问题整改	(247)
审计成果	(248)
审计理论研究	(248)
违规追责	(248)

档案工作

概述	(248)
档案管理	(248)
史志年鉴工作	(250)

矿区管理

| 概述 | (250) |
| 公用资产管理 | (251) |

房产管理…………………………………(251)
物业管理…………………………………(251)
退休职工管理……………………………(251)
民生工程建设……………………………(251)
绿化管理…………………………………(251)
专项治理…………………………………(251)
4个升级管控专班 ………………………(251)
塔里木油田公司开展自主核酸检测…………(252)
宝石花医疗集团援疆医疗队驰援塔里木油田
　公司……………………………………(252)
塔里木油田公司颁发嘉奖令表彰塔西南公司
　医疗专家团队…………………………(252)
保利·石油花园建设 ……………………(252)

科学技术管理

综　述

概述………………………………………(253)
塔里木油田公司科学技术委员会…………(253)
科学技术委员会(扩大)会议………………(254)
科学技术奖终评会………………………(255)
《大国深度》科普视频入围2022年全国科普
　微视频大赛……………………………(255)

科研管理

科研项目管理……………………………(255)
科研经费…………………………………(256)
科技攻关成效……………………………(256)
移动端科技评审系统投用…………………(256)

科研项目

国家科研课题……………………………(256)
集团公司科研项目………………………(257)
油气和新能源公司课题…………………(258)
塔里木油田公司科研项目………………(259)

科技奖励

获奖科技成果……………………………(261)
获新疆维吾尔自治区科技进步奖一等奖
　项目……………………………………(264)
获集团公司科技进步奖一等奖项目…………(265)
获中国石油和化学工业联合会技术发明奖
　一等奖项目……………………………(266)
获中国石油和化学工业联合会科技进步奖
　一等奖项目……………………………(266)
获中国石油和化工自动化应用协会科技进步奖
　特等奖项目……………………………(267)
获中国石油和化工自动化应用协会科技进步奖
　一等奖项目……………………………(268)
油田科技奖励……………………………(269)
省部级以上科技获奖人物…………………(272)
省部级优秀学术论文奖…………………(273)
中国创新方法大赛新疆分赛………………(273)
塔里木油田公司2022年度科技创新先进集体和
　先进个人………………………………(274)

科技交流与知识产权

主办、承办学术交流活动 ………………(276)
协办、参加学术交流活动 ………………(277)
学会/协会管理 …………………………(279)
重点期刊发表科技论文目录………………(281)
出版发行科技著作目录…………………(287)
知识产权保护……………………………(288)
专利工作及获国家发明专利情况…………(288)

标准化

上级标准发布情况………………………(293)
塔里木油田公司企业标准发布目录…………(294)

科技平台管理

中国石油超深层复杂油气藏勘探开发技术研发
　中心建设………………………………(314)

中国石油超深层复杂油气藏勘探开发技术研发
　中心机构设置………………………………(315)
中国石油超深层复杂油气藏勘探开发技术研发
　中心第一届技术委员会第一次会议………(317)

信息化管理

综　述

概述……………………………………………(319)
信息化建设……………………………………(319)
"1+9"数智化管理制度体系建立 ……………(320)

信息管理

塔油坦途………………………………………(320)
云平台…………………………………………(321)
中台建设………………………………………(321)
信息化投资项目管理…………………………(321)
信息服务商管理………………………………(321)
信息科技成果管理……………………………(322)
信息科技知识产权管理制度建设……………(323)

信息技术

网络建设与通讯保障…………………………(323)
核心服务器系统管理…………………………(323)
虚拟化平台管理………………………………(324)
数据管理………………………………………(324)
门户管理………………………………………(324)
统一运维管理…………………………………(324)
无线电管理……………………………………(324)
信息安全………………………………………(324)
舆情监测………………………………………(324)
网络安全重点保障……………………………(325)
基础地理数据采购与处理项目………………(325)
智能运营中心建设……………………………(325)
基础网络优化完善工程项目…………………(325)

卫星通信系统升级改造项目…………………(325)
卫星通信系统升级改造(远端小站配套)
　项目…………………………………………(325)
井场无线宽带网络接入建设工程项目………(325)
油田虚拟化平台及网络设施升级改造项目…(325)
油田库尔勒基地至泽普塔西南基地10千兆
　字节骨干网建设工程项目…………………(325)
油田生产单元OTN接入完善工程项目………(326)
塔西南三网分离改造项目……………………(326)

生产运行与安全环保

生产运行

概述……………………………………………(327)
生产组织协调…………………………………(327)
生产计划管理…………………………………(327)
油气产销调运…………………………………(328)
装置检修………………………………………(328)
应急管理………………………………………(328)
防洪管理………………………………………(329)
生产用车管理…………………………………(329)
电力保障………………………………………(330)
油田专用公路…………………………………(330)
沙漠公路生态防护林…………………………(330)
沙漠公路管网改造……………………………(331)
沙漠公路太阳能利用工程……………………(331)
生产运行领域数字化转型……………………(331)

设备物资管理

概述……………………………………………(331)
设备基础管理…………………………………(331)
特种设备管理…………………………………(333)
通用设备管理…………………………………(333)
物资保障管理…………………………………(333)
采购管理………………………………………(333)
仓储库存管理…………………………………(333)

设备隐患管理………………………………(334)
设备承包商管理……………………………(334)
回收油管管理………………………………(334)
物资质量管理………………………………(334)
油田设备物资引进…………………………(335)
设备节能提效………………………………(341)
防疫物资保障………………………………(342)
设备物资创新攻关…………………………(342)
设备物资数智化转型………………………(342)
集团公司首台井口光电一体化加热炉在油田
　试运成功…………………………………(342)
首获全国设备管理与技术创新成果奖项……(342)

QHSE体系建设

概述…………………………………………(342)
QHSE标准化建设……………………………(343)
QHSE体系审核 ……………………………(343)
QHSE数智化建设……………………………(343)
QHSE工作总结表彰…………………………(343)

安全管理

概述…………………………………………(343)
安全责任落实………………………………(343)
安全专项整治………………………………(344)
风险分级管理与隐患排查治理……………(344)
危险化学品与重大危险源管理……………(347)
承包商安全管理……………………………(347)
安全培训……………………………………(347)
消防安全管理………………………………(347)
安全生产月活动……………………………(347)
事故事件管理………………………………(348)
"三院一中心"安全专项检查………………(348)
首届HSE实用工具应用竞赛………………(348)

环境保护

概述…………………………………………(348)
塔里木油田完成第二轮中央环保督察配合
　工作………………………………………(348)
环保督察问题整改…………………………(348)
排污管理……………………………………(349)
环境监测……………………………………(349)
钻井清洁生产………………………………(349)
绿色企业创建提升行动……………………(349)
塔里木油田入选集团公司首批"中国石油绿色
　企业"………………………………………(349)

健康管理

概述…………………………………………(349)
建设项目职业病防护设施"三同时"管理……(349)
职业病危害因素检测与现状评价…………(349)
员工健康监护及防护………………………(349)
"健康企业"建设……………………………(349)

质量管理

概述…………………………………………(350)
产品质量监管………………………………(350)
质量提升专项行动…………………………(350)
群众性质量活动……………………………(350)
质量月活动…………………………………(352)
塔里木油田公司获中国工业大奖…………(352)

计量管理

国家站塔里木分站次级标准建设…………(352)
计量检定管理………………………………(352)
计量检定校准综合管理平台建设…………(353)

党的建设

综　　述

塔里木油田公司党工委工作概述…………(354)
塔里木油田公司党工委常委会……………(355)

塔里木油田公司党工委下发的重要通知……(358)

党组织

塔里木油田公司党组织概述……(360)
中共塔里木油田分公司工作委员会成员……(360)
塔里木油田公司二级单位党组织机构及
　领导成员……(360)
党工委油服成员单位党组织机构及领导
　成员……(362)

党建工作

概述……(363)
思想建设……(363)
组织建设……(363)
制度建设……(363)
党内培训……(364)
党员发展……(364)
党建课题研究……(365)
党费收缴……(366)
联合党建……(366)
党建"三联"责任示范点……(366)
党委书记基层党建述职评议会……(366)
全面从严治党主体责任落实……(366)
基层党建"三基本"建设与"三基"工作有机融合
　典型案例评选……(367)
塔里木油田党工委党校成立……(367)
党工委书记讲党课暨提升基层党建工作质量
　推进会……(367)
《关于在疫情防控中充分发挥基层党组织战斗
　堡垒作用和广大党员先锋模范作用的通知》
　下发……(367)
"铁人先锋"党建信息化平台应用……(368)
意识形态工作……(368)
统战工作……(368)
党工委理论学习中心组学习……(368)
政研工作……(368)
塔里木油田公司本部机关党委工作……(369)
第二十次"形势、目标、任务、责任"主题
　教育……(369)
学习贯彻习近平新时代中国特色社会主义
　思想成果交流会……(369)
学习宣传贯彻党的二十大精神……(370)
首个党外代表人士建言献策工作室成立……(370)

纪律检查

概述……(370)
中共塔里木油田分公司纪律检查委员会
　成员……(370)
党风廉政建设监督责任落实……(371)
党风廉政建设和反腐败工作会议……(371)
政治监督……(371)
作风建设……(371)
日常监督……(372)
健全监督体系……(372)
党内巡视巡察……(372)
执纪审查……(372)
巡察典型案例汇编……(373)
纪律教育……(373)
廉洁文化……(373)
纪检干部队伍建设……(374)
纪检干部"十严禁"行为规范……(374)
纪委书记述职考核会……(374)
党员干部廉政档案建设……(374)
党风廉政建设和反腐败工作存在问题……(374)
违规吃喝专项治理活动……(375)
"反围猎"专项行动……(375)
以案说纪……(375)

群团工作与精神文明建设

工会工作

概述……(376)
塔里木油田公司工会领导成员……(376)
工会第五届经费审查委员会……(376)
工会组织建设……(376)

工会经费管理……………………………(376)
职工民主管理……………………………(376)
劳动竞赛…………………………………(377)
劳模选树…………………………………(377)
帮扶慰问…………………………………(377)
健康服务…………………………………(377)
职工(劳模)创新工作室创建……………(377)
合理化建议………………………………(377)
健康企业创建……………………………(377)
我为员工办实事专项服务………………(377)
疫情期间员工关心关爱工作……………(377)
"喜迎二十大·建功新时代"全员线上健步走
　活动……………………………………(377)
杨海军参加北京冬奥会火炬传递………(377)

共青团工作

概述………………………………………(378)
塔里木油田公司团委领导成员…………(378)
团建基础工作……………………………(378)
团员青年引导……………………………(378)
青春建功活动……………………………(378)
提质增效合理化建议暨全员创新创效…(379)
成长成才服务……………………………(379)
第十二届单井动态分析大赛……………(379)
塔里木油田第十三届石油英才奖评选…(379)

新闻宣传

概述………………………………………(379)
对外宣传…………………………………(379)
对内宣传…………………………………(380)
专项宣传…………………………………(380)
典型选树与宣传…………………………(380)
舆情监测和舆论引导……………………(380)
贯彻党的二十大宣传……………………(380)
抗击疫情宣传……………………………(381)
国务院国资委介绍塔里木零碳沙漠公路…(381)
集团公司在塔里木油田开展深地油气勘探、
　零碳公路慢直播………………………(381)
塔里木油田公司专属手机视频彩铃推广
　使用……………………………………(381)
新媒体内容创作大赛……………………(381)

文化体育

企业文化建设……………………………(381)
石油精神宣贯教育………………………(382)
文化阵地建设……………………………(382)
文联工作…………………………………(382)
文化作品…………………………………(382)
文体活动…………………………………(382)
体育赛事…………………………………(382)
新时代文明实践基地建设………………(382)
"喜迎二十大"系列文化活动……………(383)
塔里木油田公司展览馆改造……………(383)

维护稳定

概述………………………………………(383)
源头治理…………………………………(383)
信访工作…………………………………(383)
民族团结…………………………………(384)
去极端化…………………………………(384)
安保防恐…………………………………(384)
人民武装…………………………………(384)
人民防空…………………………………(385)
安保管理体系试点建设…………………(385)
宣传教育…………………………………(385)
党的二十大期间维稳信访安保防恐专项工作…(385)

油田与地方关系

综　　述

概述………………………………………(387)
塔里木油田公司公共关系工作…………(387)
塔里木油田公司在各地州油气生产情况…(387)
疫情保障协调……………………………(388)
油地联席会商……………………………(388)

油地合作项目…………………………………(393)
气化南疆…………………………………………(393)

油地共建

支援地方建设……………………………………(393)
对口帮扶…………………………………………(394)
对外捐赠…………………………………………(394)
抗疫救灾…………………………………………(394)
社会公益…………………………………………(394)
"访惠聚"驻村工作………………………………(394)
"访惠聚"驻村工作队成员………………………(395)
库车市牙哈镇阿克布亚村驻村惠民工作………(395)
库车市牙哈镇星光村驻村惠民工作……………(395)
泽普县古勒巴格乡吐格曼贝希村驻村惠民
　工作……………………………………………(395)
泽普县古勒巴格乡尤库日喀拉尤勒滚村驻村
　惠民工作………………………………………(395)
塔里木油田公司派驻帮扶村第一书记成员……(396)
派驻帮扶村第一书记工作………………………(396)

土地征管

概述………………………………………………(397)
土地复垦…………………………………………(397)
重点项目用地管理工作…………………………(397)
用地保障制度……………………………………(397)
用地工作…………………………………………(397)
用地取证工作……………………………………(397)
卫片执法…………………………………………(398)
生态红线和保护区调整…………………………(398)

人物与荣誉

新任塔里木油田公司副总师以上领导

沈复孝……………………………………………(399)
王清华……………………………………………(399)
胥志雄……………………………………………(400)
刘　强……………………………………………(400)
王子云……………………………………………(400)
文　章……………………………………………(400)
杨海军……………………………………………(400)
刘　虎……………………………………………(401)
王洪峰……………………………………………(401)
刘　炯……………………………………………(401)
王永远……………………………………………(401)

省部级以上先进个人

第三十一届孙越崎能源科学技术奖
　(能源大奖)……………………………………401
第十七届中国青年科技奖特别奖………………402
第十八届青年地质科技奖银锤奖………………402
中国能源研究会能源创新奖优秀青年能源
　科技工作者……………………………………402
开发建设新疆奖章………………………………402
新疆维吾尔自治区首批天山英才计划
　"新疆工匠"……………………………………403
集团公司优秀共青团员…………………………403
集团公司先进工作者……………………………404
集团公司巾帼建功先进个人……………………405
集团公司信息工作先进个人……………………406
集团公司天然气冬季保供工作先进个人………406
集团公司"十四五"规划工作先进个人…………406
集团公司"十三五"财务工作先进个人…………407
集团公司统计工作先进个人……………………408
集团公司"人才强企推进年活动"先进个人……408
集团公司党的二十大维稳信访安保防恐工作
　特别贡献个人…………………………………408
集团公司优秀网评员……………………………411
集团公司生产经营先进个人……………………411
集团公司井控工作先进个人……………………411
集团公司资质管理先进个人……………………411
股份公司油气和新能源分公司勘探与生产工程
　监督先进个人…………………………………412
股份公司油气和新能源分公司勘探与生产工程
　监督优秀管理者………………………………415
股份公司油气和新能源分公司QHSE先进
　工作者…………………………………………415

股份公司油气和新能源分公司油气田地面工程
　　建设前期管理先进个人……………… 417
股份公司油气和新能源分公司油气田地面工程
　　基本建设管理先进个人……………… 418
股份公司油气和新能源分公司油气田地面工程
　　建设设计(含标准化设计)先进个人…… 419
股份公司油气和新能源分公司油气田地面工程
　　建设施工(含标准化施工)先进个人…… 420
股份公司油气和新能源分公司油气田地面工程
　　建设工程质量监督先进个人………… 421
股份公司油气和新能源分公司油气田地面工程
　　建设数字化建设先进个人…………… 421

省部级以上先进集体

2022年塔里木油田公司省部级以上先进集体
　　一览表……………………………… (422)
2022年塔里木油田公司先进集体一览表…… (424)
2022年塔里木油田公司先进个人一览表…… (437)

逝世人物

梁狄刚…………………………………… (473)
王裕海…………………………………… (474)

基层与相关单位概览

塔西南公司

概况……………………………………… (475)
油气勘探开发…………………………… (475)
新能源新业务…………………………… (475)
企业管理………………………………… (476)
QHSE工作……………………………… (476)
地面工程管理…………………………… (477)
生产运行………………………………… (478)
设备管理………………………………… (478)
党群工作………………………………… (478)
群团工作………………………………… (479)
维护稳定………………………………… (480)
疫情防控………………………………… (480)
博大采油气管理区工作………………… (481)
泽普采油气管理区……………………… (482)
塔西南天然气处理总厂………………… (484)
物资供应………………………………… (484)
油气生产服务…………………………… (484)
信息通讯………………………………… (485)
油地关系………………………………… (485)

勘探开发研究院

概况……………………………………… (486)
科研成果………………………………… (486)
勘探所工作……………………………… (486)
油气藏评价所工作……………………… (486)
天然气所工作…………………………… (486)
开发所工作……………………………… (487)
地球物理所工作………………………… (487)
规划信息所工作………………………… (487)
新能源研究……………………………… (488)
矿权储量中心工作……………………… (488)
岩心岩屑库管理………………………… (488)
科技人才培养…………………………… (489)
党群工作………………………………… (489)
疫情防控………………………………… (490)

油气工程研究院

概况……………………………………… (490)
业绩指标完成情况……………………… (491)
人事管理………………………………… (491)
经营管理………………………………… (491)
财务管理………………………………… (491)
科研工作………………………………… (491)
科研成果………………………………… (491)
钻井所工作……………………………… (493)
采油气所工作…………………………… (493)
地面所工作……………………………… (494)
地面工程设计…………………………… (494)
地面工程生产技术支持………………… (500)
地面及防腐技术攻关…………………… (500)

地面建设项目前期专项评价…………（501）
管道站场完整性科研攻关…………（501）
油气田管道和站场完整性管理………（501）
新能源研究中心工作…………（502）
绿色低碳转型…………（502）
新能源重点方案设计…………（503）
新能源科研项目…………（504）
新能源决策支持…………（504）
QHSE管理…………（504）
提质增效…………（505）
党建与科研生产融合…………（505）
疫情防控…………（506）

勘探事业部

概况…………（506）
生产组织管理…………（506）
技术攻关…………（507）
绿色安全生产…………（508）
经营管理…………（508）
党建工作…………（509）
疫情防控…………（509）

油气田产能建设事业部

概况…………（509）
生产运行管理…………（510）
方案优化…………（511）
地质油藏管理…………（511）
钻完井工程管理…………（513）
井控全过程管控…………（514）
地面工程管理…………（514）
经营财务管理…………（515）
技术攻关…………（515）
安全环保…………（516）
党群工作…………（517）
人事工作…………（517）
疫情防控…………（517）

克拉采油气管理区

概况…………（517）

油气生产…………（518）
生产运行…………（518）
油气藏管理…………（518）
采油气工程…………（518）
井下作业…………（518）
工程项目管理…………（518）
地面工艺管理…………（518）
安全环保…………（519）
党建工作…………（519）
水侵通道定量综合表征技术…………（519）

迪那采油气管理区

概况…………（519）
油气生产…………（519）
生产运行…………（519）
油气藏管理…………（520）
采油气工程…………（520）
井下作业…………（520）
工程项目管理…………（520）
地面工艺管理…………（520）
安全环保…………（520）
党建工作…………（521）
疫情防控…………（521）
迪那2气田控水稳产…………（521）
数字化试点建设…………（521）

英买采油气管理区

概况…………（521）
油气生产…………（521）
生产运行…………（521）
油气藏管理…………（522）
采油气工程…………（522）
井下作业…………（522）
工程项目管理…………（523）
地面工艺管理…………（523）
技术创新…………（523）
安全环保…………（523）
新能源业务…………（524）
党群工作…………（524）
疫情防控…………（524）

塔中采油气管理区

概况……(525)
生产运行……(525)
开发指标……(525)
油气藏管理……(525)
采油气工程……(525)
井下作业……(525)
工程项目管理……(525)
地面工艺管理……(526)
技术创新……(526)
安全环保……(526)
党群工作……(526)
疫情防控……(526)
储气库先导试验……(527)

哈得采油气管理区

概况……(527)
油气生产……(527)
生产运行……(527)
油气藏管理……(527)
采油气工程……(527)
井下作业……(528)
工程项目管理……(528)
地面工艺管理……(528)
技术创新……(528)
安全环保……(528)
富满油田产量突破300万吨……(529)
党群工作……(529)
疫情防控……(529)

东河采油气管理区

概况……(529)
油气生产……(529)
生产运行……(530)
油气藏管理……(530)
采油气工程……(530)
技术创新……(530)
工程项目管理……(530)
地面工艺管理……(530)
安全环保……(530)
新能源业务……(531)
党群工作……(531)
储气库先导性试验……(531)
东河1石炭系油藏累计注气突破10亿立方米……(531)
CCUS先导试验……(531)
郑伟涛创新工作室……(531)

轮南采油气管理区

概况……(531)
油气生产……(531)
生产运行……(532)
油气藏管理……(532)
钻完井管理……(532)
采油气工程……(532)
工程项目管理……(532)
地面工艺管理……(532)
技术创新……(532)
安全环保……(533)
党群工作……(533)
疫情防控……(533)
低碳示范区建设……(533)

新能源事业部

概况……(534)
新能源及绿色低碳指标……(534)
新能源管理……(534)
方案设计……(534)
业务机构优化设置……(534)
财务经营……(534)
党群工作……(534)
疫情防控……(534)

油气合资合作事业部

概况……(535)

油气生产…………………………………………(535)
生产运行…………………………………………(535)
财务经营…………………………………………(535)
新能源业务发展…………………………………(535)
安全环保…………………………………………(535)
喀什北对外合作项目部管理……………………(536)
塔中西部合作项目部管理………………………(536)
迪那对外合作项目部管理………………………(536)
吐孜对外合作项目部管理………………………(536)
党群工作…………………………………………(536)
疫情防控…………………………………………(536)

油气运销部

概况………………………………………………(536)
生产经营指标……………………………………(537)
生产运行…………………………………………(537)
阿克苏油气储运中心……………………………(537)
轮南油气储运中心………………………………(537)
库尔勒油气储运中心工作………………………(538)
党群工作…………………………………………(538)
疫情防控…………………………………………(538)
基础管理提升专项行动…………………………(538)
机关服务基层工作专班…………………………(538)

监督中心

概况………………………………………………(538)
改革管理…………………………………………(539)
井筒质量监督……………………………………(539)
地面工程质量监督………………………………(539)
钻井监督…………………………………………(539)
地质监督…………………………………………(540)
试油井下监督……………………………………(540)
测井监督…………………………………………(540)
HSE监督…………………………………………(540)
数智化转型………………………………………(540)
监督队伍建设……………………………………(540)
人事管理…………………………………………(540)
财务经营管理……………………………………(541)
党群工作…………………………………………(541)
疫情防控…………………………………………(541)

新疆巴州塔里木能源有限责任公司

概况………………………………………………(541)
投资经营…………………………………………(541)
提质增效…………………………………………(542)
召开股东会………………………………………(542)
召开董事会………………………………………(542)
监事会……………………………………………(542)
生产运行…………………………………………(542)
设备技术管理……………………………………(542)
装置检修…………………………………………(542)
新能源业务………………………………………(542)
智能化工厂………………………………………(543)
球形储罐智能安全监测与风险评价系统
　投产运行………………………………………(543)
隐患治理…………………………………………(543)
QHSE……………………………………………(543)
疫情防控…………………………………………(543)
党群工作…………………………………………(543)

人力资源服务中心

概况………………………………………………(544)
技能人才建设……………………………………(544)
人事服务…………………………………………(544)
技能评价与竞赛…………………………………(544)
员工培训…………………………………………(545)
教学管理与协调…………………………………(545)
人事共享服务……………………………………(545)
社保服务…………………………………………(545)
公积金汇缴………………………………………(545)
培训信息化建设…………………………………(545)
党群工作…………………………………………(545)
疫情防控…………………………………………(546)
承办集团公司油藏动态分析竞赛………………(546)
首届内部兼职培训师大赛………………………(546)

物资采办事业部

概况………………………………………………(546)

物资计划与采购	(546)	生产保障	(554)
物资发放与配送	(547)	应急保障	(554)
库存物资管理	(547)	通信网络	(554)
仓储管理	(548)	统一运维	(554)
废旧物资管理	(548)	网络信息安全	(554)
供应商管理	(548)	QHSE管理	(554)
"三标"工作机制	(548)	人才强企	(554)
党群工作	(548)	党建工作	(554)
物资供应保障	(549)	疫情防控	(555)
疫情防控	(549)	民生工程	(555)

应急中心

实验检测研究院

概况	(549)	概况	(555)
生产保障	(549)	组织机构调整	(555)
应急消防	(550)	科研攻关	(555)
质量管控	(550)	提质增效	(555)
财务经营	(550)	地质实验	(556)
党建工作	(550)	钻完井工程实验	(556)
疫情防控	(551)	油气藏工程实验	(557)

油气生产技术部

油气产品检验	(558)
采购产品检验	(558)
计量标定	(558)

概况	(551)	环境监测	(558)
生产管理	(551)	质量管理	(559)
电力运行	(551)	塔里木分站工作	(559)
采供水	(551)	实验平台建设	(559)
热力生产	(551)	基础管理工作	(560)
井下技术服务	(552)	党群工作	(560)
工程项目建设	(552)	塔里木分站次级标准装置建成	(560)
安全环保	(552)		
技术支撑	(552)	## 塔里木油田建设工程 有限责任公司	
提质增效	(552)		
党群工作	(552)		
疫情防控	(553)	概况	(560)
协助地方完成国家电网阿克苏供电公司项目施工	(553)	经营管理	(561)
		化学助剂生产	(561)
22.8吨废铅蓄电池处置工作完成	(553)	工程项目施工	(561)
		构件生产	(561)

油气数智技术中心

广告与印刷	(561)
市场开发	(561)

概况	(553)
培训工作	(561)

安全生产	(561)	党建工作	(567)
技术创新	(562)	疫情防控	(568)
化学助剂实现"三个首次突破"	(562)	"我为员工群众办实事"实践活动	(568)
疫情防控	(562)	石油公寓前厅部被评为"一星级全国青年文明号"	(568)
党群工作	(562)		

融媒体中心

概况	(563)
组织机构调整	(563)
新闻宣传	(563)
塔里木石油报编辑出版	(563)
塔里木电视新闻采编	(563)
微信公众号运行	(563)
抖音运行	(563)
微信视频号开通	(563)
塔里木新闻App运营	(563)
电视新闻后期包装制作	(564)
电视节目播出服务	(564)
党群工作	(564)
疫情防控	(564)
宣传队伍建设	(564)
抗击疫情宣传	(564)
媒体升级改版	(564)
连续10年被评为《中国石油报》五星级记者站	(564)
新闻作品获奖情况	(565)

公用事业部

概况	(566)
经营管理	(566)
安全环保	(566)
卫生防疫	(566)
运输保障服务	(566)
计划生育	(566)
食品安全监督检查	(567)
公寓服务	(567)
行政服务	(567)
文体服务	(567)
离退休职工管理	(567)
乌鲁木齐研发服务中心管理	(567)
研发中心管理	(567)

宝石花物业塔里木油田地区公司

概况	(568)
安全生产管理	(568)
财务经营管理	(569)
提质增效	(569)
办公服务	(569)
客户服务	(569)
基地餐饮服务	(569)
安保服务	(570)
前线生活服务	(570)
大二线物业管理	(570)
幼儿园管理	(570)
绿化保洁服务	(571)
设备与工艺管理	(571)
系统运行	(571)
工程维护	(571)
物资供应管理	(571)
民生工程	(571)
党建工作	(571)
疫情防控	(572)
获自治区"民族团结进步示范单位"称号	(572)
首获国家级食品安全管理体系认证	(572)

西部钻探工程有限公司巴州分公司

概况	(572)
工作量	(572)
钻井技术指标	(572)
生产组织	(572)
技术攻关	(573)
钻工具管理	(573)
井控管理	(573)
安全环保	(573)
员工培训	(573)

廉政建设	(573)
维稳工作	(573)
党群工作	(574)
疫情防控	(574)

川庆钻探工程有限公司新疆分公司

概况	(574)
工作量	(574)
钻井技术指标	(575)
生产组织	(575)
技术攻关	(575)
钻工具管理	(575)
井控管理	(575)
安全环保	(575)
党群工作	(575)
疫情防控	(576)

中国石化中原石油工程有限公司塔里木分公司

概况	(576)
市场开发	(576)
技术管理	(577)
经营管理	(577)
装备管理	(577)
安全管理	(577)
重点工程	(577)
纪检监督工作	(577)
队伍建设	(577)
党群工作	(578)

渤海钻探工程有限公司库尔勒分公司

概况	(578)
钻井技术指标	(578)
生产组织	(578)
技术攻关	(578)
钻井项目部工作	(579)
钻工具管理	(579)

井控管理	(579)
安全环保	(579)
提质增效	(580)
队伍建设	(580)
党群工作	(580)
疫情防控	(581)

中国石化胜利石油工程有限公司塔里木分公司

概况	(581)
制度建设	(581)
钻井生产指标	(582)
生产组织与保障	(582)
财务经营管理	(582)
物资管理	(582)
技术攻关	(582)
钻井提速	(582)
风险管控及隐患排查	(583)
维稳工作	(583)
井控管理	(583)
QHSE管理	(583)
环保节能	(584)
提质增效	(584)
队伍建设	(584)
党群工作	(584)
疫情防控	(585)

辽河油田外部市场项目管理部（塔里木项目管理部）

概况	(585)
经营管理	(585)
技术攻关	(585)
安全环保	(585)
提质增效	(585)
党群工作	(586)

中国石油运输有限公司新疆塔里木运输分公司

概况	(586)

运输服务	(586)
油田服务	(586)
后勤服务保障	(586)
安全环保	(587)
设备管理	(587)
技术创新	(587)
提质增效	(587)
队伍建设	(587)
基础管理	(587)
党建工作	(587)
工团工作	(588)
疫情防控	(588)
"访惠聚"驻村工作	(588)

中国石油运输有限公司沙漠运输分公司

概况	(588)
运输服务	(588)
油田生产技术服务	(589)
油田环保服务	(589)
油气田工程建设	(589)
安全管理	(589)
技术创新	(589)
设备管理	(589)
党群工作	(590)
疫情防控	(590)

中国石油运输有限公司一公司

概况	(590)
运输管理	(590)
油田运输服务	(590)
安全生产	(590)
人事劳资管理	(591)
制度修订	(591)
装备管理	(591)
数质量管控	(592)
党群工作	(592)

疫情防控	(592)

东方地球物理勘探有限责任公司塔里木物探处

概况	(593)
物探技术攻关	(593)
设备物资管理	(593)
人力资源管理	(593)
和谐企业建设	(593)
安全环保	(593)
党建工作	(594)
疫情防控	(594)

东方地球物理勘探有限责任公司物探研究院

概况	(594)
科研管理	(595)
综合研究成果	(595)
技术攻关	(595)
队伍建设	(596)
疫情防控	(596)

中国石油集团测井有限公司塔里木分公司

概况	(596)
财务经营	(597)
测井业务	(597)
测井设备管理	(597)
测井解释	(597)
新技术引进	(597)
安全环保	(598)
提质增效	(598)
队伍建设	(598)
党建工作	(598)
疫情防控	(599)

新疆博瑞能源有限公司

概况	(599)
生产运行	(599)
安全环保	(599)
零散气回收	(600)
燃气项目	(600)
轮南LNG工厂	(600)
党群工作	(600)
防疫防控	(601)

新疆派特罗尔能源服务股份有限公司

概况	(601)
钻井生产	(601)
经营管理	(601)
钻井技术指标	(601)
设备管理	(601)
井控管理	(601)
节能工作	(601)
安全环保	(602)
企业文化	(602)
党建工作	(602)
疫情防控	(602)

新疆华油能源工程服务有限公司

概况	(602)
生产管理	(602)
钻井液技术服务	(603)
油气技术服务	(603)
实验检测	(603)
QHSE管理	(603)
自主创新	(604)
党建工作	(604)
疫情防控	(604)

新疆宝石花兴塔石油技术服务有限责任公司

概况	(604)
信息化建设	(604)
安全管理	(605)
技能培训	(605)
专业技术服务	(605)
项目服务	(605)
降本增效	(605)
党群工作	(605)
疫情防控	(605)
管理提升	(605)
回访调研	(606)

巴州塔里木公安局

概况	(606)
人员管理	(606)
警务协作	(606)
社会面巡逻	(606)
交通管理	(606)
疫情防控	(606)
油气安保	(606)
打击犯罪	(606)
重点要素管控	(607)
"放管服"改革	(607)
法治公安建设	(607)
矛盾纠纷排查化解	(607)
政治建警	(607)
从严治警	(607)
实战练兵	(607)
暖警爱警	(607)
侦破系列盗割采油单井电缆线案	(607)
破获电信网络诈骗案	(607)
抓获脱逃35年目标逃犯	(608)

昆仑银行库尔勒分行

概况	(608)

公司业务	(608)
个人金融业务	(608)
产融结合	(608)
债务处置	(608)
党群工作	(608)

北京阳光和怡塔里木酒店

概况	(609)
经营管理	(609)
服务管理	(609)
疫情防控	(609)

管道局工程有限公司新疆分公司

概况	(609)
工程建设	(609)
安全管理	(609)
市场开发	(610)
提质增效	(610)
党建工作	(610)
疫情防控	(610)

附 录

重要文件选辑

塔里木油田公司规章制度管理实施办法	(611)
塔里木油田分公司法治建设职责管理规定	(619)

重要论文选辑

塔里木盆地富满油田成藏地质条件及勘探开发关键技术	(623)
库车前陆冲断带博孜—大北万亿方大气区的形成机制	(637)

索引 ......(650)

总 述
ZONGSHU

概 况

【塔里木盆地地理概貌】 塔里木盆地位于新疆维吾尔自治区南部,介于天山、昆仑山两大山系之间。东西长1300千米,南北最宽处500千米,总面积56万平方千米,是中国最大的内陆盆地,油气资源量168亿吨,其中石油75亿吨、天然气11.7万亿立方米。盆地中部是被称为"死亡之海"的塔克拉玛干大沙漠,周边的戈壁上镶嵌着块块绿洲。在绿洲中居住着维吾尔族、蒙古族、汉族、回族、柯尔克孜族、塔吉克族等民族。塔里木盆地周围是巴音郭楞蒙古自治州、阿克苏地区、克孜勒苏柯尔克孜自治州、喀什地区、和田地区等5个地州及其所辖的42个县市,还有自治区直辖的阿拉尔市、图木舒克市、铁门关市和昆玉市。总人口约1200万人。

塔里木盆地南北被昆仑山和天山山系夹持,周边又被库鲁克塔格、柯坪塔格、铁克里克、阿尔金山等次一级山系环绕,边缘地形比较复杂。海拔一般在2000米以上,相对高差一般为1000—2000米,最高5000米以上。位于阿克苏北部的托木尔峰,海拔7435米。地势总的趋势是南部和西部高,北部和东部低,中部相对低平,平均海拔约1000米。塔里木盆地自然景观呈环状结构,边缘为连接山地的砾石戈壁,中心为辽阔的塔克拉玛干大沙漠,边缘与沙漠间为冲积扇和冲积平原,有绿洲分布。绿洲有3种类型:西南部喀什—莎车间呈片状分布;北部呈梳状分布,梳齿向北;南部呈葡萄串状分布,串与串间为荒漠。塔克拉玛干大沙漠东西绵延1000千米,南北宽400千米,面积33万平方千米,占全盆地总面积的60.2%,是中国最大的沙漠,也是仅次于西亚鲁卜哈里沙漠的世界第二大流动沙漠。沙漠内部沙丘连绵起伏，在盆地西部多为新月形沙丘、鱼鳞状沙丘、新月形沙垄和复合型沙链。平均相对高差除玛扎塔格断裂南部局部地区外，一般10—50米。东部和东南部多为复合型沙垄、金字塔沙丘、穹状沙丘，一般相对高度差50—100米，最高可达250—300米。由于气候干旱，沙漠内植被稀少，在风力作用下，沙丘形态和位置不断变化和移动。

【塔里木油田基本情况】 中国石油天然气股份有限公司塔里木油田分公司（简称塔里木油田公司）前身是1989年4月成立的塔里木石油勘探开发指挥部，主营业务包括油气勘探、开发、集输、销售等。总部位于新疆维吾尔自治区巴音郭楞蒙古自治州库尔勒市，作业区域遍及塔里木盆地周边20多个县市，有探矿权面积11.52万平方千米，采矿权面积1.6万平方千米。

1989年4月，中国石油天然气总公司组建塔里木石油勘探开发指挥部，调集全国石油行业的精兵强将，坚持"采用新的管理体制和新的工艺技术，实现塔里木石油会战高水平高效益"的"两新两高"工作方针，实行专业化服务、社会化依托、市场化运行、合同化管理，在塔里木盆地开展新型石油会战，走出一条少人高效的现代"油公司"发展之路。

塔里木石油会战以来，塔里木油田公司大打油气勘探开发进攻仗，发现和探明轮南、塔中、哈得、克拉2、迪那2、英买力、哈拉哈塘、克拉苏等31个大型油气田，建成3000万吨年生产能力。截至2022年底，累计探明油气地质储量当量35.12亿吨，生产石油1.55亿吨、天然气3975.84亿立方米，促成举世瞩目的西气东输工程并向西气东输供气3133.25亿立方米；持续保持低成本高回报，盈利能力居中国石油地区公司前列，累计实现销售收入8232.19亿元、上缴税费1810亿元，为保障国家能源安全和促进经济社会发展作出重要贡献。

塔里木石油会战以来，塔里木油田公司坚持"依靠行业主力，依托社会基础，统筹规划，共同发展"的二十字方针，履行央企政治、经济和社会三大责任，积极投入资金支持当地文化教育、医疗卫生和基础设施建设，其中，2013年建成的国家重点项目南疆天然气利民工程，使南疆五地州42个县（市）逐步实现气化，400多万群众从中受益；1995年建成的全长522千米、横贯塔克拉玛干沙漠的油地共用公路，促进了当地社会进步和各族人民生活水平。

塔里木石油会战以来，塔里木油田公司坚持弘扬大庆精神铁人精神和塔里木石油会战精神，始终坚持党工委统一领导，持续加强党的建设和精神文明建设，保证了油田始终朝着正确发展方向不断进取。先后获全国"五一劳动奖状""全国文明单位""安全文化建设示范企业"等称号。

2022年底，塔里木油田设置机关职能处室15个，直属机构4个，附属机构2个，二级单位27个，员工总数9638人。

（年鉴编辑部）

工作综述

【概述】 2022年，塔里木油田公司主营业务包括油气勘探、开发、集输、销售等。总部位于新疆维吾尔自治区巴音郭楞蒙古自治州库尔勒市，作业区域遍及塔里木盆地周边20多个县市，有探矿权面积11.52万平方千米，采矿权面积1.6万平方千米。塔里木油田公司紧扣高效能组织、高水平运行、高标准管理、高质量发展的工作主题，一手抓油气增储上产，一手抓新能源快发展，全力以赴战疫情、保安全、促生产、提效益，超额完成各项生产经营任务。全年生产石油736万吨、天然气323亿立方米，油气当量产量3310万吨，同比增长128万吨；实现收入632亿元，上缴税费124亿元。

【勘探概况】 2022年，塔里木油田公司新一轮找矿突破战略行动旗开得胜。获3个重大突破、6个预探发现，超额完成三级储量任务。新地区、新领域、新层系、新类型的"四新"领域勘探全面突破，部署8口风险探井，创历史新高。新领域：富东1井跳出主干断裂，探索奥陶系高能滩获成功，开辟一个万亿立方米规模增储区。新层系：克探1井近源勘探白垩系亚格列木组获高产，证实克拉苏立体成藏，实现"克拉之下找克拉"的梦想。新类型迪北5井在侏罗系致密气藏采用常规钻井首次获稳产，提振了实现北部构造带战略接替的信心。新地区：昆探1井、恰探1井见到良好油气显示，有望打开塔西南勘探新局面。富油气区勘探成果丰硕。集中勘探富满油田，新发现4条富油气断裂。精细勘探博孜—大北，博孜1、大北12气藏规模不断扩大，形成两个千亿立方米气藏。实施矿权保卫专项行动，开展分级分类评价，严格审查到期退减方案，积极参与土地招标、拍卖、挂牌。塔里木盆地富东1井奥陶系断控高能滩勘探取得重大突破获集团公司重大发现奖特等奖，塔里木盆地玉科富满地区奥陶系深层新发现3条油气富集带，塔里木盆地库车坳陷博孜1、大北12气藏外围勘探取得重要进展分获集团公司重大发现奖一等奖和二等奖。

【油气开发】 2022年，塔里木油田公司开发生产坚持抢先抓早，大力提升油气生产能力，5月完成当年新井上钻，8月完成常规措施作业，10月完成装置检修，天然气负荷因子降到1.0。8月新冠肺炎疫情暴发后，成立降低疫情影响工作专班，构建大外协工作格局，想方设法克服封控熔断，千方百计保障生产运行，排除万难组织冬季保供，协调3万余车次、90万吨重点物资通行，实现重点工程踩点踏步、油气产销超线运行，生产石油液体736万吨、天然气323亿立方米，油气产量当量跨上3300万吨新台阶。实施油气生产能力提升、重点项目（工程）建设年行动，油气日生产能力分别达到2.16万吨、1亿立方米，油气产量继续保持百万吨以上增长。新区产能建设突出富满油田、博孜—大北集中规模建产，超前准备开发方案，严格井位三级审查，高效组织钻完试投，新建产能原油118.6万吨、天然气26.8亿立方米。启动老油气田稳产"压舱石工程"，深化二次综合治理，实施措施作业240井次，增产原油26.3万吨、天然气11.6亿立方米。建成投产克深气田100亿立方米稳产工程，大力实施排水采气，加快配套地面系统，控水排水效果明显，优质产能得到有效保护。围绕增储量、建产能、拿产量统筹推进重点工程，创新实行工序目标节点控制法，7大类455个工程项目有序有效推进，当年计划完成率94.6%。坚持地面地下一体化，库车山前地面管线和装置实现互联互通。生产组织有序有效。靠实从紧制定新井实施、装置检修、产量运行等计划，严格过程节点管控，全年始终保持产销平衡、生产主动。

【绿色低碳转型】 2022年，塔里木油田公司一手抓内部绿色低碳转型、一手抓沙戈荒新能源基地建设，制定专项规划、健全管理体系，推动新能源新业务快速发展。内部绿色低碳转型成效显著。实施全过程清洁低碳行动，一体推进节能降耗、分布式光伏、再电气化、低碳建产、CCUS-EOR、碳汇林业等工作，能耗、碳排放强度均下降5%，全国首条零碳沙漠公路入选"央企十大超级工程"。推进地面系统"关停并转优"，开展机采、集输、处理、注水4大系统节能降耗，因地制宜建设6类示范项目和标杆工程，能耗总量控制在259万吨标准煤、强度控制在81千克标准煤/吨。沙戈荒新能源基地建设快速布局。构建指标专班争取、设计联合攻关、油电战略联盟、企地战略合作等机制，多方联动争指标、抢市场，多措并举找合作、建项目，统筹风光资源、电网架构、传输余量、市场消纳，跑马圈地争取绿电指标，快马加鞭推进项目落地，竞获130万千瓦绿电指标，与巴州、阿克苏、喀什签订战略合作框架协议，巴州20万千瓦项目具备并网条件，喀什110万千瓦项目有序推进，形成新能源良性发展格局。伴生资源开发初见成效，如期建成塔西南天然气综合利用工程。

【科技与信息化】 2022年，塔里木油田公司成立中国石油超深层复杂油气藏勘探开发技术研发中心，推行"揭榜挂帅""赛马制"，面向全球张榜7个项目，牵头承担集团公司科技项目3个、专业分公司项目15个；联合承担集团公司战略合作专项1个；参与承担国家项目3个、集团公司项目24个、专业分公司科技项目16个；实施油田公司科技项目47个。获省部级以上科技奖8项、专利授权66件，发布国家及行业标准5项，油田创新创业成果参展"全国双创周"。高精度地震成像技术、超深层钻井提速技术分别获集团公司、新疆维吾尔自治区科技进步奖一等奖。推进技术标准化、成果有形化，发布超深层工程技术手册和井控管理体系手册。制定基础研究十年规划，搭建"十横十纵"盆地格架线，编制基础成果图件156幅，明确18个风险勘探重点领域。成立10个勘探专班和5个开发专班，分领域深化地质认识，突出抓好圈闭井位落实，探井成功率60.9%，开发井成功率、高效井比例分别为98.1%、68.8%。推进成熟物探技术集成总装，富满油田碳酸盐岩储层钻遇率97%，库车山前资料一二级品率由75%提升到84%。围绕打快打好打省，持续攻关超深层钻完井技术，钻井提速实行挂图作战、倒排工期，整体提速5.6%；储层改造强化精细评估、设计优化，平均提产5.2倍；井筒提质加强靶向攻关、过程管控，井身质量、固井质量合格率分别达96.6%、91.5%。245兆帕超高压射孔技术现场试验成功，钻井整体提速5.6%，改造平均提产5.2倍，打成34口8000米超深井。高质量完成智能化建设顶层设计，着力提升计算存储、通信网络、数据生态等基础支撑能力，迪那、东河数智化新型采油气管理区初见成效，智能运营、DROC、安眼工程、水电调控、储运调控五大平台建成投运，协同研究、业财融合有效应用，全探区生产运行实现可视、可监、可控，科研生产、经营管理、办公生活更加高效便捷。特别是在新冠肺炎疫情期间，电子巡检、远程操控、线上办公等组织模式发挥作用，有力保障生产经营各项业务高效运转。

【企业改革】 2022年，塔里木油田油公司改革稳准推进。聚焦治理体系和治理能力现代化，深化企业改革，强化管理提升，细化合规管理。"油公司"体制持续完善，推行大部制改革和扁平化管理，压减管理层级，管理层级由三级精简为两级，核减三级机构88个、三级职数56人。探索引入内部市场化机制，对13家单位实行模拟法人治理，试点推进新型采油气管理区建设，激发基层动力活力，独立作战能力明显增强。后勤辅助单位持续开展同质同类业务整合，专业化管理、一体化统筹，实行新能源、数字化、运销业务管办一体，重组成立公用事业部。平稳完成南疆天然气销售业务移交。圆满收官国企改革三年行动。落实"合规管理强化年""严肃财经纪律、依法合规经营"综合治理专项行动部署，建立6大类500余项合规清单，对标对表开展重点业务领域专项检查，发现整改问题70项，建立健全制度流程49个。专题研究基层基础管理提升工作，发布服务型甲方、诚信型乙方和培育高质量战略合作伙伴指导意见，制定合规管理清单，逐步形成依法合规治企和管理提升长效机制。全面推广对标管理，塔里木油田公司被评为集团公司对标提升标杆企业。提质增效实施6个专项行动，塔里木油田公司被列为特类企业。基层涌现出一批典型做法：勘探开发和工程技术领域深入推进地质工程一体化，控减投资2亿元；设备物资领域建立集中采购物资仓储物流制度流程、库区规划、信息平台、财务核算、作业标准"五统一"机制，节约采购资金5亿元；油气营销领域探索LNG工业原料气线上交易，增加销售收入1亿元。

【安全环保】 2022年，塔里木油田公司安全生产形势稳定向好。深化体系改进提升和有效运行，建立重点领域风险分级管控清单，推行视频监督、安眼工程，各类风险稳定受控。落实"四全""四查"要求，深化隐患排查整改"四全"管理子体系建设和运行，建立健全"鼓励发现问题、奖励整改隐患、从严处理事故"工作机制，累计排查整改隐患33.6万项，全年未发生一般及以上生产安全事故。从严承包商资质资格核查，常态化开展对标核查，考核排序、优胜劣汰，停工整顿11家、末位淘汰37家，未发生承包商事故。健全井控管理体系，开展全员警示教育，改进井控培训，从严现场管理，井控本质安全水平稳步提升。深化绿色企业创建，建立全过程定额管控机制，磺化、油基固废产生强度分别下降28.7%、36.9%，有序推进磺化固废整改，含油污泥治理任务全部完成，通过第二轮中央环保督察和绿色企业复审。实施火炬熄灭工程，放空气回收率达93.7%，实现环境保护和效益提升。开展基层站队QHSE标准化建设，哈一联合站被评为集团公司标准化示范站队，评选出7个油田级示范站队、13个油田级优秀站队。质量健康管理基础不断夯实。召开质量提升推进会，发现突出问题235项，处理质量问题单位107家次，处理人员78人，全年自产产品合格率保持100%，工程质量、服务质量稳步提升。推进身体健康、心理健康、团队健康、文化健康，组织全民健身、健康诊疗、公共场所禁烟等活动，全面开展差异化体检，对高风险人群一对一指导，健康管理体系持续完善。全覆盖建设健康小屋，持续完善健康保障体系，成功创建健康企业。科学精准开展疫情管理，重要生产施工现场守住零疫情底线，塔里木油田公司社区提前实现低风险目标，最大限度保护员工群众生命安全和身体健康。

【党建工作】 2022年，塔里木油田公司专题推进习近平总书记重要指示批示精神再学习再落实，举办思想学习成果交流会、庆祝建团100周年等系列活动，组织全员收看党的二十大开幕会，利用电视、网络、讲座等多种形式开展学习研讨、集中宣讲，推进大会精神进一线、进班组、进岗位。坚持老中青结合，加大不同年龄段干部选拔使用力度，加快优秀年轻干部培养，注重在抗击新冠肺炎疫情、重点工程、急难险重任务中识别考察干部，提拔中层干部46人次、进一步使用37人次。优化专业技术序列管理，强化人才能力素质提升，李亚林、刘洪涛分别获孙越崎能源科学技术奖、中国青年科技奖，塔里木油田公司在第四届全国石油石化专业职业技能竞赛暨集团公司首届技术技能大赛油藏动态分析竞赛中,获2枚个人金牌、2枚个人银牌,以及4枚个人铜牌;两个代表队分别获团队金奖、银奖;塔里木油田公司获团体一等奖、优秀组织奖,1人获优秀裁判员,2人获竞赛优秀组织个人。成立塔里木油田公司党校,全覆盖开展党员干部轮训,开展"转观念、勇担当、强管理、创一流"主题教育,推进基层党建"三基本"与"三基"工作有机融合,涌现出"四微一示范""五好管家"等一批典型案例。开展"我为油田献一策""建新疆大庆、扬石油精神"等活动。开展"五种干部""二十种人"排查整改,营造真抓实干的浓厚氛围。构建大监督格局,加强重点领域审计监督,完成党工委巡察全覆盖,开展违规吃喝、反围猎专项整治,聚焦疫情管理、冬季保供等强化监督执纪问责。创建新时代文明实践基地,制订文化引领专项工作方案,加大精神激励、总结表彰力度,寻找好员工、讲述好故事,设置专属彩铃和荣誉墙,激发全员爱企兴企的热情。征集评选48条塔里木特色石油名言名句,编写34个塔里木品牌故事,剪辑34首油田歌曲MV,填词创作10首经典歌曲。推进民生工程,如期建成研发中心和新小区,建立"我为基层办实事"常态化机制,办理大小民生事项9465件。疫情期间全面摸排6类特殊人群,用心用情用力协调解决员工家属物资供应、紧急就医、子女返校等问题,做到电话、问候、生活物资保障、特殊药品供应"四个不断"。做好尼勒克县、定点帮扶村乡村振兴和"访惠聚"驻村工作,向南疆五地州供气56.3亿立方米,捐赠150余万件防疫物资。

【富满油田连获重大发现】 2022年3月17日,塔里木油田公司部署在塔里木盆地北部坳陷阿满过渡带富满油田F_I19断裂带上的满深72井在奥陶系一间房组—鹰山组井段7683—8088.67米裸眼常规测试,日产油252立方米、天然气5.97万立方米,无硫化氢;5月30日,塔里木油田公司部署在塔里木盆地北部坳陷阿满过渡带果勒东I区的满深71井对奥陶系一间房组—鹰山组7722—8492.2米井段裸眼常规测试,日产油725立方米、天然气63.25万立方米,2口井获高产,证实F_I19断裂带整体富含油气。4月26日,塔里木油田部署在塔里木盆地北部坳陷阿满过渡带富满油田F_I20断裂带上的满深8井在奥陶系一间房组—鹰山组井段8117.5—8726.8米裸眼常规测试,折日产油45.36立方米、天然气19.79万立方米,证实F_I20断裂带整体富含油气。4月26日,塔里木油田部署在塔里木盆地北部坳陷阿满过渡带富满油田F_I17断裂带上的满深5井对奥陶系一间房组—鹰山组7575.8—8330米酸压+注水扩容测试,日产油41.6立方米、气20万立方米。

【富东1井探索新领域获重大突破】 2022年9月20日,塔里木油田公司部署在北部坳陷富满油田东部的预探井富东1井在奥陶系一间房组—鹰山组7925—8359.05米裸眼常规测试,折日产油21.4立方米、天然气40.5万立方米,测试结论为凝析气层。富东1井在富满油田主力产层之下的新类型、新层系获战略性突破,为富满油田发现新的接替领域迈出第一步。

【克探1井探索新层系获成功】 2022年12月4日,塔里木油田公司部署在库车坳陷克拉苏构造带的风险探井克探1井在白垩系亚格列木组5096—5109米、5151—5220米井段加砂压裂测试,折日产天然气30.04万立方米。克探1井跳出白垩系主力目的层,探索深层获得油气勘探突破,证实克拉苏构造带立体成藏模式,实现"克拉之下找克拉"的构想,有望形成新的天然气战略接替领域。

【迪北5井获工业油气流】 2022年5月20日,塔里木油田公司部署在库车坳陷北部构造带迪北斜坡带的预探井迪北5井对侏罗系阿合组5883.5—5925.5米井段进行加砂压裂测试,折日产油5.69立方米、天然气11.3万立方米。该井是迪北地区常规钻井、压裂改造稳产的第一口井,也是迪北斜坡带在"致密砂岩气先致密后成藏"认识指导下获得的重大突破,证实迪北斜坡带侏罗系阿合组致密砂岩气大面积连片分布,明确侏罗系阿合组致密砂岩气成藏模式与主控因素。

【玉科7井在奥陶系一间房组裸眼常规测试获高产油气流】 2022年1月17日,塔里木油田公司部署在北部坳陷阿满过渡带的预探井——玉科7井在奥陶系一间房组7654—7974米井段放喷求产,日产油83.2立方米、天然气18.09万立方米。玉科7井为富满油田最东部出油井,进一步证实富满油田东部勘探区潜力巨大。

【塔里木油田建成沙漠公路零碳示范工程】 2022年6月2日,塔里木油田公司建成沙漠公路零碳示范工程。1月9日工程开工建设,总投资6035.9万元,采用光伏阵列发电、蓄电池储电方式,新建光伏发电站及配套设施86座,满足"光伏发电+储能7小时"技术要求,为塔克拉玛干沙漠公路沿线86座水源井提供电源。工程总装机规模3540千瓦,年发电量约362万千瓦·时,年节省柴油1030吨、减少二氧化碳排放3330吨，3800万平方米防护林年捕集碳1.4万吨，可中和近9万台次/年沙漠公路过往车辆的二氧化碳排放，实现沙漠公路沿线水源井灌溉零碳排放、过往车辆尾气排放"碳中和"。

【中国石油超深层复杂油气藏勘探开发技术研发中心启动运行】 集团公司于2021年12月批准成立超深层复杂油气藏勘探开发技术研发中心，依托塔里木油田公司，联合中国石油勘探开发研究院、中国石油工程技术研究院和中国石油大学（华东）共同建设。塔里木油田公司高度重视技术研发中心建设工作，联合相关共建单位，针对技术研发中心组织运行管理，多次组织召开高层次研讨会，推动技术研发中心运行机制落实落地。借助集团公司超深层复杂油气藏勘探开发技术研发中心，塔里木油田公司推动建立完全开放的科技创新管理体制，组建中心领导机构，成立10个由首席技术专家等领衔的专家委员会。2022年12月18日，中国石油超深层复杂油气藏勘探开发技术研发中心第一届技术委员会召开第一次会议，听取成立以来组织运行管理、科技攻关规划计划以及取得的阶段进展情况汇报，研究分析面临形势和问题，讨论制订下一步工作计划。中国工程院院士、技术委员会主任孙龙德主持会议并讲话；集团公司科技管理部总经理、技术委员会副主任江同文宣读中国石油超深层复杂油气藏勘探开发技术研发中心技术委员会批复文件。塔里木油田公司总经理、党工委副书记，技术委员会副主任王清华作工作报告。中国科学院院士贾承造、郝芳，中国工程院院士孙金声、李宁、张来斌等技术委员会委员，塔里木油田公司领导杨海军出席会议。

【塔西南天然气综合利用工程建成投产】 2022年12月30日，塔里木油田公司塔西南天然气综合利用工程核心工艺装置在喀什地区疏附县建成投产，生产出合格产品。该工程是新疆维吾尔自治区和集团公司2022年重大建设项目，也是我国天然气高价值综合利用战略工程。工程采用"天然气副产品+液化天然气"联产建设方案，新建一座天然气处理厂，日处理天然气达120万立方米，配套建设一座1万立方米的液化天然气储罐。工程于2022年5月开工。项目第一阶段天然气综合利用工程核心工艺装置建成投产后，通过提取阿克莫木、和田河气田天然气中高价值产品，实现天然气资源的深度加工和综合利用，提高天然气附加值2倍以上。该工程是国内已建流程最长、工艺最复杂、温度最低的天然气综合利用工程。工程关键核心设备全部为自主设计、自主制造、自主建设，具有完全独立自主知识产权，技术工艺指标达到国际先进水平，打破了国外技术封锁和垄断，有力促进了我国天然气综合利用业务快速发展及相关技术进步。

【塔里木油田大北201集气站至大北处理站集输管线工程建成投产】 2022年6月21日，塔里木油田公司冬季天然气保供重点项目大北201集气站至大北处理站集输管线工程建成投产。5月10日工程开工建设，6月17日完工并通过交工验收，6月21日一次投产成功。该工程主要新建1条直径250毫米长5千米的集输管线，配套建设1套乙二醇注入橇以及大北201集气站、克深5阀室改造。大北201区块两口单井日产30万立方米的天然气通过集输管线输送至克深处理站处理后外输，实现大北201区块与克深处理厂互连互通，释放博孜—大北区块天然气产能30万米^3/日。

【塔里木油田哈一联气系统扩建工程建成投产】 2022年5月29日，塔里木油田公司哈一联气系统扩建工程建成投产。该工程是塔里木油田公司2022年重点工程项目，项目主体于2021年8月26日开工建设，新建100万米^3/日的天然气处理装置1套、天然气压缩机厂房1座、脱硫泵房1座。工程提高天然气处理能力100万米^3/日、碳酸盐岩原油处理能力105万吨/年，实现对富满油田玉科、满深、富源等区块天然气集中处理。

【塔里木油田累计向西气东输供气突破3000亿立方米】 截至2022年3月14日，塔里木油田公司通过西气东输工程累计向中国中东部地区供气突破3000亿立方米，相当于全国2021年天然气总产量的1.5倍。特别是在冬供期间，塔里木油田公司天然气日产量保持在1亿立方米高位运行，为沿线群众践行"暖冬"的承诺。2004年10月1日，西气东输工程全线建成投产，推动我国全面进入"天然气时代"。西气东输工程投产以来，塔里木油田始终把保障国家能源安全和平稳供气作为首要政治任务，将天然气作为成长性、战略性工程谋划推进，挑战超深、超高温、超高压等世界级勘探开发难题，全力提升天然气保供能力，在地下8000米超深层找到了丰富的油气资源，落实克拉—克深、博孜—大北两个万亿立方米大气区，成功开发我国陆上最深的克深9气田、我国陆上压力最高的克深13气田等19座大中型气田，成为我国三大主力气区之一。塔里木油田公司生产输送的3000亿立方米天然气，相当于替代标准煤4亿吨，减排二氧化碳4.26亿吨，惠及北京、上海等15个省（自治区、直辖市）、120多个大中型城市的约4亿居民，促进了我国东部特别是长三角地区能源和产业结构优化调整，创造了巨大的社会、经济和生态环保效益。

【集团公司首台井口光电一体化加热炉在塔里木油田公司成功投运】 2022年7月29日，集团公司首台井口光电一体化加热炉在塔里木油田公司轮南39-2井一次试运成功。井口光电一体化加热炉将直流母排微电网技术与油气加热结合，利用塔里木盆地优质光照资源，光电贡献率100%，年均可减少碳排放113吨，相当于在沙漠地带种植6200棵树。借助沙漠戈壁充足的日照条件，塔里木油田公司加快推进光电利用等新能源项目，发挥其作为集团公司加热技术研发中心成员单位的优势，积极与厂家对接，共同设计制造出这台光电一体化加热炉。该设备解决了传统燃气加热炉巡检点位多、检测工作量大、维护修理工作量大的问题，大幅降低污染物排放，同时减少燃料气系统，消灭了井场明火，规避了燃气泄漏着火的风险。

【塔里木油田公司开展集团公司首次慢直播活动】 2022年4月29日9时至5月3日15时，塔里木油田公司在博孜34井开展连续5天不间断的"入地八千米——油宝寻宝记"石油人劳动节慢直播活动。活动由集团公司党组宣传部组织，塔里木油田公司党工委具体实施，渤海钻探支持配合，以塔里木油田公司博孜34井钻井作业为重点，面向全国开展。直播同步穿插"石油梦想专题片""石油科普视频""塔里木油田宣传片""塔里木深地科技创新宣传片"，宣传展示中国石油铸就深地科技"国之重器"找油找气的新担当，讲述新时代塔里木石油人的感人故事，让更多网友认知中国石油、感知塔里木。直播在新华网、"国资小新"视频号和中国石油微信视频号、中国石油抖音号、宝石花直播平台同步推出，浏览量突破千万人次。

【主流媒体专题聚焦塔里木油田超深层勘探开发】 2022年，塔里木油田公司在中央主流媒体推出超深层宣传主题11个，报道225条，塔里木超深层与载人航天、探月探火等一起作为国家重大战略引发主流媒体关注。10月9日，我国最大超深油田富满油田累计产量突破千万吨在央视单日滚动播放24条（次）。9月29日，轮探1井作为深地油气唯一报道入选国务院国资委"坐标中国"报道，被全网报道。10月15日，党的二十大召开前一周，中央主流媒体集中报道塔里木超深油气勘探情况，新华社党的二十大特别报道专题聚焦塔里木油田超深层勘探开发，并在党的二十大召开期间在人民大会堂滚动播放，累计观看量突破2亿人次。

【塔里木油田定点帮扶村通过国家巩固脱贫攻坚成果同乡村振兴有效衔接实地考核评估】 2022年1月4日，塔里木油田公司定点帮扶村喀什地区叶城县柯克亚乡果萨斯村通过国家2021年度巩固脱贫攻坚成果同乡村振兴有效衔接实地考核评估。考核评估组通过入户核查、查阅档案和当面访谈方式进行3大类30余个方面实地核查，对塔里木油田公司巩固脱贫攻坚成果同乡村振兴工作表示充分肯定，并表示油田驻村帮扶工作扎实稳固，各项内容达到标准要求。塔里木油田公司履行央企政治、经济和社会责任，突出资源惠民和油地共建，常态化开展项目帮扶、消费帮扶、技能帮扶、就业帮扶。制定发布塔里木油田公司助力乡村振兴实施意见，明确帮扶工作规划，成立帮扶领导小组，强化组织领导、沟通协调、队伍建设，持续巩固拓展南疆四地州12个帮扶村脱贫攻坚成果，坚决守住不发生规模性返贫底线，推动实现乡村振兴。截至2021年底，塔里木油田累计选派33名政治觉悟高、工作作风实、综合能力强、身体素质好的中青年干部专职支撑帮扶工作，助力各帮扶村执政能力和"两委"干部政治素质、管理水平、带富能力、群众威信提升。2021年新建油地共用公路40千米，油地共用公路总里程2618千米，极大改善当地通行条件。建成总长度4701千米的南疆天然气利民管网，全年累计向南疆五地州供应天然气51.83亿立方米，全力保障南疆民生用气。大力实施消费帮扶，2021年定向采购尼勒克县、拜城县、12个定点帮扶村和原"三区三州"深度贫困区价值2100余万元的蔬菜、牛羊肉、瓜果等农副产品，促进帮扶地产业持续发展。2021年投入帮扶资金570万元，实施帮扶项目14个，带动帮扶地产业持续优化；投入专项培训资金80万元，开展各类培训150余次，培训3500余人次，实现转移就业465人，带动帮扶地富余劳动力特别是妇女劳动力就地就近稳定就业。

【塔里木油田深入推进健康企业建设】 2022年，塔里木油田公司贯彻落实集团公司"健康中国2030"规划方案，践行"一切为了大发展、一切为了老百姓"理念，持续规范改进体检项目，强化健康风险评估和超前干预，塑造阳光心态、推动全民健身、倡导健康生活。发布推进健康企业建设十项措施,部署安排健康筛查与主动干预、提升健康保障能力、开展全民健身活动等23项重点工作;覆盖全员开展"1小时健步走"、工间操、"健康作息"等健身活动,先后在生活基地和生产一线建成36座运动场馆及活动室、21.5千米健身步道,配置健身器材1811套,建成38个健康小屋,配备59台除颤仪,在两级机关开展"无烟单位"创建评比,对55家创建单位进行授牌公示;增加完善癌症筛查、颈椎CT、腰椎CT等体检项目,并建立健康数据分析筛查模型,开展健康筛查和风险分级评估;常态化邀请国内心理学专家对一线员工开展心理辅导,帮助员工更好实现情绪自我管理,搭建覆盖一线和后勤、工作和生活区域的健康监测网络,切实保障员工身心健康。

【塔里木油田刘洪涛获中国青年科技奖特别奖】
2022年11月12日,塔里木油田公司油气工程研究院院长刘洪涛获由中共中央组织部、人力资源和社会保障部、中国科协共同设立并组织评选的"中国青年科技奖特别奖",成为新疆维吾尔自治区、塔里木油田公司首个获此奖项的科研人员。刘洪涛牵头组建塔里木油田首个"跨学科、跨专业"国家示范性创新工作室,代领团队创新完善深地油气工程技术体系。创新提出全井筒系统提速理念,攻关形成超深复杂井安全快速钻井技术,助力库车山前超深井平均钻井周期缩短300天。创新提出全生命周期井完整性理念,攻关形成高温高压井完整性技术体系,牵头编制我国首套高温高压井完整性技术规范,使塔里木高温高压井井完好率由65%提高至87%,保障了西气东输安全平稳供气。创新提出地质工程一体化提产理念,揭示了高应力差下仍然可以形成复杂缝网的机理,形成了超深裂缝性致密储层缝网改造技术,单井产量提高4倍以上。

(滑晓燕)

特载

TEZAI

专 文

砥砺奋进高质量　勇毅前行创一流
以优异业绩迎接党的二十大胜利召开

——杨学文在塔里木油田公司六届三次职代会暨
2022年工作会议上的主题报告

(2022年1月11日)

这次会议的主要任务是，以习近平新时代中国特色社会主义思想为指导，深入贯彻习近平总书记重要指示批示精神，全面落实自治区党委和集团公司党组决策部署，总结加快发展成果，分析面临的形势，部署2022年重点任务，动员全体干部员工砥砺奋进高质量、勇毅前行创一流，以优异业绩迎接党的二十大胜利召开！

下面，我向大会作主题报告，请予审议。

一、四年加快发展规划落实情况

2018年，习近平总书记深刻审视我国能源安全形势，高瞻远瞩作出大力提升勘探开发力度的重要批示。油田新一届党工委牢记嘱托、勇担使命，制定实施七年加快发展规划，狠抓事关长远发展的战略性、基础性工程，团结带领全体干部员工打赢一场又一场硬仗、干成一件又一件大事、取得一项又一项进步，高质量建成3000万吨大油气田，向党和国家交出了一份优异答卷。

四年来，我们牢记嘱托、加快发展，规模实力实现历史跨越。加强基础地质研究，确立勘探主攻方向，制定实施"3+2"战略部署，新区新领域风险勘探、甩开预探多点开花，两大根据地集中勘探、精细勘探捷报频传，累计获得4个重大突破、36个预探发现，落实一个10亿吨大油区、两个万亿立方米大气区，油田迎来新一轮勘探大发现、储量大增长。高效组织富油气区带集中建产，新建产能原油367.7万吨、天然气131.4亿立方米，成为国内规模效益上产的主战场。常态化开展老油气田综合治理，恢复产能原油130.7万吨、天然气63.2亿立方米，油田综合递减由11.0%下降至9.8%，气田负荷因子由1.10下降至1.01，开发生产步入良性循环。这四年，我们从加快发展的号角中走来，以百米速度跑出了一场油气上产的马拉松，推动产量一年一跨越、四年净增644万吨，赢得了3000万吨大油气田建设重大胜利。

四年来，我们牢记嘱托、矢志攻关，发展动能实现迭代升级。发展完善叠合复合盆地两大地质理论，建立符合地下实际的成藏模式，强化方案井位研究论证，全油田开发井成功率由87.8%提高到95.9%，高效井比例由11.2%提高到67.2%。攻关配套超深层工程技术，锻造形成高精度三维地震、超深层优快钻井、低渗透体积压裂"三把利剑"，钻探的超深井数量占全国80%以上，找到的超深层储量占全国3/4，引领了我国石油工业向超深层进军。坚持以信息化赋能高质量，扎实推进信息化与工业化深度融合，三年攻坚全面建成了数字化油田。这四年，我们从科技攻关的探索中走来，不断挑战"深地"极限，攻克一大批世界级难题，刷新一系列国内外纪录，全面掌握8000米勘探开发技术，在创新中实现了高质量发展。

四年来，我们牢记嘱托、锐意改革，体制机制实现转型重构。创新发展"两新两高"工作方针，相继开展深化改革年、基础管理年、管理提升年活动，突出油气勘探、重组产能建设、优化开发管理、退出炼油化工、加强安全管控、压缩后勤辅助，主营业务单位占比从41%提高到64%，油田组织机构更加精干，现代油公司管理体制更加完善。专题研究塔西南改革发展稳定工作，制定千万吨上产规划和一揽子支持政策，塔西南经营业绩逐年向好，油气产量连换字头，建成600万吨大油气田，打造了稳定南疆发展南疆的战略支点。纵深推进提质增效，狠抓方案优化、储量创效、物资盘活、市场营销，在低油价下实现了发展速度不降、发展质量更高。这四年，我们从改革管理的实践中走来，以刀刃向内的勇气自我革新，推进治理体系和治理能力现代化，实现了由会战体制向生产经营体制的重大变革。

四年来，我们牢记嘱托、忠诚履责，油田内外实现深度融合。完整准确贯彻新时代党的治疆方略，聚焦新疆工作总目标，筑牢意识形态主阵地，维护民族团结生命线，打好维稳防恐组合拳，实现了探区整体和谐稳定。深化油地共建共享，建立高层联席、干部挂职机制，积极拓展合资合作领域，持续扩大"气化南疆"范围，精准实施产业扶贫、消费扶贫、项目扶贫，助力3.4万群众脱贫摘帽，以实际行动赢得地方支持，营造了良好发展环境。时刻把员工放在心中最高位置，深入践行"两个一切为了"理念，用情用力改善办公生活环境，推动员工收入实现"四连涨"，职工群众心气顺了、腰包鼓了、干劲更足了。这四年，我们从为民造福的实干中走来，办成了许多实实在在员工期盼解决的事情，油田上下形成了团结奋进、干事创业的浓厚氛围。

四年来，我们牢记嘱托、强根铸魂，党的领导实现全面加强。扎实开展"不忘初心、牢记使命"主题教育和党史学习教育，不折不扣落实总书记重要指示批示精神，建立"五个不让步"工作原则，忠诚履行"三大责任"，以实际行动践行了"两个维护"。加强党工委统一领导，制定党工委工作规则和甲乙方"双十条"，建立"七统一"工作机制，创新"六共同"联合党建模式，实行"双向双重"考核，推进融合式、一体化管理，实现了甲方与乙方、党建与业务深度融合。

树立重实干、重实绩鲜明导向，大力选拔优秀年轻干部，中层年轻干部占比由7.4%提高到30.2%，一大批立志报国的才俊在油田发展中找到了坐标、实现了价值。深入贯彻全面从严治党战略方针，坚决肃清流毒影响，打出正风肃纪组合拳，提出"六心"工作要求，营造了风清气正的良好政治生态。坚持文化育人、典型引路，大力弘扬石油精神，深化企业文化建设，成功举办会战30周年、突破3000万吨系列庆祝活动，凝聚了推动发展的强大合力。这四年，我们从党建工作的领航中走来，锻造了红色石油铁军，筑牢了坚强战斗堡垒，以高质量党建引领了高质量发展。

天道酬勤，力耕不欺。四年来，我们抓资源、夯基础、抓创新、求突破、抓改革、强体魄、抓民生、聚合力、抓党建、筑优势，用发展成就书写了忠诚担当，用改革创新厚植了竞争优势，用真情为民凝聚了奋进力量，打造了可信赖、敢担当、勇创新、负责任的塔里木，谱写了高质量发展的新篇章。特别是2021年，我们站在3000万吨新起点，乘势而上、笃定前行，坚定不移推进世界一流现代化大油气田建设，实现了"十四五"良好开局。

全年工作呈现出十大亮点：一是党工委立足当前抓长远，优化完善公司战略体系，对创建一流、勘探开发、科技创新、新能源发展等进行了总体谋划和专题部署，统一了全员思想和行动。二是全年新增三级储量创历史新高，富满油田入选央企十大超级工程。三是在主动控减负荷的情况下，油气产量达到3182万吨，同比增长102万吨，年底油气日产量分别突破2万吨、1亿立方米，当量突破10万吨，创造了历史最好水平。四是收入突破500亿元大关，经营业绩创"十三五"以来最好水平。五是乙烷回收项目高效建成投产，日均生产乙烷2145吨、液烃1313吨，相当于新建一个没有递减的百万吨级油田。六是坚决打赢保供攻坚战，抢建抢投一批高产井和重点项目，在关键时刻彰显了央企担当。七是科技自立自强取得新进展，数字化油田全面建成，两项成果荣获省部级科技进步奖特等奖。八是安全环保被动局面得到有效扭转，油田时隔四年重获集团公司QHSE先进企业。九是油田被党中央、国务院评为全国脱贫攻坚先进集体，油地关系更加和谐稳固。十是党史学习教育扎实开展，企业凝聚力、向心力进一步提升，员工责任心、事业心进一步增强。一年来，各项工作都取得了新进展、开创了新局面。

一是主营业务发展开创新局面。油气勘探成果喜人。富满油田完试探井口口成功、口口高产，打出5口千吨井，形成横向百里连片、纵向千米含油的10亿吨大场面。博孜—大北发现大北4国内最深的陆相碎屑岩千亿立方米大气藏，落实一个三千亿立方米规模储量区，靠实了第二个万亿立方米优质高效大气区。昆仑山前甫沙8井打破塔西南11年勘探沉寂，发现一个资源量4.7亿吨的全新层系。油气开发量效齐增。开展油气生产能力提升行动，产能建设创完成率、符合率、贡献率"三个历史最优"，新建油气产能内部收益率分别达到20.4%、35.7%，成功打造博孜—大北、富满油田两个高效建产示范区，新区"上"的势头更加劲；综合治理聚焦六个方面动态分析，深挖十个方面上产潜力，精准摸排143个潜力项目，老区"稳"的基础更加牢固，油气开发呈现出前所未有的主动。矿权保护成效明显。快速适应国家矿权改革政策，创新矿权储量融合管理机制，加强矿权保护策略研究，系统开展盆地矿权评价，精细编制矿权到期退减方案，积极参加矿权竞拍，扎实做好探采合报，新获探矿权507.5平方千米、新增采矿权7155平方千米。新能源业务加快布局。强化顶层设计，确立"2540"目标和"12521"部署，有序推进天然气综合利用、光伏发电等重点项目，绿色低碳转型迈出重要步伐。

二是改革管理创新开创新局面。科技攻关成果丰硕。成立"4+2"研究专班，深化盆地基础研究、区带评价和目标优选，编制形成"五横五纵"盆地格架线和一批基础工业图件，明确了勘探主攻方向和重点目标。深化碳酸盐岩油气藏地质认识，建立断裂控储控藏控富成藏模式，探索高压注水重力驱油技术，推动了富满油田规模增储、效益上产。专题召开科技与信息化创新大会，加快配套完善8000米工程技术，形成10项标志性成果，超深层复杂油气藏勘探开发技术研发中心获得批复，油田被评为集团公司科技创新型企业。企业改革持续深化。建立领导体制调整配套制度，全面推行任期制和契约化管理，稳步推进"大部制"改革，优化完善监督管理模式，持续加强依法合规管理，国企改革三年行动全面收官。建立"五步选商"原则，从严承包商履约监管，强化承包商考评排序，大力培育战略承包商，前十大承包商市场份额超过60%，营造了公平竞争、优胜劣汰的市场环境。精益管理纵深推进。全方位开展对标提升，系统立标、对标、追标，创建世界一流进入加速期。大力实施市场战略，全面加强市场营销管理，建立量价联动、产销协同机制,扎实推进原油分质分销、天然气扩销推价,稳步做大做优周边市场,创效5亿元。制定实施"五优化、五强化"提质增效升级版,全年控投降本增效42亿元,创效能力保持行业领先。

三是安全绿色发展开创新局面。安全管控能力有效增强。扎实推进安全生产和油气水井质量三年整治行动,建立常态化全员隐患排查整改、承包商资质资格核查、安全生产记分等长效机制,开展反违章、安全环保领域形式主义官僚主义专项整治,安全生产形势实现稳定受控。坚决打赢井控安全翻身仗,有效管控井控溢流风险,井控安全管理水平稳步提升。生态文明建设全面加强。落实生态环境保护重大事项议事制度,全面推行清洁生产,大力推进节能降耗,提前完成油泥清零任务,18座矿山完成自主验收,油田成功创建集团公司首批绿色企业。健康企业建设加快推进。完善健康管理制度体系,开展健康筛查和评估干预,建立健全员工健康管理档案,员工自主健康管理意识明显增强。严格落实疫情管理措施,守住了"零疫情、零感染"底线。

四是和谐油田建设开创新局面。探区大局保持稳定。严肃反分裂斗争纪律,狠抓重点场所、重点时段升级管控,平安护航建党百年。高位推进民族团结进步事业,成功创建全国民族团结进步示范单位。深入开展"反内盗"专项整治,维护了治安秩序和油田利益。油地关系持续巩固。优选新一轮干部开展"访惠聚"驻村,持续做好产业帮扶和消费帮扶,实现了巩固脱贫攻坚成果与乡村振兴有效衔接。深化油地沟通、干部挂职,打造油地融合发展示范点,密切了油地关系,增进了油地感情。民生福祉持续增进。扎实开展"我为员工群众办实事"实践活动,解决问题1900余项,切实把问题清单变成了幸福清单。高标准推进研发中心和新小区建设,严格质量监管,打造优质工程,干部员工即将迎来高品质新家园。实施幼儿园扩建、健身步道建设、生活设施完善等民生工程,以优异业绩挣回更多工资总额,小区环境越来越美,员工收入越来越高,我们的日子越过越美好。

五是全面从严治党开创新局面。政治建设持续加强。扎实开展党史学习教育,认真落实"第一议题"制度,深入学习贯彻总书记重要讲话和党的十九届六中全会精神,隆重举行庆祝建党100周年系列活动,制定提高政治能力"20个必须做到","两个维护"更加坚定自觉。人才强企扎实推进。贯彻新时代党的组织路线,动态建立两支预备队,新提拔的中层干部"80后"占68.7%,干部队伍梯次结构逐步改善。大力招揽优秀人才,重奖重用科技功臣,充分激发了各类人才的创新活力。基层党建有声有色。深入开展"转观念、勇担当、高质量、创一流"主题教育,推进基层党建"三基本"建设与"三基"工作有机融合,涌现出"六小常""四看四清"等一批特色做法。正风肃纪走深走实。建立干部员工打招呼事项登记报告制度,制定解决形式主义突出问题30条措施,高质量完成基层单位党委巡察全覆盖,对歪风邪气露头就打、对违纪违规寸步不让,风清气正的政治生态持续巩固。企业品牌自信自强。加大高质量、超深层品牌宣传力度,油田改革发展成效第一次登上除夕夜新闻联播、第一次登上央视新闻头条、第一次登上全球新闻宣传平台,塔里木知名度、影响力大幅提升。

知往鉴今,以启未来。四年的砥砺奋进,我们深刻认识到:党的领导是做好工作的根本保证,必须始终坚持党的领导、加强党的建设,深学笃用习近平新时代中国特色社会主义思想,充分发挥党工委把方向、管大局、促落实的领导作用,确保油田改革发展的正确方向。加快发展是解决问题的根本途径,必须始终坚持把发展作为第一要务,完整准确全面贯彻新发展理念,毫不动摇做强做优做大塔里木油气事业,切实增强保障国家能源安全的综合实力。改革创新是战胜挑战的根本动力,必须始终坚持"两新两高"工作方针,坚定不移走科技强企、改革兴企之路,以创新赢得主动、赢得优势、赢得未来,牢牢把握高质量发展的主动权。矢志为民是凝聚力量的根本举措,必须始终坚持人民至上,牢固树立宗旨意识,更好地把发展成果惠及员工群众和当地百姓,全面汇聚共同奋斗的磅礴伟力。石油铁军是夺取胜利的根本力量,必须始终坚持以石油精神铸魂育人,全心全意依靠职工群众办企业,注重发挥职工群众首创精神,打造政治过硬、能力过硬、作风过硬的石油队伍,推动塔里木油气事业从胜利走向新的更大胜利。

各位代表、同志们,这些成绩的取得,得益于习近平新时代中国特色社会主义思想的科学指引、定向领航,得益于自治区党委、集团公司党组的坚强领导、亲切关怀,得益于南疆五地州和各兄弟单位的大力支持、鼎力相助,得益于全体干部员工的顽强拼搏、辛勤付出。在此,我代表油田党工委和油田公司,向关心支持油田发展的各级领导、各界朋友,向全体干部员工、离退休老同志和员工家属表示衷心感谢、致以崇高的敬意!

二、坚定不移率先建成世界一流现代化大油气田

习近平总书记强调,一流企业是大国强国的标配,要培育具有全球竞争力的世界一流企业。在去年"两会"上,党工委以高度的政治自觉、强烈的责任担当,确立了创建世界一流现代化大油气田"两步走"战略安排,开启了奋进高质量、率先创一流的新征程。我们要进一步提高政治站位,牢记责任使命,认清机遇挑战,聚焦"率先"、全面发力,坚定不移走好新的赶考之路。

塔里木肩负的责任重大、承载的使命光荣,必须率先建成世界一流现代化大油气田。 国有企业是党执政兴国的重要支柱和依靠力量,能源是工业的粮食、国民经济的命脉。当前,实现中华民族伟大复兴进入不可逆转的历史进程,以习近平同志为核心的党中央统筹国内国际两个大局、发展安全两件大事,明确指出要发挥国有经济战略支撑作用,做强做优做大国有资本和国有企业。总书记多次对能源安全作出重要指示批示,提出"四个革命、一个合作"能源安全新战略,要求深入推动能源革命、加快建设能源强国。特别是在考察胜利油田时,指示我们要把能源饭碗牢牢端在自己手里,强调石油战线始终是共和国改革发展的一面旗帜,要继续举好这面旗帜,在确保国家能源安全、保障经济社会发展上再立新功、再创佳绩。自治区大力推动工业强基增效和转型升级,对油气行业促进经济社会发展寄予厚望。马兴瑞书记上任伊始就深入油田调研,要求我们加大勘探开发力度,加快延伸下游产业链条,发挥好央企对地方经济发展的带动作用。集团公司把塔里木作为高质量发展的主战场,去年6位党组领导调研油田,特别是戴厚良董事长勉励我们加快高质量发展,争当创建世界一流的排头兵。塔里木油田坐拥国内最大的含油气盆地,已建成我国陆上第三大油气田,也是国内最具潜力、最具效益、最具成长力的油田,大就要有大的担当、大就要有大的样子。我们必须胸怀"国之大者",勇担时代使命,率先建成世界一流,切实在推动集团公司高质量发展中扛起塔里木担当,在建设新时代中国特色社会主义新疆中展现塔里木作为,在建设社会主义现代化强国中贡献塔里木力量。

塔里木发展的机遇难得、具备的条件有利,必须率先建成世界一流现代化大油气田。 一是发展空间广阔。我国坚持以经济建设为中心,实施扩大内需战略,能源消费需求将稳定增长,特别是"双碳"背景下,天然气迈入鼎盛发展期。油田以气为主,必将在多元化能源发展新格局中占据重要一席。二是政策叠加增效。国家对油气行业的重视程度、支持力度不断加大,相继出台减税降费、简政放权、支持新能源业务发展等一系列政策。自治区把石油石化作为十大产业之首,大力支持中石油在疆开发建设,特别是新一届党委释放出推动经济发展的强烈信号。油田作为最大驻疆石油石化企业,必将在新疆经济大发展中受到高度重视、得到政策支持。集团公司坚持高质量发展,对大盆地、效益企业持续加大支持力度,油田资源潜力大、经济效益好,必将是重点发展、优先发展的第一梯队。三是发展基础坚实。油田油气资源丰富、管理模式先进、主体技术配套、员工队伍精干,发展质量效益始终保持行业领先。特别是与4家国际油公司对标,我们有64%的指标靠前,总体处于国内领先、接近国际一流。可以讲,油田面临的机遇千载难逢,具备的条件得天独厚,不率先就是落后!我们必须抢抓机遇、乘势而上,以舍我其谁的责任感、只争朝夕的紧迫感,坚决在创建世界一流中干在实处、走在前列。

塔里木面临的形势复杂、前进的竞争激烈,必须率先建成世界一流现代化大油气田。 纵观全球,在世纪疫情冲击下,百年变局加速演进,经济全球化遭遇逆流,国际政治格局、经济格局深刻调整,科技博弈、能源博弈暗流涌动,国际油价大概率呈现前高后低走势,能源科技"卡脖子"风险日益加大。放眼国内,我国经济发展面临需求收缩、供给冲击、预期转弱三重压力,油田远离主体消费市场,产销协同面临极大挑战;油气行业全产业链开放进入新时期,矿权强制核减、竞争出让政策全面实施,矿权退减严重制约油田可持续发展。着眼行业,能源革命方兴未艾,"双碳"目标加速新一轮产业变革,油气田企业既是能源生产大户,也是能源消耗大户,绿色低碳转型迫在眉睫;国内各大油气田加快增储上产,油田前有标兵、后有追兵,高质量加快发展刻不容缓。审视自身,油田勘探开发全面进入超深复杂领域,资源品质逐年下降,储量结构不够合理,自主创新能力不强,本质安全水平不高,干部员工能力素质有待提高,我们在科技创新、风险管控、人力资源价值提升等方面与世界一流企业还存在不小差距。面对国际格局调整之变、我国发展阶段之变、能源行业转型之变,我

们既要正视困难，更要坚定信心，坚定不移做好自己的事情，以一流的实力从容应对前进道路上的风险挑战。

总之，率先建成世界一流现代化大油气田是使命所在、形势所迫、发展所需。我们要保持战略定力、锚定战略目标、细化战略举措，一以贯之坚持"1256"总体部署，在大力实施创新、资源、市场、低成本、安全绿色五大战略的同时，重点实施科技创新、资源掌控、提质增效、企业改革、人才强企、文化引领"六大举措"，毫不动摇推进"六个一流"战略目标的实现。

——毫不动摇强化科技创新，坚定不移打造一流的科学技术。科学技术是创建一流的硬核武器。要坚持把创新摆在发展全局的核心位置，按照"快速突破"和"久久为功"两个层面，突出抓好超深层地质理论创新，攻关配套万米工程技术，加快推进数字化转型智能化发展，全面构建高效开放创新体系，努力形成与世界一流相匹配的标志性成果，着力打造我国超深油气创新高地，实现高水平科技自立自强。

——毫不动摇突出资源掌控，坚定不移打造一流的规模实力。规模实力是创建一流的准入门槛。要坚持立足大盆地、寻找大场面、建设大油气田，突出高效勘探、效益开发，加快寻找战略接替领域，加快获取规模效益储量，加快提升油气生产能力，勇当保障国家能源安全主力军。坚持新能源与油气协同发展，加快绿色低碳转型，积极构建多能互补供给格局，确保塔里木事业基业长青。

——毫不动摇推进提质增效，坚定不移打造一流的经营业绩。经营业绩是创建一流的核心指标。要坚持把价值创造作为永恒追求，全面落实"四精"要求，紧紧围绕"两利四率"，大力实施低成本战略，从"资源保障、创新成长、管理运营、财务绩效、市场供给"五个维度综合施策，确保投资资本回报率、净资产收益率均保持在17%以上，当好党和国家的经济部队。

——毫不动摇深化企业改革，坚定不移打造一流的管理水平。深化改革是创建一流的不竭动力。要坚持"两个一以贯之"，遵循"四个坚持"兴企方略和"四化"治企准则，聚焦治理体系和治理能力现代化，持续优化管理体制，精准落实岗位责任，着力防范化解合规经营、安全环保、和谐稳定等重大风险，全面打造"油公司"模式升级版，筑牢高质量发展的体制优势。

——毫不动摇实施人才强企，坚定不移打造一流的员工队伍。人才队伍是创建一流的第一资源。要坚持把人力资源开发放在最优先位置，以工程思维组织实施人才专项工程和计划，完善干部"选育管用"和人才"生聚理用"机制，锻造一支梯次合理、业务精湛、作风过硬的高素质专业化队伍，培养一批高端型、复合型、领军型科技人才，建设我国石油工业超深领域人才"孵化基地"，不断增强企业核心竞争力。

——毫不动摇坚持文化引领，坚定不移打造一流的品牌形象。企业文化是创建一流的精神动力。企业发展近期靠产品、中期靠人才、长期靠文化。要大力弘扬伟大建党精神、石油精神和塔里木精神，完善文化体系、丰富文化内涵，增强文化自觉、坚定文化自信，讲好塔里木故事、传播塔里木声音，树立特色鲜明、底蕴深厚、有口皆碑的品牌形象，筑牢共同思想基础和价值追求，提升塔里木知名度和影响力。

各位代表、同志们，塔里木油田广阔天地、大有作为。我们一定要苦干实干永不懈怠、追求卓越一往无前，以咬定青山不放松的执着，奋力实现率先建成世界一流现代化大油气田宏伟目标！

三、2022年重点工作部署

今年将召开党的二十大，各项工作要紧紧围绕迎接和贯彻党的二十大这条主线谋划推进。全年工作的总体要求是：深入贯彻党的十九大和十九届历次全会精神，全面落实自治区党委、集团公司党组决策部署，锚定率先建成世界一流现代化大油气田目标，完整准确全面贯彻新发展理念，高质量发展主营业务，高水平开展科技创新，高效能加强企业治理，高标准抓好安全环保，高站位履行央企责任，全面提升党建工作质量，以优异业绩迎接党的二十大胜利召开。

全年的主要生产经营任务是：

——生产石油液体**万吨、天然气**亿立方米，油气当量**万吨。

——杜绝一般A级及以上生产安全事故和环境事件，杜绝井喷失控事故，不发生党风廉政、合规经营、维稳防恐等重大问题。

重点做好五个方面的工作：

（一）高质量发展主营业务，壮大油田规模实力

坚持油气与新能源并举，大力提升勘探开发力度，因地制宜发展新能源业务，进一步提升能源供给保障能力。

突出加强高效勘探。 坚持把风险勘探摆在首位，锁定富烃凹陷，坚定不移推进库车南斜坡多类型油气勘探，坚定不移推进台盆区围绕深大断裂的多目的层立体勘探，坚定不移推进北部构造带多类型油气勘探，加快把新区新领域变成战略接替区。突出抓好富油气区精细勘探，集中勘探克拉苏构造带，一体勘探富满地区，滚动勘探老区深层与碎屑岩，落实规模效益储量。研究用好国家矿权新政，积极参与招拍挂，加快推进探转采，牢牢守住矿权生命线。

精细组织油气开发。 牢固树立开发"九大理念"，统筹新区上产、老区稳产、措施增产、管理促产，全面提升开发质量和效益。推进博孜—大北、富满油田集中建产，超前准备开发方案，高效组织钻完试投，加快配套地面骨架管网和注水系统，全力推动规模效益上产。围绕提高储量动用率和油气采收率，持续深化老油气田综合治理，确保油田综合递减控制在9.8%以内、气田负荷因子降至1.0以下。科学组织产运储销，精细装置运行维护，强化水电讯运保障，坚决完成生产任务和保供任务。

加快发展新能源业务。 坚持把新能源作为油田主营业务，加快新能源业务体系建设，按照集团公司"清洁替代、战略接替、绿色转型"总体部署和油田"12521"工作部署，立足实际、突出重点、压实责任，高效推进天然气综合利用、光伏发电、CCUS等重点项目，积极争取"绿电"并网指标，开展锂矿资源普查评价和利用研究，推动新能源业务尽快取得实质性进展。

（二）高水平开展科技攻关，加快科技自立自强

突出问题导向、生产导向、效益导向，加快配套关键核心技术，以高质量科技供给支撑高质量发展。

抓实抓牢盆地基础研究。 制定实施基础研究五年规划，建立长期稳定科研团队，系统开展以层序地层为基础的沉积构造体系研究、以烃源岩为核心的含油气系统研究、以疏导体系和储盖组合为核心的优势成藏规律研究，下大力气搞清成盆、成烃、成储、成藏规律，有效指导高效勘探。深化油气藏开发机理研究，持续加强地质力学研究，配套完善不同类型油气藏开发技术体系，加快打造一流特色技术，推动油气田高产稳产。

加快攻克瓶颈技术难题。 以经济、安全、高效为目标，持续配套超深层工程技术，重点攻关超深复杂区地震精准成像、集中建产区优快钻井、恶性井漏固井质量提升、超深油气层测井识别、迪北致密气有效改造等技术，全面提升工程技术保障能力。配套推广老井侧钻、水淹油藏水平井开发、碳酸盐岩高压注水重力驱油等技术，提高储量动用程度和单井EUR。健全完善地面标准化建设体系，科学推行橇装化模块化建设，提高工程建设效率和本质安全水平。

加快数字化转型智能化发展。 巩固拓展数字化建设成果，强化信息技术与业务深度融合，推动组织架构和管理模式变革。深入开展数据生态治理，强化数据采集、录入、存储全过程质量管控，推动跨业务、跨专业、跨部门数据集成和共享应用，切实把海量数据转化为核心资产。启动智能化油田建设，加快打造全面感知、自动操控、智能预测的运营模式。

开展科技体制改革攻坚。 完善开放共享科研体制，建好用好超深层复杂油气藏勘探开发技术研发中心，发挥高端平台虹吸效应和资源优势，增强自主创新能力。健全科研项目管理体系，完善生产现场发现问题立项管理机制，推行"揭榜挂帅""赛马制"，提高科研攻关质效。加强科研成果管理，策划好高层次科技成果申报。落实精准激励措施，让各类人才创新活力竞相迸发。

（三）高效能加强企业治理，激发发展动力活力

聚焦治理体系和治理能力现代化，以精益管理、合规管理为重点，全面深化企业改革和管理创新，厚植高质量发展动能。

推进管理体系优化提升。 统筹规划建设共享中心，稳步推进"大部制"改革和新型采油气管理区建设，进一步压减管理层级、提高工作效率，构建扁平化组织架构。深化三项制度改革，健全"四能"机制，引导干部员工立足岗位干事创业；深化用工方式转型，精干生产保障和后勤业务，持续优化队伍结构。完善市场化机制，突出公平竞争、对标排序、优胜劣汰，大力培育战略合作伙伴。

提升科学化管理水平。 开展岗位责任制大检查，梳理工作职责，完善工作标准，推动全员明责知责、履责尽责，夯实油田管理基础。牢固树立"精益管理出最大效益"的理念，系统总结方案设计优化、投资成本管控、储量挖潜创效、物资集中采购、清单计量市场定价、油气市场营销等提质增效经验做法，将成熟措施转化为制度，把精益管理上升为文化，全面提升各领域精益化管理水平。抓好对标提升方案落地，深入开展常态化对标，不断提高油田管理效能

和发展质量。

加强依法合规管理。落实央企"合规管理强化年"专项工作要求，抓好依法治企"十四五"实施方案落地，营造全员尊法学法守法用法的良好氛围。注重用法治思维和法治方式组织生产经营，加强重点业务、重要事项、重大经营事项审计监督，从严整改审计、巡察、稽查等发现问题，打造治理完善、经营合规、管理规范、守法诚信的法治央企。强化敌情观念，加强保密管理，切实保护油田核心利益。

（四）高标准抓好安全环保，提升风险管控能力

牢固树立安全环保政治意识，以体系建设为抓手，夯基础、补短板、严监管，推动安全环保形势持续向好。

大力强化安全生产管控。全面完成安全生产专项整治三年行动，突出抓好井控、地面、承包商等重点领域风险管控，巩固深化常态化全员隐患排查整改、承包商资质资格核查、安全生产记分等有效机制，坚决识别大风险、消除大隐患、杜绝大事故。特别要始终把井控作为"天字号"工程，严落实甲乙方主体责任，严格执行井控管理规定，严格重点井、重点工序现场监管，全面提升井控装备可靠性，确保任何作业、任何工况、任何条件下井控绝对安全。

全面推进绿色低碳发展。认真做好第二轮中央环保督察迎检工作，坚决杜绝负面事件。打好污染防治攻坚战，从严加快环保隐患治理，大力推行清洁生产，减少存量、杜绝增量，巩固绿色企业创建成果。全面摸排碳排放现状，实施全过程清洁低碳行动，推进机采、集输、处理、注水注气等生产系统提效，加强甲烷和VOCs协同管控，做好余热余压利用、零散气经济回收等工作，加快形成绿色低碳生产方式。

持续加强质量计量管理。坚持安全环保从设计抓起，严格方案设计审查把关，严格"四新"产品风险评估，从源头提高本质安全水平。严控工程项目建设质量，严把设备、物资、材料质量关，强化施工建设过程监管，竣工验收和投产前隐患排查，坚决杜绝工程质量缺陷。组织好计量系统完善专项行动，提高计量的准确性、稳定性和可靠性。

坚决守护员工生命健康。扎实推进健康企业建设，规范改进健康体检，加强职业病危害隐患排查治理，强化健康风险评估和超前干预，塑造阳光心态、倡导健康生活、推动全民健身，保障员工身心健康。慎终如始抓好常态化疫情管理，坚决守住"零疫情、零感染"底线。

（五）高站位履行央企责任，确保大局和谐稳定

深入践行"两个一切为了"理念，筑牢稳定防线，兜牢民生底线，打造和谐发展的典范。

全面推进平安油田建设。认真贯彻自治区第十次党代会精神，聚焦总目标、打好组合拳，严细抓好冬奥会、党的二十大等重点时段升级管控，确保万无一失。铸牢中华民族共同体意识，做好新时代民族工作，加强民族团结教育，巩固提升民族团结进步创建成果。深入开展严打专项工作，将"两面人"挖干净、打干净。完善塔里木特色"枫桥经验"，依法合规做好信访工作，畅通诉求表达渠道，及时解决合理诉求，防范化解队伍稳定风险。

构建油地发展共同体。用好油地沟通交流机制，发挥好挂职干部的桥梁纽带作用，建立更加紧密和谐的油地关系。深化油地合资合作，运营好巴州能源、塔中西部两个合资公司，积极推进南疆天然气利民二期工程和乙烷回收二期工程，支持地方劳动力市场发展，持续促进地方经济社会发展和民生改善。落实助力乡村振兴实施意见，扎实开展"访惠聚"驻村，精准做好对口支援，推动产业高质高效、乡村宜居宜业、村民富裕富足，实实在在造福当地百姓。

全面建设幸福塔里木。高标准完成研发中心交付和新小区入住，打造高品质工作生活新空间。持续推进库尔勒和泽普石油基地基础设施改造，统筹解决停车难问题。加强前线和生活基地食堂管理，提高伙食质量，严格卫生监管，让员工吃上放心饭。建立覆盖全员的大病就医、转院保障机制，决不让一名员工为看大病发愁。弘扬传统美德，共建美好家园，大力倡导"爱国守法、明礼诚信、团结友善、勤俭自强、敬业奉献"的道德规范，让油田充满浓浓的人情味、满满的正能量。建立"我为员工群众办实事"常态机制，多措并举谋福利、真情实意惠民生，让员工群众的获得感成色更足、幸福感更可持续、安全感更有保障。

四、一以贯之坚持党的领导加强党的建设

坚持党的领导、加强党的建设是国有企业的"根"和"魂"。要全面贯彻新时代党的建设总要求，充分发挥全面从严治党引领保障作用，不断提升党建工作质量，以高质量党建引领率先建成世界一流现代化大油气田。

(一)加强政治建设,砥砺赤诚忠心

严格落实第一议题制度,在学懂弄通做实习近平新时代中国特色社会主义思想上持续用力,推动党的十九届六中全会和党的二十大精神大学习、大宣贯、大落实,深刻领悟"两个确立",坚决做到"两个维护"。巩固拓展党史学习教育成果,弘扬伟大建党精神,坚定扎根边疆、兴油报国的信仰信念信心。全面加强党工委统一领导,严格落实"五个不让步"工作原则,深化"七统一"工作机制和"六共同"联合党建,确保党工委始终总揽全局、协调各方。各级党组织和党员干部要从讲政治的高度观大势、谋全局、干实事、抓落实,持之以恒落实好提高政治能力"20个必须做到",对党忠诚、听党指挥、为党尽责。

(二)夯实基层基础,筑牢战斗堡垒

牢固树立大抓基层的鲜明导向,落实好党建"三基本"建设和"三基"工作有机融合实施意见,全面提升基层党组织凝聚力、战斗力,让党建成为看得见的生产力。抓实星级标准化党支部创建,打造一批特色鲜明、享誉全国的基层党建品牌。深入推进党务干部能力提升工程,持续开展学条例用条例活动,推进党务干部与业务干部双向培养,打造懂党建、精业务的复合型人才。加强"油公司"党建体制研究,完善基层党建标准化体系,提高党建工作质量和效率。坚持以党建带工建、促团建,扎实推进"青马工程",广泛开展劳动竞赛、创新创效等活动,在各条战线掀起"比学赶帮超"的热潮。

(三)实施人才强企,激发干事热情

坚持突出政治、注重实干、面向基层、聚焦高素质、推进年轻化,着力打造"三强"干部队伍,对想干事、能干事、干成事的大胆使用,对不担当、不进取、不作为的坚决调整。围绕修好"政治课"、上好"专业课"、补好"实践课",系统强化干部能力建设,突出抓好两级机关干部沟通协调、归纳总结能力提升。坚持严管厚爱结合,严格干部日常管理、监督和考核,做实容错纠错机制,为敢闯的"开绿灯",为敢干的"兜住底",决不让实干者吃亏。聚焦"高精尖缺",健全落实"生聚理用"机制,制订实施人才接替计划,持续推进"十百千"等人才培养工程,不断壮大油田人才队伍硬实力。

(四)从严正风肃纪,净化政治生态

坚持"三不"一体推进,坚持惩治震慑、制度约束、提高觉悟一体发力,发挥"大监督"合力,加大监督执纪问责力度,严查严处靠企吃企、权钱交易、吃里扒外等腐败问题,严查严处不敢管、不愿管、不真管背后的腐败问题,巩固发展反腐败斗争压倒性胜利。加强对"一把手"和领导班子监督,执行好打招呼事项登记报告制度。严肃抓好基层单位巡察问题整改,高质量开展机关作风专项巡察,重点解决"内卷、躺平、等靠要"等思想行为,切实纠正偏差、形成震慑、促进发展。锲而不舍落实中央八项规定精神,高度警惕由风及腐、风腐一体,坚决打击团团伙伙、吃吃喝喝等歪风邪气,坚决打击照抄照搬、弄虚作假、甩手掌柜等形式主义官僚主义,推动油田风气持续向上向善。

(五)弘扬石油精神,赓续红色血脉

落实"文化润疆"工程要求,加强社会主义核心价值观宣传教育,旗帜鲜明抵制各种错误观点,坚决守好意识形态阵地。提炼深化塔里木精神,丰富完善特色企业文化,统筹谋划塔里木展览馆、地质陈列室等文化阵地建设,守住历史根脉、厚植文化底蕴,增强干部员工的文化自信。加强宣传工作顶层设计,做好重大典型选树,精心策划发声立像,推出一批有份量、有影响的深度报道,外树形象、内鼓士气,汇聚干事创业的强大合力。

各位代表、同志们,时代呼唤担当,实干成就未来。让我们更加紧密地团结在以习近平同志为核心的党中央周围,砥砺奋进、勇毅前行,坚定不移推进世界一流现代化大油气田建设,以优异业绩迎接党的二十大胜利召开!

强化生产组织　深化提质增效
高质量完成全年生产经营目标任务

——在沈复孝塔里木油田公司六届三次职代会暨
2022年工作会议上的生产经营报告

（2022年1月11日）

油田公司执行董事、党工委书记杨学文同志所作的主题报告，以习近平新时代中国特色社会主义思想为指导，全面总结了7年加快发展规划落实情况和2021年工作成果，深刻分析了油田面临的新形势新任务新要求，安排部署了2022年重点工作，为做好今年生产经营工作，推进世界一流现代化大油气田建设指明了方向。我们要认真学习领会，抓好贯彻落实。下面，根据油田党工委安排，我向大会作生产经营报告，请予审议。

一、2021年主要生产经营成果

2021年是油田站在3000万吨新起点、全面实现高质量发展、率先建成世界一流现代化大油气田的开局之年。油田上下深入贯彻落实党中央、自治区党委、集团公司党组决策部署，按照油田党工委确定的目标任务，突出发展油气主业，全力优化生产运行，纵深推进提质增效，超额完成各项生产经营指标，实现了"十四五"良好开局。全年新增探明储量创历史新高，生产石油638万吨、天然气319.3亿立方米，油气当量3182万吨，同比增长102万吨，投资资本回报率17.05%，上缴税费74.47亿元，经营业绩位居集团公司上游企业前列。

一年来，主要做了以下工作：

（一）坚持资源为王，油气勘探连获发现

大力实施"3+2"战略部署，取得1个重大突破、13个重要发现，斩获集团公司油气勘探重大发现特等奖、一等奖、三等奖各一项。一是富满地区形成10亿吨大油区。实施整体发现年专项行动，积极预探主干断裂，探索评价伴生断裂，新发现和落实3条亿吨级断裂带，满深2井、满深3井分别创盆地碳酸盐岩油柱高度最大纪录和单井日产量最高纪录，富满地区整体新增三级石油地质储量可观，原油主力上产区的资源基础进一步靠实。二是博孜—大北形成万亿立方米大气区。强化失利井分析和目标优选，积极探索南部超深层，集中评价中部稳定区，大北4井首次在8000米以深发现千亿立方米高效整装气藏，解放了一批超深层圈闭，博孜1—博孜3区块7口探评价井均获高产，博孜—大北万亿立方米大气区基本靠实。三是新区新领域获得重大突破。甩开预探昆仑山前，甫沙8井首次在塔西南侏罗系获得突破。立体勘探库车北部构造带，吐东202井测获工业气流，迪北5井见到良好苗头，库车新区天然气勘探展现出广阔前景。四是矿权管理更加科学规范。全力打好矿权保卫战，竞获阿克陶东507.5平方千米探矿权，完成11个区块采矿权申报，新增采矿权面积7155平方千米，增长81%，拓展了油田可持续发展的空间。

（二）坚持效益开发，油气生产积极主动

统筹新区上产、老区稳产、措施增产、管理促产，开展油气生产能力提升行动，油气日产量分别突破2万吨、1亿立方米。一是新区上产节奏持续加快。坚持勘探开发一体化、地面地下一体化，集中动用富满油田、博孜—大北优质资源，强化方案井位超前准备，推行区域专打、井型专打，全年新建产能原油92.2万吨、天然气27.6亿立方米，分别完成年计划的102.4%、106.6%。乙烷回收项目提前达产达销达效，日均生产乙烷2145吨、液烃1313吨。二是老区稳产基础有效夯实。以提高储量动用率和油气采收率为目标，深入推进老油气田二次综合治理，实施措施作业181井次、有效率95%，恢复产能原油38.9万吨、天然气22亿立方米，油田综合递减下降至9.8%，气田负荷因子回归到1.01,油气开发步入良性循环。三是生产组织运行平稳高效。狠抓运行计划管理,加强钻完试投衔接,强化水电讯运保障,油气生产始终保持高位运行,博大油气开发部、巴州能源、哈得油气开发部实现较大幅度效益超产。精细组织装置检修,少影响产量石油2.5万吨、天然气0.7亿立方米。认真做好天然气保供,加快重点井、重点工程建设,制订3套应急调峰和"压非保民"方案,极限日产气量达1.03亿立方米,有力保障了大管网上载和南疆民生用气。产能建设事业部抢建抢投博孜1—大北11集输管线、三岔压气站等重点保供工程,为打赢冬季保供攻坚战作出了重要贡献。

(三)坚持技术立企,科技创新成果丰硕

大力实施创新战略,靶向开展技术攻关,加快推进数字化油田建设,有力支撑了增储上产。一是地质认识持续深化。加强盆地基础研究、整体研究,构建五横五纵盆地格架线,取得一批全新地质认识,新区新领域战略突破方向基本明朗。加强"中中合作",建立碳酸盐岩走滑断裂控储控藏控富的成藏模式,富满油田钻井成功率和高效井比例分别达到97.3%、69.7%。二是开发技术持续完善。探索建立碳酸盐岩高压注水重力驱油开发模式,在富源210断裂带试验成功,受效明显。实施克深气田100亿立方米稳产工程,持续攻关防水控水、防砂治砂、井筒解堵等技术,气田稳产期延长5年、采收率提高6.9个百分点。三是工程技术持续配套。加强高精度三维地震技术攻关,资料一级品率提高30%。推广应用巨厚砾石层、多套盐层优快钻井技术,钻井整体提速5%。攻关形成一体化改造技术,平均无阻流量提高5倍以上。大力推进物资设备国产化,140兆帕采气井口入选中国石油十项高端油气钻采新设备。四是数字化油田全面建成。上线运行"塔油坦途",建成投用生产指挥、DROC、油气调控3个智能运行中心,井场、站场数字化率分别达96%、100%,数字化油田建设实现了从"0"到"1"的突破。

(四)坚持守正创新,改革管理持续深化

遵循"四个坚持"兴企方略和"四化"治企准则,深化企业改革,强化经营管理,高质量发展的内生动力不断增强。一是企业改革纵深推进。超前完成国企改革三年行动任务,在集团公司排名第一。深化监督业务改革,推行区域总监负责制,打造专业化、职业化监督队伍,提升了现场安全管控能力。优化组织管理体系,3家单位完成"大部制"改革,新型采油气作业区达标率100%,有效提高了管理效率。二是对标提升扎实开展。建立常态化立标、对标、追标工作机制,制定实施对标提升方案,配套形成111项指标体系和147项具体措施,有力指导了世界一流现代化大油气田建设。三是提质增效成果明显。打造提质增效升级版,制定实施10个方面68项措施,全年优化投资19亿元、降低成本17亿元、创效增收7亿元。油田提质增效亮点纷呈:勘探开发系统坚持优化方案就是降低成本,严格方案井位三级审查,无效投资占比下降至2.9%,产建内部收益率提高6.7个百分点;深挖储量创效潜力,控减资产折耗15.81亿元。地面系统推行标准化建设,节约投资9200万元,项目平均建设周期缩短40%。轮南油气开发部创新老井挖潜"七结合",综合递减由16.1%降至6.9%,实现了老油田效益开发。

(五)坚持标本兼治,安全环保平稳受控

牢固树立安全环保红线意识,深化QHSE体系建设,着力补短板、堵漏洞、强弱项,安全环保管控能力持续增强。一是隐患排查整改精准有效。构建形成统筹六项工作、建立一套机制、运用一个手段、用好多种工具的隐患排查整改"四全"管理体系,推进常态化全员隐患排查整改,排查隐患26万余项,整改率99.8%,有效遏制了事故事件多发态势;首创安全环保领域形式主义官僚主义"二十种人"排查,扎实开展反违章专项整治,促进了安全环保执行力提升。二是风险管控能力持续提升。突出强化井控管理,建立井控装备现场保障2小时服务圈,组织井控专家评聘和井控人员培训,加强井控专项检查和现场应急演练,及时发现、有效处置溢流54井次,守住了井控安全底线。突出强化管道和站场完整性管理,全面推广无泄漏示范区建设,获得股份公司完整性管理工作第一名。突出强化承包商管理,严把"开复工前现场核查、过程中监督检查、阶段性考评兑现"3个环节,全覆盖开展承包商资质资格核查和安全生产记分,停工整顿22支,限减工作量26支,清退承包商28家。三是绿色低碳发展加快推进。高位推动绿色矿山和绿色企业创建,18座矿山全部具备验收条件,油田成功创建绿色企业。大力推行节能减排降耗,实施油气生产系统提效工程,全年节能3.5万吨标煤、节水14万立方米,单位油气产量综合能耗同比下降1.4%。制定实施新能源业务发展规划,推进全过程清洁低碳行动,启动天然气综合利用、光伏发电工程,建设轮南、东河CCUS先导示范区,绿色低碳转型蹄疾步稳。四是健康企业创建扎实开展。积极开展全员健康关爱，优化员工健康体检方案，强化健康评估与干预，健康管理体系逐步完善。抓好常态化疫情管理，细化落实管理措施，实现了零疫情、零感染。

总结回顾一年来的工作，我们既要看到成绩，也要认清不足。主要有：一是地质认识还不够深化。勘探开发对象日趋复杂，超深储量占比不断上升，基础地质研究有待深化，新区新领域和天然气预探圈闭准备不足。二是效益开发还不够深入。主力气田水侵形势日益严峻，提采技术储备不足，效益开发和稳产上产难度逐渐增加。三是地面系统还不够配套。"小马拉大车"和"装置吃不饱"现象不同程度存在，主力建产区骨架工程亟待加快建设。四是科技支撑还不够有力。工程技术与勘探开发需求还存在差距，部分关键核心技术仍然受制于人，实现科技自立自强任重道远。五是经营管理还不够精细。成本意识、效益意识、合规意识有待增强，重生产、轻经营的理念有待转变，成本管控水平有待提升。六是安全环保基础还不够牢固。安全环保隐患仍然存在，承包商管理还有短板，井控、地面等重点领域风险逐年加大，本质安全水平还需有效提升。对于这些问题，要在今后工作中高度重视，采取有力措施，切实加以解决。

二、2022年生产经营重点工作安排

根据主题报告的总体部署和工作目标，今年生产经营工作总体要求是：深入贯彻党的十九大和十九届历次全会精神，全面落实自治区党委、集团公司党组和油田党工委决策部署，锚定率先建成世界一流现代化大油气田目标，完整准确全面贯彻新发展理念，高质量发展主营业务，高水平开展科技创新，高效能加强企业治理，高标准抓好安全环保，高站位履行央企责任，全面提升党建工作质量，以优异业绩迎接党的二十大胜利召开。

全年生产经营工作要紧扣高效能组织、高水平运行、高质量发展的工作主题，坚持科学、安全、高效的工作原则，把握抢先抓早、有序有效的工作节奏，以高效勘探行动、油气生产能力提升行动、提质增效行动、全过程清洁低碳行动为工作抓手，推行计划管理、问题管理、对标管理的工作方法，圆满完成全年生产经营任务，推动高质量发展、率先建成世界一流现代化大油气田再上新台阶。

重点做好以下6个方面19项工作：

（一）加快寻找优质储量，持续夯实资源基础

大打油气勘探进攻仗，大力实施高效勘探行动，全年新增探明地质储量石油**亿吨、天然气**亿立方米，三级储量当量**亿吨以上。

突出新区新领域风险勘探、甩开预探。 围绕18个重点区带，加强圈闭搜寻和目标优选，加快新探1、克探1、启探1等风险井位论证，组织好恰探1、昆探1、麦探1等重点井钻探，力争获得战略突破。突出库车南斜坡、台盆区大断裂周缘、北部构造带三大重点领域，厘清烃源岩、断裂、储层、盖层匹配关系，抓好圈闭研究落实，加大勘探部署力度，加快形成上产战略接替区。

加强富油气区带集中勘探、精细勘探。 突出富满地区集中勘探，一体化评价F_116、F_117、F_119等主干断裂，积极预探次级断裂、分支断裂，新增石油三级储量3.5亿吨以上。抓好克拉苏构造带精细勘探，加快评价博孜1—博孜3、大北4、大北12等气藏，积极探索克深—大北转换带，新增天然气三级储量**亿立方米以上。持续推进塔北碎屑岩老区滚动勘探，力争获得新发现。

强化矿权储量管理。 系统开展矿权评价，加快探转采进程，积极竞争优质矿权，审慎做好矿权退减，确保有利矿权寸土不失。以探明、控制、预测储量"吃一、拿二、眼看三"为目标，持续优化储量序列，支撑产量可持续增长。加强SEC储量自评估和精细研究，深挖经济可采储量潜力，新增SEC储量石油**万吨、天然气**亿立方米以上。

（二）精细组织开发生产，持续推动量效齐增

全面落实开发"九大理念"，大力实施油气生产能力提升行动，全年生产石油液体726万吨、天然气323亿立方米，油气当量3300万吨。

加快油气上产节奏。 高效推进博孜—大北、富满油田集中建产，加快井位部署、钻前准备、钻完试投等工作组织，6月底前完成全部井位上钻，全年投产新井150口，新建产能原油111万吨、天然气25.8亿立方米。深化老油气田二次综合治理，精细做好注采井网完善、注水注气提采、长停井治理等工作，抢先抓早实施，9月底前完成所有措施作业，全年增产原油16.9万吨、天然气4.3亿立方米。

推进重点工程建设。 科学组织博孜—大北、富满油田地面骨架工程建设，超前谋划长周期设备采购，确保早开工、早投产、早受益。精心组织牙哈、柯克亚储气库建设，加快实施凝析油储运系统完善、哈

一联气系统扩建等重点项目,确保按期投产。争取政策和资金支持,积极推进南疆天然气利民管网二期工程、乙烷回收二期工程建设。

优化生产运行方式。坚持日跟踪、旬对比、月分析,严格执行产量运行计划,科学安排装置检修,强化设备物资、征地环评、水电讯运、应急消防等生产保障,全面完成全年产量任务。突出抓好天然气保供,统筹平衡大管网上载和南疆供气,坚决守住民生用气底线。加强市场营销管理,努力实现原油价值销售、天然气迎峰度夏,最大限度提高开发生产效率效益。

(三)实施清洁低碳行动,持续推进绿色发展

按照集团公司"清洁替代、战略接替、绿色转型"三步走总体部署,落实"12521"工作部署,大力实施节能降耗减排和清洁能源替代,因地制宜布局新能源业务,统筹推进油、气、新能源协同发展。

先瘦身强化节能降耗减排。严格落实新建项目节能审查制度,优化工艺设备选型,从源头提高能源利用效率。加强用能设备能效监测评价,开展机采、集输、注水注气、供配电等系统能效普查及潜力分析,建立全过程节能降耗减排定额控制机制,加快淘汰高污染、高排放、高耗能装置。加快建设英潜、迪那区块节能降耗减排示范区,发挥示范引领作用。将能耗总量、能耗强度、排污排碳总量、排放强度等指标分解下达到各单位,倒逼各单位主动节能降耗、减污降碳。

后健体实施清洁能源替代。坚持示范引领,加快清洁供能基地建设,高效推进塔中光伏发电、博孜处理厂和富源联合站光伏供电等清洁替代重点项目,加大清洁供能力度。分区分类分级开展太阳能、风能等可再生能源资源评价、技术攻关、现场试验和规模应用,一体化布局新能源光伏电站,加快推进轮南油田、塔中沙漠公路低碳示范区建设,稳步推进和田河等区块太阳能综合利用,构建形成多能融合的供给格局。

因地制宜布局新能源业务。组织好塔西南天然气综合利用工程建设,开展采出水锂回收先导试验,配套完善低成本开发工艺技术,稳步推进氢气产供储销一体化示范区、锂综合利用示范区建设。坚持以质量效益为中心,充分挖潜塔里木盆地资源优势,积极开展伴生矿产资源普查,不断探索甲乙双方、油地双方合资合作新模式,有序有效发展新能源业务。

(四)突出加强科技攻关,持续发挥支撑作用

落实油田科技与信息化创新大会部署,聚焦勘探开发需求,加强地质理论创新,加快关键技术配套,努力打造创新驱动新格局。

持续深化地质认识。新区新领域要加强盆地基础地质研究,搞清盆地构造演化特征、主力烃源岩分布、储层发育规律和油气成藏机理,指导重点接替领域选区选带。富油气区要深化两大油气地质理论,搞清优势成藏规律,加强断裂刻画和圈闭研究,指导目标精准落实。老油气田要深化开发机理研究,配套完善裂缝性气藏防水治水、碎屑岩油藏气驱采油、碳酸盐岩油气藏高压注水重力驱油等关键技术,有效提高储量动用率和油气采收率。

攻关配套工程技术。加强高密度三维地震采集处理解释一体化攻关,加快突破昆仑山前巨厚黄土区地震成像、北部构造带侏罗系地层岩性圈闭落实等难题。创新发展8000米安全高效钻井技术,重点攻关难钻地层钻井提速、溢漏同层安全钻进、事故复杂快速处理等技术,力争平均钻完井周期缩短5%、故障复杂时率控制在5%以内。配套完善储层改造技术,集智攻关北部构造带敏感储层改造技术,加快解放难动用储量。加强耐高温井下工具、耐腐蚀地面装置等关键设备研发,加快国产化替代步伐。

推进数字化转型智能化发展。按照"业务主导、信息统筹、应用为本、双轮驱动"的要求,优化完善三大智能运行系统,实现减少劳动用工、削减安全风险、提高工作效率、提升本质安全"两减两提"工作目标。丰富拓展"塔油坦途"功能,全面推进14个数字化转型业务场景建设,进一步提升数据共享、集成应用的质量。加强数据资产化管理,完善数据管理制度和标准规范,消除信息孤岛,提升数据资产价值。

(五)全面深化改革管理,持续提升创效能力

坚持苦练内功、深挖潜力,做好深化改革、提质增效、合规经营,实现收入**亿元、税前利润**亿元、经济增加值**亿元。

推动改革措施落地。全面做好改革三年行动收尾工作,开展改革"回头看",总结经验、固化成果,为今后深化改革提供参考借鉴。按照"成熟一个、实施一个"原则,稳妥推进生产保障、后勤辅助业务市场化改革,促进用工方式转型,实现"归核化"发展。扎实推进人才强企工程,统筹做好组织体系优化、人才价值提升、分配制度改革等三方面45项工作,为油田高质量发展提供坚强的组织和人才保证。

全面深化精益管理。精益方案设计管理，严格落实方案、井位三级审查制和措施作业"三总师"会审制，从源头提高投入产出回报。精益投资管理，坚持严谨投资、精准投资、效益投资，严格项目效益排队，严格过程跟踪评价，严格投资回报考核，做到花钱必问效、无效必问责，实现投资资本回报率21.21%以上。精益成本管理，大力实施低成本战略，全面分析成本构成，精准制定管控措施，确保油气操作成本控制在每桶**美元以内，油气完全成本分别控制在每桶**美元、每千立方米**元以内。精益生产运行管理，树立"上道工序为下道工序服务、下道工序是顾客"的理念，建立产销协同、快速反应的联动机制，实现各环节工作无缝衔接。精益设备管理，分级分类评价站场设备设施，精准识别低效负效资产，推进地面系统关停并转，切实提高设备利用率。精益库存管理，加强集中采购，推进代储代销，盘活利用闲置物资，降低库存和资金占用。

强化依法合规管理。深入学习贯彻习近平法治思想，加强法治宣传教育，增强全员法治意识。坚持把依法合规落实到生产经营各环节，做好重大经营事项法律审查，确保依法决策、依法经营。构建"大监督"格局，围绕招投标、物资采购、合同结算等重点领域，强化多部门协同检查、信息共享、风险预警，有效筑牢经济安全防线。

（六）系统抓好安全环保，持续推动形势向好

坚持"四全"管理和"四查"问责，保持安全环保高压严管态势，坚决识别大风险、消除大隐患、杜绝大事故。

严字当头抓安全。狠抓责任落实，修订完善安全环保责任清单，明确岗位职责，压实岗位责任，构建形成横向到边、纵向到底的责任体系。狠抓体系审核，分专业制定审核清单，实施一体化、精准化、差异化审核，深入查找不足，抓实问题整改，完善管理制度，提高体系运行质量。狠抓隐患排查整改，聚焦"真发现隐患、发现真隐患"，统筹推进常态化全员隐患排查整改等6项工作，确保各类隐患及时消除。狠抓井控风险管理，严格落实井控管理规定，压紧压实各级各方井控责任，全面加强现场作业监管，加快推进综合应急中心建设，坚决确保万无一失。狠抓承包商管理，常态化开展承包商资质资格核查，扎实做好对标核查、结果应用、计分排序、优胜劣汰工作，坚决淘汰不合格承包商，大力培育高质量战略合作方。

标本兼治抓环保。做好第二轮中央环保督察迎检准备，系统排查环保隐患，落实一井一档、一事一档，推进闭环整改，切实提升生态环保水平。严格甲烷与VOCs协同管控，开展土壤与地下水污染调查，加强生活污水装置运行调控，确保"三废"合规达标排放。深入推行清洁生产，积极开展钻井液无害化科研技术攻关，强化钻井废弃物减量化及资源化利用，实现无污染清洁作业技术覆盖率100%。

精益求精抓质量。扎实开展油气水井质量三年整治，把好入井材料关、井筒质量关，全面提升井完整性。强化工程建设质量管理，严控博孜处理厂、富满油田地面骨架管网等重点工程质量，打造安全优质工程。坚持把油气产品质量作为油田生命线，优化装置工艺流程和技术参数，确保油气产品质量合格。

毫不松懈抓健康。坚持个人负责、家庭参与、单位关心，建立科学管用、行之有效的健康管理体系，制订实施差异化体检方案，加强全员健康筛查和风险分级评估，做到精准体检、精确筛查、准确预判、提前预警。严格执行高危人群轮休假制度，合理安排员工轮岗和倒休，保障员工身心健康。落实落细常态化疫情管理措施，加快推进疫苗加强针接种，严守"零疫情、零感染"底线，强化疫情下的生产组织管理，保障油田生产经营高效运行。

做好全年生产经营工作，关键要发挥党组织把方向、管大局、促落实的领导作用。要坚持党对生产经营工作的全面领导，树牢"在经济领域为党工作"的理念，深入学习贯彻习近平新时代中国特色社会主义思想，深入学习贯彻党的十九届六中全会和党的二十大精神，引导干部员工从政治高度认识做好生产经营工作的责任使命，从政治角度观察、分析、解决生产经营问题，切实用党的创新理论指导生产经营实践。要牢固树立大抓基层的鲜明导向，全面推进党建工作与生产经营深度融合，固堡垒、强管理，抓融合、促发展，充分发挥基层党组织战斗堡垒作用和党员先锋模范作用，切实把党的政治优势、组织优势转化为发展优势、效益优势。要扎实推进作风转变，强化执行力建设，形成"说办就办、由我来办、马上就办、办就办好"的良好风气，确保油田党工委各项决策部署不折不扣落实落地。要把镜头、笔头对准基层，加大先进典型选树和宣传报道力度，营造干事创业的浓厚氛围。要认真践行"一切为了大发展、一切为了老百姓"理念，扎实做好维稳安保、油地共建、民生改善等工作，凝聚起完成全年生产经营

任务、推动油田高质量发展的强大合力。

各位代表、同志们，今年的生产经营工作任务繁重、责任重大。我们一定要以习近平新时代中国特色社会主义思想为指导，全面贯彻落实自治区党委、集团公司党组和油田党工委的决策部署，锚定世界一流，强化生产组织，深化提质增效，高质量完成全年生产经营目标任务，以优异业绩迎接党的二十大胜利召开！

杨学文在塔里木油田公司2022年党风廉政建设和反腐败工作会议上的讲话

（2022年2月23日）

这次党风廉政建设和反腐败工作会议，是油田党工委在深入贯彻党的十九届六中全会精神，坚定不移推进世界一流现代化大油气田建设的新形势下，决定召开的一次重要会议。刚才，复孝同志传达了十九届中央纪委六次全会、自治区纪委十届二次全会、集团公司2022年党风廉政建设和反腐败工作会议精神。亚英同志代表油田纪工委作了工作报告，系统总结了油田近几年党风廉政建设和反腐败工作成果，详细安排了今年重点工作任务。这个报告是油田党工委审议通过的，各单位各部门要认真抓好贯彻落实。

下面，我讲几点意见。

一、近几年油田全面从严治党成效显著，为高质量发展提供了坚强保证

党的十八大以来，以习近平同志为核心的党中央作出全面从严治党战略部署，并纳入"四个全面"战略布局，以伟大的历史主动精神、巨大的政治勇气和强烈的政治担当，推动反腐败斗争取得压倒性胜利并全面巩固，全面从严治党取得了历史性、开创性成就，产生了全方位、深层次影响。油田新一届党工委坚持以习近平新时代中国特色社会主义思想为指导，坚决贯彻落实党中央、自治区党委、集团公司党组管党治党决策部署，坚定不移推进全面从严治党向纵深发展、向基层延伸，把严的要求、严的标准、严的措施贯穿始终，取得了一系列显著成效，有力保障了油田高质量发展。

一是"两个维护"在油田深入践行。我们坚持把党的政治建设摆在首位，扎实开展"不忘初心、牢记使命"主题教育和党史学习教育，严格落实"第一议题"制度，深入学习贯彻习近平总书记系列重要讲话和重要指示批示精神，广大干部员工听党话、跟党走的思想自觉和行动自觉更加坚定。特别是我们把践行"两个维护"落实到实际行动中，坚决扛起保障国家能源安全的政治责任，高质量建成3000万吨大油气田，以实干担当书写了石油工人心向党的赤诚忠心。

二是党建工作责任在油田有效落实。我们坚持党工委统一领导，建立"五个不让步"工作原则，深化"七统一"工作机制和"六共同"联合党建，确保了党工委始终总揽全局、协调各方。建立全面从严治党主体责任清单，严格党组织书记抓党建工作述职评议考核，形成了层层抓党建、促发展的良好局面。树牢大抓基层鲜明导向，深入学条例用条例，推进基层党建"三基本"建设与"三基"工作有机融合，基层党组织的凝聚力、战斗力、执行力明显提升。

三是正确用人导向在油田牢固树立。我们坚持党管干部和好干部标准，遵循"突出政治、注重实干、面向基层、聚焦高素质、推进年轻化"的原则，大力选拔优秀年轻干部，坚决调整不在状态的干部，持续强化"六心"工作要求，将容错纠错、从严执纪与保护干部结合起来，有效增强了干部员工的事业心、责任心。大力实施人才强企工程，配强"三总师"，用好"双序列"，完善精准奖励政策，重奖重用突出贡献者，充分调动了全员找储量、拿产量、创效益的积极性和主动性。

四是良好政治生态在油田有力构建。我们坚持严明党的政治纪律和政治规矩，全力驱散政治雾霾，彻底肃清流毒影响，深挖严打"两面人"，重构政治生态、重塑企业形象、重振队伍士气，带领广大干部员工走出了阴影、坚定了信心。高质量完成集团公司党组巡视反馈问题整改，实现党工委巡察二级单位全覆盖，形成了强力震慑。坚定不移正风肃纪反腐，对歪风邪气露头就打，对违纪违规寸步不让，对"四风""四气"深查细究，严肃查处多起典型案件，检举控告、问题线索数量四年分别下降77%、71%，这充分说明党员干部的作风形象越来越好，油田的新风正气越来越充盈。

五是干事创业氛围在油田蔚然成风。我们坚持文化引领，大力弘扬伟大建党精神、石油精神和塔里木精神，成功举办会战30周年、突破3000万吨、庆祝建党百年等系列活动，大力培育选树先进典型，全面展示油田发展成果，极大增强了塔里木石油人的集体荣誉感和职业自豪感。提出并践行"两个一切为了"理念，下大力气解决科研人员办公、矿区建设等民生问题，以优异业绩挣回更多工资总额，干部员工收获了实实在在的获得感、幸福感，油田上下形成了人心思齐、人心思干的浓厚氛围。

回顾这几年，我们坚持严字当头、实处着力，以钉钉子精神落实全面从严治党要求，净化了政治生态，改进了队伍作风，筑牢了坚强堡垒，提振了干部员工精气神，油田呈现出团结奋进、真抓实干、积极向上的新风正气。这一系列变化充分证明，党工委的领导是坚强有力的，纪工委的工作是卓有成效的，塔里木这支队伍是讲政治、敢担当、靠得住的！

二、准确把握新形势新要求，始终牢记全面从严治党永远在路上

全面从严治党，是习近平新时代中国特色社会主义思想的核心内容"十个明确"之一；坚持自我革命，是我们党百年奋斗的十条历史经验之一。今年，我们党将召开第二十次全国代表大会，我们要提高政治站位，切实增强贯彻全面从严治党战略方针的责任感紧迫感，继续打好党风廉政建设和反腐败工作的攻坚战持久战，为保持平稳健康的经济环境、国泰民安的社会环境、风清气正的政治环境作出应有贡献。

一要深刻领会党中央以及上级党组织关于全面从严治党的新部署新要求。习近平总书记在十九届中央纪委六次全会上强调，坚持党中央集中统一领导，坚持党要管党、全面从严治党，坚持以党的政治建设为统领，坚持严的主基调不动摇，坚持发扬钉钉子精神加强作风建设，坚持以零容忍态度惩治腐败，坚持纠正一切损害群众利益的腐败和不正之风，坚持抓住"关键少数"以上率下，坚持完善党和国家监督制度，以伟大自我革命引领伟大社会革命，坚持不懈把全面从严治党向纵深推进。总书记的讲话立意高远、思想深邃、内涵丰富，具有很强的政治性、指导性、针对性，是推进新时代党的建设新的伟大工程的基本遵循。自治区纪委十届二次全会、集团公司2022年党风廉政建设和反腐败工作会议，对学习贯彻总书记重要讲话精神、深化下步工作作出了具体安排。我们要深入学习贯彻总书记关于党的自我革命的战略思想，全面落实党中央、自治区党委、集团公司党组决策部署，持之以恒将党风廉政建设和反腐败斗争进行到底。

二要深刻理解全面从严治党对油田创建世界一流的重大意义。我们所要创建的世界一流，是中国特色的世界一流，是方方面面的世界一流，全面从严治党既是创建世界一流的重要组成部分，也是创建世界一流的根本保证。特别是当前在世纪疫情冲击和百年变局影响下，国际格局调整、能源行业转型加速推进，油田肩负的使命更加重大、发展的环境更加复杂、面临的竞争更加激烈，同时我们自身在资源掌控、科技创新、安全环保等方面还存在许多风险和挑战。形势越是复杂、任务越是艰巨，我们越要毫不动摇坚持和加强党的领导，充分发挥全面从严治党战略方针的政治引领、政治监督和保驾护航作用，充分发挥党工委把方向、管大局、促落实的领导作用，充分发挥各级党组织战斗堡垒作用，激发调动全体干部员工砥砺奋进高质量、勇毅前行创一流，切实把政治优势转化为发展优势。

三要深刻认识油田全面从严治党的严峻性、复杂性、长期性。当前，油田全面从严治党已经打开新局面，但从巡察审计、执纪审查、督查督办和日常掌握的情况来看，还存在一些问题。一是提高政治能力依然任重道远。有的单位政治站位不高，落实"第一议题"不到位，理论学习重"形"不重"效"。有的单位落实油田党工委决策部署打折扣，工作进展缓慢，效果不够理想，个别单位对油田领导调研提出的要求不抓落实，有的单位对提质增效数据审核不严，有的单位对巡察、审计等发现的问题认识不到位、整改不彻底。二是反腐倡廉建设依然任重道远。有的干部纪律意识、规矩意识很不强，还存在接受承包商宴请、内外勾结套取国有资金的情况。会上通报的几起违法违纪问题，也给我们敲响了警钟。特别是基层"微腐败"问题值得警惕，有的干部有利益就拿、见好处就捞。有的不给好处不办事、百般刁难,给了好处乱办事、丧失原则,吃拿卡要、吃里扒外。三是依法合规管理依然任重道远。有的干部法律意识欠缺,还存在醉酒驾车、聚众赌博等问题。有的单位合规经营意识不强,应招未招、规避招标、工作量审核把关不严等问题屡查屡有;也存在采购产品高于市场价、工程项目费用虚高等情况。四是加强作风建设依然任重道远。有的干部担当意识不强,履职尽责不到位,"三总师"会审、方案设计审查、"四新"评估应用还不够扎实,给安全生产埋下了隐患。有的干部心思不在工作上,热衷于拉关系、搞聚会,吃吃喝喝、酒后失态,严重影响干部队伍形象。有的干部大局意识不强,表里不一,对上一套、对下一套。有的干部热衷于搬弄是非、传闲话、制造谣言、蛊惑人心,严重影响了干部队伍的战斗力和企业的凝聚力。形式主义官僚主义的问题仍未根除,安全环保领域典型"二十种人"依然存在,有的单位隐患排查搞摊派、凑数量,有的单位对上级文件照抄照搬、生搬硬套,有的干部重部署、轻落实,对工作检查指导较少,影响工作进度和效果。面对这些问题,我们要保持清醒头脑,永远吹冲锋号,以更加严肃的态度、更加务实的举措,一刻不停地扎实推进全面从严治党各项工作。

三、深刻领悟"两个确立"、坚决做到"两个维护",切实把讲政治体现到实际工作和具体行动中

习近平总书记强调,全面从严治党首先要从政治上看。我们作为党的企业、党的干部,要牢记自己的第一身份是党员、第一职责是为党工作,始终保持理论上绝对清醒、政治上绝对坚定,始终同以习近平同志为核心的党中央保持高度一致。

一要坚定理想信念,学懂弄通做实习近平新时代中国特色社会主义思想。党员干部有了坚定理想信念,才能经得住各种考验,走得稳、走得远。要持续强化理论武装,严格落实"第一议题"制度,及时学习贯彻习近平总书记关于国有企业、能源行业、新疆工作、党的建设等方面的重大判断、重要观点、重要部署。特别要深入学习贯彻党的十九届六中全会精神,深刻理解"两个确立"是党的十八大以来最大的政治成果、最重要的历史经验和最确凿的历史结论,争做"两个确立"的坚决捍卫者和"两个维护"的坚定践行者。"两个维护"不是口号,讲政治也不是口号,是具体的、实践的。自治区党委给我们带了好头、树了榜样,马兴瑞书记指出:我们都在讲,在学懂弄通做实习近平新时代中国特色社会主义思想方面有差距,差距在哪里?差距主要就在学以致用上,就在怎么用习近平总书记的思想、观点、方法指导和推动工作上。具体到油田来说,我们的差距就在怎么用理论指导推动油田高质量发展、保障国家能源安全上。要把迎接党的二十大召开和宣传贯彻党的二十大精神作为重大政治任务,用党的创新理论武装头脑、指导实践、推动工作。

二要强化政治执行,坚决落实党中央及上级党组织决策部署。塔里木油田生来为党为国为人民,党和国家的需要就是我们的前进方向。要牢固树立"在经济领域为党工作"的理念,心怀"国之大者"和"企之要情",时刻关注、准确领会上级在关心什么、强调什么,善于从政治角度看待问题,自觉将油田发展放到国家大局、新疆大局、集团大局中谋划推进。凡事要从国家利益、整体利益考虑问题,说话办事绝不能局限于个人角度、片面认识,要对历史负责、对国家负责、对组织负责、对企业负责、对员工群众负责。要全面贯彻落实习近平总书记关于大力提升勘探开发力度、能源的饭碗必须端在自己手里等重要指示批示精神,把讲政治体现到坚决完成增储上产、油气保供任务中。要完整准确全面贯彻新时代党的治疆方略,聚焦总目标、落实总目标,深化"依法治疆、团结稳疆、文化润疆、富民兴疆、长期建疆"的再学习再认识,统筹抓好疫情管理、民族团结、安全发展稳定工作,以实际行动为新疆社会稳定和长治久安贡献石油力量。要强化政治监督,更加突出"两个维护",更加突出责任落实,更加突出"一把手"和领导班子监督,更加突出日常监督,确保党中央、自治区党委、集团公司党组、油田党工委重大决策部署落地见效。

三要严守政治规矩,永葆共产党员的先进性、纯洁性。我一再强调,讲政治是实的,不是虚的。油田党工委制定了提高政治能力"20个必须做到",每一位党员干部都要经常对照,看看到底做到了没有,哪个地方没做到,还有什么差距。要保持高度的政治敏锐性和政治鉴别力,做到党中央提倡的坚决响应、党中央决定的坚决照办、党中央禁止的坚决杜绝,绝不允许在重大政治原则问题上、大是大非问题上同党中央唱反调、搞自由主义。要严格执行民主集中制,对于调研论证、征求意见的事项,要以负责任的态度充分发表意见;对于集体决策后的事项,要拥护组织决定、不折不扣抓好落实。要自觉维护班子团结，严格执行请示报告制度，严肃党内政治生活，绝不允许搞团团伙伙、亲亲疏疏、利益交换等非组织活动。各级班子和各级组织都要做到。

四、持之以恒加强作风建设，在狠抓落实上久久为功

作风过得硬，抓落实才会有力度。塔里木油田能走到今天，靠的就是真抓实干、靠的就是作风过硬。我们要实现高质量发展，必须持续加强作风建设，继续发扬苦干实干优良传统，以不停步、再出发的决心，把各项工作抓实抓好抓出成效。

一要强化履职尽责，增强抓落实的意识。在其位就要谋其政，履其职就要尽其责。全体干部员工都要各负其责、各司其职。搞科研就要树牢"优化方案就是降低成本""安全环保从设计抓起"的理念，潜心钻研、求真务实，在基础研究、技术配套、方案设计上精益求精，把圈闭搞准、把井位定好、把方案做细。近几年，得益于基础研究的强化、地质认识的深化、设计方案的优化，我们提高了钻井成功率和高效井比例，降低了折旧折耗，提升了创效能力。科研人员做了大量工作、下了很大功夫。不重视基础研究、不重视技术进步、不重视方案设计，怎么能行？干生产就要扎根现场、严细认真，严格按标准、流程、程序开展工作，保证属地内装置设备安全平稳运行。这几年，油田装置检修工作量大、工程建设项目多，能够保证不出问题，特别是乙烷装置一次投产成功为油田增了光、添了彩，这都离不开油田首席技术专家、技术管理人员、现场操作人员的履职尽责、辛勤付出。管经营就要依法合规、精打细算，认真落实审查责任，自己签的字、盖的章要对得起良心、经得起检验。抓安全就要严之又严、细之又细，多跑现场、多查问题、多作指导，不放松每一个环节，不放过每一处隐患，以大概率思维应对小概率事件，同时注意科学精准，防止一刀切、简单化、层层加码。去年，我们开展常态化全员隐患排查整改取得了明显成效，大事小事都没出，要进一步总结推广应用常态化全员隐患排查整改机制。抓党建就要围绕中心、服务大局，把规定动作做好，把自选动作做精，把班子抓好、队伍带好、人才用好，把党建工作成效转化为生产力、凝聚力、战斗力。我多次强调，党建工作抓实了就是凝聚力，抓强了就是战斗力，抓好了就是生产力，各级领导班子、党组织书记要把党建工作放在心上、抓在手上，认真细致做好一人一事思想政治工作，让广大干部员工心情愉快地投身到油田大发展的实践当中。今年要重点抓好岗位职责落实，系统梳理岗位职责，定期开展检查考核，让各岗位员工明责知责、履责尽责。只要每个岗位、每名员工都把自己的责任履行到位，把分内的工作落实到位，油田就能实现有机协调、高效运转。

二要发扬斗争精神，提升抓落实的本领。毛泽东同志曾说，什么叫工作，工作就是斗争，我们是为着解决困难去工作、去斗争的。要与精神懈怠作斗争。经过这几年努力，油田已经站上新起点，整体具备建成世界一流的基础和条件。我们绝不能骄傲自满、固步自封，要始终志存高远、追求卓越，继续保持只争朝夕、奋发有为的奋斗姿态，把握形势、聚焦"率先"、全面发力，坚决在创建世界一流中干在实处、走在前列。要与能力不足作斗争。我们一批年龄较大的干部知识老化，不习惯学习新知识、接受新事物；我们的年轻干部大多是在"两新两高"体制下成长起来的，实践经验和驾驭复杂局面的能力还不够。大家要保持本领恐慌的危机感和紧迫感，在干中学、学中干，在真抓实干中提高抓落实的能力，提高驾驭复杂局面的能力。要与工作对象作斗争。油田勘探开发面临着世界级难题，发展环境面临着矿权、市场、安全环保等严峻挑战。我们要大力倡导敢亮剑、敢碰硬的作风，与油气藏斗、与市场斗、与一切不合理的机制斗、与一切歪风邪气斗，敢于向一切阻碍油田发展的问题和矛盾开炮。同时要讲究斗争艺术，沟通协调要坚持有理有利有节，原则问题寸步不让，策略问题灵活机动，在斗争中争取理解、赢得支持。

三要破除"四风"顽疾，释放抓落实的动能。要加固落实中央八项规定精神的堤坝，坚决纠治形式主义、官僚主义，要系统深入地调查研究问题、解决问题，干工作、抓落实千万不能挂在嘴上、浮在面上。要真心实意为基层减负，把干部员工干事创业的手脚解放出来。要加强两级机关能力作风建设，开展好机关作风专项巡察，深化工作作风专项整治，重点整治"躺平、内卷、等靠要"问题，重点整治表里不一、言行不一致，对上是一套、对下又是一套，对外是一套、对内又是一套等弄虚作假行为。对不作为、慢作为、乱作为的干部坚决调整，对推诿扯皮、玩忽职守、失职渎职的行为严肃问责，对言行不一致、弄虚作假的行为坚决打击。油田上下要加强执行力建设，特别是各级领导干部要身先士卒、身体力行，坚持干字当头、实字托底,坚持志不求易、事不避难,对重点工作既要挂帅也要出征,关键环节亲自把关、落实情况亲自检查,树牢新风正气,以优良的作风带动广大干部员工建功立业。

五、坚持全面从严、一严到底,巩固发展反腐败斗争压倒性胜利

习近平总书记指出,腐败和反腐败较量还在激烈进行,党风廉政建设和反腐败斗争一刻也不能放松、一刻也不能停歇。我们要保持反腐败的政治定力,坚持"三不"一体推进,坚定不移把反腐败斗争进行到底。

一要聚焦"不敢腐",强化监督执纪问责。油田"小甲方、大乙方"的现实情况,客观上导致党员干部被"围猎"的风险始终存在。要持续完善"大监督"格局,认真研究梳理全面监督、综合监督、专责监督以及巡察、审计、财务稽查、业务监管之间的关系,厘清职责界面,优化工作机制,发挥监督合力,提高监督效能。要坚持重遏制、强高压、长震慑,严查内外勾结利益输送、套取盗卖国家资产、虚签工作量等腐败行为,既要紧盯招投标、物资采购、工程项目等关键环节,也要加强对工会会费、党建经费、安保后勤等领域的监管,推动惩治腐败的高压态势向各领域、各环节全面覆盖。坚持行贿受贿一起查,对违纪违规问题露头就打、严查速办,对吃里扒外、损公肥私的"蛀虫"坚决铲除,对吃油田饭、砸油田锅、败坏油田风气的承包商坚决清除,彻底把甲乙方队伍中的"害群之马"挖干净、打干净。我们还要公道正派、实事求是,对待承包商要亲而有度、清而有为,注重调查研究,认真核实工作量,合理确定价格,不恶意克扣工作量,不恶意审减费用,要营造共同发展的营商环境,实现甲乙方依法合规经营。打铁必须自身硬,纪检系统要加大严管严治、自我净化力度,始终忠诚于党、忠诚于人民、忠诚于事业,准确把握在党的自我革命中的职责任务,以党性立身做事,刚正不阿、秉公执纪、谨慎用权,当好推动油田全面从严治党、保障油田高质量发展的忠诚卫士。

二要聚焦"不能腐",强化依法合规管理。让腐败者无机可乘,就要靠实不能腐的制度机制。要落实中央企业"合规管理强化年"专项工作要求,健全完善油田内控体系、法律合规监督体系,特别要坚决彻底整改巡视巡察、审计稽查等发现问题,抓深抓实以案促改、以案促建、以案促治,深挖问题背后的深层次原因,举一反三查找油田在决策、经营、管理等方面存在的差距,持续完善制度流程标准,强化制度的刚性执行,堵塞合规漏洞,提高管理水平。各级领导干部要深入学习贯彻习近平法治思想,树牢法治思维和法治观念,在推动工作和解决矛盾时,严格按制度和规矩办事,用理性克制随性,用制度克制人情,凡事要想一想合不合法、合不合规、有没有相关制度,杜绝有法不依、有规不循;要严格落实"打招呼"事项登记报告制度,管住权力"任性"行为,坚决防止以权谋私、以情害法。

三要聚焦"不想腐",强化廉洁文化建设。理想信念动摇是最危险的动摇,腐败的根子就在于理想信念动摇。要强化理想信念教育,坚持正面引导和反面警示相结合、集中教育和日常教育相结合,引导全体干部员工廉洁从业、廉洁用权、廉洁修身、廉洁齐家。要把文化引领战略举措落实到党风廉政建设中,丰富廉洁文化内涵,完善廉洁教育基地,用身边事教育身边人,用案中人警醒梦中人,让党员干部明底线、知敬畏。我们的干部走到今天都不容易,以我们的收入完全可以过上很体面、很幸福、很有尊严的生活。如果我们不知足、不知止,为了蝇头小利铤而走险,葬送的是自己的大好前程,毁掉的是自己的幸福生活,父母脸上无光,孩子抬不起头。大家一定要算清经济、名誉、家庭、自由等人生大账,懂得慎独慎初慎微慎欲,做到怀德自重、廉洁自守,清清白白做人、干干净净做事。

最后,我想对油田的年轻干部再叮嘱几句。这几年,油田党工委从事业出发,加大年轻干部选拔力度,一大批"80后"走上领导岗位。客观讲,有些干部缺乏政治历练,缺乏足够阅历,应对不良环境腐蚀的经验不足,大家一定要珍惜组织的信任培养,珍惜干事创业的大好平台,坚定理想信念、坚守初心使命,不负重托、不负韶华,进一步按照党组要求历练自己,努力成为可堪大用、能担重任的栋梁之材,为党和国家作更大的贡献。要始终保持对党忠诚,任何时候都要做到政治坚定、立场坚定,对组织言行一致、表里如一,在大是大非面前旗帜鲜明、毫不含糊,自觉把对党忠诚转化为履职尽责、苦干实干的实际行动,坚定扎根边疆、兴油报国的信念信心。南疆工作确实苦,塔里木也很艰苦,但事业总要有人干,油田总要靠人才来发展。我们干好了,干出成绩来了,就能得到认可,要辩证地看问题,要相信组织。要始终保持廉洁自律,正确对待权力,敬畏党纪国法,严守纪律规矩、坚持原则、公道正派，扣好廉洁从政的"第一粒扣子"，看清哪些事能做、哪些事不能做，想清哪些饭能吃、哪些饭不能吃，始终做一心为公、一身正气、一尘不染的领导干部。

同志们，推动全面从严治党取得更大胜利，责任重大、使命光荣。我们要紧密团结在以习近平同志为核心的党中央周围，持续用力、善作善成，扎实做好从严管党治党各项工作，为塔里木油田率先建成世界一流现代化大油气田提供坚强保证，以优异业绩迎接党的二十大胜利召开！

沈复孝在塔里木油田公司2022年科学技术委员会（扩大）会议上的讲话

（2022年8月22日）

刚才，田军副书记传达了习近平总书记关于保障国家能源安全和科技创新工作的重要讲话精神，孟祥娟同志汇报了上半年科技创新工作，会议审议了调整油田公司科学技术委员会相关分委会及成员的请示、研发中心运行方案、研发中心揭牌仪式和第一届技术委员会会议暨高端技术论坛筹备方案、科技投入管理和"四新"技术应用等4项制度，各位委员都发表了很好的意见建议。

总体感觉，今天会议是一次高质量的会议，主要得益于朱卫红同志前期打下的坚实基础、得益于孟祥娟同志清晰详细的工作汇报，特别是各位委员在讨论环节履职尽责、畅所欲言、建言献策，充分体现了大家对油田科技创新工作的深入思考。会后，请亚林总牵头、科技管理部负责，认真梳理研究各位委员的意见建议，对于科学合理的要尽快吸收采纳、对于有待研究的要持续深化论证，进一步优化完善相关方案和制度，尽快定稿、形成决议、抓好落实。下面，我再强调几点意见。

一、统一思想、提高认识，深刻领悟加快实现高水平科技自立自强的极端重要性

习近平总书记指出，科技是国之利器，国家赖之以强，企业赖之以赢，人民生活赖之以好。油田上下要进一步提高政治站位，坚定不移实施创新驱动发展战略，切实增强抓好科技创新工作的责任感和使命感。

（一）从保障能源安全的政治高度认识科技创新

国内油气生产是保障国家能源安全的"压舱石"。近年来，我国油气对外依存度分别超过70%和40%，预计未来几年还将持续上升，加快提升油气保供能力已经成为油气田企业的首要政治任务。当前，勘探开发对象复杂化、目标多元化、资源劣质化已成为新常态，深层超深层已成为我国油气重大发现的主阵地。塔里木油田作为国内超深油气勘探开发的主战场，必须扛起保障国家能源安全的政治责任，加快推进超深领域关键核心技术攻关，打开超深层油气勘探开发新局面，以实际行动坚决捍卫"两个确立"、坚定践行"两个维护"。

（二）从创建世界一流的战略全局认识科技创新

石油石化行业是科技密集型产业，没有一流的科学技术，就没有核心竞争力，更谈不上世界一流。当前，油田正处于建设世界一流大油气田的关键时期，但是对标国际大公司和国内先进企业，还存在一些短板弱项，突出表现为科技创新能力还不够强。油田上下要把创新摆在企业发展的核心位置，坚持事业发展、科技先行，锚定世界一流发展目标，充分发挥科技创新引领作用，围绕油气产业链部署创新链，加快打造超深层原创技术策源地，把深地领域的科技命脉牢牢掌握在自己手中，以高水平科技赋能世界一流大油气田建设。

（三）从增进民生福祉的根本目的认识科技创新

创新是引领发展的第一动力，只有油田发展好了，员工群众的幸福感、获得感、安全感才能更可持续、更有保障。我们推进数字化转型智能化发展，就是要把员工从一些技术含量低、工作强度大、安全风险高的岗位上解放出来，加快构建符合"两新两高"的"油公司"管理模式的轮休倒班制度；我们推进科技兴安，就是要运用数字化信息化手段，全方位、全天候地识别风险、消除隐患,杜绝安全生产事故,保障员工生命安全。所以,科技创新说到底还是民生工程。各级领导干部特别是"一把手",要严格落实数字化"一岗双责"和"三管三必须",聚焦减少劳动用工、削减安全风险、提高工作效率、提升本质安全的"两减两提"目标,加快推进前端、中端、后端的数字化转型智能化发展。

二、保持定力、常抓不懈,扎实推进科技与信息化创新大会精神落实落地

去年,油田党工委专题召开了科技与信息化创新大会,围绕实现高水平科技自立自强,明确了主攻方向,制定了具体举措,形成了指导当前和今后一个时期的施工图和路线图。今年以来,油田上下聚焦目标任务,攻坚克难、锐意进取,扎实推进科技创新各项工作,"四类"项目研究组织有序,地质理论认识持续深化,工程技术攻关进展明显,科技平台建设加快推进,科技管理体系不断完善,有力支撑了主营业务高质量发展。截至7月底,勘探获得7个预探发现和3个评价进展,落实三级储量**亿吨,生产石油液体440.4万吨,天然气192.9亿立方米,油气当量1977万吨,超计划48万吨,同比增长95万吨;新能源竞获130万千瓦光伏指标,与地方签订700万千瓦战略协议,形成了"20万在建、110万在握、300万基本落实、500万预期"的有序接替、良性发展格局;实现收入**亿元、净利润**亿元,生产经营形势积极主动。在这里,我代表油田党工委和油田公司,向大家的辛勤付出表示衷心的感谢。

同时,我们也要清醒地看到,仍然有一些问题短板制约当前、影响长远,具体表现为"五个迫在眉睫"。一是寻找天然气战略接替资源迫在眉睫,探明储量连续三年没有完成七年加快发展规划目标;二是配套完善勘探开发技术体系迫在眉睫,超深层优快钻井、老油气田科学稳产等"卡脖子"难题亟待解决;三是数字化转型智能化发展提速提效迫在眉睫,赋能业务发展、支撑改革转型的作用发挥不够;四是引进培养高层次、领军型科研人才迫在眉睫,前瞻性、战略性领域科研人才匮乏,现有人才队伍潜力尚未充分激发;五是探索科技管理新体制新机制迫在眉睫,现行管理体系不完善,激励、约束机制不够精准到位。以上这些问题,都需要我们加快研究解决。广大科技工作者要坚持目标导向、问题导向、结果导向,保持战略定力,加快工作节奏,坚定不移推进科技与信息化创新大会精神落实落地。

一是坚持目标导向抓推进。科技创新工作要服务于油田战略目标实现。去年,油田党工委从创建世界一流的战略全局出发,制定了科技创新"两步走"战略安排。广大科技工作者要锚定目标不动摇、一张蓝图绘到底,明确工作重点、落实工作责任、制定有力举措,加快实现高水平科技自立自强,全面支撑油田率先建成世界一流大油气田。

二是坚持问题导向抓突破。要准确把握盆地基础研究、老油气田稳产上产、工程技术配套等瓶颈难题,采用"科研—生产"一体化攻关模式,充分发挥两级研究力量整体优势,快速破解生产难题。特别是当前,迪那、克深等主力气田水侵形势异常严峻,要组建工作专班,加快研究控水治水对策,确保气田科学合理开发。

三是坚持结果导向抓落实。要面向世界一流、面向发展需求、面向生产一线,科学跟踪评价科技创新成果应用情况,把基层满意不满意作为衡量工作成果的重要标尺,把科技创新成果体现在生产组织、减少用工、安全管控、提质增效、民生改善等实际工作中,确保科技创新成果实用、管用、好用,有效激发油田高质量发展动力活力。

三、稳中求进、守正创新,加大加快科技创新体制机制的改革完善

这项工作重点有两个方面,一方面要不断优化完善现行科技管理体制机制,确保生产性、保障性、支撑性的科研项目平稳有序和勘探开发、生产经营等工作正常运行;另一方面要借中国石油研发中心这个平台,大胆探索新体制新机制,力争在科技体制机制改革创新上取得新进展,在关键核心"卡脖子"技术攻关上实现新突破。

(一)不断优化完善现行科技管理体制机制

一是健全完善适合完全项目制管理的专业化组织。在油田党工委的领导下,各专业委员会负责科技创新工作的统筹安排、综合协调、整体推动。全面推行项目长(课题长)负责制,各专业委员会要为其做好资金、资源、政策、后勤等支撑保障服务工作。

二是健全完善三级联动的科技创新组织体系。坚持专业性创新与群众性创新相结合,积极探索实践"三院一中心+基层单位+员工创新工作室"的协同模式,打造协同有序、各有侧重的科技创新体系。"三院一中心"要以"高效勘探、效益开发、新能源业务发展"为目标，加强自主创新、集成创新、引进消化吸收再创新，加快关键核心技术攻关，解决"卡脖子"技术难题。基层单位要以"提高采收率、降低开发成本、安全风险管理、节能降耗减排、绿色低碳发展"为目标，加强集成创新、引进消化吸收再创新。加大新工艺、新技术、新装备、新材料、新工具的推广应用力度，同时在应用中不断创新发展，使其"本土化"，并常用常新。员工创新工作室要以"省时、省工、省力、省人、省钱"为目标，突出开源节流、降本增效、修旧利废、安全环保、民生改善、节能降耗等重点，引导鼓励员工立足岗位创新创效，形成接地气、有油味、见实效的"五小"成果，让土发明解决洋问题、小发明解决大问题。

三是健全完善科研管理新机制。坚持"支撑当前、引领未来"的原则，围绕"现实需求、战略储备"两个方面，把握"快速突破"和"久久为功"的节奏，明确科技攻关的重点领域和主攻方向，加快配套完善相关工作机制，确保各项工作高效有效推进。一要以"赛马""揭榜挂帅"机制选拔科技人才。加快完善"赛马""揭榜挂帅"工作机制，在全油田、全行业、全国范围内优选课题长，并授权课题长团队组建、技术决策、经费审批、绩效考核等权利，配套实施与成果转化应用相结合的后评估奖励机制。二要完善权、责、利对等的考评激励机制。明确课题负责人的责任主体地位，同时充分给予课题负责人话语权、人事权、分配权，在技术路线确定、小组成员选配、奖金分配决定等关键事项上让其自行主导，促使他们放开手脚、大显身手。各专业委员会要"抓两头放中间"，加大"放、管、服"力度，"放"就是要放开中间，在方案、人、财、物等方面给课题负责人充分授权；"管"就是要抓住两头，一头是事前立项把关、攻关方向、任务目标的确定，另一头是事后考评验收以及奖惩兑现；"服"就是做好服务，围绕资金、资源、政策、后勤等方面做好支持保障，确保科研人员心无旁骛地从事科研攻关。另外，要把"科研成果、发明专利、转化创效、收入利润、人才培养、团队建设"等列为关键性指标，直接与科研人员的收入、职务晋升充分挂钩，各专业委员会定期组织考核评价，让"实绩和贡献"说话，及时奖惩兑现。

（二）借中国石油研发中心这个平台，大胆探索新体制新机制

建设研发中心是油田实施创新战略的重要举措，也是支撑油田实现高质量、率先创一流的关键一招。要把研发中心作为科技体制机制改革的试验田，将其打造成一个完全开放的科技创新平台，探索建立"党工委统一领导、技术委员会指导、专家委员会管理、项目长（课题长）负责、研发中心办公室保障支撑"的运行体系。

一是着眼长远组织好研发中心运行。研发中心对油田来说是新事物，整体组织架构和总体运行思路现在已经确定，但是具体到操作层面还有很多工作要"摸着石头过河"。要充分依托研发中心，承接大项目、攻关大课题、构建大平台、培育大成果，加快提升研发中心的学术影响力和行业话语权，同时密切跟踪研发中心各项工作进展，及时发现解决运行中存在的问题，固化完善运行中的好经验好做法，进一步健全管理体制、理顺工作机制，最终建成国家级甚至是世界级超深复杂油气藏勘探开发技术研发中心，为国家深地领域科技创新贡献塔里木智慧和力量。当前，要加强与自治区发改委沟通对接，积极创建新疆工程研究中心，为后期争取国家工程研究中心奠定坚实基础。

二是用好人才支撑好研发中心运行。研发中心的高效运行离不开高质量的人才支撑。要坚持五湖四海搞科研、五湖四海用人才，推行科研项目"揭榜挂帅""赛马制"，在全行业张榜招贤，不照顾平衡、不唯资历学历，谁能干让谁干、谁能干成让谁干，真正让有能力的人担纲领军攻关重任。要充分发挥研发中心的虹吸效应和研发基地的区位优势，突出"三院一中心"的主体地位和战略力量，积极与国内外知名院校、科研院所、创新企业、油服公司开展联合攻关，构建稳定的产学研用一体化创新联合体，集智攻关塔里木勘探开发世界级难题。要加快推进相关激励政策落实落地，用好研发中心工资总额单列政策，建立工效挂钩考核机制，对油田内部承担研发中心项目的单位和员工，实施配套工资总额挂钩，充分调动广大科技工作者的积极性和主动性。

三是建立制度保障好研发中心运行。研发中心的管理体制就是突出各领域专家委员会的管理，运行机制就要围绕赋予专家委员会的"四权"（路线决定权、经费支配权、成员选择权、考核分配权）做好支撑保障。当前要加快建立健全运行工作机制，抓好制度的"立、改、废"工作，配套完善项目运行、经费管理、技术攻关、人才培养、考核激励等制度流程，特别是要抓好新建制度与上位制度的衔接配套，不能各行其是，甚至相互矛盾。制度的生命力在于执行，要强化制度执行的监督,确保研发中心运行高效、依法合规。

四、厘清思路、明确方向,把握和处理好科技创新的一些重要关系

科技创新首先要创新科技管理的思路和方法,关键是科技管理工作者要进一步解放思想、大胆创新,重点要把握和处理好以下几个关系。

(一)把握和处理好选题与创新之间的关系,解决好精准创新的问题

提出问题比解决问题还要难,能把问题提出来就相当于把问题解决了一半。选题是科技创新的第一道工序,也是关键环节。选题精准,科技创新才能精准发力、早见成效。要坚持问题导向、强化需求牵引,突出高效勘探、效益开发、绿色低碳发展等方向,立足现场实际,由需求或问题单位提出研究方向和课题。课题内容不追求高大上,关键是要解决现场迫切需要或"老大难"问题。要建立课题评估与激励机制,引导鼓励全员发现问题、建言献策、创新创效。要按照"自主拥有、国内研发、国外引进"三个层面,对现用技术、工艺、设备进行分类分级,特别是对于国外引进的,要加强引进消化吸收再创新、加大自主创新力度,推进国产化、本土化,牢牢掌握主动权,不被"卡脖子"。同时,对自主或国内拥有的要与科技前沿对标,找差距、补短板、强弱项,努力抢占深地领域勘探开发技术创新制高点。

(二)把握和处理好快速突破与久久为功之间的关系,解决好创新次序和节奏的问题

科技创新包括理论创新和技术创新,分别从事基础研究(科学研究)和技术研究(应用研究),基础研究(科学研究)解决理论问题,技术研究(应用研究)解决实践问题。要坚持"支撑当前、引领未来",对优选出的课题,根据轻重缓急,按照"快速突破、久久为功"两个层面进行分类分级,对于现场急需的关键核心技术要集中人力、物力、财力和精力,快速突破、早见成效;对于基础研究(科学研究)、战略性或前瞻性技术创新要提前安排、统筹谋划、久久为功。要突出重点抓关键,坚决反对不分轻重缓急、眉毛胡子一把抓;要统筹全局、整体推进,坚决反对顾此失彼、按下葫芦起了瓢。

(三)把握和处理好油田内部与外部科研资源之间的关系,解决好开放创新的问题

要坚持放开搞活,统筹用好用活油田内外部的科研资源,打造完全开放式科技创新体系。要深化与大专院校、科研院所合作,以课题为载体,通过"揭榜挂帅"机制优选课题长,组建攻关团队,形成创新联合体。要高度重视与科技小企业的合作,创新"四新"推广应用考评结算机制,形成利益共同体。要加强内部科技创新管理,坚持"走出去"和"请进来"相结合,以开阔的视野、开放的心态积极融入全球创新网络,打造国家深地领域勘探开发战略科技力量。油田内部与外部两种科研资源相互补充、相互促进、相互竞争,要通过"揭榜挂帅"机制引导鼓励科技工作者在同一平台、同一规则下公平竞争,促进科技创新能力和水平不断提升。特别强调一点,不能内外有别,但同等条件下,优先发挥油田内部的科技力量作用。

(四)把握和处理好"揭榜"与"挂帅"之间的关系,解决好创新人才的问题

"揭榜挂帅"是引入市场竞争机制、优选课题长的一种方法。"揭榜"要坚持英雄不问出处,面向油田内外,公平公正公开。通过"揭榜"聚天下之英才,选出最优秀的课题长,让优秀课题长"挂帅"组建创新团队,并挂帅出征。不能不揭榜就挂帅,更不能只挂帅不出征,要既揭榜又挂帅。

(五)把握和处理好创新中领导、管理、实施之间的关系,解决好专家作用发挥的问题

科技创新核心在人,关键在油田首席专家要发挥领军人物的作用,企业技术专家、一级工程师要发挥主导作用,广大科技工作者要有创新精神,课题长要勇于创新、敢于探索。在中国石油研发中心,要突出专家的地位和作用,重构科技创新组织管理体系,建立"党工委统一领导、专家委员会管理、课题长自主负责"的新型组织管理体系。中国石油研发中心专家委员会要去行政化,突出立项、组织、验收等把关,是一个学术性管理机构。现行科技管理体制下的各专业委员会,要做好科技创新工作的统筹安排、督促协调、整体推进,为项目组(课题组)做好资金、资源、后勤保障工作。

(六)把握和处理好集中管理与自主创新之间的关系,解决好创新体制机制问题

要通过"抓两头、放中间",加大"放管服"力度,把集中管理与自主创新有机结合起来。集中管理的重点是把方向、定目标、严考核,既要管住前期立项、主攻方向和目标确定,又要管住考评验收和奖惩兑现。自主创新就是要在实行集中管理的前提下,既要充分给予课题负责人话语权、人事权、分配权,又要在资金、资源、政策等方面为其做好服务保障,有效激发科技人才的积极性、主动性和创造性。

(七)把握和处理好专业性创新和群众性创新之间的关系,解决好大众创新的问题

要坚持专业性创新与群众性创新相结合,专业性创新要指导群众性创新,把基层的小改小革、"土发明"规范化、标准化、成型化;群众性创新要为专业性创新提供灵感,找准方向,启发思路,使创新成果更接地气。

(八)把握和处理好创新中成功与失败之间的关系,解决好激励创新的问题

要尊重创新热情、发扬创新精神,鼓励成功、宽容失败。坚持物质奖励和精神鼓励相结合,将"科研成果、发明专利、转化创效、收入利润、人才培养、团队建设"等列为关键性指标,直接与科研人员的收入、职务晋升、评先选优充分挂钩。专家委员会要定期组织考核评价,让"实绩和贡献"说话,及时奖惩兑现。

(九)把握和处理好创新与应用之间的关系,解决好有效创新的问题

创新的目的是为了应用。创新成果是用来解决实际问题、满足现场急需的,不是专门用来评奖、写论文、申报专利的。要把科技创新与成果应用紧密联系起来,实现有效创新。不能片面地以成果获奖大小、论文多少论英雄,关键要看应用的效益和效果。要建立科技成果现场转化评价机制,加大用户话语权,把现场应用的效果和效益作为检验评价成果好坏的重要依据。

(十)把握和处理好油田现行科技管理体制与中国石油研发中心科技管理体制之间的关系,解决好改革稳定发展的问题

要坚持现行科技管理体制不变,并在实践中不断优化完善,确保生产性、保障性、支撑性科研平稳有序,即在油田党工委领导下,各专业委员会负责相应领域科技创新工作的统筹安排、综合协调、整体推动,并为项目组(课题组)做好资金、资源、政策、后勤等支撑保障服务工作。要用好用活中国石油研发中心这个平台,大胆探索新体制新机制,力争在"卡脖子"核心技术上有重大突破。以市场决定资源,面向油田、面向全国、面向世界,推行"赛马""揭榜挂帅"等机制,不拘一格优选课题长,谁能干谁来干、谁能干成就让谁干,着力打造一个完全开放的技术创新平台,集国内外优势资源和力量打赢关键核心技术攻坚战,把中国石油研发中心逐步建成自治区级、国家级乃至世界级的技术创新中心。

(十一)把握和处理好专业委员会和专家委员会之间的关系,解决好科研项目管理的问题

虽然两者一字之别,但有本质之差。专业委员会代替不了专家委员会,专家委员会也替代不了专业委员会。各专业委员会是油田现行科技管理体制下的管理机构,负责各领域科技攻关的组织协调和日常管理。专家委员会是中国石油研发中心的学术性管理机构,重点在专业技术方面发现问题、分析问题,并且组织研究攻关解决问题,从立项、中期检查、验收以及结算实行全闭合管理,是出题人、阅卷人,可以不是直接答题人,但必须是答题的组织者、推动者、审查把关者。

最后,再强调一项具体工作。要高度重视标准制定和专利申报,标准和专利是油田抢占超深领域科技创新制高点的软实力,是油田掌握超深领域科技创新话语权的重要抓手。近期,油田党工委把标准的管理职能调整到科技管理部,以后标准和专利的归口管理部门就是科技管理部,这就释放出标准、专利也是科研项目的强烈信号。科技管理部和相关单位(部门)要立即行动,像抓科研项目一样抓标准制定和专利申报,强化分级分类管理,配套相关激励约束政策,形成常态长效机制,不断提升油田公司的行业影响力和话语权。

同志们,抓好科技创新工作责任重大、任务艰巨、时间紧迫。我们要进一步提高政治站位、狠抓工作落实,锐意开拓进取、勇于攻坚克难,加快实现高水平科技自立自强,为油田全面实现高质量发展、率先建成世界一流大油气田,为集团公司建设国家战略科技力量和能源与化工创新高地,为保障国家能源安全作出新的更大贡献。

沈复孝在塔里木油田公司基层基础管理提升推进会上的讲话

（2022年10月25日）

党的二十大刚刚胜利闭幕，油田党工委就立即组织召开基层基础管理提升推进会，这是学习贯彻二十大精神的一项重要举措，也体现了党工委大抓基层的鲜明导向。这次会议的主要任务是，贯彻"四个坚持"兴企方略和"四化"治企准则，聚焦治理体系和治理能力现代化，谋划部署基层基础管理提升工作，动员全体干部员工统一思想、提高认识，持之以恒抓基层、打基础，加快提升基层独立作战能力和精益管理水平，为全面建设我国最大超深油气生产基地、率先建成中国式现代化世界一流能源企业奠定坚实基础。

刚才，企管法规部汇报了油田基层基础管理提升实施方案，这个方案前期做了大量工作，也充分吸收采纳了基层的意见建议，要进一步优化完善，尽快下发实施。塔中、哈得、泽普3家采油气管理区和产建、克拉、东河的3个基层站队作了经验交流，大家的做法都见人、见事、见行动，都是在实践中形成的鲜活经验，很生动、很真实。各单位要结合自身实际，认真学习借鉴，制定工作方案，抓好贯彻落实。总体来看，大家准备充分，下了很大功夫，会议达到了预期效果。从今年开始，每年都要例行召开推进会，树立起大抓基层的鲜明导向，不断推进基层基础管理提升。

下面，我再强调几点意见。

一、为什么要大抓基层基础管理

治国安邦重在基层，治企兴企也重在基层。基层是前沿、是根基，是企业最基本的生产管理单元，是全部工作和战斗力的基础。抓管理首先就是要从最基本、最基础的工作抓起，抓基层基础管理就是抓到了管理的根子，牵住了管理的牛鼻子。油田上下、甲乙各方要深刻认识基层基础工作的极端重要性，切实增强抓基层、打基础的思想自觉和行动自觉。

（一）抓基层、打基础是筑牢党的执政根基、夯实企业发展基石的固本之举

习近平总书记强调，基层是党的执政之基、力量之源，把基层党建工作抓好了，我们的基层党组织牢不可破，我们的党员队伍坚不可摧，党的执政地位就坚如磐石，党和人民的事业就无往而不胜。党的二十大报告强调，要坚持大抓基层的鲜明导向，推进以党建引领基层治理，把基层党组织建设成为有效实现党的领导的坚强战斗堡垒。对油田来讲，基层党组织、基层站队、基层班组是贯彻落实油田党工委各项决策部署的基础，基层稳则油田稳，基层兴则油田兴。油田上下、甲乙各方要站在巩固国家政权、推动企业发展的高度，用政治眼光和战略思维认识理解基层基础管理提升工作，持续推动基层基础全面进步、全面过硬。

（二）抓基层、打基础是弘扬优良传统、传承石油精神的具体体现

抓基层、打基础是中国石油工业薪火相传、历久弥新的优良传统和宝贵经验，是我们的"传家宝"。会战以来，我们继承发扬"三个面向""五到现场""支部建在连上"等优良传统，大力弘扬以"三老四严、苦干实干"为核心的石油精神，狠抓"三基"工作，推动了基层组织坚强有力、基础工作持续加强、基本功训练扎实有效。特别是党的十八大以来，我们始终把基层基础工作放在突出重要的位置，推进基层党建"三基本"建设和"三基"工作有机融合，着力提升基层基础管理水平，有力保障了油田高质量建成3000万吨大油气田。可以讲，在长期的改革发展实践中，基层基础工作彰显出了强大生命力，必须持之以恒、久久为功，一刻也不能丢。

（三）抓基层、打基础是全面建设我国最大超深油气生产基地、率先建成中国式现代化世界一流能源企业的重要保障

基础不牢、地动山摇。油田的资源储量在基层、产量效益在基层、生产设施在基层、大多数员工也在基层，要建设好、发展好塔里木事业，必须让基层坚强有力、让基础全面过硬。可以说，基层基础管理工作是建设世界一流现代化油气田的根本性、长远性、基础性工作，如果不抓，世界一流就是一句空话，就算搞成了，也是摇摇欲坠、不可持续。特别是当前，油田步入了加快发展的新阶段，面临一系列新形势、新要求、新挑战，必须始终把重心放到基层、功夫下到基层、资源用到基层，把改革发展稳定各项部署落实基层基础管理各方面，着力提升基层独立作战能力和自主管理能力，加快推进治理体系和治理能力现代化，为油田实现发展目标、保持基业长青筑牢根基。

二、如何看待油田基层基础工作

油田党工委历来高度重视基层基础工作。会战以来较长一个时期，油田学习借鉴兄弟单位经验做法，积极探索"油公司"管理体制下的基层基础工作，创新形成"两分两合"工作法，积极推进甲乙方联合党建、"五型班组"创建等工作，全面推行岗位责任制，有效推进了基层基础管理规范化。近年来，我们锚定奋进高质量、率先创一流，加强改进党工委统一领导，稳准推进重点领域改革，相继开展基础管理年、管理提升年等活动，从党的建设、组织机构、制度流程、能力素质等各方面，全面加强基层基础管理，为油田高质量快速发展提供了坚强保障。

特别是今年以来，我们坚持守正创新，着眼率先建成中国式现代化世界一流能源企业，牢固树立大抓基层的鲜明导向，坚定不移做大基层、做强基础。一是全面加强基层党建工作。赋予"五湖四海"精神新内涵新实践，持续深化甲乙方联合党建，高举党旗把甲乙方凝聚在一起。走好群众路线，推进新时代文明实践基地建设，建立"我为基层办实事""我为油田献一策"常态化机制，开展"寻找好员工、讲述好故事"等群众性活动，营造了大抓基层的浓厚氛围。二是培育壮大基层独立作战能力。推行一线工作法，开展"大部制"改革，推进数智化采油气管理区建设，充实一线力量、压缩管理层级、提高工作效率，油田生产组织更加高效有序。特别是在这次疫情期间，这些工作的作用在实践中得到了发挥，改革的成效在实践中得到了检验。三是着力夯实安全环保基础。坚持以体系建设与运行为主线，建立常态化全员隐患排查整改"四全"管理子体系和事故事件"四查"分析机制，狠抓以基层站队标准化为核心的基层建设，以体系审核、管理工具应用为主要内容的基础工作，以隐患排查清单化、现场培训实操化、应急演练实战化为核心的基本功训练等安全领域"三基"工作，有效提升了油田安全环保管控能力。

总体来讲，在30多年的探索实践中，油田逐步形成了行之有效的基层基础管理体系，我们必须继承好、发扬好。与此同时，我们也要清醒地看到，油田的基层基础管理依然存在一些问题短板，还有许多与新形势新要求不适应的地方。7月，油田组织开展了基层基础管理问卷调查，收集甲乙方干部员工问卷8900余份，征集问题1400余项，主要体现在"五个不够"。

一是思想认识不够深刻。一些干部员工认为基层基础管理见效慢、业绩小，对重点项目、重点工程、重点工作盯得紧、干得多，对前瞻性、战略性、基础性工作不愿投入过多时间和精力。同时，油田抓基层基础也存在时紧时松的问题，尚未形成长效常态机制，没有持续系统地谋划推进基层基础管理工作。

二是能力素质不够全面。油田的干部员工大多是在油公司管理模式下成长起来的，基层历练、实践经验和斗争本领相比于老油田存在不足，特别是近年来干部年轻化加快推进，一些干部抓生产、管经营、保安全、带队伍的能力还需加快提升。承包商员工流动性大，关键岗位人员变更率高，加之承包商对岗前培训重视程度、投入力度不足，不少人员能岗不匹配，给安全生产埋下了很大隐患。

三是制度体系不够规范。部分领域制度的"立、改、废"，标准的制修订缺乏针对性、时效性和可操作性，不能有效适应上级的新部署新要求和油田的新问题新情况。尤其是在制度建设方面，既存在固步自封的问题，没有与时俱进、实事求是地优化完善，也存在盲目跟从的问题，没有守正创新、统筹谋划，导致制度过多过泛、交叉打架、各行其是，基层难以执行落实。

四是精细管理不够深入。油田快速发展下的管理滞后问题需要引起高度重视，投资管理粗放、花钱大手大脚的现象不同程度存在，组织机构设置、资源要素配置不科学不合理的情况尚未完全解决，多人

低效、人浮于事的情况还普遍有之。特别是这次疫情，充分暴露出我们物资管理高度计划、仓储管理高度集中的弊端，充分揭露了工程技术服务商不因地设点、靠前指挥决策的短板，对油田勘探开发造成了严重影响。

五是支撑保障不够到位。机关部门"放、管、服"力度不够，符合油田实际的分级分类管理清单亟待完善；推进基层减负的措施不实，现场各类检查考核多、各级视频会议多，导致基层干部员工疲于应付，难以腾出精力思考如何加强现场管理。甲方对乙方的服务、乙方对甲方的支持有待加强，有些甲方人员高高在上、颐指气使，有些乙方人员弄虚作假、偷工减料，"服务型甲方、诚信型乙方"建设亟须加快推进。

这些问题的产生既有客观因素，也有主观原因。油田上下、机关基层、甲乙各方要突出问题导向、目标导向、结果导向，深刻自我审视、自我改进、自我提升，按照"一年固基础、两年上台阶、三年大提升"的总体目标，加快提升基层基础管理水平。

三、怎样大抓基层基础管理

刚才，企管法规部汇报的实施方案已经对油田今后一个时期的基层基础管理工作进行了详细安排部署，既有工作目标，又有具体措施，各单位、各部门要认真抓好贯彻落实。这里，我重点对如何推进作一些说明和要求。

（一）坚持一个原则，强化顶层设计，稳步推进管理阶段跨越

基层基础管理提升工作是一项长期性任务，不能一蹴而就。要坚持"先打基础、再精细、再精益"的原则，准确把握工作阶段和节奏，有序有效推进基层基础管理工作上台阶，既不能自不量力、自以为是，认识不到自身的现状、实际和所处阶段，好高骛远、好大喜功、急功近利地制定一些不切合实际的任务目标，导致老虎吃天无从下口、麻袋绣花底子太差，也不能思想保守、谨小慎微、裹足不前。各单位情况不同，不能眉毛胡子一把抓，不分轻重缓急，搞"齐步走、一刀切"，要清醒定位本单位和各基层站队所处的管理阶段，立足现状、实事求是，坚持问题导向，实施分级分类差异化管理，通过与左邻右舍对标分析，找差距、定措施、补短板、强弱项，建立管理提升长效机制，避免一个单位的整体掩盖了局部问题，也要避免上下一般粗。处于从严管理阶段的，要重监管、重执行，突出抓好"三基"工作，以抓基层、打基础、强管理为核心，持续建强堡垒、夯实基础、强化管理；处于精细管理阶段的，要重过程、重细节，突出抓好"十个一"管理提升，推动各管理要素迭代升级；处于精益管理阶段的，要重价值、重创造，借助数字化、智能化手段，发挥基层自主管理作用，全面达到"四精"要求。这里特别强调，要厘清三个阶段重点工作之间的关系，"三基"是根本和基础，"十个一"是深化和提升，"四精"是方向和目标，三者循序渐进、环环相扣，不能对立开来。

（二）突出两个层面，强化上下联动，群策群力推进管理提升

抓基层基础管理工作，既要依靠广大基层干部员工，充分尊重基层首创，想方设法调动起大家大抓基层的积极性、主动性和创造性；也要发挥机关的统筹推进、服务保障作用，加快构建形成"主要领导挂帅、分管领导牵头组织、管理层以上领导协同推进、业务管理部门分工协作、各单位具体负责"的工作机制。

*基层层面要强化独立作战能力。*重点做好以下工作：一是建强基层组织体系，打造坚强有力、功能突出、团结协作、决策科学、执行高效的党委班子，建设政治功能强、党支部班子强、党员队伍强、发挥作用强的"四强"党支部，深化甲乙方联合党建，真正让党委、党支部两级组织强起来、唱主角。二是抓好基层责任落实，明确职责界面，理顺管理关系，做到岗位设计、工作任务、工作台账、完成时限、督促检查、考核标准"六个清晰化"，解决好谁来干、干什么、怎么干、什么时间干、干到什么程度、干好干坏有什么奖惩等问题。三是推进基层能岗匹配，强化各级管理人员专业技能和综合素质历练，做实以隐患排查清单化、现场培训实操化、应急演练实战化为核心的基本功训练，常态化开展承包商资质资格核查。四是培育基层特色文化，大力加强以"家文化"等为主要内容的基层文化建设，引导员工把心放在站上、把站放在心上，用优秀文化凝聚队伍、提升管理、推动发展。

*机关层面要强化靠前服务保障。*重点做好以下工作：一是调查研究要深入基层。全面掌握基层需求，既要把问题找出来及时研究解决，也要把经验找出来做好总结推广，特别要研究制定"一揽子"重在雪中送炭、不求锦上添花的政策措施，想方设法解决基层难题。二是减负增效要落到基层。深化"放、

管、服",建立分级分类管理清单,优化简化各类督导检查,该基层拍板的交给基层,该基层决策的交给基层,做到放得开、管得住、服务好,让基层有更多精力干好生产、抓好安全、搞好技术、管好经营、带好队伍,同时对基层要换位思考,不能敬而远之、盛气凌人。三是干部选拔要突出基层。上面千条线,下面一根针,油田层面的千条线最后都到基层站队这一根针,基层站队直接面临的是现场生产、安全、经营、稳定、外协、防疫六个方面的挑战和压力,所以基层站队长这一级干部是最苦、最难、付出最多的。各级党组织要用心用情关心他们的工作生活,尽心尽力为他们排忧解难。组织部门要把基层一线作为干部选拔培养的沃土,建立完善人才基层一线蹲苗、培养、选拔工作机制,大力选拔长期坚守一线、善于攻坚克难、能力业绩突出、员工群众信赖的优秀人才,特别要在急难险重一线和疫情当下,锻炼干部、发现干部、使用干部,各单位党委也要积极向党工委推荐。四是民生改善要紧贴基层。坚持一切围绕基层转、一切围绕员工转,常态化推进"我为基层办实事""我为油田献一策",用心用情用力解决好员工群众"急难愁盼"。五是镜头笔头要对准基层、聚焦一线。寻找好员工、讲述好故事、传递正能量,用鲜活事例展现基层风采、用身边榜样鼓舞队伍士气,大力营造大抓基层、扎根基层、建功基层浓厚氛围。

(三)把握五个环节,强化过程管控,确保接地气、有油味

推动基层基础管理提升,要有科学的方法,具体就是把握"制定好标准、完善好体系、创建好示范、总结好经验、形成好文化"五个环节工作。制定好标准,就是要围绕各阶段任务目标和管理要素,制定一套符合实际的管理提升标准,比如"十个一",要逐项明确井站、设备、技术、安全、成本等方面的工作标准,确保可操作、可考核、可落地。完善好体系,就是要借鉴常态化全员隐患排查整改"四全"管理体系、重点工作督查督办闭环管理机制等经验做法,在工作实践中加强制度的配套创新,靠体制机制推动管理提升系统化、规范化、常态化。比如,QHSE标准化站队达标晋级这一做法,从去年已经启动,今年要继续深化,坚持下去。创建好示范,就是要坚持示范引领、典型引路,搭建评优选先平台,强化考核激励约束,持续推进基层基础管理标杆单位和站队创建,树典型、抓样板,推动管理提升由点及面拓展延伸,营造"比、学、赶、帮、超"的浓厚氛围。总结好经验,就是要走好群众路线,深入总结提炼基层的好经验、好做法,把经验变制度、把示范变规范、把标杆变标准。基层管理的经验来自基层、方法源于实践,要坚持依靠基层抓基础,组织发动员工立足岗位,把自己的好经验、好做法写实并分享。企业管理部门要及时总结提炼来自基层、源于一线的好经验、好做法,形成在油田层面可复制、可推广的典型管理案例,同时也要坚持分类分级分方法的做法,选点示范、先行先试、以点带面,从而实现整体推进。形成好文化,就是要把文化作为最深层、最持久的力量,在以上工作的基础上,培育形成抓基层、打基础、精管理的特色企业文化,通过文化引领潜移默化、移风易俗,使基层基础管理提升成为全员的思想自觉和行为习惯。

同志们,基层基础管理功在当今、利在长远。我们要把抓基层、打基础当成一项战略性工程,下真功、见行动、求实效,抓实抓细基层基础管理提升工作,为油田全面建设我国最大超深油气生产基地、率先建成中国式现代化世界一流能源企业提供坚强保障。

深入学习贯彻党的二十大精神 率先建成中国式现代化世界一流能源企业

——沈复孝在塔里木油田公司学习贯彻党的二十大精神报告会上的宣讲提纲

(2022年11月21日)

在全党全国迅速掀起学习贯彻党的二十大精神热潮之际,我们组织召开学习贯彻党的二十大精神

宣讲报告会,主要任务是:坚持以习近平新时代中国特色社会主义思想为指导,深入学习贯彻党的二十大精神,动员全体干部员工埋头苦干、锐意进取、守正创新、团结奋斗,全面建设我国最大超深油气生产基地、率先建成中国式现代化世界一流能源企业,为全面建设社会主义现代化国家、实现中华民族伟大复兴贡献塔里木力量!

下面,我从学习领会和贯彻落实两个部分作宣讲。

第一部分 深刻领会、准确把握党的二十大精神

学习宣传贯彻党的二十大精神,是当前和今后一个时期的首要政治任务。油田上下、甲乙各方要准确理解、深刻领会党的二十大提出的一系列新的重要思想、重要观点、重大战略、重大举措,切实把思想和行动统一到党的二十大精神上来。

(一)深刻领会、准确把握党的二十大的重大政治意义和大会主题

党的二十大是在全党全国各族人民迈上全面建设社会主义现代化国家新征程、向第二个百年奋斗目标进军的关键时刻召开的一次十分重要的大会。大会批准了习近平同志代表十九届中央委员会所作的《高举中国特色社会主义伟大旗帜,为全面建设社会主义现代化国家而团结奋斗》的报告,批准了十九届中央纪律检查委员会的工作报告,审议通过了《中国共产党章程(修正案)》,选举产生了新一届中央委员会和中央纪律检查委员会。习近平总书记的报告,深刻阐释了新时代坚持和发展中国特色社会主义的一系列重大理论和实践问题,描绘了全面建设社会主义现代化国家、全面推进中华民族伟大复兴的宏伟蓝图,为新时代新征程党和国家事业发展,实现第二个百年奋斗目标指明了前进方向,确立了行动指南,是党和人民智慧的结晶,是党团结带领全国各族人民夺取中国特色社会主义新胜利的政治宣言和行动纲领,是马克思主义的纲领性文献。大会通过的党章修正案,体现了党的十九大以来党的理论创新、实践创新、制度创新成果,体现了党的二十大报告确定的重要思想、重要观点、重大战略、重大举措,对坚持和加强党的全面领导、坚定不移推进全面从严治党、坚持和完善党的建设、推进党的自我革命提出了明确要求。党的二十届一中全会,选举产生了新一届中央领导机构,习近平同志再次当选中央委员会总书记,体现了全党全国各族人民的共同心愿和对习近平总书记的衷心拥戴,为我们党团结带领全国各族人民战胜前进道路上一切风险挑战、从胜利走向胜利提供了根本保证。

大会的主题是:高举中国特色社会主义伟大旗帜,全面贯彻习近平新时代中国特色社会主义思想,弘扬伟大建党精神,自信自强、守正创新、踔厉奋发、勇毅前行,为全面建设社会主义现代化国家、全面推进中华民族伟大复兴而团结奋斗。这个主题是大会的灵魂,是党和国家事业发展的总纲,明确宣示了我们党在新征程上举什么旗、走什么路、以什么样的精神状态、朝着什么样的目标继续前进的重大问题。高举中国特色社会主义伟大旗帜、全面贯彻习近平新时代中国特色社会主义思想,是要郑重宣示,全党必须坚持以马克思主义中国化时代化最新成果为指导,坚定中国特色社会主义道路自信、理论自信、制度自信、文化自信,坚持道不变、志不改,确保党和国家事业始终沿着正确方向胜利前进。弘扬伟大建党精神,是要郑重宣示,全党必须恪守伟大建党精神,保持党同人民群众的血肉联系,保持谦虚谨慎、艰苦奋斗的政治本色和敢于斗争、敢于胜利的意志品质,确保党始终成为中国特色社会主义事业的坚强领导核心。自信自强、守正创新、踔厉奋发、勇毅前行,是要郑重宣示,全党必须保持自信果敢、自强不息的精神风貌,保持定力、勇于变革的工作态度,永不懈怠、锐意进取的奋斗姿态,使各项工作更好体现时代性、把握规律性、富于创造性。全面建设社会主义现代化国家、全面推进中华民族伟大复兴,是要郑重宣示,全党必须紧紧扭住新时代新征程党的中心任务,集中一切力量,排除一切干扰,坚持以中国式现代化全面推进中华民族伟大复兴。团结奋斗,是要郑重宣示,我们必须不断巩固全党全国各族人民大团结,加强海内外中华儿女大团结,形成同心共圆中国梦的强大合力。这次大会的主题既同党的十八大、十九大主题一脉相承,又充分体现了新时代、新征程、新阶段的新要求。我们在学习领会过程中,要牢牢把握住这个主题。

(二)深刻领会、准确把握党的二十大的主要精神

重点要做到习近平总书记强调的"五个牢牢把握"。

一是牢牢把握过去5年工作和新时代10年伟大变革的重大意义。过去5年和新时代以来的10年,在党和国家发展进程中极不寻常、极不平凡。以习近平同志为核心的党中央审时度势、锐意进取、攻坚克难，团结带领全党全军全国各族人民攻克了许多长期没有解决的难题，办成了许多事关长远的大事要事，推动党和国家事业取得举世瞩目的重大成就。事非经过不知难，成如容易却艰辛。这10年的伟大变革，是在以习近平同志为核心的党中央坚强领导下，在习近平新时代中国特色社会主义思想指引下，全党全国各族人民团结奋斗取得的。实践充分证明，习近平总书记是新时代伟大思想的创立者、伟大道路的开拓者、伟大梦想的领航者，是党和人民的主心骨、定盘星。"两个确立"是新时代取得的重大政治成果，是党和国家事业取得历史性成就、发生历史性变革的决定性因素。我们必须深刻领悟"两个确立"的决定性意义，坚决在思想上政治上行动上同以习近平同志为核心的党中央保持高度一致。

二是牢牢把握习近平新时代中国特色社会主义思想的世界观和方法论。党的十八大以来，马克思主义中国化时代化的重大理论创新成果，就是习近平新时代中国特色社会主义思想。党的十九大、十九届六中全会提出的"十个明确""十四个坚持""十三个方面成就"概括了这一思想的主要内容，科学回答了新时代坚持和发展什么样的中国特色社会主义、怎样坚持和发展中国特色社会主义，建设什么样的社会主义现代化强国、怎样建设社会主义现代化强国，建设什么样的长期执政的马克思主义政党、怎样建设长期执政的马克思主义政党等重大时代课题，开辟了马克思主义中国化时代化新境界。报告强调的"六个必须坚持"，即必须坚持人民至上、必须坚持自信自立、必须坚持守正创新、必须坚持问题导向、必须坚持系统观念、必须坚持胸怀天下，是贯穿习近平新时代中国特色社会主义思想的世界观和方法论，我们要认真学习领会，做到知其言更知其义、知其然更知其所以然，切实把其中蕴含的思想观点方法贯彻落实到工作的全过程各方面。

三是牢牢把握以中国式现代化推进中华民族伟大复兴的使命任务。习近平总书记在报告中庄严宣示：从现在起，中国共产党的中心任务就是团结带领全国各族人民全面建成社会主义现代化强国、实现第二个百年奋斗目标，以中国式现代化全面推进中华民族伟大复兴。报告指出，中国式现代化，是中国共产党领导的社会主义现代化，既有各国现代化的共同特征，更有基于自己国情的中国特色。中国式现代化是人口规模巨大的现代化、全体人民共同富裕的现代化、物质文明和精神文明相协调的现代化、人与自然和谐共生的现代化、走和平发展道路的现代化。中国式现代化的本质要求是：坚持中国共产党领导，坚持中国特色社会主义，实现高质量发展，发展全过程人民民主，丰富人民精神世界，实现全体人民共同富裕，促进人与自然和谐共生，推动构建人类命运共同体，创造人类文明新形态。这些论断深刻阐释了中国式现代化的理论逻辑、实践特征和战略部署，我们要深入学习领会，并且要结合油田实际，搞清楚中国式现代化世界一流能源企业到底应该是什么样、怎么去建，并且落实到具体工作当中。

四是牢牢把握以伟大自我革命引领伟大社会革命的重要要求。大会报告指出，党面临的执政考验、改革开放考验、市场经济考验、外部环境考验将长期存在，精神懈怠危险、能力不足危险、脱离群众危险、消极腐败危险将长期存在；全面从严治党永远在路上、党的自我革命永远在路上，决不能有松劲歇脚、疲劳厌战的情绪，这"两个长期存在""两个永远在路上"的重要论断，彰显了我们党作为百年大党的政治清醒和坚定。报告深刻指出，经过不懈努力，党找到了自我革命这一跳出治乱兴衰历史周期律的第二个答案；深刻指出，全面从严治党是党永葆生机活力、走好新的赶考之路的必由之路，并对"以党的自我革命引领社会革命"作出七个方面的系统部署。这些都充分彰显了我们党将自我革命进行到底的坚定意志、坚强决心。

五是牢牢把握团结奋斗的时代要求。团结奋斗是中国共产党和中国人民的显著精神标识。党的二十大报告中，团结奋斗的时代要求贯穿全篇，体现在标题、主题、导语、正文、结束语各个部分。报告强调，团结就是力量，团结才能胜利，必须充分发挥亿万人民的创造伟力，坚持全心全意为人民服务的根本宗旨，树牢群众观点，贯彻群众路线，尊重人民首创精神，坚持一切为了人民、一切依靠人民，从群众中来、到群众中去，始终保持同人民群众的血肉联系，始终接受人民批评和监督，始终同人民同呼吸、共命运、心连心，形成同心共圆中国梦的强大合力。我们要牢牢把握团结奋斗的时代要求，在党的旗帜下团结成"一块坚硬的钢铁"，心往一处想、劲往一处使，汇聚起奋进新征程、建功新时代的磅礴力量。

（三）深刻领会、准确把握党的二十大关于国有企业和能源行业改革发展的新任务新要求

习近平总书记在党的二十大报告中对国有企

业、能源行业发展作出一系列重要部署，在推动高质量发展方面，强调，高质量发展是全面建设社会主义现代化国家的首要任务，发展是党执政兴国的第一要务，必须完整、准确、全面贯彻新发展理念。在实现科技自立自强方面，强调必须坚持科技是第一生产力、人才是第一资源、创新是第一动力，深入实施科教兴国战略、人才强国战略、创新驱动发展战略，开辟发展新领域新赛道，不断塑造发展新动能新优势。在推动绿色发展方面，强调必须牢固树立和践行"绿水青山就是金山银山"的理念，立足我国能源资源禀赋，坚持先立后破，有计划分步骤实施碳达峰行动，推动能源清洁低碳高效利用。在国资国企改革发展方面，强调深化国资国企改革，加快国有经济布局优化和结构调整，推动国有资本和国有企业做强做优做大，提升企业核心竞争力，提出"推进多层次多领域依法治理""完善中国特色现代企业制度，弘扬企业家精神，加快建设世界一流企业"的明确要求。在能源资源安全和能源行业发展方面，报告中有12处明确提及，特别强调加大油气资源勘探开发和增储上产力度，加快规划建设新型能源体系，加强能源产供储销体系建设，确保能源安全。在国有企业党建方面，强调要推进国有企业、金融企业在完善公司治理中加强党的领导；党章第三十三条重申"国有企业党委（党组）发挥领导作用，把方向、管大局、保落实，依照规定讨论和决定企业重大事项"。这些新任务新要求，为油田全面实现高质量发展指明了方向、提供了遵循。

各级党组织要把学习宣传贯彻党的二十大精神作为头等大事，按照油田党工委下发的"关于认真学习宣传贯彻党的二十大精神的通知"要求，加强组织领导，全面抓好学习培训，领导干部带头宣讲，结合实际开展形式多样的宣贯和教育活动，加大新闻宣传力度，把学习宣传贯彻党的二十大精神不断引向深入。

第二部分 坚决贯彻落实好党的二十大各项决策部署

当前及今后一个时期，我们要深入学习宣传贯彻党的二十大精神，完整准确全面贯彻新发展理念，按照"12566"总体部署，实施"123456"发展路径，全面建设我国最大超深油气生产基地、率先建成中国式现代化世界一流能源企业。

（一）坚定不移做强主营业务，在保障国家能源安全中彰显"塔里木担当"

坚决贯彻落实习近平总书记"大力提升勘探开发力度""能源的饭碗必须端在自己手里"等重要指示批示精神，全面增强能源供应保障能力，忠诚践行为国分忧、为油奉献的崇高使命。

一是突出加强油气勘探。坚持资源为王，深入开展新一轮找矿突破战略行动，力争2023—2030年新增探明储量石油**亿吨、天然气**万亿立方米。把握好"勘探先行、物探优先，多做地震、少打空井"的工作节奏，整体部署盆地格架线，系统谋划新区新领域地震勘探，持续推进富油气区带高精度三维全覆盖。持续加强库车北部构造带、秋里塔格构造带、寒武系盐下、轮南—富满台缘带等新区风险勘探和甩开预探，加强库车、塔北—塔中根据地集中勘探，加快落实规模效益储量，形成增储量、建产能、拿产量的良性发展格局。

二是精细组织开发生产。坚持效益开发，大力实施油气生产能力提升行动，把油气生产能力提升行动作为油气开发工作的重要抓手，加大二次综合治理研究及成果运用，处理好"四个关系"，做到"四个统筹"，加快构建合理开发秩序、形成良性开发格局。立足"三稳一达效"目标，大力推进老油气田稳产"压舱石工程"，抓好"四大稳产上产工程""五项基础性工程"，高质量推进"十四五"规划落实落地，确保2025年油气产量当量达3600万吨以上。

三是加快发展新能源业务。按照"清洁替代、战略接替、绿色转型"三步走战略，一手抓绿色低碳转型，一体推进节能降耗、分布式光伏、再电气化、低碳建产、CCUS-EOR、碳汇林业等工作，大力实施全过程清洁低碳行动；一手抓沙戈荒新能源基地建设，落实"实施一批、规划一批、储备一批"的要求，统筹风光资源、电网架构、传输余量、市场消纳等，以获取指标为目标，以重点项目落地为抓手，科学谋划、分步实施，2025年高质量建成千万千瓦沙戈荒新能源基地。

（二）坚定不移加强科技创新，在向地球深部进军中贡献"塔里木智慧"

坚持把创新作为引领发展的第一动力，聚焦超深复杂世界级难题，加快高水平科技自立自强，着力打造我国深地科技攻关重地、原创技术"策源地"，支撑引领世界一流能源企业建设。

一是突出抓好关键核心技术攻关。坚持把盆地基础研究和整体研究作为战略性任务，下大力气搞清盆地沉积特征、构造特征和成藏规律，有效指导高效勘探。加强三维地震采集处理解释一体化攻关，加快破解圈闭研究和目标落实瓶颈难题。攻关配套超深裂缝性低孔砂岩气藏、缝洞型碳酸盐岩油气藏提高采收率技术，加大重大开发技术试验力度，有力支撑油气稳产上产。加快万米深井技术攻关和储备，引领我国石油工业不断向超深复杂领域挺进。

二是突出抓好数字化转型智能化发展。坚持"七统一"工作原则，坚持"业务主导、信息统筹、应用为本、双轮驱动"工作方针，做到"三管三必须"，加快数字采油气管理区建设，加快打造全面感知、自动操控、统一管控、智能预测的运营模式，力争2025年基本建成智能化油田。强化数智成果应用，积极推动生产方式、组织架构、管理模式变革，加快实现"两减两提"目标。

三是突出抓好科技管理体制优化。一方面要持续优化完善现行科技管理体制机制，探索实践"三院一中心+基层单位+员工创新工作室"的协同模式，确保生产性、保障性、支撑性的科研项目有序推进和科研生产正常运行。另一方面要用好中国石油研发中心这个平台，大胆探索新体制新机制，坚持五湖四海搞科研，建立完善完全开放式科技创新组织体系，全面推行"揭榜挂帅""赛马制"，集聚全球英才解决塔里木世界级勘探开发难题。

（三）坚定不移深化改革管理，在建设世界一流企业中打造"塔里木样板"

坚持与时俱进、守正创新，传承发扬"油公司"管理成功经验，不断赋予"两新两高"新的时代内涵，继续在深化改革和强化管理中站排头、作示范，不断提高公司治理体系和治理能力现代化水平。

一是坚持依法合规治企。持续抓好集团公司领导干部会议精神落实，加快形成上下贯通、相互衔接、体系化、规范化、法治化的制度体系，健全法律合规风险防范机制，加强招投标、物资采购、合同结算等重点领域管控，高标准建成法治示范企业。

二是推进全面深化改革。持续巩固国企改革三年行动成果，稳准推进大部制改革、模拟法人治理、新型采油气管理区建设、同质同类业务整合等重点工作，持续减机构、减层级、减用工，加大机关"放管服"工作力度，构建完善"精干适度、权责统一、协同高效"的管理体系，进一步提升管理效率效益。

三是推进管理阶段跨越。坚持"先打基础、再精细、再精益"的原则，突出强化基层独立作战和机关服务保障，抓实细管理提升工作。从严管理阶段，要突出抓好"三基"工作，加强以党支部建设为核心的基层建设、以岗位责任制为中心的基础工作和以岗位练兵为主要内容的基本功训练。精细管理阶段，要重过程、重细节，管精管细每个要素，实现"十个一"。精益管理阶段，要重价值、重创造，发挥基层自主管理作用，全面达到"四精"要求，打造创新创效行业标杆。

（四）坚定不移坚持人民至上，在维护平安和谐中传递"塔里木温度"

坚持发展为了人民、发展依靠人民、发展成果由人民共享，忠诚履行央企责任，坚决维护广大员工和南疆各族群众的根本利益，让员工群众的获得感、幸福感、安全感更加充实、更有保障、更可持续。

一是从严抓好安全生产。清醒把握安全生产严格监管阶段的定位和特征，从严压实安全生产责任制，突出抓好风险分级管控，持续深化隐患排查整改"四全"管理子体系运行，牢牢守住安全生产底线。坚持把井控作为"天字号"工程，强化"四个明白人"配备和DROC作用发挥，做实"鼓励发现溢流、奖励成功关井、处理责任溢流""允许误报、宽容错报、杜绝漏报"措施，确保井控绝对安全。

二是践行绿色发展理念。坚持"源头减量化、过程规范化、末端资源化"，完善污染物定额管控制度，推进污染源智能监管，打造"零废"采油气示范区。坚守生态保护红线，严格做好中央生态环保督察问题整改，持续强化生态保护和环境隐患排查治理，真正做到"开发一个区块、建设一片绿洲、撑起一片蓝天"。

三是实现发展成果共创共享。常态化开展我为油田献一策、我为基层（员工）办实事和民生工程、"寻找好员工、讲述好故事"等群众性活动，推动党的群众路线在塔里木落地生根。深化企地融合发展，加强合资公司经营管理，深入推进乡村振兴，让南疆各族群众共享油田发展红利。建立服务型甲方、诚信型乙方运行机制，培育高质量战略合作伙伴，构建甲乙方命运共同体。牢牢扭住新疆社会稳定和长治久安总目标，扎实做好维稳信访、安保防恐和民族团结工作，创建平安塔里木。坚持人民至上、生命至上，落实落细常态化疫情管理措施，推进健康企业建设，坚决维护好广大职工的生命安全和身心健康。

（五）坚定不移全面从严治党，在打造新时代石油铁军中永葆"塔里木底色"

牢记"两个永远在路上"，落实好新时代党的建设总要求，既要统筹兼顾、整体推进，也要突出重点、找准抓手，不断推动油田党的建设工作提质增效，以高质量党建引领高质量发展。

一是旗帜鲜明讲政治。认真落实"第一议题"制度，确保习近平总书记重要指示批示精神和党中央重大决策部署在油田落地见效，以实际行动坚定捍卫"两个确立"，坚决做到"两个维护"。严明政治纪律和政治规矩，严格执行民主集中制和请示报告制度，严肃党内政治生活，不断提高政治判断力、领悟力、执行力，巩固良好政治生态。

二是全面加强思想建设。用习近平新时代中国特色社会主义思想凝心铸魂，强化理论武装，深入开展主题教育，坚定扎根边疆、兴油报国的理想信念。加强和改进新闻宣传工作，讲好塔里木故事，传播塔里木声音。坚持文化引领，落实文化润疆工程，建设石油文化长廊、历史展览馆，打造一批特色文艺精品，提升油田品牌形象和文化软实力。

三是建设高素质干部人才队伍。坚持正确选人用人导向，注重在重要工作、重点项目、艰苦岗位上磨砺干部，加大不同年龄段优秀干部的选拔使用，加快优秀年轻干部的培养选拔，强化干部能力提升，打造"三强"干部队伍。坚持人才是第一资源，大力推进人才强企工程，落实"生聚理用"各项举措，建设超深领域人才中心和创新高地。

四是锻造坚强有力的组织体系。各级党组织要增强政治功能和组织功能，贯彻落实好党的路线方针政策，组织好广大干部员工群众，深化"三基本"建设与"三基"工作有机融合、党建与生产经营有机融合，构筑起凝心聚力、攻坚克难的坚强战斗堡垒。群团组织要牢牢把握政治方向，教育引导员工在实干担当中建功立业、成长成才，做好权益维护和困难帮扶工作，当好员工群众的"娘家人"。

五是坚决打赢党风廉政建设和反腐败斗争攻坚战持久战。贯彻落实中央八项规定精神，重点整治形式主义官僚主义问题，抓实"二十种人""五种干部"排查整改，持续改进会风文风和调研作风，切实为基层减负。加强对"一把手"和领导班子监督，开展新一轮党工委巡察，强化对权力运行的制约和监督。用全周期管理方式，一体推进不敢腐、不能腐、不想腐，坚决查处靠企吃企、以权谋私、利益输送等腐败问题，营造风清气正的干事创业氛围。

同志们，蓝图已经绘就，号角已经吹响。让我们更加紧密地团结在以习近平同志为核心的党中央周围，持续深入学习贯彻落实党的二十大精神，踔厉奋发、勇毅前行，坚定不移率先建成中国式现代化世界一流能源企业，为全面建设社会主义现代化国家、实现中华民族伟大复兴作出新的更大贡献！

沈复孝在富满油田超深油气产量突破300万吨总结表彰大会上的讲话

（2022年12月26日）

今天，我们隆重举行总结表彰大会，热烈庆祝富满油田超深油气产量突破300万吨。在这具有里程碑意义的历史时刻，我谨代表油田党工委和油田公司，向富满油田勘探开发取得的丰硕成果表示热烈的祝贺！向为富满油田大发现、大发展作出突出贡献的甲乙方干部员工致以崇高的敬意！向所有关心支持塔里木油田发展的各级领导、各界朋友表示衷心的感谢！

富满油田油气资源丰富，是我国最大的超深海相断控型碳酸盐岩油气田。2013年发现以来，甲乙方广大干部员工牢记实现我国油气资源战略接替、保障国家能源安全的崇高使命，胸怀"愿做胡杨战风沙、敢叫沙海变油海"的豪情壮志，征战死亡之海、进军超深油气，艰苦奋斗、锐意进取，把富满油田从一个年产2万吨的小油田建成了300万吨我国最大超深油田，为推动油田高质量发展、保障国家能源安全作出了重要贡献！

——富满油田的开发建设走出了一条高效勘探

之路。坚决贯彻习近平总书记重要指示批示精神，大打油气勘探进攻仗，哈得、富源、果勒、满深等区块相继突破，含油气范围西延、东扩、南进、深拓，累计落实油气三级储量**亿吨，形成了横向百里连片、纵向千米含油的大场面。特别是今年以来，我们大胆进军超深层、积极探索新领域，获得富东1井重大突破，开辟一个资源量超万亿立方米的接替区，实现了"富满之下找富满"的战略构想。近年来，富满油田越打越宽、越打越深、越打越富，成功入选"央企十大超级工程"，展现了超深层巨大的勘探开发潜力，坚信未来将迎来新一轮储量增长高峰期。

——富满油田的开发建设走出了一条效益上产之路。坚持勘探开发一体化，牢固树立"探井就是开发井、开发井也是探井"的理念，将勘探、评价、开发由"接力跑"转变为"齐头并进"，实现了主力区块当年发现、当年探明、当年建产，加快了优质储量向效益产量转化。坚持地面地下一体化，创新实行"按区布站、按带布线、骨架先行、分期实施"的地面建设模式，全面打响原油拉运歼灭战，大力实施火炬熄灭工程，构建形成"两横两纵两中心"的地面格局，彻底改变了"车拉上产、高耗低效"的局面。近年来，富满油田油气产量年均保持50万吨以上快速增长，成为国内效益建产示范区和原油上产主战场。

——富满油田的开发建设走出了一条科技兴油之路。坚信油气就在自己的脑袋里，敢于自我革命、自我超越，创新建立断裂控储控藏地质理论，指导井位部署从"避断裂"向"打断裂"转变，成功打出9口千吨井和一批百吨井，钻井成功率、高效井比例屡创历史新高。不断挑战深度极限，持续攻关技术瓶颈，打造形成高精度三维地震、超深井优快钻井、重力驱注水开发"三把利剑"，实现了超深储层"看得见"、复杂地层"打得成"、难动用储量"采得出"。富满油田的思想大解放、技术大进步，打开了油气大发现、产量大增长、效益大提升的新局面，为我国超深复杂油气藏高效勘探开发提供了"富满方案"。

——富满油田的开发建设走出了一条管理创新之路。突出专业化管理、一体化统筹，集中优势力量、动用优质储量，探索推行钻井区域专打、地面区域专建，高效建成400万吨生产能力，一举扭转了油田原油稳产上产的被动局面。突出数字化转型、智能化发展，全面实施物联网互联互通工程，稳准推进新型采油气管理区建设，大力推行一线工作法，实现了基层独立作战、井站一体管理、生产远程操控，有效削减了安全风险、降低了劳动强度、提升了管理效能。富满油田建设端和开发端的双重发力，催生了生产组织的质量变革、效率变革、动力变革，成为新时代坚持和发展"两新两高"的生动实践。

——富满油田的开发建设走出了一条和谐发展之路。坚持以人民为中心的发展思想，积极造福当地各族人民群众，因地制宜援建基础设施、扶贫超市等一批惠民项目，实施产业拉动、就业帮扶、爱心捐赠、生活物资就地采购等一系列惠民举措，铺设幸福路爱心桥，构建大团结生命线，形成了企地融合发展的良好局面。秉承"开发一个区块、建设一块绿洲、撑起一片蓝天"的理念，加快绿色低碳转型，推进绿色矿山创建，在沙漠腹地建起一座座生机勃勃的绿色家园，构成了工业文明与生态文明和谐共生的靓丽风景。

——富满油田的开发建设走出了一条党建引领之路。坚持抓党建就是抓发展，高举旗帜、凝心铸魂，创新开展党建区域联盟，深入推进甲乙方联合党建，找准"落实献一策、用心办实事""寻找好员工、讲述好故事"等一系列有效抓手，凝聚起了科研攻关、夺油上产的强大合力。坚定"我为祖国献石油"的理想信念，在战天斗地的实践中唱响了"戈壁建伟业、大漠写人生"的沙海壮歌，培育了"胡杨魂·哈得家""把心放在站上、把站放在心上"等基层特色文化，锻造了一支忠诚担当、敢打硬仗、能打胜仗的石油铁军，涌现出了一批又一批先进集体、模范人物。富满油田的精神文明建设成果，为石油精神和塔里木精神焕发时代光彩注入了丰富内涵，成为激励我们攻坚克难、勇毅前行的宝贵财富。

十年磨一剑，功夫不寻常。富满油田的发展和壮大推动了塔里木油气事业的发展和壮大，富满油田的探索和成功体现了塔里木油田进军超深领域的探索和成功，富满油田的成绩和贡献将深深镌刻在塔里木油田乃至我国石油工业发展史上。十年来，甲乙方广大干部员工深耕茫茫沙海、勇攀地下珠峰，用无怨无悔的拼搏奉献，谱写了富满油田的华彩乐章。科研系统发扬斗争精神、勇闯深地禁区，与天斗、与地斗、与碳酸盐岩斗；勘探系统闻油而动、雷厉风行，勇当找油找气的开路先锋；产建系统攻城拔寨、敢打必胜，坚决扛起增储上产的责任使命；开发系统坚守一线、精耕细作，科学组织油气开发生产；生产保障系统立足岗位、恪尽职守，竭尽全力为勘探开发保驾护航；乙方单位发挥优势、主动作为，提供了全方位、强有力的支撑保障。各个系统、各条战线、甲乙各方握指成拳、勠力同心，形成了增储量、建产能、拿产量的强大合力。大家都是富满油田发展壮大的奋斗者、贡献者！

同志们！回顾过去，成绩弥足珍贵，奋斗充满艰辛；展望未来，蓝图已经绘就，逐梦惟有笃行。习近平总书记在党的二十大报告中明确指出，要加大油气资源勘探开发和增储上产力度，加强能源产供储销体系建设，确保能源安全。习近平总书记有指示、国家有需求，我们就要见行动。当前，塔里木油田开启了全面建设我国最大超深油气生产基地、率先建成中国式现代化世界一流能源企业的新征程。

希望富满油田广大干部员工深入学习贯彻党的二十大精神，坚决贯彻落实党工委决策部署，牢记职责使命，勇于担当作为，以更加饱满的热情、更加昂扬的斗志、更加务实的作风，不断巩固扩大富满油田勘探开发成果，为油田高质量发展再创佳绩、再立新功！

第一，加快增储上产，争当保障能源安全的主力军。坚定寻找大场面、建设大油田的信心决心，大力实施新一轮找矿突破战略行动，加大风险勘探、加快甩开预探、加强集中勘探，加快落实战略接替领域和规模效益储量，力争再造一个10亿吨大场面。打好高效建产进攻战和效益开发持久战，统筹老井稳产、措施增产、新井上产、管理促产和地面配套，加快提升油气生产能力，确保2025年建成500万吨我国最大超深原油生产基地，不断增强端牢能源饭碗的底气和实力。

第二，强化创新驱动，争当超深油气技术的策源地。坚持科技是第一生产力、人才是第一资源、创新是第一动力，不断发展油气地质理论，加快攻关万米工程技术，持续配套开发技术体系，勇攀深地油气珠穆朗玛峰，抢占超深技术创新制高点，着力推动高水平科技自立自强。坚持五湖四海搞科研、五湖四海用人才，充分发挥研发中心平台作用，集智攻关超深复杂碳酸盐岩世界级难题，努力在富满油田勘探开发中造就一批拔尖人才和创新团队，实现人才与成果竞相迸发。

第三，深化改革管理，争当少人高效发展的试验田。大力实施低成本战略，深入推进勘探开发一体化、工程地质一体化、生产经营一体化，扎实开展勘探、产建、开发全过程的提质增效价值创造行动，努力打造"十个一"精细管理标杆。坚持"上道工序为下道工序服务"，加强区域一体化统筹，推动上下游紧密衔接、各单位深度融合，进一步提高生产组织效率效益。聚焦"两减两提"目标，加快推进数智化转型，率先建成智能油气田，做到既要甲方用人少，又要乙方用人少，全面实现增产增效不增人。

第四，突出和谐稳定，争当安全绿色发展的示范区。统筹发展与安全，持续深化QHSE体系建设和有效运行，从严抓实做细安全生产，全面推进绿色油田建设，有效防范化解各类风险，着力打造平安富满、绿色富满、低碳富满。完整准确贯彻新时代党的治疆方略，常态化抓好维稳安保，深入推进企地融合，精准助力乡村振兴，更好地将发展成果落实到改善民生、惠及当地、增进团结上，充分彰显塔里木的责任担当。

第五，加强党的建设，争当弘扬石油精神的排头兵。认真落实新时代党的建设总要求，始终把政治建设摆在首位，以更大勘探开发成果捍卫"两个确立"、践行"两个维护"。牢固树立大抓基层的鲜明导向，深入推进党委区域联盟、党支部联合共建，推动党工委一体化领导优势向基层延伸，凝聚起一家人、一条心、一起干的强大合力。突出文化引领，大力弘扬石油精神和塔里木精神，打造超深品牌，培育超深层文化，讲好富满故事，传播富满声音，激励甲乙方干部员工地下珠峰探宝藏、超深层里立新功。

同志们，征程万里风正劲，扬帆起航正当时。在新时代、新征程上，我们要坚持以习近平新时代中国特色社会主义思想为指导，深入学习贯彻党的二十大精神，在自治区党委、集团公司党组坚强领导下，乘势而上、拼搏进取，全力开创富满油田高质量发展新局面，为全面建设我国最大超深油气生产基地、率先建成中国式现代化世界一流能源企业而团结奋斗！

上级领导考察活动

【马兴瑞到塔里木油田公司调研】 2022年1月5日，新疆维吾尔自治区党委书记马兴瑞到塔里木油田公司调研，听取油气资源勘探开发、科研技术攻关、促进工业强市工业强州建设情况汇报。马兴瑞指出，要立足新疆能源资源优势，向资源开发和精深加工要发展，推动工业强基增效和转型升级，促进工业强市、工业强州；要实施更加开放的人才政策，识才爱才敬才用才，聚天下英才而用之。

【玉苏甫江·麦麦提到塔里木油田公司调研】 2022年6月27日，新疆维吾尔自治区党委常委、自治区副主席玉苏甫江·麦麦提到塔里木油田公司调研，了解上半年油田生产经营情况及勘探开发、科技攻关、油地共建等工作。玉苏甫江·麦麦提强调塔里木油田要立足新疆能源资源优势，进一步加大油气勘探开发力度，推动绿色低碳转型，加强科技攻关，为新疆经济社会发展再立新功。

【玉苏甫江·麦麦提听取塔里木油田公司工作汇报】 2022年8月3日，新疆维吾尔自治区党委常委、自治区副主席玉苏甫江·麦麦提在巴州组织召开座谈会，就深入学习贯彻习近平总书记在新疆考察时重要讲话精神，落实好石油石化企业座谈会工作要求、加快新疆油气产业高质量发展进行专题调研，听取塔里木油田公司工作汇报，协调解决存在的困难和问题，强调要继续扩大有效投资，大力提升勘探开发力度，持续加强科技创新，抓实抓牢安全生产，进一步夯实资源保供基地，筑牢油气稳产的压舱石，为推动新疆经济高质量发展、保障国家能源安全作出更大贡献。塔里木油田公司总经理、党工委副书记王清华作油田工作汇报。

【侯启军电话连线慰问塔里木油田公司】 2022年11月3日，集团公司总经理、党组副书记侯启军与塔里木油田公司电话连线，了解油田学习宣传贯彻党的二十大精神、今冬明春天然气保供、新冠肺炎疫情管理、勘探开发、安全生产等情况。提出三点要求：一是切实强化政治担当，科学精准组织运行，确保今冬明春能源与天然气保供。二是认真落实党中央"疫情要防住、经济要稳住、发展要安全"的总体要求，严格执行管理措施，筑牢管理屏障，关心关爱员工群众，确保生产和防疫两手抓两不误。三是坚守安全生产红线底线，落实安全生产责任，加大隐患排查和治理力度，全力以赴抓好冬季安全生产。

塔里木油田公司领导现场办公

【杨学文到克深一线调研】 2022年1月18—19日，塔里木油田公司执行董事、党工委书记杨学文到克深生产一线调研慰问，参加克深处理站党支部主题党日活动。提出七点要求：一要强化政治担当，二要抓好开发生产，三要抓好安全生产，四要抓好冬季保供，五要抓好精益管理，六要抓好党建工作，七要抓好干部队伍建设。

【沈复孝走访慰问塔西南公司员工】 2022年1月19日，塔里木油田公司总经理、党工委副书记沈复孝到塔西南公司看望慰问维护稳定工作办公室、公安局、医疗服务中心、南疆利民油气运行中心的干部员工，以及劳动模范、困难职工、退休职工代表，并致以新春祝福。

【沈复孝到塔里木油田公司驻村工作队调研慰问】 2022年1月19日，塔里木油田公司总经理、党工委副书记沈复孝到喀什地区泽普县油田驻村工作队调研，宣贯党的十九届六中全会精神、集团公司工作会议精神和塔里木油田"两会"精神，看望慰问驻村干部。提出下一步重点做好四项工作：一是坚定不移维护社会稳定，二是坚定不移守住返贫底线，三是坚定不移推进乡村振兴战略，四是坚定不移打牢基层基础。

【沈复孝春节前夕慰问在岗甲乙方干部员工】 2022年1月30日，塔里木油田公司总经理、党工委副书记沈复孝到油田智能运营中心，与塔中、泽普油气开发部一线干部员工视频连线，听取春节期间岗位值守和安全生产情况汇报。提出三点要求：一要抓牢抓实特殊重点时期风险管控，二要坚决扛起油气保供重任，三要安排好甲乙方干部员工生活和文体活动。

【杨学文到迪那油气开发部生产一线调研】 2022年3月7日，塔里木油田公司执行董事、党工委书记杨学文到迪那油气开发部生产一线调研。提出四点要求：一是讲政治，深入学习习近平总书记系列讲话精神，落实好"第一议题"制度；二是持续深化油气藏地质认识，实现油气田精细有效开发；三是抓好安全生产和绿色矿山创建工作；四是抓好党建工作。

【杨学文到克拉、克深勘探开发一线调研】 2022年3月8日，塔里木油田公司执行董事、党工委书记杨学文到克拉、克深勘探开发一线调研，开展"转观念、勇担当、强管理、创一流"主题教育宣讲。提出四点要求：一是旗帜鲜明讲政治；二是努力提升油气田开发水平；三是抓好安全生产和环境保护工作；四是扎实做好党建工作。

【杨学文到博孜、大北勘探开发一线调研】 2022年3月9日，塔里木油田公司执行董事、党工委书记杨学文到博孜、大北勘探开发一线调研，听取工作汇报。提出六点要求：一要深入贯彻落实习近平总书记系列重要讲话和指示批示精神；二要适应大发展的要求，在博孜大北油气增储上产主战场上发挥好主力军作用；三要以问题导向，加快超深层油气藏安全成熟高效工程技术配套；四要积极参与支持组织好博孜处理厂项目建设；五要抓好安全生产、环境保护和绿色企业创建；六是抓好党建工作。

【杨学文到英买油气开发部调研】 2022年3月10日，塔里木油田公司执行董事、党工委书记杨学文到英买油气开发部调研。提出五点要求：一是深入学习贯彻落实习近平总书记一系列重要讲话精神，落实好"第一议题"制度；二是把发展放在更加突出的位置，围绕增储上产、提高效益，谋划部署各项工作；三是突出问题导向，加快特色技术工程技术的配套；四是大力推进精细化管理，实现油田安全有序有效生产；五是抓好党建工作。

【沈复孝到物资采办事业部调研】 2022年3月16日，塔里木油田公司总经理、党工委副书记沈复孝到物资采办事业部大二线物流园区调研。提出四点要求：一是做好仓储资源集中共享和提质增效；二是深入开展安全隐患排查整改；三是研究优化劳保防护服配备发放；四是配合做好大二线工业园区规划。

【沈复孝到应急中心、油建公司和实验检测研究院调研】 2022年3月17日，塔里木油田公司总经理、党工委副书记沈复孝到应急中心、塔里木油田建设工程有限责任公司大二线生产基地和实验检测研究院调研。在应急中心，沈复孝提出五点要求：一是狠抓井控装备质量；二是加强现场作业风险管控；三是加强承包商管理；四是持续打造井控"盾牌"文化；五是关注青年员工培养。在塔里木油田建设工程有限责任公司，提出三点要求：一是做好安全隐患排查整改；二是抓好产品质量；三是依靠油田开拓市场。在实验检测研究院，提出四点要求：一是科学统筹实验资源；二是掌握超深层领域分析检测话语权；三是严把采购产品质量关；四是大力开展提质增效工作。

【杨学文到轮南生产一线调研】 2022年3月17日，塔里木油田执行董事、党工委书记杨学文到轮南生产一线调研。提出六点要求：一是深入贯彻落实总书记重要讲话精神；二是强化工作部署的组织实施，实现"十四五"油气产量当量达到80万吨；三是加强工程技术攻关，形成适合轮南地质特点的配套工程技术；四是持续加强提质增效工作；五是强化岗位责任制落实，实现安全环保生产；六是抓好党建工作。

【杨学文到轮南轻烃厂和东河油气开发部调研】 2022年3月18日，塔里木油田公司执行董事、党工委书记杨学文到轮南轻烃厂和东河油气开发部调研，听取工作汇报。提出五点要求：一是突出把讲政治放在第一位，学习贯彻落实好总书记系列重要指示批示精神；二是突出全面完成生产任务，组织好生产经营工作；三是突出抓好精细化管理，不断提升经营效益；四是突出落实安全生产责任制，做好安全环保"绿色企业"创建工作；五是突出抓好党建工作。

【杨学文到富满勘探开发一线调研】 2022年3月19日，塔里木油田公司执行董事、党工委书记杨学文到富满勘探开发一线调研。提出六点要求：一是深入贯彻落实习近平总书记一系列重要讲话精神和重要指示批示精神，认真落实好"第一议题"制度；二是聚焦700万吨油气当量，建设超深现代化原油生产基地；三是突出问题导向，扎实组织好技术攻关；四是加快骨架工程项目建设，大力推进节能减排，建设绿色低碳示范企业；五是以落实岗位责任制为抓手，推进精细化管理，实现安全环保生产。六是落实党建工作责任，建设朝气蓬勃、活力四射的哈得。

【杨学文到塔中一线调研】 2022年3月20日，塔里木油田公司执行董事、党工委书记杨学文到塔中调研，提出五点要求：一要加强政治建设，打造让党放心的石油铁军；二要持续加强油气藏描述，深挖油气藏潜力，夯实油田高质量发展基础；三要大力发展新能源业务，建设塔中新能源示范基地；四要全面落实岗位责任，推进精细化管理，实现安全绿色高质量发展；五要持续抓好党的建设，以高质量党建引领高质量发展。

【杨学文到塔西南公司调研】 2022年3月26日，塔里木油田公司执行董事、党工委书记杨学文到塔西南公司调研，召开干部大会，宣布集团公司党组关于塔西南公司领导班子调整的决定。对下一步工作提出六点要求：一要在践行"两个维护"上走在前列，二要在实现高质量发展上走在前列，三要在维护和谐稳定大局上走在前列，四要在推动提质增效升级上走在前列，五要在推进安全绿色发展上走在前列，六要在提升党建工作质量上走在前列。

【杨学文到泽普油气开发部调研】 2022年3月27—28日，塔里木油田公司执行董事、党工委书记杨学文到泽普油气开发部调研。提出五点要求：一要发挥主观能动性，加大昆仑山前勘探开发力度；二要强化油气藏精细描述，深化老油气田综合治理工作，三要优化方案设计，集中精力组织好重点工程项目建设，四要抓好安全环保生产，实现安全绿色发展，五要持续抓好党的建设，凝聚干事创业强大力量。

【沈复孝到监督中心调研】 2022年3月29日，塔里木油田公司总经理、党工委副书记沈复孝到监督中心调研。提出五点要求：一是持续深化监督体制改革，二是持续深化隐患排查整改"四全"管理体系，三是持续深化QHSE管理工具的使用，四是持续深化高质量战略承包商培养，五是持续深化监督队伍作风建设。

【杨学文到科技研发中心调研】 2022年4月2日，塔里木油田公司执行董事、党工委书记杨学文到科技研发中心建设现场调研，查看施工进展，提出三点要求：一要注重人性化设计，统筹考虑，科学布局各房间功能，合理安排办公室、会议室及衣帽间；二要按照集中统一建设、集中统一操控要求，科学谋划智能运营中心主控室办公设施布局，实现主控屏多系统链接、一体化运行；三要加强施工质量、施工安全、施工进度管理，确保安全优质如期交付投用。

【杨学文到档案中心调研】 2022年4月20日，塔里木油田公司执行董事、党工委书记杨学文到档案中心调研。提出三点要求：一是增强做好新时代档案史志工作的使命感责任感，以严谨细实的态度，及时、真实、准确做好各类档案整理、归纳、保存，为各项工作提供生动的第一手资料；二是以"行业领先、国内一流"为目标定位，谋划好档案史志业务转型升级、创新发展，着力完善工作机制，全面提升工作质量和服务水平；三是要做好宣传，引导各单位各部门提高思想认识，强化责任担当，加强组织领导，保障资金投入，全力支持和扎实做好档案史志工作，为推动油田高质量发展作出新贡献。

【沈复孝到轮南片区调研慰问】 2022年5月11日，塔里木油田公司总经理、党工委副书记沈复孝先后到轮南油气开发部桑710处理站、宝石花物业轮南综合公寓、行政事务部轮南接待公寓，以及塔里木能源公司轮南轻烃厂、油气运销部西气东输第一站、应急中心轮南消防站调研慰问，听取意见建议，协调解决困难问题。

在轮南油气开发部，提出四点要求：一是注重群众性创新创效，用好员工创新工作室平台，形成"大创新"体制；二是持续深化党群工作，注重站队文化和理念的总结提炼、传承发展，展示文化、传递思想、鼓舞干劲；三是在老油气田挖潜增效上狠下功夫，对标借鉴油田其他单位成功经验，与勘探开发研究院探索建立"科研—生产"联合攻关新模式新机制，共同破解老油气田稳产难度大、上产速度慢、措施效果差的难题；四是持续加强安全管理，注重安全文化建设，不断提升安全管理水平。

在塔里木能源公司轮南轻烃厂，提出四点要求。一是围绕油气生产年度任务，抓好装置安稳长满优运行，确保完成产量目标任务；二是系统开展富气资源综合利用研究，做好市场调研，加强上下游沟通协调，编制好项目建议书，争取集团公司总部部门理解支持，促进乙烷制乙烯二期项目建设；三是积极推进对标管理示范点建设；四是突出因事设岗、按岗择人、人岗匹配，着力构建适应现代化企业管理的新型组织体系。

在油气运销部，提出三点要求：一是学习贯彻好习近平总书记重要讲话和指示批示精神，锻造一支"忠诚、绿色、安全、和谐"的保供先锋队；二是筑牢

"用气就是命令，保供就是责任"的保供使命，常态化开展全员隐患排查整改，深化隐患排查整改"四全"管理体系运行，提升隐患排查整改的数量与质量；三是总结提炼好基层管理经验。

在应急中心，提出三点要求：一是加强应急中心各站队消防器材和车辆管理，做好特殊时段战备执勤工作，切实提升应急救援能力；二是严抓消防指战员日常体能、技能训练，训练期间将安全防护放在首位，做好高温天气防暑降温工作，确保队员安全健康；三是持续强化油地共建，积极履行社会责任，确保辖区各项应急消防安全。

【沈复孝到新能源事业部调研】 2022年5月25日，塔里木油田公司总经理、党工委副书记沈复孝到新能源事业部调研。提出六点要求：一要凝聚共识，进一步认清新能源业务发展的重要性和紧迫性；二要积极攻关，加快获取绿电并网指标；三要示范引领，加快建设"节能降耗减排、零碳、低碳、清洁替代、CCUS—EOR、碳汇林业"六类示范区；四要强化组织，加快实施伴生战略资源综合利用；五要把握机遇，有序有效推进风电光伏基地建设；六要统筹谋划，加强新能源行业管理。

【杨学文到公共事务部调研】 2022年6月1日，塔里木油田公司执行董事、党工委书记杨学文到公共事务部调研，听取工作汇报，与退休人员座谈，强调公共事务部要自觉当好退休人员的服务员、勤务兵，提出三点要求：一是做到思想上关心，二是做到生活上照顾，三是做到精神上关怀。

【沈复孝到轮南生产一线调研慰问】 2022年6月8—9日，塔里木油田公司总经理、党工委副书记沈复孝先后到油气生产技术部水电调控中心、物资采办事业部轮南物资供应总站、人力资源服务中心轮南技能培训基地、实验检测研究院轮南检测中心调研慰问，提出工作要求。

在油气生产技术部水电调控中心，提出两点要求：一是高标准建好基地电力调控中心；二是坚决落实塔里木油田公司党工委决策部署，高站位配合做好风光发电规划布局，充分发挥专业优势，在油田新能源业务发展中主动作为。

在物资采办事业部轮南物资供应总站，提出四点要求：一是与时俱进，大力推行物资直达现场、代储代销、集中配送等，提升物资管理现代化水平；二是扎实开展安全管理工作，常态化开展全员隐患排查整改，持续深化隐患排查整改"四全"管理体系运行；三是坚持守正创新，持续加强站队文化建设，打造叫得响、树得住、可传承的站队品牌；四是充分发挥党支部战斗堡垒作用和党员先锋模范作用。

在人力资源服务中心轮南技能培训基地，提出四点要求：一是全面加强甲乙方员工技能培训；二是结合油田生产需要，丰富培训内容和项目，用好油田内部师资力量，发挥好技能专家传帮带作用；三是加强以赛促教、以赛促学、学赛结合；四是加快轮南技能培训基地站队文化建设。

在实验检测研究院轮南检测中心，提出四点要求：一是在实验方案和检测技术方面开展研究攻关，形成具有自身特色的实验检测技术体系；二是结合塔里木油田超深复杂特色，在地质研究、油气藏开发、钻完井工程等方面，瞄准实验方法创新研究，加快形成行业或国家甚至国际标准，抢占深地领域制高点和话语权；三是结合生产一线需求，大力开展实验仪器设备研发，以科研实验手段解决生产现场难题，为油气高效开发提供可靠的实验技术支撑；四是用好甲乙方联合机制。

【沈复孝到"三院一中心"调研慰问】 2022年6月22日，塔里木油田公司执行董事、党工委书记沈复孝先后到勘探开发研究院、实验检测研究院、油气工程研究院、油气数智中心现场调研慰问，专题听取"三院一中心"工作汇报。提出五点要求：一是锚定油田科技与信息化创新大会两个阶段战略安排和今后一个时期的主攻方向不动摇、一张蓝图绘到底；二是坚持现行科技体制不动摇，保持政策的延续性和稳定性；三是探索建立"科研单位+基层单位+群众性创新创效"三级联动组织体系，打造协同有序、各有侧重的科技创新体系；四是加强科技队伍建设；五是全面加强党对科技创新工作的领导。

【王清华到东方物探山地物探项目部、西北研究室调研】 2022年6月23日，塔里木油田公司总经理、党工委副书记王清华到东方物探西南物探分公司山地物探项目部、西南物探研究院西北研究室调研。提出四点要求：一是结合新资料，抓紧轮南—富满坡折带浅目标的落实，力争在浅目标资料上取得新成果；二是把北部构造带作为油田天然气重点接替领域，坚定不移做好资料可靠性评估、断层解释、裂缝预测等工作；三是借鉴在四川碳酸盐岩、致密砂岩领域的勘探经验，抓好在塔里木的经验移植和实践应用，助推油田勘探开发取得新突破；四是深刻吸取行业内近期发生的事故事件教训，做好项目安全管理。

【沈复孝到塔西南公司调研】 2022年7月3日，塔里木油田公司执行董事、党工委书记沈复孝到塔西南公司调研，提出三点要求：一要毫不动摇守住稳定底线；二要毫不动摇抓好主业发展坚决完成全年产量任务目标；三要毫不动摇狠抓安全环保；四要毫不动摇推进提质增效。

【王清华到尉犁10万千瓦光伏发电项目施工现场调研】 2022年7月13日，塔里木油田公司总经理、党工委副书记王清华到油田重点工程尉犁10万千瓦光伏发电项目施工现场调研，听取项目建设进展汇报。提出四点要求：一是甲乙各方要时刻绷紧安全弦，严把工程质量关；二是严把物资装备入场关，守住工程质量第一关；三是强化施工质量监管，把好每一道工序施工质量，把工程建设成优质示范工程；四要在守住安全质量底线红线的基础上，加快工作节奏，争取项目如期建成投产。

【沈复孝到克拉和迪那生产一线调研】 2022年7月14—15日，塔里木油田公司执行董事、党工委书记沈复孝分别到勘探事业部克探1井和克拉、迪那油气开发部生产一线调研，听取工作情况介绍，对下一步工作提出要求。

沈复孝在勘探事业部风险探井克探1井听取工作情况介绍后，强调克拉苏构造带两个万亿立方米大气区已然在握，克探1井是油田重点风险探井，承担着"克拉之下找克拉"的重要任务，勘探意义重大。要求甲乙方各级干部员工要齐心协力，扎实做好现场安全生产工作，加快生产组织，力争早日取得突破。

在克拉油气开发部，提出五点要求：一是以需求为导向，抓好数字化转型智能化发展工程；二是用好安全里程碑工具，把里程碑目标落脚到纠正不安全行为上；三是用好隐患排查"四全"管理体系和"四查"分析方法，确保安全生产；四是优化简化基层站队厂区标识文化；五是深入推进"三基本"建设与"三基"工作有机融合。

在迪那油气开发部，提出四点要求：一是坚持问题导向，推行计划管理；二是坚持需求导向，加快数字化信息化建设；三是推动甲乙方融合管理；四是充分发挥宣传阵地作用。

【沈复孝到研发中心智能运营中心现场调研】 2022年8月10日，塔里木油田公司执行董事、党工委书记沈复孝到研发中心调研。提出三点要求：一是以需求为导向，督促进度和质量，确保项目11月底完工；二是优化实施方案，完善生产现场网络接入和数据采集条件，促进系统不断优化提升；三是结合油田生产运行、钻完井、油气运销、电力调度、消防接处警等方面业务需求，通过集成应用，实现业务领域"横向到边、纵向到底"全链条数字化管控和全油田生产"可视、可监"。

【沈复孝与王清华到钻完井远程管控中心调研】 2022年8月21日，塔里木油田公司执行董事、党工委书记沈复孝，总经理、党工委副书记王清华到油田钻完井远程管控中心调研，了解钻完井远程管控系统运行情况，视频连线富东1井钻井作业现场，强调要优化方案，细化措施，强化现场管理，争取获得大突破大发现。

【沈复孝到石油基地开展新冠肺炎疫情管理调研】 2022年9月4日，塔里木油田公司执行董事、党工委书记、疫情管理工作领导小组组长沈复孝到生活小区大门、居民楼单元门口及党工委成员单位办公楼等重点部位，检查疫情管理工作。提出五点要求：一是坚持以人为本，用心用情用力做好服务保障；二是从严门禁围墙升级管理；三是强化五大场所升级管理；四是做好生产生活物资保障，管好物资流通；五是各级疫情管理工作领导小组和纪委监察部门要认真开展好监督检查工作，确保各项措施落实落细落到位。

【沈复孝到基地小区检查疫情管理工作】 2022年10月26日，塔里木油田公司执行董事、党工委书记沈复孝到库尔勒石油基地小区五区超市、人力资源服务中心、物资静置区、石油公寓、小区中门等地，检查疫情管理各项措施落实情况，看望慰问抗疫一线工作人员和广大志愿者。提出五点要求：一要配合社区积极开展核酸检测工作；二要持续抓好重点区域、重点时段、重点人员、重点物资的管理；三要在保护好工作人员身体健康的前提下，牢牢守住不断供底线；四要倾听居民群众意见建议，及时回应急难愁盼，团结群众一同参与抗疫；五要做好小区供暖工作，保障居民群众温暖过冬。

【沈复孝与任广鹏到尉犁光伏发电项目现场调研】 2022年12月8日，塔里木油田公司执行董事、党工委书记沈复孝与巴音郭楞蒙古自治州党委书记任广鹏，一同到塔里木油田公司尉犁10万千瓦光伏发电项目施工现场调研，听取光伏发电项目建设进展介绍，提出四点要求：一是统筹新冠肺炎疫情管理和项目管理，二是统筹施工进度和施工质量，三是统筹安全生产和施工组织，四是统筹光伏厂区和储能建设。

【沈复孝到南疆利民油气运行中心调研慰问】 2022年12月29日，塔里木油田公司执行董事、党工委书记沈复孝到塔西南公司南疆利民油气运行中心调研慰问。提出两点要求：一是南疆利民油气运行中心是油田冬季天然气保供的排头兵，责任重大，要用实际行动落实好以人民为中心的发展思想，以高度的责任感和政治敏感性做好冬季保供各项工作，确保南疆人民温暖过冬；二是要把握落实好"抢先抓早、产销协调、供需平衡、民生优先"的工作原则，把工作做得更实更细，努力做好今冬明春的天然气保供工作。

重要工作会议

【塔里木油田公司党史学习教育总结会议】 2022年1月10日，塔里木油田公司在库尔勒召开党史学习教育总结（视频）会议，传达党中央、集团公司党史学习教育会议精神，总结油田党史学习教育工作，安排部署下一步重点工作任务。塔里木油田公司领导杨学文、沈复孝、田军、李亚林、王虎、王清华、胥志雄、陈尚斌、何新兴、李亚英出席会议。

塔里木油田公司执行董事、党工委书记杨学文对下一步工作提出"六个坚定不移"的要求：一是坚定不移贯彻习近平总书记关于能源革命的重要论述，全力打造保障国家能源安全的示范和标杆。二是坚定不移贯彻习近平总书记关于科技自立自强的重要论述，全力打造我国超深油气勘探开发的示范和标杆。三是坚定不移贯彻习近平总书记关于加快建立现代企业制度和做强做优做大国有企业的重要论述，全力打造中国特色社会主义国有企业的示范和标杆。四是坚定不移贯彻习近平生态文明思想，全力打造落实"双碳"目标的示范和标杆。五是坚定不移贯彻习近平总书记以人民为中心的发展思想，全力打造新时代企地共同发展融合发展的示范和标杆。六是坚定不移贯彻习近平总书记关于党的建设重要论述，全力打造高质量党建引领高质量发展的示范和标杆。会议以视频形式召开，塔里木油田公司企业首席技术专家、总经理助理、副总师，各单位党政负责人分别在主、分会场参加会议。

【塔里木油田公司六届三次职代会暨2022年工作会议】 2022年1月11—12日，塔里木油田公司在库尔勒召开六届三次职代会暨2022年工作会议，总结2021年成果，分析形势，部署2022年重点任务。执行董事、党工委书记杨学文作题为《砥砺奋进高质量、勇毅前行创一流，以优异业绩迎接党的二十大胜利召开》主题报告和《塔里木油田公司党工委2021年度选人用人工作报告》，向大会作塔里木油田公司领导班子及个人述职，向各单位颁发《2022年度业绩合同》《2022年度党风廉政建设责任书》及任期协议。塔里木油田公司总经理、党工委副书记沈复孝作题为《强化生产组织、深化提质增效，高质量完成全年生产经营目标任务》生产经营报告，并向大会作个人述职。党工委副书记、工会主席田军作《职代会暨工会工作报告》。党工委常委、总工程师、安全总监王虎作《职工提案答复报告》。党工委常委、总会计师陈尚斌作《财务工作报告》。党工委常委、纪工委书记李亚英作《党风廉政建设和反腐败工作情况通报》。塔里木油田公司领导李亚林、王清华、胥志雄、何新兴出席会议。与会代表分组讨论，审议通过主题报告、生产经营报告、职代会暨工会工作报告、职工提案答复报告、财务工作报告，对塔里木油田公司领导班子及其成员进行民主测评。会议职工代表、工作会议代表在主会场参加会议。各单位组织员工同步收看会议网络视频直播。

【塔里木油田公司建设世界一流暨深化改革工作部署会】 2022年1月27日，塔里木油田公司组织召开建设世界一流暨深化改革工作部署会，传达学习集团公司改革三年行动年度会议精神，对开展常态化对标推动落实塔里木油田公司率先建成世界一流现代化大油气田实施方案进行安排部署。塔里木油田公司副总经理胥志雄出席会议。企管法规处汇报塔里木油田公司率先建成世界现代化大油气田实施方案相关情况，安排2022年落地推动方案。财务处、科技信息处、资源勘查处、开发处汇报业务领域推动对标工作。企管法规处、维稳与矿区管理办公室通报油田岗位责任制以及剥离企业办社会职能后评价工作进展情况。塔里木油田公司各单位、各机关部门分管领导参加会议。

【塔里木油田公司2022年党风廉政建设和反腐败工作会】 2022年2月23日，塔里木油田公司在库尔勒召开2022年党风廉政建设和反腐败工作会议，总结2021年油田党风廉政建设和反腐败工作，部署2022年重点任务。执行董事、党工委书记杨学文出席会议并讲话。党工委常委、纪工委书记李亚英作工作报告。塔里木油田公司领导李亚林、王虎、王清华、胥志雄、陈尚斌、何新兴出席会议。会议以视频形式召开。塔里木油田公司企业首席技术专家、总经理助理、安全副总监，机关部门、直属机构负责人，各二级单位党政正职、纪委书记，党工委油服成员单位党委书记，纪工委办公室全体人员在主会场参加会议。

【塔里木油田公司改革三年行动工作总结暨2022年深化改革工作部署会】 2022年2月24日，塔里木油田公司在库尔勒召开改革三年行动工作总结暨2022年深化改革工作部署会，贯彻落实集团公司改革三年行动年度总结暨2022年第一次月例会精神。塔里木油田公司领导沈复孝、李亚林、胥志雄出席会议。总经理、党工委副书记沈复孝对持续深入推进改革三年行动走深走实提出五点要求：一是在完成改革任务的基础上，开展"回头看"，系统梳理总结改革成果成效，进一步细化完善改革方案措施，提升改革综合成效；二是持续深化"油公司"模式改革；三是进一步优化完善方案三级审查制度；四是启动对标管理，推进管理能力提升；五是深化培育发展高质量战略合作商，提升承包商管理能力和水平。

【塔里木油田公司党工委2022年专项巡察动员部署会】 2022年3月2日，塔里木油田党工委召开2022年专项巡察动员部署会，安排部署油田2022年巡察工作。执行董事、党工委书记、巡察工作领导小组组长杨学文，党工委副书记、工会主席、巡察工作领导小组副组长田军，党工委常委、纪工委书记、巡察工作领导小组副组长李亚英出席会议。塔里木油田公司总经理助理、党工委巡察工作领导小组、巡察办公室、2022年巡察组全体成员，以及机关各部门主要负责人参加会议。

田军宣布党工委巡察组组长授权任职及任务分工的决定。李亚英宣读2022年机关部门作风建设专项巡察工作方案。党工委巡察组、被巡察机关部门代表作表态发言。本轮巡察，塔里木油田公司党工委决定派出4个巡察组，对18个机关部门全覆盖开展作风建设专项巡察。杨学文对巡察工作提出三点要求：一要突出"专"的特点，从贯彻落实上级决策部署、加强领导班子及干部队伍建设、岗位责任落实、监督管理、服务基层、党的建设等方面，精准开展作风建设专项巡察，通过巡察，重点解决"内卷、躺平、等靠要"等思想行为，更好发挥机关统筹规划、组织协调、督促落实作用。二要把握机关工作规律，科学运用机关巡察方式方法，坚持群众路线，坚持"上下结合"，坚持实事求是，发现的问题、反映的问题要精准客观、符合实际，对问题的定性要有政策依据，提出的意见建议要科学、可操作、可落地。三要强化责任落实，切实做到以巡促改、以巡促建、以巡促治，突出重点、全面整改，一个问题一个问题解决，高质量抓好问题整改，不断提高企业治理能力和水平。

【塔里木油田公司党工委召开全委（扩大）会】 2022年3月14日，塔里木油田公司党工委召开全委（扩大）会，传达学习贯彻习近平总书记重要讲话精神和全国"两会"精神，听取塔里木油田公司"绿色矿山"创建工作汇报，专题研究部署"绿色企业"创建提升行动，安排部署下一步重点工作。塔里木油田公司领导杨学文、沈复孝、李亚林、王清华、胥志雄、陈尚斌、何新兴、李亚英出席会议。会议以视频形式召开。塔里木油田公司企业首席技术专家、总经理助理、副总师，各机关处室、二级单位党政负责人分别在主、分会场参加会议。会上传达集团公司《关于深入打好污染防治攻坚战的实施意见》。质量安全环保处作2021年"绿色矿山"创建工作开展情况和2022年"绿色企业"创建提升行动实施方案汇报。勘探事业部作钻井固废"三化"管控实现减量增效经验介绍。泽普、轮南油气开发部作表态发言。

塔里木油田公司执行董事、党工委书记杨学文对推进"绿色企业"创建提出五点要求：一要在污染防治上下功夫，落实好集团公司打好污染防治攻坚战实施意见，加快各类隐患治理，坚决防范和杜绝环境污染事件。二是在节能减排上狠下功夫，严格落实能源消耗总量强度"双控双降"的要求，层层分解能耗指标，加强过程监督考核。三是在产业升级上下功夫，统筹油气和新能源，组织好新一轮找矿突破战略行动。四是在技术配套上下功夫，围绕天然气、新能源等绿色产业的发展，加快攻关配套安全、经济、高效的技术体系。五是在文化引领上下功夫，积极培育绿色低碳文化，及时宣传报道油田绿色发展成果，全面展示油田落实"双碳"目标、推动转型发展的责任担当,着力打造塔里木绿色品牌形象。

【塔里木油田公司召开人才强企推进会】 2022年4月19日,塔里木油田公司召开人才强企推进会,贯彻落实集团公司人才强企工程推进年工作部署,对人才强企工程进行再部署再落实,安排塔里木油田公司2022年4个方面15项重点工作。党工委副书记、工会主席田军出席会议并讲话。塔西南公司、勘探开发研究院、克拉油气开发部、行政事务部等4家单位作交流表态发言。

田军对油田人才强企工程抓落实提出三点要求:一要坚持目标导向、问题导向,提高思想认识,增强责任感紧迫感,针对"卡脖子"技术攻关、专家作用发挥、高层次人才缺乏、人才队伍培养等痛点难点问题,统筹谋划、全面推进人才强企工程。二要完善人才发展机制,打造奋进高质量发展的一流人才队伍,着力在战略科技人才培养上下功夫,在核心骨干人才队伍建设上下功夫,在持续优化人才队伍结构上下功夫,在促进人才作用发挥上下功夫。三要强化统筹协调,健全完善党委统一领导、组织人事部门牵头抓总、有关部门各司其职、员工群众广泛参与的人才工作协同联动机制,建强人才强企"施工队伍",加强组织人事队伍自身建设,推动人才强企各项任务落实落地。

【塔里木油田公司党工委书记讲党课暨提升基层党建工作质量推进会】 2022年7月5日,塔里木油田公司在库尔勒召开党工委书记讲党课暨提升基层党建工作质量推进会,深入学习贯彻习近平新时代国有企业党建思想,落实集团公司提升基层党建工作质量推进会精神,总结成果,交流经验,分析形势,安排部署下一步重点任务。塔里木油田公司领导沈复孝、王清华、田军、李亚林、王虎、胥志雄、陈尚斌、何新兴、李亚英、刘强出席会议。执行董事、党工委书记沈复孝讲授《深入贯彻习近平新时代国有企业党建思想,以高质量党建引领保障世界一流大油气田建设》专题党课。总经理、党工委副书记王清华分别为第二批5个基层党建示范点、5个"三星级"标准化党支部代表授牌。

沈复孝对下一步工作提出六点要求:一是旗帜鲜明讲政治,坚守"石油工人心向党"的政治本色,确保石油资源牢牢掌握在党的手中。二是毫不动摇坚持党的领导,坚决贯彻"两个一以贯之",构建一流的现代企业制度。三是坚持党管干部、党管人才,全面落实人才强企战略举措,打造堪当时代重任的石油铁军。四是树立大抓基层鲜明导向,推动基层党建深度融入基层管理,打造攻坚克难的战斗堡垒。五是持之以恒正风肃纪,保持严的主基调,营造风清气正、干事创业的良好氛围。六是始终不渝发扬石油工业优良传统,唱响"我为祖国献石油"的主旋律,凝聚建设世界一流大油气田的磅礴力量。

会议以视频及网络电视直播形式召开。塔里木油田公司企业首席技术专家、总经理助理、副总师,副处级及以上党员领导干部,党工委油服成员单位党政正职在主会场参加会议。各二级单位、前线各作业区甲乙方党员干部分别在136个分会场收看直播。

【塔里木油田公司2022年警示教育大会】 2022年7月28日,塔里木油田公司在库尔勒召开2022年警示教育大会,学习贯彻习近平总书记关于全面从严治党的重要论述,落实新疆维吾尔自治区党委、集团公司党组党风廉政建设和反腐败工作部署,通报违规吃喝典型案例,观看警示教育片,安排部署下一步重点任务。塔里木油田公司领导沈复孝、王清华、田军、胥志雄、陈尚斌、何新兴、李亚英出席会议。执行董事、党工委书记沈复孝出席会议并强调,党员干部要认真吸取案例教训,经常警示自己政治信仰有没有动摇、忠诚担当有没有弱化、廉洁底线有没有触碰、依法合规有没有松懈,进一步增强纪律意识规矩意识,为油田全面实现高质量发展、率先建成世界一流大油气田营造风清气正的政治环境和干事创业的浓厚氛围,以优异的业绩迎接党的二十大胜利召开。党工委副书记、工会主席田军主持会议并对贯彻落实会议精神提出要求。党工委常委、纪工委书记李亚英通报违规吃喝典型案例并提出具体要求。

会议以视频方式召开。塔里木油田公司企业首席技术专家、总经理助理、副总师,三级正及以上领导干部、二级工程师及以上专业技术人员分别在主、分会场参加会议。

【塔里木油田公司2022年科学技术委员会(扩大)会议】 2022年8月22日,塔里木油田公司在库尔勒召开2022年科学技术委员会(扩大)会议,传达学习习近平总书记关于能源安全和科技创新的重要讲话精神,听取上半年科技工作汇报,审议相关议题,部署下一步重点任务。塔里木油田公司领导沈复孝、王清华、田军、李亚林、胥志雄、陈尚斌、何新兴、李亚英、刘强出席会议。科技管理部汇报2022年上半年科技工作。会议审定《关于调整塔里木油田公司科学技术委员会相关分委会及成员的请示》《中国石油超深层复杂油气藏勘探开发技术研发中心运行方案》《中国石油超深层复杂油气藏勘探开发技术研发中心揭牌仪式、第一届技术委员会会议暨高端技术论坛筹备方案》以及塔里木油田公司科技管理4项制度等议题。

塔里木油田公司执行董事、党工委书记、科学技术委员会主任沈复孝强调，要深入贯彻落实习近平总书记重要讲话精神，以强烈的使命感责任感紧迫感抓好科技创新，加大加快现行科技体制机制的改革完善，大胆探索中国石油超深油气技术研发中心新体制新机制，加快实现高水平科技自立自强。沈复孝指出，科技管理工作者要进一步解放思想、大胆创新，理清思路、提高认识，正确把握和处理好科技创新十一大关系：一是把握和处理好选题与创新之间的关系，解决好精准创新的问题；二是把握和处理好快速突破与久久为功之间的关系，解决好创新次序和节奏的问题；三是把握和处理好油田内部与外部科研资源之间的关系，解决好开放创新的问题；四是把握和处理好"揭榜"与"挂帅"之间的关系，解决好创新人才的问题；五是把握和处理好创新中领导、管理、实施之间的关系，解决好专家作用发挥的问题；六是把握和处理好集中管理与自主创新之间的关系，解决好创新体制机制问题；七是把握和处理好专业创新和群众性创新之间的关系，解决好大众创新的问题；八是把握和处理好创新中成功与失败之间的关系，解决好激励创新的问题；九是把握和处理好创新与应用之间的关系，解决好有效创新的问题；十是把握和处理好油田现行科技管理体制与研发中心科技管理体制之间的关系，解决好改革稳定发展的问题；十一是把握和处理好专业委员会和专家委员会之间的关系，解决好科研项目管理的问题。沈复孝对优化科技管理工作汇报、组织好第一届技术委员会会议暨高端技术论坛、加快推进迪那2气田稳水增气、加快推进难动用储量规模效益开发及测录井业务实行专业化归口管理等相关工作和议题提出要求。

会议以视频方式召开。塔里木油田公司企业首席技术专家、总经理助理、副总师，相关部门和单位的负责人分别在主、分会场参加会议。

【塔里木油田公司新能源工作推进会】 2022年9月11日，塔里木油田公司在库尔勒召开新能源工作推进会，坚持以习近平生态文明思想为指导，落实集团公司新能源工作推进会精神，听取绿色低碳转型、"沙戈荒"新能源基地建设、电气化率提升、天然气综合利用工程、CCUS-EOR先导试验等工作进展汇报，研究下一步重点工作。执行董事、党工委书记沈复孝出席会议并讲话，总经理、党工委副书记王清华主持会议。塔里木油田公司领导何新兴、刘强出席会议。会议以视频形式召开，塔里木油田公司企业首席技术专家、总经理助理，相关部门单位负责人分别在主、分会场参加会议。

沈复孝指出，当前和今后一个时期的总体工作思路是：聚焦"2540"双碳目标，按照集团公司"清洁替代、战略接替、绿色转型"三步走战略，一手抓绿色低碳转型（瘦身健体），一手抓"沙戈荒"新能源基地建设（清洁供能），加快打造绿色生产基地、综合能源企业。提出五点要求：一是坚持全过程清洁替代，加快绿色低碳转型；二是加快项目落地，加快"沙戈荒"新能源基地建设；三是坚持新产业与新能源探索发展、转型发展；四是进一步健全完善责任体系，压紧压实四方责任；五要强化督导考核，强化考核结果应用。

【塔里木油田公司2022年基层基础管理提升推进会】 2022年10月25日，塔里木油田公司在库尔勒召开2022年基层基础管理提升推进会，贯彻落实集团公司关于牢固树立大抓基层鲜明导向的部署要求，加强油田基层基础管理，提升基层单位独立作战能力。总经理、党工委副书记王清华，塔里木油田公司领导田军、李亚林、王虎、胥志雄、陈尚斌、刘强、王子云出席会议。企管法规部作塔里木油田公司基层基础管理提升实施方案汇报。塔中、哈得、泽普3个采油气管理区，油气田产能建设事业部塔中项目经理部、克拉采油气管理区克拉处理站、东河采油气管理区哈拉哈塘油气运维中心作典型经验现场交流；其他单位作书面交流。

塔里木油田公司执行董事、党工委书记沈复孝强调，要把抓基层打基础作为一项战略性工程，按照"一年固基础、两年上台阶、三年大提升"的总体目标，把握"先打基础、再精细、再精益"的原则，突出强化基层独立作战和机关服务保障，抓实抓细基层基础管理提升工作。具体提出三点要求：一是坚持一个原则，强化顶层设计，稳步推进管理阶段跨越；二是突出两个层面，强化上下联动，群策群力推进管理提升；三是把握五个环节，强化过程管控，确保接地气、有油味。塔里木油田公司企业首席技术专家、总经理助理、副总师，相关部门、单位负责人及基层站队长参加会议。

【塔里木油田公司学习贯彻党的二十大精神宣讲报告会】 2022年11月21日,塔里木油田公司在库尔勒举行学习贯彻党的二十大精神宣讲报告会,传达学习党的二十大精神,对学习宣传贯彻党的二十大精神进行再动员再部署。党工委书记、执行董事沈复孝作宣讲,总经理、党工委副书记王清华主持,塔里木油田公司领导李亚林、王虎、胥志雄、陈尚斌、王子云出席。

塔里木油田公司党工委书记、执行董事沈复孝指出,当前及今后一个时期,油田上下、甲乙各方要把深入学习宣传贯彻党的二十大精神与工作实际结合起来,完整准确全面贯彻新发展理念,按照"12566"总体部署,实施"123456"发展路径,发扬斗争精神,坚决战胜面临的各种困难和挑战,夺取新冠肺炎疫情管理和生产经营双胜利,全面建设我国最大超深油气生产基地,率先建成中国式现代化世界一流能源企业。提出做到五个坚定不移:一要坚定不移做强主营业务,在保障国家能源安全中彰显"塔里木担当"。突出加强油气勘探,形成增储量、建产能、拿产量的良性发展格局。二要坚定不移加强科技创新,在向地球深部进军中贡献"塔里木智慧"。三要坚定不移深化改革管理,在建设世界一流企业中打造"塔里木样板"。四要坚定不移坚持人民至上,在维护平安和谐中传递"塔里木温度"。五要坚定不移全面从严治党,在打造新时代石油铁军中永葆"塔里木底色"。塔里木油田公司企业首席技术专家、总经理助理、副总师,机关各部门负责人,二级单位、党工委油服成员单位主要领导及分管生产安全、疫情管理的班子成员参加报告会。

【塔里木油田公司2022年度党委书记抓基层党建述职评议考核会】 2022年12月2日,塔里木油田公司在库尔勒召开2022年度党委书记抓基层党建述职评议考核会,考核各单位党委书记履行抓基层党建和全面从严治党第一责任人职责情况,展示和检验各单位党建工作成效,总结成绩、查找不足,推动油田党的建设工作不断取得新成效。党工委书记、执行董事沈复孝,总经理、党工委副书记王清华,党工委副书记、工会主席田军出席会议。塔里木油田公司总经理助理,党的建设工作领导小组成员,各二级单位及油服成员单位党委书记,基层单位代表等参加会议。未参加述职的党组织书记通过书面述职方式进行考核。

会上6家基层单位和3家党工委油服成员单位党委书记作述职报告,并进行述职测评。与会领导、党的工作部门相关负责人分别就新时代坚持党工委统一领导,赋予"两新两高"新内涵,发扬"五湖四海"精神;统筹新冠肺炎疫情管理、安全生产、冬季保供三件大事;加强干部队伍建设和年轻干部培养;找准并有效管理廉洁风险隐患;弘扬石油精神和塔里木精神等向述职书记提问。沈复孝逐一点评,并指出下一步努力方向。

【塔里木油田公司2022年科学技术奖终评会】 2022年12月8日,塔里木油田公司在库尔勒召开2022年科学技术奖终评会,评选审定科学技术人物奖和项目奖,对下一步工作提出要求。执行董事、党工委书记、科学技术奖励委员会主任沈复孝,总经理、党工委副书记、科学技术奖励委员会副主任王清华,塔里木油田公司领导田军、李亚林、胥志雄、陈尚斌、刘强、王子云出席会议。科技管理部作《塔里木油田公司2022年科学技术奖终评工作汇报》。塔里木油田公司企业首席技术专家、总经理助理、副总师,塔里木油田公司科学技术奖励委员会委员参加会议。

【中国石油超深层复杂油气藏勘探开发技术研发中心第一届技术委员会第一次会议】 2022年12月18日,中国石油超深层复杂油气藏勘探开发技术研发中心第一届技术委员会召开第一次会议,听取成立以来组织运行管理、科技攻关规划计划以及取得的阶段进展情况汇报,研究分析面临形势和问题,为下一步发展"把脉开方"。

中国工程院院士、中国石油超深层复杂油气勘探开发技术中心第一届技术委员会主任孙龙德主持会议并讲话;集团公司科技管理部总经理、技术委员会副主任江同文宣读中国石油超深层复杂油气藏勘探开发技术研发中心技术委员会批复文件。塔里木油田公司总经理、党工委副书记、技术委员会副主任王清华作工作报告。中国科学院院士贾承造、郝芳,中国工程院院士孙金声、李宁、张来斌,中国石油勘探开发研究院执行董事、院长窦立荣,中国石油工程技术研究院院长刘岩生,油气和新能源分公司副总经理何新兴,中国石油大学(华东)副校长操应长,油气和新能源分公司副总地质师廖广志等技术委员会委员,塔里木油田公司领导杨海军出席会议。中国石油勘探开发研究院、工程技术研究院,中国石油大学(华东),油田公司企业首席技术专家,相关部门负责人等参加会议。

孙龙德指出研发中心要进一步明确使命和定位，围绕国家战略科技领域，加快建立中国石油国内超深层复杂油气藏勘探开发技术研发基地，打造一支深地领域不可替代的科研力量。孙龙德强调，研发中心未来发展任重道远、前景广阔，要深刻认识研发中心面临的巨大挑战，坚定信心和决心，履行好职责使命、扛起责任担当，完成好既定目标任务，把研发中心建设成为中国石油研发中心的标杆。

王清华表示，中国石油超深层复杂油气藏勘探开发技术研发中心落户塔里木油田，充分体现集团公司党组对塔里木油田长远发展的战略考量，对深地领域科技创新的高度重视。塔里木油田将在集团公司党组坚强领导下和技术委员会指导支持下，不辱使命、不负重托，继续坚持五湖四海搞科研、五湖四海用人才，借助研发中心这个平台，加快完善科技管理新体制新机制，激发创新动力活力，营造良好科研氛围，构建完全开放的科研平台，参加大项目、攻关大课题、培育大成果，全力以赴把研发中心办好、办出特色，打造我国超深领域勘探开发技术策源地，为集团公司建设国家战略科技力量和能源与化工创新高地，为保障国家能源安全、建设科技强国作出新的更大的贡献。

集团公司于2021年12月批准成立超深层复杂油气藏勘探开发技术研发中心，依托塔里木油田公司，联合中国石油勘探开发研究院、中国石油工程技术研究院和中国石油大学（华东）共同筹建。2022年，塔里木油田公司高度重视技术研发中心建设工作，联合相关共建单位，针对技术研发中心组织运行管理，多次组织召开高层次研讨会，推动技术研发中心运行机制落实落地，技术研发中心顺利启动运行。

大事记

DASHIJI

1 月

1日 塔里木油田公司天然气日产量突破1亿立方米，石油液体日产量2万吨。

3日 塔里木油田公司副总经理、总地质师王清华组织召开2022年第二轮勘探井位论证会，集中审查克拉苏构造带大北12井区、克深19—克深21井区、北部坳陷富满油田富源Ⅲ区、塔中东部寒武系盐下等区块8口预探评价井位，通过4口。

4日 塔里木油田公司定点帮扶村喀什地区叶城县柯克亚乡果萨斯村通过国家2021年度巩固脱贫攻坚成果同乡村振兴有效衔接实地考核评估。

同日 塔里木油田公司塔中油气开发部通过集团公司健康企业建设达标验收，成为首批集团公司健康企业达标单位之一。

同日 股份公司勘探与生产分公司组织召开塔里木油田公司重点领域测井工作讨论视频会，检查油田重点领域测井攻关成果，听取塔里木油田公司"塔里木油田风险探井测试后再评价"及中油测井"塔里木油田重点（风险）探井测井解释分析"汇报，针对油田超深复杂储层测井资料采集与解释评价难题，提出具体的指导意见。中国石油勘探开发研究院、塔里木油田公司和中油测井等单位30余名领导和专家参加会议。

5日 新疆维吾尔自治区党委书记马兴瑞到塔里木油田公司调研，先后参观塔里木石油展览馆、勘探开发研究院，看望慰问科研人员，对油田各项工作给予充分肯定，并在加大勘探开发力度、加快推进重大项目、资源就地转化、科技攻关等方面提出要求。新疆维吾尔自治区党委常委、组织部部长张柱，新疆维吾尔自治区党委常委、秘书长哈丹·卡宾，新疆维吾尔自治区有关厅局和巴州党委、人民政府主要负责人陪同调研。

同日 塔里木油田轮南油田首口注二氧化碳井轮南2-4-J2井开展二氧化碳试注工作。2021年1月5日—5月11日，该井累计注入二氧化碳2619.22吨。二氧化碳试注期间，合格录取注二氧化碳井口注入压力和储层吸气能力等关键资料，为《塔里木轮南油田轮南2井区CCUS-EOR先导试验方案》编制提供资料支撑。

6日 塔里木油田克深1901在白垩系巴什基奇克组7901—7985米井段常规测试，折日产气222684立方米。该井获高产工业油气流，完成评价克深19构造的钻探目的。

同日 塔里木油田公司召开冬季保供特殊时段安全平稳生产专题会议，听取近阶段冬季保供、安全生产工作汇报，研究部署下一步重点工作任务。

7日 塔里木油田公司首口850修井机大修侧钻井桑塔2-4C井常规全套测井获成功，取得优质测井资料。

同日 塔里木油田公司富满油田满深1井累计产油突破10万吨，达到10.04万吨，成为满深区块首口累计生产超10万吨油井。

9日 塔里木油田公司英买力油田玉东7区块累计投入开发注水井7口，日注水560立方米，注采比达到1.2，标志着玉东7油藏由衰竭式开采全面转为水驱开发。

10日 塔里木油田公司油气工程研究院完成的科技成果"高温高压井完整性管理软件系统——油田井安全卫士"，获中国石油数字化创新大赛二等奖。

同日 塔里木油田公司玉科东三维地震采集项目完成。玉科东三维满覆盖面积539.25平方千米，设计炮次54630炮，由西南物探分公司山地物探项目部山地三队承担，平均日效每天1214炮，较设计提前20天完成采集任务。

11日 塔里木油田公司部署在塔里木盆地北部坳陷阿满过渡带富满油田$F_1$17断裂带的评价井满深301H井在奥陶系鹰山组7532—8639.6米井段常规测试，折日产油615立方米、天然气19.19万立方米。

11—12日 塔里木油田公司在库尔勒召开六届三次职代会暨2022年工作会议。执行董事、党工委书记杨学文作主题报告和《塔里木油田公司党工委2021年度选人用人工作报告》，向大会作塔里木油田公司领导班子及个人述职，向各单位颁发2022年度业绩合同、2022年度党风廉政建设责任书及任期协议。塔里木油田公司总经理、党工委副书记沈复孝作题为《强化生产组织、深化提质增效，高质量完成全年生产经营目标任务》的生产经营报告，并向大会作个人述职，党工委书记、工会主席田军作《职代会暨工会工作报告》，党工委常委、总工程师、安全总监王虎作《职工提案答复报告》，党工委常委、总会计师陈尚斌作《财务工作报告》，党工委常委、纪工委书记李亚英作《党风廉政建设和反腐败工作情况通报》塔里木油田公司领导李亚林、王清华、胥志雄、何新兴出席会议。

12日 塔里木油田公司大二线物流基地铁路专用线站台自动化控制系统调试完毕，正式投入使用。

13日 塔里木油田公司组织召开股份公司重大科技专项"塔里木盆地超深复杂气藏勘探开发关键技术研究与应用"顶层设计（立项咨询）材料编制讨论会，会议由塔里木油田公司副总经理、总地质师王清华主持，塔里木油田公司科技信息处、资源勘查处、开发处、工程技术处、勘探开发研究院、油气工程研究院相关领导、业务骨干人员参加会议。会议对股份公司重大科技专项顶层设计（立项咨询）材料的编制提出具体要求。

同日 塔里木油田公司印发《关于印发塔里木油田公司率先建成世界一流现代化大油气田实施方案的通知》，确立对标世界一流一级指标6个、二级指标27个、三级指标111个的指标体系，制定7个方面措施，16项具体举措。

同日 塔里木油田公司东河塘储气库先导性试验方案注采工程方案、塔里木油田塔中储气库先导性试验方案注采工程方案通过股份公司审查，这两个方案是塔里木油田公司首批通过股份公司审查通过的储气库方案。

14日 集团公司2022年工作会议公布首批中国石油绿色企业，塔里木油田公司名列其中。

14—16日 塔里木油田公司副总经理何新兴在塔里木分会场参加股份公司勘探与生产分公司组织召开的塔里木油田天然气乙烷回收二期工程预可行性研究和轮南轻烃深度回收装置再利用工程可行性研究审查会。

15日 塔里木油田公司跃满25-H4井对奥陶系7518—7681米酸压测试获高产工业油气流，折日产油441立方米，气5.9万立方米，测试结论油层。

16日 塔里木油田公司哈15-11井抽稠电泵井投产成功，18日哈15-6井抽稠电泵井投产成功。两口井总日产液185吨，日增油49吨，这是塔里木油田公司首次使用电泵在稠油井提液获成功。

17日 塔里木油田部署在塔里木盆地北部坳陷阿满过渡带的预探井——玉科7井在奥陶系一间房组

7654—7974米井段放喷求产，日产油83.2立方米、天然气18.09万立方米，测试结论为凝析气层。该井为富满油田最东部出油井，证实东部勘探区潜力巨大。

同日　2022年度塔里木油田公司塔北隆起阿满北三维地震采集项目完成采集任务。该项目是塔里木油田公司2021年冬季提前启动的重点勘探项目，部署满覆盖工作量350平方千米，设计总炮数50013炮。

同日　塔里木油田公司在库尔勒召开干部大会，传达学习集团公司2022年工作会议精神，研究部署贯彻落实措施。执行董事、党工委书记杨学文，总经理、党工委副书记沈复孝，塔里木油田公司领导田军、李亚林、王清华、胥志雄、陈尚斌、何新兴出席会议。

同日　塔里木油田公司召开2022年第一轮探井井位论证会，听取6口风险探井预探井位论证。执行董事、党工委书记杨学文，总经理、党工委副书记沈复孝，塔里木油田公司领导李亚林、王清华出席会议。

17—19日　巴州无线电管理局到塔里木油田公司开展无线电台站核查工作。

19日　塔里木油田克深至克拉晒水池输水工程一次性投产成功，日调水能力达到600立方米，克深—克拉气区冬季调峰保供能力进一步提升。

19日　由塔里木油田公司油气工程研究院攻关研发的国产超高压采气井口获新疆维吾尔自治区总工会2021年关键核心技术创造性优秀成果殊荣，这是该成果继入选集团公司"十大高端钻采新设备"称号之后，再获省部级荣誉。

20—23日　塔里木油田公司和田河气田开发调整地面工程、和田河气田天然气净化及综合利用工程、塔西南天然气综合利用工程3项通过勘探与生产分公司审查。

21日　塔里木油田公司举行首个党外代表人士建言献策工作室卞万江工作室授牌仪式。卞万江为勘探开发研究院开发所数值模拟与建模一级工程师，是塔里木油田公司党外代表人士。2018年，塔里木油田公司成立以卞万江姓名命名的创新工作室，之后被新疆维吾尔自治区总工会命名为"劳模和工匠人才创新工作室"。

21—22日　塔里木油田公司总经理、党工委副书记、联管会主席沈复孝组织召开喀什北区块第9次、迪那1区块第17次和吐孜区块第16次联合管理委员会会议，贯彻落实集团公司党组和塔里木油田公司党工委决策部署，总结2021年合作项目的成果，分析存在的问题和挑战，部署2022年重点工作。联管会代表、特邀嘉宾、相关单位和部门负责人参加会议。

22日　塔里木油田公司新版小灵呼"770"正式切换上线运行。随着通讯运维站机房技术人员对IAD、UA5000、IP电话、cc08用户、手机用户的测试正常，标志着塔里木油田一体化运维调度模块小灵呼新老系统的割接工作完成。

23日　塔里木油田公司执行董事、党工委书记杨学文与中油技服执行董事、党委书记张宝增一行座谈，双方就继续深化合作、加强井控安全等事宜开展深入交流。中油技服副总经理、安全总监高健，副总经理唐晓明，塔里木油田公司总经理、党工委副书记沈复孝参加座谈。

24日　塔里木油田公司召开巡察发现系统性问题反馈会暨巡视巡察整改情况汇报会，向机关部门反馈2021年巡察发现系统性问题，听取对集团公司党组巡视和塔里木油田公司党工委巡察对部分部门反馈问题整改情况汇报。塔里木油田公司纪工委书记李亚英参加会议，并对做好下一步整改工作提出明确要求。

同日　塔里木油田公司乌什凹陷时频电磁项目完成野外采集。该项目部署二维时频电磁测线10条，总长度476.1千米，物理点2982个，由东方地球物理公司综合物化探处723队承担野外采集任务。

25日　2022年度塔里木盆地塔北隆起英西1南三维地震采集项目开炮采集。该项目部署满覆盖工作量226.8平方千米，设计总炮数27618炮，由东方地球物理公司塔里木物探处2113队承担。

同日　股份公司重点风险探井——塔里木油田公司麦探1井钻至三开中完井深。该井在硅质集中发育井段选取垂直钻井工具+狮虎兽的提速组合，单只钻头进尺202米，较邻井提高一倍；在硅质零星发育白云岩井段，选取垂直钻井工具+大扭矩螺杆+进口尖锥齿钻头，单只钻头进尺382米，较邻井提高2.8倍，同时机械钻速提高2倍，寒武系盐上白云岩勘探提速效果显著。

同日　塔里木油田公司哈15-10井成功起出丢手管柱，完成shp/doh套管全通径双封封堵工艺的施工作业，此次作业成功，标志着东河油气开发部在超深超复杂稠油井掺稀开发背景下，全面打破掺稀完井管柱对长跨度套损治理工艺制约困局，掌握自主设计创新非常规封堵工艺的能力。

同日　哈得25-H8井通过酸压后气举诱喷措施方式获高产，5毫米油嘴生产，日产油111吨，较措施前增产68吨。2022年富满油田已投产储层改造措施井3口，日产油292吨。

同日 塔里木油田冬奥文化广场建成运行，广场建设经北京冬奥会文化活动工作协调小组办公室审核通过，由宝石花物业塔里木油田地区公司承建，于2021年11月17日开工，占地面积16200平方米。冬季奥运会期间，塔里木油田在广场实时直播各项赛事，开展冬奥知识问答、机器人舞蹈表演等冬奥文化活动。

26日 塔里木油田公司哈得油气开发部为阿克苏地区沙雅县阿克苏地区沙雅县盖孜库木乡捐赠180余吨20项物资。

同日 塔里木油田公司哈得4-68H井成功完成在7英寸套管内回接5½英寸无接箍套管固井施工作业，这是继哈得4-3H井首次实验成功后的第一口推广井。

27日 塔里木油田公司组织召开建设世界一流暨深化改革工作部署会，传达学习集团塔里木公司改革三年行动年度会议精神，部署开展常态化对标推动落实塔里木油田公司率先建成世界一流现代化大油气田实施方案。副总经理胥志雄出席会议。塔里木油田公司各单位、各机关部门分管领导参加了会议。

同日 塔里木油田公司召开牙哈、柯克亚、东河塘、塔中储气库及轮南CCUS方案进展汇报会。总经理、党工委副书记沈复孝参加会议，并对下一步加快推进柯克亚储气库建设等工作提出具体要求。

28日 塔里木油田公司克拉处理站累计天然气处理量突破1500亿立方米，为保障西气东输安全平稳供气作出重要贡献。

29日 塔里木油田克拉、克深气田采出水通过3条输水管线抵达克深16井并进行回注，管线、机泵、井筒运行平稳，标志着克拉、克深排水采气工程一次投产成功。工程管线日输水能力800立方米，输至克深16井日回注水量300立方米，注水压力26兆帕。

同日 迪那202井场站远程一键投产测试，试验一次成功。标志着迪那油气开发部已具备对所辖的迪那2气田单井井场一键投、停产功能。

2 月

1日 塔里木油田公司承担的科研项目"塔里木盆地深层复杂油气藏高精度地震成像技术及应用"获集团公司科技进步奖一等奖。

2日 塔里木油田大北4井在白垩系巴什基奇克组8022—8265米井段常规测试，折日产气212406立方米、水95.2立方米。该井获工业油气流，进一步解放南部区带埋深超8000米的一批有利目标，扩大克拉苏构造带博孜—大北地区油气勘探成果。

3日 塔里木油田公司企业首席技术专家、全国劳动模范杨海军在张家口张北德胜村点位，参加2022年北京冬奥会火炬传递活动，代表百万石油人弘扬奥林匹克精神，为冬奥会加油助力。7日，塔里木油田公司在生产例会前举行仪式，欢迎杨海军参加北京冬奥会火炬接力传递归来。执行董事、党工委书记杨学文出席仪式并与杨海军共同展示冬奥会火炬。总经理、党工委副书记沈复孝，塔里木油田公司领导田军、李亚林、王虎、王清华、胥志雄、陈尚斌、何新兴、李亚英出席活动。

4日 以"与冬奥同行，一起向未来"为主题的中国石油塔里木油田小区冬奥文化广场专场文艺演出在塔里木油田影剧院隆重举行。总经理、党工委副书记沈复孝致辞，塔里木油田公司领导王清华、何新兴、李亚英观看演出。

6日 塔里木油田公司哈7021c井在注水3.2万立方米、焖井25天后开井生产，日产液122吨，油117吨，是继哈601-14js井、哈601-15井等之后高压扩容注水成功的又一口高产井。

8日 集团公司反馈2021年党建工作责任制考核结果，塔里木油田公司连续4年获集团公司党建工作责任制考核"A+"档，考核首次获满分。

11日 塔里木油田公司富源1-H3井稳定生产，日产油123吨。该井常规高压注水失效后，采用"高压注水+酸化"重新恢复高产。

14日 截至当日，我国第一个年产100亿立方米超深层碎屑岩天然气生产基地——塔里木油田克深气田累计产天然气突破600亿立方米。

同日 塔里木油田公司油气工程研究院首次编制完成《塔里木油田工程技术模板》，涵盖博孜、大北、克深、富满和塔中五大区块，总结各区块工程地质概况、井身结构设计、钻井提速措施和各开次施工工艺等工程领域的技术及措施。

15日 塔里木油田公司印发《塔里木油田基层党支部工作考核评价办法（试行）》，明确油田基层党支部考评定级、考评内容、考核兑现和考评方式等内容，进一步健全完善"量化考评、分类定级、动态管理、晋位升级"的达标晋级管理机制，推动基层党建与基层管理全面融合全面进步全面过硬。《塔里木油田星级标准化党支部创建管理办法》同时废止。

同日　塔里木油田公司执行董事、党工委书记杨学文，总经理、党工委副书记沈复孝，塔里木油田公司领导李亚林、王虎、王清华在塔里木分会场参加集团公司以视频方式组织召开的塔里木盆地高效勘探专题推进会。集团公司党组成员、副总经理焦方正，股份公司副总裁、总地质师、中国工程院院士孙龙德，股份公司副总裁兼勘探与生产分公司执行董事、党委书记李鹭光出席会议。

17日　塔里木油田公司组织召开2022年第一次圈闭审查会，审查通过14个圈闭。

18日　塔里木油田公司首次成功运用连续油管工艺完成超深水平井套损治理，创连续井深、水平段最长、注入水泥浆量最多3项油田纪录。

同日　塔里木油田公司在东河1—H9井实施连续油管注塞作业，首次成功运用连续油管工艺完成超深水平井套损治理，创连续井深、水平段最长、注入水泥浆量最多3项塔里木油田公司纪录。

21日　新疆维吾尔自治区党委常委、人民政府副主席玉苏甫江·麦麦提到塔里木油田公司调研，先后参观塔里木石油展览馆、油气运销部，视频连线西气东输轮南集气站，看望慰问干部员工。自治区人民政府办公厅、自治区有关厅局、巴州人民政府有关人员陪同调研。

同日　塔里木油田克探1井、宿探1井两口风险勘探井位通过股份公司终审论证。

22日　股份公司风险探井——塔里木油田公司中寒2井井筒恢复作业，最深RCT油管切割深度7915.6米，最深带压电缆作业深度7920米，最深打捞深度8458.91米，创塔里木油田公司超深井小井眼复杂处理的多项纪录，为超深井打捞处理作业提供宝贵技术经验。

同日　物探处2113队承担的英西1南三维项目收工，完成阿满北三维项目后迅速转场至英西1南三维项目，克服新冠肺炎疫情等不利影响，完成满覆盖工作量226.8平方千米、27618炮的采集任务，平均日效952炮，最高日效1640炮。

23日　塔里木油田公司以视频形式召开2022年党风廉政建设和反腐败工作会议，执行董事、党工委书记杨学文出席会议并讲话，党工委副书记、工会主席田军主持会议，纪工委书记李亚英作工作报告。塔里木油田公司领导李亚林、王虎、王清华、胥志雄、陈尚斌、何新兴出席会议。塔里木油田公司企业首席技术专家、总经理助理、安全副总监，机关部门、直属机构负责人，各二级单位党政正职、纪委书记，党工委油服成员单位党委书记，纪工委办公室全体人员在主会场参加会议。

同日　塔里木油田公司承担的"塔里木超深高温高压裂缝性砂岩储层试油（含储层改造）配套技术研究"科技项目通过股份公司组织的验收检查。

24日　塔里木油田公司召开改革三年行动工作总结暨2022年深化改革工作部署会，贯彻落实集团公司改革三年行动年度总结暨2022年第一次月例会精神，传达塔里木油田公司执行董事、党工委书记杨学文要求，总结油田改革进展成效，剖析存在问题，聚焦重点难点抓攻坚，以深化改革推动率先建成世界一流现代化大油气田再上新台阶。塔里木油田公司总经理、党工委副书记沈复孝，塔里木油田公司领导李亚林、胥志雄出席会议。李亚林、胥志雄对加强科技、信息化改革，落实会议精神提出要求。

同日　塔里木油田公司承担的"塔里木盆地重点风险探井试油（含储层改造）工程配套技术攻关"科技项目通过股份公司组织的验收检查。

25日　塔里木油田公司油气工程研究院编制形成《钻井工程方案标准化编制指南》线上发布，有力支撑了2022年大北17区块等15个区块方案及大北9—H井等16个单井方案的编制。

27日　塔里木油田公司联合中油测井完全自主攻关研发的国内首款89型耐压245兆帕、耐温210℃/170小时超高压射孔技术在博孜1301井现场试验成功，达到世界先进水平。

同日　塔里木油田公司勘探事业部联合勘探开发研究院，组织新疆物探处、塔里木物探处、西南物探分公司开展可控震源技术研讨，对不同探区可控震源施工现状、干扰质控技术、震源激发参数、观测系统参数、高效采集方式、震源采集应用效果、经济技术一体化评价、绿色勘探措施等方面深入探讨。

28日—3月2日　塔里木油田公司信息与通讯技术中心参加集团公司网络安全运行中心组织的实网渗透测试网络安全应急演练。运维信息系统未被攻陷，完成应急演练任务。

3 月

1日 塔里木油田公司克深至克拉2联络线工程完成竣工验收,进一步释放区块产能。

2日 塔里木油田公司博孜—大北区块地面骨架工程方案获股份公司发展计划部批复。

4日 塔里木油田公司召开新能源业务发展工作汇报会,听取新能源业务发展实施方案和2021年工作成效,安排部署下一步重点工作。

6日 塔里木油田公司轮南212H井防喷测试获高产,折日产油125.6立方米。

7日 塔里木油田公司印发《塔里木油田公司重点项目业绩考核实施细则(试行)》,将重点项目考核纳入业绩管理体系,突出抢先抓早,强化事前设置、过程跟踪,推动重点项目落实落地。

同日 塔里木油田公司召开光伏并网项目启动会。

9日 塔里木油田柯克亚储气库建设可行性研究获股份公司生产与勘探分公司批复。

10日 塔里木油田公司成功竞得新疆巴州地区2021—2022年保障性并网新能源项目20万千瓦光伏发电指标,获且末县、尉犁县两个标段200兆瓦光伏发电并网指标,成为中国石油首家通过竞拍获得光伏并网发电指标的企业。

同日 塔里木油田公司部署在塔里木盆地北部坳陷富满油田$F_1$5与$F_1$10区域断裂带交汇处评价井果勒305H井在奥陶系一间房组7678—8155.35米井段常规测试,折日产油426立方米、天然气11.1万立方米。

同日 塔里木油田公司重点探井富东1井顺利开钻,该井是位于北部坳陷阿满过渡带富满油田富满Ⅱ区的一口预探井,设计井深8697米,完钻层位为奥陶系鹰山组,其钻探目的是探索富满Ⅱ区奥陶系鹰山组台缘滩的储层发育情况、含油气性、油气藏类型,实现勘探新发现。

同日 7500套新款春秋工装抵达塔里木油田公司,新款劳动防护服大批量更换工作随之启动。

11日 塔里木油田公司实验检测研究院的8项计量标准检定装置通过新疆维吾尔自治区到期复查考核,可继续开展为期5年的检定校准工作,满足油田计量器具的检定校准需求。

12日 东方物探塔里木物探处247队承担甫沙三维项目顺利开炮。该项目是股份公司和塔里木油田公司为加大甫沙构造带及其周缘构造研究,进一步落实构造形态,搞清储层横向变化规律和油气藏控制因素,为下一步井位选择提供优质地震资料而部署的重点三维地震采集项目,设计满覆盖面积308.62平方千米35700炮。

同日 塔里木油田公司印发《关于成立新能源事业部有关事宜的通知》,成立新能源事业部,列塔里木油田公司二级单位序列。

13日 西部钻探巴州分公司90029钻井队承钻的大北303加深井尾管下深8094米,创塔里木油田公司库车山前盐层钻探最深、168.3毫米井眼钻达最深、139.7毫米尾管下深最深3项施工纪录。

14日 截至当日,塔里木油田公司通过西气东输工程累计向我国中东部地区供气突破3000亿立方米。

同日 塔里木油田公司信息与通讯技术中心配合塔西南公司信息通讯部完成塔西南石油基地、和田河采气作业区、喀什油气运行中心3个汇聚区的办公网络升级。

同日 塔里木油田公司党工委以视频形式召开全委(扩大)会,听取油田"绿色矿山"创建工作汇报,专题研究部署"绿色企业"创建提升行动,安排部署下一步重点工作。塔里木油田公司领导杨学文、沈复孝、李亚林、王清华、胥志雄、陈尚斌、何新兴、李亚英出席会议。会上传达集团公司《关于深入打好污染防治攻坚战的实施意见》。质量安全环保处作2021年"绿色矿山"创建工作开展情况和2022年"绿色企业"创建提升行动实施方案汇报。勘探事业部作钻井固废"三化"管控实现减量增效经验介绍。泽普油气开发部、轮南油气开发部作表态发言。会议以视频形式召开。塔里木油田公司企业首席技术专家、总经理助理、副总师,各机关处室、二级单位党政负责人分别在主、分会场参加会议。

同日 塔里木油田公司发布《塔里木油田井控安全工作站人才培养实施方案》,启动工艺工序解剖分析、装备实操技能提升、压井工艺技术、DROC管理实践等方面培训,全年组织3批14人参加轮训。

15日 塔里木油田公司塔西南勘探开发公司和田河气田天然气净化及综合利用工程举行开工仪式,17日,塔西南天然气综合利用工程举行开工仪式,喀什地区行政公署党组成员、副专员赵毅杰,塔西南公司党委书记、经理刘强参加仪式。

16日 塔里木油田公司执行董事、党工委书记杨学文听取塔里木盆地整体研究进展与工作部署汇报，研究部署下一步重点任务。杨学文强调要做好盆地基础研究工作，为增储上产和油田大发展提供服务支撑。塔里木油田公司领导李亚林、王清华参加会议。

同日 塔里木油田公司执行董事、党工委书记杨学文以普通党员身份参加办公室（党工委办公室）党支部2021年度组织生活会，与党员面对面交流心得，检视问题不足，开展批评与自我批评。他强调，深入学习贯彻落实习近平总书记系列重要讲话精神和重要指示批示精神，要在坚定信仰、转变作风、团结协作和履职尽责四个方面当先锋作表率，努力开创办公室工作新局面。

17日 集团公司工程和物装管理部发布《关于开展集团公司装备完整性管理试点工作的通知》，选定塔里木油田公司作为股份公司勘探与生产分公司的试点单位，地面所完整性作为技术支撑单位开展装备完整性管理工作。

同日 物探处219队承担的塔里木盆地塔北隆起轮古三维地震采集项目提前完成野外资料采集工作。该项目平均采集日效1154炮，最高日效1710炮，较计划提前14天完成。

同日 塔里木油田公司针对富满地区井身结构专门设计、生产的首套适用于273.05毫米套管的大通径采油（气）井口在满深72井成功试用。该四通通径大、压力高、抗硫化氢腐蚀，适用于富满地区高产高硫化氢环境需求。

同日 塔里木油田公司召开2022年第三轮勘探井位论证会。副总经理、总地质师王清华参加会议，并对下一步做好钻前生产组织、加强基础地质研究、细化钻完井工程设计及投资预算等工作提出具体要求。

同日 截至当日，塔里木油田公司物资采办事业部储备新冠肺炎疫情防控物资18.8万件，丰富代储方式，以电商储备方式落实口罩、防护服等资源满足油田一个月用量，并建立"随用随补"机制。

18日 塔里木油田公司部署在塔里木盆地北部坳陷阿满过渡带富满油田F_I19断裂带的预探井满深72井在奥陶系一间房组—鹰山组井段7683—8088.67米裸眼常规测试获高产油气流，日产油252立方米、天然气5.97万立方米，无硫化氢。结论油层。该井用时170.7天完成钻井与试油完井作业，刷新满深区块已完钻井的最短建井周期纪录。满深72井试获千吨高产，进一步证实F_I19断裂带整体富含油气。

同日 塔里木油田公司哈得30-H8井试获高产油气流，日产油168立方米，日产气20559立方米。该井试获高产，进一步落实F_I14—富源Ⅲ断裂带构造、储层、流体分布规律。

同日 塔里木油田公司《和田河气田天然气探明储量复算》通过国家矿产资源储量评审备案。

19日起 库车山前连续遭遇雨、雪天气。塔里木油田公司克拉油气开发部生产一线干部员工坚守积极应对天气变化带来的不利影响，坚守岗位保供气。

20日 截至当日，西气东输主力气源塔里木油田克拉2气田的克拉2-3井自2005年投产以来，累计生产天然气达到100.02亿立方米。这是继克拉2-1井、克拉2-2井、克拉2-4井、克拉2-6井、克拉2-7井之后，第六口累计产量超百亿立方米的气井。

21日 塔里木油田公司召开2021—2022年冬季保供总结暨2022年装置检修安排部署会，全面总结去冬今春天然气保供工作，表彰塔里木油田公司冬季保供先进单位及先进个人，安排部署2022年装置检修工作。总经理、党工委副书记沈复孝，塔里木油田公司领导王虎、何新兴出席会议。

21—24日 塔里木油田公司召开博大、克拉、迪那、塔中油气开发部SEC储量工作对接会。副总经理、总地质师王清华参加会议，并对2022年天然气SEC储量风险控制、增储方案及下一步重点工作等提出具体要求。

22日 塔里木油田公司召开2022年党建工作部署会，党工委副书记、工会主席田军出席会议并讲话。党工委组织部、党工委办公室、党工委宣传部分别对2022年党建工作要点整体情况进行说明，对2022年党建工作重点进行安排部署。塔里木油田公司党的工作部门相关人员，各单位党委书记、副书记，党工委油服成员单位党委书记，各单位党务干部在主、分会场参加会议。

同日 塔里木油田满深3-H5井大规模酸压后放喷测试获高产，折日产油412立方米、气13.5万立方米。

23日 塔里木油田公司信息与通讯技术中心完成向国家工业和信息化部申报油田卫星通信无线频率。

同日 塔里木油田公司召开2022年第四次物探技术交流会，对前陆冲断带逆掩断层识别与描述方法开展交流讨论。副总经理李亚林参加会议。

24日　塔里木油田沙漠公路零碳示范工程第一座光伏发电站——48号水源井平稳试运行，实现全天候供电，工程整体形象进度完成68%。

同日　集团公司党组决定：刘强任塔里木油田公司党工委委员、常委，免去其塔西南公司党委书记职务。股份公司决定：聘任刘强为塔里木油田公司副总经理，免去其兼任的塔西南公司经理职务。

27日　塔里木油田博孜1301井射孔枪全部起出，发射率100%，标志着国内245兆帕射孔枪首次现场试验成功。

同日　中海油服自主研发的ESCOOL国产系列高温、高压电成像测井仪器在塔里木油田公司重点探井吐格6井首次成功应用。该系列国产电成像测井仪器最高耐温205℃、最高耐压172.4兆帕，远超常规电成像测井仪器耐温175℃、耐压140兆帕的指标。

28日　塔里木油田公司召开2022年QHSE体系审核启动会暨基层站队标准化建设推进会，总工程师、安全总监王虎出席会议并讲话。QHSE委员会办公室和机关业务处室对2022年QHSE体系审核和基层站队QHSE标准化建设推进工作进行部署安排。塔里木油田公司安全副总监，机关业务处室、油气工程研究院、监督中心相关人员，审核各专业组技术组长及审核骨干等参加会议。

29日　塔里木油田公司订阅《石油要闻周报》《石油科技周报》《石油公司周报》3款石油信息监测产品集成在"塔油坦途"的"微件商店"中，供员工学习使用。

30日　塔里木油田公司博孜1301井起出的现场试验用国产化超高压射孔器材经室内检验无问题，射孔弹发射率100%，代表着塔里木油田公司在国内率先突破超高压射孔技术，指标达到耐压245兆帕、耐温210℃/170小时，比肩世界先进水平。

同日　塔里木油田公司羊塔1-9井上返古近系薄砂层，增产效果良好。日产气8万立方米、油6吨，不含水。该井关停4年之后成功复产。

31日　股份公司勘探与生产分公司组织召开风险探井钻井工程方案审查会，听取塔里木油田公司宿探1井、克探1井两口风险探井方案，并就下一步风险探井的方案设计提出源头优化等相关要求。塔里木油田公司总工程师、安全总监王虎在塔里木分会场参加会议。

同日　塔里木油田公司副总经理、总地质师王清华组织检查2022年重点风险勘探目标研究进展，并对下一步研究工作提出具体要求。

本月　由塔里木油田公司塔中油气开发部组织完成的"超深层高酸性碳酸盐岩凝析气藏开发关键技术及应用"项目，获中国发明协会技术发明一等奖。

本月　塔里木油田公司天然气压缩机组、有机热载体炉、机泵、部分进口阀门、钻完井设备等300多项重要油气生产设备完成国产化替代，摆脱了国外公司在市场、技术和价格上的垄断，采购价格下降20%—70%，供货周期缩短3—9个月，满足快速上产需要。

4 月

1日　塔里木油田重点项目克拉苏气田克深10区块开发地面工程正式开工，工程包括新建采气单井4口，新建采气平台1座，新建管径200毫米双相钢采气干线13.5千米，新建综合公寓1座及工程配套的采气支线、电力、自动控制、通信、道路等工程内容。可释放天然气产能275万米³/日。

同日　塔里木油田公司克拉2号构造首口以白平系亚格列木组为目的层的风险探井——克探1井顺利通过股份公司论证并开钻。

2日　塔里木油田公司油气生产技术部东河电力工区变电所收到报文：差动保护装置110千伏拉哈线发生异常跳闸事故。经过50多个小时的连续作业，4月4日20时15分，110千伏拉哈线169号铁塔抢险工作结束，线路送电成功，塔北东部电网恢复环网运行。

4日　一体化铣锥铣柱加鞋联作工具首次在塔里木油田公司满深5-H11井和果勒3-H5井试用并取得成功，有效节约一趟钻磨时间1.5天，缩短中完周期，实现高效完井。

5日　塔里木油田公司应急中心牙哈消防站成功处置一起库车市二八台镇阿瓦提村地方民房火灾，未造成人员伤亡，有效保障节日期间辖区各项应急消防安全。

7日　塔里木油田公司召开QHSE委员会办公室专题会，专题研究推进危险化学品、燃气安全专项整治工作，研究讨论相关事宜。油田公司总工程师、安全总监王虎主持会议。质量安全环保处、地面工程处等7个部门汇报危险化学品和燃气安全专项整治工作进展情况，与会人员对当前排查出来的隐患及需要协调解决的问题进行讨论。安全副总监、相关机关部门分管负责人、相关二级单位分管负责人参加会议。

7日　集团公司董事长戴厚良到中国石油报社调研并与塔里木记者站等视频连线。指出石油新闻工作者要坚持从集团公司改革发展大局出发，通过富有企业特色、员工群众喜闻乐见，有感染力、接地气的语言，塑造具有典型代表意义的新时代石油人形象，讲好中国石油故事，传播中国石油好声音。

同日　股份公司勘探与生产分公司召开塔里木油田尉犁、且末20万千瓦光伏发电项目可行性研究报告初审视频会，听取塔里木油田公司汇报和初审意见，认为项目建设符合集团公司绿色低碳发展要求，可行性研究报告主要技术方案基本可行。塔里木油田公司总经理、党工委副书记沈复孝，副总经理刘强在塔里木分会场参加会议。

同日　塔里木油田公司采取超深层油藏高压注水扩容技术，对7口井储层进行改造提产获成效，成功率100%，增产4.32万吨。

8日　宝石花物业地区公司开展"喜迎二十大、传递爱心"捐物暖心活动。共捐赠各类衣物867件、书籍231本、文具9个、玩具60个。

10日　中央生态环保督察组到塔里木油田公司轮南油气开发部现场调研，深入原吉拉克凝析气处理站、轮南57-H6井现场，了解胡杨国家级自然保护区退出情况，听取生态保护、绿色低碳转型、绿色矿山创建等工作汇报，塔里木油田公司总工程师、安全总监王虎陪同调研。

11日　塔里木公安局举行"轮南老轻烃厂物资被盗案"返赃大会，返还现金11万元。

11日　塔里木油田公司克深3—克深2集输管线建设工程开工建设。新建输气线路8.7千米，改造克深3集气站1座，改造克深2清管站1座。2022年7月20日投产成功。

同日　集团公司专题召开博孜—大北万亿立方米超深大气区专题宣传策划会，了解相关情况，安排部署具体工作。会议对塔里木超深层勘探开发技术成果给予高度评价，决定将博孜—大北超深大气区作为集团公司2022—2023年新闻宣传重点任务，集中力量做好塔里木超深层宣传。塔里木油田公司党工委副书记、工会主席田军在塔里木分会场参加会议。

同日　集团公司公布学习贯彻习近平总书记"七一"重要讲话精神优秀征文和优秀研学成果获奖名单，塔里木油田公司共计获一等奖2项、二等奖1项、三等奖1项。其中，思想政治工作处撰写的《走好"赶考"之路，书写一流答卷，率先建成世界一流现代化大油气田》《坚决履行"三大责任"，推动乡村振兴实践研究》同时获一等奖。

12日　塔里木油田公司满深3-H6井对目的层7470—7794.9米测试获高产油气流，折日产油227立方米、气7.5万立方米。

同日　股份公司以视频方式组织召开2022年度石油天然气储量评价分类工作检查会议，勘探开发研究院代表塔里木油田公司汇报探明未开发储量、剩余控制储量及剩余预测储量评价分类工作，并通过股份公司检查。

同日　新疆维吾尔自治区党委书记马兴瑞到塔里木油田公司生产一线调研，是4个月内第二次到油田调研。马兴瑞先后到克拉处理站、克拉2-7井，听取塔里木油田公司工作汇报，每到一处均详细询问、深入了解天然气勘探开发、采集输工艺、经营业绩、安全生产等情况，看望慰问一线甲乙方干部员工，对油田今年以来的工作业绩给予充分肯定，并对有关工作提出具体要求。自治区党委常委、秘书长哈丹·卡宾，自治区政协副主席、阿克苏地委书记窦万贵，自治区有关厅局和阿克苏地委、行署有关负责人陪同调研。

同日　塔里木油田公司组织召开2022年第二次圈闭审查会，审查通过5个圈闭。

13日　塔里木油田公司在勘探开发综合楼附楼生产会议室组织召开股份公司重大科技专项"塔里木盆地大油气田增储上产关键技术研究与应用"自验收会，副总经理李亚林，副总经理、总地质师王清华出席会议，机关相关处室、课题承担单位领导、课题长、技术人员、管理人员参加会议。以企业首席技术专家为组长，共17名专家组成的专家组，对项目及相关课题进行自验收，安排部署下一步工作。验收专家组一致认为该项目已按计划完成规定的研究任务，实现研究目标，研究成果应用效果显著，同意通过项目和课题自验收。

同日　塔里木公安局为哈拉玉宫乡下多尕村村民送去50吨化肥，助力春耕备耕。

14日　塔里木油田公司召开QHSE委员会办公

室专题会,专题研究推进2022年健康企业建设工作,总工程师、安全总监王虎主持会议。塔中油气开发部作健康企业试点建设交流发言,质量安全环保处作油田健康企业创建2021年工作成效和2022年工作方案汇报,与会人员进行充分讨论,并提出意见建议。塔里木油田公司安全副总监,相关机关部门、部分二级单位分管负责人参加会议。

同日　塔里木油田公司评价井满深401H井在奥陶系一间房组+鹰山组7499.5—8420米井段酸压测试获高产工业油气流,折日产油583立方米、气23万立方米。

同日　塔里木油田公司轮南2-3-H1井、轮南2-23-14井转注二氧化碳工作开工,标志着塔里木油田公司首个二氧化碳驱油（CCUS-EOR）方案《塔里木轮南油田轮南2TⅠ组碳驱油碳埋存先导试验方案》进入现场实施阶段。两口注碳井累计可埋碳量近300万吨,相当于植树2000万棵。

15日　塔里木油田满深5-H9试获高产油气流,折日产油235立方米、气9.47万立方米,进一步证实富满油田F_I17断裂的地质认识,提高了满深区块储量动用率。

同日　塔里木油田公司重点工程迪那2气田开发调整地面工程正式开工。

15—16日　塔里木油田公司塔中油气开发部到且末县、民丰县开展"送化肥保春耕、助力乡村振兴"活动,将150吨化肥送到农户家门口,连续4年向周边县累计捐赠化肥500余吨。

16日　塔里木油田公司轮南采油气管理区向轮台县10个乡镇捐赠春耕化肥120吨。

18日　集团公司党的建设工作领导小组办公室发布2021年度党建工作责任制考评工作结果,塔里木油田公司综合评价结果为A+（最高档）。

19日　塔里木油田公司召开人才强企推进会,贯彻落实集团公司人才强企工程推进年工作部署,对人才强企工程进行再部署再落实,安排2022年4个方面15项重点工作。党工委副书记、工会主席田军出席会议并讲话。塔西南公司、勘探开发研究院、克拉油气开发部、行政事务部4家单位作交流表态发言。

同日　我国发现的第一个位于沙漠腹地的砂岩整装油田——塔里木油田塔中4油田发现满30周年,累计生产原油1648万吨、天然气59.8亿立方米,油气产量当量2124.5万吨。

同日　塔里木油田公司员工王裕海被新疆维吾尔自治区评定为烈士。

20日　塔里木油田公司申报的"超深层提速关键技术研究与规模化应用"获新疆维吾尔自治区科技进步奖一等奖。

21日　塔里木油田公司举办2022年单井动态分析大赛,现场评选出一等奖3项、二等奖6项、三等奖13项。前5项成果年增油1.47万吨、增气1.38亿立方米,产生经济效益1.65亿元。

同日　塔里木油田克深气田第一口超深水平井克深2-2-H1井一次成功投产,开井油压64.11兆帕,配产天然气10万米^3/日。该井的成功摸清了克深2区块普遍水淹后剩余气富集情况,落实了白垩系巴什基奇克组第一岩性段剩余气潜力,提高区块采收率、完善裂缝性有水砂岩气藏地质、工程一体化的提采技术体系。

22日　塔里木油田公司钻试修现场信息化项目通过验收。

24日　股份公司勘探与生产分公司召开塔里木油田公司东河1石炭系油藏注天然气辅助重力驱开发试验项目验收会。副经理何新兴在塔里木分会场参加会议。

25日　塔里木油田公司印发《关于信息与通讯技术中心更名的通知》,信息与通讯技术中心更名为油气数智中心。

同日　塔里木油田公司博孜—大北区块地面骨架工程初步设计获股份公司批复。

同日　塔里木油田公司新井跃满20-H2井开钻,该井是塔里木油田采用新型可拆卸式钢结构钻机基础的第一口井。该项新工艺可使每口井减少180立方米的水泥工业垃圾增量,缩短钻机基础施工工期,同时作为可循环利用的拆卸式基础。

26日　塔里木油田公司满深5井在奥陶系一间房组—鹰山组注水扩容测试获得工业油气流。对该井一间房组—鹰山组7575.8—8330米酸压+注水扩容测试,日产油41.6立方米、气20377立方米。满深5井钻揭奥陶系一间房组—鹰山组石灰岩垂厚590.71米,为断裂带北部亿吨级探明储量上交夯实了基础。

同日　塔里木油田公司召开标准化建设工作推进会,学习贯彻《国家标准化发展纲要》,分析油田标准化工作面临的形势和任务,研究部署下一阶段油田标准化工作,副总经理訾志雄主持会议。地面工程处、设备物资处作标准化管理经验交流,质量安全环保处作油田标准化建设工作汇报，与会人员进行充分讨论，就油田标准化工作建言献策。塔里木油田公司首席专家潘昭才，在相关国家、行业和集团公司标准化技术组织的注册委员、机关有关部门、科研单位分管负责人及联络人参加会议。

同日　塔里木油田公司部署在塔里木盆地北部坳陷阿满过渡带富满油田F_120断裂带上的满深8井在奥陶系一间房组—鹰山组井段8117.5—8726.8米裸眼常规测试，折日产油45.36立方米、天然气19.79万立方米，证实F_120断裂带整体富含油气。

27日　塔里木油田公司工会组织召开2022年第一次常委会，审议2021年工会经费决算和2022年工会经费预算，以及《工会财务管理办法》《工会经费管理实施细则》《文体协会管理办法》等3项制度修订。党工委副书记、工会主席田军参加会议。

同日　集团公司召开新疆千万千瓦级新能源基地建设对接会，听取专题汇报，并对千万千瓦光伏基地建设提出具体要求，塔里木油田公司副总经理刘强在塔里木分会场参加会议。

同日　塔里木油田公司满深3—H2井对目的层7549—8272米放喷测试获高产油气流，折日产油142立方米、气5.3万立方米，进一步提高满深区块储量动用率。2022年，富满油田开钻新井17口，试获百吨井9口。

同日　塔里木油田公司第一笔天然气（LNG工厂原料气）线上竞拍成功交易，实现油气线上交易零突破。本次线上交易成交平均价2.6865元/米^3，高于当前LNG原料气销售价格1.296元/米^3，单笔创效3884万元，实现了天然气市场化定价，进一步提升了市场营销合规管理水平。

28日　塔里木油田公司富源303—H6井对目的层7271—7606米井段改造后试获高产油气流，折日产油208立方米、气66627立方米，进一步提高F_115断裂带储量控制。

同日　塔里木油田公司塔里木能源公司乙烷回收装置累计生产乙烷突破50万吨。

29日　9时—5月3日15时，塔里木油田公司在博孜34井开展连续5天不间断"入地八千米——油宝寻宝记"石油人劳动节慢直播活动。活动由集团公司党组宣传部组织、由塔里木油田党工委具体实施、渤海钻探支持配合，以塔里木油田公司博孜34井钻井作业为重点，面向全国开展。

30日　塔里木油田公司轮古西奥陶系油藏注水提采地面工程开工。这项工程是塔里木油田公司重点项目之一，设计日注水量3750立方米，计划4月30日开工，10月底完工投产。主要包括在台2区块新建提升泵站一座，新建多级离心泵2台及配套供配电、仪表、通信、结构等相关设施，新建台2至轮南东轮线直径为250毫米的39.3千米输水干线，并利旧东轮管线、掺稀管线、解站两台注水泵，控减投资1200万元；同时在轮古西区块安装注水泵5台（2台利旧）、9口注水井新建12.05千米注水管线（柔性复合管），以及配套供配电、仪表、通信、结构等相关设施。

同日　塔里木油田公司大北11—H2井成功下入定制的井下安全阀常开锁定工具，分别采用5毫米、6毫米油嘴生产测试，压力稳定。该工艺首次在塔里木油田成功应用，为库车山前高压气井恢复井筒生产提供借鉴。

月底　在塔里木油田公司油气运销部阿克苏油气储运中心北区液化气火车栈桥，3列崭新的18节石油液化气铁路罐车正式投入使用，完成首次充装任务。新式罐车整体增大了体积，罐车承载量大幅提升；优化了罐车罐口的充装液压系统，安全系数更加可靠；押运间、罐盖、走形装置合理人性化的设计，更能满足铁路运输安全要求。

本月　塔里木油田公司实验检测研究院用X射线衍射仪成功测定了迪北5井岩心样品的全岩矿物含量，实现样品矿物的准确定名和定量分析，标志着油田具备了X射线衍射定量测定岩石矿物含量的能力。

本月　塔里木油田公司塔中油气开发部建成油田首个高含硫化氢防护示范区，配套硫化氢管理、技术防护、个人防护、工作纪律等4个体系，发布《硫化氢个人防护器具管理实施细则》，常态化开展硫化氢活体实验视频培训，拉运改管输30处，合并优化含硫井站33个，减少现场值守人员196人。

5 月

1日　部署在塔里木盆地库车坳陷乌什凹陷神木5号构造上的股份公司风险探井宿探1井高效完成验收并顺利开钻。按照层序地层学新思路落实一批有利砂体，一旦获得突破将解放白垩系舒善河组其他砂体规模勘探、开辟乌什凹陷多层系立体勘探的新局面。

同日　塔里木油田富满油田哈得302—H1井对

目的层奥陶系一间房组7028—7333.14米井段改造后试获高产油气流，折日产油252立方米、气40296立方米，进一步提高$F_1$13断裂带储量控制程度。

5日　塔里木油田公司塔中Ⅰ号气田中古162-H5井一次投产成功，日产油95立方米、气8.1万立方米，生产稳定。

6日　塔里木油田公司博孜1302井白垩系巴什基奇克组储层加砂压裂，注入总液量886立方米，加砂46.8立方米，折合为79.8吨，最高泵压108.32兆帕、每分钟排量6.5立方米，创博孜区块最高排量的施工纪录。

同日　塔里木油田公司大北11-H2井试获高产油气流，折日产气31.59万立方米、油8.62立方米。该井采用锁定安全阀恢复井筒工艺获高产，为库车山前高压气井恢复生产提供借鉴。

同日　塔里木油田公司副总经理、总地质师王清华在勘探开发综合楼7D会议室组织召开股份公司重大科技专项"塔里木盆地超深复杂气藏勘探开发关键技术研究与试验"顶层设计（立项咨询）内部审查会，企业首席技术专家杨海军、潘昭才及相关单位领导、业务骨干人员参加会议。会议审查股份公司重大科技专项顶层设计，对下一步工作提出具体要求。

7日　塔里木油田公司英买7-H19井一次投产成功。该井是英买7油藏接力新井，4月6日组织完井试油，折日产油242立方米、气6882立方米，显示出良好的油气生产能力。

8日　塔里木油田富源210断裂带注水先导试验地面工程一次性投产成功，标志着塔里木油田首次实现整条断裂带系统性、规模性整体注水。项目总投资4193万元，3月16日正式开工，设计输水量3000米^3/日，新建输水管线24.2千米、油气集输管线3.5千米、注水井场3座、标准化采油井场2座，配套新建通信光缆2.75千米及相关辅助工程。项目通过对断裂带开展整体注水，探索裂缝向深部沟通的可行性，既可以解决地层压力亏空面临的问题和矛盾，又可以提高断裂带整体采收率。

同日　塔里木油田博孜2401井盐膏层成功应用高密度水基钻井液沉降塞隔离技术，将该井钻井液密度从2.27克/厘米^{3}安全提至2.34克/厘米^3，首创形成塔里木高密度水基钻井液沉降塞隔离技术。

同日　塔里木油田富源210断裂带注水先导试验地面工程和哈四联至富源2计转站输水干线工程一次性投产成功。工程设计输水量3000米^3/日，新建管线56.7千米。这是塔里木油田公司首次开展断裂带级别的注水先导试验，首次实现断裂带整体注水。

9日　部署在塔里木盆地库车坳陷克拉苏构造带拜城断裂带博孜1号构造博孜13东高点北翼的评价井博孜1302井在白垩系巴什基奇克组7112—7143米井段加砂压裂改造，折日产油89立方米、气216825立方米，测试结论为凝析气层。博孜1302井获高产工业油气流，扩大博孜1构造含油气规模，初步完成评价博孜1构造西部的钻探目的。

同日　塔里木油田公司油气田产能建设事业部连续试获2口百吨井，满深3-H7井试获高产，折日产油162立方米、气6.9万立方米；满深3-H8井试获高产，折日产油139立方米、气6.3万立方米。

同日　部署在塔里木盆地塔北隆起英买里低凸起英买7断裂构造带的新井英买7-H19井投产，日产原油151吨，不含水。

9—10日　塔里木油田公司《柯克亚储气库可行性研究方案》通过股份公司审查，6月22日，获股份公司批复。

10日　塔里木油田公司组织召开2022年第三次圈闭审查会，审查通过11个圈闭。

同日　塔里木油田公司组织召开保利·石油花园项目竣工交房部署会，安排部署房屋交付、物业管理等方面工作。党工委副书记、工会主席田军主持会议并讲话。

12日　塔里木油田公司大北303JS井于井深8000米处顺利完成落井VSP仪器打捞，创塔里木油田公司超深井小尺寸测井仪器打捞先例。

同日　塔里木油田公司召开库车坳陷秋里塔格构造带西秋段圈闭研究进展汇报会，副总经理李亚林参加会议，对下一步西秋段圈闭研究工作提出具体要求。

13日　塔里木油田公司召开股份公司重大科技专项"塔里木盆地大油气田增储上产关键技术研究与应用"现场核查准备工作部署会，副总经理、总地质师王清华出席会议。会议明确各相关单位责任人，安排部署下一步具体工作。会议原则同意现场核查工作部署、参会的各单位领导作为负责人，联络人按照现场核查工作部署统一安排。

同日　塔里木油田公司东河1-H14井对目的层5863—6109米井段酸化改造后成功试获工业油气流，日产油20.78立方米、气88359立方米。

14日　塔里木油田公司英买2转油站放空气发电项目正式投运,每日可回收放空气1200立方米,为注水泵等设备供电4500千瓦·时。

15日　塔里木油田公司部署在塔里木盆地库车坳陷北部构造带迪北斜坡带的预探井迪北5井侏罗系阿合组裂缝发育段5883.5—5925.5米加砂压裂改造获工业油气流,日产油5.7立方米、气10.9万立方米,测试结论为凝析气层。20日,迪北5井在侏罗系阿合组5883.5—5925.5米井段试获高产油气流,折日产油3.36立方米、气9.05万立方米。该井是迪北地区常规钻井、压裂改造稳产的第一口井,证实侏罗系阿合组致密砂岩气大面积连片分布,深化侏罗系阿合组致密砂岩气成藏模式与主控因素认识。

同日　塔里木油田公司应急中心水力切割套管试验在牙哈28井获成功。该井一开安装完成,使用水力切割技术套管切割和打磨一次完成,用时仅41分钟,较传统热切割方式效率提升5倍以上,切割全程无火花。

16日　塔里木油田公司与大唐电力新疆发电有限公司在乌鲁木齐签订战略联盟合作协议,在碳减排、氢能等业务领域探索实施合作等事项达成一致意见,通过定期会晤、联合攻关、成果共享等机制,探索电力通道建设、碳减排、氢能等相关业务领域合作。

同日　塔里木油田公司实验检测研究院自主研发的测定注水溶解氧采样密封装置投入运行,使用该装置检测注水水质溶解氧含量时,可全程避免与空气接触而产生的曝养现象,充分满足检测作业需求,检测准确度提升10%以上。

18日　物探处247队承担的股份公司、塔里木油田公司重点项目——甫沙三维项目完成采集任务,历时69天,完成308.62平方千米、35704炮采集任务,平均日效567炮,最高日效1211炮,刷新塔西南地区采集日效新纪录。

19日　塔里木油田公司初始设计第一深井满深10井开钻,标志着塔里木油田正式向超9000米超深钻完井进军。该井是部署在富满油田的一口预探定向井,部署目的探索富满Ⅱ期奥陶系储层发育情况、含油气性与油气性质,设计完钻井深9184米。

同日　在新疆消防救援总队举办的2022年南疆片区体技能比训活动中,塔里木油田公司应急中心参加的专职消防队全部6个科目,获单项金牌3枚、单项铜牌1枚,集体获专职消防队精神文明奖。应急中心消防员孟旭春以10分26秒获3000米个人金牌,尚多喜以44个获单杠引体向上个人金牌,王永亮以19秒63获百米消防障碍金牌,赵豹获双200米负重供气跑铜牌。

同日　塔里木油田公司油气工程研究院研制的油田首座风光互补发光装置在大北306井场投用,发电装置运行平均输出功率1.49千瓦,平均负载率44%。

20日　塔里木油田公司油气数智中心完成塔里木油田研发中心办公网、公共信息网的建设。

同日　塔里木油田公司分别位于喀什、和田地区的塔西南天然气综合利用工程、和田河气田天然气净化及综合利用工程正式开工建设。这两项天然气综合利用工程是油田天然气净化和开发战略资源的重点工程,是新疆维吾尔自治区和集团公司2022年重大建设项目,也是国家提升战略资源安全保障的重要工程。

21日　塔里木油田公司满深71井用时137.4天钻至井深8492.2米完钻,较区块平均完钻周期提速31%,首次实现油田"满深区块8500米级超深井150天内完钻"总目标,再次刷新塔里木油田8500米级超深井完钻新纪录。

同日　塔里木油田公司申报的成果"塔里木超深高温高压裂缝性致密储层保护技术及工业化应用"被中国石油和化学工业联合会鉴定为国际领先水平。该成果在库车山前超深超高温超高压裂缝性致密储层全面推广应用,助力建成克深、博孜—大北两个万亿立方米大气区。近3年累计应用150余口井,单井产量大幅提升,经济社会效益显著,推广应用前景广阔。

22日　"全国科技工作者日暨科技活动周"活动开启,塔里木油田公司15家单位、800余人参与,宣传"十四五"科技成果10余项、典型科技人物12人,开展"科技为民——关注科技人员健康"讲座5场。

同日　塔里木油田公司召开科学技术委员会(扩大)会议,强调要加大加快现行科技体制机制改革完善,大胆探索超深层研发中心新体制新机制,加快实现高水平科技自立自强。

同日　塔里木油田公司召开保密委员会(扩大)会议,全面落实上级保密部门和塔里木油田公司党工委关于保密工作的部署要求,安排部署下一步重点任务。

23日　塔里木油田公司油气工程研究院制定行

业首个《卡瓦式套管头套管坐挂吨位及环空压力控制图版》，并配套提出分级固井、双凝水泥等降低坐挂吨位的技术措施，保障了套管坐挂安全，提升了套管柱完整性。

24日　2022年度塔里木盆地西南坳陷乌恰构造带二维地震采集工程项目通过勘探事业部开工验收，完成实物工作量172.98千米、7780炮，由塔里木物探处2170队承担。

同日　塔里木油田建设工程有限责任公司化学助剂厂52吨共3080袋磺甲基酚醛树脂（SMP-3）将被运输至哈萨克斯坦，这是塔里木油田公司化工产品首次走出国门，出口至国外。

25日　2022年度塔里木盆地库车坳陷库车南斜坡温宿—西秋构造带二维地震采集项目完成资料采集。该项目东西直线跨度210千米，南北跨度80千米，涉及施工面积1.6万平方千米，部署地震测线10条，满覆盖长度355.7千米，设计总炮数20245炮。

25日—6月1日　塔里木油田公司历时8天完成对克轮线积液长输管线开展清管作业，累计收液1100立方米，减少天然气放空102万立方米。

26日　塔里木油田公司部署在塔里木盆地北部坳陷阿满过渡带富满油田$F_1$17断裂带的评价井满深504H井在奥陶系一间房组—鹰山组7487—8150米井段常规测试，折日产油638立方米、天然气17.54万立方米。

27—28日　塔里木油田公司勘探事业部成功完成富东1井溢流处置。富东1井于27日17:15钻至井深8190.02米发现溢流0.5立方米，17:17关井完成，套压快速由0上涨至34兆帕。溢流发生后启动应急预案，相关负责人及井控专家迅速到井，制订压井方案并指导压井施工。21:00开始使用压裂车压回法压井，28日10:00压井成功。

29日　塔里木油田哈一联气系统扩建工程建成投产。项目主体于2021年8月26日开工建设，新建100万米³/日天然气处理装置1套、天然气压缩机厂房1座、脱硫泵房1座。工程提高天然气处理能力100万米³/日、碳酸盐岩原油处理能力105万吨/年，实现对富满油田玉科、满深、富源等区块天然气集中处理。

同日　哈得逊油田玉科区块碳酸盐岩油气藏开发地面工程——哈一联100万立方米天然气处理装置成功投产，天然气处理工艺再上新台阶。该项目主体于2021年8月26日开工建设，2022年5月13日完成交工验收。主要建设内容为新建1套100万米³/日的天然气处理装置、1座天然气压缩机厂房和1座脱硫泵房。

同日　乌恰县连日暴雨，部分山区出现严重积水及洪涝灾害，乌恰县黑孜苇乡康什维尔村3名人员被困在塔里木油田公司塔西南公司泽普油气开发部阿克采气作业区附近。收到求救信息后，阿克采气作业区迅速组织4名员工驱车赶往被困地点，历经两个小时20多千米的搜寻后，成功救出被困人员。

30日　塔里木油田公司部署在塔里木盆地北部坳陷阿满过渡带果勒东Ⅰ区的预探井满深71井对奥陶系一间房组—鹰山组7722—8492.2米井段裸眼常规测试，日产油725立方米、天然气63.25万立方米，测试结论为凝析气层，证实$F_1$19断裂带整体富含油气。这是继满深72井、满深8井后在满深区块的第三口千吨井。

同日　塔里木油田公司果勒东Ⅰ区奥陶系油藏试采地面工程1号计转站一次性投产成功。果勒东Ⅰ区奥陶系油藏试采地面工程是油田产能建设重点工程。工程将扩建满深5-H4集中试采点，新建一条20.5千米的沙漠道路，并伴行输气、输油管道各一条，同步建设若干配套辅助设施。1号计转站是该工程的核心建设项目之一。

31日　2022年度塔里木盆地库车—西南坳陷时频电磁项目较施工设计提前9天完成采集任务。该项目分柯克亚、牙哈、温宿—佳木、克深5—库北共4个子项目，工区东西横跨3个地区、5个县市，行程800千米，共部署测线9条，测线总长349.4千米，坐标点总数1893个；由东方物探公司综合物化探处723队承担。

5月底　塔里木油田公司勘探开发研究院科研人员分两个阶段完成"十横十纵"20条盆地级格架线，总长12151千米的采集处理方案，标志着塔里木油田盆地级地震地质综合研究格架网已基本完成部署。

本月　塔里木油田公司完成2022年春耕化肥捐赠任务，向南疆五地州及油田12个定点帮扶村捐赠春耕化肥3348吨。

6 月

1日　塔里木油田公司完成克轮输气管道清管作业，采取分段收液和隔离放空的方式，排液1900

立方米，回收1100立方米，为西气东输平稳供气赢得主动。

2日 塔里木油田沙漠公路零碳示范工程完工。工程1月9日开工建设，9月12日交工验收，总投资6035.9万元，新建光伏发电站及配套设施86座，满足"光伏发电+储能7小时"技术要求，为塔克拉玛干沙漠公路沿线86座水源井提供电源。从此，沙漠公路生态防护林浇灌由柴油发电提供动力的水源井全部实现由太阳能光伏发电所取代。

同日 塔里木油田南疆天然气利民管网正式向新疆拜城县察尔齐镇供气，日供气量约6万立方米，冬季高峰期日供气量8万立方米，让察尔齐镇的1500余户各族群众结束砍柴取暖做饭的历史。

6日 塔里木油田公司迪北2—康村三维地震采集项目开始鸣炮采集，部署满覆盖面积700平方千米。历时60天，完成60585炮，最高日效2022炮。

同日 塔里木油田公司油气数智中心完成数字档案馆系统的商业秘密安全保护内部测评工作，这是塔里木油田公司第一次组织商业秘密测评工作。

同日 塔里木油田公司举办研发中心暨保利·石油花园竣工交付仪式。巴州党委书记任广鹏，塔里木油田公司执行董事、党工委书记杨学文，塔里木油田公司总经理、党工委副书记沈复孝，中建三局西北分局副局长钱辉斌，保利发展控股公司新疆分公司总经理陈柏添出席交付仪式并向石油花园小区业主代表颁发不动产权证书，参观研发中心和保利·石油花园。塔里木油田公司领导田军、王清华、胥志雄、陈尚斌、何新兴、李亚英，副总师参加交付仪式或陪同参观。勘探开发研究院负责人代表研发中心入驻单位在交付仪式上发言。

同日 塔里木油田公司塔西南公司向10个涉油县市、天然气综合利用项目地方主管部门捐赠化肥200吨。

8日 塔里木油田公司组织召开2022年第四次圈闭审查会，审查通过14个圈闭。

同日 截至当日，塔里木油田克拉2-6井累计产气150亿立方米。该井日产气312万立方米，成为克拉2气田"六朵金花"中第4口累计产量超过150亿立方米的气井。

9日 塔里木油田公司果勒东I2号计转站投产，日处理原油450吨、天然气50万立方米。自此，果勒东I两座计转站每天减少原油拉运40车，实现天然气密闭回收。

10日 巴州和硕县人民政府与塔里木油田公司签订《关于新能源项目合作开发意向书》，双方就抽水蓄能电站、风电光伏项目和新沛220千伏变电站及配套电力线路3个方面开展合作。

11日 塔里木油田富源302-H8井在奥陶系一间房组测试防喷获高产油气流。日产原油222立方米、气5.2万立方米。

13日 塔里木油田公司油气数智中心向莎车县乌达力克镇中心小学捐赠电脑及打印机60台（套），并收到回赠的锦旗"心系公益怀社会责任、情系杏坛育祖国新苗"。

14日 塔里木油田公司富源3-H2井7290.27—7652.28米井段防喷测试后试获高产油气流，折日产油168.6立方米、气841178立方米，进一步提高$F_1$16断裂带储量控制。

同日 塔里木油田公司党工委发布《关于开展两级机关形式主义官僚主义典型"五种干部"排查整改工作的通知》，即被动式执行、机械式执行、选择式执行、变通式执行、乖巧式执行，要求各单位（部门）对照画像，认真组织两级机关三级副以上干部开展排查整改工作，推动领导干部作风转变。

14—15日 塔里木油田公司执行董事、党工委书记杨学文到克探1井和克拉、迪那油气开发部生产一线调研，详细了解生产经营、安全环保、青年培养、员工健康、数字化建设、一线员工办公住宿等情况，看望慰问一线干部员工，听取工作情况介绍，与员工座谈交流，协调解决问题，对下一步工作提出具体要求。

15日 塔里木油田公司首台消防模拟逃生通道采购到位，落户应急中心。

16日 塔里木油田公司在库尔勒召开青年精神素养提升工程启动会暨第九届"十大杰出青年"表彰大会。党工委副书记、工会主席田军出席会议并讲授主题团课。甲乙方各单位党组织书记、团组织书记，青年工作负责人，机关处室及各单位青年代表参加会议。

17日 塔里木油田公司副总经理胥志雄组织召开实验室建设项目可行性论证会（勘探开发专业），企业首席技术专家杨海军、汪如军、潘昭才出席会议，相关机关部门、二级单位领导及专家参加会议。以塔里木油田公司领导为组长共20名专家组成的专家组，对勘探开发实验平台建设进行论证，并对下一步工作提出具体要求。

17—23日　集团公司党组宣传部联合央视"直播中国"栏目和国务院国资委新闻中心，由塔里木油田公司党工委具体实施，面向全国开展连续7天不间断的"零碳挺进沙漠"慢直播活动。此次慢直播由央视"直播中国"及"国资小新"视频号、中国石油微信视频号直播，直播视频同时被中新社新疆分社、《环球时报》等20多家媒体转发，累计观看人数突破1000万次。

20日　塔里木油田公司召开干部大会，收看集团公司党组宣布关于塔里木油田公司等7家油气田企业领导班子调整决定视频会，集团公司党组组织部宣布任免文件，沈复孝任塔里木油田公司执行董事、党工委书记和新疆塔里木石油勘探开发指挥部有限公司执行董事、总经理，免去其塔里木油田公司总经理职务。王清华任塔里木油田公司总经理、党工委副书记，免去其塔里木油田公司总地质师职务。杨学文不再担任塔里木油田公司执行董事、党工委书记和新疆塔里木石油勘探开发指挥部有限公司执行董事、总经理，退休。

同日　库车山前突发雷电大暴雨天气，塔里木油田公司克深天然气处理站注油注醇泵、空压机等设备因晃电故障停运，经半小时紧张有序的抢险操作，装置平稳、生产有序。

同日　塔里木油田公司组织开展"喜迎二十大、金句展风采"格言金句征集评选活动，共收到格言金句367条。评选出一等奖18条、二等奖18条、三等奖12条，用有温度有格局有分量的格言金句献礼党的二十大。

6月下旬　塔里木油田公司在塔里木盆地西北缘柯坪地区部署的探井坪探1井钻至奥陶系萨尔干组，发现一套黑色泥岩。取样分析后评价为优质烃源岩，这是塔里木油田首次在井下获奥陶系优质烃源岩。

21日　塔里木油田公司冬季天然气保供重点项目大北201集气站—大北处理站集输管线工程建成投产，实现大北201区块与克深处理厂互连互通，释放博孜—大北区块天然气产能30万米^3/日。

同日　塔里木油田公司举办"奋进新征程，建功新时代，喜迎二十大"学习贯彻习近平新时代中国特色社会主义思想成果交流会，同步举行"中国石油塔里木油田开放日"活动。甲乙方干部员工代表、社会公众代表500余人现场参加。

22日　2022年度半年SEC储量自评估方案股份公司审查会议以视频方式召开。塔里木油田公司2022年度半年SEC油气证实储量自评估工作通过股份公司项目组自评估审查。

同日　塔里木油田柯克亚储气库建设工程初步设计获股份公司勘探与生产分公司批复。

同日　塔里木油田公司油气工程研究院承担的"快速固化型高效压力容器内防腐涂料及施工技术研究"课题，在轮一联2号油气分离器顺利完成现场试验，固化速度从7天缩短至4天。

23日　塔里木油田公司组织召开实验室建设项目可行性论证会（工程技术专业），副总经理胥志雄、企业首席技术专家王春生、潘昭才出席会议，相关机关部门、二级单位领导及专家参加会议。以塔里木油田公司领导为组长共15名专家组成的专家组，对工程技术实验平台建设进行论证，并对下一步工作提出具体要求。会议对扩建岩石力学、钻完井液、固井水泥、管柱完整性、储层改造、污染监测6个实验室，提出2套建设方案，其中方案2拟购置设备18台（套），投资5780万元。专家组一致同意按方案2组织工程技术实验平台建设。

23—24日　塔里木油田公司组织开展首次HSE实用工具竞赛，采取知识问答、经验展示和现场实操相结合的方式，通过筛选，共21个单位25支队伍入围决赛。

24日　塔里木油田公司专题召开2022年井控警示教育大会，分析油田井控风险，明确重点工作。塔里木油田公司领导沈复孝、王清华、李亚林、王虎、陈尚斌、何新兴、刘强出席会议。油田公司企业首席技术专家王春生作题为《深刻汲取井喷教训，探索构建长效机制》主题报告。会议播放应急抢险警示教育片，展示油田典型井控事故案例。油气田产能建设事业部、博大油气开发部、西部钻探3家单位作表态发言。

同日　塔里木油田公司供电通信网及工控系统改造与完善工程正式开工建设，工程计划于10月下旬完工。工程建成后将实现场站生产区域视频采集全覆盖、"六遥"信息上传调度，使变电站具备无人值守的硬件条件，为变电系统运维模式转变提供必要条件。

同日　塔里木公安局举行侦查监督与协作配合办公室、塔里木公检法"一体化"涉案财物管理中心揭牌仪式。局党委委员、政治处主任林时江，库尔勒市人民检察院副检察长张琪，库尔勒市人民法院立案庭田龙及公检法相关人员出席仪式。

同日　集团公司印发《关于表彰中国石油天然气集团有限公司疫情管理先进集体和个人的通报》，塔里木油田公司维稳与矿区管理办公室辛剑被评为集团公司疫情管理先进个人。

26日　2022年度塔里木油田公司重点勘探项目"塔里木盆地西南坳陷乌恰构造带二维地震采集"项目完成资料采集。项目共部署地震测线4条，满覆盖长度136.6千米，总炮数7792炮。

同日　塔里木油田公司发布《关于进一步加强领导人员离开岗位或工作所在地请示报告的通知》。要求各单位领导人员因公因私离开岗位或工作所在地24小时及以上，因病住院、发生意外或其他不能在岗履职的情况，均属于请示报告范围。副总师以上领导因私请休假，因公离开库尔勒到探区外出差，以及其他不能正常在岗履职的，均需请示报告并规范请示报告程序。

同日　塔里木油田公司发布《关于进一步加强生产现场组织管理的通知》，要求在克拉、迪那、英买、塔中、哈得、东河、轮南油气开发部和巴州塔里木能源公司，将内设岗位划分为生产一线岗位、基地岗位。生产一线岗位包括领导班子、助理副总师、一级工程师，生产办公室、质量安全环保科、采油气工程部、地面工艺部、物资管理站。撤销其在基地的办公室，实行综合工时制，原则上连续工作21天、休7天。其他部门和岗位为基地岗位，其中党委副书记、工会主席、纪委书记、总地质师、总会计师和经理助理每年一线办公不少于100天。提倡采用线上视频方式开会、开展工作，无特殊原因不得要求生产一线人员返回基地参会。二级干部返回基地开会向塔里木油田公司主要领导报批。生产一线人员休息休假期间，原则上不安排工作任务。

同日　塔里木油田公司组织游泳协会参加2022年库尔勒市"梨城铁人杯"游泳比赛，获冠军7个、亚军4个、季军2个。

27日　新疆维吾尔自治区党委常委、自治区副主席玉苏甫江·麦麦提来塔里木油田公司调研，详细了解上半年油田生产经营情况及勘探开发、科技攻关、油地共建等有关工作，并对油田近年来取得的显著成果给予充分肯定，同时强调要立足新疆能源资源优势，进一步加大油气勘探开发力度，推动绿色低碳转型，加强科技攻关，为新疆经济社会发展再立新功。塔里木油田公司执行董事、党工委书记沈复孝，总经理、党工委副书记王清华陪同调研。

同日　塔里木油田公司乌什西二维地震采集项目完成野外采集。项目部署二维时频电磁测线5条，总长度197.42千米，总物理点30165个，由东方物探公司新疆物化处2134队承担野外采集任务。

27日—7月9日　股份公司勘探与生产分公司陆上石油天然气安全风险深度评估组一行22人，对塔里木油田公司20座重点站场和102个重点井场进行评估。

29日　塔里木油田公司在库尔勒召开2022年上半年QHSE委员会会议，总结上半年重点工作，安排部署下一步重点任务。执行董事、党工委书记沈复孝出席会议并强调，提高政治站位、强化责任担当，坚决守住红线底线，为完成全年生产经营任务保驾护航，以优异的成绩迎接党的二十大胜利召开。塔里木油田公司总经理、党工委副书记王清华，塔里木油田公司领导田军、李亚林、王虎、陈尚斌、何新兴、刘强出席会议。会议听取工程技术、地面及设备物资领域安全生产大检查情况总结汇报，通报QHSE绩效考评情况、承包商不复工资质资格核查工作和上半年承包商综合考评情况，审议相关议题。

同日　塔里木油田公司托探1井、雄探1井、群探1井3口风险勘探井位通过股份公司终审论证。

同日　塔里木油田公司召开2022年第五次圈闭审查会，通过4个圈闭。

29—30日　塔里木油田公司克深5公寓、热普公寓相继投用，油气田产能建设事业部、勘探事业部、博大油气开发部、东河油气开发部531名甲乙方员工入住。

30日　塔里木油田公司2022年第一期"地质大讲堂"开讲，总经理、党工委副书记王清华讲授第一课《塔里木油田超深勘探实践及成效》。资源勘查部、油气开发部、工程技术部、勘探开发研究院、勘探事业部、油气田产能建设事业部、物探分院等单位200余人线上或线下听取讲座。

本月　塔里木油田公司将每年6月定为"井控警示月"并组织开展活动。油田主要领导带队，甲乙方48家单位、1148人赴警示教育基地开展井控警示教育；各单位井控第一责任人组织开展案例宣讲和工作反思会184场、4538人参加；开设井控系列讲堂4场，甲乙方井控相关管理和技术人员793人参培；6月24日，组织召开塔里木油田公司2022年井控警示教育大会。

本月　塔里木油田公司油气工程研究院成功研发抗压75兆帕钻井液用高强度空心玻璃微珠,完成工业化生产,解决富满油田超深碳酸盐岩储层严重漏失问题,提高水平段延伸能力。

7 月

1日　《新疆塔里木盆地大北14气田油气开采项目开发利用方案》《新疆塔里木盆地迪那气田油气开采开发利用方案》通过国家自然资源部审查。

同日　塔里木油田公司召开质量提升行动安排部署会,总结质量管理工作成果,剖析存在问题,部署下一步工作。执行董事、党工委书记沈复孝出席会议,塔里木油田公司领导王虎、陈尚斌、何新兴出席会议。质量安全环保处汇报2022年质量提升行动总体方案,工程技术处、地面工程处和设备物资处汇报专项方案,监督中心和实验检测研究院汇报实施方案,与会人员进行讨论。

2日　塔里木油田公司在哈得4-H94井开展哈得逊油田东河砂岩油藏注天然气先导试验,对哈得逊油田今后的开发调整有重大的指导意义。

5日　塔里木油田公司成功获喀什地区110万千瓦配套储能市场化光伏指标,成为集团公司首家实施配套储能光伏发电项目的企业。

同日　塔里木油田公司召开党工委书记讲党课暨提升基层党建工作质量推进会,执行董事、党工委书记沈复孝讲授《深入贯彻习近平新时代国有企业党建思想,以高质量党建引领保障世界一流大油气田建设》专题党课。塔里木油田公司领导王清华、田军、李亚林、王虎、胥志雄、陈尚斌、何新兴、李亚英、刘强出席会议。沈复孝、王清华分别为第二批5个基层党建示范点、5个"三星级"标准化党支部代表授牌。会议以视频及网络电视直播形式召开。企业首席技术专家、总经理助理、副总师,副处级及以上党员领导干部,党工委油服成员单位党政正职在主会场参加会议。各二级单位、前线各作业区甲乙方党员干部分别在136个分会场收看直播。

8日　自然资源部党组成员,中国地质调查局局长、党组书记,中国地质科学院院长钟自然一行到塔里木油田调研,看望慰问甲乙方干部员工,了解油田勘探开发、新能源新业务发展情况。自然资源部、中国地质调查局有关负责人,新疆维吾尔自治区有关厅局和巴州人民政府主要负责人陪同调研。

同日　塔里木油田公司富满地区零散气回收工程满深5-4回收站开始进行单体调试和氮气置换,这座回收站是富满地区规模最大的零散气回收站,投产后每天可回收零散气100万立方米。

同日　塔里木油田公司物资采办事业部落实海关总署相关政策,完成油田首单进口物资关税减让3.78万元,为塔里木油田公司提质增效再拓渠道。

10日　塔里木油田公司玉东6增压站一次性投产成功。

11—12日　塔里木油田公司塔河南岸获两口百吨井。哈得32-H7井对目的层一间房及鹰山组7267—8027米井段测试,折日产油260立方米、气3.7万立方米。富源302-H4井对目的层一间房组7566—7802米井段测试,折日产油252立方米、气7.6万立方米。

12日　塔里木油田公司与巴州人民政府签订"沙戈荒"新能源基地建设战略合作框架协议,协议支持塔里木油田在尉犁县建设50万千瓦光伏产业基地,在巴州地区建设500万千瓦新能源基地。

13日　塔里木油田公司桑塔6-1JS井在奥陶系鹰山组5315—5320米井段获高产工业油气流,折日产油21.2立方米、气7.8万立方米。该井使用XJ850修井机实施6000米内加深、侧钻试验获成功,作业成本约1200万元,较使用传统钻机作业节约成本30%。

14日　塔里木油田公司印发《塔里木油田公司工资总额管理办法》,深化企业内部分配制度改革,对各单位全面推行工资总额管理,赋予各单位薪酬分配自主权。

同日　塔里木油田公司塔西南公司获全国石油职工第二届广播体操网络公开赛混合团体组一等奖,另一支参赛队伍获混合创编组二等奖。塔里木油田公司获优秀组织奖、最佳人气奖,塔西南公司陈长江、哈得油气开发部古丽巴哈·木沙获优秀个人荣誉。

15—18日　塔里木油田公司数字化运维6名选手到长庆油田参加第四届全国油气开发专业职业技能竞赛暨中国石油首届技术技能大赛。获个人银牌1枚、铜牌2枚及优秀组织奖。

18日　塔里木油田公司部署在塔里木盆地北部坳陷阿满过渡带富满油田$F_1$16断裂带南部的评价井富源304H井在奥陶系一间房组—鹰山组7744—8072.67米井段酸压测试,折日产油383立方米、天然气12.38万立方米。

同日　塔里木油田公司党工委召开常委会（扩大），落实"第一议题"制度，传达学习贯彻习近平总书记到新疆考察调研时的重要讲话精神，各单位掀起学习宣传贯彻热潮。

同日　塔里木油田公司印发《关于印发塔里木油田公司机关改革方案的通知》，规范现代"油公司"体制下的机构及岗位名称，推进质量安全环保处、审计处大部制改革、扁平化管理，取消内部科室设置，实施岗位管理。印发《关于印发塔里木油田公司新型采油气管理区改革方案的通知》，规范现代"油公司"体制下油气开发生产单位名称，各油气开发部更名为相应的采油气管理区，东河油气开发部试点先行，组织机构设置为"三办八中心"。印发《关于印发塔里木油田公司深化后勤业务改革方案的通知》，成立公用事业部；新闻文化中心更名为融媒体中心；撤销行政事务部、公共事务部机构编制。

19日　塔里木油田公司与阿克苏地区政府签订《战略合作框架协议》《"沙戈荒"新能源基地建设战略合作框架协议》，协议支持塔里木油田公司率先在拜城县、沙雅县分别打造50万千瓦光伏基地，"十四五"期间共同建设200万千瓦以上规模的"沙戈荒"新能源基地。

同日　宝石花物业塔里木公司被新疆维吾尔自治区民族事务委员会命名为2022年新疆维吾尔自治区民族团结进步示范单位，是新疆维吾尔自治区本年度获此荣誉的唯一一家中央驻疆企业。

同日　塔里木油田公司启动首届盆地基础研究青年论坛。此次论坛以"叠合复合盆地沉积储层研究进展与存在的问题"为主题，来自塔里木油田公司和战略联盟单位12人参赛，评选出"论坛之星"1名。

同日　王裕海烈士安葬仪式在库尔勒市烈士陵园举行。

23日　塔里木油田公司参赛选手在第四届全国油气开发专业职业技能竞赛暨中国石油首届技术技能大赛中获消防战斗员个人竞赛项目银牌2枚、铜牌1枚。应急中心王永亮获银牌，塔西南公司努尔艾力·艾散获银牌，依力夏提·依明获铜牌。

同日　塔里木油田公司东河采油气管理区生产办公室与应急中心轮南消防站驻哈拉哈塘执勤点，合力扑灭一起农户民房着火事件。

25日　塔里木油田博孜—大北100亿立方米产能建设工程正式开工。该工程是新疆维吾尔自治区和集团公司2022年重点产能建设项目，工程总投资32.18亿元，新建博孜天然气处理厂1座，处理能力2000万米^3/日，新建天然气外输管线150.8千米，凝析油外输管线243.1千米，新部署井位54口，新建产能天然气50.92亿米^3/年、凝析油61.5万吨/年。

同日　塔里木油田公司自主研发的球形储罐智能安全监测与风险评价系统在塔里木能源公司天然气乙烷回收厂投产运行，可实时监测泄漏、声发射等8项状态参数，是国内监测指标最全面、分析算法最先进的系统。

25日—8月8日　国家公安部组织开展2022年度网络安全实战攻防演习，塔里木油田公司取得了"0"失陷的成绩。

26日　塔里木油田公司召开重点供应商廉洁座谈会暨违规吃喝治理专题座谈会，宣贯有关规定和要求，通报典型案例，围绕违规吃喝治理、甲乙方廉洁共建等主题开展座谈交流。

27日　塔里木油田公司部署在塔里木盆地北部坳陷阿满过渡带富满油田F$_{\rm II}$17–1断裂带的评价井满深505井在奥陶系一间房组—鹰山组7675—8143米井段酸压测试，折日产油353立方米、天然气16.83万立方米。

28日　塔里木油田公司以视频形式召开2022年警示教育大会，学习贯彻习近平总书记关于全面从严治党的重要论述，落实自治区党委、集团公司党组党风廉政建设和反腐败工作部署通报典型案例，观看警示教育片，安排部署下一步重点任务。塔里木油田公司领导沈复孝、王清华、田军、胥志雄、陈尚斌、何新兴、李亚英，油田公司企业首席技术专家、总经理助理、副总师，三级正及以上领导干部、二级工程师及以上专业技术人员分别在主、分会场参加会议。

同日　塔里木油田公司与海峡能源有限公司签订战略联盟合作协议，并举办座谈会。执行董事、党工委书记沈复孝，海峡能源有限公司总裁刘自强出席座谈会。海峡能源有限公司副总裁李冰南，塔里木油田公司副总经理胥志雄出席会议并代表双方签订战略联盟合作协议。

同日　塔里木油田公司《钻完井工程常用技术参数手册》(第一版)正式发布，该手册数据齐全、便于携带，可随时随地查询油套管、工具参数等。

同日　塔里木油田公司哈得32–H5井成功试获

高产,折日产油304立方米、气4.7万立方米。

29日　集团公司首台井口光电一体化加热炉在塔里木油田公司轮南39-2井一次试运成功。井口光电一体化加热炉光电贡献率100%,年均可减少碳排放113吨,相当于在沙漠地带种植6200棵树。

同日　塔里木油田公司印发《关于成立塔里木油田公司阿克苏指挥部的通知》,成立阿克苏指挥部。

同日　集团公司首台井口光电一体化加热炉在塔里木油田轮南39-2井试运成功。

29日—8月5日　塔里木油田公司参赛选手在集团公司首届技术技能大赛油藏动态分析比赛中获个人金牌2枚、银牌2枚、铜牌4枚,团体金牌1枚、银牌1枚、一等奖1个,并获优秀组织奖。

31日　塔里木油田公司技术专著《哈得逊油田超深超薄砂岩油藏高效开发技术》由石油工业出版社出版发行。专著由周代余、王陶担任副主编,开发所30名专家参与编写。

本月　塔里木油田公司勘探事业部在克探1井创新使用钻井液自研井筒强化技术,解决四开白垩系易发生井漏、卡钻等事故复杂难题,在克拉2区域同层位首次实现0漏失,钻井周期同比下降63.54%,钻井费用节约339.3万元。

本月　塔里木油田公司勘探开发研究院发布基础地质研究系列工作法,包括沉积演化研究、地震地质统层、构造平衡剖面制作、烃源岩评价、油气藏演化研究等8个方面内容,简明扼要、流程详实、易于操作。

8 月

1日　塔里木油田公司召开油气生产能力提升行动工作推进会,强调要进一步统一思想认识,正确处理好四个关系,全面抓好四个统筹,发现突出问题,对重点工作进行再部署、再落实,确保平稳有序实现全年油气生产能力提升目标。总经理、党工委副书记王清华主持会议,副总经理何新兴出席会议。会议以视频方式召开,企业首席技术专家、总经理助理,相关部门和单位负责人及总地质师在主、分会场参加会议。

1—5日　塔里木油田公司党工委在中央党校举办为期5天的党委书记培训班。特邀中央党校教授授课,重点培训习近平总书记重要论述、新发展理念、党委会的工作方法等内容,甲乙方共49名党务工作者参加培训。

3日　新疆维吾尔自治区党委常委、自治区副主席玉苏甫江·麦麦提在巴州组织召开座谈会,就深入学习贯彻习近平总书记在新疆考察时的重要讲话精神,落实好石油石化企业座谈会工作要求、加快新疆油气产业高质量发展进行专题调研,听取塔里木油田公司工作汇报,协调解决存在的困难和问题。巴州党委副书记、政府党组书记、州长巴图参加调研,塔里木油田公司总经理、党工委副书记王清华作工作汇报。

4日　塔里木油田公司部署在塔里木盆地北部坳陷阿满过渡带富满油田富源Ⅲ区次级断裂组上的预探井富源6井在奥陶系一间房组7595.0—7736.5米井段常规测试,折日产油554立方米、天然气532176立方米。定产结论为油层,新发现一组次级断裂,证实次级断裂储层发育、油气富集。

5日　塔里木油田公司迪北2—康村三维地震采集项目完工,部署满覆盖面积700平方千米,由东方物探西南分公司山地一队承担;三维采集历时60天,完成60585炮,设计工作量完成率100%,平均日效1010炮,最高日效2022炮,较相邻工区效率提高50%,创高难山地三维项目高效采集纪录。

同日　塔里木油田公司轮南2井申报新疆工业文化遗产。

5—25日　塔里木油田公司油气生产技术部采用无人机对31条1330多千米开展电力线路巡检和廊道巡视,有效弥补人工巡检的短板,提升电力线路稳定运行的能力。

7日　塔里木油田公司公用事业部揭牌成立,为塔里木油田公司矿区业务归口管理和后勤服务部门,整合维稳与矿区管理办公室矿区管理职能和行政事务部全部业务,新闻文化中心文体业务、公共事务部离退休业务、房产及卫计业务,轮南工业区、大二线工业园区相关业务。

8日　塔里木油田公司凝析油储运系统完善工程轮南储运中心罐前阀组动火连头作业完成,连通新建9万立方米储罐与站内原有34万立方米储罐,进一步提高油库抗风险能力。

9日　塔里木油田部署在塔里木盆地库车坳陷克拉苏构造带拜城断裂带大北4断块的评价井大北303JS井对白垩系巴什基奇克组8114.5—8196米井

段完井常规测试，折日产气159163立方米、水42立方米，结论为气水同层。通过大北303老井重新激活利用，扩大了大北4构造含油气规模，完成初步评价气藏西部的目的，成功实现区块快速评价和勘探开发一体化快速建产。该井利用大北303井老井眼加深钻探，较新井节约投资近亿元

同日　塔里木油田公司引进的梦境5G防爆AR智能头盔在应急中心试应用，该智能头盔使用"5G+AR"技术，实现员工在应急复杂场所下利用AR穿戴设备，支持全程语音操控，通过降噪麦克风和AI算法，在噪声环境下依然能够精准识别语音，应用于油气田应用场景、钻井现场应用场景、物探应用场景、管道应用场景。

10日　塔里木油田公司举办首届SEC增储挖潜专项劳动竞赛，勘探开发研究院、勘探事业部、油气田产能建设事业部及九大采油气管理区等12家单位46组选手参赛。勘探开发研究院李梅香等6人获个人组一等奖，英买采油气管理区陆爱林等12人获个人组二等奖，克拉采油气管理区谢伟等12人获个人组三等奖。勘探开发研究院等6家单位获集体奖。

15日　塔里木油田公司新版门户网站上线使用。本次网站改版在整体保持原有风格的基础上，整合新增栏目12个，开设宣传专栏16个，改版力度创近年之最。

16日　塔里木油田公司博孜106井在白垩系巴西改组7046—7063.5米井段完井常规测试，折日产气34272立方米、油2.4立方米。12月22日14:00—18:00，日产油66.8立方米、气423720立方米，测试结论为凝析气层，标志着博孜1构造区已探明区外围评价全部获成功，博孜1构造区含气规模区进一步落实。

17—18日　塔里木油田公司克拉采油气管理区成功应对库车山前洪水袭击。

19日　塔里木油田公司应急中心牙哈消防站接到警情：库车市二八台镇705基地河道一辆半挂车（罐车）冲入河道侧翻，造成驾驶员被困。牙哈消防站执勤站长刘贺军立即带领2车12人赶到现场组织实施救援，成功救出被困驾驶员。

20日　塔里木油田公司勘探开发研究院油气藏评价所所长张银涛获中国地质学会第十八届青年地质科技奖——银锤奖，成为继江同文、王清华、杨海军之后，油田公司第六位获此项殊荣的优秀青年地质科技工作者。

21日　截至当日，塔里木油田公司轻烃与乙烷回收装置累计生产石油液体突破300万吨，日产乙烷2309吨、轻烃286吨、液化气1068吨。

22日　塔里木油田公司以视频形式召开2022年科学技术委员会（扩大）会议，塔里木油田公司领导沈复孝、王清华、田军、李亚林、胥志雄、陈尚斌、何新兴、李亚英、刘强出席会议。科技管理部汇报2022年上半年科技工作。会议审定《关于调整油田公司科学技术委员会相关分委会及成员的请示》《中国石油超深层复杂油气藏勘探开发技术研发中心运行方案》《中国石油超深层复杂油气藏勘探开发技术研发中心揭牌仪式、第一届技术委员会会议暨高端技术论坛筹备方案》以及塔里木油田公司科技管理4项制度等议题。企业首席技术专家、总经理助理、副总师，相关部门和单位的负责人分别在主、分会场参加会议。

同日　塔里木油田公司召开保密委员会（扩大）会议，学习贯彻习近平总书记重要讲话和重要指示批示精神，全面落实上级保密部门和塔里木油田公司党工委关于保密工作的部署要求，全面总结2022年以来的保密工作，安排部署下一步重点任务。副总经理、保密委员会主任李亚林出席会议。会议审议塔里木油田公司保密委员会成员调整方案和保密委员会工作规则，传达上级通报，报告塔里木油田公司2022年保密工作情况。塔里木油田公司总经理助理、机关职能部门、直属机构、新能源事业部、数字与信息化管理部负责人参加会议。

23日　塔里木油田部署在塔里木盆地北部坳陷富满油田F_117断裂带的评价井满深172H井在奥陶系鹰山组7439—7893米井段常规测试，日产油79吨、天然气14万立方米，为塔中地区增储上产提供新方向。

同日　由第三方机构组织学术届和产业界相关专家，对塔里木油田公司自主研发的科技成果"超深油气藏断裂地质力学建模技术创新与工业化"进行鉴定，评价委员会听取项目完成单位汇报，审阅相关技术资料，经质询讨论，一致认为，该成果整体达到国际领先水平，一致同意通过成果评价。

同日　塔里木油田首套挥发性有机物（vocs）环保治理关键装置——烃蒸气回收装置，在英买采油气管理区英买处理站一次性投运成功。

24日　全国创建青年文明号组委会办公室对青年文明号星级认定工作进行通报，塔里木油田公司哈得采油气管理区跃满采油作业区被认定为"一星级全国青年文明号"。

同日　西部钻探巴州分公司90019队承钻的集团公司重点探井宿探1井将套管下入到位，创365.12毫米尺寸套管下入深度（4665米）和悬重（520吨）两项纪录。

25日　塔里木油田公司组织召开塔里木油田首次地质工程一体化推进会，总经理王清华出席会议。

同日　塔里木油田公司首口实现光伏发电完全替代柴油发电的沙漠偏远单井玛东3井光伏替代项目投运成功，首次应用塔里木油田公司张明工作室创新成果"新能源变频交直流混合微网供电"专有技术，对井场工艺设备、辅助设备、生活等负荷分级优化，年发电量65万千瓦·时，节约标准煤约140吨，减少排放二氧化碳约370吨，相当于在沙漠种植27000棵树。6月20日，玛东3井光伏替代项目开工建设，是塔里木油田公司首口实现"零碳绿电搞生产"的沙漠单井。

26日　中国石油超深层复杂油气藏勘探开发技术研发中心办公室成立，与塔里木油田公司科技管理部合署办公。

同日　塔里木油田公司哈得采油气管理区在满深5-H11井首次试验成功高泵压正挤原油解堵新工艺，相比以往"地面队+特种大尺寸连续油管螺杆钻"解堵方式节约作业费95万元，创塔里木油田公司挤原油解堵施工最高泵压82兆帕新纪录。

同日　中国质量认证中心经过审核评审，宝石花物业管理有限公司巴州分公司获"食品安全管理体系认证书"。

30—31日　塔里木油田公司党工委组织部组织41家单位党委（总支）召开基层党建有关事项调研会，围绕党支部设置、联合党建和基层基础管理等方面进行研讨，提出存在问题和意见建议，为下一步制定针对性改进措施提供基础支撑。

31日　股份公司组织塔里木油田公司富满油田探明储量审查会，会议审查通过塔里木油田公司申报的富满油田满深5井、果勒3井、富源3井和富源303H井等4个区块的新增石油探明储量。

同日　塔里木油田公司工会组织召开首次线上创新成果交流会，加强基层创新成果推广应用，激发职工创新工作室创新活力和基层干部员工首创精神。

同日　经过中国质量认证中心审核，宝石花物业塔里木油田地区公司通过"食品安全管理体系认证"。

9 月

1日　塔里木油田公司启动2023年毕业生秋季线上招聘工作，9月在73所院校发布招聘信息，组织校园宣讲18场、3860余人次，线上宣讲石油地质类院校9所，"985""211"和双一流院校50余所。

同日　由塔里木油田公司牵头制定的《高温高压及高含硫井完整性技术规范》（Q/SY 01037—2022）正式实施，成为国内首个高温高压及高含硫井完整性技术行业标准。

2日　塔里木油田公司印发《关于成立中共塔里木油田分公司工作委员会党校的通知》，成立中共塔里木油田分公司工作委员会党校。14日，党校第一期培训班开班，来自油田甲乙方各单位党支部书记、副书记共230人参加线上学习培训。

同日　塔里木油田公司克探1井完成取心任务，取心井段5048.78—5057.28米，收获率99.9%，创克拉区块最深井段取心纪录。

5日　塔里木油田公司满深506井日产油194.4吨、气5.84万立方米，这是$F_1$17断裂带2022年获得的第19口高产井。

5—11日　塔里木油田公司开展"国家网络安全宣传周"系列活动，发现并修复信息资产高危漏洞2052个，整改弱口令334个，处理终端感染恶意代码事件165起。

6日　塔里木油田公司参加集团首届数据仓库建模大赛，经济责任审计风险分析模型获团体组三等奖，生产用车管理业务画像及分析模型获个人组二等奖。

7日　受塔里木河汛情影响，巴州轮台县草湖乡一牧民的800余只羊被困在天鹅湖中，塔里木油田公司生产运行部统筹协调轮南采油气管理区、应急中心、油气生产技术部，联合轮台县应急管理局、草湖乡政府、中国石化西北分公司，营救地方群众被洪水围困羊群，历时35小时，水上奔波400余千米，成功救出被洪水围困5天的800余只羊，挽回村民直接财产损失140余万元。

同日　塔里木油田公司新冠肺炎疫情管理工作领导小组发布《塔里木油田公司塔指小区疫情管理升级管理指南》，总结形成"十条硬措施"，为做好升级管理期间疫情管理工作提供科学精准指导。

同日　塔里木油田公司召开2022年第六次圈闭审查会，通过8个圈闭审查。

9日　塔里木油田公司东河采油气管理区哈15—23电泵井顺利投产，日产液163.38吨、油49.04吨，为哈拉哈塘运维中心稠油区的提采提液工作又迈进了一步。

同日　塔里木油田公司实验检测研究院自主研发的液化气样品进样降温管投入使用。该项创新成果保障液化石油气样品检测准确性，节省仪器购置成本15万元。

10日　塔里木油田部署在库车坳陷克拉苏构造带拜城断裂带博孜1号构造博孜24断块东翼的评价井博孜2401井在白垩系巴什基奇克组7228—7354米井段加砂压裂改造，日产气320788立方米、油35.5立方米；9月11日5:00—9:00，日产气347730立方米、油50.4立方米，结论为凝析气层。博孜2401井获高产工业油气流，扩大博孜1构造含油气规模，初步完成评价博孜1构造东部的钻探目的。

11日　塔里木油田公司以视频形式召开新能源工作推进会，听取绿色低碳转型、"沙戈荒"新能源基地建设、电气化率提升、天然气综合利用工程、CCUS-EOR先导试验等工作进展汇报，研究下一步重点工作。塔里木油田公司领导沈复爱、王清华、何新兴、刘强，企业首席技术专家、总经理助理，相关部门单位负责人分别在主、分会场参加会议。

同日　塔里木油田公司召开新能源工作推进会。会议强调，要聚焦"2540"双碳目标，按照集团公司"清洁替代、战略接替、绿色转型"三步走战略，一手抓绿色低碳转型（瘦身健体），一手抓"沙戈荒"新能源基地建设（清洁供能），加快打造绿色生产基地、综合能源企业。

12日　塔里木油田公司博孜304井在白垩系巴什基奇克组6323.5—6366米井段酸压改造，折日产气25880立方米、油23.8立方米。该井获工业油气流，完成评价博孜3构造的钻探目的，进一步夯实该气藏的储量基础，扩大克拉苏构造带博孜—大北地区油气勘探成果。

同日　塔里木油田公司发布《中国石油天然气集团有限公司超深层复杂油气藏勘探开发技术研发中心运行方案》，中国石油超深层复杂油气藏勘探开发技术研发中心正式启动运行。

同日　塔里木油田公司东河塘储气库方案批复以来投注的第一口注采井东河1-H14井。

13日　塔里木油田公司东河新垦9005井应用MPC技术成功切割6637米处油管。MPC技术首次在塔里木油田深井中成功应用。

同日　塔里木油田公司玉东1-B2井酸化获高产，日产油17.16立方米、气11.38万立方米。

14日　集团公司党组决定：王子云任塔里木油田公司党工委委员、常委、纪工委书记。免去何新兴的塔里木油田公司党工委常委、委员职务；免去李亚英的塔里木油田公司党工委常委、委员、纪工委书记职务，另有任用。股份公司决定：免去何新兴的塔里木油田公司副总经理职务，另有任用。

15日　塔里木油田公司"深层油气勘探开发创新创业与惠民帮困"项目作为集团公司唯一项目成功入选"全国大众创业万众创新活动周"。项目通过展示全国首条零碳沙漠公路、介绍科研人员攻克超深层勘探开发难题与现场品尝新疆特色农副产品等方式，体现了塔里木油田公司在保障国家能源安全、积极履行社会责任的使命担当。

17日　塔里木油田公司博孜1001井地质工程投资一体化方案通过塔里木油田公司审查。该井是塔里木油田公司地质工程投资一体化论证制度实施后首次论证并通过审查的单井项目，为精准控投、工程提速等精益管理提供详细、科学、全面的理论支撑及实践蓝本。

18日　塔里木油田公司金跃1-H13井防喷成功试获高产油气流，折日产油212立方米、气5.9万立方米。

19日　塔里木油田公司召开新冠肺炎疫情管理工作再安排再部署专题会议，贯彻落实国务院联防联控机制工作部署，学习新冠肺炎管理方案（第九版）精神，通报探区疫情管理情况，安排部署下一步重点工作。会议以视频形式召开。塔里木油田公司疫情管理工作领导小组办公室成员，6个专项工作组牵头部门和配合部门负责人、各二级单位及党工委成员单位疫情管理工作的主管领导和疫情管理工作管理人员在主、分会场参加会议。

20日　塔里木油田公司部署在塔里木盆地北部坳陷富满油田东部的预探井富东1井在奥陶系一间房组—鹰山组7925—8359.05米裸眼常规测试，折日产油21.4立方米、天然气40.5万立方米，测试结论为凝析气层。塔里木油田公司首次在富满主力产层之下获得新类型、新层系战略性突破，开辟一个新的油气接替领域。

同日　《人民日报》专版推出"中国石油塔里木油田推进高质量发展，建设世界一流企业"报道。

同日　塔里木油田公司工会开设24小时心理热线，为员工群众排忧解困。专班开通前线健康小屋视讯问诊、电话值班问诊、微信小程序3种健康咨询支持通道，开通线上就医问诊渠道。

同日　乌鲁木齐塔里木石油酒店业务正式退出，转型乌鲁木齐研发服务中心，挂牌中国石油超深油气勘探开发技术研发中心。

23日　塔里木油田公司克深1901井历时266天钻至完钻井深8110米，较设计周期提前50天，较克深区块8000米以上完钻井周期平均提速86.5%，刷新克深区块已完钻井的最深纪录。

24日　塔里木油田公司组建成立生活小区防疫物资保供专班，并同步制订专班工作方案。

26日　塔里木油田公司党校第三期培训班暨基层干部培训班（第二期）正式开班。本次培训特邀中央党校、中国石油党校等多位专家教授远程视频授课，塔里木油田公司三级正干部共169人通过"中油e学"线上参加培训。

同日　塔里木油田公司召开2022年第八次圈闭审查会，通过11个圈闭。

28日　塔里木油田公司满探1井、夏探1井、罗探1井共3口风险勘探井位通过股份公司终审论证。至此，2022年共8口风险探井通过股份公司审查，为塔里木油田公司历年来通过风险井位最多的一年。

29日　塔里木油田公司轮探1井作为深地油气报道唯一入选国务院国资委"坐标中国"报道，被全网广泛报道。

同日　塔里木油田公司轮古西奥陶系油藏注水提采地面工程主干线贯通投产，有效提高轮古西油田采收率，解决迪那采出水回注瓶颈。

同日　塔里木油田公司库尔勒输油末站改造工程完工。

30日　塔里木油田公司党工委常委、副总经理李亚林获2021年度孙越崎能源大奖。

同日　新疆维吾尔自治区印发《关于发挥表率作用，切实落实单位主体责任的通知》。要求各单位强化责任担当，履行新冠肺炎疫情管理主体责任，不强调单位特殊性，坚决服从属地管理。

10　月

1日　股份公司风险探井雄探1井完成开钻验收工作并鸣笛开钻。该井是部署在塔北隆起英买力低凸起喀拉玉尔滚构造带玉中1号构造上的一口风险探井，设计井深6860米，目的层为志留系柯坪塔格组、奥陶系一间房组—鹰山组，由川庆钻探新疆分公司90029队伍承钻。

同日　股份公司风险探井克探1井钻进至井深5250米完钻，创克拉区块最深完钻纪录。

同日　集团公司党组书记戴厚良到塔里木油田公司总值班室、智能运营中心检查国庆期间值班值守和安全生产工作情况，看望在岗干部员工，并与塔里木油田公司等生产企业值班领导视频连线，向节日期间坚守值班岗位和奋战在一线的干部员工表示慰问。

2日　塔里木油田公司发布关于建立"我为油田献一策"常态化工作机制的通知。

4—6日　塔里木油田公司物资采办事业部完成各单位前线、基地衬衣裤、冬装的分类、装箱。由大二线运往基地和各采油气管理区，完成新冠肺炎疫情消杀后送往各单位。

5日　部署在库车坳陷克拉苏构造带拜城断裂带博孜1号构造博孜24断块中部的评价井博孜2402井在白垩系巴西改组7425—7448米井段加砂压裂改造，折日产气249797立方米、油34.95立方米，结论为凝析气层，扩大博孜1构造巴西改组含油气规模，初步完成评价博孜1构造东部的钻探目的。

5—6日　塔里木油田公司以视频形式召开老油气田"压舱石工程"推进会，总经理、党工委副书记王清华，塔里木油田公司首席技术专家，各相关部门、二级单位相关领导、技术专家、员工代表参加会议。油气开发部、勘探开发研究院及九大采油气管理区围绕会议主题作13个专题汇报。

8日　塔里木油田公司油气工程研究院牵头研发完成"机采井电参智能分析余应用系统"，经测试准确率91%以上，填补深井塔架式抽油机井电参智能应用技术的行业空白。

9日　塔里木油田公司富满油田累计生产油气突破1000万吨，其中原油867万吨、天然气16亿立方米，相当于塔里木油田全年油气当量产量的三分之一，标志着我国超深层油气迈入规模开发新阶段。富满油田累计产量突破千万吨的消息在央视单日滚动播放24条(次)。

11日 塔里木油田公司召开2022年装置检修总结暨今冬明春天然气保供启动会，总结2022年设备、装置检修工作，表彰2022年装置检修先进集体及先进个人，对今冬明春天然气保供工作进行再动员再部署再安排。塔里木油田公司执行董事、党工委书记沈复孝，总经理、党工委副书记王清华，塔里木油田公司领导王虎、陈尚斌、刘强出席会议。副总经理刘强宣读《关于表彰2022年装置检修先进集体及先进个人的决定》，6家单位、35名个人分别获先进集体和先进个人荣誉。会议以视频形式召开。塔西南公司党委书记、经理王洪峰，油田企业首席技术专家、总经理助理，相关部门单位负责人分别在主、分会场参加会议。

14日 "非凡十年·塔里木能源报国成就展"在塔里木油田公司门户网站正式开展，分9个部分168张照片，展现党的十八大以来塔里木油田公司取得的成就和责任担当。

同日 塔里木油田公司"喜迎二十大、金句展风采"格言金句评选完成，征集到31家单位367条作品，分9期在主页展播，评选出优秀作品50条。

15日 中央主流媒体集中报道塔里木油田公司超深层油气勘探情况，新华社党的二十大特别报道专题聚焦塔里木油田公司超深层勘探开发，并于党的二十大召开期间在人民大会堂滚动播放，累计观看量突破2亿人次。

同日 塔里木油田公司轮古西奥陶系油藏注水提采地面工程注水干线、支线建成投产。

16日 塔里木油田公司党工委理论学习中心组和甲乙方43个党委746个党支部，通过线上+线下收看等方式，组织甲乙方4.6万余名干部员工同步观看中国共产党第二十次全国代表大会开幕，实现甲方乙方、前线后方、边远井站、居家人员全覆盖。

21—23日 塔里木油田公司塔西南公司摸排生产一线20家单位棉衣、药品等需求，组织泽普石油基地1231名干部员工，捐赠冬工服997套、药品236盒、羽绒服、毛衣裤等其他防寒物资797件，保障前线温暖过冬。

21日 截至当日，塔里木油田公司轻烃回收与乙烷回收装置累计生产石油液体突破300万吨，达300.32万吨，累计处理天然气481.30亿立方米。塔里木凝析气轻烃回收装置自2017年8月30日投产以来，共生产轻烃28.05万吨、液化气132.67万吨；天然气乙烷回收装置于2021年8月16日投产，8月30日正式向独山子乙烯厂提供原料，共生产乙烷84.81万吨，轻烃9.87万吨，液化气44.92万吨。

23日 塔里木油田公司油气工程研究院牵头编制的《塔里木油田温室气体排放核算指南》正式发布。

24日 股份公司组织召开2022年新增石油天然气新增三级储量年审会，会议审查通过塔里木油田公司申报的22个区块的新增石油天然气储量，包括博孜24—博孜106、满深17、大宛齐3个新增探明石油天然气储量区块，满深7、富源3−H3、满深71、大北12−大北13、大北4、罗斯2共6个新增控制石油天然气储量区块，富源218、满深505、哈得30−H8、玉科7、富源6、满深8、富东1共7个新增预测石油天然气储量区块。

25日 塔里木油田公司召开2022年基层基础管理提升推进会，塔里木油田公司领导沈复孝、王清华、田军、李亚林、王虎、胥志雄、陈尚斌、刘强、王子云出席会议。企管法规部作塔里木油田公司基层基础管理提升实施方案汇报。塔中、哈得、泽普3个采油气管理区，油气田产能建设事业部塔中项目经理部，克拉采油气管理区克拉处理站、东河采油气管理区哈拉哈塘油气运维中心作典型经验现场交流。其他单位作书面交流。塔里木油田公司企业首席技术专家、总经理助理、副总师，相关部门、单位负责人及基层站队长参加会议。

同日 塔里木油田公司召开基层基础管理提升推进会。会议强调，要把抓基层打基础作为一项战略性工程，按照"一年固基础、两年上台阶、三年大提升"的总体目标，把握"先打基础、再精细、再精益"的原则，突出强化基层独立作战和机关服务保障，抓实抓细基层基础管理提升工作。

26日 塔里木油田公司博大采油气管理区承建的大北处理站重点提质工程第三套脱水脱烃装置新增卧式低温分离器工程和重点提能工程气田水处理扩建项目主体工程比计划提前5天投产，污水日处理能力从800吨提升至1900吨，为大北、克深老区稳产发挥巨大作用。

27日 塔里木油田公司油气工程研究院联合研发的"球形储罐在线状态监测与风险评价系统"完

成，承压设备多参数在线智能监测和综合安全状态实时评估系统首次在国内石油化工行业应用。

27—28日 塔里木油田公司4支队伍在2022年中国创新方法大赛新疆分赛总决赛获奖，其中"超深超高压垢堵气井提产稳产关键技术创新及规模化应用"项目获一等奖并晋级国家总决赛，在11月24—25日的项目展示中获国家优胜奖。

28日 塔里木油田公司博孜1集气站扩建天然气脱水站工程完工，比原计划提前2天。

同日 塔里木油田博孜综合公寓顺利封顶。该工程于9月5日开工，预计2023年8月30日前达到入住条件。

29日 塔里木油田公司位于库车坳陷克拉苏构造带博孜—大北区块的大北13井在白垩系巴什基奇克组5132—5261米井段常规测试，折日产气115450立方米、油2.4立方米，测试结论为凝析气层，进一步明确大北13号构造的含油气性，扩大克拉苏构造带博孜—大北地区油气勘探成果。

同日 北京卫视播出《老师请回答》为你点赞——"见证优秀共产党员榜样"首部大学生集体采访行动特别节目。2022年新入职员工杨焱、秦立峰在塔里木油田塔西南公司柯克亚处理站连线，鼓励所有石油学子到西部去、到基层去、到祖国最需要的地方，让青春在保障祖国能源安全的实践中绽放。

30日 物探处2170队承担的塔里木盆地西南坳陷乌依塔格三维项目完成采集任务。历时53天，完成井炮5030炮、可控震源24948炮采集任务，实现平均采集日效566炮，最高采集日效946炮。

同日 塔里木油田公司发布"揭榜挂帅"科技项目张榜公告，面向全行业招募科技领军人才和团队，集智攻关7个超深层勘探开发关键"卡脖子"难题，榜额近亿元。

31日 集团公司董事长戴厚良就驻疆企业应对新冠肺炎疫情和重点项目问题协调解决情况，作出批示"还是要把员工的身心健康放在首位，要认真贯彻'疫情要防住，经济要稳住，发展要安全'三件大事，一体化统筹推进，加强与地方党委政府的沟通，取得理解支持，确保大局稳定。"

同日 塔里木油田公司油气工程研究院提出的"地层+钻头+工具+参数"一体化提速措施在博孜19井盐上砾石层成功应用，平均机械钻速3.9米/时，较邻井提高30%。

本月 国产大通径可回收封隔器成功在塔里木油田公司大北13井、博孜304井现场试验成功，库车山前机械分层压裂实现"分三层+大通径+可回收+国产化"。

11 月

3日 集团公司总经理、党组副书记侯启军通过电话了解塔里木油田公司学习宣传贯彻党的二十大精神、今冬明春天然气保供、新冠肺炎疫情管理、勘探开发、安全生产等情况，并向甲乙方各族干部员工及家属，特别是奋战在防疫一线、科研生产一线的干部员工表示慰问。执行董事、党工委书记沈复孝代表塔里木油田公司汇报工作情况。

同日 塔里木油田公司颁发嘉奖令表彰消毒消杀工作队。

4日 塔里木油田公司参加集团公司2022年优秀审计论文评比，《以审计经验迭代传承为目标的审计查证指引编制研究》获一等奖，《石油企业内部审计对标实践探索》获三等奖。

5日 塔里木油田和田河气田开发调整地面工程3600千瓦光伏电站正式建成投运。该光伏发电站占地面积85亩，是塔里木油田目前最大的单体光伏电站，总装机容量3.6兆瓦，安装540瓦光伏板6708块，预计日均发电量1.5万千瓦·时，每年可提供535万千瓦·时的清洁电能，替代标准煤657吨，减少二氧化碳排放3568吨。

同日 塔里木油田公司召开第2022年九次圈闭审查会，5个圈闭通过审查。

7日 塔里木油田哈得逊运维中心新建塔河来水装车系统正式投运，日装水能力720立方米，满足哈得片区所有生活点用水需求。

同日 国家能源局下发《2022年能源领域标准制修订计划》，塔里木油田公司牵头申报的《高温高压及高含硫井完整性技术规范》正式通过立项审批，成为国内首个高温高压及高含硫井完整性技术行业标准。

8日 中国能源研究会发布奖励公告，塔里木油田公司油气工程研究院赵密锋获"中国能源研究会优秀青年能源科技工作者"称号。

9日 塔里木油田公司召开专题会议，贯彻落实集团公司学习贯彻党的二十大精神专题辅导报告会精神。会议强调，要把学习宣传贯彻党的二十大精神作为油田当前以及今后一个时期的首要政治任务，坚决完成全年生产经营任务。

10日　塔里木油田公司新冠肺炎疫情管理领导小组给予青年志愿服务队集体嘉奖。

11日　塔里木油田公司轮南油田轮南2井区CCUS-EOR先导试验方案通过股份公司审查，该方案是塔里木油田公司首个通过股份公司审查通过的CCUS-EOR试验方案。

同日　塔里木油田公司博孜—大北区块地面骨架工程外输管道提前投产。该管道全长43.2千米，射线检测焊口945道，一次合格率99.05%；全自动超声波检测焊口3249道，一次合格率97.63%。

12日　在第十七届中国青年科技奖颁奖仪式上，塔里木油田公司油气工程研究院院长刘洪涛获由中共中央组织部、人力资源和社会保障部、中国科协共同设立并组织评选的中国青年科技奖特别奖，成为新疆维吾尔自治区、塔里木油田公司首个获此奖项的科研人员，也是10名特别奖获得者中唯一来自央企的科研人员。

13日　塔里木油田公司克深10-1井未经储层改造试获高产工业气流，折日产气58.5万立方米，创克深10区块自然产能最高纪录。

14日　塔里木油田计量检定校准综合管理系统建成上线，该系统融合原系统中器具、人员管理两大模块，进一步开发实现自动化采集、线上委托检定和器具大数据全生命周期分析应用功能。

同日　塔里木油田公司发布《关于印发塔里木油田公司招标业务突出问题专项整治实施方案的通知》，防范化解招标投标领域存在的风险，完善招标制度规则，健全招标投标监管长效机制。

同日　塔里木油田公司发布嘉奖令，给予消毒消杀工作队集体通报嘉奖。

15日　截至当日，塔里木油田克拉2气田年产气突破50亿立方米。

16日　截至当日，塔里木油田公司英买力油气田累计油气当量产量突破4000万吨。

同日　塔里木油田公司博孜34井在白垩系巴什基奇克组6823.5—6880米井段酸压改造，折日产气12043立方米、油1.2立方米。该井获工业油气流，进一步明确博孜34号构造的含油气性，扩大克拉苏构造带博孜—大北地区油气勘探成果。

同日　塔里木油田公司博孜2401井成功投产，日产气30万立方米、油10吨。该井是博孜1号构造博孜24断块上的一口评价井。

16—18日　2022年油气田勘探与开发国际会议线上举行，塔里木油田公司协办并承担"深层、超深层油气藏勘探开发技术专题"的会议组织。此次会议录用塔里木油田公司报送论文33篇，其中宣讲17篇、获奖4篇。

17日　塔里木油田公司塔西南公司新购置的PCR方舱实验室，在塔西南医疗服务中心正式落地。

同日　塔里木油田公司秋里塔格构造带第一口水平井中秋103井完钻，完钻井深6848米，水平段长628米，钻遇优质储层巴二段段长约800米。该井的顺利完钻对进一步落实秋里塔格构造带油气潜力及中秋区块下部井位部署决策具有重大参考意义。

18日　塔里木油田公司重点探井坪探1井历时263天钻至4819米完钻。

同日　塔里木油田公司印发《中共塔里木油田分公司工作委员会联合党建工作实施办法》，进一步健全"党工委统一领导、党委区域协作、党支部联合共建"组织体系，建立7个党建协作区，明确联合共建组织形式、方式方法和运行机制，实现资源共享、优势互补、共同提高，切实以党建共建推动生产经营融合式一体化管理。

同日　渤海钻探库尔勒分公司100名疆外返岗员工包机抵达库尔勒，成为此次新冠肺炎疫情以来巴州地区第一家返疆复工单位。

19日　塔里木油田公司克拉处理站气田水到达克深16井，标志着克深8区块提采重大开发试验地面工程、克拉2气田开发调整地面工程及克深气田100亿立方米稳产优化地面工程"三大工程"输水骨架管网"自西向东"一次性投产成功。

同日　油田中秋西三维地震处理项目通过塔里木油田公司验收，标志着塔里木油田公司勘探史上首个"水陆空"采集地震处理项目完成。

20日　塔里木油田公司印发《塔里木油田公司创建法治建设示范企业实施方案》，按照"优化八个体系，提升八种能力"总体框架，明确23个方面100项具体工作任务。

同日　塔里木油田公司首台油井空气源热泵在英买采油气管理区玉东7-4-8H井一次试运成功。

同日　塔里木油田公司油气工程研究院牵头研发的"油气集输管道工艺适应性评价系统"上线试运行，系统包括8个指标。体系26项评价指标，涵盖6类管输材质、6类典型集输介质，具备数据管理、权重变更、适应性评价、结果管理等功能。

11月下旬 塔里木油田公司研发的基于岩性扫描资料的矿物含量电阻率反演方法获成功，在博孜—大北区块重点探井、评价井的测井解释符合率89.8%，同比提升6.6个百分点，为塔里木油田测井储层流体评价再添"利器"。

21日 塔里木油田公司举行学习贯彻党的二十大精神宣讲报告会，传达学习党的二十大精神，对学习宣传贯彻党的二十大精神进行再动员再部署。塔里木油田公司领导王清华、李亚林、王虎、胥志雄、陈尚斌、王子云出席。企业首席技术专家、总经理助理、副总师，机关各部门负责人，二级单位、党工委油服成员单位主要领导及分管生产安全、新冠肺炎疫情管理的班子成员参加报告会。

同日 2022年度中国石油和化学工业联合会科学技术奖公布，塔里木油田公司参与研发的"天然气驱油与地下储气库协同建设理论技术创新与工业化"成果获科技进步奖特等奖。

22日 塔里木油田公司塔中首口储气库先导试验井塔中4-C6-H1井开钻，该井位于塔中隆起塔中4号构造，旨在落实塔中402区块石炭系含砾砂岩段层系储气库单井周期注采能力，为下一步编制储气库方案提供依据。

同日 塔里木油田公司重点工程轮南油田低碳示范区建设工程螺旋地桩开始施工，标志着该低碳示范区工程建设全面展开。轮南油田低碳示范区建设项目是塔里木油田公司首个低碳示范工程。

同日 塔里木油田公司召开塔西南天然气处理总厂成立大会，并宣布干部任职决定。

同日 塔里木油田公司发布嘉奖令，分别给予五区生活便民超市、应急中心生活物资配送小队集体通报嘉奖。

23日 塔里木油田公司"金哨子"全员安全风险识别和隐患排查评选结果揭晓，共44个项目参评，"'三精三防'助力高压气井井口本质安全"等21个项目被评为"金哨子"。

24日 塔里木油田公司监督中心获2022年度中国石油井筒监督优秀成果一等奖1项，获优秀论文一等奖1项，二等奖4项，三等奖9项，并获"最佳组织奖"，在集团公司油气田企业中获奖数量和质量排第一。

25日 塔里木油田公司克探1井自然放喷获油气流，折日产气63827立方米。

同日 塔里木油田公司发布《塔里木油田公司"揭榜挂帅"科技项目张榜公告》，面向全球公开选聘7个"揭榜挂帅"科技项目挂帅人。

25日—12月16日 股份公司以视频方式召开2022年度SEC储量自评估结果审查会和第三方评估对接会，塔里木油田公司2022年度SEC油气证实储量自评估工作通过审查。

26日 塔里木油田公司为第一批宝石花医疗集团援疆医疗队送行。第一批医疗队一行22人于9月28日到库尔勒，连续开展核酸检测、线上指导培训、入户问诊就医、现场指导等工作。26日下午，负责接替工作的第二批宝石花援疆医疗队一行8人抵达库尔勒。

28日 塔里木油田公司召开高级职称评审会和正高级专业组评审推荐会，会议评审通过高级职称人员119人，推荐正高级职称评审人员17人（含绿色通道1人）。

同日 塔里木油田公司印发《关于印发塔里木油田关于建立服务型甲方诚信型乙方运行机制的指导意见（试行）的通知》，强化甲方服务评价和乙方诚信记分，并纳入考核考评兑现。同日，印发《关于印发塔里木油田关于完善从严承包商监管常态化机制、培育高质量战略合作伙伴的指导意见的通知》，细化完善承包商考评结果与招标选商挂钩规则，加大考评结果应用权重。

同日 塔里木油田公司油气工程研究院申报的"超深油井沥青堵塞防治技术研究"科技成果获集团公司青年创意比赛一等奖。

29日 塔里木油田公司油气工程研究院牵头制定的《气井解堵设计和效果评价技术规范》通过集团公司审查。

同日 塔里木油田公司"安眼工程"重要组成部分——远程监督可视化平台上线运行，标志着监督工作正式步入"数智监督"新局面。

同日 塔里木油田公司成立技师协会，召开技师协会成立暨首届理事大会。

30日 塔里木油田公司富满油田通过优化注采参数，扩大高压注水及井组注水规模的"一优两扩"工作，实现富满油田阶段累计注水101.8万立方米，产油30.42万吨，置换率0.30吨/米^3。标志着富满油田注水稳产跨入新高度。

同日 塔里木油田公司首台油井空气源热泵在玉东7-4-8H井试运成功，预计年均减少碳排放166吨。

12 月

1日 塔里木油田公司完成2022年基层站队QHSE标准化建设达标晋级验收。

同日 股份公司风险探井托探1井开钻。该井是塔里木油田公司近年组织实施的首口日费井，部署在塔里木盆地库车坳陷秋里塔格构造带佳木1号寒武系潜山构造，设计井深6180米，钻探目的是探索温宿—西秋迎烃面寒武系白云岩潜山勘探领域含油气性。

同日 塔里木油田公司勘探开发研究院张辉创新工作室被认定和命名为集团公司"劳模和工匠人才创新工作室"。

2日 塔里木油田公司党工委召开2022年度党委书记抓基层党建述职评议考核会，听取6家基层单位和3家党工委油服成员单位党委书记述职报告，并进行述职测评。与会领导、党的工作部门相关负责人分别就新时代坚持党工委统一领导，赋予"两新两高"新内涵，发扬"五湖四海"精神；统筹新冠肺炎疫情管理、安全生产、冬季保供三件大事；加强干部队伍建设和年轻干部培养；找准并有效管理廉洁风险隐患；弘扬石油精神和塔里木精神等向述职书记提问。党工委书记、执行董事沈复孝，党工委副书记、总经理王清华，党工委副书记、工会主席田军出席会议。

同日 塔里木油田公司召开2022年第十次圈闭审查会，6个圈闭通过审查。

5日 塔里木油田富满油田主力单元跃满区块核实累计产油量302万吨，成为富满油田首个核实累计产油量突破300万吨的区块。

同日 截至当日，塔里木油田东河1石炭系油藏累计注气突破10亿立方米，存气5.6亿立方米，增油53.41万吨，采收率持续提升。

6日 塔里木油田公司部署在塔里木盆地库车坳陷克拉苏构造带的风险探井克探1风险探井在新层系白垩系亚格列木组5096—5220米完井测试获高产油气流，加砂压裂后，日产气52.7万立方米，证实克拉苏构造带立体成藏模式，为克拉苏构造带的油气勘探和整体评价打开突破口。

同日 塔里木油田富源210-H12井通过异步注采手段成功复产，标志着富源210断裂带异步注采试验成功有效，为碳酸盐岩井组水窜治理提供新疗法。

同日 新疆维吾尔自治区科技厅、人社厅和科协联合发布《关于第十六届自治区自然科学优秀学术论文奖的通知》，塔里木油田公司推荐的4篇科技论文获奖，其中《致密砂岩储层构型特征及评价——以库车前陆盆地迪北地区侏罗系阿合组为例》《固体防蜡剂在库车超深高压含蜡致密凝析气藏压裂中的试验》获一等奖。

7日 塔里木油田公司科技成果"超深气井化学高效解堵技术解决西气东输主力气井'血栓'难题"获集团公司青年科技创意比赛一等奖。比赛由共青团中央和人力资源社会保障部主办，中国核工业集团有限公司承办。该成果针对天然气井结垢堵塞导致产量降低的生产问题，历经4年研究与实践，创新形成超深气井化学高效解堵技术，包括结垢堵塞机理1项理论突破和化学解堵技术1项技术创新，已授权7件发明专利，构建了知识产权群，近5年在西气东输主力气田规模应用120余井次，累计增产天然气74.89亿立方米、凝析油39.7万吨。

同日 塔里木油田公司哈得32—哈得302H井区试采工程一次投产成功，每年减少原油拉运约18万吨，降本约500万元。

8日 股份公司以视频方式组织召开2022年度探明已开发油（气）田可采储量标定结果审查会议，塔里木油田公司探明已开发油（气）田可采储量标定工作通过股份公司审查。

同日 塔里木油田公司召开2022年度科学技术奖终评会，评选出科学技术奖（人物奖）3人，其中突出贡献奖2人、技能人才奖1人；科学技术奖（项目奖）37项，其中技术发明奖一等奖2项，科技进步奖特等奖1项、一等奖9项、二等奖15项、三等奖10项。塔里木油田公司领导班子成员、企业首席技术专家、总经理助理、副总师，机关职能部门、直属机构、勘探开发研究院、油气工程研究院、实验检测研究院、油气数智技术中心负责人参加会议。其中，肖香姣、李宁获突出贡献奖，张明获技能人才奖，高温高压气井化学除垢解堵技术创新与应用等2个项目获技术发明奖，塔里木超深叠合复合盆地地质理论认识深化与勘探领域优选等35个项目获科技进步奖。

同日 塔里木油田公司召开党工委联系服务专家集体座谈会，聚焦深地勘探开发和高质量发展，听取专家意见建议，了解专家工作生活情况。

8—9日 塔里木油田公司克拉苏气田、塔中Ⅰ

号气田和大宛齐油田3个区块的石油、天然气探明储量通过自然资源部评审，完成2022年国家探明储量工作。

9日　塔里木油田公司冬季保供重点工程南疆利民管网泽普压气站工程投产，日增压天然气280万立方米，可有效应对喀什及和田地区应急调峰，进一步保障南疆地区冬季民生用气。

同日　塔里木油田公司伽师、叶城110万千瓦光伏发电项目可行性研究通过集团公司董事会授权会议审议，标志着"沙戈荒"新能源基地建设二期项目取得关键进展。

10日　塔里木油田公司日产天然气突破1亿立方米。截至当日，累计产气302.9亿立方米，同比增加3.6亿立方米，创历史同期新高。

同日　塔里木油田公司迪那2气田开发调整地面主体工程完工并一次性投产成功，气田水转输能力日提升1300立方米。

10—11日　塔里木油田公司举办首届内部兼职培训师大赛。

12日　塔里木油田公司满深区块累计生产原油突破100万吨，达101.1万吨。

13日　集团公司党组决定：文章、杨海军任塔里木油田公司党工委委员、常委。免去李亚林的塔里木油田分公司党工委常委、委员职务。同日，股份公司决定：聘任胥志雄为塔里木油田公司总工程师、安全总监；聘任文章为塔里木油田公司副总经理；聘任杨海军为塔里木油田公司总地质师；聘任刘虎为塔里木油田公司副总经理。免去李亚林的塔里木油田公司副总经理职务，另有任用。

同日　塔里木油田公司召开2022年第十一次圈闭审查会，7个圈闭通过审查。

14日　集团公司印发《关于表彰奖励中国石油天然气集团有限公司2022年度油气勘探重大发现成果的决定》，塔里木油田牵头完成的"塔里木盆地富东1井奥陶系断控高能滩勘探获重大突破"获勘探重大发现成果特等奖，"塔里木盆地玉科—富源地区奥陶系深层新发现3条油气富集带"获一等奖，"塔里木盆地库车坳陷博孜1和大北12气藏外围勘探取得重要进展"获二等奖。

15日　塔里木油田公司科研楼智能运营中心交互展示系统及场地建设项目正式开工建设。

同日　集团公司2022年度油气勘探年会授予塔里木油田公司"塔里木盆地富东1井奥陶系断控高能滩勘探取得重大突破"油气勘探重大发现特等奖，授予"塔里木盆地玉科富满地区奥陶系深层新发现三条油气富集带"油气勘探重大发现一等奖。

同日　塔里木油田公司克深10-6井采用超高强度特制导斜器，在293.45毫米×23.55毫米HS140V套管内开窗成功，标志着国产高端钢材质调制、加工技术在厚壁套管开窗领域取得重大突破，属国内首创。

17日　塔里木油田公司博孜1集气站—大北处理站天然气外输管道工程一次性投产成功，设计日处理量398万立方米，建成10座橇装设备与8套辅助系统。

同日　截至当日，塔里木油田公司累计向塔里木盆地周缘的南疆五地州输送天然气500亿立方米。

18日　中国石油超深层复杂油气藏勘探开发技术研发中心第一届技术委员会在塔里木油田公司召开第一次会议，听取中心成立以来组织运行管理、科技攻关规划计划以及取得的阶段进展情况汇报，研究分析面临形势和问题，讨论制定下一步工作计划。中国工程院院士、技术委员会主任孙龙德主持会议并讲话；集团公司科技管理部总经理、技术委员会副主任江同文宣读中国石油超深层复杂油气藏勘探开发技术研发中心技术委员会批复文件。塔里木油田公司总经理、党工委副书记，技术委员会副主任王清华作工作报告。中国科学院院士贾承造、郝芳，中国工程院院士孙金声、李宁、张来斌等技术委员会委员，塔里木油田公司领导杨海军出席会议。

同日　塔里木油田公司哈一联回收站重建工程一次投产成功，设计回收能力每天50万立方米天然气。

19日　塔里木油田公司富源东2计转站一次性投产成功，标志着富源Ⅲ区块南部6口单井正式加入冬季保供序列，投产后，每日可新增原油处理量400吨，天然气30万立方米。

同日　塔里木油田公司富源3—富源303H井区试采地面工程顺利投产，释放油气产能24.8万吨/年，建立起干线集输管网，解决因原油拉运、天然气放空造成的安全环保风险。

20日　东方物探塔里木物探处2113队承担满深17-20西三维项目鸣炮采集。7.5万道采集链、7.9万串检波器、207台运输设备跨省跨区流动到位，当日完成采集456炮。

同日　塔里木油田公司党工委召开巡察工作领导小组会议，听取2022年巡察工作情况汇报。塔里木油田公司执行董事、党工委书记，巡察工作领导小组组长沈复孝出席会议并讲话,塔里木油田公司总经理、党工委副书记、巡察工作领导小组副组长王清华,塔里木油田公司党工委副书记、工会主席、巡察工作领导小组副组长др军,塔里木油田公司党工委常委、纪工委书记、巡察工作领导小组组长王子云出席会议。塔里木油田公司党工委巡察工作领导小组成员,巡察办、巡察组成员参加会议。塔里木油田公司党工委4个巡察组分别汇报2022年巡察18家本部部门和1家二级单位工作情况。巡察组通过查阅资料、个别谈话、内部测评、走访基层、召开座谈会,发现6个方面798个问题,向塔里木油田公司提出建议16条,向被巡察党支部提出整改意见95条。

同日　塔里木油田公司实验检测研究院用流动注射法替代分光光度法分析水中的挥发酚含量,工作效率提高5倍,避免有害气体影响,提升准确率。

22日　塔里木油田公司克深241-2井开展超分子转向剂现场试验,超分子暂堵转向剂用量18.68立方米,暂堵前后前置液段泵压从86兆帕升到97.4兆帕,转向压力增加11.1兆帕,暂堵升压效果明显,标志着油田超分子高温智能暂堵转向剂现场试验成功。

23日　塔里木油田公司成功竞得莎车区块油气勘查探矿权,该区块位于塔西南叶城凹陷,面积1111.384平方千米。这是继2021年阿克陶东探矿权之后,再次在矿权出让竞价中获得的探矿权。

同日　塔里木油田公司富满油田年产油气突破300万吨,达到309.05万吨,成为我国深地领域上产速度最快的油田。

同日　油气和新能源公司印发《关于表彰2022年度突出成效油气田的决定》,授予克拉2气田、大北气田、博孜气田、牙哈气田"高效开发气田"称号;授予富满油田"优秀上产油田"称号;授予博孜气田"优秀上产气田"称号。

24日　塔里木油田公司首口不动管柱电泵井环空酸化解堵新工艺在哈得4-H91现场试验获成功,日增油稳定在12吨。

同日　塔里木油田公司召开专题会议,传达学习中国石油2022年度油气田开发年会精神,研究部署下一步重点工作任务。

26日　塔里木油田公司首个10万千瓦光伏发电项目——尉犁10万千瓦光伏发电项目建成。项目建设用地3300亩,装机容量140兆瓦,每年发电量2.1亿千瓦·时,可减排二氧化碳13.5万吨、节约标准煤6万吨,是低耗能、环保型、节约型的光伏项目标杆。

同日　塔里木油田公司召开总结表彰大会,庆祝富满油田超深油气产量突破300万吨,总结经验,表彰先进,展望未来。执行董事、党工委书记沈复孝在会上强调,坚持以习近平新时代中国特色社会主义思想为指导,深入学习贯彻党的二十大精神,在新疆维吾尔自治区党委、集团公司党组坚强领导下,乘势而上,拼搏进取,全力开创富满油田高质量发展新局面,为全面建设我国最大超深油气生产基地、率先建成中国式现代化世界一流能源企业而团结奋斗。塔里木油田公司总经理、党工委副书记王清华主持会议,党工委副书记、工会主席др军宣读贺信,副总经理胥志雄宣读表彰文件,塔里木油田公司领导刘强、王子云、文章出席会议。

27日　塔里木油田公司第一座单井分布式光伏项目——哈得1-13H井分布式光伏项目正式并网运行,标志着塔里木油田公司首批单井分布式光伏发电项目正式建成投用。

同日　在塔里木油田公司富满油田超深油气产量突破300万吨之际,由新疆石油学会、中国石油超深层复杂油气藏勘探开发技术研发中心主办,中国石油塔里木油田公司、西南石油大学、中国石油大学(华东)联合承办的"超深断控缝洞型碳酸盐岩油藏勘探开发技术论坛"在线上召开。沈复孝致开幕词,王清华主持主题交流,胥志雄主持专题报告,王春生、潘昭才、蔡振忠以及中国石化西北局首席专家杨敏、东方物探研究院院长冯许魁5位专家作主题报告,中国科学院院士、中国石油大学(华东)校长郝芳、中国工程院院士孙龙德做了点评发言。来自中国石油、中国石化、中海石油、中国地调局等13家石油石化单位,以及23家高校、学会、期刊、油服企业的众多学术大咖及学者共423人参会。

28日　由塔里木油田公司与冀东油田机械公司联合研发的全天候太阳能真空加热系统在塔里木油田轮古11-5井一次性成功投用,标志着集团公司在油气加热领域再次获突破,进一步实现在新兴产业上抢滩占先。

28—29日　塔里木油田公司《柯克亚凝析气藏尾矿注空气提高采收率先导试验方案》完成股份公司初步审查。

29日　塔里木油田公司大北13井开展压裂示踪剂现场试验,注入示踪剂陶粒27.4立方米,整体施工顺利,标志着塔里木油田公司压裂示踪剂现场试验成功。

30日　喀什地区行政公署与塔里木油田公司签订《战略合作框架协议》《沙戈荒新能源基地建设战略合作框架协议》。

同日　塔里木油田公司塔西南天然气综合利用工程核心工艺装置在喀什地区疏附县建成投产，生产出合格产品。

同日　塔里木油田公司牵头申报的"深层裂缝性砂岩储层测井关键技术研究及应用"成果获2022年度中国石油和化学工业联合会科学技术奖一等奖。

31日　塔里木油田公司全新的数字化系统"坦途"2.0正式上线，并成功注册"塔油坦途"商标，整合门户网页端、客户端，增加客户端互联网版本，扩展移动端存储资源，新增请示报告、督察督办、文件签批、我为油田献一策等6个线上办公工具，打通移动客户端报表审批、文件批示、数字档案、教培综合业务等12个审批流程。同时，实现一次登录即可进行消息沟通和自建、统建应用无障碍登录。

同日　塔里木沙漠公路入选国务院国资委发布的"2022年度央企十大超级工程"。这是继2021年富满10亿吨级超深油气区上榜"央企十大超级工程"之后，再次入选"央企十大超级工程"。

同日　塔里木油田公司召开2023年度QHSE工作会议，总结回顾2022年QHSE工作情况，分析当前形势和存在问题，安排部署2023年QHSE重点工作，表彰先进单位、集体和个人。

油气勘探

YOUQIKANTAN

综 述

【概述】 2022年,塔里木油田公司贯彻落实习近平总书记关于大力提升勘探开发力度,能源的饭碗必须端在自己手里的重要指示批示精神,落实集团公司党组决策部署,突出高效勘探、风险勘探、天然气勘探,强化富油气区带集中勘探,实施新一轮找矿突破战略行动,推进科技攻关和管理创新,全力以赴战疫情、保生产,将新冠肺炎疫情对勘探业务影响降到最低,推动新区新领域取得重大突破,完成油气勘探任务。

2022年,塔里木油田公司油气勘探成果:富东1井、克探1井、迪北5井天然气勘探获重大突破;集中勘探富满地区,玉科7井、满深8井、满深71井、满深72井、满深5井、富源6井试获高产油气流,新增石油三级储量超4亿吨;精细勘探博孜—大北地区,大北13井、博孜106井、博孜2401井、博孜2402井、大北303加深井预探及评价进展顺利,高效落实大北12、博孜1两个超千亿立方米气区。

两大根据地(高满地区、博孜—大北地区)评价进展顺利,再获大北13井、满深8井、满深71井、满深17井、玉科7井、富源6井共6个预探发现。

【勘探计划】 2022年,塔里木油田公司全年计划部署二维地震1840千米,三维地震2912平方千米;石油预探及天然气勘探项目计划部署钻井25口,进尺14.47万米;风险勘探项目计划部署钻井5口,进尺3.20万米;油藏评价项目计划部署钻井9口,进尺7.26万米。

【勘探管理】 2022年,塔里木油田公司实施高效勘探专项行动,组建"6+4"油气勘探与精细勘探研究专班,分区块梳理基础研究、目标落实问题,强化盆地基础研究和重点区带目标研究,保障圈闭落实和探井井位部署到位。

井位部署与管理。编制井位运行计划,确定重点区块井位研究思路、内容、进度、任务与目标,储量落实到井、井落实到圈闭、圈闭落实到地震采集处理。2022年，塔里木油田公司首次实现上半年完成全年25口预探井位部署，下半年提前部署2023年预探井位10口。全年8口风险探井通过股份公司审查。

圈闭管理。强化圈闭全生命周期管理。开展圈闭研究技术设计，把控圈闭研究质量和进度，2022年开展8个区带的圈闭研究技术设计工作；执行圈闭三级审查制度，组织11次圈闭审查，审查通过圈闭86个（Ⅰ级30个、Ⅱ级42个、Ⅲ级14个），其中预探类74个、评价开发类12个；开展圈闭钻后评价工作，通过"回头看"提高圈闭研究质量。圈闭管理实现研究有方案、实施有进度、申报有审查、随钻有跟踪、钻后有评价，严格圈闭三级审查，圈闭质量提升。2022年，圈闭终审通过率59%，圈闭钻探成功率61%。

探井方案及投资管控。立足"一井一工程"，建立探井地质工程投资一体化设计审查制度和流程，开展探井地质工程投资一体化审查，提升钻完井设计质量，控制钻完井投资，全年探井方案设计节约投资2亿元，控减率7.74%。

探井生产管理。在博孜—大北、满深等重点区块探索实施"区长制""井长制"，实施"挂图作战"，博孜—大北、满深两个重点区块新开探井实现整体提速30%以上，其中大北13井139天完钻，较区块平均周期提速41.1%，满深71井完井周期141天，基本实现8000米深井一年打两轮的目标。

勘探动态管理。实时跟踪生产动态，坚持每周定期召开勘探工作碰头会，每月定期召开勘探工作例会，协调解决勘探科研、生产中新发现问题，2022年组织探井生产动态决策讨论及试油方案论证70余次，及时发布信息简报，确保勘探生产安全、高效。做好勘探生产信息的上传下达，按时组织编写勘探周报、月报、重大发现专报等。

【矿权储量管理】 2022年，塔里木油田公司强化矿权精细管理，做实矿权退减方案。组织12个到期探矿权12轮次退减方案审查优化，按要求完成延续登记，确保优质矿权不丢。

矿权空白区块评价。参与"招拍挂"，力争获新矿权。开展27个拟出让区块地质评价（4.7万平方千米）及策略研究，协助股份公司完成11个油气探矿权评价及策略研究，力争获取优质新矿权。

矿权管理成果有形化。提升矿权管理能力，解读矿权新政，客观分析新形势，转变思路，创新形成全方位矿权保护管理模式，矿权管理成果获新疆"三会"管理创新成果一等奖，并在新疆油田公司、吐哈油田公司、华北油田公司等多个油田公司推广应用。

储量管理。坚持目标导向，建立三级储量"三张表"（储量方案表、钻井进度表、资料录取表）制度，倒排时间节点，压实责任，倒逼储量关键井钻井提速及资料录取方案优化，保障年度三级储量任务顺利完成，实现储量持续高水平增长；开展储量研究及管理信息系统建设，组织开展储量数据治理，实施储量管理信息化转型，提升管理效率。

【勘探效益】 2022年，塔里木油田公司综合探井成功率64.7%。完成钻探圈闭35个，新获工业油气流圈闭22个，圈闭钻探成功率62.8%。

预探项目钻井成功率54.2%。油气预探项目完井24口。其中：天然气勘探井15口，分别是博孜701井、康村1井、博孜1301井、博孜1302井、迪北5井、大北303加深井、迪北105XCS井、吐格6井、博孜304井、博孜2401井、大北13井、博孜34井、博孜106井、坪探1井、西秋1井；石油预探井9口，分别是玉科7井、满深72井、满深8井、满深5井、满深20井、满深71井、牙哈28井、果勒2加深井、富东1井。新获工业油气流井13口，分别是博孜1302井、迪北5井、大北303加深井、博孜304井、博孜2401井、大北13井、博孜106井、玉科7井、满深72井、满深8井、满深5井、满深71井、富东1井。

油藏评价项目钻井成功率90%。油藏评价项目完成井10口，分别是果勒305H井、满深504H井、富源304H井、哈鹰901井、满深505井、满深701井、满深705井、富源218井、满深702井、富源6井。新获工业油气流井9口，分别是果勒305H井、满深504H井、富源304H井、满深505井、满深701井、满深705井、富源218井、满深702井、富源6井。

风险勘探项目钻井成功率33.33%。风险勘探项目完成井3口，分别是麦探1井、中寒2井、克探1井。新获工业油气流井1口，既克探1井。

【风险勘探管理】 2022年，塔里木油田公司在集团公司各油气田公司中率先制定实施《风险勘探项目实施细则》，明确塔里木油田公司风险勘探研究和风险项目实施的管理架构、组织机构、实施流程、后评价和考核激励措施，厘清界面，压实职责，实现风险勘探管理规范化、流程化。完善管理机构，成立由主要领导牵头的风险勘探领导小组；成立由塔里木油田公司分管领导、首席专家分别牵头的风险勘探研究、实施、地质工程一体化专家组，集中油田地质、工程优势力量,保障风险勘探项目顺利实施。建立风险勘探研究月度汇报制度,定期检查风险勘探阶段研究进展和目标落实情况,解决区带目标研究中存在的问题。

【四新领域勘探】 2022年,塔里木油田公司风险探井克探1井在库车白垩系亚格列木组新层系首次获高产油气流,初步实现"克拉之下找克拉"的构想,有望形成新的天然气资源接替区;富东1井探索奥陶系高能滩新领域获重大突破,发现超深层超高压油气勘探新领域,有望形成新天然气规模储区;迪北5井探索库车侏罗系阿合组断控型致密砂岩气获成功,解放近6000平方千米有利勘探区;塔西南山前昆探1井、恰探1井在石炭系碳酸盐岩测井解释气层,有望打开塔西南山前勘探新局面。

【两大根据地评价】 2022年,塔里木油田公司两大根据地评价进展顺利,再获大北13井、满深8井、满深71井、满深17井、玉科7井、富源6井共6个预探发现。富满油田通过实施勘探开发一体化评价,全年新增探明石油地质储量2.25亿吨,上交三级储量10.22亿吨,油气产量当量超过300万吨,成为中国最大的超深层海相碳酸盐岩油田。博孜—大北地区通过深化断裂系统控圈、控藏认识,气藏底界不断下移,博孜1、大北12气藏含气范围不断扩大,基本靠实两个千亿立方米规模储量区。

【"6+4"研究专班】 2022年,塔里木油田公司聚焦勘探研究关键问题,集中研究力量,在勘探开发研究院组建10支以企业技术专家或院、所领导领衔,100多名科研骨干组成的研究专班。由塔里木油田公司勘探分管领导亲自组织,首席技术专家参与,逐个听取各专班研究顶层设计,明确各专班研究重点、目标任务,强化盆地基础研究,突出区带、目标、井位研究。风险勘探研究、富满油田精细勘探研究、库车新区勘探研究、克拉苏精细勘探研究、塔中精细勘探研究、塔西南山前勘探研究6个专班全年工作成效显著:新区新领域获克探1井、迪北5井、富东1井3个重大突破;克拉苏构造带基本靠实博孜1、大北12两个千亿立方米规模储量区;富满油田新增探明石油地质储量2.25亿吨,累计落实油气三级储量当量超10亿吨;塔西南山前昆探1井、恰探1井在石炭系碳酸盐岩测井解释气层,有望打开塔西南勘探新局面。

【"十横十纵"盆地格架线】 2022年,塔里木油田公司利用"十横十纵"格架线和三维总装数据,编制156幅盆地级基础成果图件,厘清盆地主力烃源岩分布,理清四大含油气系统油气分布规律,围绕富烃凹陷明确18个重点风险勘探领域。全年提出16个风险目标,其中8口风险探井通过股份公司审查。

(林上文)

【《塔里木油田矿权巡护重点地区工作指南》编制】 2022年,塔里木油田公司勘探开发研究院矿权储量中心与规划信息所合作,收集整理盆地内有详实资料的56个地面油苗、1491个非油气矿业权相关资料,通过与塔里木油田公司矿权叠合,确定塔里木油田公司矿权内分布34个地表油苗、368个非油气矿权,按照各采油气管理区的属地矿权划分后,详细描述油苗与非油气矿权的基本情况与分布,以盆地和采油气管理区为单位,分别编制地面油苗、非油气矿权与油田公司油气矿权分布叠合图、表,明确指出各采油气管理区易发生侵权部位,并编制图件和文字说明。

(左小军)

勘探成果

【地球物理勘探】 2022年,塔里木油田公司投入5个二维地震队,分别为辽河物探处2121队、大庆物探一公司2228队、新疆物探处2134队、塔里木物探处2170队、西南物探处山地2队;5个三维地震队,分别为塔里木物探处2113队、塔里木物探处247队、塔里木物探处2170队、西南物探处山地1队、西南物探处山地3队;2个二维电磁队,分别为综合物化探处722队、723队;1个VSP队,即新兴物探开发处2517队。

完成2022年投资项目有5个预探二维地震采集项目(阿瓦提凹陷格架线、温宿—西秋构造带、乌什西、乌恰构造带、满西—阿瓦提格架线<子项目Ⅰ>),实物工作量1009.53千米;7个石油预探三维地震采集项目(迪北2—康村、玉科东、甫沙、阿满北、英西1南、乌依塔格、满深17—20西),偏前满覆盖面积1700.1平方千米。

完成2021年投资项目有:沙井子东段二维地震采集项目(部署工作量385.16千米),实物工作量46.16千米;和深风险三维地震采集项目(部署工作量197.09平方千米),实物工作量152.02平方千米采集;轮古开发三维地震采集项目(部署工作量753.59平方千米),实物工作量709.93平方千米采集。

2022年，完成的二维地震采集项目分别是2022年投资的阿瓦提凹陷格架线、温宿—西秋构造带、乌什西、乌恰构造带及2021年实施的沙井子东段5个二维地震项目完成采集，2022年满西—阿瓦提格架线<子项目Ⅰ>项目因新冠肺炎疫情管理未完成采集。实物工作量1055.69千米。完成9个三维地震采集项目，分别是2021年实施的和深、轮古，2022年实施的迪北2—康村、玉科东、甫沙、阿满北、英西1南、乌依塔格共8个三维项目完成采集，2022年满深17—20西三维项目因疫情原因未完成采集，三维偏前满覆盖面积2562.05平方千米。其中，预探三维偏前满覆盖面积1700.1平方千米，风险勘探三维偏前满覆盖面积152.02平方千米，油气开发三维偏前满覆盖面积709.93平方千米。

石油预探及天然气勘探项目。2022年，塔里木油田公司投入4个二维地震队，开展5个2022年投资预探二维地震项目，分别是阿瓦提凹陷格架线、温宿—西秋构造带、乌什西构造带、乌恰构造带、满西—阿瓦提格架线（子项目Ⅰ）采集和1个2021年投资沙井子东段预探二维地震项目；2个2022年投资预探二维项目（满西—阿瓦提格架线<子项目Ⅰ、Ⅱ>，因疫情管理原因未完成采集）；完成二维地震实物工作量1055.69千米采集任务。投入5个三维地震队，完成7个2022年投资预探三维地震项目，分别是迪北2—康村、玉科东、甫沙、阿满北、英西1南、乌依塔格、满深17—20西，完成三维地震偏前满覆盖面积1700.1平方千米采集任务。非地震勘探方面，投入2个二维时频电磁勘探队，完成2022年投资部署的双方位激发二维时频电磁勘探采集项目1个（库车坳陷—西南坳陷），完成工作量349.4千米/1891个物理点；完成2021年投资部署的乌什东、西次凹区块时频电磁项目349.6千米/1756物理点的采集工作。VSP测井方面，投入1个VSP测井队，完成勘探投资VSP测井35口的采集任务(表1)。

表1 2022年塔里木油田公司油气预探项目投入物探队伍及完成工作量情况表

作业单位	塔里木物探处		西南物探		辽河物探处		新疆物探处		大庆物探一公司		合计	
作业项目	队数	完成工作量	队数	完成工作量	队数	完成工作量	队数	完成工作量	队数	完成工作量	队数	完成工作量
二维（千米）	1	172.98	1	435.72	1	221.13	1	225.86			4	1055.69
线束	0											
山地三维（平方千米）	2	449	1	701.95							3	1150.95
沙漠三维（平方千米）	1	398.66	1	150.49							2	549.15
时频电磁（千米/点）	2	699/3647									2	699/3647
VSP测井（口）	1	35口									1	35口

风险勘探项目。2022年投入1个三维地震队，完成2021年投资部署和深风险勘探三维地震项目（部署工作量197.09平方千米），由塔里木物探处247队负责施工，2022年1月20日完成采集，完成剩余三维地震偏前满覆盖面积152.02平方千米(表2)。

开发评价项目。2022年投入1个三维地震队，完成2021年自筹资金投资部署轮古油气开发三维地震项目（部署工作量753.588平方千米），由塔里木物探处219队三维地震队负责施工，2022年3月17日完成采集，完成剩余三维地震偏前满覆盖面积709.93平方千米采集(表3)。

表2　2022年塔里木油田公司风险勘探项目投入物探队伍及完成工作量情况表

作业单位	塔里木物探处		西南物探公司		辽河物探		新疆物探处		合计	
作业项目	队数	完成工作量	队数	完成工作量	队数	完成工作量	队数	完成工作量	队数	完成工作量
沙漠三维（平方千米）	1	152.02							1	152.02

表3　2022年塔里木油田公司油气开发项目投入物探队伍及完成工作量情况表

作业单位	塔里木物探处		大庆物探一分公司		辽河物探		新疆物探处		合计	
作业项目	队数	完成工作量	队数	完成工作量	队数	完成工作量	队数	完成工作量	队数	完成工作量
沙漠三维（平方千米）	1	709.93							1	709.93

(陆江南)

【勘探钻井】　2022年，塔里木油田公司动用钻机75台次，完井试油井3口，钻探井72口，其中跨年井33口，新开钻探井42口，完钻探井49口；完成探井进尺31.33万米。

石油预探及天然气勘探项目：开钻井29口（包含2022年提前实施4口井），完钻探井31口（跨年井16口、当年井11口），年底正钻井15口，完井作业1口；完成探井进尺16.34万米。

油藏评价项目：开钻井15口（包含2023年提前实施3口井），完钻探井15口（跨年井7口、当年井8口），年底正钻井5口，完成进尺12.32万米。

风险勘探项目：新开钻井4口，完钻3口（跨年井2口、当年井1口），年底正钻井4口，完成探井进尺2.67万米。

探井全年取心进尺207.59米，心长192.57米，收获率92.76%，取获各级含油气岩心39.28米，占取心进尺的18.92%。

(宋金鹏)

【勘探录井】　2022年，塔里木油田公司动用6个录井公司的51个录井队，综合录井作业61口探井，完成录井工作量206016米(表4)。

表4　2022年塔里木油田公司录井工作量完成情况统计表

录井公司	作业井号	录井进尺(米)
西部钻探	吐格6井、恰探1井、迪北5井、麦探1井、玉科7井、满深20井、博孜304井、博孜1701井、博孜25井、满深8井、大北303JS井、大北401井、坪探1井、富东1井、中深101井、宿探1井、满深10井、东秋7井、塔中56H井、迪北6井、西秋1井、托探1井、果勒305H井、富源304H井、博孜2402井、博孜903井、富源6井、羊塔22井、满深704井、满深802井、满深803井、满深703井、满深801井	108898
渤海钻探	博孜1302井、博孜1301井、博孜106井、昆探1井、博孜2401井、满深71井、大北1205井、富源4井、克探1井、罗斯202井、迪北501井、塔中57H井、雄探1井、满深401H井、满深504H井	43444
长城钻探	满深72井、大北13井、牙哈28井、牙哈28C井、博孜19井、哈鹰901井、满深506H井、满深705井	31124
上海神开	甫沙9、满深702、满深707	14808

续表

录井公司	作业井号	录井进尺（米）
库尔勒中录	吐东3井	3238
巴州金达	博孜34井	4504

注：录井进尺按2022年度录井实际进尺计算，跨年井进行相应扣除。

（杨敬博）

【勘探测井】 2022年，塔里木油田公司开展勘探测井186井次，井数43口，测量437957.4米，曲线总数941条，其中优等877条，测井时效98.64%，资料优等率93.19%（表5）。

表5 2022年塔里木油田公司测井工作量完成情况统计表

公司名称	测井队伍 系统	测井队伍 数量(个)	测井次数(次)	承包井 井号	承包井 口数(口)	曲线条数(条)	优等率(%)
中油测井	ECLIPS-5700	13	148	富源4井、克深1901井、克探1井、博孜34井、博孜2401井、博孜304井、大北1205井、昆探1井、中深101井、博孜1302井、富东1井、满深10井、满深71井、博孜1301井、博孜19井、大北303JS井、坪探1井、恰探1井、牙哈28井、博孜25井、大北13井、罗斯202井、麦探1井、满深72井、满深8井、博孜1701井、大北401井、迪北5井、甫沙9井、宿探1井、塔中56H井、塔中57H井、西秋1井、雄探1井、博孜106井、博孜701井、迪北501井、满深20井、吐格6井、牙哈28C井、玉科7井	41	801	93.00
中油测井	LOGIQ	2					
中海油服	ECLIPS-5700	2	20	博孜106井、吐格6井、大北13井、克深1901井、博孜701井、东秋7井、富源4井、克探1井、塔中56H井	9	87	95.40
斯伦贝谢	米AXIS-500	3	18	克探1井、中深101井、博孜1301井、博孜1302井、博孜1701井、博孜304井、博孜34井、大北1205井、迪北5井、克深1901井、麦探1井、满深5井、坪探1井、恰探1井、塔中57H井、牙哈28井	16	53	92.45
合计		20	186		43	941	93.19

（帅士辰）

【探井试油】 2022年，塔里木油田公司试油作业45口井，完成试油井40口，试油地质层48层，完井试油48层。酸压作业10口井10层，加砂压裂作业11口井13层。新获工业油气井30口（表6）。

表6 2022年塔里木油田公司试油新获工业油气流井统计表

序号	井号	层位	层序	井段(米)	油嘴(毫米)	日产量(米³/日) 油	日产量(米³/日) 气	日产量(米³/日) 水	试油结论
1	玉科7	O2y	S1-1	7654—7974	5	83.2	180888		凝析气层
2	满深8	O1-2y1	S1-1	8117.5—8726.8	12	423	938256		凝析气层
3	满深72	O1-2y1	S1-1	7683—8088.67	12.21	1300	271000		凝析气层
4	满深71	O1-2y2	S1-1	7722—8492.2	6	194	201579		凝析气层
5	满深707	O1-2y	S1-1	7538—8136	5	172	54435		油层
6	满深705	O1-2y	S1-1	7367—7824	5	188	44862		凝析气层
7	满深702	O1-2y1	S1-1	7777—8250	5	127	64340		油层
8	满深701	O	S1-1	7699—7913	5	209	61320		油层
9	满深506H	O1-2y	S1-1	7430—7857	5	129	29336		油层
10	满深505	O1-2y1	S1-1	7675—8143	5	165	100230		油层
11	满深504H	O1-2y1	S1-1	7487—8150	5	222	58125		气层
12	满深704	O1-2y	S1-1	7725—8286	5	184	90552		油层
13	满深5	O1-2y+O2y	S2-1	7575.8—8330	9	41.6	20377		油层
14	满深401H	O2y	S1-1	7499.5—8240	5	220	88480		油层
15	克探1	K1y	S1-1	5096—5220	6		316968		气层
16	果勒305H	O2y	S1-1	7678—8155.35	5	131	30576		油层
17	富源6	O2y	S1-1	7595—7736.5	5	101	100296		油层
18	富源304H	O1-2y1	S1-1	7744—8072.67	5	215	51468		油层
19	富源218	O2y	S1-1	7508—8011	5	100	96273		油层
20	富东1	O1-2y	S1-1	7925—8359.05	7	21.36	405053		凝析气层
21	迪北5	J1a	S1压2	5883.5—5925.5	5	5.7	109446		凝析气层
22	大北7	K1bs	S1酸1	6758.35—6856	5	14.6	145904	83.4	气水同层
23	大北4	K1bs+K1bx	S2-1	8022—8265	5		212406	95.2	气水同层
24	大北303JS	K1bs2	S1-1	8114.5—8196	4		159163	42	气水同层
25	大北13	K1bs	S1压1	8132—5261	8		511858		凝析气层
26	博孜304	K1bs	S2酸1	6323.5—6366	4	23.8	25880		油层
27	博孜2402	K1bs	S1-1	7159—7448	6	34.95	249797		凝析气层
28	博孜2401	K1bs	S1压1	7228—7354	6	35.5	320788		凝析气层
29	博孜1302	K1bs	S1压1	7112—7143	6	89	216825		凝析气层
30	博孜106	K1bs	S2压1	6784—6951.5	7	58.2	365790		凝析气层

【库车坳陷侏罗系阿合组致密气迪北5井获重大突破】 2022年，塔里木油田公司受富满油田勘探启示，提出断控型致密砂岩气藏模式，在三叠系生烃中心，油气沿断裂、裂缝垂向运移聚集成藏，断裂—裂缝带决定甜点分布与单井高产；建立断控型致密砂岩气成藏模式，按照"出垒带、下斜坡、打断裂"勘探思路，由避开断裂到打断裂，在库车坳陷北部构造带迪北三维区南斜坡带部署实施长水平井迪北5井，探索迪北斜坡带含油气性，提升对气藏认识，扩大迪北气藏含油气规模，首次实现常规钻井稳产。

迪北5井2021年4月10日开钻，2022年1月31日完钻。完钻井深6275米，完钻层位侏罗系阿合组二段，钻揭阿合组448米/121.5米（斜/垂厚）；阿合组取心16.5米/3筒，其中荧光砂岩3.75米；测井解释气层27米/6层，平均孔隙度8.5%；差气层154.5米/20层，平均孔隙度5.6%。2022年4月23日，对阿合组5883.5—5925.5米加砂压裂改造，落实流体性质。5月19日6:00—10:00，折日产油5.7立方米、日产天然气109446立方米；5月20日4:00—12:00，折日产油3.36立方米、日产天然气90517立方米，测试结论为凝析气层；气藏储量规模气295亿立方米，凝析油254万吨。

迪北5井是库车坳陷侏罗系采用常规水平井钻井工艺、压裂改造后稳产的第一口井，对该区勘探开发有重大借鉴意义；其测试成功，将气藏深度向下拓展1000米，解放近4000平方千米有利勘探区带，证实侏罗系阿合组致密砂岩气大面积连片分布，油气沿断裂裂缝带富集，不受构造控制，为前陆区致密砂岩气勘探找到"钥匙"，解放吐依背斜带两翼平缓区、库北单斜带、吐北—阿瓦特等有利区；落实5条断裂带，资源规模超2000亿立方米。

【富东1井实现富满油田主干断裂之外新类型勘探历史性突破】 2022年，塔里木油田公司创新"属性优选—整体雕刻—能量屏蔽—断裂识别"全层系立体断裂检测技术，发现富满地区主干断裂间发育大量网状次级断裂，叠加礁滩体形成优质储层；利用振幅类属性、波阻抗、地震相，初步刻画奥陶系鹰山组1—2段礁滩体，圈闭面积397.1平方千米，优选滩体构造高部位、储层发育区，在北部坳陷阿满过渡带富满油田富满Ⅱ区部署实施富东1井，探索富满Ⅱ区奥陶系鹰山组台内滩、断控储层发育情况、含油气性及油气藏类型，为富满油田寻找新的接替领域。

富东1井2022年3月10日开钻，9月7日完钻，完钻井深8359.05米/8318.42米（斜/垂深），完钻层位奥陶系鹰山组，钻揭灰岩厚度430.6米/390.5米（斜/垂厚）。目的层钻进期间发生3次溢流，使用相对密度2.05—1.97克/厘米^{3}钻井液压井，累计漏失相对密度1.20—2.35克/厘米^{3}钻井液6713.9立方米，因工程复杂，未完井电测。2022年9月13日完井后，对奥陶系一间房组7925—8359.05米常规测试，2022年9月21日0:00—1:00，折日产天然气188602立方米、日产油14.88立方米；9月21日1:00—2:00，折日产天然气297813立方米、日产油18.48立方米；9月21日2:00—4:00，折日产天然气405053立方米、日产油21.36立方米，测试结论为凝析气层；测试期间，由于油压过高，导致油嘴尾部刺损而关井。

富东1井跳出主干断裂带立式板状油气藏模式，证实富满地区寒武系—奥陶系整体发育退积型高能滩体，与上覆低能致密碳酸盐岩形成良好储盖组合，网状断裂沟通油源，纵向输导、高效成藏，实现"富满之下找富满"的勘探构想。

【克探1井风险勘探新层系白垩系亚格列木组获重大突破】 2022年，塔里木油田公司利用地质露头、盆地格架线和三维地震资料，分层组开展烃源岩研究及新一轮油气资源评价。分析认为，库车坳陷天然气资源量大、探明程度低，克拉苏构造带坐落于生烃中心之上，为油气成藏最有利区带，构建库车坳陷油气分层运聚的立体成藏模式；中生界发育3套区域储盖组合，巴什基奇克组、阿合组均已获勘探发现，白垩系亚格列木组与巴什基奇克组处在古近系盐层和侏罗系煤层两套滑脱层之间，发育多排逆冲叠瓦构造，"烃—储—盖—断"空间配置好，成藏条件得天独厚。因此，优选克拉2气田深部亚格列木组圈闭，部署克探1风险探井。

克探1井2022年4月1日开钻、10月2日完钻，完钻井深5250米、层位侏罗系齐古组，亚格列木组钻厚130米，测井解释气层、差气层72米/38层，裂缝54条，平均孔隙度6.4%、含气饱和度66%。2022年11月9日，对侏罗系5096—5220米加砂压裂测试，12月5日9:00—13:00，6毫米油嘴放喷测试，油压67.604兆帕，折日产天然气316968立方米（气密度0.61），12月5日20:00—12月6日0:00，折日产天然气438772立方米（气密度0.61），12月6日12:00—16:00，折日产天然气527003立方米，资源量天然气524亿立方米。

克探1井跳出盐下白垩系主力目的层，实现"克拉之下找克拉"勘探构想，拓展库车坳陷天然气勘探领域，有望成为库车天然气战略接替层系；库车前陆盆地白垩系亚格列木组8000米以浅有利勘探面积4960平方千米,资源量天然气9035亿立方米、凝析油3480万吨。

(宋金鹏)

【克深1901井获工业气流,实现克深5南区块低效到高产转变】 克深1901井是塔里木油田公司部署在库车坳陷克拉苏构造带拜城断裂带克深19号构造东翼的一口评价井,钻探目的是取得钻井地质资料,为该区地震速度场研究、圈闭精细描述提供参数和依据,评价克深19气藏含气规模,落实克深19气藏产能。克深1901井2021年12月30日开钻,2022年9月23日完钻,完钻井深8110米。2022年11月27日,白垩系巴什基奇克组7901—7985米完井常规测试获高产气流,日产天然气222684立方米,结论为气层。克深1901井测试成功,解放了克深5南区块千亿立方米有利区带。

(雷 飞)

【大北13井白垩系巴什基奇克组获高产】 大北13井是塔里木油田公司部署在塔里木盆地库车坳陷克拉苏构造带克深断裂带大北12号构造大北13断片西部高点附近的一口预探井,部署目的是探索大北12号构造大北13断片含油气性,了解目的层厚度纵横向变化情况。大北13井2022年3月31日开钻,8月18日完钻,完钻井深5330米。完井后,对巴什基奇克组5132—5261米井段常规测试,10月29日13:00—19:00,折日产天然气115450立方米,折日产油2.4立方米,测试结论为凝析气层。

大北13井获工业油气流,将大北12气藏的含气范围扩大23平方千米,新增控制储量天然气432亿立方米,凝析油75万吨,在北侧新发现大北16圈闭,大北12气藏区资源量1162亿立方米,夯实博孜—大北区块产能建设的资源基础。

【博孜1气藏4口井测试获高产油气流】 博孜1302井是塔里木油田公司部署在库车坳陷克拉苏构造带拜城断裂带博孜1号构造博孜13东高点北翼的一口评价井,部署目的是为评价博孜1构造整体含油气性,扩大克拉苏构造带博孜地区油气勘探成果。博孜1302井2020年12月3日开钻,2022年2月25日完钻,完钻井深7268米。完井后,对白垩系巴什基奇克组井段7103—7143米加砂压裂改造,2022年5月9日10:00—18:00,折日产油89立方米、天然气216825立方米,测试结论为凝析气层。

博孜106井是塔里木油田公司部署在库车坳陷克拉苏构造带拜城断裂带博孜1号构造博孜102断块东翼的一口评价井,部署目的是评价博孜1号构造东部白垩系巴什基奇克组、巴西改组整体含油气性,进一步落实气藏规模,为最终探明博孜1气藏储量规模夯实基础。博孜106井2021年7月16日开钻、2022年5月5日完钻,完钻井深7085米,层位白垩系舒善河组。2022年7月18日完井后,对巴西改组7046—7063.5米常规测试,折日产天然气3.43万立方米,日产油2.73立方米;对巴什基奇克组6783.5—6951.5米井段加砂压裂测试,12月22日6:00—10:00,折日产油58.2立方米、天然气365790立方米;12月22日14:00—18:00,折日产油66.8立方米、天然气423720立方米,测试结论为凝析气层,标志博孜1构造区已探明区外围评价全部获得成功。

博孜2401井是塔里木油田公司部署在库车坳陷克拉苏构造带拜城断裂带博孜1号构造博孜24断块东翼的一口评价井,部署目的是评价博孜1号构造东部白垩系巴什基奇克组、巴西改组整体含油气性,进一步落实气藏规模,为最终探明博孜1气藏储量规模夯实基础。博孜2401井2021年8月24日开钻,2022年6月6日完钻,完钻井深7391米,层位白垩系巴西改组。7月28日完井后,对巴什基奇克组7228—7354米加砂压裂测试,9月10日5:00—9:00,折日产天然气244717立方米、油14.5立方米;9月10日17:00—21:00,折日产天然气320788立方米、油35.5立方米;9月11日5:00—9:00,日产天然气347730立方米、油50.4立方米,结论为凝析气层,进一步扩大气藏含气规模,落实博孜1—博孜3构造稳定区3000亿立方米大气区储量基础。

博孜2402井是塔里木油田公司部署在库车坳陷克拉苏构造带拜城断裂带博孜1号构造博孜24断块中部的一口评价井,目的是评价博孜1区块博孜24断块整体含油气性,为储量升级和方案编制提供支撑。博孜2402井2021年10月27日开钻,2022年7月8日完钻,完钻井深7463米,层位白垩系舒善河组。8月27日完井后,对白垩系巴什基奇克组—巴西改组7159—7448米加砂压裂测试,10月16日6:00—14:00,折日产天然气249797立方米、油34.95立方米,含油43%;结论为凝析气层,落实博孜1气藏超千亿立方米大气藏的储量规模。

【大北303JS井获高产气流】 大北303JS井是塔里木油田公司部署在塔里木盆地库车坳陷克拉苏构造带拜城断裂带大北4断块的一口评价井,部署目的是评价大北4号构造含油气规模。大北303JS井2021年11月26日开钻，2022年6月10日完钻，完钻井深8196米，层位白垩系巴什基奇克组。7月10日完井后，对巴什基奇克组8114.5—8196米井段常规测试，8月9日12:00—18:00，折日产天然气159163立方米、水42立方米，结论为气水同层。该井试获工业油气流，落实大北4气藏储量规模，完成初步评价气藏西部的目的；库车山前8000米以深再获工业气流，坚定克拉苏构造带8000米以深勘探信心；利用大北303井老井眼加深钻探，较新井节约投资近亿元。

（宋金鹏）

【富源4井获高产油气流】 富源4井是塔里木油田公司部署在塔里木盆地北部坳陷阿满过渡带富满油田富源Ⅲ区的一口预探井，探索富满油田东北部南北向次级断裂奥陶系一间房组—鹰山组的储层发育情况、含油气性及油气性质，扩大富满油田含油气规模。富源4井2022年3月31日开钻，11月25日完钻，完钻井深7967.00米/7723.79米（斜深/垂深），造斜点7400米，放空0.96米。完井后奥陶系一间房组7620—7967米放喷测试求产，获高产油气流。折日产油101立方米，折日产天然气85360立方米，结论为挥发性油层，证实次级断裂储层发育、油气富集，具备增储上产的巨大潜力；新发现一组次级断裂。

【中深101井、塔中56H获工业油流】 2022年，塔里木油田公司滚动勘探塔北—塔中老区中深101井是塔里木油田公司部署在塔里木盆地中央隆起塔中凸起中深1号构造的一口评价井，落实石炭系、志留系、奥陶系储层发育特征，含油气性以及中深1号构造寒武系盐下油气藏类型、含气面积及储量规模。中深101井 2022年3月31日开钻，9月2日完钻，完钻井深6894米。采用地面队独立支撑试油，志留系3888—3962米加砂压裂获高产油流，折日净产油92.4立方米，气微量，无硫化氢，结论为油层，证实塔中东部志留系沉积相带控制和超覆岩性油气藏认识，勘探潜力巨大。

塔中56H井是塔里木油田公司部署在塔里木盆地中央隆起塔中凸起中央垒带东段的一口预探井，为落实塔中56志留系圈闭资源规模，为塔中东部志留系整体评价提供资料基础。塔中56H井2022年7月6日开钻，9月15日完钻，完钻井深4160米。采用地面队独立支撑试油，志留系3922—4045米加砂压裂测试获高产油流，折日净产油59.5立方米，无硫化氢，结论为油层，进一步证实塔中东部志留系沉积相带控制和超覆岩性油气藏认识，塔中东部志留系柯坪塔格组岩性圈闭带资源潜力大。

（雷 飞）

【奥陶系深层新发现4条富油气断裂带】 2022年，塔里木油田公司通过预探、油藏评价、产建一体化部署，满深8井、玉科7井两口甩开预探井相继获高产，新发现F_I20、$F_{II}53$、$F_{III}2–1$、$F_{III}7–1$共4条断裂带。

（赵宽志）

【台盆区奥陶系深层碳酸盐岩5口预探井获高产】 玉科7井是塔里木油田公司部署在塔里木盆地北部坳陷阿满过渡带富满油田富源Ⅲ区块东北部的一口预探井，目的是探索$F_{II}53$断裂富源Ⅲ区块奥陶系一间房组储层发育情况及含油气性，并为区块上交预测储量做准备。玉科7井2021年6月17日开钻，2022年1月3日完钻，完钻井深7974米/7774米（斜深/垂深）、层位奥陶系一间房组，钻揭一间房组斜厚323米/垂厚137.89米，见气测显示55米/13层，目的层测井解释气层、差气层67.5米/9层，井底解释19米储层发育段。2022年1月11日完井后，对奥陶系一间房组7654—7974米常规测试，1月16日19:00—1月17日1:00，折日产油83.2立方米、天然气180888立方米，不含水，结论为凝析气层。该井为富满油田最东部出油井，证实东部勘探区潜力大。

满深72井是塔里木油田公司部署在塔里木盆地北部坳陷阿满过渡带富满油田F_I19断裂带北部分支断裂上的一口预探井，目的是探索富满Ⅱ区F_I19断裂带北部奥陶系一间房组—鹰山组储层发育情况及含油气性。满深72井2021年9月30日开钻，2022年3月13日完钻，完钻井深8088.67米/7843.67米（斜深/垂深）、层位奥陶系鹰山组一段，钻揭一间房组斜厚191米/垂厚109.36米、鹰山组斜厚210.17米/垂厚47.24米，见气测显示35.67米/11层，目的层测井解释油气层、差油气层共14米/5层，井底解释17.5米储层发育段。2022年3月13日完井后，对奥陶系一间房组7683—8088.67米进行常规测试，3月18日13:00—14:00，折日产天然气27.1万立方米，折日产油1300立方米，3月18日19:00—22:00，折日产天然气6.0万立方米，折日产油228立方米，测试结论为油层证实F_I19断裂带整体富含油气。

满深8井是塔里木油田公司部署在塔里木盆地北部坳陷阿满过渡带富满油田的一口预探井，目的是探索富满Ⅱ期F_I20断裂带奥陶系一间房组—鹰山组储层发育情况、含油气性、油气性质，实现F_I20

断裂带勘探发现。满深8井2021年10月24日开钻、2022年4月11日完钻，完钻8726.80米/8331.91米（斜深/垂深）、层位奥陶系鹰山组一段，钻揭一间房组斜厚105.5米/垂厚97.84米，鹰山组斜厚487.8米/垂厚101.55米，见气测显示100米/17层，目的层共解释油层+差油层48米/10层，井底5.38米发生放空漏失、未解释。2022年4月17日完井后，对奥陶系8117.5—8726.8米常规测试，4月25日15:00—16:00，折日产油423立方米、天然气938256立方米，4月26日0:00—8:00，折日产油105立方米，折日产天然气288636立方米，测试结论为凝析气层，新发现一条Ⅰ级富油气大断裂、证实F₁20断裂带整体富含油气，塔北—塔中沿通源深大断裂油气连片富集，证实富满油田呈西油东气特征。

满深71井是塔里木油田公司部署在塔里木盆地北部坳陷阿满过渡带富满油田的一口预探井，目的是探索富满Ⅱ期F₁19断裂带南部奥陶系一间房—鹰山组储层发育情况及含油气性，实现F₁19断裂带南部勘探发现，为区块上交控制储量做准备。满深71井2022年1月4日开钻，5月22日完钻，完钻8492.20米/8247.86米（斜深/垂深），层位奥陶系鹰山组二段。钻揭一间房组斜厚124.5米/垂厚122.5米、鹰山组斜厚640.7米/垂厚398.36米，目的层钻进期间放空6米/1段（井底放空未探到底），见气测显示106.2米/18层，解释油层、差油层130.5米/10层。2022年5月25日完井后，对奥陶系7722—8492.2米进行常规测试，2022年5月30日15:00—19:00，日产油194立方米、天然气201579立方米；2022年5月30日21:00—22:00，日产油725立方米、天然气632492立方米，结论为凝析气层，证实F₁19断裂带油气富集、高产稳产，进一步证实富满油田呈西油东气特征。

富源6井是塔里木油田公司部署在塔里木盆地北部坳陷阿满过渡带富满油田富源Ⅲ区的一口评价井，目的是探索富源Ⅲ区F₁18断裂带南部马尾端奥陶系一间房组储层发育情况、含油气性，落实油气富集规律，为上交储量做准备。富源6井2022年3月25日开钻，7月6日钻至井深7726.48米井漏失返，下探放空10.02米未探到底（放空井段7726.48—7736.50米），7月10日提前完井，完钻7736.5米/7672.37米（斜深/垂深），层位奥陶系一间房组；目的层钻进见油气显示33.0米/6层，测井解释97米/11层，其中Ⅱ类储层15.0米/2层，Ⅲ类储层30.0米/5层，油层8.0米/1层，差油层7.0米/1层，另外井底10.02米为储层发育段。2022年7月12日完井后，对奥陶系一间房组7595.0—7736.5米进行常规测试，2022年8月4日6:00—10:00，折日产油101立方米、天然气100296立方米；8月4日13:00—17:00，折日产油190立方米；8月4日18:00—22:00，折日产油329立方米；8月4日22:00—23:00，折日产油554立方米、天然气532176立方米，定产结论为油层，新发现一组长约51千米北东向次级断裂，证实次级断裂储层发育、油气富集。该井采取以全层系立体断裂检测为核心的技术体系刻画次级断裂，证实次级断裂刻画准确，技术方法具备在富满油田全面推广条件。

【昆探1井石炭系测井解释气层5.5米/2层】 昆探1井是塔里木油田公司部署在西南坳陷西昆仑冲断带齐美干构造带的一口风险探井，探索齐美干地区石炭—二叠系岩性圈闭含油气性并落实地层结构及储层发育情况，兼探新近系克孜洛依组河道砂体、古近系卡拉塔尔组碳酸盐岩的含油气性。昆探1井2021年7月28日开钻，2022年9月17日完钻，完钻井深7112米，层位二叠系棋盘组。石炭系塔哈奇组见气测显示8米/1层，全烃由0.73%升至37.93%，槽面见10%鱼籽状气泡，液气分离器点火燃，焰高0.2—0.4米，石炭系测井解释气层5.5米/2层。2022年11月6日钻井完井后，对石炭系塔哈奇组7046.5—7054.5米完井测试，截至2022年底，完井测试未完。

【恰探1井石炭系—二叠系测井解释差气层63米/7层】 恰探1井是塔里木油田公司部署在塔里木盆地西南坳陷西天山冲断带乌恰构造带阿深1号构造的一口风险探井，探索西天山冲断带逆掩叠置带白垩系含油气性，实现阿克深层油气勘探突破。恰探1井2021年2月6日开钻，2023年1月9日完钻。前期钻进过程中见油气显示192米/76层，全烃最高0.95%升至7.28%，槽面见鱼籽状气泡，石炭系—二叠系测井解释差气层63米/7层。

（宋金鹏）

勘探研究及认识

【基础研究】 2022年，塔里木油田公司通过盆地格架线和地震大剖面地震地质统层，明确盆地纵向划分为6个构造层和2个过渡层；重新分析周边洋盆闭合过程及其影响，明确塔里木构造变形受特提斯构造域和古亚洲构造域共同控制，将盆地划分为南天山构造域、西昆仑构造域、阿尔金山构造域3大构造域和12个亚构造域，明确不同构造域构造变形影响期次，阐明盆地经历克拉通—台地—海相坳陷—陆相盆地—陆内断陷—再生前陆盆地的演变过程；重新厘定塔里木期（5.8亿年—5.41亿年）、中—晚加里东期（4.7亿年—4.19亿年）、海西期（4.19亿年—2.5亿年）、印支期（2.5亿年—1.7亿年）、喜山期（0.45亿年以来）5个关键构造变革期，明确构造沉积演化特征及其对油气成藏控制作用。

（张海祖）

【区带目标研究】 2022年，塔里木油田公司新区新领域勘探取得4个重要突破：克拉1井探索新层系获重大突破，实现"克拉之下找克拉"的梦想；富东1井探索新领域获重大突破，有望形成新的天然气战略接替区，迪北5井探索新类型获成功，解放近6000平方千米有利勘探区；昆探1井、恰探1井有望打开塔西南新地区勘探局面。集中勘探富满地区，一体化部署井位41口，均获成功，探明4条断裂带，新增探明石油地质储量2.25亿吨，控制$F_1$19断裂，其中满深71井、满深72井测试产量超千吨，新增控制石油地质储量1.23亿吨，预探4条断裂带，上交预测储量气830亿立方米、油3969万吨。

针对博孜—大北区块白垩系圈闭空白区，断裂组合、断片走向不合理区，锁定博孜南、博孜—大北转换带南、博孜—大北转换带北、大北12周缘、博孜北5大区域开展圈闭搜索。通过全层位解释、逐条梳理Ⅰ、Ⅱ、Ⅲ断裂及断片特性，逐层识别断点及断面波特征，确定断裂空间位置；逐段断距分析及分段特征研究，确定延展范围；逐条梳理断片之间叠置关系，确定断片空间展布。通过断裂精细梳理，解决构造图Ⅱ、Ⅲ级断层相互交叉、组合关系不清的矛盾；解决同一断层断距突变、不同断裂错误组合成一条断层的问题；解决鳞状圈闭发育区内部结构混乱、断片叠置关系不清的现象。发现大北12构造区周缘、博孜9—大北4构造区、博孜2—博孜7构造区的大北31、大北32预探类圈闭，落实大北12评价类圈闭。

立足构造稳定区，博孜—大北精细勘探获重要进展，落实大北12千亿立方米气区、滚动评价博孜1井区。以断控油藏认识为指导，重新评价塔北—塔中老区，沿主干断裂部署滚动评价、老井侧钻18口，成功率95%，落实可动用石油储量2000万吨，实现少

井高效建产，塔中等老区产量止跌回升。

（张海祖 潘杨勇）

【圈闭研究】 2022年，塔里木油田公司圈闭研究重心逐步向预探圈闭转移，完成圈闭二级、三级审查共25轮次，通过塔里木油田公司审查85个，总面积4346平方千米，资源量油5.56亿吨，天然气1.58万亿立方米。包括新发现圈闭69个，总面积3886平方千米；重新落实圈闭16个，总面积460平方千米。在新发现圈闭中，库车新区、台盆区深层碳酸盐岩、塔西南山前三大新区新领域新发现圈闭27个，总面积3345平方千米；重新落实圈闭2个，总面积53平方千米。

【储量研究】 2022年，塔里木油田公司开展油田三级储量研究工作，经过5轮次储量区块优化调整，储量关键井全过程跟踪，储量研究全生命周期质控，完成塔里木油田公司年度新增石油天然气三级储量任务。

开展塔里木油田公司探明未开发储量、剩余控制储量、剩余预测储量评价分类和原油、天然气已探明未开发储量评价动用工作，夯实油田储量基础，支撑"十四五"规划实施。

开展塔里木油田油气证实储量增储挖潜，在全面梳理、合规评估原则下，完成塔里木油田公司半年、年度自评估及与第三方评估公司对接，完成塔里木油田公司年度SEC储量考核指标。

根据产建、评价分类事实已开发储量、矿权办理需要等开展年度可采储量标定，年度可采储量标定5个油气田8个块。编制探明储量4个油田7个区块新增报告、1个油田1个区块复算报告，通过自然资源部组织的评审专家组审查。

（罗日升）

【地质认识】 2022年，塔里木油田公司总结塔里木盆地深层—超深层油气地质理论认识研究进展，明确塔里木盆地在"三山夹两台"基底格局上，叠加三期伸展—挤压构造旋回，控制盆地烃源岩、沉积储层和油气成藏过程。通过锆石定年和大地构造背景分析，认识到南塔里木和北塔里木地块在哥伦比亚超大陆形成时期（19亿年左右）已经碰撞拼合形成统一的克拉通，形成"三隆夹两台"的基底格局雏形。塔里木盆地烃源岩发育受三大伸展构造阶段控制。寒武纪早期伸展阶段，盆地发育阿瓦提凹陷、满西凹陷、满东凹陷和麦盖提凹陷4个生烃凹陷，同时在柯坪和塔西南山前也发育2个局部生烃次凹陷。石炭纪—二叠纪伸展阶段，发育喀什凹陷和叶城凹陷2个

生烃凹陷。三叠纪—侏罗纪在库车坳陷发育拜城凹陷和阳霞凹陷2个生烃凹陷，同时在塔西南山前也局部发育侏罗系生烃凹陷。盆地三大构造旋回过渡阶段是盆地储层和盖层主要发育时期，塔里木盆地深层—超深层发育3套近源区域性储盖组合。第一套为中寒武膏盐岩与上震旦—下寒武白云岩的储盖组合，分布在塔北、塔中和巴楚等台盆区。第二套近源储盖组合为二叠系泥岩盖层和石炭—二叠系灰岩储层和碎屑岩组合，主要分布在塔北、塔中、巴楚、满西等台盆区，哈得逊油田等就是在本套储盖组合获发现的。第三套近源组合为古近系膏盐盖层和白垩系砂岩储层组合，分布在库车前陆区和塔西南前陆区，克拉苏大气田就是该套储盖油气发现的代表。此外，在烃源岩之上还发育一套源上优质储盖组合，即上奥陶泥岩盖层和中上奥陶统灰岩储盖组合，在盆地坡折带以东地区则变为志留系泥岩—致密砂岩盖层和志留系砂岩储层的组合，塔北大油田和塔中大凝析气田就是该套储盖组合油气发现的典型代表。

【地层构造研究】 2022年，塔里木油田公司建立塔里木盆地典型构造样式及其分布特征，塔里木盆地挤压断层构造样式可以分为3大类9种样式，3大类包括基底卷入构造、盖层滑脱构造、反转构造。基底卷入型包含阶梯构造、楔形构造、堆垛构造、叠瓦构造，盖层滑脱型包括基底滑脱构造、盐层滑脱构造、多层滑脱构造，反转型包括早正晚逆反转构造、早逆晚反转构造。塔里木盆地走滑断裂具有多层变形特征，根据走滑断裂发育的地层能干性差异、多起构造作用，将其划分为12种构造样式，即碎屑岩构造层中多为张扭性质的半地堑、地堑、复合地堑样式，碳酸盐岩地层中发育正花状、负花状、平移走滑样式，中寒武统发育盐席、盐撤和盐拱背斜，寒武系盐下层发育逆冲断裂、古隆起及正断层。

(张海祖)

【沉积储层研究】 2022年，塔里木油田公司完善盆地级沉积体系编图，明确盆地生储盖组合分布规律，为后期领域优选和区带评价奠定基础。

在稳定重矿物分析基础上开展克拉苏构造带克拉—克深段、博孜—大北段白垩系地层统层工作，明确克拉—克深段与博孜—大北段白垩系地层分层的差异性。通过盆地边界、断裂体系、井一体化，平衡恢复克拉苏构造带白垩纪原型盆地，还原沉积古地理及原型盆地面貌。在原型盆地恢复基础上，重新勾绘区域沉积相展布。井震结合，勾绘三叠系残余厚度平面分布图，恢复白垩系地层沉积时期古地貌特征。受温宿古隆起影响，局部古构造控制沉积体系展布，中生界地层往西逐渐减薄，结合非地震资料，认为古隆起和斜向挤压形成走滑断裂，断裂和抬升剥蚀控制沉积相、岩相。博孜1井西部为双物源区，不同沉积体系间沉积物厚度变薄，岩性变细，砂体连通性变差。博孜13井处受基底构造影响发育断层，形成局部河流，分流间湾和水道间歇发育，形成南部物源沉积体系，富泥细粒岩相和晚期石膏胶结导致储层空间多被充填，受方解石胶结致密，储层物性明显变差；博孜13井、博孜103井目的层砂岩胶结物中白云石、膏质含量明显高于其他井，表示水体较深且盐度高，属于局限水体，处于南北物源交界附近，储层物性受到影响明显变差。博孜1主体为北物源，砂体厚度稳定，叠置连片，储层物性好。

开展中寒武两个层组沉积相研究，明确中寒武统蒸发岩分布规律，明确优质盖层展布特征。修编奥陶系各个组岩相古地理展布图，明确台地扩张、分异、淹没规律。建立泥盆—志留系层序序列，阐明层序界面特征和成因，并划分沉积体区域，构建盆地规模等时地层格架，识别志留重点组段（柯坪塔格组）主要沉积体系类型、特征及沉积体系分布、演化规律。建立塔里木盆地石炭系层序地层序列的划分方案和井—震对比格架，编制石炭系各个组的沉积体系平面图。建立二叠系层序格架，明确碳酸盐岩、碎屑海岸、火山碎屑、碎屑沉积4种沉积体系在层序地层不同格架下展布规律。建立古近系层序序列，构建重点区等时地层格架，识别古近系主要沉积体系类型、特征及沉积体系分布及演化规律。

(张海祖 王翠丽)

【含油气系统研究】 2022年，塔里木油田公司结合已发现油气特征与分布规律，将塔里木盆地划分为4个大含油气系统，即库车陆相、塔北—塔中海相、麦盖提斜坡海相、塔西南山前系统。不同含油气系统经历油气成藏期次各不相同，整体表现出多期多幕成藏特征。根据已发现油气分布特征，考虑各含油气系统生储盖配置与组合关系，结合油气勘探目的层位和构造特征，将各含油气系统从纵向上划分为上、中、下3套成藏组合。盆地油气成藏受3个方面因素控制：烃源岩持续生烃，油气来源丰富，生烃潜力大；作为典型"冷盆"，深层—超深层油气得以生成和保存，塔里木盆地是个典型的"冷盆"，具有低地温梯度和低大地热流值特点；多期叠合复合盆地特征决定深层—超深层发育多个含油气系统和多套成藏组合。

【油气成藏研究】 2022年，塔里木油田公司持续开展烃源岩特征及有机相研究，明确不同区块主力烃源岩生烃母质与沉积环境差异性，深化烃源岩形成富集主控因素与成烃认识。库车三叠—侏罗系半深湖相—深湖相有机质类型好，以生油气为主，湖沼相有机质类型差，以生气为主。台盆区寒武系控制优质烃源岩分布，生烃中心有机质富集、生烃潜力大。塔西南地区石炭系烃源岩有机质生物来源以高等植物来源为主，局部发育一套以藻类体为主烃源岩，二叠系棋盘组烃源岩形成于干燥气候条件下弱氧化—弱还原淡水环境，有机质富集受控于古生产力和古水深，普斯格组烃源岩主要沉积于淡水还原环境，古气候均为半干旱—半湿润条件。侏罗系中侏罗统湖相泥岩是一套以藻类生源有机质为主的烃源岩，生油气性存在差异，喀什凹陷周缘中侏罗统湖相泥岩生烃母质以Ⅱ型为主，柯克亚地区则以Ⅲ型为主，纵向上，侏罗系杨叶组中上段烃源岩层状藻类体发育，具有良好生油潜力。

【碳酸盐岩油气藏地质研究】 2022年，塔里木油田公司通过恢复前寒武纪三隆五坳原型盆地格局，建立碳酸盐岩台地形成—扩张—收缩、淹没消亡的地质模型，明确前寒武纪裂陷体系、寒武—奥陶纪台地潟湖相、斜坡陆棚相烃源岩发育。建立大台地背景、多期台缘迁移、多期不整合暴露、多期断裂活动、多成因叠加改造碳酸盐岩储层发育模式。寒武系—奥陶系发育10期台缘建造，满西台地沉积巨厚碳酸盐岩，奠定储层物质基础。自古隆起向古凹陷，高能相带、岩溶改造、断裂/裂缝控储作用发生转换，整体表现为溶蚀作用减弱，断裂控储作用增强，凹陷区逼近生烃中心发育断控型储层，储层不受构造埋深限制。建立断控储层"三元控储"模式，小克拉通盆地周缘多块体多期碰撞拼接，板内走滑断裂加里东—海西期多幕活动、大规模发育，高能沉积相带、多期断裂活动、多源流体溶蚀形成规模缝洞储层。建立"烃源岩多期供烃、碳酸盐岩多元控储、断裂垂向运聚、立体复式成藏"的古老海相含油气系统成藏模式，明确走滑断裂"控储、控圈、控运、控藏、控富"的地质认识，推动勘探领域向超深层、向古凹陷拓展。明确奥陶系三期差异油气充注，控制西油东气格局。西部以加里东期、海西期为主，东部以海西期、喜山期为主，东部油气藏成熟度更高，原始地层压力高。基于走滑断裂"通源性、输导性、匹配性"评价，逼近前寒武裂陷槽生烃中心，中寒武膏盐层越薄、断裂规模越大，断裂带通源能力越强，油气越富集，油柱高度大。2022年，塔里木油田公司通过预探、油藏评价、产建一体化部署，探明4条断裂带，新发现4条断裂带。

2022年，塔里木油田公司通过层序地层和沉积相研究，认识到富满东部发育完整寒武系进积、奥陶系退积型台缘，多期台缘礁滩体叠加迁移；富东地区寒武系玉尔吐斯组烃源岩厚150—200米，下伏南华—震旦系裂陷槽，油气源条件得天独厚；富满东部台缘为大型继承性台缘，自南向北撒开变宽，具有南段镶边、中段过渡、北段斜坡的分段特征，中段富东地区发育奥陶系宽缓的退积台缘；地表露头与地震结合，认识到退积台缘滩体发育高频层序旋回控制下的准同生期岩溶，晚期叠加断裂改造，形成规模分布的碳酸盐岩缝洞储层；创新"属性优选—整体雕刻—能量屏蔽—断裂识别"全层系立体断裂检测技术，发现富满地区主干断裂间发育大量网状次级断裂，叠加礁滩体形成优质储层；基于烃储盖断分析，建立不同于断控油藏的断控高能滩型油气藏新模式；利用振幅类属性、波阻抗、地震相刻画奥陶系鹰山组1—2段礁滩体，优选滩体构造高部位、储层发育区，部署富东1井测试获高产油气流，实现轮南—富满台缘带重大突破，为常温超压碳酸盐岩凝析气藏，预测含气面积397.1平方千米，天然气1095亿立方米，凝析油3870万吨。奥陶系台缘带有利面积8749平方千米。区域烃源岩厚度大，微断裂发育，有望形成新的万亿立方米凝析气藏增储规模区，推动轮南—富满台缘带勘探进程。

（赵宽志）

【勘探井位研究及部署】 2022年，塔里木油田公司审查探井井位12轮次，通过探井井位40口，其中油藏评价井8口（2023年计划井8口）、气藏评价井5口（2023年计划井5口）、预探框架井位27口（2022年计划井19口、2023年计划井8口）。风险探井向股份公司汇报3轮次，提交井位14口，通过8口。

【钻探目标失利分析】 2022年，塔里木油田公司完试并有结论的探井40口，失利井15口（表7）。工程报废井1口，地质失利井14口。地质失利井中，圈闭不落实井7口、缺乏有效储层井4口，主要分布在库车坳陷；缺乏油气运移通道和油气充注程度弱的井3口，主要分布在台盆区碳酸盐岩领域。

（罗日升）

表 7　塔里木油田公司 2022 年失利探井统计表

项目	区块	失利原因					合计
		圈闭不落实	缺乏有效储层及目的层	缺乏油气运移通道	油气充注程度弱	工程报废	
石油及天然气勘探	库车	博孜34井、博孜701井、大北1205井、康村1井	博孜1301井、迪北105XCS井、西秋1井、吐格6井				8
	塔北	牙哈28井			哈鹰901井	果勒2JS井	2
	塔中	满深20井			中寒2井		2
	塔西南及新区	坪探1井		麦探1井			2
合计		7	4	1	2	1	15

圈闭不落实(7口)

博孜34井。博孜34井是部署在塔里木盆地库车坳陷克拉苏构造带克深断裂带博孜3构造群博孜34号构造中部高点的一口预探井。设计井深7355米,完钻井深7125米,层位白垩系舒善河组。钻揭目的层白垩系巴什基奇克组垂厚173.5米,巴西改组垂厚83.5米。目的层见气测显示123米/23层,巴什基奇克组见92米/19层显示,巴西改组见31米/4层。目的层6824—7094米(270米)井段测井解释油气同层+差油气层46.5米/23层,巴什基奇克组油气同层、差油气层43米/21层,油气同层13.5米/8层,差油气层29.5米/13层,气水同层11.5米/3层;巴西改组差油气层3.5米/2层。2022年11月16日,对白垩系巴什基奇克组6823.5—6880米井段酸压施工,注入井筒总液量280立方米,挤入地层总液量280立方米。2022年11月16—20日,折日产天然气12043立方米、油1.2立方米,折日排液9.07立方米,测试结论为低产凝析气层。博孜34构造北翼舒善河组泥岩不具备封堵性,按自成背斜计算本构造为圈闭面积小的低幅度构造;同时博孜34井裂缝发育程度、储层物性中等,较邻区博孜18井、博孜1井区略差,裂缝走向与最大主应力方向夹角40—80度,裂缝有效性相对较差,导致该井测试效果差、低产。

博孜701井。博孜701井是部署在塔里木盆地库车坳陷克拉苏构造带拜城断裂带博孜段南部博孜7号构造西翼的一口评价井,设计井深7920米,完钻井深7887.9米,层位白垩系巴什基奇克组。博孜701井白垩系巴什基奇克组见气测显示13米/6层,测井解释油层16米/5层,孔隙度9.1%,含油饱和度59%;差油层5.5米/3层,孔隙度5.1%,含油饱和度56%;解释干层8米/5层,解释油水同层10米/1层,孔隙度8.6%,含油饱和度46%。完井后对7837—7847米井段酸压改造,5毫米油嘴生产,油压1.751兆帕,折日产水46.8立方米,累计产水95.60立方米,放喷口点火焰高0.2—0.3米,测试结论为含气水层。博孜701井位于博孜7号构造西翼,设计目的层顶海拔较博孜7井油水界面仅高70米,油柱高度低。实钻下泥岩段厚度与设计存在较大差异,导致目的层埋深较设计深111.71米,实钻博孜701井目的层顶在博孜7井经测试证实的油水界面以下,是本井失利的主要原因。

大北1205井。大北1205井是部署在塔里木盆地库车坳陷克拉苏构造带克深断裂带大北12号构造东高点的一口评价井,设计井深5925米,完钻井深6740米,层位下盘古近系库姆格列木群。大北1205井浅层发现不同级别油气显示66.0米/19层,目的层白垩系巴什基奇克组见气测显示30米/11层。测井解释气层5.5米/2层,平均孔隙度6%,平均含气饱和度55.5%;差气层17米/6层,平均孔隙度4.5%,平均含气饱和度54.4%;气水同层、含气水层、水层22.5米/7层,平均孔隙度4.5%,平均含气饱和度54.4%。完井后对巴什基奇克组上部6474—6500米井段进行酸化测试,挤入地层总液量223立方米,反排液量172.16立方米,反排率77.2%,日产水31.4立方米,测试结论为水层。大北1205井失利原因为大北1205井区构造西倾不落实,导致该井钻探失利;目的层反射同相轴识别错误,对大北12号构造东部走滑压扭断裂认识不足,导致大北1205井实钻较设计偏深827米,目的层埋深较大北12井区气水界面海拔深535.3米,可能是本井失利的重要原因；大北1205井井周浅层及目的层构造结构复杂，井控程度低，在叠前深度偏移处理中速度模型难以准确建立，导致地震资料成像品质差，目的层未得到有效反射，是导致目的层及走滑断层识别不准的主要原因。

康村1井。康村1井是部署在塔里木盆地库车坳陷北部构造带吐依背斜南斜坡带康村5号圈闭的一口预探井，设计井深3680米、加深设计井深4370米，完钻井深4325米，层位侏罗系齐古组。康村1井发现气测异常显示55米/21层，其中古近系库姆格列木群4米/2层、白垩系巴西改组24米/5层、舒善河组21米/12层、亚格列木组6米/2层。其中，白垩系巴西改组测井解释含水气层14米/2层，孔隙度平均值13.5%；含气水层24米/3层，孔隙度平均值13.0%；水层2.5米/1层，孔隙度平均值14.5%；干层11米/4层，孔隙度平均值7.3%。白垩系舒善河组、亚格列木组测井解释气层11米/3层，孔隙度平均值14.3%；差气层29.5米/13层，孔隙度平均值8.8%；含水气层6米/3层，孔隙度平均值11.4%；水层3.5米/1层，孔隙度平均值15.2%；干层61米/25层，孔隙度平均值4.4%。完钻后，对白垩系巴西改组3552—3588米进行裸眼中途测试（酸压），2021年9月12日16:00—22:00，连续油管+制氮车气举敞放排液，举深2800米，泵压14.580兆帕，注气量28312米³/日，油压0，日产油0，日产水0，定产结论为低产不定性。完井后对白垩系亚格列木组4275.5—4701米井段进行加砂压裂测试，2021年12月20日0:00—12:00，连续油管+氮气气举，气举深度2500米，泵压5.8兆帕，注气量28800米³/日，折日产水28.2米³/日、油0，结论为含气水层。上返对白垩系舒善河组4035—4211.5米井段进行加砂压裂测试，2022年2月3日2:00—10:00，折日产水29.1米³/日（密度1.08克/厘米³，氯根85962毫克/升）、含油花，折日产天然气12234米³/日（气比重0.642），结论为气水同层。上返对白垩系巴西改组3579.5—3594米井段进行加砂压裂测试，2022年5月23日18:00—5月24日18:00，见油花，日产天然气971米³/日，日产水6.3米³/日，测试结论为含气水层。康村1井白垩系顶部灰岩盖层减薄，微裂缝发育，顶板条件较差可能是气藏低产的主要原因。

牙哈28井。牙哈28井是部署在塔里木盆地塔北隆起轮台凸起中段牙哈构造带上的一口预探井，设计井深6487米，原井眼完钻井深6487米，层位寒武系。牙哈28井录井见气测显示26米/6层，其中目的层三叠系克拉玛依组见油气显示3米/1层。测井解释含水气层1.5米/1层，含气水层3.5米/1层。地层流体测试6197米为油水同层，含油20%—30%。完钻后未测试，直接注水泥塞，自5800米侧钻，钻至6335米/6223.61米（斜深/垂深）完钻。牙哈28C侧钻过程中见气测显示7米/3层，其中目的层三叠系克拉玛依组见油气显示1米/1层，测井解释含油水层1米/1层，垂厚0.7米，水层21.2米/3层，垂厚15.1米。完钻后未测试，直接注水泥塞封井。牙哈28井失利原因为牙哈区块三叠系无井控，地震资料分辨率不满足地层尖灭线识别，地层圈闭落实程度低是钻探失利根本原因。直井眼圈闭不落实，钻遇油水界面；侧钻井眼与直井眼三叠系顶面平面距离300米，构造上牙哈28C井储层顶面较牙哈28井高11米，含油砂体在构造高部位遭受剥蚀。

满深20井。满深20井是部署在塔里木盆地北部坳陷阿满过渡带塔中下斜坡F_I20断裂带上的一口预探井。设计井深8037米/7685米（斜深/垂深），加深设计8235米。完钻井深8235米，进灰岩垂深352.54米。满深20井录井见气测显示81.5米/25层。其中目的层一间房—鹰山组见油气显示54.5米/17层。测井解释目的层共解释Ⅱ类储层78.5米/5层，解释油气层18.5米/1层，差油气层60米/4层，Ⅲ类储层127米/12层。完井后，对奥陶系7300—8235米井段完井试油，敞放排液，点火可燃，黄色火焰0.5米，折日排液16.8立方米，累计排液135.45立方米，结合钻井漏失和放喷测试情况，分析井眼沟通裂缝型储层，地层有出水迹象，但无法落实水体规模。2022年4月14日酸压气微量（点火0.5米，黄色火焰），日产液113立方米，结论为含气水层。塔中下斜坡F_I20断裂带为张性段对接张性段模式，下斜坡张性段油气封堵条件较差导致油气柱高度有限，该井设计钻揭灰岩垂深220米，实钻352.54米，钻揭较深导致出水。

坪探1井。坪探1井是位于塔里木盆地中央隆起柯坪凸起启浪构造上（沙井子断裂西端上盘）的一口预探井，设计井深5400米，完钻井深4819米，层位震旦系苏盖特布拉克组。坪探1井见气测显示84米/37层。其中，志留系柯坪塔格组9米/3层、奥陶系大湾沟组22米/8层、寒武系下丘里塔格组4米/2层、寒武系阿瓦塔格组4米/2层、寒武系沙依里克组7米/3层、寒武系吾松格尔组2米/1层、寒武系肖尔布拉克组29米/14层、寒武系玉尔吐斯组1米/1层、震旦系奇格布拉克组6米/3层。吾松格尔组测井解释Ⅱ类储层1米/1层，孔隙度3.0%，为裂缝孔洞型储层，解释结论为差气层。

肖尔布拉克组测井解释Ⅰ类储层12.5米/1层、孔隙度13%，Ⅱ类储层28.5米/3层、平均孔隙度3.62%，均为裂缝孔洞型储层，除3米/1层Ⅱ类储层解释结论为差气层以外，其余均解释为含气水层。奇格布拉克组测井解释Ⅱ类储层11米/2层，平均孔隙度5.39%，为裂缝孔洞型储层，解释结论均为水层。坪探1井未进行完井试油，打水泥塞，焊盲板完井。坪探1井失利原因为肖尔布拉克组—奇格布拉克组断层失去封堵，断块型构造圈闭无效，吾松格尔组储层不发育。

缺乏有效储层及目的层（4口）

博孜1301井。博孜1301井是部署在塔里木盆地库车坳陷克拉苏构造带拜城断裂构造带博孜1号构造博孜13西高点西翼上的一口评价井，设计井深7525米，完钻井深7275米，层位白垩系舒善河组。博孜1301井巴什基奇克组见气测显示5.35米/3层，测井解释油气层、差油气层2米/2层，平均孔隙度6.7%，平均含气饱和度57.5%；巴西改组共见气测显示21米/9层，测井解释油气层+差油气层15.5米/6层，平均孔隙度4.7%，平均含气饱和度60.2%。完井后，对白垩系巴什基奇克组、巴西改组7187—7253米井段进行酸压施工，注入井筒总液量485立方米，挤入地层总液量485立方米，折日产天然气10976立方米、油5.04立方米、水11立方米，折日排液16.04立方米，测试结论为气水同层。博孜1301井失利原因为本井裂缝发育程度、储层物性中等到差；钻遇巴什基奇克组有利储层较少，裂缝不发育；测井解释巴西改组裂缝有效性差，导致该井测试产量低。博孜13区域裂缝以南北向为主，裂缝带间以东西向调节断层沟通，裂缝带内以气相为主，裂缝带间基质物性差局部封存水较多。克拉苏构造带最南带普遍存在气水同层现象，是博孜1301井失利主要原因。

迪北105XCS井。迪北105XCS井是利用迪北105X井进行侏罗系阳霞组重新测试井，设计井深5068米/4998米（斜深/垂深），完钻井深5113米/4998米（斜深/垂深），层位三叠系塔里奇克组。迪北105XCS井前期钻进过程中，在侏罗系阳霞共见54米/14层气测显示，其中阳三段显示最集中，共42米/8层。阳霞组第三段储层测井气层2.5米/1层，孔隙度15.8%，含气饱和度54%；差气层18.5米/6层，孔隙度9.7%—10.9%，平均孔隙度10.4%，平均含气饱和度52.1%。老井复查后，选择阳霞组第三段4551—4575米重新测算，2022年7月19日加砂压裂，8月8日0:00—8:00，见油花，折日产天然气168立方米，折日产水29立方米，结论为含气水层。迪北105XCS井失利原因为阳霞组三段储层非均质性强，未钻遇有效裂缝带，地层不能持续产出。

西秋1井。西秋1井是部署在塔里木盆地库车坳陷秋里塔格构造带西秋段西秋1号圈闭上的一口预探井，设计井深4450米，完钻井深4450米，层位为古近系库姆格列木群。西秋1井见气测显示11.0米/6层。其中吉迪克组8.0米/5层，苏维依组3.0米/1层。本井未进行完井试油，打水泥塞，焊盲板完井。西秋1井失利主要原因为实钻吉迪克组底砂岩段有效储层欠发育；盐间底砂岩段通源断裂不发育。

吐格6井。吐格6井是塔里木盆地库车坳陷吐依构造带的一口预探井，设计井深6455米，加深设计井深7000米，完钻井深7000米，层位三叠系塔里奇克组。吐格6井见气测显示191.2米/71层，其中克孜勒努尔组106米/36层，阳霞组15米/7层，阿合组70.2米/28层。阿合组6500—6977米测井解释油气层23.5米/5层，平均孔隙度8.2%，平均饱和度67.0%；差油气层135米/28层，平均孔隙度5.9%，平均饱和度61.6%。完井后对侏罗系阿合组6533.3—6979米进行加砂压裂测试，截至2022年8月8日0:00，折日产天然气2155立方米，见油花，折日产水36.72立方米，累计排液2340.84立方米，返排率126.46%，累计产水413.02立方米，地层压力系数1.73。吐格6井失利原因为前期地震资料品质不高、圈闭精细落实技术方法还不成熟，影响圈闭刻画准确性，导致阿合组未钻遇断裂—裂缝发育带，且整体裂缝发育程度低，储层改造困难，是本井测试低产主要原因。

缺乏油气运移通道（1口）

麦探1井。麦探1井是部署在塔里木盆地西南坳陷麦盖提斜坡罗南—鸟山构造带麦寒1号构造的一口风险探井，设计井深7080米、加深设计7530米，完钻井深7096米，层位中元古界变质岩基底。麦探1井见90米/39层气测显示，其中：泥盆系东河塘组2米/1层，奥陶系60米/24层，上寒武统26米/13层，下寒武统2米/1层。奥陶系测井解释Ⅱ类储层31.5米/4层，孔隙度4.15%，均为水层；Ⅲ类储层131.5米/11层，孔隙度1.32%。寒武系下丘里塔格组测井解释Ⅱ类储层45.5米/10层，孔隙度4.42%，其中含气水层3.5米/1层，水层42孔隙度/9层；Ⅲ类储层192米/15层，孔隙度1.92%。肖尔布拉克组测井解释Ⅱ类储层18.5米/3层，孔隙度3.7%，其中含气水层1.5米/1层，水层17米/2层；测井解释Ⅲ类储层11米/1层，孔隙度2.5%。麦探

1井未进行完井试油，打水泥塞，焊盲板完井。麦探1井失利的主要原因为原地缺少烃源岩和油气成藏规律认识不清。

油气充注较弱（2口）

哈鹰901井。哈鹰901井是部署在塔里木盆地塔北隆起轮南低凸起西斜坡哈拉哈塘油田F_1^9断裂带的一口评价井，原井眼设计井深为7606米/7186米（斜深/垂深），完钻井深7340.73米/7140.78米（斜深/垂深）。哈鹰901井录井共见气测显示105米/15层。其中目的层—间房—鹰山组共见油气显示52米/7层，测井解释Ⅱ类储层36米/5层，差油层29米/4层，油水同层7米/1层，Ⅲ类储层176米/17层。完井后，对奥陶系6705—7340.73米进行测试，气微量，折日产液134.64立方米，排液636.36立方米。返出液氯根78285毫克/升，本区邻井地层水氯根在89000—117000毫克/升，判断为地层水和钻井液混液，经讨论决定上返侧钻鹰山组二段。侧钻井眼设计井深7375.94米/6930米（斜深/垂深），钻探过程中设计轨迹调整加深至7462米/6961米（斜深/垂深）。完钻井深7462米/6961米（斜深/垂深），层位奥陶系鹰山组二段，进灰岩垂深253米。侧钻井眼目的层—间房组—鹰山组共见气测显示106米/13层，测井解释Ⅱ类储层7.5米/2层，差油层2米/1层，含油水层5.5米/1层，Ⅲ类储层89.5米/11层。完井后，对奥陶系6705.00—7462米进行酸压测试，日产水207.40立方米，测试结论为水层。哈鹰901井失利原因为F_1^9断裂带南段活动逐渐变弱，油气充注变差，整体油柱高度变小；鹰山组内部钻井过程气测活跃，测井解释储层发育，鹰山组二段致密灰岩盖层因断裂带改造影响，封盖能力差，没有成为鹰山组三段优质储层有效盖层，是本井失利另一原因。

中寒2井。中寒2井是部署在塔里木盆地塔中隆起塔中凸起北斜坡中寒6号构造上的一口风险探井，设计井深为8600米、加深设计8900米，完钻井深8791米，层位前寒武系。中寒2井目的层段共发现油气显示64米/19层。其中，寒武系下丘里塔格组差气层7米/2层，阿瓦塔格组差气层5米/3层；目的层吾松格尔组差气层9米/2层，肖尔布拉克组含气水层23米/5层，玉尔吐斯组4米/1层。寒武系下统吾松格尔组8360—8609米，测井解释Ⅱ类储层6.4米/5层，孔隙度3.1%—4.1%，平均3.5%；储层类型为裂缝—孔洞型，综合解释气层6.4米/5层。寒武系下统肖尔布拉克组解释Ⅱ类储层27.7米/14层，孔隙度2.2%—3.4%，平均2.64%；储层类型孔洞型，解释气层27.7米/14层。完井后，对寒武系肖尔布拉克组8648—8683米井段测试，2021年11月23日6:00—14:00，折日产天然气991立方米（气比重0.87）、日产油0，折日产水165立方米，结论：含气水层。测试后临时完井。2022年1月18日—4月30日期间，上返寒武系吾松格尔组8376—8406米井段进行酸压测试，测试结论：低产气层。中寒2井失利原因为吾松格尔组高角度裂缝发育，向下可能沟通肖尔布拉克组储层，油气运移至本井区后，纵向沿高角度裂缝调整至吾松格尔组，盖层保存条件差，由于区带整体油气充注强度较弱，气柱高度有限，肖尔布拉克组位于气水界面以下，结果测试出水见气。

工程报废（1口）

果勒2JS井。果勒2JS井是果勒2井的加深井，部署在塔里木盆地北部坳陷阿满过渡带富满油田果勒区块的一口预探井，设计井深7944米/7930米（斜深/垂深）。果勒2JS井2022年7月18日开钻，8月1日开始井筒恢复、钻塞至4324.88米（回接筒位置4319米）井漏失返，后经过挤水泥封堵作业仍试压不合格，挤水泥未达到预期效果。由于套管回接筒存在密封失效或破损，且将钻遇异常高压层（果勒2井试油实测地层压力141.96兆帕/7065.13米，压力系数2.05），存在较高井控风险。继续作业将存在3大风险：挤水泥后环空通道变小、地层吃入能力变差，存在水泥浆窜槽，不能在重叠段形成360度封闭水泥环，试压、钻进、试油作业过程中存在较高井筒完整性风险；目的层钻遇异常高压，溢流压井处置可能出现高套压，压井作业期间存在极高井控处置风险；对井口钻采一体化四通金属密封与下FS密封之间试压不合格，生产过程中存在较高井口泄漏风险。鉴于实际作业情况及潜在安全风险，认为果勒2JS井生产套管承压能力低且无法补救，不满足继续作业安全生产需要，决定注水泥塞封井。

（宋金鹏）

【风险勘探】 2022年，塔里木油田公司深化基础研究与成果转化，组织战略联盟单位加强风险领域目标研究，提出15个风险目标，股份公司审查通过克探1井、宿探1井、托探1井、雄探1井、群探1井、夏探1井、罗探1井共7口风险井位，创造历年最高纪录。克探1井探索新层系获重大突破，加砂压裂，日产天然气52.7万立方米，拓展库车坳陷天然气勘探领域，有望成为库车天然气战略接替层系。塔西南山前逼近主力烃源岩寻找有利勘探领域，锁定石炭—二叠系源—储—源结构，昆探1井、恰探1井两口风险探井在石炭—二叠系碳酸盐岩测井解释气层,风险勘探见重要苗头,有望打开塔西南勘探新局面。

【新一轮塔里木盆地主要地质时期温压场研究】 2022年,塔里木油田公司根据大地热流、地温梯度和定深温度分布特征,揭示塔里木盆地为典型的"冷盆"和深部总体低地温分布特征,指示盆地超深层存在有利于液态烃保存的广大区域。盆地大地热流值平均42瓦/米^2,热流值高低分布主要受热岩石圈厚度、岩石热物性、基底形态、逆断层热扰动、盆山耦合强度等影响,地温梯度平均每百米2.24℃,地温梯度分布受盆山耦合强度、基底埋深等影响,塔北隆起—北部坳陷是盆地中地温梯度最低的构造带,万米埋深温度普遍小于200℃。塔里木盆地自寒武纪以来整体处于逐渐冷却状态,受二叠纪火成岩热效应影响,盆地中西部出现一个短暂热流峰值,中、新生代,盆地快速沉降,大地热流整体呈逐渐下降趋势。二叠纪时期,塔北隆起西部、塔中凸起西北部及塔西南坳陷东部出现一个短暂的热流峰值为50—61瓦/米^2。在此基础上,获盆地主要烃源岩和储层关键时期的古温度平面分布特征,明确塔里木盆地主要储层和烃源岩层系现今压力分布特征及其主控因素。库车坳陷强超压主要发育在克—依构造带和拜城—阳霞凹陷,向南北两侧逐渐减小至静水压力。塔西南地区在深坳带为超强压,向前缘带和斜坡带为常压。台盆区石炭系碎屑岩和下古生界碳酸盐岩多套地层发育超压,但超压空间分布复杂,受构造、埋深、断层及成藏要素控制。

【塔里木盆地主相区地层优化命名草案】 2022年,塔里木油田公司初步形成塔里木盆地主相区地层优化命名草案,确定地层单位命名简化原则,优先选择生产上广泛使用的、主战区、主相区正式岩石地层单位;层组数总量控制,名称字数要少,易读易记易用;不变更野外地层名称,内部使用时备注简化名称。

(张海祖)

工程技术

GONGCHENGJISHU

综述

【概述】 2022年，塔里木油田公司工程技术板块围绕工程技术攻关配套、提升井筒质量、降低事故复杂、提质增效、提升井控水平、信息化建设、承包商管理、切实为基层减负等方面开展工作，各项工作取得显著成效。

塔里木油田公司市场内有钻机118部，其中9000米钻机31部、8000米钻机32部、7000米钻机53部、5000米钻机2部，钻井224口、完井147口、进尺98.37万米；固井公司4家，固井490井次。完钻146口，其中探井和评价井49口、开发井97口；完井147口，其中探井和评价井52口、开发井95口；完成钻井进尺104.28万米。

2022年，塔里木油田公司钻井224口，同比增加9口，增长4.2%。井筒质量指标完成集团公司考核限值。井身质量合格率96.5%（集团公司要求96%）、固井质量合格率91.5%（集团公司要求90%），套损套变井21口（集团公司要求控制22口以内）、新增套损套变井1口（集团公司要求控制3口以内）。

（陈志涛　衡宣亦）

【工程技术服务队伍管理】 2022年，塔里木油田公司加强工程技术领域承包商资质资格核查工作常态化开展，确保工作常抓抓长，走实走深。修订核查标准14项，新制定2项，其中钻井专业4项，采油气专业6项，试油完井专业6项。突出"开复工前现场核查"，压实生产组织单位职责，与开工验收同时进行；突出"过程中监督检查"，充分利用驻井监督优势资源，开展现场核查，阶段性综合考评，持续完善考核标准，严格执行承包商季度考核。对钻井、测井、录井、固井、修井等8类专业施工队伍开展季度考核排名，强化考核结果应用，落实"2个3%"，停工整顿11支（3.31%）、限减工作量10支（3.01%）；承包商考核结果占到钻机招投标打分权重的85%。并结合2022年塔里木油田公司QHSE体系审核，将钻试修井队伍资质资格核查作为一项审核重点开展。

（杨小龙）

【制度建设】 2022年，塔里木油田公司组织制修订并发布《塔里木油田公司钻井工程方案设计编制、审核、审批管理办法》《塔里木油田公司钻井队伍考核管理办法》《塔里木油田钻工具管理与使用方法》《塔里木油田钻试修井设备管理办法（试行）》《塔里木油田公司钻井液管理办法》《塔里木油田公司工程监督管理办法》等管理办法和标准。

【工程技术攻关】 2022年，塔里木油田公司开展钻完井技术攻关，解决一系列钻完井难题。主要开展两个方面工作。

提速技术攻关。博孜—大北三开井段推广"大扭矩螺杆+垂钻"组合提速技术17口井，应用比例由58%提至89%；二开高含砾井段创新试验"大扭矩螺杆+垂钻+减震器"组合技术，应用5口井，较邻井机速和单趟进尺平均提高50%以上。通过应用以上技术，博孜—大北上部砾石层钻井周期由135天降至125天，下降7.4%，其中，核心发育区钻井周期由220天缩短至192天，非核心发育区钻井周期由119天缩短至111天。博孜19井难钻砾石层全井段应用组合器12只，实钻周期115天，较设计提前107天，创砾石核心区提速新纪录。富满油田三开直井段推广"垂钻+大扭矩螺杆"，兼顾强化参数和井斜控制需求，实施11口井、平均机械钻速7.1米/时，较邻井提高39.2%（区域平均5.1米/时）；三开定向段试验旋导+大扭矩螺杆，减少摆工具面时间，同时提高转速，实施2口井、平均机械钻速4.53米/时，较邻井提速106%（区域平均2.2米/时）。全年富满油田应用58口井，平均完钻井深7982米，钻井完井周期由220天缩短至189天，其中超8000米井28口，最深定向井满深8井（8726.8米/172天），最快8000米以深井富源3-H3井（8136米/118天）。

固井技术攻关。山前盐膏层推广"随钻扩眼+小接箍套管+控压"组合固井技术，有效应对裸眼段溢漏同存、压力窗口窄的问题，固井合格率92.1%，同比提升5.2%。台盆区二叠系长裸眼全面推广超低密度水泥浆体系及封隔式分级箍等关键技术，基本实现固井一次上返，固井合格率83.3%，同比提高6.4%。同时，针对塔标Ⅲ井身结构，研发7 7/8英寸分隔式分级箍，并在热普7-H3井试验成功。该井在一级固井全程失返情况下，实现二级固井一次上返，固井质量合格率86.1%，较该技术实施前提升46%，获塔标Ⅲ井身结构二叠系长裸眼固井大幅突破。

（陈志涛）

【工程类科研项目管理】 2022年，塔里木油田公司强化工程技术业务科技管理，钻井领域重点针对复杂超深井钻井关键配套等瓶颈难题，立项外协研究课题17个（钻井工艺专业10个、固井专业4个、钻井液专业1个、井控专业2个），加快解决现场难题，提升现场应用效果。获省部级科技奖励2项、塔里木油田公司科技奖励1项。

（陈志涛 衡宣亦）

【工程技术信息化建设】 2022年，塔里木油田公司编制业务领域数字化智能化应用实施方案，确立以智能、效益为中心的IPOA模式建设远景目标，规划5大类11个子场景，9月17日通过塔里木油田公司专项审查。推进DROC建设，高效支持生产应急处置。加快系统建设，实现井场天眼网络和无线数字对讲集群全覆盖，无线网桥覆盖率超90%。加大管控支持，截至2022年底，实现异常报警信息推送296井次，准确率88%；预防23井次卡钻故障，支撑远程会诊决策故障复杂、重点环节施工66井次。加深业务延伸，全年修井现场应用64井次，实现Ⅰ级井控风险井DROC全部覆盖。推进机采系统智能化示范区建设，提升管理效能。研发"机采井电参智能分析与应用系统"，实现抽油机井电参转示功图、电参计产及机采井工况智能诊断报警三大功能，推动机采井管理由人工模式向智能化模式转变。全年120口井接入系统，实现远程计量、工况诊断等，新冠肺炎疫情形势下，优势凸显。研发钻井液在线监测系统及井下液面联动自动灌液系统，提升钻修井智能化水平，升级钻井液性能在线监测系统测试模块和算法，并接入DROC系统，可实时获取钻井液全套性能参数，攻关形成井下液面联动自动灌浆系统（试验5井次，成功率100%），实时监测井下液面并及时自动灌液，确保井下作业井控安全。

（杨小龙）

【钻完井方案设计】 2022年，塔里木油田公司强化工程方案设计审查，提升方案设计质量。组织审查4个区块钻采工程方案；审查5口风险探井方案并向中国石油天然气股份公司油气和新能源公司汇报；开发井井位部署阶段，组织审查51口井钻井工程方案；审核并送审钻井工程设计217井次。工程方案设计符合率100%。

（陈志涛）

【钻完井工程事故复杂管理】 2022年，塔里木油田公司强化"三位一体"（故障调查、四查分析、专家会诊）管理，故障复杂管控创近5年最好水平。坚持故障调查，组织开展大北303JS井、满深801井、满深803井等23井次故障调查，处罚承包商9家，记分36人67分；坚持"四查"（查思想、查技术、查管理、查纪律）分析，全年组织召开钻井工程故障"四查"分析会4期，对博孜304井、哈得32-H5井、大北301T井、果勒305H井、满深5-H9井等24口井发生的典型工程故障进行通报，从技术上、思想上、管理上、纪律上进行分析，并明确下一步解决措施和改进意见；推广专家会诊、远程决策，组织会诊康苏6井、恰探1井等故障井22井次，故障快速解除。全年事故复杂时效4.05%，同比下降2.3%。

（杨小龙）

【现场钻井液性能监测工作】 2022年，塔里木油田公司开展254口井362井次现场钻井液性能监测与管理工作检查，钻井液储层保护性能检测74口井，对到达目的层的22口天然气井开展油气层保护材料使用情况监督检查，发布《塔里木油田钻井液质量监测通报》3期。钻井液性能不符合要求井次占比0.6%。通过对现场钻井液维护处理的监督检查，及时发现现场钻井液性能偏差；加强设计执行管理，减少事故复杂，落实钻井完井液储层保护技术措施。

（瞿凌敏）

【工程技术提质增效】 2022年，塔里木油田公司持续贯彻集团公司"四精"（生产上精耕细作、经营上精打细算、管理上精雕细刻、技术上精益求精）管理工作要求，落实2022年提质增效专项行动实施方案，总结和应用2021年提质增效成果，向管理提升和质量升级要效益，重点抓好方案设计优化、施工过程管理和阶段考核评估，稳步推进提质增效升级版各项工作。

工程技术攻关配套。优化方案设计，通过优化富满油田超深井井身结构、轨迹设计，优化套管材质选择设计等，实现源头提质增效；加大新技术应用，助力提质增效，通过推广成熟钻头、提速工具和系统提速经验实现钻井提速，推广随钻扩眼、双向划眼工具，通井刮壁一体化管柱和液压扳手、试压泵车，优化中完工序，缩短中完周期，优化储层改造方案及改造规模，优化完井方式和管柱组合等。

设备国产化推广。推广国产化采油树、井下安全阀，推进一体化井筒准备工具和超级13铬油管、测井仪器国产化。

钻井液固废"三化"环保技术。减量化轻质油基钻井液重复利用，优化升级山前水基钻井液性能，实现盐膏层埋深山前水基钻井液替代油基钻井液。

物资管理。开展库存优化、回收共享、废旧处置，挖潜使用积压油套管物资，系统摸排可利用油套管、固井附件等积压物资情况，按照"同类替换""以高代低"原则，推进修复油套管、采油气井口、井下安全阀再利用，控减投资。

钻完井过程管控。根据实钻情况，实时优化减少山前上部地层Power-v等垂钻工具使用井段，精细库车山前顶驱使用管理和钻机资源配置，推广独立支撑替代钻机试油，减少作业日费，强化实钻跟踪和地层对比，减少无效进尺，优化测录井项目，减少工程投资，降低井控装备等停及故障率。

提质增效。将提质增效方案及目标分解至月度，明确具体责任人，由各单位主要领导亲自抓；建立定时跟踪协调机制，每月跟踪提质增效进展情况，适时召开提质增效专题总结会议，分享经验做法，协调解决困难问题。2022年，工程技术提质增效目标为控减投资52809万元。截至2022年12月底，实际测算控减投资79134万元，完成比例149.8%。

（陈志涛 衡宣亦）

【质量提升专项行动】 2022年，按照《塔里木油田质量行动提升方案》要求，塔里木油田公司工程技术领域有3个方面38项具体工作。截至2022年底，完成25项，持续开展13项，重点工作完成率100%；质量提升考核指标14项，其中乙供物资监督抽检计划完成率86.8%（受疫情影响未完成指标要求），其余指标均完成考核限值。通过统筹规划，初步形成井筒质量"四全"管理体系和"四大"技术系列。

"四全"管理体系。建立全员管理体系，制订井筒质量提升三年行动计划，将勘探事业部、油气田产能建设事业部、勘探开发研究院、油气工程研究院、质量检测研究院、监督中心纳入井筒质量统一管理；健全全周期标准体系，形成89项各关键环节企业标准清单，做到有规可依、有章可循；建设全方位抽检体系，覆盖入井流体、油田化学剂、油套管等关键物资，全年暂停46家46类材料交易权，建成全过程监督管理体系，开展井筒质量专项检查10次，发现问题1504项，停工整顿队伍2支，纳入黑名单2家，扣罚质量合同款共280.7万元。

"四大"技术系列。通过规模化应用国产"垂钻+旋导"工具，推广封隔式分级箍、随钻扩眼+控压固井工艺、超低密度水泥浆4项技术，创新超深井测井评价技术和套损井治理技术，使油田井身质量、固井质量、套损井治理等关键指标提升。

2022年，井身质量合格率96.5%；完成固井质量合格率91.5%；套损井存量21口井，创塔里木油田历史最好纪录。

（陈志涛）

【中中合作】 2022年，是塔里木油田公司与中国石化西北油田公司开展"中中合作"的第四年，双方工程技术人员依托中中合作平台，开展富满油田与顺北油田工程地质一体化对标工作。考虑构造位置、地质条件、工程方案、实施时间等相似性因素，选取富满F_I17南部与顺北4号条带以及富满F_I5、F_I10与顺北5号、1号条带进行详细对标。通过对标发现：两个油田地质条件类似，成藏主控因素一致，一间房组、鹰山组均发育油气，因地质认识不同，富满油田目的层以一间房为主，主要采用两开次造斜方式，顺北油田目的层以鹰山组为主，主要采用一开次造斜方式，富满油田两次造斜方式增加定向钻进、下套管前通井划眼、传输测井等时间，约增加周期9天。富满油田钻井参数整体弱于顺北油田，大扭矩螺杆应用比例低于顺北油田，短起下频次要求较顺北油田更为严格，要求一般300—500米短起一次，顺北油田则是井队根据井下工况自行确定。富满油田三开中完较顺北油田增加下尾管前刮壁称重、铣喇叭口、下尾管后刮壁、钻余塞4道工序，约增加周期8天。

（文 亮）

【工程方案论证和技术交流】 2022年，塔里木油田公司强化专家方案论证和设计审查，组织方案论证30井次、工程设计优化67井次。加强工程技术交流，组织绳缆及连续油管装备、高压井口安全控制系统技术、超高压超高温射孔技术、中中合作技术交流、超深层试油完井工程技术、175兆帕特高压井口装备技术等试油完井专项技术交流11次。

（杨双宝）

【超深层工程技术系列手册发布】 2022年，塔里木油田公司组织300余名甲乙方技术骨干，编制油田超深层钻探8套手册，覆盖井控（应急）、固井、监督、钻工具4个专业，包括《塔里木油田公司钻井工程技术模版》《塔里木油田公司固井技术手册》《塔里木油田公司钻工具手册》《塔里木油田公司钻井监督指南》《塔里木油田公司井控管理体系手册》《塔里木油田公司井控应急手册》《塔里木油田井控操作手册——台盆区碳酸盐岩分册》《塔里木油田井控风险识别及控制操作手册——山前高压气井分册》，并于2022年12月发布，确保超深层技术有形化传承。

【《塔里木油田重点区块工程技术模板》编制发布】 2022年1月，塔里木油田公司工程技术部组织油气工程研究院、勘探事业部、油气田产能建设事业部和中石油内部钻探企业，联合编制《塔里木油田重点区块工程技术模版》(1.0版)，包括标准化提速工具配套、参数强化、钻井液性能技术要求及工期目标等内容，覆盖博孜、大北5个区块，先在中国石油内部钻探企业试点并推广，提速效果较明显。2022年，完成井平均井深7093.1米（完成井平均井深首次超7000米），同比增加158.1米，钻井完井周期200.8天，同比减少18.1天，提速8.27%。其中满深71井周期140.8天（8492米），富源3-H3井周期118天（8136米），均创区块最快纪录。

（陈志涛）

物 探

【概述】 2022年，塔里木油田公司按照框架计划部署二维地震项目1000千米/4个，三维地震三维项目1736平方千米/5个。根据油田勘探形势，加快部署二维地震项目830千米/1个，三维地震采集项目1398平方千米/4个。完成2021年部署的跨年施工项目工作量702平方千米/1个。年度计划采集三维地震工作量3836平方千米/10个，二维地震1830千米/5块。上半年物探野外采集按期完成2021年跨年和2022年框架计划地震采集；下半年新冠肺炎疫情期间，追加部署项目进度滞后。截至2022年底，采集三维地震3248平方千米，完成年计划70.1%；采集二维地震1469千米，完成年计划80.27%。

（罗姜民）

【物探管理】 2022年，塔里木油田公司物探管理推广最佳施工期作业，分析以往施工作业经验，结合地类、气候、农耕因素综合评定，研究制定最佳施工期评价技术路线，将盆地细分为山地区、农田区、沙漠区、戈壁区、黄土山区5大类，明确每类地表最佳施工期，所有项目均按照最佳施工期编排运行计划，避开山地汛期、沙漠风季等季节风险窗口。全年6个高难山地项目均在最佳施工期内完成采集，保障野外施工质量和安全。

业务管理。持续完善物探业务管理体系，修订物探业务管理办法3项，按年初计划修订物探业务企业标准制8项，按照业务发展需求，额外制定《地震采集工程现场监督及质量评价标准》《圈闭钻探的实时跟踪标准》等5项标准。

提质增效。地震采集项目打破常规，实行探区人员、装备、资源一体化统筹组织，串联施工，发挥规模效应，减少人员队伍搬迁，提高生产效率。迪北2—康村三维平均日效较相邻工区提高73.5%。物探采集通过野外与室内、地面与地下、技术经济一体化优化实施方案和炮点设计，全年三维采集项目节省炮点52273个、检波点35100个，节约投资2.04亿元。

技术发展。物探处理上创新全层系高精度速度建模技术体系，双复杂区构造成像更加清晰，盐下构造实现准确成像，平均钻井误差由2%降低到1.8%；台盆区完善成熟处理技术与流程，超深碳酸盐岩断裂与缝洞体成像更为清晰。

技术成果。塔里木油田公司牵头获省部级科技奖励2项，"塔里木盆地深层复杂油气藏高精度地震成像技术及应用"获集团公司科技进步奖一等奖；"塔里木盆地山地盐下复杂构造精确地震成像技术及规模应用"获中国石油和化工自动化应用协会科技进步奖特等奖。

（林上文　罗姜民）

【物探技术攻关】　2022年，塔里木油田公司开展物探采集技术研究。

物探采集技术。坚持问题导向，开展"双复杂区"地震采集技术攻关。坚持生产导向，贴近采集现场开展生产性科研。针对塔西南山前巨厚黄土塬准确成像难题，开展"增能降噪"专项研究，利用黄土介质中速度分层和"虚反射"原理，在精细浅层黄土介质调查基础上，优选激发参数，增加下传地震波能量。开展表层速度及Q值的双调查技术研究，为后续保真处理提供高品质原始资料。

技术化手段提质增效。研究实现单炮实时智能质控技术，完成外源干扰智能评价3种算法，首次实现现场单炮外源干扰实时智能评价，研究成果在乌依塔格三维生产中得到应用，完成评价29976炮，评价速度21秒/炮，干扰道占比5.05%，对野外采集外源干扰评价提供有效支撑，外源干扰"事后评价"向"实时评价"转变。

（罗姜民）

【地震关键技术攻关】　2022年，塔里木油田公司设置1个科研项目群"塔里木盆地地震关键技术攻关"，该项目群下设5个项目，针对制约油田公司物探技术难题开展重点攻关。创新超深盆地级格架线探测技术，为盆地评价、区带优选和8口风险井成功上钻奠定基础；创新发展基于地质戴帽的一体化速度建模、多方位网格层析与深度偏移迭代、致密砂岩双高处理与"甜点"预测等复杂山地地震勘探技术，山地地震资料品质持续提升，克拉苏构造带成果资料Ⅰ、Ⅱ级品率从75%提升到84%；配套完善超深碳酸盐岩高分辨率成像与储层描述技术，小地质体、小断裂识别精度明显提高，钻井成功率保持在90%以上。

（王兴军）

【地质力学攻关与应用】　2022年，塔里木油田公司勘探开发研究院负责油气田地质力学技术攻关与应用，设置2个科技项目，科技项目"油气田地质力学技术攻关与应用"，研究周期2021年1月—2023年12月，下设5个自研课题，4个外协课题，研究目标为针对库车、富满高效产及驱油储气库建设等难题，应用油气田地质力学技术，提升油气藏评价精度，助推地质工程一体化科学实践，支撑从井位研究、钻完井、油田开发、储气库设计等方案优化；科技项目"超深油气田勘探地质力学技术研发与应用（Ⅰ）"，研究周期2022年1月—2023年12月，下设3个自研课题，4个外协课题，研究目标为面向全盆地各勘探领域，完善探井地质力学评价技术，提高评价精度，支持储层预测、井位论证、井壁稳定性、完井改造措施优化等。开展三维建模2917.4平方千米/16块、断层活动性分析946条、井轨迹优化145井次、钻完井及措施支持392井次、油气田开发及储气库评价8个区块、老井复查及重新评价36井次。地应力场建模预测精度90%，压力预测与井壁稳定性精度整体91%以上，生产支持与及时率100%，申请发明专利9件，授权发明专利3件，制定塔里木油田公司企业标准1件，申报集团公司标准1件，发表论文12篇，获股份公司专利银奖1项，获中国石油和化学工业联合会特等奖1项（联合申报）。地质力学技术攻关与应用为布井、安全提速、提产提供技术支撑。

（王志民）

超深裂缝性砂岩地质力学。完善超深裂缝性砂岩地质力学技术，开展地应力、断裂系统和沉积岩石组构三者间的耦合关系研究，建立以构造建模—地球物理属性—有限元模拟全层系三维地质力学建模方法，建模效率大幅提升，精度整体达90%以上；基于三维模型和断裂应力—应变"定时、定量、定向"关系，真三轴实验发现强应力作用下断裂的正应力、剪应力及滑动变形能力是控制超深优质储层分布的关键。建立大北3-4-8区块、克深12-14区块等16个区块的三维地质力学模型和裂缝活动性预测模型，支持大北4区块、克深31区块等30余口井的井位优选和井轨迹优化，支撑克拉苏构造带高产井位部署。

断控碳酸盐岩地质力学。针对塔里木碳酸盐岩断洞体地质力学建模面临的如何真实还原地震刻画缝洞体几何模型、缝洞体地质力学非均质和各向异性建模的难题。通过优化地应力模型网格细化和粗化算法，使地质力学网格划分方案更加高效、灵活，为多尺度缝洞体建模奠定基础；采用地震属性反演方法建立的缝洞体部分不符合力学准则，通过建立悬空地质体判别算法，自动剔除不符合力学规律的地质体；通过内置结构面引导地应力网格划分形态，建立长条地质力学网格模型，使划分的地应力网格能精确地刻画缝洞体几何形态，提升运算效率；最后采用井震结合反演复杂缝洞体岩石力学参数三维分布，实现缝洞体地质力学非均质—各向异性建模，运用该建模方法完成果勒西、跃满等3个区块共1100平方千米三维地应力场建模，支持井位部署30余口，为超深断控型油藏高效开发提供理论依据和技术支撑。

钻井安全提速地质力学。超深层油气井钻井中，砂泥岩地层钻井复杂频发，成为塔里木油田钻井安全提速的重大难题，破碎性地层垮塌和砂泥岩地层周期性垮塌尤为严重。针对复杂构造复杂岩性交织作用下的井壁失稳问题，强化工程地质交底和随钻跟踪，提高五压力预测精度，支持重点井井深结构、钻井液密度设计，钻井复杂问题减少。根据工程对调块大小定量预测的需求，基于摩尔库伦准则，实现井筒坍塌相关参数算法，定量计算不同密度下垮塌宽度、深度及掉块大小，支持应力型垮塌钻井液密度调整，避免使用过高钻井液密度造成井漏复杂，在宿探1井、吐格6井、恰探1井等12口重点井钻井安全提速应用中均取得良好效果。

（王海应）

储气库地质力学。基于岩石力学原理，使用数值模拟方法，分析储气库盖层气密性和断层活动性，评价储气库完整性和运行安全性。瞄准深层油气藏注采协同型储气库特点，突破传统依靠油气藏原始压力数据确定运行上限压力的局限性，基于岩石力学原理，使用数值模拟方法，分析储气库盖层气密性和断层活动性，建立基于断裂封堵性和盖层稳定性的运行压力上限确定方法，实现定量化评价。开展国内首个深层油藏型储气库、首个凝析气藏型储气库及塔里木油田首个注气提采和储气库协同建设等方案的地质力学论证，实时跟踪储气库运行相关动态资料分析，及时评价储气库断裂封堵性及盖层稳定性，保障东河、轮南等4个储气库安全平稳运行。

（赵　斌）

全层系三维地质力学建模与评价。针对复杂构造井眼轨迹综合优化及井壁稳定性评价难题，创新形成并完善复杂构造全层系三维地质力学建模技术，建立从浅部非目的层、到目的层的三维地质力学模型，包含不同岩性（砾岩、膏盐岩、泥岩等）及构造特征（断裂等）的岩石力学参数及地应力参数。以全层系三维地质力学模型为基础，提取三维岩石力学参数及地应力参数评价井壁稳定性，并综合考虑地表与地下、钻井与完井的三维井眼轨迹设计，优化库车山前及台盆区碳酸盐岩井眼轨迹，全年优化大北11区块、克深12区块、满深5区块等定向井及侧钻井60余井次，并及时跟踪钻井井壁稳定性，钻井进展顺利，为库车山前及台盆区复杂构造油气藏开发探索新思路。

四维地质力学建模。攻关形成并完善四维地质力学建模技术，获取油气藏开发过程中地应力场动态变化规律，在两个方面开展应用：（1）评价塔中4、东河1、轮南、牙哈23储气库注气过程中盖层密封性和断层稳定性，论证确定注气压力上限范围，为相应区块注气提高采收率协同储气库建设方案编制提供重要参考，同时为储气库安全运行提供技术支撑；（2）评价克深8、克深5、博孜3等5个区块强应力背景下气田在开发过程中的断裂活动性动态变化，分析断裂活动性与单井见水关联性，为气田开发优化提供技术支撑。

断裂力学活动性评价。以断裂三维空间解剖为基础，建立复杂断裂油藏三维地应力场，分析断面不同位置的受力特征。为克服传统断裂活动性评价没有考虑断裂面精糙度对评价结果的影响，利用断层几何参数计算断面粗糙度，进而评价断裂力学活动性，提高断裂活动性预测精度。开展克拉苏、富满等13个区块断层及裂缝活动性评价，为断控储层的连通性判别、断裂对圈闭封堵性影响研究等提供依据。研究在油气藏开发过程中，断裂力学活动性动态变化，为出水机理识别提供指导，提出出水风险预警，优化开发方案。

（王海应）

基于地应力的完井品质分类评价。常规基于物性和裂缝分析方法无法准确评价超深层强非均质和各向异性储层品质，致使超深储层提产机理不清，方案优化缺乏科学依据。基于超深裂缝性储层破裂机理研究，开展裂缝有效性评价技术攻关，建立强应力裂缝性储层力学扩展定量计算方法，实现对不同应力条件下不同产状天然裂缝的力学扩展分析，基于塔里木盆地应力背景，将天然裂缝扩展划分为4种类型，根据井筒储层裂缝发育特征，建立5种改造地质力学模式，创新储层完井品质评价方法，实现对每一条天然裂缝扩展的定量化评价，减少提产方案论证过程中对经验依赖，为生产决策提供更加科学的技术支撑，在迪北5井、博孜24井等30余口井中应用，取得较好效果。

（王志民）

【物探工程设计】 2022年，塔里木油田公司勘探开发研究院地球物理所完成11个项目采集工程技术设计，从不规则部署边界优化设计、基于共炮检点矢量互换原理的炮检点布设方法、最佳炮点拼接、最有利资料的炮点借用、最优炮检波选点等多方面技术环节，通过整体设计、围绕地质目标有针对性方案优化，累计在设计方案中节约采集22704炮，节约投资7946.4万元，为塔里木油田公司物探工程方面提质增效作出突出贡献。

【不规则部署边界地震采集技术】 2022年，塔里木油田公司勘探开发研究院针对不规则部署边界开展观测系统设计攻关，实现提质增效。满深17—满深20西三维部署边界极其不规则，东西长77千米，南北宽14千米，南北向最窄距离只有2.39千米，部署北边界多达5个台阶，优化采集设计。勘探开发研究院和勘探事业部联合开展不规则部署边界设计，强化偏前偏后满覆盖位置论证、调整部署北边界位置论证、实际数据模拟部署边框北边界论证，保障三维采集技术设计完成。此次部署优化设计，把满深17—20西三维工作量从高于正常工作量的18%降到低于正常工作量的9.97%。从投资预算角度，该部署技术论证把此地震采集项目从不可能实施到最优实施；节省炮22704个、占比23.75%，节省检波点56290个、占比11%，节省地震采集成本7946.4万元。

（崔永福）

【基于共炮检点矢量互换原理的炮、检点布设方法】 2022年，塔里木油田公司勘探开发研究院针对"优化障碍区炮检点布设"难题，形成基于共炮检点矢量互换原理的炮、检点布设方法，提高野外施工效率和采集实施效果。障碍区的边界形状、大小及其性质决定炮检点类型、布设范围。障碍区炮、检点布设方法不仅直接影响地震观测系统属性和地震资料处理效果，甚至会导致障碍区的地震资料是否满足地质需求。因此，障碍区炮、检点布设一直是地震采集工程设计难点和重点。地震采集工程技术设计研究团队始终立足油田生产实际，推进科技自立自强，推动提质增效。研究团队创新提出基于共炮检点矢量互换原理的炮、检点布设方法，优选典型的塔里木盆地三维地震施工典型障碍区，详细分析障碍区炮、检点布设难点及布设的可行性。最后，从障碍区炮、检点布设情况和三维观测系统的关系出发，确定障碍区最优炮、检点布设方法。

【野外单炮实时智能评价技术】 2022年，塔里木油田公司勘探开发研究院针对以往单炮质量评价以事后评价为主的问题，开展地震采集现场单道实时噪声评价研究，实现外源干扰"事后评价"向"实时评价"转变。研发基于KL RTQC软件现场单炮实时智能评价功能模块，有效指导野外施工质量控制。软件速度、精度测试均超过挑战指标：测试5个工区均超过挑战指标（30秒/炮），准确率99%以上（挑战指标95%），轮古全排列10560道，勘探开发研究院评价干扰362道，占比3.428%；KL RTQC评价干扰368道，占比3.485%，两者相差0.057%）。10月10日，乌依塔格三维进行外源干扰实时评价软件试点应用，实时评价29976炮，及时发现外源干扰异常炮，野外及时重震，确保资料品质可控。

（陈飞旭）

【地震处理质控平台】 为实现地震处理质检方式由随机抽检向全面质检、人工质检向智能化质检转变，提高地震处理质控效率和质量，从2021年开始，塔里木油田公司勘探开发研究院创新基于GeoEast-iEco平台的地震处理四道工序（表层建模与静校正、信号处理与叠加成像、叠前时间偏移、速度建模与深度偏移）智能质控软件平台研发，最终形成表层建模与静校正、信号处理与叠加、叠前时间偏移、速度建模与叠前深度偏移四道工序的智能质控平台，在Geoeast处理系统环境下实现"坦途"平台地震数据管理应用系统的智能质控。截至2022年底，表层建模与静校正实现上线运行,信号处理与叠加、叠前时间偏移开始试运行。

(孙海军)

【塔里木盆地"十横十纵"20条格架线处理】 2022年,塔里木油田公司勘探开发研究院地球物理所开展塔里木盆地"十横十纵"20条格架线处理,建立一定的网格密度,刻画前寒武裂坳体系展布特征,为盆地含油气地质理论认识的提升,提供可靠的基础资料。勘探研究院自主完成"十横十纵"处理技术设计,格架线拼接处理技术突破常规拼接处理一致性较差的问题,形成基于"五统一"(统一的坐标系统、基准面、面元、采样间隔、记录长度)下的时差、频率、能量的一致性处理技术系列,针对重点区域的时差校正技术,从分时窗时移到频率域相移,解决纵向空变的时间闭合差的问题。零相位反褶积、叠后振幅一致性处理技术基本解决由于数据之间频率和能量的差异问题,在生产中取得良好效果。

(赖敬容)

【井中地震处理解释技术】 2022年,塔里木油田公司井中地震紧跟油田勘探开发生产节奏,完成VSP工程技术设计42口,及时高效支撑VSP生产;完成112井次零井源距VSP处理资料质控,支撑32块三维地震处理、119个圈闭研究及钻后评估研究;完成塔里木油田公司首款VSP智能质控软件开发,VSP质控效率大幅提升,在96口井的VSP资料质控中发挥作用。塔里木油田公司科技项目"复杂储层预测技术研究"下设井中地震专项子课题"VSP技术深化应用研究",课题以生产为导向,创新开展多项VSP技术研发,申报发明专利2项、软著1项、发表科研论文6篇,科研动态1篇,修订企业标准1项。

(黄录忠)

【地震岩石物理分析技术】 地震岩石物理分析结果直接影响地震储层预测技术的选择及其预测精度,塔里木油田公司前期未系统开展。2022年,油气藏地球物理团队组织开展分区分带分层系的地震岩石物理建模分析,自研完成243井次。通过对岩石骨架、流体、干岩性和饱和流体岩性4类对象弹性参数分析及建模,分析理论与实测岩石物理弹性参数变化,为区块实际勘探开发层系岩石地震弹性参数随岩性、物性、力学性质等描述与识别提供量化依据。截至2022年底,地震岩石物理建模分析成果广泛应用于塔北、塔中、塔西南等勘探开发地震储层预测研究中。

(成 锁)

【超深层弱信号恢复与增强技术】 2022年,塔里木油田公司超深层弱信号恢复与增强技术取得突破性进展。塔里木油田公司与中国石油大学(华东)联合研发的基于压缩感知的弱信号提取与增强技术在油田处理集群实现模块化,标志该模块正式进入生产试验阶段。该方法通过压缩感知框架下弱信号提取,能够将淹没在噪声中的弱信号同相轴有效提取出来,通过自适应补偿处理后,有效信号同相轴的连续性和分辨率都得到进一步提升,具备较大的推广应用价值和前景。

(赵锐锐)

【零井源距VSP综合标定软件】 2022年,通过井中地震研究课题《VSP技术深化应用研究》设立,塔里木油田公司勘探开发研究院与成都爱为贝思科技公司合作完成零井源距VSP综合标定软件开发,"零井源距VSP桥式综合标定软件1.0"著作权获国家版权局登记。软件开发结合塔里木油田企业标准《零井源距VSP地震层位标定技术规程》(Q/SY TZ 0664—2020)要求,形成以VSP走廊叠加剖面时变滤波、VSP基准面校正、VSP与地震剖面交互标定等技术特色的综合标定软件。在勘探开发研究院全面推广应用,VSP标定软件,提高地震层位标定的准确性,从而提高地震资料解释精度与圈闭井位的研究质量。

【复杂山地Walkawy-VSP成像技术】 2022年,塔里木油田公司开展大北4井Walkaway-VSP采集处理解释项目,推动复杂山地Walkaway-VSP成像技术取得新进展。勘探开发研究院首次自主完成大北4井Walkaway-VSP工程技术设计,创新形成复杂山地采集优化设计、复杂山地二维VSP波场精细分离、基于VSP成像道集的速度建模及基于射线追踪的二维VSP成像技术,处理解释成果资料高效支撑大北4井位随钻及储量上交工作,获塔里木油田公司2022年度物探优秀项目一等奖。

(黄录忠)

【储层预测工序质控平台】 2022年,塔里木油田公司勘探开发研究院梳理储层预测全流程后初步确定57个质控节点。基于GeoEast-iEco平台,完成19个关键技术环节模块研发与集成,开展储层预测质控平台1.0版本研究。

【二三维联合叠后反演】 三维地震勘探区块无井约束是地震储层预测面临的主要问题之一,通常无井约束结果仅适用于定性分析,预测精度无法保障。2022年,塔里木油田公司勘探开发研究院以柯东区块莎里塔什组地震储层预测为试验区，开展二维、三维联合叠后反演技术攻关，通过对与三维区重叠的二维过井测线精细反演，虚拟不同反射特征井点方法，构建三维地震反演纵波阻抗初始模型，将二维反演的成果引入至三维区，形成二维、三维联合叠后反演技术。甫沙9井实钻结果表明，该思路研究成果精度优于传统方法，精度更高。

（成锁）

【盆地级地震数据库建设】 2022年，塔里木油田公司勘探开发研究院根据塔里木物探成果数据规范定义，对地质露头、微测井、地层品质因子（Q）、采集试验、四道工序成果、储层预测成果、VSP、综合物化探8类物探数据，根据不同数据特点，采用不同数据管理策略，构建地震数据库，实现成果数据统一管理维护。基于8大类物探业务对象管理架构，提供成果数据的归档加载功能，提供各类物探成果数据的多样化、定制化共享下载服务功能，以及实时下载监控功能。结合GIS系统，提供物探8大类专业成果图层管理控制，展示成果的空间位置关系及基本工区（井）信息。提供空间拓扑计算工具，实现基于空间位置关系的区域目标对象关联查询，以支撑物探成果数据的跨区域协同研究场景。

【基于Web的地震数据可视化】 基于HTML5技术读取地震单炮数据并在网页端显示，用户无须安装任何软件或插件，可在Linux、Windows系统中操作、也可以在平板设备上进行移动式质控。地震单炮数据在线展示是地震处理工序质量监控的迫切技术需求，在地震处理质控中大量存在；基于Web的地震数据远程可视化技术实现基于Web的数据读取和在线显示功能，实现地震工区海量数据的在线秒级展示，提高地震处理在线质控效率。2022年，塔里木油田公司勘探开发研究院地球物理所采用海量地震数据体可视化加速技术，并基于Geoeast并行计算框架，首次实现海量地震数据在线秒级展示，可以便捷地提取及显示地震道头信息，并支持基于模板的道头显示，适用于用户自定义选择道头读取；实现地震数据振幅处理，如在线AGC（自动增益控制）、带通滤波、道均衡。地震数据远程可视化技术的应用使得地震处理质控摆脱专业软件依赖，实现内外网条件下的在线远程质控，解决甲乙方异地质控难题。

（孙海军）

【非地震勘探之微生物油气检测】 2022年，塔里木油田公司在塔西南坳陷乌恰构造带西部部署微生物油气检测勘探166.5千米，27条二维测线，开展该地区预测侏罗系油气富集区普查和有利构造带区调查，为浅钻井提供重要部署依据。

【非地震勘探之时频电磁】 2022年，塔里木油田公司克深19—克深21井区107.4千米时频电磁二维测线预测圈闭含油气性取得重大成果，创造最长采集激发时间纪录251.4分钟，创造原始数据最高平均信噪比纪录32分贝；创造激发频点个数纪录24个；优选出克深1901、克深29、克深32和克深18优质圈闭。发现含油气性较高的有利异常目标（区）17个，在库车和塔西南山前复杂构造带圈闭综合评价中发挥重要作用。

（魏巍）

钻 井

【概述】 2022年，塔里木油田公司作业井224口，总进尺94.43万米，正钻井数量同比增加9口井，增长4.19%，总进尺增加1.53万米，增长1.65%。全年作业井中探井34口，评价井40口，开发井150口；按井型分直井44口、定向井105口、水平井75口；跨年度顺延井95口，其中探井13口、评价井17口、开发井65口。

钻井指标。 塔里木油田公司钻井224口，其中探井34口、评价井40口、开发井150口；开钻131口，其中探井和评价井44口、开发井87口；完钻146口，其中探井和评价井49井口、开发井97口；完井147口，其中探井和评价井52口、开发井95口；完成钻井进尺104.28万米，其中探井和评价井32.71万米、开发井61.72万米；动用钻机1076.05台月，其中探井和评价井384.71台月、开发井691.34台月；平均钻机月速877.59米/（台·月），其中探井和评价井850.25米/（台·月）、开发井892.80米/（台·月）；平均机械钻速5.21米/时，其中探井和评价井4.89米/时、开发井5.40米/时。全年平均完井井深7100.89米，其中探井和评价井7261.06米、开发井7001.11米；完成井平均钻井周期180.98天，其中探井和评价井207.63天、开发井166.24天；平均完井周期205.93天，其中探井和评价井235.42天、开发井189.62天。

完成井指标。2022年，塔里木油田公司完井146口，其中探井和评价井52口、开发井94口。平均完井井深7100.89米，其中探井和评价井7261.06米、开发井7001.11米；平均完井周期205.93天，其中探井和评价井235.42天，开发井189.62天。完成钻井进尺97.77万米，其中探井和评价井36.56万米、开发井61.22万米；动用钻机1009.29台月，其中探井和评价井411.88台月，开发井597.41台月；平均钻机月速968.73米/（台·月），其中探井和评价井887.4米/（台·月），开发井1024.81米/（台·月）；平均机械钻速5.27米/时，其中探井和评价井4.57米/时、开发井5.81米/时。生产时效93.78%，其中探井和评价井93.85%、开发井93.73%；纯钻时效25.52%，其中探井和评价井27%、开发井24.5%；事故时效2.44%，其中探井和评价井2.44%、开发井2.45%；复杂时效2.86%，其中探井和评价井2.66%、开发井3%。

【钻井管理】 2022年，塔里木油田公司创新钻完井管理模式，管理提速效果明显。

区块专打。建立学习曲线，培育高质量钻井承包商，成熟区域钻井周期明显下降。2022年实施井位166口，总体专打率71.18%。其中库车山前、富满等主力区块平均专打率85.57%，塔中、塔西南和轮南、轮古平均专打率97.22%；专打区域故障率同比下降37.7%，复杂率较同比下降22.3%。库车山前整体提速5.8%，富满油田整体提速10.4%，塔北老区整体提速17.6%；各勘探公司通过集中储备物资（泥浆材料、打捞工具等）、老浆重复利用等措施，达到降本增效，累计节约3121万元，平均单井节约18.8万元。

管理模式创新。优化钻井承包模式，试点新型总包，甲方重点关注质量、井控及安全，做好"放、管、服"，激发队伍自主积极性。富源3-H3井，完钻井深8136米，周期118天，创区块最快纪录；大北13井用时140天钻完5330米进尺，较设计提前53天，较挑战周期提前15天，创大北含砾区钻井新纪录。

（陈志涛）

【钻井时速】 2022年，塔里木油田公司钻直井44口，进尺16.68万米，动用钻机264.57台月，平均钻机月速630.28米/（台·月），平均机械钻速3.55米/时；定向井105口，进尺46.78万米，动用钻机507.52台月，平均钻机月速921.71米/（台·月），平均机械钻速5.35米/时；水平井75口，进尺30.98万米，动用钻机303.95台月，平均钻机月速1019.18米/（台·月），平均机械钻速6.62米/时。

【钻井时效】 2022年，塔里木油田公司钻井总时间726688.85小时，其中探井、评价井296550.72小时，开发井430138.13小时。生产时效93.78%，其中探井和评价井93.85%、开发井93.73%；进尺工作时效54.31%，其中探井和评价井56.91%、开发井52.52%；纯钻时效25.52%，其中探井和评价井27%、开发井24.5%；事故时效2.44%，其中探井和评价井2.2.44%、开发井2.45%；复杂时效2.86%，其中探井和评价井2.66%、开发井3%；修理时效0.06%，其中探井和评价井0.09%、开发井0.39%；组停时效0.17%，其中探井和评价井0.09%、开发井0.23%。

【取心】 2022年，塔里木油田公司取心41筒，其中探井和评价井36筒，开发井5筒；取心进尺260.3米，其中探井和评价井225.3米，开发井35米，岩心长度220.89米，其中探井和评价井209.9米，开发井10.99米；平均单筒进尺6.35米，其中探井和评价井6.26米，开发井7米；平均取心收获率84.86%，其中探井和评价井93.16%、开发井31.4%。

【各区块钻井】 2022年，塔里木油田公司钻井工作量主要集中在6个区块、构造，主要包括阿满、克拉苏冲断带、哈拉哈塘、塔中、轮南、秋里塔格构造带（取进尺排前6的区块）。钻井工作量（表1、表2）：阿满构造带钻井107口，动用钻机465.24台月，进尺52.26万米，占总进尺的55.34%；哈拉哈塘构造带钻井11口，动用钻机33.89台月，进尺6.39万米，占总进尺的6.77%；克拉苏构造带钻井48口，动用钻机338.58台月，进尺16.11万米，占总进尺的17.06%；轮南构造带钻井11口，动用钻机42.15台月，进尺5.20万米，占总进尺的5.51%；塔中构造带钻井15口，动用钻机34.26台月，进尺5.26万米，占总进尺的5.57%；秋里塔格构造带钻井5口，动用钻机27.51台月，进尺1.70万米，占总进尺的1.80%。以上6个地区，钻井总数占全油田总井数87.95%，动用钻机台月占全油田总台月92.04%，进尺占全油田总进尺87.51%。

2022年，塔里木油田公司完成井钻井工作。阿满构造完井70口，平均完井井深7912.90米，平均钻井周期172.03天，平均完井周期182.64天；完成井进尺53.56万米，动用钻机428.19台月，钻机月速1250.80米/（台·月），机械钻速6.56米/时；生产时效96.16%，纯钻时效26.49%，事故时效1.24%，复杂时效2.03%。

克拉苏构造带完井30口，平均完井井深6704.27米，平均钻井周期272.05天，平均完井周期338.83天；完成井进尺18.93万米，动用钻机339.89台月，钻机月速557.09米/（台·月），机械钻速3.16米/时；生产时效90.76%，纯钻时效24.47%，事故时效4.58%，复杂时效4.44%。

哈拉哈塘构造带完井9口，平均完井井深7341.99米，平均钻井周期100.21天，平均完井周期104.32天，完成井进尺6.01万米，动用钻机33.58台月，钻机月速1789.52米/(台·月)，机械钻速8.63米/时；生产时效91.31%，纯钻时效28.80%，事故时效0.27%，复杂时效1.57%。

表1　2022年塔里木油田公司各区块探井、评价井、开发井钻井统计

构造	预探井 井数(口)	预探井 进尺(万米)	预探井 机械钻速(米/时)	评价井 井数(口)	评价井 进尺(万米)	评价井 机械钻速(米/时)	开发井 井数(口)	开发井 进尺(万米)	开发井 机械钻速(米/时)	合计 井数(口)	合计 进尺(万米)	合计 机械钻速(米/时)
阿满构造带	10	3.87	6.86	20	12.12	7.27	77	36.27	6.24	107	52.26	6.50
哈拉哈塘构造带				1	0.75	7.96	10	5.64	9.95	11	6.39	9.67
克拉苏构造带	6	2.62	3.25	15	4.57	3.42	27	8.92	2.76	48	16.11	3.00
轮南构造带	1	0.65	9.98	1	0.56	7.11	9	3.99	7.98	11	5.20	8.08
其他	6	1.96	2.20	1	0.64	5.75				7	2.59	2.60
塔中构造带	2	0.85	10.58	1	0.69	6.46	12	3.73	7.32	15	5.26	7.57
英买力构造带	1	0.40	5.59				9	1.29	3.85	10	1.69	4.16
秋里塔格构造带	3	1.26	5.44				2	0.44	2.25	5	1.70	3.98
北部构造带	3	0.91	4.02	1	0.33	2.87				4	1.24	3.63

表2　2022年塔里木油田公司各区块直井、定向井、水平井钻井统计

构造	直井 井数(口)	直井 进尺(万米)	直井 机械钻速(米/时)	定向井 井数(口)	定向井 进尺(万米)	定向井 机械钻速(米/时)	水平井 井数(口)	水平井 进尺(万米)	水平井 机械钻速(米/时)	合计 井数(口)	合计 进尺(万米)	合计 机械钻速(米/时)
哈拉哈塘构造带				2	1.43	11.09	9	4.96	9.32	11	6.39	9.67
克拉苏构造带	28	9.65	3.41	15	5.48	2.49	5	0.99	2.82	48	16.12	3.00
轮南构造带	2	1.21	8.41	1.0	0.62	9.89	8	3.37	7.71	11	5.2	8.08
其他	7	2.59	2.59							7	2.59	2.59
塔中构造带	1	0.69	6.46	10	2.42	7.1	4	2.15	8.69	15	5.26	7.57

续表

构造	直井			定向井			水平井			合计		
	井数(口)	进尺(万米)	机械钻速(米/时)	井数(口)	进尺(万米)	机械钻速(米/时)	井数(口)	进尺(万米)	机械钻速(米/时)	井数(口)	进尺(万米)	机械钻速(米/时)
阿满构造带				72	35.53	6.39	35	16.73	6.73	107	52.26	6.50
英买力构造带	1	0.4	5.59				9	1.29	3.85	10	1.69	4.16
秋里塔格构造带	3	1.26	5.44	1	0.4	2.27	1	0.05	2.12	5	1.70	3.98
北部构造带	1	0.39	4.95	3	0.85	3.23				4	1.24	3.63

轮南构造带完井10口，平均完井井深5996.19米，平均钻井周期110.57天，平均完井周期131.01天；完成井进尺5.56万米，动用钻机43.51台月，钻机月速1298.09米/(台·月)，机械钻速8.58米/时；生产时效96.08%，纯钻时效21.01%，复杂时效3.89%。

塔中构造带完井11口，平均完井井深5793.01米，平均钻井周期81.12天，平均完井周期96.28天；完成井进尺4.84万米，动用钻机34.57台月，钻机月速1401.22米/(台·月)，机械钻速7.13米/时；生产时效96.14%，纯钻时效27.30%，事故时效0.07%，复杂时效0.27%。

英买力构造带完井6口，平均完井井深5688.92米，平均钻井周期175.13天，平均完井周期195.47天；完成井进尺3.54万米，动用钻机39.09台月，钻机月速905.69米/(台·月)，机械钻速5.17米/时；生产时效98.17%，纯钻时效24.32%，事故时效0.95%，复杂时效0.85%。

(任春玲)

【钻井队伍】 2022年，塔里木油田公司有钻井公司7家，分别为西部钻探新疆分公司、川庆钻探新疆分公司、中国石化中原石油有限公司塔里木分公司、渤海钻探库尔勒分公司、大庆石油管理局有限公司新疆分公司、新疆派特罗尔能源服务股份有限公司、新疆兆胜钻探有限公司。其中，9000米钻机33台、8000米钻机33台、7000米钻机52台。

2022年，塔里木油田公司总体钻机动用率98%，其中西部钻探新疆分公司钻机动用率100%，川庆钻探新疆分公司钻机动用率100%，中国石化中原石油有限公司塔里木分公司钻机动用率100%，渤海钻探库尔勒分公司钻机动用率97%，大庆石油管理局有限公司新疆分公司钻机动用率80%，新疆派特罗尔能源服务股份有限公司钻机动用率100%，新疆兆胜钻探有限公司钻机动用率100%。

(杨小龙)

【钻井技术指标分析】 2022年，塔里木油田公司开钻井减少26口，同比下降16.56%；完井增加26口，增长21.49%；进尺增加1.53万米，增长1.65%，其中探井和评价井进尺增长6.65%、开发井进尺下降0.82%；平均机械钻速下降3.51%，其中探井和评价井增长13.19%、开发井下降12.34%；生产时效提高0.29%，事故时效下降1.30%，复杂时效下降0.48%。

【水平井、定向井、直井钻井】 2022年，塔里木油田公司水平井钻井75口，开钻50口，完钻43口，完井42口，进尺30.98万米，动用钻机303.95台月，平均完井井深6710.41米，平均钻井周期153.77天；钻机月速1019.18米/(台·月)，机械钻速6.62米/时。

开窗侧钻水平井钻井5口，开钻3口，完钻3口，完井3口，进尺0.38万米，动用钻机17.24台月，平均完井井深7354.67米，平均钻井周期118.93天；钻机月速220.64米/(台·月)，机械钻速2.05米/时。

定向井钻井105口，开钻55口，完钻77口，完井78口，进尺46.78万米，动用钻机507.52台月，平均完井井深7473.94米，平均钻井周期169.08天；钻机月速921.71米/(台·月)，机械钻速5.35米/时。

开窗侧钻定向井钻井7口，开钻4口，完钻5口，完井6口，进尺0.37万米，动用钻机9.54台月，平均完井井深6628米，平均钻井周期39.24天；钻机月速387.55米/(台·月)，机械钻速2.6米/时。

直井钻井44口，开钻26口，完钻24口，完井27口，进尺16.68万米，动用钻机264.57台月，平均完井井深6594.11米，平均钻井周期261.03天，钻机月速630.28米/（台·月），机械钻速3.55米/时。

【钻井新纪录】 2022年，塔里木油田公司5项指标打破原纪录。

1月6日，川庆钻探新疆分公司70507钻井队在满深171井使用12$\frac{1}{4}$英寸KS1942GRTY/江钻，单只钻头3808米，刷新塔里木油田富满地区12$\frac{1}{4}$英寸钻头3733米纪录。

4月，新疆派特罗尔能源服务股份有限公司70010井队承钻的轮古38—H8井，月进尺5185米，刷新塔里木油田轮南—轮古地区水平井单月进尺5145米纪录。

7月29日，中国石化中原石油塔里木分公司70812ZY钻井队承钻的热普7-H6井完钻，完钻井深7264米，钻井周期68.46天，刷新塔里木油田哈拉哈塘地区水平井钻井周期95.23天纪录。

9月，中国石化中原石油塔里木分公司70812ZY井队承钻的哈12-H8井，月进尺5633米，刷新塔里木油田哈拉哈塘地区水平井单月进尺5003米纪录。

9月17日，中国石化中原石油塔里木分公司70812ZY钻井队承钻的哈12—H8井使用12$\frac{1}{4}$英寸KS1942GRTY/江钻，单只钻头3796.5米，刷新哈拉哈塘地区12$\frac{1}{4}$英寸钻头3733米纪录。

【各勘探公司钻井】 2022年，西部钻探巴州分公司钻井39口，开钻23口，完钻28口，完井26口，平均完井井深7192.33米，平均钻井周期207.41天，进尺16.12万米，动用钻机178.47台月，钻机月速903.16米/（台·月），机械钻速5.39米/时；生产时效96.16%，纯钻时效23.28%，事故时效1.32%，复杂时效0.99%。

2022年，川庆钻探新疆分公司钻井45口，开钻30口，完钻33口，完井32口，平均完井井深6680.7米，平均钻井周期141.31天，进尺17.18万米，动用钻机185.61台月，钻机月速925.81米/（台·月），机械钻速5米/时；生产时效91.75%，纯钻时效25.74%，事故时效2.71%，复杂时效3.56%。

2022年，中原石油塔里木分公司钻井12口，开钻9口，完钻8口，完井8口，平均完井井深6710.6米，平均钻井周期149.31天，进尺6.75万米，动用钻机54.44台月，钻机月速1239.18米/（台·月），机械钻速7.98米/时；生产时效86.14%，纯钻时效21.55%，事故时效3.84%，复杂时效3.26%。

2022年，渤海钻探库尔勒分公司钻井67口，开钻36口，完钻42口，完井46口；平均完井井深7261.5米，平均钻井周期195.88天，进尺29.07万米，动用钻机333.79台月，钻机月速870.92米/（台·月），机械钻速5.54米/时；生产时效96.24%，纯钻时效21.85%，事故时效1.46%，复杂时效1.41%。

2022年，新疆派特罗尔公司钻井38口，开钻22口，完钻26口，完井26口，平均完井井深7164.70米，平均钻井周期179.88天，进尺15.68万米，动用钻机159.82台月，钻机月速981.09米/（台·月），机械钻速5.71米/时；生产时效94.82%，纯钻时效23.88%，事故时效2.1%，复杂时效2.02%。

2022年，新疆兆胜钻探有限公司钻井13口，开钻5口，完钻3口，完井3口，平均完井井深7103.70米，平均钻井周期417.00天，进尺5.19万米，动用钻机113.95台月，钻机月速455.74米/（台·月），机械钻速2.5米/时；生产时效92.83%，纯钻时效25.32%，复杂时效3.68%。

2022年，大庆石油管理局有限公司新疆分公司钻井10口，开钻6口，完钻6口，完井6口，平均完井井深7967.32米，平均钻井周期209.69天，进尺4.44万米，动用钻机49.96台月，钻机月速888.6米/（台·月），机械钻速5.80米/时；生产时效97.03%，纯钻时效21.29%，复杂时效2.27%。

【各勘探公司完成井钻井】 2022年，西部钻探巴州分公司完井26口，平均完井井深7192.33米，平均钻井周期180.37天，平均完井周期207.41天，完成井进尺16.95万米，动用钻机179.74台月，钻机月速942.87米/（台·月），机械钻速5.46米/时；生产时效93.29%，纯钻时效24%，事故时效2.7%，复杂时效3.83%。

2022年，川庆钻探新疆分公司完井32口，平均完井井深6680.7米，平均钻井周期141.76天，平均完井周期162.30天，完成井进尺19.32万米，动用钻机176.53台月，钻机月速1094.50米/（台·月），机械钻速5.67米/时；生产时效93.51%，纯钻时效26.83%，事故时效1.63%，复杂时效2.8%。

2022年，中原石油塔里木分公司完井8口，平均完井井深6710.60米，平均钻井周期149.31天，平均完井周期159.57天，完成井进尺5.45万米，动用钻机43.29台月，钻机月速1257.86米/（台·月），机械钻速7.15米/时；生产时效90.25%，纯钻时效24.42%，事故时效0.86%，复杂时效2.82%。

2022年，渤海钻探库尔勒分公司完井46口，平均完井井深7261.50米，平均钻井周期195.58天，平均完井周期221.83天；完成井进尺32.23万米，动用钻机342.01台月，钻机月速942.47米/(台·月)，机械钻速5.08米/时；生产时效95.04%，纯钻时效25.75%，事故时效2.07%，复杂时效2.30%。

2022年，新疆派特罗尔公司完井25口，平均完井井深7164.70米，平均钻井周期179.88天，平均完井周期206.60天；完成井进尺17.49万米，动用钻机173.23台月，钻机月速1009.56米/(台·月)，机械钻速5.35米/时；生产时效94.64%，纯钻时效26.19%，事故时效1.58%，复杂时效3.67%。

2022年，新疆兆胜钻探有限公司完井3口，平均完井井深7103.70米，平均钻井周期417天，平均完井周期503.61天；完成井进尺2.13万米，动用钻机50.36台月，钻机月速423.16米/(台·月)，机械钻速2.34米/时；生产时效85.73%，纯钻时效25.14%，事故时效13.38%，复杂时效0.27%。

2022年，大庆石油管理局有限公司新疆分公司完井6口，平均完井井深7967.32米，平均钻井周期209.69天，平均完井周期220.61天；完成井进尺4.20万米，动用钻机44.12台月，钻机月速953.22米/(台·月)，机械钻速5.64米/时；生产时效96.34%，纯钻时效23.48%，复杂时效3.34%。

(任春玲)

【**万米深地钻完井工程技术**】 2022年，塔里木油田公司油气工程研究院优选深深1井作为油田公司实施的首口万米井，主力目的层为寒武系吾松格尔组，井底温度212.8℃，垂深11100米。设计采用塔标Ⅱ五开井身结构，最大钻机载荷717吨，需使用12000米钻机，为满足安全下入要求，设计二开套管由110钢级升级为140钢级，为满足改造要求，设计高抗内压生产套管；塔里木油田公司有钻具组合满足万米以深地层钻进需求，大吨位尾管下入设计6⁵/₈英寸钻杆，抗拉强度942吨；万米以深地层温度超过200℃，正攻关耐温220℃水基钻井液及固井水泥浆，现场试验耐温250℃金属螺杆。

"十四五"期间，塔里木油田公司天然气上产主力区仍为克拉苏构造带，逆掩叠置区资源量丰富(3161亿立方米)，但逆掩叠置区钻探至少遭遇两套盐层、两套目的层，因井身结构层次与钻井技术有限，无法应对多套盐层/断层/目的层等复杂地质工况。为解决井身结构无法满足的难题，油气工程研究院基于完井尺寸和套管强度设计需求，综合考虑套管环空间隙，新设计10种规格非标套管，并从钻具组合、固井、井控等方面进行可行性论证，提出15000米钻机、非盐层扩眼、大直径高强度套管安全下入3个方面的攻关方向，初步建立八开八完井身结构。

(周宝)

【**库车山前难钻地层系统提速技术**】 2022年，针对砾石层自然造斜能力和非均质性强、能量传递效率差、防斜与打快矛盾突出的难题，塔里木油田公司油气工程研究院从钻头与配套工具单项技术突破应用转向协同提速，探索"减震器+螺杆+垂钻+新型高效钻头"提速技术组合，在中深部(三开井段)进行先期提速试验，取得突破后再逐步拓展应用至浅部(二开井段)的高含砾、强非均质性地层提速，同时配套钻井参数优化，充分发挥集聚提速效应。2022年，在制约库车山前提速的砾石层规模化推广应用，相比区域邻井，单只钻头进尺与机械钻速均提高50%以上，其中博孜19井最为典型，盐上砾石层应用该技术，工期较设计节约超100天。

2022年3月，塔里木油田公司油气工程研究院针对博孜—大北盐上使用垂钻工具成本高的问题，在博孜34井盐上小倾角地层(地层倾角8±2度)试验单弯大扭矩螺杆防斜打快钻井技术，机械钻速4.04米/时，与同层位同井段应用垂钻的邻井相比提高46.3%，且井斜控制在1.05度以内，试验效果显著。

塔里木油田公司油气工程研究院贯彻落实油田公司地质工程一体化提速要求，开展砾石层可钻性精细评价，通过声波、伽马、密度、地层岩性等测录井数据，刻画泥质含量、单轴抗压强度、研磨指数、冲击指数等指标表征地层可钻性，实现区块/单井砾石层可钻性米级精细划分。以此为基础，分区、分井、分层，建立"地层评价+钻工具选型+参数优化"全过程量化分析工作流程，实现系统提速"一区一策、一井一策、一层一策"，纳入方案设计源头，推动山前砾石层等复杂难钻地层再提速。2022年，博孜—大北砾石层厚度与2021年基本持平，核心发育区钻井周期由220天缩短至192天，非核心发育区钻井周期由119天降至111天。

(陈凯枫)

【**富满油田超深井钻井技术**】 2022年，为解决高压盐水上窜造成柯坪塔格组灰色泥岩浸泡垮塌、频繁通井携砂的问题，塔里木油田公司油气工程研究院精细对比分析盐水、漏层、易垮层发育位置与特征，从套管柱设计、钻机选型、钻具设计、经济性评价等方面进行系统评估,优化满深5区块井二开套管中完下深,中完位置由进石炭系100—200米深下至柯坪塔格组灰色泥岩,井深由4600米左右调整至5900米左右,有效解决钻遇高压盐水后上部地层垮塌问题,在满深502-H6井、满深5-H5井成功实施。

针对富满油田三开直井段定向螺杆滑动或旋导钻进时机速慢问题,油气工程研究院探索试验"个性化钻头+垂钻/旋导+大扭矩螺杆"组合提速。其中,"个性化钻头+垂钻+大扭矩螺杆"试验11口井,平均机械钻速7.1米/时,较邻井提高39.2%,特别是富源6井(井深7736米)107天完钻,刷新区域提速指标;"个性化钻头+旋导+大扭矩螺杆"试验2口井、平均机械钻速4.53米/时,较邻井提速106%。

【大尺寸长裸眼堵漏技术】 塔里木油田公司博孜25井存在17英寸大尺寸井眼、裸眼段长2442.7米、漏点多、漏层难以准确判断、压力窗口窄等难题,漏失量13754立方米。2022年,塔里木油田公司油气工程研究院利用方解石等刚性材料密度高、沉降快的特点,配置不同粒径方解石颗粒,浓度为48%的高浓度堵漏浆,开展沉降隔离堵漏,有效封堵井底漏层,实现由井漏失返至循环微漏,首次实现17英寸大尺寸堵漏成功。

【侏罗系目的层欠平衡钻井液技术】 塔里木油田公司吐格6井阿合组目的层预测压力系数1.39,为减小储层伤害,最大限度实现勘探发现目的,验证欠平衡钻进条件下阿合组的储层发育程度和油气显示情况,2022年,塔里木油田公司决定采用欠平衡钻井,钻井液密度由设计1.55—1.75克/厘米^{3}降至1.2—1.4克/厘米^3。油气工程研究院为配合欠平衡钻井需要,开展吐格6井供液保障系统场地勘测、罐体摆放及供液流程设计,设计增配70立方米泥浆罐12个,罐区容积1147立方米。欠平衡实施过程采用循环补胶液及离心降密度两种方法进行降密度,连续降密度2次,密度从1.4克/厘米^{3}降至1.24克/厘米^3,实施过程补充沥青防塌剂和超细碳酸钙加强封堵,钻井液失水控制在10毫升以内。欠平衡期间后效气测TG显示最高为99.98%,未发生严重掉块垮塌,有效支撑阿合组目的层加深井段的欠平衡钻进和井下安全。

【裂缝性漏失智能堵漏决策软件首次应用】 塔里木油田公司以往现场堵漏工艺主要依靠工程师经验,堵漏成功率低,迫切需要基于漏失特征参数科学模拟堵漏配方,并持续推进智能堵漏决策软件应用落地。2022年,大北13井五开目的层1.73克/厘米^{3}钻井液钻至5268.65米发生井漏,漏速12米^3/时,油气工程研究院通过智能大数据堵漏软件预测裂缝开度2.17毫米,模拟堵漏配方,现场采用桥浆堵漏配方材料堵漏1次成功,并顺利钻至完井,取得良好效果。

(张 震)

【宝钢超级13铬油管评估】 2022年,塔里木油田公司油气工程研究院系统评估近2年宝山钢铁股份有限公司的13铬油管在油田应用效果,给出"宝山钢铁股份有限公司的13铬油管的试用工况可由150℃扩大至170℃"技术建议。对江苏常宝钢管股份有限公司、天津钢铁集团有限公司和浙江久立集团股份有限公司3家国内13铬油管生产厂家的生产资质、材质及油管实物性能评价试验方案和报告进行全过程审核,给出"江苏常宝钢管股份有限公司的13铬油管具备现场试用条件"技术建议。

【油套管特殊接头商检公差与设计公差关系式】 2022年,针对油套管特殊接头商检关键参数公差控制无据可依难题,塔里木油田公司油气工程研究院通过对天津钢铁集团有限公司直径177.8毫米、壁厚10.36毫米的TP-CQ扣套管,江苏常宝钢管股份有限公司直径88.9毫米、壁厚9.52毫米的CBS3扣油管,湖南衡阳钢管有限公司直径88.9毫米、壁厚7.34毫米的HSM-2扣油管和管材直径273.05毫米、壁厚13.84毫米的HSM3扣套管,宝山钢铁股份有限公司的直径139.70毫米、壁厚9.17毫米的BGT2扣套管,批量检测5种规格特殊螺纹油套管,获取螺纹关键参数数据85000个,并对机加工、表面处理后、上扣后螺纹参数的变化情况统计分析,建立油套管特殊接头商检公差与设计公差的关系式。

【高强高韧钛合金钻杆】 2022年,塔里木油田公司油气工程研究院开发新型130(每平方英寸的千磅数)级高强高韧钛合金钻杆(0℃冲击功大于60焦耳),设计钛合金钻杆专用高承载特殊螺纹,并配套抗黏扣、耐磨损技术,形成高强高韧钛合金钻杆应用技术体系。首次完成塔里木油田公司超深井(深于6500米)用钛/钢复合钻柱设计,并配套制定指导现场的钛/钢复合钻柱钻井参数推荐图。

【设计研发高抗内压抗硫套管】 2022年,针对富满区块异常高压气井(关井压力66兆帕),现有简化井身结构的井口生产套管抗内压强度不满足要求的情况,塔里木油田公司油气工程研究院通过套管的外加厚设计和接头结构优化,设计研发254毫米×16.75毫米和282.58毫米×18.64毫米110S高抗内压特殊螺纹套管，抗内压强度达90兆帕。设计研发的高抗内压抗硫特殊螺纹套管在富满区块异常高压气井应用，节约单井回接套管费用300万元。

【气密封扣油套管四新产品认证】 2022年，塔里木油田公司油气工程研究院采用"全规格有限元分析+部分规格实物试验"方法，对两家油管和套管产品线进行认证，完成28种规格气密封扣油管和套管的"四新"技术（新技术、新工艺、新材料和新设备）评价，认证周期缩减56个月。截至2022年底，其中9种规格7701根气密扣油管和套管在55口气井中下入，保障油田油套管及时供给和安全应用。

【螺纹结构和质量问题导致5井次钻工具失效】 2022年，塔里木油田公司油气工程研究院开展富源303-H6井、大北301T井、果勒303H井、博孜304井、满深4-H3井5井次钻工具失效分析，失效原因均为螺纹结构和质量问题导致。针对性提出增加螺纹关键参数检测环节和强化工具类设备的入场查验建议。

【非API套管规范化管理】 2022年，塔里木油田公司油气工程研究院结合塔标井身结构，从尺寸、材质、钢级和扣型4个方面，开展90种非API套管优化的可行性分析，认为可用110S非API抗硫套管替代12个品种的C110非API抗硫套管，可用特殊间隙接箍封盐套管替代4个品种的直连型封盐套管，可优化的非API套管16个品种，优化比例17.7%。

【油套管、井口、钻杆产品和井下工具质控】 2022年，塔里木油田公司油气工程研究院对天津钢管制造有限公司、江苏常宝钢管股份有限公司、湖南衡阳钢管有限公司、四川宝石机械钻采设备有限责任公司等11家主要油套管、井口、钻杆和井下工具供应商进行技术审查，明确生产过程控制、质量检验与测试是产品质量质控最大短板，并提出针对性整改措施，实现产品质量控制关口前移。

（宋文文）

【钻完井远程管控（DROC）】 2022年，塔里木油田公司围绕远程风险管控、技术支持、高效协同三大功能开展工作。

远程风险管控。完善钻完井作业风险管控体系，新增井控装备状态实时监测、应急资源在线调度、井筒质量对标分析等功能，优化人员履职管控、大数据预报警、实时作业监测模型，实现人员、井控、作业、装备、质量全要素实时在线监管，增强作业隐患早期发现能力，保障钻完井安全生产。井控风险全面受控、故障复杂有效遏制，促进关键岗位人员主动履职尽责。风险管控模式由自动报警、人工确认转变为前后方同时报警、协同响应处置，降低响应时间，进一步提升处置成功率。监测工程师管理作业井由2021年的2口/人提升至10口/人，2021年工程异常正确报警435起，避免事故复杂12起；2022年工程异常正确报警694起，避免事故复杂27起。

远程技术支持。新建实时关键绩效指标分析应用，管控作业进度、识别低效作业、提升作业效率；新建随钻地质跟踪应用、优化随钻工程分析应用，实时跟踪地层岩性变化，及时调整技术措施，指导钻井提速、地质卡层和定向井精确中靶。强化钻完井作业过程管控和技术支撑能力，实现地质工程随钻分析和现场作业全方位协同联动。辅助决策模式由现场个体经验判断转变为远程会诊科学研判转变，促进作业提速、提质提效。全年地质、工程技术专家通过DROC远程跟踪分析24井次，实现钻井提速5%，定向井中靶率提升8%。

远程高效协同体系。深化应用移动App、视频会议、数据质量监测、中心运行管理，实现DROC前后方纵向多级联动、跨专业横向协同，提升一体化协同响应和应急处突能力。将经验丰富的监督、专家集中到油田DROC，1名技术专家、8名监督每日在线开展作业跟踪、远程会商及决策指挥。技术支持由传统跑井支持方式转变为创新远程支持模式，提升钻完井决策指挥与问题处置能力。业务管理部门、生产单位组织远程巡井13井次、远程考试3次、在线抽查防喷演习30井次，决策指挥、紧急处突效率提高50%。

【钻完井远程管控值班值守机制】 2022年，塔里木油田公司成立钻完井远程管控中心，归属油气工程研究院直属单位，全年实行7×24小时值班值守。建立专家例会、交接班、挂牌上岗、风险提示、值班报表、轮班制、值班纪律、保密纪律8项制度，发布溢流及故障复杂汇报、井控突发事件处置、故障复杂突发事件处置3项工作流程。制定一般问题、较大问题、重大问题3级响应处置，初步实现DROC实体运行。

（孙赋强）

测井录井

【概述】 2022年，塔里木油田公司勘探开发研究院负责完成全盆地新部署探井、评价井、开发井测井项目设计与测井资料解释评价，录井项目资料录取设计与录井资料解释评价；套管井生产测井动态跟踪解释评价；固井质量评价、超深井工程质量专项检查和固井质量红线检查、工作，试井解释评价工作；三级地质储量测井储层参数研究，温压系统分析等工作；配合开展勘探开发、地震圈闭评价与综合治理工作（表3）。测井解释符合率90.5%，录井资料解释符合率85.55%，地层测试解释符合率87.8%，固井质量解释符合率92.86%，生产测井评价措施符合率87.7%。承担集团（股份）公司课题6项，塔里木油田公司项目2项。申报发明专利2件，受理2件，申报软件著作权2件，制定塔里木油田公司企业标准2件，发表论文4篇，申报并获中国石油化学和工业联合会科技进步奖一等奖1项。

表3 2022年塔里木油田公司测录井工作量完成情况一览表

工作类型	工作量
测井资料质控	测井项目设计167井次，测井原始资料质量检查与入库816井次，电子蓝图编制入库201井次
测井处理解释评价	新钻井随钻跟踪处理解释评价256井次，累计参加试油讨论与汇报123井次
	新钻井固井质量测井解释评价380井次，井身质量评价125井次，完成井径扩大率处理368口井
	生产动态测井生产跟踪评价215井次，测井方案讨论40余井次，发布开发质量公报4期
三级储量	探明储量区块8个，控制储量8个，预测储量11个，储量复算1块。储量温压系统研究28个区块
测试评价	新井和老井试井及MDT解释14井次，试油完井报告56井次，无阻流量和动储量计算298井次
录井评价	新钻探井、评价井录井解释评价54井次，录井项目设计130井次，单井试油建议47井次
专利、标准、规范、流程、技术手册制定	完成专利申报4件，专利交底书编写2件，获软件著作权1件，申报1件；制定标准1件，修订标准1件；发表论文4篇
技术支持	配合地震圈闭评价、井位部署、开发方案及综合治理等，支撑勘探事业部、油气田产能建设事业部、采油气管理区、油气工程研究院、勘探开发研究院各项目组等20多个甲乙方单位，完成老井复查、数据支持3198井次

（李进福）

【测井录井管理】 2022年，塔里木油田公司完成裸眼测井796井次，测井资料优等率95.6%；完成探评价井解释52口，解释储层316层，测井解释符合率90.5%，为油气发现和增储上产提供技术保障。"深层裂缝性低孔砂岩储层测井关键技术"获2022年度中国石油和化学工业联合会科学技术进步奖一等奖，成果被院士领衔的鉴定专家组认定整体达到国际领先水平，研究成果支撑克拉苏和博孜—大北两个万亿立方米大气田增储上产工程。

直推式测井工艺。通过声波仪器结构优化及存储系统升级等6项关键技术突破，实现以国产技术为主导的测井采集技术反转，整体技术国内自主研发，国际首创，解决国外测井先进技术卡脖子问题。全年应用99井次，一次作业成功率由2021年的63.3%上升至95.6%。

超深井测井采集工艺技术研究。组织中油测井等单位多次开展超深井测井采集工艺技术配套论证，重点对万米测井技术配套需求开展针对性研究并形成可行方案，确保以深探1井为代表的万米深井用国产化测井自主装备和技术破解测井采集世界级难题。

国产化装备规模化应用。推进集团公司自主研发CPLog快速与成像测井系统规模化应用，2022年应用66井次，下井一次成功率97.1%，曲线优等率97.6%，为塔里木油田公司超深井测井资料采集再添利器。

储层流体评价新技术应用。加大库车前陆区岩性扫描、核磁共振等新技术推广应用力度，2022年应用31井次，提升储层流体性质识别精度，助力克探1井和迪北5井等新领域取得重大突破。

测井解释。首创测井解释井长负责制，加强单井资料走向多井的全面系统分析，组织中油测井及斯伦贝谢公司开展多方并行解释评价，进一步提高解释精度。2022年探评井解释符合率90.5%，同比提高3%。

固井质量攻关。完善适应塔里木油田复杂井况的固井质量测井评价标准，研发井身质量处理软件，实现全井段数据自动处理和智能化判断。2022年固井质量合格率91.5%，井身质量合格率96.5%，完成集团公司井筒质量考核任务。

测井老井再评价。针对股份公司规模化测井老井再评价示范年工程，聚焦轮南、塔中区块，开展测井老井再评价攻关，完成评价井383口，提出潜力层49层、措施层12层，增油2.11万吨，增储85.4万吨，在"零进尺"规模增储、低投入效益增产工程中展现新作为。

牵头制定行业标准。组织开展标准审查5次，邀请油气和新能源公司等单位相关专家21人次进行标准阶段审查，完成集团企业标准《测井资料质量评价规范》制定工作，为集团公司测井质量提升再添新标尺。

重点井管理。塔里木油田公司在风险探井实施录井施工方案审查制度，方案由录井公司作业队伍负责编制，工程技术部负责组织审核后，上报股份公司会审。方案内容包括预测地质分层、岩性及其组合特征，主要目的层段、浅气层深度以及地层压力等；明确各开次技术难点，制定油气显示发现、岩心卡取、中完井深卡取、地层压力评价、工程风险分析与防范等录井技术措施；并优选现场人员、设备设施，后勤技术组提供支撑保障。2022年组织开展5口风险探井（雄探1井、宿探1井、克探1井、托探1井、群探1井）录井施工方案会审，方案结果受到股份公司高度评价，其中群探1井录井施工方案被股份公司推荐为模版在各油田公司推广。

（张鑫磊）

【测井评价】 2022年，塔里木油田公司勘探开发研究院地球物理所开展全盆地新部署探井、评价井与开发井测井项目设计167井次，测井原始资料质量检查与入库816井次，电子蓝图编制入库201井次，新钻井随钻跟踪处理解释评价256井次，参加试油讨论与汇报123井次，新钻井固井质量测井解释评价380井次，井身质量评价125口井，生产动态测井跟踪评价215井次，测井方案讨论40余井次，发布开发质量公报4期。编制井筒质量月报15期。技术支持配合项目组及相关部门生产工作，支持率100%，完成各类汇报200余井次。

【测井技术攻关】 2022年，塔里木油田公司承担股份公司重大科技专项"超深复杂井筒复杂储层测井关键技术研究与应用"。承担股份公司勘探工程技术攻关测井项目4个，即"塔里木盆地库车北部侏罗系致密气'甜点'评价方法与技术""塔里木盆地台盆区深层白云岩油气藏评价方法""塔里木盆地深层风险勘探测井采集与评价技术""库车深层博孜—大北白垩系裂缝砂岩凝析气藏测井技术攻关"。

杨氏模量校正电阻率流体识别方法。通过应力对电阻率的影响研究，完善杨氏模量校正电阻率的流体识别方法。明确杨氏模量是控制电阻率变化的重要因素，结合杨氏模量对电阻率的影响，建立基于杨氏模量校正电阻率的流体识别新图版，并不断深化在博孜大北新钻井中应用。同时，构建克深区块的孔隙度—杨氏模量校正电阻率图版，支撑库车低孔裂缝性砂岩储层流体评价。

富满油田碳酸盐岩水平井储层测井响应特征图版。建立富满油田碳酸盐岩水平井储层测井响应特征图版，为富满油田测井储层快速识别提供依据。碳酸盐岩水平井测井响应与直井有较大不同，给水平井储层快速识别带来困难。针对直井除裂缝、溶蚀孔洞储集空间的测井响应特征图版，建立缝合线及藻纹层、燧石团块及诱导缝崩落的测井响应特征图版22幅。针对碳酸盐岩水平井有效储集空间，分直推双侧向电阻率及随钻电阻率建立裂缝孔洞、与井近垂直相交裂缝、与井斜交缝的测井响应特征图版，针对易混淆无效储集空间，建立崩落、诱导缝、地层界面、扩径等测井响应特征图版51幅。基于电成像计算裂缝孔隙度的基础是计算裂缝宽度，利用图科1井精细处理标定，厘定增强型微电阻率成像仪（XRMI）、微电阻率成像（MCI）测井资料裂缝宽度定量计算仪器系数，开展富满油田裂缝定量评价，建立裂缝产状、裂缝密度、裂缝孔隙度及裂缝宽度平面分布图，为富满油田裂缝平面分布规律研究提供依据。

井眼距离与深横波井旁缝洞体有效性联合评价技术。开展断控型碳酸盐岩侧钻井和原井眼的距离与深横波反射成像联合评价井旁缝洞体的方法研究。初步建立井眼距离与深横波井旁缝洞体有效性联合评价技术。根据井眼三维位置关系，通过计算两个井眼之间的水平距离和最小距离参数，联合深横波测井资料评价井旁缝洞体，为侧钻井井旁反射有效性综合评价提供技术支持。

固井质量测井评价标准。基于数值模拟和模型井刻度，建立适合油田复杂井况的固井质量测井评价标准，形成水泥胶结比固井质量测井评价技术。建立水泥胶结比的定量评价方法，实现水泥充填程度评价，支持井筒完整性评估。基于模型井实测资料，建立首波幅度与水泥胶结比关系，实现水泥充填程度评价；结合胶结比与有效封隔长度经验图版，开展水泥封隔能力研究，为封井隐患排查和方案制订提供关键决策依据。

（李进福）

【测试解释与评价】 2022年，塔里木油田公司勘探开发研究院完成地层测试资料解释报告73井层，开发试井数据质量控制及解释与评价118井次，重点井酸化压裂解释评估8井层，动储量计算27井次，完成三级储量温压系统研究9个区块，MDT（模块式地层动态测试仪）老井复查及新井自主处理解释12井次。针对裂缝性低孔砂岩储层非均质性强、储层表征难度大、试井分析认识不足的问题，建立离散型裂缝试井物理数学模型，创新形成双区复合多尺度裂缝表征方法，实现裂缝长度定量解释，形成一套试井分析技术，为深化储层认识、提高试井解释可靠性提供技术手段。开展MDT资料应用深化研究，初步形成基于电缆地层测试资料的超压地层判断及地层压力系数计算方法和基于泵抽水样离子浓度精细分析的地层流体类型分析方法；开展IFA电阻率精细分析，为泵抽流体中水相来源提供分析手段。

（强剑力）

【套管井测井评价】 2022年，塔里木油田公司勘探开发研究院针对井筒质量评价技术难题，建立水泥胶结比定量评价方法，首次实现水泥充填程度评价，开展固井质量时间推移对比研究，提出固井质量测井时机的优化建议，研发井身质量自动化处理软件，实现井身质量智能化处理和判断，工程技术支撑能力持续增强。针对生产测井精细评价需求，优化高压气体参数计算方法，提高气井产出剖面测井解释精度，推广应用RDT测井技术，精准评价剩余油饱和度，为老油气综合治理提供精准依据。

（李进福）

【录井评价】 2022年，塔里木油田公司勘探开发研究院完成塔里木盆地新钻探井、评价井录井解释评价46口井，老井复查126井次；解释油气层1134米/170层、差油气层830米/217层、油气水同层66米/24层；提出试油建议47井次，录井解释评价单井试油结果统计分析28井次；录井解释符合率85.55%。

【录井技术攻关与应用】 2022年，塔里木油田公司承担股份公司勘探工程技术攻关录井项目"库车超深超高压裂缝性低孔砂岩气藏录井评价技术攻关""录井地层压力监测技术研究"，针对库车北部侏罗系储层非均质性强、流体性质识别准确度低的问题，勘探开发研究院地球物理所发挥井长制作用，建立与研究项目组和生产项目组沟通联系机制，掌握钻井过程中第一手油气水信息，应用数学地质判断方法开展录井多参数融合解释评价参数，交汇形成多因素解释图板，形成一套流体性质评价方法；聚焦库车北部侏罗系，以气测、三维定量荧光、核磁共振录井技术为基础，交汇建立侏罗系含气指数、相当油含量、可动油信号比等多参数综合解释图板及标准，区块录井解释评价符合率由72%提高到86.2%。录井工程参数地层压力监测模型建立技术，开展地层压力预测和随钻监测录井参数相关性研究，厘清博孜—大北地区超压主要成因，明确该区地层压力分布特征；优选3个测井参数、9个录井参数作为压力预监测参数，建立适合于博孜—大北地区地层三压力预监测模型，计算模型准确率85.7%，研发并完善地层三压力预监测系统，形成压力预监测单井工作机制，博孜—大北地区现场应用10井次。

（王国瓦）

【直推存储式单发八收数字声波处理技术】 2022年，塔里木油田公司勘探开发研究院针对新引入的单发八收直推存储式新工艺声波仪器，开发针对仪器结构属性恢复的预处理软件模块，预处理后的声波可用STC技术提取纵波时差、横波时差，并计算泊松比与纵横波速比；在时差提取基础上，计算模式波到时，波形滤波预处理后的模式波幅度，计算模式波幅度衰减及相对于干层的幅度衰减，上述参数可用于储层有效性及储层流体类型评价。

【井筒距离与深横波联合评价井旁反射体有效性技术】 2022年，塔里木油田公司针对侧钻井井旁反射体有效性评价，勘探开发研究院研究原井筒与侧钻井筒水平距离、最小距离计算方法，结合井筒之间距离变化和反射体强度与数量的变化，综合分析反射体属性；当反射体出现在两井筒距离范围内，且方位相当，则可能为原井筒反射，而非裂缝或洞穴有效储层反射；结合酸压规模、井筒距离、反射体强度与数量，可评价反射体是否受到原井筒酸压试油影响。

【井筒质量评价】 2022年，塔里木油田公司勘探开发研究院研发固井质量测井评价方法，考虑塔里木油田管柱尺寸、水泥密度等实际井况,建立适合超深复杂井况下固井质量测井评价标准,推广应用380井次,研发全井段智能化井身质量评价软件,推广应用128口井,老井复查368口,为塔里木油田公司完井筒质量考核指标提供技术支持。

【示踪流量测井解释评价】 2022年,塔里木油田公司勘探开发研究院通过点测数据解编、深度自动归位,谱峰流量计算,自主研发示踪流量测井解释评价方法,并在迪探2井产出剖面测井跟踪评价中首次应用,明确有效产出层位,为现场施工提供可靠决策依据。该项技术研发成功,填补油田公司该项技术空白,标志塔里木油田公司在掌握生产测井解释评价核心技术上取得新进步。

(李进福)

固井作业

【概述】 2022年,塔里木油田公司有固井队伍4家,分别为川庆钻探新疆分公司井下事业部、渤海钻探工程有限公司第一固井分公司、中海油田服务股份有限公司新疆分公司、西部钻探巴州分公司固井项目部。水泥外加剂供应商主要有4家,分别为天津中油渤星工程科技有限公司、廊坊古莱特石油技术有限公司、成都欧美克石油科技股份有限公司和河北乾益化工科技有限公司。

2022年,塔里木油田公司完成注水泥作业490井次。山前高压气井盐上地层平均合格率87.9%,盐层平均固井合格率90.4%,目的层固井平均合格率91%,盐层回接段平均合格率98.5%,同比持平。台盆区碳酸盐岩井二开推广超低密度水泥浆一次上返和封隔式分级箍双级固井工艺后,固井质量合格率83%,同比提高11%;三开推广志留系控压固井技术后固井质量合格率平均97.2%,提高11%;碎屑岩井技术套管固井和目的层尾管固井合格率分别为90.6%、88.5%,同比均略有提高。

(叶素桃)

【固井工作量】 2022年,塔里木油田公司完成一次注水泥作业490井次,同比增长6.06%。全部为常规井固井一次注水泥作业。其中:川庆钻探新疆分公司井下事业部井下分公司固井队完成132井次,占26.94%;渤海钻探工程有限公司第一固井分公司完成160井次,占32.65%;中海油田服务股份有限公司新疆分公司完成48井次,占9.79%;西部钻探巴州分公司固井项目部完成150井次,占30.62%。

表4 2022年塔里木油田公司固井指标统计表

作业名称	固井次数	平均下深(米)	最大下深指标(米)	最大下深井号	最小下深指标(米)	最小下深井号	最大段长指标(米)	最大段长井号	最小段长指标(米)	最小段长井号	平均段长
30英寸表层	3	59.23	96.77	塔中1井	34.30	轮西2井					
24英寸表层	25	317.97	380.00	大北8井	100.00	满蓬1井					
20英寸表层	690	210.11	978.43	巴东4井	30.00	克拉210W井					
$18^5/_8$英寸单级	68	1567.71	3643.26	博孜15井	46.00	中古102-H14井					
$14^3/_8$英寸单级	240	2292.58	4578.00	中古71井	200.00	柯东2井					
$14^3/_8$英寸双级	101	3812.14	5506.00	大北401井	1501.60	克深209井					
$13^3/_8$英寸单级	1212	1166.64	5504.70	轮探1井	52.11	轮古2-2井					

续表

作业名称	固井次数	平均下深（米）	最大下深 指标（米）	最大下深 井号	最小下深 指标（米）	最小下深 井号	最大段长 指标（米）	最大段长 井号	最小段长 指标（米）	最小段长 井号	平均段长
$13^{3}/_{8}$英寸双级	333	2678.67	5830.50	大北306T井	999.23	塔中12井					
$13^{3}/_{8}$英寸单级回接	1	623.60	623.60	大北201井	623.60	大北201井					
11.55英寸+$11^{1}/_{8}$英寸单级	2	4497.25	4523.5	博孜3-K2井	4471	博孜3-K1井					
$10^{3}/_{4}$英寸单级	1014	1752.27	6801.28	博孜1-1井	351.00	甫沙5井					
$10^{3}/_{4}$英寸双级	243	6054.95	7652.00	博孜8井	3159.00	克拉3-1W井					
$10^{3}/_{4}$英寸尾管	30	6193.60	6734.00	克深904井	4315.00	克深6-1井	3062.64	大北11-H2井	888.07	大北902井	2075.89
$10^{3}/_{4}$英寸单级回接	28	3746.04	4637.22	阿满3加深井	1792.90	克深15井					
$10^{3}/_{4}$英寸双级回接	1	3305.02	3305.02	大北301井	3305.02	大北301井					
10.2英寸尾管	1	4783.00	4783	克深602井	4783	克深602井	2058.168	克深602井	2058.168	克深602井	2058.168
$9^{7}/_{8}$英寸单级	1	3911.60	3911.60	克深4井	3911.60	克深4井					
$9^{7}/_{8}$英寸双级	1	5242.42	5242.42	克深35井	5242.42	克深35井					
$9^{7}/_{8}$英寸尾管	6	4687.93	5789.03	克深3井	3592.00	克拉2-15井	2421.27	迪西1井	511.65	克拉2-15井	1276.04
$9^{5}/_{8}$英寸单级	1648	1106.13	6000.60	克深1103井	49.27	大宛105-30井					
$9^{5}/_{8}$英寸双级	1088	4473.79	7736.00	中寒2井	1003.12	轮南21井					
$9^{5}/_{8}$英寸尾管	62	6196.44	7492.89	克深21井	2980.00	吐东2井	3572.59	玉龙6井	620.41	博孜15井	2097.41
$9^{5}/_{8}$英寸双级回接	1	2870.00	2870.00	大北3井	2870.00	大北3井					
$9^{5}/_{8}$英寸单级回接	71	3513.40	5257.30	克深2-1-14井	82.62	却勒1井					
$8^{1}/_{2}$英寸尾管	5	6848.80	7077.00	克深8-11井	6736.00	克深8-4井	809.87	克深8-3井	511.10	克深8-5井	654.88

续表

作业名称	固井次数	平均下深（米）	最大下深 指标（米）	最大下深 井号	最小下深 指标（米）	最小下深 井号	最大段长 指标（米）	最大段长 井号	最小段长 指标（米）	最小段长 井号	平均段长
8$\frac{1}{8}$英寸尾管	24	6398.32	7828	克深7井	4782.50	迪北101井	2752.91	迪北101井	386.58	沙南2井	1365.51
8$\frac{1}{8}$英寸单级回接	7	3770.29	4497.73	迪西1井	2752.00	迪北101井					
7.94英寸尾管	57	6287.22	7409.80	大北305井	4720.00	迪北103井	3260.21	大北303井	393.41	克深807井	1223.05
7$\frac{7}{8}$英寸单级	671	7262.72	7409.50	跃满23井	3630.00	塔中4—23—H1井					
7$\frac{7}{8}$英寸双级	178	6477.53	7249.03	跃满102井	4650.30	英买903井					
7$\frac{7}{8}$英寸尾管	42	7501.09	8300.00	轮探3井	3702.00	克拉3—1W井	3703.11	满深5—H11井	843.91	克拉3—2W井	2867.95
7$\frac{7}{8}$英寸单级回接	4	4635.25	5394.47	轮探3井	2847.68	克拉3—1W井					
7$\frac{3}{4}$英寸尾管	172	6638.22	8333.00	满深10井	4555.00	吐东202井	4214.28	满深10井	566.46	克深12井	1520.42
7$\frac{3}{4}$英寸单级	7	4559.93	6174.50	中古113—H7井	3328.10	阿克1—H5井					
7$\frac{3}{4}$英寸单级回接	201	5373.26	7046.91	克深901井	3285.60	满加4井					
7$\frac{3}{4}$英寸尾管回接	12	5691.69	6702.81	克深903井	4394.90	克深24—6井	1346.85	克深903井	451.55	克深5—5井	611.20
7$\frac{5}{8}$英寸双级	3	5864.08	6008.82	英古2—1井	5773.41	英买2—8井					
7$\frac{5}{8}$英寸尾管	3	6090.81	6963.24	塔参1井	5037.50	康2井	2955.16	秋参1井	1843.62	塔参1井	2342.09
7.165英寸尾管	5	5849.79	7030.00	玉龙6井	5116.00	玉东103H井	1317.46	克深3井	686.28	玉龙6井	902.89
7英寸表层	1	24.17	24.17	图科1井	24.17	图科1井					
7英寸单级	397	4947.61	7219.68	金跃102井	760.27	阿克3井					
7英寸双级	761	5081.60	7036.00	金跃7井	1948.40	玛8井					
7英寸尾管	986	5735.39	8860.00	轮探1井	805.00	玛3—1H井	3789.60	乌泊1井	294.182	克深24—1井	1413.18
7英寸单级回接	307	4271.60	7159.00	轮探1井	398.30	玛3—1H井					

续表

作业名称	固井次数	平均下深(米)	最大下深 指标(米)	最大下深 井号	最小下深 指标(米)	最小下深 井号	最大段长 指标(米)	最大段长 井号	最小段长 指标(米)	最小段长 井号	平均段长
7英寸双级回接	97	4220.41	6221.07	克深5井	2005.70	柯深101井					
7英寸尾管回接	16	4708.74	6347.50	克深9-2井	3150.10	阿瓦3井	1835.31	克拉4井	353.07	玉东710井	609.87
$5\frac{1}{2}$英寸+7英寸三级	1	3899.82	3899.82	轮南2-3-H6井	3899.82	轮南2-3-H6井					
5.51英寸尾管	1	5221.50	5221.50	轮南8C井	5221.50	轮南8C井	492.71	轮南8C井	492.71	轮南8C井	492.71
$5\frac{1}{2}$英寸单级	305	778.97	5924.00	迪探2井	164.85	大宛116井					
$5\frac{1}{2}$英寸尾管	282	4462.62	8624.58	轮探3井	3840.00	柯8011井	2345.26	克深8-8井	349.18	迪北102井	804.03
$5\frac{1}{2}$英寸尾管回接	21	6562.02	7461.56	克深902井	4894.00	大北101-3井	893.74	克深904井	462.99	克深907井	560.71
131毫米尾管	1	7120.00	7120.00	博孜34井	7120.00	博孜34井	777.82	博孜34井	777.82	博孜34井	777.82
5英寸单级	397	730.79	5428.83	大北101-H1井	279.58	大宛1-3-29井					
5英寸尾管	510	6179.54	8791.00	中寒2井	1700.00	英买浅1井	3374.40	轮南3-2-9井	178.20	牙哈10CH井	774.05
5英寸尾管回接	9	4918.27	6347.00	博孜18井	1889.71	玛5井	1587.48	依南4井	444.30	博孜18井	802.82
5英寸单级回接	3	4498.56	5850.94	英科1井	3942.52	塔中12-H7井					
$4\frac{1}{2}$英寸尾管	12	5344.01	6364.00	牙哈1-H4井	4789.00	英买21-3H井	1074.59	英买468CH井	540.92	英买21-1HC井	757.92
$4\frac{1}{2}$英寸单级回接	1	3693.00	3693.00	大北101-H1井	3693.00	大北101-H1井					
$4\frac{1}{2}$膨胀尾管	1	6591.00	6591.00	哈10-10C井	6591.00	哈10-10C井	415.30	哈10-10C井	415.30	哈10-10C井	415.30

(彭建英)

【塔里木油田公司首次完成固井质量刻度井资料采集】 2022年3月25日—4月10日,塔里木油田公司在中油测井新疆分公司首次完成固井质量刻度井资料采集工作。调集常用的4种系列8支仪器,勘探开发研究院技术人员现场把关,克服人员调配、现场准备以及新冠肺炎疫情管理等诸多不利因素影响,历时16天,在克拉玛依8口模型刻度井中完成64井次资料采集。此次采集的不同套管规格、不同胶结情况和不同水泥密度资料,为建立适应塔里木油田公司复杂井况的固井质量测井评价标准奠定基础,也为固井质量准确评价提供技术保障。

(朱 雷)

【塔标Ⅲ井身结构封隔式双级固井技术】 2022年，塔里木油田公司油气工程研究院在原有塔标Ⅰ井身结构244.48毫米封隔式分级箍和塔标Ⅱ井身结构273.05毫米封隔式分级箍的基础上，研发塔标Ⅲ井身结构200.03毫米封隔式分级箍，补齐长裸眼全封固井漏失技术短板，形成满足油田塔标Ⅰ、Ⅱ、Ⅲ全部井身结构配套的封隔式双级固井技术，解决台盆区二叠系火成岩发育、漏失压力低、裸眼段长、大部分井下套管或固井期间漏失导致大段空套管的难题。截至2022年底，该固井技术应用91井次，平均固井质量合格率由2021年的72%提高至83%。

【大吨位套管坐挂吨位技术图版】 套管下深增加，套管坐挂吨位逐渐增大，采用卡瓦坐挂的套管头，在试压和后期环空带压综合影响下，极易造成井口套管变形，严重影响后续安全生产。但油田公司、行业对套管坐挂吨位无详细规范、要求，不利于现场套管坐挂吨位的合理控制。2022年，塔里木油田公司油气工程研究院基于有限元分析，开展井口套管坐挂受力分析，制定油田公司在用14种大吨位套管最大允许坐挂吨位技术图版，写入钻井设计。截至2022年底，指导现场套管坐挂120余井次，提升井口套管安全性。

【超深层工程技术系列手册——固井技术手册】 塔里木石油会战30余年来，形成诸多具有塔里木特色的成熟固井技术和良好实践经验，但未形成固化的成果进行推广。2022年，塔里木油田公司组织编写《固井技术手册》，2022年12月31日正式发布，手册系统总结会战以来固井技术成果，明确相关固井单位职责，规范固井关键环节作业要求，固化成熟固井技术，提升油田公司固井技术管理水平，成为固井科研人员、技术管理人员、固井施工人员等的工具书、指导书，有助于提升塔里木油田公司固井管理水平。

（叶素桃）

试油作业

【概述】 2022年，塔里木油田公司在库车山前、台盆区、塔西南山前三大区块进行试油完井工作，持续扩大各探区油气勘探和建产成果，优化测试完井配套工艺技术。全年完成试油完井作业135口井（预探井18口、评价井25口、开发井92口），完成试油地质层144层（完井地质层144层）。全年新获工业油气流井118口井124层（预探井13口井13层、评价井20口井22层、开发井85口井89层），地质综合成功率87.41%；试油交井134口。试油完井一次工艺成功率97.8%。工作量分别同比上升17.54%（井数）、12.70%（层数），一次工艺成功率提高5.4%。库车山前试油完井32口，平均单井作业周期47.6天，台盆区试油完井103口，平均单井作业周期7.9天。全年事故复杂3井次，事故复杂率2.2%，平均处理事故复杂周期17.7天（表5）。

表5 2022年塔里木油田公司试油完井工作量情况一览表

工作量 单位	试油井数(口) 完井	试油井数(口) 中测	试油地质层数(层) 完井	试油地质层数(层) 中测	获工业油气流井数(口)	获工业油气流层数(层)	地质综合成功率(%)	试油交井井数(口)
勘探事业部	28	0	32	0	20	21	71.43	25
油气田产能建设事业部	107	0	112	0	98	103	91.59	109
全油田	135		144		118	124	87.41	134

（杨双宝）

【试油完井工具管理】 2022年，塔里木油田公司规范承包商设备工具管理，强化地面计量、酸化压裂、井下工具、排液、射孔等试油井下设备（工具）第三方检测，检测容器、管件及工具20373件，发现缺陷262件，缺陷率1.29%，检测修井机43台，缺陷170部位（件），缺陷率7.09%。

（盛树彬）

【试油工作量】 2022年，塔里木油田公司试油完井专项作业1032井次。其中，地层测试12井次，射孔73井次（射孔总厚度4857.00米），地面计量145井次，封隔器作业179井次，挤注水泥（打水泥塞）21井次，桥塞封堵作业31井次，连续油管及液氮助排25井次，油管服务157井次，特车222井次，其他作业（工程验窜、污水处理、试井、气密封检测等）167井次（表6）。

表6　2022年塔里木油田公司试油完井工作量统计表

单位	工作量（井次）	地层测试	射孔	封隔器	挤注水泥	桥塞封堵	地面计量	液氮排液	油管服务	特车	其他	小计
勘探		12	35	53	21	6	39	1	35	61	65	328
产能		0	38	126	0	25	106	24	122	161	102	704
合计		12	73	179	21	31	145	25	157	222	167	1032

（汪　坤）

【试油完井技术攻关】 2022年，塔里木油田公司开展多封隔器机械分层完井技术。随着塔里木油田公司油气勘探开发深度迈向8000—9000米，储层地质条件更复杂，库车山前双封机械分层管柱通径56毫米，有完井工具分三层后管柱内径50毫米，不能满足后期冲砂作业要求，也无法动管柱大修作业。针对此问题，设计定制国产 $5\frac{1}{2}$ 英寸大通径液压可回收封隔器，性能通过API 11 D1（美国石油协会封隔器和桥塞标准）V3等级（适用于油井的完井封隔器）验证和外部流量测试。2022年，在博孜304井、大北13井现场试验成功。同时配套伸缩管、分层压裂阀、坐封球座、可溶球等机械多分层改造管柱配套工具，形成"分三层+大通径+可回收+国产化"多封隔器机械分层完井工艺，管柱通径与现用双封相同，满足井下作业需求，可回收的方式解决修井难题，且封隔器成本仅为进口 $5\frac{1}{2}$ 英寸永久式封隔器的18.50%。

（黎丽丽）

多功能一体化井筒准备提速技术。库车山前主体采用 $7\frac{3}{4}$ 英寸+ $5\frac{1}{2}$ 英寸复合套管完井，试油完井期间井筒准备使用刮壁器、通井规、钻头等进行单项作业，平均起下钻12趟，工序多、周期长。2019年，塔里木油田公司油气工程研究院通过引进评价国外高性能一体化井筒准备工具，形成库车山前井筒准备"铣刮二合一""铣刮捞三合一"多功能井筒准备工艺。2022年，持续开展国产化井筒准备提速工具攻关和规模化推广，形成一体化非旋转刮壁器、套管刷、强磁打捞器和分流阀等4类7款国产关键工具，在库车山前成功试验6井次，全年系列工具累计推广应用34井次，节约周期70.89天，性能稳定，清洁效果明显，其中博孜304井实现国内陆上首次应用井筒准备 $7\frac{3}{4}$ 英寸非旋转刮壁器、强磁打捞器、套管刷四合一，标志井筒准备提速迈上新台阶。

（王　艳）

博孜—大北区块防蜡完井技术。2022年，针对博孜—大北区块高压气井井筒结蜡堵塞严重、被动治理效果有限且易发生井下复杂问题，油气工程研究院开展防蜡完井技术研究。通过开展现场取样、完成172组室内实验，明确井筒析蜡温度、结蜡位置（1600米以上位置）和水合物形成界限；开展24种药剂130次复配实验，优选出BZ-AFS-01长效防蜡剂（含蜡凝析油防蜡率85%—95%、析蜡点降低约40%、防蜡周期310—730天），配套前期形成的化学注入阀和深井安全阀，形成博孜—大北区块防蜡完井工艺技术。

（刘　爽）

清洁完井工艺技术。库车山前裂缝性致密砂岩储层面临严峻的重泥浆污染问题，其中污染井产能恢复率平均仅51.2%，生产矛盾突出。通过综合考虑储层类型、井深、工艺技术成熟度等因素，油气工程研究院制定库车山前标准化清洁完井工艺选择图板，建立按储层类型配置清洁完井工艺原则，明确Ⅰ类储层可通过强化改造前放喷措施实现储层自清洁（占比89%）；推广可溶筛管工艺技术，注入酸液溶解后（110℃酸液中2小时）变成筛管，实现管鞋下至射孔底界，在库车山前开发方案及标准井设计模板中成为标准做法。试验推广连续油管替液工艺，2022年首次在迪北5井、迪北105XCS井现场试验成功，优化全通径压裂滑套管柱配置，实现Ⅱ类、Ⅲ类储层清洁完井。

（汪　坤）

高性能防硫防气爆封隔器研制加工。随着勘探开发进程推进，台盆区储层温度压力逐渐升高，塔河南等区块气油比高（最高3190米³/吨，部分井为凝析气井），且高含硫化氢（89600毫克/米³）。常用液压可回收封隔器性能较低（204℃、70兆帕、V3—V6等级），材质多为低防硫化氢，且密封件不防气爆。

2022年，油气工程研究院在广泛调研国内外V1等级以上封隔器的基础上，开展高性能防硫封隔器结构设计、密封组件（胶筒和密封圈）材质优选、关键零部件室内评价，研制加工7英寸、$7^{5}/_{8}$英寸规格232℃、70兆帕防硫防气爆封隔器，其中$7^{5}/_{8}$英寸封隔器通过232℃、70兆帕 V0等级功能性评价，7英寸封隔器通过232℃、105兆帕V0等级功能性评价。

（刘 爽）

【储层改造作业】 2022年，塔里木油田公司储层改造137井次，与2021年数量基本持平，改造有效井130口，改造有效率94.9%。碳酸盐岩井71井次，同比增多6井次，增长9.2%，改造有效率91.5%。酸压（化）改造70井次，平均液量584.10立方米，压裂1井次，平均液量785.00立方米。碎屑岩66井次，同比减少3井次，下降4.3%，改造有效率98.5%。酸压（化）31井次，平均液量331.6立方米，压裂34井次，平均液量1152.3立方米，平均砂量55.4立方米，重晶石解堵1井次，平均液量261立方米。

（李玉珍）

【储层改造技术攻关】 2022年，塔里木油田公司开展超深致密砂岩复合分层改造技术攻关。塔里木油田库车山前勘探开发步入深层超深领域，储层埋藏深、高温、超高压、基质低孔低渗，天然裂缝发育但非均质性强，砂泥岩互层发育，厚度大（200—300米），提产难度大。2022年，油气工程研究院通过持续攻关，形成超深层致密砂岩复合分层改造技术，实现超深层油气藏高效提产。创新提出差异化改造理论，建立地质工程一体化储层评估方法，为复合分层改造技术工业化应用奠定理论基础；建立一套基于精准沟通、激活天然裂缝发育带的多元化、个性化分层方法，实现厚储层精细分段设计；创新形成"机械+暂堵"软硬结合复合分层工艺，配套形成针对不同储层的缝网酸压、缝网压裂、油套同注化学解堵工艺技术，为厚储层充分动用、不同类型储层实现高效提产提供保障。该技术成果在工具研发、工艺优化等方面取得显著突破，平均单井日产量由6.4万立方米提升至28.9万立方米，增产4.5倍，为超深层油气藏提产提供有力技术支撑，该技术获集团公司科技进步奖二等奖。

（范文同）

富满超深高油柱断溶体储层立体酸压技术。2022年，富满油田碳酸盐岩储层纵向发育，油柱高度大，存在改造工艺不配套、参数选取缺乏依据等问题，油气工程研究院基于储层精细描述技术，在明确储集体空间分布基础上，以储集体为对象，形成复杂缝洞集合体为核心，优化酸压裂缝体部署，实现不同储集空间类型储层在平面上、纵向上的立体酸压思路，同时运用大数据分析方法，对富满油田120余口改造井工程参数及生产动态情况进行系统分析总结，建立富满油田改造参数优选图版。针对目的层小漏或不漏的井（小于500立方米），推荐采用大规模立体酸压改造，提高储层纵横向连通程度，规模大于800立方米，排量大于6米³/分；针对目的层漏失量介于500—1000立方米的井，推荐采用适度酸压改造，规模600—800立方米，排量大于6米³/分；针对钻井漏失量大的井（大于1000立方米），推荐直接投产或小规模酸压疏通，酸压（化）主要是解除近井泥浆污染，恢复原生裂缝通道，规模小于600立方米，施工排量4—6米³/分。满深401H井目的层根据改造参数优选图版，采用大规模立体酸压改造工艺，形成长、高导流能力人工酸蚀裂缝，沟通有利缝洞体，施工规模1520立方米，排量7米³/分，改造后获高产。

碳酸盐岩重复改造工艺图版。2022年，针对碳酸盐岩油藏开井率低，低产低效井比例高、前期重复改造有效率低等难题，油气工程研究院开展精细评估分析改造井动静态资料，梳理重复改造技术现状，得出5点认识，建立重复改造工艺优选图版。针对原串珠重复利用井，视井的前期生产情况，优选"冲砂+小型酸压"、保压酸压、深度酸压工艺实现复产提产；针对底部出水上返高部位井，采用避水酸压工艺，实现纵向控水、横向沟通；针对井旁串珠动用井，井—储距离小于150米，偏离主应力方向距离小于30米，优选大规模深穿透酸压工艺，实现远距离沟通。跃满2-1井因长期生产，存在井周堵塞污染和远井供液不畅问题，通过分析论证，认为该井前期生产情况较好，单井产量较高，原储集体规模大，改造需要进一步疏通原串珠，据重复改造工艺图版，优选深度酸压工艺，解除近井污染，同时深度疏通中远井储层，提产效果显著。

（刘红瑜）

【储层保护】 2022年，塔里木油田公司油气工程研究院通过支撑油田新老区的开发方案或调整方案编制，对博孜103井、博孜17井、博孜7井、大北1401井、克深134井、克深241井、克深2-1-5井等井开展储层敏感性、水锁伤害等相关实验。实验结果表明：博孜7井速敏损害47.32%，损害程度中等偏弱，应力敏感损害45.92%，损害程度中等偏弱，水敏感损害19.23%，损害程度弱；大北1401井速敏损害49.35%，损害程度中等偏弱，应力敏感损害69.48%，损害程度中等偏强，水敏感损害19.9%，损害程度弱；克深2-1-5井速敏损害54.29%，损害程度中等偏强，应力敏感损害55.16%，损害程度中等偏强；博孜7井不可动水饱和度条件下的水锁损害率24.18%，水锁损害程度中等偏弱。博孜17井不可动水饱和度条件下的水锁损害率22.51%，水锁损害程度弱。

（孙　涛）

【试油完井新工艺现场试验】 2020年，塔里木油田公司开展245兆帕超高压射孔技术现场试验。塔里木盆地8000米以深油气占比分别为11.20%和15.20%，轮探1井、富东1井等井的突破证实8000米以深超深层油气资源有勘探潜力，而国内超高温超高压射孔技术耐压210兆帕、在170小时内耐温210℃，不能保障塔里木油田8000米以上的超深井安全作业需求。塔里木油田公司油气工程研究院通过联合开展射孔枪选材与结构设计攻关、超高压密封结构与材质优化、聚能传爆与射孔弹结构改进、射孔爆轰力学模拟等攻关研究，研制加工国产化89型耐压245兆帕、在170小时内满足耐温210℃作业工况需要，配套200兆帕/260℃超高压校深仪器、精确分段延时工艺，实现245兆帕超高压射孔工艺技术配套。2022年3月，国产化89型耐压245兆帕、耐温210℃射孔器材，先后在博孜1301井、博孜1302井超深（超7000米）、小井眼（5$\frac{1}{2}$英寸套管）、高钻井液密度（1.98克/厘米^3）工况下完成2井次现场试验，射孔枪最大承压分别为178.90兆帕、171.80兆帕，装弹分别为478发、317发，射孔弹发射率100%。245兆帕超高压射孔器材现场试验成功，为突破万米钻探，加快超深、超高压油气勘探开发储备关键配套核心技术，为油田超深油气勘探开发再添"核心利器"，标志我国在高端射孔技术方面拥有自主研发能力，有力推动国内超高温超高压射孔装备配套。

（汪　坤）

国产可回收完井封隔器现场试验。库车山前工程地质条件恶劣，进口试油完井工具应用比例98%，塔里木油田公司油气工程研究院通过开展国产化可回收完井封隔器在库车山前压力衰减区块现场试验，不断突破国产化井下工具发展瓶颈。对比分析库车山前低压区块和台盆区温压、改造参数，明确库车山前压力衰减区块试验可回收封隔器的可行性；精细计算封隔器极端工况载荷、开展井筒评估，量化施工风险；开展室内实验评价，严守入井工具质量。2022年3月25日，国产7$\frac{5}{8}$英寸可回收式封隔器首次在库车山前克深2-2-H1井现场试验，打压49.50兆帕坐封成功，封位6019.93米，生产平稳，应用情况良好。

（王　桥）

国产多功能一体化井筒准备提速技术现场试验。完善国产多功能一体化井筒准备提速技术配套，形成4类7款一体化井筒准备提速关键工具。2022年，塔里木油田公司系列推广34井次，节约周期70.89天，其中博孜304井实现国内陆上首次井筒准备7$\frac{3}{4}$英寸非旋转刮壁器、强磁打捞器、套管刷、铣锥铣柱四合一，标志井筒准备提速迈上新台阶。

国产化高性能封隔器现场试验。开展国产化高性能封隔器试验，研制加工7英寸、7$\frac{5}{8}$英寸防硫防气爆封隔器，其中7$\frac{5}{8}$英寸封隔器通过232℃/70兆帕V0等级功能性评价，7英寸封隔器通过232℃/105兆帕V0等级功能性评价；引进并评价国产5$\frac{1}{2}$英寸HTT和HSP永久式液压完井封隔器，均通过V0等级室内评价试验；设计定制国产5$\frac{1}{2}$英寸大通径液压可回收封隔器，通过V3等级验证。2022年，在博孜304井、大北13井现场试验成功，为库车山前完井封隔器国产化攻关奠定基础。

超深复杂储层改造提产关键配套技术。完善储层精细评估，通过已改造井大数据深入分析，梳理出影响产量的16个因素，初步形成一套定量化储层评估新方法，提高储层分类科学性；推广"机械+暂堵"复合分层技术，实施管柱配置优化和暂堵转向工艺优化，在博孜102-1井、博孜102-4井、博孜12-H2井等5口井推广应用，分层及暂堵效果显著，平均暂堵升压10兆帕，提产效果较好。配套形成超深断溶体油藏差异化改造工艺技术，在富满油田酸压改造现场应用22口井，改造后平均日产油310立方米。开展缝洞型碳酸盐岩水力扩容工艺技术研究，初步形成高压注水扩容和酸压+高压注水复合改造2套扩容改造工艺，在满深5井首次成功试验，支撑满深5井获勘探突破，产油1.5万吨。开展新材料新工艺现场试验，研发满足储层温度160℃的超分子相变暂堵剂体系，建立一套转向改造过程中井筒—裂缝温度场预测模型指导改造参数优化，在2口排水井克深241-2井、克深801井开展现场试验，平均暂堵升压10兆帕效果较好，改造后增排效果明显；开展耐温180℃量子压裂示踪剂监测技术评价，首次在超深高温高压井大北

13井开展现场试验,并取样分析1次,验证储层供气关系;开展微支撑剂在复杂裂缝内的运移及铺置研究,探索制定全尺度支撑压裂方案,在博孜101-1井现场应用,施工成功率100%,压裂后产量较同Ⅲ类气井平均提产52.39%。

(杨双宝)

【储层改造新工艺现场试验】 2022年,塔里木油田公司开展超分子高温智能暂堵转向剂现场试验。针对库车山前高温高压巨厚致密储层,层间应力差大的井,暂堵转向效果不理想的问题,油气工程研究院开展超分子高温智能暂堵转向改造技术研究,形成适合塔里木油田库车山前超分子暂堵体系。2022年12月22日,克深241-2井开展超分子转向剂现场试验,超分子暂堵转向剂用量18.68立方米,暂堵前后前置液段泵压从86.00兆帕升到97.40兆帕,转向压力增加11.10兆帕,暂堵升压效果明显,标志塔里木油田超分子高温智能暂堵转向剂现场试验成功,为库车山前暂堵分层改造增添新兵。

压裂示踪剂监测现场试验。针对分段压裂、酸压改造井存在返排及求产过程中监测手段单一的问题,塔里木油田公司油气工程研究院开展压裂示踪剂技术研究及试验,在压裂过程中伴随压裂液向不同储层注入不同示踪剂,后期储层流体产出时,将注入地层的示踪剂信号带出。压裂示踪剂可以用于监测油、气、水三相,每一段、每一相分别使用一种独特示踪剂,各相示踪剂之间互不干扰,压裂后在地面进行产出流体取样,开展定性、定量分析,得到井筒不同段的产出流体贡献率。2022年12月29日,大北13井开展压裂示踪剂现场试验,注入示踪剂陶粒27.40立方米,施工顺利,标志塔里木油田压裂示踪剂现场试验成功,补充塔里木油田储层改造后评估手段,有助于更加精确分析认识储层流体分布。

【重点井储层改造】 2022年,塔里木油田公司迪北5井首次应用逆混合泵注程序。迪北5井基于断控油气藏新认识,井轨迹设计由钻裂缝向钻断裂转变。2022年,塔里木油田公司油气工程研究院优选裂缝集中发育段为地质工程"甜点",坚持大排量、大液量、滑溜水、小粒径支撑剂的体积压裂思路,暂堵分层实现段间差异化提产,提出"高黏度冻胶造主缝+低黏度滑溜水激活天然裂缝+高黏度冻胶水力造缝及携砂"的逆混合泵注程序,兼顾近井裂缝激活和远井裂缝沟通,压裂规模2123立方米,砂量104.30立方米,压裂获高产,是迪北区块常规钻井和水力压裂测试产量最高的一口井。迪北5井获油气突破的启示是聚焦天然裂缝系统,精准液体设计,沟通井周裂缝,建立优势渗流通道,释放区块产能。

满深5井"酸压+水力扩容"。满深5井目的层钻井过程中未发生漏失和放空,天然裂缝发育但有效性差,应力分层明显,为提高储层动用程度,采用"酸压+水力扩容"工艺,酸压改造压开近井缝洞体,水力扩容建立渗流通道,沟通更多中远端储集体。高压水力扩容技术之前并未在新井试用,注水量设计缺乏依据。2022年,塔里木油田公司油气工程研究院整理分析高压注水应用井经验认识,开展大物模实验研究,建立高压水力扩容选井原则及体积计算方法,精细设计酸压液体规模1700立方米,压后注水30000立方米左右,扩容后获高产。满深5井获产量突破证明高压注水扩容是缝洞型碳酸盐岩提产的一种新思路、新方法,能大力提升缝洞体油气挖潜能力,实现油气井提产和增储。

(李玉珍)

克探1井厚储层压裂。克探1井是库车坳陷克拉苏构造带白垩系深层亚格列木组压裂后产量最高的一口井,拓宽新层系勘探领域,证实"克拉2之下再找克拉2"勘探正确性。2022年,塔里木油田公司油气工程研究院通过地质工程一体化研究,对标国内外类似储层改造工艺,以储层纵横向最大化动用为目标,针对克探1储层厚度大、物性差异大,提出段间差异化改造思路,配套机械+暂堵复合分层改造工艺,制订"酸降破+高低黏液体组合+多粒径缝网支撑"的压裂方案,以兼顾近井裂缝激活和远井裂缝沟通,构建压裂缝网系统,压裂规模2681立方米,砂量76.1立方米,压裂后获高产。克探1井的成功压裂为库车山前亚格列组新层系致密砂岩气藏发现和后期高效开发提供工程技术保障。

(彭 芬)

【承包商考核评估】 2022年,塔里木油田公司优化完善承包商考核评估标准,修订发布标准6项,严格试油完井承包商考核评估。突出"开复工前现场核查、过程中监督检查、阶段性考评兑现",加强季度和年度考核评估,试油完井工程共对地面计量、酸化压裂、射孔、连续油管等4类业务37家承包商进行考评,末位淘汰4家(10.81%);考评队伍83支,停工整顿3支(3.61%),末位淘汰4支(4.82%)。

(杨双宝)

井控管理

【概述】 2022年，塔里木油田公司贯彻落实集团公司井控工作要求，树立"一切事故皆可避免"理念，践行"发现溢流立即正确关井、疑似溢流立即关井检查"原则，强化责任意识，狠抓制度落实，围绕"提升人员操作技能、装备质量水平、风险管控能力和应急处突能力"四条主线，从方案设计、标准制定、现场支撑、井控管理体系完善、人才培养等方面开展工作，强化管理团队、专家团队、检查团队、操作团队建设，克服新冠肺炎疫情影响，靠前指挥、科学研判，杜绝井控险情和井喷失控。全年处置溢流35井次，未发生井控险情和井喷失控，油田井控安全形势总体平稳。

塔里木油田公司首次提出以井控管理为主线、以油田井控管理实践为基础、以PDCA循环为准则的井控管理体系框架，编制完成《塔里木油田井控管理体系管理手册》。编制《塔里木油田井控工作站人才轮岗培养方案》《塔里木油田全面支持的井控二级应急响应指导手册》《井控操作手册（库车山前高压气井分册）》《井控操作手册（台盆区碳酸盐岩分册）》，提升井控意识及技能，井控实践经验得到全面固化传承。

(黄文鑫　邹光贵)

【井控装备管理】 2022年，塔里木油田公司严把井控装备采购、制造、验收三道关，推行"技术交底+首台验证+联合验收+投产监测"质量管理模式，保证装备质量；结合装备现状，编制《井控装备投入长效机制方案》，推进井控装备更新；全年投资1.36亿元采购新装备；推广配套液压扳手27套、大排量试压车15台等新装备、新技术，提高作业效率和安装质量，节约周期984天；开展水力喷砂套管切割现场试验，作业时长由3小时降至1小时，实现安全、高效、快速作业；运用DROC对装备安装质量监管、装备故障排除远程指导53井次。

(匡生平)

【组织机构】 2022年7月9日，根据塔里木油田公司机构、干部调整和职责变化，调整井控管理领导小组组成，增补塔里木油田公司总会计师为副组长，进一步完善井控管理网络。

【规章制度】 2022年，塔里木油田公司修订《井下作业井控细则》，首次明确带压作业、连续油管、绳缆作业井控管理要求，填补中国石油空白，并完成带压作业等14类井控装备选型技术图版。总结井控管理实践经验，健全完善井控管理体系，搭建油田井控管理顶层设计。发布井控管理体系手册、井控管理规定，构建井控制度体系，实现井控管理规范化、系统化。

【井控工作量】 2022年，塔里木油田公司油气工程研究院编制区域及重点井钻完井井控专项方案123份，编制钻井、试油、井下作业井控设计556份，严格把好井控关，落实油田公司井控细则、井控管理要求，坚持与现场生产实际结合，井控设计与现场生产符合率100%。完善地质工程一体化编审流程，落实"精细编制—跟踪优化—总结提升"模式，优化升级标准模板，审核要点清单化，提升方案、设计编制质量和效率；论证八开八完井身结构及井控设计，梳理套管头高坐挂吨位、防喷器组生产需求，优化万米深井井控装备配套要求。2022年设计排查4次，发现并整改各类问题113个，优化设计中的井控专篇模板，梳理识别各作业工序中存在的井控风险，制定削减措施，明确不同层级审核重点，将设计质量与考核挂钩，压实各级审核责任，强化岗位责任落实。坚持设计交底、跟踪回访和自检自查，全年开展井控交底55井次、设计回访70井次、查改问题85项。

【科研攻关与推广应用】 2022年，为提升富满油田安全钻井井控风险管控水平，塔里木油田公司油气工程研究院结合富满油田推广试验的大通径一体化四通经验，在技术套管不回接的井位置推广运用，降低富满油田勘探开发井控风险，成为该区域的标配产品。

推广直推式测井技术，仪器与钻具直连，发生溢流无需抢接内防喷工具或防喷单根/立柱，可直接实施关井，全年应用92井次，降低测井作业期间井口控制难度。

推广运用自动灌浆技术，实现井下液面监测与自动灌浆一体化，解决人工灌液不及时、不足量等问题。2022年，在哈得24井、RP301-6井、柯中104井、玛东3井等6口井成功开展现场试验。

(邹光贵)

【关键岗位井控能力评估】 2022年，塔里木油田公司建立井控专家和作业队伍关键岗位人员能力评估机制，线上统一管理。各二级单位共评估5440人，其中83人不合格，调离岗位17人、劝退4人。

【过程管控】 2022年，塔里木油田公司建立井控专家管理网络，评聘油田公司一级、二级、三级井控专家29人，聘任钻试井工程总监10人，二级单位、承包商分别选拔井控专家69名、241名；健全DROC系统功能和覆盖面，建立"井控专家驻单井指导、工程总监片区巡井把关、DROC全域监控远程支撑"的"点—片—域"立体风险管控网，开展远程会诊22井次，指挥复杂处置28井次。

【风险分级管理】 2022年，塔里木油田公司评估分级112支钻井队（A级91支、B级21支），43支修井队（A级28支、B级14支、C级1支），对承担一级风险井的B级钻井队伍，建设单位专人帮扶，业务部门督导，严格落实两个主体责任，强化施工过程风险升级管控。

【应急处置能力】 2022年，塔里木油田公司工程技术部结合各单位业务特点统筹整个油田应急演练，推进应急演练实战化，各生产单位分别开展13种特殊工况实战应急演练、评比；结合实际编制塔里木油田公司井控Ⅱ级突发事件应急响应指导手册，提升应急能力和处置效率，成功处置博孜25井、富东1井、跃满20－H2井等井溢流复杂。

【井控隐患检查及整改】 2022年，塔里木油田公司加强各级日常监督检查力度，油田公司级检查108井次，查改问题900项；二级单位检查222井次，查改问题3206项；承包商检查992井次，查改问题6455项。

【井控例会】 2022年，塔里木油田公司召开井控例会6次，传达上级井控要求，安排48项具体井控管理工作，分析分享典型溢流案例6井次，协调解决甲乙方重要井控问题29项。

【井控培训】 2022年，塔里木油田公司组织井控取证培训147班次7112人次，合格率90.9%；新冠肺炎疫情期间，创新线上培训，开班12期培训952人；开展新模式实操培训3班次51人，实操课程及考核占比超70%。依托井控研究室重点培养现场井控明白人、后备人才3批14人。

（黄文鑫）

【井控现场支撑】 2022年，塔里木油气工程研究院立足形成超深超高压高含硫井控技术体系，研发溢流早发现井下监测工具、完成溢流预警技术配套。基于Drillbench软件深度运用，支持超深超高压高含硫井压井；探索自主研发国产压井软件，计划开展井控装备状态智能化监测试验，建立碳酸盐岩老井近井口段套管剩余抗内压强度综合评估模型。针对富东1井、博孜25井、克深10－6井、东秋7井、跃满20－H2井等溢流井复杂处置难点，利用Drillbench、Wellplan等软件，开展压井关键参数、井筒压力和液面变化等全过程实时模拟计算，为现场压井施工提供技术支撑。

油气工程研究院从施工准备、钻井过程、应急预案3方面精细论证吐哈6井欠平衡压井作业方案，确保欠平衡钻进作业期间风险可控，顺利通过塔里木油田公司审查。全程驻井跟踪，细化现场实施方案，为欠平衡安全钻井提供实时优化建议，钻井过程三趟钻均有较好油气显示，形成区域实践认识。

（邹光贵）

【重泥浆应急储备站】 2022年1月，哈得、塔中和满深区域依托单井建设的3座重泥浆应急储备站经工程技术处验收通过，并正式投运。

重泥浆应急储备站实行独立运行，配置专职泥浆工程师2名，泥浆工4名，负责日常泥浆性能维护、应急泥浆配送装车、现场应急材料管理等。重泥浆应急配送由塔运司负责，在重泥浆应急储备站长期配置2—4台可自卸式卧式泥浆罐车现场值班，提高应急响应能力。

建立重泥浆应急储备站日报制度，每周三、周日上报现场泥浆及材料储备情况，将泥浆及材料储备、罐车等信息纳入DROC统一管理。重泥浆应急使用实行申报制度，由承包商使用方提出书面申请，属地项目经理部管理人员审批后按照要求开展泥浆配送。每季度对重泥浆应急储备站服务费用进行结算。

（夏天果）

钻井事故与井下复杂

【概述】 2022年，塔里木油田公司116口井发生钻井事故复杂399井次（上年遗留事故复杂未计井次），损失时间40.81台月（表7）。其中：事故35井次，损失17.74台月；复杂364井次，损失23.08台月(表8)。

【钻井事故】 2022年，塔里木油田公司钻井事故损失中卡钻、钻具事故、断钻具事故损失时间占事故总损失时间的91.17%。其中：卡钻事故24井次，损失时间6494.06小时，占事故损失时间的50.86%；钻具事故4井次，损失时间3833.62小时，占事故损失时间30.02%；断钻具事故4井次，损失时间1314.50小时，占事故损失时间10.29%。

【井下复杂】 2022年,塔里木油田公司钻井井下复杂损失中井漏、溢流、井斜超标损失时间占复杂总损失时间的100%。其中:井漏335次,损失时间16070.32小时,占复杂损失时间的96.71%;溢流29井次,损失时间427.96小时,占复杂损失时间的2.58%;井斜超标0井次(遗留),损失时间118小时,占复杂损失时间的0.71%。全年7口单井事故复杂时间超1000小时,损失时间13098.25小时,占油田事故复杂时间44.57%。

表7 2022年塔里木油田公司事故复杂汇总表

事故复杂分类			复杂	事故
预探井	总包	井次	145	12
		损失时间(小时)	5057.82	2536.86
	小计	井次	157	
		损失时间(小时)	7594.68	
评价井	总包	井次	40	5
		损失时间(小时)	2342.98	2380.87
	小计	井次	45	
		损失时间(小时)	4723.85	
开发井	总包	井次	179	18
		损失时间(小时)	9215.48	7851.95
	小计	井次	197	
		损失时间(小时)	17067.43	
合计	总包	井次	364	35
		损失时间(小时)	16616.28	12769.68
	小计	井次	399	
		损失时间(小时)	29385.96	

表8 2022年塔里木油田公司事故复杂时间超过1000小时的井统计

井号	年进尺(米)	年钻井时间(小时)	本年事故复杂总损失时间(小时)	事故井次时间(小时)	复杂井次时间(小时)	主要事故复杂简况
博孜25井	2677	8760	2839.67	0	61	井漏59次,损失2815.04小时;溢流2次,损失24.63小时
				0	2839.67	
博孜903井	7652.5	8127	1788.29	1	8	井漏8次,损失520.92小时;卡钻1次,损失1267.37小时
				1267.37	520.92	

续表

井号	年进尺（米）	年钻井时间（小时）	本年事故复杂总损失时间（小时）	事故井次时间（小时）	复杂井次时间（小时）	主要事故复杂简况
大北301T井	28	3848	1293	1	0	钻具事故1次,损失1293小时
				1293	0	
克深10-1井	1749	6152	1262.5	0	13	井漏13次,损失1262.5小时
				0	1262.5	
克深10-6井	4390.2	8736	1695.93	0	2	井漏1次,损失1669.58小时;溢流1次,损失26.35小时
				0	1695.93	
满深4-H3井	1983	8760	2361.95	2	3	井漏3次,损失14.33小时;钻具事故2次,损失2347.62小时
				2347.62	14.33	
恰探1井	1641.25	8721.5	1856.91	3	51	井漏51次,损失1231.6小时;卡钻3次,损失625.31小时
				625.31	1231.6	

(任春玲)

油气田开发
YOUQITIANKAIFA

综述

【概述】 塔里木盆地系海相盆地，具有多期生烃成藏的特点，成藏模式和油气藏类型也具有多样性，有自生自储、下生上储和复合交叉等多种模式。按圈闭类型划分，可分为构造油气藏、非构造油气藏、复合油气藏三大类。构造油气藏包括背斜类、断背斜类、断鼻类和断块类；非构造油气藏包括地层类和岩性类；复合油气藏包括构造—地层类、构造—岩性类和潜山类。各个类别又可再细分。按照油气系统的历史—成因分类法，可划分出原生型油气系统、残存型油气系统、次生型油气系统以及破坏型油气系统等。按油气藏相态类型可分为油藏、带气顶油藏、带底油气藏、气藏四大类。塔里木盆地缝洞型碳酸盐岩油气藏原油性质复杂，从生物降解形成的稠油到正常油，再到与凝析气藏相伴生的凝析油和高蜡原油均有分布。天然气从油藏伴生气到凝析气藏中的湿气和干气均有分布。

塔里木油田开发历程大致可分5个阶段：1989—1999年，为常规油田开发阶段；2000—2004年，为常规油田及凝析气田开发阶段；2005—2008年，为常规油田、凝析气田和天然气田开发阶段；2009—2017年，为塔北及塔中碳酸盐岩投入开发，储量类型多样化，进入常规油田、凝析气田、天然气田和碳酸盐岩油气藏共同开发阶段；2018—2022年，博孜—大北、富满油田快速上产，进入富油气区带集中建产阶段。1989年6月，轮南油田轮南2井投入试采，揭开塔里木油田开发的序幕，33年来，塔里木油田公司开发工作以"建立油田开发新模式，产量快速增长"思想为指导，坚持高速度、高效益、高水平以及稀井高产原则，相继建成投产以轮南、东河塘、塔中4、哈得逊、克拉2、迪那2、牙哈—英买力、克拉苏—大北为主的碎屑岩油气田；以哈拉哈塘、轮古、塔中Ⅰ号、英买力潜山、富满为主的碳酸盐岩油气田。

2022年，塔里木油田公司有各类开发井3034口。其中，采油气井2522口，注水井388口，注气井37口，完井未建、未投井87口。采油气井开井1428口，日产石油液体18293吨，综合含水率66.75%，月产石油液体56.71万吨，年产石油液体736.03万吨，累计生产石油液体15469.72万吨，日产天然气9629万立方米，月产天然气29.85亿立方米，年产天然气323.05亿立方米，累计生产天然气3973.90亿立方米（表1）。注水井开井144口，碎屑岩年累计注水289.57万立方米，碳酸盐岩年累计注水433.19万立方米；注气井开井7口，年累计注气8.99亿立方米。

【油气开发指标】 2022年，塔里木油田公司生产石油液体736.0万吨（包含液化气、轻烃、乙烷）、天然气323.05亿立方米，油气产量当量3310万吨。油田综合含水率67.1%，油田自然递减率28.97%，综合递减率23.5%，地质储量采油速度0.8%，采出程度21.1%，可采储量采出程度75.2%，采油速度2.9%；天然气自然递减率15.36%，综合递减率11.97%，地质储量采气速度1.28%、采出程度15.71%。

表1 2022年塔里木油田公司油气产量统计表

油田名	开井数（口）	石油 平均日产（吨）	石油 年累计（万吨）	天然气 平均日产（万立方米）	天然气 年累计（亿立方米）
塔里木合计	1428	14811	598.5076	9629	323.048
克拉采油气管理区	105	50	1.4201	4297	148.8629
迪那采油气管理区	79	981	57.3074	1573	55.8857
英买采油气管理区	145	1201	58.0773	591	20.0573
塔中采油气管理区	225	832	39.0269	209	8.0763
哈得采油气管理区	305	8356	298.1423	381	9.2271
东河采油气管理区	185	1076	63.2992	54	1.1978
轮南采油气管理区	168	676	29.8912	71	2.1241
博大采油气管理区	126	1510	46.7325	2411	76.8083
泽普采油气管理区	90	129	4.611	302	9.5819
塔里木合资合作	46	326	9.7573	569	18.5693
塔里木稀油合计	847	11188	444.2312	495	12.5916
塔里木稠油合计	31	118	5.7183	0	0.0648
油田合计	878	11307	449.9495	496	12.6564
气田合计	550	3505	148.5584	9392	319.165
砂岩合计	798	5610	242.4526	9183	310.8678
油田砂岩合计	427	2627	118.3382	87	2.6942
气田砂岩合计	371	2984	124.1144	9096	308.1736
碳酸盐岩合计	630	9201	356.0553	705	20.9536
油田碳酸盐岩合计	451	8680	331.6113	409	9.9622
气田碳酸盐岩合计	179	521	24.444	296	10.9914
开发区合计	1287	9356	434.0124	8465	292.936
油田开发区	791	6715	310.0716	218	7.0391
气田开发区	496	2642	123.9408	8247	285.8968
试采区合计	141	5455	164.4955	1423	38.8854
油田试采	87	4592	139.8779	278	5.6173
气田试采	54	863	24.6176	1146	33.2682

【油藏评价】 2022年，塔里木油田公司集中评价富满地区优质资源，落实探明石油地质储量2.20亿吨、控制储量1.25亿吨。富满油田累计探明石油地质储量3.74亿吨，经济可采储量0.50亿吨，开发规划和概念设计获股份公司批复。滚动评价塔北深层，探索评价奥陶系深层储层发育情况及含油气性，为老区稳产寻找新的储量接替区。以"早部署、早开钻、早探明、早投产"高效组织油藏评价，上半年完钻6口，受新冠肺炎疫情影响，截至2022年底，完试评价井9口，成功率89%，试油平均单井日产油376立方米、天然气12.62万立方米，为富满油田2022年上产提供支撑。

（郑　龙）

【油气藏开发研究】 2022年，塔里木油田公司开展注气提高采收率技术攻关。东河塘油田年注气2.00亿立方米、年增产原油7.71万吨，累计注气10.26亿立方米、累计增产原油60.08万吨；塔中4油田年注气0.71亿立方米、年增产原油1.0万吨，累计注气1.8亿立方米、累计增产原油2.5万吨，轮南、哈得开展前期试注和室内评价工作，预计气驱提高采收率20%以上。

谋划CCUS现场试验，推动建设深层超深层碎屑岩油藏CCUS技术示范基地。利用轮南乙烷回收项目碳源优势，探索非烃类气驱提采技术。实施轮南2-4-J2井二氧化碳试注，编制《塔里木轮南油田轮南2井区CCUS-EOR先导试验方案》，预计提高采收率15.1%。探索凝析气藏开发后期注空气提高采收率技术。与中国石油北京勘探开发研究院合作开展柯克亚凝析气田凝析气藏注空气实验机理研究，编制柯克亚凝析气藏注空气火驱技术试验方案并通过油气与新能源分公司审查，预计提高采收率15%以上。加快克深8区块提高采收率重大开发试验进程，带动气田开发技术升级换代，积累有水气藏提高采收率有效开发经验。实施新型碱性解堵液体系井筒解堵试验10井次，开展井口出砂监测3井次。

【开发方案】 2022年，塔里木油田公司加强方案精细管理，建立方案"立项—编制—审查—跟踪"全生命周期管理流程，提升方案质量水平。严格方案立项审查，从"资料增量、技术增量、认识增量、管理增量"4个维度论证方案编制的必要性和可行性，夯实方案编制基础。树立多专业支撑方案编制、方案指导多专业生产实践的理念，方案编制模式由各专业接力式向融合、一体化的编制模式转变。严格落实三级审查制度，发挥各级专家技术把关、决策参谋作用。树立"优化方案就是降低成本""一切成本皆可控"理念，加强方案工程—地质、地下—地面、科研—生产一体化实施跟踪研究，及时调整，确保实现方案设计指标。2022年，完成方案编制18项，支撑部署新井131口，新建天然气产能19.32亿立方米、原油产能164.1万吨。

（邹国鹏）

【老油气田综合治理】 2022年，塔里木油田公司修订《塔里木油田公司年度综合治理方案管理办法》，明确"三级审查"方案和"三总师会审"措施，定位综合治理方案是以及安排实物工作量、完成配产配注任务和经营指标的依据。实行过程跟踪，阶段检查督办，3月启动、6月动态分析及督办、10月地下大调查及检查、11月审查方案。老油气田开发管理更加系统、全面。通过"抢先抓早"及制订有效措施增产专项工作方案，超计划完成全年措施工作量，全年完成措施256口，日增产原油755吨、天然气707.7万立方米，措施有效率94.1%。措施年增产原油26.39万吨、天然气13.06亿立方米，分别超计划9.45万吨、8.81亿立方米。

（李　阳）

【产能建设】 2022年，塔里木油田公司坚持井位部署三级审查，井位质量显著提升，产能建设各项指标创历史最优，成功率98.1%，高效井比例68.8%，分别同比提高1.4%、4.6%。开发井失利井2口、低效井6口。新井年产油84.2万吨、天然气16.9亿立方米，分别超计划36.0万吨、7.4亿立方米。推进两大高效区块集中效益建产。博孜—大北天然气持续规模上产，全年完试开发井8口，新建产能12.37亿立方米（含探评价井利用3.3亿立方米），2022年博孜—大北区块天然气产量65.5亿立方米，近3年年均产量增长40%。富满油田实现规模效益上产，全年完试开发井59口，成功率98.1%，新建产能99.5万吨（含探评价井利用9.75万吨），高效井比例71.0%，2022年富满油田原油产量260万吨，年增产原油60万吨，打造集团公司原油效益建产示范区。

【注水注气】 2022年，塔里木油田公司计划注水678.3万立方米，完成注水712.1万立方米，碎屑岩油藏注水321.74万立方米，完成率101.5%；碳酸盐岩油藏注水390.4万立方米，完成率107.9%，其中，富源210区块开展注水先导试验，摸索总结出一套系统注水开发对策，指导富满油田后期整体注水开发，全年富满油田注水116.4万立方米，年增产原油35.7万吨。

全年计划注气2.24亿立方米,完成注气2.71亿立方米,完成120.9%。东河、塔中注气区块急需扩大注气规模现状,与建设储气库政策需求相结合,开展深层油藏气驱采油协同储气库建设技术序列攻关。同时针对水驱后油藏提高采收率的迫切需求,分别选取块状底水油藏的哈得4东河砂岩、层状边底水油藏的轮南2TI,开展水驱后气驱来提高采收率潜力评价,攻关形成深层碎屑岩油藏碳驱油碳埋存技术序列。

【动态监测】 2022年,塔里木油田公司动态监测完成9589井次,完成率93.7%。其中:地层压力监测完成1135井次,完成率78.1%;生产测井完成196井次,完成率73.7%;常规测试完成5091井次,完成率93.4%;流体测试性质完成2916井次,完成率104.1%;地面计量完成126井次,完成率122.3%;其他监测完成125井次,完成率78.6%。

(雷雨)

【井完整性管理】 2022年,塔里木油田公司推进井完整性管理,橙色井比例逐步下降。组织召开库车山前高压气井井完整性定级调整会,对气井风险实施动态管理,重新定级橙色井,便于生产现场集中精力管好中高风险井。组织召开库车山前高压气井环空压力异常井管控方案讨论会,规范环空带压类型命名,以环空为首字母,压力来源为第二个字母的命名方式,并根据压力来源,制定环空异常井技术管控措施。截至2022年底,库车山前高压气井总井数251口,环空压力异常井(橙色井)23口,占总井数的9.16%。

(张超)

【采油气工艺】 2022年,塔里木油田公司有采油气井2522口。其中:自喷井1124口;抽油机井725口,平均检泵周期945天,同比提高20天;电泵井346口,平均检泵周期1186天,同比提高18天;螺杆泵井79口,平均检泵周期1212天;气举井247口,射流泵井1口。

(刘瑞莹)

【油气生产能力提升专项行动】 2022年,塔里木油田公司实施油气生产能力提升专项行动,针对油田主力气田负荷因子常年高位运行、气田见水形势日趋严峻等问题,加快推进二次综合治理成果应用,统筹老井稳产、措施增产、新井上产、管理促产及地面配套5项工作,通过加强油气井日常维护、措施作业抢先抓早、新井钻试投无缝衔接、追加实施工作量等举措,提升油气生产能力,构建良性开发秩序。截至2022年底,采油气井开井率67.4%,同比提高6.2%;增加生产能力原油1298吨/日、天然气产能497万米^3/日,原油能力超计划17吨/日。年末生产能力原油21617吨/日、天然气10017万米^3/日,完成行动目标,提前为冬季保供做好产能储备。

【储气库建设】 2022年5月,塔里木油田公司启动牙哈、东河、塔中、柯克亚4项储气库方案编制,加快扩容达产、尽快形成调峰能力。2022年3月9日,柯克亚储气库建设方案获批复;由于油藏建库存在一定风险,应先开展先导试验,4月8日,塔中、东河储气库先导试验方案批复;牙哈储气库建设方案通过塔里木油田公司发展计划部两次审查,待批复。各储气库抢先抓早,将建设工作落实到时间节点,落实到责任人,挂图作战,推进储气库建设工作。全年新钻注采井4口,完成1口、正钻3口,老井处理完成6口,垫底气全年完成1.38亿立方米,投资完成2.74亿元。

【重大开发试验】 2022年,塔里木油田公司继续实施克深8区块提高采收率重大开发试验,加快形成一套可推广的库车山前有水气田整体治水及井筒治理对策。克深8区块深化地质认识,明确提采对策,解决山前地区致密性裂缝砂岩储层气藏提采所面临的问题。计划录取重点资料15井次,开展现场试验6井次。累计实施新型碱性解堵液体系井筒解堵试验10井次,开展井口出砂监测3井次。持续推进塔中402C$_{\text{III}}$油藏注气复合气驱重大开发试验,深化注气机理、注气方法研究,开展气驱动用有效孔隙度下限以下储量潜力评价,评价表外储量气驱效益动用潜力;开展注气优势通道研究与注采优化技术研究,注气井污染规律与解堵技术研究。全年注气0.71亿立方米,累计注气1.8亿立方米,见效井5口,区块日增产原油50吨,含水率从90.2%降到88.9%,注气递减累计增产原油2.5万吨。

【油气生产能力提升行动工作推进会】 2022年8月1日,塔里木油田公司召开油气生产能力提升行动工作推进会。会议要求通过对标查找自身短板,认识到构建良性储量序列、构建合理开发秩序、实现科技自立自强、夯实安全环保基础、干部队伍作风转变这五项艰巨任务,推进重点地区规模增储,着力改善储采比,加大重点产能建设力度,努力实现储量、产量、成本平衡匹配,坚决完成全年生产经营任务。对下一步工作,要求各责任单位要立说立行、紧抓快办,敢于直面问题,多为执行想办法,不为懈怠找借口,确保各项工作抓紧、抓实、抓细、抓出成效。机关各部门要各司其职,生产运行部、油气开发部加大督促协调力度，跟踪协调解决基层困难和问题；规划计划部、财务资产部负责落实新增工作量所需资金；工程技术部负责做好修井机、钻机等资源调配；人力资源部牵头，根据既定目标年底对各单位各部门进行严考核、硬兑现。

【富满油田超深油气产量突破300万吨总结表彰大会】 2022年12月26日，塔里木油田公司召开富满油田超深油气产量突破300万吨总结表彰大会，总结经验，表彰先进，展望未来。塔里木油田公司执行董事、党工委书记沈复孝在会上讲话。总经理、党工委副书记王清华主持会议，塔里木油田公司领导田军、胥志雄、刘强、王子云、文章出席会议。执行董事、党工委书记沈复孝对富满油田下一步工作提出五点要求：要加快增储上产，争当保障能源安全的主力军；要强化创新驱动，争当超深油气技术的策源地；要深化改革管理，争当少人高效发展的试验田；要突出和谐稳定，争当安全绿色发展的示范区；要加强党的建设，争当弘扬石油精神的排头兵。

（李 勇）

油田开发

【轮南油田】 轮南油田位于新疆轮台县境内，塔克拉玛干沙漠北缘，北距轮台县城约35千米，南距塔里木河约36千米，构造位于塔里木盆地塔北隆起轮南低凸起轮南断垒带，为一系列近东西走向的长轴背斜。主要含油层系为侏罗系、三叠系、奥陶系，是一个具有多目的层复式油气藏。平面上分为6个井区，自西向东依次为轮西1井区、轮南1井区、轮南26井区、轮南2井区、轮南3井区、轮南10井区，其中轮南2井区是油田主力生产区块，轮2T_I油藏是轮南2井区主力油藏。轮南油田由轮南采油气管理区统一管理。

开发历程：1988年11月18日，轮南2井获高产油气流，发现轮南2井区；1989年9月30日，轮南3井获高产油气流，发现轮南3井区；1990年5月5日，轮南10井获工业油气流，发现轮南10井区；1991年1月31日，轮南26井获工业油气流，发现轮南26井区。1991年4月实施《轮南油田2、3井区三叠系油藏开发方案》，5月实施《轮南油田侏罗系油藏开发方案》。1997开始研究实施油田综合调整方案。2000—2002年在轮南2井区侏罗系油藏实施调整，在轮2T_I油藏实施注水综合调整及轮2T_{II+III}油藏数值模拟跟踪研究与调整。2003—2006年，开展控制油田产量快速递减和稳油控水综合治理，主要实施油井的层系调整和在剩余油集中区域部署加密调整井。2007—2009年，开发新一轮综合调整方案研究与实施，对轮南2井区、轮南3井区T_I油组实施细分开发层系和注采井网调整，在轮南3井区T_I油组开始注水开发。2010年，塔里木油田公司编制《轮南油田二次开发方案》。2011—2018年，实施二次开发方案，进一步完善各井区注采井网，同时辅以分层注水、深部调驱等工艺技术，开展注气先导试验，探索挥发性油藏注气提高采收率。2019—2021年，开展综合治理工作，轮南油田自然递减、综合递减均得到有效控制，年产量保持10万吨以上。

原油生产：2022年，轮南油田有采油井122口，开井61口，日产原油313吨，年产原油10.22万吨，综合含水率83.24%；自开采以来累计生产原油1679万吨。地质储量采油速度0.24%、采出程度35.98%，可采储量采油速度0.62%、采出程度87.93%。年自然递减率20.92%，年综合递减率11.92%。

新井建设：2022年，新开钻新井1口，投产新井1口（轮南212H井），日增产原油14吨，年增产原油4400吨。

措施作业：2022年，实施措施作业16口，成功16口，日增产原油40吨，年增产原油1.9万吨。措施类型为补孔改层、老井补孔和优化机采、堵水。

注水和注气：2022年，注水井50口，开井18口，日注水1385立方米，自开采以来累计注水2734.08万立方米。完成地质注水50.83万立方米。

资料录取：动态监测资料录取693次，其中压力恢复1次、静温静压梯度13次、流温流压梯度46次、产液剖面1次、能谱水流2次、工程测井9次、RDT饱和度测井4次、功图液面592次、流体性质19次、投捞测试6次。

存在问题：2022年，轮南2井区T_{III}油组东西部动用不均衡，西部由于油层薄、物性差，采出程度低；J_{III}^{6+7}凝析气藏注气压力高，吸气能力差，酸化解堵效果差，普遍存在注气注不进问题，轮南2-S3-23井、轮南2-4-1JS井注气注不进，采取酸化解堵后仍注不进，并且注天然气井的井筒完整性不足，轮南2-33-H3井A环空带压最高40兆帕，轮南2-S3-23井A/B环空压力连通，带压最高37兆帕，7口备选论证井存在井完整性问题。轮南3井区T_I油组注水连通性差，注水压力高，局部形成憋压，注水受效不明显；T_I^0油组油藏采出程度17.1%，压力保持程度63%，递减快，注采井网亟需完善；T_{III}油组存在动静态矛盾，采出程度大于标定，边部轮南3-2-9井累计产油远超井控储量，低含水期含水上升慢，具有边水缓慢推进特征。轮南10井区T_I油藏类型认识不清，低部位存在高产井，油水界面不统一，东部高点无油气原因存疑。

（尹元华）

【桑塔木油田】 桑塔木油田位于轮台县境内，北距轮台县城约45千米，南距塔里木河约8千米，构造上处于塔北隆起轮南斜坡桑塔木潜山披覆背斜带，平面上分为6个含油气断块，自东向西依次为轮南14、轮南22、轮南23、解放121、解放123、解放124。主要开发层系为三叠系，从上到下有T_I^1、T_I^2、T_{III}三个油层，油水界面从西向东逐步抬高，探明石油地质储量1378.3万吨，可采储量242.51万吨，标定采收率17.59%。桑塔木油田由轮南采油气管理区统一管理。

开发历程：1990年3月8日，轮南14井在T_{III}油组4609.75—4625.80米中途测试获高产油流，用7.93毫米油嘴求产，日产油316.80立方米、天然气18300立方米，发现桑塔木油田。1991年底，试采井4口，其中轮南44井试采层段T_I油组，其余均为T_{III}油组。1992年12月，编制完成《桑塔木油田三叠系油藏开发方案》，投产油井8口，年产油5.07万吨。1993—1996年利用天然能量开采T_{III}，截至1996年底，产量15.30万吨。1997—2000年为开发调整阶段，1997年、2000年新钻调整井两批，部分井改层接替。1997年6月，第一口水平开发调整井桑塔2-5井在T_I油组投产，同年12月，第一口老井套管开窗侧钻水平井桑塔4-C1井完钻投产。1997年底，年产油17.77万吨，2000年，年产油又降至8.26万吨。2001年，桑塔木油田一直处于高含水状态。2002年，对桑塔木三叠系油藏进行储量升级，通过国家储委验收。2003年，开展《桑塔木油田滚动勘探开发研究》《桑塔木油田三叠系III油组调整对策研究》。2012年，编制完成《桑塔木油田开发调整方案》，整体部署新井11口，利用老井19口。2018—2022年，每年编制并实施《桑塔木油田综合治理方案》。

原油生产：2022年，桑塔木油田有采油井43口，开井28口。日产油138吨，综合含水率92.15%；年产原油4.27万吨；自开发以来累计生产原油235.97万吨。地质储量采油速度0.3%、采出程度17.12%，可采储量采油速度1.72%、采出程度97.31%。年自然递减率20.1%，年综合递减率10.01%。

新井建设：2022年，新井桑塔2-4C井失利，无新井投产。

措施作业：实施油井措施井3口，其中高效措施2口，有效措施1口，阶段增油0.5万吨，增气853万立方米（当量1.18万吨）。

资料录取：2022年，动态监测资料录取376次，其中流温流压梯度3次、静压静温梯度1次、示功图71次、动液面170次、静液面78次、工程测井4次、流体性质49次。

存在问题：2022年，桑塔木油田开发含水率高、采出程度低、采油速度低，整体储量控制程度低，总井数少，油气富集规律认识不清，区块间开发效果差异大，动静态矛盾突出，地震资料品质差，信噪比低，断裂刻画难度大，无高精度满覆盖资料，难以满足精细开发需求。截至2022年底，桑塔木区域正在采集新三维资料，深化油藏认识，后期可根据新三维资料提高油藏描述水平，改善区域整体开发效果。

（李 姝）

【解放渠东油田】 解放渠东油田位于新疆轮台县境内，地面海拔平均925米；构造位于塔里木盆地塔北隆起轮南低凸起解放渠东—吉拉克构造带，塔里木油田公司与中国石化西北局合采，矿权划分前，两家单位各自布井，无统一开发秩序。2003年矿权划分，矿权线以北归中国石化西北局，以南归塔里木油田公司。钻遇地层自上而下依次为第四系、新近系、古近系、白垩系、侏罗系、三叠系、石炭系、志留系和奥陶系，缺二叠系、泥盆系，主要含油层系为三叠系，自上而下分为T_I、T_{II}、T_{III}三套含油层系。解放渠东油田由轮南采油气管理区统一管理。

开发历程：1991年9月18日，轮南55井在T_I油组试采，6毫米油嘴生产，日产油108吨、气1182立方米，发现解放渠东油田。1993年4月编制《解放渠东油田三叠系I、III油组开发方案》。1993年8月，解放渠东油田正式投产。投产采油井18口，正常开井10—13口，实际年产油17.12万吨。1999年5月编制《解放渠东油田开发状况解剖分析及调整挖潜方案》，停产T_{III}油组，增加T_{II}油组出油井点，发挥T_I油组生产潜力做法，19口井以放产、下电泵、补孔改层等措施来提高采油速度，年产油50.92万吨，达历史最高点。1996年12月，开钻第一口水平井解放1-21-B2井。1997年，开钻两口水平井（解放1-26-3井、解放1-27-3井）。

1996—1997年，继续采取放产、补孔改层、下电泵等措施，利用钻水平井技术来改善T_Ⅱ油组的开发效果达到稳油控水的目的。1999年塔里木会战指挥部与北京石油勘探研究院塔里木分院合作编制完成《解放渠东油田开发状况解剖分析及调整挖潜方案》。2003—2011年，老井多轮措施实施后，开采难度越来越大，产量持续递减。2003年矿权划分，矿权线以北归中国石化西北局，以南归塔里木油田公司，同年，T₁油组转注2口水井（解放100井、解放1-6-3井）。2012—2022年为综合调整阶段。

原油生产：2022年，解放渠东油田有采油井20口，开井10口。日产原油33吨，综合含水率95%；年产原油1.46吨；自开采以来累计生产原油344.84吨。地质储量采油速度0.12%、采出程度41.14%，可采储量采油速度0.28%、采出程度97.72%。年自然递减率4.76%，年综合递减率4.76%。

注水注气：2022年，注水井11口，开井2口，累计地质注水3.81万立方米。

资料录取：2022年，动态监测资料录取185次，其中分层注水投捞1次，示功图36次、动液面84次、静液面18次、工程测井1次、流体性质45次。

存在问题：解放渠东油田开井率低，采出程度高，剩余油高度分散，调整余地小。结合新处理三维资料精细油藏描述，明确剩余油分布规律，编制调整方案。计划通过精细注采调整、侧钻挖潜、注碳提采3种手段改善开发效果。

（李 姝）

【轮古油田】 轮古油田地跨新疆巴州轮台县和库车市，北距轮台县城约40千米，南距塔里木河约36千米；构造位于塔里木盆地塔北隆起轮南低凸起轮南潜山西部斜坡带，是一个被轮南和桑塔木断垒所分割的北东向巨型背斜，主要含油层系为奥陶系鹰山组，局部为一间房组。平面分4个区块，自西向东可分为轮古西区块、轮古7区块、轮古2区块及桑南西区块；其中轮古西区块、桑南西区块为主力区块，轮古2区块属于未动用储量。轮古油田由轮南采油气管理区统一管理。

开发历程：1988年3月，轮南1井在奥陶系中下统鹰山组一段5038—5085.51米酸化试油，用11.11毫米油嘴求产，日产油97.46立方米。同年10月11日，轮南2井完钻试油，在奥陶系获工业油流。1989年7月18日，轮南8井完钻，在5230米井段中途试油，日产原油376立方米，酸化后求产，日产原油564立方米。

1997年5月31日，首次在轮古1井奥陶系试采，日产原油364立方米。2000年，在古潜山开钻探井15口，成功率90%，在轮古15井奥陶系见到稠油，发现轮南古潜山油田，命名为轮古油田。2001年10月18日，轮古15井采用掺稀油生产试验，日产原油300吨。2002年6—10月，开展稠油开采工艺研究及现场试验工作，通过研究分析，认为轮古稠油应采用稀油降黏方式开采。2003年编制《轮古15井区奥陶系油藏滚动开发概念设计》《轮古100—轮古12井区奥陶系油藏开发方案》。2004年陆续发现轮古西区块，桑南西区块和轮古2井区。2005年轮古油田正式投产，当年轮古油田达40万吨产能，2009年底，实现30万吨稳产，发现轮古7区块。2011—2021年油气产量整体递减，通过注水注气开发，产量逐年增加。2017年编制完成《轮古15井区开发调整方案》《轮古8井区初步开发方案》。

原油生产：2022年，轮古油田有采油井98口，开井数40口，日产原油137吨、天然气2万立方米，综合含水率70.03%；年产原油6.39万吨、天然气1270万立方米；自开采以来，累计生产原油332.88万吨、天然气7.06亿立方米。地质储量采油速度0.2%、采出程度13.07%，可采储量采油速度1.16%、采出程度77.41%。年自然递减12.65%，年综合递减10.96%。

新井建设：2022年，新开钻新井1口，投产新井1口（轮古7-1-H1井），日增产原油28吨，年增产原油0.41万吨。

措施作业：2022年，实施措施作业1口井2井次，成功2井次，轮古7-8井解堵作业，4月实施转机采提液调流道，日增产原油11吨。

注水和注气：2022年，注水井6口，开井3口，日注水951立方米，累计注水14.55万立方米；注水替油井38口，开井2口，累计注水8.3万立方米，增产原油0.23吨；注气吞吐井5口，累计注气1480万立方米，累计增产原油36174吨。

资料录取：2022年，动态监测资料录取186次，其中静压静温梯度7次、流温流压梯度6次、示功图42次、动液面72次、静液面12次、流体性质47次。

存在问题：2022年，轮古新三维区未开展精细断裂解剖和分岩溶类型储层预测，油源断裂和富集模式不清，剩余油常规手段难动用，可动用储量不落实，产建目标不能满足稳产需求。注水注气矛盾突出，前期注水注气优势方向明显，提采效果逐轮变差，注气污染问题严重。轮古西11口井具备开井潜力，年产油1.64万吨，建有掺稀管线维持3口井管输，最大年产1.2万吨，大量产能无法释放。

(晏 楠)

【东河塘油田】 东河塘油田位于新疆库车市东河塘乡西南6千米处，构造位于塔北隆起中段东河塘断裂构造带上，整体表现为由北东向西南倾伏的大型鼻状隆起，其上分布4个背斜构造。主要含油层系为石炭系东河砂岩段和J_{III}油组、J_{IV}油组。自北东向西南依次为东河1、东河6、东河14和东河4，其中东河$1C_{III}$油藏为主力油藏。东河油田是中国陆上发现的第一个埋深在5700米以下的海相砂岩油藏，具有高度自动化的现代化油田。东河塘油田由东河采油气管理区统一管理。

开发历程：1990年7月11—13日，东河1井在石炭系5755.4—5782.8米中途测试，用6毫米油嘴求产，日产油231.6吨、天然气3910立方米，发现东河塘油田。1991年5月，北京石油勘探开发科学研究院编制完成《东河油田开发概念设计》。1992年，钻探东河4井、东河14井、东河6井3口井，分别发现东河4油藏、东河14油藏、东河6油藏，同年5月编制完成《东河油田总体开发方案》。1994年12月，东河20井试油发现东河1侏罗系气藏。截至1996年底，原油产量未达到开发方案设计"年产60万吨"指标。1997年，胜利油田地质研究院编制完成《东河油田开发调整方案》，油田公司进入综合调整阶段。1999年原油产量63.47万吨，第一次达到开发方案设计指标。2001年，编制完成《东河油田中含水期调整方案研究》。2004年5月，东河1-H3井完井，是一口超深双台阶水平井。2006年，提交《东河1油田C_{III}油藏综合调整方案》；2013年提交《塔里木东河塘油田东河1石炭系油藏重力辅助混相驱开发试验方案》，开展注天然气辅助重力驱开发试验。2016年，编制完成《东河4井区、6井区、14井区石炭系油藏开发方案》。同年提交《塔里木东河$1C_{III}$油藏注天然气辅助重力驱开发试验优化实施方案》。截至2017年7月21日，累计注氮气54.10万立方米。2021年，提交《塔里木油田东河塘储气库先导试验方案》。2022年4月8日，储气库先导试验方案获批，按照方案部署加快组织实施，其中新增投产1口注气井东河1-H14，日注气能力增加至80万立方米。

原油生产：2022年，东河塘油田有采油井36口，开井22口，日产原油172吨，年产原油11.54万吨，综合含水率66.34%；自开采以来累计生产原油1043.89万吨。地质储量采油速度0.19%、采出程度31.49%，可采储量采油速度0.55%、采出程度91.84%。年自然递减率11%，年综合递减率8.68%。

新井建设：2022年，新开钻新井1口，投产2口（1口遗留井机采投产），日产原油2.33吨，年产原油0.45万吨。

措施作业：2022年，实施措施作业1井次，成功1井次，日增产原油7.34吨，年增产原油0.27万吨，措施类型为转气举。

注水和注气：2022年，回注水井8口，全年无注水；注气井5口，开井5口，日注气20.34万立方米，年注气2.0亿立方米，累计注气10.26亿立方米。

资料录取：2022年，动态监测资料录取186井次，其中压力监测完成46井次，产层参数监测完成6井次，井下技术状况完成5井次，流体性质129井次。

存在问题：2022年，油藏地质方面：C_{III}一环井气窜、二环井网不完善，C_{III}^2需扩大注气，提升重力驱油效果；部分注气井吸气能力低。采油工程方面：井筒沥青质析出规律不清楚；井筒完整性问题。地面工程方面：气举气源依赖自喷井，油井气窜、存气率低，部分注气井注不进情况频繁。

【红旗油田】 红旗油气田位于新疆库车、新和、沙雅三县境内，构造位于塔北隆起轮台凸起西段红旗断裂构造带上，呈北东—南西向展布的二级构造带，它的形成和发育受红旗断裂控制。东西延伸70千米，南北宽7千米，其上发育一系列燕山—喜山期正断层和被断层切割的断背斜及断鼻构造。自西向东分布红旗1、英买6、东河12断背斜构造，平面上自西向东发育红旗1、英买6两个圈闭，主要产层有新近系吉迪克组、古近系底砂岩。英买6井区是油田主力生产区块。原油地质储量76.42万吨，可采储量32.9万吨，标定采收率43.05%；天然气储量12.93亿立方米，可采储量7.2亿立方米。红旗油田由东河采油气管理区统一管理。

开发历程：1992年7月17日，英买6井开钻，1993年1月18日完钻，井深5600米。1993年3月，英买6井钻至古近系底砂岩发现凝析气藏后，又在新近系吉迪克组试油，日产气10.1万立方米、油96.36立方米，发现红旗油田。同年4月30日，东河12井在古近系测试，获日产油197立方米、天然气1.6万立方米。同年10月4—7日，红旗1井在古近系地层获高产油气流，用7毫米油嘴求产，日产原油376.29立方米、天然气5.57万立方米。1994年2月，红旗油田投入试采开发。1995年12月，红旗1井停止试采。1999年8月，英买6井自喷投产新近系，投产后含水上升较快，累计产油0.8

万吨。2003年，部署红旗1-1井，失利导致红旗油气田勘探开发一度停滞。2005年11月4日，红旗1井重新试采。2006年3月，红旗2井投产。2007—2016年，红旗油气田一直未部署新井。2017年，部署红旗201H井，在新近系试油获高产，自喷投产，日产油23.64吨，不含水。2019年，红旗2井补孔吉迪克组获高产，因高气油比，井筒易生成水合物影响油井正常生产，2020年下入井下油嘴后，2021年正常生产。

油气生产：2022年，红旗油田有生产井5口，开井3口，日产油14吨，日产气3.42万立方米，综合含水率36.34%。年产油1.09万吨，天然气33.21万立方米。地质储量采油速度0.67%、采出程度23%；可采储量采油速度1.56%、采出程度53.43%。地质储量采气速度1.47%、采出程度20.83%；可采储量采气速度2.61%、采出程度36.92%。原油年自然递减率45.87%，原油年综合递减率45.87%。

资料录取：2022年，动态监测资料录取3井次，红旗2井压力恢复测试、红旗2流温流压梯度测试、英买6套管质量检测。

【牙哈1油田】 牙哈1油田位于库车县牙哈乡境内，在库车市城东南距市区8千米。构造位于塔北隆起轮台凸起牙哈断裂带，整体表现为北东南西向展布。主要含油层系为古近系和寒武系。平面分为4个井区，自西向东依次为牙哈1井区、牙哈5-7井区、牙哈2井区、牙哈3井区。牙哈1井区的生产层系是古近系底砂岩和寒武系油藏，牙哈5-7井区、牙哈3井区生产层系是寒武系油藏。动用石油地质储量123.76万吨，可采储量29.93万吨，标定采收率24.18%。牙哈1油田由东河采油气管理区统一管理。

开发历程：1993年9月17日，牙哈1井开钻，1994年5月2日完钻，井深5600米。1994年5—6月，牙哈1井在古近系5451—5455米段和5459.5—5466米分别进行完井试油，分别用6.35毫米、7.94毫米油嘴求产，获日产原油170.1吨和168.7吨，天然气4.68万立方米和44.06万立方米，发现牙哈1油田。1994年8月，塔里木会战指挥部地质研究大队编制完成《牙哈1构造下第三系油藏控制储量报告》。1994年9月—1996年6月为试采阶段。这期间有试采井4口，全部为自喷生产，累计试采原油8.43万吨。1995年1月，塔里木会战指挥部地质研究大队编制完成《牙哈1构造油藏开发规划》，同年12月，编制完成《牙哈1油藏滚动开发方案》。1996年7月，牙哈油田正式开发，1997年原油年产量19.8万吨，2000年底保持稳产，年均产量12万吨。2001—2008年，古近系油藏含水率快速上升，产量递减。2009—2015年为中寒武系开发阶段。2013年11月19日，牙哈1-3井开钻，是牙哈1寒武系油藏的发现井，完钻井深6150米，2014年4月17日投产，投产初期用4毫米油嘴求产，日产液25吨、天然气9284立方米。2016—2020年为富油气区带再评价及滚动开发阶段。发现牙哈3上寒武系油藏，上交探明储量；重新认识牙哈5-7中寒武系油藏，编制初步开发方案。2018年8月提交牙哈1井区、牙哈3井区寒武系初步开发方案，分别投产新井牙哈105H井、牙哈107井、牙哈1-H4井，除牙哈105H井钻遇高陡裂缝，快速水淹，其他均正常生产。2021年论证牙哈1井提液措施。

原油生产：2022年，牙哈1古近系油藏有生产井3口，开井2口，日产原油21吨，年产油1.01万吨，综合含水率94.03%，自开采以来累计生产原油144.53万吨。地质储量采油速度0.26%、采出程度48.18%，可采储量采油速度0.52%、采出程度98.06%。年自然递减率9.85%，年综合递减率-6%。牙哈1寒武系油藏有采油井4口，开井3口，日产原油49吨，年产原油2.71万吨，综合含水率12.5%；自开采以来累计生产原油17.32万吨。地质储量采油速度1.88%、采出程度18.38%，可采储量采油速度7.53%、采出程度73.53%。年自然递减率13.26%，年综合递减率13.26%。

措施作业：2022年，实施措施作业1井次转电泵作业，日增产原油3.21吨，年增产原油1200吨。

资料录取：2022年，动态监测资料录取4井次，其中牙哈107井静温静压梯度测试1井次、流温流压梯度测试1井次，牙哈1工程测井2井次。

(马燕妮)

【牙哈7油田】 牙哈7油田寒武系油藏位于新疆库车市境内，距库车市约8千米。构造位于塔北隆起轮台凸起牙哈潜山构造带，是由牙哈大断裂和区域性逆冲断裂所夹持的断背斜油藏。油藏发育牙哈3圈闭、牙哈304圈闭两个圈闭，油藏格架总体上具有区域北倾的特征，目的层为寒武系上统下秋里塔格组。牙哈7油田由迪那采油气管理区统一管理。

开发历程：2013—2014年，对牙哈3井区地震资料进行处理，2015年，部署上钻牙哈3C井，2016年2月28日完钻，完钻井深5940米，目的层上寒武统，经完井测试，用3毫米油嘴求产，油压38.3兆帕，日产油37.4立方米、天然气24852立方米，为油气层，由此发现牙哈3寒武系油藏。牙哈3C井钻探成功后，重新梳理层位，在叠前深度转时间域地震资料上开展断层上下一体化解释，发现牙哈304构造圈闭；2016年，在新圈闭上部署上钻牙哈304H井获成功，发现牙哈304H寒武系油藏。截至2018年7月，牙哈3井区寒武系油藏开发井3口，即牙哈3C井、牙哈304H井、牙哈23-1-118H井。2016年5月4日，牙哈3C投产；2017年4月23日，牙哈304H投产；2018年7月4日，牙哈23-1-118H井投产。牙哈3井区寒武系油藏日产油104.1吨，天然气5.96万立方米，累计产油3.53万吨，天然气2460万立方米。2018年，滚动部署牙哈23-1-118H井再次获成功，进一步扩大寒武系油藏范围。2018年12月，编制完成《牙哈3井区寒武系初步开发方案》，地质与油藏工程方案要点显示牙哈3区块动用面积4.59平方千米，动用石油地质储量207.17万吨，溶解气储量11.87亿立方米，原油可采储量51.79万吨。开发层系为寒武系上统下秋里塔格组，采用一套开发层系、利用天然能量衰竭式开采，采用不规则井网，水平井开发。方案总井数9口，部署水平井4口，直井1口，老井利用3口，侧钻水平井1口。建产期4年，2021年建成，年产油规模3.1万吨，新建产能2.96万吨，最高采油速度1.92%。以1.5%（年产3.1万吨）以上采油速度稳产7年，预测期末累计产油48.2万吨、气2.75亿立方米，动用储量采出程度23.27%，采出可采储量93.1%。平均单井累计产油5.36万吨，平均单井累计产气0.305亿立方米。截至2022年底，方案井仍没有实施完。2020—2022年，通过综合治理，不断深化油藏地质研究，厘清流体运动规律，实行"一井一策"管理方式，制定合理开发对策，提高油藏油气采收率。

油气生产：2022年，牙哈7井田有采油井8口，开井5口。日产原油76吨、天然气5.85万立方米，综合含水率52.42%；年产原油2.59万吨、天然气0.21亿立方米；自开采以来，累计生产原油26.60万吨、天然气1.81亿立方米。地质储量采油速度0.75%、采出程度7.17%。可采储量采油速度4.80%、采出程度46.06%。年自然递减率21.13%，年综合递减率21.13%。

资料录取：2022年，动态监测资料录取10井次。其中地层压力监测7井次、饱和度3井次。

存在问题：2022年，油藏地质条件复杂，油藏构造断裂、储层裂缝整体发育，改善渗流条件，是沟通底水的主要通道，断裂、储层预测难度大；地层压力保持程度高，水体能量强，裂缝性水侵严重，油藏生产井全部见水，水侵形势严峻，提采难度大。

（宿晓斌）

【哈拉哈塘油田】 哈拉哈塘油田位于新疆库车市和沙雅县，构造上位于塔里木盆地塔北隆起轮南低凸起的西部斜坡带，整体表现为向西倾没的大型鼻状构造，东北邻轮台凸起，南邻北部坳陷，西接英买力低凸起。主要含油层系为一间房组及良里塔格组良3段和鹰山组，以一间房组为主包括哈6区块、新垦区块、热瓦普区块、金跃区块、其格区块共5个区块，其中哈6区块、热瓦普区块、金跃区块是主力生产区块。哈拉哈塘油田由东河采油气管理区统一管理。

开发历程：2009年2月，哈7井在6622.41—6645.24米井段常规测试，用8毫米井嘴掺稀求产，日产油301立方米、天然气4696立方米，发现哈6区块。2009—2010年，哈6区块突破后，新垦、热瓦普区块实施预探，均获工业油气流，这3个区块有26口井投入试采。2010年，编制完成《哈6区块奥陶系油藏初步开发方案》。2013年，编制完成《哈6区块奥陶系油藏产能建设优化调整方案》。2014年，编制完成《哈拉哈塘油田奥陶系碳酸盐岩全生命周期开发规划方案》，同年哈拉哈塘油田塔河北奥陶系油藏年产油101.5万吨，建成百万吨级碳酸盐岩油田。2015—2016年，受油价影响，新钻井工作量大幅减少，年产油量下降，但总体维持在万吨以上。2017—2021年，塔河北奥陶系油藏持续开展综合治理，通过地质再认识，总结开发规律和开发矛盾，摸清开发潜力，制定针对性措施，遏制产量递减。2019年12月，编制完成《哈拉哈塘油田塔河北奥陶系油藏开发调整方案》，方案设计年产原油55万吨，稳产5年。

原油生产：2022年，哈拉哈塘油田有采油井244口，开井155口，日产原油821吨，年产原油46.95万吨，综合含水率57.15%，自开采以来累计生产原油842.71万吨。地质储量采油速度0.55%，采出程度9.87%，可采储量采油速度3.19%，采出程度57.18%。年自然递减率11.57%，年综合递减率8.06%。

新井建设：2022年，新开钻新井7口（5口投产、2口正钻），投产新井9口（2021年开钻3口，遗留井转采1口），日产原油14.76吨，年产原油5.39万吨。

措施作业：2022年，实施措施作业21井次，投产20井次，日增产原油13.40吨，年增产原油2.84万吨。

注水和注气：2022年，注水替油井67口，单元注水28口，年注水175.08万立方米，注水年产油23.83万吨。注气井19口，年注气1999立方米；累计注气1999万立方米。

资料录取：2022年，动态监测资料录取1324井次，其中试井监测180井次、生产测井6井次、示踪剂监测2井次、动静液面示功图920井次、流体性质216井次。

存在问题：2022年，随着规模水驱的实施，大部分油井逐步步入高含水开发阶段，73.66%的井含水率高于60%，高含水井产量贡献占总产量的8.27%。

（马燕妮）

【哈得逊油田】 哈得逊油田位于新疆沙雅县境内，塔里木河南岸，哈得逊乡西南约16千米处，东距沙漠公路及塔中输油管线约56千米，构造位于塔里木盆地塔北隆起南部轮南低凸起及北部坳陷阿满过渡带，主体位于阿满过渡带哈得逊构造带上。主要含油层系2套，即石炭系薄砂层油藏（C_I）与东河砂岩油藏（C_{III}），其中东河砂岩油藏是哈得逊油田主力产层。薄砂层油藏纵向上可细分为中泥岩段2号、3号、4号、5号砂层，平面上可分哈得1井区和哈得10井区；东河砂岩油藏纵向上分8个小层，平面上分哈得1—2井区、哈得4—15井区、哈得4井区、哈得11井区等4个井区。动用石油地质储量7480.01万吨，可采储量3013.71万吨，标定采收率40.29%。哈得逊油田由哈得采油气管理区统一管理。

开发历程：1998年2月21日，哈得1井在4994—5008米试油，日产原油103立方米，发现石炭系中泥岩段薄砂层油藏，同年11月，哈得4井在5069.64—5076.72米试油，日产原油266立方米。截至1999年底，哈得401井、哈得402井、哈得403井、哈得1—2H井在东河砂岩发现工业油流，发现石炭系东河砂岩油藏。2000年2月，编制《哈得4油田东河砂岩开发方案》（30万吨），哈得4油田正式开发。2001年5月，编制《哈得4油田开发方案（扩大）》（80万吨），即滚动开发方案。2003年，哈得4油田实施滚动开发，原油产量由2002年的81.59万吨，上升到2003年的110万吨，第一次突破年产量百万吨大关，同年完成第一期注水工程建设，对薄砂层油藏实施注水开发。2004年，哈得4油田调整工作制度54井次，实施增产措施36井次，年产原油150.67万吨，实现年度生产挑战目标。2005年生产原油196万吨，实现连续3年稳产高产目标。2017年，编制完成《哈得逊油田开发调整实施方案》，开发调整方案计划分批新钻采油井4口，新钻水井5口，老井提液8口，老井转注2口，老井补孔1口，分层注水5口。2018年—2021年，开展综合治理，先后开展水井深部调驱、注气驱油等实验工作，实施碎屑岩油藏精细注采调整、滚动扩边。

原油生产：2022年，哈得逊油田有油井153口，开井133口，日产原油1026吨，年产原油40.28万吨，综合含水率89.95%，自开采以来累计生产原油2814.83万吨。地质储量采油速度0.47%、采出程度35.9%，可采储量采油速度1.17%、采出程度89.12%。年自然递减率17.1%、年综合递减率12.54%。

新井建设：2022年，新开钻新井2口，投产新井2口。

措施作业：2022年，实施措施作业14井次，日增产原油12吨，年增产原油0.49万吨。主要措施类型是套损井治理和提液。

注水和注气：2022年，有注水井65口，开井51口，日注水118立方米。完成地质注水206.55万立方米，累计注水2849.45万立方米。

资料录取：2022年，动态监测资料录取1786次，其中系统试井1次、注水（气）井压降25次、静压静温梯度37次、流温流压梯度4次、液面功图1073次、吸水剖面9次、产液剖面7次、饱和度测井9次、工程测井21次、流体性质545次、示踪剂22次、分层注水投捞测试26次、水驱前缘7次。

存在问题：2022年，东河砂岩油藏平面上剩余油主要集中在井网不完善、井距大、注采井间、采油井间等注水难以波及区域，纵向上剩余油主要集中在物性较差层位和隔夹层以上尖灭区难动用区域。东河砂岩油藏采出程度高，整体进入强水洗阶段，注水提高采收率手段单一。常规的3次采油技术难适应超深超高温高盐油藏，亟需加大三采技术的研究和储备。受水平井固井质量影响，哈得10井区多口井发现注入水管外窜，导致注入水窜入非目标注入层，无效注水增多，受效油井低产低效。

（王怡萍）

【塔中4油田】 塔中4油田位于新疆且末县，东南距且末县200千米，北距轮台县350千米。构造位于塔里木盆地中央隆起带塔中隆起中央断裂背斜带东端，地表为复合型纵向沙垄。主要含油层系为上古生界石炭系。平面分为3个井区，自西向东依次为塔中402井区、塔中422井区、塔中401井区，自上而下发育石炭系C_I、C_{II}、C_{III}三套含油层系，划分为塔中402C_I、塔中402C_{II}、402C_{III}、塔中422C_{III}、塔中401C_I、塔中401C_{III}共6个开发单元。塔中402区块是油田主力生产区块，C_{III}油藏是主力油藏。塔中4油田石炭系C_I、C_{II}、C_{III}油组探明原油地质储量3834.4万吨，可采储量1667.31万吨。塔中4油田由塔中采油气管理区统一管理。

开发历程：1991年11月，塔中4井开始钻探，在石炭系钻遇3套油层获工业油流，发现塔中4油田。1993年10月14日，在塔中402井开始试采，试采井段3613—3628米，试采层位C_{III}油组，用8毫米油嘴求产，日产原油220吨。1994年7—12月，在塔中411井和塔中421井试采，均获成功。1995年1月1日，在塔中4-17-H4井（即水平1井）试采，进行水平井开发先导性试验，用18毫米油嘴求产，日产原油865吨、天然气22.58万立方米；用24毫米油嘴求产，日产原油1175吨、天然气31.84万立方米，这是塔中4油田第一口试采的水平井，也是第一口日产原油超千吨的水平井。同年9月15日，在塔中4-27-H14井（水平3井）试采，用18毫米油嘴求产，日产原油776吨、天然气28.45万立方米；9月16日，用24毫米油嘴求产，日产原油1060吨、天然气36.25万立方米，这是塔中4油田第二口试采的水平井，也是第二口日产原油超千吨水平井。1994年7月，由塔指与总公司石油勘探开发研究院共同编制《塔中4油田开发方案》，同年8月初，方案通过中国石油天然气总公司评审，方案设计总井数39口，原油生产能力200万吨。1996年8月，塔中4油田全面投入开发，投产当年产油99.96万吨。1997年6月进入高产稳产期，建成170万吨产能。1997年底，实施塔中402区块C_{III}油组注水方案，新钻4口注水井，利用3口老井，注水方式采用边部环状底部注水方式注水，补充地层能量。1998—1999年，利用新钻井资料和三维地震资料，在C_{III}油组富油区部署2口滚动开发井，初期日产油711吨。2009年塔中402C_{III}油藏均质段整体水淹，全面停注，进入含砾岩段1—3小层注水开发及C_I油组局部实施注水开发阶段。2012年，主要在C_{III}及C_I油组含油范围内部注采井网和滚动扩边为主。2013年C_I油组扩边新井及层系调整措施实施后，实现油田开发产量稳中有升。2014年，原油产油升至20.3万吨，同比增加2.3万吨。2015年，编制完成《塔中4油田开发调整方案》，方案设计井数99口，建立26注73采注采井网。2017年，编制注水调整方案，在C_I油组主力油砂体进行注水调整。2018年，编制塔中402C_{III}油组重力复合驱重大开发试验方案。截至2021年底，老井注水方案实施完毕，注水调整取得成效，新井工作由于油砂体预测难度大，实施效果不佳。

原油生产：2022年，塔中4油田有采油井78口，开井47口。日产原油274吨，年产原油10.4204万吨，综合含水率86.11%，自开采以来累计生产原油1655.35万吨。地质储量采油速度0.21%，采出程度43.17%，可采储量采油速度0.49%，采出程度99.28%。年自然递减率20.52%，年综合递减率13.9%。

新井建设：2022年，投产新井2口（1口采油井、1口注气井待注），日产原油2.06吨，年产原油2772吨；日产天然气1.74万立方米，年产天然气890万立方米。

措施作业：2022年，实施措施作业10井次，日增产原油31吨，年增产原油0.78万吨；日增产天然气4.22万立方米，年增产天然气1359万立方米。主要措施类型为补孔作业。

注水和注气：2022年，注水井24口，开井13口，日注水353立方米，年注水14.08万立方米，累计注水1606.09万立方米。截至2022年底，塔中4油田注气井5口，开井0口，年注气7081万立方米，累计注气1.80亿立方米。

资料录取：2022年，动态监测资料录取562井次，其中噪声工程测井1井次、产液剖面3井次、吸气剖面1井次、饱和度测试11井次、示踪剂监测2井组、注气井压降2井次、静压静温梯度19井次、流温流压梯度28井次、动液面190井次、静液面33井次、示功图140井次、流体性质106井次、注水水质26井次。

存在问题：2022年，注水水质不合格造成注水井口憋压，注水管线刺漏，注水分注合格率低导致分注效果差；C_I油组注水井网延构造轴线部署在油砂体的潮道位置，注水沿潮道推进，潮道对应的采油井开始水淹，注采井网平面水驱强度难以控制；C_{III}油组注水调整效果差；塔中402C_{III}天然气复合驱重大开发试验，注气见效快，但气窜严重。

【塔中10油田】 塔中10油田（串珠油田）位于新疆沙雅县、民丰县及且末县境内，构造位于塔里木盆地中央隆起塔中凸起北斜坡塔中10号构造带，主要含油层系为志留系柯坪塔格组。塔中10井区缺白垩系，塔中11井区缺侏罗系、泥盆系。平面分为塔中10井区、塔中11井区、塔中12井区、塔中40井区、塔中47井区5个井区，其中塔中40井区是主力区块，塔中12井区是油田少有的未动用碎屑岩储量区块。塔中10油田由塔中采油气管理区统一管理。

开发历程：1992年12月10日，塔中10井开钻。塔中10井是塔中10号构造上的第一口预探井。1993年2月22日完钻，在C_{III}油层4227—4234米裸眼中测，获日产油210.52立方米的高产油流，发现塔中10油田。1994年9月3日，塔中11井开钻，1995年2月28日完钻。这是塔中11井区志留系油藏的发现井，也是塔里木盆地在下古生界志留系勘探的突破井。同年9月14日，塔中12井开钻，钻探目的层为石炭系、志留系和奥陶系，1995年1月15日完钻，是塔中12井区志留系油藏的发现井。1995年1月，上报塔中10井区石炭系石油地质储量113万吨，可采储量34万吨。1996年6月8日，塔中35井开钻，11月24日完钻，完钻深度6000米，完钻层位中下奥陶统。塔中35井先后在石炭系、志留系、奥陶系见到不同程度的油气显示。这是塔中40井区部署的第一口探井。1996年9月10日，塔中10井投入试采。2001年9月，塔中10井高含水关井。1999年10月26日，塔中40井开钻，12月11日完钻。2000年2月11日，塔中40井在4334—4340米测试求产，用8毫米油嘴求产，日产油110.3立方米，伴有少量天然气，同年10月8日，评价井塔中41井在4288.86—4337.00米中途测试，日产油6.83立方米。2001年11月，编制完成《塔中40井区石炭系油藏滚动开发方案》。2002年10月10日，塔中40-H4井用8毫米油嘴求产，日产油352吨。同年，将塔中10油田、塔中40油田、塔中11油田、塔中12油田统一命名为"塔中串珠状油田"。2003年9月9日，塔中40-H6井用6毫米油嘴求产，日产油183立方米。2004年8月2日，评价井塔中12-2井开钻，9月14日塔中12-2井在志留系4325.88—4345.39米进行中测试，日产油13.2立方米，12月在4333.80—4344.40米测试求产，获日产油17.79立方米。2009年编制完成塔中40井区综合调整方案，细分开发层系，开发方式由天然能量转为人工注水开发，塔中40-H9井转为试注井。2010年5月，塔中40井区开始试注，2005—2011年，塔中11区块全面试采后迅速进入产量递减阶段。2015年3月，塔中11区块在初步开发方案基础上，调整实施塔中11-10井、塔中11-11井、塔中11-123井。是年塔中10油田投产新井6口。2016年12月，编制完成塔中11区块优化实施方案。2017年12月，编制完成塔中12志留系油藏开发试验方案，采用一套井网开发。试验区2019年全面转注，预测年产油2万吨以上稳产7年，峰值年产油2.4万吨。

原油生产：2022年，塔中10油田有采油井41口，开井22口。日产原油69吨，年产原油3.61万吨，综合含水率84.58%，自开采以来累计生产原油173.23万吨。地质储量采油速度0.26%、采出程度11.53%；可采储量采油速度1.86%、采出程度82.1%。年自然递减率19.21%，年综合递减率13.74%。

新井建设：2022年，投产新井1口（塔中40-H25井），日产原油13吨，年产原油3286吨。

措施作业：2022年，实施措施作业3口，日增产油13吨，年增产原油2550吨，措施类型为老井酸化和转换采油方式。

注水和注气：2022年，注水井11口，开井4口，日注水219立方米，月注采比0.4，累计注水94.22立方米。

资料录取：2022年，动态监测资料录取384次，其中功图液面302次、静压静温梯度7次、流温流压梯度1次、吸水剖面1次、流体性质73次。

存在问题：2022年，塔中11累计亏空量大，累计注采比低，但受注水水质影响，注水井普遍注水压力高且受储层非均质性影响，单井注水层间差异大，注水不均衡，"部分小层水淹与整体亏空"两者之间矛盾突出；塔中40薄砂层油藏天然能量不足，新投产采油井液面下降快，该层急需补充地层能量，薄砂层注水井距过大，注采对应率低，需优化注采井网。

【塔中16油田】 塔中16油田位于新疆且末县，西南距塔中4油田10千米，东南距且末县城174千米。塔里木盆地塔中隆起北部斜坡带塔中16号构造，塔中Ⅰ号断裂坡折带东段，整体表现为北西—南东走向的长轴背斜。主要含油层为石炭系东河砂岩。平面上分为4个开发单元，分别为塔中16C$_Ⅲ$、塔中24C$_Ⅲ$、塔中16S和塔中16O，塔中16C$_Ⅲ$含砾岩段为主力油气藏。塔中16油田由塔中采油气管理区统一管理。

开发历程：1994年6月，塔中16井在C$_Ⅲ$油组中途测试，获工业油流，发现塔中16油田。1996年5月19日，塔中161井在下奥陶系4288.5—4302.5米取心14.05米，证实这口下奥陶系是一个油气富集构造带。同年12月，编制《塔中16号构造石炭系Ⅲ油组油藏探明储量报告》。截至1996年底，塔中16油田进入滚动开发阶段。1997年1月塔中164井首先投入试采。1998年，塔指编制《塔中16油田石炭系Ⅲ油组滚动开发方案》，采用1套井网，沿构造轴部不规则布井，布置8口水平井、3口直井，以水平井为主，利用天然能量开发，建成40万吨产能。截至2000年底，再次对塔中16油田进行储量复算，含油面积36.1平方千米，石油地质储量1270万吨。2002年9月11日，塔中16-13井一次投产成功，用6毫米油嘴自喷求产，日产油150吨，同年10月10日，塔中16油田累计产油200万吨。2003年8月20日，塔中169井在志留系4119.56—4149.16米井中测，日产油18.33立方米。2006—2008

年经过精细油藏描述，部署6口调整井，取得良好开发效果。2009—2021年，塔中16油田未进行调整，措施工作量有限，随着含水上升加快，进入快速递减阶段。2012年塔中58C井、塔中162井转注C_{III}，完善C_{III}油组注采井网，在志留系布置中古54井，塔中169井在志留系试采。2012—2021年，随着含水上升加快，进入快速递减阶段。

原油生产：2022年，塔中16油田有采油井34口，开井21口。日产原油79吨，综合含水率95.92%，年产原油2.89万吨，自开采以来累计生产原油466.95万吨。地质储量采油速度0.21%，采出程度34.31%；可采储量采油速度0.6%，采出程度97.69%。年自然递减率8.41%，年综合递减率8.41%。

措施作业：2022年，实施措施作业1口（塔中16-29井），该井投产后全水，措施失利。

注水和注气：2022年，注水井2口，开井0口，累计注水4.89万立方米。

资料录取：2022年，动态监测资料录取135次，其中功图液面108次、静压静温梯度1次、流温流压梯度1次、流体性质25次。

存在问题：2022年，塔中16油田C_{III}^{2-3}和C_{III}^{4-5}上下2套层系物性相差大（渗透率相差3—6倍），中间隔层全区分布，为两套压力系统，上部层系井网控制程度低，下部层系累计产量高，水淹程度高，纵向上储量动用差异大。

（韩　于）

【英买力油田】英买力油田位于沙雅县、新和县境内，北距314国道约1.5千米，南距塔里木河1.5—5.5千米，构造位于塔里木盆地塔北隆起英买力低凸起。英买力油田钻遇地层从上到下分别为第四系、新近系、古近系、白垩系、志留系、奥陶系、寒武系（未穿），缺侏罗系、三叠系、二叠系、石炭系和泥盆系，其中白垩系、志留系、奥陶系、寒武系为主要产油层段。依据岩性和储层类型划分为11个开发单元，分别为英买35区块、英买34区块、英买41区块志留系砂岩油藏，英买46区块、英买9区块、英买470区块、玉东7区块白垩系巴西改组砂岩油藏，英买32区块、英买7区块奥陶系碳酸盐岩潜山油藏，英买2区块、英买1区块奥陶系裂缝孔洞型碳酸盐岩油藏。其中英买2区块、玉东7区块是主力区块，玉东7区块油藏是继哈得逊油田之后，首个探明的整装千万吨级碎屑岩油藏。英买力油田由英买采油气管理区统一管理。

开发历程：1988年7月2日，英买1井开钻，1989年2月16日，钻至井深5410米奥陶系（未完）地层完钻。该井钻至奥陶系石灰岩地层中，在5368—5371.68米发生井漏，经中途测试，用15毫米油嘴求产，油压1.5兆帕，日产原油211.30立方米，是塔里木盆地塔北隆起西部的首次发现，是英买力油田奥陶系油藏的第一口发现井。1990年，英买7井中途测试，日产油220.6立方米，发现英买7油藏。1992年12月，英买2井在奥陶系灰岩酸压测试获高产油流，发现英买2区块奥陶系油藏。2004年12月，英买32井在奥陶系白云岩潜山测获工业油流，发现英买32油藏，实现英买力地区白云岩潜山勘探的新突破。2006年，英买34井、英买35井、英买41井在志留系井段获工业油流，发现英买34区块、英买35区块、英买41区块志留系潜山油藏。2008年，编制完成《英买力潜山油藏开发方案》。2009—2010年，在白垩系巴西改组英买46低幅度构造部署上钻两口评价井英买461井、英买462井，其中英买461井在巴西改组薄砂层5185—5187.5米完井试油，日产油10.05立方米，发现英买470区块巴西改组薄砂层油藏。2014年，重新落实志留系柯坪塔格组构造形态，新发现英买342区块圈闭、英买343区块圈闭、英买351区块圈闭，部署英买50井，获高产工业油气流，实现英买41区块油藏含油范围进一步扩大。2016年，玉东7井在白垩系巴西改组4964—4965米井段完井测试，日产原油63立方米，发现玉东7油藏，同年编制完成《英买力油田英买2奥陶系油藏开发调整方案》。2017年，编制完成《英买32、英买7碳酸盐岩油藏开发调整方案》。2021年，英买力碳酸盐岩油田加快注水注气实施进程。

原油生产：2022年，英买力油田有采油井138口，开井109口，日产原油1103吨，年产40.24万吨，综合含水率67.01%，自开采以来累计生产原油825.83万吨。

英买力碎屑岩油田有采油井54口，开井38口，日产原油761吨，综合含水率55.60%；年产原油27.78万吨，自开采以来累计生产原油396.23万吨。地质储量采油速度0.85%，采出程度12.18%；可采储量采油速度3.78%，采出程度53.91%。年自然递减率19.98%，年综合递减4.2%。

英买力碳酸盐岩油田有采油井84口，开井71口，日产原油342吨，综合含水率83.28%，年产原油12.46万吨，自开采以来累计生产原油429.60万吨。地质储量采油速度0.23%，采出程度7.82%；可采储量采油速度1.45%，采出程度50.07%。年自然递减率17.05%，年综合递减率13.81%。

新井建设：2022年，新开钻新井4口，投产新井4口，日产原油111立方米，年产原油24201立方米。其中：碎屑岩油田新开钻新井3口，投产新井3口，日产原油69立方米，年产原油13727立方米；碳酸盐岩油田新开钻新井1口，投产新井1口，日产原油42立方米，年产原油10474立方米。

措施作业：2022年，实施措施作业17口，成功16口。其中碎屑岩油田实施措施作业10口，成功9口，日增产原油192吨，年增产原油6.12万吨，措施类型主要为套损治理、转气举、储层解堵、酸化增注。碳酸盐岩油田实施措施作业7口，成功7口，日增产原油13吨，年增产原油0.61万吨，措施类型主要为老井自喷转电泵、老井自喷转抽、老井酸化作业。

注水和注气：2022年，注水井20口，开井20口，注气井1口。日注水1371立方米，年注水50.78万立方米。其中：碎屑岩油田注水井12口，开井12口，日注水881立方米，年注水32.17万立方米；碳酸盐岩油田注水井8口，开井8口，日注水490立方米。全年完成地质注水18.61万立方米。注气井1口，全年注氮气400万立方米，年增产原油0.47万吨。

资料录取：2022年，动态监测资料录取1679井次。碎屑岩油田动态监测资料录取756次，其中系统试井1次、压降测试3次、静温静压梯度5次、流温流压梯度14次、功图液面621次、工程测井4次、吸水剖面测井2次、产液剖面测井1次、流体性质99次、示踪剂注入6次。碳酸盐岩油田动态监测资料录取923次，其中静压静温梯度3次、流温流压梯度5次、系统试井1次、干扰试井1次、压力恢复1次、压力降落1次、吸水剖面1次、油管腐蚀1次、示踪剂1次、示功图和动静液面861次、流体性质47次。

存在问题：2022年，玉东7油藏雁列式断裂、储层强非均质使得砂体连通性复杂；井网不完善，二砂组110万吨储量尚未建立有效注采井网；地层亏空大，待强化注水补充地层能量；套损、沥青质问题仍突出，需加快套损治理和沥青质析出机理研究攻关。英买470油藏西区地层亏空大，待强注补充地层能量；英买470油藏西区井网不完善，套损、沥青质问题仍存在；英买470油藏东区需进一步开展储层预测落实储量规模，明确开发方式。英买34、英买35、英买41区块需加强水平井治水配套研究，英买35区块待论证注气先导性试验挖潜难动用储量。英买力碳酸盐岩油田处于中后期开发阶段，综合含水高，机采井占比大，异常情况较多，主要面临的问题因区块不同而有所差异。英买2区块主要面临地层压力下降、含水上升快等问题，此外注水替油接近后期，替油效果变差，单元注水水窜严重，注气吞吐、井组注气效果好，但注气规模较小。英买32区块主要面临生产井水淹严重的问题，区块含水率90%以上。

（李　旭）

【大宛齐油田】 大宛齐油田位于新疆拜城县境内，县城西南30千米，大桥乡以北8千米。构造位于塔里木盆地库车坳陷拜城凹陷中西部大宛齐构造上，构造形态从地表至中深层均为穹隆背斜构造，浅层被小断层切割，呈现为北东东—南西西向延伸，北翼缓南翼陡不对称背斜构造。主要含油层系为新近系库车组，库车组自上而下分4段，油层纵向上分布跨度大，其中库一段、库二段油层相对集中，有一定连续性；库三段、库四段油层分布零散，平面连续性较差。平面上分7个井区，自西向东依次为大宛111井区、大宛126井区、大宛105井区、大宛1井区、大宛112井区、大宛109井区和大宛117井区，其中大宛105井区、大宛109井区是主力生产区。大宛齐油田由博大采油气管理区统一管理。

开发历程：1995年6月，大宛齐油田在构造顶部钻探大宛1井，1995年7月在新近系康村组425.76—530.0米裸眼中途测试，用12.7毫米油嘴求产，日产轻质油49.6立方米、天然气0.65万立方米，发现大宛齐浅层油田。1996年8月，大宛1井投入试采；同年10月，塔里木油气开发公司编制《大宛齐油田开发实验井组布井方案》；11月，大宛105井投入试采；12月，塔里木勘探开发指挥部勘探研究中心编制《塔里木盆地大宛齐油田探明储量报告》。1997年2月20日，油气开发公司采油工程研究大队编制《大宛齐油田采油工艺方案》。1997年5月1日，大宛齐油田全面投入开发。2001—2010年，加密调整与滚动上产，2003年，由北京华能公司计算大宛齐石油地质储量。2006年，按新颁布《石油天然气储量计算规范》对大宛齐油田进行复算。2011—2017年，老井转注、调剖、补层挖潜、老井低阻挖潜、滚动。2013年3月27日，《大宛齐油田整体开发方案》通过塔里木油田公司审核。方案部署总井数410口，生产井数228口，转注老油井80口，投注新钻水井192口；单井井型为直井。2020年3月，受新冠肺炎疫情、油价影响，大宛齐油田关停。2021年3月，大宛齐油田先后开井43口接替生产。

原油生产：2022年，大宛齐油田有采油井417口，开井43口，日产原油29吨、天然气1935立方米；年产原油0.66万吨、天然气0.0098亿立方米，综合含水率93.46%；自开采以来，累计生产原油196.94万吨、溶解气0.263亿立方米。原油地质储量采油速度0.11%、采出程度32.54%；溶解气地质储量采油速度0.25%、采出程度6.88%，溶解气可采储量采出程度51.57%。

存在问题：2022年，大宛齐油田属复杂断块油藏，采出程度高，稳产基础薄弱。高含水开发后期层间、平面矛盾加剧，措施挖潜及长期稳定开发难度大。

（吐尔逊江·托呼提）

【巴什托普油田】 巴什托普油田位于新疆巴楚县境内，西南距县城约65千米，南距巴莎公路约25千米。构造位于塔里木盆地西南坳陷麦盖提斜坡群库恰克构造带，整体表现为近东西走向的长轴背斜。主要含油层系为石炭系生屑灰岩段和泥盆系东河塘组砂岩。2005年6月，国土资源部调整矿权后，中国石油矿权内含油面积17.46平方千米。巴什托普油田由博大采油气管理区统一管理。

开发历程：1980年12月8日，曲1井完钻，井深4987.05米，试油获原油700立方米。1992年12月9日，曲3井在4802.24米发现良好油气显示，出现气侵及井涌。1993年1月9日，曲3井钻杆放喷，测试求产，日产油46立方米、天然气1.2万立方米，首次在石炭系巴楚组生屑灰岩段获工业油气流，发现巴什托普油田。同年3—7月，分别开钻琼00a1评价井、琼002井、群5井。1994年6月15日，群5井在C$_{II}$油组4874.91～4884.4米，用5.94毫米油嘴中途裸眼测试，日产油118立方米、天然气2.8万立方米。同年8月14日，琼003井开钻，同年11月17日，琼002井完井试油，日产原油200立方米。1994年12月巴什托普油田上交探明储量。2004年底，储量套改，探明石油地质储量238.35万吨，由于油田的储量规模一直未落实，尚未编制开发方案。2006—2008年，关停所有井均高含水关井，2008年1—10月间开。2008—2014年，先后试采评价群7井、群5-1井、群501井，有4口井试采，最高年产油1.7万吨。2015—2020年，综合治理部署新井2口，群古2C井、群7TH井，群古2CH已经中完，群7TH待钻。截至2020年底，矿权范围内完钻井9口，分别为群古1井、群古2井、群4井、群5井、群5-1井、群501井、群501C井、群7井、琼002井、群古2CH井，其中群5井、群5-1井、群7井、群古1井、群古2CH井获工业油流，处于试采评价阶段。

原油生产：2022年，巴什托普油田有采油井5口，开井4口，日产原油17吨，年产原油0.71万吨，综合含水率42.46%。自开采以来累计生产原油10.08万吨、溶解气3000万立方米。原油地质储量采油速度0.30%、采出程度4.23%，溶解气地质储量采出程度6.17%；可采储量采油速度1.49%，采出程度21.14%，溶解气可采储量采出程度16.95%。年自然递减率13.8%，年综合递减率13.8%。

资料录取：2022年，动态监测资料录取5井次，其中流温流压梯度1井次、原油全分析2井次、地层水全分析2井次。

存在问题：2022年，石炭系生屑灰岩油层分布受岩性和构造双重控制，储层非均质性强，剩余油分布复杂，储量动用难。泥盆系东河砂岩储量长期未有效动用。

（袁富平）

【塔中西部油田】 塔中西部油田位于塔中Ⅰ号气田西部，位于新疆沙雅县境内，地处塔克拉玛干沙漠腹地。区块面积400平方千米，开发目的层主要是奥陶系良里塔格组和一间房组，累计上交探明地质储量原油4526.2万吨、天然气239.4亿立方米。塔中西部油田由油气合资合作事业部统一管理。

开发历程：塔中西部油田发现井为塔中45井，该井于1997年2月3日开钻，完井酸化，9毫米油嘴求产，日产油300立方米、天然气11.15万立方米，由此发现塔中西部油田。2014年5月15日，塔中西部合作区开发方案获股份公司批复。方案设计动用石油地质储量2275万吨、天然气130亿立方米，可采储量原油440.8万吨、天然气41.4亿立方米。建产期和稳产期总井数56口，其中，建产期新钻井19口（水平井12口、直井7口），稳产期工作量37口（新钻水平井23口、直井8口、侧钻井6口），2016年达到峰值产量，原油年产量32.3万吨、天然气年产量2.2亿立方米，折合油气产量当量50万吨。2015年12月29日，新疆塔中西部油田有限责任公司成立，2016年4月，正式运营。

原油生产：2022年，塔中西部油田有采油气井45口，开井9口。日产原油272吨、天然气44.2万立方米；年产原油6.61万吨、天然气0.91亿立方米；自开采以来累计生产原油63.46万吨、天然气4.69亿立方米。

新井产能建设：2022年，新开钻新井1口，投产新井3口，新建原油产能4.23万吨、天然气9100万立方米。

资料录取：2022年，动态监测资料录取43井次，其中静压静温梯度15井次、流温流压梯度测试6井次、油气水化验22井次。

（胡海东）

【富满油田】 富满油田位于新疆沙雅县、库车市和尉犁县，东北接塔河油田，西邻顺北油田。构造上位于塔里木盆地塔北隆起轮南低凸起西南斜坡和北部坳陷阿满过渡带。钻遇地层自上而下依次为第四系、新近系、古近系、白垩系、侏罗系、三叠系、二叠系、石炭系、泥盆系、志留系、奥陶系，主要含油层系为奥陶系一间房组和鹰山组，以一间房组为主，以砂屑灰岩为主。富满油田由Ⅰ区和Ⅱ区组成，其中Ⅰ区东北接塔河油田，西邻顺北油田，主要区块包括鹿场、跃满西、果勒西、果勒、跃满、富源、富源Ⅱ、哈得23、玉科、金跃南10个区块，其中跃满、富源、哈得23是稳产主力区块，跃满西、玉科、富源Ⅱ是上产主力区块，果勒、鹿场、果勒西是评价区块。Ⅱ区西北接富满油田Ⅰ区，北距塔里木河约10千米，平面分为3个区块，自南向北依次为满深区块、果勒东Ⅰ区块、富源Ⅲ区块，是油田主力生产区块。富满油田由哈得采油气管理区统一管理。

开发历程：1997年3月19日，羊屋2井开钻，1998年4月16日完钻，经过3次测试，仅见到可动油。2008年10月，哈得23井侧钻至井深6440米发生放空提前完钻，在6419—6440米常规测试，用7毫米油嘴求产，日产油348.2立方米、天然气4.3万立方米。2014—2019年，富满油田勘探持续获新突破，2014年跃满区块，2015年富源区块，2016年果勒区块，2017年跃满西区块，2019年富源Ⅱ区块。2014—2021年，编制治理方案2个、规划方案2个、初步开发方案3个、概念设计方案4个、监测方案4个。2017年，编制完成《哈拉哈塘油田外围区块奥陶系碳酸盐岩油藏初步开发方案》，方案涉及哈得23区块、跃满区块、富源区块，设计年产油45万吨。2018年，编制完成《哈得逊油田玉科区块奥陶系碳酸盐岩油气藏初步开发方案》《哈拉哈塘跃满西区块奥陶系碳酸盐岩油气藏初步开发方案》《哈拉哈塘塔河南奥陶系油气藏百万吨开发概念设计》。2019年，编制完成《玉科区块奥陶系碳酸盐岩油气藏初步开发方案》《哈拉哈塘塔河南奥陶系油气藏150万吨开发概念设计》。2020年，编制完成《富满油田综合治理方案》《哈得逊油田综合治理方案》《哈拉哈塘油田满深区块概念设计及试采方案》《富满油田400万吨规划方案》《富满油田年度动态监测方案》《哈拉哈塘油田富源Ⅱ区块奥陶系油藏滚动开发方案》《塔河南岸奥陶系碳酸盐岩油藏600万吨开发规划方案》。2021年，编制完成《富满油田Ⅱ区奥陶系碳酸盐岩油藏开发概念设计方案》《富源210先导性注水方案》《富满油田果勒西区块试采方案》。截至2022年底，富源、哈得23、跃满、玉科、富源Ⅱ、跃满西、满深、富源Ⅲ、果勒9个区块探明原油地质储量48113.67万吨，可采储量7486.16万吨。

原油生产：2022年，富满油田有采油井256口，开井数172口，日产原油7386吨，年产原油259.68万吨，综合含水率13.89%，自开采以来累计生产原油922.64万吨。地质储量采油速度0.55%、采出程度1.94%，可采储量采油速度3.51%、采出程度12.45%。年自然递减率20.32%，年综合递减率18.07%。

新井建设：2022年，新开钻新井81口，投产新井67口。日产原油3264吨，年产原油69.93万吨。

措施作业：2022年，实施措施作业13井次，其中酸化措施10井次、畅通井筒1井次、补孔改层1井次、老井大修1井次，日增产原油119吨，年增产原油5.2万吨。

注水和注气：2022年，单井注水替油72口，年注水52.5万立方米，年产油13.5万吨，单元注水63.8万立方米，年产油22.6万吨。

资料录取：2022年，动态监测资料录取1302井次，其中系统试井13井次、压力恢复13井次、干扰试井5井次、压降7井次、静温静压梯度测试137井次、流温流压梯度163井次、液面功图48井次、流体性质896井次、PVT取样15井次、工程测井2井次、投捞测试1井次、水驱前缘测试工作2井次。

存在问题：2022年，富满油田碳酸盐岩油藏近几年勘探持续获突破，但由于区块分布广、面积大等原因，地面工程建设进度无法满足上产需求。同时见水井、注水替油低效井逐渐增多。

（张　洁）

【玛东区块试采区】 玛东试采区块位于新疆墨玉县境内，区块仅投产一口井（玛东3井）。构造位置位于塔里木盆地塘古坳陷玛东构造带，含油层为奥陶系鹰山组，为常温常压碳酸盐岩缝洞型油藏。玛东区块试采由博大采油气管理区统一管理。

开发历程：2017年8月16日，玛东3井开钻，12月31日完钻，完钻井深5160米，完钻层位奥陶系鹰山组。2018年2月5日，试油获高产，用6毫米油嘴求产，日产油102.3吨；同年3月10日，投入试采，采油方式为自喷求产，同年10月22日转抽油机生产。2021年4月，实施检泵作业，检泵前日产油2吨，检泵后初期日产油18吨。2022年5月,抽油机泵卡实施检抽作业,检抽后恢复日产油7～15吨。

原油生产:2022年,玛东试采区块有采油井1口,开井1口,日产原油3.93吨,年产原油0.12万吨,综合含水率60.1%,自开采以来累计生产原油1.51万吨。年自然递减率28.9%,年综合递减率28.9%。

资料录取:2022年,动态监测资料录取原油全分析1井次。

存在问题:2022年,储量控制程度低,仅玛东3一口井试采,需要进一步评价提高储量动用程度和采油速度。

(谭蓓)

【甫沙8试采区】 甫沙8试采区位于新疆叶城县境内,构造位于塔里木盆地西南坳陷昆仑山前冲断带柯东构造带甫沙8号构造。含油层系为侏罗系常温常压砂岩岩性油藏。甫沙8试采由泽普采油气管理区统一管理。

开发历程:2019年3月31日,甫沙8井开钻,8月11日完钻,完钻井深4395米,完钻层位二叠系。经过两年的重新深化认识,2021年6月1日,在侏罗系酸压试油获工业油气流,用6毫米油嘴求产,日产油20.4立方米、天然气1940立方米。7月13—28日,补层和分段酸压,用6毫米油嘴求产,日产原油20.6立方米、天然气2033立方米,2021年9月11日转抽油机试采。2022年10月进行检泵作业,检泵后初期日产油13吨。

原油生产:2022年,甫沙8试采区有采油井1口,开井1口,日产原油9.2吨,年产原油0.27万吨,综合含水率6.2%,自开采以来累计生产原油3984吨。

资料录取:2022年,动态监测资料录取12井次,其中动液面监测10井次,原油全分析2井次。

存在问题:2022年,处于勘探评价阶段,仅甫沙8CS一口井试采,需要加快评价靠实可动用储量。

(袁富平)

气田开发

【柯克亚凝析气田】 柯克亚凝析气田位于新疆叶城县境内,距县城约50千米。构造位于西南坳陷西昆仑冲断带柯克亚构造上。主要含油气层系为新近系西河甫组和古近系卡拉塔尔组。为碳酸盐岩凝析气藏。气田纵向上分为7个储量计算单元,自上向下依次为西41区块、西42—西51区块、西52区块、西6区块、西72区块、西8区块和古近系E2k。主力开发单元为新近系西河甫组西42—西51区块、西52区块、西72区块、西8区块和古近系E2k。柯克亚凝析气田由泽普采油气管理区统一管理。

开发历程:1977年5月17日,柯参1井钻至新近系西河甫组西八段井深3783.1米处发生井喷,日产天然气275万立方米、凝析油1647立方米,发现柯克亚气田。1977年5月—1982年2月,柯1井、柯9井、柯10井3口探井井喷。1983年6月16日—8月14日,柯8井3304—3277米大修回采,修井后试油用4.9毫米油嘴求产,日产油40.14立方米、天然气7553立方米。1984年和1988年编制《柯克亚凝析气田西四二—西五二开发方案》《柯克亚凝析气田西四二—西五二开发实施方案》。1988年4月29日,柯克亚油气田投入正式开发,同年10月,塔西南公司完成《柯克亚凝析气藏及挥发性油藏开发实施方案研究》。1992年5月22日,柯克亚油气田深井气举采油试验获成功,在柯415井、柯503井进行,其中柯415井效果显著,获日产原油26立方米。1994年9月,开展西五一循环注气先导试验。1995年10月12日,柯深1井完井试油,在下第三系卡拉塔尔组进行测试,日产凝析气160万立方米,同年12月塔西南公司与中国石油勘探开发科学研究院开发所合作编制《柯克亚凝析气田西七二油环凝析气藏开发方案》。1997年6月,经中国石油天然气总公司批准,把《柯克亚凝析气田西四二—西五一凝析气藏循环注气工业试验》调整为《柯克亚凝析气田西四一循环注气工业试验》。1998年3月4—5日,柯克亚油气田天然气可采储量通过标定。2003年,采取循环注气的开采方式,取得较好效果,由于气源不足,采取衰竭式开发。2001—2004年,由于柯克亚气田调整方案的实施,油气产量上新台阶,2004年后,由于地层压力低、含水上升快,产量出现快速递减,气田已经进入开发中后期,地层压力接近废弃压力。2018年3月,编制《柯克亚气田综合调整方案》,对西七二凝析气藏柯7010井砂体、西八凝析气藏柯7013井砂体和柯8009井砂体进行注气开发。2021年,完成《塔里木油田柯克亚储气库建设可行性研究》;2022年3月9日,可行性研究方案获批复,6月22日,初期设计方案获批复,正钻注采井2口,11月开始储气库注气。

油气生产:2022年,柯克亚凝析气田有采气井78口,开井60口,日产凝析油99吨、天然气61.87万立方米,年产凝析油3.34万吨、天然气1.66亿立方米。自开采以来，累计生产凝析油521.2万吨、天然气167.9亿立方米（扣注气）。地质储量采气速度0.33%、采出程度42.11%；可采储量采气速度0.64%、采出程度82.86%。年自然递减率16.2%，年综合递减率14.4%。

注水和注气：2022年，注水井2口，日注水52立方米，年注水2.56万立方米；储气库注气井1口，年注气1498万立方米，年增产原油625吨。

资料录取：2022年，动态监测资料录取96井次，其中静温静压梯度22井次，流温流压梯度23井次，工程测井1井次，示踪剂测试2井次，饱和度测井3井次，流体分析化验45井次。

存在问题：2022年，西河甫组老区开发时间长，地层压力低（5.7—9.2兆帕），凝析油采出程度17.8%。2014年，滚动成功的东部砂体，地层压力相对较高，反凝析持续加剧，其中柯7010注气砂体注采比低，地层压力持续下降，采气井油气产量递减明显。卡拉塔尔组地质储量动用程度低，控藏因素和富油气分布规律认识不清，有利滚动部署目标难以优选。

（袁富平）

【牙哈凝析气田】 牙哈凝析气田位于新疆库车市境内，构造位于塔北隆起轮台凸起牙哈断裂带上。牙哈气田牙哈2区块地层厚5000米以上。在牙哈气田主体部位广泛发育新近系、古近系和白垩系多套含气层系，主力层系为古近系底部砂岩和白垩系顶部砂岩，平面上分为牙哈2井区、牙哈5井区，其中牙哈2井区是注气开发凝析气藏的主力区块。在牙哈5井区局部仅发育吉迪克组底砂岩。牙哈凝析气田由迪那采油气管理区统一管理。

开发历程：1993年11月26日，牙哈3井在古近系—新近系5160—5166米中途测试，用6.35毫米油嘴求产，日产天然气14.56万立方米、油99.2立方米，发现牙哈2-3区块凝析气田。1994年在牙哈5井发现牙哈5区块，同年编制完成牙哈23凝析气田开发方案。1997年，编制完成《牙哈凝析气田开发方案》，设计牙哈23区块采用循环注气部分保压方式开发，分为新近系吉迪克组、古近系+白垩系两套开发层系。2000年以后，牙哈气田凝析油年产量50万吨。2001年4月3—5日，审查通过《西气东输塔里木年输120亿立方米天然气总体开发方案》。2002年3月，牙哈5井开始试采。2003年5月，牙哈501井开始试采。2012年，实施"北注南采"先导试验，新钻牙哈23-1-24H井、牙哈23-2-24H井。2013年，牙哈7-3H井由寒武系上返采古近系层，同时上钻牙哈7-6H井。2014年，为验证地震解释及流体分布，完钻牙哈23-1-8H井。2015年5月，编制开发调整方案，设计总井数38口。2018年，编写综合治理方案，2019年，逐步实施，使注采井网不断完善，通过注气调整使气驱动用及控制程度提高，改善气田开发效果。2020—2022年，通过综合治理，控制气窜程度，制定合理开发对策，提高气藏油气采收率。

油气生产：2022年，牙哈凝析气田有采气井27口，开井22口，日产天然气542万立方米、凝析油590吨，综合含水率49.37%；年产天然气10.12亿立方米、凝析油20.16万吨；自开采以来累计生产天然气167.76亿立方米、凝析油1124.04万吨。地质储量采气速度5.78%、采出程度58.70%；可采储量采气速度9.81%、采出程度99.56%；地质储量采油速度0.81%、采出程度48.84%，可采储量采油速度1.59%、采出程度95.48%。年自然递减率20.6%，年综合递减率15.49%。

注气：2022年，有注气井18口，开井17口，其中12月停注保供。年注气6.13亿立方米，累计注气155.22亿立方米。

措施作业：2022年，实施措施作业3井次，其中酸化作业1井次、大修作业1井次、卡堵水作业1井次。日增产凝析油58吨、天然气47万立方米；年增产凝析油1.21万吨、天然气0.55亿立方米。

资料录取：2022年，动态监测资料录取62井次，其中地层压力监测47井次、剖面测试6井次、工程测井5井次，饱和度测试4井次。

存在问题：2022年，气田回注率低，边底水推进快导致含水上升加快，凝析油递减快，平面注采结构不合理，局部气窜严重，层间矛盾突出，开发效果变差，尤其是受气窜影响，白垩系措施挖潜效果变差；受回注率偏低影响，地层压力持续降低，反凝析加剧。

（宿晓斌）

【克拉2气田】 克拉2气田位于新疆拜城县境内，西南距拜城县城约60千米，东南距库车市约45千米，东南距独库公路约30千米。构造位于塔里木盆地库车坳陷克拉苏构造带克拉2号构造，整体表现为近东西走向的长轴状断背斜，是西气东输的主力气田。主要含油气层段为古近系库姆格木群白云岩段、砂砾岩段和白垩系巴什基奇克组、巴西改组。克拉2气田由克拉采油气管理区统一管理。

开发历程：1997年3月25日，克拉2井开钻，1998

年5月24日在4130米下白垩统舒善河组完钻。1998年1月20日，克拉2井在古近系白云岩段中途测试，用6.35毫米油嘴求产，日产天然气27.71万立方米，发现克拉2气田。同年9月16—19日，克拉2井在3567—3572米测试，用7.94毫米油嘴求产，日产天然气60.57万立方米，开展14层完井测试，获高产油气流7层，最高日产416万立方米。2001年8月5日，克拉205井在古近系及白垩系测试，用17.96毫米油嘴求产，日产天然气244.2万立方米。2003年，编制《克拉2气田开发方案》。2004—2006年，方案设计新井全部投产。2004年11月18日，第一口生产井克拉205井投产，标志着克拉2气田全面建成并正式向西气东输管道供气。2007—2010年，年产规模超过或基本达到方案设计水平。2011—2021年，进入开发调整阶段，2017年7月4日，克拉2累计产气量突破1000亿立方米。截至2017年底，投产19口井，开井14口。2018年，克深209井转回注，新完钻1口回注井（克拉210W）老井回注气田水3口，是年气田开始进行排水采气，利用边部5口井排水。2021年10月22日，《克拉2气田开发调整方案》通过审批，全面进行开发调整，设计总井数31口，其中采气井22口（老井利用17口，新钻水平井5口），利用老井排水4口，新钻检查井1口（后期排水），新钻气田水回注井4口。

天然气生产：2022年，克拉2气田有采气井24口，开井19口。日产天然气1769.87万立方米、凝析油10吨，年产天然气59.37亿立方米、凝析油0.34万吨。自开采以来，累计生产天然气1338.36亿立方米、凝析油7.48万吨。地质储量采气速度2.09%、采出程度47.12%；可采储量采气速度2.79%、采出程度62.83%。年自然递减率9.59%，年综合递减率8.40%。

新井建设：2022年，投产新井1口，10月30日，克拉2-H17井投产，日产天然气82万立方米，年产天然气0.49亿立方米。

措施作业：2022年，实施增产措施作业6井次，其中克拉2-H16井井筒疏通作业1井次，年增产天然气0.09亿立方米；克拉2-13井和克拉203井开展检泵+转变排水方式作业2井次，克深209井、克深602井和克拉210W井3口回注井开展酸化解堵作业3井次。

气田水回注：2022年，气田水回注井5口（克深2-2-9井、克深209井、克深604井、克拉210W井、克深16井），日回注2078立方米，年回注53.88万立方米，累计回注145.84万立方米。

资料录取：2022年，动态监测资料录取78井次，其中压力恢复2井次、产能1井次、压力降落1井次、连续压力监测3井次、静压静温梯度测试4井次、流温流压梯度14井次、产气剖面10井次、吸水剖面2井次、RPM饱和度测井12井次、流体性质25井次、地面计量4井次。

存在问题：2022年，克拉2气田边底水逐渐向气藏内部推进，东部、北部高渗条带发育，水沿高渗条带突进，非均匀水侵不断加剧，气藏高部位生产井见水风险加大。

（林　娜）

【轮古气田】　轮古气田位于新疆轮台县境内，北距轮台县城约40千米，南临塔里木河。构造位于塔里木盆地塔北隆起轮南低凸起轮南潜山东斜坡，包括轮南断垒带和桑塔木断垒带及轮古东走滑断裂带。主要含油层系为奥陶系，奥陶系纵向上自上而下分为3套储层，即良里塔格组、一间房组及鹰山组，其中一间房组及鹰山组为主力产层。平面上自北向南包括轮南4区块、轮古东区块、桑南东区块3个区块，桑南东区块为主力区块。轮古气田由轮南采油气管理区统一管理。

开发历程：1991年3月，轮南14井在奥陶系鹰山组5551.6—5560米完井测试，用9.52毫米油嘴求产，日产油41.5立方米、天然气43327立方米；同年11月轮南54井在5441—5552米中测，用10毫米油嘴求产，日产油49.88立方米、天然气42.5万立方米。1992年6月，解放123井早期试采，用5毫米油嘴求产，平均日产油38吨、天然气8万立方米。2001—2004年，轮古11井、轮古12井等9口井开始试采。2004年，编制《桑南东气藏开发方案》，因生产井生产压差大，产量递减快，该方案实施井数及新建产能均未达到方案设计值。2005年，峰值产量5.96万吨，同年5月桑南油气处理站和桑南东区块正式投产。2018—2022年，处于综合治理阶段，整体产量稳定在3万吨左右。2014年，编制完成《轮古气田初步开发方案》，计划新钻井41口，实际钻井21口，方案实施后年产气未达到设计，年产油超出方案设计。

天然气生产：2022年，轮古气田有采气井54口，开井30口，日产天然气36.45万立方米、凝析油53吨；年产天然气10369万立方米、凝析油2.12万吨，综合含水率87.09%。自开采以来，累计生产天然气34.06亿立方米、凝析油96.94万吨。地质储量采气速度1.21%、采出程度39.48%；可采储量采气速度2.26%、采出程度73.81%；地质储量采油速度1.21%、采出程度39.48%；可采储量采油速度2.87%。年自然递减率21.56%，年综合递减率11.53%。

新井建设：2022年，新开钻新井5口，投产新井3口、1口失利、1口侧钻中。

措施作业：2022年，实施措施作业4口。轮南634井优化机采；轮古352井补孔改层石炭系；轮南631-3X井补孔改层石炭系；桑塔4-5井优化机采作业完开井。

注水：2022年，注水替油井12口，开井2口。年注水17.4立方米，累计注水287.8万立方米。

资料录取：2022年，动态监测资料录取76次，其中压力恢复2次、静压静温梯度13次、流温流压梯度11次、动液面4次、静液面2次、工程测井2次、流体性质42次。

存在问题：2022年，轮古东新井建产主要围绕轮古38断裂带、轮古39断裂带开展，其他断裂带持续滚动评价，滚动评价陷入瓶颈，轮古393H井评价北东向断裂带失利，初步分析失利原因为局部盖层条件差、油气藏遭受破坏，盖层封堵性需进一步研究。桑塔木垒带油藏油品性质变化较大，初期油品较好，随轻质组分逐渐采出，油品变差，原油高含蜡、凝点高，举升过程中造成工况异常。

（晏楠）

【和田河气田】 和田河气田位于新疆墨玉县境内，距和田市约180千米，地处塔里木盆地中西部沙漠腹地。构造位于塔里木盆地中央隆起巴楚隆起南缘玛扎塔格构造带上，被南、北两条逆断层所夹持的断垒构造带，轴向与断层走向基本一致，南北宽约5千米，西宽东窄，东西长约90千米。主要产层为石炭系及奥陶系石灰岩。平面上自西向东依次发育玛8区块、玛3区块、玛2区块、玛4区块4个区块，自上而下分为3套层系，其中C_I为碎屑岩岩性气藏，C_{II}为碳酸盐岩层状气藏，$C_{III}+O$为碎屑岩—碳酸盐岩底水气藏。玛4气藏是主力生产区块，玛8、玛3、玛2气藏是接替区块。和田河气田由泽普采油气管理区统一管理。

开发历程：1997年9月27日，玛4井在石炭系生屑灰岩段1875.14米取心发生井喷，日产气约20万立方米，发现和田河气田。2001年4月，中国石油勘探开发研究院廊坊分院与塔里木油田公司联合编制《和田河气田年产5亿立方米开发方案》。2002年，玛4-H1井（水平井）完钻。2004年，开始试采，正式向和田市供气。2011年编制开发方案，方案设计动用玛4区块天然气地质储量380.42亿立方米，C_{II}、$C_{III}+O$各采用一套井网、衰竭式开发；总井数16口（生产井14口、备用井1口、观察井1口），其中新钻井12口（含水平井11口），老井利用4口，年生产能力10.3亿立方米。同时加快玛2区块、玛8区块等接替区块试采评价。2013年，产能建设正式投产，2017年，$C_{III}+O$气藏大面积见水，2018年，C_{II}气藏单井无法实现连续生产，同年和田河气田开展"老井治理、新井调整、排水采气、地面配套"4项工作，有效减缓气田产量递减。2019年，编制开发调整方案，2020年，编制审批通过《和田河气田开发调整方案》，方案采用2套井网开采石炭系生屑灰岩（C_{II}）、石炭系东河砂岩与奥陶系（$C_{III}+O$），衰竭式开发，以水平井为主开发，沿构造轴向部署新井。设计平均单井合理产能6万m³/日。设计总井数27口，其中生产井25口（老井利用12口、措施1口、新井10口、排水采气井2口），排水试验井1口，气田水回灌井1口。建成年产天然气规模3.3亿立方米，年产氦气97万立方米。

油气生产：2022年，和田河气田有采气井22口，开井15口。日产天然气87.5万立方米、油3吨；年产天然气3.24亿立方米、凝析油0.17吨；自开采以来累计生产天然气41.8亿立方米、油3.33万吨。地质储量采气速度1.26%、采出程度18.3%；可采储量采气速度2.1%、采出程度30.9%。年自然递减率8.8%，年综合递减率5.9%。

措施作业：2022年，实施措施作业6井次，其中地面增压5井次、排水采气1井次。玛4-8H井排水采气，年增产天然气0.05亿立方米，其余5口地面增压井，年增产天然气0.52亿立方米。

资料录取：2022年，动态监测资料录取68井次，其中压力恢复4井次、系统试井1井次、静压静温梯度14井次、流温流压梯度6井次、流体分析化验19井次、地面计量24井次。

存在问题：2022年，玛4区块C_{II}气藏地层压力低，单井控制储量小，井网不完善，部分剩余储量不能有效动用。$C_{III}+O$气藏奥陶系见水形势严峻，剩余天然气储量79.86亿立方米，12口井见水，7口井水淹停喷，复产难度大。玛2—玛8接替区，井网不完善，储量整体动用程度低(16.2%)、采出程度低(3.66%)。

（谭蓓）

【阿克莫木气田】 阿克莫木气田位于新疆乌恰县境内。构造位置位于盆地喀什凹陷南天山前陆变形带第一排构造带—乌恰构造带中部，受库孜贡苏1号断裂和康西威尔断裂控制。构造形态为延东西向展布的长轴状背斜构造，发育东西两个高点的长轴背斜。主要含气层系为白垩系克孜勒苏群。阿克莫木气田由泽普采油气管理区统一管理。

开发历程：2001年3月20日，阿克1井开钻，该井钻至白垩系克孜勒苏群发现良好气测显示。同年7月14日，对该井进行中途测试，日产天然气42.79万立方米，发现阿克莫木气田，10月上交天然气控制储量123.7亿立方米。2005年1月，开始试采。2008年9月，阿克1-1井钻至白垩系克孜勒苏群砂岩时见到良好气测显示。2009年8月25日，阿克1-2井进行完井压裂测试，用8毫米油嘴求产，日产气14.29万立方米。2009年8月30日，阿克1-1井进行完井测试，用5毫米油嘴放喷求产，日产气6.94万立方米。两口井均获突破，进一步证明阿克莫木构造存在东西两个高点，西部阿克4井区仍为含气区。2009年，同时部署3口井（阿克101井、阿克401井、阿克5井），以整体探明阿克莫木气藏储量规模。2018年，编制开发方案；2019年4月24日获股份公司批复；同年7月8日，阿克莫木气田总体开发方案在国家能源局备案。方案采用1套井网衰竭式开发，以水平井为主，设计总井数16口，其中新钻水平井5口（生产井4口、备用井1口），老井利用11口（生产井7口、观察井2口、二氧化碳回注井1口、地层水回注井1口）。2020年7月1日，阿克莫木气田产能建设工程一次性投产成功。

天然气生产：2022年，阿克莫木气田有采气井12口，开井9口。日产天然气168万立方米，年产天然气5.37亿立方米，自开采以来累计生产天然气40.16亿立方米。地质储量采气速度1.05%、采出程度8.57%；可采储量采气速度1.91%、采出程度15.6%。年自然递减率22.5%，年综合递减率22.5%。

新井建设：2022年，投产跨年新井1口（阿克4-1井），日产天然气25.4万立方米，年产天然气0.32亿立方米。

资料录取：2022年，动态监测资料录取静温静压梯度8井次。

存在问题：2022年，阿克莫木气田东部见水井多，见水后生产井压下降快，稳产难度很大，气田水回注未配套，严重影响生产平稳和排水采气工作开展。同时亟需开展开发调整方案编制和排水采气试验工作。

（谭 蓓）

【英买力凝析气田】英买力气田群位于新疆温宿县与新和县境内，构造位于塔里木盆地塔北隆起英买力低凸起，包括英买7号、羊塔克及喀拉玉尔滚3个构造带。主要含气层系为古近系库姆格列木群底砂岩段及白垩系巴什基奇克组砂岩，白垩系巴西改组在部分区块也有油气显示。英买气田群包括英买7区块、羊塔克区块、玉东2区块3个凝析气田，平面上自西南到东北包括多个气藏，分别是玉东2区块、玉东1区块、英买21区块、英买23区块、英买17区块、英买7区块、羊塔1区块、羊塔2区块等，其中羊塔1区块、英买7区块和玉东1区块3个区块是主力产区。英买力气田群由英买力采油气管理区统一管理。

开发历程：1992年9月，英买7井在古近系4672.5—4685米试油获高产，日产天然气29.78万立方米、油45.96立方米。1994年9月，羊塔1井在古近系—白垩系5234.91—5331.92米中途测试，用7.0毫米油嘴求产，日产天然气32.56立方米、凝析油35.87立方米，发现羊塔1凝析气藏。1995年12月11日，羊塔2井在白垩系5387—5390米完井试油获工业油气流，用5.56毫米油嘴求产，日产凝析油10.55立方米、天然气19.41万立方米，发现羊塔2凝析气藏。1997年11月，玉东2在白垩系4764—4767米完井试油，用7.14毫米油嘴求产，日产凝析油52.8立方米、天然气20.3万立方米，发现玉东2凝析气藏。1994年9月发现羊塔克凝析气田和1997年11月发现的玉东2凝析气田后，与英买7凝析气田形成英买力气田群。2001年4月3—5日，审查通过《西气东输塔里木年输120亿立方米天然气总体开发方案》。2004年12月，编制《英买力气田群开发实施方案》。2005年，进入产建阶段。2007年4月，英买力气田一次性投产。2009年玉东1区块投入试采。2010—2012年其他小区块（英买46、羊塔3、羊塔10、玉东6）陆续试采。2013年4月，编制玉东1区块开发概念设计。2014年，编制《英买力气田开发调整方案》，设计总井数43口（生产井38口、观察井4口、备用井1口），年产天然气23.22亿立方米、凝析油34.77万吨。2015年，方案逐步实施。2016年，玉东7区块投入试采。2018年，编制《英买力气田综合治理方案》，重点推进英买力气田老区综合调整，外围新区滚动接替，减缓主力气藏水侵速度。2022年，玉东1区块油气产量11.3万吨、15.2亿立方米，分别占比63.4%、78.7%。

油气生产：2022年，英买力气田采气井70口，开井36口，日产天然气600万立方米、凝析油588吨，综合含水率77.15%；年产天然气19.32亿立方米、凝析油17.83万吨；自开采以来累计生产天然气309.25亿立方米、凝析油466.48万吨。天然气地质储量采气速度1.92%，采出程度30.77%；天然气可采储量采气速度3.72%，采出程度52.52%；凝析油地质储量采油速度0.79%，采出程度20.7%；凝析油可采储量采油速度3.42%，采出程度74.34%。年自然递减率8.96%，年综合递减率4.4%。

新井建设：2022年，新开钻新井1口，投产新井3口。日产天然气816119立方米、凝析油53吨，年产天然气7263万立方米、凝析油5623吨。

措施作业：2022年，实施措施作业7口井，成功6口。日增产天然气177108立方米、凝析油27吨，年增产天然气4494万立方米、凝析油8413吨。

资料录取：2022年，动态监测资料录取184井次，其中压力恢复试井4井次、流温流压梯度31井次、静压静温梯度13井次、动静液面19井次、示功图5井次、产气剖面9井次、饱和度测井13井次、工程测井8井次、流体性质82井次。

存在问题：2022年，英买力气田进入气藏开发中后期，地下、井筒、地面3大矛盾突出。老区水淹严重，剩余油气局部富集，动用难度较大；玉东1气藏地层压力下降较快，亟须配套中低压生产地面集输系统。因地层出砂、井筒蜡堵等原因，采油气工艺（自喷管柱为主）不能完全满足排水采气需求。地面系统无法支撑部分高含水气井、低压气井持续生产且地面水处理能力有限。

（李　旭）

【迪那2气田】　迪那2气田位于新疆库车市，南距314国道约30千米。构造位于塔里木盆地库车坳陷秋里塔格构造带东部，整体表现为近东西走向长轴背斜，东西长约26.8千米、南北宽约3.6千米。主要含油气层为古近系苏维依组和库木格列木群。迪那2凝析气田由迪那采油气管理区统一管理。

开发历程：2000年8月5日，迪那2井开钻。2001年4月29日，位于迪那2号构造上的迪那2井钻至4875.59米发生井喷，压井成功后，6月17日测试，日产天然气90.5万立方米、凝析油74.6吨，发现迪那2凝析气藏。2002年7月18日，迪那22井在古近系—新近系4748—4774米测试，用9.53毫米油嘴求产，获日产天然气70.25万立方米、凝析油63.04立方米。2005年1月，迪那2-3井、迪那203井等5口井开钻。2006年3月6日，《迪那2气田开发方案》通过集团公司咨询中心专家组评审。同年迪那气田钻井7口，其中勘探评价井3口、开发井4口。2007年3月26日，迪那2-B1井经酸化作业，用6毫米油嘴求产，日产天然气25万立方米、凝析油3.1立方米。5月13日，《迪那2气田开发方案》通过股份公司评审。迪那2气田产能建设，设计年生产天然气40亿立方米、凝析油田31.98万吨。2009年6月28日，迪那2气田试投产成功。2009年7月正式投产，2011年达到方案设计产能38亿立方米。2012—2017年，全面开发阶段，方案井全部投产，实际产气量高于方案设计并稳产。2018年，开展综合治理，实施异常井措施治理和管理水对策，气田整体开发形势得到好转。2019年底，编制开发调整方案。2020—2022年通过实施调整方案，结合综合治理实施异常井措施和管理水治理。

油气生产：2022年，迪那2气田有采气井32口，开井31口。日产天然气715万立方米、凝析油625吨，综合含水率76.97%。年产天然气32.57亿立方米、凝析油31.21万吨；自开采以来累计生产天然气588.55亿立方米、凝析油514.53万吨。天然气地质储量采气速度2.01%，采出程度36.56%；天然气可采储量采气速度3.09%，采出程度56.25%；凝析油地质储量采油速度0.78%，采出程度37.41%；凝析油可采储量采油速度1.22%，采出程度58.45%；年自然递减率16.84%，年综合递减率20.58%。

新井建设：2022年，投产新井2口（迪那2-H15井、迪那2-H19井），日产天然气48万立方米、凝析油42吨。

措施作业：2022年，实施措施作业4井次。酸化作业4井次，日增产凝析油62吨、天然气70万立方米，年增产凝析油1.28万吨、天然气1.45亿立方米。

资料录取：2022年，动态监测资料录取80井次，其中油气水性质分析49井次、地层压力监测14井次、剖面测井13井次、饱和度测井1井次、工程测井3井次。

存在问题：水侵形势变化快，2017—2020年，年均新增见水井数2口，2021—2022年，累计增加10口，水侵形势严峻，变化超预期，导致产能递减较快，2022年8月，新增见水井1口、高风险井3口，核定年底产能较6月预测结果降低97万方米；关键资料欠缺，断裂无法精细刻画、水体运移规律存在不确定性，井筒限制资料录取、无法准确掌握纵向水淹状况。

（宿晓斌）

【塔中6凝析气田】　塔中6凝析气田位于新疆且末县，气田中心南距塔中1井约10千米、西距塔中4油田约12千米。构造位于塔中隆起中央断垒带东端塔中

6号构造,为超覆尖灭地层圈闭,整体表现为东南高西北低,中部高,两翼低的构造格局。主要含油层系为石炭系东河砂岩。塔中6凝析气田由塔中采油气管理区统一管理。

开发历程:1993年7月,塔中6井在东河石炭系砂岩3710.94—3728米裸眼中测,用7毫米油嘴求产,日产凝析油17.3立方米、天然气10.03万立方米,发现塔中6凝析气田。塔中6井获工业油气流后,相继部署塔中101井、塔中103井两口评价井,均获工业油气流,探明塔中6气田。1997年,塔中6凝析气田上交探明地质储量86.4亿立方米,其中天然气地质储量85.28亿立方米,可采储量22.89亿立方米;凝析油地质储量73.4万吨,可采储量10.87万吨。2004年,完成开发概念设计,设计采用一套井网进行衰竭式开发,总井数6口,生产井5口,观察井1口,利用老井1口,新钻井4口(水平井3口、直井1口),年产气规模3.14亿立方米。2006年,塔中6凝析气田建成产能。2007年4月,投产塔中103井、塔中101-1井、塔中101井。2009年,塔中6集气站增加脱硫装置后投产塔中103-H2井。2011年8月,建成集气干线,天然气进入塔中Ⅰ号气田第一处理厂处理。2012年2月,投产塔中6C井,累计投产6口井。2013—2021年,塔中6凝析气田围绕构造再认识及剩余油潜力挖潜展开,2015年,完成叠前时间偏移处理。2017年,完成深度域处理。2019年,上返塔中43挖潜剩余油,获高产,初期日产5万立方米。2021年,重新解释塔中6凝析气田,根据新的构造解释重新计算地质储量。

油气生产:2022年,塔中6凝析气田有采气井6口,开井2口,日产天然气17万立方米、凝析油7吨;年产天然气5468万立方米、凝析油3173吨,综合含水率55.07%;自开采以来,累计生产天然气13.97亿立方米、凝析油13.20万吨。天然气地质储量采气速度0.67%、采出程度17.43%;可采储量采气速度3.76%、采出程度98.41%;凝析油地质储量采油速度0.35%、采出程度17.98%;可采储量采油速度1.88%、采出程度95.86%;年自然递减率23.55%,年综合递减率23.07%。

资料录取:2022年,动态监测资料录取8次,其中静压静温梯度1次、流温流压梯度5次、流体性质2次。

存在问题:2022年,实际生产井数少,单井见水时间提前、产量迅速降低,水侵速度超过原方案预期。

(韩 于)

【塔中Ⅰ号气田】 塔中Ⅰ号气田位于新疆沙雅县和民丰县境内,地处塔克拉玛干沙漠腹地。构造位于塔里木盆地中央隆起塔中凸起北部斜坡带,是塔中地区油气上产主力区块之一。主要含油气层系为奥陶系良里塔格组、一间房组和鹰山组。平面上自东向西依次划分为Ⅰ区、Ⅱ区、Ⅲ区,Ⅰ区、Ⅱ区主要目的层为良里塔格组和鹰山组,以凝析气藏为主,Ⅲ区主要目的层为一间房组,以油藏为主。塔里木油田公司将塔中Ⅰ号气田分为Ⅰ区(东部开发试验区)、Ⅱ区(西部产能建设区)、Ⅲ区(产能建设接替区)3个区块进行开发和试采管理工作。Ⅰ区包括中古58井区、塔中26井区、塔中62井区、塔中82井区、塔中83井区等5个井区,Ⅱ区包括中古7—中古10井区、中古43井区、中古434井区、中古8井区等4个井区,Ⅲ区可划分为塔中西部合作区和自营区,包括中古29井区、中古15井区、塔中45井区、塔中86井区、中古265井区。塔中Ⅰ号气田由塔中采油气管理区统一管理。

开发历程:1997年5月,塔中44井在奥陶系灰岩4854—4888.31米中途测试,酸化后用10毫米油嘴求产,获工业油气流,日产天然气5.08万立方米、油7立方米,发现塔中44号气藏。2002—2010年勘探攻关,陆续在塔中62井区、塔中82井区、塔中26井区、塔中83井区、塔中45—86井区、塔中72—16井区、中古2井区、中古5井区、中古8井区、中古10井区、中古15井区、中古26井区、中古43井区等多个井区发现工业油气流。2007年8月,编制完成《塔中Ⅰ号气田开发试验区10亿立方米试采方案》。2009年,完成地面建设。2010年,年产天然气10亿立方米,原油23.1万吨。2010年9月,股份公司审批通过塔中Ⅰ号气田西部400万吨当量产能建设开发概念设计。2012年2月,股份公司审批通过《塔中Ⅰ号凝析气田中古8—中古43区块初步开发方案》。2014年4月,股份公司审批通过《塔中西部拟合作区开发方案》。2015年,股份公司审批通过《塔中Ⅰ号气田Ⅱ区开发调整方案》,同年编制完成《塔中Ⅰ号气田中古29井区滚动开发方案》《塔中Ⅰ号气田塔中49井区滚动开发方案》《塔中Ⅰ号气田塔中82井区开发调整方案》。2017年1月,编制《Ⅰ区塔中83井区开发调整方案》。2020年3月,编制《塔中Ⅰ号气田Ⅲ区中古29—中古251区块滚动开发方案》,气田井数301口,通过区块接替和井间接替实现长期稳产。

油气生产:2022年,塔中Ⅰ号气田有气井238口,开井133口,日产原油634吨、天然气169.7万立方米,综合含水率51.63%；年产油21.79万吨、天然气6.66亿立方米。自开采以来累计生产原油595.3645万吨、天然气121.47亿立方米。地质储量采气速度1.41%、采出程度26.66%，可采储量采气速度2.56%、采出程度48.42%；地质储量采油速度0.39%、采出程度14.02%，可采储量采油速度2.1%、采出程度75.48%。

新井建设：2022年，新开钻新井9口，投产9口，新井年产天然气9599万立方米、油6.43万吨。

措施作业：2022年，实施措施作业8井次，日增油73吨，年增油1.525万吨。措施类型为自喷转气举和排水采气。

注水和注气：2022年，污水回灌井7口，开井3口，年回灌23.81万立方米，累计回灌120.60万立方米。

资料录取：2022年，实施动态监测资料录取175井次，其中压力恢复监测2井次，静温静压、流温流压梯度监测64井次，静液面19井次，流体性质与PVT监测90井次。

存在问题：2022年，气田开发处于中后期，新钻井储集体规模越来越小，未形成有效接替，老井地层能量衰竭问题普遍，大部分进入低压生产以及间开阶段。含水率逐年上升，高含水井比例增多，塔中Ⅰ号气田见水井144口，占总井数60.5%，见水井开井率20.13%。单井见水后治理手段有限，间开、长停井比例高。

（韩　于）

【大北气田】　大北气田位于新疆拜城县，东距拜城县县城28千米，南距拜城至阿克苏公路16千米，南部与大宛齐油田相距7千米，东距克拉2气田87千米。构造上位于塔里木盆地库车坳陷克拉苏构造带大北段，圈闭类型均为构造圈闭，整体表现为断背斜构造特征。大北气田钻揭地层层序正常，自上而下分别为第四系，新近系库车组、康村组、吉迪克组，古近系苏维依组、库姆格列木群，白垩系巴什基奇克组、巴西改组、疏善河组（未穿），主力含气层段为白垩系巴什基奇克组、巴西改组。大北气田投入生产的气藏有大北1井区、大北102井区、大北201井区、大北3井区、大北9井区、大北11井区、大北12井区、大北17井区，其中，大北102、大北201、大北3、大北12是大北气田的主力气藏。大北气田由博大采油气管理区统一管理。

开发历程：1999年9月23日，大北1井在白垩系巴什基奇克组5552—5586米中途测试，用8毫米油嘴放喷求产，日产天然气6.64万立方米，发现大北1气藏。2007年3月5日，大北101井在5725—5783米测试求产，用5毫米油嘴进行为期3个月的短期试采，平均日产天然气15万立方米，该井试采期间累计产油516.4立方米。2009年，编制大北区块试采方案，试采方案设计试采井8口（其中利用老井6口、新钻开发试验水平井2口），试采备用井3口，建成年产规模9亿立方米，外输能力5亿米^3/年，在大北气田整体投产前长期轮换试采。2009年7月，大北202井获高产气流；12月30日，大北301井钻完试油，采取酸化、压裂改造措施后获高产气流。2010年5月，在大北201气藏东西两翼分别上钻大北203井、大北204井2口评价井，7月大北301井获高产气流，相继部署两口评价井（大北302井、大北303井）。2010年10月，开展大北区块试采工作。2012年4月，编制完成《克拉苏气田大北区块开发方案》。2014年7月，大北区块全面投产，进入开发阶段。2017年9月，编制开发调整方案，2018年5月27日，《克拉苏气田大北区块开发调整方案》通过塔里木油田公司审查。2017年，大北气田已有见水井11口，大北102断块、大北201断块见水井分别达2口、4口。2018年4月，编制《大北区块开发调整方案》，动用天然气地质储量754.6亿立方米，凝析油地质储量90.3万吨，总井数27口，其中生产井24口（老井19口、新井5口）。截至2021年底，部署新井5口（正钻大北301T井，投产大北304−1井、大北1−1X井、大北101−4井、大北306T井），修井3口（大北304井、大北301井、大北201井），低压排水井8口，气田水回注井3口。

油气生产：2022年，大北气田有采气井40口（老区25口、新区15口），开井35口（老区20口、新区15口）。日产天然气1063万立方米、凝析油79吨，综合含水率91.57%；年产天然气31.28亿立方米（老区11.89亿立方米、新区19.39亿立方米）、凝析油2.08万吨（老区0.92万吨、新区1.16万吨）；自开采以来累计生产天然气184.4亿立方米（老区137.99亿立方米、新区46.41亿立方米），凝析油25万吨（老区21.90万吨、新区3.1万吨）。地质储量采气速度1.58%、采出程度18.29%；可采储量采气速度2.94%、采出程度34.06%；年自然递减率−44.14%，年综合递减率−47.45%。

大北11区块。有采气井4口，开井4口。日产天然气126万立方米、凝析油23吨，综合含水率25.4%；年产天然气2.96亿立方米、凝析油0.37万吨；累计生产天然气8.02亿立方米、凝析油0.95万吨，地质储量采气速度2.52%、采出程度6.85%，可采储量采气速度

5.6%、采出程度15.22%。

大北12区块。有采气井9口，开井9口。日产天然气491万立方米、凝析油16吨，综合含水率0；年产天然气14.65亿立方米、凝析油0.45万吨，累计生产天然气34.48亿立方米、凝析油1.15万吨，地质储量采气速度2.78%、采出程度6.59%，可采储量采气速度5.05%、采出程度11.99%。

大北17区块。有采气井2口，开井2口。日产天然气52万立方米、凝析油11吨，综合含水率70.97%；年产天然气1.78亿立方米、凝析油0.34万吨，累计生产天然气3.91亿立方米、凝析油1万吨，地质储量采气速度2.25%、采出程度4.67%。

新井建设：2022年，新开钻新井4口。其中，老区有大北3-1井、大北301T井，新区有大北12区块大北12-H1井、大北17区块大北17-H1井。投产新井2口（大北11区块大北11-H1井、大北11-H2井）。

措施作业：2022年，实施措施作业1井次，其中大北12-8井酸压解堵作业1井次。

存在问题：2022年，大北102断块面临边部排水量存在不足，水侵形势仍严峻。大北201断块气井全部见水，处于水侵后期，控递减、提高采收率难度大。大北304断块大北304井见水。大北11井、大北1101井油压波动大，压差大，井筒堵塞风险大；大北11-H1井、大北11-H2井改造后均存在出砂情况，开发过程中要做好出砂监测。冬季保供期间产量负荷因子高，气藏开发速度快，从大北12-H1井、大北12-5井、大北12-7井实钻情况分析，内部断裂发育，地震识别精度不足以刻画微断裂。气藏生产井生产压差大，大北1701X井见水，稳产难度大。

（雷　云　刘浩然）

【克深气田】　克深气田位于新疆拜城县，构造位于塔里木盆地库车坳陷克拉苏构造带，由一系列古近系盐下逆冲断背斜组成。主力含气层段为白垩系巴什基奇克组。2008年6月，发现克深气田，埋深6500—8000米，是超深、超高压裂缝性致密砂岩气藏。截至2021年底，克深气藏发现克深1区块、克深2区块、克深5区块、克深6区块、克深8区块、克深9区块、克深10区块、克深11区块、克深13区块、克深14区块、克深24区块等。克深气田由克拉采油气管理区统一管理。

开发历程：2007年6月19日，克深2井开钻。2008年8月，克深2井在白垩系巴什基奇克组6573—6697米完井酸化测试，用6毫米油嘴求产，日产天然气34.4万立方米。用8毫米油嘴测试，日产天然气46.6万立方米，发现克深2气藏，标志着克深区带勘探取得重大突破。2010年5月，克深5井在白垩系巴什基奇克组获重大发现，用4毫米油嘴求产，日产天然气12.83万立方米。2010年8月，克深1井在白垩系巴什基奇克组6870—7036米中途测试，用4毫米油嘴求产，日产天然气12.4万立方米，发现克深1气藏。2012年2月《克深2区块60亿开发概念设计》通过股份公司审查；4月16日，股份公司批复《克拉苏气田克深2区块开发概念设计》；11月，克深8井在白垩系巴什基奇克组6860—6903米完井测试，用8毫米油嘴求产，日产天然气72.6万立方米，发现克深8气藏。2013年10月，克深9井中途测试日产天然气46万立方米，发现克深9气藏；同年编制完成《克深2、8区块初步开发方案》，设计建成天然气年生产规模60亿立方米，总井数73口，新钻62口，老井利用11口。2014年8月，克深6井在白垩系巴什基奇克组5604—5780米完井测试，用5毫米油嘴求产，日产天然气24.12万立方米，酸压改造后，用10毫米油嘴放喷，日产天然气91.03万立方米，发现克深6气藏。2015年，克深11井在白垩系巴什基奇克组获工业气流，用8毫米油嘴求产，日产天然气69.78万立方米；同年8月，克深13井在白垩系巴什基奇克组完井加砂压裂后，用6毫米油嘴放喷求产，日产天然气34.4万立方米，发现克深13气藏。2016年12月，克深24井在白垩系巴什基奇克组6141—6270米完井测试，用7毫米油嘴求产，日产天然气51.94万立方米，发现克深24气藏；同年克深10井在白垩系巴什基奇克组6315—6365米常规测试，用3毫米油嘴求产，日产天然气8.56万立方米，发现克深10气藏。2017年，编制完成《克深9区块开发方案》《克深6区块开发方案》《克深12、13区块试采方案》。2021年编制完成《克深气田100亿立方米稳产方案》。

天然气生产：2022年，克深区块有采气井121口，开井94口，日产天然气2769.16万立方米，年产天然气97.57亿立方米，自开采以来，累计生产天然气689.98亿立方米。年自然递减率10.94%，年综合递减率3%。

克深1区块天然气生产。克深1区块克深105井、克深106井位于构造低部位建产失利，2017年克深1井因井下工程复杂封井，建成井口产能3.73亿立方米，正钻1口。2022年，有采气井4口，开井4口，日产天然气137.81万立方米，年产天然气4.89亿立方米，自开采以来累计生产天然气21.85亿立方米。地质储量采气速度1.33%、采出程度5.96%；可采储量采气速度

2.42%，采出程度10.83%；年自然递减率5.23%，年综合递减率5.23%。

克深2区块天然气生产。克深2区块包括克深2井区、克深3井区，实施建产井25口，实际生产利用30口，投产初期产能23.36亿立方米。2022年，有采气井30口，开井12口，日产天然气85.04万立方米，年产天然气3.10亿立方米。自开采以来累计生产天然气122.71亿立方米。地质储量采气速度0.18%，采出程度7.04%；可采储量采气速度0.29%，采出程度11.71%；年自然递减率25%，年综合递减率25%。

克深6区块天然气生产。克深6区块建成井口产能6.27亿立方米。2022年，有采气井4口，开井4口，日产天然气206.95万立方米，年产天然气7.08亿立方米。自开采以来，累计生产天然气24.54亿立方米。地质储量采气速度1.61%，采出程度5.78%；可采储量采气速度3.04%，采出程度10.91%；年自然递减率0%，年综合递减率–15.15%。

克深8区块天然气生产。克深8区块部署实施23口，投产23口（已报废核销1口井克深8-2井），建成产能27亿立方米。2022年，有采气井22口，开井20口，日产天然气806.84万立方米，年产天然气26.81亿立方米。自开采以来，累计生产天然气256.10亿立方米。地质储量采气速度1.69%，采出程度16.16%；可采储量采气速度2.82%，采出程度26.94%；年自然递减率17.73%，年综合递减率0.61%。

克深9区块天然气生产。克深9区块建成井口产能10.56亿立方米。2022年，有采气井9口，开井7口，日产天然气325.00万立方米，年产天然气11.46亿立方米，自开采以来，累计生产天然气69.32亿立方米。地质储量采气速度2.09%，采出程度12.64%；可采储量采气速度3.80%，采出程度22.98%；年自然递减率11.11%，年综合递减率3.17%。

克深10区块天然气生产。2022年，有采气井7口井，开井7口，日产天然气172.01万立方米，年产天然气3.55亿立方米，自开采以来，累计生产天然气10.00亿立方米。地质储量采气速度0.68%，采出程度1.93%；可采储量采气速度1.48%，采出程度4.19%；年自然递减率46.67%，年综合递减率40.00%。

克深13区块天然气生产。2022年，有采气井12口，开井12口，日产天然气337.02万立方米，年产天然气12.85亿立方米，自开采以来，累计生产天然气42.84亿立方米，地质储量采气速度2.51%，采出程度8.36%；可采储量采气速度4.82%，采出程度16.07%；年自然递减率15.00%，年综合递减率9.74%。

克深14区块天然气生产。2022年，有采气井1口，开井1口，日产天然气18.85万立方米，年产天然气1.06亿立方米，自开采以来，累计生产天然气4.64立方米。地质储量采气速度2.00%，采出程度8.76%；可采储量采气速度8.01%，采出程度35.05%；年自然递减率42.86%，年综合递减率42.86%。

克深17区块天然气生产。2022年，有采气井1口，未开井生产。该区块未上交天然气地质储量，2020年6月投产，同年12月高水淹关井；自开采以来，累计生产天然气0.24亿立方米。

克拉8区块天然气生产。2022年，有采气井1口，开井1口，日产天然气2.5万立方米，年产天然气0.11亿立方米，自开采以来，累计生产天然气0.32亿立方米。天然气预测地质储量采气速度0.10%，采出程度0.30%；技术可采储量采气速度0.20%，采出程度0.61%。

克深19区块天然气生产。2022年，有采气井1口，开井1口，2022年3月油压异常关井，全年仅开井26天，年产天然气86万立方米。自开采以来，累计生产天然气127万立方米。

克深24区块天然气生产。2022年，有采气井14口，开井14口，日产天然气392.15万立方米，年产天然气15.03亿立方米，自开采以来，累计生产天然气65.53亿立方米。地质储量采气速度1.55%，采出程度6.77%；可采储量采气速度2.82%，采出程度12.32%；年自然递减率8.55%，年综合递减率4.27%。

克深5区块天然气生产。2022年，有采气井15口，开井12口，日产天然气11.31万立方米，年产天然气11.31亿立方米，自开采以来，累计生产天然气70.15亿立方米。地质储量采气速度1.59%，采出程度9.89%；可采储量采气速度3.54%，采出程度21.97%；年自然递减率27.15%，年综合递减率27.15%。

新井建设：2022年，克深区块投产新井5口，日产天然气65.30万立方米，年产天然气1.80亿立方米。克深2区块投产1口。4月22日，克深2-2-H1井投产，日产天然气14.72万立方米，年产天然气0.25亿立方米。克深10区块投产4口。1月1日，克深10-2井投产，日产天然气50.58万立方米，年产天然气1.55亿立方米；12月1日，克深10-1井投产，日产天然气48.96万立方米，年产天然气0.14亿立方米；12月14日，克深10-3井投产，日产天然气49.95万立方米，年产天然气0.08亿立方米；12月30日，克深10-4井投产，日产天然气43.16万立方米。克深5区块投产跨年新井1口（克深1101井）。

措施作业：2022年，实施措施作业34井次，其中井筒解堵26井次、大修二次完井4井次、连续油管疏通+碱性解堵2井次、加砂压裂2井次。日增产天然气167.11万立方米，年增产天然气5.58亿立方米。

气田水回注：2022年，回注井1口（克深601井），日回注587立方米，年回注15.07万立方米，累计回注48.45万立方米。

资料录取：2022年，动态监测资料录取325井次，其中压力恢复试井29井次、静压静温梯度29井次、系统试井12井次、压降1井次、产气剖面17井次、吸水剖面3井次等。

存在问题：2022年，克深1区块克深17井实钻情况同现有资料存在较大偏差，区块西部构造落实程度较低。克深102断块克深102井油压低，带水生产能力弱，停喷风险大。克深2区块同时面临水侵和井筒异常两大问题，见水井22口，可带水生产14口，环空异常井19口（橙色9口、黄色10口），管柱错断井11口，无针对性治理措施，挖潜难度大、成本高。克深6区块克深6气藏总水体倍数达7.5倍，存在一定见水风险。克拉8区块克拉8井存在储层污染问题，油压、产量有缓慢下降趋势。克深19区块克深19井产能低，井口温度低，2022年3月31日因油压异常关井。克深8区块处于开发中期，水侵形势严峻，老井井周水体供给不足、不稳定，导致实际排水量未达到方案设计需求，存在井筒堵塞问题。2022年5口排水井方案设计日排水量1400立方米，实际日排水量770立方米，排水量缺口630米³/日。克深9区块西部水体能量补充作用明显，克深902井水淹区压力较纯气区压力高1.6兆帕。克深9区块单井资料和动态评价显示气藏西部水体较大，随着天然气采出程度增加，气藏水侵程度逐年上升。若地层水快速侵入将导致主力产层巴一段和巴二段整体水淹。克深10区块地层水能量较强，东西部均见水，新井投产后单井井口油压下降较快，每月下降2—3兆帕，预测地层压力每月下降1.3兆帕，整体开发效果差于开发方案，区块水侵风险与SEC储量风险大。克深10井存在井完整性问题，克深1003井存在井筒堵塞，两口井监控生产。2021年、2022年动态资料显示，克深13区块西部构造试井曲线呈三重介质特征，储层裂缝发育。西部构造南北向水体发育。地层水沿断裂系统快速侵入气藏后对生产井稳产影响较大。受构造格架的形成和走滑区的控制，克深13区块东部释压区应力集中，裂缝不发育。东部构造试井曲线显示储层裂缝不发育，渗流能力较差，产能区域差异大。东部地质储量井控程度低，克深13-2井以东区域储量动用程度25.72%。克深14区块底水水侵风险大。克深14区块属于底水块状断背斜型气藏，克深14井避水高度74米，有见水迹象，水淹风险大。克深24区块：区块动静态储量差异较大，动态资料评价克深24区块动态储量394亿立方米，与探明地质储量967.4亿立方米相差573.4亿立方米，动态储量采气速度3.81%，采气速度偏高，地层压力下降快；气藏断裂发育，区块西部水侵速度快，西部已水淹，区块水侵形势严峻，高部位水侵风险加大。

（王亚娟　颜雪　林娜　刘浩然）

【迪那1凝析气田】　迪那1气藏位于新疆天山南麓轮台县境内。构造位于塔里木盆地库车坳陷东秋里塔格构造带迪那构造区带之上，南部为阳霞凹陷，北与依奇克里克构造带吐孜洛克构造相邻，构造形态为南低北高的穹隆背斜构造。主要含气层段为古近系第一岩性段。迪那1凝析气田由油气合资合作事业部统一管理。

开发历程：2000年8月20日，迪那11井开钻。2001年10月26日在5518—5549米测试，用12.8毫米油嘴求产，日产天然气116.4万立方米、凝析油70.4立方米。2011年7月25日，迪那1气田总体开发方案获国家发改委批复并实施。2012年，编制方案设计，新钻井2口，利用老井1口，年生产能力3.47亿立方米。迪那11井存在地层污染和井筒严重堵塞等问题，长期关井。2016年，部署替代井迪那1-3井。2018年6月，迪那1-3井建成投产。2020年10月，迪那1-4井上钻，2021年10月完钻，2021年12月建成投产。

油气生产：2022年，迪那1气田有采气井5口，开井4口。日产天然气219.06万立方米、油90吨，年产天然气7.31亿立方米、油2.99万吨。自开采以来累计生产天然气50.17亿立方米、油23.32万吨。地质储量采气速度8.0%、采出程度54.56%；可采储量采气速度11.43%、采出程度77.94%。地质储量采油速度5.38%、采出程度38.24%；可采储量采油速度8.97%、采出程度63.73%；无递减。

资料录取：2022年，动态监测资料录取12井次，其中压力恢复2井次、水样分析10井次。

存在问题：2022年，平面采气结构不合理，属于气藏东部井，控程度低，需部署新井优化平面采气结构。主力气井生产负荷重，边部迪那1—3井有出砂迹象，后期存在见水风险，作业后产能恢复，需控制生产。

（胡海东）

【迪北区块试采区】 迪北区块位于新疆库车市境内，西距库车市约83.6千米，北距依奇克里克油田5.8千米，南距迪那2气田15.4千米；构造位置位于库车坳陷北部构造带迪北斜坡带。目的层为侏罗系阿合组。迪北区块试采由迪那采油气管理区统一管理。

开发历程：1997年3月4日，依南2井开钻，1998年7月30日完钻，该井在侏罗系阳霞组、阿合组发现良好油气显示，在4578.8—4783米井段中测，日产天然气10.86万立方米，在侏罗系阿合组分4段完井测试，日产天然气3.48—6.65万立方米，发现迪北气藏，标志着库车东部侏罗系勘探取得重大突破。1998年，依南2井发现之后，确定气藏含气面积98平方千米，上交依南2气藏侏罗系阳霞组—阿合组预测天然气地质储量1635.24亿立方米。2013年10月，继迪西1井和多口评价井获工业油气流。2013年11月，迪北104井试采，2016年3月，关井。2018年2月，编制迪北104区块开发试验方案，采用一套井网衰竭式开发，年产天然气2.24亿立方米、凝析油1.49万吨，稳产期7年；2018年5月，完成迪北区块试采及油气混输（进迪那2处理厂）地面工程建设，迪北104井、迪西1井和迪北105X井3口井陆续投入试采。2019—2021年，利用3口试采井，收集录取大量动静态资料，加大对迪北气藏地质研究力度，在前期资料和认识的基础上，编制开发方案。2022年，塔里木油田公司成立迪北专班，加快新井部署与实施，进一步加强迪北区块资料录取，加大对气藏的地质研究力度，以致密气理论为指导，对侏罗系油气富集规律与产能主控因素认识更加深入，气藏地质认识逐步加深，为开发方案编制奠定基础。

油气生产：2022年，迪北气田试采有采气井3口，开井2口，日产天然气6万立方米、油4吨，综合含水率96.49%。年产天然气2600万立方米、油1900吨。自开采以来累计生天然气4.03亿立方米、油3.40万吨。

新井建设：2022年，投产新井1口（迪北5井），日产天然气11万立方米、凝析油10吨；年产天然气435万立方米、凝析油406吨。

措施作业：2022年，实施措施作业1井次。迪西1井注二氧化碳解堵酸化作业，累计增产凝析油187吨、天然气162万立方米。

资料录取：2022年，动态监测资料录取19井次，其中油气水性质分析14井次、地层压力监测3井次、产气剖面测井2井次。

存在问题：2022年，迪北气田主要存在问题是油气成藏机理复杂，油气富集区预测难度大，试采井单井产能低，产量递减快，采出程度低，试采效果差。

（宿晓斌）

【吐孜气田】 吐孜气田位于新疆轮台县境内。构造位于塔里木盆地库车坳陷依奇克里克构造带东段。其北以依奇克里克断裂和依奇克里克构造相接；南以迪那1井北断裂与迪那1号构造相连，向西以鞍部与依南2断鼻过渡；东与吐格尔明构造相邻。吐孜气藏为受背斜构造控制的层状边水气藏，主要含气层段为新近系吉迪克组砂泥岩段。吐孜气田由油气合资合作事业部统一管理。

开发历程：1999年8月24日，吐孜1井开钻；同年10月9日，在新近系吉迪克组中途测试，用6.35毫米油嘴求产，日产天然气6.54万立方米。2012年12月31日，吐孜气田总体开发方案获国家发改委批复。2012—2013年，新钻井10口，老井利用2口，吐孜2集气站和吐孜3集气站建设，建成天然气产能5.69亿立方米。2014—2015年，新钻井7口，吐孜102集气站、吐孜103集气站建设，建成天然气产能3.81亿立方米。2个阶段钻新井17口，利用老井2口，建成天然气产能9.5亿立方米。2021年1月，吐孜增压站建成投产。

油气生产：2022年，吐孜气田油采气井19口，开井16口，日产天然气172万立方米、油4吨；年产天然气5.68亿立方米、油0.15万吨；自开采以来累计生产天然52.07亿立方米、油1.74万吨。地质储量采气速度2.59%，采出程度23.62%；可采储量采气速度3.71%，采出程度33.74%；年自然递减率7.3%，年综合递减率7.3%。

资料录取：2022年，动态监测资料录取25井次，其中压力恢复5井次、水样分析20井次。

开发矛盾：2022年，压力下降较快，因增压站建设滞后，低压井产能不能得到释放。边部井有见水迹象，由于水量较小，难以得到准确产水量，需加强气田水监测，弄清来水方向和水侵规模，同时降低边部井配产，使气水边缘均匀推进。

（胡海东）

【中秋1区块试采区】 中秋1区块位于新疆拜城县，气藏西距拜城县约76千米，东南距库车市约6.5千米。构造位于塔里木盆地库车坳陷秋里塔格构造带中秋—东秋段，为受南北两侧低角度逆冲断裂夹持的背斜构造。主要含油层系白垩系巴什基奇克组。中秋1区块试采由克拉采油气管理区统一管理。

开发历程：2017年10月30日，中秋1井开钻。2018年10月16日完钻；同年10月，发现中秋1区块；同年12月11日，在白垩系巴什基奇克组完井酸化后获高产气流，发现中秋1气藏。2019年1月3日，中秋1区块开发概念设计及试采方案通过油田公司审查。设计试采井5口井，其中利用探评价井3口（中秋1井、中秋101井、中秋102井），新部署开发评价井2口（中秋103井、中秋104井），日产天然气140万立方米、凝析油74.82吨。2019年，中秋1井投产。2021年，中秋104井、中秋101井、中秋102井投产。

天然气生产：2022年，中秋1区块有采气井4口，开井3口。日产天然气79.06万立方米、凝析油26.35吨；年产天然气2.48亿立方米、凝析油1.08万吨；自开采以来，累计生产天然气7.12亿立方米、凝析油2.35万吨。地质储量采气速度0.41%，采出程度1.20%；可采储量采气速度0.82%，采出程度2.40%；地质储量采油速度0.39%，采出程度1.14%；可采储量采油速度0.78%，采出程度1.14%；年自然递减率1.37%，年综合递减率1.37%。

新井建设：2022年，新开钻新井1口（中秋103井），设计井深6848米，12月31日实钻井深6848米。

措施作业：2022年，年实施措施作业1井次。中秋101井连续油管冲洗作业。

资料录取：2022年，动态监测资料录取7井次，其中系统试井1次、压力恢复2井次、流温流压梯度测试1井次、静温静压梯度测试3井次。

存在问题：2022年，中秋1区块构造翼部无井控，缺乏"硬资料"，圈闭形态和面积存在一定的不确定性，现有地质储量存疑；储层沉积过程中沉积河道迁移频繁，砂体发育程度不同，非均质性强，"优质砂体+应力差异"控制单井产能，同时钻遇优质砂体和低应力区概率降低，动用储量难度增大；中秋101井见水，同时井筒由于堵塞关井，且存在油套连通，无法动用气藏东部的储量。

(王益民)

【博孜气田】博孜气田位于新疆拜城县和温宿县，构造位于塔里木盆地库车坳陷克拉苏构造带克深区带博孜段。钻揭地层自上而下分别为第四系、新近系、古近系、白垩系，其中第四系西域组到古近系苏维依组地层为盐上地层，盐层为古近系库姆格列木群的盐湖相沉积，白垩系巴什基奇克组为盐下地层，主力含气层段为白垩系巴什基奇克组和巴西改组。特低孔特低渗裂缝性砂岩，层状边水断背斜型常温、高－超高压裂缝性砂岩凝析气藏。博孜气田投入生产的气藏有博孜1、博孜3、博孜12、博孜15、博孜18等，其中博孜1、博孜3是博孜气田的主力气藏。博孜气田由博大采油气管理区统一管理。

开发历程：2012年6月，博孜1井完井测试放喷获工业油气流；同年10月部署上钻博孜101井、博孜102井两口评价井，2014年，博孜101井、博孜102井完钻，测试均获工业油气流。2015年4月，在气藏西南和东北翼分别部署博孜103井、博孜104井。2016年9月16日，博孜104井完钻，压裂改造后获高产，博孜103井未钻遇有效储层失利。

2019年，编制《克拉苏气田博孜1区块开发方案》。部署上钻博孜10井、博孜11井、博孜13井、博孜24井4口预探井和博孜105评价井，在探明区加深钻探博孜1-1井和博孜101-2井。2020年，博孜13井、博孜1-1井完钻，测试获高产工业油气流，博孜11井在目的层见良好油气显示，测井解释为气层。博孜101-2井在白垩系巴西改组测井解释为气层，扩大博孜1气藏白垩系纵向含油气层段，初步明确巴西改组整体含油气性。2021年，博孜24井、博孜105井完钻试油均获高产油气流，进一步拓展博孜1评价区含油气范围。2017年9月，博孜3井在巴什基奇克组酸化压裂测试获高产，发现博孜3气藏。2018年12月，博孜3井投入试采，同年上钻博孜301井。2019年4月，在巴西改组测试获高产工业气流；同年5月，投入试采。2019年7—10月，分别上钻博孜3-2X井、博孜3-3X井、博孜3-1X井、博孜302井，2020年6月，在巴西改组、巴什基奇克组测试获高产工业气流；10月，博孜12井在白垩系巴什基奇克组测试获高产工业油气流，发现博孜12气藏；同年部署上钻博孜1201井、博孜1202井、博孜1203井3口评价井。2020年，博孜1201井、博孜1202井在白垩系巴西改组测试获高产工业油气流；4月，博孜18井在白垩系巴西改组完井测试获工业油气流，发现博孜18气藏；8月，部署博孜1801评价井；10月，博孜15井在白垩系巴什基奇克组测试获工业油气流，发现博孜15气藏；博孜1203井在白垩系巴西改组和巴什基奇克组改造后合采获高产工业油气流。2021年1月，博孜1501井完井后试油结束，测试结论为含气水层；5月，博孜17井在白垩系巴什基奇克组完井测试获工业油气流，发现博孜17气藏，开展博孜17气藏与博孜3气藏干扰测试，明确博孜17气藏与博孜3气藏连通；9月，上钻博孜1701井。2021年7月，编制《克拉苏气田博孜3区块开发方案》。2021年，编制《克拉苏气田博孜12区块开发方案》。2022年，博孜12-H1井、博孜12-H2井均获高产油气流。2022年9月，博孜304井巴西改组测试产水，落实气水界面。

油气生产：2022年，博孜气田有采气井37口，开井31口。日产天然气920万立方米、凝析油1362吨；年产天然气32.64亿立方米、凝析油38.35万吨，综合含水率0.58%；自开采以来累计生产天然气77.72亿立方米、凝析油106.10万吨。天然气地质储量采气速度3.02%，采出程度6.61%；天然气地质储量采气速度2.51%，采出程度4.05%。

新井建设：2022年，博孜气田投产新井6口（博孜102-4井、博孜102-1井、博孜12-H1井、博孜1302井、博孜2401井、博孜2402井），日增产天然气168立方米、凝析油215.6吨；年增产天然气5.54万立方米、凝析油7.11吨。其中：博孜1区块投产新井2口（博孜102-4井、博孜102-1井），日增产天然气70万立方米、凝析油51.6吨；博孜3区块气田正钻井1口（博孜3-H5井），完钻2口（博孜304井、博孜3-H4井）；博孜12区块气田完钻2口（博孜12-H1井、博孜12-H2井）。

措施作业：2022年，实施措施作业1井次，博孜104-1井打捞测试工具、连续油管疏通。

资料录取：2022年，动态监测资料录取29次，其中博孜1区块静温静压梯度1井次、流体分析化验11井次、博孜3区块流体分析化验5井次、博孜12区块流体分析化验12井次。

存在问题：2022年，博孜1区块属于高含蜡凝析气藏，部分气井产能低，生产过程中生产压差大，地层出砂、井筒蜡堵现象频现，同时缺少配套采气工艺保证该类气井长期平稳生产，制约气藏储量动用。博孜304井巴西改组测试产大水，需采取措施预防博孜302井、博孜3-H4井等边部井见水。随着地层压力不断下降，气藏面临"反凝析"现象，需提前研究方案，储备进一步提高凝析油采收率技术。

（彭祖丽）

【吐格尔明气田试采区】 吐格尔明气田位于新疆轮台县境内，处于轮台县城东北63.5千米，南距314国道策大雅出口12千米。2017年，吐东2井获工业油气流，发现吐格尔明气田。目的层侏罗系阿和组，兼探克孜努尔组和阳霞组，钻后阿合组试油证实为水层，圈闭基本落实，但是因为断层对油气藏的破坏，致使油气向上逸散，阿合组圈闭为水占据；兼探目的层侏罗系克孜努尔组储层物性中等，MDT测试为油气层。兼探目的层侏罗系阳霞组井完井试油获高产工业油气流，潜力落实。2020年深化气藏认识，将克孜努尔组和阳霞组从上到下标定出含油砂组6个，即克孜1砂组、克孜2砂组、克孜3砂组、克孜4砂组、阳霞1砂组和阳霞2砂组。2020年，吐格尔明气田处在试采阶段。吐格尔明气田由轮南采油气管理区统一管理。

开发历程：吐格尔明气田尚未上交探明储量，2022年尚处于勘探评价阶段。

油气生产：2022年，吐格尔明区块试采有采气井3口，开井2口，日产天然气11.77万立方米、油26.3吨，含水率6.04%；年产天然气3227万立方米、油8278吨；累计生产天然气3856.52万立方米、油9765吨。

新井建设：2022年，投产新井1口，年产天然气885万立方米、油2532吨；累计生产天然气885.16万立方米、油2532吨。

资料录取：2022年，动态监测资料录取计划4井次。压力恢复1井次、系统试井1井次、流温流压梯度测试2井次。

存在问题：2022年，吐东2三维南、北斜坡区资料品质整体相对较好，中部垒带上资料品质整体相对较差；侏罗系多层组成藏，储层砂泥岩互层、预测难度大，发育微裂缝，不同层组气井产能差异大，高产井主控因素认识不清；部分砂层测井解释与试气结论不相符，气水关系认识不清。

（郭东升）

【罗斯试采区】 罗斯2试采区位于新疆皮山县境内，构造位于塔里木盆地西南坳陷麦盖提斜坡罗南构造带罗斯2号构造。为底水块状常温常压干气气藏，截至2022年底，完钻井3口，其中罗斯2井在奥陶系蓬莱坝组白云岩段试采获工业油气流，评价井罗斯201因未钻遇蓬莱坝组白云岩导致失利，罗斯202井待酸压试油。罗斯试采工作由泽普采油气管理区统一管理。

开发历程：2015年12月21日，罗斯2井开钻，2016年5月10日完钻，完钻井6080米，完钻层位寒武系下丘里塔格组。2016年6月11日，在奥陶系蓬莱坝组白云岩段5741—5830米进行酸化。2016年6月14日开始试油，用4毫米油嘴求产，油压由40.5兆帕上升至40.88兆帕，折日产气9.14万立方米；用5毫米油嘴求产，油压由40.81兆帕上升至40.94兆帕，折日产气13.48万立方米；用6毫米油嘴，油压由39.31兆帕上升至39.421兆帕，折日产气21.45万立方米，试油获高产。2018年，在罗斯2井东部3.6千米处部署上钻评价井罗斯201井，因未钻遇蓬莱坝组白云岩导致失利。2019年11月批复《山1井、罗斯2井单井试采方案》。在罗斯201井完钻后，2020年，重新处理解释三维地震资料，重新评价构造、储量。通过罗斯2井短期试采，进一步落实流体性质和储量规模，2022年5月28日，部署开钻罗斯202井，截至2022年12月31日，完成井段6154.5—6169.5米射孔。

资料录取：2022年，动态监测资料录取压力恢复1井次，系统试井1井次。

（谭 蓓）

开发技术

【博孜—大北地区油气藏地质研究】 基于精细构造解释、地震属性相干、应力—应变耦合建模等方法，综合考虑构造落实程度、裂缝发育规律、裂缝与应力产状、优质储层预测及防水避水等因素，形成"占高点、避强应力、避断裂、定向井"高产井部署原则。2022年，塔里木油田公司深化气藏动静态地质认识，制定差异化开发技术对策，通过气藏内部断裂精细刻画，明确其对气藏渗流、水侵及开发的影响。博孜3气藏东翼发育走滑断裂，导致东翼与气藏主体连通性差，2021年4月全气藏关井期间博孜304井实测井下压力较博孜3主体区域高12兆帕，2022年7月博孜304井试油期间实测井下压力84.14兆帕与博孜302井同时期压力接近，但仍远高于主体区域，分析得出东翼压力高、水侵弱等特点，提出博孜302井控产，博孜304井及时转排水，有效抑制东翼水侵。

（潘杨勇）

【迪那2气田地质研究】 2022年，塔里木油田公司重新搭建小层格架，以沉积微相研究为指导，刻画有效砂体和隔层展布，储层段具有层状地质特征；利用岩心和测井解释裂缝数据，总结裂缝纵向发育特征与岩性的关系，明确稳定泥岩隔层裂缝不发育、对地层水具有封堵性，部分正断层发育区断距大，破坏隔层封堵性，存在底水上窜，进一步明确断缝系统和隔夹层空间关系，以地层水为研究对象，大部分区域呈层状特征，气藏类型转变为层状边水气藏类型。系统研究见水井见水时间、产出剖面、产量压力特征和氯根变化规律，理清底水型和边水型两种水淹模式和动态特征，明确气田自北向南的边水横侵是水淹主要矛盾。动态法确定南北两翼水淹速度，明确构造北部水淹程度高，南部为剩余气富集区。

（孙 勇）

【塔中东部石炭系生屑灰岩段油藏地质研究】 塔中4井区生屑灰岩段凝析气藏储量动用难度大，2015年部署塔中422–S1H长水平井实现塔中生屑灰岩段凝析气藏的有效动用。2022年，塔里木油田公司系统开展老井复查、测井二次解释、构造解释及高分辨率井控地质统计学储层反演、油气成藏研究和效益动用方式研究，该凝析气藏具有构造控藏、储层控富的特点，在塔中东部整体连片成藏，发育于塔中4井区、塔中6井区、塔中16井区、塔中25井区等，预测含气面积192.8平方千米，估算天然气资源量216.4亿立方米，凝析油379.2万吨，2022上交圈闭2个（塔中401圈闭、塔中6圈闭），部署一口超长水平井塔中6–6H，设计水平段3000米。

（吴 琳）

【碎屑岩油藏气驱】 2022年，塔里木油田公司形成以下配套开发技术体系：推导建立"带凝析气顶、水体相连的气驱油藏物质平衡方程通式"；推导建立用于准确标定气驱采收率的两类气驱特征曲线函数、三类气驱特征图版；制定碎屑岩油藏烃类气驱动态分析技术规范；提出碎屑岩油藏烃类气驱开发效果评价方法；建立碎屑岩油藏注气利用率评价体系；提出碎屑岩油藏气驱优势通道精细刻画方法；首创碎屑岩油藏烃类气驱气窜判别方法；提出注气开发油藏动态监测设计规范；规范碎屑岩油藏注烃类气气质指标。以上技术体系成功应用于东河1石炭系三油组油藏天然气重力辅助混相驱、塔中402石炭系三油组油藏天然气重力辅助复合驱重大开发试验，截至2022年底，东河1石炭系三油组油藏天然气重力辅助混相驱重大开发试验注气累计产油超百万吨，注气累计增油超60万吨。

（王 陶）

【深层薄砂层油藏滚动开发】 2022年11月22日，轮南3T$_{II}$O油藏轮南3–3–23H井完钻，导眼钻遇油层5.8米，水平段油层541米/4层，试油日产油超100立方米，油藏进一步南扩，预计新增地质储量203万吨。2022年1月29日，塔中40井区采油井塔中40–H25井试油日产油63立方米，累计产油0.44万吨。该井设计水平段长800米，储层钻遇率超95%。在塔中40–H25井突破的基础上，优化塔中40下泥岩段薄砂层开发方案，提出采用超长水平井+内部切割注水开发方式，部署注水井塔中40-H29井，储层钻遇率100%，累计注水0.14万立方米，实现深层低丰度薄油层效益开发。同年，玉东7油藏运用波形指示反演、生物启发等多种方法，开展储层预测，结合岩心、测井、沉积相等研究成果开展砂体构型研究，依据单砂体连通性分析结果不断完善注采井网，日注水由72立方米上升到900立方米，日产油由203吨提升到385吨。

（王开宇 吴琳）

【塔中石炭系碳酸盐岩储层测井综合评价技术】 2022年，塔里木油田公司综合测井、岩心、录井、薄片、压汞等资料，利用石灰岩、白云岩、硬石膏三孔隙度曲线响应特征的不同，采用互溶刻度法与交会图法结合的方法建立岩性识别图版，实现碳酸盐岩复杂岩性组成的定量识别；分岩性、流动单元建立孔渗关系模型，采用经验统计法、物性试油法、最小流通孔喉半径法，建立储层分类评价标准，实现储层定量评价；采用最优化算法、P1/2法、孔电交会法、综合判别法，实现碳酸盐岩储层流体的有效判别。2022年，该技术应用于塔里木油田塔中石炭系生屑灰岩段，筛查潜力井9口，潜力层12层。其中，塔中401-H2通过塔中油气管理区"三总师"会审。

（吴琳）

【低渗水敏油藏注二氧化碳复合氮气驱技术】 2022年，塔里木油田公司针对东河塘周缘小区块储层低渗强水敏，长期依靠天然能量开发，整体动用程度低的现状，开展注二氧化碳复合氮气驱有效动用技术研究。开展19组烃类气和非烃类气室内试验，评价二氧化碳驱潜力，认识到超临界态二氧化碳注入能力强、破岩能力强，二氧化碳驱混相、膨胀降黏等作用使得原油流动性大幅增加，驱油效率高（大于90%）类比同类油藏，预测小区块非烃类气驱提高采收率20%以上。优选东河4油藏西断块及东河6油藏南高点建立2个注采试验井组，动用地质储量133.18万吨，设计注入二氧化碳前置段塞12.32万吨，氮气1.16亿立方米。

（闫更平）

【CCUS-EOR先导试验】 2022年，塔里木油田公司优选轮南油田2井区，开展碎屑岩油藏水驱后二氧化碳驱油提高采收率技术探索，编制《塔里木轮南油田轮南2井区CCUS-EOR先导试验方案》。方案设计二氧化碳循环注入开发，开展"顶注底托"双向驱替开发模式试验，为轮南油田大幅度提高采收率工业化实施提供技术支撑，为类似的油藏储备CCUS-EOR技术，追求二氧化碳驱油提采与近零排放。截至2022年底，轮南油田2井区优选剩余油富集的部位率先开展二氧化碳试注工作，投注1口井，日注碳120吨，累计注碳3800余吨。同年优选东河4、东河6石炭系油藏开展非烃类气驱先导试验，编制《东河塘油田东河4、6非烃类气驱提高采收率先导试验方案》。截至2022年底，东河6石炭系、轮南2井区累计注入二氧化碳2.29万吨。

（邵光强）

【油藏型储气库先导试验】 2022年，塔里木油田公司天然气驱油与地下储气库协同建设，是向油气藏注入天然气进行驱油储气的一种新模式。与气藏型、盐穴型储气库不同，驱油协同储气库建设既能提高储气能力，又能大幅度提高原油采收率，实现油气协同开发，开辟储气库建设新领域。2022年4月，《东河塘储气库先导试验方案》《塔中储气库先导试验方案》获批复。基于方案设计，先后完成3口周期注采试验井部署，开展不同井型采气能力测试。通过创新研究，形成储气库盖层密封性、断层活动性和井筒完整性"三位一体"的动态密封性评价技术，提出有效库容量化计算流程和方法，发展油藏型储气库库容评价技术体系，为油藏型储气库建设可行性研究奠定基础。

（邵光强）

【柯克亚近衰竭凝析气藏转建储气库与注气提采协同技术】 2022年，塔里木油田公司开展柯克亚近衰竭凝析气藏转建储气库与注气提采协同技术攻关，优选建库西河甫组X_2^2-7小层K7010砂体，论证建库各项参数（库容、工作气量、运行压力等），编制《柯克亚储气库建设工程初步设计》。储气库方案设计库容量6.9亿立方米，工作气量3.5亿立方米，设计注气期日均注气167万立方米，高峰日均注气200万立方米，采气期日均采气292万立方米，高峰日均采气400万立方米。

（杨学君）

【富满油田老井储层改造配套技术】 2022年，塔里木油田公司针对富满油田地层垮塌、近井储层污染、远端物性差注水难动用、裂缝通道闭合4大问题，创新形成富满油田"酸化+X"特色配套技术。

建立老井重复改造高效选井四条金标准。充分释放老井产能，依据井储距离、井储与最大水平主应力匹配关系、生产动态、井筒状况4项因素，赋予单井分值，分值越高酸化实施潜力越大，按分值排名开展作业，优先实施潜力大、成功率高、风险低油井优选实施，来保证储层改造成功率。

优选不同酸液体系及规模。满足不同井况老井个性化改造需求，辅以低压井将轻质原油作为顶替液，降低井筒液柱压力；停喷井酸化前后注水保压，高气油比井酸化后气举诱喷；通过酸化前通过软件校核、模拟试注、酸化过程环空注入高密度油井水、优化施工参数等举措，实现封隔器失效井成功实施不动管柱酸化作业；研发抽油机井采杆柱悬挂工具，破解机采井不动管柱注酸化难题等措施，助力富满油田储层改造高效低成本复产增产。2022年，在原方案设计5井次的基础之上，阶段实施酸化10井次，措施日增油142吨，年累计增油4.89万吨，同比增油2.15万吨。

（陆爱华）

【四类改善注水提采技术】 2022年，塔里木油田公司依据碳酸盐岩油气藏连通体规模、油藏流体性质、连通程度、储集体性质进一步细化注水方式，形成注水替油、注水保压、高压注水、单元注水"四类差异注水"技术。分析注水窜潜力类型：总体见水无潜力、局部见水有潜力，底水油藏水窜主要发生在油层底部，注水油藏水窜发生在井间，潜力形成原因是宽缝对窄缝具有极强的屏蔽作用，导致水沿大裂缝突进；提出并配套注采参数调整、注采方向调整、注入介质调整、注入流道调整四类改善注水技术。

【注减氧空气提采实验研究】 2022年，塔里木油田公司利用高温高压反应釜和色谱仪开展减氧空气对哈拉哈塘轮古7区原油氧化特征静态实验，研究减氧空气含氧浓度、减氧空气注入量、含水饱和度、充填程度对塔河北/轮古7区块原油氧化特征参数影响规律，明确哈拉哈塘适用于空气驱，轮古7区块适用于含氧浓度9%减氧空气驱。

（崔仕提）

【富满油田完井工艺设计优化】 2022年，针对富满油田超深碳酸盐岩油藏井壁垮塌、管柱失效、套管损坏风险大，且存在不动管柱转机采和侧钻需求的问题，提出"筛管支撑井壁＋半永久式管柱保护套管＋不动管柱转机采"的"三合一"全生命周期不动管柱完井工艺技术，通过优化筛管设计，满足侧钻需求，降低井控风险。2022年9月7日，塔里木油田以会议纪要形式下发执行，在富源3井区、满深504H井区开发方案中落实。

（任利华）

【迪那2控水稳产技术】 2022年，塔里木油田公司利用动、静态资料深化储层精细划分、沉积微相和优势砂体展布、断裂封堵性和水体能量研究，明确水侵规律和潜力区。气田东部、北部水体能量大，以非均匀水侵整体推进为主，气藏南部水体能量小，水淹程度低，剩余潜力大。根据地质和水侵规律深化研究，气田东部、北部见水井大规模排水，抑制东部和北部水体整体向气田中部和南部推进，气藏南部部署新井，落实水淹情况及补充产能，实现气田的控水稳产。

（孙 勇）

【克深8区块排水采气】 2020年1月11日开始，塔里木油田公司克深8区块西部采气井陆续见水，严重制约气藏高效开发。2021年9月，编制《克拉苏气田克深8区块提高采收率重大开发试验方案》，试验设计边部克深8－11井、克深801井、克深802井、克深8－10井、克深8－9井、克深8－7井、克深806井主动排水。2021年10月开始，克深801井和克深802井实施连续油管增强性气举排水试验，截至2022年底，克深801和克深802井连续油管增强性气举排水日排水能力约500立方米。同时完成克深8区块气田水转输干线和西部集水干线地面工程建设，实现克深8区块西部及时排水，东部见水即排需求。

（赵 冀）

【克深24区块排水采气】 2021年6月，塔里木油田公司克深24区块西部采气井陆续见水，并向气藏高部位持续侵入，气藏水侵形势日趋严峻，严重制约气藏高效开发。截至2022年12月，克深241－J1井转为低压排水，克深241井、克深241－2井、克深241－4井加砂压裂增排，日排水能力超过1000立方米；地面输水系统实施并完成克深24区块地面排水工程临时配套（利用修复废旧油管铺设临时输水管线，新建管径150毫米柔性复合管线）和其他相关配套工作，提高克深24区块西部排水量。

（邓 军）

【玉东7油田规模化转气举生产】 2022年，塔里木油田公司玉东7油藏沥青质析出严重，导致堵塞泵筒，先后有6口电泵井出现不出液、电泵过载停机等现象，导致单井产能急剧下降、躺井无法正常生产，产量损失190吨/日。针对产量急剧下降等问题提出规模化转气举开采。该项工艺具有井口结构简单、井下通径大、无运动件、无电器元件、配产范围广，故障易维护的优点,经论证优选转油站附近的5口电泵井转为气举井进行生产,开井率由年初的50%提升至83%,恢复原油产能202吨/日,恢复动用地质储量378万吨。

(程春杰)

【高泵压挤原油解堵新工艺】 2022年,塔里木油田公司富满油田属碳酸盐岩油藏,普遍油品差、沥青质含量高,生产过程易发生异物上返管柱堵塞现象,年发生频率28井次左右,影响产量。传统管柱堵塞严重井解堵采用"地面队+特种大尺寸连续油管螺杆钻"解堵方式,存在作业周期长、费用高问题。2022年9月2日,在满深3-H8井首次现场实验成功高泵压挤原油解堵新工艺,历经32小时,挤入原油68立方米,解除管柱堵塞,恢复井筒生产通道畅通,丰富油井解堵技术,全年推广应用4口井,成功解堵3口,恢复日产能261吨。

【机采井自动液面监测】 2022年4月30日,塔里木油田公司在哈得4-3H井首次实验机采井自动液面监测技术,实现自动连续监测井下液面深度,智能绘制实时液面曲线,通过自动监测发现液面异常变化,调参控制液面深度,为实现机采井异常"早发现、早处理"打牢基础。全年推广应用24井次,机采井故障显著下降,生产时率得到提升。

【电泵工况实时监测】 2022年,塔里木油田公司哈得逊砂岩油田有电泵井111口,月产油3.34万吨,是哈得逊砂岩油藏稳产主力军。电泵井工况实时监测技术的应用,使现场可根据监测到的数据调节电泵机组的工作状态,提前进行异常干预,实现对潜油电泵的保护,从而延长电泵的使用寿命,提高电泵井系统效率,确保油井合理开采。2022年8月11日,电泵工况实时监测技术在哈得4-66H井现场成功应用。该技术可以实时监测电泵机组剩余绝缘值参数连续监测,为机采井精细化管理提供依据。

(陆爱华)

【清防蜡工艺技术】 2022年,塔里木油田博孜大北区块凝析气藏气井普遍存在井筒结蜡问题,前期现场应用连续管缆电加热工艺,有效解决气井井筒结蜡问题。通过总结分析,改进连续管缆电加热工艺,实现管缆内、外防喷均为140兆帕,增加管缆剪切机构,确保井控安全。结合单井井况制订"一井一策"有针对性复产方案和复产计划,完成不同工艺的7口井的施工设计,博孜17井、博孜1801井恢复产量天然气55万立方米/日、油50吨/日。

(杨淑珍 薛龙龙)

【示踪剂技术】 2022年1月18日,塔里木油田公司首次在克深气田利用水剂示踪剂开展水侵通道定量刻画和水侵速度定量表征。在测试井组的注入井中投加示踪剂,按照制定的取样制度,在周围生产井中取样、分析,获取样品中的示踪剂含量。绘制取样井的示踪剂随时间采出的变化曲线。通过综合分析测试井组的示踪剂采出曲线和动静态等相关资料,得到注入流体的运动方向、推进速度和波及范围等信息。截至2022年底,克深气田成功试验6个井组,6个井组的监测井均收到响应信号。该技术的应用,为克深8气藏西部和克深24气藏西部断裂的定量刻画夯实基础。

(邵剑波)

新能源业务

综述

【概述】 2022年,塔里木油田公司聚焦"25·40"(2025年实现"碳达峰",2040年实现"碳中和")的"双碳"目标,按照集团公司"清洁替代、战略接替、绿色转型"三步走战略,一手抓绿色低碳转型(瘦身健体),一手抓沙戈荒新能源基地建设(清洁供能),加快打造绿色生产基地、综合能源企业。制定并滚动优化油田公司碳达峰实施方案,明确"25·40"时间表和路线图;制定新能源业务规划、沙戈荒新能源基地规划,明晰发展思路和目标;明确新能源业务六条实施路径和"12621"[1个工程、2个行动、6类示范(工程)区、2个新业务、1个基地]重点工程。理清新能源业务总体工作思路,明晰阶段工作任务(一期20万千瓦在建、二期110万千瓦在握、三期100万千瓦在争),踏准"三个一批"(实施一批、规划一批、储备一批)节奏,实现规划目标。

【新能源制度体系建设】 2022年,塔里木油田公司强化组织,健全新能源业务管理体系。优化新能源事业部机构设置,配齐配强人员力量。构建新能源事业部牵头抓总、新能源研究中心和油气生产技术部技术支撑、新能源项目公司"对外供能"(对塔里木油田公司外部单位供应清洁能源)、各采油气管理区"瘦身健体"联动体系。根据新能源业务发展需求,梳理完善责任体系、分工方案,建立健全新能源工作机制,推动新能源业务发展有序有效。强化新能源领域建章立制,规范新能源项目前期设计,规范分布式光伏并网配置,规范温室气体排放核算,强化基础管理。发布《塔里木油田公司温室气体排放核算指南》,建立新建产能项目绿色低碳定额指标考评体系、发布新能源投资项目前期设计及审查把关规范。

【绿色低碳转型】 2022年,塔里木油田公司树牢"节能是第一能源"理念,围绕能耗总量和强度"双控双降",加强节能降耗减排,加大内部清洁替代,突出全过程定额控制,倒逼清洁低碳行动落实落地。实施地面系统关停并转优,召开2次专题会议确定优化调整项目8项。截至2022年底,完成3项、实施中5项,预计年节能量4088吨标准煤。统筹推进新区绿色低碳建产和老区清洁替代工作，打造全过程低碳化生产模式，明确建立新建产能项目绿色低碳定额指标体系。对14个项目节能审查优化措施36项，实现年节能6959吨标准煤、电1517万千瓦·时、气205万立方米。全年完成震源采集项目8个，最高替换率85.6%，年度震源总替换率14.2%，节能减排15吨标准煤。按照规划计划部《关于发布新建产能项目新能源设计考核指标的通知》，建立新建产能项目绿色低碳建产关键指标体系，确定指标目标。在网电覆盖区域采用纯电动钻机进行施工作业，降低复合钻机中柴油机使用率；引导钻井承包商绿色施工，加大钻机更新改造力度。加大零散气回收力度，1—10月建成回收项目9项，回收零散气6.56亿立方米，10月回收率99.57%，折合年回收率87.05%。总结塔里木油田公司"十三五"以来成熟先进节能低碳技术，编制《塔里木油田公司2022年度节能低碳典型技术案例》，收录6篇67项技术。结合实际，探索绿色低碳新技术、项目运营新模式，完成英买·空气源热泵成功试运、轮南·投用中石油首台光电加热炉、轮南·实现地层水余热回收。

【沙戈荒新能源基地建设】 2022年，塔里木油田公司研究国家新能源最新政策，对接新疆维吾尔自治区新能源项目7条推进路径，落实集团公司新能源发展工作部署，及时跟进最新要求，结合实际，明确主攻方向。依托专业单位开展全盆地资源研究，摸清盆地太阳能、水和土地资源现状；多次到国家电网及各发电企业，摸清南疆电网构架、传输余量、用电负荷及风光发电规划数据，进一步精准明晰并网指标争取方向和目标。塔里木油田公司成立专班，集结南疆五地州挂职干部、驻村干部及外联干部，多方争取支持。塔里木油田公司主要领导带队多次到新疆维吾尔自治区、南疆五地州协调推进指标获取事宜，塔里木油田公司分别与巴州、阿克苏等地签订新能源基地建设战略合作协议，争取地方政府对塔里木油田公司发展新能源业务的支持。签订战略合作协议5个，地州发函争取支持6次，拜访南疆各级领导30次，编制指标申请流程1套，准备各类项目方案15个。获取绿电并网指标，推动新能源基地建设。创新工作方法，获取130万千瓦并网光伏发电项目（巴州20万千瓦保障性指标，喀什110万千瓦市场化光伏指标）。获取绿电指标后，适应新能源行业发展规律，创新体制机制，边设计、边审批、边施工准备，多

方协调推动项目落地。与新能源设计院联合开展项目踏勘、方案精细设计，集团公司对接项目可行性研究、初期设计、投资等前期流程，与地方政府落实项目用地审批、专项评价报审等手续，与国家电网落实项目接入方案报审，取得接入电网批复，与内部单位对接抽调骨干组建4个项目组，抓好项目管理。统筹新冠肺炎疫情管理与施工组织，12月29日，尉犁10万千瓦光伏发电项目建成；且末县10万千瓦光伏发电项目9月26日开工，截至2022年底，总体形象进度75%。

（葛青青）

【CCUS/CCS业务发展规划】 2022年，塔里木油田公司按照"提高自身埋存能力、内部碳源埋存利用、抢先覆盖碳汇市场"三步走，制定CCUS/CCS专项规划。推进轮南低碳示范区建设，储备碳驱油碳埋存能力。开展二氧化碳试注1井次，注入压力18兆帕，日注二氧化碳150吨，累计注二氧化碳3830吨。完成轮南2 TI油组CCUS-EOR方案编制。

（祝伟）

【轮南油田低碳示范区建设工程】 2022年，塔里木油田轮南油田低碳示范区建设工程是塔里木油田公司首个低碳示范工程，该工程发挥轮南地理位置优势，太阳能资源丰富等有利条件，主要围绕轮南处理站、轮一联合站及轮南采油作业区所辖工艺装置，通过工艺系统优化简化、系统"瘦身"、绿电替代、碳埋存等多种技术手段的综合应用，减少油气生产运行过程中的能耗，降低碳排放，逐步实现管理区碳中和。同步配套光伏发电工程和碳汇林建设，新建光伏发电站1座，在轮南生活区西南侧种植新疆杨13.33万平方米，增加固碳能力。

【新能源工作推进会】 2022年9月11日，塔里木油田公司组织召开新能源业务推进会，围绕减碳、替碳、固碳、埋碳，一体推进节能降耗、分布式光伏、再电气化、低碳建产、CCUS-EOR、碳汇林业等工作，实施全过程清洁低碳行动，重点以低碳零碳示范区建设为抓手，推进塔里木油田内部绿色低碳转型。新能源基地建设落实"实施一批、规划一批、储备一批"的要求，统筹风光资源、电网架构、传输余量、市场消纳等，以获取指标为目标，厚植新能源发展基础，推进沙戈荒新能源基地建设。

【被评为中国石油绿色企业】 2022年1月14日，中国石油2022年工作会议表彰2021年度集团公司先进集体和先进工作者，公布首批中国石油绿色企业名

单。塔里木油田公司从绿色产品和服务、绿色生产和工艺、绿色文化和责任等方面，加快绿色低碳转型，提高节能环保水平，发挥示范引领作用，入选首批"中国石油绿色企业"。

【与巴州签订战略合作框架协议】 2022年7月12日，塔里木油田公司与巴州签订"沙戈荒"新能源基地建设战略合作框架协议，就加快推进"沙戈荒"新能源基地建设展开座谈交流。

【与阿克苏签订战略协议】 2022年7月19日，塔里木油田公司与阿克苏地区行政公署签订《战略合作框架协议》《"沙戈荒"新能源基地建设战略合作框架协议》，双方就深化合作、共同推进油气勘探开发高质量高效益发展和"沙戈荒"新能源基地建设展开座谈交流。

【与喀什签订战略协议】 2022年12月30日，塔里木油田公司与喀什地区行政公署签订《战略合作框架协议》《"沙戈荒"新能源基地建设战略合作框架协议》，共商油地共建事宜，就深化双方在新能源领域合作等事宜进行座谈。

【与大唐新疆发电有限公司签订战略联盟合作协议】 2022年5月16日，塔里木油田公司与大唐新疆发电有限公司签订《战略联盟合作协议》，双方就共同推进新能源大基地项目前期工作，争取获项目开发权，实现项目联合开发等事项进行座谈交流。

【与新疆和硕县签订合作开发意向书】 2022年6月10日，塔里木油田公司与新疆和硕县人民政府签订《关于新能源项目合作开发意向书》，双方就新能源项目合作开发等进行座谈交流。

（葛青青）

节能减排

【概述】 2022年，塔里木油田公司以绿色企业创建提升、全过程清洁低碳行动为抓手，实施节能降耗减排，全年能源消耗总量248.7万吨标准煤、单位油气商品量综合能耗77.64千克标准煤/吨，碳排放总量230.7万吨二氧化碳、碳排放强度70.6千克二氧化碳/吨，全年实现节能量3.67万吨标准煤、节水量13.49万立方米，油田能耗及碳排放总量得到有效控制，按期完成各项节能降耗减排指标，有序推进内部绿色低碳转型发展。

【能源及水资源消耗】 2022年，塔里木油田公司总能耗248.7万吨标准煤（集团公司下达指标264万吨标准煤），其中消耗天然气17.87亿立方米、原油0.83万吨、自用电14.92亿千瓦·时，汽油947.39吨、柴油632.65吨。按照业务类型分析，全年油田生产用能63.48万吨标准煤、气田生产用能182.46万吨标准煤。同比增长4.02%，总能耗减少11.51万吨标准煤，下降4.42%。原油（气）液量生产综合能耗与2021年基本持平。全年用水量2308万立方米，与2021年2457万立方米相比下降6.06%。其中：油田业务用新鲜水量1521.96万立方米，占比65.94%；气田业务用新鲜水量312.07万立方米，占比13.52%；其他业务用新鲜水量473.98万立方米，占比20.54%。2022年生产原油（气）液量新水量0.8553米^3/吨，同比下降0.74%；气田气生产新水单耗0.9795米^3/万米^3，同比下降0.66%。

【能源管控】 2022年，塔里木油田公司按照集团公司能源管控优化试点工作总体部署，初步建成克拉2气田能耗综合应用平台，实现能源管控单元主要能源实物消耗数据全面准确计量，能源绩效参数指标的制定与跟踪预警，用能情况实时跟踪展示，重点耗能设备用能模拟优化计算。结合能源管控平台实现克拉能源管控标准统一，管控措施的有效实施，降低人工成本，提升精细化、科学化能源管控水平。

【源头节能管控】 2022年，塔里木油田公司强化绿色低碳建产，新能源与油气田开发同步设计、同步建设，老油气田结合地面系统现状实施优化简化、节能改造、清洁替代工作。建立新建项目绿色低碳关键指标考核机制，制定单位油气当量能耗强度、单位油气当量碳排强度、清洁能源利用率、电气化率等新能源关键指标目标值。树立"优化方案就是降低成本和节约投资"理念，开展工程项目节能审查，控制新上项目能耗增量，确保科学合理利用能源，从源头杜绝能源浪费，提高能源利用效率。把强化节能审查作为从源头上提升项目能效水平、调整优化结构、合理控制增量的重要措施。全年组织开展14个固定资产投资项目节能审查，提出节能优化方案36项，实现项目源头设计年节电1517.09万千瓦·时，年节气204.89万立方米，年节能量6959吨标准煤。

【设备能效管理】 2022年，塔里木油田公司突出加强设备节能源头管控，抓好重点耗能设备设计选型、采购制造前期优生环节，强化设备全生命周期能效管理。在确保安全可靠的前提下，从效率、效益等方面开展注水泵、空压机等设备选型论证，设计阶段优选柱塞泵和微油螺杆机，推广节能经济高效设备应用，修订完善《锅炉加热炉采购技术要求》《往复式压缩机采购技术要求》，制定《注水泵采购技术要求》，明确采购设备能效指标。制定发布《主要耗能设备节能减排工作指导意见》，严格执行落实设备前期优生、中期优治、后期优化等全生命周期环节能效管理。

【节能监测】 2022年，塔里木油田公司组织开展能耗设备节能监测普查和用能设备能效对标工作，全年完成机采系统（抽油机、潜油电泵）、输油泵、注水系统、锅炉加热炉、压缩机共839台（套）重点耗能设备的节能监测普查工作，各类耗能设备总体监测合格率85%，节能评价值合格率49.9%。针对能效限定值不达标设备，制定一机一策，通过优化制度、调整运行、维护等手段，同时推进高能耗设备逐步淘汰更新、燃气设备电气化改造，提升耗能设备效率，各类设备能效水平同比提升3%，节能量9119吨标准煤。

【能效对标】 2022年，塔里木油田公司按照"对标先进、同类对标、内部对标"工作思路，健全完善生产系统三级能效对标体系，建立全过程定额控制机制，实施能耗总量和强度"双控双降"，通过"比综合指标、比系统能效、比设备效率"，从面、线、点全过程开展生产系统能效对标，同时建立季度分析预警、半年通报考核激励机制，推动油田形成清洁低碳生产方式。全年组织108套生产系统（机采、集输、处理和注水）对标集团公司各生产系统能效标杆，培育油田公司潜力标杆系统。其中，塔中第二采油气作业区塔中40区块机采系统、迪那区块注水系统、轮一联合站原油脱水系统、大北处理站天然气处理系统入选油气和新能源公司2022年度能效标杆。

【节能挖潜】 2022年，塔里木油田公司推进地面系统关停并转优，促进系统高效运行，全年组织实施克拉气田地面系统优化、东河—哈拉哈塘油田地面系统优化、轮南—塔中能源地面系统优化等项目，年节能4088吨标准煤。实施火炬熄灭工程，坚持应收尽收原则，加大零散气回收力度。2022年，建成回收项目11项，回收零散气7.91亿立方米，零散气回收率提升到99.78%，同比提升12.7%。强化对标分析，从精细管理、工艺优化、清洁替代等方面，开展四大系统（机采、集输、处理、注水系统）节能降耗挖潜，全年实施73项优化措施，节能量10.9万吨标准煤。

【清洁替代】 2022年，塔里木油田公司系统梳理盆地内戈壁、农田、黄土、沙漠区可控震源技术参数，制定分区带的物探技术政策。全年使用震源采集项目8个，年度震源替换率14.2%，项目最高替换率85.6%，减排量31吨。推广钻机"电代油"，在网电覆盖区域采用纯电动钻机施工，降低柴油机使用率，鼓励承包商加大钻井"电代油"推广力度，2022年钻井224口、电代油194口，电代油占比86.6%。推进生产用能清洁替代：推进太阳能资源多元化应用，探索余热资源利用，加快推进生产用能再电气化，构建油气生产多能互补新格局。建成21口单井分布式光伏、3座屋顶光伏/光热及轮南6兆瓦、和田河3.6兆瓦等分布式光伏电站，装机规模12.52兆瓦，克拉、英买、迪那等处理场站导热油炉实施余热回收利用，年节约天然气283万立方米；实施东河地层水、轮南轻烃厂压缩机余热回收利用，为现场厂房及办公场所供暖，年节约天然气268万立方米。

【节能降耗减排示范区】 2022年，塔里木油田公司通过实施零散气回收、单井空气源热泵清洁替代、高效柱塞泵应用、导热油炉余热利用、公寓太阳能供热、节能电机应用、能源计量完善等重点工程，探索迪那、英买2个节能降耗减排示范区建设，项目2022年6月底开工建设。

【节能技术科研攻关】 2022年，塔里木油田公司坚持"成熟先行、效益优先"原则，引进推广应用节能节水"四新"技术，同时开展技术调研，加大技术研究，通过技术创新、管理创新等方面实现塔里木油田公司节能降耗。开展凝析油气田能效指标及评价方法标准研究，形成一套能够合理表征凝析气田的能效评价方法，建立凝析气田生产系统6个主要组成部分、3个层级80项指标能效评价指标体系，明确指标体系框架、指标体系表、指标定义和计算方法。发布温室气体排放核算指南，明确各单位核算边界、数据来源及方法、监测频次，开发核算工具和温室气体排放报告模板，为基层单位精准减碳提供指导。加快天然气差压发电、光电一体真空加热炉、全天候真空光热储能系统、空气源热泵、常温集输等系列清洁低碳系列技术研发并在油田试点应用。加强VOCs排放管理，开展甲烷和VOCs协同管控技术研究，形成塔里木油田公司VOCs检测与修复工作指南、VOCs污染源排查工作指南、VOCs排放量核算方法，明确边远试采井协同控制技术路线，为甲烷和VOCs协同管控提供技术支撑。以轮南400万吨原油稳定装置为试点，采用㶲分析和夹点分析方法，开展地面系统能量优化集成应用研究，找准㶲损较大环节，确定节能挖潜方向,制定换热网络优化、余热回收、冷热耦合等节能技术方案。

【节能节水宣传】 2022年,塔里木油田公司强化节能低碳培训,制订培训计划,不定期开展座谈、交流与培训活动,提升员工业务能力。通过大讲堂、"铁人先锋"App等形式,加强关于碳达峰碳中和、节能降耗减排等政策和要求的学习。节能宣传周期间,围绕"绿色低碳,节能先行"主题,发动企业干部员工及家属参加,树立创新、协调、绿色、开放、共享的新发展理念,利用固定展板、条幅、报纸、显示屏及微信、微博、抖音等平台,开展节能降碳宣传教育,倡导绿色低碳生产生活方式,营造节能降碳氛围,推进绿色转型。

(祝 伟)

清洁供能

【我国首条零碳沙漠公路建成投产】 塔克拉玛干沙漠公路沿线生态防护林86口灌溉井由柴油机供电改为光伏(3.54兆瓦)供电工程,2022年1月9日开工建设,6月2日建成投运,年发电量362万千瓦·时,节省柴油651吨,减少二氧化碳排放约2050吨,防护林年捕集二氧化碳约2万吨,中和沙漠公路9万台次/年过往车辆的碳排放。

【零碳沙漠公路入选"2022年度央企十大超级工程"】 2022年12月31日,国务院国资委发布"2022年度央企十大超级工程",塔里木油田公司建成我国首条零碳沙漠公路入选"央企十大超级工程"。

(陶 波)

【巴州20万千瓦光伏发电项目】 2022年,塔里木油田公司首个通过竞配取得巴州保障性并网光伏指标;3月10日,取得中标通知书;5月7日,取得新疆维吾尔自治区发改委备案证;8月8日,股份公司批复可行性研究;10月24日,股份公司批复初设;12月29日,尉犁10万千瓦光伏发电项目建成。9月26日,且末县10万千瓦光伏发电项目开工,截至2022年底,总体形象进度75%。

(陈亚兵)

【和田河气田光伏电站建成】 2022年6月20日,塔里木油田和田河气田光伏电站工程项目开工建设,项目配套建设3.62兆瓦光伏电站1座,安装6708块540瓦单晶硅双面双玻光伏组件,分散逆变、集中并网接入10千伏系统。11月5日并网发电,项目运行期25年,总发电量1.339亿千瓦·时。节约标准煤1.64万吨/年,减少碳排放8.93万吨/年。

(陶 波)

【喀什110万千瓦光伏发电项目】 2022年,塔里木油田公司按照新疆维吾尔自治区和集团公司工作部署,以自治区新能源项目建设"七条"推进路径为指引,成立3个工作专班,到南疆各地州开展风光资源、土地资源、电网构架和传输余量、用电负荷消纳等情况,专班加快推进塔里木油田首个市场化并网发电项目。喀什地区伽师县60万、叶城县50万2个光伏发电项目于2022年7月4日获自治区批复,12月19日项目获股份公司可行性研究批复。项目建成后,叶城项目预计年发电9.1亿千瓦·时,折年减排二氧化碳52.1万吨,年节标准煤27.02万吨,伽师项目预计年发电10.4亿千瓦·时,折年减排二氧化碳59.4万吨,年节标准煤30.8万吨。

(赵冬立)

【集团公司首台井口光电一体化加热炉试运成功】 2022年7月29日,中国石油首台井口光电一体化加热炉在塔里木油田公司轮南39-2井一次试运成功,光电贡献率100%。该台井口光电一体化加热炉的应用,年均可减少碳排放113吨。井口光电一体化加热炉是首次将直流母排微电网技术与油气加热结合,实现光电与市电无缝衔接。白天利用塔里木盆地优质的光照条件,以使用光电为主,晚上则利用阶梯电价优势,使用低价市电。

【首次实现沙漠偏远单井"零碳绿电"】 2022年8月25日,塔里木油田公司位于塔克拉玛干沙漠腹地的玛东3井光伏替代项目成功投运,成为塔里木油田公司首口实现光伏发电完全替代柴油发电的沙漠偏远单井,年发电量约65万千瓦·时,节约标准煤约140吨,减少排放二氧化碳约370吨。

(葛青青)

【第一座单井分布式光伏发电项目正式并网发电】 2022年12月27日,塔里木油田公司第一座单井分布式光伏项目——哈得1-13H井分布式光伏项目正式并网运行,标志着塔里木油田公司首批单井分布式光伏发电项目正式建成投用。项目全部建成投用后,预计日均发电量9863千瓦·时,每年可提供清洁电力360万千瓦·时,替代标准煤1100吨,减少二氧化碳排放2386吨。

(马 群)

【轮南油田低碳示范区光伏发电项目】 2022年10月30日，塔里木油田轮南油田低碳示范区光伏发电项目开工建设，该光伏发电站是《轮南油田低碳示范区建设工程》重要内容之一，占地9.93万平方米，有光伏面板10998块，设计规模6兆瓦，分为A、B两个区域，各承担3兆瓦发电功能，主要由光伏组串直接接入逆变器，各逆变器输出的交流电汇集进入两座10千伏预装式变电站，后经升压处理与电网电源并网运行，该光伏发电站年均上网电量819万千瓦·时。

【全天候太阳能真空加热系统在轮古11-5井投运】 2022年12月28日，中国石油首台全天候太阳能真空加热系统在塔里木油田公司轮古11-5井实现24小时平稳运行。塔里木油田公司与冀东油田公司联合研发全天候太阳能真空加热系统的正式投运，标志着中国石油在油气加热领域再次获新突破，实现新能源新兴产业发展再加速。

(陈百龄)

新业务

【战略资源普查工程】 2022年，塔里木油田公司完成全盆地Xai资源普查，落实和田河、阿克、塔中、英买、哈得5个富Xai区域，建立健全油气水伴生资源普查制度标准，为铀、锂、溴、Xai、氪等16种伴生元素普查提供支撑，建立"天然气中有价元素：氪、氙"的检测方法；建立"预处理和等离子体电感耦合质谱/发射光谱法"定量原油中有价元素：镍、锰、铀、锌等元素方法；建立地层水中锂、铷、锶、铯、溴、碘方法，完成部分区块采出水中溴、碘的测定。

(何 皓)

【战略资源开发工程】 2022年7月5日，塔里木油田公司首席技术专家带队到西南油气田开展提锂先导试验调研；7月20日，塔里木油田公司成立采出水提锂专项攻关小组，编制完成塔里木油田采出水提锂项目招标文件。截至2022年底，与8家提锂单位开展技术交流，确定2家意向合作单位，其中1家意向合作单位已进行两次小试，尚未成功，正在改进吸附工艺；7月21—24日，组织另1家意向合作单位实地勘查，根据勘查结果计划在英潜开展先导试验。

(马 群)

天然气提Xai塔西南天然气综合利用工程，和田河气田天然气净化及综合利用工程，两项工程2022年2月11日初期设计通过塔里木油田公司复审，3月18日获初期设计批复。3月15日两项天然气综合利用工程举办开工仪式，完成"三通一平"。成立3个专业组和4个"建管一体化"工作专班，采取"橇装化建站、模块化建厂"方式，5月20日，工程开工建设。12月28日，喀什分厂关键核心装置投产，12月30日现场举办投产仪式。

(何 皓)

地面工程建设

DIMIANGONGCHENGJIANSHE

综 述

【概述】 2022年,塔里木油田公司原油产能地面建设完成投资15.96亿元;天然气产能地面建设完成投资24.67亿元;老油气田调整改造完成投资1.97亿元。开工建设项目106项(不含单井项目),其中股份公司重点工程5项,塔里木油田公司重点工程41项(建成投产21项、在建9项、前期建设11项)(表1)。各项产能建设工程有序实施,正点开工率97.16%,正点完工率100%,焊接一次合格率98.6%,标准化施工覆盖率93%。截至2022年底,塔里木油田公司原油生产能力755.73万吨、天然气生产能力320.99亿立方米。

表1 2022年塔里木油田公司地面工程建设一览表

序号	工程名称	计划投资依据	施工单位	组织单位	开工日期	完工日期	甲方项目负责人
1	塔西南天然气综合利用工程	油勘〔2022〕33号	CPECC西南分公司总承包	塔西南公司	2022.5.20	2023.6.30	王洪峰
2	和田河气田天然气净化及综合利用工程	油勘〔2022〕32号	CPECC西南分公司总承包	塔西南公司	2022.5.20	2023.4.30	王洪峰
3	博孜天然气处理厂建设工程	石油物装〔2022〕69号	四川石油天然气建设工程有限责任公司新疆分公司	油气田产能建设事业部	2022.7.1	2023.10.15	高发强

续表

序号	工程名称	计划投资依据	施工单位	组织单位	开工日期	完工日期	甲方项目负责人
4	博孜油气外输管道工程	石油物装〔2022〕69号	中国石油管道局工程有限公司新疆分公司/辽河油田建设工程公司新疆分公司/中油（新疆）石油工程有限公司	油气田产能建设事业部	2022.7.10	2023.7.30	陈　川 吴俊霖 王　涛 彭顺斌
5	博孜凝析油稳定及储运工程	石油物装〔2022〕69号	中油（新疆）石油工程有限公司/甘肃一安建设科技集团有限公司	迪那采油气管理区/油气运销事业部	2022.6.26	2023.8.30	田　鹏 徐继承
6	塔里木油田凝析油储运系统完善工程	油勘〔2021〕46号	中油石化建设工程有限公司/辽河油田建设工程公司新疆分公司/四川建设集团有限公司油建工程分公司	油气运销事业部	2021.9.25	2022.12.20	程　曦
7	哈拉哈塘油田富源Ⅱ区块奥陶系油藏滚动开发地面工程（集油部分）	塔油计划〔2021〕119号	中国石油管道局工程有限公司新疆分公司/新疆塔里木油田建设工程有限责任公司/巴州华云石油技术开发有限公司	油气田产能建设事业部	2022.3.5	2023.4.30	徐继威
8	富满油田跃满区块奥陶系油藏开发方案地面工程方案	油勘〔2022〕50号	四川石油天然气建设工程有限责任公司新疆分公司/正太集团有限公司	油气田产能建设事业部	2022.2.22	2023.12.30	祝新杰 杨　伟
9	柯克亚储气库建设工程	油勘〔2022〕261号	四川石油天然气建设工程有限责任公司新疆分公司	油气田产能建设事业部	2022.7.26	2023.10.15	徐文超
10	富满油田$F_1$20断裂带试采地面工程(满深8)	塔油计划〔2022〕108号	辽河油田建设工程公司新疆分公司	油气田产能建设事业部	2022.8.30	2023.3.2	王盛山
11	克深10区块开发地面工程	油勘〔2021〕279号	辽河油田建设工程公司新疆分公司/中油（新疆）石油工程有限公司	油气田产能建设事业部	2022.3.31	2022.12.1	韩　超
12	大北气田大北12区块开发方案地面工程	油勘〔2022〕29号	中国石油天然气第七建设有限公司	博大采油气管理区	2022.3.30	2022.11.20	李国汉
13	轮古西奥陶系油藏注水提采地面工程	塔油计划〔2022〕40号	四川建设集团有限公司油建工程分公司	轮南采油气管理区	2022.4.30	2022.9.30	张笑吟

续表

序号	工程名称	计划投资依据	施工单位	组织单位	开工日期	完工日期	甲方项目负责人
14	大北3区块集输系统完善工程	塔油计划〔2022〕26号	新疆华油新海石油工程技术有限公司	博大采油气管理区	2022.3.1	2022.3.30	李国汉
15	富源210断裂带注水先导试验地面工程	塔油计划〔2021〕156号	辽河油田建设工程公司新疆分公司	油气田产能建设事业部	2022.3.15	2022.5.8	祝新杰
16	哈得逊油田玉科区块碳酸盐岩油气藏开发地面工程	塔油计〔2019〕170号	四川石油天然气建设工程有限责任公司新疆分公司/大庆油田建设集团有限责任公司	油气田产能建设事业部	2020.8.15	2022.5.29	刘 正
17	塔里木油田公司科研实验楼项目	石油勘〔2019〕142号	中建三局集团有限公司	油气田产能建设事业部	2020.5.30	2022.5.30	徐文超
18	富满油田果勒东I区奥陶系油藏试采地面工程	塔油计划〔2021〕109号	辽河油田建设工程公司新疆分公司/中油（新疆）石油工程有限公司	油气田产能建设事业部	2022.2.28	2022.5.30	蔡毅德
19	哈得251断裂带地面配套工程	塔油地面〔2021〕89号	中国石油管道局工程有限公司新疆分公司	油气田产能建设事业部	2021.10.25	2022.6.24	祝新杰
20	大北201集气站至大北处理站集气管线工程	塔油计划〔2022〕24号	中国石油天然气第七建设有限公司	博大采油气管理区	2022.3.15	2022.6.21	李国汉
21	克深3集气站至克深2清管站输气管道工程	塔油计划〔2022〕25号	中国石油管道局工程有限公司新疆分公司	克拉采油气管理区	2022.4.10	2022.7.24	吴长涛
22	南疆利民管网天然气增压输送工程(三岔压气站)	塔油计划〔2022〕17号	四川石油天然气建设工程有限责任公司新疆分公司	油气田产能建设事业部	2022.7.1	2022.9.23	陈 叶
23	博孜1集气站扩建天然气脱水站工程	塔油地面〔2022〕75号	中国石油天然气第七建设有限公司/新疆华油新海石油工程技术有限公司	博大采油气管理区	2022.7.1	2022.10.25	柴佳佳
24	富满油田富源3—富源303H井区试采工程	塔油计划〔2022〕39号	辽河油田建设工程公司新疆分公司	油气田产能建设事业部	2022.5.26	2022.11.17	宋文磊
25	克深气田100亿立方米稳产优化地面工程	塔油计划〔2022〕44号	中油（新疆）石油工程有限公司	克拉采油气管理区	2022.5.30	2022.11.20	吴长涛
26	克深8区块提采重大开发试验地面工程	油勘〔2021〕306号	四川石油天然气建设工程有限责任公司新疆分公司	克拉采油气管理区	2022.4.10	2022.11.25	谢宽涯

续表

序号	工程名称	计划投资依据	施工单位	组织单位	开工日期	完工日期	甲方项目负责人
27	克拉2气田开发调整采出水回注部分工程	油勘〔2022〕31号	中石油第二建设有限公司	克拉采油气管理区	2022.4.10	2022.11.25	谢宽涯
28	阿克苏至和田管道输送能力提升工程（泽普增压站）	塔油计划〔2022〕43号	中油（新疆）石油工程有限公司	油气田产能建设事业部	2022.4.30	2022.11.25	陈 叶
29	富满油田哈得32—哈得302H井区试采工程	塔油计划〔2022〕38号	四川石油天然气建设工程有限公司新疆分公司	油气田产能建设事业部	2022.5.26	2022.11.15	崔建伟
30	富满油田$F_1$19断裂带满深71井区试采地面工程	塔油计划〔2022〕107号	中油（新疆）石油工程有限公司	油气田产能建设事业部	2022.8.30	2022.12.25	王盛山
31	迪那2气田开发调整地面工程	油勘〔2021〕336号	四川建设集团有限公司油建工程分公司	迪那采油气管理区	2022.4.15	2022.12.10	吕 戈

地面工程管理

【概述】 2022年，塔里木油田公司围绕"深入实施资源、创新、市场、低成本、安全绿色五大战略，实现发展规模速度、质量效益、安全环保相统一"总体战略和"建成世界一流现代化大油气田"总体目标，加强管控地面工程源头设计，强化标准化施工、安眼工程和完整性管理，加快推进数智化建设，组织实施并投运重点地面工程，全面完成地面工程各项业绩指标，地面工程设计年度计划完成率100%；标准化井场、中小型站场、大型站场设计覆盖率均100%；一次投产成功率100%；竣工验收计划完成率98.2%；单位工程质量合格率100%；管道综合失效率0.0023次/（千米·年）；油气生产单井数字化率98.3%，改造单井55口，实现1735口油气生产单井数字化覆盖；站场数字化率100%，改造场站5个，实现149个场站数字化全覆盖；油气生产物联网覆盖率100%，实现16个生产单元物联网全覆盖。

【地面工程体系建设】 2022年，塔里木油田公司优化基础管理，地面系统管理技术支撑体系得以持续完善。

制度体系建立。承担股份公司课题"中国石油油气田地面建设工程项目施工图审查技术研究"，编制34个专业技术手册并通过审查；修订地面工程施工作业类资质资格核查标准，新编工程监理和无损检测类核查标准，全面规范地面建设承包商关键岗位人员配置标准；发布《规范油田零散气回收管理指导意见》《塔里木油田公司油气管道失效管理实施细则》《塔里木油田公司地面工程承包商考核实施细则》《塔里木油田公司管道和站场地面生产管理办法》《塔里木油田公司管道和站场完整性管理办法》《塔里木油田公司地面系统防腐管理办法》《塔里木油田公司装置检修管理实施细则》7项制度，发布《中国石油油气田地面建设工程施工图审查管理规定》《环氧树脂二次灌浆规范》(Q/SY TZ0272)《工程建设入场培训管理规范》(Q/SY TZ0488)《工程建设废弃物管理规范》(Q/SY TZ0481)4项技术文件。

企业标准制修订。制修订《热塑性塑料内衬玻璃钢复合管施工及验收规范》《中口径高压厚壁管道内检测技术规范》等45项地面系统标准，其中制定标准26项，修订标准19项。

【前期工作管理】 2022年，塔里木油田公司聚焦"新区高效建产，老区效益稳产"目标，以"标准化设计、三个一体化"为抓手，实现从设计源头上保证工程质量。

立项技术论证。组织项目审查34项,其中方案审查7项,初步设计21项,施工图审查6项。提出意见800条,采纳率95%,批复项目13项。处理设计变更18项,合计变更投资527万元。

前期问题协调及调研。协调办理基层问题13项,其中生产紧急类7项,管理程序类6项,协调率100%,平均周期1天,满意度100%;组织硫黄尾气回收工艺、储气库、天然气火驱、采出水回用、VOCs(挥发性有机物)治理等调研9次,其中外部调研2次、生产现场调研7次。

节点倒逼机制。2022年,地面工程部以油气生产能力提升为导向,结合项目管理流程和经验,合理确定完工投产日期,倒逼前期、物资采购、施工、试运节点,用时35天完成31项重点工程运行计划。生产运行部定期督办、通报、考核,加快项目进展,截至年底,12个完工项目均提前建成。

一体化机制。地面设计提前介入探评价阶段,统筹规划区块地面整体布局,按照"总体规划、骨架先行、区块接入"总体思路,加快地面建产速度。整体规划富满油田概念设计,推动油气水电通信等地面大骨架先行建设,试采方案推动计转站及集输干线建设等小骨架建设,正式开发方案推动区块井场及单井集输建设;具体单井层面盯住钻井动态,与周边单井进行对比,提前开展接入方案论证和物资储备工作。2022年,富满油田单井交井后15天内完成建设,实现产能快速释放。

源头管控。成立甲乙方融合管理项目组,实施重点工程设计、建设、运行一体化运作模式,督促用户单位提前介入,提升用户单位话语权。召开项目启动会,塔里木油田公司主导总体技术路线,确保设计方向一致。优化博孜处理厂及外输管道建设工程重大设计17项,意见建议500余条,在一个半月内完成初步设计,优化投资4000余万元;通过讨论,优化简化塔西南天然气综合利用工程、和田河气田天然气净化及综合利用工程的工艺、设备选型,降低投资上亿元,博孜天然气处理厂建设工程经过60%三维审查,取消集输管线、优化管径和总图布局,节省2000万元。

【设计管理】 2022年,塔里木油田公司以完善标准化单井定型图为突破点,结合现场使用的反馈意见,修订完善17套油气田单井标准化定型图,加快物资采购和建设速度,现场适应性进一步加强;按照油田公司标准化工作要求,以800吨级标准化计转站为突破点,形成标准化设计统一技术规定,进一步规范地面工程标准化设计要求。

以《油气田地面建设和生产对标管理规定》为指导依据,围绕"控投降本增效、提质提速、安全环保、数字化智能化"工作要求,从前期和建设两个阶段、横向和纵向两个维度开展对标分析。结合大、中型站场标准化设计覆盖率87%的实际情况,地面工程部系统分析主客观原因,结合介质物性、油气藏类型、人员理念、方式方法,提出5项强化措施,成立标准化设计工作专班,制定"三步走"(第一步,2022年,发布800吨计转站标准化定型图、塔里木油田公司标准化设计统一技术规定;第二步,2023年,优化升级油气田单井定型图,建立元件等级库、源文件等;第三步,2024年,扩展标准化设计定型图,完善和维护标准化技术体系文件,编制标准化设计管理文件)工作计划,推动设计质量提升。

【工程建设管理】 2022年,塔里木油田公司加快推进项目建设,特别是重点工程实施,项目关键节点管控到位,过程协调及时,重点产能建设工程全面推进。

重点建设工程。塔里木油田公司启动重点建设工程41项,2022年底完工23项,延续至2023年16项,无进展1项,取消1项。建成哈一联气系统扩建、大北3区块集输完善、大北集气管线、克深输气管道、南疆利民管网天然气增压输送工程三岔口压气站、富满油田哈得32—哈得302H井区试采工程、富满油田富源3—富源303H井区试采工程、泽普(叶城)压气站建设工程等工程,提高各区块气输送和处理能力;建成果勒东区块试采、哈得251断裂带配套工程、克深10区块开发等工程,单井生产能力获得释放;建成富源210注水、轮古西注水提采、博孜天然气脱水站工程,为提高单井采收率夯实基础。

节点目标管理。塔里木油田公司重点项目按照"初步批复、专项评价、工程招标、开工建设、投产运行"节点进行考核,重点工程项目建设效率提高15%。塔里木油田公司与各单位签订考核任务书,细化项目各环节和责任人,提前做好基础性准备工作;各职能部门主动协调跟进,加快流转审批速度,每周跟踪进展,第一时间协调偏差事项,在生产例会通报未按节点完成的项目。中期评估的17个项目比计划提前1个月完工,为降低新冠肺炎疫情影响争取时间。

疫情期间协调。实施3个方面12项举措,推动冬季保供、产能配套等新冠肺炎疫情影响下的20个重点项目进度。编写《重点地面工程疫情影响下应对之策》《重点地面工程全面抢工计划》等4种方案和计划，明确13个滞后项目的卡点和解决措施；编写《塔里木油田公司博孜—大北等四项工程出行方案》《疫情对塔里木油田公司重点项目的影响》，分别报至新疆维吾尔自治区工业和信息化厅、中国石油驻疆协调组，为加快地方政府协调力度提供依据。梳理重点地面工程项目、紧急单井项目需要调用的746名人员、662项物资及86项机具，报至库尔勒开发区、库车、喀什和和阿克苏政府，为加快人员物资到位奠定基础。每日编制疫情影响快报、塔里木油田公司冬季保供项目进展等4项报表，持续跟踪13项重点滞后工程和10项重点冬季保供工程的进展和需协调事项，实现挂图作战、日事日清。

优化管理流程。针对长周期物资采购和工程选商周期长、合规风险大的难题，分析优化管理流程，先后编制长周期物资采购"一表一图"（程序职责RACI表、程序流程VISIO图）、工程招标选商"二表一图"（选商方式指导表、程序职责RACI表、程序流程VISIO图），明确全流程各环节的办理流程、常见问题、保障措施和提效办法。重点项目长周期物资采购时效同比节约61.5天，工程招标时限较"十三五"期间节约13.1天。

推行标准化施工。执行《油气田地面建设标准化施工技术手册》，确保施工的每项环节有章可循，每项操作有据可依，工程质量一次合格率提高2%，"低老坏"问题下降5%。在标准化文明施工方面，重点规范门禁管理、责任分区、文明施工、交叉作业等施工行为；在标准化质量管理方面，主要统一入场考核、流程操作、质量验收、资料管理等做法。

数字化交付。确定"2022年股份重点项目全覆盖，2023年油田重点项目全覆盖，2024年全面铺开"的总体思路，发布塔里木油田公司数字化交付推广实施方案，完成自主研发的交付平台试点应用和标准培训。通过地面工程建设期各阶段数据的标准化"伴随式"采集，构建工程建设期数字孪生体，为"智能油气田"建设提供数据基础。组织召开数字化交付双周例会，及时跟踪项目交付进度并协调解决问题。2022年开展数字化交付项目14个。

问题处置。主要针对关键物资提前采购、物资检测偏差认定、工程建设合规措施、竣工验收遗留问题整改、特种作业人员取证等现场发现的问题和基层反映的问题，组织专题会议研究解决并规范同类事项。建立地面建设管理工作群，即时通报管理要求，征求建议，答疑解难。

监督监理。针对2022年地面建设任务重，塔里木油田公司自身质量监督力量较弱的问题，推进异地监督管理模式，引进冀东和克拉玛依监管站，加强博孜、大北、富满、塔西南等区域重点工程监督力量；针对监理单位履职能力不足的问题，通过监理人员访谈、问卷调查、提升监理费用、监理履职"四查"分析等措施，促进监理单位配备高素质人员。针对不同节点建设特点，组织地面工程开复工检查、安全大检查、敏感时段升级管理、建筑物安全整治等监督检查，发现甲乙方单位管理亮点，消除风险隐患；选取博孜处理厂、富满联合站、凝析油储运完善等5个典型项目，启动"安眼工程"建设，逐步从高风险作业视频监控推广到所有关键作业场所。

【项目竣工管理】 2022年，塔里木油田公司全面排查梳理遗留问题，分类编制"三张计划表"（2021年以前遗留项目、2022年正常开展项目、单井项目），每月进行目标计划和实际进展对比督办，预判各环节问题，重点跟进临期工作；地面工程部联合概预算管理部，建立项目结算分歧仲裁协调机制，协调克拉、哈得等区域历史遗留问题，突破竣工验收瓶颈。

【质量提升专项行动】 2022年，塔里木油田公司发布地面建设工程质量管理提升方案、运行大表和管理指标，落实9方面54项具体工作。每月查找分析典型质量隐患，通报违规问题的单位和个人；每季度以"四查"分析会和质量公报形式，剖析典型问题，组织承包商质量管理测评；专项推进乙供物资检验、监理质量改进、焊接无损检测和"三个一批"考核等工作，夯实质量管理基础。

【地面系统安全管理】 2022年，塔里木油田公司分析地面建设工程风险特点，编制安全风险分级管控清单、质量隐患判定清单和检查清单，推行油气田地面建设标准化承包商HSE检查技术手册。分析承包商历年业务风险，将106家地面建设承包商划分为3个等级进行审核，量化评分和辅导管理体系、高危作业、环境保护、文明施工等16方面工作。组织承包商关键岗位人员HSE培训5期，承包商单位的主要负责人、分管安全生产负责人、安全管理部门负责人、施工项目负责人等700名承包商骨干人员参加培训。

【基建市场与承包商管理】 2022年，塔里木油田公司统一规范现场资料整理标准和要求，加强与相关机关处室沟通，整合相关业务检查，减少检查次数，减轻施工承包商资料整理报送和迎检次数。修订地面工程施工作业类、运维类4项承包商资质资格核查标准，制订工程监理类、无损检测类4项承包商资质资格核查标准，全面规范地面建设承包商关键岗位人员配置标准；组织1期项目管理培训班和5期承包商安全取证培训班，宣贯制度标准要点，剖析项目进度、安全、质量、合规等方面存在的典型问题，夯实管理人员基本功。

明确监管重点，组织年度监督检查。制订2022年监督检查项目计划，围绕地面工程领域突出问题，突出承包商资质资格核查工作重点，从关键管理环节、管理程序和措施执行、关键岗位人员、承包商"三违"、关键节点管控以及工程质量、安全、参建单位执行标准规范和履职尽责情况等方面，与相关单位组成地面工程关键环节监督检查组，开展监督检查8次，形成监督检查报告。建立地面工程承包商常态化监管工作机制，地面工程承包商履职能力和依法合规水平得到进一步加强。

每季度开展承包商阶段性评估，年度开展综合能力评估，有8家、6家地面工程承包商分别受到停工整顿、限减工作量处理，"严监管、严考核、严兑现"承包商监管机制得到有效运行。

【管道和站场完整性管理】 2022年，塔里木油田公司油气管道失效次数42次，油气管道失效率0.0023次/（千米·年），同比下降52%，其中Ⅰ类管道失效率0、Ⅱ类管道失效率0.00356次/（千米·年）、Ⅲ类管道失效率0.0048次/（千米·年）。

管道检测检验与隐患治理。加大管道双高识别评价与治理，对16553千米集输及净化油气管道开展管道高后果区识别和风险评价，识别出双高管道1.05千米，同比下降42.89千米，双高管道长度达到0目标。

油气装置检修。审查装置检修方案，常态开展检修承包商资质资格核查、检修过程巡查，利用塔里木油田公司例会平台，分享检修典型做法，剖析检修问题，明确检修方案、检修实施、缺陷处置等全过程要求，提升检修质量。2022年，油田公司检修装置21座34套，检修项目1491项，更换问题设备26台，消除各项隐患299项。

隐患项目管理。地面系统结合隐患资金数量，筛选隐患项目，规范安全隐患项目程序，组织实施隐患项目，定期跟踪项目进度，全年7个安全隐患项目均完成前期相关程序。

专项检查。开展燃气专项整治、安全生产大检查、危险化学品集中整治、安全生产三年专项整治、水系统大调查等11次专项检查，协助生产单位剖析查找管理盲区和不足，提出解决建议，发现并整改各类问题814项（其中较大隐患24项），整改完成率100%。

采出水管理。从机构人员、制度建设、管理配套、方案编制、化验分析、水质标准、监督检查、成本分析、适应性及面临的问题等方面着手，发布水系统大调查工作方案，组织开展现场调研和编制水系统运行管理手册，夯实油田采出水管理规范基础。

培训及辅导。组织生产单位开展课件开发及培训，将完整性管理理念、制度、程序、技术渗入日常的生产运行中，全年开发课件101个，开展高阶培训34次，培训师培训37次，标准解读51次，专题研讨39次，经验分享50次，参与人员2000余人次。组织油气工程研究院开展完整性管理技术大讲堂、防腐技术大讲堂，全年开展技术培训32次1200余人次，覆盖油田公司各层级完整性管理人员。组织开展地面生产管理、管道和站场完整性管理、采出水处理及注水系统管理、零散气回收管理、管道清管管理、装置检修管理等相关技术辅导4次，及时与生产单位沟通，分析问题原因并提出解决办法。

【地面系统数字化管理】 2022年，塔里木油田公司加强数字化智能化项目管理，推动地面系统数字化转型智能化发展。

数字化项目。实施地面工程数字化自动化相关项目12项，组织项目实施单位应对新冠肺炎疫情影响，按照既定完工目标倒排施工计划，提前开展开工资料审查、资质资格核查等准备工作。至2022年底，完工项目8个，油气生产单井数字化率提升至98%，中小型站场无人值守率100%。

油气生产智能化应用方案。方案涵盖智能生产井场、智能集输管网、智能站场、智能油气作业区、智慧工地、油气生产智慧运营6个方面，指导地面工程数字化转型智能化发展落地实施，实现乙烷回收智能化工厂项目总体进度100%，乙烷回收数字化交付平台总体进度100%，地面工程智能化系统总体进度100%。

智能模块建设。按照股份公司统一安排部署，油田公司依托乙烷智能工厂、博孜气田、富满油田智能化项目，基本完成4大类41个智能模块开发建设，其中16个成熟模块已上报规划总院计划参加总部第一批审查，剩余25个智能模块在乙烷智能化工厂建设中优化完善。

数字化采油气试点建设。2022年7月，塔里木油田公司党工委决策建设数字化采油气管理区，地面工程部按照"业务主导、信息统筹、应用为本、双轮驱动"工作方针，围绕"提质增效、管控风险、造福员工"目标，成立试点建设专班，明确建设目标及思路，梳理建设工作任务及场景，全面开展自动控制完善、信息系统升级，三步走支撑采油气管理区数字化转型智能化发展。在迪那采油气管理区、东河采油气管理区开展试点建设，调研迪那采油气管理区、东河采油气管理区油气生产业务，分析存在的差距，编制试点建设方案与计划，指导数字化管理区建设。2022年底，初步完成管理区转型，建立"三办八中心"（综合人事办、党群办、经营财务办、质量健康安全环保中心、生产指挥中心、采油气技术中心、地面工艺中心、油气藏地质中心、东河油气运维中心、哈拉哈塘油气运维中心、热普油气运维中心）组织机构，优化整合承包商队伍，形成"生产指挥中心统筹协调、生产控制中心集中监控、大中型站场应急值守、小型站场无人值守"生产运行模式。多举措推动试点建设，降低新冠肺炎疫情影响。建立"日跟踪、周例会、月汇报"推进机制，掌握参建各方进度，协调存在问题。地面工程部、油气工程研究院、油气数智技术中心采用联合办公、现场值守方式，开展岗位写实14次，征集岗位需求177项，现场踏勘40余处，技术方案论证25次，线上技术交流5次，形成技术方案8份，各类工作确定时效较日常缩短5天以上。采用"现场自主踏勘作图+设计院远程设计"的联合设计方式，利用视频、图像、三维等技术手段开展联合设计、边设计、边审查、边修改，设计时效缩短10—15天。采用"边开发、边确认、边测试"的平台开发模式，现场成立八大模块测试小组，迭代优化平台功能。在厂家受疫情影响不能到现场情况下，自主开展控制系统组态。优化项目流程，采用框架合同招标确定施工队伍，提前完成开工前各项准备工作。主动与地方协调物资、人员进场。截至2022年底，两个管理区试点建设自动化完善改造进度35%，信息化系统升级及数据治理进度52%，管理配套工作进度37%。

【自动化管理】 2022年，塔里木油田公司加强自动化仪表系统现场基础管理，做实工控系统安全保障，强化现场检查与整改督导，提升系统平稳运行保障能力。

现场基础管理。编制37项控制系统、仪表基础信息模板，梳理完善克深、迪那、英买、东河、轮南、轻烃厂工控网络系统架构图，确保基础资料规范、完整。

工控系统安全保障。编制审查克拉、迪那、东河、轮南、轻烃厂工控安全防护方案及主要设备技术定型，并实施工控安全防护项目。组织英买、哈得、博大等9家单位按照塔里木油田公司工控安全管理指导意见，完善现场基础管理，开展应急演练，启动工控系统安全防护隐患治理工作。梳理工作量、编制实施方案及估算费用，为2023年项目实施做好前期准备工作。

防爆电气仪表隐患治理。按照安全生产专项整治三年行动要求，组织各单位加快落实整改措施，倒排施工计划，每周跟踪施工及物资到货情况，整改11家单位36781个防爆隐患问题，其中8家单位完成整改，塔中、东河、轮南3家单位受新冠肺炎疫情影响致整改滞后。

非计划停车隐患排查。因PLC（可编程逻辑控制器）、燃烧器、电源、仪表故障等引起非计划停车24起，通过维修、更换配件、修改程序等方式全部整改完成，解决仪表自控设备故障问题，确保控制系统安全可靠。

现场检查与整改督导。对照仪表自控现场常态化隐患排查清单、开发生产领域仪表自控专业安全大排查要点，组织完成12家单位21个油气站场现场检查6次，发现隐患排查针对性不强、联锁管理和制度执行不规范、电源管理存在缺陷等问题280项，并同步开展业务宣贯交流培训。截至2022年底，问题整改250项，剩余30项因新冠肺炎疫情、立项实施等原因未完成整改。组织各单位整改落实监督中心现场发现的问题及自检自查问题82项，其中日常管理7项、SOC/SOL（参数正常范围/参数极限范围）执行9项、现场与系统偏差18项、安装及完整性缺失16项、安全联锁失效10项、校验标定4项、仪表选型4项、隐患排查虚假销项14项。组织哈一联100万立方米气系统投产前仪表自动化专项检查，发现并整改问题42项，确保项目安全顺利投产。

油气场站联锁保护管理。明确从设计把关、施工安装调试和联合确认到日常运行维护、监控操作、巡检、现场管理、年度检修测试、人员培训等全生命周期管理要求；推广塔里木能源公司SIS（安全连锁系统）联锁管理典型经验做法，组织各单位完成借鉴整改；编写油气场站联锁保护管理要点，组织开展油气场站联锁保护自检自查及现场抽查验证工作，发现问题139项，整改问题123项。

自动化年度检修测试。克服仪表自动化检修时间紧迫、任务繁重、新冠肺炎疫情等不利影响，坚持应检尽检，以检修检查深入评价自控系统现状，解决日常运维无法发现的问题，全年开展检修项目378项、测试系统334套、检定仪表14782套，发现并整改问题126项，系统总结经验做法及存在问题，明确2023年检修工作要求。

【地面工程技术攻关】 完整性管理基础。2022年，塔里木油田公司开展"油气集输管道完整性检测与评价技术研究""二氧化碳和H_2S腐蚀环境中X65钢的气液界面腐蚀行为"等科研8项，健全完善《油气管道清管与效果评价规范》等标准5项，夯实油田公司完整性管理技术基础。

天然气产品质量控制。从装置设计参数、介质物性变化、生产运行现状等方面，地面工程部组织油气工程研究院、生产单位，开展外输天然气烃水露点指标量化细化。编制完成量化指标，并与生产单位进行验证和校核。

克拉2气田单井除砂工艺研究。针对库车山前高压气井出砂，堵塞油嘴、冲蚀管线和阀门等问题，开展克拉2气田单井除砂工艺研究，采用"转折+离心分离"工艺，形成高压井口除砂工艺装置，在克深241-2井成功投用，综合除砂率85%，该井复产后平均日产天然气3万立方米。

液体脱汞剂前置脱汞研究。针对天然气处理厂采用吸附脱汞工艺，导致气、油、水、乙二醇全系统含汞等问题，开展液体脱汞剂前置脱汞研究，在大北304-1井试验效果良好，可同时脱出气液两相的汞，汞总体脱除率99.7%，为未来整体前置脱汞奠定技术基础。

防蜡剂国产化研究。针对博孜气田高含蜡问题，塔里木油田公司在大北处理站完成小规模防蜡剂国产化现场试验研究，保障天然气装置480万米³/日连续安全运行，降低运行成本。

内监测器研发。针对气田中口径高压厚壁管磁化困难，难以开展漏磁内检测，风险精准识别管控，组织开展技术攻关和内监测器研发，进一步推动中口径高压厚壁管内检测工作，在大北试采干线克拉段试验成功，发现缺陷123处。

【零散气回收】 2022年，塔里木油田公司强化属地现场监管，新扩建零散气回收站9座，累计建成回收站53座，零散气回收能力500万米³/日以上。全年回收气量7.9亿立方米，年综合回收率88.98%，相当于减少温室气体排放量158.2万吨。

【库车山前"西气东调"工程】 2022年，塔里木油田公司因博孜处理厂、富源联合站未建成投产，冬季保供任务异常繁重，通过分析论证，新建大北3集气站至克深5集气干线等3条管线，在博孜1集气站扩建脱水站，保障博孜区块天然气的释放。4项重点天然气冬季保供工程于2022年全部建成投运，油气能力提升400万米³/日，调转能力670万米³/日。

【"北水南调"工程】 2022年，塔里木油田公司组织实施"北水南调"工程（一期），建成从台2区块至轮西油田迪那管径250毫米管线，设计注水能力3750米³/日，解决因迪那到台2区块的迪那管径150毫米注水管线注水压力过高，注水量达不到设计要求的问题。

【消灭拉油点专项行动】 2022年，塔里木油田公司为降低富满新区拉油量，针对富满油田2021年拉液81万吨，组织相关单位开展消灭拉油点专项行动，分析拉油原因和系统瓶颈，找出关键因素4个，系统论证并落实14项减少拉油措施。截至2022年12月10日，地面骨架管网基本建成。

【智能化油气田建设】 2022年，塔里木油田公司打造数字化管理区样板，启动智能化油气田建设。

迪那东河数字化管理区示范建设。开展18大类51项工作任务，包含自动化基础完善29项，信息化升级12项，管理配套10项。截至2022年底，自动化完善改造进度45%，信息化系统升级及数据治理进度70%，管理配套工作进度45%；其他管理区启动梳理2023年工作任务及计划。

乙烷回收智能工厂建设。探索天然气处理厂智能化路线，截至2022年底，工程进度100%。

博孜富满智能油气田示范区建设。探索油气田智能化发展模式，截至2022年底，完成施工图设计并组织选商。

【挥发性有机物治理】 2022年8月，塔里木油田公司完成油气运销事业部、英买采油气管理区VOCs试点项目投运，并总结经验21条。9月初，完成储罐治理、装载治理、火炬治理等项目的可行性研究、初期设计、施工图、队伍招标等工作。11月15日，塔里木油田公司审查尾气治理可行性研究报告。

【2022年重点项目（工程）推进会】 2022年3月9日，塔里木油田公司召开2022年重点项目（工程）推进会，全面贯彻落实集团公司党组和油田党工委安排

部署，专题研究推进2022年重点项目（工程）建设，生产运行处汇报2022年重点项目（工程）运行计划，地面工程处等7个部门分别汇报各自领域重点工作安排，人事处（党工委组织部）对重点项目（工程）业绩考核办法（试行）作说明。

（张新岭）

重点地面工程

【博孜天然气处理厂建设工程】 工程背景：根据《博孜—大北区块地面骨架工程可行性研究》的批复，博孜—大北区块的大北天然气处理站（处理规模50亿米^3/年）无法满足博孜—大北区块预测产能的处理能力。按照油田公司贫富气分质分输的原则，大北区块的贫气依托大北天然气处理站进行处理，而博孜阿瓦区块的富气暂无处理设施。结合后期发展规划和安全运行考虑，在博孜富气产能中心新建天然气处理厂1座，博孜天然气处理厂处理后的天然气通过新建天然气管道输至克拉2清管站，处理后的混烃通过新建凝析油管道输至牙哈集中处理站，对牙哈集中处理站进行改扩建，满足博孜—大北区块的凝析油和牙哈储气库凝析油及烃液的处理需求。

工程内容：新建1套2000万米^3/日的集气装置，主要设备包括段塞流捕集器和一级闪蒸分离器各2台。新建2套1000万米^3/日的脱水脱烃装置，主要设备包括2台气液分离器、2台原料气预冷器、2台原料气分离器、2台原料气后冷器、2台低温分离器、4台吸附塔。新建2套430吨/日的烃液提留装置，主要设备包括2台醇液三相分离器、2台一级换热器、2台二级换热器、2台闪蒸塔。新建2套50吨/日的乙二醇再生装置，主要设备包括2台乙二醇富液三相分离器、2台乙二醇再生塔、7台乙二醇注入泵等。新建2套1450吨/日的凝析油闪蒸装置，主要设备包括2台二级闪蒸分离器、2台三级闪蒸分离器、2台凝析油换热器、2台凝析油加热器。新建1套闪蒸气增压装置，主要设备包括3台高压闪蒸气压缩机、2台低压闪蒸气压缩机；新建1套混烃存储装置，主要设备包括4座2500立方米混烃储罐、3台倒罐泵。新建1套400米^3/日的污水处理装置，主要设备包括混凝沉降罐、破乳反应罐、喷射气浮装置、组合式吸附过滤装置等。新建90.1千米110千伏外电线路。新建2×4兆瓦光伏电站，新建1套4兆瓦槽式太阳能集热器。配套建设自控、供配电、通信、暖通、给排水及消防等辅助设施。新建1座200人标准化公寓，建筑面积约9064平方米。新建集气干线7.9千米，设计压力20兆帕，管道规格管径355毫米×17.5毫米，材质L4150。同时原博孜处理厂西侧已建集气干线改切至新建博孜天然气处理厂。

参建单位：博孜天然气处理厂建设工程由油气田产能建设事业部组织实施，中国石油天然气管道工程有限公司设计，四川石油天然气建设工程有限责任公司新疆分公司施工，寰球工程项目管理（北京）有限公司监理，北京西管安通检测技术有限责任公司检测。综合公寓工程由新疆石化工程建设有限公司施工，新疆建筑院设计，大庆油田工程项目管理有限公司监理，巴州建设工程质量检测有限公司检测。

工程进度：2022年3月2日完成可行性研究批复，5月25日完成初步设计批复。博孜天然气处理厂建设工程于2022年7月30日开工，浇筑混4778立方米；完成工程量15.9%。中控楼西侧一层板、梁、柱混凝土浇筑完成100%；化验室基础回填100%；10千伏开闭所房间基础挖掘完成100%；10千伏开闭所房独立柱混凝土浇筑完成100%；管廊架1号、2号、3号、4号、5号基础回填完成100%；围墙完成工作量98%；1号基础回填完成80%，2号基础回填完成80%，3号基础回填完成40%；4号基础回填完成30%。空氮站挖掘完成100%；采出水间基础挖掘40%；管沟挖掘2100米；临电施工完成；接地扁铁焊接完成1400米。管廊架预制完成419吨（1—4号管廊）；厂房钢结构预制完成1栋（综合库房）。截至2022年12月31日，博孜天然气处理厂建设工程总体进度40.5%。综合公寓工程于2022年8月31日开工；12月31日，综合公寓工程总体进度80%。

【博孜油气外输管道工程】 工程背景：塔里木油田公司加大天然气资源的开发力度，特别是对克拉苏气田博孜区块的勘探开发不断有新突破。2022年，博孜—大北区块天然气年总产量67亿立方米，至2025年总产量将达100亿立方米。根据《博孜—大北区块地面骨架工程可行性研究》的批复，博孜—大北区块的大北天然气处理站（处理规模50亿米^3/年）无法满足博孜—大北区块预测产能的处理能力。按照油田公司贫富气分质分输的原则，大北区块的贫气依托已建大北天然气处理站（最大处理规模50亿米^3/年）进行处理，而博孜阿瓦区块的富气暂无处理设施。

在博孜富气产能中心新建天然气处理厂1座，博孜天然气处理厂处理后的天然气通过新建天然气管道输至克拉2清管站，处理后的混烃通过新建凝析油管道输至牙哈集中处理站，对牙哈集中处理站进行改扩建，满足博孜—大北区块的凝析油和牙哈储气库凝析油及烃液的处理需求。天然气外输管道起点为拟建博孜天然气处理厂，终点为克拉2清管站。线路全长约151.8千米，设计输量70亿米³/年。全线设置4座监控阀室，在克拉2清管站内进行改造。

工程内容：主要包括新建151.8千米天然气外输管道，设计压力10兆帕，管道规格为管径1016毫米×14.6毫米/17.5毫米，材质为L485 螺旋缝/直缝埋弧焊钢管，有4处河流大中型穿越，设4座监控阀室，并改造克拉2清管站。新建245.1千米凝析油外输管道，设计压力10兆帕，管道规格管径273毫米×7.1毫米/9.3毫米，材质为L415无缝钢管，有6处河流大中型穿越，设1座大北分输注入站、1座克深分输注入站、7座监控阀室、1座中间清管站、2座手动阀室、3座单向阀室。配套建设自控、供配电、通信、暖通、给排水及消防等辅助设施。

参建单位：博孜油气外输管道工程由油气田产能建设事业部组织实施。博孜处理厂出站截断阀室至G01阀室外输管道由中国石油管道局工程有限公司新疆分公司施工，天津设计院设计，寰球工程项目管理（北京）有限公司监理，四川佳诚油气管道质量检测有限公司检测。G01阀室至G02阀室外输管道由中国石油管道局工程有限公司新疆分公司施工，天津设计院设计，寰球工程项目管理（北京）有限公司监理，四川佳诚油气管道质量检测有限公司检测。G02阀室至N06阀室外输管道由辽河油田建设有限公司施工，天津设计院设计，大庆油田工程项目管理有限公司监理，新疆鑫泰材料设备检测有限公司检测。N06阀室至克拉2清管站外输管道由新疆塔里木油田建设工程有限责任公司施工，天津设计院设计，大庆油田工程项目管理有限公司监理，北京西管安通检测技术有限责任公司检测。由N08阀室至牙哈处理站外输管道由中国石油管道局工程有限公司新疆分公司施工，天津设计院设计，新疆吐哈石油项目管理咨询有限公司监理，四川佳诚油气管道质量检测有限公司检测。

工程进度：2022年3月2日完成可行性研究批复，5月25日完成初步设计批复。博孜处理厂出站截断阀室至G01阀室外输管道于2022年8月6日开工，截至12月31日，工程总体进度75%。G01阀室至G02阀室外输管道于2022年7月26日开工，12月17日投产。G02阀室至N06阀室外输管道于2022年12月20日开工，截至12月31日，工程总体进度15%。N06阀室至克拉2清管站外输管道于2022年12月9日开工，截至12月31日，工程总体进度16.63%。N08阀室至牙哈处理站外输管道于2022年12月20日开工，截至12月31日，工程总体进度15%。

【哈拉哈塘油田富源Ⅱ区块奥陶系油藏滚动开发地面工程（集油部分）】 工程背景：富满油田是塔里木油田公司石油勘探的重大发现，是原油上产增储的主力区块。根据富源Ⅱ区块指标预测要求，结合富满油田地面骨架工程相关研究结论，为满足富源Ⅱ区块产能开发的需要，需要进行富源Ⅱ区块配套的油田地面工程建设。富满油田开发建设，是塔北—塔中大油气区连片开发的需要，确保实现塔里木油田"会战"规划目标产值的需要。地质开发方案发生调整，井位及单井实施年份发生变化，地面工程需同步进行调整。

项目内容：新建采油井场16座，改造试采井场2座；新建管径150毫米集油支线28.7千米、管径80毫米单井集油管线32.02千米、管径100毫米注水管线28.7千米，材质均采用玻璃钢；新建单座转液规模150吨/日的计量阀室3座；新建计转站1座，转油规模600吨/日，转气规模12万米³/日，主要包括8井式集油配水阀组橇2座、处理量6万米³/日的伴生气压缩机橇3座、25米³/时的外输油泵3台、管径1200毫米×6000毫米计量分离器橇2座、管径2400毫米×11000毫米生产分离器橇2座、500千瓦加热炉橇2座；新建35千伏变电站1座；标准化工作平台建设哈得配套部分；配套建设电气、仪表、通信、给排水、道路、土建等。

参建单位：哈拉哈塘油田富源Ⅱ区块奥陶系油藏滚动开发地面工程(集油部分)由油气田产能建设事业部组织实施，新疆塔里木油田建设工程有限责任公司施工，大庆设计院设计，大庆石油工程监理有限公司监理。

工程进度：2021年11月25日完成初步设计批复；2022年3月15日开工，截至12月31日，工程总体进度35.2%。

【富满油田跃满区块奥陶系油藏开发方案地面工程】 工程背景：按照塔里木油田公司规划，油气开发"十三五"期间总体原则稳油增气，做好碎屑岩原油稳产、凝析油稳定、碳酸盐岩黑油上产"三篇文章",确保"十三五"建成3000万吨大油气田。富满油田是塔里木油田公司石油勘探的重大发现,是原油上产增储的主力区块。继哈拉哈塘油田一期、二期高效开发后,跃满、哈得等外围区块的开发效果也高于预期,展示碳酸盐岩勘探开发良好前景,后续的开发及配套地面建设十分必要。

工程内容:新建采油井场16座,改造试采井场2座;新建管径150毫米集油支线28.7千米、管径80毫米单井集油管线32.02千米、管径100毫米注水管线28.7千米,材质均采用玻璃钢;新建单座转液规模150吨/日的计量阀室3座;新建计转站1座,转油规模600吨/日,转气规模12万米³/日,主要包括8井式集油配水阀组橇2座、处理量6万米³/日的伴生气压缩机橇3座、25米³/时的外输油泵3台、管径1200毫米×6000毫米计量分离器橇2座、管径2400毫米×11000毫米生产分离器橇2座、500千瓦加热炉橇2座;新建35千伏变电站1座;标准化工作平台建设哈得配套部分;配套建设电气、仪表、通信、给排水、道路、土建等。

参建单位:富满油田跃满区块奥陶系油藏开发方案地面工程由油气田产能建设事业部组织实施,一标段(跃满转油站扩建、富源计转站改造、新建外输复线及其附属工程)由大庆设计院有限公司巴州分公司设计,大庆油田工程项目管理有限公司监理,施工待定;二标段(哈一联改造、哈得原油储罐一期工程)由四川石油天然气建设工程有限责任公司新疆分公司施工,大庆设计院有限公司巴州分公司设计,新疆吐哈石油项目管理咨询有限公司监理。三标段[富源2计转站至跃满输水工程(一期)]由大庆设计院有限公司巴州分公司设计,大庆油田工程项目管理有限公司监理,施工待定;四标段[哈得公寓扩建工程(一期)]由大庆设计院有限公司巴州分公司设计,大庆油田工程项目管理有限公司监理,正太集团有限公司施工,巴州建设工程质量检测有限公司检测。

工程进度:2021年4月12日完成初步设计批复。哈一联天然气扩建工程于2022年9月22日开工,截至12月31日,工程总体进度2%。

【柯克亚储气库建设工程】 工程背景:随着"气化南疆"工程深入推进以及管网沿线城镇建设发展、经济规模逐年递增,南疆利民管道沿线用气需求逐年迅速上升。柯克亚储气库建设工程结合南疆利民管道冬季调峰供气以及柯克亚气田注气提压增产的需求,论证依托柯克亚气田已有的地面工程设施及南疆利民管道,对柯7010砂体实现"夏注冬采",对南疆利民管道进行调峰供气,缓解冬季用气供给不足的局面,保障南疆利民管道沿线用户,尤其是和田地区的天然气供应,并提高柯克亚气田的采收率和气田的开发综合经济效益。

工程内容:新建注采井场3座,即新建集注站1座;新建J-T阀脱水、脱烃装置1套,辅助生产系统包括新建乙二醇注入及再生装置1套、新建放空火炬1套、扩建空氮站1套等。新建注采管道2条,即集注站—柯7K-H4井注采管道1条,集注站—柯7K-H5井注采管道1条。新建集注站—34号阀室双向输气管道1条,新建截断阀室1座,34号阀室进行扩建。建设辅助公用配套系统,配套自控仪表、供配电、通信、消防及给排水、总图道路、建筑结构、供热暖通、防腐、维抢修、化验分析等。

参建单位:柯克亚储气库建设工程由油气田产能建设事业部组织实施,中油(新疆)石油工程有限公司设计,四川石油天然气建设工程有限责任公司新疆分公司施工,寰球工程项目管理(北京)有限公司监理,新疆鑫泰材料设备检测有限公司无损检测。

工程进度:2022年3月9日,下达关于柯克亚储气库建设工程可研的批复;6月22日,下达关于柯克亚储气库建设工程初步设计的批复;12月14日,完成监理、无损检测招标工作。截至12月31日,工程总体进度68.6%。

【富源210断裂带注水先导试验地面工程】 工程背景:为解决富源Ⅱ区块前期因高速开采导致压力亏空等一系列问题矛盾,探索通过井口高压注水,使裂缝向深部沟通的可能性,按照富满油田富源210断裂带注水先导试验方案,采用富源210断裂带上新建2口采油井、3口高压注水替油井的先导试验井,解决前期高速开采导致地层压力亏空面临的一系列问题和矛盾,并通过探索井口高压注水,使裂缝向深部沟通的可实施性,为后期富满油田注水替油的顺利开展奠定基础。

工程内容:新建采油井场2座,采用管径80毫米、设计压力6.3兆帕含硫油井标准化设计;新建采油管线3.5千米,管径80毫米柔性复合管,设计压力6.4兆帕;新建注水井场3座,配套35兆帕柱塞式注水泵3台;新建输水管道24.2千米,管径200毫米玻璃钢管,设计压力5.5兆帕;新建杆架式变电站2座、落地式变电站3座、箱式开关站3座、35千米架空线路2.0千米;配套建设通信、仪表自控、防腐、土建等内容。

参建单位：富源210断裂带注水先导试验地面工程由油气田产能建设事业部组织实施，辽河油田建设有限公司施工，新疆设计院设计，新疆吐哈石油项目管理咨询有限公司监理。

工程进度：2021年12月30日完成初步设计批复；2022年2月24日开工；5月8日正式投产。

【哈得逊油田玉科区块碳酸盐岩油气藏开发地面工程】 工程背景：2018年5月编制哈得逊油田玉科区块碳酸盐岩油气藏初步开发方案，产量预测5万吨/年。2018年6月编制哈得逊油田玉科区块碳酸盐岩油气藏开发方案，产量预测15万吨/年。针对地下与地面的突出矛盾，建设哈得逊油日玉科区块碳酸盐岩油气藏开发地面工程显得尤为必要。

哈一联已建和在建的轻质油处理装置和天然气处理装置设备均不能满足远期的规划要求，均需要扩建才能满足要求，本项目建设的同时，也在进行哈一联外围工程的扩建。

工程内容：油气水处理及外输部分，扩建哈一联油气处理系统，扩建100万吨/年的轻质油处理装置和100万米^3/日的天然气处理装置各1套，轻质油处理部分主要包括原油气提、原油脱水、原油稳定、原油外输等设施；天然气处理部分包括天然气增压、MDEA（甲基二乙醇胺）湿法脱硫、脱水脱烃等设施。新建管径300毫米哈一联外输气管道复线63千米。扩建哈一联采出水处理系统，主要新建污水缓冲罐1座、外输泵2台。新建10万米^3/日的卸气点1座，主要包括卸气柱2套，集装箱式天然气压缩机1套。

参建单位：甲方工程组织单位为油气田产能建设事业部，乙方设计单位为大庆油田设计院有限公司巴州分公司，施工总承包单位为大庆油田建设集团有限责任公司新疆分公司、四川石油天然气建设工程有限责任公司新疆分公司，监理单位为岳阳长岭炼化方元建设监理咨询有限公司，无损检测单位为四川佳诚油气管道质量检测有限公司、四川正吉油气田工程建设检测有限责任公司。

工程进度：2019年7月19日工程方案设计获批复；同年12月23日工程初步设计获批复。2020年8月15日项目开工建设，同年9月29日哈一联扩建工程——中控楼和油系统一次性投产成功。2021年底，土建队完成浇筑2875平方米，工艺队安装75台设备、安装273只阀门等工作。2022年12月31日，完成工程形象进度100%。

【塔里木油田公司科研实验楼项目】 工程背景：根据集团公司和塔里木油田公司发展规划，结合塔里木油田公司建成世界一流大油气田需要，缓解科研用房紧张矛盾，改善信息通信条件，按照"统一规划、突出重点、联合共建"原则，建立健全以业务为主导、以"两院"（勘探开发研究院、油气工程研究院）为主体的高效研发科技管理平台，统筹建设"两院"与质量检测中心实验室，推进"互联网+"建设，建设物联网系统管控平台，需建设一个集科研、实验、信息化、生产安保调控为一体的科研实验楼，建立集勘探开发与实验研究为一体的特色技术中心，提升塔里木油田公司生产安保集中调控和科研实验保障能力，推动油田生产管控模式和组织方式转型升级，实现信息化系统融合及生产维稳安保系统统一调控。

工程内容：项目总用地面积66667平方米，用地内建设内容主要由科研实验楼及配套附属用房组成。科研实验楼总建筑面积83826平方米。其中，地上建筑面积58863平方米（科技研发中心37641平方米、实验研究中心9419平方米、信息与生产调控中心9598平方米、员工餐厅2205平方米），地下建筑面积248963平方米。配套附属用房（含门房、垃圾房、供气站、废料间）总建筑面积600平方米。科研实验楼主要由15层主楼（科技研发中心），2层裙房（一层员工餐厅，二层学术交流用房），3层辅楼（西侧辅楼为实验研究中心，东侧辅楼为信息与生产安保调控中心），地下一层停车库及设备用房组成。

参建单位：塔里木油田公司科研实验楼项目由油气田产能建设事业部组织实施，中信建筑设计研究总院有限公司设计，正太集团有限公司（"三通一平"、基坑开挖）、中建三局集团有限公司（主体）施工总承包，新疆昆仑工程咨询管理集团有限公司监理，巴州建设工程质量检测有限公司无损检测。

工程进度：2019年3月27日，下达关于塔里木油田可行性研究实验楼建设工程方案设计的批复；7月19日，下达关于塔里木油田可研实验楼建设工程初步设计的批复；9月26日，实施三通一平工作；11月18日，基坑开挖及支护；2020年5月30日，实施主体工程；2022年6月6日，完成交付；截至2022年底，完成工程形象进度99.98%。

【富满油田$F_1$19断裂带满深71井区试采地面工程】 工程背景：试采满深71井区，进一步落实断裂带地质储量，摸清该区块油气生产规律和采出气液物性数据变化情况，合理确定地面建设规模，并验证地面集输工艺的适应性、经济性，为区块正式开发提供数据支撑，为其他类似区块实现高效经济开发提供借鉴。

工程内容：新建3座采气井场、1座采气井场改造，新建1座计量阀组站，将满深702井区试采点扩建为满深4号计转站（油增压、气自压）、单井管道、集气支线、集气干线、集油干线、供配电、通信、仪控、道路、估算等。

参建单位：富满油田$F_1$19断裂带满深71井区试采地面工程由油气田产能建设事业部组织实施，新疆石油工程建设有限责任公司施工，新疆设计院设计，新疆吐哈石油项目管理咨询有限公司监理。

工程进度：2022年8月5日完成初步设计批复；8月30日开工；2022年12月31日，工程总体进度87%。

【富满油田$F_1$20断裂带试采地面工程（满深8）】 工程背景：塔里木油田公司"十四五"规划提出4000万吨油气当量的发展目标，富满油田为塔里木油田主力上产区块，2025年将实现400万吨产能，本工程满深8井区产能的开发是对富满油田上产、塔里木油田建设和发展的有力支撑。根据满深8井区油藏地质预测报告，天然气预测地质储量325亿立方米，凝析油地质储量92万吨。稳产期年产天然气1.59亿立方米，凝析油4500吨，稳产3年。结合富满油田400万吨总体规划、富满油田Ⅱ区200万吨概念设计及试采工程经验，为满足满深8井区产能开发需要，亟待开展8井区的地面工程建设。富满油田Ⅱ区开发的满深区块、富源Ⅱ区块，果勒西区块、果勒东Ⅰ区块，均先开展试采工程，跟踪分析碳酸盐岩的开发规律，评价地面工艺的适应性，为正式开发提供支持。经过近2年富满油田的试采开发，尤其各井站试采工程，基本确定满深8井区块的地面集输工艺，编制正式开发方案，建设相应地面工程。

工程内容：满深8计转站建设12座橇块，即8井式进站阀组橇、燃料气计量外输橇、燃料气分离橇、干式脱硫橇、药剂加注橇、生产分离器橇、计量分离器橇、闪蒸分离器橇、增产生产分离器橇、输油泵橇、外输发球筒橇、放空分液罐橇。

参建单位：富满油田$F_1$20断裂带试采地面工程（满深8）由油气田产能建设事业部组织实施，辽河油田建设有限公司施工，大庆设计院设计，大庆石油工程监理有限公司监理。

工程进度：2022年8月5日完成初步设计批复；8月30日开工；富满油田$F_1$20断裂带试采地面工程二标段单井及计量阀组站工程总体进度41.7%，原合同需施工5口井。2022年底，实施满深8井、满深803井部分管线及满深803井柔性复合管敷设，满深8井工程总体进度77%。

【富满油田果勒东Ⅰ区奥陶系油藏试采地面工程】 工程背景：富满油田果勒东Ⅰ区奥陶系油藏试采地面工程为正式开发果勒东区块提供决策依据，在减少生产管理难度、降低生产运行成本、提高整体经济效益、保障安全运行要求、加强环保和节能降耗等方面具有重要意义。

工程内容：利用在建满深S5—H4井集中试采点扩建400吨规模果勒东Ⅰ1号计转站1座（油400吨/日、气40万米^3/日）。利用在建满深503H井集中试采点扩建400吨规模果勒东Ⅰ2号计转站1座（油400吨/日、气50万米^3/日）；2座计转站，新建生产分离器、外输泵、零位罐、火炬等设施，原位利旧集中试采点已建的集油配水阀组、中压计量分离器、闪蒸分离器等设施，并预留后期扩建位置；试采期均采用单井轮井计量，油气三相分离、原油经低压闪蒸后增压外输、伴生气自压外输的工艺。新建果勒东2号计转站至清管站的果勒东1号输油干线和输气干线构长21.65千米。新建果勒东Ⅰ2号计转站至清管站的果勒东2号输油干线16.28千米，新建输气干线16.28千米。工程相配套的自控仪表、通信、供配电、结构、防腐等辅助设施。

参建单位：富满油田果勒东Ⅰ区奥陶系油藏试采地面工程由油气田产能建设事业部组织实施，中油（新疆）石油工程有限公司施工，新疆设计院设计，寰球工程项目管理（北京）有限公司监理。

工程进度：2021年9月28日完成初步设计批复，2022年3月3日开工；5月30日正式投产。

【富满油田富源3—富源303H井区试采工程】 工程背景：塔里木油田公司编制审批总体规划方案——《富满油田奥陶系碳酸盐岩油藏开发规划方案》，2025年富满油田建成产油400万吨/年、气400万标准米^3/日规模，稳产7年，主要涵盖跃满、富源、玉科、哈得、富源Ⅱ、哈得、鹿场、果勒、果勒西、西部空白区、果勒东、东部空白区等区块，并在富满油田新区中心位置建设200万吨联合站1座。规划实施后将形成富满油田"两横两纵""两转两联两中心"整体布局，北部以哈—联为处理外输中心，南部以拟建富源联合站为处理外输中心。实施富满油田富源3—富源303H井区试采工程为形成富满油田"两横两纵""两转两联两中心"整体布局奠定基础。

工程内容：新建富源Ⅲ1号计转站1座（油400吨/日、气30万米³/日）；新建富源304H计量阀组1座，富源303—H7井试采点改造，增设1台生产分离器及加药、排污设施；富源3计量阀组改造。新建富源Ⅲ1号计转站油气分输管线，终点为哈一联，各44千米；新建富源304H井计量阀组至富源Ⅲ1号计转站油气混输管线12千米；新建富源Ⅲ1号计转站输水管线，起点为哈四联，44千米。新建富源303—H7井试采点至搭接阀组输油、输气、输水支线各1.2千米。扩建哈一联合站收球筒。工程相配套的自控仪表、通信、供配电、结构、防腐、道路等辅助设施。

参建单位：富满油田富源3—富源303H井区试采工程由油气田产能建设事业部组织实施，辽河油田建设有限公司施工，新疆设计院设计，寰球工程项目管理（北京）有限公司监理。

工程进度：2022年3月22日完成初步设计批复，5月26日开工，12月31日完成工程总体进度90%。

【富满油田哈得32—哈得302H井区试采工程】 工程背景：按照塔里木油田公司"十四五"期间发展部署，增产富源Ⅲ区油气产量，实现总体布局"两横两纵"工程建设，骨架先行，试采阶段实施骨架工程，满足本区块试采期间油气密闭集输至哈一联的需要，同时完成总体规划中第二纵输油输气干线的敷设，为果勒东Ⅰ、富源Ⅲ、富源Ⅳ等东部区块开发提供地面骨架依托。满足南北油气在富源联与哈一联之间调量需求，在富源联合站建成前，降低纵向干线的输送压力。富满油田哈得32—哈得302H井区试采工程的建设是满足区块开发生产需求，为正式开发提供决策依据，在减少生产管理难度、降低生产运行成本、提高整体经济效益、保障安全运行要求、加强环保和节能降耗等方面具有重要意义。

工程内容：在部署井——满深504H井附近新建富源Ⅲ3号计转站1座（油400吨/日、气20万标准米³/日）。新建果勒东1号计转站—富源Ⅲ3号计转站—哈一联输油输气干线及相应支线。新建哈四联至富源Ⅲ3号计转站调水管道。工程相配套的自控仪表、通信、供配电、结构、防腐等辅助设施。

参建单位：甲方工程组织单位油气田产能建设事业部，施工单位中油（新疆）石油工程有限公司，设计单位新疆设计院，监理单位新疆吐哈石油项目管理咨询有限公司。

工程进度：2022年3月22日完成初步设计批复；2022年5月26日开工。截至2022年12月31日，富源Ⅲ3号计转站施工完成闪蒸分离器、生产分离器、8井式阀组橇、零位罐、2台外输泵、1台螺杆泵、3台加注橇设备就位工作；安装阀门200台，总体焊接量5900寸，总体进度96.72%；土建施工完成主要设备及围墙基础，总体进度85%；完成场站整体接地施工，电仪信进度总体60%。总体施工进度92%。

【哈得251断裂带地面配套工程】 工程背景：哈得251断裂位于哈得23工区西南部，自2014年开始正式试采生产。断裂带有8口生产单井，关井1口，后期规划井2口。在"塔河南主干油源断裂+油柱高度大+微地貌高"的高效井部署原则指导下，哈得251、哈得30断裂带向外滚动效果好，特别是哈得251断裂带通过VSP驱动处理资料明显改善，新井效果好，成为区块重要的稳产接替区。利用哈得251断裂带（南北长约13.2千米）范围内1号试采点及富源206—H1试采点的地理位置优势及设备设施优势，利用单井压力能，也利于优化井站管线。因此，为增加油田产能、减少天然气的放空、节约原油拉运费、达到环境保护的要求，新建集油、集气管线，实现哈得251断裂带油气的密闭输送。

工程内容：新建DN150集气支干线26千米（其中13千米材质选用L245NS，利库13千米材质选用20G），新建DN80集油干线28千米（采用修复油管双线敷设），1号试采点新建发球筒1套、缓释剂加注橇1套；哈一联新建处理量10.9万标准米³/日电驱往复式低压气压缩机橇1台（变频设计），新建收球筒1套，配套建设电气、仪表、通信、土建等。

参建单位：哈得251断裂带地面配套工程由油气田产能建设事业部组织实施，管道局新疆分公司施工，科宏设计院设计，大庆石油工程监理有限公司监理。

工程进度：2021年8月24日完成初步设计批复；2022年2月24日开工；6月22日完成验收，6月24日压缩机正式投运。

【克深10区块开发地面工程】 工程背景：塔里木油田公司天然气勘探开发在克拉苏地区不断取得新突破，2011—2020年，天然气大发展的资源基础逐步得到落实。克拉苏气田天然气资源量20856.65亿立方米，其开发建设具备向西气东输二线、三线提供100亿米³/年的应急气量的资源能力，随着东部经济发达地区天然气需求迅猛增加，克拉苏气田成为西气东输主力气源。克拉苏气田形成克拉2、克深和大北三大天然气净化处理基地，为克拉苏各大区块开发提供保障。克深10气藏位于库车坳陷克拉苏构造带克深段，其天然气地质储量519.07亿立方米，储量资源丰富，克深区块作为库车山前的主力上产区块，克深10区块的开发建设对实现塔里木油田3600万吨/年油气当量发展规划目标和保障下游持续稳定供气具有重要意义，对促进新疆地区的经济发展，保持边疆民族团结和社会稳定等方面具有特别重要的意义。

工程内容：站场新建采气井场3座（3口井）、采气平台2座（各2口井）、采气支线阀室4座、回注井场1座（1口井）。扩建克深3集气站，包括1套智能清管接收装置。集输管道，新建采气管道3.6千米，设计压力15兆帕，其中管径114.3毫米×5毫米的采气管道，长度0.3千米，管径88.9毫米×4毫米的采气管道，长度1.9千米，管径76毫米×4毫米的采气管道，长度1.1千米，材质均为22Cr双相不锈钢无缝钢管；管径114.3毫米×(8+2)毫米的采气管道，长度0.3千米，材质L245/316L双金属复合管。新建克深10-3平台至克深3集气站集气干线14.9千米，管径219.1毫米×7毫米，设计压力15兆帕，材质22Cr双相不锈钢无缝钢管。新建克拉212W回注井的气田水转输管道2.25千米，管径96毫米×11毫米，设计压力2.5兆帕，材质为柔性复合管。

参建单位：克深10区块开发地面工程由油气田产能建设事业部组织实施，工程骨架部分（一标段）由中国石油天然气股份有限公司辽河油田分公司施工，大庆设计院有限公司巴州分公司设计，新疆吐哈石油项目管理咨询有限公司监理单位。五标段（克拉苏气田克深10区块地面开发工程10千伏电力线路项目）由中油（新疆）石油工程有限公司设计，新疆塔里木油田建设工程有限责任公司施工，新疆吐哈石油项目管理咨询有限公司监理。

工程进度：2021年9月26日完成初步设计批复。2022年3月24日集输工程开工，8月3日交工验收。截至2022年12月31日，工程总体进度80%，其中集输工程进度100%，电力线路工程进度100%，公寓和道路工程待征地批复后开工建设。

【**大北气田大北12区块开发方案地面工程**】 工程背景：大北12区块是克拉苏气田勘探发现的新区块，干气地质储量547.64亿立方米，凝析油地质储量101.19万吨，油气资源丰富，具有重要的开发价值。截至2021年12月，投入试采井4口，日产气220万立方米，日产油17.7吨，产量、压力稳定，DB12-5井、DB1202井建成投产，日产气70万立方米、油12.93吨，周边建成完善的配套工程，依托条件较好，具备加快推进大北12区块整体开发的条件。大北12区块开发后产能可达到12.05亿米^3/年，该区块的开发建设有利于实现塔里木油田公司"十四五"规划的建设目标和保障下游持续稳定供气，对促进新疆地区的经济发展，保持边疆民族团结和社会稳定具有重要意义。

工程内容：天然气部分，新建采气井场5座，315兆瓦加热节流橇1座，200兆瓦加热节流橇1座，315兆瓦加热炉橇1座，分离计量橇1座，改造井场（DB1202和大北1201）2座，630兆瓦加热炉橇1座，分离计量橇1座，清管发球装置1套，缓蚀剂加注橇1套，4井式轮井计量阀组1套，2井式轮井计量阀组1套，机械挖方量6.21万立方米，人工挖方量0.62万立方米，扫线土方量9.2万立方米，施工便道9.2万立方米，新建排水井场1座，钢筋混凝土阀门井8座。大北处理厂水处理装置改扩建部分：1000立方米重力除油罐（玻璃钢罐）1座，1000立方米混凝沉降罐（玻璃钢罐）1座，一级过滤器橇1套，二级过滤器橇1套，加药橇4套，潜水排污泵2套，埋地排污罐橇1套，闪蒸分离橇1套。

参建单位：大北气田大北12区块开发方案地面工程由油气田产能建设事业部组织实施，管道局新疆分公司施工，新疆设计院设计，大庆油田设计院有限公司监理。

工程进度：2022年1月24日完成初步设计批复，12月31日，工程总体进度10%。

【**南疆利民管网天然气增压输送工程（三岔压气站）**】 工程背景：由于和田河和阿克气田的产量下降以及南疆利民管网沿线地区用气需求增速不均衡等原因，南疆利民管网阿克苏增压建设方案中，建设阿克苏压气站不能解决管网末端和田地区冬季供气紧缺、供气压力不足等问题。为缓解管网末端和田地区的冬季供气紧张等问题，保障用气安全，结合资源和市场情况，优化调整南疆利民管网天然气增压输送工程，主要利旧和田输气站压缩机，依托三岔清管站改扩建压气站1座，设计增压输气规模440万米^3/日。

工程内容：新增三岔压气站1座，利旧改造2800千瓦和田河输气站燃驱压缩机为电驱压缩机2台，设计压力6.3兆帕，新建空压机橇及配套储罐，新增过滤分离器2套、流量计1套、污油罐1台等。

参建单位：南疆利民管网天然气增压输送工程（三岔压气站）由油气田产能建设事业部组织实施，四川石油天然气建设工程有限责任公司新疆分公司施工，大庆设计院设计，监理单位寰球工程项目管理

(北京)有限公司监理。

工程进度：2021年5月20日完成初步设计批复；2021年9月17日开工，2022年11月28日投产。

【阿克苏至和田管道输送能力提升工程（泽普增压站）】 工程背景：南疆利民管网运行近8年，管网周边天然气供需矛盾日益凸显，为管网的平稳运行带来新问题：南疆利民管网供气气源外输产能下降，自2018年以来，和田河气田产气量不能满足周边用气需求，需要从其他气源调气，对和田地区的供气安全和稳定供气造成一定程度影响；2020年投产的阿克气田降产也对整体管网的保供产生不利影响。管网沿线地区用气需求增速不均衡。随着"气化南疆"工程深入推进以及管网沿线城镇建设发展、经济规模逐年递增，管网沿线用气的阿克苏地区、克州地区、喀什地区、和田地区用气需求逐年迅速上升，年输气量由最初的4.97亿立方米增至17.86亿立方米，累计向下游输气超90亿立方米。南疆利民管网主要为民生供气，南疆利民管网天然气增压输送工程实施投产后，南疆利民管网仍存在冬季、夏季用气量差距很大的情况，故实施阿克苏至和田管道输送能力提升工程（泽普增压站），保障南疆居民用气，提升气源外输产能，保证南疆利民管网整体运行平稳。

工程内容：泽普输气站改扩建泽普压气站1座，并为三岔压气新增1台压缩机。

参建单位：油气田产能建设事业部组织实施，中油（新疆）石油工程有限公司施工，大庆设计院设计，岳阳长岭炼化方元建设监理咨询有限公司监理。

工程进度：2022年3月28日完成初步设计批复，4月30日开工，12月8日投产。

（刘德华）

【塔里木油田公司凝析油储运系统完善工程】 工程背景：随着油田公司勘探开发业务快速发展，凝析油产量逐年上升，通过牙哈装车站火车外运不仅装车过程安全风险大、劳动强度大，同时因安保维稳、春运等特殊时段火车运力限制，油品外运频繁受限。牙哈装车站、轮南储运站等主要储运外输站场投运20年左右，设施老旧，可靠性逐渐降低，部分设施的规模无法满足未来稳步增长的凝析油外运需求。2018年12月—2020年6月，塔里木油田公司与下游的管理界面、计量交接界面发生变化，划归后的站场功能无法满足管理界面变化后的站场功能需求，部分设施无法满足凝析油上产的外输需求，也无法满足集团公司生产经营管理部提出的牙哈汇集富余凝析油反输轮南再混输至下游、油品分质分销、在线计量等决议要求。实施塔里木油田公司凝析油储运系统完善工程，优化塔里木油田凝析油输送流向，形成铁路、管道双出口格局，提高凝析油后路畅通的保障能力；进一步优化凝析油储运系统工艺流程、管理模式和依托条件，规范交接计量方式，完善站场功能，实现长期安全平稳运行。

工程内容：主要改扩建牙哈装车站、轮南储运站、库尔勒输油末站。牙哈装车站改造，新建牙哈凝析油管道输油泵3台，单台排量为130米^3/时、扬程500米。轮南储运站扩建，新建牙轮凝析油管道进站收球筒1套及阀组；新建3万立方米内浮顶储罐3座；新建850米^3/时凝析油储罐油气回收装置1套；新建2500千瓦加热炉3台；新建凝析油计量橇1座，内含DN150质量流量计3路；新建输油泵3台，单台排量635米^3/时、扬程650米。库尔勒输油末站改造，改造5万立方米外浮顶储罐2座、1万立方米外浮顶储罐3座；新建输油泵3台，单台排量635米^3/时、扬程70米；新建波纹补偿器8套。配套建设供配电、消防、自控、通信等辅助工程。

参建单位：塔里木油田公司凝析油储运系统完善工程由油气运销事业部组织实施，中油（新疆）石油工程有限公司设计，轮南储运站扩建及原油系统改造标段施工单位为辽河油田建设有限公司，库尔勒输油末站改造标段施工单位为四川建设集团石油工程有限公司新疆油建工程分公司，牙哈装车站改造标段施工单位为中油石化建设工程有限公司，无损检测单位为北京西管安通检测技术有限责任公司，监理单位为岳阳长岭炼化方元建设监理咨询有限公司。

工程进度：2021年9月开工建设。截至2022年12月31日，牙哈装车站改造工程形象进度100%；轮南首站改造工程形象进度100%；库尔勒末站改造工程形象进度90.5%。

（杨子萱）

【博孜—大北区块地面骨架工程（凝析油稳定部分）】 工程背景：按照《库车山前300亿米^3/年天然气产区地面系统规划》《博孜天然气处理厂工程》审查过程中提出的"简化前端，优化后端"的总体布局要求，博孜、大北、中秋气田2021—2040年预测凝析油产量49.35万—121.72万吨/年，拟建博孜天然气处理厂，不建设凝析油稳定和轻烃分馏装置，大北天然气处理站凝析油稳定规模23.3万吨/年，中秋1集中试采站未建设凝析油稳定装置。为满足处理凝析油稳定需求，适应气田快速上产，实施博孜—大北区块地面骨架工程（博孜凝析油稳定及储运工程）。新建博孜天然气处理站至牙哈装车站管径250毫米的凝析油外输管线246.66千米，将博孜区块的凝析油输送至牙哈处理站，沿途的大北、大宛齐、中秋区块的凝析油就近接入该凝析油外输管线。博孜凝析油输送至牙哈处理站后，通过在牙哈处理站扩建的凝析油稳定装置稳定后，再通过新建凝析油外输管线输送至牙哈装车站。闪蒸出来的液化气经轻烃分馏装置回收后通过凝析油外输管线输送至牙哈装车站。

工程内容：牙哈集中处理站的新建凝析油稳定装置设计处理规模120万吨/年，新建2套凝析油稳定装置，单套处理规模60万吨/年，新建1套轻烃分馏装置，处理规模16万吨/年，新建2座400立方米液化气球罐，新建1座3000立方米事故罐，新建稳压机3台，单台处理规模9万米^3/日，新建中压机3台，单台处理规模18万米^3/日。新建牙哈集中处理站至牙哈装车北站凝析油管道16千米，规格为管径200毫米，设计压力4.0兆帕。液化气产品通过凝析油管线输送至牙哈装车北站。2022年5月，股份公司将博孜凝析油稳定及储运工程名称命名为《博孜—大北区块地面骨架工程（凝析油稳定部分）》。

参建单位：博孜凝析油稳定牙哈处理站部分由迪那采油气管理区组织实施，凝析油外输和牙哈装车站改造部分由油气运销部组织实施。凝析油稳定装置由中油辽河工程有限公司巴州塔里木分公司设计，中油（新疆）石油工程有限公司承建，四川佳诚油气管道质量检测有限公司无损检测，寰球工程项目管理（北京）有限公司监理，石油天然气冀东工程质量监督站监督工程质量。

工程进度：2022年4月6日工程初设文件上报股份公司，5月25日工程初步设计获批复，6月1日下达投资计划，6月26日工程项目开展"四通一平"工作，8月2日进行主体施工，12月31日工程总体形象进度29%。

（侯建民）

【迪那2气田开发调整地面工程】 工程背景：为满足迪那2气田开发方案调整后的运行要求，保证地面工程正常生产，实施迪那2气田开发调整地面工程，该工程是塔里木油田公司加大迪那2气田控排水实现稳产和天然气保供的重点工程，项目排水主体部分建成投产后，将气田地面配套系统排水能力由原1000米^3/日提至3750米^3/日，缓解边水向气藏内部侵入的速度，提高气田最终采收率，实现气田经济效益最大化。

工程内容：新建单井站场4座。采气井转排水井改造11口。生产单井改造，迪那2-10井、迪那201井新增加防冻剂加注橇各1套，迪那2-J5井设置高压分离器。线路部分，迪那2-3集气站至2-9T阀室间计量干线及10口采气单井支线更换管线，迪那2-1集气站至迪那处理站新建玻璃钢集水干线；新建气举干线1条及迪那2-27井、迪那2-1井、迪那2-22井3条气举支线。集气站改造，迪那2-1集气站、迪那2-2集气站、迪那2-3集气站工艺进行改造；新建DN2-9T阀室旁清管站和收发球装置。处理站内液液分离器放空系统进行工艺改造，每套闪蒸罐液相管线可以同时进入下游的两台液液分离器，二闪、三闪、乙二醇水相管线改造；扩建污水处理装置提高污水处理量；新建污泥减量化装置处理含水污泥。现有摄像设备、工业以太网传输系统、扩音对讲广播系统、终端显示屏等通信系统和设备进行改造升级；新建迪那2-19H采气井场光缆线路。新建迪那—台2区块中间增压泵站，新建211W回注泵站。改造15座阀室。

参建单位：甲方工程组织单位为迪那采油气管理区地面工艺中心，四川建设集团石油工程有限公司新疆油建工程分公司承建，设计单位中国石油工程建设有限公司西南分公司，无损检测单位四川佳诚油气管道质量检测有限公司，监理单位寰球工程项目管理（北京）有限公司。

工程进度：2021年11月29日，股份公司勘探与生产分公司下发《关于迪那2气田开发调整地面工程初步设计的批复》。2022年1月成立迪那2气田开发调整地面工程项目组；2月组织开展规格书审查、长周期设备采购、技术交流及办理土地手续。4月15日正式开工，12月10日水系统主体完工投产。截至2022年12月31日，工程总体形象进度80%。

（龙俊汝）

【克深3集气站至克深2清管站输气管道工程】 工程背景：为发挥克深、克拉两座处理站距离优势、建设区块联络线、整合现有资源，实施克深3集气站至克深2清管站输气管道工程，将克深区块富余天然气调配至克拉处理厂处理，充分利用富余处理能力。

工程内容：新建管径250毫米输气线路8.7千米；改造克深3集气站1座；新建发球筒1套及配套阀门；

改造克深2清管站1座；新建收球筒1套及配套阀门管线；配套自控、电气、土建、通信、消防、防腐等系统工程。

参建单位：克深3集气站至克深2清管站输气管道工程由克拉采油气管理区组织实施，中国石油管道局工程有限公司新疆分公司施工，中油（新疆）石油工程有限公司设计；北京兴油工程项目管理有限公司监理，北京西管安通检测技术有限责任公司检测，石油天然气塔里木工程质量监督站监督工程质量。

工程进度：2022年2月28日工程设计获批复，组织开展规格书审查、长周期设备采购、技术交流及办理土地手续；5月12日完成土地手续办理，现场开展"四通一平"及总图工程（包括围栏、基础等）；4月10日正式开工，7月20日，工程总体形象进度100%。

【克深气田100亿立方米稳产优化地面工程】 工程背景：克深气田是塔里木油田公司库车山前的主力区块，根据克深气田100亿立方米稳产优化方案指标预测，克深—克拉区块最高峰期采出水量10100吨/日，现有气田采出水转输、处理及回注系统能力无法满足生产需求，实施克深气田100亿立方米稳产优化地面工程，保障气田持续稳产。新建天然气集输规模100万米^3/日，采用"两级节流、气液混输、孔板计量"工艺；新建气田排水规模7660吨/日，采用"自压输送、集中处理"工艺；气举排水井根据依托条件，采用"单井循环气举、区域集中气举、采气管网取气气举"工艺。

工程内容：新建生产井场3座，新建单井采气管道1.2千米；改造气举排水井场12座，新建气举管线3.2千米，新建低压输气管道18.3千米，新建排水管线57.3千米，新建315千瓦压缩机橇4台、分离器橇4台以及气田水转输泵橇6套；改造克深天然气处理站，新增315千瓦压缩机橇1台、分离器橇1台；新建输水阀室1座；新建采出水增压泵站1座，新建250千瓦卧式多级离心泵4台，新建500立方米缓冲水罐1座。工程配套的自控、供配电、通信、建筑、结构、总图、道路、防腐、暖通、给排水及消防等辅助设施。

参建单位：克深气田100亿立方米稳产优化地面工程由克拉采油气管理区组织实施，中油（新疆）石油工程有限公司施工一标段、五标段，四川石油天然气建设工程有限责任公司新疆分公司施工二标段，新疆华油新海石油工程技术有限公司施工三标段、四标段，新疆博澳机电工程有限公司施工六标段；甘肃一安建设科技集团有限公司施工七标段；北京兴油工程项目管理有限公司监理；北京西管安通检测技术有限责任公司检测；石油天然气塔里木工程质量监督站监督质量。

工程进度：2022年1月20日工程可行性研究获批复；3月成立克拉2气田开发调整地面工程建设项目部；3月25日工程初步设计获批复，组织开展规格书审查、长周期设备采购、技术交流及办理土地手续；5月12日完成土地手续办理，现场开展"四通一平"及总图工程（包括围栏、基础等）；5月30日开工；12月31日，工程总体形象进度15%，其中11月9日一标段克深24区块排水干线完工；11月20日三标段主体工程完工。

【克深8区块提采重大开发试验地面工程】 工程背景：克深8区块地质构造东西边部地势低，中部地势高，2020年西部井（克深8-11井、克深801井及802井）先后见水，产能及压力急速下降；根据克深区块采出水预测数据，2030年克深区块最大采出水量5275.39米^3/日，克深天然气处理站500米^3/日采出水处理装置无法满足处理需求，需进行统一处理及调配。根据预测，至2030年克深—克拉区块采出水量7175.36米^3/日，克深、克拉区块已建回注井5座，回注水量1450米^3/日无法满足回注需求，实施克深8区块提采重大开发试验地面工程满足回注需求，工程设计排水规模2800米^3/日，转输水规模4800米^3/日，回注规模3000米^3/日。

工程内容：改造排水试验井场7座（克深8-11井、克深801井、克深8-9井、克深8-7井、克深802井及克深806井为气举排水井，克深8-10井为电泵排水井）以及克深天然气处理站1座重力沉降罐改造工程。新建回注井场5座（新建克拉3-5水井、克拉3-6水井2口注水井，改造克深16井、克拉3井及克拉301水平井3口注水井）；高压气举供气管线1.4千米、低压气举循环管线1.4千米、单井排水管线2.92千米、西部集水管线14.6千米、气田水转输管线16.4千米、回注干线5.8千米、单井回注支线22.7千米以及更换已建回注管线2.6千米等采出水集输工程施工服务。新建10千伏电力线路17.8千米以及单井箱式变电站等电力配套工程。配套电力、通信、自动控制、结构、道路总图、防腐、机制、给排水及消防等公用工程。

参建单位：克深8区块提采重大开发试验地面工程由克拉采油气管理区组织实施，四川石油天然气建设工程有限责任公司新疆分公司施工，中国石油天然气管道工程有限公司设计,吉林梦溪工程管理有限公司监理,北京西管安通检测技术有限责任公司检测,石油天然气塔里木工程质量监督站监督工程质量。

工程进度:2021年10月22日工程可行性研究获批复;2022年1月25日初工程设计获批复,组织开展规格书审查、长周期设备采购、技术交流及办理土地手续;3月,成立克拉苏气田克深8区块提采重大开发试验地面工程建设项目组;6月10日完成土地手续办理,现场开展"四通一平"及总图工程(包括围栏、基础等);4月10日开工。2022年12月31日,工程总体形象进度58%。其中,10月20日完成30千米输水骨架官网建设;10月25日完成克深16井回注井场建设及配套回注管线建设;12月20日完成克拉301H回注井场配套回注管线建设。

【克拉2气田开发调整地面工程】 工程背景:在开发气田过程中,生产井存在见水提前、水侵加剧问题,影响气田稳产、增产及可持续发展。为实现塔里木油田公司"十四五"规划的3800万吨目标,满足克深、克拉区块稳产、增产需求,自2019年克深、克拉区块开展排水采气措施,采出水量不断增加,克深、克拉区块预测最大产水量7175.36米³/日。克深、克拉区块有回注井5座,最大回注量1450米³/日,不满足后期回注需求。根据克拉2气田重新评价后的地质储量,实施克拉2开发调整地面工程,明确气田产能以及见水后的合理开发技术政策,深化水侵认识,优化开发技术政策,延长气田稳产期,提高气田最终采收率,保证地面工程正常生产;满足克深—克拉采出水处理和回注100%,实现克深克拉采出水注采平衡,解决安全环保问题。

工程内容:集输及改造部分,新建水平采气井5座站场工程和线路工程;新建电泵排水井1座,老井改为气举排水井4座站场工程和线路工程;新建采气阀室5座和输水阀室1座;改造集输系统和处理系统;实施配套辅助工程。采出水处理部分,扩建克拉2中央处理站采出水处理系统,处理规模6700米³/日;实施配套辅助工程。采出水回注部分,新建回注井场4座的站场工程;回注井区的低压供水管网;实施配套辅助工程。

参建单位:克拉2开发调整地面工程由克拉采油气管理区组织实施;中国石油第二建筑有限公司施工一标段、二标段、三标段,四川建设集团石油工程有限公司新疆油建工程分公司施工四标段,新疆油田建筑有限公司施工五标段,新疆华油新海石油工程技术有限公司施工六标段;吉林梦溪工程管理有限公司监理;北京西管安通检测技术有限责任公司检测;石油天然气塔里木工程质量监督站监督工程质量。

工程进度:2021年10月22日工程可行性研究获批复;2022年1月25日工程初步设计获批复,组织开展规格书审查、长周期设备采购、技术交流及办理土地手续;4月10日开工,6月10日办理新建部分的土地手续;12月31日,工程总体形象进度36.9%。其中,10月30日完成六标段克拉2-H17采气井场建设,10月30日完成四标段高压电力线路、35千伏变电站工程的60%,11月10日完成五标段道路部分主干路基,11月20日一标段采出水回注输水干线完工。

(蒲 波)

【轮古西奥陶系油藏注水提采地面工程】 工程背景:实施迪那2气田开发调整方案,气藏水侵形势发生较大变化,气藏北部水侵形势严峻,构造轴部高点面临水淹风险。迪那2区块多余污水全部输送至晒水池进行蒸发处置或车拉至轮南油田和牙哈油气田进行回注处置,区域产水量与注水井量矛盾突出,且现有注水井注水压力升高,注水量降低,注水井效果不佳。轮古西区块于2020年轮三联关停后,受限于地面条件,开井率低,以间开收油为主要生产方式,工作量投入少。针对轮古西地层亏空大、原油采出程度低、深化注水潜力大的现状,对其进行注水优化调整,预计可提高采油率1.06%。通过对哈拉哈塘、牙哈、轮南3个区域调研,结合塔里木油田公司发展规划,调水至轮南区域可行,提高迪那气田以及轮古西油田采收率,保障生产系统稳定运行,实现经济效益与环境效益。

工程内容:输水干线部分,迪那台2区新建提升泵站,设置提升泵2台;迪那台2区块至轮南东轮线新建输水干线1条,总长度39.3千米,利旧东轮线及轮西掺稀管线。轮古西区块注水部分,轮三联至轮古15—10井新建输水支干线1条,总长度3.5千米,管径150—200毫米;新建注水单井管线9.6千米,注水泵5台以及9口注水井及配套设计。其他内容包括与上述主体工艺配套总图、供电、自控仪表、给排水、暖通、建筑结构、技经、环境保护、安全、职业卫生、节能等设计。

参建单位:轮古西奥陶系油藏注水提采地面工程由轮南采油气管理区组织实施,四川建设集团石油工程有限公司新疆油建工程分公司承建,北京西管安通检测技术有限责任公司无损检测,吉林梦溪工程管理有限公司监理,监督中心地面工程质量监督站监督工程质量。

工程进度:2022年2月18日工程可行性研究获批复,3月22日初工程设计获批复,组织开展规格书审查、长周期设备采购、技术交流及办理土地手续;4月30日开工,5月上旬完成所有穿越管线处、电缆处、碰头点等人工开挖工作,6月6日完成全部扫线作业,8月3日完成输水干线连接下沟工作,9月6日完成台2泵站等工艺流程连接,9月24日完成轮古42井区35千伏电力线路送电工作,9月28日完成台2泵站10千伏电力线路送电工作,10月8日主输水流程正式投运,12月31日工程总体形象进度88.9%。

(谢鲲)

【塔西南天然气综合利用工程】 工程背景:阿克莫木气田处理厂外输天然气中Xai含量1278毫升/米^3,为支持我国国防建设,经股份公司研究决定,利用阿克气田的含Xai天然气资源,实施塔西南天然气综合利用工程,建设一座天然气综合利用工厂。工程设计规模:集气部分、膜分离及增压装置处理规模120万标准米^3/日(20℃、101.325千帕,下同),脱碳装置处理规模39万标准米^3/日,脱水装置、天然气液化装置处理规模36万标准米^3/日,脱甲烷装置3.5万标准米^3/日,Xai气精制装置处理规模0.7万标准米^3/日,Xai气液化装置处理规模280升/小时;取气管线输送规模120万标准米^3/日,还气管线输送规模87万标准米^3/日。

工程内容:新建集气部分、膜分离及增压装置、脱碳装置、脱水装置、天然气液化装置、脱甲烷装置、Xai气精制装置、Xai气液化装置、取气管线、还气管线;设取还气阀室1座,从阿喀管线2号阀室与3号阀室之间取、还气,取、还气管线长度各约2.3千米;新建倒班公寓1座及附属设施。

参建单位:塔西南天然气综合利用工程由塔西南公司组织实施,中国石油工程建设有限公司西南分公司EPC总承包,四川石油天然气建设工程有限责任公司新疆分公司施工,新疆鑫泰材料设备检测有限公司无损检测,新疆吐哈石油项目管理咨询有限公司监理,新疆石油管理局有限公司监督工程质量。中油(新疆)石油工程有限公司设计倒班生活区,正太集团有限公司施工,浙江华东工程咨询有限公司监理。

工程进度:2021年7月,塔里木油田公司成立塔西南天然气综合利用工程领导小组和建管一体化项目经理部;12月22日工程可研获批复;2022年3月18日初期工程设计获批复,组织开展规格书审查、长周期设备采购、技术交流及办理土地手续;4月15日完成施工图PID审查及30%模型审查,5月20日项目正式开工,由EPC总包方开展构建筑物及设备基础安装,6月23日完成施工图PID审查及60%模型审查,8月8日完成施工图PID审查及90%模型审查,10月15日主要设备就位,12月28日联调试运装置进气,12月30日,塔西南天然气综合利用工程核心工艺装置建成投产,生产出合格产品。

【和田河气田天然气净化及综合利用工程】 工程背景:根据检测结果,和田河处理厂外输天然气中Xai含量3046—3140毫升/米^3,天然气中Xai平均含量3093毫升/米^3。为回收天然气附加值较高的Xai气,塔里木油田公司在和田河地区建设1座天然气处理规模100万米^3/日的净化厂。

工程内容:新建原料气分离计量装置、天然气增压装置、脱硫脱碳装置、硫黄回收装置、尾气处理装置、液硫装车设施、脱水装置、脱甲烷装置、净化气计量装置、粗Xai储存及装车设施、罐区及装车设施、燃料气系统、空气氮气系统、火炬放空系统、分析化验室、全厂工艺及热力系统管道、导热油站、除盐水站、冷冻水站、供暖换热站、开工蒸汽站等装置;新建相配套自动控制、给排水、消防、供配电、通信、机械、暖通、防腐、总图、建筑、结构等配套设施;新建1千米进场道路、污水暂存池。

参建单位:和田河气田天然气净化及综合利用工程由塔西南公司组织实施,中国石油工程建设有限公司西南分公司EPC总包,中国石油工程建设有限公司西南分公司勘察设计,中国石油工程建设有限公司四川油建公司新疆分公司施工,大庆油田工程项目管理有限公司监理,克拉玛依质量监督站监督工程质量。

工程进度:2022年4月8日完成30%模性审查,5月20日现场开工,6月13日完成60%模性审查,6月30日完成关键物资定商,7月27日完成90%模性审查,12月16日完成火炬吊装。至12月30日,工程总体形象进度57%。

(王娟)

【大北3区块集输系统完善工程】 工程背景:大北处理站脱水脱烃装置总设计处理能力2100万米^3/日,实际最大处理能力1750万米^3/日,无法满足大北处理站

（不含克深5区块）各区块单井1974万米³/日天然气的处理需求，装置将长期处于满负荷运行状态，产品质量无法得到保障。实施大北3区块集输系统完善工程，将部分大北3区块的天然气通过博东3线（克深5集气干线）反输至克深处理站处理，降低大北处理站装置运行负荷。

工程内容：新建大北3集气站至博东3线支线阀组集气管道一条，长度2.3千米；新建大北204阀室至克深5阀室采气管道一条，长度2.01千米；新建大北304井至大北304井接入阀组采气管一条，长度0.21千米；新建支线阀组1座；改造阀室2座；改造集气站2座；穿越道路3次；配套建设仪控、电气、通信、阴极保护、防洪等辅助系统。

参建单位：大北3区块集输系统完善工程由博大采油气管理区组织实施，四川科宏石油天然气工程有限公司勘察设计，新疆华油新海石油工程技术有限公司施工，中国石油天然气塔西南工程质量监督站监督工程质量，新疆科盟工程项目管理咨询有限公司监理，新疆鑫泰材料设备检测有限公司无损检测。

工程进度：2022年2月17日完成初步设计评审，2月28日下达初步设计批复文件，3月1日正式开工，3月26日初步验收，3月28日交工验收，3月26日完工，3月30日投产。

【博孜1集气站扩建天然气脱水站工程】 工程背景：博大采油气管理区最大配产2700万米³/日，其中2115万米³/日至大北处理站处理，大北处理站实际最大处理能力1750万米³/日，无法满足处理要求。实施博孜1集气站扩建天然气脱水站工程，在博孜1集气站附近新建1座脱水站，采用橇装化设计，设计规模398万米³/日，确保博大采油气管理区冬季保供期间产品质量稳定。

工程内容：新建脱水装置1套，包括气液分离器橇（SK0102）、原料气前预冷器橇（SK0103）、原料气分离器橇（SK0104）、原料气后预冷器橇（SK0105）、低温分离器橇（SK0106）、一级闪蒸分离器橇（SK0107）、二级闪蒸分离器橇（SK0109）、乙二醇再生及注入橇（SK0110）、空压机橇（SK0111）和防蜡剂注入橇（SK0112）；新建博孜1脱水站至博孜天然气外输管道T接点管道，长度0.4千米；配套建设自控、电气、放空、建筑等辅助系统。

参建单位：博孜1集气站扩建天然气脱水站工程由博大采油气管理区组织实施，中国石油天然气管道工程有限公司勘察设计，中国石油天然气第七建设有限公司、新疆华油新海石油工程技术有限公司、北京亚太摩尔自动化设备有限公司施工，中国石油天然气塔西南工程质量监督站监督工程质量，新疆科盟工程项目管理咨询有限公司监理，北京西管安通检测技术有限责任公司无损检测。

工程进度：2022年4月19日，塔里木油田公司组织召开项目可行性论证；5月13日，开展初步设计审查；5月21日，下达工程初步设计批复文件；7月22日，正式开工；10月28日完工；10月28日交工验收。

【大北201集气站至大北处理站集气管线工程】 工程背景：大北处理站脱水脱烃装置总设计处理能力2100万米³/日，实际最大处理能力1750万米³/日，无法满足大北处理站（不含克深5区块）各区块单井1974万米³/日天然气处理需求，装置将长期处于满负荷运行状态，产品质量无法得到保障。实施大北201至大北处理站集输管线建设工程，降低大北处理站西部集输管网的集输压力和整体管网回压，将部分天然气通过博东3线（克深5集气干线）反输至克深处理站处理，降低大北处理站装置运行负荷。

工程内容：新建一条大北201集气站至大北处理站外阀室集输干线（长度5千米、压力16兆帕、管径273毫米）；改造大北201集气站；配套建设工艺、自控、电气、通信、建筑、防洪等辅助系统。

参建单位：大北201集气站至大北处理站集气管线工程由博大采油气管理区组织实施，中国石油天然气管道工程有限公司勘察设计，中国石油天然气第七建设有限公司施工，机构为中国石油天然气塔西南工程质量监督站监督工程质量，新疆科盟工程项目管理咨询有限公司监理，北京西管安通检测技术有限责任公司无损检测。

工程进度：2022年2月14日，塔里木油田公司完成初步设计评审，2月28日下达初步设计批复文件，3月15日正式开工，6月16日完工，6月20日交工验收，6月21日投产。

（李国汉）

【塔一联至塔二联原油外输管道改造工程】 工程背景：塔一联至塔二联段原油外输管道于2010年投用，由于介质流速低，无法及时开展通球作业等原因导致该管道内壁出现多处腐蚀，壁厚减薄至穿孔，发生过多次管道失效事件。经检测发现该管道还存在壁厚减薄缺陷点196个，其中壁厚损失超过50%的缺陷点101个，因此对塔一联原油外输管线进行改造。

工程内容：塔一联至塔二联段建设小口径输油管道，将塔一联原油接入至塔二联原油稳定装置，经塔中首站存储脱水后通过塔中首站进行外输，提高管道流速，控制管线腐蚀泄漏次数，同时迁建塔一联合站已建原油发球筒至沙漠公路317千米处，将塔轮凝析油管道、塔轮原油管道联通，实现在应急情况下，有备用管道可供使用。就地更换塔一联合站外输泵房外输泵2台。工程投资3281万元。

参建单位：甲方组织单位塔中采油气管理区，施工单位为辽河油田建设有限公司，监理单位为岳阳长岭炼化方元建设监理咨询有限公司，无损检测单位为新疆鑫泰材料设备检测有限公司。

工程进度：2021年3月23日初步设计获批复，11月8日项目正式开工，12月15日完成外输管道试压作业，12月31日完成工程总体进度75%。2022年1月5日，新建管线建成投产；5月20日，完成旧管线置换、氮气封堵及收发球筒迁建，工程总体形象进度100%。

（陈建波）

【库车山前排水采气工程】

克深241-J1井、克深241井治水配套工程

工程背景：克深24区块单井均已见水，根据克深24区块水量数据预测，为延缓气藏水侵，提高气藏采收率，气藏边部单井必须开展排水。本项目在克深241-J1井、克深241井、克深241-2井分别新建气田排水工艺，新建采出水管线（6千米），将3口井气田水转输至克深242分水站汇合；在克深242分水站新建气田排水工艺，新建采出水管线将气田水输送至克深晒水池。

工程内容：改造克深241-J1井4座水罐及工艺管线，新建转水泵2台及配套供配电、仪表、结构等相关设施。改造克深241井1座高架水罐装车工艺管线，新建转水泵2台及配套供配电、仪表、结构等相关设施。克深241-2井新建高架水罐2座、转水泵2台及配套供配电、仪表、结构等相关设施。克深242分水站新建高架水罐4座、增压泵2台及配套供配电、仪表、结构等相关设施。克深8-11井新建高架水罐1座、增压泵1台（利旧）配套供配电、仪表、结构等相关设施。新建克深241-J1井至克深242分水站转水管线（管径114毫米×12.7毫米利旧修复油管）6千米，工程界面为新建水泵出口出站管线与排水管线法兰连接处至克深242分水站进罐阀门。新建克深242分水站至克深8-11井排水管线（管径114毫米×12.7毫米利旧修复油管）23千米。新建克深8-11井至克深晒水池复线（管径114毫米×12.7毫米利旧修复油管）。

参建单位：甲方工程组织单位为克拉采油气管理区，施工单位为中国石油天然气第一建设有限公司、新疆华油新海石油工程技术有限公司，无损检测单位为北京西管安通检测技术责任有限公司，监理单位为北京兴油工程项目管理有限公司，质量监督单位为中国石油天然气塔里木质量监督站。

工程进度：2021年9月20日，正式开工。2022年1月30日，克深241-J1井、克深241井治水配套工程完工投产。

克深至克拉输水管线维修项目

工程背景：克深区块单井采用气水分离工艺及采出水外输工艺，将气田水输送至克深晒水池，延缓气藏水侵。克拉区块目前建有注水井，但为保证克拉区块注水水量需求，需将克深气田排水输送至克拉。

工程内容：克深晒水池新建外输水泵2台及站场配套供配电、仪表、结构等相关设施。克深晒水池至克深602阀室调水管线、新建阀室1座及管支墩等，线路测量长度7.4千米。克拉2-9清管站至克拉晒水池调水管线，沿线切断阀、管支墩等，线路长度4.215千米。

参建单位：甲方工程组织单位为克拉采油气管理区，施工单位为新疆华油新海石油工程技术有限公司，无损检测单位为北京西管安通检测技术责任有限公司，监理单位为北京兴油工程项目管理有限公司，质量监督单位为石油天然气塔里木质量监督站。

工程进度：2021年10月5日，正式开工。2022年1月30日，克深至克拉输水管线维修项目完工投产。

克拉至克深16井输水管线维修项目

工程背景：克深区块气田水调至克拉后，需新建管线至注水井，考虑到前期临时排水，提前建设克拉至克深16井的回注水管线，回注能力为300米³/日，后期根据克拉气田采出水回注工程，开展克拉和克深区块整体排水项目建设。克拉晒水池至克深16井的回注水管线，起点为克拉晒水池，终点为克深16井，线路测量长度47.665千米，需要在克拉晒水池新建一级增压站、在线路里程26+200千米处新建二级增压站。

工程内容：克拉晒水池（一级增压站），新建50立方米污水缓冲罐2座及工艺安装，增压泵橇1套（包含2台多级耐腐蚀离心泵、配电系统、仪表控制系统）及

站场配套供配电、仪表、结构等相关设施。克拉晒水池至中间增压站（二级增压站）转水管线、沿线阀室及管支墩等，线路测量长度26.2千米。中间增压站（二级增压站）占地面积20米×25米，主要包括50立方米污水缓冲罐3座及工艺安装，增压泵橇1套（包含2台多级耐腐蚀离心泵、配电系统、仪表控制系统）及站场配套供配电、仪表、通信、结构等相关设施。中间增压站（二级增压站）至克深16井转水管线、沿线阀室及管支墩等，线路测量长度21.5千米。克深16井注水区域面积30米×50米，主要包括50立方米注水缓冲罐4座及工艺安装，注水泵橇1套（包含2台注水泵、2台喂水泵、配电系统、仪表控制系统）及站场配套供配电、仪表、通信、结构等相关设施。

参建单位：甲方工程组织单位为克拉采油气管理区，施工单位为中国石油天然气第一建设有限公司、新疆华油新海石油工程技术有限公司，无损检测单位为北京西管安通检测技术责任有限公司，监理单位为北京兴油工程项目管理有限公司，质量监督单位为中国石油天然气塔里木质量监督站。

工程进度：2021年10月20日，正式开工。2022年1月30日，克拉至克深16井输水管线维修项目完工投产。

（方永江）

储运与销售

综述

【概述】 2022年，塔里木油田公司建立"集中调控、两级监控、三级巡检、统一应急"生产组织体系，统筹优化油气装车、管道巡检业务，减少用工42人，节约成本650万元，实现储运生产高效运行。落实油气运销业务管办一体改革，搭建三级油气营销管理体系架构，发布《塔里木油田公司原油销售管理办法》等3项制度，履行油气营销管理职能。全年销售石油液体734万吨、天然气309.42亿立方米，累计向西气东输供气253.08亿立方米，向周边地区供气54.96亿立方米，实现销售收入611亿元，营销创效11亿元。塔里木油田公司自产石油液体主要销往西部管道公司、兰州石化公司、乌鲁木齐石化分公司、独山子石化分公司。自产天然气主要供西气东输管网和销往库尔勒市区、轮台县（含轮南地区）、阿克苏市、温宿县、库车市、新和县、沙雅县、拜城县、阿拉尔市。

【合规管理】 2022年，塔里木油田公司强化风险管控，筑牢合规管理根基。制定印发《塔里木油田公司原油销售管理办法》《塔里木油田公司轻烃液化气乙烷销售管理办法》《塔里木油田公司天然气销售管理办法》3项制度；开展销售业务领域法律风险辨识，识别8个方面13项法律风险并提出管理措施；组织签订乌鲁木齐石化分公司、独山子石化分公司等内部交易合同，逐步推进内部交易合同全覆盖；完成危险化学品经营许可证（原油）办理，保障原油营销业务合规经营。

【安全环保】 2022年，塔里木油田公司强化风险辨识，确保关键作业风险受控。在业务部门和储运中心2个层面开展危害因素辨识及风险分级管理，业务部门识别办公区域危害因素9项，业务管理活动危害因素118项，其中3项较大风险。储运中心识别作业活动危害因素74项，管理活动危害因素74项，其中6项较大及以上风险。创新开展"三个明白"（明白风险、明白隐患、明白应急）专项活动，编制发布风险隐患清单，明确12项主要风险管控措施、存在隐患及应对措施。修订发布《油气运销部关键作业分级管控清单》，梳理关键作业29项，明确关键作业日常、升级管理阶段作业许可审批及现场监督责任岗位。完成阿克苏油气储运中心铁路专用线及12个重大危险源安全风险评估，5个储运站场外部防护距离评估，开展油气储运设施安全设计诊断，办理危险化学品经营许可证（原油）。强化隐患排查整改。运用"实现1个目标+2个层级管控+3步法全面推进"工作法，推广"运销好管家"典型管理经验，编制业务领域专项排查清单34份，指导全员照单排查隐患1315个。开展油气储运站场VOCs泄漏检测、隐患治理。优化机械清罐流程，减少含油污泥产生量，合规转运含油污泥4566.66吨。

【承包商管理】 2022年，塔里木油田公司落实市场准入和招标选商要求，源头管控承包商质量，保障安全生产。完成20个工程、服务项目招标和16个项目的可不招标工作。开展承包商资质核查专项行动，编制《油气运销部2022年承包商资质资格核查专项行动方案》，成立领导小组和4个业务小组，明确选商、入场和过程管理、考核评价等各环节的核查重点和职责分工，集中进行开复工前核查，全年常态化开展核查工作，每月定期跟踪、协调、督办，及时整改关闭存在问题。常态化做好承包商月度考核、季度评价，严格落实两个不低于3%底线目标，为培育高质量战略承包商做好基础性工作，做到严评价、硬考核。截至2022年底，承包商安全记分单位13家54人次，承包商违约情形考核扣款23次53.95万元，从严管理考核力度明显加大，倒逼承包商提升自身素质和提升服务质量。加强新冠肺炎疫情管理，监控承包商人员动态。加强承包商疫情和舆情法制宣传，按照疫情管控常态化管理要求，3个储运中心每日掌控承包商人员外出返回信息，每周做好承包商人员动态跟踪统计上报，全年承包商疫情管控有序有效。

【工程管理】 2022年，塔里木油田公司坚持数字化转型智能化发展，推动物联网应用示范二期工程和"安眼工程"，采集储运站场和管道阀室内生产数据，同时将数据上传至办公网，为高级应用管理软件提供完整的数据支持，提升安全风险管控能力。在凝析油完善工程中试点"安眼工程"建设，完成2套人脸智能识别门禁、14套视频监控架设，依靠数字化技术发现和识别违章行为497项，完成轮南新旧管线连通、牙哈阀组区碰头等9次高风险开孔封堵和动火连头，消除管道站场运行安全隐患，保障凝析油完善工程安全有序推进。深化检查考核机制，提升承包商监管水平。分工序编制工程质量关键控制点检查表，制定完善工器具入场检查表、承包商单位及人员装备资质资格核查表，系统做好承包商资质核查工作。把好人员装备入口关。建立监理、施工等承包商常态化隐患排查机制，统筹安全质量和协调能力，从严开展承包商考评，组织凝析油完善工程承包商关键岗位人员能力再评估19人，确保能岗匹配。

【计量质量管理】 2022年，塔里木油田公司强化计量管理，确保计量数据准确可靠。开展乙烷计量准确性研究，乙烷交接界面变更为乙烷末站质量流量计，配备流量计算机进行系数法交接，按照日均交接乙烷2200吨，乙烷价格1921元/吨计算，日增经济效益11.7万元。加强计量过程控制管理，通过日常巡检、计量数据远传系统及时掌握现场计量器具运行情况，做到计量问题早发现、早解决；对西气东输第一站开展计量系统性能评价，确保计量过程管理受控。加强与上下游沟通联动，编制《轮南油气储运中心外输原油质量控制方案》，哈轮线原油含水超标由58次/月降至7次/月。

【储运生产数字化转型升级】 2022年，塔里木油田公司推进数字化建设，抓好网络安全防护和自动化全覆盖测试，利用数字化促进储运生产管理转型，提升运销数字化转型、智能化发展水平。编制《油气运销业务领域数字化智能化应用方案》并通过审核，智能化发展规划、路线更加清晰。油气运销标准化信息工作平台上线运行，生产、销售类报表实现数据一次录入、个性化定制、云端共享，提升工作效率。推进物联网二期、安防达标等数字化项目，关键生产数据远程采集实现全覆盖。探索开展高后果区无人机巡护、大型场站数字巡检，人均管辖千米数由2021年3.87千米增长至3.99千米。

【油气营销管理部成立】 2022年8月1日，为强化塔里木油田公司油气市场营销归口管理职能，油气运销部加挂油气营销管理部的牌子，履行营销管理职能，实现储运一张网，营销一盘棋部署。统一塔里木油田公司销售计划管理，强化执行监督，石油和天然气计划完成率分别实现100.08%、100.01%，做到科学制定和刚性执行；制修订油气购销合同标准文本4份，各单位购销合同实现统一管理；集成塔里木油田公司销售数据，实现汇总核算；配合财务部修订价格管理办法，强化统一定价，完善油气营销管理体系。

【营销体制改革】 2022年，塔里木油田公司为保障效益，推进营销体制改革，修改合同文本9次，完成天然气和液化气销售体制改革，实现集团公司首次内供液化气市场定价，建立后路保障和效益保障双机制。

（李碧龙　杨子萱）

油气储运

【概述】 2022年，塔里木油田公司以数字化为方向，全力推动储运生产转型升级，建立"集中调控、两级监控、三级巡检、统一应急"生产组织体系，对47条长输管道、13个水力系统管网进行调控操作，优化油气装车、管道巡检业务，减少用工42人，节约成本650万元。冬季保供期间，每天分析研判管网运行数据，配合销售部门平衡大管网上载与周边民生用气需求，精细化统筹天然气资源调配，数字化、信息化方式助力产销联动的局面逐渐完善。落实安全生产和冬季保供措施，累计向西气东输供气253.08亿立方米，向周边地区供气54.96亿立方米，销售石油液体734万吨。科学制订管道清管频次和清管时间，完成21条管道82次清管作业，清管里程2633.01千米。开展应急演练209次、应急培训185次。截至2022年底，塔里木油田公司本部有油气长输管道40条，长度3280.754千米（表1）。塔西南公司管理长输管道40条、3040.42千米（表2）。

表1　2022年塔里木油田公司油气长输管道一览表

序号	管线名称	起点	终点	长度（千米）	投用时间
1	克轮输气管道	克拉（一厂）	轮南	159.8	2004年9月
2	牙哈输气管道	克轮4号阀室	牙哈处理厂	5.4	2004年9月
3	英轮输气管道	英买输气门站	轮南	217	2007年4月
4	英牙输油管道	英买输气门站	装车站	151	2007年4月
5	英牙液化气管道	英买输气门站	装车站	151	2007年7月
6	东河伴生气管道	东河天然气站	英轮5号阀室	42.01	2008年5月
7	英东输油管道	英买潜山联合站	东一联合站	106.47	2012年5月12日
8	库车新门站外输气管道	英轮5号阀室	库车输气门站	3.5	2012年9月
9	克轮输气管道复线	克拉分输站	轮南	157.2	2013年11月
10	大北输气管道	大北处理站	克拉分输站	88.6	2014年7月11日
11	克深输气管道	克深处理厂	克拉分输站	25.021	2015年7月13日
12	克牙输气管道	克轮复线4号阀室	牙哈处理厂	5.62	2017年9月24日
13	牙英输气管道	牙哈处理厂	英轮6号阀室	15.83	2017年8月19日
14	新和输气管道	英买输气门站	新和输气门站	52.669	2018年2月1日
15	东轮输油管道	东一联	哈轮1号阀室收球区	15	1994年7月3日
16	轮西燃气管道	轮南	轮西	33	2005年6月日
17	哈得输油管道	哈四联	哈得新建中间清管站（接塔轮油线）	50	2003年9月
18	哈得轻质油管道	哈一联	哈得凝析油收球阀室（接塔轮油/凝析油线）	64.9	2000年6月
19	桑南输气管道	桑南	轮南	17.4	2005年5月

续表

序号	管线名称	起点	终点	长度(千米)	投用时间
20	牙牙输油管道	牙哈处理站	装车站	12.5	2000年11月
21	牙牙液化气管道	牙哈处理站	装车站	12.5	2000年11月
22	牙牙燃气管道	牙哈处理站	装车站	13.064	2011年8月4日
23	迪牙输油管道	迪那处理站	装车站	31.08	2009年7月5日
24	迪牙液化气管道	迪那处理站	装车站	31.08	2009年7月30日
25	迪轮输气管道	迪那	轮南	78.6	2009年6月28日
26	哈轮输油管道	哈拉哈塘	轮南	110	2013年4月
27	轮牙输油管道	轮南储运站	装车站	85.9	2017年11月9日
28	轮迪输气管道	轻烃厂	轮台门站	54.91	2017年8月28日
29	轮牙液化气管道	轻烃厂	装车站	87.5	2017年9月24日
30	塔轮输油管道	塔一联	轮南	302.15	1996年7月30日
31	塔轮轻质油管道❶	塔二联	轮南	276.355	1999年1月26日/2014年9月
32	塔轮输气管道	塔二联	轮南	273	2010年10月16日
33	哈得轻质油管道复线	哈一联	哈得输气管道收球阀室(塔轮气线T接点)	55.2	2018年6月23日
34	轮库输油管道复线	轮南输油首站	库尔勒原油站	161.525	1996年9月12日
35	轮库输气管道	轮南储运站轮南门站	库尔勒输气站	192.4	1998年5月10日
36	克东输气管道	克轮复线4号阀室	东河发球区	39.2	2020年3月24日
37	拜城工业园区供气管道	大北外输阀组	拜城工业园区末站	8.51	2019年10月16日
38	英东2号阀室供气管道	沙雅燃气供气阀室	英东2号阀室-加热站	1.34	2019年11月1日
39	乙烯燃料供气管道	轮库输气管道中间站	乙烯厂输气站	32.8	2021年4月13日
40	哈得输气管道	哈一联	哈得输气管道复线2号阀室(塔轮气线T接点)	59.72	2021年7月16日
	管道合计长度			3280.754	

注：❶塔轮凝析油管道原为1999年1月投用的塔轮输气管道(塔一联—轮南)，2014年9月改为输送塔中Ⅰ号气田生产的凝析油。

(李碧龙　杨子萱)

表2　塔西南公司天然气长输管道一览表

序号	管线名称	起点	终点	实际长度千米	投用日期	备注
1	英喀干线	英买力输气站	喀什压气站（分输清管站）	607.590	2013年7月30日	利民管线
2	喀泽干线	喀什压气站（分输清管站）	泽普输气站	257.300	2012年9月18日	利民管线
3	和泽干线	和田输气站	泽普输气站	332.180	2012年10月9日	利民管线
4	和民干线	和田输气站	民丰分输清管站	351.794	2013年8月18日	利民管线。2020年10月因建于田机场在46号-47号阀室之间改线，改线部分长度从2.17千米减至2.153千米，减少长度0.017千米；新管线壁厚8毫米，2022年4月因和若铁路在于田分输清管站—46号阀室之间改线，改线部分长度从122.5米增加至188米，增加长度65.5米，新管线壁厚7.1毫米。2022年4月和民干线43阀室—44号阀室换管3米。2022年7月为配合于田县地方政府经济发展规划新建管线6.8351千米，原有管线6.5千米，新增0.3351千米
5	大北—南疆利民3号阀室输气管线	大北输气站	阿克苏末站	98.600	2017年9月10日	利民新管线
6	大桥乡支线	大桥乡分输站	—	4.080	2019年11月5日	利民新管线
7	阿瓦提支线	8号分输清管阀室	阿瓦提末站	44.420	2018年10月27日	利民新管线
8	乌什支线	8号分输清管阀室	乌什末站	98.180	2019年5月10日	利民新管线
9	1团支线	8号分输清管阀室	1团末站	8.100	2013年8月28日	利民管线
10	2团、3团支线	9号分输清管阀室	3团末站	38.480	2013年8月28日	利民管线
11	柯坪支线	11号RTU分输清管阀室	柯坪末站	24.230	2013年12月19日	利民管线
12	图木舒克支线	13号分输清管阀室	图木舒克末站	39.090	2013年8月5日	利民管线
13	51团支线	图木舒克末站	51团末站	10.830	2013年8月5日	利民管线
14	50团、53团支线	图木舒克末站	53团末站	39.580	2013年8月6日	利民管线。2017年6—7月改线，改线部分长度从0.28千米减至0.245千米，减少长度0.035千米，2022年改线部分从2.0千米增至4.38千米，新增长度2.38千米

续表

序号	管线名称	起点	终点	实际长度千米	投用日期	备注
15	44团支线	图木舒克末站	44团末站	10.015	2013年8月5日	利民管线。2020年9月改线,改线部分长度从2.765千米增至2.85千米,增加长度0.085千米
16	巴楚支线	三岔清管站	巴楚末站	16.390	2013年8月29日	利民管线
17	伽师总场支线	17号分输清管阀室	伽师总场末站	13.940	2013年8月12日	利民管线,2022年6月16日伽师总场支线换管8米
18	伽岳麦支线	20号分输清管阀室	麦盖提末站	170.670	2013年9月7日	利民管线。2019年5月在岳普湖县境内改线,改线部分长度从5.4千米减至5.16千米,减少长度0.24千米
19	42团支线	B4号分输阀室	42团末站	4.130	2013年9月7日	利民管线
20	前进水管处、45团支线	麦盖提末站	45团末站	40.160	2013年9月8日	利民管线
21	46团支线	麦盖提末站	46团末站	25.550	2013年9月7日	利民管线
22	红旗农场支线	21号分输阀室	红旗农场末站	7.530	2013年8月11日	利民管线
23	油气运行中心支线	喀什压气站(分输清管站)	油气运行中心公寓	10.120	2013年11月20日	利民管线
24	阿克陶支线	阿克陶分输站	阿克陶末站	13.440	2014年1月13日	利民管线
25	41团支线	阿克陶分输站	41团末站	4.790	2013年7月21日	利民管线
26	东风农场支线	27号分输清管阀室	东风农场末站	10.350	2013年9月3日	利民管线。2016年10—11月改线,改线部分长度从4.8千米增至6.5千米,增加长度1.7千米
27	莎车支线	30号分输清管阀室	莎车末站	22.981	2013年9月4日	利民管线。2020年10月因建铁路物流中心改线,改线部分长度从4.599千米增至5.45千米,增加长度0.851千米
28	皮山农场支线	皮山分输清管站	皮山农场末站	26.230	2013年9月15日	利民管线。2021年9月因建工业园区改线,改线部分长度从2.19千米增加至3.87千米,增加长度1.68千米
29	47团支线	41号分输阀室	47团末站	6.890	2013年9月16日	利民管线
30	柯泽273输气管线	柯克亚油气处理站	石油基地末站	76.500	1988年7月	2013年7月3日接管

续表

序号	管线名称	起点	终点	实际长度千米	投用日期	备注
31	柯泽325输气管线	柯克亚油气处理站	石油基地末站	76.500	2000年12月	2013年7月3日接管
32	柯泽114输油管线	柯克亚油气处理站	石油基地末站	78.000	2007年6月日	2013年7月3日接管；新油管线
33	和田河气田外输管线	和田河气田首站	和田末站	176.510	2004年11月23日	2013年7月3日接管；老管线
34	和田河气田外输复线	和田河气田油气处理厂	和田输气站	125.430	2013年10月13日	新管线
35	和田—洛浦输气管线	和田末站	洛浦配气站	29.630	2008年11月21日	2015年6月1日接管
36	和田—墨玉输气管线	和田末站	墨玉配气站	21.280	2008年12月11日	2015年6月1日接管
37	阿克作业区—南疆利民管网输气管线	阿克集气脱水站	运行中心阿克首站	5.960	2012年9月18日	原为临时联络线，敷设于地面，长度6.4千米。2017年8—9月沉降后，长度变为5.96千米（河下埋长0.16千米）
38	阿喀输气管线	运行中心阿克首站	喀什压气站（分输清管站）	79.868	2012年9月18日	2021年7月废除喀什末站，改线进喀什压气站。进原喀什末站管线长度减少182米，减少原喀什末站至南疆管网管线长度500米。新增到喀什压气站管线长度7650米
39	阿克—乌恰输气管线	阿克气田处理站（老站）	乌恰末站	21.600	2005年9月	2015年10月1日接管
40	阿克—乌恰输气复线	运行中心阿克首站	乌恰末站	11.500	2012年10月24日	2015年10月1日接管
合计				3040.42		

注：(1)南疆天然气利民管线实际长度为数字化管道长度，其中4条干线原长度1548.48千米，21条原支线原长度538.74千米，4条新支线长度245.28千米。

(2)该表未包括石油基地末站去下游用户管线、石油基地末站去泽普输气站管线、洛浦配气站、墨玉配气站去下游城市燃气管线、阿克至乌恰输气管线上三通去康西湾燃气管线、阿克苏末站去利民管线间的管线。

(3)阿克至乌恰输气复线由两段组成。第一段从工业垃圾场原阀井至乌恰末站由阿克气田产能扩建工程于2011年建成，规格为管径168毫米×7毫米/10毫米，长度7.2千米；第二段从阿克首站至工业垃圾场原阀井于2012年建成，规格为管径168毫米×6毫米，长度4.3千米。

(4)更新时间为：2022年9月30日。

(李世超)

【管道运行管理】 2022年，塔里木油田公司本部主要负责40条3280.75千米油气长输管道的运行管理工作。管道输送原油、天然气、凝析油、轻烃、液化气，管径有30种规格，最小76毫米，最大1219毫米。推动

QHSE体系与完整性管理融合，发挥二者合力，加强管道日常巡检和维护，首次实现外输管道零失效，储运系统本质安全得到提升，确保所辖输油气管道40条、阀室105个、阴保间66个安全平稳运行。

【管道巡护】 2022年，塔里木油田公司油气运销部为缓解管线巡护点多面广，巡检任务重的困难和压力，利用社会资源，作为维护管道安全的有效补充，强化油地共建、推动双方高质量发展，与各地州政府、派出所沟通座谈，联动开展管道保护法宣传、应急演练、警民联合徒步等工作，做到输油气管道沿线全覆盖，确保输油气管道安全平稳运行。截至2022年底，完成巡检194.1万千米，与31个派出所、22个乡政府、2485户农户签订管道保护协议。

【管道清管作业】 2022年，塔里木油田公司油气运销部组织编制全年清管计划，制定管道清管频次和清管时间。截至2022年底，完成22条长输管道82次清管作业（其中管道内检测清管45次），清管里程2633.01千米(表3)。

表3 2022年塔里木油田公司长输管道清管作业实施情况统计表

管道名称	起点名称	终点名称	长度(千米)	管内介质	计划清管次数	实际清管次数
迪轮输气管道	迪那处理厂	轮南	78.6	天然气	1	1
轮迪输气管道	轮南轻烃厂	轮台门站	54.91	天然气	1	1
哈一联外输油管道（气改油）	哈一联	轮南	55.2	原油	2	1
东轮输油管道	东河作业区	轮南	17	原油	3	2
哈轮输油管道	哈六联	轮南	110	原油	3	5
哈得凝析油管道	哈四联	轮南	50	凝析油	2	8
哈得输油管道	哈一联	轮南	58.7	原油	2	1
塔轮输油管道	塔一联	轮南	302.15	原油	4	1
塔轮凝析油管道	塔二联	轮南	276.355	凝析油	4	7
哈得输气管道复线	哈一联	轮南	59.72	天然气	1	6
克轮输气管道	克拉	轮南	159.8	天然气	2	3
克轮输气管道复线	克拉	轮南	157.2	天然气	2	2
大北输气管道	大北	轮南	88.6	天然气	2	2
克深输气管道	克深处理厂	轮南	25.021	天然气	1	1
新和输气管道	英买力处理厂	轮南	52.669	天然气	1	1
迪牙凝析油管道	迪那	轮南	31.08	凝析油	1	1
英牙输油管道	英买	轮南	151	凝析油	6	21
轮牙凝析油管道	轮南储运站	轮南	85.9	凝析油	2	2
英东输油管道	英买力联合站	轮南	106.47	原油	4	2
轮库输油管道复线	轮库输油首站	轮南	161.5	原油	2	7
轮库输气管道	轮南储运站轮南门站	库尔勒输气站	192.4	天然气	1	7
合计			2633.005		53	82

【管道专项检测】 2022年,塔里木油田公司油气运销部推进管道检验检测工作,净化油气管道按照《压力管道定期检验规则——长输管道》(TSG D7003—2022)要求,重点开展宏观检查、防腐系统检查与测试、安全仪表系统检查等工作,高后果区或高风险区域升级检查措施;站场工业管道按照《压力管道定期检验规则——站场管道》(TSG D7005—2018)要求,重点开展管道运行状况、安全附件与仪表、防腐层系统等检查,对疑似高风险部位开展壁厚测试等。完成内检测定商定价,缩短选商工作量和选商时间。截至2022年底,完成213.62千米管道内检测,内检测覆盖率提升72%,分类分级施策维修维护,完成154处管道缺陷修复,有效降低管道失效风险。

【管道保护】 2022年,塔里木油田公司油气运销部通过悬挂环境保护横幅、标语、海报,发放油气管道保护宣传手册等方式,开展规模性管道保护法宣传79次,组织员工与社区联动宣传,讲解燃气安全知识并发放宣传单,全年发放《中国石油天然气管道保护法》宣传挂历、台历、手册5640本;联合地方政府、当地居民共同清理管道沿线上方新发芽树木3420棵;建立专班,现场派驻人员对第三方作业现场施工监护168次,各类协调155次;强化油地共建与地方派出所组织联合徒步活动20次,联合防恐演练2次。

【完整性管理】 2022年,塔里木油田公司油气运销部推广设计管理手册,发挥技术序列专家作用,提高设计审查质量,将定型标准化方案纳入设计标准化方案中,加大标准化成果应用力度。完成主力油气管道第一轮内检测,系统评估缺陷危害,分级分类实施维修,消除体积型缺陷风险,探索涡流、电磁超声等裂纹检测技术。总结站场RBI检测经验,分析腐蚀规律,制订站场管道专项检测方案。结合产量变化,核算分析储运系统能力,提前谋划储运系统能力提升。开展储运设施工艺安全分析,提升员工能力。结合储罐监测项目应用效果,适时启动储罐监测系统建设。组织轮南外输泵升级改造和新外输泵投产运行,提升轮库输油管道外输可靠性。开展"揭榜挂帅"、技术论坛、技能比武、学习交流、联盟合作,按照优先实施一批、逐步推广一批、补齐完善一批,有序推进隧道裂纹监测、泄漏报警系统、腐蚀监测技术等研究应用,培养储运技术人才。对13条1362.8千米管道开展半定量风险评价,实现管道风险评价方法由定性向半定量转变;完成4182台问题电气设备整改,防爆电气设备隐患清零,通过增加视频监控、阴极保护电位自动采集、清管器自动跟踪等监控手段,建成轮库智能管道无泄漏示范区,通过集团公司验收。

【冬季保供】 2022年,塔里木油田公司油气运销部编制完成冬季运行方案,对下属3个中心开展冬防保温与冬季安全生产大检查工作,并对整改问题进行检查消项。确保冬季期间站场、油气管线安全平稳运行。确保西气东输和周边用户安全平稳用气,更好履行保供职责,按照《冬季安全生产运行方案》要求,做好站场定期巡护、压力监测、气量统计分析和气质监测分析,优化天然气调控运行,加密上游来气水露点监测和站内排污频次。完成调压系统改造、管道缺陷修复,轮库输气管道供气能力提升至960万米^3/日。筹措保供资源,组建保供专班,建立分析和压减机制,2021—2022年冬季保供期间累计向西气东输供气突破3000亿立方米,向南疆五地州供气突破500亿立方米。

【应急管理】 2022年,塔里木油田公司油气运销部制定《净化油气管道应急处置手册》,明确油气管道补强修复各环节作业流程、技术及安全管控要点。发布《输油管道塔河段泄漏现场处置方案(初稿)》《液化气管道失效现场处置方案(初稿)》;建立新冠肺炎疫情期间A/B岗工作制度,梳理业务部门34个关键岗位74人互补清单,确保任何状况下岗位有人替、工作不间断,做到突发情况忙而不乱、平稳有序。完善疫情应急体系,与新和县、沙雅县、拜城县、库车市等油区办书面报备应急抢险车辆、人员信息并建立应急通行机制,与6个采油气管理区、4家承包商队伍建立应急抢险紧急支援机制,以实现属地区域应急全覆盖,解决人员、机具出行受限问题,提升长输管道应急处置时效。

【管道应急抢险事件】 2022年,塔里木油田公司油气运销部开展应急演练,三级、四级应急演练209次3676人参加,多方式开展安全生产应急知识宣传、应急预案培训等活动,应急培训185次2984人次,首次实现长输管道零失效。

【外输管道高后果区识别与管理】 2022年,塔里木油田公司油气运销部根据《油气田管道高后果区识别规范》(Q/SY TZ 0568—2019),严格高后果区风险管控,安装1515个加密桩、188个警示牌和架设5处视频监控,首次实现"双高"管道清零,在38处人员密集型高后果区增设视频系统,形成"视频监控+泄漏监测+第三方预警"的全过程高后果区监控系统。通过加强管道巡护、检测评价、维修维护、增加加密桩和警示牌、视频监控等措施对高后果区和高风险管道进行治理，实现高后果区治理完成率100%。

【油气储运科研与技术创新成果】 2022年，塔里木油田公司油气运销部"清管器发球装置"技术创新成果获国家实用型发明专利授权，"提高轮库输油管道复线输送能力"获集团公司创新方法大赛三等奖，"长输管道智能巡线管理系统研究"获塔里木油田公司科技创新二等奖。

【油气集中调控中心运行管理】 2022年，塔里木油田公司油气运销部建立"集中调控、两级监控、三级巡检、统一应急"的生产组织体系，编制《油气运销部基础管理提升方案》，部署5部分、17类、44项具体工作。梳理基层生产管理类制度目录5项，规定制度内容。编制发布《油气储运集中调控中心长输管道调控手册》，规范47条长输管道、13个水力系统管网调控操作。统筹优化油气装车、管道巡检业务，减少用工42人，节约成本650万元。

【生产协调】 2022年，塔里木油田公司坚持早谋划、早部署、早落实，协调集团公司总部相关部门、乌鲁木齐铁路局、各下游炼油厂和相关县市检查点，打通各环节堵点卡点，灵活调整管道、铁路、公路计划。落实升级管理要求，建立重点项目推进机制，抓好新冠肺炎疫情管理和项目建设，协调人员和物资保障，依法合规完成许可手续办理，优化工序并协调解决问题，减少疫情对项目建设的影响，完成博孜管道、西气东输第一站放空气回收、水工保护、隐患深度评估、塔中新建罐等重点项目建设和投运。

【提质增效】 2022年，塔里木油田公司油气运销业务落实提质增效专项活动工作部署，研究制定升级版提质增效工作思路，以"四个标准化"为抓手，建立"业务主导、部门协同、中心联动"机制，5项业务实现标准化管理，9项作业形成标准化方案，年总成本下降1103万元，控减投资指标完成率133%，控减成本指标完成率111%，完成提质增效指标。其中：控减投资指标1501万元，实际控减2175万元；控减成本指标2149万元，实际控减2244万元。

【计划管理】 2022年，塔里木油田公司油气运销部编制投资计划，做好年度投资建议计划的论证和决策，按照基层部门提报需求、业务部门专业论证、计划经营科统筹平衡、领导层最终审定编审流程，将生产导向、业务导向、效益导向融入投资建议计划中，强化资金使用效果，确保计划科学、可靠，2022年下达投资计划博孜—大北区块地面骨架工程（凝析油储运部分）等7项，项目均涵盖在年度建议计划之内。项目调整计划，通过联合油气运销部工程项目部、物资管理站、储运技术部、财务资产科等项目管理核心部门集中分析项目各环节进展情况，预测现场施工形象进度、甲供物资采购进度，掌握各项费用列支金额，为调整计划编制提供数据支撑，确保调整计划编制准确性及后续可执行性，全年调整投资计划25908万元，投资完成率98.5%。

【经营管理转型】 2022年，塔里木油田公司以"区域一体化+专业一体化"为目标，推行运行维护业务整合和承包商优化工作，持续培育战略承包商。完成轮南集油站场运行、油气装车、管道巡护5项主要生产运行业务标准化，并将方案所列规范、标准融入招标方案、合同文本，实现方案落地，规范业务运行，减少运行队伍3家，减少承包商用工35人，优化巡线工作安排，减少巡线里程550千米/日，年总成本下降1103万元。完成管道运维等5项标准化业务方案、招标文件、合同，细化考核标准，强化履约监管。通过招标选商强化市场竞争，合同签订期限由1年延长至3年，管道巡护、站场运行、油气充装等储运核心业务均实现业务承包。储运业务定额标价体系不断健全完善。依据各业务单元的标准化方案，参照工程量清单计价思路，编制业务单元综合单价，经塔里木油田公司概预算管理部审定后，应用到预算编制、招标及合同价格测算、工作量签证模板制定、结算价格确定及成本管控，建立清管作业、储罐检验、调控中心运行等储运业务定额标价体系并纳入《塔里木油田公司定额标价》。组织编制长输管道按照工程量清单计价模板，通过与管道建设公司对接、对标分析历史数据，融入油田地域特点及施工难度，形成具有塔里木特色长输管道安装工程量清单计价模板，并编入《塔里木油田公司典型工程量清单基层模板》，促进塔里木油田公司清单计价体系完善。制定9项标准化签证模板，签证内容，提高结算时效，降低廉洁风险。

【油气储运小型站场实现无人值守】 2022年，塔里木油田公司油气运销部依托生产控制、工业视频、可燃气体报警等数字化管控系统，实现小型站场无人值守，探索开展"数字巡检+人工轮巡"，降低人工现场巡检工作量，依托参数远程监控、数字化巡检等手段，优化管道巡护、站场运维业务42人，实现英牙中间加热站、库车输气站等小型场站无人值守。

【新式石油液化气铁路罐车投入使用】 2022年，塔里木油田公司油气运销部阿克苏油气储运中心北区液化气火车栈桥3列18节石油液化气铁路罐车正式投入使用,新式罐车承载量提升;优化罐车罐口充装液压系统,安全系数更可靠;对押运间、罐盖、走形装置人性化设计,满足铁路运输安全要求。

【国家油气供应物联网应用示范二期工程】 工程背景:在《国家油气供应物联网应用示范工程(油气运销部)》项目实施后,对轮南生产运行中心进行改造,实现运销部站场和管道阀室汇总展示,同时使得生产网及办公网通过网闸联通,完善塔轮输油管道、哈得新线、哈得老线管道阀室自动化参数采集。截至2022年底,在轮南生产运行中心已经可以对上述管道全线关键参数进行自动监视和管理,达到无人值守、定时巡检的建设水平。为提高油田生产管理水平,减员增效,降低运行成本,增户增管道不增人,实现安全环保生产运行,需对油气运销部所辖牙哈装车站和轮南储运站以及部分管道阀室进行自动化改造,采集上述缺失自控参数,纳入已建监控与数据采集系统,为基础数字化生产管理平台。油气运销物联网二期工程建设完成后,将完善一期工程缺失的自控参数采集点,通过完善采集油气运销部下辖站场和管道阀室内现场实时生产数据,同时将生产实时数据单向上传至办公网,为高级应用管理软件提供完整的数据支持,借助高级应用软件直观展示油气运销实际情况,作为一个有机组成部分融入塔里木油田油气物联网系统。

工程内容:工程主要对油气运销部阿克苏油气储运中心和塔轮油气储运中心管理的站场、输油气管道及其阀室新增改造检测设施、监测装置的采购、安装、调试,并将数据上传至指定系统。视频监控系统包括油气运销部下辖站场牙哈装车站、轮南储运站和克轮气线、塔轮气线、英东油线等管道阀室新增压力变送器38台、温度变送器6台,球指示器2台、泵振动检测系统12套,液位计10台,地温变送器3台,表面温度变送器2台,电量变送器9台,RTU系统4套的施工;其他相关仪表及系统扩容等。配套自控、通信、供配电等施工内容。

参建单位:工程组织单位油气运销部,设计单位大庆油田设计院有限公司巴州分公司,施工单位新疆锐意浩洋智能科技有限公司,监理单位是中建卓越建设管理有限公司。

工程进度:2022年3月1日开工建设,12月31完工。

(李碧龙 杨子萱)

【塔西南公司管道运行管理】 2022年,塔里木油田公司塔西南公司管理长输管道40条3040.42千米,主要分布在阿克苏、克州、喀什和田地区。其中在用管道38条2885.92千米,停用管道2条154.5千米。完成26条天然气管道清管工作,管道清管长度3912千米(其中管道内检测长度915千米)。全年新增投产4个供气点,三岔压气站、泽普压气站压缩机先后一次性投产成功。冬季保供期间三岔压气站、喀什压气站、泽普压气站、和田输气站压缩机连续对管网增压保供,增强冬季高峰调控能力。截至2022年底,塔西南公司南疆天然气利民管网累计向南疆四地州输气20.57亿立方米。推进西气东进工程扩销2393万立方米。

冬季保供:联合地方政府、燃气公司召开座谈会并成立保供专班,对标摸排跟踪下游用气情况,分级分类制订用气控制计划,减少上下游供需缺口,确保天然气稳定供应。南疆利民管网实行三段升压、四级增压、三线专供、五段压减措施,保障管网安全平稳运行。与四地州政府及下游燃气公司共同完善高峰供气极限应急预案,提高突发状况应急联动能力。

清管作业:完成26条天然气管道清管工作,管道清管长度3912千米(其中管道内检测长度915千米),同比减少3505千米,清管作业清出粉尘145.82千克,液体约6409立方米,减少管内积液对管壁腐蚀,提升管道输送效能。把握上游气田检修停产契机,完成大北输气站—阿克苏末站管段、阿喀输气管线2条计划外管道清管作业,提高管网运行安全效性。

(邓逸飞)

管道保护:完成管线违章占压物171处、违章建筑物18处清理工作。杜绝违章占压71处,管道保护宣传79次,发放天然气管道保护法600多本,开展宣传《中华人民共和国石油天然气管道保护法》并发放慰问品等活动。与各地方政府沟通,配合清理违章占压物。提高管道沿线居民保护意识,做到管道沿线群众全员参与管道保护工作。

(石新军)

物资管理:南疆利民油气运行中心完成物资管理各类指标当期表内物资7项,金额0.4万元,计划准确完成率100%;积压物资处置考核指标6万元,积压物资处置消耗6.4万元。各类物资计划申报42份938项,申报物资总金额991.5万元,新增物资编码44项。

(夏提努尔·阿不利米提)

项目管理:南疆利民油气运行中心完成各类项

目18项，项目实施总金额约2993万元。截至2022年底，完成结算8项，正在实施3项，未实施5项，2项暂未招标。完成零星项目36项（完成31项，正在实施4项，待实施1项），计划金额266.9余万元；完成防洪水保项目1项，完成计划金额225余万元。

（柴　黎）

应急管理：南疆利民油气运行中心编制修订应急预案1+7项，管理站现场处置预案及处置卡，完成应急管理培训96次/1625人；开展二级应急演练5次/121人（其中1次桌面演练）；开展三级应急演练77次/1132人（其中4次桌面演练）；与地方相关部门开展联动应急演练16次/168人。

（米尔艾合买提江·卡德尔）

管道检测：1—6月，南疆利民油气运行中心开展管道全面检验，完成阿喀输气管线、阿克作业区至南疆利民管网输气管线、阿克—乌恰输气管线、阿克—乌恰输气复线、41团支线、大桥乡支线6条127.798千米检测；阿克苏清管站至三岔清管站输气干线317.53千米管道内检测；50团、53团支线、伽岳麦支线、前进水管处、45团支线3条管道248.03千米管道检测，开展阴极保护有效性检测及阴保附属系统检测评价（CIPS），管道防腐层检测评价（DCVG）。

（肖　峰）

基础管理：南疆利民油气运行中心制定提质增效降本措施11项，计划控减费用197.04万元；增输扩销措施1项，计划创效775.86万元。截至2022年12月31日，完成降本措施11项，费用528万元，完成创效5794万元。

（谢晓珍）

完整性管理：南疆利民油气运行中心制修订《南疆利民油气运行中心管道和站场完整性三级体系文件》《南疆利民油气运行中心管道管理实施细则》《南疆利民油气运行中心阴极保护系统运行维护管理实施细则》《南疆利民油气运行中心管道和站场完整性管理实施细则》等文件。2022年，管理长输管道40条3040.42千米，主要分布在阿克苏、克州、喀什、和田地区。其中在用管道38条2885.92千米，停用管道2条154.5千米。依照《塔里木油田公司油气田管道和站场完整性管理办法》对在用管道进行完整性管理分类，分为Ⅰ类管道20条2675.34千米，占比88%；Ⅱ类管道17条206.5千米，占比6.8%；Ⅲ类管道1条4.08千米，占比0.1%。所辖站场48座，依照《塔里木油田公司油气田管道和站场完整性管理办法》对站场进行完整性管理分类，分为一类站场0座；二类站场3座，占比6.25%；三类站场45座，占比93.75%。内部组织2次完整性管理自检自查，发现问题数75项并完成整改。组织股份公司关于完整性管理自检评估工作，发现问题23项并完成整改。

（刘宗胜）

设备基础管理：南疆利民油气运行中心开展防爆电气隐患治理工程（二期、三期），整改隐患1363项，整改率100%。所辖10座阀室（3座RTU阀室、7座普通阀室）安装蓄电池监测与效能保障系统，提高阀室蓄电池供电可靠性。总结A类设备经验分享，提高冬供安全运行。编制压缩机运行经验模板，收集喀麦管理站、图木舒克管理站、和田管理站压缩机历年运行经验分享13条。开展老旧设备风险隐患排查整治工作，排查5个管理站站场阀室，排查设备1425台，排查统计老旧设备75台。完成5个管理站40台变压器年度检维护工作。

自动化管理：南疆利民油气运行中心开展对外贸易流量计的检定工作，校验完成率100%，梳理各站场流程图，优化流程图进行组态并修改完善，与现场工艺保持一致。对各站场、阀室压力、温度、流量进行历史趋势分组，清晰工艺运行数据变化。制定完善《南疆利民油气运行中心仪表及自控系统管理实施细则》《南疆利民南疆利民油气运行中心ESD联锁系统维护管理实施细则》《南疆利民油气运行中心工业控制系统网络安全管理实施细则》3项管理制度。完成南疆利民油气运行中心主控室、管理站32台服务器、操作员站更换。完善仪表设备静密封点巡查制度，绘制阀室气液联动阀静密封点示意图，编制气液联动阀静密封点检查记录表，定期开展巡检。开展站场、阀室仪表防爆电气排查，排查仪表设备设施2497台，发现问题2148项，自行整改574项，立项整改1574项，均完成整改。

（王　丽）

QHSE管理体系审核：2022年5月6—12日、11月9—12日，塔里木油田公司对塔西南公司南疆利民油气运行中心开展2022年上半年、下半年QHSE管理体系全要素审核，阿克苏管理站、图木舒克管理站、喀麦管理站、机关科室接受审核。上半年QHSE管理体系验证审核发现问题105项、建议项6项，整改105项，整改率100%；下半年QHSE管理体系验证审核发现问题43项，截至12月31日，已整改41项，整改率95%。

和洛墨燃气安全专项整治：和洛墨城镇燃气管

道共有用气企业、餐饮、公寓、个人等用户6.1万余户,安全风险较大。根据塔里木油田公司部署,塔西南公司南疆利民油气运行中心成立"百日行动"推进工作组及"和洛墨燃气管网工艺安全整改专班",现场开展燃气安全专项整治工作。2022年完成金属波纹软管更换9848户,消除入户隐患1698户,签订《天然气安全使用告知函》联单、风险告知书2.37万份,网格员累计加入社区微信群186个,新冠肺炎疫情期间平均每周在线发送宣传燃气安全知识1116群次。组织开展技能培训134项,覆盖7376人次。

(李武忠)

基层"两册"修订与应用。南疆利民油气运行中心根据各级审核检查反馈"两册"相关问题及"缺陷库"记录,组织各管理站开展上、下半年各一次修订完善,重点对"两册"执行与应用效果进行评估,指导基层站修订完善。推进基层站队QHSE标准化建设,强化"两册"执行应用,10月完成基层站队标准化建设自评验收并申报塔里木油田公司达标验收。

风险管理与隐患排查治理:南疆利民油气运行中心按照业务指导和基层岗位辨识相结合的原则,自下而上开展危害辨识,形成工艺操作、设备设施、作业活动3个方面专项清单,识别危害因素70个,制定针对性管控措施366条。建立"岗位员工、班组、站队、业务部门"四级隐患排查机制,完善岗位隐患排查清单123份,制定隐患排查评比办法,定期通报排查情况,并实施末位考核制。全年排查隐患14256项,其中较大及以上隐患555项,三违典型问题3990项,整改率98.98%。开展"四查"分析19次,排查"二十种人"617人次,安全生产记分221人次245分。

(李武忠)

【南疆天然气利民工程管网运行】 2022年,南疆天然气利民工程管网向南疆四地州输气20.57亿立方米,完成26条3912千米天然气管道清管工作。全年销售天然气18.21亿立方米,推进"西气东进"工程扩销2393万立方米。新增投产4个供气点,三岔压气站、泽普压气站压缩机先后一次性投产成功。冬季保供期间三岔压气站、喀什压气站、泽普压气站、和田输气站压缩机连续对管网增压保供,增强冬季高峰调控能力。

(邓逸飞)

油气销售

【概述】 2022年,塔里木油田公司实际销售石油液体733.71万吨,销售天然气309.42亿立方米。其中,累计向西气东输供气253.08亿立方米,向周边地区供气54.96亿立方米,实现销售收入611亿元,营销创效11亿元。

塔里木油田公司本部油气销售:塔里木油田公司本部石油液体销售原油580.90万吨,收入263.79亿元;销售轻烃27.66万吨,收入11.9828亿元;销售液化气48.87万吨,收入18.8609亿元;销售乙烷76.284万吨,收入14.6541亿元;销售天然气309.42亿立方米,收入296亿元,石油液体主要销往西部原油销售中心、乌鲁木齐石化分公司、独山子石化分公司;自产天然气主要供西气东输管网和南疆周边地区(表4、表5)。

(李碧龙 杨子萱)

表4 2022年塔里木油田公司(本部)油气销售量统计表

原油		凝析油	天然气		液化气		轻烃		乙烷
销往单位(地区)	销售量(万吨)	销售量(万吨)	销往单位(地区)	销售量(亿立方米)	销往单位(地区)	销售量(万吨)	销往单位(地区)	销售量(万吨)	销售量(万吨)
西部管道	424.46	80.32	西气东输	253.08	昆仑	35.96	乌石化	3.53	
乌石化		31.48	周边销售	51.52	独山子	12.91	独山子石化	2.43	76.28
独山子石化厂		44.64	湿气销售	3.44			周边	21.70	
			储气库	1.38					
合计	424.46	156.44		309.42		48.87		27.66	76.28

表5 2022塔里木年油田公司（本部）向周边地区销售天然气统计表

序号	周边地区	气量（亿立方米）
1	巴州地区	24.76
2	阿克苏地区	14.06
3	南疆三地州	12.71
	油田本部周边合计	51.52

注：未包含储气库垫底气、湿气销售。

（李碧龙　杨子萱）

塔西南公司油气销售：2022年，塔西南公司销售原油16809.61吨，收入7510.97万元；销售凝析油424506.96吨，收入200493.80万元；销售混合烃64826.11吨，收入25180.12万元；销售液化气7935.860吨，收入3018.59万元；销售零散气1210.91万立方米，收入5191.50万元；销售天然气76.80亿立方米，收入73.05亿元；天然气（勘探）-国内外购4.68亿立方米，销售收入4.38亿元（表6）。

（周　杨）

油气销售价格：原油销售均价4459元/吨，同比增长1524元/吨；凝析油均价4762元/吨，增长1599元/吨；2号轻烃价格4836元/吨，增长1297元/吨；1号轻烃价格3925元/吨，增长534元/吨；液化气价格3874元/吨，增长772元/吨；天然气均价0.94元/米^3（不含税）。

（李碧龙　杨子萱）

表6 2022年塔西南公司向周边地区销售天然气情况表

序号	周边地区	气量（万立方米）
1	阿克苏市	13054
2	柯坪县	2052
3	温宿县	36464
4	阿瓦提县	2160
5	乌什县	1431
6	拜城县（含拜城天山）	1124
	阿克苏地区合计	56285
1	阿图什市	12481
2	阿克陶县	1418

续表

序号	周边地区	气量（万立方米）
3	乌恰县	3871
	克州地区合计	17770
1	和田市	24482
2	皮山县	3179
3	策勒县	1432
4	民丰县	1538
5	墨玉县	2350
6	洛浦县	1361
7	于田县	1743
8	昆玉市	1658
	和田地区合计	37742
1	喀什市（含德里克、博瑞）	28290
2	叶城县	9787
3	泽普县	3949
4	莎车县	9493
5	英吉沙县	2042
6	疏勒县	470
7	岳普湖县	1697
8	巴楚县	7061
9	疏附县	2087
10	麦盖提县	2245
11	伽师县	2049
12	第三师图木舒克市	2342
	喀什地区合计	71512
	全年销售量	183309

（杨泽坤）

【油气销售管理】 2022年，塔里木油田公司油气运销部统筹行业管理，强化营销履职能力，统一塔里木油田公司销售计划管理，强化执行监督，销售石油液体733.71万吨，销售天然气309.42亿立方米。其中，累计向西气东输供气253.08亿立方米，向周边地区供气54.96亿立方米。制修订油气购销合同标准文本4份，各单位购销合同实现统一管理；集成油田公司销售数据，实现汇总核算；配合财务部修订价格管理办法，强化统一定价。全年组织召开油气市场营销领导小组会议8次，审议营销策略、营销计划等事宜。制定印发《塔里木油田公司原油销售管理办法》《塔里木油田公司轻烃液化气乙烷销售管理办法》《塔里木油田公司天然气销售管理办法》3项制度；开展销售业务领域法律风险辨识，识别8个方面13项法律风险并提出管理措施；组织签订乌鲁木齐石化分公司、独山子石化分公司、储气库垫底气等内部交易合同，逐步推进内部交易合同全覆盖。完成危险化学品经营许可证（原油）办理，保障原油营销业务合规经营。

【市场营销】 2022年，塔里木油田公司精细油气副产品创效，坚持"分质分销、优质优价"理念，提高产品质量和服务质量，在优先满足集团公司内供基础上加大外部营销力度，对标同区域同类产品提升价格，实现创效3500万元。强化天然气营销创效，首次实现疆内LNG工厂原料气线上竞价交易，竞拍成交3000万立方米，均价2.6865元/米^3，平均价格提高1.3元/米^3，单笔创效3567万元，累计创效1.39亿元。深化代储代输业务，与中国石化西北油田公司、天然气销售西北分公司建立"中中合作"油气代储代输机制，实现增收2.4亿元。

【产品质量管控】 2022年，塔里木油田公司油气运销部以质量管理提升行动为抓手，采取多项措施促使油气产品质量提升。加强与质量安全环保处、地面工程处的沟通联动，督促各油气管理区从生产源头管控产品质量，哈轮线原油含水超标问题逐渐好转。制订专项方案，保障外销原油质量。编制《轮南油气储运中心外输原油质量控制方案》，保证外销原油质量达标。加强外部采购天然气水露点监测。针对英轮3号阀室闽源供气管道冻堵问题进行排查，发现星火5井外部采购气水露点波动大是此次事件的根本原因，随即组织对富源3井、玉科401井等油田外部采购气气质进行重点跟踪监测，有效管控外部采购气气质。

【产品计量】 2022年，讨论塔里木油田公司油气运销部强化计量管理，确保计量数据准确可靠，根据计量器具检定计划督促器具送检工作，确保计量器具量值溯源和计量性能满足计量要求。开展站场设备设施附属计量器具梳理工作，梳理出413个附属计量器具未开展检定/校准，对未检定/校准原因进行分析并制定整改措施，明确管理思路，补齐计量器具管理短板。加强计量过程控制管理，通过日常巡检、计量数据远传系统及时掌握现场计量器具运行情况；组织开展计量合规性专项检查，检查范围为超声波流量计使用中检验、性能核查20台；压力变送器核查20台；温度变送器及配套铂电阻核查20套；流量计算机性能及参数设置核查20台；在线气相色谱仪性能核查4台；在线气相色谱仪配套标准气组成核查4个；每次核查完成后提供计量系统性能评价1份，检查中发现塔中区3路、塔中区5路、克深区5路共3台流量计算机存在"声速计算配置文件无法导出"故障，但不影响流量计运行参数设置和检查，对流量计性能没有影响，并对发现问题进行整改。委托西南油气田公司天然气研究所对西气东输第一站开展计量系统性能评价，确保计量过程受控管理。

【向南疆五地州供气】 2022年，塔里木油田公司天然气营销快速发展，呈现产品多元化、销售多点化等特点，销售地点遍布南疆五地州，油气运销部以开拓新用户、新市场为方向，持续拓宽当地天然气销售渠道。天然气按照市场需求，开发下游市场，加强与上游气田沟通，优化流程，精细调控，提高管网输气能力，保障南疆五地州天然气市场供应，全年向南疆五地州供气54.96亿立方米（表7、表8、表9、表10）。

表7 2022年塔里木油田公司南疆天然气管网新增对外供气点一览表

序号	投产时间	新增供气点站场、阀室名称	供气县市	供气人口（万人）	供气能力（万米^3/日）
1	2022年2月20日	阿克苏末站（去浩源）	阿克苏市	15	44
2	2022年6月3日	D2号阀室	拜城县察尔齐镇	0.35	6
3	2022年10月31日	柯克亚处理站	柯克亚储气库	—	30
4	2022年8月21日	23号阀室	阿图什市	21	35

表8 塔里木油田公司南疆天然气利民工程管线供气情况一览表

站场名称	日供量（万立方米）	月累计（万立方米）	年累计（亿立方米）	总累计（亿立方米）
英买力输气站(去油气运销部)	—	36.1374	1.82176801	20.19422427
大桥乡分输站	0.1437	3.1753	0.00159701	0.00654747
D2号阀室(去智仁能源)	3.166	68.6082	0.03876747	0.03876747
温宿计量调压站	0	482.8496	0.90673338	1.41195308
阿克苏末站(去阿拉尔市)	44.955	1332.57	2.31519887	5.84471813
阿克苏末站(去浩源)	43.586	653.0864	0.66678607	0.66678607
阿克苏清管站(去浩源)	0	545.3147	0.8669983	3.55427936
阿克苏清管站(去大漠)	12.784	303.4848	0.25216672	0.34245588
6号阀室去浩源	—	0	0	0
6号阀室去新捷	9.3577	422.9751	0.30518775	1.834442313
1团末站	—	0	0.00000009	0.00001896
阿瓦提末站	14.5922	405.5517	0.20948044	0.683987005
C1号阀室去阿瓦提利民	1.3014	31.589	0.00835261	0.00916197
E2号阀室去振兴燃气	2.2357	30.1128	0.01743918	0.01825751
乌什末站	2.6023	110.9034	0.12642647	0.40478249
2团分输站	1.3119	37.7133	0.01550376	0.08560617
3团末站	0.7661	25.6243	0.01785109	0.02938507
11号阀室(去新捷)	0.0899	4.9973	0.17269488	1.03906196
柯坪末站	1.3551	36.6525	0.03314814	0.189970045
图木舒克末站	4.6306	137.9935	0.11039636	0.641341346
51团末站	1.4235	37.9841	0.03866647	0.18345549
44团末站	1.0571	30.2053	0.01019671	0.03277845
50团分输站	1.5727	39.7334	0.0270912	0.09326342
53团末站	0.3328	8.9209	0.01828468	0.10529804
三岔清管站(去新捷)	8.9117	233.0048	0.22456983	0.83824018
巴楚末站(去新捷)	8.7952	218.2865	0.31210579	1.462233478
巴楚末站(去浩源)	11.7009	312.128	0.17135948	0.74026952
伽师总场末站	4.409	145.0861	0.05793435	0.16256122
伽师分输站	5.3335	187.0336	0.14586439	1.13980634
岳普湖分输站(去火炬)	6.2634	106.5255	0.08135676	0.50352904

续表

站场名称	日供量（万立方米）	月累计（万立方米）	年累计（亿立方米）	总累计（亿立方米）
岳普湖分输站(去新捷)	3.986	109.0826	0.08679429	0.30303546
42团末站	0.0584	1.6841	0.00161376	0.00755043
B5号阀室(去华晨能源)	0.0344	0.7571	0.00040485	0.0004304
B6号阀室(去火炬)	1.8976	55.0208	0.05439768	0.22774119
45团末站	0.9682	28.9525	0.0257428	0.112448868
前进水管处分输站	0.387	10.3236	0.00330818	0.00633158
麦盖提末站(去火炬)	8.7374	208.8312	0.12306233	0.89595227
麦盖提末站(去新捷)	0	13.0045	0.04295165	0.04299624
46团末站	0.0379	1.1216	0.00107724	0.00414798
红旗农场末站	6.3983	139.3754	0.11901069	0.43544093
22号阀室1号分输门站(去火炬)	42.7632	1317.816	0.95919323	7.00748959
23号阀室1号分输门站(去火炬)	21.5106	569.953	0.17337834	0.17337834
喀什分输清管站(去新捷)	140.9634	3847.9599	2.63375183	17.36289255
喀什分输清管站(去明盛)	0	33.5955	0.10122032	0.236841353
阿克莫木天然气处理厂(去乌恰昆仑燃气公司)	2.0475	67.937	0.02761159	0.12703374
康苏镇	0.8411	15.1094	0.00433684	0.01087349
25号阀室(去火炬)	6.638	237.1177	0.20802089	0.68604759
阿克陶分输站	6.9851	271.4555	0.14155838	0.87072617
41团末站	1.6525	22.8754	0.04795765	0.310451599
英吉沙分输清管站(去新捷)	10.519	301.2806	0.18824516	0.97636159
东风农场末站	0.9314	28.3077	0.00420144	0.00655368
28号阀室(去新捷)	0.4987	12.0159	0.01519142	0.02627337
30号阀室(去新捷)	0.6978	19.4138	0.00721426	0.0093073
莎车末站(去新捷)	48.9344	1404.4976	0.84537344	4.30697394
莎车末站(去方根)	3.0654	98.2842	0.09530025	1.52950318
泽普输气站	0	0	0	1.43892125
柯克亚处理站(去德力克)	1.3592	69.9027	0.06661611	0.10409392
柯克亚处理站(去喀什浩德)	0	0	0.00137143	0.00475875
柯克亚处理站(去储气库公司)	0	0	0.036457	0.036457
叶城博胜西河甫调压间	4.13	67.32	0.07455588	0.2988698

续表

站场名称	日供量（万立方米）	月累计（万立方米）	年累计（亿立方米）	总累计（亿立方米）
34号阀室(去新捷)	63.3445	1989.3951	0.89952682	5.830503063
皮山分输清管站	20.9096	618.4844	0.26751009	1.69684664
皮山农场末站	4.5181	115.9222	0.04834223	0.21691941
224团分输站	11.5104	289.6667	0.1476581	0.717006428
47团末站	1.5696	53.4244	0.01872656	0.05043175
和田输气站(去墨玉门站)	30.6772	741.5005	0.22244594	0.40888823
42号阀室去家和燃气	27.8848	625.5348	0.26878749	2.248596811
43号阀室	19.8576	312.1628	0.13723512	0.19507074
策勒分输站	10.8664	295.6477	0.14317863	0.87108715
于田分输清管站	10.5567	286.0869	0.13940099	0.749065519
46号阀室(去新捷)	2.0931	70.9161	0.03477855	0.11641815
民丰分输清管站	8.794	268.6373	0.15329478	0.748055858

注：本表天然气销售数据截止时间为2022年12月31日。

表9 塔里木油田公司南疆三地州老站供气情况一览表

站场名称	日供量（万立方米）	月累计（万立方米）	年累计（亿立方米）	总累计（亿立方米）
乌恰末站	25.625	714.7942	0.35641021	2.67479531
叶城中站	—	0	0	0.60353428
石油基地末站	37.6486	1074.3556	0.50941406	13.35539709
和田末站	132.0822	4546.0871	2.16121378	19.05155231

注：天然气销售数据截至时间为2022年12月31日。

表10 南疆天然气利民工程供气情况一览表

供气气田	日供量（万立方米）	月累计（万立方米）	年累计（万立方米）	总累计（亿立方米）
英买力气田	0	0	0.07166644	2.508101485
大北气田	616.21	17928.33	11.800519	51.763822
阿克气田	144.7227	4527.2877	4.68724898	24.20439007
柯克亚凝析气田	44.4892	1373.5427	1.31007811	19.83097649
和田河气田	80.1842	2624.6182	2.7534153	33.74332323

注：天然气销售数据截止时间为2022年12月31日

（邓逸飞）

【周边工业用气销售】 2022年,塔里木油田公司油气运销部协调集团公司相关部门、乌鲁木齐铁路局、各下游炼厂和相关县市检查点,打通各环节堵点卡点,灵活调整管道、铁路、公路计划,建立全过程无接触装车管控流程,做到"一手打伞,一手干活",组织公路装车1574辆,火车装车1376节,保障库车山前主力气田和巴州塔里木能源公司正常生产运行。

【天然气销售业务移交】 2022年,塔里木油田公司油气运销部以依法合规为主线,以市场化为方向,推动油气营销转型升级,完成液化气销售体制改革,4月30日液化气周边销售业务划转昆仑燃气,签订购销合同,明确市场化定价和后路保障条款,保证销售效益最大化和后路畅通。9月完成周边天然气销售业务划转,并与天然气销售新疆分公司签订备忘录,明确计划单列程序,厘清后路保障措施,在新能源发展、油地关系、南疆保供等方面保障塔里木油田公司利益。

【轻质油分质分销】 2022年,塔里木油田公司油气运销部坚持"分质分销、优质优价"理念,优化塔中原油外输工艺,增销凝析油2.5万吨,增效650万元;博大采油气管理区、英买采油气管理区、油气运销部优化凝析油装卸外输工艺,增销凝析油35万吨,增效9000万元。提高产品质量和服务质量,在优先满足集团公司内供基础上加大外部营销力度,对标同区域同类产品提升价格,实现创效3500万元。

(李碧龙 杨子萱)

企业管理

QIYEGUANLI

企业改革与管理

【概述】 2022年，塔里木油田公司聚焦勘探开发和新能源主营业务，围绕深化改革、对标提升、基层基础管理、战略承包商培育、法治示范企业建设等中心工作，推动加快建成世界一流大油气田。推进大部制改革、新型采油气管理区建设，创建数字化转型智能化发展样板，塔里木油田公司改革三年行动收官。建立基层基础管理推进机制，推行"四全"（全员、全过程、全方位、全要素）对标管理，管理创新成果丰硕。完善从严承包商监管常态化机制，建立双向考评机制，推行工程、服务和物资集中招标，强化战略合作伙伴培育。规范合同文本选择应用，全面落实合同三项审查审批，主要合同管理指标持续向好。加快构建依法合规治顶层设计和合规管理机制，推动一流法治示范企业建设。发挥内控测试功能，加强内控测试问题整改闭环管理，提升内控风险管理水平。

【企业改革】 2022年，塔里木油田公司发挥深改办公室职能，坚持月跟踪和月例会工作机制，推动"大部制"改革、新型采油气管理区建设、后勤业务整合等35项改革任务。

大部制改革。在安全环保部、审计部、科技管理部等部门开展"大部制"改革，横向上，将管理要素分解到岗位，压实岗位责任；纵向上，工作安排和考核直接到岗位、到人，压缩管理层级，减少中间环节，共撤销科室13个。

新型采油气管理区建设。在迪那、东河试点数智型采油气管理区建设，优化生产组织方式，推行基层井站一体化，数智化转型后，迪那撤销7个机关部门，基层单位由10个减少到6个；东河机关部门由7个减少为3个，基层单位由10个减少到6个。

后勤业务整合。采用业务归并、机构并减、归口管理等措施，横向减机构，纵向减层级，整合矿区管理、行政事务、公寓管理、文体服务等后勤管理业务，成立公用事业部，建立管办一体、统一管理、集中协调的后勤业务管理运行机制，减少二级机构1个、三级机构4个，核减定员33人。规范大二线、轮南工业园区物业管理。

【制度建设】 2022年，塔里木油田公司修订发布实施《塔里木油田公司规章制度管理实施办法》，贯彻落实"必须抓住制度建设这个牛鼻子"要求，持续优化制度分类分级，推广完善"1+N"制度体系。突出制度起草过程中"落实上级要求、借鉴先进做法、固化经验成果"3个要点，加强制度立项论证、草案起草、征求意见、审议发布各环节质量控制，着重加强宣贯、执行。制订实施2022年度制度制修订计划，制修订制度67项，其中制定32项、修订35项。开展制度清理评价，从现行有效制度、需废止的制度、需废止的规范性文件和需调整的制度制修订计划4方面进行梳理，废止公司级、部门级制度15项，废止规范性文件35项，调整制度制修订计划26项。

(周 超)

【内控管理】 2022年，塔里木油田公司按照风险导向，组织开展内控与风险体系全面监督，查找体系设计和运行中的内控缺陷、合规问题396个，建立部门联动整改跟踪机制。2022年以"零例外"通过外部审计，以历史最低问题数通过管理层测试。塔里木油田公司内控与风险管理工作获集团公司"杰出"评价。

体质机制创新。进一步厘清各主体职责界面，明确"委员会+办公室"的组织模式，形成党工委统一领导、执行董事亲自负责、委员会决策部署、办公室综合协调和督促落实的工作机制。完善"内控审计先行、巡察跟进、纪检督阵"的联动内部监督新模式，明确5类211项重点领域和关键环节监督职责和内容，统筹推进监督检查项目33个，紧盯合规管理、安全生产、重点工程项目等重大风险领域，发现并督促整改问题308个，同步制修订相关制度36项。探索"管理流程+模板"工作方法，发布《业财融合管理平台合同结算模块操作流程的指导意见》。

手册文档发布。修订发布塔里木油田公司内部控制管理手册、权限手册、业务流程文档，其中权限手册包括14类业务；流程文档包括25类业务402个业务流程和357个风险点509个风险关键控制措施。在集团公司风险分类基础上，建立符合塔里木油田公司生产经营实际的风险管理框架，发布《塔里木油田公司风险分类指引》。

内控自我测试。组织开展内控自我测试，重点测试财务、投资项目、资产、招标、合同、采购管理6大重要业务领域，访谈1652个岗位，抽取样本1.8万余项，子企业覆盖率100%，所属单位覆盖率70%，重要业务流程覆盖率100%，关键控制覆盖率100%，发现整改问题396项。

(孙 瀚)

【风险管理】 2022年，塔里木油田公司完善风险分类，开展专项检查，评估影响年度战略和经营目标实现的十大风险。

基础工作。完善风险分类，将"合规管理强化年"识别出的44项合规风险，融入风险框架中，形成符合实际的53个风险子类，确定145项风险因素。

专项检查。聚焦重点领域合规风险开展专项检查。开展科技研发中心项目合规性专项检查，针对项目立项、勘察设计、招标投标、合同管理、工程物资、施工过程管理等关键环节，采用"检查资料+座谈调研+现场复核"的方式，检查发现问题18项并全部完成整改。开展信息系统权限管理专项检查，范围包括在用的集团统建系统、油田自建经营管理类系统，内容包括同一账号拥有互斥权限、系统权限未随人员调整及时清理、他人代为使用审查/审批权限、非实名账号等，清理出问题8066个，全部整改完毕。

十大风险评估。按照"真识别风险、识别真风险"原则，采取问卷调查形式，组织6793人（参与率69%）评估塔里木油田公司2023年十大风险。油田管理层参与率100%、三级副以上及机关参与率100%，员工参与率67%；长期承包商800余人主动参与，评估确定确定井控风险、油气泄露火灾（爆炸）风险、施工安全风险、油气价格波动风险、油气资源风险、环境污染风险、安保防恐风险、公共卫生事件风险、井筒质量风险和廉洁风险为油田公司2022年十大风险。评估影响2023年度塔里木油田公司战略和经营目标实现的十大风险，依据重大风险评估结果，各风险主责部门制定54项重大风险管理措施及监督检查计划。塔里木油田公司修订发布402个业务流程、206个风险控制文档。

【市场管理】 2022年，塔里木油田公司突出承包商全生命周期监管，优化承包商考评结果兑现规则，加大结果应用权重，修订完善从严承包商监管常态化机制，落实承包商准入、选择、使用、评价、处理全过程监管。

完善监管常态化机制。塔里木油田公司修订完善从严承包商监管常态化机制，将从严监管的范围扩大到全部施工作业类承包商，注重承包商抗风险能力、诚信表现,将前线支撑点设置、自主攻关协调、诚信表现纳入监管;将隐患排查、"二十种人"排查整改、"四查"分析等有效做法固化入指导意见;对不同招标模式如何应用承包商季度、年度考评结果进行规定;对战略合作伙伴的产生范围、程序、协议签订、激励和约束进行规定。

承包商考评。常态化开展承包商综合考评,严格落实阶段性考评兑现要求,考评结果按规则在29类业务446个招标项目中全面应用。开展拖欠农民工工资问题集中排查,严肃打击质量不合格、投标弄虚作假等失信行为。对206家承包商开展新冠肺炎疫情期间降影响保生产能力评估。

工作方法创新。组织347余名承包商主要负责人参加工程技术、工程建设、场站运维等业务政策宣贯。推行"产品+服务""主机+备品备件"模式,完成29个项目,合同金额1.37亿元,占计划的91%。

违规承包商处理。强化承包商违规情形处理,处理承包商和供应商80家、自然人12名;清出塔里木油田市场承包商8家、自然人7名;暂停交易18家。

【招标管理】 2022年,塔里木油田公司建立招标年度框架计划,组织实施计划编制调整机制、招标项目单位与招标中心对接平衡机制、计划执行情况月度闭环管控和通报机制、计划执行情况年度考核机制,每季度调整编制招标季度实施计划作为考核依据,每月对计划执行情况进行跟踪、指导、督促、协调,对执行情况进行对序排序和通报。推行工程、服务和物资集中招标,招标357项;物资集中采购128项。加强与集团公司沟通汇报,编制地面工程选商方式指导原则、公开招标选商程序,协调重点依法招标项目9个。全年组织招标696项(其中重点地面项目招标92项),招标率100%,招标计划符合率82.97%。

(朱海明)

【合同管理】 2022年,塔里木油田公司落实集团公司合同管理规定要求,对标9家兄弟油气田管理经验,固化合同管理经验做法,系统解决各类监管问题。全年签订合同6372份,合同示范文本应用率96%。事后合同发生率为零、合同纠纷案件为零。

制度建设。修订发布合同管理实施办法,明确合同签订履行全过程闭环管理职责、管理要求等。细化落实合同管理实施办法要求,配套制定合同示范文本分类等规范手册9个。

示范文本应用。结合业务实际,优化完善新能源、钻完井工程总包、物资代储代销等合同示范文本。推进规范合同条款在专项问题整改中的治本作用,2022年完善合同示范文本22个。

合同管理检查。推进巡视巡察、审计、内控测试等内外部监管发现问题的整改,抽取生产经营业务工作量大、油田内部产业链业务有代表性的6家单位近一年签订的1930份合同中的237(占比12.3%)份,现场抽样、检查评估、现场辅导相结合,开展资料审阅、询问、交流,发现市场、招标及合同管理方面问题117项,其中合同方面发现问题56项,占问题总数的47.9%,主要存在合同专用条款约定不规范、系统应用不规范、合同变更不规范、合同履行不规范等典型问题,随即推动整改。

(刘小丽)

【法律事务】 2022年,塔里木油田公司落实合规责任,健全合规管理体系,强化重点风险法律审查,严控法律合规风险。

方案发布。落实集团公司法治建设示范企业创建工作要求,发布实施《塔里木油田公司创建法治建设示范企业实施方案》,成立合规管理委员会,确23个方面100项具体工作任务,制订工作运行大表,有序推进创建工作。

预警机制建立。完善合规风险评估预警机制,梳理18家业务部门198项合规义务清单,识别44类131项合规风险点风险清单;建立业务部门257个高风险岗位合规风险清单,并将合规风险嵌入68项业务流程,形成流程管控清单。

专项治理完善。合规隐患排查治理和合规监督,开展7个重点领域违法违规专项治理,排查发现违法违规问题6项和合规风险2项。

高风险领域法律审查。做好重大涉法事项法律论证,围绕矿权、土地、合资合作、能能源项目、投融资及担保、重大改革、重大捐赠事项等高风险领域做好法律咨询、审查和论证。全年出具涉法事项法律意见98份,同比增长27.3%。完成17项重大决策涉法事项,30项重大合同和重要规章制度法律论证,确保重大涉法事项依法合规。

新业务法律保障。编制《新能源项目涉法事项指导手册》,指导新能源项目合规开展;对尉犁县、且末县两个新能源项目从投标到公司注册过程中重要的10项法律文书开展法律审查,保障两家公司顺利注册运营。

宣贯培训。强化法律合规培训,围绕法治建设、安全环保、疫情管理、维稳信访等业务,开展法律高端讲座1期、法律每月一讲9期，组织塔里木油田公司首届"法治在我心中"主题演讲比赛和法律职业资格考前培训班，2022年组织各类法律合规培训36场次15.8万人次。

【工商事务及股权管理】 2022年，塔里木油田公司新增新能源等业务经营，办理塔里木油田公司和托管单位新疆巴州塔里木能源有限责任公司、新疆塔中西部油田有限责任公司经营范围变更，注册尉犁塔新耀能公司、且末塔新熠能公司、叶城塔里木新能源公司、伽师塔里木新能源公司4家新能源公司。落实法人压减要求，注销5家分支机构。

（保燕琴）

【基层基础管理】 2022年，塔里木油田公司开展基层基础管理调研，查找基层基础问题1470项，制定发布基层基础管理提升指导意见，建立基层基础管理长效机制。

专项调研。开展专项调研和问卷调查，先后到东河、英买、塔中、哈得、轮南等生产现场与基层员工座谈，收集调查问卷8900余份，收集问题1470余项；组织总结形成单位层面管理经验26篇、站队层面管理经验35篇。

发布指导意见。沟通了解集团公司总部基层基础管理部署和要求，对标大庆、华北等油田相关方案和做法，成立由机关部门和基层站队骨干为主的工作专班，经过20余次完善形成指导意见，明确油田公司基层基础管理工作总体目标、实施路径和方法，建立基层基础管理机制。

召开基层基础管理推进会。10月25日，组织召开基层基础管理提升推进会。会后，对指导意见进行宣贯，组织基层单位对下一步试点工作和基层基础管理标杆创建工作进行讨论完善。

搭建宣传推广平台。搭建塔里木油田公司生产例会基层典型管理经验分享平台，编制分享模板和计划，指导9个基层站队完善经验分享材料并开展分享。创建专题网页，分享基层一线的优秀经验做法。

【管理创新成果】 2022年，塔里木油田公司完善管理创新专家库，组织推荐具有专业知识和管理实践经验的专家86名。组织评选49项管理创新成果，评选出《新形势下全方位矿权保护管理模式的创新与实践》等优秀成果12项。塔里木油田公司管理创新成果累计获国家级管理创新成果二等奖1项，获行业协会一等奖3项、二等奖6项、三等奖4项。

【对标管理】 2022年，塔里木油田公司组织开展对标试点和重点工作对标，发布率先建成世界一流现代化大油气田实施方案，建立111个对标世界一流指标体系。选取质量安全环保部、油气开发部2家机关部门和勘探事业部、东河采油气管理区等3家二级单位开展对标试点，形成重点工作对标经验，并在塔里木油田公司推广。组织确定钻井提速提效等34项重点工作及关键对标指标，建立塔里木油田公司生产例会重点工作对标分析通报机制。建立以重点工作对标和基层基础管理对标为抓手、以基层对标经验分享、内部对标排名排序、对标沟通交流机制、对标工作跟踪总结、对标工作量化考核为保障的"四全"对标管理体系。塔里木油田公司"四全"对标经验入选集团公司改革三年行动第一批典型案例和主题教育专项工作简报，在油气和新能源公司对标推进会上交流，并在国务院国资委平台交流推广。

【国企改革三年行动"回头看"】 2022年，塔里木油田公司开展改革三年行动"回头看"，系统总结改革经验成果。开展改革专项评估，组建工作专班对"三供一业"分离移交、退休人员社会化管理、监督业务改革、钻工具市场化等7项改革任务开展后评估，形成专题报告。健全完善改革台账，梳理改革成果，逐项验证证明材料，重点改革领域形成方案30项、制修订制度110余项、建设信息平台10余个。组织总结典型改革经验18项，在总部发言交流3次，"三项制度改革"、监督业务改革等4项经验在集团公司推广，各类媒体宣传报道塔里木油田公司深化改革370余次。

（周 超）

【"服务型甲方、诚信型乙方"工作机制】 2022年，塔里木油田公司坚持市场化导向，梳理乙方主要诉求及突出诚信问题，推动甲方提升服务质量和水平，乙方实现诚信经营。11月28日，塔里木油田公司发布《服务型甲方诚信型乙方指导意见（试行）》，建立双向考评机制，将过去油田单向考评乙方转变为双向互考互评。

服务型甲方。建立服务型甲方日常评价（占90%)和年度评价(占10%)机制，从准入审查、招标选商、合同签订、合同履行、监督检查、问题协调、融合管理、验收结算、考核评价、廉洁从业、服务态度11个方面对二级单位服务乙方情况进行评价。

诚信型乙方。建立诚信型乙方机制，对乙方在准入、招标、合同签订、合同交底、转分包、合同履行、保密7个方面40项失信行为进行记分。

（朱海明）

【组长单位负责制】 2022年,塔里木油田公司发挥基层单位懂生产、懂技术、熟悉现场的优势,在招标、合同业务推行组长单位负责制,提高招标文件和合同示范文本质量。

招标组长单位负责制。应用集中资格、框架协议及批量集中模式,推进工程和服务集约化规模化招标,建立组长单位负责制。组长单位牵头,成员单位参与,共同讨论制定招标方案和文件,集体研究确定标段划分、技术、商务和价格评审标准、中标人数量和工作量分配原则。全年9家组长单位牵头完成28项集中招标,金额81.2亿元,工程、服务和物资集中招标占所有招标项目金额的75%以上,减少选商200余次,节约4.2亿元,节资率5.15%,发挥规模优势,减少招标频次,降低采购成本。

合同组长单位负责制。根据基层单位业务特点,由相关单位牵头成立专项合同文本优化小组,完成油田工程、建设工程、买卖销售、生产服务、技术服务五类业务50个合同文本优化,形成一套规范性、适用性、易用性强的示范文本。

(朱海明)

【坚持依法合规治企和强化管理工作推进会】 2022年8月30日,塔里木油田公司召开坚持依法合规治企和强化管理工作推进会,总结交流学习研讨成果,对当前及今后一个时期深化法治企业建设、强化管理提升、加快建设世界一流企业进行安排部署。会上,人力资源部通报2021年度塔里木油田公司及各单位业绩考核结果,并作2022年塔里木油田公司业绩指标分解落实及保障提升措施汇报。企管法规部作《塔里木油田公司关于坚持依法合规治企和强化管理指导意见》汇报。10家部门和单位作学习研讨交流发言,副总师以上领导及其他部门、单位作书面交流。执行董事、党工委书记沈复孝,总经理、党工委副书记王清华,塔里木油田公司领导田军、李亚林、王虎、胥志雄、陈尚斌、何新兴、李亚英、刘强出席会议。企业首席技术专家、总经理助理,相关机关部门、二级单位负责人,党工委油服成员单位领导班子成员分别在主、分会场参加会议。

【基层基础管理提升推进会】 2022年10月25日,塔里木油田公司召开2022年基层基础管理提升推进会,贯彻落实集团公司关于牢固树立大抓基层鲜明导向的部署和要求,进一步加强基层基础管理,持续提升基层单位独立作战能力。会上,企管法规部作油田基层基础管理实施方案汇报。塔中、哈得、泽普3个采油气管理区,油气田产能建设事业部塔中项目经理部,克拉采油气管理区克拉处理站、东河采油气管理区哈拉哈塘油气运维中心作典型经验现场交流,其他单位作书面交流。执行董事、党工委书记沈复孝,总经理、党工委副书记王清华,塔里木油田公司领导田军、李亚林、王虎、胥志雄、陈尚斌、刘强、王子云出席会议。

(周 超)

【与海峡能源公司签订战略联盟合作协议】 2022年7月28日,塔里木油田公司与海峡能源公司签订战略联盟合作协议,双方加大在居民物业服务、工业物业服务、油田工程技术服务、人力资源及技术服务等方面的合作,协议期限为3年。

(刘小丽)

【高质量战略合作伙伴培育】 2022年11月28日,塔里木油田公司发布《关于印发塔里木油田关于完善从严承包商监管常态化机制、培育高质量战略合作伙伴的指导意见的通知》,细化完善承包商考评结果与招标选商挂钩规则,加大考评结果应用权重。指导意见突出"开复工前现场核查、过程中监督检查、阶段性考评兑现"3个环节,完善考评机制,做到综合考评、对标核查、计分排序、公平竞争、优胜劣汰,优化兑现规则,完善从严承包商监管常态化机制。

(朱海明)

规划计划与统计

【规划管理】 2022年,塔里木油田公司贯彻习近平总书记"能源的饭碗必须端在自己手里"的指示批示精神,在"十四五"规划基础上,按照立足"十四五"、布局"十五五"和"十六五"的工作思路,分析勘探开发形势与潜力,细化优化2023—2035年规划部署方案及目标,制定塔里木油田勘探开发中长期发展规划,指导油田中长期勘探开发工作。

(曹雪刚)

【项目前期管理】 2022年,塔里木油田公司修订《塔里木油田公司投资项目前期管理实施办法》。立项过程管理以保生产、保开发、保安全环保为目标,突出经济效益和生产导向,各单位报送项目建议书54份,批复同意立项15项,暂缓或不同意28项,不单独立项11项,优化投资9.1亿元。

计划管理体系。建立三年滚动规划和年度计划相结合的计划管理体系，统筹物探、开发、钻井、地面方案编制计划，计划开展地面工程前期工作84项，实际完成94项，完成年计划112%。

地面系统研究。超前研究地面系统布局，推动"总部机关+板块"联合审查、总部专家协同办公模式，推进完成博孜—大北、富满油田地面骨架工程前期工作审批，提前取得两大骨架工程项目批复，加快组织塔里木油田公司权限内产建工程前期工作，提前建成区块骨架工程，打通油气系统瓶颈，最大程度实现整体骨架工程建成前的地面系统密闭集输生产。

前期工作。推进供气能力提升、主力气田稳产等25项重点工程前期工作，均较计划提前3—15天完成，生产急需项目实现当年立项、当年开工、当年投产。

天然气资源利用研究。超前谋划天然气优质资源利用研究，推进乙烷回收扩建工程前期工作，并完成轮南轻烃深度回收装置再利用工程前期工作；推进塔里木天然气综合利用工程，喀什、和田两项工程设计提前获批，加快塔中天然气综合利用项目审批和利旧管道建设稀有气体小型储气库的研究工作，统筹加快国家战略资源基地建设。

智能化和新能源建设。开展智能化、新能源建设，统筹组织开展油气田地面系统智能化顶层设计，实施博孜、富满等光伏电站4座、光热系统3套，实现新能源、数智化与产能建设同步设计、同步建设、同步投产。

（张子龙）

【投资管理】 2022年，集团公司下达投资计划217.6亿元，油田公司争取集团公司投资支持，投资计划较年初计划增加29.2亿元，新能源17.6亿元、储气库（未上市）2.8亿元。

投资问题专项治理。制订专项工作方案，从制度落实、重点领域投资管控、风险防范机制3个方面，开展自检自查，在集团公司综合治理专项行动简报中和专项治理工作推进会上得到表扬。

未结项目清理。针对技服企业提报的244个未结算项目，组织制订清理方案、成立专项工作组，逐项核实、公平仲裁、充分对接。

修订实施办法。修订发布《塔里木油田公司投资管理实施办法》，推行"抓两头、促中间"理念，实施"归口、业务、实施"三级管控模式，强调"管业务必须管投资、管业务必须管成本、管业务必须管效益"；调整投资项目分类和管理权限；明确方案变更、概算变更分类分级审查流程。

【计划管理】 2022年，塔里木油田公司组织编制生产经营计划，加强生产计划执行情况的跟踪、协调和考核，保障完成生产任务指标。全年生产石油液体736万吨、天然气323亿立方米，油气当量产量3310万吨，同比增加128万吨，连续6年保持百万吨以上增长。

（谢 飞）

【经济评价】 2022年，塔里木油田公司规划计划业务推进经济评价与"勘探增储、开发部署、生产经营、措施增产"相结合，全面提升在控投资、降成本和增效益的支撑作用，全年完成11类466项评价工作。优化储量评估模式，三级储量首次实现全覆盖，完成满深5等26个区块储量经济评价，均为效益增储，提升评估可靠性与合规性。发挥评价把关作用，采用"首席技术专家+内外部专家+部门代表"相结合方式，审查富满油田富源303水平井区初步开发方案等11个重点开发方案投资估算与经济评价，达到行业基准收益。开展单井效益评价，深化井下作业措施评价，在股份公司首次探索性编制井下作业措施后评价细则。开发井效益升级率提升。组织开展详细后评价项目4个，简化后评价21个，简表40个，评价项目基本覆盖油田公司主要投资类别。后评价总结经验、发现问题、提出建议，集中在前期认识、建设管理、生产运行、投资控制等四个方面经验教训74条，存在问题65条，提出建议62条，后评价成果为类似项目建设提供指导和借鉴。

（蒲鸿春）

【统计管理】 2022年，塔里木油田公司编制完成储气库核算制度，规范储气库业务气量核算，并将东河、塔中储气库自立项批复日起的累计注气量计入油田公司产量、商品量。全年安排哈六联合站检修气回收装置优化、柯克亚处理厂电驱压缩机替代等地面提效、绿色替代工程，完成控减计划的107.6%。开展调查分析，各单位推荐调查分析报告54篇，《塔里木油田公司"十四五"发展形势分析》《塔里木油田公司"十二五""十三五"勘探成效分析》分析到位，为塔里木油田公司确定发展目标提供依据，分别获集团公司优秀统计分析二等奖、三等奖；《优化工艺操作提高轻烃回收装置轻烃回收率》针对性强，改善装置运行效率，提高轻烃回收率，应用价值高。

（李龙润）

财务资产管理

【概述】 2022年,塔里木油田公司上市资产总额1224.5亿元,其中非流动资产占比81.23%,包括油气井及地面设施754.2亿元、在建工程159.1亿元、固定资产67.37亿元。年末负债总额233.64亿元,其中应付账款105.1亿元,有息债务4.1亿元。股东权益990.9亿元。

利润情况。上市业务实现营业收入631.6亿元,实现国际会计准则税前利润237.5亿元。

投资预算。股份公司下达投资计划214.8亿元,实际完成投资227.24亿元,其中油气勘探及评价完成投资58.84亿元、油气开发完成投资151.98亿元。

税费缴纳。应缴纳各种税费126.7亿元,其中增值税40.4亿元、资源税31.3亿元、石油特别收益金25.0亿元、企业所得税15.7亿元、城市维护建设税2.9亿元、耕地占用税2.7亿元、个人所得税2.4亿元、教育费附加2.1亿元、土地使用税1.6亿元、其他税费2.7亿元。

【提质增效】 2022年,塔里木油田公司聚焦价值创造和低成本发展统筹推进战略,更加注重发展质量与效率的双重提升。实施"六个专项行动"(高效勘探、效益上产、创新发展、绿色低碳、经营增效、精益管理),实现"三抓三提升"(抓精益管理促效益提升、抓制度建设促管理提升、抓全民共建促文化提升)的工作成效,通过各领域齐抓共管,控投降本增收40.1亿元,油气完全成本19美元/桶,继续保持低成本发展领先优势。

井位部署优化。深化盆地基础研究、区带评价和目标优选,提前部署2023年预探井位10口。完成测试探井25口,获工业油气流15口,探井成功率60%。

产建部署优化。推进博孜—大北、富满油田集中建产,严格方案、井位三级审查,确保新建产能对成本效益的正向拉动,2022年新井成功率98.1%,高效井比例68.8%,新建产能原油118.6万吨、天然气26.1亿立方米,新井产油95.3万吨、产天然气20.4亿立方米。

措施作业优化。坚持先算后干、算赢再干,固化推广"三总师"会审制和"业务项目化"管理,措施作业在塔里木油田公司范围内选优,达到措施有效率93.7%,增油26.3万吨、增气11.6亿立方米。

生产组织优化。坚持抢先抓早、有序有效,建立工程项目工序目标节点控制法,抓住开工日期、投产日期关键节点,倒排工期计划、细化序时进度,确保工程项目整体有序实施。

钻井提速。实施"技术+管理"双提速,全面升级提速技术模板,推行井长制,实行挂图作战,平均建井周期同比下降14.97天,故障时效同比下降0.5%。

数智化运行。将处理厂和作业区按区域整合形成运维中心,应用自动采集、电子巡检等技术,实现无人值守、少人定期巡检的生产组织方式,油田公司二三级机构压减5.7%,员工总量压减1.83%。

关键技术国产化。攻克国产13铬油管气密扣抗压缩难题,研发高抗冲击PDC(聚晶金刚石复合片)钻头,推广140兆帕超高压采气树及国产一体化井筒准备提速工具,应用至77口井,控减投资3490万元。

绿色低碳转型。统筹抓好节能降耗、清洁替代、CCUS-EOR(二氧化碳捕集、利用与埋存—提高原油采收率)先导试验方案、碳汇林业、低碳建产5项工作,推进已建系统"关停并转优"和新建项目"新能源配套",建设6类示范区8项工程,实现年节能6959吨标准煤、电1517万千瓦·时、气205万立方米。

营销机制。紧跟市场油价,丰富营销方式,健全产品定价机制,提升产品价值,实现疆内首单LNG(液化天然气)线上交易,增收1.4亿元。加大油气副产品管理创效,坚持"分质分销、优质优价",优先满足集团公司内供,对外对标同区域同类产品,提升价格,扩大外销,实现创效0.33亿元。

代储代输业务。强化与中国石化西北油田"中中合作"交流,发挥油田储运设施市场价值,加快管网互联互通机制建设,代采代储代输全年创效2.7亿元。

自主报销试点。编制自主报销业务推广实施方案,确定规范、标准、高效自主报销模式,推动石油商旅全面普及,降低差旅成本。

合理化建议。发动和依靠广大员工建言献策,尊重员工首创、集中员工智慧,在基层广泛征集优秀措施、合理化建议,形成414项"金点子""银哨子",实现全民创效共建。

考核细则优化。新增质量和效率考核评定,引导各领域在推进提效的同时,更加关注提质建设,统筹长期与短期、局部与整体利益。将工作中成熟措施固化为制度、规范性文件60项,形成长效机制。

【预算管理】 2022年,塔里木油田公司坚持以全面预算为统领,在预算管理全过程持续优化管控手段。

基础管理。统筹衔接"三大计划"(投资计划、生产经营计划、财务预算计划),坚持以业务预算为起点,固化流程及模板,优化设置预算报表,编制2023年财务预算。

专项预算。加强专项预算管理,对新能源、储气库、乙烷回收等业务实施全生命周期管理,对标可行性研究方案和设计方案,确保新增资产对成本效益的正向拉动。

零基预算。深化零基预算应用,总体遵循业务工作计划,措施作业、检维修及原油拉运等业务,采用零基预算方式编制分解,确保重点费用有效管控。立足塔里木油田公司可持续发展,保障油气勘探、老油气田治理、科技研发、安全环保等重点项目预算。

完全成本。编制实施《"十四五"完全成本压降行动计划》,对塔里木油田公司"十三五""十四五"期间完全成本指标进行分析及趋势研判,制定13个方面52项具体措施和3项保障措施,以业务领域指标推动财务指标提升。

预算外管控。加强预算外事项管控,实施事前请示报告,编制《年度预算外事项管理规范》,明确预算外事项管理流程及模板,将管控流程前置,强化预算刚性约束。

"三总师"会审。编制发布《关于印发塔里木油田公司固化"三总师"会审机制指导意见》,细化工作标准、固化流程模板,促进生产经营深度融合,讨论分析生产效益最优解,实现预算资源合理有效配置。

效益预测。坚持运行"三个三"(三个月、三个季度、三年)预算管理机制,坚持旬、月、季效益预测,优化预测表单,月度预测准确率持续保持在板块前列。

考核评价。统筹预算基础管理、执行过程管控、指标控制成效及提质增效,梳理形成15项定量评价指标,推进预算考核从结果评价向"过程+结果"评价转变,提升考核评价准确性和激励性,2022年净利润及EVA(经济增加值)指标均挂满完成指标。

【成本管理】 2022年,塔里木油田公司应用业财融合管理平台数字化手段,逐步提升成本管理基础工作精细化水平。

业财融合单井核算模块建设。在业财融合平台建立单井成本核算模块,为单井成本分析及效益分析评价提供基础支撑,提升成本核算的精细化程度及成本分析的深度。选取两家采油气管理区作为试点单位,先后组织专题交流讨论9次,对单井核算方案、核算流程、开发方案、功能界面等事项进行讨论确定,并提交系统开发及测试。

成本核算。针对油气生产成本辅助核算存在问题,完成建立作业设施—区块、作业过程—作业设施对照检查关系,解决单个作业设施对照多个财务核算区块、作业设施等问题,并定期根据生产设备的变化进行检查更新。

对标管理。围绕建设一流财务管理体系目标,按照总体规划、分步实施、协同推进的思路进行立标对标,以"抓主要矛盾,兼顾全面提升"提出追标措施,编写形成财务对标管理分析报告,促进经营效益持续提升。在季度经济活动分析中固化油田和采油气管理区两层级对标,从外部横向对标、自身纵向对标两个维度出发,促进找差距、查原因、补短板。

安全生产费管理。按照集团公司管理要求,全面梳理2009—2021年塔里木油田公司安全生产费用使用情况,涉及安全隐患治理项目833项,逐条逐项分析梳理项目名称、批复文件、项目性质、下达资金及专项储备余额。

【资金管理】 2022年,塔里木油田公司以自由现金流为中心,围绕年度财务工作要点,优化资金收支流程,开展资金运营、两金压控、资金风险管控等工作。

全额资金预算管理。坚持"以收定支、量入为出""年预算、月计划、周控制、日安排"的资金紧平衡管理运行机制,以业务预算、财务预算、投资计划为基础,完善年度资金预算,统筹平衡资金收支计划,实现自由现金流240亿元。

资金收支。集中上收资金计划及支付。重塑、精简、优化业务流程,资金支付业务由原来的14个节点调整为8个节点;首次引入RPA(自动过程处理机器人)机器智能,建立自动化、智能化数据传输处理线,明确业务规则,重复量大且耗时多的低价值业务,代替部分人工审核。

票据业务规范。统一规范票据分配和开具管理,严格执行票据到期承付,2022年开具商业承兑汇票962张16.7亿元,中油财票588张5.8亿元,未发生票据逾期情况,票据业务缓解塔里木油田公司资金压力,提高资金使用效率,节约财务费用。

降杠杆减负债。精细测算资金需求,合理制订尉犁、且末光伏发电项目融资方案,科学制订还款计划,申请中油财务公司贷款7.3亿元,2022年提款4.1亿元,贷款利率较贷款市场报价利率低170个基点,下降40%,贷款利息支出减少67.73万元。截至2022

年底，塔里木油田公司资产负债率19.08%，债务风险稳健可控。

债务风险专项治理行动。识别塔里木油田公司债务风险点4个，细化及拓展专项检查方案，将债务风险自查与担保、授信考核评价及资金内控检查相结合，集中上收巴州塔里木能源、塔里木油建2家子公司银行账户及资金，防范及化解资金风险、债务风险。

"两金"管控。压实"两金"压控主体责任，推进联合清欠，及时清收欠款，2022年内部联合清欠125笔，及时收回资金4.9亿元；协助集团公司内部单位清欠3笔，金额0.6亿元。组织开展集中整治拖欠农民工工资问题专项行动，发布《塔里木油田公司保障农民工工资支付指导意见》，统筹推进民企欠款与保障农民工工资，下发《关于做好疫情期间合同结算和资金支付的通知》，采取工作量线上联合签证方式，保障新冠肺炎疫情期间合同结算和资金支付工作，疫情静态管理期间，支付中小企业及民企款项33.1亿元。

【税价管理】 2022年，塔里木油田公司税价工作秉承"依法合规、合理筹划、风险可控、市场化"等管理原则，紧盯税收前沿政策，强化预测与分析，做好研发费用加计扣除、资源税减征、价格管理等工作，精细个税管理，创新油气产品交易模式，突出价格管理价值创造，实现疆内首单LNG线上交易，增收1.4亿元。

专项税务。主动与主管税务部门沟通，先后解决环保税排污点明细申报、耕地占用税缴税通知书等问题8项。

研发费用加计扣除。深化依法纳税实践，强化研发费用加计扣除力度和深度，做实风险勘探、地质研究、数字化油田建设等方面的加计扣除综合筹划和流程设计，推动节税目标和考核业绩相适应、法定形式和加计内容相适应。2022年研发加计扣除率22%，节税0.5亿元。

资源税减征。研究财税政策，夯实纳税基础，核实减征条件有效性，做实减征留底备查资料，做好资源税减征，2022年节约资源税金3.9亿元。

价格管理。优化价格管理机制，夯实价格管理基础。修订塔里木油田公司价格管理办法，增加新能源产品、储气库等内容，建立价格报告机制，为产销决策提供依据，持续完善内部结算价格，发布价格手册，规范市场秩序。

价格政策研究。开展价格可行性政策研究，发挥价格导向作用。开展钻机气化、柯克亚储气库、回收油管管理模式优化、乙烷二期工程等价格政策研究，为项目决策提供支持。召开价格委员会9次，审定产品调价方案。

【资产管理】 2022年，塔里木油田公司以提升资产创效能力为核心，精益资产管理、提升商业财产保险管理、加强股权财务管理，促进资产效益稳步提升。

机制手段优化。健全资产分类分级评价工作机制，规范指导资产分类分级评价工作，形成业财联动的资产效益管理闭环机制。发布《塔里木油田公司资产分类分级评价工作指导意见》，将资产分类分级评价工作固化为制度，从确定评价标准方法、明确组织机构职责、加强评价结果应用、建立评价保障机制4个方面着手，精准指导各单位及油田公司相关部门开展资产分类分级评价，合理运用评价成果综合分析资产转化动因，制定差异化创效措施。

资产结构优化。精准分类施策，围绕SEC储量，逐级打开区块、资产组、单项资产，开展以资源潜力、生产能力、运行水平的匹配度为基础的分类评价，根据区块、单井、场站，以及单项油气资产等不同类别低效、负效资产特点制定差异化管控措施，牵引各业务领域在优化生产组织、精细运行管理、优化工艺设计、挖潜增储、效益排产、措施治理、修旧利废等方面发挥作用，深度挖掘资产创效潜力，推进负效、低效变常效，常效变高效，高效再提效，实现资产结构持续优化。2022年评价结果显示，高效资产同比增长21.8%，常效资产同比下降15.4%，低效负效资产同比下降6.4%，实现资产效益"两降一升"。全年清理低效无效及闲置资产原值60.5亿元，其中报废资产原值59.6亿元，盘活闲置资产原值8938万元；调剂利用3年以上物资8117万元，报废原材料原值843万元，推动废旧资产变现管理，实现处置收入391万元。

智能化管理。完成业财融合资产清查和分类评价等模块顶层设计，推动资产数智化水平。建立资产清查、闲置商店、调拨等模块，强化风险管控，减少人工操作，建立资产清查智能化盘点、闲置资产网购式交易运行模式。提高资产效益管理数智化水平，搭建业财融合管理平台资产分类分级评价模块。通过固化评价工作机制、优化评价工作流程、细化评价相关表单，实现评价结果实时跟踪，借助数字化、智能化管理手段，提高资产效益管理水平。

【会计核算】 2022年，塔里木油田公司贯彻落实集团公司安排部署，夯实会计核算基础。

会计核算标准化建设。开展统一核算组织架构梳理，完成第一、第二阶段的数据统计及核对工作；梳理FMIS（财务管理信息系统）系统个性化会计科目及辅助核算，梳理个性化会计科目707条、辅助核算信息9项1733条。

会计信息质量巩固提升专项行动。开展"四统一"（统一标准会计核算体系、统一家族树体系、统一交易平台和统一报表平台）和会计信息质量巩固提升专项行动。编制会计信息质量巩固提升专项行动工作方案，下发工作指南，2022年报送工作简报6期、阶段工作报告1期、追责问责情况补充报告以及专项行动总结报告。

手册优化完善。优化提升会计手册的实用性。梳理股份公司会计手册、收集各类核算通知，结合塔里木油田公司日常核算，补充增加《塔里木油田公司会计手册》相关内容22项、修订55项、删除2项。

"用实写薄"会计手册专项工作。组织开展"用实写薄"会计手册专项工作，发挥会计手册"财务工具书"作用。划分各核算单位类型、核算对象、常用业务等内容，针对性培训会计手册使用方法，增强各级财务人员的业务能力和水平，提升会计核算专业知识技能。

【业财融合管理建设】 2022年，塔里木油田公司业财融合管理建设取得实质性进展和成效。

顶层设计。明确业财融合建设方向，发布《构建世界一流财务数智化管理体系"十四五"发展规划》，巩固以财务为中心的全业务链价值创造理论认识，梳理完成53项架构任务目标，阶段进展90%。组织召开4次业财融合工作例会，跟踪工作进度并提出优化举措。

体制机制建立。建立12项财务二级职能与岗位角色RACSI（责任分配矩阵）责任矩阵，发布标准财务职能分解和岗位设置指导意见，加速财务人才转型。探索高效推进业财融合管理建设方法论，建立9项工作机制，严格执行落实。健全内部管理会计报告制度，出具《关于核算上收单位财务转型相关工作的建议》《疫情期间业财平台应用情况总结与建议》等塔里木油田公司层面《决策参考》5份。2022年编制预算管理、资产全生命周期管理、井下作业"三总师"论证、单井决算等数字化业务实施方案55项、开发方案84项，编制业财融合简报12期，整体工作超计划运行。

手段创新。应用推广"管理流程+工作模板"工作方法和"业务项目化"管理模式，发布业财融合管理平台合同结算模块操作流程的指导意见，统一塔里木油田公司范围内业财一体化合同结算管理流程。推行"对标管理"工作方法，分塔里木油田公司二级单位、九大采油气管理区、13家主业单位3个层面，实现管理效能15项指标数据实时对标。坚持问题导向，突出"实践调研与解决问题并重"，征集机关部室关于业财融合管理建设需求59项，推动取消QHSE表单、考评纳入市场管理、概预算定额标价调整、规划计划事前业务项目库建设，提出业务数字化平台建设的优化建议30余项。推广实施"业务项目化"管理模式，以业务项目化为主线，完成2023年业财平台初始化方案编制和业财一体化合同结算管理办法编制，业务经营财务执行层面经济事项实现全面逐笔记录、统计、分析和应用。

信息化融合。突出"数字化+管理会计工具"，分会计核算、预算管理、经营分析、效益评价、决策支持及业财工具六大板块34个二级模块，推动业财平台建设，全面支撑多业务场景一体在线运行、分析、监测和展示，基本实现机关基层常规业务审批"不跑腿"、甲方乙方合同结算"不见面"，业务与财务数据信息"一键式"统计等，数字平台开发完成70%以上。新冠肺炎疫情期间，塔里木油田公司合同立项选商、工程劳务结算、单井决算等工作线上有序开展，单据体量同比提升1.5倍，事前算赢等15项管理效能指标提升6%。

创新成果。搭建业财课题研究平台，争取广泛价值认同，塔里木油田公司业务、经营、财务共91篇优秀论文云上答辩。其中5篇优秀论文推荐至《中国总会计师》杂志。发布成果或论文9篇，3篇收录至《中国总会计师》《管理会计研究》杂志；2篇分获提质增效制度化成果二等奖和鼓励奖；2篇获业财融合论文评审一等奖和二等奖；1篇推送至集团公司《改革三年行动典型案例》；1篇纳入中国工业和信息化部2022年优秀管理会计案例集。

【财务共享】 2022年，塔里木油田公司财务共享实施小组落实集团公司财务共享建设各项工作部署，聚焦"会计核算、资金结算、报表编制"业务全移交及纸质会计档案集中管理，积极筹备、提前谋划，在共享服务西安中心、基层单位和普联巴州分公司支持配合下，克服新冠肺炎疫情、时差等因素，有序推进各项业务移交，总体按照《国内财务共享业务全承接总体方案》实现应交尽交。

核算主体及业务迁移。迁移45个会计核算主体，其中上市核算主体44个（含3家法人单位、2家酒店），未上市核算主体1个（指挥部），迁移比例100%；

共享"全承接"中报销、应收、应付、收款、总账、报表6大类217项具体业务表单上线，其中PTP（采购应付）业务75个，OTC（销售收款）业务63个，GTR（总账报表）业务76个，运营管理部业务3个，迁移承接比例93%。

结算流程优化。集中上收资金计划、付款业务，塔里木油田公司二级单位不再参与具体资金计划及支付业务。财务部统筹资金计划及支付全流程，根据合同结算信息、现金流情况，统一读取并编报月度资金计划、发起付款并完成支付，解决资金结算流程冗长、职责不清、工作效率低等问题。

报表编制移交。股份公司报表应编制月报总数273张，共享编制报表245张，报表编制共享率90%；集团公司报表应编制月报总数91张，共享编制报表78张，报表编制共享率86%，同时移交报表的校验解释说明维护、复核等操作。

纸质会计档案集中管理试点。按照会计档案集中管理要求，考虑到新疆地域偏远、年末档案来回邮递等因素，塔里木油田公司遵循"先行试点、稳步推进、全面上线"原则，采取先制证后邮寄的业务模式移交会计档案。选取财务部和结算中心共享二凭证试点上线运行，试点单位不打印共享服务平台内形成的表单，外来附件不再进行票据粘贴，纸质凭证不再进行凭证装订成册及后续归档，凭证影像实现线上调阅。

（孔祥子）

【造价指标体系建设】 2022年，塔里木油田公司围绕服务投资决策，补充完善估算指标、概算指标，主要包括154项投资估算指标（区块编制探井、评价井、开发井）、82项参考指标；编制果勒、富源、哈得、满深和跃满成熟区块6种井型标准井概算指标；按照区块、单项、单位、分部和分项建立地面建设工程5级指标体系，动态调整单井集输、外输管道、电力线路、道路工程等工程指标，新增通信及公寓工程指标；新增博孜—大北区块的处理厂、富满油田Ⅱ区联合站2个典型大型站场工程的估概算指标；编制迪那采油气管理区150台主要设备67类检维修指标，为塔里木油田公司投资决策和实施单位的投资成本管控打下基础。

【工程造价制度体系建设】 2022年，塔里木油田公司优化业务流程，加强项目前期概预算管理和后期结算管理，修订《塔里木油田公司物探工程概预算管理办法》《塔里木油田公司油气井工程造价管理办法》《塔里木油田公司采油气项目工程造价管理办法（试行）》《塔里木油田公司地面建设工程概预算管理办法》4项造价业务管理办法，指导塔里木油田公司造价业务有序开展。

【工程造价管理】 2022年，塔里木油田公司概预算管理部审定物探概算45项，金额9.1亿元；结算8项，金额4.9亿元；审定钻井概算188口井，金额155.6亿元；审定钻井招标控制价134口井，金额48.5亿元；审定结算51口井，金额14.7亿元。审定试油、修井工程概算214项，金额17.4亿元；油气田运维项目预算185项，金额5.9亿元；参与项目集中招标控制价测算13项，监督计价模式和计价依据的正确执行。审定地面建设工程估概算93项，金额39.2亿元，审减2.8亿元，审减率6.59%；招标控制价431项，金额33.7亿元，审减1.3亿元，审减率3.73%；结算1324项，金额16亿元，审减0.3亿元，审减率1.94%；参加投资项目审查会123项。

【计价依据管理】 2022年，塔里木油田公司发布地面建设工程计价依据，规范地面建设工程造价文件的编制与审查，合理有效地控制投资成本。结合基层单位对定额标价的反馈函件，开展钻机日费、录井作业、测井作业、钻机电代油、市场化劳务用工等标价修订工作。

【设备材料价格管理】 2022年，塔里木油田公司遵循客观性、时效性原则，采集整理地方政府和行业部门发布的价格信息、集团公司集采信息及油田公司物资采购信息，经分析测算，发布5期9037项设备材料价格信息，包含管材、阀门、电缆、完井工具、酸化压裂材料等大宗物资，覆盖塔里木油田公司主要设备材料，作为建设工程投资估算、概算、预算、招标控制价的编制依据和结算参考。

【工程量清单计价】 2022年，塔里木油田公司开展工程量清单计价模式实践及总结，取得一系列推广成果。《基于工程量清单计价模式的全过程造价管理在重点项目中的实践》《工程量清单应用及探索实践》分获集团公司发展计划部优秀成果一等奖、优秀论文一等奖，为集团公司的造价管理提供方案；在博孜天然气处理厂应用工程量清单计价模式，开创集团公司油气田大型油气处理站场项目应用先例；在轮古39-水平1井开展试点工作，探索基于工程量清单计价模式在钻井工程中的应用；编制《塔里木油田公司钻井工程工程量清单基础模板》《塔里木油田公司钻井工程结算实施细则》等文件，启动钻井工程工程量清单计价模式。

（李戈弋）

【房租减免工作】 2022年4月，为贯彻落实党中央、国务院关于为中小微企业和个体工商户纾困解难的一系列重大决策部署，促进服务业领域困难行业恢复发展，股份公司财务部发布《关于切实做好服务业小微企业和个体工商户房租减免工作的通知》。塔里木油田公司依照通知要求，规范组织相关企业房租减免工作。以油田公司总会计师为组长，成立房租减免工作小组，坚持应免尽免原则，细化工作措施，主动对接租户，逐户走访讲解宣传减免政策。简易房租减免流程，严格审核审批程序，确保减免工作依法合规、公开有序，减租红利惠及相关租户，服务实体。2022年减免小微企业房租22户、个体工商户房租245户，减免租金970万元，帮助服务业小微企业和个体工商户共渡难关，发挥国有企业作用。

【《新冠肺炎疫情期间承包商结算付款政策》制定发布】 2022年，面对疫情管理形势，塔里木油田公司坚持保资金支付就是保民生工程，组织召开线上工作会议，全面了解新冠肺炎疫情期间结算困境、摸排特殊资金需求，研究疫情期间资金支付保障实施方案，发布《关于做好疫情期间合同结算和资金支付的通知》，明确结算挂账和资金支付原则，畅通"当月挂账、当月付款"渠道，解决因纸质单据无法传递、发票无法开具等结算程序问题，保障各承包商合同款项及时到位。全年支付中小企业及民企款项33.1亿元，与上下游企业共渡难关，确保各承包商单位生产经营平稳运行，避免因欠薪问题引发的不稳定社会与舆论风险。

(孔祥子)

行政管理

【概述】 2022年，塔里木油田公司办公室系统加强公务活动统筹协调，狠抓会议提效，精准压减公文，开会发文数量压减均在10%以上；组织重要活动20余次，开展接待活动96批次，特别是克服时间紧、任务重、困难多的极大挑战，完成1月18日总书记视频连线慰问活动的组织、保障和筹划工作；突出以文辅政、当好参谋助手，全年起草大型报告和讲话50余份，编制多媒体汇报15份，各类礼仪公文120余份，在各类文稿中及时总结油田党工委治企决策部署、提出关键工作建议，形成一批文字精品和思想精品；严抓督查信息工作，实现"有计划安排、有督促检查、有考核兑现"的PDCA闭环管理。全年立项督办重点工作639项，督办率100%，办结率94.1%，推动干部员工执行力提升和油田各项工作落地见效；向集团公司报送信息213条，采用121条，展示油田公司改革发展成效；开展保密、外事、档案等专项工作。

(彭冬冬)

【油田公司执行董事办公会】 2022年，塔里木油田公司召开14次执行董事办公会。

2022年2月25日，塔里木油田公司召开第一次执行董事办公会，执行董事、党工委书记杨学文主持。会议研究审定2022年塔里木油田公司对外捐赠暨帮扶工作计划实施的建议。

2022年3月21日，塔里木油田公司召开第二次执行董事办公会，执行董事、党工委书记杨学文主持。会议研究讨论资产报废议题。

2022年3月30日，塔里木油田公司召开第三次执行董事办公会，执行董事、党工委书记杨学文主持。会议研究审定规范管理企业领导人员租赁使用公有住房、塔里木油田公司科学研究与技术开发项目管理办法2项议题。

2022年4月14日，塔里木油田公司召开第四次执行董事办公会，执行董事、党工委书记杨学文主持。会议研究审定油田公司托管法人单位股利分配的议题。

2022年5月31日，塔里木油田公司召开第五次执行董事办公会，执行董事、党工委书记杨学文主持。会议研究讨论申请中国石油天然气股份有限公司设立新能源全资子公司、塔里木油田公司规章制度管理实施办法、塔里木油田公司合同管理实施办法3项议题。

2022年6月27日，塔里木油田公司召开第六次执行董事办公会，执行董事、党工委书记沈复孝主持。会议研究讨论资产报废、资产划入2项议题。

2022年8月9日，塔里木油田公司召开第七次执行董事办公会，执行董事、党工委书记沈复孝主持。会议研究讨论退出乌鲁木齐酒店业务、展览馆改造、新时代文明实践基地建设3项议题。

2022年9月2日，塔里木油田公司召开第八次执行董事办公会，执行董事、党工委书记沈复孝主持。会议研究审定设立伽师、叶城两个新能源有限公司议题。

2022年9月25日，塔里木油田公司召开第九次执行董事办公会,执行董事、党工委书记沈复孝主持。会议审议并同意尉犁塔新耀能能源有限责任公司、且末塔新煜能源有限责任公司融资及担保方案。

2022年10月23日,塔里木油田公司召开第十次执行董事办公会,执行董事、党工委书记沈复孝主持。会议研究讨论塔里木油田公司实验室建设方案、进一步加强数字化转型智能化发展工作的指导意见2项议题。

2022年11月15日,塔里木油田公司召开第十一次执行董事办公会,执行董事、党工委书记沈复孝主持。会议研究讨论资产报废、创建法治建设示范企业实施方案2项议题。

2022年11月22日,塔里木油田公司召开第十二次执行董事办公会,执行董事、党工委书记沈复孝主持。会议研究审议计提资产减值准备及资产报废议题。

2022年12月12日,塔里木油田公司召开第十三次执行董事办公会,执行董事、党工委书记沈复孝主持。会议研究审定截至2021年底油田公司与中油技服企业未结算费用有关事宜。

2022年12月28日,塔里木油田公司召开第十四次执行董事办公会,执行董事、党工委书记沈复孝主持。会议研究讨论加快富满油田供电网建设工作方案、已报废油气水井再利用2项议题。

(张大观)

【油田公司重要通知】 2022年,塔里木油田公司以红字头文件形式下发重要通知189条(表1)。

表1 2022年塔里木油田公司下发重要通知一览表

日期	通知名称
1月3日	关于印发《塔里木油田公司干部员工打招呼事项登记报告管理办法(试行)》的通知
1月4日	关于印发培育高质量战略承包商指导意见的通知
1月5日	关于印发塔里木油田2022年油气生产能力提升行动方案的通知
1月7日	关于印发《塔里木油田公司矿权管理规定》的通知
1月12日	关于调整部分中层领导职数和专业技术岗位设置的通知
1月13日	关于印发塔里木油田公司率先建成世界一流现代化大油气田实施方案的通知
1月16日	关于印发塔里木油田公司六届三次职工代表大会暨2022年工作会议文件的通知
1月16日	关于调整塔里木油田公司QHSE委员会委员的通知
1月17日	关于开展剥离企业办社会职能工作后评价的通知
1月18日	关于发布应用15类业务承包商(队伍)2021年度综合考评结果的通知
1月18日	关于表彰塔里木油田公司2021年下半年提质增效优秀措施的通知
1月19日	关于公布塔里木油田井控专家名单的通知
1月20日	关于表彰塔里木油田公司2021年优秀储量报告的决定
1月29日	关于印发塔里木油田党支部理论学习规范的通知
1月29日	关于印发塔里木油田公司2022年QHSE工作要点的通知
2月7日	关于印发塔里木油田公司2022年"两会"重点工作分工方案的通知
2月8日	关于命名塔里木油田"三星级"标准化党支部的通知
2月16日	关于成立塔里木油田公司党工委青年工作领导小组的通知
2月17日	关于印发塔里木油田公司危险化学品安全风险集中治理实施方案的通知

续表

日　期	通　知　名　称
2月22日	关于印发塔里木油田公司2022年井控工作要点的通知
2月28日	关于印发塔里木油田公司智能化油田顶层设计编制工作方案的通知
3月1日	关于油田公司党工委2022年巡察组长授权任职及任务分工的决定
3月3日	关于成立塔里木油田公司深化油地合作推进新疆塔中西部油田有限责任公司发展工作相关组织机构的通知
3月4日	关于印发塔里木油田党工委理论学习中心组2022年集体学习计划的通知
3月4日	关于调整塔里木油田公司党工委常委党建责任单位和副总师以上领导党建"三联"责任示范点的通知
3月8日	关于发布塔里木油田公司配合第二轮中央生态环境保护督察工作方案的通知
3月11日	关于加快塔里木油田公司推进2022年重点项目（工程）建设的通知
3月12日	关于成立新能源事业部有关事宜的通知
3月14日	关于成立塔里木油田公司绿电上网指标工作专班有关事宜的通知
3月14日	关于印发塔里木油田公司2022年SEC增储专项行动工作方案的通知
3月14日	关于下达油田公司2022年油气与新能源业务框架投资计划及生产经营计划的通知
3月24日	关于印发塔里木油田公司为科研人员减轻负担的实施意见的通知
3月24日	关于印发塔里木油田公司"严肃财经纪律、依法合规经营"综合治理专项行动实施方案的通知
3月26日	关于表彰塔里木油田公司2021—2022年冬季天然气保供先进单位、先进个人的决定
3月29日	关于印发塔里木油田公司2022年深化改革实施方案的通知
3月29日	关于印发塔里木油田公司"合规管理强化年"实施方案的通知
4月1日	关于进一步加大安全环保形式主义、官僚主义"二十种人"排查整改、从严落实"四不两直"工作的通知
4月1日	关于印发塔里木油田公司2022年一体推进不敢腐不能腐不想腐工作计划的通知
4月2日	关于开展"转观念、勇担当、强管理、创一流"主题教育活动的通知
4月5日	关于印发塔里木油田公司安全风险分级管控机制建设工作方案的通知
4月7日	关于印发塔里木油田公司2022年党的建设工作要点的通知
4月7日	关于印发从严落实安全生产"15+1"条硬措施深入开展安全生产大检查工作方案的通知
4月8日	关于印发塔里木油田公司2022年提质增效价值创造行动实施方案的通知
4月13日	关于印发塔里木油田公司2022年QHSE管理体系审核总体方案的通知
4月13日	关于开展塔里木油田井控安全生产大检查的通知
4月16日	关于塔里木油田公司领导班子成员工作分工的通知
4月27日	关于表彰塔里木油田公司2022年度优秀管理创新成果的通知
5月9日	关于调整2022年塔里木油田公司安全生产承包点的通知
5月13日	关于规范塔里木油田公司宣传思想文化业务费用使用的通知

续表

日　期	通　知　名　称
5月18日	关于建设塔里木油田第三批基层党建示范点的通知
5月24日	关于转发《中国石油天然气集团有限公司职称评审管理规定》的通知
6月2日	关于开展塔里木油田公司2022年井控警示月活动的通知
6月9日	关于印发《塔里木油田公司所属单位(部门)领导人员任职回避和公务回避实施细则》的通知
6月11日	关于表彰塔里木油田第九届十大杰出青年的决定
6月16日	关于印发《塔里木油田公司规章制度管理实施办法》的通知
6月20日	关于印发《塔里木油田公司合同管理实施办法》的通知
6月24日	关于印发《重点工作督查督办闭合管理机制(试行)》的通知
7月2日	关于印发《塔里木油田公司推行所属领导班子成员任期制和契约化管理实施办法》的通知
7月2日	关于成立塔里木油田公司QHSE信息化建设项目组的通知
7月5日	关于印发塔里木油田公司2022年质量提升行动方案的通知
7月14日	关于开展两级机关形式主义官僚主义典型"五种干部"排查整改工作的通知
7月15日	关于印发《塔里木油田公司加强离职在岗干部管理有关意见》的通知
7月18日	关于印发塔里木油田公司机关改革方案的通知
7月18日	关于印发塔里木油田公司新型采油气管理区改革方案的通知
7月18日	关于印发塔里木油田公司深化后勤业务改革方案的通知
7月19日	关于发布应用2022年上半年承包商(队伍)综合考评结果的通知
7月19日	关于印发《塔里木油田公司原油销售管理办法》《塔里木油田公司轻烃液化气乙烷销售管理办法》的通知
7月23日	关于开展井控管理人员和井控专家能力评估的通知
7月25日	关于深入学习宣传贯彻习近平总书记在新疆考察时重要讲话精神的通知
7月25日	关于印发《塔里木油田公司专项奖励管理办法》的通知
7月25日	关于印发《塔里木油田公司工资总额管理办法》的通知
7月27日	关于塔里木油田公司副总师以上领导工作分工的通知
7月29日	关于调整油田公司党的非常设机构设置及组成人员的通知
7月29日	关于印发《塔里木油田公司2022年健康企业创建专项行动方案》的通知
7月29日	关于发布塔里木油田井控风险评估分级结果的通知
7月29日	关于开展井控力量配备和井控能力评估工作的通知
7月29日	关于进一步加强重点工作组织管理优化非常设机构设置的通知
7月29日	关于成立塔里木油田公司阿克苏指挥部的通知
7月30日	关于调整部分中层领导职数及专业技术岗位设置的通知

续表

日 期	通 知 名 称
8月1日	关于印发塔里木油田储气库建设运营方案的通知
8月6日	关于印发《被巡察党组织落实巡察整改主体责任实施细则(试行)》的通知
8月6日	关于印发《中共塔里木油田分公司工作委员会关于加强对"一把手"和领导班子监督的实施细则》的通知
8月26日	关于成立中共塔里木油田分公司工作委员会党校的通知
8月26日	关于调整部分中层领导职数和岗位设置的通知
8月26日	关于调整油田公司机关部分机构编制的通知
8月27日	关于常态化开展对标工作的通知
8月28日	关于印发中共塔里木油田分公司工作委员会前置研究讨论重大经营管理事项清单的通知
8月28日	关于调整塔里木油田公司党工委常委党建责任单位和副总师以上领导党建"三联"责任示范点的通知
9月6日	关于印发塔里木油田公司2022年下半年QHSE管理体系审核实施方案的通知
9月7日	关于印发《塔里木油田公司塔指小区疫情管理升级管理指南》的通知
9月8日	关于印发塔里木油田公司地质工程一体化实施方案的通知
9月12日	关于调整塔里木油田公司科学技术委员会分委会及成员的通知
9月12日	关于印发中国石油天然气集团有限公司超深层复杂油气藏勘探开发技术研发中心运行方案的通知
9月24日	关于印发塔里木油田公司关于坚持依法合规治企和强化管理的指导意见的通知
9月25日	关于成立塔里木油田公司风险勘探领导小组的通知
9月26日	关于加强对疫情管理工作不力领导干部处理的通知
9月26日	关于对拖欠农民工工资承包商及相关人员的处理决定
10月5日	关于下达《"我为油田献一策"常态化工作机制》和《"我为基层(员工)办实事"、推进民生工程建设常态化工作机制》的通知
10月11日	关于进一步从严疫情管理违纪违规处理的通知
10月11日	关于印发《中共塔里木油田分公司工作委员会重大事项请示报告实施细则(试行)》的通知
10月11日	关于调整2022年塔里木油田公司安全生产承包点的通知
10月11日	关于印发《塔里木油田公司高技能人才管理实施细则》的通知
10月12日	关于印发塔里木油田新时代文明(示范)实践基地建设方案的通知
10月19日	关于成立塔里木油田公司老油气田稳产"压舱石工程"领导小组及技术专家组的通知
10月23日	关于强化党工委成员单位协同防疫的通知
10月23日	关于对26项制度制修订计划调整及15项规章制度废止的通知
10月26日	关于印发《塔里木油田公司企业首席专家考核实施细则》的通知
10月26日	关于印发《塔里木油田公司中层级专业技术人员管理办法》的通知
10月27日	关于印发塔里木油田公司部门合规职责、义务、风险清单的通知
10月31日	关于印发《关于进一步加强数字化转型智能化发展工作的指导意见》的通知

续表

日　期	通　知　名　称
11月3日	关于印发塔里木油田公司推动构建世界一流财务数智化管理体系"十四五"发展规划的通知
11月8日	关于印发塔里木油田公司进一步提升基层基础管理工作的指导意见的通知
11月9日	关于成立疫情期间线上办公专班和安眼工程建设专班的通知
11月14日	关于印发塔里木油田公司保障农民工工资支付指导意见的通知
11月14日	关于印发塔里木油田公司招标业务突出问题专项整治实施方案的通知
11月17日	关于印发《中共塔里木油田分公司工作委员会联合党建工作实施办法》的通知
11月20日	关于印发塔里木油田公司创建法治建设示范企业实施方案的通知
11月21日	关于表彰塔里木油田公司2022年度优秀QC小组成果的决定
11月25日	关于印发《中共塔里木油田分公司工作委员会规范性文件制定管理办法》的通知
11月28日	关于印发塔里木油田关于完善从严承包商监管常态化机制培育高质量战略合作伙伴的指导意见的通知
11月28日	关于印发塔里木油田关于建立服务型甲方诚信型乙方运行机制的指导意见(试行)的通知
11月28日	关于印发塔里木油田公司本部大部制改革方案的通知
11月28日	关于塔里木油田公司所属机构名称有关事宜的通知
11月30日	关于表彰塔里木油田公司2021—2022年度维稳安保先进集体和先进个人的通知
12月2日	关于表彰2021—2022年度管理创新先进单位和先进个人的决定
12月2日	关于表彰塔里木油田公司2022年提质增效优秀合理化建议的决定
12月6日	关于印发中共塔里木油田分公司工作委员会文化引领专项工作方案的通知
12月6日	关于表彰塔里木油田公司2022年"喜迎二十大、增储提效益"SEC增储挖潜专项劳动竞赛优胜集体及个人的决定
12月7日	关于印发《中共塔里木油田分公司工作委员会机构编制委员会工作规则》的通知
12月9日	关于印发《塔里木油田公司投资管理实施办法》的通知
12月12日	关于常态化推行"云端联动、高效办公"工作模式的指导意见
12月15日	关于印发《塔里木油田公司法治建设职责管理规定》的通知
12月16日	关于公布2022年度塔里木油田公司科学技术奖的决定
12月16日	关于表彰塔里木油田公司2022年度优秀党建与思想政治研究成果的决定
12月18日	关于调整部分单位(部门)领导班子职数和岗位设置的通知
12月25日	关于表彰富满油田超深油气产量突破300万吨先进典型的决定
12月26日	关于印发塔里木油田公司常态化全员隐患排查整改工作机制的通知
12月28日	关于表彰2022年度塔里木油田QHSE先进单位、先进集体和先进个人的决定
12月30日	关于印发《中共塔里木油田分公司工作委员会关于贯彻落实中央八项规定精神的实施细则》的通知
12月30日	关于发布《塔里木油田公司内部控制管理手册》的通知
12月30日	关于下达塔里木油田公司2022年度投资调整计划的通知

(李晓磊)

【政研工作】 2022年,塔里木油田公司紧跟党工委决策部署和油田发展大局,起草塔里木油田公司"两会"、质量提升行动安排部署会、坚持依法合规治企和强化管理工作推进会、QHSE工作会议等大型会议报告和讲话50余份22万余字,编制多媒体15份、礼仪公文230余份,摘编提炼形成14期《领导参阅》,起草"治企兴企大家谈"评论材料26份。构建大政研机制,统筹专业部门与政研室两支力量,建立"各就各位、分散研究、集中研讨"的工作模式,设立政策研究专项奖,量效并重、精准奖励,调动全员参与政研的积极性、主动性。组织开展文字业务培训3期,完成两级机关9名业务骨干调训,以点带面提升整体文字水平。

【党政值班】 2022年,塔里木油田公司统筹编制副总师以上领导2022年值班计划表、休假计划表;协调副总师以上领导值班74人次;下发节日放假通知7次,编制值班工作手册8份,编制每周公务活动计划50期、每日要情122期,每周要情20期。

【现场调研】 2022年,塔里木油田公司统筹安排副总师以上领导前线调研90余次,重点组织完成油田公司执行董事、党工委书记沈复孝到塔西南公司、轮南片区相关单位及"三院一中心"调研,到巴州、阿克苏、东方物探、渤海钻探、西部钻探、新疆油田、纪检三中心及乌鲁木齐市新能源企业拜访。

【会议管理】 2022年,塔里木油田公司组织参加集团公司勘探、开发、新能源年会,组织召开塔里木油田公司"两会"、党风廉政建设和反腐败工作会议、党工委全委会、向总书记报告事迹宣讲会等油田公司全局类重要会议25次。组织塔里木油田公司领导工作例会、党工委常委会、执行董事办公会以及中心组学习、生产例会等油田公司层面例会80余次,对违反会议纪律的15家单位、28人进行通报处罚。发布2022年会议计划,精简生产会议议程,注重控制会议时间。建立油田公司领导班子例会制度,明确利用集中时间进行开会,切实为基层减负。新冠肺炎疫情期间,克服人员不能聚集的困难,使用腾讯会议系统,组织各类会议160余次,推动各项工作正常开展。

【重大活动组织】 2022年,塔里木油田公司组织开展大型活动26次,主要包括春节慰问、主要领导南疆三地州拜访、除夕夜烟花爆竹禁燃放等春节系列活动,冬奥会文化广场演出、研发中心暨保利石油花园小区竣工交付仪式、博孜—大北100亿立方米气区产能建设开工暨"建新疆大庆"劳动竞赛启动仪式、集团公司技能大赛油藏动态分析比赛等大型仪式。

【业务接待】 2022年,因新冠肺炎疫情影响,塔里木油田公司业务接待人数、频次有所下降。全年接待96次,其中省部级接待6次,厅局级32次。重点完成新疆维吾尔自治区党委书记马兴瑞两次塔里木调研、自治区副主席调研、中国石化集团公司党组成员接待及中国石油大学院士接待。

【公务用车】 2022年,塔里木油田公司节日期间开展车辆"三交一封"专项检查5次;联合财务部、公用事业部召开专题会3次,协调整改用车费用跨年结算问题;将公务用车费用纳入油田公司成本列支,实行"实报实销",解决公用事业部公务用车业务亏损问题;协调解决车辆GPS轨迹功能无法显示故障,实现车辆行驶实时监控;削减及退回租赁公务用车12辆,开展公车费用、公车数量双压减;每季度开展单车核算,促进公务用车管理水平提升。

(马 磊)

【重大事项督查督办】 2022年,塔里木油田公司建立重点工作督查督办闭环管理机制,强化过程管控,细化分解"两会"重点工作85项,协助开展油田主要领导前线调研51项工作专项督办,全年印发领导批示通知20余期、督查督办通知95期,起草督查报告26期,获塔里木油田公司领导批示1期,立项督办626项,重点工作督办率100%。

【党建督查】 2022年,塔里木油田公司党建督查以协助油田党工委履行全面从严治党主体责任为主线,加强塔里木油田公司党工委统一领导研究,把加强党的政治、制度建设作为重点,统筹协调推进党的建设各项工作。第一时间关注收集习近平总书记重要讲话和重要指示批示,及时提醒党工委召开党工委常委会议传达学习贯彻落实,全年协助党工委贯彻落实"第一议题"15项,首次实现"第一议题"落实情况线上督查全覆盖。制定《中共塔里木油田分公司工作委员会前置研究讨论重大经营管理事项清单》《中共塔里木油田分公司工作委员会重大事项请示报告实施细则(试行)》《中共塔里木油田分公司工作委员会规范性文件制定管理办法》,修订《中共塔里木油田分公司工作委员会关于贯彻落实中央八项规定精神的实施细则》。组织开展油田党风廉政建设责任书、承诺书签订工作,同步开展党风廉政建设约谈,签订责任书4878份,承诺书3066份,签订率100%。加强对主体责任落实情况的监督检查,完成

(杨立强)

6期从严治党督查专报，特别是对解决形式主义和基层负担问题30条措施落实情况等事项开展督查，全部事项完成闭环销项。建设党建答疑专栏，建立党建协调推进机制，及时准确掌握基层党建工作现状，解答基层6个共性问题。全年起草全委会工作报告、落实全面从严治党主体责任报告、"第一议题"讲话、向新疆维吾尔自治区党委书记马兴瑞汇报等文字、多媒体材料100余份。

(张大观)

【政务信息】 2022年，塔里木油田公司紧扣上级关注点和增储上产、生产经营、改革创新、安全环保等具体工作，宣讲政务信息工作重要性，调动各单位部门总结报送信息积极性和主动性，全年向地方政府报送信息44篇，其中约稿1篇；向集团公司报送223篇，采编122篇，其中头版专报2篇。

(李 雷)

【文书工作】 2022年，塔里木油田公司严格发文数量和质量控制，做好涉密文件管理，上报集团公司、股份公司及地方政府的文件无一件退回，涉密文电失泄密事件为零。

公文数量控制。持续坚持公文"三个不发"，即可发可不发的不发；能以部门名义发的不以公司名义印发；能以函或白头通知印发的不发正式公文，在源头上杜绝没有实质性内容，照搬照抄以文件落实文件的行文。严控公文篇幅，审稿时发现公文冗长情况的，一律退回重办。为各单位（部门）科学制定发文控制基数，按季度进行检查督导，对发文数量接近或者超过发文控制基数的单位予以预警。加强检查指导，对发现的不必要行文及时予以纠正。发文数量同比下降12%。

发文管理。公文发布做到"三审核"❶"三退回"❷，确保塔里木油田公司级和上报集团公司、股份公司公文行文准确、体式规范、内容合规、语言文字精炼。

收文管理。坚持细化收文类别，根据来文实际和公文重要急缓程度，分级分类针对性处理，提高公文流转效率。对公文紧急程度、办理时限等做到心中有数，急来速办，特事特办，到时提醒，届时催促；对塔里木油田公司领导和相关部门领导的在岗情况进行了解，急件处理立刻请示，会签传递电话确认。坚持收文办理合理分流，依据文件内容和领导分工，确定文件传递归属，不滥发、不漏送、不越级，减少公文运行直线距离。

涉密文件管理。执行涉密文电以纸质文件形式办理，专人专管、专柜保存，严禁上网。切实保证文电在传阅、保管、使用等各个环节中严格受控管理，办理完成后按要求进行清退、归档、销毁，做到杜绝发生泄密事件。加强国密文电管控，严格执行国密文电点对点直送传阅，工作使用必须在机要阅文室阅读的工作制度。2022年未发生一起涉密文电失泄密事件。

业务培训。对公文审核中发现的特殊个案和常见问题，进行定期汇总、归类，向塔里木油田公司各单位部门文书分享常见错误案例，对于重复性问题，及时开展一对一专项辅导；制作公文格式及写作规范视频课件，在"中油e学"上开展线上视频培训；不定期地进行点对点的交流，确保各单位部门文书全面准确掌握管理要求、公文标准，行文格式更加规范。

日常工作。2022年完成塔里木油田公司发文901件，电子收文办理4912件，集团公司OA发送邮件312件，纸质收文办理465件（其中密级文件313件），办公室收文办理1521件，用印43682枚，寄取机要76次，查询借阅文件223次。

【保密工作】 2022年，塔里木油田公司优化完善体制机制，调减保密委员会成员单位数量，构建以业务职能部门为主导的管理构架，主责重点进一步突出，权责边界进一步明确，机构更加精干高效。制订油田保密委工作规则，明确会议制度、请示报告制度、情况通报制度，机构运行更加规范、科学。围绕科研成果、矿权资源、重点工程、网络和数字化、新闻宣传和信息发布等重点领域，加强协调配合，形成保密工作齐抓共管格局，切实保护塔里木油田公司核心竞争力和经济利益。梳理国家法律法规和塔里木油田公司规章制度41项1200余条，提炼形成通俗易懂的禁止类事项38个，实施清单化管理，指导工作开展，

---

❶"三审核"指一审格式，使文件格式能够遵循正确的行文规范，准确恰当的选择文种，使用规范的文件格式，严防发生漏项、错项现象；二审内容，依据党的政策、国家法律法规、上级要求进行认真核对，严防出现原则性失误和错误；三审文字，仔细核对与处理文字，使公文的观点明确、思路清晰、结构严谨、语言简练、字词标点使用恰当。

❷"三退回"指凡是与上级路线、方针、政策和法律法规不符的予以退回；凡事先没有征求有关部门意见的，予以退回；凡是不符合公文格式的予以退回。

规范员工行文。健全完善奖惩机制，建立敏感信息违规外发通报，加大保密考核扣减分值在绩效考核中的比重，严肃惩治违法违规。表彰奖励塔里木油田公司保密工作先进集体8个，先进个人10名。

保密重点工作。塔里木油田公司召开保密委（扩大）会议，安排部署党的十二大会议期间的保密任务，压紧压实保密责任，确保重大会议期间保密安全。开展互联网工具泄密专项整治及"回头看"，清理整顿微信群、图文（语音）识别程序、云盘网盘等互联网工具1.4万余个，涉及1.5万余人，防范网络泄密风险。组织保密风险隐患排查，围绕保密基础工作、计算机存储传输、手机安全使用3个方面风险隐患，检查7621人，排查整改隐患115个，从源头上预防和减少失泄密事件的发生。强化定密和涉密人员管理，开展涉商密文件定密清查，清查文件4512件，发现定密不当3件，责成所在单位立即整改，推进精准定密走深走实。梳理确定涉密岗位和涉密人员，推行涉密人员动态管理，全年完成9名新任涉密岗位人员审查备案，20名涉密人员复审，执行1人脱密期管理，落实涉密人员精准管控。加强涉密载体管控，特别是对国密文电，细化管理措施，强化保密手段，实行专人专管，落实阅文制度，做到接收、使用、保管全过程安全可控。

保密技术升级。塔里木油田公司实施涉密信息系统升级改造，平稳完成办公专网信创系统上线替代，推进普通密码设备升级换装和密码设备精准管控二期项目，建立合规、安全的涉密网络保障环境。推动信息系统分级分类保密测评，实施油田数字档案系统测评整改，确保商密信息存储、处理和传输便捷顺畅、安全可靠。加强保密监管信息化，全覆盖安装计算机桌面安全系统和数据泄露防护系统13050台，累计弹窗提醒301万次，预防拦截1945次，发现并阻断违规外发3起，基本达到"有能力防范、有能力检查、有能力补救"的目标。加强监管移动办公设备、即时通信软件、网络存储服务的使用，推动全员使用塔油坦途，确保办公环境安全可靠。

保密宣传教育。塔里木油田公司成立保密专家服务专班，开展2期泄密案例送学上门、保密服务下基层活动，面对面宣贯理念原则、方法措施，一对一开展风险识别、隐患治理，切实解决基层保密工作中"怎么办"的问题。开展保密教育，坚持日常提醒和专题教育相结合，开展保密法律宣讲、领导带头讲党课等形式多种的保密宣教活动92场，覆盖8591人，提升干部员工知密守密的能力。组织保密技能专项培训，组织涉密人员、保密工作人员、"两院"（勘探开发研究院、油气工程研究院）科技工作者等重要人员开展风险识别、技术防范和隐患整改等保密技能专题培训，400余人完成集团公司线上考试取证。组织开展国家安全日、国家保密宣传月和集团公司宣传周活动，利用横幅板报、网络媒体、短信平台等方式，广泛宣传保密法律法规，普及保密常识，营造浓厚的保密氛围。组织参与保密作品有奖征集，向上级保密部门报送保密微视频3个，保密论文14篇，保密故事13个，保密管理先进案例8个。

保密工作表彰。塔里木油田公司授予勘探开发研究院等8家单位"2022年塔里木油田公司保密工作先进单位"称号，授予秦丽娟等10人"2022年塔里木油田公司保密工作先进个人"称号。

(李晓磊)

【综合事务】 2022年，塔里木油田公司推进公用事务管办分离，抓好办公用房调配工作。

公用事务管理。夯实公用事务行业管理制度基础，推进"管办分离"。制定印发《关于明确行政事务部部分工作职责的通知》，明确公用事业部在会议组织、接待服务、综合楼管理及公务用车业务职责、工作标准，细化考核要求。紧盯综合楼运行服务管理，以机关事务中心为抓手，督促实施电梯升级改造、楼层改造搬迁、LED灯更换等重要工程项目，提升综合楼办公环境。编制《勘探开发综合楼运行服务管理办法》，厘清综合楼运行管理职责界面，规范运行服务流程标准。

办公用房调配。保障研发中心与"保利·石油花园"按期投用，及时跟进、协调解决需求变更、建设交付、物业服务、家具进场等诸多难题。立足整体，按需调配，及时保障新能源事业部、迪北休罗系专班等新设立机构办公用房需求。推进办公用房管理"管办分离"，优化完善办公用房调整方案，修订办公用房管理办法，将具体管理职能逐步移交至公用事务部，强化管理力量。

(彭冬冬)

【外事工作】 2022年，塔里木油田公司外事部门开展基层生产科研单位外事需求调研，开通塔里木油田公司英语文献库查询、下载权限。7月启动外培项目，组织塔里木油田公司组织23名科研生产业务骨干参与定制化海外国际化人才英语应用培训，围绕通识性商务应用、跨文化沟通与外事交往、石油行业英语提升3个方面展开培训。受国际新冠肺炎疫情影响，根据集团公司统一政策安排，2022年度油田公司未派出因公出国团组和人员。

(向 腾)

【"三重一大"决策制度建设】 2022年，塔里木油田党工委严格执行"三重一大"决策制度，印发前置研究讨论重大经营管理事项清单，明确党工委常委会会议、执行董事办公会议在决策"三重一大"事项时的决策职责界面，印发党工委规范性文件制定管理办法，加强规范性文件制定前置审核，保障规范性文件与法律法规协调统一。全年研究决策"三重一大"事项152项，重要经营管理事项24项，没有发生决策失误。统筹管理塔里木油田公司及3家所属法人企业国资监管系统维护工作，坚决做到依规科学决策、主动接受监督，全年上传数据77次、议题291项，获评集团公司"三重一大"决策和运行监管系统应用优秀单位。

【"云端联动、高效办公"工作模式建立】 2022年，塔里木油田公司聚焦办公领域，推动信息化建设攻坚。组织智能办公示范建设项目，确立会议全过程管理、实现不限时空办公、综合办公业务协同办理、提升文案起草效能4项建设目标，解决会议管理效率低、远程办公不便捷、纸质责任书签订、纸质表单审批流转、综合信息统计填报时效慢等问题，为"云端联动、高效办公"工作模式提供项目建设基础。发布《常态化推行"云端联动、高效办公"工作模式的指导意见》，确定云端办公具体场景，全面开启现代化办公模式转型。资料传阅签批要求一般性文件资料、传阅性制度规范、常用性表格表单、内容过多篇幅过长文件、讨论修改中的过程材料等，均线上传阅。沟通请示汇报要求沟通协调要以推进工作为目的，通过电话、微信、"坦途"等线上方式沟通。除4种规定情形外，沟通请示汇报均应采取线上模式。会议组织要求不开无准备、无效会议，能开短会的不开长会，能在分会场参加会议的，不刻意要求到主会场，能在线上开的会，不在线下开，能一次性传达部署到基层的，不再层层开会。

(彭冬冬)

【"五种干部"排查整改】 2022年，塔里木油田公司对"五种干部"进行画像，建立"五种干部"排查整改常态化工作机制，党工委办公室组织开展线上填报、定期通报、跟踪整改，各部门（单位）因地制宜开展线上线下匿名征集、自查互查大家查、三级审核（党支部、党办、党委），排查整改问题18954项，推动塔里木油田公司干部队伍作风转变和工作质量提升。

【民生工程常态化建设】 2022年，塔里木油田公司建成研发中心和新小区（保利·石油花园），完善库尔勒、泽普、大二线石油基地基础设施，改善员工工作生活环境。以解决员工"急难愁盼"为目标，确立民生工作"九项原则"，建立"我为基层办实事"常态化机制，推动民生工程见人见事见成效。新冠肺炎疫情期间全面摸排6类特殊人群，协调解决员工家属物资供应、紧急就医、子女返校等问题，做到"四个不断"（电话、问候、生活物资保障、特殊药品供应）。

【"我为基层（员工）办实事"】 2022年，塔里木油田公司践行新时代党的群众路线，按照"发展是为了人民、发展依靠人民、发展成果由人民共享"要求，创新建立"我为基层（员工）办实事"常态化工作机制，围绕推进民生工程，以切实解决甲乙方基层员工诉求、急难愁盼为抓手，延伸到为基层减负、提供技术支撑、统筹协调、强化管理等方面，把实事办好，把好事办实。全年办理大小民生事项9465件，增进员工群众获得感、幸福感。

【"我为油田献一策"】 2022年，塔里木油田公司建立"我为油田献一策"常态化工作机制，收到勘探开发、绿色低碳、QHSE、科技研发等方面献策40条，经党工委审核，采纳35条。

【三十条措施力戒形式主义】 2022年，塔里木油田公司修订贯彻落实中央八项规定精神的实施细则，倡导"相关人开相关会，相关人的相关会相对集中开"，常态化推行"云端联动、线上沟通、移动办公"工作模式，推广使用腾讯会议，提倡召开视频会议。前端建成迪那、东河数智化新型采油气管理区和博孜、富满智能油气田，中端优化五大平台运行，后端深化九大业务平台建设应用，初步形成智能化生态运营模式，实现让数据多跑路、员工少跑腿。优化年度党的建设考核方式，依托党建信息化平台开展线上考核，指标同比压减50%。编制印发党支部理论学习规范，明确学习考核评价、记录模板、学习签到等工作标准。

(张大观)

组织人事管理

【组织人事管理概况】 2022年，塔里木油田公司本部实施扁平化改革，油气数智技术中心、油气生产技术部、融媒体中心"大部制"改革，核减附属机构1个、三级机构58个；深化迪那、东河新型采油气管理区改革，基层推进井站一体化，优化业务布局，成立新能源事业部、塔西南天然气处理总厂，整合矿区管理、行政事务、文体服务等后勤管理业务，成立公用事业部，核减三级机构22个；成立塔里木油田公司党校，分期分批举办党委书记培训班、基层干部培训班、"青马工程"培训班，轮训中基层干部899人，全年调整任免中层干部146人；完善专业技术人员管理制度体系，推进强制排序分档兑现业绩奖金；强化干部、专家上讲台，组织专业技术大讲堂99期，直接培训1.8万人次；推进岗位价值评估，差异化设置各类岗位奖金系数（岗位系数），合理拉开各岗位收入分配差距，优化考核内容、突出考核重点，较2021年精简考核内容30%；引进优秀毕业生288人，"985""211"及"双一流"院校毕业生占比72%，硕士研究生及以上学历占比52%，全面完成人事档案专项审核工作，审核干部员工人事档案10555人，做到应审尽审，全员覆盖。

【劳动组织管理】 2022年，塔里木油田公司深化两级本部大部制改革，加快新型采油气管理区建设，优化业务布局，组织体系更加扁平高效。

塔里木油田公司本部改革。深化去行政化改革，各部门不再以"处"命名，相应调整用"部"命名；部门领导班子岗位不再以"处长、副处长"命名，相应调整用"主任、副主任"命名。推进大部制改革，扁平化管理，取消12个部门内部科室设置，实施岗位管理，核减附属机构1个、三级机构52个。建立差异化管控模式，对新能源、数字化建设、油气营销等业务实行管办一体，对管办分离的，推进层级管理，深化"放管服"改革。强化重点工作组织保障，成立难动用储量开发项目经理部、迪那2控水稳产项目组、风险勘探领导小组，调整优化43个非常设机构设置。

新型采油气管理区建设。提升区域独立作战能力，将九个油气开发部按管理区域调整为九大采油气管理区，建立模拟法人治理结构，成熟区域设置执行董事、书记岗位，配强"一把手"，提高决策效率和管理能力。提升基层安全生产管控能力，深化迪那、东河新型采油气管理区改革，本部实施大部制改革、基层推进井站一体化，核减三级机构18个。推行一线工作法，明确359个生产一线岗位、配套工时和薪酬制度，主要油气生产单位机关下沉基层，领导干部驻守一线，靠前决策、指挥、管理，靠前保障支撑。

业务结构优化调整。加强新能源业务，理顺新能源管理体制，成立新能源事业部；加强天然气综合利用工程投产准备，成立塔西南天然气处理总厂。推进生产辅助业务归核化发展，油气数智技术中心、油气生产技术部、融媒体中心4家二级单位本部实施大部制改革、基层整合同质同类业务，核减三级机构6个，三级职数13人。深化后勤业务改革，整合矿区管理、行政事务、文体服务等后勤管理业务，成立公用事业部，实施管办一体，建立统一管理、集中协调的机制，减少二级机构1个、三级机构4个。

（吴俊锋）

【薪酬管理】 2022年，塔里木油田公司薪酬管理工作着眼于深化薪酬分配制度改革，对标劳动力市场价位，完善差异化考核分配体系，创新构建多元化薪酬激励手段，激发全员动力活力，促进员工效能激发和价值提升。

工资总额。实施以价值为导向的分配制度改革，形成与单位经济效益相匹配、与编制定员相挂钩的工资决定机制。加强工资总额管理，优化激励约束机制，制定《塔里木油田公司工资总额管理办法》，塔里木油田公司各单位年度工资总额由工资总额基数、工资总额增量、特别奖励和单列额度构成，工资总额决定机制更加健全。确定工资总额增量挂钩方式，与工效挂钩指标完成情况、业绩预算目标超额情况挂钩，实现薪酬收入与经济效益同向联动；与编制定员挂钩，倒逼富余人员显性化，人力资源配置效率进一步提高。

薪酬分配。加强专项奖管理，印发《塔里木油田公司专项奖励管理办法》和高效勘探等8个奖励规范。征集机关18个业务处室24大类64项设置意见，明确奖励项目、奖励内容、奖励事由和预算金额，以进一步形成长效规范。创新构建多元化薪酬激励手段，配套形成重点工作督查督办闭合管理机制、"揭榜挂帅"科技项目考核、重点项目（工程）建设分级分类考核、超深层研发中心工资总额挂钩考核等多元化考核激励方式。以全面推行工资总额包干为契机，指导各单位调整内部薪酬分配制度，岗位价值评估工作有序开展。赋予各单位薪酬分配自主权，由其结合岗位价值评估结果差异化设置各类岗位奖金系数，改善薪酬差异化倍数，合理拉开各岗位收入分配差距。

业绩考核。差异化设置2022年考核指标，优化关键绩效指标体系，突出重点工作，组织编制各层级岗位及单位年度业绩合同72份，配套145个指标考核细则；63份任期经营业绩合同，配套130个指标考核细则（2022—2024年）。塔里木油田公司首席技术专家、总经理助理、副总师和机关各部门、各二级单位领导班子效益年奖的85%与业绩考核挂钩，15%与任期考核挂钩。机关各部门、各二级单位再逐级分解落实指标，全员100%签订业绩合同。完善油田公司、二级单位领导班子任期制和契约化责任书内容，落实"双50"（年度业绩考核指标和任期业绩考核指标设置应体现不同岗位考核指标的差异化，且差异化业绩指标权重不低于50%）"双70"（年度主要考核指标完成率不低于70%，年度业绩考核综合业绩分值按百分制计算不低于70分）考核要求，明确计分规则，责任书修订率100%。

人工成本。加强人工成本管理，提升"控减压降"力度，出台《关于进一步加强人工成本管理的通知》，建立月度跟踪监测、季度分析评价以及年度评价报告机制，掌握人工成本各项指标及管理水平变化趋势。强化各单位协同配合和组织领导，实行人工成本与效益效率指标联动的调控机制，加大人工成本管理考核评价力度，保障人工成本管理取得实效。

基础工作。按照集团公司统一部署，优化调整9525人薪酬结构；准确发放工资、津补贴和各类奖金，对符合考核晋档条件的4089人实施晋档；组织重疾保障险工作涉及在册人员9996人，退休人员5304人；推进信息化考勤管理模式，利用数字化的高效性、智能型、规范性、专业性及科学性完善考勤管理。

（刘洋）

【干部管理】 2022年，塔里木油田公司坚定贯彻新时代党的组织路线，落实集团公司"人才强企工程推进年"工作部署，立足油田发展新阶段，科学赋予"五湖四海用干部"时代内涵，以更开阔的视野、更宽广的胸怀，开展选人用人工作。

干部选拔任用。坚持事业为上、以事择人，讲求公平公正、公开亮堂，严把"好干部"标准，把政治过硬放在第一位，选拔讲忠诚、讲担当、有能力、有水平的干部。全年研究讨论干部任免6次，提拔中层干部46人，进一步使用37人，交流调整99人，盘活用好干部资源、选优配强领导班子，干部队伍结构更优，活力更足。

领导班子建设。坚持问题导向，强调"事出有因"，突出人事相宜，统筹调配干部资源，全面建强领导班子，围绕新能源事业开局起步、新型采油气管理区建设、模拟法人治理结构改革、辅助后勤业务发展转型等大事要事，统筹配置中层干部上百名，调整优化领导班子45个，对班子空缺的添平补齐，对结构不好的优化调整，对合力不强的整顿治理，提升班子配备质量，强化班子整体功能。各主要生产单位班子年轻干部占1/3以上，大部分班子实现"老中青"搭配，各年龄段干部积极性得到调动。

干部人才培养。严格落实"第一议题"制度，抓好理论学习中心组、党支部政治理论学习，组织开展"二十大"精神宣贯。加强政治历练，成立塔里木油田公司党校，开设中基层干部、优秀年轻干部专题培训班，分期分批轮训953人。加强专业训练，开办专业能力培训班22个，送外培训甲乙方业务骨干788人次，组织专业技术大讲堂99期。加强实践锻炼，跨单位统筹使用中层干部117人次，选派10名中层干部到复杂岗位和艰苦环境挂职驻村。

干部监督考核。坚持从严监督，构建以党工委全面监督为统领的"大监督"体系，专项制定"一把手"和领导班子监督实施细则，开展安全环保领域形式主义官僚主义典型"二十种人"和两级机关"五种干部"排查整改。坚持从严追责，建立健全干部员工内部违规处理体制机制，对违规经营、疫情管理不力、违规违纪的干部严格管理。坚持奖优罚劣，对考核优秀的93名中层干部行文表彰、业绩奖金全线上浮，对成绩显著、贡献突出的干部加大精准奖励力度，同时对考核末等的干部进行调整或退出，让实干者得实惠、奉献者受尊重，调动干部干事创业的积极性、主动性和创造性。

（曾海龙）

【技术干部管理】 2022年，塔里木油田公司围绕集团公司、塔里木油田公司党工委重点工作部署，聚焦人才队伍建设，健全人才发展机制、完善教育培训体系，推进人才及培训工作取得新进展，完成各项工作任务。

专业技术人员管理。2022年选聘企业高级专家1人、一级工程师3人、二级工程师42人、三级工程师62人，交流调整企业高级专家1人、一级工程师1人。

研究制定《塔里木油田公司企业首席专家考核实施细则》《塔里木油田公司中层级专业技术人员管理办法》，进一步促进专家履职尽责、提升业绩。分级分专业组织集中述职考核，考核评价企业高级专家21人、一级工程师74人。成立企业首席专家考核组，考核评价企业首席专家9人。突出产教融合，博士后科研工作站引进博士3人，3人入选新疆维吾尔自治区2022年度"天池英才"引进计划，研究生工作站引进培养研究生13名。

职称评审工作。以创新价值、能力、贡献为导向，修订职称评价标准24个。通过"集中+分散"相结合的方式，组织职称考试7场次281人参加。对全日制博士毕业满三年但未取得高级职称的优秀人才增设绿色通道，加快高层次人才快速成长成才。向集团公司推荐正高级职称参评人员17人，组织召开副高级职称评审会议11场次，评审推荐172人，推荐率超过50%。组织开展职称初始确认3批次339人，首次将毕业2年的硕士研究生纳入初始确认范围。组织开展以考代评职称确认2批次34人。

培训工作。编制塔里木油田公司年度培训计划108项，其中外部培训48项、内部培训60项，实施87项，累计参培近1.1万人次。选送参加集团公司AB类培训93项，累计参培567人次。推进培训数字化转型，依托"中油e学"，全年完成3819个培训项目，培训11.7万人次，组织开展线上考试234场次。丰富标准化培训资源，推进3个智慧教室建设，建立QHSE、设备物资、井控装备、现场监督四大业务领域20个模块97个课程项目，编写井控系列培训教材10份。创新多元化教育培训模块，分门别类建立19个学习频道，梳理100余个便捷标签，打造"高端讲座""党建e讲堂""专业技术大讲堂"三大培训品牌，全年开展特色培训107期次2.5万人次。

人才培养。围绕塔里木油田公司战略发展需要，以重大项目、重点工程为依托，分层次分领域组建梯次配备、功能完备、深耕专业的油田公司级创新团队15个。发挥专家智囊参谋作用，分油气田开发、油气井工程两组，开展咨询会诊活动，解决科研生产问题9项。遴选54名专家领衔或指导54项塔里木油田公司科技创新、生产创新、青年科技创意项目，获集团公司创新大赛一等奖、二等奖、三等奖各1项。

（东宏伟）

【员工管理】 2022年，塔里木油田公司规范开展员工引进，从严员工管理，加强员工违规处理管理，抓好人事档案管理和数据信息管理。全年引进毕业生288人，内部招聘34个岗位，内部调动55人。压减低效无效用工，通过提前退休、内部退养、离岗歇业等方式，分流安置103人，规范辞职通知模板，办理辞职26人。

人才引进。2022年，塔里木油田公司坚持"内内外"原则，中国石油内部引进采油气工程岗位1人、地面工程规划设计6人。利用集团公司统筹配置平台，开展哈得生产运维外包工作，与新疆油田达成生产运维202人用工缺口需求合作。克服新冠肺炎疫情不利因素，在73所院校就业平台发布招聘公告、宣讲信息，线上宣讲18场3860余人次，引进毕业生288人，其中"985""211""双一流"院校毕业生占比72%，硕士研究生及以上学历占比52%，招聘计划完成率90%。首次采用"科学盲选抽签"方式，将288名毕业生分配到21家二级单位，新增用工主要补充到专业技术岗位。

员工管理。做好内部招聘统筹服务，组织公开招聘塔里木油田公司本部6个部门10个岗位、新能源事业部24个岗位。强化员工流动管理，员工流动及补充重点向主营业务、盈利能力强、人均劳效高的单位倾斜，办理内部调动55人。严格岗位管理，组织开展2次员工岗位聘任工作。优化员工队伍结构，新增用工主要用于补充主营单位的专业技术岗位，专业技术人员占比提升2%。加强劳务外包管理，清理社会用工1900人，改用系统内劳务输出1279人。强化内部盘活，盘活用工157人。

员工违规处理。加强员工违规处理管理，成立领导小组，明确各部门职责，并先后开展"员工违规处理规定宣贯""员工违规行为处理工作实施细则宣贯"工作，组织45家单位（部门）264人次参培，指导各单位组建内部违规处理工作领导小组，建立健全受理、调查、会商、处理工作机制，9月实施后受理违规问题10余起。

人事档案管理。2019年4月—2022年5月，塔里木油田公司抽调6批次28家单位72人，完成干部人事档案专项审核工作，审核干部员工人事档案10555人，覆盖率100%，认定"三龄一历"2403人，重新认定出生日期680人，收集归档各类材料15277份，被集团公司列为数字化档案建设试点单位。组织修订58项常见人事档案归档材料标准规范库，编制《人事档案专项审核操作手册》，进一步提高档案管理专业化水平。组织修订《人力资源管理系统信息维护手册》，组织开展人事档案、系统、共享业务培训,提升系统操作规范化水平。修订完善退役士兵安置政策、丧葬补助等老旧政策,编制《员工管理操作手册》《新员工招聘操作手册》,提升员工管理、服务员工规范化水平。

数据信息管理。组织信息建设研讨,编制完成人力资源管理系统服务提升立项需求报告。优化人力资源管理系统月度系统检查通报项目,检查项目废止8项、新增6项,进一步加强系统数据质量管控。组织开展人力资源系统统计报表填报工作,未发生一起延期上报现象。2022年报送集团公司7篇参赛作品,均获"三等奖"及以上奖励,创历史最佳水平,塔里木油田公司获"优秀组织单位"称号。组织开展塔里木油田公司人事统计分析报告评比,征集26家单位33篇参赛作品,评选出人事统计分析报告一等奖3个、二等奖4个、三等奖6个、优秀组织单位4家。

(张其基)

【人才强企工程】 2022年,塔里木油田公司围绕人才培养、引进交流、作用发挥、创新创效4个方面,制定《塔里木油田公司"人才强企工程推进年"活动方案》。加强工作推动,组织召开年度推进会。开展《人才强企工程百问》技能竞赛活动,面向组织人事干部,开展以人才强企工程百问为主题的"大练兵大比武"活动,建强人才强企施工队伍,确保人才强企工程落实落地。

(吴俊锋)

【领导干部任期制和契约化管理】 2022年,塔里木油田公司落实集团公司决策部署,研究制定《塔里木油田公司推行所属领导班子成员任期制和契约化管理实施办法》。深层次、全覆盖开展班子分析和干部评价,对班子逐个"建表对标",对干部逐人"多维画像",研究制定优化班子结构、增强班子功能的具体举措。突出人事相宜,坚持"老中青"结合,加快优秀年轻干部培养选拔,加大不同年龄段优秀干部选拔使用,助推任期制和契约化管理的科学施行。突出关键指标,在契约文本中严格落实"双50""双70""双80"以及刚性退出情形等政策要求,科学设定任期指标和目标值,完成所属44家单位(部门)任期契约签订工作。

(曾海龙)

【科技人才培养和"十百千"人才培养工程】 2022年,塔里木油田公司加强青年科技人才培养。实施"十百千"人才培养工程,分级分类建设重点人才后备库,制定知识结构优化、技术视野拓展、实践锻炼强化、协同育才保障等培养举措,集中优势资源进行重点培训培养。12人入选集团公司"青年科技人才培养计划"。

(东宏伟)

【"张明技能大师工作室"获评国家级技能大师工作室】 2022年12月1日,国家人力和社会资源保障部、财政部公布2022年国家级技能大师工作室名单,塔里木油田公司"张明技能大师工作室"获评国家级技能大师工作室,这是塔里木油田公司第一个国家级技能大师工作室。

(陈海燕)

审计工作

【概述】 2022年,塔里木油田公司围绕集团公司审计工作"五个聚焦,五个坚持"总体部署和建设世界一流大油气田目标,按照"全面审计、突出重点"工作方针,落实"合规管理强化年"工作要求,加强重点业务、重要事项、重大经营风险审计监督,全年开展审计项目和审计任务26项,取得直接经济成果3147.35万元,实现提质增效4814.26万元,推动新增及完善5项油田级制度和9项部门级制度。强化岗位责任落实,对履职不力造成损失问题问责处理63人次,其中警告处分2人次。狠抓审计问题整改,加大整改督促和追责力度,为塔里木油田公司合规经营和稳健发展发挥积极作用。报送参评的5个审计项目分获集团公司2021年度优秀审计项目二等奖2个、三等奖3个。

【经济责任审计】 2022年,塔里木油田公司按照集团公司经济责任审计制度规定,结合塔里木油田公司机构改革和中层干部任职情况,落实领导人员"离任必审、强化任中"工作要求,推进经济责任审计对象、审计重点、审计期间全覆盖。以促进企业领导人员履职尽责、担当作为为目标,通过审计监督任职期间是否存在重大失职渎职、重大决策失误、重大损失浪费和重大管理漏洞,客观评价领导人员履行经济责任情况,促进权力规范运行、反腐倡廉、企业效益提升,推进油田治理体系和治理能力现代化。全年完成油气田产能建设事业部经理宋周成任中经济责任审计等10项,发现审计问题86个,取得直接经济成果974.89万元。在经济责任审计项目实施过程中,聚焦依法合规管理和重大决策部署落实,按照构建"三不腐"长效机制的工作要求,强化安全生产、承包商管理等重点工作、重要领域、关键环节的审计关注;针对性地加强财务审计和制度审查,切实将审计成果转化为企业治理效能。

【建设工程审计】 2022年,塔里木油田公司强化建设项目监管,做好工程审计,实现授权范围内工程建设项目竣工决算审计全覆盖。加强与相关职能部门联动,建立动态工作协调机制;尝试开展4类项目集中批次审计,提高项目完成时效性,强化审计覆盖深度。加大工程项目结算、物资管理等问题关注力度,加强现场工作量核查。全年完成塔中4油田402井区C_{III}油藏天然气复合驱重大开发试验地面工程等竣工决算审计2项、建设项目跟踪审计2项、四类工程常规审计85项,发现审计问题35个,出具审计意见书118份,取得直接经济成果1289.25万元,发现并整改项目工作量结算不实、甲供物资管理不到位、承包商监管不严等突出问题,督促建设管理单位履职尽责,保障建设资金合规有效使用,提升工程建设项目管理水平。

【管理效益审计及专项审计】 2022年,塔里木油田公司审计主要聚焦提质增效、主营业务、安全环保3个方面工作,围绕生产经营管理中存在的重点难点问题和管理层关注的热点问题,拓展审计范围和领域,精细实施管理效益及专项审计。开展招投标管理审计等管理效益审计4项,塔里木油田公司原油"反内盗"措施落实情况审计调查等工作任务7项,发现塔里木审计问题58个,取得直接经济成果883.21万元。通过审计,发现塔里木油田公司招投标管理不到位、盐酸运费管理与市场脱节、闲置物资管理不规范等问题,针对性地提出加强招标方案和招标文件的编制审核、强化评审专家管理、优化试油队伍、压实结算责任、持续盘活利用闲置物资及科学控制以领代耗和工程余料等审计意见,督促相关单位进一步健全完善制度流程,优化生产运行模式。在审计实施过程中,着力挖掘管理问题、剖析成因,在优化管理、合规经营和提升效益等方面提出针对性意见与建议。

【审计信息化建设】 2022年,塔里木油田公司贯彻落实集团公司审计信息化、数字化转型工作要求,聚焦科技强审,促进信息技术与审计业务的深度融合。借助审计大数据分析平台,构建经济责任审计、工程项目审计等4个多维度、多指标数据分析模型,运用全量数据对被审计单位和业务进行画像,实现可视化总体分析,在数据透视的基础上,帮助审计人员快速、精准锁定问题线索,实现靶向审计。信息化工作小组分工协作开展数据资产梳理,完成财务业务工作平台、运输管理平台、工程造价管理系统等6个业务系统数据梳理,进一步为大数据审计提供数据基础。新冠肺炎疫情期间调整审计工作方式,运用信息化手段,对7个项目开展远程在线审计。2022年参加集团公司审计数仓建模大赛,2个数据分析模型分获个人二等奖和团体三等奖。作为集团公司11家油气田企业的组长单位,持续落实审计信息化建设工作部署,完成集团公司数字化审计专家团队管理工作,提升审计信息化支撑能力和数据管理水平。

【审计质量控制】 2022年,塔里木油田公司推进审计规范化管理,加强审计项目质量控制,开展审计业务对标工作。细化审计审理、审计整改标准及界面,建立审计项目审计程序执行、领导批示及整改跟踪、审计整改回复时效、审计项目成果等7个标准化工作流程台账,做到审理的方案、底稿、项目报告审核程序,反馈内容可追溯,修改结果可跟踪,审计发现问题整改无遗留。加强审计项目质量过程管控与考核,抓好项目实施督导。审计部领导担任审计组长,下沉审计组,强化三级复核,对工作底稿严格把关,对方案、报告实施集中会审,提升底稿、报告质量。按照"组员参与、主审统稿、分级审核"的原则,进一步明确审计报告审核程序,细化审计组成员质量控制责任及审核标准。制定审计报告质量控制确认表,落实各环节审批程序,对审计报告的质量和时效性全过程监督,通过审计质量评议兑现考核结果,落实审计组员的质量控制责任,促进审计项目质效提升。在部室整体对标的基础上,实施审计业务精细化对标,将对标指标细分至6个具体业务,设置个性化对标指标27项,制定改进提升措施85条,通过立标、对标和追标,实现强优势、补短板。上报6个项目参加集团公司2021年优秀审计项目评比,其中塔里木油田公司试采地面建设工程管理专项审计、塔里木油田公司勘探开发统一定额标价执行情况专项审计获二等奖,信息与通讯技术中心经理任中经济责任审计、塔里木油田公司钻完井液管理专项审计和塔里木油田公司生产物资管理专项审计项目获三等奖。

【审计问题整改】 2022年,塔里木油田公司针对审计发现问题，注重剖析问题产生原因，促进源头治理，推动新增及完善5项油田级制度和9项部门级制度，在完善公司治理体系和风险管理方面发挥积极作用。

体制机制。修订塔里木油田公司审计项目管理办法，健全完善整改督促检查、整改情况报告和责任追究等机制，规范审计整改工作组织、职责及程序。

联动整改销号。针对审计发现的普遍性问题和重大问题，与业务主管部门联动，共同研究落实整改措施，促进审计问题系统性整改。实行问题动态建账销号管理，按季度跟踪问题整改情况，跟踪关闭2018—2022年持续整改完毕的1231个问题，剩余107个问题需持续跟踪，取得直接经济成果218万元。

源头整改治理。在揭示各类经营管理问题的同时，注重深入分析背后的体制障碍、机制缺陷和制度漏洞，向被审计单位和业务管理部门提供治本之策，促进管理改进。发现磺化钻井液废弃物处理定额标价存在优化空间，与概预算管理部联动，优化下调标价，实现提质增效3755万元/年。揭示盐酸运费核算与市场脱节问题，准确核算盐酸运费，挽回直接经济损失1168.27万元。开展完井试油工程管理专项审计，推动发布《塔里木油田储层改造管理办法》《液体质量控制实施标准》；开展油气产品周边销售审计调查，推动发布《塔里木油田公司原油销售管理办法》《塔里木油田公司轻烃液化气乙烷销售管理办法》；开展企业安全生产费用专项审计，推动发布《塔里木油田公司安全隐患治理项目管理办法》。促进油田规范账外料管理，推动账外料清理和处置，努力消除管理风险。

督促追责。加大整改督促和追责力度，对以往审计问题整改情况实施后续审计，由相关单位对6名审计发现问题整改不力的责任人进行绩效考核，合计扣减奖金0.7万元，以追责促整改、以追责促合规。

整改"回头看"。开展审计整改"回头看"活动，对2021年以前审计发现的1546个问题整改情况进行再复核，逐条审查整改凭证，确保问题真实整改。

【审计成果】 2022年，塔里木油田公司注重审计成果总结再利用，开展审计案例汇编，对审计发现问题进行梳理筛选，将合同管理、财务经营、建设投资、内部控制等方面的145个典型案例汇编成册，供内部单位学习借鉴，为各单位自查自纠和对照整改提供参考。针对内部审计发现的典型共性问题及各单位经营管理中的薄弱环节，利用进点会加强典型审计问题和追责处理事项宣贯，到基层单位开展合规培训6次，为一线生产及经营管理人员进行业务指导，帮助相关单位厚植依法合规经营理念，进一步规范管理，减少屡审屡犯、前审后犯。

【审计理论研究】 2022年，塔里木油田公司以内部审计对标研究、内部审计规范标准化研究为主题，立足实际，形成理论研究成果9篇，主要内容涉及审计工作模式及工作方法创新、违规经营投资责任追究探索、审计查证指引编制研究等方面，其中2篇分获集团公司优秀审计论文一等奖和三等奖。

【违规追责】 2022年，塔里木油田公司落实集团公司员工违规行为处理规定，加大对履职不到位损害油田公司利益问题的核查力度，对失职和违规行为严肃追究责任。针对审计发现的合同价格执行错误和工程验收不严导致多结费用等15个问题，对相关单位和责任人提出追责处理意见，实现常态化追责问责。发挥联合监督合力，强化信息共享，搭建违规线索反馈"高速公路"，受理相关部门移交的问题线索，完成征地服务问题核查，扣回承包商虚计工作量多结费用439.47万元，对6名责任人进行批评教育。在应急中心经济责任审计项目中，发现合同价格管理不力等3个违规问题，对6名责任人提出追责处理意见，合计扣减业绩奖金0.8万元。

（汤莉娅）

档案工作

【概述】 2022年，塔里木油田公司档案中心接收企业档案102488件，借阅档案28152件。人事档案接收材料25521件，整理装订5644卷，转递档案1017卷，查借阅2040人次，维护目录信息37.03万条。

截至2022年底，档案中心总建筑面积13000平方米，其中库房面积10000平方米、办公面积3000平方米，馆藏1771583件。2022年塔里木油田公司档案中心馆藏情况(表2)。

（梁洲际）

【档案管理】 2022年，塔里木油田公司以集团公司档案工作"十四五"规划和档案工作要点为指导，围绕塔里木油田公司中心工作，推进档案管理服务和史志年鉴编纂，协同机关部室、指导基层单位，强化管理，深化服务,档案史志工作取得新成效,档案管理和服务水平得到提升,塔里木油田公司被全国地质资料馆列为委托保管原始与实物地质资料免检单位,获批成为首批集团公司人事档案数字化试点单位。

表2 2022年塔里木油田公司档案中心馆藏情况统计表

序号	标识符号	一级类目名称	馆藏量(件)	比例(%)
1	W	管理类	249247	13.30
2	E	产品类	0	0
3	F	科学技术研究类	44184	2.36
4	G	建设项目类	306500	16.35
5	H	设备仪器类	5484	0.29
6	I	会计类	157068	8.38
7	J	职工档案类	21724	1.16
8	K	油气勘探开发类	1071941	57.20
9	S	声像类	10011	0.53
10	R	实物类	3741	0.20
11	Z	资料类	4171	0.22
		合计	1874071	100

(梁洲际)

档案史志工作会议。组织召开塔里木油田公司档案史志工作会议,单独行文发布年度档案工作要点,结合集团公司2022年档案工作要点及评价细则完善2022年度档案重点工作运行大表,明确工作项目、工作内容、责任部门、责任人及完成时间节点,工作分解到位,责任落实到人,同时各单位档案工作主体责任也得到进一步夯实。

档案专项验收。开展哈得逊油田玉科区块碳酸盐岩油气藏开发地面工程等4项重点项目档案专项验收,参与前后方精细油藏描述一体化协同研究环境建设试点、地质工程井位设计一体化协同研究环境建设、信息通讯一体化运维监控调度平台等3个信息化建设项目线上竣工验收。专项对接博孜—大北地面骨架工程,按照集团公司要求督导油气田产能事业部和迪那采油气管理区编制项目文档工作方案,推进项目资料收集,为档案专项验收做好前期准备。

利用服务。2022年围绕急难险重任务,服务勘探开发生产科研工作。为集团公司重大现场试验项目、重要科研、审计、基建项目提供档案8983件,拷贝数据近3000千兆字节。新冠肺炎疫情管理期间,档案利用静默不静止。通过线上利用电子档案、志愿者传递纸质档案等方式,为探明储量现场核查、股份公司三期项目结题现场核查、新疆维吾尔自治区科技进步奖申报、疫情管理、审计等工作提供档案利用20批次314件。整合信息资源,提供档案增值服务。从海量档案志鉴资源中筛选加工,为机关部室、基层单位提供相关文字图表资料、照片,提供增值服务。档案编研有声有色。与思政部、融媒体中心联合开展"历史上的今天"档案编研活动。推出"塔里木历史上的今天"视频13期,在沙漠公路建成通车、克拉2井和塔中1井重大发现、板房会议召开日期等重大节点纪念日重温历史,成为宣传展示塔里木的前沿阵地,受到油田内外广泛关注和一致好评。

地质资料汇交。按要求开展正常汇交工作,倒查整改历史汇交矿权资料,地质资料汇交工作再获殊荣。按计划完成11个新矿权的正常汇交工作。按全国地质资料馆最新要求,核查统计23个持证矿权所汇交资料，开启二次汇交。按新标准完成34个问题矿权资料的整改工作。按集团公司要求完成《塔里木油田公司委托保管实物地质资料管理与服务情况摸底报告》，摸清油田实物地质资料管理与服务现状。塔里木油田公司地质资料汇交工作获勘探与生产分公司发《工作简报》点名表扬，全国地质资料馆将塔里木油田列为原始与实物地质资料免检单位。在集团公司矿权管理培训班上就地质资料管理与汇交工作进行"塔里木油田地质资料管理及汇交工作实践"经验交流。

档案日活动。2022年，塔里木油田公司组织开展档案日主题活动，开展档案主题征文、知识答题、标语宣传。在"6·9"国际档案日期间，组织开展档案主题征文活动，征集征文35篇，评选优秀征文28篇。开展网络知识答题活动，9000余名员工积极参与，其中满分4248人。全方位开展档案宣传，在6月9日、6月10日两天向油田公司全员推送2万余人次。6月9日当天在机关楼宣传LED屏滚动播放4条宣传海报，在油田报纸推出3期档案日宣传专版，档案日当天在塔里木油田电视播发新闻，扩大宣传面，灌输档案基础知识，营造"人人都是档案员"的浓厚氛围。

人事档案工作。推进人事档案数字化转型。以集团公司人事档案数字化系统项目建设为契机，塔里木油田公司申请作为首批集团公司所属10家局处级人事档案数字化试点单位并获批准。组织完成托管的独山子石化公司员工836人（含不在册人员）人事档案的整理装订、审核、评分和转出。组织完成144人退休档案数字化工作，为后续档案移交地方管理做好准备。组织对2021年底已向地方移交的6483人的退休档案管理工作开展后评估，进一步优化移交工作流程，及时向集团公司上报评估报告。

归档业务培训。组织开展塔西南天然气综合利用工程等重点项目档案归档业务线上培训，统计分析反馈问题，完善《塔里木油田建设项目档案管理实施细则》相关条款。采取线上线下结合的方式常态化开展基础业务专项培训，同时开展塔里木油田公司人事档案相关归档材料标准规范的培训。

(梁洲际)

【史志年鉴工作】 2022年，塔里木石油志编修工作取得实质性进展，石油志16个主体篇章初稿全部完稿，完成志书初稿审核12篇，占总篇章的71%。年鉴工作提早谋划，压实责任编辑制，2021卷、2022卷年鉴工作，大纲发布时间、收稿截止时间、分纂和总纂启动与完成时间均为历年最早。

塔里木石油志。强化顶层设计，年初完成志书专项工作汇报，明确志书编纂指导思想和推进模式。3月初迅速组织召开志书推进第一次会议，进一步明确志书编纂工作组织方式和职责分工，制订年度工作计划，排出主体篇章完成时间与要求。深入调研，聘请新疆维吾尔自治区地方志编委会专家，与执行主编配合开展初稿审核。7月20日，志书最后2篇油气勘探篇、石油钻井完稿。至此，塔里木石油志18个篇（除总述、彩页外）中16个篇的初稿全部完成，志书全面进入审稿阶段。截至2022年底，完成初稿审核12篇，占比71%，编辑按计划完成初稿修改，落实审核意见建议，补充资料、修改完善，累计完成180万字的工作量。启动志书彩页工作，完成志书封面、彩页版式、LOGO设计，完成志书彩页150版的小样设计，利用图片约1200张。

年鉴工作。提早谋划并启动2021卷、2022卷年鉴工作。2022年从提升编纂质量和编辑水平双线推进年鉴工作。基本完成2021卷年鉴总纂及送审。完成2022卷年鉴两轮87万字总纂。固化形成"核心部分全员审读""专业部分重点审读"的交叉审核模式，确保每个部分都有至少3人以上审读校对，并制定不同审读任务的唯一负责编辑，职责清晰明确、落实到人，为年鉴质量提升打下坚实基础。及时完善并建立2022卷年鉴各单位分管领导、联络人、撰稿人清单。完成集团公司2022卷年鉴撰稿，并报送机关职能部门、保密办及油田领导审核签字，按时上报集团公司。完成新疆维吾尔自治区年鉴稿、《新疆地情通览》新疆地情通览材料初稿撰写、保密审核、整改及报送。

矿区管理

【概述】 2022年8月，塔里木油田公司矿区管理推行"管办一体"服务模式，剥离塔里木油田公司直属单位序列，归属公用事业部统一管理，主要负责矿区民生工程、物业管理、绿化建设、卫生和计划生育等规划、协调和监督工作，包括矿区工业物业、办公物业、居民物业及生产服务等协调监管；民生项目规划与监督，幼教、房产、人口和计划生育、医疗、社区等公共服务协调管理；绿化环卫、卫生防疫、爱国卫生等后勤保障业务监督管理;公共卫生突发事件、建筑火灾突发事件应对处置管理。

【公用资产管理】 2022年,塔里木油田公司改造大二线供水管网,优化管线走向,节约征地费用15万元。实施勘探开发综合楼空调系统隐患和大二线燃气管线防洪隐患整改工程,停用35兆瓦、40兆瓦两台热水采暖锅炉,节约费用100.9万元。

【房产管理】 2022年,塔里木油田公司开展违章建筑清查活动,完成公房产权证调档、命名等资料上报。与巴州、库尔勒市两级政府以及住建、自然资源、税务、不动产登记、住宅维修资金等管理部门沟通20余次,编制办证流程6个,办理房屋产权证书843套,占塔里木油田公司全部房产4167套的20%。

【物业管理】 2022年,塔里木油田公司健全油地联建联保机制,落实联席会议制度,协调解决"四供一业"移交后系统运行中存在问题,与社会化改革接收单位共同处理各类矛盾问题12项,根据改造项目决算审计资料,收回喀什供电有限公司、阿克苏供电有限公司已支付供电系统资金2149.47万元。推广"线上物业服务大厅",增设"440"物业服务应急热线。开展提升物业服务质量专项行动,纠治车辆乱停、垃圾乱扔、高空抛物等不文明行为。

【退休职工管理】 2022年,塔里木油田公司管理服务离退休人员2843人,其中本部2316人、托管527人。落实离退休人员政治待遇,在五区活动中心建立集党建活动、文化养老、发挥作用为一体"家园式"共享阵地。建立作用发挥积分制,引导退休同志参与企业建设、社区管理志愿者服务活动。修订退管中心特殊困难退休员工关心关爱帮扶机制、退休员工居家安全检查制度,按照时间节点及费用标准完成27项统筹费用发放工作。联合塔油社区开设老年大学,打造社区"文化养老"新模式,开办书法、绘画、摄影、瑜伽等8个学科,启动夏季广场系列健身活动,组织参加塔油社区"油、地、兵、铁、市"台球联谊赛活动。

【民生工程建设】 2022年,塔里木油田公司修订一卡通运行管理办法,实施门禁智能化改造,研究制定塔里木油田公司与宝石花物业塔里木油田地区公司合作协议,优化矿区行业管理业务流程。收集整理库尔勒石油小区、泽普石油小区21项民生项目,完成小区路灯亮化维修、二餐厅改建、员工服务中心建设投运、冬奥文化广场和塔西南燃气系统改造,推进基地小区电动汽车交流充电桩安装和大二线通讯系统、电力系统、供水管线、燃气管线维修改造、新餐厅建设。

【绿化管理】 2022年,塔里木油田公司开展柳絮抑制、梧桐复壮等技术攻关,引进太阳能发电技术、节水滴灌技术,提高绿植滴灌效率、植被存活率。组织18个前线及基地绿化重点部位开展春季义务植树活动,栽植速生杨、金冠榆、枣树等4.6万棵。推进克深公寓新建防风林、库尔勒基地小区绿化改造及生物病媒防治等19个项目实施。

【专项治理】 2022年,塔里木油田公司跟进油田社会化改革工作进展,开展"三供一业"、社区、医疗、市政设施、退休管理、学前教育6项分离移交工作的后评价,做好油田剥离企业办社会职能做好社会化改革收尾工作。开展燃气专项治理工作和燃气安全生产"百日行动"活动,组织专业单位检测、研判塔西南公司民用燃气系统风险隐患,发现并整改123项问题。落实房屋建筑物专项治理工作,委托新疆建设工程质量安全检测中心规范建设手续、设计资料、违规改造、结构外观、设备设施5项检查内容,开展库尔勒小区、大二线工业园区78栋住宅楼、26栋办公楼、46间生产厂房的检查和安全风险隐患摸底排查,鉴定大二线库区、库房、办公房屋60栋,评定为Csu级(一般损坏)危房18栋、Dsu(严重损坏)级危房42栋。

【4个升级管控专班】 2022年8月以来,塔里木油田公司在设立出入口管控专班、生活保障专班、环境消杀专班、楼栋管控专班、志愿服务专班、垃圾清运专班、涉疫住户管控专班、返岗轮休专班的基础上,增设巡查巡检专班、信息沟通专班、员工健康服务专班、防疫物资保供专班4个升级管控专班。巡查巡检专班严格检查各单位落实防疫措施情况,发现问题责令整改,并开展督查和"回头看"形成闭环管理,对好做法进行汇总;信息沟通专班收集防疫工作各类信息,掌握研判员工家属思想动态,实事求是做好沟通,迅速将最新防疫形势、政策和要求传达到每户每人,发布温馨提示;抽调业务骨干组建健康服务专班,开展健康咨询、温馨提示、急需药品保障、自主核酸采样等工作,邀请专业医务人员对志愿者开展线上培训,实现自主核酸采样。物资保供专班对防疫物资从需求报提,到计划制定、采购入库、现场发放环节有序衔接,实现对基地小区中门、超市、73栋居民楼、64栋办公楼及后勤保障楼栋防疫物资配送的全覆盖保障,同时引进自动化、智能化、高效能防疫技防装备。

【塔里木油田公司开展自主核酸检测】 2022年9月，塔里木油田公司开展封闭办公楼栋自主核酸检测工作。9月20日邀请专业医护人员分两批次对各封闭办公楼107名志愿者开展防护服穿脱、核酸采样方式等开展线上培训，确保每一名核酸检测志愿者都能防护到位、采样准确可靠。9月21日，勘探开发综合楼、火政楼等15个封闭办公楼栋相继开展自主核酸采样，当日采样人数900余人次。制定塔里木油田公司新冠肺炎疫情管理升级管理十条硬措施，加大塔油小区核算检测力度，全年开展全员核酸检测93轮935424人次，重点人员核酸检测42轮33099人次。

【宝石花医疗集团援疆医疗队驰援塔里木油田公司】 2022年9月28日，第一批宝石花医疗集团援疆医疗队一行22人驰援塔里木油田公司，迅速投入到抗疫斗争中。援疆医疗队连续作战58天，开展核酸采样、核酸检测、线上指导培训、入户问诊就医以及现场指导等工作。在援疆医疗队的帮助下，库尔勒基地小区新冠肺炎疫情管理工作取得重要进展，广大干部员工防疫意识、能力得到明显提升。11月26日上午，塔里木油田公司执行董事、党工委书记沈复孝，副总经理胥志雄为第一批宝石花医疗集团援疆医疗队离疆返回送行；同日下午，第二批宝石花医疗集团援疆医疗队来自全国各地的8名医疗人员抵达油田开展抗疫工作。

【塔里木油田公司颁发嘉奖令表彰塔西南公司医疗专家团队】 2022年10月2日，塔西南公司组建13名医疗专家团队驰援库尔勒基地小区，完成抢搭方舱实验室、一线核酸采样、高强度化验检测等"急难险重"任务，保障油田员工及家属的身体健康和生命安全，为基地小区取得社会面总体可控、稳中向好的阶段性胜利作出重要贡献。11月3日，塔里木油田公司颁发嘉奖令，给予塔西南公司医疗专家团队集体通报嘉奖。

【保利·石油花园建设】 2022年5月，保利·石油花园房屋全面交付。6月6日，塔里木油田公司举行研发中心暨保利·石油花园竣工交付仪式。公用事业部（原行政事务部）编制研发中心运行管理规范、研发中心水系绿化管理规范、研发中心停车位分配方案等5类制度方案，完成装配员工工位1620个，企业专家等单人间家具133套，保障油气数智中心、勘探事业部等单位陆续入驻。

（王连群）

科学技术管理

综述

【概述】 2022年，塔里木油田公司锚定"打造一流的科学技术"目标，强化基础研究和关键核心技术配套以及科技成果培育转化，加快科技条件平台建设，完善科技创新管理体系，持续提升自主创新能力，打造超深油气勘探开发科技创新高地。参与承担国家重点研发计划项目3项，牵头承担集团公司科技项目3项，联合承担集团公司与中国石油大学（华东）战略合作专项1项，参与承担集团公司科技项目24项，牵头承担油气和新能源分公司科技项目15项，参与承担油气和新能源分公司科技项目16项，实施塔里木油田公司科技项目47项。获省部级科学技术奖23项（特等奖3项、一等奖12项），其中新疆维吾尔自治区科技进步奖一等奖1项，集团公司科技奖励7项（科技进步一等奖2项、二等奖3项、三等奖2项），中国石油和化学工业联合会科学技术奖9项（特等奖1项、一等奖6项、二等奖1项、三等奖1项），中国石油和化工自动化应用协会科学技术奖6项（特等奖2项、一等奖3项、二等奖1项）。

【塔里木油田公司科学技术委员会】

科学技术委员会

主　任：沈复孝；

副主任：王清华、田军、李亚林（常务）、王虎、胥志雄、陈尚斌、何新兴、李亚英、刘强；

委　员：油田公司企业首席技术专家，总经理助理、副总师，油田公司机关各部门和塔西南公司、勘探开发研究院、油气工程研究院、油气数智技术中心、实验检测研究院负责人。

委员会办公室设在科技管理部，科技管理部负责人任办公室主任。

科学技术委员会专业分委会

科学技术委员会分委会由专业分委会和科技信用审查分委会构成。

（一）专业分委会

科学技术委员会专业分委会由勘探、物探测井、开发、工程技术、地面工程、安全环保、信息化与实验检测、绿色低碳与新能源8个专业分委会构成。

1．勘探专业分委会

主　任：王清华；

副主任：杨海军、张丽娟；

委　员：资源勘查部领导班子成员，勘探开发研究院、勘探事业部分管勘探专业的领导班子成员。

勘探专业分委会下设办公室，办公室设在资源勘查部，资源勘查部负责人兼任办公室主任。

2．物探测井专业分委会

主　任：李亚林；

副主任：王虎、杨海军；

委　员：资源勘查部领导班子成员，工程技术部分管测井专业的领导班子成员，勘探开发研究院分管物探测井专业的领导班子成员。

物探测井专业分委会下设办公室，办公室设在资源勘查部，资源勘查部负责人兼任办公室主任。

3．开发专业分委会

主　任：何新兴；

副主任：汪如军、潘昭才；

委　员：油气开发部领导班子成员，工程技术部分管采油气工程专业的领导班子成员，勘探开发研究院分管开发专业的领导班子成员，油气工程研究院分管采油气工程专业的领导班子成员。

开发专业分委会下设办公室，办公室设在油气开发部，油气开发部负责人兼任办公室主任。

4．工程技术专业分委会

主　任：王虎；

副主任：王春生；

委　员：工程技术部领导班子成员，油气工程研究院分管钻完井工程专业的领导班子成员。

工程技术专业分委会下设办公室，办公室设在工程技术部，工程技术部负责人兼任办公室主任。

5．地面工程专业分委会

主　任：何新兴；

副主任：王天祥、亢春；

委　员：地面工程部领导班子成员，设备物资部分管地面工程专业的领导班子成员，油气工程研究院分管地面工程专业的领导班子成员。

地面工程专业分委会下设办公室，办公室设在地面工程部，地面工程部负责人兼任办公室主任。

6．安全环保专业分委会

主任：王虎；

副主任：朱力挥；

委员：质量健康安全环保部领导班子成员，油气工程研究院安全总监，监督中心、实验检测研究院分管安全环保专业的领导班子成员。

安全环保专业分委会下设办公室，办公室设在质量健康安全环保部，质量健康安全环保部负责人兼任办公室主任。

7．信息化与实验检测专业分委会

主　任：李亚林；

副主任：王天祥、张强；

委　员：科技管理部、数字和信息化管理部领导班子成员，质量健康安全环保部分管检测业务的领导班子成员、地面工程部分管自动化专业的领导班子成员，实验检测研究院院长。

信息化与实验检测专业分委会下设办公室，办公室设在数字和信息化管理部，数字和信息化管理部负责人兼任办公室主任。

8．绿色低碳与新能源专业分委会

主　任：刘强；

副主任：李汝勇；

委　员：新能源事业部负责专业管理的领导班子成员，勘探开发研究院、油气工程研究院和实验检测研究院分管绿色低碳与新能源专业的领导班子成员。

绿色低碳与新能源专业分委会下设办公室，办公室设在新能源事业部，新能源事业部负责人兼任办公室主任。

（二）科技信用审查分委会

主　任：胥志雄；

副主任：王永远；

委　员：科技管理部和企管法规部领导班子成员，科学技术委员会专业分委会办公室主任。

科技信用审查分委会下设办公室，办公室设在企管法规部，企管法规部负责人兼任办公室主任。

【科学技术委员会（扩大）会议】　2022年8月22日，塔里木油田公司以视频方式召开2022年科学技术委员会（扩大）会议，梳理落实委员意见，优化完善方案和制度，建立研发中心专家委员会和运行机制，强化专利、标准的管理，听取上半年科技工作汇报，审议相关议题，安排部署下步重点任务。科技管理部汇报2022年上半年塔里木油田公司科技工作情况。会议审定《关于调整油田公司科学技术委员会相关分委会及成员的请示》《中国石油超深层复杂油气藏勘探开发技术研发中心运行方案》《中国石油超深层复杂油气藏勘探开发技术研发中心揭牌仪式、第一届技术委员会会议暨高端技术论坛筹备方案》以及塔里木油田公司科技管理4项制度等议题。执行董事、党工委书记、科学技术委员会主任沈复孝主持会议并讲话，总经理、党工委副书记王清华，塔里木油田公司领导田军、李亚林、胥志雄、陈尚斌、何新兴、李亚英、刘强出席会议。企业首席技术专家、总经理助理、副总师，相关部门和单位负责人分别在主、分会场参加会议。

【科学技术奖终评会】 2022年12月8日，塔里木油田公司召开2022年科学技术奖终评会，评选审定科学技术人物奖和项目奖，对下一步工作提出要求，科技管理部作《塔里木油田公司2022年科学技术奖终评工作汇报》。执行董事、党工委书记、科学技术奖励委员会主任沈复孝主持会议并宣布终评结果。总经理、党工委副书记、科学技术奖励委员会副主任王清华，塔里木油田公司领导田军、李亚林、胥志雄、陈尚斌、刘强、王子云出席会议。塔里木油田公司企业首席技术专家、总经理助理、副总师，塔里木油田公司科学技术奖励委员会委员参加会议。

【《大国深度》科普视频入围2022年全国科普微视频大赛】 2022年，科技部、中科院联合举办全国科普微视频大赛，塔里木油田公司创作的科普微视频《大国深度》由国务院国资委推荐，成功入围第一轮评选。视频通过分享塔里木油田创新超深油气地质理论、攻关超深勘探开发技术的科普知识，全面介绍塔里木油田公司作为我国深地科技自立自强的战略力量和领军型企业，坚持以国家战略需求为导向，深入实施创新驱动发展战略，开展原创性引领性科技攻关，逐步建成我国最大超深油气生产基地。

(李 航)

科研管理

【科研项目管理】 2022年，塔里木油田公司统筹国家、集团公司、专业分公司、塔里木油田公司四类科技项目计划，强化顶层设计，以项目群的方式组织项目攻关，参与承担上级项目50个、实施塔里木油田公司科技项目47个，基础研究和关键核心技术攻关取得重要进展。

国家重点研发计划项目管理。2022年，塔里木油田公司推进在研国家重点研发计划项目，新增联合承担课题(任务)2项，项目预算200万元。

股份重大科技专项结题管理。2022年4月13日，股份公司重大科技专项"塔里木盆地大油气田增储上产关键技术研究与应用"项目通过塔里木油田公司自验收。7月21—22日，集团公司科技管理部委托科技评估中心组织专家，通过线上线下相结合方式，对项目进行技术核查。3月上旬、8月31日—11月11日，集团公司科技管理部委托咨询中心组织专家线上核查项目经费。

油气和新能源公司科技项目管理。2022年，油气和新能源公司实施科技项目改革，加强科研与业务深度融合，构建"大科技"体系。科研与生产统筹布局，突出关键核心技术攻关，整合在研科技项目和带有研究性质的技术攻关、前期决策支撑、重大开发试验等项目，围绕10大科技工程，设置26个重点科技项目，塔里木油田公司组织需求申报，承担20个重点科技项目(课题)。

塔里木油田公司科技项目管理。2022年，塔里木油田公司组织实施油田公司级科技项目47个，其中延续项目33个、新立项目14个。修订《塔里木油田公司科学研究与技术开发项目管理办法》，优化项目开题、经费预算编制管理程序项目，提升管理时效，任务书签订、经费下达分别同比提前34天、22天，合同签订同比提前2个月以上。

(李 航)

"揭榜挂帅"科技项目管理。2022年，塔里木油田公司实施"揭榜挂帅"，全球招募领军人才，发布《塔里木油田公司"揭榜挂帅"科技项目管理办法(试行)》，建立科技项目"揭榜挂帅"工作机制，完成7个重大攻关项目全球张榜。

科研承包商管理。2022年，塔里木油田公司科研服务商87家（去重），分类统计油气勘探、物探测井、油气开发、工程技术、地面工程、安全环保、绿色低碳与新能源、信息化、实验检测、科技管理咨询业务共148家（次）(存在同一家服务商准入多个业务情况)。油气勘探专业26家，90分及以上19家，占比73.08%；80—90分（不含)5家，占比19.23%；2022年无业绩1家，占比7.69%。油气开发专业29家，90分及以上6家，占比20.69%；80—90分（不含)22家，占比75.86%；无业绩1家，占比3.45%。物探测井专业7家，90分及以上2家，占比28.57%；80—90分（不含)5家，占比71.43%。工程技术专业47家，90分及以上8

家,占比17.02%;80—90分(不含)34家,占比72.34%;无业绩5家,占比10.64%。地面工程专业7家,90分及以上1家,占比14.29%;80—90分(不含)5家,占比71.43%;无业绩1家,占比14.29%。安全环保专业3家,90分及以上1家,占比33.33%;80—90分(不含)2家,占比66.67%。绿色低碳与新能源专业1家,80—90分(不含)1家,占比100%。信息化专业5家,90分及以上5家,占比100%。实验检测专业19家,90分及以上3家,占比15.79%;80—90分(不含)15家,占比78.95%;无业绩1家,占比5.26%。科技管理咨询专业4家,90分及以上3家,占比75.00%;80—90分(不含)0家;无业绩1家,占比25.00%。

(陈玉桂)

【科研经费】 2022年,塔里木油田公司将符合条件的风险勘探、开发试验、机构费用列入科技项目并实行"全成本"预算核算,以项目为单元建立科技项目投入"一本账"。全年科技投入总额100754万元,其中国家级科技项目费用支出199万元,集团公司科技项目费用支出1384万元、专业分公司科技项目费用支出57351万元,塔里木油田公司科技项目费用支出41820万元。总研发投入费用87030万元,研发投入强度1.77%。

(赵容怀)

【科技攻关成效】 2022年,塔里木油田公司基础研究和关键核心技术攻关取得重要进展。

超深油气地质理论认识。创新轮南—富满台缘带奥陶系退积型高能滩体地质认识,富东1井在奥陶系一间房组—鹰山组获重大突破。创新库车北部侏罗系阿合组整体含气、"甜点"区油气富集等地质认识,迪北5井取得重要发现。创新克拉气田深部油气成藏认识,克探1井探索新层系获重大突破,实现"克拉之下找克拉"梦想。深化走滑断裂断控大油田地质认识,新发现两条富油气断裂,满深8井、71井、72井3口井测试日产油超千吨。

超深复杂油气藏开发技术。深化裂缝性气藏水侵规律认识,明确不同地质条件提采技术对策,支撑克深100亿立方米稳产方案实施。配套完善超深碳酸盐岩油藏高效开发技术,富满油田油气产量突破300万吨,高效井比例保持65%以上。发展完善碎屑岩油藏注气提高采收率技术,支撑油藏型储气库和CCUS—EOR重点建设项目顺利实施。

超深复杂油气藏工程技术。配套8000米超深水平井安全高效钻井技术,完善全井筒钻井提速、高温高压定向、缝洞型储层控压等钻井工艺。2021—2022年,富满油田完成超8000米水平井48口,完钻周期由302天降至191天。研制成功140兆帕采气井口,攻克超高压平板阀、油管悬挂器等7项卡点技术,现场试验两井次,平稳运行超300天,填补我国高端采气井口装备空白。

复杂组分高效处理及防护技术。研发140兆帕井口除砂工艺及装备,完善多环芳烃注烃溶蜡、前置吸收+SSMV分离、国产超文化大分子防蜡剂等技术,实现出砂井在线取砂不停产,蜡处理药剂成本较进口下降40%,单套装置多收石油液体7.8米^3/日。开发球形储罐智能在线监测装置和安全状态评价系统平台,发展冶金复合管、玻璃钢管及柔性复合管等输送管材的新产品及连接评价应用技术,在乙烷回收等工程应用。

新能源利用技术。研究南疆网架结构、资源禀赋等关键信息,对标电力行业做法,建立光伏项目标准化设计体系,申报15个项目装机容量817万千瓦,中标并设计且末、尉犁等4个光伏项目(130万千瓦)。攻关研发天然气压差发电技术,研究论证光热、光伏、余热高效利用,在9个重点项目实施后每年替代1.93万吨标准煤,富满油田Ⅱ区地面骨架工程新能源替代率29%。

【移动端科技评审系统投用】 2022年11月13日,塔里木油田公司完成移动端科技评审系统全流程测试,并于11月17日正式投入使用。11月22日,塔里木油田公司启动2022年科技项目年度检查验收工作,完成技术发明奖和科技进步奖7个专业组44个项目评审工作。塔里木油田公司科技管理部和昆仑数智科技公司科技与信息化管理工作平台项目组协调合作,共同攻关开发移动端评审系统。评委专家通过该系统听取成果完成人的汇报答辩,按照科技成果综合打分和投票表决程序,点对点完成成果评审工作,有效提高科学技术奖评审和项目检查验收工作效率,实现科技成果评审、项目检查验收新工作方式新突破。

(李 航)

科研项目

【国家科研课题】 2022年,塔里木油田公司参与承担国家重点研发计划项目3项(表1)。

表1 2022年塔里木油田公司承担国家级科技项目（课题）一览表

序号	项目(课题、专题)名称	级次
1	塔里木盆地盐下超深层油气分布规律及有利勘探区带评价	课题
2	多信息驱动的盐下超深层复杂构造地震反演成像技术	专题
3	超深层及中新元古界油气成藏富集规律与勘探方向——塔里木任务	专题

【集团公司科研项目】 2022年，塔里木油田公司牵头承担集团公司科技项目3项，联合承担集团公司与中国石油大学（华东）战略合作专项1项，参与承担集团公司科技项目24项(表2)。

表2 2022年塔里木油田公司承担集团公司科研项目一览表

类别	项目名称	级次
重大科技专项	塔里木盆地大油气田增储上产关键技术研究与应用	项目
重大科技专项	塔里木盆地深层油气高效勘探开发理论及关键技术研究	项目
重大科技专项	陆上井控应急关键装备与配套技术研究	项目
关键核心技术攻关项目	200℃/105兆帕抗硫井下安全阀及封隔器研制	项目
关键核心技术攻关项目	200℃/105兆帕完井井筒多功能一体化作业系统研发	项目
关键核心技术攻关项目	氦气资源评价与低成本提氦及运储关键技术研究	项目
关键核心技术攻关项目	万米超深层油气资源钻探关键技术与装备研究	项目
关键核心技术攻关项目	175兆帕特高压井口及配套装备研发	项目
关键核心技术攻关项目	万米级智能钻机研发	项目
前瞻性基础性战略性技术攻关项目	深层/超深层油气藏开发技术研究	项目
前瞻性基础性战略性技术攻关项目	碳酸盐岩油气藏提高采收率关键技术研究	项目
前瞻性基础性战略性技术攻关项目	SEC准则增储技术、方法及政策研究	项目
前瞻性基础性战略性技术攻关项目	低成本绿色地面工艺与设备关键技术研究	项目
前瞻性基础性战略性技术攻关项目	油气管道建设与完整性管理技术研究	项目
前瞻性基础性战略性技术攻关项目	油气计量技术研究	项目
前瞻性基础性战略性技术攻关项目	深井超深井优快钻井技术研究	项目
前瞻性基础性战略性技术攻关项目	先进储能与风光气电多能融合关键技术开发及规模化应用示范研究	项目
前瞻性基础性战略性技术攻关项目	油气勘探开发安全重大风险预防与控制研究	项目
前瞻性基础性战略性技术攻关项目	勘探与生产领域智能化数字化转型技术研究	项目
前瞻性基础性战略性技术攻关项目	天然气销售领域智能化数字化转型技术研究	项目
前瞻性基础性战略性技术攻关项目	工程技术领域智能化数字化转型技术研究	项目

续表

类别	项目名称	级次
科技基础条件平台建设项目	科技基础条件平台建设项目	项目
重大技术现场试验项目	恶性井漏防治技术与高性能水基钻井液现场试验	项目
	复杂超深井固井密封完整性技术现场试验	项目
重大技术推广专项	钻、测、固、完井全过程精细控压技术推广	项目
	GeoEast国产软件推广	项目
	全系列连续管作业技术推广	项目
技术攻关与试验	自动化与高效钻完井新装备新工具研制	项目

(李　航)

【油气和新能源公司课题】 2022年，塔里木油田公司牵头承担油气和新能源公司科技项目15项，参与承担油气和新能源公司科技项目16项(表3)。

表3　2022年塔里木油田公司承担油气和新能源公司科技项目（课题）一览表

类别	项目(课题)名称	级次
一般科技项目	塔里木碎屑岩注气与碳酸盐岩增加经济可采储量关键技术研究	课题
	博孜—大北地区深层凝析气藏流体相态特征与采气工艺关键技术研究	课题
	克拉苏深层高陡构造三维地应力建模方法研究	课题
	录井地层压力监测技术研究	课题
	塔里木"三高"井完整性风险量化评价技术研究与现场试验	课题
	塔里木盆地秋里塔格构造带重大勘探领域综合地质研究、目标优选与关键技术攻关	课题
	塔里木盆地秋里塔格构造带重大勘探领域构造特征与圈闭评价	课题
重点科技项目	塔里木块状底水油藏气驱采油与储气库协同建设关键技术研究与试验	课题
	柯克亚凝析油气藏注空气热氧化驱提高采收率先导试验研究	项目
	塔里木盆地深层碎屑岩重点地区综合地质研究、目标优选、技术攻关与现场试验	课题
	富满油田提高采收率技术研究与先导试验	课题
	超深层裂缝性气藏安全高效开发技术研究与先导试验	课题
	碎屑岩水驱气藏提高采收率技术研究与试验	课题
	深井超深井钻完井技术攻关与试验	课题
	缝洞碳酸盐岩气藏测井评价方法与技术研究	课题
	复杂油气层录井随钻评价与工程预警技术研究与试验	课题
	深层碳酸盐岩油气藏酸化酸压技术研究与现场试验	课题
	老区直井/定向井提高重复压裂增产效果技术研究与现场试验	课题

续表

类　别	项目(课题)名称	级次
重点科技项目	塔里木盆地风险勘探领域和目标研究、工程技术攻关及现场试验	课题
	油气田地面工程绿色高效智能化技术研究	课题
	岩石薄片智能鉴定技术研究及试验	课题
	"三高"井完整性风险量化评价技术研究与现场试验	课题
	复杂岩性及超深高温高压高含硫井试油技术研究与现场试验	课题
	油气田清洁能源利用技术与新能源智能管控系统研究	课题
	复杂介质天然气处理厂长周期安全运行技术研究与现场试验	课题
	油田低成本高效集输与处理技术研究和示范工程	课题
	天然气提Xai脱汞、达标排放与能量综合利用技术研究	课题
前期决策支撑及支撑生产应用项目	老资料重新处理2022	项目
	综合研究与新技术应用2022	项目
	中国石油2022年度风险勘探领域研究及目标落实(2022年)	项目
	新区新领域研究项目(2022)	项目

(李　航)

【塔里木油田公司科研项目】 2022年,塔里木油田公司实施油田公司级科技项目47项,其中勘探专业7个、物探测井专业7个、开发专业6个、勘探开发一体化4个、工程技术专业10个(结题1个)、地面工程专业4个(结题1个)、安全环保专业2个、信息化与实验检测专业4个、绿色低碳与新能源专业专业1个、软科学专业2个(表4)。

表4　2022年塔里木油田公司科研项目一览表

序号	项目名称	专业
1	塔里木盆地地质理论深化与基础地质研究	勘探
2	库车坳陷新区新领域地质综合研究与目标优选	勘探
3	北部坳陷及周缘震旦系–寒武系区带目标评价	勘探
4	塔西南前陆盆地石油地质评价与区带目标优选	勘探
5	台盆区碎屑岩勘探领域研究与目标优选	勘探
6	塔里木盆地新能源普查及基础地质研究(Ⅰ)	勘探
7	超深油气田勘探地质力学技术研发与应用(Ⅰ)	勘探
8	塔里木油田物探资料集成总装技术研究	物探测井
9	复杂山地区地震成像技术深化研究	物探测井
10	塔里木超深层碳酸盐岩地震成像技术研究	物探测井

续表

序号	项目名称	专业
11	复杂储层预测技术研究	物探测井
12	超深复杂井筒复杂储层测井采集与评价关键技术研究	物探测井
13	超深复杂油气藏地震关键技术研究及应用（Ⅰ）	物探测井
14	前陆冲断带超深复杂油气藏测录井解释评价基础研究（Ⅰ）	物探测井
15	塔北塔中碳酸盐岩已开发油气藏稳产技术对策及提高采收率研究	开发
16	台盆区碎屑岩油藏提高采收率关键技术研究	开发
17	克拉苏气田克拉—克深区块稳产关键技术研究与应用	开发
18	塔北碎屑岩凝析气藏稳产关键技术攻关研究	开发
19	塔西南坳陷油气藏滚动开发与稳产技术对策研究	开发
20	超深断控缝洞型碳酸盐岩油气藏油气成储成藏规律及开发技术研究（Ⅰ）	开发
21	克拉苏气田博孜—大北区块勘探开发一体化研究	勘探开发一体化
22	塔北塔中碳酸盐岩油气藏滚动勘探开发一体化研究	勘探开发一体化
23	富满油田勘探开发一体化关键技术攻关研究	勘探开发一体化
24	油气田地质力学技术攻关与应用	勘探开发一体化
25	超深高温高压气井试油完井及储层改造技术研究	工程技术
26	库车山前钻井提速提效技术攻关与试验	工程技术
27	台盆区钻井提速提效及井控技术攻关与试验	工程技术
28	勘探新区钻井提速提效及油田钻井液技术攻关与试验	工程技术
29	高温高压气井全生命周期井完整性关键技术攻关与试验	工程技术
30	超深复杂井试油完井及储层改造技术研究	工程技术
31	采油气提产稳产关键技术研究与试验	工程技术
32	塔里木油田钻井提质提效关键技术配套研究与应用（Ⅰ）	工程技术
33	超深复杂井管柱、钻工具防护与储层改造技术攻关与试验（Ⅰ）	工程技术
34	深层超深层油气藏采油气工程技术研究与试验（Ⅰ）	工程技术
35	地面系统提质提效关键技术攻关与应用	地面工程
36	地面系统设计优化关键技术研究与应用	地面工程
37	碳酸盐岩油气田地面常温集输工艺关键技术研究（Ⅰ）	地面工程
38	油气田地面系统设备与管道长周期安全服役关键技术研究（Ⅰ）	地面工程
39	油气田安全环保节能技术研究与应用	安全环保
40	油气田安全绿色发展关键技术研究与应用（Ⅰ）	安全环保

续表

序号	项目名称	专业
41	塔里木智能油气田基础技术研究	信息化与实验检测
42	塔里木油田智能化油田建设运营与管理策略方法研究	信息化与实验检测
43	智能油气田重点信息技术研究（Ⅰ）	信息化与实验检测
44	特色实验能力建设及应用研究（Ⅰ）	信息化与实验检测
45	油气田新能源开发关键技术研究与应用（Ⅰ）	绿色低碳与新能源
46	塔里木油田管理创新研究	软科学
47	塔里木油田公司"十四五"技术成果有形化（第一期）	软科学

(李 航)

科技奖励

【获奖科技成果】 2022年，塔里木油田公司获省部级科学技术奖22项。获新疆维吾尔自治区科技进步奖一等奖1项（表5）；获集团公司科技奖励7项，其中科技进步奖一等奖2项、二等奖3项、三等奖2项（表6）；获中国石油和化学工业联合会科学技术奖8项，其中特等奖1项、一等奖6项、三等奖1项（表7）；获中国石油和化工自动化应用协会科学技术奖6项，其中特等奖2项、一等奖3项、二等奖1项（表8）。

表5　2022年塔里木油田公司获新疆维吾尔自治区科技奖励情况一览表

奖项	成果名称	主要完成人员	完成单位	等级
科技进步奖	塔里木油田天然气高效深冷加工技术创新及应用	谭川江　何新兴　蒲黎明　王天祥　张明益　张强　蒋洪　李莎　蒋余巍　赵建彬　李国娜　张波	塔里木油田公司、中国石油工程建设有限公司西南分公司、新疆巴州塔里木能源有限责任公司、西南石油大学	一等奖

表6　2022年塔里木油田公司获集团公司科技奖励情况一览表

奖项	成果名称	主要完成人员	完成单位	等级
科技进步奖	塔里木盆地深层复杂油气藏高精度地震成像技术及应用	李亚林　冯许魁　彭更新　罗文山　雷刚林　周翼　肖又军　陈猛　段文胜　王兴军　赵锐锐　倪宇东　刘依谋　江民　公亭　徐凯驰　方勇　顾小弟　孙海军　吴艳辉	塔里木油田公司、中国石油集团东方地球物理勘探有限责任公司	一等奖
科技进步奖	深层"三高"油藏注天然气驱大幅度提高采收率技术	周代余　吕伟峰　秦飞虎　陈利新　伍藏原　周炜　范坤　邵光强　林清金　王平　廉黎明　罗敏　陈德飞　张亮　旷曦域	塔里木油田公司、勘探开发研究院、中国石油集团济柴动力有限公司	二等奖
科技进步奖	超深致密砂岩复合分层改造技术研究与工业化应用	黄龙藏　周旋　刘举　范文同　彭建新　周进　何思龙　王胜雷　任登峰　高文祥　彭芬　杨双宝　程青松　邹国庆　冯觉勇	塔里木油田公司	二等奖

续表

奖项	成果名称	主要完成人员	完成单位	等级
科技进步奖	轮南地区深薄油藏滚动开发关键技术研究与应用	王开宇 赵海涛 陈强 成锁 柴雄 丁志文 张文静 王伟 周碧辉 刘国权	塔里木油田公司、中国石油集团测井有限公司	三等奖
	哈拉哈塘缝洞型碳酸盐岩油田稳产关键技术与应用	关宝珠 姜许健 刘博 张键 肖云 杨美纯 周成刚 黄腊梅 王宏 杨新影	塔里木油田公司、中国石油集团东方地球物理勘探有限责任公司	三等奖
	克拉通盆地深层超深层碳酸盐岩原生油气成藏理论与应用	赵文智 汪泽成 文龙 沈安江 潘建国 杨海军 刘伟 王晓梅 潘文庆 周波 谢武仁 黄士鹏 姜华 罗冰 石书缘 陈永权 张建勇 李闯 王华建 丰超	勘探开发研究院、西南油气田公司、塔里木油田公司	一等奖
	前陆冲断带深层富油气构造带地质理论、关键技术与勘探实践	赵孟军 陈竹新 卓勤功 鲁雪松 高志勇 李学义 吴少军 首皓 王丽宁 冯佳睿 陈建平 吴海 公言杰 桂丽黎 杨庚	勘探开发研究院、塔里木油田公司、新疆油田公司	二等奖

表7 2022年塔里木油田公司获中国石油和化学工业联合会科技奖励情况一览表

奖项	成果名称	主要完成人员	完成单位	等级
技术发明奖	塔里木油田复杂难钻地层钻井提速关键工具工艺及应用	刘洪涛 卢运虎 李宁 倪红坚 狄勤丰 杨雄文 叶道辉 张权 刘永旺 周波	中国石油天然气股份有限公司塔里木油田分公司、中国石油大学（北京）、中国石油大学（华东）、上海大学、中国石油集团工程技术研究院有限公司、中国石油化工集团有限公司江钻石油机械有限公司、中国石油集团渤海钻探工程有限公司	一等奖
科技进步奖	天然气驱油与地下储气库协同建设理论技术创新与工业化	江同文 王锦芳 张辉 王正茂 谢伟 李宜强 周代余 梁飞 李彬 杨金 郭平 伍藏原 袁光杰 王海应 魏欢 何刚 王高峰 夏静 吕波 肖强 刘伟 景宏涛 郑伟涛 高广亮 胥洪成 汪周华 刘哲宇 邵光强 张雪涛 陈静 黄召庭 付莹 熊礼晖 夏焱 高丽 范坤 王影 毕永斌 王莹 匡明 闫更平 刘天宇 吕宏伟 樊瑾 孙彦春 刘畅 张超 丁海峰 李杨 邓晓娟	中国石油天然气股份有限公司勘探与生产分公司、中国石油天然气股份有限公司勘探开发研究院、中国石油天然气股份有限公司塔里木油田分公司、中国石油天然气股份有限公司冀东油田分公司、中国石油大学（北京）、中国石油天然气股份有限公司辽河油田分公司、中国石油集团济柴动力有限公司成都压缩机分公司、西南石油大学、中国石油集团工程技术研究院有限公司、中国石油天然气股份有限公司储气库分公司	特等奖

续表

奖项	成果名称	主要完成人员	完成单位	等级
科技进步奖	全深度域地震成像与储层定量预测工业软件iPreSeis研制与应用	曹宏 赵邦六 李红兵 曾庆才 孙夕平 杨志芳 胡英 李凌高 韩永科 张才 董世泰 于永才 王春明 晏信飞 梁奇	中国石油天然气股份有限公司勘探开发研究院、中国石油勘探与生产分公司、西南油气田分公司油气资源处、中国石油塔里木油田分公司、中国石油辽河油田分公司、中国石油新疆油田分公司	一等奖
科技进步奖	高压盐水层井筒安全控制钻井成套技术装备及工业应用	刘伟 张辉 刘岩生 赵庆 张家旗 冯伟雄 郭庆丰 侯福祥 高文凯 杨帅 翟小强 文涛 李牧 贾衡天 郝围围	中国石油集团工程技术研究院有限公司、中国石油大学（北京）、中国石油天然气股份有限公司塔里木油田分公司	一等奖
科技进步奖	复杂裂缝地层高效防漏堵漏技术与工业应用	白英睿 孙金声 许成元 吕开河 康毅力 程荣超 金家锋 刘锋报 唐洪林 韩金良 王波 刘凡 郝惠军 张金波 方俊伟	中国石油大学（华东）、中国石油集团工程技术研究院有限公司、西南石油大学、中国石油集团长城钻探工程有限公司、中石化胜利石油工程有限公司钻井工艺研究院、塔里木油田分公司勘探事业部、中石油煤层气有限责任公司工程技术研究院、陕西延长石油（集团）有限责任公司研究院、中国石油化工股份有限公司西北油田分公司石油工程技术研究院	一等奖
科技进步奖	深层裂缝性砂岩储层测井关键技术研究及应用	信毅 肖承文 郭清滨 冯周 韩闯 祁新忠 刘兴礼 苏波 刘鹏 唐军 赖锦 肖宏 赵新建 夏守姬 曹军涛	中国石油天然气股份有限公司塔里木油田分公司、中国石油集团测井有限公司、中国石油天然气股份有限公司勘探开发研究院、长江大学、中国石油大学（北京）	一等奖
科技进步奖	复杂地层钻完井工艺评价关键技术及应用	李皋 杨旭 胥志雄 邓虎 蒋俊 杨谋 罗成波 刘厚彬 李泽 刘佳洁 谢晓永 肖东 张毅 李胜富 黎洪志	西南石油大学、中国石油天然气股份有限公司塔里木油田分公司、中国石油集团川庆钻探工程有限公司、中国石化西南油气分公司石油工程技术研究院	一等奖
科技进步奖	塔里木超深层高温高盐油井流动保障技术创新与重大成效	沈建新 徐海霞 郭继香 杨文明 黄龙藏	中国石油天然气股份有限公司塔里木油田分公司、中国石油大学（北京）	三等奖

表8　2022年塔里木油田公司获中国石油和化工自动化应用协会科技奖励情况一览表

奖项	成果名称	主要完成人员	完成单位	等级
技术发明奖	超深碳酸盐岩油气藏钻完井工具关键材料及应用	王小红 邓宽海 陈修平 卢俊安 李林涛 林元华 苏鹏 何国重 梅宗斌 龙武	西南石油大学、中国石油化工股份有限公司西北油田分公司石油工程技术研究院、四川华宇石油钻采设备有限公司、塔里木油田分公司工程技术部、新疆众和股份有限公司、大为材料(包头)有限公司	一等奖

续表

奖项	成果名称	主要完成人员	完成单位	等级
科技进步奖	塔里木盆地山地盐下复杂油气构造高精度地震成像技术及规模应用	李亚林 郑多明 李大军 陈学强 郭念民 高现俊 黄有晖 敬龙江 刘正文 梁奇 王川 陈飞旭 方兵 秦龙 罗晓霞 崔永福 王彦峰 杨珊珊 赵英杰 李文燕	中国石油天然气股份有限公司塔里木油田分公司、中国石油集团东方地球物理勘探有限责任公司、中国石油天然气股份有限公司勘探与生产分公司	特等奖
	超深超高压复杂凝析气田开发理论技术突破与应用	郭平 伍铁鸣 汪周华 焦玉卫 成荣红 陈文龙 孙贺东 黄召庭 涂汉敏 刘煌 付莹 任俊杰 常宝华 魏聪 廖发明 张晶 白晓佳 沈春光 黄全华 刘建仪	西南石油大学、中国石油天然气股份有限公司塔里木油田分公司、中国石油天然气股份有限公司勘探开发研究院	特等奖
	复杂储层钻完井工程一体化优化关键技术与应用	刘向君 梁利喜 熊健 张辉 丁乙 叶仲斌 胡永章 魏晓琛 尹国庆 董岩 施雷庭 程超 吴丰 张方 严焱诚	西南石油大学、中国石油化工股份有限公司西南油气分公司石油工程技术研究院、塔里木油田分公司勘探开发研究院、中国石油新疆油田分公司勘探开发研究院、成都工业学院	一等奖
	深层超深层气井开采井筒流动保障技术体系及规模应用	刘洪涛 潘昭才 刘建仪 曹立虎 吴红军 文章 张宝 黄锟 王洪峰 孙涛 刘举 高文祥 陈庆 张晖 景宏涛	中国石油天然气股份有限公司塔里木油田分公司、西南石油大学	一等奖
	板内走滑断裂成因机制及其控藏理论技术与应用	邬光辉 杨海军 马兵山 文章 屈海洲 王怀龙 周小军 孙冲 刘晓兵 马德波	西南石油大学、塔里木油田分公司哈得油气开发部、中国石油天然气股份有限公司西南油气田分公司勘探开发研究院、中国石油天然气股份有限公司勘探开发研究院、中山大学	二等奖

(敬 巧)

【获新疆维吾尔自治区科技进步奖一等奖项目】 2022年,塔里木油田公司"塔里木油田天然气高效深冷加工技术创新及应用"项目获新疆维吾尔自治区科技进步奖一等奖1项。完成人为谭川江、何新兴、蒲黎明、王天祥、张明益、张强、蒋洪、李莎、蒋余巍、赵建彬、李国娜、张波。完成单位为塔里木油田公司、中国石油工程建设有限公司西南分公司、新疆巴州塔里木能源有限责任公司、西南石油大学。

成果摘要:针对塔里木天然气中乙烷及乙烷以上重组分未充分有效利用、国内天然气深度回收规模小能耗高及乙烷产品长距离管道安全输送存在瓶颈等难题,项目组开展天然气深冷工艺研究,创新形成塔里木油田天然气高效深冷加工技术,2017年8月30日轻烃回收装置投产,2021年7月16日乙烷回收装置投产,支撑乙烯工程建设,促进当地经济发展。

主要创新点:创新形成"磁力透平膨胀机制冷+优化DHX"凝液回收工艺技术,建成国内单套处理规模(1500万米^3/日)最大轻烃回收装置,丙烷及丙烷以上组分回收率≥96%;形成"丙烷预冷+磁力透平膨胀机制冷+双回流"大型乙烷回收工艺技术,乙烷回收率≥95%;该工艺达到国际先进水平。首创"丙烷制冷系统+脱甲烷塔底能量耦合和外输气压缩机出口气体余热利用"能量集成利用技术,在乙烷回收工艺采用夹点分析及㶲分析研究,优化换热网络,实现能量综合利用。攻关形成"长距离压力控制+智能频率振动检漏"气相乙烷自压输送工艺;应用国际公认工艺计算软件建立管道瞬态工艺模型,建成国内第一条长距离大口径乙烷气相输送管道。

授权专利:项目成果获局级科技进步一等奖2项,获授权专利19项（发明专利8项、实用新型11项),出版著作1部,译著1部,发布论文15篇（其中1篇SCI),编制标准6项（行业标准1项、企业标准5项)。

技术经济指标:首次采用优化DHX塔工艺,在脱乙烷塔顶增设回流罐富集乙烷,降低塔顶温度,强化脱乙烷塔精馏效果,丙烷及丙烷以上组分回收率96%;处于国际先进水平。首次采用磁力透平膨胀机制冷,单台日处理天然气1500万米^3/日,是当时中国石油第1台磁力透平膨胀机,也是国内最大的应用于上游勘探开发的膨胀机;处于国际先进水平。首创具有自主知识产权100亿米^3／年天然气乙烷回收工艺包;处于国际先进水平。创新形成"丙烷制冷系统＋脱甲烷塔底能量耦合和外输气压缩机出口气体余热利用"能量集成利用技术;处于国际先进水平。建成国内第一条大口径、长距离（管径600毫米、125千米)乙烷输送管道,首次在乙烷管道采用泄漏监测及人工智能技术;处于国际先进水平。

应用及效益:轻烃和乙烷回收工艺技术促成塔里木凝析气轻烃深度回收装置及塔里木油田乙烷回收装置投产。2017—2022年,累计生产液化气168.33万吨,轻烃35.92万吨,乙烷67.36万吨,为塔里木油田公司实现销售额68.18亿元。新疆巴州塔里木能源有限责任公司实现销售额31.11亿元。共创经济效益99.29亿元。

【获集团公司科技进步奖一等奖项目】 2022年,塔里木油田公司"塔里木盆地深层复杂油气藏高精度地震成像技术及应用"项目获集团公司科技进步奖一等奖。完成人员为李亚林、冯许魁、彭更新、罗文山、雷刚林、周翼、肖又军、陈猛、段文胜、王兴军、赵锐锐、倪宇东、刘依谋、江民、公亭、徐凯驰、方勇、顾小弟、孙海军、吴艳辉。完成单位为塔里木油田公司、中国石油集团东方地球物理勘探有限责任公司。

成果摘要:深层油气藏已经成为我国乃至全球油气勘探开发的主要对象,据不完全统计,塔里木盆地深层油气资源量约112亿吨,占中国石油深层油气资源量34%,因此,塔里木盆地深层油气资源的高效勘探开发是集团公司增储上产和保障国家能源安全的重大需求。塔里木盆地深层油气藏具有"埋藏深、构造期次多,地表、构造、储层、圈闭复杂"等特点,实现塔里木盆地深层复杂油气藏的高效勘探开发关键在于深层油气的规模发现和高产稳产井的成功勘定,这必须进行深层、大面积（区带级)、整体、高精度的地震成像——即深层复杂油气藏的高精度地震成像。而深层复杂油气藏的高精度地震成像面临3个主要关键性难题,即深层地震波能量弱、信噪比低,深层目标地震能见度低;深层地震信号吸收畸变大、地震资料分辨率低,深层目标地震清晰度低;区带上分期多块地震资料一致性差、深层偏移归位不准,深层目标地震成像准确度低。这些难题造成塔里木盆地深层复杂油气藏的地震成像差,严重制约塔里木盆地深层油气藏高效勘探开发。

塔里木油田公司针对这一难题,与东方地球物理公司组成联合研究团队,历经4年攻关实践,创新形成整体达到国际领先水平、已规模化工业应用的塔里木盆地深层复杂油气藏高精度地震成像技术,满足塔里木盆地深层复杂油气藏高效勘探开发迫切需求,显著促进我国该领域技术进步。

主要创新点:创新形成深层地震增能降噪技术,包括高能宽频地震激发、小面积方阵组合降噪保真接收、炮检空间保真采样、复数域小波变换层间多次波压制4项核心技术方法,深层地震资料的信噪比提高1倍以上。创新形成深层地震保真扩频技术,包括全深度全层系高精度Q测算与建场、基于模态分解与压缩感知的深层弱信号增强、VSP井驱动谐波扩频3项核心技术方法。深层地震波频带拓宽10赫兹至15赫兹,主频由5赫兹提高至8赫兹,深层目标地质体识别精度由十米级提高到米级。创新形成超大面积分期多块三维整体高精度成像技术,包括区带统一采集处理设计、超大面积多块三维全深度整体速度建模、真地表高精度偏移成像、区带分级断裂刻画等4项核心技术方法,实现区带分期多块三维地震整体高精度地震成像,山地前陆冲断区深层钻井深度误差由3%降低到2%以内,台盆区深层钻井深度误差由0.3%降低到0.15%以内。

授权专利:项目创新点均取得知识产权,已获授权发明专利11件,软件著作权5项,编制企业标准5项,发表论文21篇（其中SCI论文2篇,国际学术会议论文9篇)。

技术经济指标:支撑完成的"塔里木盆地塔北寒武系、奥陶系深层石油勘探重大突破"项目获中国地质学会2020年度十大地质找矿成果,支撑完成的"库车坳陷博孜—大北天然气勘探"和"塔里木盆地塔北寒武系、奥陶系深层勘探"获集团公司油气勘探重大发现特等奖。专家鉴定认为该成果整体达到国际领先水平。

应用及效益：成果在塔里木盆地深层复杂油气藏地震勘探中得到大规模应用，完成37638平方千米深层高精度地震成像，发现落实圈闭280个、提供建议井位307口，支撑发现落实博孜—大北盐下万亿立方米大气区和富满10亿吨级碳酸盐岩大油田；2020—2022年，支撑新增探明油气储量当量4.8亿吨，为塔里木油田公司创造经济效益25.54亿元。成果推广应用到中国石化西北油田分公司，2020—2022年支撑新增探明储量石油6324.82万吨、天然气285.16亿立方米。

【获中国石油和化学工业联合会技术发明奖一等奖项目】 2022年，塔里木油田公司"塔里木油田复杂难钻地层钻井提速关键工具工艺及应用"项目获中国石油和化学工业联合会技术发明奖一等奖。完成人为刘洪涛、卢运虎、李宁、倪红坚、狄勤丰、杨雄文、叶道辉、张权、刘永旺、周波。完成单位为塔里木油田公司、中国石油大学（北京）、中国石油大学（华东）、上海大学、中国石油集团工程技术研究院有限公司、中国石油化工集团有限公司江钻石油机械有限公司、中国石油集团渤海钻探工程有限公司。

成果摘要：塔里木盆地是我国最大的超深层油气富集区，埋深超过6000米的石油、天然气资源分别占全国的83.2%、63.9%。受多期构造演变和沉积环境影响，盆地地质条件复杂，井深6000—9000米，构造高陡，纵向普遍发育巨厚砾岩、致密砂岩、硅质白云岩等系列难钻地层，非均质性强，抗压强度超200兆帕，可钻性极差，常规钻工具、工艺难以满足安全快速钻井需求，关键破岩钻头缺乏，提速工具长期依赖进口，单井钻井周期超500天，严重制约勘探开发进程。国家和中国石油针对这一难题持续立项攻关，产学研联合，突破3项关键工具工艺，形成具有自主知识产权的提速工具装备与技术体系，保障塔里木超深层油气资源高效勘探开发。专家鉴定该成果总体技术居国际领先水平。

主要创新点：发明新型抗冲击PDC钻头和混合结构钻头，突破金刚石复合片脱钻、齿形和钻头结构设计，发明国内第一款非平面齿PDC钻头，抗冲击性能较平面齿PDC钻头提高18倍，机械钻速及单只钻头进尺较国外钻头提高2倍以上，解决常规钻头在非均质地层不抗冲击的行业技术难题。基于发明的能量平衡与多级切削技术，研发出兼具牙轮与PDC钻头特点的混合结构钻头，较国际同类产品切削效率提升25%、钻头寿命提升20%。研发主动防斜、提速减振系列配套工具，攻克强烈振动条件下工具动态稳定性、电路控制、机械动密封等技术难题，发明ZS-VDS全旋转推靠式和BH-VDT静止推靠式两类垂直钻井工具，井斜控制在1度以内，单趟入井时间384小时，砾石层工具稳定性优于国外产品，填补国内空白。发明自激振荡式多维冲击减振提速工具，主要技术指标优于国外产品，抗温215℃，使用寿命300小时且可用于30%浓度的堵漏作业，与垂钻工具组合使用，综合提速效果提高20%以上。揭示气体钻井井斜机理，发明预弯短节控斜钻具组合，井斜由18度降至2度以内，工具的组合使用系统解决难钻地层防斜打快难题。创建复杂难钻地层一体化协同提速工艺。发明可表征砾岩、硅质白云岩等非均质地层工程特性的精细评价方法，突破传统均质地层可钻性评价局限，填补了行业空白。发明复杂工况下钻柱动态安全评价方法，解决超深井破岩能量最大化传递和钻柱安全难以协调问题。基于关键钻工具发明和方法创新，形成"地层评价＋钻工具优选＋钻井参数优化"协同钻井提速工艺，平均钻井周期由452天降至260天。

授权专利：成果获发明专利32件（含美国专利1件）、实用新型专利10件，登记软件著作权6项，发表论文47篇，实现塔里木油田复杂难钻地层钻井提速关键工具突破及工艺配套。

应用及效益：累计完成6000米以深井1210口，其中8000米以深井41口，为保障塔里木油田建成3000万吨大油气田提供关键技术支撑，累计创造经济效益92.897亿元。工具工艺在塔里木盆地全面应用，并推广至中国石化、中国海油及科威特等油气田，提速效果显著，应用前景广阔。成果使我国自主掌握深地复杂难钻地层"卡脖子"钻工具关键技术，推动国内石油钻井工具装备制造业技术升级，为支撑我国超深层油气资源高效勘探开发、保障国家能源安全做出重要贡献。

【获中国石油和化学工业联合会科技进步奖一等奖项目】 2022年，塔里木油田公司"深层裂缝性砂岩储层测井关键技术研究及应用"项目获中国石油和化学工业联合会科技进步奖一等奖1项。完成人为信毅、肖承文、郭清滨、冯周、韩闯、祁新忠、刘兴礼、苏波、刘鹏、唐军、赖锦、肖宏、赵新建、夏守姬、曹军涛。完成单位为塔里木油田公司、中国石油集团测井有限公司、中国石油天然气股份有限公司勘探开发研究院、长江大学、中国石油大学(北京)。

成果摘要：塔里木盆地以深层油气资源为主，是世界上唯一一个深层高温高压油气藏为主的大盆地。塔里木油田深层天然气勘探已跻身于世界前列，引领推动中国石油行业深层超深层油气革命。库车前陆盆地是深层油气地质勘探的重点领域，也是国家西气东输的主力气源地及重要的油气资源战略储备区，对保障国家能源安全具有重要的战略意义。

库车前陆盆地超深、高温高压、逆冲推覆与南北向挤压应力造成井身质量差、岩性复杂、储层致密、裂缝发育、流体赋存状态分布复杂，对测井采集与解释评价带来一系列世界级技术难题。超深高温高压小井眼、井身质量差等复杂井筒环境及配套工具不完善造成测井装备"下不去、测不成、品质差"，测井一次下井成功率低，且评价技术的核心成像装备被国际3大技术服务公司垄断；受南天山物源及强挤压应力影响，储层岩性矿物成分及结构复杂，基质物性差，裂缝发育，非均质性强，油基钻井液条件下裂缝难以评价，储层有效性难以表征；受复杂孔隙结构及裂缝影响，流体赋存状态分布复杂，且高陡构造与强挤压应力导致测井视电阻率无法反映储层流体类型，测井流体识别存在巨大挑战。

油田公司针对以上技术难题，联合中油测井、勘探开发研究院、长江大学与中国石油大学（北京）等单位，依托国家与股份重大科技专项及分公司重点技术攻关项目，从超深复杂井筒复杂储层测井资料采集、岩性及孔隙结构分析、储层有效性评价与流体类型判识等方面开展技术攻关研究，形成深层裂缝性低孔砂储层测井评价3项创新技术成果。

主要创新点：研制高温超高压版微电阻率成像测井装备，发明防遇阻导向扶正器等配套工具，实现超高压(150兆帕)、小井眼(≤6.5英寸)复杂井筒条件下测井资料优等率92.6%，解决深层超深层安全高效测井资料采集的技术瓶颈。发明岩性岩相、成岩相、孔隙结构相与裂缝相4相耦合的岩石物理相测井定量表征技术，建立油基钻井液声电成像测井井壁裂缝精细刻画与定量参数表征、远探测声波成像测井井旁隐蔽储集体探测等方法，形成深层裂缝性低孔砂岩储层从井筒到井旁40米范围内多尺度储层有效性评价技术系列。发明高陡构造与强水平挤压应力条件下2套电阻率测量装置、视电阻率校正及流体识别方法、裂缝影响因素的流体压缩系数流体识别技术。测井解释符合率从65%提高到91.6%，有效解决深层裂缝性低孔砂岩储层流体类型判识难题。

授权专利：项目获授权国家发明专利15件、实用新型专利3件，登记软件著作权11件；出版专著3部，发表学术论文30篇；制订企业标准2项。

应用及效益：2011—2022年，项目在塔里木盆地31个油气田规模应用，有力支撑新增探明天然气可采储量6500亿立方米，保障塔里木油田3000万吨大油气田顺利建成，为西气东输工程提供充足气源，促进新疆政治和社会稳定，经济社会效益显著。项目由中国石油和化学工业联合会李宁院士、汤天知教授等专家鉴定委员会认定：该成果整体达到国际领先水平。

【获中国石油和化工自动化应用协会科技进步奖特等奖项目】 2022年，塔里木油田公司"塔里木盆地山地盐下复杂油气构造高精度地震成像技术及规模应用"项目获中国石油和化工自动化应用协会科技进步奖特等奖。完成人为李亚林、郑多明、李大军、陈学强、郭念民、高现俊、黄有晖、敬龙江、刘正文、梁奇、王川、陈飞旭、方兵、秦龙、罗晓霞、崔永福、王彦峰、杨珊珊、赵英杰、李文燕。完成单位为塔里木油田公司，中国石油集团东方地球物理勘探有限责任公司，中国石油天然气股份有限公司勘探与生产分公司。

成果摘要：塔里木盆地山地盐下复杂构造区是塔里木油田天然气增储上产的主战场、国家西气东输工程的首个气源地，是保障我国天然气能源安全的重要区块之一，亟须实现山地盐下复杂构造区的快速增储上产，其中地震精స成像是关键核心。山地盐下构造区具有"地表起伏剧烈、表层结构复杂多变、地下地层陡倾构造复杂、巨厚盐层信号屏蔽、特殊岩性体发育、速度场复杂变化大、速度各向异性显著"等特点，导致盐下目的层反射信号弱，信噪比低，盐下复杂断裂构造清晰准确成像难度大。前期地震技术攻关实践虽然解决清晰成像难题，仍然存在3大难题，即盐下目的层反射仍然很弱，目的层有效照明度不足，弱信号提取程度不能很好满足地震反射的精准识别与解释需求的难题；速度建模精度仍然不能满足盐下复杂构造地震精准成像需求的难题；盐下复杂构造地震偏移归位不准确的难题。解决山地盐下复杂构造精确成像问题，实现塔里木盆地山地盐下复杂构造精确地震成像及工业化应用，高效支撑山地盐下复杂构造圈闭落实和井位研究，技术成果在准噶尔盆地南缘、四川盆地龙门山山前等山地盐下复杂构造区带也开展大规模应用，实施效果良好，为提高勘探开发成效提供有力技术保障。以上难题导致地震影像所反映的复杂构造形态与位置不准确，造成新钻井深度误差大、钻井成功率低、针对气藏部署开发井位不敢甩开，制约勘探开发成效。塔里木油田公司针对上述难题，与东方地球物理公司、勘探与生产分公司组成联合研究团队，通过地震地质条件分析和采集处理针对性技术攻关研究，取得原创性成果和重大科技进步。

主要创新点：创新形成包括保真地震采集采样技术、面向目标地层的增能探测技术、保真去噪与弱信号增强处理技术3项核心技术方法在内的山地盐下复杂构造增能保真探测技术，实现山地盐下复杂构造地震波保真采样，地震采集单炮资料一级品率由93.4%提高至99.2%，炮检波点布设正点率由79.3%提至90.4%，深层地震成果资料信噪比由1.5提高到2.5以上，盐下弱信号能量增强3倍以上，创新解决山地盐下复杂构造高精度偏移成像要求偏前高品质道集数据基础的难题。创新形成包括浅层高精度整体建模技术、中深层分层低频速度建模技术、分层速度融合与数据驱动迭代整体速度建模技术3项核心技术方法在内的山地双复杂区分层分级迭代整体速度建模技术，有效提高叠前深度偏移三维空间速度建模精度，井震速度吻合率从85%提至95%以上，主要标志地层预测深度误差从5%控制在2%以内，创新解决山地盐下复杂构造高精度偏移成像要求高精度速度建模的难题。创新形成包括真地表面偏移成像技术、双基准面偏移成像技术和紧致差分夹角校正纯声波双程波动方程偏移技术3项核心技术方法在内的研发形成真地表山地盐下复杂构造高精度偏移归位技术，大幅提升山地盐下复杂构造成像质量和归位精度，山地盐下构造一级品率由50%提高到72%，产状预测精度大大提升，地层倾向与实钻吻合率由66%提高到85%以上，倾角误差由15度降低到8度以内，创新解决山地盐下复杂构造高精度偏移成像的难题。

授权专利：获有形化成果46项。其中，发表论文、论著22篇，授权专利15项，软件著作权5项，标准4项。

应用及效益：成果推动塔里木油田山地盐下复杂构造区8700平方千米的区带级地震高精度成像，为油田2020年油气产量突破3000万吨提供坚强保障。地震资料成像品质的提高为圈闭发现、井位培育、储量落实提供有力支撑，2018年至2022年，库车前陆盆地共发现落实圈闭70余个，新增天然气技术可采储量超3000亿立方米。支撑中秋1战略突破、大北4、博孜24等重要发现以及克深、博孜—大北超万亿立方米大气田的高效勘探开发，创直接经济效益15.6亿元。

【获中国石油和化工自动化应用协会科技进步奖一等奖项目】 2022年，塔里木油田公司"深层超深层气井开采井筒流动保障技术体系及规模应用"项目获中国石油和化学自动化应用协会科技进步奖一等奖。完成人为刘洪涛、潘昭才、刘建仪、曹立虎、吴红军、文章、张宝、黄锟、王洪峰、孙涛、刘举、高文祥、陈庆、张晖、景宏涛。完成单位为塔里木油田公司、西南石油大学。

成果摘要：塔里木盆地深层超气田探明储量全国第一（1.54万亿立方米），埋藏超深（8271米）、超高温（190℃）、超高压（144兆帕），井筒介质复杂多样（垢—砂—蜡并存），其开采井筒流动保障具有技术的高难度、领域代表性和攻关迫切，是整体创新我国超深气井流动保障具有技术的高难度、领域代表性和攻关迫切，是整体创新我国超深气井开采井筒流动保障技术体系的重大战略任务。为此，国家和中国石油在塔里木盆地持续立项攻关，创新形成深层超气井开采筒流动保障技术体系，有力支撑塔里木300亿立方米深层超战略大气区的持续稳产。专家鉴定总体达到国际领先水平。

主要创新点：揭示高温压复杂介质井筒堵塞机理，创建一套连续油管全井筒堵塞物精密取样和精细分析方法，明确井口附近以蜡堵为主，井筒下部节流缩颈处以无机垢堵为主；发明高压液膜、液滴结垢微观可视化观测方法，明确压力下降、高温促进水向气相蒸发、促进结垢机理；创新提出深层气井"井筒+井周储层"复合结垢堵塞模式，制定"能先防不后治、能化学不机械"防治对策。攻关形成深层高压气井化学精准除垢技术，创新一套井筒堵塞程度判断方法，实现深层气井堵塞状况可识别；实现深层气井堵塞状况可识别；研发酸性和非酸性解堵液，实现堵塞物高效溶蚀和管柱低腐蚀；配套形成以"有无挤液通道"和"油套是否连通"为主要考虑因素的井筒化学解堵工艺技术，应用63井次，有效率97%，解堵后产能平均增加2.3倍。创建深层裂缝性砂岩精准控压防技术,建立不同区块生产压差精准预测模型,实现生产压差预测精准化、批量化,误差在±10%之内;基于岩石力学强度计算准则,创新引入裂缝对岩石强度影响,定型一套裂缝型致密砂岩临界出砂生产压差预测方法,误差在<±15%;建立单井全生命周期出砂生产压差预测图版,理论指导新井完井设计、老井生产制度调节的合理生产压差窗口。配套高压气井连续管缆电加热防蜡技术,构建井筒气固耦合传热模型,实现井筒温度剖面精准刻画;发明耐高压(105兆帕)、抗腐蚀连续管缆电加热装置,突破传统电加热装置无法应用高压气井局限;配套形成深下井下安全阀屏障设计,保障电加热技术实施过程安全、风险可控,已在博孜102井平稳试验运行700余天。

授权专利:成果取得授权发明专利20件、实用新型19件、软件著作权2件,中国石油认定技术秘密4件,发表论文38篇,制定企业标准9项,获局级一等奖2项,构建超深气井开采井筒流动保障技术的知识产权群,使我国率先实现该技术整体性突破。

应用及效益:在塔里木超深气田规模化应用,累计增产天然气77.2亿立方米、凝析油42.29万吨,产生直接经济效益75.77亿元,为我国实施"双碳"战略、西气东输平稳供气作出重要贡献。成果在高探1井等超深油气井成功应用,市场需求度高,具有国际竞争优势。

(敬 巧)

【油田科技奖励】 2022年,塔里木油田公司开展科学技术奖评选,评选出人物奖3人,包含突出贡献奖2人(肖香姣、李宁),技能人才奖1人(张明)。评选项目奖37项。其中:技术发明奖一等奖2项(表9);科技进步奖35项,包括特等奖1项、一等奖9项、二等奖15项、三等奖10项(表10)。

表9 2022年塔里木油田公司技术发明奖获奖成果一览表

成果名称	推荐单位	主要完成人员	获奖等级
高温高压气井化学除垢解堵技术创新与应用	油气工程研究院	吴红军　陈德飞　孙　涛　赵力彬　姚茂堂　张　晖　张宏强　胡　超　庹维志　刘己全	一等奖
超深复杂构造区速度建模与圈闭成图技术创新与应用	勘探开发研究院	王兴军　陈　猛　王　川　陈阳阳　张耀堂　赖敬容　左安鑫　李文燕　顾成龙　杜　禹	一等奖

表10 2022年塔里木油田公司科技进步奖获奖成果一览表

成果名称	主要完成单位	主要完成人员	获奖等级
塔里木超深叠合复合盆地地质理论认识深化与勘探领域优选	中国石油集团公司塔里木油田分公司勘探开发研究院、中国石油集团东方地球物理勘探有限责任公司研究院、中国石油天然气股份有限公司勘探开发研究院、中国地质大学(北京)、中国石油大学(北京)	黄少英　杨文静　袁文芳　韩长伟　徐振平　陈永权　周成刚　张海祖　师　骏　董瑞霞　孙崇浩　罗彩明　张　亮　罗新生　王　祥　史超群　周　露　王　斌　胡方杰　吴少军　孙　琦　鲁雪松　郭秋麟　李　浩　娄　洪　段云江　张慧芳　章国威　杨珊珊　杨　果	特等奖
富满油田东部奥陶系地质认识创新与富东1井重大发现	勘探开发研究院、勘探事业部	谢　舟　银　涛　朱永峰　刘金龙　石平舟　方　兵　王新新　张　驰　张耀堂	一等奖
库车坳陷气藏地质力学评价研究与应用	勘探开发研究院、勘探事业部、油气田产能建设事业部	徐　珂　王海应　赵　斌　王志民　尹国庆　刘锋报　赵　崴　张　玮　李　超　梁景瑞　来姝君　王　伟	一等奖

续表

成果名称	主要完成单位	主要完成人员	获奖等级
FI19断裂带地质认识创新及奥陶系勘探重大发现	中国石油集团公司塔里木油田分公司勘探开发研究院、中国石油勘探开发研究院石油天然气地质研究所、中国石油集团东方地球物理勘探有限责任公司研究院、勘探事业部	谢舟 李婷 袁敬一 李世银 朱光有 马腾飞 康鹏飞 李相文 张艳秋 陈宁 关增武 唐保勇	一等奖
富满油田断控缝洞型碳酸盐岩油藏断储结构空间表征技术及立体井网构建应用	中国石油集团公司塔里木油田分公司勘探开发研究院、中国石油集团公司塔里木油田分公司哈得采油气管理区、中国石油勘探开发研究院油田开发研究所	姚超 周飞 王彭 罗枭 刘宇 冯凯 王培俊 王琦 肖春艳 马小平 史涛 孟令烨	一等奖
碎屑岩油藏注气驱油协同储气库建设方案编制关键技术	中国石油集团公司塔里木油田分公司勘探开发研究院、中国石油勘探开发研究院提高采收率研究中心、中国石油集团公司塔里木油田分公司油气工程研究院、中国石油集团公司塔里木油田分公司东河采油气管理区（东河储气库分公司）、中国石油集团公司塔里木油田分公司塔中采油气管理区	周代余 李君 石磊 闫更平 黄兰 俞宏伟 邵光强 王鹏 王俊芳 王平 伍藏原 张超	一等奖
克拉2气田长期稳产关键技术与应用	中国石油集团公司塔里木油田分公司勘探开发研究院、中国石油集团公司塔里木油田分公司克拉采油气管理区、中国石油集团公司塔里木油田分公司油气工程研究院、中石油天然气股份有限公司勘探开发研究院气田开发研究所	肖香姣 王胜军 杨敏 吴永平 杨凤来 林娜 李明 张重愿 张晨 刘华勋 张晶 王海波	一等奖
塔河南富满区块地质工程一体化现场应用	油气田产能建设事业部、勘探开发研究院、哈得采油气管理区	刘炜博 熊先钺 周旋 熊昶 陈毅 李二鹏 蔡万春 汪鑫 王彭 张新樵 王怀龙 张东宁	一等奖
塔里木油田天然气高效乙烷回收工艺技术创新与应用	油气工程研究院、新疆巴州塔里木能源有限责任公司、实验检测研究院	谭川江 孟祥娟 李莎 谭建华 张波 图孟格勒 李国娜 杨建宏 杨俊琦 王玉柱 赵建彬 陈波	一等奖
塔里木智能线上协同工作平台关键技术研究	油气数智技术中心	杜永红 张强 杨金华 杨松 杨其展 陈鑫 侯琳 肖楠 陈国华 何军 吴金峰 袁骁	一等奖
大北4井超深层天然气勘探重大发现	勘探开发研究院、勘探事业部、中国石油东方地球物理公司研究院库尔勒分院、中国石油天然气股份有限公司杭州地质研究所	王翠丽 范坤宇 王云超 姚琨 李浩平 韩闯 赵继龙 李海丰 郭俊阳 帅士辰	二等奖

续表

成果名称	主要完成单位	主要完成人员	获奖等级
塔里木盆地氦气富集规律与资源评价	中国石油集团公司塔里木油田分公司勘探开发研究院、中国石油集团公司塔里木油田分公司塔西南公司泽普采油气管理区、中国石油天然气股份有限公司勘探开发研究院、中国石油集团公司塔里木油田分公司实验检测研究院	张海祖　徐文圣　陶小晚　王晓波　张　科　陈常超　图孟格勒　田浩男　王　鹏　张　文	二等奖
塔里木盆地复杂山地VSP处理解释技术创新与应用	中国石油集团公司塔里木油田分公司勘探开发研究院、中国石油集团东方地球物理勘探有限责任公司新兴物探开发处、中国石油集团公司塔里木油田分公司勘探事业部	王腾宇　蔡志东　张　振　肖又军　黄录忠　边瑞峰　王鹏程　段文胜　付检刚　魏　巍	二等奖
高温高盐油井有机固相沉积机理及治理技术研究	油气工程研究院、东河采油气管理区（东河储油库分公司）、英买采油气管理区、哈得采油气管理区	徐海霞　刘　敏　钟　诚　沈建新　孙晓飞　黎　真　贺宇雨　何剑锋　宋明哲　刘迎斌	二等奖
富满油田断控油藏提采关键技术的研究与应用	哈得采油气管理区	袁晓满　牛　阁　卢忠沅　双志强　刘迎斌　张　洁　张军伟　马金龙　梁芮晗　秦　娟	二等奖
哈得11难动用区块油藏模式再认识及滚动开发实践	勘探开发研究院、哈得采油气管理区	朱正俊　孙海航　赵　安　王开宇　王　超　王怀龙　张国良　李文艳　马金龙　付小涛	二等奖
塔中Ⅰ号气田开发潜力再认识与稳产对策研究	勘探开发研究院、塔中采油气管理区	汪　鹏　赵龙飞　杨凤英　刘志良　沈春光　刘瑞东　吴江勇　丁肇媛　王　冲　李二鹏	二等奖
英买潜山油藏渗流规律研究及高效开发实践	勘探开发研究院、英买采油气管理区	孙海航　陈方方　逄　健　丁志文　王　伟　李　斌　詹启桂　李文艳　易珍丽　吴　琼	二等奖
富满油田储层改造技术研究与应用	油气工程研究院、油气田产能建设事业部、勘探事业部、哈得采油气管理区	任登峰　刘豇瑜　陈　庆　黄龙藏　马　磊　赵　闯　刘　辉　彭　芬　谢向威　梁芮晗	二等奖
山前高压含水敏感性地层安全钻进技术	油气工程研究院、勘探事业部、油气田产能建设事业部	王鹏程　邹光贵　王延民　包盼虎　卢俊安　郭海清　张明辉　杨　沛　匡生平　韩雨恬	二等奖
气田采出水处理工艺及跨区注水提采模式创新与应用	油气工程研究院、轮南采油气管理区	庹　浩　刘建超　解鲁平　寇　国　冯　泉　黄　威　孟令彤　程美林　肖人勇　祖丽菲娅·斯马依	二等奖
油气管道及处理装置安全运行配套技术应用	克拉采油气管理区	张予杰　卢庆庆　顾　泓　牟晓波　甘念平　潘　旭　张　龙　张新庆　冯玉祥　王　华	二等奖
含硫站场安全风险管理研究及应用	油气工程研究院	吴　超　张景山　唐全宏　杨晓东　艾国生　郭宗轲　贾海民　徐思宁　许新武　王　博	二等奖
塔里木超深高温高压井下工具评价体系建立	油气工程研究院、勘探事业部、油气田产能建设事业部	王　朗　王　艳　秦世勇　刘军严　王　桥　徐　强　汪　坤　汪　鑫　刘　举　刘　爽	二等奖

续表

成果名称	主要完成单位	主要完成人员	获奖等级
长输管道智能巡检管理系统	油气数智技术中心、油气运销部	严峻 张勇 杜永红 陈锐 肖楠 周卫军 段恒亮 邓蒂辉 费强 朱军凯	二等奖
甫沙构造带侏罗系地质认识创新与甫沙8井勘探发现	勘探开发研究院、勘探事业部、中国石油集团东方地球物理勘探有限责任公司研究院	屈洋 孙春燕 丁峰 孙迪 尚江伟 雷鸣 黎立 费澎	三等奖
核磁共振测井在致密砂岩油气藏储层及流体评价中的研究及应用	勘探开发研究院	别康 艾勇 曹军涛 蔡德洋 冯信荦 徐思慧 唐保勇 罗伟平	三等奖
超深高含硫缝洞型碳酸盐岩凝析气藏综合提采技术研究与应用	塔中采油气管理区、勘探开发研究院	李红波 于红枫 文国华 李彦召 王平 吴江勇 李光明 张晨	三等奖
和田河气田地下—井筒—地面一体化提采技术研究与应用	泽普采油气管理区、勘探开发研究院	王鹏 姚志光 谭蓓 徐文圣 刘锁 周浪 雷鸣	三等奖
塔中10油田塔中40井区深层薄砂层油藏精细描述与规模动用关键技术研究	勘探开发研究院、塔中采油气管理区	杜虹宝 吴琳 程钊 赵红 王宏 陈仲旭 彭丽 张少伟	三等奖
超深高温高压气井修井配套工艺技术	克拉采油气管理区	徐鹏海 张梁 郑如森 王师 迟臻 蒋国军 张馨云 董晨	三等奖
含汞气田装置绿色检修配套技术研究与应用	克拉采油气管理区	浦硕 韩中喜 姜东 杨磊 张劲尧 任星明 杨凡增 卢庆庆	三等奖
防气窜凝胶实验技术研究与应用	实验检测研究院、油气田产能建设事业部	杨川 邹盛礼 张栎柯 田鸣 夏天果 黄倩 孙爱生 赛亚尔·库西马克	三等奖
塔里木盆地高温高压复杂流体相态实验技术及应用	实验检测研究院、勘探开发研究院、东河采油气管理区（东河储气库分公司）	张利明 孟祥娟 袁泽波 王小强 姜晨光 黄兰 罗强	三等奖
地震大数据的管理及应用	勘探开发研究院、油气数智技术中心、昆仑数智科技有限责任公司	胡金涛 李建军 侯琳 顾乔元 李家金 曹瑜 孙海军 项建	三等奖

(敬 巧)

【省部级以上科技获奖人物】 2022年，塔里木油田公司获省部级以上科技获奖人物4人。2022年8月20日，塔里木油田公司勘探开发研究院油气藏评价所所长、党总支副书记张银涛获中国地质学会第十八届青年地质科技奖银锤奖，成为油田第六位获此荣誉的优秀青年地质科技工作者。

2022年11月8日，塔里木油田公司油气工程研究院赵密锋获"中国能源研究会优秀青年能源科技工作者"称号。自2008年以来，赵密锋致力于解决油田油井管系列瓶颈技术难题，创建高温高压油气井管柱失效控制技术，攻关成效显著，管柱完整性管理水平全面提升，为油田高质量发展提供有力技术保障。

2022年11月9日，第三十一届孙越崎科技教育基金颁奖大会在北京举行，时任塔里木油田公司副总经理李亚林获孙越崎能源科学技术奖能源大奖,是塔里木油田公司继贾承造、王招明、江同文后第4位获此荣誉的科技领军人才。

2022年11月12日,中国科协举办第十七届中国青年科技奖颁奖典礼,塔里木油田公司刘洪涛获第十七届中国青年科技奖(特别奖),也是塔里木油田公司及新疆科研人员首次获此项荣誉。

【省部级优秀学术论文奖】 2022年12月6日,新疆维吾尔自治区科技厅、人社厅和科协联合发布《关于第十六届自治区自然科学优秀学术论文奖的通知》,塔里木油田公司推荐的4篇科技论文获奖,其中《致密砂岩储层构型特征及评价——以库车前陆盆地迪北地区侏罗系阿合组为例》《固体防蜡剂在库车超深高压高含蜡致密凝析气藏压裂中的试验》获一等奖(表11)。

表11 塔里木油田公司获新疆维吾尔自治区第十六届自然科学优秀学术论文名单

序号	论文题目	发表期刊/论文集	发表时间	第一作者	第一作者单位	其他作者	获奖等级
1	致密砂岩储层构型特征及评价——以库车前陆盆地迪北地区侏罗系阿合组为例	中国矿业大学学报	2021年9月	史超群	勘探开发研究院	李勇 袁文芳 蒋俊 谢亚妮 张荣虎 周思宇 娄洪 王佐涛 张慧芳 陈常超 王振鸿	一等奖
2	固体防蜡剂在库车超深高压高含蜡致密凝析气藏压裂中的试验(译名)	ADIPEC-2021论文集	2021年12月	冯觉勇	油气工程研究院	刘洪涛 黄锟 刘举 姚茂堂 秦世勇 刘豇瑜 吴博鸿	一等奖
3	塔里木盆地中部满深1断裂带的多期断裂活动	地质科学	2021年10月	黄少英	勘探开发研究院	张玮 罗彩明 李日俊 李洪辉 周慧 李程 吴根耀 黄智斌 刘亚雷 文磊	三等奖
4	塔里木盆地中部走滑断裂系统分布格局及其成因	天然气工业	2021年3月	李国会	勘探开发研究院	李世银 李会元 孙冲 谢舟 李飞	三等奖

【中国创新方法大赛新疆分赛】 2022年10月27—28日,中国创新方法大赛新疆分赛总决赛在线上举行,塔里木油田公司4支队伍获奖,其中"超深超高压垢堵气井提产稳产关键技术创新及规模化应用"项目获一等奖并晋级国家总决赛,并在11月24—25日的项目展示中获国家优胜奖(表12)。

表12 2022年中国创新方法大赛新疆分赛获奖名单

序号	项目名称	项目成员	单位	比赛结果
1	超深超高压垢堵气井提产稳产关键技术创新及规模化应用	梁骁 赵力彬 汪舒	博大采油气管理区	一等奖(晋级国赛,获国家优胜奖)
2	高温高压油气田井完整性技术	曹立虎 马磊 蔡莹莹	油气工程研究院	二等奖

续表

序号	项目名称	项目成员	单位	比赛结果
3	新型罐车拉运原油卸放底水装置的研发与应用	周建平 李亚庆 左青松	泽普采油气管理区	三等奖
4	基于电子锁和电子铅封解决试采井场原油被盗难题	陈 鑫 范家伟 古丽娜扎尔·阿力木	油气数智技术中心	三等奖

【塔里木油田公司2022年度科技创新先进集体和先进个人】 2022年11月23日，塔里木油田公司依据《塔里木油田公司综合性评先选优奖励规范》，授予17个单位和集体"科技创新先进集体"称号、50名员工"科技创新先进个人"称号(表13)。

表13　2022年塔里木油田公司科技创新先进集体、先进个人名单

奖　项	获奖单位	先进集体/个人
科技创新先进集体	塔西南公司	博大采油气管理区采油气工程部
		油气生产服务部泽普电力项目部
	勘探开发研究院	勘探所库车勘探室
		油气藏评价所塔北室
		天然气所库车评价开发室
	油气工程研究院	采油气所油田化学室
		地面所油气集输室
	勘探事业部	井筒技术部
	克拉采油气管理区	油气藏地质研究所
	英买采油气管理区	油气藏地质研究所
	塔中采油气管理区	油气藏地质研究所
	哈得采油气管理区	油气藏地质研究中心
	东河采油气管理区	油气藏地质研究中心
	油气数智技术中心	平台技术部
	实验检测研究院	油气藏工程实验中心
	渤海钻探工程有限公司库尔勒分公司	工程技术科
	东方地球物理勘探有限责任公司研究院库尔勒分院	塔西南新区室
	哈得油气开发部	地面工艺部
	油气运销部	储运调控中心
	信息与通讯技术中心	软件管理室
		网信安全室

续表

奖 项	获奖单位	先进集体/个人
科技创新先进个人	科技管理部	满益志 赵丽宏
	资源勘查部	王俊友
	油气开发部	范 坤
	工程技术部	陈德飞
	设备物资部	刘绍东
	塔西南公司	董志君 陈宝新 梁 骁 李晓波
	勘探开发研究院	孙 冲 王开宇 王志民 胡方杰 赵龙飞 李海明 何巧林 朱文平 刘正文
	油气工程研究院	周小君 张端瑞 冯 泉 文 亮 刘军严 王鹏程
	勘探事业部	刘锋报
	油气田产能建设事业部	张 玮 陈 毅
	新能源事业部	陈亚兵
	克拉采油气管理区	张宏强
	迪那采油气管理区	贾 伟 程 鹏
	英买采油气管理区	王法鑫
	塔中采油气管理区	文国华
	哈得采油气管理区	刘迎斌
	东河采油气管理区	唐家诰
	轮南采油气管理区	杨文明 柴 雄
	油气运销部	朱军凯
	物资采办事业部	吴厚全
	油气生产技术部	雷春俊
	油气数智技术中心	程 颖
	实验检测研究院	图孟格勒 杨 川 丁友祥
	川庆钻探工程有限公司新疆分公司	范荣贵 贺 彬
	渤海钻探工程有限公司库尔勒分公司	王九龙
	运输有限公司新疆塔里木运输分公司	刘 东
	东方地球物理勘探有限责任公司研究院库尔勒分院	杨小川

(张 晖)

科技交流与知识产权

【主办、承办学术交流活动】 2022年，塔里木油田公司超深层技术研发中心主办、承办学术交流活动2场（表14），面向油气田企业、高校等征集论文27篇、录用11篇，参会单位43家，共621人次（其中塔里木油田公司参会156人次），会议交流报告76个（其中主题报告5个），塔里木油田公司获奖5项。

表14 2022年塔里木油田公司主办、承办学术交流活动情况一览表

时间	会议名称	主办单位	征文篇数（篇）	录用篇数（篇）	参会人数（人）	观看直播人数（人）	塔里木油田公司获奖数(项)	参会报告
12月27日	超深断控缝洞型碳酸盐岩油藏勘探开发技术论坛	新疆石油学会、塔里木油田公司超深层油气藏技术研发中心	27（其中塔里木油田公司11篇）	11（其中塔里木油田公司4篇）	559（塔里木油田公司136人）	50748	—	29个报告（其中塔里木油田公司8个报告）；杨敏、冯许魁、王春生、潘昭才、蔡振忠作主题报告；13人作专题报告（其中塔里木油田公司1人作专题报告）；11人作优秀论文宣讲（其中塔里木油田公司4人作专题报告）
7月19—20日	西部油田第一届建模数模技术交流会	塔里木油田公司工会、勘探开发研究院	—	—	62（塔里木油田公司20人）	—	5	47个报告，塔里木油田公司汇报17个报告；塔里木油田公司获一等奖2个、二等奖1个、三等奖2个

超深断控缝洞型碳酸盐岩油藏勘探开发技术论坛。2022年12月27日，在塔里木油田公司庆祝富满油田超深油气产量突破300万吨之际，由新疆石油学会、中国石油超深层复杂油气藏勘探开发技术研发中心主办，塔里木油田公司、中国石油大学（华东）、西南石油大学联合承办，以"持续强化超深碳酸盐岩油气勘探开发理论与技术创新，强力推进中国最大超深油气生产基地建设"为主题的超深断控缝洞型碳酸盐岩油藏勘探开发技术论坛线上召开，总结以富满油田为代表的超深碳酸盐岩油气勘探开发技术创新成果，研究讨论下一步攻关方向。

论坛特邀中国工程院院士、中国石油国家高端智库首席专家孙龙德，中国科学院院士、中国石油大学（华东）校长郝芳出席。塔里木油田公司执行董事、党工委书记沈复孝致开幕词，塔里木油田公司总经理、党工委副书记王清华，塔里木油田公司领导胥志雄、刘强、杨海军出席论坛。论坛首次采用在线直播，通过微赞直播间、石油圈、矿产圈、塔里木油田微信公众平台、网络电视等多个直播平台同步播放，观看人数超5万人。

沈复孝指出，塔里木油田碳酸盐岩油气资源丰富，是我国重要的油气战略接替区。塔里木油田公司坚决贯彻习近平总书记重要指示批示精神，发挥"两新两高"体制机制优势，与国内外一流企业、科研院校、兄弟单位精诚合作，大打勘探开发进攻战和关键核心技术攻坚战，创新形成超深海相碳酸盐岩断控成藏地质理论，攻克超深层优快钻完井技术难题，落实富满油田10亿吨级大场面，发现我国最大超深海相断控缝洞型碳酸盐岩油藏，成为国内原油增储上产主战场和效益建产示范区。

随着勘探开发不断向8000米、9000米甚至万米超深层进军，实现超深储层看得见、复杂地层打得成、难动储量采得出，是进军超深层亟待解决的3大难题。油田迈上全面建设我国最大超深油气生产基地，率先建成中国式现代化世界一流能源企业新征程，通过此次技术论坛拓宽超深领域工作思路，研究

解决超深领域找油找气瓶颈难题。

孙龙德提出，加强断溶类型油藏成藏规律研究，强化油气分布规律研究，逼近生烃源，寻找有利区域有利目标，引领油气勘探开发向地层深处拓展；强化工程技术攻关，坚持问题导向，持续强化技术攻关创新，强化油气藏精细描述，实现高水平、高质量、高效益勘探开发；锚定高质量高效益建成中国式现代化世界一流能源企业目标，瞄准万米深地油气勘探开发，持续强化创新驱动，破解深地勘探开发难题。

郝芳对进军深层超深层油气勘探开发提出建设性建议；持续强化深层烃源岩分布规律研究，深化古老烃源岩演化历史认识，理清烃源岩分布规律，聚焦寒武系盐下白云岩，强化成藏规律研究，加强断控油气藏精细描述，寻找勘探开发潜力点，拓展深地油气勘探开发新领域，取得新成果。

王清华主持论坛并就落实好论坛精神提出要求。来自油田内外油气行业、科研院校18位专家学者聚焦超深断控缝洞型碳酸盐岩油藏勘探开发开展研讨交流。论坛开展优秀论文宣讲，11篇论文探讨超深断控缝洞型碳酸盐岩油藏的勘探开发技术难题，3家期刊专家作点评。

西部油田第一届建模数模技术交流会。2022年7月19—20日，为熟练掌握和应用油气藏建模数模技术，建立高质量地质模型、数模模型，为油气田高效开发提供有力支持，提升西部油气田建模数模研究质量和研究水平，由塔里木油田公司工会、勘探开发研究院联合主办西部油田第一届建模数模技术交流会在线开幕。来自西北油田、长庆油田、延长油田等7个油田，斯伦贝谢中国公司、东方地球物理公司、成都理工大学等5家单位47位专家参会并围绕研讨主题进行汇报交流，15位评审专家对成果进行鉴定评审，评出一等奖、二等奖、三等奖共15名，其中建模类4名、数模类7名、相关专业类4名。

【协办、参加学术交流活动】 2022年，受全球新冠肺炎疫情影响，塔里木油田公司学术交流会议延期或取消频繁，协办学术交流活动1项、组织塔里木油田公司科技工作者参加学术交流活动15项（表15），其中国际交流5项（核心学术会议3项）、国内交流10项。征集科技论文122篇，录用82篇，参会82人次（其中线上参会77人次），27人次作宣讲论文、报告，4篇论文获奖。3月9—11日，塔里木油田公司组织参加由中国石油企业协会主办的"石油石化行业信息安全职业能力"线上培训，参培取证10人。

表15　2022年塔里木油田公司协办、参加学术交流活动一览表

序号	开展形式	类型	重要等级	开会时间	地点	会议名称	主办单位	征文篇数（篇）	录用篇数（篇）	参会人数（人）	参会报告	备注
1	协办	国际	重要	11月16—18日	线上会议	2022年油气田勘探与开发国际会议（IFEDC）	中国石油新疆油田公司、西安石油大学	46	33	28	17人宣讲；4人获三等奖	塔里木油田公司负责深层、超深层油气藏勘探开发技术专题，李亚林主持主题论坛
2	参加	国际	核心	10月3—5日	美国休斯敦	2022年SPE年度技术会议暨展览会	SPE	4	1	0	—	因疫情封控未能参会
3	参加	国际	核心	10月31日—11月3日	阿联酋阿布扎比	2022年阿布扎比国际石油展览暨会议（ADIPEC）	SPE、ADNOC	3	1	0	—	因疫情封控未能参会
4	参加	国际	专业核心	6月26日—29日	美国新墨西哥州	第56届美国岩石力学/岩土力学研讨会	美国岩石力学协会	4	4	0	—	因疫情封控未能参会

续表

序号	开展形式	类型	重要等级	开会时间	地点	会议名称	主办单位	征文篇数（篇）	录用篇数（篇）	参会人数（人）	参会报告	备注
5	参加	国际	重要	10月12—13日	线上会议	2022年国际石油石化技术会议暨展会（北京）(IPPTC)	西安石油大学、陕西省石油学会等	21	16	9	9人报告	
6	参加	国内	重要	5月22日	线上直播	油气田开发创新技术论坛	中国石油学会石油工程专委会	—	—	30	—	科技活动周主题，线上组织参会
7	参加	国内	专业会议	2月24—26日	线上直播	第五届石油石化人工智能高端论坛暨第八届智能数字油田开放论坛	中国石油大学（北京）	2	2	5	—	
8	参加	国内	专业会议	6月29—30日	线上直播	中国石油石化企业云计算与大数据技术（视频）交流会	中国石油学会石油科技装备专业委员会	—	—	4	—	
9	参加	国内	专业会议	7月13—15日	北京	全国石油石化企业新型数据中心建设与运维交流会	中国石油学会石油科技装备专委会	3	2	3	—	
10	参加	国内	专业会议	7月21—23日	重庆	2022年中国油田化学技术交流会	中国石油和石化工程研究会	2	2	0	—	
11	参加	国内	专业会议	8月1—3日	重庆	2022年中国石油石化设备管理技术交流大会	中国石油学会石油科技装备专委会	12	5	2	—	
12	参加	国内	专业会议	8月17—18日	陕西西安	中国油气田与长输管道无人值守站建设技术交流会	中国石油学会石油储运专业委员会	19	10	0	—	因疫情未参会
13	参加	国内	专业会议	8月17—19日	江苏徐州	第四届岩石动力学与应用国际会议(RocDyn-4)	中国矿业大学	1	1	0	—	因疫情未参会

续表

序号	开展形式	类型	重要等级	开会时间	地点	会议名称	主办单位	征文篇数（篇）	录用篇数（篇）	参会人数（人）	参会报告	备注
14	参加	国际	专业会议	10月21—23日	北京	第八届油气成藏机理与油气资源评价国际学术研讨会	中国石油学会石油地质专委会等	2	2	0	—	因疫情未参会
15	参加	国内	专业会议	11月2—4日	南京	第三届中国储气库科技创新与产业发展国际高峰论坛	中国石油学会天然气专业委员会等	2	2	0	—	因疫情未参会
16	参加	国内	专业会议	12月9日	线上	第二十二届测井年会	中国石油学会测井专业委员会	1	1	1	1人报告	

2022年油气田勘探与开发国际会议（IFEDC）。2022年11月16—18日，由中国石油新疆油田分公司、西安石油大学联合主办，以"地质与工程一体化提高复杂油气藏勘探开发效益"为主题的2022油气田勘探与开发国际会议在线上召开。塔里木油田公司作为协办单位，承担"深层、超深层油气藏勘探开发技术专题"，李亚林主持大会主题论坛，来自国内外百家单位，高校1800名代表参加会议。会议设立油气藏勘探技术、油气藏精细描述技术、含油气盆地评价及油气成藏、油气田提高采收率技术等12个分论坛，旨在提供范围广、规模大、专业性强、学术价值高的学术交流合作平台，促进油气藏监测、智能油田、非常规、提高采收率等技术在油气田勘探开发中的发展。会议共录用塔里木油田公司论文33篇，宣讲论文17篇，4篇论文获奖。

2022国际石油石化技术会议暨展会（北京）（IPPTC）。2022年10月12—13日，由西安石油大学、陕西省石油学会等主办的2022国际石油石化技术会议暨展会（北京）在线召开。会议邀请中国科学院广州能源研究所、清华大学核能与新能源技术研究院等近200家新能源、储能、节能类单位，围绕合作与技术推动油气工业创新，针对油气行业上、中、下游技术开展主题论坛、高端访谈、专题报告等活动，助力国家能源发展和安全。会议录用塔里木油田公司论文16篇，9人在线上作报告。

【学会/协会管理】 2022年，塔里木油田公司与新疆石油学会、中国石油大学（北京）克拉玛依校区、巴音郭楞蒙古自治州科学技术协会等5家单位对接学会/协会工作，共推荐理事、代表、委员37人次。

2022年3月11日，塔里木油田公司向巴音郭楞蒙古自治州科协推选第九次代表大会代表、第九届委员会委员候选人2人。4月19日，塔里木油田公司向中国石油大学（北京）克拉玛依校区复函，同意加入数智油气现代产业学院理事会，共建数智油气现代产业学院，推荐副理事长1人、理事2人、副秘书长1人、指导咨询委员会委员1人。7月6日，在新疆维吾尔自治区推动中国石油大学（北京）克拉玛依校区产学研工作会暨数智油气现代产业学院理事会一届一次会议上，王清华代表塔里木油田公司签署《共建数智油气现代产业学院协议书》。4月29日，塔里木油田公司向新疆石油学会推荐第八届理事会副理事长1人、常务理事1人、理事13人、副秘书长1人，另推选第八次会员代表大会代表4人。5月22—30日，全国科技工作者日暨科技活动周，塔里木油田公司15家单位共800余人参与，宣传"十四五"科技成果10余项、典型科技人物12人，开展"科技为民——关注科技人员健康讲座"5场。5月27日，塔里木油田公司向集团公司科学技术协会第一次会员代表大会推荐代表2人。7月30日，塔里木油田公司开展"新疆女科技工作者协会"团体会员入会工作，推荐第一次会员代表大会代表8人，其中推选2人任第一届理事会理事(表16)。

表16　2022年塔里木油田公司向学会/协会推荐、推选人员任职情况一览表

序号	学会/协会名称	届次	推荐、推选人姓名	兼任职务
1	集团公司科学技术协会	第一次会员代表大会、第一届委员会	杨海军	代表、委员
2			王小强	代表
3	巴音郭楞蒙古自治州科学技术协会	第九次代表大会、第九届委员会	朱卫红	代表、委员
4			袁文芳	代表
5	中国石油大学(北京)克拉玛依校区数智油气现代产业学院	第一届理事会	李亚林	副理事长
6			张保书	理事、人才培养专委会委员
7			张　强	理事、技术创新专委会委员
8			孟祥娟	副秘书长
9			李家金	指导咨询委员会委员
10	新疆维吾尔自治区石油学会	第八次会员代表大会、第八届理事会	王清华	副理事长
11			李亚林	常务理事
12			何新兴	理事
13			杨海军	理事
14			王天祥	理事
15			汪如军	理事
16			李汝勇	理事
17			张丽娟	理事
18			张　强	理事
19			王春生	理事
20			亢　春	理事
21			潘昭才	理事
22			朱力挥	理事
23			孟祥娟	副秘书长
24			蔡振忠	代表
25			阳建平	代表
26			李亚军	代表
27			王小强	代表
28			李大军	理事
29			郭清滨	理事

续表

序号	学会/协会名称	届次	推荐、推选人姓名	兼任职务
30	新疆女科技工作者协会	第一次会员代表大会、第一届理事会	孟祥娟	理事
31			袁文芳	理事
32			史超群	代表
33			罗敏	代表
34			沈春光	代表
35			赵密锋	代表
36			周露	代表
37			王翠丽	代表

【重点期刊发表科技论文目录】 2022年,塔里木油田公司各单位(部门)科技人员向重点刊物投稿科技论文249篇,刊登发表144篇,其中SCI收录22篇、EI收录11篇、中文核心期刊发表37篇。按专业类型划分,石油地质专业发表44篇(其中SCI收录11篇、EI收录3篇、中文核心期刊发表18篇),物探专业发表15篇(其中SCI收录2篇、EI收录1篇、中文核心期刊发表1篇),油气田开发专业发表44篇(SCI收录5篇、EI收录2篇、中文核心期刊发表8篇),钻井专业发表17篇(SCI收录2篇、EI收录5篇、中文核心发表5篇),测录井专业发表5篇(SCI收录1篇),油气储运专业发表12篇(中文核心期刊发表5篇),其他专业发表7篇(SCI收录1篇)(表17)。

表17 2022年塔里木油田公司重点刊物发表、收录论文一览表

序号	专业类别	论文名称	作者	投稿刊物名称	录用级别
1	石油地质	Brittleness evaluation method of shale based on confining pressure correction	刘力锋 关盟 赵海涛 王海鹏 高天宇 蒋玉	Applied Geophysics	SCI
2	石油地质	3D geomechanical modeling and prediction of fractures in Bozi ultra-deep gas field, Kuqa Depression of Tarim Basin	徐珂 张辉 王海应 王志民 尹国庆	Frontiers in Earth Science	SCI
3	石油地质	Fracture Effectiveness Evaluation of Ultra-Deep Tight Sandstone Reservoirs: A Case Study of the Keshen Gas Field, Tarim Basin, West China	王志民 徐珂 张辉 王海应 尹国庆	Frontiers in Earth Science	SCI
4	石油地质	Microscopic Seepage Mechanism of Gas and Water in Ultra-Deep Fractured Sandstone Gas Reservoirs of Low Porosity: A Case Study of Keshen Gas Field in Kuqa Depression of Tarim Basin, China	汪如军 张承泽 陈东 杨凤来 李海明 李明	Frontiers in Earth Science	SCI
5	石油地质	Application of EOR Using Water Injection in Carbonate Condensate Reservoirs in the Tarim Basin	沈复孝 李世银 邓兴梁 刘志良 郭平 邬光辉	energies	SCI

续表

序号	专业类别	论文名称	作者	投稿刊物名称	录用级别
6	石油地质	In Situ Stress Distribution in Cretaceous Ultra–Deep Gas Field From 1D Mechanical Earth Model and 3D Heterogeneous Geomechanical Model, Kuqa Depression, Tarim Basin, NW China	徐 珂 张 辉 董瑞霞	Frontiers in Earth Science	SCI
7	石油地质	Seepage Characterization Based on Sandstone Particle Motion Pattern：A Case Study of the TIII Reservoir in the Sangtamu Oilfield	吕端川 汪如军 王喜鑫 王 超 朱正俊 王开宇	Geofluids	SCI
8	石油地质	Fracture effectiveness evaluation in ultra–deep reservoirs based on geomechanical method, Kuqa Depression, Tarim Basin, NW China	徐 珂 杨海军 张 辉 李 超	Journal of Petroleum Science and Engineering	SCI
9	石油地质	The Fault Effects on the Oil Migration in the Ultra–Deep Fuman Oilfield of the Tarim Basin, NW China	朱永峰 张银涛 赵星星 谢 舟 邬光辉	energies	SCI
10	石油地质	Sequence stratigraphic filling model of the Cretaceous in the western Tabei Uplift, Tarim Basin, NW China	赵海涛 何巧林 袁 瑞 易珍丽 李 斌 杨淑雯	Open Geosciences	SCI
11	石油地质	Influence of Stress Anisotropy on Petrophysical Parameters of Deep and Ultradeep Tight Sandstone	张 辉 徐 珂 尹国庆 王海应 王志民	Applied Sciences	SCI
12	物探	3D Modeling of Fracture–Cave Reservoir from a Strike–Slip Fault–Controlled Carbonate Oilfield in Northwestern China	汪如军 阳建平 昌伦杰 张银涛 孙 冲 万效国	energies	SCI
13	物探	The Advancement and Challenges of Seismic Techniques for Ultra–Deep Carbonate Reservoir Exploitation in the Tarim Basin of Northwestern China	王清华 张银涛 谢 舟 赵亚汶 张 灿	energies	SCI
14	开发	Optimization of Oil Productivity from the Ultra–Depth Strike–Slip Fault–Controlled Carbonate Reservoirs in Northwestern China	何新兴 汪如军 阳建平 李世银 姚 超	energies	SCI
15	开发	Effects of temperature and pressure on wax precipitation and melting characteristics of oil–gas condensate：an experimental and simulation study	刘洪涛 张 文 周 波 耿海龙 黎丽丽 刘军严	Petroleum Science and Technology	SCI
16	开发	Fracturing Design and Field Application of Tight Sandstone Reservoir with Ripple Lamination and Natural Fractures	刘洪涛 刘 举 冯觉勇 黄龙藏 秦世勇 廉凌峰	Chemistry and Technology of Fuels and Oils	SCI

续表

序号	专业类别	论文名称	作者	投稿刊物名称	录用级别
17	开发	Research and application of acid fracturing stimulation mechanism in ultra–deep subsalt dolomite reservoir in Tarim Basin	刘豇瑜 赵金铭 秦世勇 张南林 任登峰 罗志峰	Journal of Petroleum Exploration and Production Technology	SCI
18	开发	Research and application of EOR by gas injection in deep clastic reservoir: case study on Tazhong 402 CIII reservoir in Tarim Oilfield	徐永强 汪如军 昌伦杰 周代余 伍藏原	Petroleum Science and Technology	SCI
19	钻井	Research and practice of directional drilling technology in deep coal formation of Dibei Area	刘洪涛 何新兴 张福祥 刘勇 彭芬	Fresenius Environmental Bulletin	SCI
20	钻井	Effects of Curing Pressure on the Long–Term Strength Retrogression of Oil Well Cement Cured under 200℃	刘洪涛 秦建鲲 周波 刘忠飞 袁中涛 张志 艾正青	energies	SCI
21	其他—新能源	Synchronous defect passivation strategy via Lewis base for efficient and stable perovskite solar cells	刘洪涛 苗馨月 王克林 高洁玉 耿海龙	Journal of Materials Science: Materials in Electronics	SCI
22	石油地质	塔北隆起英买力地区白垩系油气成藏规律——以英买46井区为例	赵海涛 孙琦 李文浩 高登宽 赵风云 卢双舫 朱鹏飞	中国矿业大学学报	EI
23	石油地质	超深断控缝洞型碳酸盐岩油藏注水重力驱油理论探索与实践	杨学文 汪如军 邓兴梁 李世银 张辉 姚超	石油勘探与开发	EI
24	石油地质	塔里木盆地富满大型碳酸盐岩油气聚集区走滑断裂控储模式	王清华 杨海军 李勇 吕修祥 张银涛 张艳秋 孙冲 欧阳思琪	地学前缘	EI
25	物探	利用梯度结构张量刻画碳酸盐岩缝洞体边界	张晟 李亚林 肖又军 郑多明 袁源 冯磊	石油地球物理勘探	EI
26	开发	基于最小耗能原理的库车坳陷超深致密砂岩裂缝定量预测	汪如军 赵力彬 张永灵	中国石油大学学报（自然科学版）	EI
27	开发	A Novel Approach to Evaluate Deliverability of Gas Wells with Pressure Fluctuation	张永宾 孙雄伟 白晓佳 贾伟 朱波 王海波	SPE/IATMI Asia Pacific Oil & Gas Conference and Exhibition	EI
28	钻井	Effect of Pre–Stretching and Under–Aging Treatment on Fatigue Crack Resistance of Al–Cu–Mg Alloy Casing Pipe	刘洪涛 赵密锋 胡芳婷 朱丽娟 刘志义	Materials Science Forum	EI

续表

序号	专业类别	论文名称	作 者	投稿刊物名称	录用级别
29	钻井	Cementing Technology with Narrow Safety Density Window Based on Wall Shear Stress Theory	刘忠飞　王春生　周　波　高海洋　陈江林	The 56th U.S. Rock Mechanics/ Geomechanics Symposium	EI
30	钻井	Influence of Trace H_2S on CO_2 Corrosion of Different Cr–Containing Tubing Steels	王银东　叶素桃　高海洋　陈志涛　王中丽	The 56th U.S. Rock Mechanics/ Geomechanics Symposium	EI
31	钻井	Design and Field Application of Large–Size PDC Bit in Gravel Layer in Tarim Basin	周　波　李　宁　王胜雷　周　宝　梁红军　唐　斌　刘金龙　刘学清	The 56th U.S. Rock Mechanics/ Geomechanics Symposium	EI
32	钻井	Analysis of Sticking and the Releasing Technology of the Composite Gypsum–Salt Rock in the Tarim Basin	刘洪涛　张重愿　周　宝　杨成新　邓　强	The 56th U.S. Rock Mechanics/ Geomechanics Symposium	EI
33	测井	库车坳陷侏罗系致密砂岩气藏"三品质"测井评价	信　毅　王贵文　刘秉昌　王　冰　艾　勇　蔡德洋　曹军涛　赵新建	地球科学	SCI
34	石油地质	塔里木盆地库车坳陷超深层现今地应力对储层品质的影响及实践应用	徐　珂　田　军　杨海军　张　辉　鞠　玮　刘新宇　王志民　房　璐	天然气地球科学	中文核心
35	石油地质	超深裂缝性砂岩气藏增产地质工程一体化关键技术与实践	王志民　张　辉　徐　珂　王海应　刘新宇　来姝君	中国石油勘探	中文核心
36	石油地质	滨岸含砾砂岩层序地层、沉积相及对优质储层发育的控制作用——以塔里木盆地TZ2井区为例	康婷婷　赵凤全　房　璐　田浩男　杨　果　胡方杰　亢　茜　杨连刚	天然气地球科学	中文核心
37	石油地质	库车坳陷古近系盐底卡层技术研究与应用	郎志鹏　胡剑风　王志民　宋金鹏　莫　涛　郝祥保　田盼盼　崔德育　杨敬博　李浩平　刘新宇　平忠伟	中国石油勘探	中文核心
38	石油地质	塔里木盆地震旦纪地层—构造特征	段云江　黄少英　罗彩明　王振鸿　娄　洪　石　磊　袁　瑞　姚　琨　张　星　蒋　俊　周思宇　张　文	地质科学	中文核心
39	石油地质	库车坳陷深层裂缝性储层现今地应力特征及其对天然气勘探开发的指导意义	徐　珂　张　辉　刘新宇　王志民　来姝君	油气地质与采收率	中文核心

续表

序号	专业类别	论文名称	作者	投稿刊物名称	录用级别
40	石油地质	缝洞型碳酸盐岩储集层连通性刻画及应用	吴梅莲 柴 雄 周碧辉 李 洪 晏 楠 彭 鹏	新疆石油地质	中文核心
41	石油地质	基于地质工程一体化的超深井提速提产——以塔里木盆地库车坳陷为例	蔡振忠 徐 珂 张 辉 王志民 尹国庆 刘新宇	新疆石油地质	中文核心
42	石油地质	塔里木盆地南部中生代碰撞相关构造及其在古特提斯研究中的意义	李 勇 李日俊 杨宪彰 文 磊 黄少英 张 亮 王 祥 陈 才 王 斌 段云江 周 慧 李洪辉 刘亚雷 黄彤飞	地质科学	中文核心
43	石油地质	塔里木西南地区变形的构造物理模拟研究：对剥蚀与同沉积影响褶皱冲断带变形的启示	洪 晨 张 亮 林秀斌 孙 迪 陈汉林 陈 才 程晓敢 章凤奇	第四纪研究	中文核心
44	石油地质	塔里木盆地超深层油气钻探工程的特殊地质因素	李 勇 徐 珂 张 辉 黄少英 尹国庆 王志民 曾昌民	中国石油勘探	中文核心
45	石油地质	塔里木克拉通南华纪—寒武纪隆坳格局演化	陈永权 王晓雪 何 皓 易 艳	中国石油勘探	中文核心
46	石油地质	塔里木盆地东部古生代中期伸展构造的发现及其地质意义	杨海军 李日俊 马德波 魏红兴 李洪辉 罗彩明 赵 岩 段云江 黄彤飞 赵甜玉	地质科学	中文核心
47	石油地质	塔里木盆地南华系—寒武系烃源岩时空分布与生烃潜力评价	张 科 潘文庆 苏 劲 张 敏	中国石油勘探	中文核心
48	石油地质	库车坳陷克拉苏构造带协同变形机制及盆山耦合关系	刘立炜 周 慧 张承泽 闫炳旭 杨凤来 屈元基	地质科学	中文核心
49	石油地质	塔里木盆地库车坳陷吐格尔明及周缘地区三叠系—侏罗系烃源岩地球化学特征、分布规律与油气地质意义	凡 闪 卢玉红 李 玲 魏 华 张慧芳 申 林	天然气地球科学	中文核心
50	石油地质	塔里木盆地下古生界碳酸盐岩油气盖层及其控藏作用—以塔西台地为例	王清华 陈永权 胡方杰	天然气地球科学	中文核心
51	石油地质	塔里木盆地库车坳陷盐构造变形平衡恢复及相关问题讨论	段云江 黄少英 罗彩明 朱 铁 张慧芳 王振鸿 娄 洪 杨 果 周思宇 王 川	天然气地球科学	中文核心
52	物探	基于时空域交错网格有限差分法的应力速度声波方程数值模拟	彭更新 刘 威 郭念民 胡自多 徐凯驰 裴广平	石油物探	中文核心

续表

序号	专业类别	论文名称	作者	投稿刊物名称	录用级别
53	开发	迪那2气藏凝析水结垢规律实验研究	沈建新 刘建仪 刘 举 吴红军 谢 泱 孙 涛 曹立虎	中国海上油气	中文核心
54	开发	高温高压气井中超级13Cr油管环空断裂的原因	耿海龙 龙 岩 赵密锋 付安庆 张雪松 王 鹏 徐鹏海	腐蚀与防护	中文核心
55	开发	轮南、桑解油田连续清蜡柱塞气举新工艺	雷腾蛟 崔小虎 苏 洲 杨文明 王红标 段玉明	石油钻采工艺	中文核心
56	开发	注水水质对裂缝性油藏储层的影响	孙 涛 孟祥娟 王 静 黎 真 吴红军 阿克巴尔·卡得拜 赵 静	石油钻采工艺	中文核心
57	开发	异常高压含水凝析气藏有效库容影响因素	范家伟 伍藏原 余 松 周代余 闫更平 王 超	新疆石油地质	中文核心
58	开发	塔里木盆地深层致密油藏地质工程一体化模拟技术	范家伟 袁 野 李绍华 王彦秋 黄 兰 尚钲凯 李 君 陶正武	断块油气田	中文核心
59	开发	注天然气油井沥青质析出规律研究	曹立虎 吴鑫鹏 徐海霞 沈建新 黄龙藏 吴红军 熊瑞颖 郭继香	石油与天然气化工	中文核心
60	开发	哈拉哈塘油田奥陶系碳酸盐岩油藏储集层泥砂产出机理	白晓飞 周 博 董长银 王方智 刘 霄 甘凌云 任今明	新疆石油地质	中文核心
61	钻井	井喷喷射火热辐射影响范围与模型对比分析研究	周 波 梁 爽 王鹏程 罗方伟 张绪亮 郑钰山	中国安全生产科学技术	中文核心
62	钻井	超深层高压气井可溶筛管清洁完井新工艺研究与应用	魏 波 彭永洪 熊茂县 张安治 陈 飞 申川峡 马天羽	钻采工艺	中文核心
63	钻井	库车山前盐层随钻扩眼尺寸优化研究	周小君 刘洪涛 何世明 周 波 赵 力 汤 明 黄 韬	钻采工艺	中文核心
64	钻井	塔里木盆地富满油田二叠系玄武岩井壁稳定技术研究及应用	孙爱生 段永贤 徐 杨 何思龙 郭秋田 申 彪	钻采工艺	中文核心
65	钻井	基于工程录井数据的井漏智能诊断方法	陈凯枫 杨学文 宋先知 陈 冬 张 伟 韩 亮 邢 星	石油机械	中文核心

续表

序号	专业类别	论文名称	作 者	投稿刊物名称	录用级别
66	油气储运	某气田地面集输管线的腐蚀原因及控制措施	陈绍云 解鲁平 高昌保 王 丰 张春生 陈英敦 周丝雨 谈庆旬	腐蚀与防护	中文核心
67	油气储运	含杂环胺复合溶剂对天然气中酸性组分吸收效果实验研究	严东寅 张新庆 唐君伟 谭 宇 郑存川	石油与天然气化工	中文核心
68	油气储运	PE-HD在高压H$_2$S输气环境下的适用性	谭川江 燕自峰 吕 戈 丁 晗 许新武 王 鹏 孔鲁诗 张 兆 李厚补	工程塑料应用	中文核心
69	油气储运	热处理对复合板容器S22053锻件制接管性能的影响分析	李亚军 刘绍东 童 根 宋晓俊 柳 楠 宋文明 卢雪梅	压力容器	中文核心
70	油气储运	天然气深冷装置投产前循环干燥技术的应用	嵇 翔 陈 波 李 莎 闫二轮 殷春雷 程会武 钱 浩 许江铭	石油与天然气化工	中文核心

【出版发行科技著作目录】 2022年,塔里木油田公司出版发行主营业务科技著作6部,其中石油地质专业2部、油气田开发专业4部(表18)。

表18 2022年塔里木油田公司出版发行科技著作一览表

序号	专业分类	书 名	标准书号	作 者	出版时间
1	石油地质	塔里木盆地走滑断裂构造解析	ISBN 978-7-5183-4818-3	杨海军 邬光辉 韩剑发 李国会 陈利新等著	2022年1月
2	石油地质	塔里木盆地走滑断裂控储控藏作用与油气富集规律	ISBN 978-7-5183-5567-9	杨学文等著	2022年10月
3	开发	塔里木超深复杂油气藏储层改造技术创新与实践	ISBN 978-7-5183-5206-7	杨学文 刘洪涛 刘 举等著	2022年3月
4	开发	塔里木盆地克拉苏气田超深超高压气藏开发实践	ISBN 978-7-5183-5326-2	江同文等著	2022年6月
5	开发	哈得逊油田超深超薄砂岩油藏高效开发技术	ISBN 978-7-5183-5215-9	汪如军 昌伦杰 周代余 王 陶	2022年7月
6	开发	深层天然气井流动保障技术	ISBN 978-7-5183-5764-2	刘洪涛等著	2022年12月

(张 晖)

【知识产权保护】 2022年，塔里木油田公司落实集团公司知识产权视频会议要求，开展高价值专利培育，通过宣传、培训、高价值专利培育、考核激励多种方式，提高发明专利申请比例，严格控制实用新型专利申请。2022年完成发明专利申请161件，发明专利申请量占比100%。开展知识产权布局、培育试点工作，以关键核心技术树为油田高价值专利培育、系统布局基础，围绕关键核心技术领域对各级技术进行创新点分析，完成1409件有效专利法律文件、同族专利数等信息梳理，建立塔里木油田公司专利信息档案。参加集团公司专利奖申报，2022年"三维地震叠后数据体拼接方法及装置"项目获专利银奖，"高压气井A环空工作压力值的获取方法和系统""凝胶隔离井控方法""储层含气饱和度确定方法及装置"获专利优秀奖。对标"一流的科学技术"标准，确定发明专利年度授权情况为对标指标，开展自身纵向对标、集团公司内部油气田企业对标、国内国际油公司对标等3个维度对标分析，制定顶层设计、高价值专利创造和培育、完善知识产权管理体系、推进知识产权精细管理等措施，提高油田公司发明专利创造。

2021年，塔里木油田公司按照集团公司发明专利申请上限控制指标和发明专利申请占比考核要求，调研和分析各单位实际情况，分解专利申请考核指标，强化高价值专利挖掘申报的培训力度；优化考核方式，增加A类核心专利申请占比考核，提高专利质量、优化专利结构，完成集团公司发明专利申请占比不低于95%的考核指标。通过生产例会、视频培训、各单位自学等方式，对塔里木油田公司领导班子成员、管理层成员、机关部门和各二级单位领导班子及员工进行法律、法规、政策宣贯；通过电视新闻、报纸报道、悬挂横幅、问卷调研等宣传方式开展知识产权宣传；重点对专利申请流程、高价值专利挖掘培育等专业知识培训12场次，参培800人次。

【专利工作及获国家发明专利情况】 2022年，塔里木油田公司获集团公司专利银奖1项、优秀奖3项（表19）。

表19 2022年塔里木油田公司获集团公司专利奖一览表

专利号	项目名称	完成人员	获奖等级
ZL201410594012.1	三维地震叠后数据体拼接方法及装置	敬　兵　潘文庆　邓兴梁 于红枫　李世银　谢　恩 沈春光　刘　鑫　张正红	专利银奖
ZL201410640388.1	高压气井A环空工作压力值的获取方法和系统	周理志　曾　努　彭建云 张　宝　刘明球　吴云才 丁亮亮　景宏涛　曾有信 马亚琴　杨淑珍	专利优秀奖
ZL201510795508.X	凝胶隔离井控方法	陈　军　刘俊峰　李有伟 韩剑发　单　锋　徐俊博 康延军　史永哲　王锦生 张守骏　何银坤	专利优秀奖
ZL201510882491.1	储层含气饱和度确定方法及装置	赵力彬　杨海军　昌伦杰 张同辉　杨学君　孙雄伟 魏　聪　张建业　李　青 刘立伟　刘文东	专利优秀奖

三维地震叠后数据体拼接方法及装置。此项发明专利获集团公司专利银奖。作为一种原创基础性专利，三维地震叠后数据体拼接方法及装置突破传统做法，解决由于不同公司、不同年度采集和不同处理技术人员处理的相邻两块甚至多块三维数据体间闭合差校正和数据体拼接问题，提高连片地震数据体综合应用研究精度，达到国际先进水平，并在塔里木盆地塔中近1万平方千米三维区和塔北近2.5万平方千米三维区开展区带、区块圈闭、井位、储量、开发提采等重要研究工作，为塔里木油田公司3000万吨产量建设目标和建成全国最大超深油气生产基地提供坚实地震资料。

高压气井A环空工作压力值的获取方法和系统。此项发明专利获集团公司专利优秀奖。作为一项原创基础专利，高压气井A环空工作压力值的获取方法和系统创新形成一种更加科学合理的A环空压力许可范围的确定方法，解决高压气井环空压力如何安全管控难题，弥补国际通用做法的短板，填补国内技术空白。以本专利为核心形成的环空压力推荐做法，在博孜、大北、克深、迪那等主力气区应用300余井次，强化高压气井风险有效管控，高风险井比例由20%降至9.09%。环空压力许可范围的确定方法编入中石油集团公司标准，在中国石油范围内推广应用。

凝胶隔离井控方法。此发明专利获集团公司专利优秀奖。凝胶隔离井控方法在国际上首次提出"重浆帽、吊灌+可加重凝胶段塞"实现起下钻作业过程中井筒隔离的原创思路，发明出适用于高温、高压、高硫化氢环境下的凝胶体系，攻克高酸性气田安全高效开发的技术难题，解决多尺寸管串无法带压起钻、不同规格井眼无法暂堵的技术难题，代表着井控技术发展的趋势，获新疆维吾尔自治区技术发明奖一等奖，并在塔里木盆地哈拉哈塘、塔中等13块碳酸盐岩裂缝—孔洞型储层和克深、大北等6个砂岩裂缝型储层的钻完井作业均得到广泛应用，取得良好效果。以本专利为核心的延伸技术，在塔里木油田建井工程提速、井控险情处置中累计应用900余井次。

储层含气饱和度确定方法及装置。此项发明专利获集团公司专利优秀奖。储层含气饱和度确定方法及装置提出一种可提高致密裂缝性砂岩储层含气饱和度评价准确度方法，实现储层流体微观赋存状态和类型有效识别，气水分布规律的有效预测，弥补阿尔奇公式在深地裂缝性低孔砂岩气藏含气性评价方面适应性差的不足，提供一种针对复杂裂缝性砂岩气藏的含气性表征技术及思路，为储量、产能、气水宏观分布及采收率研究提供关键基础资料，并形成以"裂缝性致密砂岩储层含气性评价"为核心的专利技术群。推动气藏认识深化，并指导库车山前多个复杂气藏的流体性质识别和气水分布规律研究，助力深地复杂裂缝性砂岩气藏高效开发。

2022年，塔里木油田公司采用多种方式鼓励发明专利申请、控制实用新型专利数量，完成专利申请161件，发明专利申请占比达到100%，完成发明专利占比大于95%的目标；全年获授权发明专利85件（表20）；软件著作权登记14项（表21）。

表20 2022年塔里木油田公司获授权国家发明专利一览表

序号	专利号	专利名称
1	ZL201710789599.5	油井垮塌状态的获取方法及装置
2	ZL201811049433.0	微断裂发育位置的确定方法和装置
3	ZL201811049429.4	井区气藏连通关系判定方法及装置
4	ZL201910098986.3	井筒结垢趋势预测方法及装置
5	ZL201810029864.4	油气井压裂返排液处理方法、装置及橇装式箱体
6	ZL201810983554.6	防冻堵的天然气集输系统及天然气集输系统防冻堵的方法
7	ZL201811228362.0	井地联合储层描述方法及装置
8	ZL201910049421.6	一种反凝析油饱和度的测试方法及装置
9	ZL201710708539.6	油田产量递减率的确定方法及装置
10	ZL201710818821.X	一种应用地应力分析断层和裂缝渗流特性的方法
11	ZL201710629548.6	井下钻柱黏滑特征的地面快速评价方法和装置
12	ZL201711375438.8	碳酸盐岩油井中储集体个数的获取方法及装置
13	ZL201711375455.1	碳酸盐岩油井中储集体的储量获取方法及装置

续表

序号	专利号	专利名称
14	ZL201810036350.1	原油体积系数的获取方法及装置
15	ZL201811124388.0	封隔器
16	ZL201810829764.X	钻井液检测设备
17	ZL201810880327.0	井筒工作液配方优化方法及装置
18	ZL201811613627.9	一种预测CO_2气驱油气井井筒结垢趋势的方法
19	ZL201810879138.1	一种井震结合识别超覆地层尖灭线的方法
20	ZL201710642502.8	确定水平井含水率的方法和装置
21	ZL201710687826.3	非结构化测井解释图版制作方法及装置
22	ZL201710831984.1	自流注水井注水阀的失效检测方法
23	ZL201710882070.8	裂缝性地层油基钻井液的性能参数的确定方法和装置
24	ZL201710947031.1	地层岩石力学特征剖面的处理方法和装置
25	ZL201810069048.6	油井潜力检测方法
26	ZL201711374734.6	油井套损的获取方法及装置
27	ZL201711457240.4	孔隙型砂岩储层产能预测方法与装置
28	ZL201810066897.6	碳酸盐岩油井的最小动态储量的确定方法和装置
29	ZL201810726584.9	钻井液类型的鉴别方法及钻完井废弃物类型的鉴别方法
30	ZL201811135925.1	一种易喷易漏地层固井用可控制塞面的注水泥塞方法
31	ZL201811265482.8	一种固井废弃水泥浆回收综合利用装置及方法
32	ZL201810950261.8	除蜡装置及方法
33	ZL201811415485.5	采油树控制装置及采油树
34	ZL201811615875.7	一种基于稳定指数预测CO_2气驱井筒结垢趋势的方法
35	ZL201811174636.2	固井方法及固井装置
36	ZL201811556849.1	致密气藏压裂液滤失伤害模拟装置及方法
37	ZL201811503971.2	井位部署区域确定方法、装置及存储介质
38	ZL201811617832.2	井眼轨迹的确定方法、装置、设备及存储介质
39	ZL2017108319841	自流注水井注水阀的失效检测方法
40	ZL201910045000.6	确定碳酸盐岩油井自流注水水源层门限压力的方法和装置
41	ZL201811395645.4	超深低幅度三维地质构造的建立方法及装置
42	ZL201711473133.0	碳酸盐岩多套储集体油井生产压差的计算方法和装置
43	ZL201711469805.0	碳酸盐岩油井生产压差的计算方法和装置

续表

序号	专利号	专利名称
44	ZL201810463391.9	一种气液两相用二氧化碳缓蚀剂及其制备方法
45	ZL201811229488.X	岩层分布预测方法和装置
46	ZL201811591315.2	天然气井解堵方法及系统
47	ZL201811125974.7	一种集输气管线用混合不饱和酸咪唑啉聚氧乙烯醚类缓蚀剂及其制备方法
48	ZL201610844725.8	随钻测井仪器及方位极板结构的制造方法
49	ZL201711463698.0	一种淀粉基阻垢剂及其制备方法和应用
50	ZL201810089525.5	套管设计方法和装置
51	ZL201811176500.5	一种小叶白蜡的幼苗培育方法及小叶白蜡的种植方法
52	ZL201811125991.0	一种集输油管线用咪唑啉聚氧乙烯醚类缓蚀剂及其制备方法
53	ZL201811547390.9	阀门开关工具
54	ZL201910297332.3	一种钻井液配置方法
55	ZL201910164549.7	取样装置
56	ZL201910827676.0	一种法兰静电跨接装置
57	ZL201810940117.6	防砂堵节流油嘴
58	ZL201910417950.7	一种气井解堵过程中酸液用量的确定方法
59	ZL201811024530.4	基于井筒的离子浓度确定方法和装置
60	ZL201810924786.4	一种油气井的井筒堵塞物中无机物的分析方法
61	ZL201910302777.6	刚性套管扶正器及其加装工具、加装方法
62	ZL201810374652.X	岩芯夹持器和岩石物理参数测试装置
63	ZL201810673516.0	连通井组渗流通道的监测方法及装置
64	ZL201611188495.0	清管器发球装置
65	ZL201910005367.5	油井开发指标的预测方法及装置
66	ZL201910096006.6	酸化解堵方法
67	ZL201810842638.8	油井井筒脱气诊断方法
68	ZL201910613097.6	一种压力表防漏接头及使用方法
69	ZL201910605559.X	分离装置的能耗测试方法及分离装置
70	ZL202010079600.7	生产管柱泄漏点定位方法、设备、系统和存储介质
71	ZL201810939882.6	油井见水时机诊断方法、装置及设备
72	ZL201811488904.8	一种地震液化指数的确定方法及系统
73	ZL201810929969.5	套管校核安全系数确定方法和装置

续表

序号	专利号	专利名称
74	ZL201910089191.6	超深井的套管抗拉安全系数的确定方法及装置
75	ZL201910359448.5	砂岩裂缝改造方式的评定方法和评定装置
76	ZL201910962463.9	管道修复装置
77	ZL201810835580.4	多套储集体判断方法及装置
78	ZL201810879636.6	获取剩余可动水体比例的方法和装置
79	ZL201910271157.0	钻井液安全密度设计的方法及设备
80	ZL201810923841.8	一种辫状河储层建模的方法及装置
81	ZL201910089694.3	基于岩石粒度的数据处理方法、装置及存储介质
82	ZL201811341353.2	一种深井超深井全生命周期套管柱强度设计方法
83	ZL201910541357.3	井筒堵塞程度评价方法及设备
84	ZL201910890040.0	一种抗高温超高密度油基钻井液及其制备方法
85	ZL201910627783.9	基于地层压力等效密度确定油气水界面的方法及装置

表21　2022年塔里木油田公司获授权软件著作权一览表

序号	国家版权号	软件著作权名称
1	2022SR0068640	碳酸盐岩梯度结构张量地震属性计算软件
2	2022SR0144943	倾斜地层阵列感应测井资料矫正软件V1.0
3	2022SR0149474	交流电机绕组理论计算软件
4	2022SR0144752	直流电机关键参数计算软件
5	2022SR1083396	地震道积分速度反演软件
6	2022SR0155215	产气剖面测井解释处理软件V1.0
7	2022SR1507079	阵列感应测井在过井裂缝中的响应特性分析软件
8	2022SR1507067	零井源距VSP桥式综合标定软件
9	2022SR0075388	气驱实验数据整理分析软件
10	2022SR0109623	基于web的SEGY数据远程可视化软件V1.0
11	2022SR0145047	裂缝性气藏建模数模一体化软件FIISV1.0
12	2022SR0144939	新一代油气藏数值模拟设置区域软件1.0
13	2022SR1083135	深层碎屑岩油藏注气参数智能协同优化软件VL.0
14	2022SR1083123	已开发油田效益评价软件V1.0

(刘　源)

标 准 化

【上级标准发布情况】 2022年,塔里木油田公司承担上级标准制定、修订,其中国家标准发布6项(均为参与)、行业标准发布3项(均为参与)、集团公司企业标准发布13项(其中主ցͺ2项)。按专业类别划分,油气田开发专业8项(国家标准3项、行业标准2项、集团公司企业标准3项),钻井专业2项(国家标准1项、集团公司企业标准1项),油气储运专业8项(国家标准2项、行业标准1项、集团公司企业标准5项),其他专业4项(集团公司企业标准)(表22)。

表22 2022年塔里木油田公司承担上级标准发布情况一览表

序号	专业	标准编号	标准名称	制定/修订	油田排名
1	油气储运	GB/T 29165.2—2022	石油天然气工业 玻璃纤维增强塑料管 第1部分:词汇、符号、应用及材料	修订	二
2	油气储运	GB/T 29165.1—2022	石油天然气工业 玻璃纤维增强塑料管 第2部分:评定与制造	修订	四
3	钻井	GB/T 41343—2022	石油天然气工业钛合金钻杆	制定	六
4	开发	GB/T 22342—2022	石油天然气钻采设备 井下安全阀系统设计、安装、操作、试验和维护	修订	七
5	开发	GB/T 26982—2022	原油蜡含量的测定	修订	七
6	开发	GB 42294—2022	陆上石油天然气开采安全规程	制定	十一
7	油气储运	SY/T 6662.1—2022	石油天然气工业用非金属复合管 第1部分:钢骨架增强聚乙烯复合管	修订	五
8	开发	SY/T 7663—2022	天然气单质硫含量测定方法	制定	七
9	开发	SY/T 7675—2022	天然气水露点和烃露点的测定偏振光冷镜法	制定	九
10	油气储运	Q/SY 07021—2022	油气田用真空加热炉设计选用及安装技术规范	制定	一
11	开发	Q/SY 01037—2022	高温高压及高含硫井完整性技术规范	制定	一
12	油气储运	Q/SY 08126.4—2022	油气田现场安全检查规范 第4部分:天然气净化厂	修订	二
13	油气储运	Q/SY 06807—2022	原油储罐保温技术规范	修订	三
14	钻井	Q/SY 17087—2022	钻井液用解卡剂	修订	三
15	其他	Q/SY 21454.4—2022	内部专项审计规范 第4部分:经济责任审计	修订	三
16	开发	Q/SY 01142—2022	井下作业设计规范	修订	四
17	其他	Q/SY 08362—2022	工艺危害分析管理规范	修订	四
18	其他	Q/SY 09002—2022	气田固定资产投资项目节能报告编写规范	修订	四
19	油气储运	Q/SY 01643—2022	油气管道清管与效果评价规范	制订	五

续表

序号	专业	标准编号	标准名称	制定/修订	油田排名
20	开发	Q/SY 02556—2022	高温高压含硫油气井地层测试技术规程	修订	六
21	油气储运	Q/SY 08126.1—2022	油气田现场安全检查规范 第1部分:陆上油气生产作业	修订	六
22	其他	Q/SY 21454.12—2022	内部专项审计规范 第12部分:生态文明审计	制订	六

(张 晖)

【塔里木油田公司企业标准发布目录】 2022年,塔里木油田公司发布企业标准180项,其中修订81项、制订99项(表23)。

表23 2022年塔里木油田公司企业标准发布目录

序号	制定/修订	标准编号	标准名称	发布日期	实施日期	业务管理部门	起草单位	起草人
1	修订	Q/SY TZ 0294—2022	钢制管道漏磁内检测技术要求	2022.2.10	2022.2.10	地面工程部	油气运销部储运技术部	张朋岗 张勇 马孝亮 邓帮辉 李月霄 张瑶 任天树 王礼平 熊丽丽 彭双双 刘谦 李汉成 郑锐
2	修订	Q/SY TZ 0441—2022	长输管道高后果区管理规定	2022.2.10	2022.2.10	地面工程部	油气运销部储运技术部	张朋岗 张勇 马孝亮 邓帮辉 李月霄 张瑶 任天树 王礼平 熊丽丽 彭双双 刘谦 李汉成 郑锐
3	修订	Q/SY TZ 0688.1—2022	采供水系统检运维队伍人员及设备资质档案要求	2022.3.5	2022.3.5	生产运行部	生产运行处、油气生产技术部	杜建龙 王峰 丁晗 伍开江
4	修订	Q/SY TZ 0688.2—2022	采供水系统检运维队伍人员装备配套要求	2022.3.5	2022.3.5	生产运行部	生产运行处、油气生产技术部	杜建龙 王峰 丁晗 伍开江
5	修订	Q/SY TZ 0688.3—2022	电力系统检运维队伍人员及设备资质档案要求	2022.3.5	2022.3.5	生产运行部	生产运行处、油气生产技术部	杜建龙 王峰 苏伟 丁晗
6	修订	Q/SY TZ 0688.4—2022	电力系统检运维队伍人员装备配套要求	2022.3.5	2022.3.5	生产运行部	生产运行处、油气生产技术部	杜建龙 王峰 苏伟 丁晗

续表

序号	制定/修订	标准编号	标准名称	发布日期	实施日期	业务管理部门	起草单位	起草人
7	修订	Q/SY TZ 0689.1—2022	VSP测井队伍人员设备资质档案要求	2022.3.5	2022.3.5	资源勘查部	勘探事业部	杨连刚 郭念民 王鹏程 闫敏禄
8	修订	Q/SY TZ 0689.2—2022	VSP测井队伍人员装备配套要求	2022.3.5	2022.3.5	资源勘查部	勘探事业部	杨连刚 郭念民 王鹏程 闫敏禄
9	修订	Q/SY TZ 0689.3—2022	地震采集队伍人员设备资质档案要求	2022.3.5	2022.3.5	资源勘查部	勘探事业部	王鹏程 郭念民 杨连刚 闫敏禄
10	修订	Q/SY TZ 0689.4—2022	地震采集队伍人员装备配套要求	2022.3.5	2022.3.5	资源勘查部	勘探事业部	王鹏程 郭念民 杨连刚 闫敏禄 刘先伟
11	修订	Q/SY TZ 0689.5—2022	重磁电采集队伍人员设备资质档案要求	2022.3.5	2022.3.5	资源勘查部	勘探事业部	闫敏禄 王鹏程 李建立 杨连刚
12	修订	Q/SY TZ 0689.6—2022	重磁电采集队伍人员装备配套要求	2022.3.5	2022.3.5	资源勘查部	勘探事业部	闫敏禄 王鹏程 李建立 杨连刚
13	修订	Q/SY TZ 0690.1—2022	动态监测队伍人员及装备资质档案要求	2022.3.5	2022.3.5	油气开发部(储气库管理部)	开发处、勘探开发研究院、哈得油气开发部、迪那油气开发部	雷雨 范坤 朱轶 柳先远 强剑力 田新建 李原杰
14	修订	Q/SY TZ 0690.2—2022	动态监测队伍人员及装备配套要求	2022.3.5	2022.3.5	油气开发部(储气库管理部)	开发处、勘探开发研究院、哈得油气开发部、迪那油气开发部	雷雨 范坤 朱轶 柳先远 强剑力 田新建 李原杰
15	修订	Q/SY TZ 0691.10—2022	油气井测试地面计量队伍人员及设备配套标准	2022.3.5	2022.3.5	工程技术部	工程技术处	秦世勇 饶文艺 周建平 张雪松 高尊升 杨双宝 盛树彬 徐强
16	修订	Q/SY TZ 0691.11—2022	酸化压裂队伍人员及设备资质档案要求	2022.3.5	2022.3.5	工程技术部	工程技术处	周建平 张雪松 高尊升 杨双宝 盛树彬 杨小龙 谢向威 刘浩
17	修订	Q/SY TZ 0691.1—2022	塔里木油田钻井队伍人员设备资质档案要求	2022.3.5	2022.3.5	工程技术部	工程技术处	董仁 陈志涛 杨小龙 陈江林 文涛 刘俊峰 王师 杨双宝

续表

序号	制定/修订	标准编号	标准名称	发布日期	实施日期	业务管理部门	起草单位	起草人
18	修订	Q/SY TZ 0691.12—2022	酸化压裂队伍人员及设备配套标准	2022.3.5	2022.3.5	工程技术部	工程技术处	周建平 张雪松 高尊升 杨双宝 盛树彬 杨小龙 谢向威 刘浩
19	修订	Q/SY TZ 0691.13—2022	射孔队伍人员及设备资质档案要求	2022.3.5	2022.3.5	工程技术部	工程技术处	周建平 杨双宝 王师 张超 张鑫磊 汪鑫 张弛 程青松
20	修订	Q/SY TZ 0691.14—2022	射孔队伍人员及设备配套标准	2022.3.5	2022.3.5	工程技术部	工程技术处	周建平 杨双宝 王师 张超 张鑫磊 汪鑫 张弛 程青松
21	修订	Q/SY TZ 0691.15—2022	塔里木油田工程监督人员资质及现场配置要求	2022.3.5	2022.3.5	工程技术部	监督中心、工程技术处	王胜雷 季晓红 彭永洪 高尊升 许潇
22	修订	Q/SY TZ 0691.2—2022	塔里木油田钻井队伍人员配置标准	2022.3.5	2022.3.5	工程技术部	工程技术处	董仁 陈志涛 杨小龙 陈江林 文涛 刘俊峰 王师 杨双宝
23	修订	Q/SY TZ 0691.3—2022	塔里木油田井下作业大修队伍人员及设备资质档案管理要求	2022.3.5	2022.3.5	工程技术部	工程技术处	王师 张超 杨小龙 黄文鑫 双志强 文国华 张弛 谢向威
24	修订	Q/SY TZ 0691.4—2022	塔里木油田井下作业大修队伍人员及设备配套标准	2022.3.5	2022.3.5	工程技术部	工程技术处	王师 张雪松 黄文鑫 杨小龙 胡超 周津捷 徐鹏海 刘锁
25	修订	Q/SY TZ 0691.5—2022	塔里木油田井下作业小修队伍人员及设备资质档案管理要求	2022.3.5	2022.3.5	工程技术部	工程技术处	王师 张超 王蕾琦 彭鹏 张宏强 李彦召 郭俊杰 赵鹏
26	修订	Q/SY TZ 0691.6—2022	塔里木油田井下作业小修队伍人员及设备配套标准	2022.3.5	2022.3.5	工程技术部	工程技术处	王师 张雪松 张超 齐军 崔航波 唐家诰 杨来顺 张玫浩
27	修订	Q/SY TZ 0691.7—2022	塔里木油田带压作业队伍人员及设备资质档案管理要求	2022.3.5	2022.3.5	工程技术部	工程技术处	张雪松 王师 周建平 汪鑫 高尊升 胡素明 周津捷 赵鹏

续表

序号	制定/修订	标准编号	标准名称	发布日期	实施日期	业务管理部门	起草单位	起草人
28	修订	Q/SY TZ 0691.8—2022	塔里木油田带压作业队伍人员及设备配套标准	2022.3.5	2022.3.5	工程技术部	工程技术处	张雪松 王师 杨双宝 王磊 齐军 唐家诰 崔航波 文国华
29	修订	Q/SY TZ 0691.9—2022	油气井测试地面计量队伍人员及设备资质档案要求	2022.3.5	2022.3.5	工程技术部	工程技术处	秦世勇 饶文艺 周建平 张雪松 高尊升 杨双宝 盛树彬 徐强
30	修订	Q/SY TZ 0692.1—2022	地面工程建设施工作业承包商队伍人员装备档案要求	2022.3.5	2022.3.5	地面工程部	地面工程处	谭泉玲 蔡永立 张立强 姜培斌 杨云成
31	修订	Q/SY TZ 0692.2—2022	地面工程建设施工作业承包商队伍人员装备配套要求	2022.3.5	2022.3.5	地面工程部	地面工程处	张立强 蔡永立 夏显威 姜培斌 杨云成
32	修订	Q/SY TZ 0692.3—2022	地面工程运维检服务队伍人员装备档案要求	2022.3.5	2022.3.5	地面工程部	地面工程处	宋跃海 鲜俊 黄萍 肖燕
33	修订	Q/SY TZ 0692.4—2022	地面工程运维检服务队伍人员装备配套要求	2022.3.5	2022.3.5	地面工程部	地面工程处	宋跃海 黄萍 鲜俊 肖燕 杨洋
34	修订	Q/SY TZ 0693.1—2022	锅炉(加热炉)维修队伍人员及设备资质档案要求	2022.3.5	2022.3.5	设备物资部	设备物资处、塔西南公司、塔中油气开发部、轮南油气开发部	陈东风 赵现如 刘绍东 童根 王勇 胡忠 陈勇 李纪朋
35	修订	Q/SY TZ 0693.2—2022	锅炉(加热炉)维修队伍人员装备配套要求	2022.3.5	2022.3.5	设备物资部	设备物资处、克拉油气开发部、塔中油气开发部、哈得油气开发部	陈东风 赵现如 刘绍东 王勇 杨家林 宋晓俊 王洪松 夏晓晖
36	修订	Q/SY TZ 0693.3—2022	天然气压缩机维修队伍人员及设备资质档案要求	2022.3.5	2022.3.5	设备物资部	设备物资处	陈东风 王立辉 唐瑜 唐波 柳楠 王子辉 李纪朋 王洪松
37	修订	Q/SY TZ 0693.4—2022	天然气压缩机维修队伍人员机具配套要求	2022.3.5	2022.3.5	设备物资部	设备物资处	陈东风 王立辉 唐瑜 唐波 王子辉 李纪朋 张北 曾其信

续表

序号	制定/修订	标准编号	标准名称	发布日期	实施日期	业务管理部门	起草单位	起草人
38	修订	Q/SY TZ 0693.5—2022	油品储罐机械清洗队伍人员及设备资质档案要求	2022.3.5	2022.3.5	设备物资部	设备物资处、克拉油气开发部、英买油气开发部、哈得油气开发部、轮南油气开发部	陈东风 赵现如 刘绍东 童根 宋晓俊 黄红俊 夏晓晖 李纪朋
39	修订	Q/SY TZ 0693.6—2022	油品储罐机械清洗队伍人员装备配套要求	2022.3.5	2022.3.5	设备物资部	设备物资处、英买油气开发部、塔中油气开发部、东河油气开发部、油气运销部	陈东风 赵现如 刘绍东 童根 黄红俊 陈勇 曾其信 程曦
40	修订	Q/SY TZ 0694.1—2022	固体废物处置承包商人员设备资质档案要求	2022.3.5	2022.3.5	质量健康安全环保部	质量安全环保处、塔西南公司、英买油气开发部、塔中油气开发部	苑家彬 高阳 许丽 颜玮 杨舒 陈远
41	修订	Q/SY TZ 0694.2—2022	固体废物处置承包商人员及设备配套标准	2022.3.5	2022.3.5	质量健康安全环保部	质量安全环保处、塔西南公司、英买油气开发部、塔中油气开发部	苑家彬 高阳 许丽 颜玮 杨舒 陈远
42	修订	Q/SY TZ 0015—2022	气举投捞作业操作规程	2023.2.25	2023.4.1	工程技术部	轮南采油气管理区	段玉明 周津捷 雷腾蛟 董丰硕 何明辉 刘生勇
43	修订	Q/SY TZ 0021—2022	石油钻具管理与使用规范钻杆	2023.2.25	2023.4.1	工程技术部	应急中心	陈家磊 李吉荣 葛保胜 段振江 张豪 郭嘉恒 曲豪 汤平汉
44	修订	Q/SY TZ 0043—2022	钻井液及处理剂封堵性能评价推荐程序	2023.2.25	2023.4.1	工程技术部	实验检测研究院	杨川 黄倩 邹盛礼 黄菁 赵刚 田鸣 赛亚尔·库西马克 王瑞雪
45	修订	Q/SY TZ 0081—2022	压裂酸化用助排剂技术要求及试验方法	2023.2.25	2023.4.1	工程技术部	工程技术部、油气工程研究院、实验检测研究院	刘举 黄龙藏 袁泽波 杨双宝 冯觉勇 任登峰 袁学芳 邹国庆

续表

序号	制定/修订	标准编号	标准名称	发布日期	实施日期	业务管理部门	起草单位	起草人
46	修订	Q/SY TZ 0092—2022	钻井液用防塌剂 阳离子乳化沥青技术要求及试验方法	2023.2.25	2023.4.1	工程技术部	实验检测研究院	郭昱汝 木巴热克·吐尔逊 张乐乐 刘璐 杨柳 汪红梅 惠晓琼
47	修订	Q/SY TZ 0107—2022	钻井液用防塌剂 乳化沥青粉技术要求及试验方法	2023.2.25	2023.4.1	工程技术部	实验检测研究院	郭昱汝 刘璐 木巴热克·吐尔逊 杨柳 汪红梅 惠晓琼 鲁红梅
48	修订	Q/SY TZ 0124—2022	钻井液用降滤失剂 两性离子聚合物类技术要求及试验方法	2023.2.25	2023.4.1	工程技术部	实验检测研究院	郭昱汝 杨柳 刘璐 汪红梅 惠晓琼 鲁红梅
49	修订	Q/SY TZ 0144—2022	地震资料采集野外低(降)速带测定及静校正技术规范	2023.2.25	2023.4.1	资源勘查部	勘探开发研究院、勘探事业部	邓建峰 徐凯驰 黄有晖 江民 崔永福 罗姜民 裴广平 王国纬
50	修订	Q/SY TZ 0148—2022	采油(气)树修复技术要求	2023.2.25	2023.4.1	工程技术部	应急中心	李军刚 蒋光强 艾海提江·买买提 艾买江·吐来克 郝健坤 范洪兴
51	修订	Q/SY TZ 0199.11—2022	油气处理装置检、维修及质量验收规范 第11部分：自动化系统、辅助装置及仪器仪表的校准	2023.2.25	2023.4.1	地面工程部	英买采油气管理区	张强 刘武 袁良 单华 王赤宇 谢尧 佧米力江·吐尔洪 陈大勇
52	修订	Q/SY TZ 0220.6—2022	马氏体不锈钢特殊螺纹接头油、套管使用及维护	2023.2.25	2023.4.1	工程技术部	油气工程研究院	谢俊峰 胡芳婷 赵密锋 卢俊安 耿海龙 徐鹏海 熊茂县 唐中原
53	修订	Q/SY TZ 0225—2022	常用钻柱转换接头	2023.2.25	2023.4.1	工程技术部	应急中心	汤平汉 段振江 陈家磊 李吉荣 范洪兴 葛保胜 张豪 郭嘉恒
54	修订	Q/SY TZ 0251—2022	电动节流控制箱检验维修技术要求	2023.2.25	2023.4.1	工程技术部	应急中心	艾海提江·买买提 蒋光强 徐铠昀 徐攀 范洪兴 艾克帕尔·肉孜 郝健坤

续表

序号	制定/修订	标准编号	标准名称	发布日期	实施日期	业务管理部门	起草单位	起草人
55	修订	Q/SY TZ 0262—2022	法兰连接螺柱尺寸规范	2023.2.25	2023.4.1	工程技术部	应急中心	徐铠昀 艾海提江·买买提 高淼 张广毅 袁堃棚 张豪 郝健坤 徐铠炯
56	修订	Q/SY TZ 0275—2022	安全阀安全技术规范	2023.2.25	2023.4.1	设备物资部	油气工程研究院	梁林 高洁玉 孟波 宋美华 张卫朋 张爱良 孙凤枝
57	修订	Q/SY TZ 0277—2022	油气管道支吊架技术要求	2023.2.25	2023.4.1	地面工程部	油气工程研究院	梁林 张卫朋 艾国生 吴超 宋美华 程美林
58	修订	Q/SY TZ 0290—2022	弹簧管式一般压力表运行管理规范	2023.2.25	2023.4.1	地面工程部	地面工程部、油气工程研究院	张强 程美林 谭泉林 杨洋 薛剑 庹浩 张炳南 肖人勇
59	修订	Q/SY TZ 0300—2022	液化石油气管道投产规范	2023.2.25	2023.4.1	地面工程部	油气运销部	郑斌 李刚 苏松山 田玉琛 刘海鹏 左江伟 张思政 李家伟
60	修订	Q/SY TZ 0301—2022	原油管道投产规范	2023.2.25	2023.4.1	地面工程部	油气运销部	黄振利 鲜俊 郑锐 李文明 白婉 章艺 许红明 徐思莹
61	修订	Q/SY TZ 0302—2022	天然气管道投产规范	2023.2.25	2023.4.1	地面工程部	油气运销部	郑斌 白婉 刘海鹏 郑锐 杨春 杨志敏 李家伟 杨子航
62	修订	Q/SY TZ 0346—2022	石油天然气管道第三方施工管理规范	2023.2.25	2023.4.1	地面工程部	油气运销部	李文明 李汉成 刘志博 田一波 杨子航 马荣彬 李有江 吴俊成
63	修订	Q/SY TZ 0369—2022	产品质量监督抽查规范	2023.2.25	2023.4.1	质量健康安全环保部	质量健康安全环保部、企管法规部、工程技术部、设备物资部、物资采办事业部、实验检测研究院	张凯旋 孙军 何中凯 朱海明 瞿凌敏 姜军 余璟刚 杨晓娟

续表

序号	制定/修订	标准编号	标准名称	发布日期	实施日期	业务管理部门	起草单位	起草人
64	修订	Q/SY TZ 0380—2022	中子寿命系列测井解释规范	2023.2.25	2023.4.1	油气开发部(储气库管理部)	勘探开发研究院、油气开发部(储气库管理部)、东河采油气管理区、迪那采油气管理区、克拉采油气管理区	王华伟 罗伟平 田隆梅 朱 雷 马金龙 马燕妮 王立冬 王益民
65	修订	Q/SY TZ 0388—2022	动设备状态监测与故障诊断数据采集及评价方法	2023.2.25	2023.4.1	设备物资部	设备物资部	李亚军 陈东风 唐 波 王立辉 唐 瑜 杨家林 刘绍东 潘 诚
66	修订	Q/SY TZ 0389—2022	玻璃纤维管线管采购、施工及验收技术规范	2023.2.25	2023.4.1	地面工程部	油气工程研究院、地面工程部、哈得采油气管理区、英买采油气管理区	燕自峰 谭川江 毛学强 鲜 俊 王 鹏 刘 源 张 靖
67	修订	Q/SY TZ 0392—2022	钢质管道液体环氧内涂层技术要求及施工规范	2023.2.25	2023.4.1	地面工程部	油气工程研究院、地面工程部、轮南采油气管理区、塔中采油气管理区、东河采油气管理区	毛学强 谭川江 毛仲强 李自怀 鲜 俊 熊新民 林冠发 董训长
68	修订	Q/SY TZ 0417—2022	VSP数据质控及归档规范	2023.2.25	2023.4.1	资源勘查部	勘探开发研究院、勘探事业部	肖又军 张 振 郑多期 罗姜民 黄录忠 李建立 王春和 王腾宇
69	修订	Q/SY TZ 0420—2022	液化石油气汽车槽车充装作业规程	2023.2.25	2023.4.1	地面工程部	油气运销部	杨志彤 党金涛 田一波 李文明 吴俊成 杨 春 李 刚 张思政
70	修订	Q/SY TZ 0425—2022	液位计校准规范	2023.2.25	2023.4.1	质量健康安全环保部	实验检测研究院、质量健康安全环保部	骆卫成 邱立刚 何中凯 朱 勇 黄士超 段 杰
71	修订	Q/SY TZ 0430—2022	计量器具管理规范	2023.2.25	2023.4.1	质量健康安全环保部	质量健康安全环保部、实验检测研究院、哈得采油气管理区、油气运销部	张凯旋 周 明 魏 民 李 盼 袁洪涛 杨建新 邱立刚 李乐乐

续表

序号	制定/修订	标准编号	标准名称	发布日期	实施日期	业务管理部门	起草单位	起草人
72	修订	Q/SY TZ 0456—2022	硫膏	2023.2.25	2023.4.1	质量健康安全环保部	塔中采油气管理区（塔中储气库分公司）、质量健康安全环保部	宋天佐 蔡鹏 侯春生 高余佳 陶建 张凯旋 张峰 唐强
73	修订	Q/SY TZ 0492—2022	油气站场消防设施设计规范	2023.2.25	2023.4.1	地面工程部	油气工程研究院	刘建超 解鲁平 庹浩 谭川江 王赤宇 崔兰德 肖人勇 孟令彤
74	修订	Q/SY TZ 0506—2022	碳酸盐岩油气井替液作业技术规程	2023.2.25	2023.4.1	工程技术部	监督中心、工程技术部、油气工程研究院、东河采油气管理区、油气田产能建设事业部	季晓红 周旋 秦世勇 练以峰 单锋 王艳 唐家锆 王甲昌
75	修订	Q/SY TZ 0510—2022	试油设计规范	2023.2.25	2023.4.1	工程技术部	油气工程研究院、勘探事业部、工程技术部、资源勘查部	刘洪涛 彭建新 刘军严 杨双宝 周进 何思龙 李刚 黎丽丽
76	修订	Q/SY TZ 0513—2022	碳酸盐岩油藏注水替油水质指标	2023.2.25	2023.4.1	地面工程部	油气工程研究院、地面工程部、油气开发部（储气库管理部）、质量健康安全环保部	韩佳 解鲁平 薛剑 孔令锋 欧阳国强 苑家彬 许博
77	修订	Q/SY TZ 0514—2022	油气场站操作规程编制导则	2023.2.25	2023.4.1	地面工程部	油气工程研究院、哈得采油气管理区、应急中心	贾海民 张景山 刘国德 孙凤枝 钟平强 魏捷 梁林 王耀辉
78	修订	Q/SY TZ 0518—2022	致密岩心孔隙度、渗透率分析方法	2023.2.25	2023.4.1	油气开发部（储气库管理部）	实验检测研究院、油气开发部（储气库管理部）、勘探开发研究院	姜晨光 谢巍 彭菲 肖克 唐林 魏明达 刘永福 杨学君
79	修订	Q/SY TZ 0525—2022	阴极保护系统运行管理规范	2023.2.25	2023.4.1	地面工程部	油气工程研究院、地面工程部、博大采油气管理区、迪那采油气管理区	王鹏 谭川江 唐全红 常泽亮 秦振杰 鲜俊 赵玉飞

续表

序号	制定/修订	标准编号	标准名称	发布日期	实施日期	业务管理部门	起草单位	起草人
80	修订	Q/SY TZ 0636—2022	塔里木油田仪表及自控系统运行维护规范	2023.2.25	2023.4.1	地面工程部	地面工程部、油气工程研究院	张 强 谭泉玲 张春生 陈绍云 杨 洋 吴向臣 唐志刚 王 辉
81	修订	Q/SY TZ 0662—2022	地震资料分工序处理质量控制规范	2023.2.25	2023.4.1	资源勘查部	勘探开发研究院	郑多明 段文胜 杨珊珊 秦 龙 刘正文 陈飞旭 顾成龙 杜 禹
82	制定	Q/SY TZ 0691.16—2022	固井队伍人员及设备配套标准	2022.3.5	2022.3.5	工程技术部	油气工程研究院、工程技术部	滕志想 张 权 周 波 王孝亮 冯少波 颜 辉 宋国志 周 宝
83	制定	Q/SY TZ 0691.17—2022	固井队伍人员及设备资质档案要求	2022.3.5	2022.3.5	工程技术部	勘探事业部、勘探开发研究院、油气田产能建设事业部、监督中心	李文华 王国瓦 杨敬博 汤明刚 张鑫磊 黄新林 王景辰 胡 伟
84	制定	Q/SY TZ 0692.5—2022	地面工程建设监理承包商队伍人员装备档案要求	2022.3.5	2022.3.5	地面工程部	实验检测研究院、工程技术部、油气工程研究院、油气田产能建设事业部、勘探事业部、物资采办事业部	田 鸣 周理志 李 旭 卢俊安 刘忠飞 陈永衡 衡宣亦 李丹阳
85	制定	Q/SY TZ 0692.6—2022	地面工程建设监理承包商队伍人员装备配套要求	2022.3.5	2022.3.5	地面工程部	油气工程研究院、塔中采油气管理区、迪那采油气管理区、地面工程部、南疆利民油气运行中心	王宏军 喻友均 龚道永 宫彦双 艾国生 许 博 王 冲 隋志成
86	制定	Q/SY TZ 0692.7—2022	地面工程建设无损检测承包商队伍人员装备档案要求	2022.3.5	2022.3.5	地面工程部	油气工程研究院、地面工程部、东河采油气管理区、博大采油气管理区、轮南采油气管理区	王 鹏 谭川江 陈广明 常泽亮 陈杨磊 鲜 俊 董训长 赵玉飞
87	制定	Q/SY TZ 0692.8—2022	地面工程建设无损检测承包商队伍人员装备配套要求	2022.3.5	2022.3.5	地面工程部	地面工程部、油气工程研究院、迪那采油气管理区	张 强 文远静 王 辉 方 伟 文四名 程 鹏 黄 萍 唐志刚

续表

序号	制定/修订	标准编号	标准名称	发布日期	实施日期	业务管理部门	起草单位	起草人
88	制定	Q/SY TZ 0693.10—2022	电气设备维修队伍人员装备配套要求	2022.3.5	2022.3.5	设备物资部	地面工程部、油气工程研究院	张强 高昌保 谭泉玲 姜培斌 闫锐 石鑫 吴向臣 张炳南
89	制定	Q/SY TZ 0693.11—2022	储罐安全附件检测队伍人员及设备资质档案要求	2022.3.5	2022.3.5	设备物资部	地面工程部、油气工程研究院、英买采油气管理区	张强 袁良 谭泉玲 姜培斌 谢尧 佧米力江·吐尔洪 张春生 张炳南
90	制定	Q/SY TZ 0693.12—2022	储罐安全附件检测队伍人员装备配套要求	2022.3.5	2022.3.5	设备物资部	地面工程部、油气工程研究院、轮南采油气管理区	张强 柳俊文 谭泉玲 姜培斌 肖燕 付强 侯永宾 张炳南
91	制定	Q/SY TZ 0693.7—2022	锅炉(加热炉)燃烧器及安全联锁保护装置检测队伍人员及设备资质档案要求	2022.3.5	2022.3.5	设备物资部	地面工程部、油气工程研究院、哈得采油气管理区	张强 安璐 谭泉玲 肖燕 谭秋仲 谢迁迢 薛剑 张炳南
92	制定	Q/SY TZ 0693.8—2022	锅炉(加热炉)燃烧器及安全联锁保护装置检测队伍人员装备配套要求	2022.3.5	2022.3.5	设备物资部	地面工程部、油气工程研究院、克拉采油气管理区	张强 何宇颉 杨洋 王辉 张予杰 吴向臣 张炳南 程鹏
93	制定	Q/SY TZ 0693.9—2022	电气设备维修队伍人员及设备资质档案要求	2022.3.5	2022.3.5	设备物资部	地面工程部、油气工程研究院	张强 张炳南 谭泉玲 肖燕 王赤宇 张春生 陈绍云 吴向臣
94	制定	Q/SY TZ 0771—2022	塔里木油田探区户外电能计量装置选型及安装技术要求	2023.2.25	2023.4.1	生产运行部	油气生产技术部	雷春俊 朱丽侠 杜建龙 孟攀雷 赵勇勇
95	制定	Q/SY TZ 0772—2022	塔里木油田10kV架空配电线路架设标准	2023.2.25	2023.4.1	生产运行部	油气生产技术部	雷春俊 朱丽侠 杨俊锋 马波
96	制定	Q/SY TZ 0773—2022	塔里木油田35kV架空配电线路架设标准	2023.2.25	2023.4.1	生产运行部	油气生产技术部	雷春俊 朱丽侠 黄新 李丽娜 孟攀雷

续表

序号	制定/修订	标准编号	标准名称	发布日期	实施日期	业务管理部门	起草单位	起草人
97	制定	Q/SY TZ 0774—2022	已开发油气田区块、单井效益分类和评价方法技术规范	2023.2.25	2023.4.1	规划计划部	质量健康安全环保部、国家石油天然气大流量计量站、实验检测研究院、销售事业部	仝可佳 刘美容 符琼芬 罗敏 付宁 陈丹 杨露 马晓曦
98	制定	Q/SY TZ 0775—2022	碎屑岩油藏注气提采与储气库协同方案经济评价技术规范	2023.2.25	2023.4.1	规划计划部	勘探开发研究院	罗敏 彭海军 杨俊丰 王福焕 杨露 王妤 李静 莫小伟
99	制定	Q/SY TZ 0776—2022	枯竭油藏型储气库经济评价技术规范	2023.2.25	2023.4.1	规划计划部	勘探开发研究院	仝可佳 彭海军 杨俊丰 顾乔元 陈丹 刘美容 黄倩 蒲鸿春
100	制定	Q/SY TZ 0777—2022	消火栓安全技术要求	2023.2.25	2023.4.1	质量健康安全环保部	应急中心、油气工程研究院、质量健康安全环保部	熊竹顺 王博 杨德才 熊伟 徐思宁 王涛 包盼梅 李文涛
101	制定	Q/SY TZ 0778—2022	工业硫磺中铁元素的测定 电感耦合等离子体原子发射光谱法	2023.2.25	2023.4.1	质量健康安全环保部	实验检测研究院	同元辉 万琦 乔锦玲 师疆曼 秦萍 江凤梅 董飞 赵凤丽
102	制定	Q/SY TZ 0779—2022	油田水中微量金属元素的测定 电感耦合等离子体原子发射光谱法（ICP–AES）	2023.2.25	2023.4.1	质量健康安全环保部	实验检测研究院	同元辉 乔锦玲 师疆曼 图孟格勒 黄凤霞 周燕华 赵凤丽
103	制定	Q/SY TZ 0780—2022	石油及石油产品中微量金属元素的测定 电感耦合等离子体原子发射光谱法	2023.2.25	2023.4.1	质量健康安全环保部	实验检测研究院	同元辉 梁爽 图孟格勒 王瑞芳 乔锦玲 万琦
104	制定	Q/SY TZ 0781—2022	石油和石油产品及添加剂机械杂质含量的测定 离心法	2023.2.25	2023.4.1	质量健康安全环保部	实验检测研究院	邹晓梅 同元辉 梁爽 师疆曼 杜冬梅 周娟 吴绪利 杨华

续表

序号	制定/修订	标准编号	标准名称	发布日期	实施日期	业务管理部门	起草单位	起草人
105	制定	Q/SY TZ 0782—2022	大容量移液器校准方法	2023.2.25	2023.4.1	质量健康安全环保部	实验检测研究院	石美玉 肖 克 骆卫成 王文华 况伟沙 敬春莲 朱 兰
106	制定	Q/SY TZ 0783—2022	天然气中氢、氦含量的检测 气相色谱法	2023.2.25	2023.4.1	质量健康安全环保部	实验检测研究院	图孟格勒 同元辉 秦 萍 陈亚兵 万 琦 江凤梅 董 飞 郭朝阳
107	制定	Q/SY TZ 0784—2022	高覆盖区地表地质精细建模流程及工作规范	2023.2.25	2023.4.1	资源勘查部	勘探开发研究院	徐振平 谢会文 陈 才 孙 迪 黄少英 杨芝林 许安明
108	制定	Q/SY TZ 0785—2022	地震岩石物理分析质控技术规范	2023.2.25	2023.4.1	资源勘查部	勘探开发研究院	陈 强 郑多明 李鹏飞 成 锁 肖又军 谭 杨 赵光亮 段文胜
109	制定	Q/SY TZ 0786—2022	地震储层预测项目技术设计规范	2023.2.25	2023.4.1	资源勘查部	勘探开发研究院	肖又军 赵光亮 成 锁 肖 文 张 晟 王 鑫 袁 源 简世凯
110	制定	Q/SY TZ 0787—2022	塔里木盆地常用沉积相及岩相古地理图例规范	2023.2.25	2023.4.1	资源勘查部	勘探开发研究院	袁文芳 史超群 王振鸿 娄 洪 杨 果 曹少芳 程 明 吕惠贤
111	制定	Q/SY TZ 0788—2022	地震成果总装处理技术规范	2023.2.25	2023.4.1	资源勘查部	勘探开发研究院、资源勘查部	雷刚林 段文胜 郑多明 杨珊珊 左安鑫 赖敬容 方 兵
112	制定	Q/SY TZ 0789—2022	油气藏四维地质力学建模方法	2023.2.25	2023.4.1	资源勘查部	勘探开发研究院	王海应 张 辉 尹国庆 王志民 赵 斌 徐 珂 张永宾 李 君
113	制定	Q/SY TZ 0790—2022	节点地震数据采集系统准入及使用技术规范	2023.2.25	2023.4.1	资源勘查部	勘探事业部	罗姜民 李大军 郭念民 黄有晖 江 民
114	制定	Q/SY TZ 0791—2022	深层高压气藏动态储量评价技术标准	2023.2.25	2023.4.1	油气开发部(储气库管理部)	中国石油塔里木油田分公司勘探开发研究院、油气开发部（储气库管理部），中国石油勘探开发研究院	肖香姣 陈 东 罗 辑 杨 敏 孙贺东 张永宾 杨凤来 魏 聪

续表

序号	制定/修订	标准编号	标准名称	发布日期	实施日期	业务管理部门	起草单位	起草人
115	制定	Q/SY TZ 0792—2022	深层碎屑岩气藏产能标定方法	2023.2.25	2023.4.1	油气开发部(储气库管理部)	塔里木油田公司勘探开发研究院、中国石油勘探开发研究院	罗辑 孙贺东 唐海发 黄召庭 魏聪 张旭 付莹 代力
116	制定	Q/SY TZ 0793—2022	走滑断裂带横向结构描述技术规范	2023.2.25	2023.4.1	油气开发部(储气库管理部)	勘探开发研究院	李世银 关宝珠 张银涛 邓兴梁 高宏亮 杨新影 刘博 高莲花
117	制定	Q/SY TZ 0794—2022	碎屑岩油藏烃类气驱气窜判别方法	2023.2.25	2023.4.1	油气开发部(储气库管理部)	勘探开发研究院	陶正武 汪如军 周代余 陈方方 王陶 张亮 闫更平 王森
118	制定	Q/SY TZ 0795—2022	碳酸盐岩缝洞型油藏高压注水扩容选井技术规范	2023.2.25	2023.4.1	油气开发部(储气库管理部)	勘探开发研究院、东河采油气管理区、哈得采油气管理区	邓兴梁 刘志良 姚超 牛阁 姜许健 王彭 张键 王怀龙
119	制定	Q/SY TZ 0796—2022	裂缝性砂岩储层天然裂缝表征方法	2023.2.25	2023.4.1	油气开发部(储气库管理部)	迪那采油气管理区、勘探开发研究院、中国石油天然气股份有限公司杭州地质研究院	王洪峰 陈文龙 赵紫桐 廖发明 吕波 张建业 陈乃东 王俊鹏
120	制定	Q/SY TZ 0797—2022	缝洞型碳酸盐岩油藏注水开发技术规范	2023.2.25	2023.4.1	油气开发部(储气库管理部)	东河采油气管理区、勘探开发研究院	陈利新 牛玉杰 姜许健 王俊芳 崔仕提 肖云 王霞 杨博
121	制定	Q/SY TZ 0798—2022	含硫化氢流体物性分析方法	2023.2.25	2023.4.1	油气开发部(储气库管理部)	实验检测研究院	张利明 袁泽波 王小强 孟祥娟 图孟格勒 武逸戈 曾昌民 王晶冰
122	制定	Q/SY TZ 0799—2022	钻井井场网电配置及安装规范	2023.2.25	2023.4.1	工程技术部	工程技术部	何思龙 卢俊安 陈志涛 杨小龙 刘成 周排部 陈江林 李剑波
123	制定	Q/SY TZ 0800—2022	超深井固井质量评价	2023.2.25	2023.4.1	工程技术部	勘探开发研究院、油气工程研究院、勘探事业部、油气田产能建设事业部	朱雷 袁仕俊 罗伟平 张鑫磊 刘忠飞 唐中原 帅士辰 丁辉

续表

序号	制定/修订	标准编号	标准名称	发布日期	实施日期	业务管理部门	起草单位	起草人
124	制定	Q/SY TZ 0801—2022	定向井完井资料上交技术规范	2023.2.25	2023.4.1	工程技术部	油气工程研究院、勘探事业部、油气田产能建设事业部	鲁慧 冯少波 杨成新 李宁 章景城 刘会良 邵长春 高海洋
125	制定	Q/SY TZ 0802—2022	定向井随钻测斜仪器使用和检维修技术要求	2023.2.25	2023.4.1	工程技术部	油气工程研究院、工程技术部、油气田产能建设事业部	文亮 周波 杨成新 李宁 何思龙 申彪 秦宏德 刘丰
126	制定	Q/SY TZ 0803—2022	含硫化氢和氧气注入环境石油管材腐蚀试验方法	2023.2.25	2023.4.1	工程技术部	油气工程研究院	赵密锋 宋文文 谢俊峰 文国华 郑如森 熊茂县 胡芳婷 翟臣
127	制定	Q/SY TZ 0804—2022	采油用油溶性沥青分散剂性能评价方法	2023.2.25	2023.4.1	工程技术部	油气工程研究院、实验检测研究院	曹立虎 徐海霞 吴红军 袁泽波 陈兰 王宏 程春杰 姚茂堂
128	制定	Q/SY TZ 0805—2022	碳钢、低合金钢非API螺纹接头油管修复技术规程	2023.2.25	2023.4.1	工程技术部	油气工程研究院、轮南采油气管理区	熊茂县 赵密锋 耿海龙 杨双宝 陈志涛 胡芳婷 周津捷 王勇
129	制定	Q/SY TZ 0806—2022	高温高压气井环空保护剂技术要求及评价方法	2023.2.25	2023.4.1	工程技术部	油气工程研究院	宋文文 赵密锋 谢俊峰 杨双宝 张宏强 熊茂县 李岩 唐佳鑫
130	制定	Q/SY TZ 0807—2022	高温高压井气密扣有限元分析判定方法	2023.2.25	2023.4.1	工程技术部	油气工程研究院	胡芳婷 赵密锋 谢俊峰 陈志涛 熊茂县 李岩 刘文超 范玮
131	制定	Q/SY TZ 0808—2022	天然气井化学除垢解堵设计规范	2023.2.25	2023.4.1	工程技术部	油气工程研究院	曹立虎 孙涛 张超 吴红军 彭建云 张宏强 孙晓飞 朱良根
132	制定	Q/SY TZ 0809—2022	塔里木油田油套管选材推荐做法	2023.2.25	2023.4.1	工程技术部	油气工程研究院	李岩 赵密锋 宋文文 杨双宝 卢俊安 尹红卫 熊茂县 郑如森
133	制定	Q/SY TZ 0810—2022	常规溢流压井方案编制规范	2023.2.25	2023.4.1	工程技术部	油气工程研究院	邹光贵 郭海清 王鹏程 张绪亮 宋海涛 李君 黄文鑫 夏天果

续表

序号	制定/修订	标准编号	标准名称	发布日期	实施日期	业务管理部门	起草单位	起草人
134	制定	Q/SY TZ 0811—2022	高压气井带压作业机带压作业技术规范	2023.2.25	2023.4.1	工程技术部	油气工程研究院、工程技术部、博大采油气管理区、克拉采油气管理区	张伟 黄锟 周旋 刘举 刘军严 秦世勇 张雪松 张宏强
135	制定	Q/SY TZ 0812—2022	深井超深井套管柱设计校核方法	2023.2.25	2023.4.1	工程技术部	油气工程研究院、工程技术部	滕志想 张权 周波 王孝亮 冯少波 颜辉 宋国志 周宝
136	制定	Q/SY TZ 0813—2022	综合录井井筒液面监测技术规范	2023.2.25	2023.4.1	工程技术部	勘探事业部、勘探开发研究院、油气田产能建设事业部、监督中心	李文华 王国瓦 杨敬博 汤明刚 张鑫磊 黄新林 王景辰 胡伟
137	制定	Q/SY TZ 0814—2022	套管扶正器性能检验技术规范	2023.2.25	2023.4.1	工程技术部	实验检测研究院、工程技术部、油气工程研究院、油气田产能建设事业部、勘探事业部、物资采办事业部	田鸣 周理志 李旭 卢俊安 刘忠飞 陈永衡 衡宣亦 李丹阳
138	制定	Q/SY TZ 0815—2022	钢质管道缺陷维修技术规范	2023.2.25	2023.4.1	地面工程部	油气工程研究院、塔中采油气管理区、迪那采油气管理区、地面工程部、南疆利民油气运行中心	王宏军 喻友均 龚道永 宫彦双 艾国生 许博 王冲 隋志成
139	制定	Q/SY TZ 0816—2022	智能阴极保护系统技术规范	2023.2.25	2023.4.1	地面工程部	油气工程研究院、地面工程部、东河采油气管理区、博大采油气管理区、轮南采油气管理区	王鹏 谭川江 陈广明 常泽亮 陈杨磊 鲜俊 董训长 赵玉飞
140	制定	Q/SY TZ 0817—2022	质量流量计运行维护规范	2023.2.25	2023.4.1	地面工程部	地面工程部、油气工程研究院、迪那采油气管理区	张强 文远静 王辉 方伟 文四名 程鹏 黄萍 唐志刚

续表

序号	制定/修订	标准编号	标准名称	发布日期	实施日期	业务管理部门	起草单位	起草人
141	制定	Q/SY TZ 0818—2022	法兰液位计运行维护规范	2023.2.25	2023.4.1	地面工程部	地面工程部、油气工程研究院	张强 高昌保 谭泉玲 姜培斌 闫锐 石鑫 吴向臣 张炳南
142	制定	Q/SY TZ 0819—2022	压力变送器运行维护规定	2023.2.25	2023.4.1	地面工程部	地面工程部、油气工程研究院、英买采油气管理区	张强 袁良 谭泉玲 姜培斌 谢尧 佧米力江·吐尔洪 张春生 张炳南
143	制定	Q/SY TZ 0820—2022	温度变送器运行维护规定	2023.2.25	2023.4.1	地面工程部	地面工程部、油气工程研究院、轮南采油气管理区	张强 柳俊文 谭泉玲 姜培斌 肖燕 付强 侯永宾 张炳南
144	制定	Q/SY TZ 0821—2022	旋进旋涡流量计运行维护规范	2023.2.25	2023.4.1	地面工程部	地面工程部、油气工程研究院、哈得采油气管理区	张强 安璐 谭泉玲 肖燕 谭秋仲 谢迁迢 薛剑 张炳南
145	制定	Q/SY TZ 0822—2022	孔板流量计运行维护规范	2023.2.25	2023.4.1	地面工程部	地面工程部、油气工程研究院、克拉采油气管理区	张强 何宇颉 杨洋 王辉 张予杰 吴向臣 张炳南 程鹏
146	制定	Q/SY TZ 0823—2022	调节阀运行维护规范	2023.2.25	2023.4.1	地面工程部	地面工程部、油气工程研究院	张强 张炳南 谭泉玲 肖燕 王赤宇 张春生 陈绍云 吴向臣
147	制定	Q/SY TZ 0824—2022	可燃气体探测器运行维护规范	2023.2.25	2023.4.1	地面工程部	地面工程部、油气工程研究院、泽普采油气管理区	张强 王磊 杨洋 夏晓晖 马斌 王赤宇 张炳南 程鹏
148	制定	Q/SY TZ 0825—2022	电磁流量计运行维护规范	2023.2.25	2023.4.1	地面工程部	地面工程部、油气工程研究院、塔中采油气管理区	张强 赵斌 谭泉玲 杨洋 梁晓飞 夏明明 谭川江 张炳南
149	制定	Q/SY TZ 0826—2022	磁致伸缩液位计运行维护规范	2023.2.25	2023.4.1	地面工程部	地面工程部、油气工程研究院、博大采油气管理区	张强 许鸿 王辉 雷志云 张炬玮 陈绍云 张炳南 程鹏
150	制定	Q/SY TZ 0827—2022	超声波流量计运行维护规范	2023.2.25	2023.4.1	地面工程部	地面工程部、油气工程研究院、油气运销部	张强 索杏兰 谭泉玲 姜培斌 邓玉发 黄明基 崔兰德 张炳南

续表

序号	制定/修订	标准编号	标准名称	发布日期	实施日期	业务管理部门	起草单位	起草人
151	制定	Q/SY TZ 0828—2022	中口径高压厚壁管道内检测技术规范	2023.2.25	2023.4.1	地面工程部	油气工程研究院、博大采油气管理区、英买采油气管理区	王宏军 安 超 艾国生 常泽亮 吴 超 张爱良 刘百春 郑民君
152	制定	Q/SY TZ 0829—2022	LC65-2205双相不锈钢钢管采购技术要求	2023.2.25	2023.4.1	地面工程部	油气工程研究院、中国石油工程技术研究有限公司、地面工程部、克拉采油气管理区、迪那采油气管理区、博大采油气管理区	陈庆国 李 磊 鲜 俊 冯 泉 宋晓俊 秦振杰 常泽亮 吴 超
153	制定	Q/SY TZ 0830—2022	油气管道三通挡条设计与安装技术规范	2023.2.25	2023.4.1	地面工程部	油气工程研究院、地面工程部	方 艳 张红磊 齐 友 宋跃海 王 鹏 董训长 唐全宏
154	制定	Q/SY TZ 0831—2022	钢质管道内检测器选用指南	2023.2.25	2023.4.1	地面工程部	油气工程研究院、东河采油气管理区、塔中采油气管理区、哈得采油气管理区、地面工程部、克拉采油气管理区	王宏军 陈广明 刘百春 张景山 黄 强 贾福生 鲜 俊 顾 泓
155	制定	Q/SY TZ 0832—2022	管道完整性管理效能评价规范	2023.2.25	2023.4.1	地面工程部	油气工程研究院、地面工程部、哈得采油气管理区、轮南采油气管理区	张卫朋 宫彦双 柯庆军 毛仲强 张景山 吴 超 宋跃海 孟禄锦
156	制定	Q/SY TZ 0833—2022	无人值守中小站场设计技术规范	2023.2.25	2023.4.1	地面工程部	英买采油气管理区	谢 尧 温艳军 吴 坚 文 雷 袁 良 佧米力江 郑民君 李赞博
157	制定	Q/SY TZ 0834—2022	管道及场站基础地理信息数据无人机采集规范	2023.2.25	2023.4.1	地面工程部	塔中采油气管理区、地面工程部、油气工程研究院	刘鹏程 孔令峰 安 超 梁晓飞 曾维伟 高永卫 胡世豪 夏明明

续表

序号	制定/修订	标准编号	标准名称	发布日期	实施日期	业务管理部门	起草单位	起草人
158	制定	Q/SY TZ 0835—2022	油气集输管道内衬管道施工及验收规范	2023.2.25	2023.4.1	地面工程部	东河采油气管理区	贺江波 陈光明 朱增强 常镇伟 王同峰 谭疆晖 杨琪 郦晓布
159	制定	Q/SY TZ 0836—2022	油气管道报废处置技术规范	2023.2.25	2023.4.1	地面工程部	油气运销部、地面工程部、油气工程研究院、南疆利民油气运行中心、哈得采油气管理区、塔中采油气管理区	邓帮辉 张朋岗 晁宏洲 鲜俊 安超 王冲 朱军凯 刘源
160	制定	Q/SY TZ 0837—2022	油田集输系统硫酸钡型垢清垢剂技术规范	2023.2.25	2023.4.1	地面工程部	实验检测研究院	袁泽波 孟祥娟 张利明 贺宇雨 李佳妮 曾昌民 郭昱汝 黄林坤
161	制定	Q/SY TZ 0838—2022	电气设备标识管理技术规范	2023.2.25	2023.4.1	设备物资部	设备物资部	王立辉 唐瑜 唐波 童根 杨萌 赵庆文 张乃鑫 李赞博
162	制定	Q/SY TZ 0839—2022	主要能耗设备节能减排技术规范	2023.2.25	2023.4.1	设备物资部	设备物资部、油气工程研究院、新能源事业部、实验检测研究院	李亚军 谭川江 刘绍东 王立辉 童根 杨家林 林国强 王清平
163	制定	Q/SY TZ 0840—2022	储罐安全附件技术规范	2023.2.25	2023.4.1	设备物资部	设备物资部	童根 柳楠 刘绍东 唐波 李月霄 张金星 秦振杰 马金龙
164	制定	Q/SY TZ 0841—2022	异步电动机选型、采购和安装技术规范	2023.2.25	2023.4.1	设备物资部	设备物资部	唐瑜 张丽 唐波 童根 杨家林 张立英 郭旭 赵庆文
165	制定	Q/SY TZ 0842—2022	带内涂层油气处理容器化学清洗技术要求	2023.2.25	2023.4.1	设备物资部	油气工程研究院、设备物资部、博大采油气管理区、塔中采油气管理区、克拉采油气管理区、中国石油集团工程技术研究有限公司	毛学强 谭川江 常泽亮 柳楠 李自怀 童根 宋晓俊 林竹

续表

序号	制定/修订	标准编号	标准名称	发布日期	实施日期	业务管理部门	起草单位	起草人
166	制定	Q/SY TZ 0843—2022	音视讯资源接入管理规范	2023.2.25	2023.4.1	数字和信息化管理部	油气数智技术中心	陈锐 李家金 杜永红 熊胜强 肖楠 吴金峰 银宏亮 闵少琨
167	制定	Q/SY TZ 0844—2022	音视讯平台运行维护管理规范	2023.2.25	2023.4.1	数字和信息化管理部	油气数智技术中心	陈锐 杜永红 李家金 熊胜强 肖楠 吴金峰 黄晓东 钱芸芸
168	制定	Q/SY TZ 0845—2022	语音交换系统运维规范	2023.2.25	2023.4.1	数字和信息化管理部	油气数智技术中心	杨其展 吴金峰 史蕙 樊华 那日松 彭浩 朱伟东 热汗古丽·木克依提
169	制定	Q/SY TZ 0846—2022	光传输系统运维规范	2023.2.25	2023.4.1	数字和信息化管理部	油气数智技术中心	张少飞 冯雅静 熊兵 方海棠 杨其展 余忠凯 刘鑫 周玉贤
170	制定	Q/SY TZ 0847—2022	通讯光缆线路维护规范	2023.2.25	2023.4.1	数字和信息化管理部	油气数智技术中心	郝兵 张少飞 岳爱红 那日松 杨其展 陈锐 余忠凯 艾尼瓦尔·亚生
171	制定	Q/SY TZ 0848—2022	无线网桥建设与运维规范	2023.2.25	2023.4.1	数字和信息化管理部	油气数智技术中心	方海棠 张少飞 冯雅静 余忠凯 杨其展 郭水亮 折雅琪 刘鑫
172	制定	Q/SY TZ 0849—2022	工业控制系统网络安全标准	2023.2.25	2023.4.1	数字和信息化管理部	地面工程部、油气数智技术中心	杨洋 姜培斌 张春生 杨松 陈锐 何军 吕颖璇 袁骁
173	制定	Q/SY TZ 0850—2022	通信机房及动力环境系统建设规范	2023.2.25	2023.4.1	数字和信息化管理部	油气数智技术中心	郝兵 袁桂梅 熊兵 吴金峰 张少飞 杨其展 余忠凯 吕颖璇
174	制定	Q/SY TZ 0851—2022	综合布线要求规范	2023.2.25	2023.4.1	数字和信息化管理部	油气数智技术中心	余忠凯 郝兵 杨其展 肖永红 李青 那日松 吴金峰 吐尔逊·买买提

续表

序号	制定/修订	标准编号	标准名称	发布日期	实施日期	业务管理部门	起草单位	起草人
175	制定	Q/SY TZ 0852—2022	通信光缆线路建设规范	2023.2.25	2023.4.1	数字和信息化管理部	油气数智技术中心	郝 兵 岳爱红 那日松 张少飞 董 斌 杨其展 陈 锐 余忠凯
176	制定	Q/SY TZ 0853—2022	局域网建设与运行维护规范	2023.2.25	2023.4.1	数字和信息化管理部	油气数智技术中心	杨其展 熊 兵 余忠凯 费 强 尼加提 刘 鑫 折雅琪 李 青
177	制定	Q/SY TZ 0854—2022	移动应用安全标准	2023.2.25	2023.4.1	数字和信息化管理部	油气数智技术中心	杨其展 袁 骁 杨 松 陈 锐 李家金 吕颖璇 陈 伟 耿霖峰
178	制定	Q/SY TZ 0855—2022	卫星传输系统运维规范	2023.2.25	2023.4.1	数字和信息化管理部	油气数智技术中心	方海棠 张少飞 郭水亮 杨其展 余忠凯 那日松 冯雅静 折雅琪
179	制定	Q/SY TZ 0856—2022	水电供应物联网数据采集规范	2023.2.25	2023.4.1	数字和信息化管理部	油气数智技术中心	陈 芳 魏志强 李亚飞 刘新建 钟建芳 杜建龙 陈 锐 周玉贤
180	制定	Q/SY TZ 0857—2022	水电供应现场数据标准化采集规范	2023.2.25	2023.4.1	数字和信息化管理部	油气生产技术部、生产运行处、油气数智技术中心	魏志强 陈 芳 李亚飞 刘新建 钟建芳 杜建龙 陈 锐 周玉贤

(张 晖)

科技平台管理

【中国石油超深层复杂油气藏勘探开发技术研发中心建设】 2022年,塔里木油田公司推进中国石油超深层复杂油气藏勘探开发技术研发中心建设,由塔里木油田公司党工委统一领导、技术委员会指导、专家委员会管理、技术研发中心保障支撑、项目长负责,采取完全开放的科技创新管理体制,组建中国石油超深层复杂油气藏勘探开发技术研发中心领导机构,成立10个首席技术专家领衔的专家委员会,完善中心组织管理机构,编制完成中心启动会筹备方案,落实研发中心启动仪式筹备工作。2021年12月,集团公司批准成立超深层复杂油气藏勘探开发技术研发中心,依托塔里木油田公司,联合中国石油勘探开发研究院、中国石油工程技术研究院和中国石油大学(华东)共同筹建。塔里木油田公司联合共建单位,针对技术研发中心组织运行管理,多次组织召开高层次研讨会,推动技术研发中心运行机制落实落地。

中国石油超深层复杂油气藏勘探开发技术研发中心是集集团公司超深层复杂油气藏勘探开发关键技术研发中心、工业化应用支持服务中心、人才培养中心和国际技术交流合作中心等功能于一体,以超深层油气地质基础理论研究、超深层油气藏开发技术研究及超深层采油气技术研究为研究方向的新型科技创新平台。中国石油超深层复杂油气藏勘探开发技术研发中心的建设,旨在打造我国超深领域勘探开发技术策源地、国家战略科技力量和能源与化工创新高地,保障国家能源安全、建设科技强国。

【中国石油超深层复杂油气藏勘探开发技术研发中心机构设置】 2022年9月12日,《中国石油天然气集团有限公司超深层复杂油气藏勘探开发技术研发中心运行方案》印发,中国石油超深层复杂油气藏勘探开发技术研发中心正式启动运行。中国石油超深层复杂油气藏勘探开发技术研发中心组织机构设置领导小组、技术委员会、技术研发中心领导、技术研发中心办公室、专家委员会、技术研究室、项目组、分中心及相关共建支持机构。

(一)领导小组

组长:沈复孝

副组长:王清华、李亚林(常务)

成员:塔里木油田公司领导班子成员

主要职责:审批技术研发中心中长期发展规划,确定发展方向和重点研究领域。决定技术研发中心其他重大事项。

(二)技术委员会

主任:孙龙德　中国工程院院士

副主任:江同文　中国石油天然气集团有限公司科技管理部

　　　　王清华　中国石油塔里木油田分公司

委员:贾承造　中国科学院院士

　　　郝　芳　中国科学院院士

　　　孙金声　中国工程院院士

　　　李　宁　中国工程院院士

　　　张来斌　中国工程院院士

　　　窦立荣　中国石油勘探开发研究院

　　　刘岩生　中国石油工程技术研究院

　　　李亚林　中国石油塔里木油田分公司

　　　王　虎　中国石油塔里木油田分公司

　　　何新兴　中国石油塔里木油田分公司

　　　操应长　中国石油大学(华东)

　　　廖广志　中国石油勘探与生产分公司

秘书长:李亚林　中国石油塔里木油田分公司

主要职责:审议技术研发中心研究方向、发展规划、计划。审议技术研发中心重点攻关任务。指导技术研发中心重大科研任务攻关、重大技术成果总结及推广。

(三)技术研发中心领导

主任:李亚林　中国石油塔里木油田分公司

常务副主任:孟祥娟　中国石油塔里木油田分公司

副主任:魏国齐　中国石油勘探开发研究院

　　　　陈志学　中国石油工程技术研究院

　　　　李忠伟　中国石油大学(华东)

主要职责:负责组织制定和实施技术研发中心发展规划与年度计划。负责组织技术研发中心科技攻关、成果与知识产权管理及成果推广应用。负责组织技术研发中心科技合作交流。负责专家委员会工作的考核。负责技术研发中心科研仪器设备购置与更新等硬件建设。负责技术研发中心财务、资产、人力资源管理。负责各联合共建单位相关业务的沟通与协调。负责配合主管部门组织的运行考核评价,组织内部考核。负责组织技术研发中心制度建设。

(四)技术研发中心办公室

主任:孟祥娟　中国石油塔里木油田分公司

副主任:徐彦龙　中国石油塔里木油田分公司

主要职责:负责组织编制和实施技术研发中心发展规划和年度计划。负责组织中心科技项目、合同、成果与知识产权及成果推广应用管理。负责组织各领域科研合作和学术交流活动。负责协调保障专家委员会日常运行。负责组织技术研发中心科研仪器设备购置与更新等硬件建设。负责技术研发中心人力资源、财务资产管理。负责编制技术研发中心管理规章制度。负责组织编制技术研发中心年度工作总结。负责办理技术研发中心领导安排的其他工作。

(五)专家委员会

设置勘探、开发、地球物理、钻完井、采油气、矿权储量、地面、储运、新能源、信息10个专家委员会(名单见附件),委员会下设办公室。专家委员会由主任组建,明确"出题人、组织答题人、阅卷人",建立动态调整机制,成员构成根据实际情况适时调整。

1. 勘探技术专家委员会

勘探技术专家委员会共17人,其中,塔里木油田公司各级专家14人,联合共建单位专家3人。其主任、副主任和办公室主任设置如下:

主任:杨海军　中国石油塔里木油田分公司

副主任:杨文静　中国石油塔里木油田分公司

　　　　赵　喆　中国石油勘探开发研究院

　　　　刘可禹　中国石油大学(华东)

办公室主任:李　勇　中国石油塔里木油田分公司

2. 开发技术专家委员会

开发技术专家委员会共17人,其中,塔里木油田公司各级专家12人,联合共建单位专家5人。其主任、副主任和办公室主任设置如下：

主任：汪如军　中国石油塔里木油田分公司
副主任：昌伦杰　中国石油塔里木油田分公司
　　　　李保柱　中国石油勘探开发研究院
　　　　杨永飞　中国石油大学(华东)
办公室主任：张承泽　中国石油塔里木油田分公司

3. 地球物理技术专家委员会

地球物理技术专家委员会共15人,塔里木油田公司各级专家12人,联合共建单位专家3人。其主任、副主任和办公室主任设置如下：

主任：李亚林　中国石油塔里木油田分公司
副主任：彭更新　中国石油塔里木油田分公司
　　　　关银录　中国石油勘探开发研究院
　　　　李振春　中国石油大学(华东)
办公室主任：李大军　中国石油塔里木油田分公司

4. 钻完井技术专家委员会

钻完井技术专家委员会共17人,塔里木油田公司各级专家15人,联合共建单位专家2人。其主任、副主任和办公室主任设置如下：

主任：王春生　中国石油塔里木油田分公司
副主任：李　宁　中国石油塔里木油田分公司
　　　　赵　庆　中国石油工程技术研究院
　　　　孙宝江　中国石油大学(华东)
办公室主任：何思龙　中国石油塔里木油田分公司

5. 采油气技术专家委员会

采油气技术专家委员会共17人,塔里木油田公司各级专家12人,联合共建单位专家5人。其主任、副主任和办公室主任设置如下：

主任：潘昭才　中国石油塔里木油田分公司
副主任：彭建云　中国石油塔里木油田分公司
　　　　熊春明　中国石油勘探开发研究院
　　　　戴彩丽　中国石油大学(华东)
办公室主任：周理志　中国石油塔里木油田分公司

6. 矿权储量技术专家委员会

矿权储量技术专家委员会共15人,由塔里木油田公司各级专家组成。其主任、副主任和办公室主任设置如下：

主任：张丽娟　中国石油塔里木油田分公司
副主任：罗俊成　中国石油塔里木油田分公司
　　　　吉云刚　中国石油塔里木油田分公司
　　　　唐永亮　中国石油塔里木油田分公司
办公室主任：吉云刚　中国石油塔里木油田分公司

7. 地面技术专家委员会

地面技术专家委员会共17人,由塔里木油田公司各级专家组成。其主任、副主任和办公室主任设置如下：

主任：王天祥　中国石油塔里木油田分公司
副主任：张明益　中国石油塔里木油田分公司
　　　　孔　伟　中国石油塔里木油田分公司
办公室主任：孔　伟　中国石油塔里木油田分公司

8. 储运技术专家委员会

储运技术专家委员会共17人,由塔里木油田公司各级专家组成。其主任、副主任和办公室主任设置如下：

主任：亢　春　中国石油塔里木油田分公司
副主任：蒋余巍　中国石油塔里木油田分公司
　　　　张朋岗　中国石油塔里木油田分公司
办公室主任：蒋余巍　中国石油塔里木油田分公司

9. 新能源技术专家委员会

新能源技术专家委员会共15人,由塔里木油田公司各级专家组成。其主任、副主任和办公室主任设置如下：

主任：李汝勇　中国石油塔里木油田分公司
副主任：牛明勇　中国石油塔里木油田分公司
　　　　吉万成　中国石油塔里木油田分公司
办公室主任：陈亚兵　中国石油塔里木油田分公司

10. 信息技术专家委员会

信息技术专家委员会共17人,由塔里木油田公司各级专家组成。其主任、副主任和办公室主任设置如下：

主任：张　强　中国石油塔里木油田分公司
副主任：杨金华　中国石油塔里木油田分公司
办公室主任：杨金华　中国石油塔里木油田分公司

主要职责：负责组织编制本专业科技攻关规划

与项目研究计划。负责审查项目技术路线,负责项目长评聘。指导实施本专业领域科研、实(试)验任务。负责组织本专业项目经费配置。负责本专业科技项目验收考核与成果评审。负责本专业专家人才梯队建设。指导本专业领域学术交流与合作。指导本专业领域科技成果的转化推广。

(六)技术研究室

技术研究室设置超深层油气地质基础理论、超深层油气藏开发、超深层油气藏地球物理、超深层钻完井、超深层采油气、矿权储量、地面技术、储运技术、新能源、信息10个技术研究室,依托塔里木油田公司主要科研生产单位挂牌成立。各技术研究室成员设置如下:主任由专家委员会主任担任;副主任由主任确定,设置副主任2名。研究人员人数根据需要确定,由依托单位选聘相关企业技术专家、一级工程师和技术骨干进行组建,技术研发中心支持,聘用部分外部人员。

主要职责:编制本专业领域科技发展规划。编制本专业领域科技项目立项设计。组织本专业领域项目团队招商。组织本专业领域科技攻关及项目验收考核。组织本专业领域技术与成果总装集成。组织本专业领域技术推广应用。组织完成本专业技术交流等其他相关工作。负责承担相应专家委员会办公室职责。

(七)项目组

项目组按竞争择优(赛马等)、定向委托、揭榜挂帅等方式在塔里木油田公司内外部选聘,项目组负责完成技术研发中心科技项目攻关任务。

(八)分中心

分中心按"3+N"模式设置,根据技术研发中心批复意见设置中国石油勘探开发研究院、中国石油工程技术研究院和中国石油大学(华东)3个分中心,后期根据技术研发中心发展需要设置多个分中心。3个分中心主要参与研究方向情况:中国石油勘探开发研究院分中心主要参与超深层油气地质基础理论、超深层油气开发技术、超深层油气藏地球物理技术、超深层采油气技术等方向研究;中国石油工程技术研究院分中心主要参与超深层钻完井技术等方向研究;中国石油大学(华东)分中心主要参与超深层油气地质基础理论、超深层油气开发技术、超深层油气藏地球物理技术、超深层钻完井技术、超深层采油气技术等方向研究。

(九)共建支持层相关机构设置

1. 研发基地

在国内科技创新资源优势显著的城市设立研发基地,发挥区位优势,吸引高端专家、优秀人才及技术团队为中心工作,立即启动乌鲁木齐研发基地建设。择机在北京、西安、青岛、成都等地设立研发基地。

2. 实验平台

整合塔里木油田公司、各分中心实验室资源,建立实验平台,根据研究方向持续引入西安石油大学、长江大学、西南石油大学、成都理工大学等优势特色实验室资源。

3. 院士工作站、博士后工作站、研究生工作站

用好博士后工作站、研究生工作站,择机设立院士工作站,引入院士专家团队、高端人才为技术研发中心工作。

4. 塔里木油田公司科研、生产单位

负责相关技术研究室组建,负责技术研究室人员管理;负责通过竞争择优(赛马等)、定向委托、揭榜挂帅等方式承担技术研发中心的科技项目。

【中国石油超深层复杂油气藏勘探开发技术研发中心第一届技术委员会第一次会议】 2022年12月18日,中国石油超深层复杂油气藏勘探开发技术研发中心第一届技术委员会召开第一次会议,听取成立以来组织运行管理、科技攻关规划计划以及取得的阶段进展情况汇报,研究分析面临形势和问题,为下一步发展提出建议。中国石油勘探开发研究院、工程技术研究院,中国石油大学(华东),塔里木油田公司企业首席技术专家,相关部门负责人等参加会议。

中国工程院院士、技术委员会主任孙龙德主持会议并讲话;集团公司科技管理部总经理、技术委员会副主任江同文宣读中国石油超深层复杂油气藏勘探开发技术研发中心技术委员会批复文件。塔里木油田公司总经理、党工委副书记,技术委员会副主任王清华作工作报告。中国科学院院士贾承造、郝芳,中国工程院院士孙金声、李宁、张来斌,中国石油勘探开发研究院执行董事、院长窦立荣,中国石油工程技术研究院院长刘岩生,油气和新能源分公司副总经理何新兴,中国石油大学(华东)副校长操应长,油气和新能源分公司副总地质师廖广志等技术委员会委员,塔里木油田公司领导杨海军出席会议。

会议提出加大研发中心攻关力度,聚焦超深层

油气地质基础理论、油气藏开发技术、油气藏地球物理技术、钻完井技术、采油气技术五大研究方向,优化细化、调整完善2023年科技攻关计划,推动落实重大科技项目。加强人才培养和队伍建设,推行专家委员会双主任制;利用研发中心平台创新体制机制,吸引科技人才领军挂帅,破解超深层复杂油气藏勘探开发世界级难题。坚持五湖四海搞科研、五湖四海用人才,借助研发中心平台,完善科技管理新体制新机制,激发创新动力活力,构建完全开放的科研平台。

(赵容怀)

信息化管理

综 述

【概述】 2022年,塔里木油田公司发布《进一步加强数字化转型智能化发展工作的指导意见》,发挥油气数智技术中心"管办一体、统筹协调"优势,强化行业管理职能。坚持数智化建设"一张蓝图绘到底",从立项、设计、建设到运维全过程、全覆盖、无差别落实"七统一"(统一领导、统一规划、统一标准、统一设计、统一投资、统一建设、统一管理)原则,严格管控立项、方案设计、建设实施、验收、结算、评估、运维、监督考核8个关键环节。坚持"业务主导、信息统筹、应用为本、双轮驱动"工作方针,推进数字化建设工作,赋能9大业务领域数字化转型,推动业务发展、管理变革和技术赋能,逐步实现钻完井远程管控、智能运营中心建设、业财融合等方面数字化转型。

【信息化建设】 2022年,塔里木油田公司推动油气数智技术9大业务领域14个试点实施场景建设。

科学研究。拓展精细油描、地质工程一体化井位设计协同研究应用场景,完善勘探、开发、工程"三共四协"(数据共享、软件共享、硬件共享、跨专业协同、跨部门协同、前后方协同、甲乙方协同)科学研究新模式,拉通"圈闭—井位—储量研究""圈闭研究—井位部署—钻井地质设计—钻井工程设计"2条业务链。在油气勘探方面,初步实现地震数据在线共享、物探项目线上管理、地震采集现场管控、地震处理工序质控、VSP处理解释质控5个子应用场景。

工程技术。搭建钻完井现场数据一体化采集、远程风险管控、远程技术支持、远程高效协同4个子应用场景,实现实时监控与跟踪钻完井生产作业,支撑"横向联合、纵向联动"多专业远程协同会诊工作模式。

开发生产。搭建油气生产数据一体化采集监控、业务线上运行一体化协同支撑、二维和三维实体数据共享数字映射、地面工程全过程业务数字化4个子应用场景,支撑东河、迪那采油气管理区数据自动采集、业务线上运行、数据高效共享、报表自动生成、生产实体在线巡视,领导、管理人员和技术支持人员不限时空及时掌握生产和安全动态，推动新型采油气管理区示范建设。

油气运销。建成储运调控中心，搭建储运生产运行优化、现场安全远程管控2个子应用场景，提升储运设施感知能力、开展管线泄露监测与场站安眼工程试点，运用稳态仿真技术，油气储运调控科学、精准、高效。

生产运行。建成智能运营中心，构建"1+N"生产运行格局，覆盖业务全面感知、现场生产预警、线上生产调度、协同应急指挥4个子应用场景，形成生产调度、生产协调、生产保障、应急指挥4类业务线上管理机制，实现油田宏观生产态势"可视"、生产现场运行过程"可监"、生产调度异常处置"可调"，提升监测预警能力、生产组织效能、生产指挥效率。在安全环保方面，搭建施工作业全过程线上管理、安全生产远程监督、门禁统一授权管理、计量检定业务在线4个子应用场景，实现施工作业公示与高危作业过程监管联动，开展安眼监控中心应用平台建设，强化高风险作业过程追溯能力。

经营管理。完成包括4个规划计划、5个业财融合、5个物资仓储管理在内共14个子应用场景的建设，实现经营管理业务转型提效，投资业务在线管理，投资完成率95%以上；财务与业务深度融合，从会计核算向财务管理转变，结算时效从120天降至30天，单井决算时效从4周降至1周；物资仓储管理全业务在线，提升效率30%。

协同办公。整合坦途客户端和网页端，搭建线上协同办公、远程科学研究、线上表单审批、线上文档签批、线上投票评分以及线上督查督办闭环管理6个子应用场景，建立"云端联动、高效办公"新模式，支撑新冠肺炎疫情期间线上协同办公、远程科学研究、实时信息交互，为后期"云端办公"奠定基础。

【"1+9"数智化管理制度体系建立】 2022年，塔里木油田公司稳步推进机构改革，整合升级信息与通讯技术中心为油气数智技术中心，充分发挥油气数智技术中心"管办一体"优势，强化油田公司内部行业管理职能，健全完善数智化管理制度体系，首次建立油田公司"1+9"（1个数智化管理办法+9个分项管理制度）数智化管理制度架构（表1），补齐行业管理制度短板。

表1 2022年塔里木油田公司"1+9"数智化管理制度一览表

制度名称	类　型
塔里木油田公司数智化管理办法	修订
塔里木油田应用平台管理办法	新编
塔里木油田公司数智化运维管理办法	新编
塔里木油田公司数据资产管理办法	修订
塔里木油田商业软件管理办法	新编
塔里木油田公司传输网络管理办法	已发布
塔里木油田公司网络安全管理实施细则	已发布
塔里木油田信息技术标准规范管理实施办法	新编
塔里木油田公司信息化QHSE管理办法(试行)	已发布
塔里木油田公司信息化承包商管理实施细则	新编

信息管理

【塔油坦途】 2022年12月31日，塔里木油田公司"塔油坦途"2.0版本上线，集成应用251个、微件351个。客户端集成待办任务72类、移动端集成待办任务35类；客户端注册用户数2.26万人，日均访问8600余人；移动端注册用户数1.17万人，日均访问9000人，日均点对点沟通消息10万条、传递文件3万个，群组5248个，日均群消息7800条。"塔油坦途"成为"云端联动、高效办公"工作模式重要推手,助力新冠肺炎疫情期间线上远程办公、文件安全共享、信息高效沟通,办公效率整体提升6%以上。

【云平台】 2022年,塔里木油田公司云平台新增10台物理主机、24台虚拟机计算节点,纳管资源达2320核CPU+10TB内存+2GPU,提供充足底台资源;完成底层Kubernetes和Docker核心版本升级,扩展SpringCloud框架提升微服务治理能力等重点升级5次;一体化运维监控平台中接入云平台114个节点和649个重点容器的监控,梳理回收311个用户权限,培训开发人员59人次,确保2648个应用和981条流水线平稳运行。平台计算资源由2021年1768核/8T增至2408核/11T,流水线构建次数由2021年1.4万次增至5.1万次,计算资源总体提升35%,构建次数增长270%。

【中台建设】 2022年,塔里木油田公司建立中台建设标准、中台管理标准、中台技术标准,形成6项业务表单、操作手册和流程规范;梳理、测试、审核、更新迭代中台组件及技术支持456件次;技术中台新对接支持33个项目,完成流程引擎数据库升级、消息中心ES存储优化等5个组件15次优化升级,用户培训18次,确保通用技术能力支持。全年中台建成组件297个,新增142个,复用于66个软件项目263次开发建设。

【信息化投资项目管理】 2022年,塔里木油田公司完成智能运营中心场地建设和博孜富满智能化油气田建设2个信息化投资项目。

智能运营中心场地建设。2022年6月13日,塔里木油田公司组织相关部门和单位评委对科研楼智能运营中心交互展示系统及场地建设工程技术设计报告审查,完成建设项目经济审定、企业首席技术专家复核,塔里木油田公司信息化分管领导批示工程技术设计报告。2022年8月31日,塔里木油田公司印发《关于下达2022年部分投资实施计划的通知》,计划控制投资1834万元。

博孜富满智能化油气田建设。2022年6月,博孜富满智能化油气田建设作为集团公司和油气新能源板块试点项目,塔里木油田公司成立博孜、富满智能油气田建设项目组,通过博孜、富满智能油气田建设,实现智能油气藏、智能井场、智能管网、智能站场一体化耦合协同,打造适合博孜气田、富满油田新型管理模式,形成油气田生产全过程业务一体化闭环管控、站场工艺动态模拟、生产运行实时优化、设备健康状态实时感知、生产安全实时受控、应急指挥协同联动,赋能油气生产转型发展。经油气新能源板块、集团公司审核,塔里木油田公司实施方案通过审核。2022年12月初,博孜富满智能化油气田建设项目开始研发,设计业务场景14个,项目整体投资2959.93万元。

【信息服务商管理】 2022年,塔里木油田公司完成对81家信息承包商准入评估,更新油田市场管理系统中信息化承包商信息资料。其中,优秀(90分及以上)10家(表2),合格(70—90分)65家,观察使用(60—70分)3家,不合格3家(表3)。

表2 2022年塔里木油田公司信息化承包商考核优秀承包商一览表

序号	承包商名称
1	昆仑数智科技有限责任公司
2	普联软件股份有限公司巴州分公司
3	中国移动通信集团新疆有限公司巴州分公司
4	中国电信股份有限公司巴音郭楞蒙古自治州分公司
5	新疆润源新技术有限责任公司
6	中油油气勘探软件国家工程研究中心有限公司
7	北京国双科技有限公司
8	巴州浩展网络有限责任公司
9	库尔勒立德众邦石油技术有限责任公司
10	中国石油集团西部钻探工程有限公司巴州分公司

表3 2022年塔里木油田公司信息化承包商考核不合格承包商一览表

序号	承包商名称
1	新疆中鑫新网络通讯有限公司
2	中安网脉(北京)技术股份有限公司
3	北京地航时代科技有限公司

【信息科技成果管理】 2022年,塔里木油田公司申报7个信息科技发明专利（表4）,组织3个项目参加集团公司第二届创新大赛,编写6篇信息科技成果相关科研论文（表5）,申报2个信息科技软件著作权（表6）,完成11人科技成果咨询专家入库申请。

表4 2022年塔里木油田公司信息科技发明专利申报情况一览表

专利名称	专利分类	主要完成人/主要发明人
一种基于电子锁和电子铅封的试采井场原油反内盗方法	A类	张 强 陈 鑫 谢迁迢 杜永红 梁玉磊 谭秋仲 陈 锐 古丽娜扎尔·阿力木 王俊奇 袁建波 钟泽义
一种基于空间信息的地震资料采集避障设计方法	A类	杨金华 陈 锐 李家金 肖 楠 冯 宇 钱芸芸 陈 鑫 尚新璐 严 峻 宋晨晨 程 颖 银宏亮
一种基于平剖联动精细油藏描述协同研究的技术	B类	杨金华 李家金 伍轶鸣 陈 锐 马 潇 李晓林 陈 伟 侯 琳 陈 鑫 尹赛超
基于PDF417条形码技术的物资仓储管理移动应用系统	C类	杨金华 陈 锐 李家金 肖 楠 冯 宇 宋晨晨 严 峻 段恒亮 银宏亮 钱芸芸 程 颖
一种基于文档数据库的智能搜索与可视化方法流程图	C类	江同文 杨金华 杨 松 杨其展 陈 锐 陈 伟
一种基于企业办公场景的文案编写智能辅助系统	C类	杨金华 陈 锐 李家金 陈 伟 尹赛超 彭冬冬 马 潇 黄 梅 侯 琳 程 颖
一种基于三维引擎的施工图在线可视化协同审查系统	C类	杨金华 陈 锐 杜永红 肖 楠 冯 宇 银宏亮 严 峻 冯秀娟 宋晨晨 钱芸芸

表5 2022年塔里木油田公司信息科技论文发表情况一览表

论文名称	申报人	作者	申报日期	发表日期	投稿刊物名称	录用级别（SCI/EI/中文核心/普通）	专业类别
数据中心带外管理建设探索	尹赛超	尹赛超 樊 成 马 潇 黄 梅	2022.6.14	2022.7.18	全国石油石化企业新型数据中心建设与运维交流会论文集	普通	其他
基于SDN的油田数据中心网络建设	刘 鑫	杨其展 吴金峰 刘 鑫 折雅琪 冯雅静	2022.6.16	2022.7.18	全国石油石化企业新型数据中心建设与运维交流会论文集	普通	其他

续表

论文名称	申报人	作 者	申报日期	发表日期	投稿刊物名称	录用级别（SCI/EI/中文核心/普通）	专业类别
塔里木油田视频监控系统的研究	刘 鑫	刘 鑫 折雅琪 尼加提·阿尤甫	2022.7.15	2022.7.20	第二届中国石油石化安全与应急管理科技信息峰会论文集	普通	其他
油田应急通讯与指挥系统的研究及建设	刘 鑫	杨其展 刘振民 吴金峰	2022.7.15	2022.7.20	第二届中国石油石化安全与应急管理科技信息峰会论文集	普通	其他

表6 2022年塔里木油田公司信息科技申报软件著作权一览表

软件著作名称	申报级别	主要完成人/发明人
企业文件往来平台	C类	江同文 杨金华 杨 松 陈 锐 杨其展 康维岚
基于任务管理的资料收集平台	C类	江同文 杨金华 杨 松 陈 锐 杨其展

【信息科技知识产权管理制度建设】 2022年，塔里木油田公司强化油气数智技术管理，由油气数智技术中心编制完成《油气数智技术中心知识产权管理实施细则》和《油气数智技术中心科技专项奖励规范》。2022年4月，编制完成《油气数智技术中心知识产权管理实施细则》，包括总则、创造管理、机构与职责、维护和运用管理、保护管理、资源管理、监督与责任和附则等8章内容，进一步规范和加强油气数智技术中心知识产权管理工作，强化塔里木油田公司合法权益保护力度，激发科技创新动力，增强核心竞争力。2022年11月，编制完成《油气数智技术中心科技专项奖励规范》，包括总则、评审原则及管理机构、奖项设置与考核兑现、申请与评选和附则等5章内容，并于2022年12月17日通过油田公司行业管理职能部门审议。

信息技术

【网络建设与通讯保障】 2022年，塔里木油田公司构建光传输骨干环网，形成库尔勒—轮南、轮南—塔中、克拉—英买—牙哈和哈得—东河—轮南4大环网，传输骨干网业务通畅率99.8%，办公网实现双核心双链路，服务用户2.6万户，通畅率99.6%，动环系统和语音系统安全平稳运行；组织完成集团公司级别会议121场，塔里木油田公司级别会议125场，各二级单位级别会议4000余场。实现无线通讯（网桥、卫星）钻修井场全覆盖，全年完成卫星小站及无线网桥远端站装拆388次，网桥中心站装拆14座次，传输带宽从原来最大4兆比特每秒增至20兆比特每秒以上；12月31日，塔里木油田公司运行卫星小站及网桥105座，无线网桥传输井场76座，卫星小站传输井场29座，井场通讯中无线网桥占比84%；富源3区块、满深3区块、满深4区块、满深5区块采用简易敷设方式部署24芯铠装光缆及8芯野战光，实现光缆传输正钻井26口；公共信息网、无线WiFi基本实现探区生活场所全覆盖，用户数6.4万户。

【核心服务器系统管理】 为适应信息技术发展，解决以小型机为主的核心数据库服务器运维成本高、系统单机运行安全性低、核心技术"卡脖子"等问题，塔里木油田公司开展数据库集群系统建设并于2021年1月完成147套应用数据库迁移、正式投用。数据库集群系统由8台高性能X86服务器、2台Infiniband交换机、2台数据库防火墙构成，部署3套Oracle 12C RAC数据库，分别用于油田生产数据库集群、统建数据库集群和容灾数据库集群。2022年，塔里木油田公司Oracle数据库集群系统高稳定、高可靠、高性能、高安全、易拓展，相比小型机运行维护成本大幅降低，实现数据库节点在线扩展和硬件故障自动切换，标志塔里木油田公司以小型机为主的核心数据库服务器时代正式结束。

【虚拟化平台管理】 2022年，塔里木油田公司新增虚拟服务器及虚拟桌面437台，优化整合2个虚拟集群20台主机资源，虚拟机规模达1230台；开展日常预防性巡检312次，更新各类操作系统模板6次，新增系统模版1套，部署备份业务437套，备份数据量252.8太字节；完成虚拟化平台系统的安全加固、漏洞修补和口令强化等工作，开展主机系统补丁升级54台，完成平台管理服务器访问策略部署，完成虚拟机资产清查核对2次，开展国产服务器系统替代，完成部署48台，逐步摆脱对国外关键技术和产品的过度依赖；部署8套GPU计算环境有效支撑新生业务需求。

【数据管理】 2022年，塔里木油田公司制修订《数据资产管理办法》和《数据分类分级管理制度》，编制入库37个专业数据管理细则、数据资源目录，设计编制16类主数据、36个专业数据字典、数据模型、1307个质控规则、属性规范值，开发完善11类数据管理工具，统一数据管理制度与标准，完善数据生态。完成16类主数据共62.58万条数据入库、36个专业结构化数据1.3亿条，测点入库非结构化2.3拍字节数据、15万时序数据，治理工程技术领域970口单井6个专业数据，收集整理入库微测井等6类2.3拍字节地震历史成果数据，核对油气生产领域525口单井历史数据。开展源端采集程序、源端数据库数据质控，发布数据质量报告，优化数据申请流程，数据服务健康度达98%以上。建立以业务为主导、以问题为导向的数据生态常态化运行流程。数据银行发布1.1万个服务，支撑应用系统78个。基于已采集数据，对接A2、A5等统建应用需求以及生产指挥可视化、DROC、协同研究、地质工程一体化、业财融合、油气生产标准化采集、钻试修标准化采集等应用系统需求，提供高效数据支撑。通过坦途应用体验提升和基础支撑专班建设，数据服务健康度从60%提升至98%及以上，服务超时、异常比率降低至2%以下。

【门户管理】 2022年，塔里木油田公司搭建50多个网站集、7个子站点、50个主站专题、688个二级页面，新建动态栏目1300多个，文档库500多个，同步完成信息门户系统数据梳理、账号映射、用户数据迁移、系统使用培训。2022年11月25日，塔里木油田公司2.0门户顺利上线。

【统一运维管理】 2022年，塔里木油田公司将运维合同拆分为运维、安全、财务经营、管理4个部分，并在一体化运维调度监控平台中分类登记调度，提高运维调度和统计分析效率，详实各类运维工作记录，实现运维合同线上验收、运维全过程管理受控、运维数据可监可查。全年受理各类任务6.79万件，用户回访满意率99.8%，收到用户单位29封表扬信。

【无线电管理】 2022年2月17—19日，巴州无线电管理局组织核查油田公司无线电台站1次。塔里木油田公司全年办理英买油气开发部（7组150兆赫）、东河油气开发部（8组400兆赫）、物资采办事业部（1组）3份频率许可证和电台执照（10份），注销东河油气开发部53台对讲机和1台中继设备执照。完成1785兆赫至1795兆赫频率许可证续期手续申请以及东河油气开发部（4个站）、克拉油气开发部（12个站）、塔中油气开发部（10个站）26个站的电台执照续期手续申请。全年无线电频占费540200元（其中巴州地区294300元、阿克苏地区245900元）。

【信息安全】 2022年，塔里木油田公司加强网络安全信息化工作，成立网络安全与信息化工作领导小组，执行董事、党工委书记沈复孝任主任。明确数字和信息化管理部为网络安全归口管理部门，地面工程部为工控安全的归口管理部门，各业务管理部门按职能定位负责管辖业务领域的网络安全，油气数智技术中心为网络安全技术支撑部门，负责油田网络安全日常运行、技术支撑、重大保障、应急处置，各二级单位负责属地网络安全并明确网络安全及工控安全岗位及相关职责，逐级落实网络安全责任。开展塔里木油田公司网络安全体系建设以及规划设计，制定发布《网络安全管理规范》《网络安全监测标准》《网络安全通用技术标准》《云安全标准》标准规范。开展年度网络安全检查，完成对数据中心445台服务器、13台核心与汇聚层网络设备、147台终端设备的自检自查。常态化开展上线系统和设备检测，整改脆弱性问题，发现并修复信息系统高危漏洞841个，治理弱口令1355个；起草移动应用安全标准，完成2套移动应用安全评估。全年组织开展两次等保落实自查工作，完成21套新增信息系统等保定级工作。

【舆情监测】 2022年，塔里木油田公司发生二级、三级网络安全通报12起，所有通报事件均在规定时限内完成整改和处置，未影响信息系统和网络正常运行。开展一级舆情监测181天共4344小时、二级舆情15天共255小时、三级舆情监测113天共1017小时。全年发现虚假信息69条，涉及大小网站20个，成功溯源信息11条，投诉举报相关虚假信息55条，发送投诉邮件108封。全年没有发生泄密、网络舆情失控失管事件。

【网络安全重点保障】 2022年，塔里木油田公司开展"护网2022"网络攻防演习工作，成立"护网2022"领导小组，明确职责分工，落实工作责任，在准备阶段检测出高危漏洞841个，弱口令1355例，全部整改完毕，为用户终端计算机下发安全补丁22万个，查杀病毒木马64万个。在北京冬奥会、冬残奥会、"护网2022"、国庆、党的二十大、进博会等关键时间节点，开展网络安全重点保障工作，确保全年无重大网络安全事件发生。

【基础地理数据采购与处理项目】 2021年12月8日，塔里木油田公司签订基础地理数据采购与处理项目建设合同。A4系统数据有北京54、西安80、国家2000、WGS84共4套坐标系，导致用户使用不方便。现有数据老旧，高精度线划数据、卫星影像数据与现状存在较大差异性，无法支撑GIS应用。同时，高精度覆盖范围小，高精度影像数据覆盖油田生产区域约35%，高程模型覆盖油田生产区域约25%，不能有效支撑业务开展。2022年，塔里木油田公司对塔里木全盆地线划数据、长输管道高后果区、高风险管段、主要大型站场的卫星影像更新至2021年最新高精度数据，满足油田物探、钻探、产建、油气生产、生产保障、安全环保、油气运销、应急场景应用需求。

【智能运营中心建设】 2022年10月13日，塔里木油田公司签订科研楼智能运营交互展示系统及场地建设项目合同，并于2022年12月5日开工。智能运营中心的建设推动生产运行管理体制机制改革优化，提升生产组织效能和运行效率，满足生产指挥、应急指挥、钻完井远程管控等方面业务需要；支撑智能运营中心业务应用，实现对生产运行全方位调度管控、全过程监测预警、全业务实时感知、实时展示，同时为应急抢险、重大施工等远程联动处置提供音视讯保障，实现跨专业、跨部门协同。为塔里木油田公司数字化转型储备经验、探索新模式，促进数字化转型、智能化发展成果显性化。

【基础网络优化完善工程项目】 2021年12月10日，塔里木油田公司基础网络优化完善工程项目通过预验收，合同期限为2020年11月19日—2020年12月5日，2022年11月9日通过竣工验收。项目完成对油区基础网络普查并建立油田基础网络台账。

【卫星通信系统升级改造项目】 2021年7月16日，塔里木油田公司卫星通信系统升级改造项目开始施工，合同工期自开工之日起150天，2021年12月10日通过预验收，2022年11月9日通过竣工验收。项目完成卫星主站设备及主站天线设备升级改造。

【卫星通信系统升级改造（远端小站配套）项目】 2021年12月10日，塔里木油田公司卫星通信系统升级改造（远端小站配套）项目签订合同，工期自开工之日起200天，2021年12月10日通过预验收，2022年11月9日通过竣工验收。项目完成塔里木油田公司卫星通信系统远端小站配套设备升级。

【井场无线宽带网络接入建设工程项目】 2020年12月4日，塔里木油田公司井场无线宽带网络接入建设工程项目开工，计划工期300天，工期延期31天，实际工期331天，2021年12月10日通过预验收，2022年11月9日通过竣工验收。项目完成生产通讯物资需点对点网桥24对、点对多点中心站网桥29台、远端站网桥99台；员工交流物资点对点网桥23对、点对多点中心站网桥23台、远端站网桥75台、无线AP88套。

【油田虚拟化平台及网络设施升级改造项目】 2021年7月19日，塔里木油田公司虚拟化平台及网络设施升级改造项目签订合同，工期自开工之日起5个月，2021年11月26日通过预验收，2022年11月9日通过竣工验收。项目完成虚拟化平台部分设备更新、相关网络建设、配置和调试，752台虚拟机从原虚拟化站点迁移至新虚拟化站点运行工作任务，累计迁移数据量520太字节，办公网络改造，86台交换机升级更换，重新规划调整办公网交换机管理VLAN，合并IP，优化回收IP空闲IP地址，迁移整合教培中心汇聚、基建楼汇聚、物资采办3个单位40个部门汇聚业务；完成SDH网络改造，将轮塔线塔二联、塔轮复线清管站、轮南集输总站末站二区3台S380升级改造为S385光传输设备。

【油田库尔勒基地至泽普塔西南基地10千兆字节骨干网建设工程项目】 2021年11月26日，塔里木油田公司库尔勒基地至泽普塔西南基地10千兆字节骨干网建设工程项目通过预验收，合同周期为2021年7月15日—2021年12月15日，并于2022年11月9日通过竣工验收。项目完成塔里木油田公司库尔勒基地至泽普塔西南基地17个站点10G骨干网的安装和调试及阿克苏清管站（图木舒克末站、麦盖提末站）—喀什油气运行中心、泽普分输站—喀什油气运行中心的油田SDH网络全IP化小颗粒业务接入，5个站场设备板卡安装调试和49条业务割接，满足泽普塔西南基地与库尔勒基地、大北与泽普塔西南基地、南疆利民管道基层站与喀什油气运行中心间高速业务传输需求。

【油田生产单元OTN接入完善工程项目】 2020年11月19日,塔里木油田公司生产单元OTN接入完善工程项目签订合同,计划2021年7月30日交工,实际2021年12月10日通过预验收,2022年11月9日通过竣工验收。项目完成5套OTM设备和6套OLA设备建设,优化和田输气站—喀什油气运行中心SDH和轮南通讯站节点,改造中兴SDH网络4个环网,建设20套动环设备、2套电池、20套整流模块动环设备,修复62个断点和16.8千米光缆。

【塔西南三网分离改造项目】 2020年12月9日,塔里木油田公司塔西南三网分离改造项目签订合同,计划2021年6月9日交工,实际2021年6月20日交工,2021年12月10日通过预验收,2022年11月9日通过竣工验收。项目完成塔西南公司办公网接入架构调整以及塔西南公司办公网、公共信息网和视频监控专网内141台新采购交换机安装和现有交换机重新配置,实现办公网、公共信息网和视频监控专网物理隔离。

生产运行与安全环保

生产运行

【概述】 2022年，塔里木油田公司全面执行计划管理，提升生产保障能力和应急能力，科学组织油气产销，夯实水电路运基础，推进数字化建设，全年生产运行平稳有序，各项生产指标全面完成，生产原油736万吨、天然气323亿立方米，油气当量产量3310万吨，同比增加128万吨，连续6年保持超百万吨的增长速度。

【生产组织协调】 2022年，针对新冠肺炎疫情、炼油厂非计划检修及异常停车等原因造成的后路不畅、电机电缆故障造成的轮南轻烃厂停车，下游天然气需求与油田产量要求不匹配等问题，塔里木油田公司加大产销协调力度，保障油气生产平稳运行。畅通问题反应渠道，全年协调解决各方反映问题160余项，其中生产组织类56项、工程技术类45项、公共关系类31项、安全环保类28项。疫情期间，与新疆维吾尔自治区及各地州、县市沟通协调1.2万余次，发送报告239份，协调车辆通行23206车次，运输物资近70万吨。两次疫情协调复工108井次，避免等停60余井次，协调冬季保供重点工程建设10项，工程进度均提高近30%。完成2021—2022年冬季保供工作，天然气核实产量146.9亿立方米，同比增加3.7亿立方米。提前启动2022—2023年冬季保供工作，5月启动编制冬季保供方案，10月召开冬季保供启动会，提前筹划保供专班，统筹优化调整全年产销量和来年生产布局。截至2022年底，塔里木油田公司生产安全平稳，南疆五地州民生用气足量供应，大管网超计划上载，塔里木油田公司获集团公司冬季保供先进集体。

（王 勇）

【生产计划管理】 2022年，塔里木油田公司全面推行计划管理，坚持"靠实从紧、科学编制、刚性执行、严格考核"原则，完善计划运行机制，强化油气产销计划管理，统筹推进重点项目（工程）计划执行，正确处理计划执行与安全、质量的关系。编制油气产销计划，统筹产能产量、地面地下、生产建设、供需形势及各方需求，实行一月一案、一季一案，实现一季度高位运行、上半年双双硬过半，全年任务超计划完成。制订重点项目（工程）运行计划455项，实施工序目标节点控制，以开工日期为关键节点，加快项目前期进度，定期开展计划执行回头看，有序推进高峰年重点项目（工程）建设，重点地面工程按期投产，产建井开钻提前完成。

【油气产销调运】 2022年，塔里木油田公司油气生产保持高位运行，1—3月石油液体日均产量超2.1万吨，天然气日均产量超1亿立方米。抓好产运储销平衡，建立油气产销全过程跟踪、监督、管理流程；每周、每月收集分析产销动态。抓住高油价时机，加大石油生产力度，上半年动用库存8万吨，助力多产多销、量效齐增。优化天然气资源配置，调配1200万立方米天然气供国家管网集团西部管道公司应急铺底，3000万立方米用于LNG（液化天然气）线上交易，增加塔里木油田公司产品销售效益。完成冬季保供任务，组织落实日例会、周协调会制度，及时掌握保供形势；加快完善地面配套设施，博孜1—大北11集输管线建设工程、三岔压气站建设工程投产较计划分别提前4天、2天，天然气保供能力得到提升；落实股份公司调度指令，灵活组织周边供应，冬供期实施"三压三扩"，实施分质分输，实现乙烷供应充足，克轮复线首次超负荷过冬。

【装置检修】 2022年，塔里木油田公司树立"安全第一"理念，坚持"四项原则"（应检必检、安全平稳、高效组织、持续优化），抓好"六个统筹"（检修准备、站内与站外、停产非停产、上游与下游、检修与产建、质量安全环保），按照进度、质量、安全、效益、效果五大指标要求，抢先抓早，正确处理检修工期和检修安全、进度的关系，结合上下游产销情况，利用窗口期，制定装置检修计划，坚持"进度必须服从质量"的要求，优化检修方案，统筹考虑仪表容器定检、隐患整改、技术改造等工作内容；强化计划执行，加强与集团公司、勘探与生产分公司、北京油气调控中心、西部管道公司沟通，协调解决检修及投产期间出现的问题。截至9月20日，完成装置检修39套，开展检修项目1491项，消除隐患299项，影响油产量9.1万吨，较计划少1.7万吨，影响气产量6.7亿立方米，较计划少0.9亿立方米，完成塔里木油田公司党工委关于产量影响降低10%的要求，赢得全年油气生产任务主动。

（庞浩）

【应急管理】 2022年，塔里木油田公司坚持以基础工作提升为抓手，做到关口前移、重心下移，推动制度完善、队伍建设、资源保障、能力提升4项应急管理工作。

制度体系。5月，塔里木油田公司对标集团公司应急信息管理职责和管理变化，发布《塔里木油田公司应急信息工作管理办法》，梳理并落实"应急预警、应急快报、应急事件、生产异常"4类13项信息报送要求。整理分析塔里木油田公司各区块自然灾害发生类型及发生规律，编制《防灾减灾手册》，细化灾害预警预报、属地防范要点、灾害信息报送等各项措施。

应急预案。发布《修井作业队伍应急预案范本》；评估和制修订塔里木油田公司二级预案30套；编制《塔里木油田公司全面支持的二级井控响应指导手册》，逐级提升基层站队、二级单位和塔里木油田公司预案文本合规性、预案程序操作性。

队伍建设。围绕塔里木油田公司井控事故风险，兼顾场站事故和自然灾害应对，初步完成工艺技术处置、工艺处置保障、区域安全管控、现场综合保障4类17支应急队伍建设，以管理规范化和演训常态化，推动应急队伍救援能力快速提升。

应急保障。建成投用山前、台盆区5个应急重泥浆储备站，实现"2小时"应急钻井液保障，跃满消防站点完成选址准备开工建设，迪那采油气管理区具备消防值守条件，应急资源布局更加合理；投入4160万元用于补充油田级应急物资装备91项，应急通信指挥车、应急餐饮车、大功率发电机、储油加油等装备陆续投用；组织博大、英买等主要采油气管理区配套便携式应急视讯设备，强化监控盲区应急视讯保障能力。

数智化平台投用。投用智能生产与应急管理平台，塔里木油田各级应急队伍、26家塔里木油田公司二级单位应急物资装备数据实现线上管理，塔里木油田公司级应急队伍备勤实现线上打卡，应急处置各环节实现线上协同；向前段扩展应急管理平台功能，钻试修、油气生产、信息网络异常判定和同步预警功能上线测试，异常在线监测感知能力得以强化，塔里木油田应急工作迈入数字化转型阶段。

培训演练。组织开展2期塔里木油田公司级法律法规和制度标准培训宣贯，26家单位236人次参训；塔里木油田各级应急培训开展2753次5.9万人次。组织塔里木油田公司级油气站场装置泄漏着火、井控突发事件应急演练各1次，组织各级应急演练3.1万次53.8万人次参练。

事件处置。塔里木油田公司组织气防监测队伍、供液保障队伍，协调4间住宿营房、浆罐组（24个泥浆罐）及转供浆配套设施等70余件套装备，保障博孜25井超大井眼井漏复杂处理；组织329名作业人员，协调大功率发电机、泥浆罐组、住宿营房等物资装备1400余件套，解决富东1井克服地层压力高、施工压力受限、环空不畅等难题，处置溢流险情。协调处置15起基层突发事件。

（杜 亮）

【防洪管理】 2022年，塔里木油田公司发布《塔里木油田公司2022年防洪工作实施方案》，主要从指导思想、职责分工、工作安排、应急防范4个方面做出具体安排，要求各相关单位从提高防汛思想认识、抓好隐患排查治理、落实应急保障措施、加强风险预警全覆盖、严格汛期值班值守、及时开展灾情应对6个方面对全年防洪工作进行部署落实。

隐患排查治理。按照"专项排查+日常排查整改"方式，组织开展防洪隐患专项排查活动，重点排查易遭受洪灾影响的生产生活设施、山前施工队伍、作业区、联合站、阀室等关键点位，做到排查全覆盖。2022年排查问题447项，其中一般隐患351项，立项隐患96项，投入资金2840余万元实施隐患治理8项，汛前相关单位将隐患全部整改完毕。全年未发生因洪水引起的生产等停事件，塔里木油田公司连续3年实现安全度汛。

资源储备。汛前检查三级储备库应急物资储备情况，核对麻袋、木桩、铁丝网等防汛物资库存，更换到期或有质量问题的物资，做到定额储备。利用智能运营中心信息化平台，实现资源共享共储，应急状态就近快速调用。在洪涝灾害风险区域，各相关单位根据现场道路和井站情况，在重点区域配置吊车、推土机、多用机等值班机具42台。利用塔里木油田运输管理平台，按照"区域值班+临时调派"模式，调派运力（机具）资源，满足抢险需求。补充购置塔里木油田公司防洪应急队伍装备34项592件。

监测预警。建立"集中通告+定向通报"灾害信息预报预警机制，投用气象预报预警发布系统，形成覆盖全油区的气象监测网络。在生产例会、生产指挥群发布天气信息，定向推送预警短信至各单位。完善汛情雨情信息报送机制，建立汛期自然灾害即时信息报送（启动二级及以上自然灾害应急响应）、每日雨情信息收集工作机制，协调指导受灾单位抗汛救灾，快速恢复生产秩序，常态化做好自然灾害监测预警和应急准备。发布异常天然气预警信息1428次，汛情、水情简报122次。

洪灾处置。建立快速应急响应体系，塔里木油田公司依托应急中心（油田消防）等专业队伍，统筹处置大型洪汛灾害事件。各采油气管理区等二级单位按照1—2小时响应时效，依托工程建设队伍和油气场站兼职人员配置区域洪汛应急救援力量。强化生产一线员工的防洪应急演练与应急避险自救技能培训，做到常态化培训演练及现场督查。2022年开展防洪培训190次7044人次、防洪演练220次6343人次（管理区级12次、站队级208次）。抓好重点区域防范，针对克深、博孜、迪北、南疆利民天然气管网地区山洪风险问题突出、单井产量高、保供任务重的实况，提前实施隐患治理项目，削减洪汛风险，选派道路维护队伍进行护路，就地进行洪水抢修，保障各井生产正常进行。全年实施防洪应急抢险施工12次，动用防洪应急队伍8支、防洪抢险机具106台（套）。

【生产用车管理】 2022年，塔里木油田公司运输业务入网承运单位6家2288台，在用客运车辆783台，货运车辆1221台，特种车辆（机具）284台，全年客运车辆运行里程2.7亿千米，货运物质周转量13.1亿吨·千米，运输费用约4.1亿元。

规范管理。开展生产用车专项检查2次，对发现夜行管理不规范问题，结合生产实际，研发应用车辆夜行审批移动终端，将车辆夜行管理统一纳入公用事业部运输服务中心监管，简化流程，堵塞监管盲区。

特殊时段保障。新冠肺炎疫情以来，塔里木油田公司成立生产协调保障专班和降低疫情影响工作专班，组建7个片区工作组，围绕油田重点产能和钻井等生产现场难题，按照轻重缓急原则，制定运输保障计划，每日跟踪车辆装货、卡点阻滞、到达情况，通过提前报备、点对点接送、承诺书、贴封条、专人押运、蚂蚁搬家、接力、资源共享、派人现场协助等方式，确保重点物资车辆顺利通行；为解决疫情卡点检查时效长导致的运力不足，紧急协调地方车辆52辆，增加运力，保证油田冬季保供重点产能项目按计划完工。通过降低哈得采油气管理区试采井原油产量，将20辆原油罐车协调至博大采油气管理区参与原油倒运，保证该区块正常生产，为天然气冬季保供工作夯实基础。

（李中全）

【电力保障】 2022年,塔里木油田公司总供电量16.1亿千瓦·时(自发电量0.6亿千瓦·时、外购电量15.5亿千瓦·时),直购电量比重100%,相比政府基准电价节约电费9148万元。塔里木油田公司本部总供电量15.1亿千瓦·时,自发电量4877万千瓦·时(轮南燃机电站发电4654万千瓦·时,塔中明珠、沙油电站发电223万千瓦·时);外购电量14.6亿千瓦·时(阿克苏电网供电1.7亿千瓦·时、巴州电网供电12.9亿千瓦·时);直购电价相比政府基准电价节约电费8628万元。塔西南公司总供电量1亿千瓦·时,自发电量1560万千瓦·时(均为和田燃机电站自发电);外购电量8877万千瓦·时(博大采油气管理区4187万千瓦·时、柯克亚采油作业区3636万千瓦·时、南疆利民油气运行中心1054万千瓦·时);直购电价相比政府基准电价节约电费520万元。

电源系统。2022年11月4日,和田河3.6兆瓦光伏电站投运;12月2日,喀什天然气总厂10千伏临时供电电源送电。

变配电系统。2022年5月18日,哈一联Ⅲ列天然气装置电力系统投运;8月6日,35千伏轮西变电站Ⅲ段母线及35千伏西古线投运;12月2日,塔西南喀什天然气总厂石气变电站投运。

电力系统。塔里木油田公司本部电力系统主要工作:做优电力检修。构建"'日常消缺+带电作业+搭车检修'为主、集中检修为辅"检修模式,全面推行线路运维检一体化管理,实行"一站一案""一线一案"检修方式,2022年消除缺陷2520项,常态消缺量同比提升22.4%,非计划停电同比下降17.2%,减少影响原油产量1599吨、天然气413万立方米。做实电力保障。针对冬季天然气保供7座重点场站、30条线路,提前消除隐患115处,逐一配套专项应急保障方案,建立新冠肺炎疫情期间"交叉补位""化整为零""轮换值守"运维模式,重点区域未发生非计划停电事件。结合生产实际,发挥"徐立民创新工作室""雷春俊创新工作室"辐射带动作用,解决自动控制、电网谐波、带电作业等生产现场的"卡脖子"问题18个,获评新疆维吾尔自治区群众创新"五小"优秀成果7项。做强行业技术支撑。组织编制塔里木油田公司电力"十四五"规划、塔里木油田公司"十四五"清洁电力替代规划,擘画塔里木油田公司电网双电源供电蓝图;发布《单井分布式光伏发电系统并网配置规范》《塔里木油田变电站投运技术条件》《塔里木油田35千伏架空线路标准化设计》;组建专职电力审查小组,审查富满油田骨架工程、博孜—大北开发工程等重点项目设计文件256份,提出建议1300余条,采纳率85%以上;组织防爆电气设备实操培训3期66人次,开展防爆电气隐患项目核查及现场指导11次,整改问题735个。做好新能源业务。编制《集中式光伏电站运行维护规程》《油井分布式光伏发电系统并网配置规范》,规范集中式光伏运维和分布式光伏建设。全过程推动尉犁、且末100兆瓦光伏发电项目实施,196口单井分布式光伏项目逐步实施。塔西南公司本部电力系统主要工作:优化塔西南公司电力系统。建成塔西南公司电力调控中心,实现博大、柯克亚、和田河电力数据和视频信号集中监控,实现35千伏石鸿变电站、塔宛变电站无人值守。开展柯克亚35千伏石鸿变电站10千伏配网自动化建设、10千伏快切与35千伏备自投连锁改造,博大、泽普采油气管理区高低压电机抗晃电技术改造47项。实施和田河电站两台发电机组中冷器国产化替代改造,优化低频减载程序,解决发电机组带载受限问题,和田河孤网安全运行1264天。建成塔西南2个分布式光伏发电工程、玛东3光/储/柴一体化发电工程、和田河3.6兆瓦光伏项目,实现清洁发电660万(千瓦·时)/年,清洁能源替代2035吨标准煤/年,减少碳排放3940万吨/年、碳氧化合物排放875吨/年。

(杜建龙)

【油田专用公路】 2022年,塔里木油田公路总里程6596.85千米,其中沥青混凝土2691.85千米、水泥混凝土5.7千米、砾石简易路3899.3千米。投入养护费用5562.78万元,总养护里程5790.8千米。

塔里木油田公司投入资金273.74万元,2022年11月2日开工实施油田主干道路交通安全隐患项目,12月31日完工。项目主要内容:塔中一号公路新增道路监控卡口4处,配置区间测速告知牌4块、区间测速长度告知牌4块、区间测速起点告知牌4块、区间测速终点告知牌4块、限速60告知牌4块、事故易发路段告知牌4块。沙漠公路新增区间测速告知牌10块、区间测速长度告知牌10块、区间测速起点告知牌10块、区间测速终点告知牌10块、更换限速20、40、60标志牌69块。库东公路新增区间测速告知牌4块、区间测速长度告知牌4块、区间测速起点告知牌4块、区间测速终点告知牌4块、限速80标志牌4块、更换限速40标志牌2块。

【沙漠公路生态防护林】 2022年,塔里木油田公司沙漠公路全线及塔中地区周边生态防护林由塔中采油气管理区负责管护,投入管护人员200余人,年施肥3次、使用尿素530余吨,年浇水37.36万小时,消耗柴油64.84万升、合计500余吨,年喷洒敌敌畏、乐果等药剂380余件。截至2022年底,沙漠公路及塔中周边生态防护林总里程460千米,林带总面积约37.58平方千米;沿线设有水源井135口(直供电井37口,太阳能发电井98口)。

【沙漠公路管网改造】 2022年,塔里木油田公司对沙漠公路防护林部分滴灌系统损坏老化严重的管网实施改造。更换塔中沙漠公路东西两侧防护林7号水源井、8号水源井、9号水源井、12号水源井、14号水源井、18号水源井、20号水源井、34号水源井、35号水源井所辖区域部分支管4.26万米、毛管120.9万米及配套球阀等管件,工程投入资金513.03万元,4月20日开工,8月5日完工,10月24日交工验收。更换塔中沙漠公路东西两侧防护林71号水源井、75号水源井、83号水源井、84号水源井、91号水源井及大芸基地6处水源井所辖区域支管3.85万米、毛管145.5万米及配套球阀等管件,工程投入资金589.29万元,3月10日开工,5月15日完工,11月16日交工验收。(3)更换塔且公路11口水源井(电1—电11电网供电)两侧防护林、塔中16井区道路7口水源井(电12—电18电网供电)及园区大绿化19处水源井所辖区域(未更换部分)支管8.54万米、毛管282.2万米及配套球阀等管件,工程投入资金1157.39万元,3月6日开工,5月26日完工,12月3日交工验收。

【沙漠公路太阳能利用工程】 2022年,塔里木油田公司新建光伏发电站86座,其中73座光伏发电容量47.7千峰瓦(太阳能光伏电池的峰值总功率)、储能容量96.8千瓦·时、1套控制设备;11座光伏发电容量55.65千峰瓦、储能容量107.5千瓦·时、1套控制设备;2座光伏发电容量63.6千峰瓦、储能容量129千瓦·时、1套控制设备。系统均由光伏方阵发电,通过汇流箱、光伏充电模块、逆变器、变频器为用电设备提供电源,并利用蓄电池储存所发电量,实现能量缓冲,改善电能质量。白天/晴天情况下,光伏所发电力给负载供电的同时,多余电力给储能蓄电池充电。光照弱/无日照情况下,储能单元放电,满足负载用电需求。由中国石油运输有限公司沙漠运输分公司投资6653.02万元建设,2022年1月9日开工,6月2日完工,9月12日交工验收。

(成和平)

【生产运行领域数字化转型】 2022年,塔里木油田公司完成油气储运、油气销售、水电供应、油田道路、油田土地5个专业首批368万条数据入库。

智能生产与应急指挥平台推广应用。2022年9月9日,以迪那、东河采油气管理区作为生产(应急)指挥调度业务数字化转型试点单位,将智能生产与应急指挥平台大屏端应用场景部署至生产现场,同步配套开发值班日志、生产指令、工作督办等个性化功能,提高现场生产管理人员工作效率,构建确立生产(应急)指挥调度业务数字化转型三级贯通(油田、管理区、井站)、两端协同(大屏端、Pc端)的新格局。

智能运营中心建设。为向生产运行指挥、钻完井远程管控等业务提供交互展示系统及场地环境建设,满足塔里木油田公司多专业、多部门的协同办公、生产(应急)指挥、安全生产等业务开展及规模化应用,2022年12月15日,科研楼智能运营中心交互展示系统及场地建设项目正式开工建设。该项目将支撑油田智能运营中心的音视频基础集成应用,并根据智能运营中心的需求对视频监控、视频会议、LED屏等功能进行集中融合,支撑塔里木油田公司智能运营中心统一的日常办公、会议会商等方面需求,满足塔里木油田公司智能运营中心指挥、决策、监控等需求。甲方建设方为油气数智技术中心,承建方为昆仑数智科技有限公司,用户单位为生产运行部、油气工程研究院、勘探事业部、油气田产能建设事业部、应急中心5家单位。截至2022年底,工程总体形象进度60%。

(钱 程)

设备物资管理

【概述】 2022年,塔里木油田公司有各类设备23431台,设备原值66.79亿元,净值22.15亿元,新度系数0.33(表1)。完成集团公司考核指标(表2)和塔里木油田公司设备物资考核指标(表3)。首获全国设备标准化管理标杆单位,获中国设备协会颁发的全国设备管理与技术创新成果奖二等奖。

【设备基础管理】 2022年3月23日,塔里木油田公司被集团公司确定为油气和新能源子集团设备完整性管理唯一试点单位,并于12月25日通过集团公司设备完整性管理试点验收。2022年,塔里木油田公司统筹组织设备完整性试点工作,完善机制,倒排计划,边行边试,以融合QHSE管理体系并突出专业支撑为导向,搭建起以全生命周期风险管控和高效运行为核心的完整性管理框架,得到工程和物装管理部的高度评价。

表1 塔里木油田公司各类设备统计表

设备类别	数量(台/套)	原值(亿元)	净值(亿元)	新度系数
通用设备	6844	41.34	11.11	0.27
特种设备	8213	17.88	9.55	0.53
油专设备	8374	7.57	1.49	0.16
合计	23431	66.79	22.15	0.33

表2 集团公司考核指标完成情况统计表

指标名称	单位	目标值	完成值
物资两级集中采购度	%	≥98	100
物资采购资金节约率	%	≥5	10.38
期末库存降低率	%	≥5	7
物资上网采购率	%	≥90	100

表3 塔里木油田公司设备物资考核指标完成情况统计表

指标名称	单位	目标值	完成值
设备综合完好率	%	98	98.68
特种设备(油专设备)定期检验计划完成率	%	100	100
特种设备使用证办理率	%	100	100
较大以上设备事故	%	0	0
大修计划完成率	%	90	100
物资两级集中采购度	%	≥98	100
物资采购资金节约率	%	≥5	10.38
期末库存降低率	%	≥5	7
物资上网采购率	%	≥90	100
甲供物资必检物资检验率	%	100	100
甲供物资入库合格率	%	100	100
甲供物资入场(入井)合格率	%	100	100

顶层设计。完成设备完整性管理模式顶层设计,构建手册、程序和作业等三级体系文件,引领完整性发展。建立设备全生命周期"三好三优"完整性管理策略,推进完整性理念落地转换。加强方案设计,完善工作机制,倒排实施计划,对接融合QHSE管理体系、管道和站场完整性管理体系,突出"管业务管设备"理念,搭建以风险管控和高效运行为核心的设备完整性管理框架,规范管理手册、程序文件和

作业文件，推进全生命周期管控策略，对标完善三级指标体系62项，初步形成统一归口、分类分级管理新模式。

设备完整性试点。立足要素管理，制定发布《塔里木油田公司设备分类及风险分级管控指导意见》，采用"定性+定量"评分法，将动、静、电设备分为A、B、C类。合理配置检维修资源，按照"固有风险分级+动态风险调整"原则，以检查表法评估不同类型设备风险等级，组织完成22658台主要设备分类及风险分级评估，管控设备风险。编制20类关键设备隐患排查及判定清单，以迪那采油气管理区迪那处理站（迪那油气运维中心）为试点，验证各项要素实效性。

成果推广。协同集团公司安全环保技术研究院制定油气和新能源公司设备完整性推进指南，为上游板块提供参考。

【特种设备管理】 2022年，塔里木油田公司对设备管理全过程关键环节实施"体检"，及时发现并消除缺陷隐患。优选国内6家专业设备监理单位，监造设备270台，消除制造问题410项，保证产品质量。对新购压力容器引入第三方权威检验机构开展入场检验82台，消除3台容器3处超标制造缺陷；加强新购压力容器内涂层质量管控，应用内涂层施工"八把关、十二步法"经验，制定《新建压力容器内防腐涂层通用技术条件》，纳入设计采购文件及入场检验，保证内涂层性能、使用寿命等满足要求。严格定期检验，突出方案审查和技术支持，妥善处置塔三联高压旋流分离器严重腐蚀、轮南球罐埋藏缺陷在内的65台设备228处超标缺陷。组织专业检测队伍每年全覆盖检测1次，检测锅炉加热炉燃烧器及安全联锁保护装置575台，储罐附件1116台，及时整改发现问题，实现高风险装置完好可靠，在股份公司高风险装置抽检中，问题数量均大幅下降，管理状况逐年向好。强化"四新"技术应用及安全环保评估，建立业务领域"四新"技术管理清单，组织完成球罐在线监测智能系统、光电一体化加热炉等"四新"技术评估，实现新设备安全投用。

【通用设备管理】 2022年，塔里木油田公司强化防爆电气隐患治理，做好沟通协调和督导服务，实施7.57万台防爆电气隐患治理和58个建设项目涉及的防爆电气初查，消除3229台设备问题，实现防爆电气隐患"零存量、零增长"。坚持问题导向，针对现场生产急难愁盼问题，指派专业技术人员到生产一线和设备厂家，协助开展问题排查、原因分析，协调故障处理、设备修复和安全投运70余人天，系统解决乙烷外输机电缆、塔中螺杆空压机设计安装运维以及克拉注水泵选型等基层单位设备设施问题隐患20余项。克服新冠肺炎疫情影响，协调地方部门、设备厂家和物流单位，滞留在巴州境外的7台关键设备顺利送抵塔西南天然气综合利用工程施工现场。组织协调塔里木油田公司压缩机专家、成都压缩机公司技术人员现场解决南疆利民4个压气站压缩机等设备安装调试难题，确保投运保供顺利开展。解剖典型设备故障原因4次，研究制定预防整改措施，利用塔里木油田公司生产例会、设备物资例会、技术大讲堂等载体进行安全经验分享，避免同类问题发生。

【物资保障管理】 2022年，塔里木油田公司开展物资管理深度检查，检查发现乙供物资管理、计划管理、制度流程等问题200项，督促问题单位制定整改措施，逐条进行跟踪销项，实现合规管理。针对修订完善的关键条款，组织相关单位30人次开展专题培训及考核评价，合格率96.67%。优化供应商总量控制，压减贸易商占比，贸易商占比降至15.58%，推进"甲乙方融合"理念，调动供应商主观能动性，在新冠肺炎疫情期间保障运输不受阻、保供不间断。建立物资管理提质增效长效机制，从节约采购资金、降低库存占用、提升国产化占比、加大修旧利废等多个维度落实提质增效工作，累计实现降本增效6.03亿元，完成全年目标的121%。

【采购管理】 2022年，是塔里木油田公司项目建设大年，因新冠肺炎疫情防控升级等因素影响，物资保供面临压力。坚持"一手打伞，一手干活"理念，提前摸排物资需求，预防保供风险，做好突发问题的应急处置。推进两段式招标，提前设定非标设备物资的技术条件，公开招标优选行业技术领先企业，确保采购设备物资采购时效、技术可靠及质量稳定。结合生产实际、市场资源、供应商综合实力等多方面因素，开展具有塔里木油田公司特色的物资标准化集中采购工作，完成集采结果公示102项，标包计划完成率80.5%，形成标准化产品44290项，品类覆盖率71.99%，金额覆盖率72.56%。完成物资采购30.05亿元，完成仓储作业量50.02万吨、吞吐量43.12万吨、配送量19.87万吨，供应石油专用管材12.38万吨、井口151套、石油化学剂4.14万吨，为塔里木油田公司126口钻井及32个产建项目提供物资供应。

【仓储库存管理】 2022年，塔里木油田公司树立库存经营意识，强化计划准确率管理，推行业务部门、用户单位、采购部门三级会审制度，从源头控制新增库存，计划准确率96%。坚持"开库设计"，针对积压3年以上库存物资开展消库利库专项行动，处置利用库存物资8714.28万元。制订"一库一策"实施方案，消除单位间物资使用门槛，实现库存物资的全面共享，塔里木油田公司整体库存下降5000余万元。坚持"零库存"管理理念，扩大代储品类范围，代储代销采购23.82亿元，资金利息节约2057万元。实施"仓储管理扁平化""控增减存"等专项行动，疏通库与库之间的内移通道，实现油田公司库存共享，库存降至4.33亿元，较2022年初下降33%。

【设备隐患管理】 2022年，塔里木油田公司综合运用"常态化+专业化"手段，开展"四查"（查思想、查管理、查技术、查纪律）分析4次，全方位排查治理较大隐患问题根源。

职责落实。健全基层岗位职责、常用标准和制度文件3项清单，落实照单履责。实行"三单合一"，即整合设备单机检查清单、QHSE审核清单、隐患判定清单，指导基层岗位结合操作巡检、维护保养等工作，利用便携式检测工具开展常态化精准隐患排查。

检查审核。组织融合式QHSE体系审核、安全大检查、物资管理检查5次，发现问题隐患990余项，整改820项，整改率82.83%。

隐患专业排查。依托专业服务队伍和专业技术手段，定期检验特种设备和油专设备4402台，检测锅炉加热炉燃烧器安全联锁554台，检测储罐安全附件2034台，设备大修22台，发现并整改各类问题228项。组织完成3183台套机泵计划性维修、4座储罐二次密封VOCs（挥发性有机物）治理、16座油品储罐机械清洗，消除679项风险隐患，确保设备安全可靠运行和环保排放达标。

隐患专项治理。专项治理8个隐患项目，主要包括7.57万台防爆电气、11台复合板容器2205接管和18台低氮燃烧器。强化老旧设备检验评估，针对往复式压缩机附属容器交变载荷、振动风险，制订不同使用年限应采取的检验内容和方法，检验405台，发现并消除隐藏性裂纹缺陷10台11处，设备较大隐患得以管控。

防爆电气隐患治理。针对防爆电气种类杂、问题多等情况，统筹优化和加强设计选型、实操培训、隐患治理等工作，配套"4321"（四级文件、三项工作、两轮驱动、一套系统）保障体系，构建全过程精益管理模式，解决防爆电气不防爆的难题。

【设备承包商管理】 2022年，塔里木油田公司依法合规加强承包商管理，通过服务商资质资格核查、"产品+服务"等措施，增进互惠合作，促进提升服务质量和保障能力。制修订、核查标准6项，完成业务领域内13家承包商现场核查及降低新冠肺炎疫情影响专项评估工作。严肃结果应用，依规对克拉玛依友联实业有限责任公司限减工作量，影响期6个月，对中国石油管道局工程有限公司维抢修分公司队伍记2分、罚款1万元，对大庆油田自动化仪表有限公司记1分，倒逼服务商提升服务质量。发挥集团公司一体化优势，推进注水泵、加热炉和锅炉加热炉燃烧器安全连锁装置等设备"产品+服务"模式，进一步加强运维管理，提升设备可靠性，实现甲乙方互惠共赢。

【回收油管管理】 2022年，塔里木油田公司编制实施回收油管修复统一管理暨再制造方案，并每周跟踪协调；组织线上协调会议6次，讨论解决合同变更、签订、工作界面划分、系统设计与开发、简化现有软件相关操作问题。优化管理程序，完成相关价格顺转、技术标准制修订、管理流程编制等工作。组织塔里木油田公司各单位落实历史遗留结算，发布油管修复招标公告，开展修复油管统一管理的合同立项和回收油管系统原型初步设计，加快合同订立及执行，有序落实合同收尾及交接工作。建立回收油管激励考核制度，推进回收油管系统建设及应用，确保方案落实见效，消减质量和合规风险，推进油建公司业务转型升级。

【物资质量管理】 2022年，塔里木油田公司开展采购物资质量管控和优质供应商培育，实施物资供应从设计选型、计划提报、物资采购、加工制造、物流运输、检验验收、仓储库存、出库发放、安装使用9大环节全过程质量控制。

职责完善。发布实施《关于加强油田公司乙供物资管理的通知》，明确项目乙供物资全流程质量管理要求和职责。制定物资采购质量隐患判定清单，包括12项较大物资采购隐患，41项一般物资采购隐患判定标准，排查整改采购产品质量较大隐患748条、一般隐患2425条。

日常抽查检验。不定期开展采购物资质量监督抽检，检验甲供必检物资1939批次，合格率100%；入库物资检验16503批次，合格率100%；入场（入井）检验37851批次，合格率100%。月度统计汇总质量问题，季度通报，排查整改物资质量问题78项，处理供应商42家。

专项检查监督。专项检查物资质量管理情况，发现、通报并整改质量问题160项。每季度编制发布采购产品质量监督报告，通报典型质量问题，举一反三，避免重复发生。

违规供应商处理。落实质量问题追溯和"三个一批"（发现一批突出质量问题，处理一批质量问题的责任单位和个人，清退一批不合格供应商、承包商、服务商），召开仪器仪表质量问题"四查"分析会，讨论制定管控措施，针对玻璃钢管接头渗漏，开展问题调查和处理，全年对涉及产品质量的2家供应商纳入"黑名单"，取消准入资格供应商11家，暂停产品交易权限10家，通报批评18家。

【油田设备物资引进】 2022年，塔里木油田公司组织签订进口合同141个，采购总金额5650.51万美元（表4）。

钻完井进口设备物资。完成采气井口、尾管悬挂器、分级箍、井下安全阀、封隔器、微锰、高压节流阀等合同14个，合同金额4153.53万美元，占采购金额的73.51%。其中，框架协议物资采气井口合同3个，采购采气井口22套，合同金额1439.07万美元；尾管悬挂器合同2个，采购尾管悬挂器70套，合同金额1340.71万美元；封隔器及安全阀合同2个，采购封隔器26套，安全阀16只，合同金额789.57万美元；微锰合同1个，采购微锰800吨，合同金额278万美元；配件合同4个，合同金额64.96万美元；20000PSI高压节流阀合同2个，采购高压节流阀34只，合同金额241.22万美元。

检维修及生产进口设备物资。签订检维修进口设备物资125个合同，合同金额1275.52万美元，均按期交付，保障各采油气管理区等用户单位装置检维修和日常生产需求。

项目进口设备物资。完成塔西南天然气综合利用工程膜分离橇采购，合同金额1167万元人民币。博孜—大北地面骨架工程（处理厂）JT阀4只，合同金额49.8万美元。

重点项目进口设备物资。2022年，塔里木油田公司2个重点地面建设工程项目4项进口物资，采用国际招标的采购方式，成立专项项目执行组，提前与用户、设计院、项目管理部门、招标中心、中国石油物资公司沟通交流，预判项目难点和卡点，强化工作针对性，保证项目招标顺利进行。塔西南天然气综合利用工程膜分离橇项目成立重点物资保障小组，通过跟踪分析制造进度表，控制重点项目物资关键节点进度，对关键核心原材料同步通过制造进度表加强控制，对于因疫情、限电等原因造成的进度耽误，协调厂家加快进度。通过驻厂监造，强化把控质量和进度，提前对接新冠肺炎疫情管理部门，了解货物运输和技术人员到现场的手续办理流程，保证项目物资、人员按时顺利到达现场。塔西南天然气综合利用工程储罐和液化机项目原计划储罐和液化机分开单独招标，储罐单独招标失败后，多次召开视频会议协调推进项目合并招标，合并招标由中标供应商内部协调解决，并后期执行。

表4 2022年塔里木油田公司引进合同设备清单

序号	合同名称	生产厂家	国别	使用单位
1	卡麦龙节流阀配件	CAMERON	罗马尼亚	克拉采油气管理区
2	节流阀配件	CAMERON	罗马尼亚	克拉采油气管理区
3	控制系统配件	霍尼韦尔	美国	克拉采油气管理区
4	高压接头及配件	Swagelok/HIP/HOKE	美国/新加坡	克拉采油气管理区
5	变送器	罗斯蒙特	新加坡	克拉采油气管理区
6	阀门配件	FISHER	新加坡	克拉采油气管理区
7	节流阀配件	Master Flo	美国/加拿大	克拉采油气管理区
8	分析仪器配件	艾默生/EMG-DREHMO/RMG//MTL/斯伦贝谢/安捷伦/梅特勒托利多	美国/德国/英国/瑞士	实验检测研究院

续表

序号	合同名称	生产厂家	国别	使用单位
9	调节阀	FISHER	马来西亚	塔西南油气开发部
10	电动节流阀	CAMERON	罗马尼亚	油气田产能建设事业部
11	在线气象色谱分析仪	艾默生	美国	实验检测研究院
12	偏光显微镜	蔡司	德国	实验检测研究院
13	变送器	罗斯蒙特	新加坡	迪那采油气管理区
14	孔隙度测定仪	美国岩心	美国	实验检测研究院
15	自动电位滴定仪	梅特勒	瑞士	实验检测研究院
16	调节阀配件	FISHER	新加坡	迪那采油气管理区
17	燃烧器配件	Dungs/Micro Motion/Rosemount/百得/Simens	德国/新加坡	英买采油气管理区
18	变送器	ROSEMOUNT	新加坡	英买采油气管理区
19	变送器、雷达液位计	ROSEMOUNT	新加坡	泽普、博大采油气管理区
20	节流阀配件	CAMERON	罗马尼亚	油气田产能建设事业部
21	烟气分析仪	德图	德国	实验检测研究院
22	全自动常压馏程分析仪	PAC	美国	实验检测研究院
23	全自动闭口闪点测定仪	SETA	英国	实验检测研究院
24	防雷调节型电动执行机构	ROTORK	UK	博大采油气管理区
25	分级箍、浮箍	DAVIS-LYNCH	美国	油气田产能建设事业部
26	气动执行机构配件	梅索尼兰	印度/新加坡	英买采油气管理区
27	阀门配件	FISHER	FISHER/CONTROLAIR	英买采油气管理区
28	轨道球阀配件	ORBIT	美国	英买采油气管理区
29	电动节流阀	CAMERON	罗马尼亚	油气田产能建设事业部
30	压缩机配件	COOPER	美国	东河采油气管理区
31	采气树	WOM	美国/印度	油气田产能建设事业部
32	发动机配件	CAT	美国	轮南采油气管理区/塔中采油气管理区
33	电动执行机构配件	ROTORK	英国	油气运销事业部
34	检测仪器配件	斯伦贝谢/安捷伦/ST/千德勒/德图	美国/法国/瑞士	实验检测研究院
35	变送器	ROSEMOUNT	新加坡	英买采油气管理区
36	分析仪器配件	AMETEK	美国	泽普采油气管理区

续表

序号	合同名称	生产厂家	国别	使用单位
37	调制解调器	COMTECH	美国	油气数智技术中心
38	无线网桥	RADWIN	以色列	油气数智技术中心
39	露点仪	Vympel	俄罗斯	实验检测研究院
40	旋进漩涡气体流量计	ABB	德国	泽普采油气管理区
41	分离滤芯和变送器	罗斯蒙特	美国	油气运销事业部
42	采气井口	CAMERON	新加坡	油气田产能建设事业部
43	电动节流阀(油嘴)配件	MOKVELD	荷兰	迪那采油气管理区
44	阀门配件	FISHER	新加坡	博大采油气管理区
45	质量流量计	科隆	英国	油气运销事业部
46	工业齿轮油	美孚	美国	泽普采油气管理区
47	变送器	罗斯蒙特	新加坡	油气运销事业部、实验检测中心
48	Fisher阀门配件	FISHER	新加坡	迪那采油气管理区
49	导热油泵配件	ALLWEILER	德国	英买采油气管理区
50	变送器	ROSEMOUNT	新加坡	博大采油气管理区
51	西门子CT机配件(球管)	西门子	德国	塔西南医疗服务中心
52	自控系统配件	SIEMENS/LAMTEC/PARKER/FISHER/魏德米勒/ASCO	德国/美国/新加坡	塔中采油气管理区
53	质量流量计	E+H/Weishaupt	瑞士/德国	博大采油气管理区
54	高压转换接头	HIP	美国	迪那采油气管理区/博大采油气管理区
55	螺纹密封脂	Bestolife	美国	勘探事业部
56	导热油炉配件	ALLWEILERAG/fisher/WIKA/FIDA/WEISHAUPT/DUNGS/LAMTEC	德国/新加坡	英买采油气管理区
57	雷达液位计	ROSEMOUNT	瑞典	泽普采油气管理区
58	控制系统配件	BB/史陶比尔/艾默生	墨西哥/德国/美国/印度	油气运销事业部
59	压缩机配件	COOPER	美国	东河采油气管理区
60	超声流量计	弗莱克森	德国	泽普采油气管理区
61	高压手动旋塞阀	GALLI&CASSINA S.P.A	意大利	迪那采油气管理区
62	超声波流量计	SICK	德国	油气运销事业部

续表

序 号	合同名称	生产厂家	国别	使用单位
63	高压止回阀	LVF	意大利	油气田产能建设事业部
64	J—T阀	SEVERN GLOCON / VALVES PRIVATE/ LIMITTED/FLUKE	印度	油气田产能建设事业部
65	膜分离装置		美国	塔西南公司
66	变送器	ROSEMOUNT	新加坡	英买采油气管理区
67	雷达液位计	罗斯蒙特/RMG	美国/新加坡	油气运销事业部
68	活塞压缩机配件	Red lion/FISHER/Cooper	美国/新加坡	轮南采油气管理区/塔中采油气管理区
69	气体压缩机油	YORK	美国	哈得采油气管理区
70	偏心球阀配件	AEVALVES/ROTORK	比利时/意大利	泽普采油气管理区
71	整装采气井口	WOM	美国	勘探事业部
72	完井工具	哈里伯顿	新加坡	勘探事业部
73	超声流量计	SICK	德国/新加坡	油气运销事业部
74	硫化氢分析仪配件	霍尼韦尔/AAI	新加坡/美国	塔中采油气管理区
75	反射雷达液位计	ROSEMOUNT	瑞典	油气运销事业部
76	变送器	ROSEMOUNT	新加坡	英买采油气管理区/博大采油气管理区/泽普采油气管理区
77	气相色谱仪	安捷伦	美国	油气运销事业部
78	气相色谱仪	赛里安	荷兰	实验检测研究院
79	检测仪器	PE/克勒/博乐飞/安东帕	美国	实验检测研究院
80	阀门气动执行器	艾默生	新加坡	油气运销事业部
81	控制系统配件	AUMN/FISHER	美国/新加坡	油气运销事业部
82	变送器	ROSEMOUNT	新加坡	油气运销事业部
83	发动机配件	CAT	美国	塔中采油气管理区
84	封隔器	哈里伯顿	新加坡	油气田产能建设事业部
85	微锰	EIkem	挪威	油气田产能建设事业部
86	自控系统配件	法奥克/福斯	德国	油气运销事业部
87	固井工具	斯伦贝谢/贝克休斯	新加坡/美国	勘探事业部
88	催化剂分子筛	UOP	美国、意大利	英买采油气管理区
89	变送器	ROSEMOUNT	新加坡	英买采油气管理区
90	五寸悬挂器附件	贝克休斯	新加坡	油气田产能建设事业部

续表

序号	合同名称	生产厂家	国别	使用单位
91	仪表气路阀门	PARKER	英国	英买采油气管理区
92	超声波流量计	KROHNE	英国	英买采油气管理区
93	超声波流量仪配件 色谱仪配件	丹尼尔	墨西哥/罗马尼亚/美国	油气运销事业部
94	电动油嘴(节流阀)配件	CAMERON	罗马尼亚	油气田产能建设事业部
95	物理特性分析仪配件	JiGTech	加拿大	实验检测研究院
96	固井工具	斯伦贝谢/DAVIS-LYNCH	新加坡/美国/迪拜	油气田产能建设事业部
97	二阀组	PARKER	英国	塔西南博大油气开发部
98	气体涡轮流量计	RMG	德国	实验检测研究院
99	程控轨道球阀	ORBIT	美国	英买采油气管理区
100	超声波流量计配件	RMG	德国	油气运销事业部
101	自控系统配件	ROSEMOUNT/丹尼尔	新加坡/美国	油气运销事业部
102	压缩机配件	cooper	美国	东河采油气管理区
103	钻杆防磨套	OIL STATES	美国	油气田产能建设事业部
104	油管挂金属密封	WOM	美国	勘探事业部
105	自控系统配件	ROSEMOUNT	新加坡	英买采油气管理区/博大采油气管理区
106	压力变送器	霍尼韦尔	印度	塔中采油气管理区
107	截止阀	ARI	德国	迪那采油气管理区
108	阀门配件及离心油泵配件	FISHER\FLOWSERVE	新加坡/德国	英买采油气管理区
109	油泵配件	KSB	德国	迪那采油气管理区
110	电动执行机构配件	ROTORK	美国	英买采油气管理区
111	流量计	ABB	德国/美国	泽普、博大采油气管理区
112	压缩机配件	COOPER	美国	塔中采油气管理区
113	自控系统配件	honeywell/fisher/VARTA	爱尔兰/新加坡/	油气运销事业部
114	自控系统配件	罗斯蒙特	新加坡/罗马尼亚	油气运销事业部
115	自控系统配件	罗斯蒙特	新加坡	克拉采油气管理区
116	自控系统配件	罗斯蒙特	新加坡	博大采油气管理区
117	J-T阀	IMI CCI	韩国	油气田产能建设事业部
118	阀门配件	CAMERON	美国	英买采油气管理区
119	节流阀配件	MASTERFLO	美国/加拿大	克拉采油气管理区

续表

序号	合同名称	生产厂家	国别	使用单位
120	自控系统配件	SIEMENS/PARKER/ELECTRIC	美国/德国/韩国	英买采油气管理区
121	自控系统配件	BB	墨西哥	油气运销事业部
122	采气井口	WOM	美国	勘探事业部
123	催化剂	POROCEL	德国	塔中采油气管理区
124	工业齿轮油	美孚	美国	塔中采油气管理区/迪那采油气管理区
125	活塞式压缩机配件	COOPER	美国	东河采油气管理区
126	采气井口配件	WOM	美国/印度	油气田产能建设事业部/迪那采油气管理区
127	润滑油	美孚	美国	东河采油气管理区
128	超声波流量计	RMG	德国	塔西南南疆利民油气运行中心
129	高压电动节流阀（电动油嘴）配件	CAMERON	罗马尼亚	克拉采油气管理区
130	变送器	罗斯蒙特	新加坡	克拉采油气管理区
131	接头配件	GHP/SWAGELOK/HOKE	美国	克拉采油气管理区
132	变送器	罗斯蒙特	新加坡	英买采油气管理区/油气运销事业部
133	雷达液位计	E+H	德国	油气运销事业部
134	自控系统配件	Siemens/MERCER	德国/美国	英买采油气管理区/油气运销部
135	变送器	罗斯蒙特	新加坡	克拉采油气管理区/英买采油气管理区
136	自控系统配件	Siemens	德国	博大采油气管理区
137	离心油泵	HIP/ALLWEILER	美国/德国	克拉采油气管理区/英买采油气管理区
138	压缩机配件	COOPER/GE	美国	东河采油气管理区
139	超声波流量计配件	SICK	荷兰	油气运销事业部
140	固井软件	斯伦贝谢	荷兰	油气工程研究院
141	色谱仪配件及控制系统配件	AB/YORK/EMERSON	美国	油气运销事业部/巴州能源公司
142	工业齿轮油	美孚	美国	克拉采油气管理区/塔中采油气管理区
143	活塞式压缩机配件	COOPER	美国	塔中采油气管理区
144	活塞式压缩机配件	COOPER	美国	东河采油气管理区

续表

序 号	合同名称	生产厂家	国别	使用单位
145	工业齿轮油	美孚	美国	塔中采油气管理区
146	压缩机配件	本特利/Siemens	美国/德国	新疆巴州能源有限责任公司
147	调节阀	FISHER	马来西亚	博大采油气管理区
148	色谱仪配件	EMERSON	德国/英国/美国	新疆巴州能源有限责任公司
149	节流阀配件	CAMERON	罗马尼亚	克拉采油气管理区
150	采气井口配件	WOM	美国/印度	克拉采油气管理区
151	工业齿轮油	美孚	美国	迪那采油气管理区
152	分离滤芯	PECO	美国	东河采油气管理区
153	变送器和电磁阀	NORGREN/ROSEMOUNT	英国/新加坡	克拉采油气管理区/博大采油气管理区
154	中压齿轮传动球阀	LAZARO ITUART	西班牙	新疆巴州能源有限责任公司
155	节流阀配件	MASTERFLO	美国/加拿大	克拉采油气管理区
156	微锰	EIKem	挪威	油气田产能事业部/勘探事业部
157	井下完井工具	哈里伯顿	新加坡/美国	勘探事业部
158	井下完井工具	哈里伯顿	新加坡	油气田产能事业部
159	悬挂器及附件	斯伦贝谢、贝克休斯	美国/新加坡	油气田产能事业部
160	完井工具	斯伦贝谢、贝克休斯	斯伦贝谢/贝克休斯	勘探事业部
161	采气井口	WOM	美国	油气田产能事业部/勘探事业部
162	电动油嘴(节流阀)配件	CAMERON	罗马尼亚	油气田产能事业部
163	离心泵及仪表阀门配件	FISHER\FLOWSERVE	新加坡	油气运销事业部
164	采气井口	CAMERON	新加坡	油气田产能事业部/勘探事业部
165	高压电动节流阀	MASTERFLO	加拿大	克拉采油气管理区
166	采气井口及配件	WOM	美国	迪那采油气管理区
167	微锰(钻井用泥浆加重剂)	EIKem	挪威	油气田产能事业部

【设备节能提效】 2022年,塔里木油田公司坚持"节能是第一能源"理念,全过程推进地面系统节能工作,在集团公司范围内率先发布《主要耗能设备节能减排指导意见》,组织完成428台主要耗能设备节能监测及能耗综合评价,75台高耗能机电设备的淘汰更新,从绿色节能、经济高效方面论证设计阶段,优选柱塞式注水泵、微油螺杆空压机,适时更换低效高耗的水平式注水泵、无油螺杆空压机。结合集团公司加热技术研发中心成员单位优势,研发应用集团公司首台井口光电一体化加热炉,开展"低温位热源夏季利用"研究,推进加热炉绿色替代、低温位热源利用,光热储能加热炉完成联合研制和厂家制造。邀请行业专家教授开展设备节能高端讲座2次,普及系统节能理念和方法。明确设备更新改造、闲置利用、报废处置等管理要求,结合生产需要,从经济效益、安全环保、法律法规等方面加强技术论证,择优方案,统筹推进闲置调剂、修旧利废、优化检维修项目、延长检维修周期等措施,实现提质增效5667

万元。

【防疫物资保障】 2022年，塔里木油田公司实施日跟踪、周例会、月总结等措施，掌握新冠肺炎疫情期间物资制造及运输动态，召开视频协调会76次，协调解决技术确认、生产监造、交付运输等问题348项，实施大件专车配送、小件拼车配送等举措，克服不利影响，确保采供时效。多渠道拓展防疫物资范围，组织采购智能门式消毒机、消杀机器人等新型防疫消杀物资，完成防疫物资采购和供应259.42万件，发放154.38万件，为探区的疫情管理工作提供保障。

【设备物资创新攻关】 2022年，塔里木油田公司聚焦基层设备难题，坚持问题导向，加强技术创新攻关，在球罐检测与设备检测系统研发、防腐涂料等方面取得进展。

自主研发球罐智能监测评估系统。针对球罐重大风险，自主研发的球形储罐智能安全监测与风险评价系统在塔里木能源公司天然气乙烷回收厂投产运行，集成泄漏、测厚、沉降、TOFD、声发射、应力监测6项先进监测技术，实现实时智能监测球形储罐安全和技术状态，取得技术突破。

国内首创全参数承压设备监测系统。在巴州能源公司成功应用，实现在线评估分析，发现异常及时预警，提升重大风险源管控能力。

研发快速固化型防腐涂料。针对容器内涂层固化周期长制约检修时间、影响防腐质量的问题，在现有防腐涂料基础上，创新研发快速固化型防腐涂料，配套专用喷涂施工机具，在轮南2台容器上试验应用，使容器内涂层施工时间缩减40%以上，缩短检修周期。

【设备物资数智化转型】 2022年，塔里木油田公司将技术管理经验和数字化智能化相结合，增强一级风险源管控能力。

设备管理数智化。推进关键机组远程状态检测、故障诊断与健康管理系统应用，优化整合工艺参数与在线监测信息，完善系统功能和展示模式，具备状态监测信息实时显示、报警信息闭环反馈、故障案例库和设备档案信息主动更新等功能。接入在线关键机组14台套，离心状态检测设备488台（套），实现远程在线状态监测、远程离线状态监测和智能预警、智能诊断预测和健康度评估，夯实设备预知性维修和数字化转型智能化发展基础。推进设备完整性平台技术论证，开展流程梳理和概念模型设计，通过塔里木油田公司工程技术论证，有序推进项目启动工作。

物资管理数智化。推进物资管理平台建设，打通从计划、采购，到仓储、物流、安装、使用、维护，再到消耗和回收通道，实行物资供应链全过程数字化管理，在集团公司统建系统和油田自建系统基础上，完善各项业务功能，进一步实现物资管理信息与各相关业务的横向共享，与物资全生命周期的纵向共享，确保油田公司物资业务统一管理。截至2022年底，物资管理平台仓储业务模块全面上线应用，入湖数据22.96万条，仓储库存数据共享率96%，仓储作业年节约16500个工时，采购管理及辅助决策模块通过工程技术审查。

【集团公司首台井口光电一体化加热炉在油田试运成功】 2022年，塔里木油田公司发挥集团公司加热技术研发中心成员单位的优势，与厂家对接，提思路定方案，厂家设计制造，历经半年时间，7月29日，塔里木油田公司一次性成功试运集团公司首台井口光电一体化加热炉。井口光电一体加热炉是首次将直流母排微电网技术与油气加热结合，实现光电与网电的无缝衔接，白天充分利用塔里木盆地优质的光照条件，主要使用光电；晚上利用阶梯电价优势，使用低价网电，产生更高的经济效益。较原有燃气加热炉对比，该设备呈现节能效果明显、智能化程度高、安全性能高、消减维护工作量等优势。

【首获全国设备管理与技术创新成果奖项】 2022年6月27日，中国设备管理协会发布《关于发布第五届（2020—2021年度）全国设备管理与技术创新成果的通知》，塔里木油田公司选报的《防爆电气设备全生命周期精益管理模式创新与实践》获二等奖，是塔里木油田公司装备管理首获此项荣誉。

（唐 瑜）

QHSE体系建设

【概述】 2022年，塔里木油田公司坚决贯彻落实习近平生态文明思想和习近平总书记关于安全生产的重要论述精神，按照QHSE工作"2+7"总体部署，深化QHSE体系建设运行，持续夯实QHSE管理基础，坚持把全员隐患排查整改作为首要任务，组织开展安全生产专项整治三年行动、基层站队QHSE标准化建设达标晋级活动，推进"绿色企业""健康企业"创建，推动质量提升行动提档升级，实施科技兴安专项行动，完成QHSE各项指标，安全环保形势稳定向好，获第七届中国工业大奖、集团公司QHSE先进企业，被集团公司认定为"中国石油健康企业"，通过"中国石油绿色企业"复审。

【QHSE标准化建设】 2022年，塔里木油田公司指导完善基层"两册"4209本。严控示范、优秀站队比例，采取"资料审查+现场抽查"方式，组织甲乙方59个基层站队开展QHSE标准化建设达标晋级验收，最终评选示范站队7个、优秀站队13个。发挥示范引领作用，在迪那处理站开展基层标准化建设经验交流活动。

【QHSE体系审核】 集团公司QHSE体系审核。2022年5月14—26日，集团公司QHSE指导审核组一行7人对塔里木油田公司18个机关处室、22家二级单位及76家承包商单位进行上半年现场审核；5月27日，在塔里木油田公司召开审核末次会议，通报体系审核总体情况，对下一步整改工作提出要求。上半年审核发现问题592项，塔里木油田公司组织相关单位整改，截至2022年底，问题整改率100%。10月15—30日，集团公司QHSE指导审核组通过视频会议的方式对14家主要生产二级单位和18个机关部门开展下半年审核；10月31日，在塔里木油田公司召开审核末次会议，通报体系审核总体情况，对下一步整改工作提出要求。下半年审核发现问题536项，塔里木油田公司立即组织相关单位整改，截至2022年底，问题整改率100%。

塔里木油田公司QHSE体系审核。2022年，塔里木油田公司坚持"两步走"审核模式。上半年分业务、分层级建立11类审核标准，业务部门主导审核和分析总结，发现问题2966项，推动审核向"业务主导+技术支撑"转变，审核质量评分在专业公司排名第一；下半年以验证审核为主线，细化形成72项245条审核内容，克服疫情困难，采取"单位自主验证+油田远程指导"方式，实现验证全覆盖，审核量化得分在专业公司排名第一。

（郭宗轲）

【QHSE数智化建设】 2022年，塔里木油田公司系统梳理QHSE各路业务管理需求，推动数字化转型智能化发展建设进程。完成QHSE业务信息化顶层设计，参与编制塔里木油田公司智能化发展顶层设计方案，生产安全环保智能管控、智能实验检测2个转型场景列入塔里木油田公司14个试点业务应用场景。推进"安眼工程"建设，成立"安眼工程"建设专班，结合提质增效方案，明确建设需求、实施路径和后端应用，接入钻完井、油气站场、临时作业点4000余路现场视频；11月，塔里木油田公司安眼监控中心可视化平台上线运行，实现生产作业可监可控可视。实现高危作业线上管理，坚持业务主导，按照急用先行原则，打通施工作业公示和高危作业审批平台，实现作业预约、作业公示、现场核查、许可办理、过程监督、统计分析全过程线上管理。优化完善隐患监控系统平台，上线移动端App，员工可随时录入，克服集中录入工作量大的弊端；建立数据分析模型，实现各单位自主排查、业务部门和监督中心监督检查录入隐患的统计分析、提示推送等功能。

（左振涛）

【QHSE工作总结表彰】 2022年12月31日，塔里木油田公司召开2023年度QHSE工作会议，总结回顾2022年QHSE工作情况，分析当前形势和存在问题，安排部署2023年QHSE重点工作。会议对2022年度QHSE工作中作出突出贡献的先进单位、集体和个人进行表彰。按照《塔里木油田公司QHSE奖励规范》《塔里木油田公司QHSE业绩考核管理办法》，经塔里木油田公司QHSE委员会审定，授予克拉采油气管理区等21个单位"2022年度塔里木油田QHSE先进单位"称号，授予哈得采油气管理区富源油气运维中心等40个集体"2022年度塔里木油田QHSE先进集体"称号，授予王盼等186人"2022年度塔里木油田QHSE先进个人"称号。沈复孝代表塔里木油田公司与相关单位颁发2023年度安全环保责任书并讲话。

安全管理

【概述】 2022年，塔里木油田公司坚持"安全第一、预防为主、综合治理"安全生产工作方针，持续以QHSE管理体系运行主线，压实各级安全环保责任，推进常态化全员隐患排查整改，开展安全生产专项整治三年行动，基层站队QHSE标准化建设达标晋级、绿色企业创建提升、质量提升、健康企业创建、科技兴安专项行动，完成各项QHSE考核指标，油田安全环保形势保持总体平稳可控。

【安全责任落实】 2022年，塔里木油田公司细化岗位安全环保职责，修订完善安全环保责任清单4225

份,强化四级领导承包责任,风险管控责任体系进一步完善。严格过程考核,对相关责任单位、队伍和人员实施安全生产记分3536分,同比提高128%,累计扣减各单位QHSE考核分值44.9分,通过相互对标、评优选差,促进QHSE管理水平提升。深化典型安全环保形式主义官僚主义"二十种人"排查整改,按照塔里木油田公司党工委下发《关于进一步加大安全环保形式主义、官僚主义"二十种人"排查整改,从严落实"四不两直"工作的通知》,完善画像清单,坚持见人见事、不贴标签,2022年排查"二十种人"1.1万余人次,推动安全环保工作作风转变。

【安全专项整治】 2022年,塔里木油田公司开展安全生产专项整治三年行动,推进6个专题、8个专项整治,落实措施116项,修订制度128项。在钻井、油气生产、设备领域推行风险分级管控,发布风险分级管理清单38份,完成22646台设备分类及风险分级。

井控管理。发布塔里木油田公司井控管理体系手册,构建"1+1+3+2"井控管理格局。评聘塔里木油田公司级井控专家29人,采油气管理区增配井控专家30人,井控专家管理网络不断健全。在井控警示教育基地开展28场"6·24"警示教育,800余名员工参加。投入1.36亿元更新井控装备,开展装备故障分析17次,提升井控装备保障能力。强化溢流井漏异常三线独立汇报、配套一键报警装置、完善DROC(远程监控系统)系统功能,增强井控应急处置能力。

工艺与完整性管理。推进博孜1脱水站、塔西南天然气综合利用工程等项目工厂化预制、橇装化生产,减少现场施工风险。对1.59万千米管道进行高后果区识别和风险评价,筛查治理2个"双高"管段1.05千米,双高管道同比下降97%。推进油气运销事业部、迪那采油气管理区等11个无泄漏示范区建设,油气管道失效次数同比下降52%。消除特种设备制造问题410项,处置超标缺陷228处,全面完成7.57万台防爆电气设备隐患治理。

【风险分级管理与隐患排查治理】 2022年,塔里木油田公司完善常态化全员隐患排查整改工作机制,坚持问题导向、纠偏扶正,开展工作机制运行情况专项审核,实施弄虚作假、形式主义专项整治,征集采纳意见24条,吸收基层典型经验做法,发布《塔里木油田公司常态化全员隐患排查整改工作机制》,引导、鼓励、倒逼全员发现问题、削减风险、消除隐患。建立运行评价指标,打分排序、横向对标、评优选差,坚持旬通报、月总结、季考核,确保工作机制有效运行。修订发布《典型事故隐患"四查"分析实施细则》,建立塔里木油田公司、业务部门、二级单位三级"四查"分析机制,全年召开三级"四查"分析会160次,分析典型隐患690项,问责考核1538人次。典型事故隐患三级"四查"分析机制在集团公司2022年第9期HSE简报分享推广。投入安全生产费用2.73亿元,实施隐患治理项目61项(表5)。

表5 2022年塔里木油田公司隐患治理项目统计表

序号	实施单位	项目名称	预算金额(万元)	备注
1	勘探事业部	勘探事业部哈8等3口井井口渗漏隐患治理	300	油财务〔2022〕8号
2	人力资源服务中心	人力资源服务中心培训楼消防隐患治理	271	
3	应急中心	井控中心1号、10号龙门吊老旧磨损隐患治理	100	
4		巩乃斯公寓与运输服务中心隐患治理	123	
5	行政事务部	公寓管理中心二号楼后堂顶棚改造隐患治理	30	
6		行政事务部车辆安全隐患治理	50	
7	质量安全环保处	塔里木油田公司2022年QHSE技术支撑和战略研究项目	1460	油财务〔2022〕11号
8	监督中心	塔里木油田公司2022年HSE监督助手完善服务项目	285	

续表

序号	实施单位		项目名称	预算金额（万元）	备注
9	油气工程研究院		塔里木油田2022年Ⅰ、Ⅱ类重大危险源在役装置周期性PHA项目	205	油财务〔2022〕11号
10			塔里木油田2022年非Ⅰ、Ⅱ类重大危险源在役装置周期性PHA项目	200	
11	监督中心		塔里木油田公司2022年HSE诊断评估服务	108	
12	油气数智技术中心		油田公司新评级危险源信息接入政府系统隐患项目	52	
13	质量健康安全环保部		QHSE管理标准、实用工具培训视频制作	200	油财务〔2022〕24号
14			QHSE管理经验成果固化	60	
15	油气工程研究院		塔里木油田2022年医疗救护能力评估	95	
16	塔中采油气管理区		塔里木油田干线公路交通安全隐患整改	359	
17	轮南采油气管理区		沙漠公路、库东路（轮南油气开发部辖区）道路交通隐患整改	150	
18			2022年沙漠公路道路安全设施隐患整改	363	
19	应急中心		应急中心消防技术服务项目	168	
20			油田消防重点单位（油气生产场所）全面诊断评估项目	110	
21	塔西南公司	博大采油气管理区	博孜、大北区块—采油气井口装置隐患治理—井口安全隐患治理	1420	油财务〔2022〕20号
22		博大采油气管理区	连续管缆电加热井—井控隐患治理	1498	
23		博大采油气管理区	大北301井井控安全隐患治理	4136	
24		泽普采油气管理区	巴什托普油田3口螺杆泵井—井控安全隐患治理	180	
25		泽普采油气管理区	储气库4口井—井控安全隐患排查—井完整性检测评价	498	
26		南疆利民油气运行中心	南疆利民油气管网阿克苏市管道占压及输气末站隐患治理（输气末站）	439	
27		南疆利民油气运行中心	南疆利民油气运行中心管道检测缺陷修复项目	299	
28	油气工程研究院		重大危险源安全管控合规性和有效性评价	96	
29	勘探事业部		牙哈12井井口渗漏隐患治理	150	
30	克拉采油气管理区		克深、克拉区块10口高风险井—井口安全隐患治理	220	
31			克深、中秋高压气井井口装置材质隐患治理—井口安全隐患治理	89	
32			克深、克拉区块高压回注井—井口安全隐患治理	298	

续表

序号	实施单位	项目名称	预算金额（万元）	备注
33	迪那采油气管理区	储气库5口井—井控安全隐患排查—井完整性检测评价	600	油财务〔2022〕20号
34		迪那采油气管理区工业控制系统安全防护隐患治理	146	
35		迪那采油气管理区可燃气体报警器隐患治理	72	
36		迪那采气作业区三个集气站RTU隐患治理	283	
37		迪那处理站DCS远程IO系统隐患治理及FGS系统数据点上传SCADA系统	252	
38		迪那气田SDH通信隐患治理	80	
39		牙哈片区单井绝缘接头隐患治理	110	
40		迪那处理站管廊架隐患治理	54	
41		液化气水冷器隐患治理	66	
42		牙哈3-1H井A、B环空压力异常隐患治理项目	785	
43	英买采油气管理区	英买处理站闪稳压缩机控制柜隐患项目	290	油财务〔2022〕20号
44	塔中采油气管理区	塔一联120万气系统2台导热油炉系统隐患治理	721	
45	轮南采油气管理区	轮南开发部工控安全防护隐患治理	369	
46		东轮输油管道隐患治理	1213	
47	油气运销事业部	2021年深度评估隐患整改（轮南和阿克苏储运中心）	1263	
48	油气生产技术部	克拉2中心变电源进线隐患改造工程	363	
49		哈一联变电站继电保护装置隐患整改工程	197	
50		塔中电网35kV塔东乙线绿化带线路隐患整改工程	298	
51		克拉配电网单井变压器低压配电箱隐患改造工程	188	
52	塔西南公司	博大单井隐患治理	769	油财务〔2022〕29号
53		塔西南石油基地天然气管网腐蚀泄漏改造工程隐患项目	486	
54		南疆利民油气管网阿克苏市管道占压及输气末站隐患治理	873	
55	迪那采油气管理区	牙哈7低压集气站污水沉降罐渗漏隐患治理	842	

续表

序号	实施单位	项目名称	预算金额（万元）	备注
56	英买采油气管理区	英买采油气管理区—YG1-1及YM2-H24井—带压换阀—井口安全隐患治理	53	油财务〔2022〕29号
57		英买采油气管理区—YT2井—带压换阀—井口安全隐患治理	67	
58	塔中采油气管理区	塔中161输水干线隐患治理	1557	
59	哈得采油气管理区	跃满701井环空带压安全隐患治理	730	
60		哈得采油气管理区事故罐紧急切断装置隐患治理	330	
61	油气生产技术部	塔北电网电容补偿扩容工程	251	
		合计	27320	

【危险化学品与重大危险源管理】 2022年,塔里木油田公司开展危化品安全风险集中治理,组织评估99个井场、20个站场,制定落实"一井一策、一站一策"整改提升方案,排查整改隐患1577项。开展燃气安全专项整治,明确燃气安全主体、直线、监督、综合监管"四方"责任,建立入户检查宣传联单制度,开展燃气安全入户排查4.9万余户,签订联单3000多份。

【承包商安全管理】 2022年,塔里木油田公司常态化开展承包商资质资格核查,制修订核查标准51项,严格对标核查、打分排序、优胜劣汰,停工整顿承包商11家,末位淘汰37家,对123支承包商队伍记分,47家承包商单位记分。修订《培育高质量战略合作方指导意见》,制定《构建服务型甲方、诚信型乙方运行机制的指导意见》,进一步完善选商育商机制。

【安全培训】 2022年,塔里木油田公司多维度、差异化开展各类QHSE培训11期,提高基层QHSE综合管控能力。创新培训模式,围绕HSE工具方法等内容,举办大讲堂45期1.3万人次,促进能岗匹配。

【消防安全管理】 2022年,塔里木油田公司每季度排查73个消防安全重点单位安全隐患,发现隐患382个,整改358个,整改率95.5%。完成现场监护任务119次,出车598台（次）,参与2015人（次）。开展志愿消防培训50次1789人次。实施哈一联改造工程等33个建设项目的消防设计审查,提出审查意见367个,下发《特殊建设工程预审查意见书》33份。

【安全生产月活动】 2022年,塔里木油田公司按照国家、新疆维吾尔自治区、集团公司系列文件要求,开展以"遵守安全生产法,当好第一责任人"为主题的"安全生产月"系列活动,部署落实宣传教育、基层基础建设提升、隐患排查整改、事故警示教育及应急能力提升活动5个方面20项具体活动内容。

安全宣传。塔里木油田公司应用宣传栏、横幅标语、网页、电视台、报纸、微信平台、楼宇电视、安全文化专刊等多种媒介进行QHSE知识宣传,张贴宣传横幅280张;每周定期推送安全生产主题宣教短信7.6万余条。塔里木油田公司各单位集中观看宣传教育片《至上——遵守安全生产法,当好第一责任人》《生命重于泰山》电视专题片等2022年全国"安全生产月"系列宣传片。

专题培训和应急演练。塔里木油田公司执行董事、党工委书记沈复孝讲述题为《关于油田安全管理的思考与实践》安全公开课,3600余名干部员工在线听课。开展"6·24"井控警示教育活动,提升全员井控安全意识。塔里木油田公司领导带头,36家甲乙方单位590人参观大二线警示教育基地的典型井控事故事件展板、井控警示教育专题片,听取井控典型险情案例宣讲。塔里木油田公司在迪那处理站开展液化气球罐D罐泄漏着火突发事件应急演练。

隐患排查整改。各单位开展安全生产大检查,从严落实"15+1"条硬措施,推动全员隐患排查整改,强化隐患排查清单应用,发布质量、环保隐患判定清单,加大隐患排查结果通报排序,倒逼隐患排查数量、质量双提升,排查整改隐患问题3452项,较大及以上隐患103余项。

【事故事件管理】 2022年,塔里木油田公司事故事件数量保持下降态势,全年发生事件157起,其中生产事件67起、设备事件50起、幸免事件13起、其他事件27起,未发生一般B级及以上生产安全事故。

【"三院一中心"安全专项检查】 2022年8月19—22日,塔里木油田公司质量健康安全环保部、监督中心对实验检测研究院、勘探开发研究院、油气工程研究院、油气数智技术中心所属13个站(中心)、86个实验室(库)和2个机房系统开展全覆盖式检查,聚焦危化品管理、用电及消防安全、风险辨识及分级管理、隐患排查整改和应急管理等重点内容,发现各类隐患122项,整改120项,立项整改2项。9月9日,塔里木油田公司组织科技管理部、实验检测研究院、应急中心、监督中心研讨实验检测研究院试剂库房和办公室混杂布置、气瓶间和办公室邻近布置且在同一座建筑物内2项问题,制定强化措施15项,明确每项措施的责任人,并纳入油田实验室建设总体方案的实验楼隐患整改工程进行治理。

【首届HSE实用工具应用竞赛】 2022年,塔里木油田公司通过"网络答题+现场竞赛"方式,首次开展油田HSE实用工具应用竞赛,1万余人线上答题,25支队伍现场竞技,推动《常用HSE管理工具应用指南》(1.0版)9项工具落地;征集基层典型经验125项,筛选出4项,编制《常用HSE管理工具应用指南》(2.0版)。推进安全经验分享制度化、常态化,塔里木油田公司各单位运用"三到法",开展安全经验分享知识培训800余次。

(王 琴)

环境保护

【概述】 2022年,塔里木油田公司开展绿色企业创建提升行动,坚持"三化"(源头减量化、过程规范化、末端资源化)原则,建立定额管控机制,推动固废闭环管控;规范排污许可管理,提升环境监测能力,全年未发生较大及以上环境污染事件,主要污染物排放量化学需氧量0吨、氨氮0吨、氮氧化物7309吨、二氧化硫497吨、二氧化碳1847829吨、甲烷21732吨,完成总量考核指标。

(范家彬)

【塔里木油田完成第二轮中央环保督察配合工作】 2022年4月,塔里木油田公司坚决扛起生态责任,全面对标督察标准,做好中央第五生态环保督察组迎检配合工作,制订工作方案,成立领导小组,明确迎检组织机构、职责分工和工作要求。自2021年12月,塔里木油田公司先后6次组织环保专题会议,与21家主要产废单位逐一对接,摸清环保现状,排查环境隐患,列出问题清单,按计划完成环保隐患整改。全面梳理审核5.62万份迎检资料,下发《塔里木油田生态环境保护管理知识手册》。在中央环保督察期间,塔里木油田公司抽调环保专业骨干组成专家组,每日开展风险综合研判,重点对塔西南公司、油气合资合作事业部、轮南油气开发部等单位开展一对一审核指导,向督察调研组提供油田油气井分布、油泥排查治理情况、还原土去向等资料。质量安全环保处工作组坚持24小时值班,每日汇总收集督察工作信息,跟踪各二级单位迎检准备工作动态,发现问题第一时间协调解决。塔里木油田公司各二级单位配合督察调研组完成5家二级单位、2家承包商单位、16处井站的现场调研。正式督察期间,塔里木油田公司主要领导带队,到轮南迎接督察组现场检查并作工作汇报。对督察关注的疑似问题,立即组织相关单位及时处理。梳理历史资料,编制依矿治理详细情况说明,赴地方政府相关部门进行沟通。对单井历史遗留含油污泥和磺化钻井液排查情况提出的疑问,编制情况说明和佐证材料,及时与督察组领导开展工作交流。

【环保督察问题整改】 2022年6月1日,中央环保督察第五督察组向新疆维吾尔自治区和兵团反馈督察报告,其中涉及塔里木油田公司问题:截至2022年3月,塔里木油田公司有6万吨含油污泥、99.3万吨磺化钻井液未处理。塔里木油田公司收到初步反馈后,制订专项整改方案,组织相关问题整改工作。《新疆维吾尔自治区和新疆生产建设兵团贯彻落实第二轮中央生态环境保护督察报告整改方案》要求塔里木油田公司2023年底前全面彻底完成历史遗留含油污泥、废弃磺化钻井液规范化排查处置。2022年10月底,塔里木油田公司统筹组织11个相关单位完成对历史遗留固废开展专项排查,2022年11月完成6万吨含油污泥处置;99.3万吨磺化固废分别暂存在大北、克深、新垦固废场,塔里木油田公司按照新疆维吾尔自治区生态环境厅要求统一组织固废鉴别工作,并根据鉴别结果,组织规范化处置。

(吴国磊)

【排污管理】 2022年,塔里木油田公司延续排污许可证5次,通过环境统计系统,加强排污许可执行报告提交管理,全年按时提交执行报告148份。实施燃气锅炉低氮燃烧改造16台,哈得、迪那、博大4套生活污水处理设施完成提标改造项目立项,各排放口排放浓度、排放速率、排放量均满足排污许可证要求,未发生超标排放。

【环境监测】 2022年,塔里木油田公司开展各类环境监测样品3652样次,发出报告1917份。根据集团公司统一部署,推进甲烷监测试点工作,开展33座油气处理场站及7口单井甲烷/挥发性有机物泄漏试点监测,完成30余万处动静密封点监测,发现泄漏点1087处,泄漏率0.36%。

(苑家彬)

【钻井清洁生产】 2022年,塔里木油田公司坚持"三化"原则,建立定额管控机制,实现固废从源头产生到末端处置利用的全过程闭环管控,钻井磺化、油基固废产废强度、含油污泥产生量分别同比下降28.7%、36.9%、27.8%。加大资源循环利用力度,综合利用钻井液3.6万立方米,生活污水90万立方米,还原土32.4万立方米。

(吴国磊)

【绿色企业创建提升行动】 2022年,塔里木油田党工委专题部署,全面启动绿色企业创建提升行动,成立复审专班,突出业务主导,参与创建的13个部室、二级单位共同审核梳理证明资料文件2295份,针对28项提升短板制定细化措施,坚持分级负责、跟踪问效的做法得到专业公司专家肯定,通过2022年绿色企业创建提升行动,激励指标比2021年增加142分,最终自评分1058分,完成创建提升目标,通过集团公司复审。

【塔里木油田入选集团公司首批"中国石油绿色企业"】 2022年,塔里木油田公司入选集团公司首批"中国石油绿色企业"名单。塔里木油田公司推动"绿色矿山""绿色企业"创建,聚焦任务,分解指标,压实责任,考核兑现,按期完成评估,展示塔里木油田公司在绿色产品和服务、绿色生产和工艺、绿色文化和责任等方面的担当和作为,发挥塔里木油田公司的示范引领作用。

(许 丽)

健康管理

【概述】 2022年,塔里木油田公司遵照《健康中国行动》发展战略,贯彻落实集团公司健康企业建设工作部署,树立以员工为中心的发展思想,将抓好员工健康与"依靠员工办企业,办好企业为员工"紧密结合,把健康理念融入油田公司管理运行全过程,打造健康型、运动型企业,全年无新增职业病患者,实现油田建设与员工健康协调发展。

【建设项目职业病防护设施"三同时"管理】 2022年,塔里木油田公司所有新改扩建建设项目,全部按照国家规定进行建设项目职业病预防"三同时"(同时设计、同时施工、同时投入生产和使用)评价。

【职业病危害因素检测与现状评价】 2022年,塔里木油田公司职业病危害因素检测采用多频次检测的方法,除停用站场外,检测计划100%实施。全年出具检测报告163份,检测点位(岗位)1578个,各检测点位、站场均留有音像资料,均可追溯。

【员工健康监护及防护】 2022年,塔里木油田公司有9732名员工参加健康体检,未发现新增职业病。塔里木油田公司本部4947名员工参加健康体检,1224名员工参加职业健康体检;塔西南公司有3221名员工参加健康体检,340名员工参加职业健康体检。

【"健康企业"建设】 2022年,塔里木油田公司逐步形成以"管控健康风险、提升保障能力"为核心,搭建身体健康、心理健康、健康团队、健康文化系统推进的"四位一体"模式,营造互帮互助、互相促进的团队氛围,形成员工健康与油田发展相互促进的健康文化。塔里木油田公司整体通过集团公司"健康企业"验收,获集团公司"健康企业"称号。塔里木油田公司发挥试点示范引领作用,《"死亡之海"铸就"健康绿洲"》案例入选国家健康企业优秀案例企业建设篇。

健康宣传与培训。2022年,塔里木油田公司举办12期高风险人群健康必修课,提升自我健康管理意识及异常情况自救互救技能。常态化开展心脑血管疾病防治、家庭急救等健康讲座49期,万余名甲乙方员工及家属受益。常态化组织甲乙方员工家属参加疫情管理培训，3.2万余人通过个人防护能力评估。

健康体检及高风险筛查干预。实施"必查项+自选项"个性化体检，生成一人一案的个性化体检套餐，结合自身健康状况排查健康隐患。专业健康医师"一对一"指导高风险人员1152名，血压指标、血脂指标、血糖指标分别下降333人次、135人次、137人次。

健康服务。开通健康热线、线上问诊通道，组建医疗服务队，为员工提供电话问诊1.9万人次、线上问诊5000余人次，缓解疫情期间求医问诊难题。

健康小屋建设。2022年利用健康小屋常态化开展自主监测6088人次，对筛查出的172名高风险人员逐一跟踪指导，对1994名中风险人员推送健康提示。

健康达人和团队评选。首次开展"健康达人"和健康团队评选，对自身健康管理表现突出的15名员工和创建健康企业贡献突出的4个集体进行重点奖励，调动全员参与健康企业创建积极性。

（陈　晨）

质量管理

【概述】　2022年，塔里木油田公司推进质量提升行动，全面加强质量管理，质量计量工作指标顺利完成。全年未发生重特大质量计量事故，自产产品外输合格率100%，采购产品入库合格率100%，工程质量合格率100%，井身质量合格率96.5%，固井质量合格率91.2%，强制检定计量器具周期检定率100%。

【产品质量监管】　2022年，塔里木油田公司强化产品质量监督管理，产品质量全面受控。进一步明确综合部门、业务部门、监督单位的质量监督管理职责，分层级发布油田公司各业务领域质量监督报告，逐步形成协同联动的质量监督机制，质量监管合力不断增强。扩大采购物资抽检范围和抽检批次，加大重点物资监督抽检力度，实施三级联动质量监督机制，压实各级采购物资质量监督责任，全年抽检2796批次，其中监督抽检350批次，合格率95.42%；采购产品抽检2586批次，不合格22批次，一次验收合格率99.14%。通报不合格36批次，通报生产商和供货商、承包商21家。

【质量提升专项行动】　2022年，塔里木油田公司突出目标导向，强化源头管控，严肃考核问责，以"三个一批"为抓手，开展质量提升专项行动，编制专项行动方案，制定并落实4个方面39项提升指标107项具体措施，保持自产产品合格率100%，油田井身质量合格率、固井质量合格率同比分别提升2个百分点、4个百分点，焊接一次合格率98.2%，产品、工程、服务质量得到全面加强。

【群众性质量活动】　2022年，塔里木油田公司有效注册QC（质量管理）小组338个，参与人数3140人，普及率32.58%，活动率98.6%，成果率98.2%。组织召开QC小组成果发布会，审查各单位推荐的初评成果60项，评选并发布交流20项，评选2022年度优秀QC小组成果一等奖8项、二等奖12项、三等奖16项（表6）。获新疆维吾尔自治区QC小组二等奖2项、三等奖3项；获集团公司QC小组三等奖4项（表7）。英买油气开发部、油气运销部获新疆维吾尔自治区"质量信得过班组"称号；大北处理站工艺四班组、克拉处理站班组获集团公司"质量信得过班组"称号。

表6　2022年塔里木油田公司优秀QC小组成果一览表

小组名称	QC成果名称	名称
油气分析测试中心QC小组	研制一种移动式原油硫化氢含量测定仪	一等奖
迪那处理站QC小组	降低迪那处理站综合能耗强度	一等奖
地质实验中心QC小组	缩短原油组分分离时间	一等奖
工程项目部QC小组	提高工艺管线焊接一次合格率	一等奖
采油气工程部霹雳游侠QC小组	研发一种新的掺稀井套损治理工艺	一等奖
"活塞文化"第一QC小组	降低外输气压缩机故障停机时长	一等奖

续表

小组名称	QC成果名称	名称
阿储中心现场攻坚QC小组	降低空压机每百方供气能耗	一等奖
轮南处理站QC小组	降低400万吨原油稳定装置单位产品综合能耗	一等奖
化学助剂厂蒲公英QC小组	提高阻垢剂产品的自检合格率	二等奖
井控研究室QC小组	研制一种远程自动开关节流压井管汇平板阀执行机构	二等奖
奋进QC小组	降低乙烷气体计量比对偏差	二等奖
英西采气作业区QC小组	提高玉东7转油站油藏注水水质达标率	二等奖
阴极保护QC小组	降低阴极保护系统故障率	二等奖
张明工作室创新QC小组	研制直流接地故障定位装置	二等奖
柯克亚处理站第一QC小组	降低电驱压缩机组非计划停机次数	二等奖
英买处理站QC一组	降低进站调节放空阀故障频次	二等奖
克深处理站第一QC小组	降低检修建压期间预冷器封头渗漏次数	二等奖
前线服务中心第二QC小组	降低螺杆钻具失效次数	二等奖
采油攻关QC小组	提高哈拉哈塘油田抽油泵解卡成功率	二等奖
克拉处理站第一QC小组	降低消防稳压泵启停频次	二等奖
大北处理站第二QC小组	降低316L复合板容器腐蚀点数	三等奖
和田河采气作业区第三QC小组	研制管道清管器监听装置	三等奖
博孜试采作业区第二QC小组	减少异常关井次数	三等奖
地球物理所物探工程设计QC小组	提高复杂山地地震采集物理点布设到位率	三等奖
勘探青年QC小组	降低钻井过程油基固废产生量	三等奖
固井质量提升QC小组	提升富满油田果勒区块二开长裸眼固井质量	三等奖
牙哈采气作业区QC小组	降低牙哈7低压集气站凝析油加热炉月平均停炉次数	三等奖
塔一联设备管理QC小组	降低气举机故障停机频次	三等奖
哈一联第一QC小组	降低压缩机振动异常频次	三等奖
哈拉哈塘油气运维中心QC第一小组	研制一款隐患排查整改闭环管理软件	三等奖
轮南采油作业区第一QC小组	研制一种抽油机天轮在线监测系统	三等奖
管道QC小组	提高管道阴极保护断电电位监测率	三等奖
轮南油气储运中心"福气"QC小组	研制一种阀门阀号印制工具	三等奖
井控QC第三小组	降低回收浮阀损坏率	三等奖
轮南检测中心QC小组	提高油田注水悬浮固体含量测定结果准确度	三等奖
构件生产部QC小组	缩短电杆三盘上料时间	三等奖

表7　2022年塔里木油田公司QC成果获局级及以上奖项一览表

序号	单位名称	课题名称	小组名称	评奖单位	获奖等级
1	塔里木油田公司油气运销部	降低1号凝析油罐检尺比对误差	阿克苏油气储运中心现场攻坚QC小组	新疆维吾尔自治区	二等奖
2	塔里木油田公司迪那油气开发部	提高迪那处理站外输污水合格率	迪那处理站QC小组	新疆维吾尔自治区	二等奖
3	塔里木油田公司建设工程有限责任公司	提高SMP-3产品自检合格率	化学助剂厂蒲公英QC小组	新疆维吾尔自治区	三等奖
4	塔里木油田公司应急中心	提高钻杆耐磨带敷焊一次合格率	井控与钻工具中心第一QC小组	新疆维吾尔自治区	三等奖
5	塔里木油田公司轮南油气开发部	降低单方污水处理药剂成本	轮一联合站QC小组	新疆维吾尔自治区	三等奖
6	塔里木油田公司油气运销部	研制一种球阀阀腔排液工具	塔轮油气储运中心"福气"QC小组	中国石油天然气集团有限公司	三等奖
7	塔里木油田公司迪那油气开发部	降低燃驱注气压缩机组非计划性停机次数	牙哈处理站第一QC小组	中国石油天然气集团有限公司	三等奖
8	塔里木油田公司英买油气开发部	提高YM7转油站流量计计量准确率	英潜采油作业区QC小组	中国石油天然气集团有限公司	三等奖
9	塔里木油田公司实验检测研究院	提高特扣油套管螺纹测量一次成功率	追梦QC小组	中国石油天然气集团有限公司	三等奖

【质量月活动】　2022年9月，塔里木油田公司在全国"质量月"活动期间，开展以"推动质量变革创新，促进质量强国建设"为主题质量月活动，组织质量管理理念宣贯培训、质量管理知识竞赛等活动，11984人次参加。

【塔里木油田公司获中国工业大奖】　2022年12月，塔里木油田公司获第七届中国工业大奖。中国工业大奖是国务院批准设立的我国工业领域最高奖项，由中国工业经济联合会联合14家全国性行业协会共同组织实施，包括中国工业大奖、中国工业大奖表彰奖和中国工业大奖提名奖3个层次奖项，每两年评选表彰一次。获奖企业和项目在自主创新、强国使命、转型升级、绿色低碳等方面起到突出引导作用，取得突破和创新成果，形成了一系列卓有成效的经验和做法。塔里木油田获最高等级的企业奖项，成为石油石化行业和西北五省（自治区）唯一获此殊荣的企业。

（何中凯）

计量管理

【国家站塔里木分站次级标准建设】　2022年，为提高天然气实流检定能力，为实施天然气能量计量做好计量检定能力储备，塔里木油田公司在原国家石油天然气大流量计量站塔里木分站基础上，提升次级标准装置不确定度等级至0.16%（K=2）的天然气实流检定次级标准，3月完成次级标准装置现场施工实现初交，4月装置完成吹扫、投产试运，8月次级标准建标考核开始测试。

【计量检定管理】　2022年，塔里木油田公司检定各类计量器具6.3万余台，内部检定5.2万余台，委托外部检定机构新疆计量测试研究院检定1.1万余台，其中检定流量计169台。开展计量检定人员岗位练兵，采取边实战、边培训的方式，提高全员理论知识基础,取得国家二级注册计量师资格4人。定期开展计量检定技术研究,提升检定技术能力储备,完成集团公司重点研究课题《乙烷流量计计量测试研究》,填补乙烷流量计实流检定空白。专项检查原油、天然气等自产油气产品的交接计量设施配套和运行管理、计量交接人员及资质管理和计量器具合规检定等情况,发现并整改问题43项。

【计量检定校准综合管理平台建设】 2022年,为提高计量管理信息化水平,提高油田计量管理效能,实现器具在线大数据管理、检验任务委托线上办理、器具全生命周期大数据分析应用等功能,塔里木油田公司建设一套计量检定校准数据采集与应用平台,整合原有的计量综合管理系统和实验检测2.0系统中器具管理、人员管理和检定管理3个主要模块,实现线上委托检定和器具数据分析应用等一应功能,平台2021年12月获批建设,2022年11月上线测试运行,与相关单位讨论界面不符合实际等问题,计量检定校准平台投运按照内部测试、试点测试和全面推广的步骤推进。

(张凯旋)

党的建设

综　述

【塔里木油田公司党工委工作概述】 2022年，塔里木油田公司党工委坚决贯彻习近平总书记重要指示批示精神，全面落实新疆维吾尔自治区党委和集团公司党组决策部署，战疫情、保安全、促生产、提效益，塔里木油田公司高质量发展取得重要进展。实施新一轮找矿突破战略行动，获3个重大突破、6个预探发现，三级储量连续两年保持7亿吨以上高峰增长，富东1井开辟"高产层位找接替"全新领域，克探1井实现"克拉之下找克拉"战略构想，迪北5井展示"库车新区找万亿"的勘探曙光。实施油气生产能力提升、重点项目（工程）建设年行动，油气日生产能力分别达2.16万吨、1亿立方米，天然气负荷因子近10年来首次降至1.0，生产油气当量3310万吨、同比净增128万吨，连续6年保持百万吨以上增长。一手抓内部绿色低碳转型、一手抓沙戈荒新能源基地建设，形成"20万建成、110万在握、300万预期"良性发展格局。建成中国石油超深层勘探开发技术研发中心，启动中国第一深井工程（塔科寒1井垂深1.11万米），钻探的8000米超深井数量占全国80%以上。建成数智化新型采油气管理区，场站数字化率100%。新冠肺炎疫情4个月期间，把员工身心健康放在首位，坚持"一手打伞、一手干活"，推行网格化管理与封闭生产，从严落实外来物资三级管控和人员"点对点"闭环流动，勘探开发、生产建设等各项工作稳步推进，做到了防疫、生产两不误。专题推进习近平总书记重要指示批示精神再学习再落实，举办思想学习成果交流会、庆祝建团100周年等系列活动，组织全员收看党的二十大开幕式。成立塔里木油田党校，推进基层党建"三基本"（基本组织、基本队伍、基本制度）与"三基"（基层建设、基础工作、基本功训练）工作有机融合，涌现出"四微一示范"（微服务、微培训、微监督、微目标，党员示范区）"五好管家"（安全、技能、健康、绿色、宣传）等一批典型案例。开展"五种干部"（被动式执行、机械式执行、选择式执行、变通式执行、乖巧式执行）"二十种人"排查整改，倡导

"带着干、跟我上",营造真抓实干浓厚氛围。获"全国民族团结进步示范企业"称号,获第七届中国工业大奖。

【塔里木油田公司党工委常委会】 2022年,塔里木油田公司组织召开37次党工委常委会。

2022年1月6日,塔里木油田公司召开第一次党工委常委会,党工委书记、执行董事杨学文主持。会议研究讨论塔里木油田公司六届三次职工代表大会暨2022年工作会议方案、"两会"主题报告、2021年度述职报告、2022年财务工作报告、2021年党风廉政建设和反腐败工作情况通报、党工委2021年度落实全面从严治党主体责任报告、六届三次职工代表大会工作报告、六届三次职工代表大会提案答复报告、2022年业绩合同、党工委2021年度选人用人工作报告、"两会"生产经营报告11项议题。

2022年1月12日,塔里木油田公司召开第二次党工委常委会,党工委书记、执行董事杨学文主持。会议研究审定调整部分中层领导职数和专业技术岗位设置、部分干部职务任免、领导班子2021年度民主生活会整改措施落实情况报告、领导班子党史学习教育专题民主生活会对照检查材料、补缴油田基地小区民用建筑人防异地建设费5项议题。

2022年1月20日,塔里木油田公司召开第三次党工委常委会,党工委书记、执行董事杨学文主持。会议原则同意2022年党风廉政建设和反腐败工作报告,由李亚英牵头,纪工委办公室负责,进一步深入学习研究十九届中央纪委六次全会、新疆维吾尔自治区纪委十届二次全会、集团公司2022年党风廉政建设和反腐败工作会议部署要求,结合油田实际,突出问题导向,制定针对性任务措施,同时充分征求基层意见,进一步细化完善工作部署,系统推进油田2022年党风廉政建设和反腐败工作。

2022年2月25日,塔里木油田公司召开第四次党工委常委会,党工委书记、执行董事杨学文主持。会议研究审定成立新能源事业部、部分企业首席技术专家岗位续聘、调整塔里木油田公司党工委常委党建责任单位和副总师以上领导党建"三联"责任示范点、2022年机关部门作风建设专项巡察工作方案、给予刘某某处分、阿克苏至和田管道输送能力提升工程、2022年投资框架计划、2022年财务预算8项议题。

2022年3月4日,塔里木油田公司召开第五次党工委常委会,党工委书记、执行董事杨学文主持。会议研究讨论塔西南公司正职(二级特类正)推荐人选事宜。

2022年3月21日,塔里木油田公司召开第六次党工委常委会,党工委书记、执行董事杨学文主持。会议研究审定部分干部职务任免、部分专业技术岗位聘任、"严肃财经纪律、依法合规经营"综合治理专项行动实施方案3项议题。

2022年3月30日,塔里木油田公司召开第七次党工委常委会,党工委书记、执行董事杨学文主持。会议研究审定导班子成员、管理层成员工作分工、2022年业绩指标考核细则、调整塔里木油田公司塔西南天然气综合利用工程建设领导小组等机构成员、2022年培训计划、2022年党员发展计划、2021年度党费和党组织工作经费使用情况和2022年使用计划、2022年党的建设工作要点、2022年宣传思想文化重点工作、《塔里木油田2022年提质增效价值创造行动实施方案》9项议题。

2022年4月14日,塔里木油田公司召开第八次党工委常委会,党工委书记、执行董事杨学文主持。会议研究讨论部分领导干部兼职调整、部分专业技术岗位设置、部分专业技术岗位聘任、部分专业技术岗位续聘、信息与通讯技术中心更名、续签《支持地方政府办学并解决与油田相关教育遗留问题的协议》、中国石油企业协会第八届理事会常务理事推荐人选、塔里木油田公司与阿克苏地区油地合作区块选择8项议题。

2022年5月18日,塔里木油田公司召开第九次党工委常委会,受党工委书记、执行董事杨学文委托,总经理、党工委副书记沈复孝主持。会议研究审定2022年高层次科技创新人才引进计划、集团公司青年科技人才培养计划推荐人选2项议题。

2022年5月31日,塔里木油田公司召开第十次党工委常委会,党工委书记、执行董事杨学文主持。会议学习贯彻习近平总书记对中国石油及相关工作的重要指示批示精神,研究讨论2021年度综合考核评价有关情况、塔里木油田公司所属单位(部门)领导人员任职回避和公务回避实施细则、第九届"十大杰出青年"荣誉建议名单3项议题。

2022年6月27日,塔里木油田公司召开第十一次党工委常委会,党工委书记、执行董事沈复孝主持。会议传达学习贯彻落实习近平总书记重要讲话和贺信精神,研究讨论调整塔里木油田公司党的建设工作领导小组成员、塔里木油田公司推行所属领导班子成员任期制和契约化管理实施办法、部分单位(岗位)2022年度业绩合同及2022—2024年任期经营业绩指标、"十四五"油气完全成本压降方案4项议题。

2022年7月8日,塔里木油田公司召开第十二次党工委常委会,党工委书记、执行董事沈复孝主持。会议传达学习贯彻习近平总书记重要讲话精神,通报规范专项奖励管理工作自查情况,研究讨论加强离职在岗干部管理工作、塔里木油田公司工资总额管理办法、专项奖励管理办法3项议题。

2022年7月18日,塔里木油田公司召开第十三次党工委常委(扩大)会,党工委书记、执行董事沈复孝主持。会议专题传达学习贯彻习近平总书记来新疆考察调研时的重要讲话精神。

2022年7月18日,塔里木油田公司召开第十四次党工委常委会,党工委书记、执行董事沈复孝主持。会议研究讨论塔里木油田公司(指挥部)储气库建设运营方案、深化后勤业务改革成立公用事业部、成立塔西南天然气处理总厂、深化新型采油气管理区改革方案、油气数智中心业务调整和更名、塔里木油田公司机关改革方案、塔里木油田公司副总师以上领导工作分工7项议题。

2022年7月25日,塔里木油田公司召开第十五次党工委常委会,党工委书记、执行董事沈复孝主持。会议研究讨论勘探开发中长期发展规划、进一步加强重点工作组织管理有关事宜、成立塔里木油田公司阿克苏指挥部、2022年上半年考核结果及奖金兑现方案4项议题。

2022年7月30日,塔里木油田公司召开第十六次党工委常委会,党工委书记、执行董事沈复孝主持。会议传达学习贯彻习近平总书记重要讲话精神,研究讨论调整部分单位领导班子职数和专业技术岗位设置、部分干部职务任免、部分专业岗位技术聘任、《被巡察党组织落实巡察整改主体责任实施细则》及《中共塔里木油田分公司工作委员会关于加强对"一把手"和领导班子监督的实施细则》5项议题。

2022年8月5日,塔里木油田公司召开第十七次党工委常委会,党工委书记、执行董事沈复孝主持。会议通报塔里木油田公司2021年业绩考核结果,研究讨论周边天然气销售业务划转方案、2023年业务发展和投资框架建议计划2项议题。

2022年8月19日,塔里木油田公司召开第十八次党工委常委会,党工委书记、执行董事沈复孝主持。会议研究讨论调整塔里木油田公司党工委常委党建责任单位和副总师以上领导党建"三联"示范点、成立塔里木油田公司内部违规处理工作领导小组及明确工作程序有关事宜2项议题。

2022年8月26日,塔里木油田公司召开第十九次党工委常委会,党工委书记、执行董事沈复孝主持。研究讨论成立塔里木油田公司党工委党校,调整塔里木油田公司机关部分机构编制,调整部分单位领导班子职数和岗位设置,部分干部职务任免,调整联管会中方(首席)代表及部分干部兼职,部分专业技术岗位调整,2022年重点项目、重点工程、重点工作(第一批)考核兑现意见,塔里木油田公司党工委前置研究讨论重大经营管理事项清单,2023年度对外捐赠预算9项议题。

2022年9月2日,塔里木油田公司召开第二十次党工委常委会,党工委书记、执行董事沈复孝主持。会议研究讨论2022年绿电上网指标考核兑现意见、深化迪那采油气管理区改革方案2项议题。

2022年9月5日,塔里木油田公司召开第二十一次党工委常委会,党工委书记、执行董事沈复孝主持。会议研究讨论中共塔里木油田分公司工作委员会深入学习贯彻习近平总书记重要指示批示精神落实机制、中共塔里木油田分公司工作委员会关于新时代加强和改进思想政治工作的实施方案、中共塔里木油田分公司工作委员会关于推动党史学习教育常态化长效化的实施方案、塔里木油田公司关于坚持依法合规治企和强化管理的指导意见4项议题。

2022年9月13日,塔里木油田公司召开第二十二次党工委常委会,党工委书记、执行董事沈复孝主持。会议传达学习贯彻9月9日中共中央政治局会议精神,听取2022年上半年党风廉政建设和反腐败工作汇报、研究讨论油田疫情防控应急处置相关事项。

2022年9月25日,塔里木油田公司召开第二十三次党工委常委会,党工委书记、执行董事沈复孝主持。会议研究讨论喜迎党的二十大的23项重点措施,《塔里木油田公司企业首席专家考核实施细则》《塔里木油田公司中层级专业技术岗位管理办法》《塔里木油田公司高技能人才管理实施细则》、加强对新冠肺炎疫情防控工作不力领导干部处理5项议题。

2022年10月7日,塔里木油田公司召开第二十四次党工委常委会,党工委书记、执行董事沈复孝主持。会议研究审定并一致通过《中共塔里木油田分公司工作委员会重大事项请示报告实施细则(试行）》。会议决定，由党工委办公室负责，根据会议讨论意见进一步完善实施细则，尽快印发党工委文件，并抓好制度宣贯和监督落实，确保各请示报告主体贯彻执行到位。

2022年10月11日，塔里木油田公司召开第二十五次党工委常委会，党工委书记、执行董事沈复孝主持。会议传达学习贯彻习近平总书记给山东省地矿局第六地质大队全体地质工作者回信精神，研究审定胥志雄社会团体兼职、自然资源部拟出让探矿权竞价意见、塔里木油田公司2023年计划预算建议方案3项议题。

2022年10月17日，塔里木油田公司召开第二十六次党工委常委（扩大）会，党工委书记、执行董事沈复孝以视频会议形式主持。会议专题传达学习贯彻党的二十大会议精神。

2022年10月23日，塔里木油田公司召开第二十七次党工委常委会，党工委书记、执行董事沈复孝以视频会议形式主持。会议研究审定给予蔡振忠等3人违规处理、给予苏建文等6人违规处理2项议题。

2022年11月13日，塔里木油田公司召开第二十八次党工委常委会，党工委书记、执行董事沈复孝以视频会议形式主持。会议听取塔里木油田公司人才强企工程2022年推进情况专题汇报，研究讨论优化塔里木油田党工委成员单位及调整党工委委员、中共塔里木油田分公司工作委员会联合党建工作实施办法、塔西南天然气处理总厂机构编制有关事宜、审定部分干部职务任免4项议题。

2022年11月15日，塔里木油田公司召开第二十九次党工委常委会，党工委书记、执行董事沈复孝以视频会议形式主持。研究讨论中共塔里木油田分公司工作委员会关于认真学习宣传贯彻党的二十大精神的通知、给予杨金华和刘元兵违规处理、2023年度带量集中采购物资需求计划3项议题。

2022年11月22日，塔里木油田公司召开第三十次党工委常委会，党工委书记、执行董事沈复孝以视频会议形式主持。会议研究审定中共塔里木油田分公司工作委员会规范性文件制定管理办法。

2022年11月24日，塔里木油田公司召开第三十一次党工委常委会，党工委书记、执行董事沈复孝以视频会议形式主持。会议研究讨论塔里木油田公司2名副总经理、1名总地质师推荐人选事宜。

2022年11月28日，塔里木油田公司召开第三十二次党工委常委会，党工委书记、执行董事沈复孝以视频会议形式主持。会议传达学习贯彻习近平总书记对河南安阳火灾事故作出的重要指示精神，通报2022年度塔里木油田公司重点项目、重点工程（第二批）考核兑现情况，研究讨论《塔里木油田公司投资管理实施办法》《哈得油区原油上产300万吨暨富满油田油气生产能力突破400万吨总结表彰大会方案》《塔里木油田文化引领专项工作实施方案》、第十四届全国人大代表和新疆维吾尔自治区第十三届政协委员推荐人选、塔里木油田公司二级机构名称有关事宜、中共塔里木油田分公司工作委员会机构编制委员会工作规则、塔里木油田公司机关大部制改革方案、2022年度专项奖考核兑现意见8项议题。

2022年11月29日，塔里木油田公司召开第三十三次党工委常委会，党工委书记、执行董事沈复孝以视频会议形式主持。会议审议集团公司纪检监察组《关于征求对王虎纪律处分意见的函》及《王虎违纪事实及拟处理意见》，与会人员一致表示坚决拥护上级对王虎纪律处分的意见。

2022年12月7日，塔里木油田公司召开第三十四次党工委常委会，党工委书记、执行董事沈复孝主持。会议审议并同意推荐刘洪涛为第十四届全国人大代表人选。

2022年12月12日，塔里木油田公司召开第三十五次党工委常委会，党工委书记、执行董事沈复孝主持。会议传达学习贯彻12月6日中共中央政治局会议精神，通报2021年度塔里木油田公司领导班子综合考核评价等情况，研究讨论2023年高校毕业生招聘结果、2022年提质增效价值创造行动考核兑现结果、工作专班（小组）单项奖励、给予陈某某纪律处分、给予吴某纪律处分、2022年度集团公司先进工作者建议名单、《塔里木油田公司法治建设职责管理规定》7项议题。

2022年12月18日，塔里木油田公司召开第三十六次党工委常委会，党工委书记、执行董事沈复孝以视频会议形式主持召开。研究讨论副总师以上领导工作分工、杨学文企业兼职、调整部分单位领导班子职数和岗位设置、部分干部职务任免、2022年中层级专业技术人员考核结果、2022年度各单位工效挂钩考核结果、生产一线岗位轮休制度的汇报、部分项目前期费用核销处理8项议题。

2022年12月28日，塔里木油田公司召开第三十七次党工委常委会，党工委书记、执行董事沈复孝以视频会议形式主持。会议传达学习贯彻中央经济工作会议精神,听取2022年巡察工作情况汇报,研究讨论六届四次职工代表大会暨2023年工作会议方案、《中共塔里木油田分公司工作委员会关于贯彻落实中央八项规定精神的实施细则》4项议题。

【**塔里木油田公司党工委下发的重要通知**】 2022年,塔里木油田公司以红字头文件形式下发的重要通知64条(表1)。

表1 2022年塔里木油田公司党工委下发的重要通知一览表

日 期	通知标题
1月3日	关于印发《塔里木油田公司干部员工打招呼事项登记报告管理办法(试行)》的通知
1月12日	关于张成栋等24名同志职务任免的通知
1月16日	关于印发塔里木油田公司六届三次职工代表大会暨2022年工作会议文件的通知
2月16日	关于成立塔里木油田公司党工委青年工作领导小组的通知
2月23日	关于同意中国共产党油气运销部第二届委员会和纪律检查委员会组成人员候选人预备人选的批复
2月23日	关于同意中国共产党勘探开发研究院新一届委员会和纪律检查委员会组成人员候选人预备人选的批复
3月4日	关于印发塔里木油田党工委理论学习中心组2022年集体学习计划的通知
3月4日	关于调整塔里木油田公司党工委常委党建责任单位和副总师以上领导党建"三联"责任示范点的通知
3月12日	关于成立新能源事业部党组织的通知
3月21日	关于雷霆、王峰同志职务任免的通知
3月31日	关于中共勘探开发研究院委员会等7家直属党委换届选举结果的批复
4月1日	关于进一步加大安全环保形式主义、官僚主义"二十种人"排查整改,从严落实"四不两直"工作的通知
4月1日	关于印发塔里木油田公司2022年一体推进不敢腐不能腐不想腐工作计划的通知
4月2日	关于开展"转观念、勇担当、强管理、创一流"主题教育活动的通知
4月7日	关于印发塔里木油田公司2022年党的建设工作要点的通知
4月7日	关于下发塔里木油田公司2022年党员发展计划的通知
4月14日	关于罗剑同志免职的通知
4月16日	关于塔里木油田公司领导班子成员工作分工的通知
4月16日	关于塔里木油田公司管理层成员工作分工的通知
4月19日	关于补选塔里木油田公司工会第五届经费审查委员会主任的批复
5月10日	关于下发指示批示精神再学习再落实再提升主题活动方案的通知
6月9日	关于印发《塔里木油田公司所属单位(部门)领导人员任职回避和公务回避实施细则》的通知
6月11日	关于表彰塔里木油田公司第九届十大杰出青年的决定
6月16日	关于下发专项治理工作方案的通知
6月24日	关于印发《重点工作督查督办闭合管理机制(试行)》的通知
7月2日	关于印发《塔里木油田公司推行所属领导班子成员任期制和契约化管理实施办法》的通知
7月9日	关于调整塔里木油田公司党的建设工作领导小组成员的通知
7月14日	关于开展两级机关形式主义官僚主义典型"五种干部"排查整改工作的通知
7月15日	关于印发《塔里木油田公司加强离职在岗干部管理有关意见》的通知
7月18日	关于成立公用事业部、融媒体中心党组织机构的通知

续表

日　期	通知标题
7月25日	关于深入学习宣传贯彻习近平总书记在新疆考察时重要讲话精神的通知
7月27日	关于塔里木油田公司副总师以上领导工作分工的通知
7月29日	关于调整塔里木油田公司党的非常设机构设置及组成人员的通知
7月30日	关于孙阳洋等50名同志职务任免的通知
8月6日	关于印发《被巡察党组织落实巡察整改主体责任实施细则(试行)》的通知
8月6日	关于印发《中共塔里木油田分公司工作委员会关于加强对"一把手"和领导班子监督的实施细则》的通知
8月26日	关于成立中共塔里木油田分公司工作委员会党校的通知
8月28日	关于印发中共塔里木油田分公司工作委员会前置研究讨论重大经营管理事项清单的通知
8月28日	关于调整塔里木油田公司党工委常委党建责任单位和副总师以上领导党建"三联"责任示范点的通知
9月12日	关于印发《中共塔里木油田分公司工作委员会深入学习贯彻习近平总书记重要指示批示精神落实机制》等三项制度的通知
9月26日	关于印发塔里木油田公司关于喜迎党的二十大的24项重点措施的通知
9月26日	关于加强对疫情防控工作不力领导干部处理的通知
10月5日	关于下达《"我为油田献一策"常态化工作机制》和《"我为基层(员工)办实事"、推进民生工程建设常态化工作机制》的通知
10月11日	关于进一步从严疫情防控违纪违规处理的通知
10月11日	关于印发《中共塔里木油田分公司工作委员会重大事项请示报告实施细则(试行)》的通知
10月12日	关于印发塔里木油田新时代文明(示范)实践基地建设方案的通知
10月23日	关于强化党工委成员单位协同防疫的通知
11月13日	关于成立中共塔西南天然气处理总厂总支部委员会的通知
11月13日	关于邹应勇等4名同志职务任免的通知
11月16日	塔里木油田党工委关于认真学习宣传贯彻党的二十大精神的通知
11月17日	关于印发《中共塔里木油田分公司工作委员会联合党建工作实施办法》的通知
11月22日	关于给予刘元兵停职检查的决定
11月25日	关于印发《中共塔里木油田分公司工作委员会规范性文件制定管理办法》的通知
12月6日	关于印发中共塔里木油田分公司工作委员会文化引领专项工作方案的通知
12月7日	关于印发《中共塔里木油田分公司工作委员会机构编制委员会工作规则》的通知
12月18日	关于张效东等29名同志职务任免的通知
12月21日	关于筹备召开塔里木油田公司五届五次工会会员代表大会暨六届四次职工代表大会的批复
12月22日	关于中共塔里木油田分公司机关委员会更名的通知
12月25日	关于表彰富满油田超深油气产量突破300万吨先进典型的决定
12月30日	关于印发《中共塔里木油田分公司工作委员会关于贯彻落实中央八项规定精神的实施细则》的通知

(张大观)

党 组 织

【塔里木油田公司党组织概况】 截至2022年底,塔里木油田公司党工委有党委33个,同比减少2个;党总支14个,和上年党总支数一致;党支部394个,减少20个;党员5484人,增加171人。

【中共塔里木油田分公司工作委员会成员】 2022年,中共塔里木油田分公司工作委员会委员有85名,具体如下:沈复孝、王清华、田军、胥志雄、陈尚斌、刘强、王子云、文章、杨海军、刘虎、贾平、王天祥、汪如军、李汝勇、张强、张丽娟(女)、王春生、潘昭才、亢春、魏云峰、罗剑、徐周平、宋周成、朱力挥、张保书、刘炯、王永远、李旭光、谭建华、姬鲁阳、赵志忠、孟祥娟(女)、牛明勇、李勇、阳建平、周理志、孔伟、李亚军、赵卫东(满族)、李艳勇、崔积民、刘劲松(满族)、王洪峰、蔡振忠、殷泽新、邱斌、闫建业、雷霆、王胜军、王光辉、温艳军、张庆春、王小鹏、秦可、崔小虎、王增志、常桂川、贾应林、邰建新、王永杰、张伟、陈志宏、刘尚、刘元兵、潘志明、李进、王俊(回族)、周伟、唐自立、郑谭民、习延红、卓景军、赵云飞、李文胜、安维东、杨明、赵文、周晖、李峰、马淼(回族)、贺传强、高百东、姜涛、董志国、刘欣(回族)。

【塔里木油田公司二级单位党组织机构及领导成员】

塔里木油田公司本部机关党委

党委书记:田军;

党委副书记:李进(12月离任)、赵志忠(12月任职)、于杰;

党委委员:文章(12月离任)、张保书、刘炯、王永远、姬鲁阳、赵卫东。

塔西南公司党委

党委书记:刘强(3月离任)、王洪峰(3月任职);

党委常务副书记:徐周平;

党委副书记:阿里木江·拖乎提(12月离任)、张拥军(12月任职);

党委常委:罗剑(4月离任)、蒋仁裕、单社刚、闫毅、唐鑫、邹应勇、王金山、李志铭;

党委委员:杨勇、贾得军、朱林、刘峰、张永昌、赵毅、曹兴斌、唐雁刚、艾依来提·阿不都艾尼。

勘探开发研究院党委

党委书记:施英(8月离任)、蔡振忠(8月任职);

党委副书记:李勇(8月离任)、施英(8月任职)、李代华(8月离任)、陈江(8月任职);

党委委员:王福焕、袁文芳、雷刚林、李世银(12月离任)、张承泽(7月离任)、杨宪彰(1月任职)、唐永亮(7月任职)。

油气工程研究院党委

党委书记:任永苍(7月离任)、殷泽新(7月任职);

党委副书记:刘洪涛、陈江(8月离任)、李代华(8月任职);

党委委员:孟波、黄锟、周波、刘举、冯少波(7月任职)。

勘探事业部党委

党委书记:邱斌;

党委副书记:贾应林(7月离任)、段永贤(7月任职)、王春生(8月离任)、刘占锋(8月任职);

党委委员:胡剑风、邓松涛(7月离任)、王树猛、李大军(2月离任)、章景城、冯少波(7月离任)、周进、张志(7月任职)、郭念民(8月任职)。

油气田产能建设事业部党委

党委书记:张庆春(8月离任)、宋周成(8月任职,12月离任)、闫建业(12月任职);

党委副书记:宋周成(8月离任)、闫建业(8月任职,12月离任)、申彪(12月任职)、姜昌勇;

党委委员:申彪(7月任职,12月离任)、季晓红(7月任职)、王朝晖、段永贤(1月离任)、何思龙(7月离任)、刘炜博、郄志鹏、丁志敏(1月任职)、王谦(8月任职)。

克拉采油气管理区党委

党委书记:杨刚(7月离任)、王胜军(7月任职);

党委副书记:高文祥(7月离任)、王胜军(7月任职)、李晓明;

党委委员:杨磊、李维、李斌、蒋东辉、郑吾乐(8月离任)、高文祥(7月任职)、唐永亮(7月离任)、殷茵(8月任职)、蒋润(8月任职)、鲜波(8月任职)。

迪那采油气管理区党委

党委书记:孙阳洋(7月离任)、王光辉(7月任职);

党委副书记:王洪峰(3月离任)、陈文龙(7月任职);

党委委员:贺永利(12月离任)、田鹏、何银达、廖发明、索玉山、刘兴茂、方伟、王开国。

英买采油气管理区党委

党委书记:温艳军;

党委副书记：杨勇、于鑫泰；

党委委员：陈文龙（7月离任）、周志强、陈勃、何赟、崔航波、吴坚、赵海涛（8月任职）。

塔中采油气管理区党委

党委书记：陈文（8月离任）、张庆春（8月任职）；

党委副书记：闫建业（8月离任）、陈文（8月任职）、万红心；

党委委员：徐乐乐、秦常青、赵志超、赵伟峰、梁晓飞。

哈得采油气管理区党委

党委书记：王俊（7月离任）、李旭光（7月任职，12月离任）、王小鹏（12月任职）；

党委副书记：李旭光（7月离任）、郭强（7月任职）、李军；

党委委员：郭强（7月离任）、谭秋仲、刘国德（7月任职）、胡宁平、刘勇（11月离任）、欧如学、王萍、袁晓满（11月任职）。

东河采油气管理区党委

党委书记：秦可；

党委副书记：王光辉（7月离任）、王胜雷（7月任职）、曹长城（11月离任）；

党委委员：黄铁军（1月离任）、蔡建国、钟家维、陈利新、贺江波、唐洪军（1月任职，7月离任）、陈学佩（1月任职）、杨小华（7月任职）。

轮南采油气管理区党委

党委书记：陈志宏（7月离任）、谭建华（7月任职，12月离任）、崔小虎（12月任职）；

党委副书记：谭建华（7月离任）、崔小虎（7月任职）、杨勇（8月离任）；

党委委员：刘永福、张文波、潘家江（8月任职）、严永发、寇国、杨文明、蒋天洪（12月任职）。

油气运销部党委

党委书记：唐自立（8月离任）、常桂川（8月任职）；

党委副书记：常桂川（1月任职，8月离任）、曹兴滨（8月任职）、朱江；

党委委员：张献军、王鸿飞（8月任职）、徐继承、邹凤乡、周建南（8月离任）、张朋岗、张勇（8月离任）。

监督中心党委

党委书记：王小鹏（7月离任）、贾应林（7月任职）；

党委副书记：王胜雷（7月离任）、王小鹏（7月任职，12月离任）、张林鹏；

党委委员：季晓红（7月离任）、雷军、周健、邓小飞。

新疆巴州塔里木能源有限责任公司党委

党委书记：邰建新；

常务副书记：杨光；

党委副书记：胡晓军；

党委委员：何彤、马全天、符长梅、程采青。

物资采办事业部党委

党委书记：苏建文（12月离任）；

党委副书记：张伟、吴莹（12月离任）、罗晓哲（12月任职）；

党委委员：冷洪卫、殷茵（8月离任）、周建南（8月任职）、江代勇（1月离任）、荣造时。

应急中心党委

党委书记：崔小虎（7月离任）、陈志宏（7月任职）；

党委副书记：张浩、丁新云；

党委委员：欧阳军（8月任职）、罗玉新、朱学文、刘双伟。

油气生产技术部党委

党委书记：刘尚；

党委副书记：牛明勇（7月离任）、杨刚（7月任职）、宗伟；

党委委员：刘新建、卞俊学（8月离任）、潘家江（8月离任）、杜洪莲、王峰（3月离任）、蒋文彬（8月任职）、宋明华（8月任职）。

油气数智技术中心党委

党委书记：刘元兵；

党委副书记：杨金华、李燕；

党委委员：董斌（7月离任）、罗斌、陈锐、杨其展、杨松（7月任职）。

实验检测研究院党委

党委书记：潘志明；

党委副书记：孟祥娟（7月离任）、任永苍（7月任职）、刘建江；

党委委员：李旭、宋宗君、孙剑毅、曾昌民（1月任职）。

塔里木油田建设工程有限责任公司党委

党委书记：刘同振（12月离任）、李进（12月任职）；

党委副书记：付志远、金雷；

党委委员：蒋文彬（8月离任）、崔永峰、陈海生、杨化龙、梅灿。

公用事业部党委

党委书记：王俊(7月任职)；

党委副书记：夏志刚（7月任职）、张文（7月任职）、蒋世予(7月任职,12月离任)、吕军(12月任职)；

党委委员：金小军(7月任职)、赵恩宏(7月任职,8月离任)、杨杰(7月任职)、王继中(7月任职,12月离任)、陈猛（7月任职）、钟勇(7月任职,12月离任)、杨佐文(7月任职)、董蓬勃(7月任职)、吕军(7月任职)、刘玮(7月任职)、魏林军(7月任职)。

宝石花物业管理有限公司塔里木油田地区公司党委

党委书记：杨勇(8月离任)、唐自立(8月任职)；

党委副书记：陈平、董飞(12月离任)、杨勇(12月任职)；

党委委员：任柏林（12月离任）、岳晓飞、段海刚、李福民(1月任职)。

【党工委油服成员单位党组织机构及领导成员】

西部钻探工程有限公司巴州分公司党委

党委书记：罗绪武（9月离任）、郑谭民（9月任职）；

党委副书记：唐斌、刘艳泽；

党委委员：张继伟、付前明、袁洪、李雪冬（4月离任）、王成成（8月任职）、于贵建（8月任职）、邢战（11月任职）。

川庆钻探工程有限公司新疆分公司党委

党委书记：习延红；

党委副书记：徐杨、张晓曦；

党委委员：买买提吐尔逊·塔里甫（6月离任）、熊明勇、姜自平（3月离任）、杨坤、张剑、喻可彬、向小兵、王瑞成、彭彬(3月任职)。

中石化中原石油工程有限公司塔里木分公司党委

党委书记：卓景军；

党委副书记：桑峰军、吴现华；

党委委员：母亚军、马孟学、刘伟、张少华、刘松、张立军。

渤海钻探工程有限公司库尔勒分公司党工委

党工委书记：赵云飞；

党工委副书记：吴志国；

党工委委员：王怀军（10月离任）、丛长江、王学龙、刘俊杰、陈军、李春、汤长青。

东方地球物理勘探有限责任公司塔里木前线指挥部党工委

党工委书记：范伍军(1月离任)、李文胜(1月任职)。

中国石油集团测井有限公司塔里木分公司党委

党委书记：安维东；

党委副书记：刘洪亮（3月离任）、吴寒（3月任职）；

党委委员：李国红、吴寒（3月离任）、韩能润、施宇峰(3月任职)、苏波(6月离任)。

大庆油田新疆分公司党工委

党工委书记：厉玉乐（5月离任）、潘文庆（5月任职）；

党工委副书记：潘文庆(5月离任)、杨明；

党工委委员：李树军、张金庆、付林山、曹雪峰。

中海油田服务股份有限公司新疆分公司党委

党委书记：赵文；

党委副书记：刘东明；

党委委员：赵树玉、朱崇威（7月离任）、张国山、马红军(12月任职)。

中国石油工程建设有限公司塔里木分公司党总支

党总支书记：秦兴述(1月离任)；

党总支副书记：周晖；

党总支委员：康洪波、张庆林、向勇。

中国石油运输有限公司新疆塔里木运输分公司党委

党委书记：李峰；

党委副书记：韩伟；

党委委员：王金雨、马海江（7月离任）、郑军、王强、隆新明、黄建洲(7月任职)。

中国石油运输有限公司沙漠运输分公司党委

党委书记：马淼；

党委副书记：王东(6月任职)、何文涛；

党委委员：程双启、张安疆、马海江（7月任职）、祁建军、黄建洲(7月任职)、曹刚、王东(6月离任)。

辽河油田公司外部市场项目管理部（塔里木项目管理部）党委

党委书记：马新民（12月离任）、贺传强（12月任职）；

党委副书记：王锦生（6月任职）、吕宏斌(12月离任)、陈举(12月任职)；

委员：张国禄、梁建宇、王峰、金兆勋、李凯（6月任职)、李光华(12月任职)、李显峰(12月任职)、苑晓龙(6月离任)。

中国石油管道局工程有限公司新疆分公司党总支

党总支书记：崔相国(12月离任)；

党总支副书记：杜江(1月离任)、叶云、

党总支委员：李立新、徐进。

新疆博瑞能源有限公司党总支

党总支书记：姜涛；

党总支副书记：彭小茂；

党总支委员：彭志平、熊大贵、阳广龙。

中国石油物资有限公司新疆分公司塔里木分部党支部

党支部书记：安蕾；

党支部副书记：刘金龙；

党支部委员：杨涛、曾艳、贾炳贤。

巴州塔里木公安局党委

党委书记：丁立俭；

党委副书记：董志国；

党委委员：彭伟延、马江林、林时江。

昆仑银行股份有限公司库尔勒分行党委

党委书记：刘欣；

党委副书记：暂无；

党委委员：来丛霞（12月离任）、欧阳文质、寒涛、雷鸣、马庆（5月任职）。

（张　康）

党建工作

【概述】　2022年，塔里木油田公司党工委坚持以习近平新时代中国特色社会主义思想为指导，认真贯彻新时代党的建设总要求和新时代党的组织路线，全面落实集团公司党组和新疆维吾尔自治区党委各项决策部署要求，以固本强基、素质培训、有机融合和品牌提升为重点，持之以恒抓基层打基础，推动基层党建工作提质增效，为全面建设我国最大超深油气生产基地、率先建成中国式现代化世界一流能源公司提供坚强组织保障。连续4年获集团公司党建工作责任制考核"A+"，2021年度考核首次获满分。

（张　康）

【思想建设】　2022年，塔里木油田党工委坚持以习近平新时代中国特色社会主义思想为指引，落实党中央和集团公司党组关于党委理论学习中心组学习要求，坚持把学习贯彻党的二十大精神作为重大政治任务抓紧抓实，学习贯彻习近平新时代中国特色社会主义思想，提高领导干部政治理论水平和工作能力，为推动全面建设我国最大超深油气生产基地、率先建成中国式现代化世界一流能源企业提供坚强的理论支撑和思想政治保证。全年党工委理论学习中心组开展集中学习24次，其中围绕党的二十大精神多形式开展学习9次，学习习近平总书记最新重要讲话和指示批示精神64项，围绕学习贯彻党的十九届六中全会精神及党的二十大精神，聚焦总书记关于能源保障、国企发展、乡村振兴等重要论述开展专题研讨13次。

（宋蕾玲）

【组织建设】　2022年，塔里木油田公司党工委以提升组织力为重点，突出政治功能，聚焦基层打基础、对标先进抓提升，推动基层党组织全面进步、全面过硬。优化基层党支部设置，坚持"支部建在连上"不动摇，落实"四同步、四对接"（党的建设和国有企业改革同步谋划、党的组织及工作机构同步设置、党组织负责人及党务工作人员同步配备、党的工作同步开展，实现体制对接、机制对接、制度对接和工作对接），适应机构调整和生产组织模式变化，依托生产经营基本管理单元优化党组织设置，基层党支部数量由408个简化到388个，专项查改党支部设置问题76项，进一步提高党支部工作运行效率。深化党支部达标晋级管理，健全完善"分类定级、动态管理、年度清零"达标晋级管理机制，采取定量考核和定性评价相结合的方式，对塔里木油田公司71个重新申报评定的党支部进行综合评审，最终评选出61个基础扎实、特色鲜明、业绩突出的"三星级"标准化党支部，形成"以创建促规范、以示范带全盘"的争创氛围。全力打造党建品牌，建设覆盖全盆地全业务领域的基层党建示范点，推进第三批8个基层党建示范点建设，召开10场方案研讨会，系统总结宣传推广具有塔里木特色的党建经验做法，打造在行业内叫得响的党建品牌。

【制度建设】　2022年，塔里木油田公司党工委根据上级精神和工作需要配套出台制度文件，强化党员干部制度意识，确保基层党建有章可循、有规可依。修订基层党建标准化手册，结合党内最新制度规范要求，征求各单位手册修改意见，组织业务骨干召开13场审核会，对基层党建标准化手册中19个标准逐一审核，确保手册内容科学、程序严密、配套完善。组织开展"学条例、促规范、强基础"专项活动，各级党组织书记宣讲解读条例360余场次，对照查摆基层党建"低老坏"问题540余项，夯实基层党建基础；制定发布基层党支部基础工作清单，明确18项工作内容及标准要求,推动基层党建工作提质增效。加强制度宣贯执行,抓实制度文件解读,通过季度党建工作督导、党建"前哨站"、业务座谈会等方式开展制度规范宣讲解读20场次,答疑解决有机融合、联合党建、党费使用等制度执行中存在的问题,同时把基层党建工作制度执行情况作为党建考核的重要内容,加大督促检查力度,确保制度执行落实到位。

【党内培训】 2022年,塔里木油田公司党工委按照基层党组织书记培训全覆盖要求,分层分类开展培训,党工委层面统一组织内外部培训3期,各单位党委组织培训144期,实现基层党组织书记培训全覆盖;其中,7月31日—8月5日,党工委在中央党校举办党委书记培训班1期,时长6天,塔里木油田公司甲乙方各单位党委书记、副书记49人参加培训;7月25—30日,选派优秀党务干部到延安开展培训1期,时长6天,塔里木油田公司各单位党支部书记、党务干部等39人参加培训;9月14—17日,举办基层党支部书记线上培训班1期,时长4天,各单位党支部书记230人参加培训;塔里木油田公司各单位党委结合自身实际,开展形式多样的党支部书记培训144期,覆盖2880人次。

【党员发展】 2022年,塔里木油田公司党工委重点在35岁以下青年、少数民族、先进模范人物中发展党员,确定发展党员名额202个,进一步优化党员队伍结构。举办入党积极分子培训班,结合时事热点设置个性化课程,邀请中央党校等高级专家教授授课,甲乙方各单位257人参加线上集中学习培训,保证发展对象政治过硬、理论过硬。全年发展入党积极分子198人、预备党员202人(表2),转正186人。截至2022年底,塔里木油田公司有党员5484人,其中,正式党员5265人,预备党员219人(表3)。

表2 2022年塔里木油田公司发展党员情况一览表

项　目		塔里木油田公司发展党员合计数(人)	塔西南公司发展党员数(人)
合　计		202	70
性　别	男	125	34
	女	77	36
民　族	汉	171	50
	少数民族	31	20
年　龄	25岁及以下	23	6
	26—30岁	64	12
	31—35岁	43	10
	36—40岁	34	16
	41—59岁	38	26
学　历	研究生	21	2
	大学本科	140	36
	大学专科	29	21
	高中、中技	12	11
	初中以下	0	0
职　业	管理人员	1	0
	专业技术人员	184	61
	工人	17	9

表3　2022年塔里木油田公司党员情况一览表

项　目		塔里木油田公司党员合计(人)	在岗党员数(人)	塔西南公司党员数(人)
党员数	总计	5484	5118	1333
	正式党员	5265	5265	1260
	预备党员	219	219	73
性别	男	4199	3898	975
	女	1285	1220	358
民族	汉族	4999	4686	1082
	少数民族	485	432	251
年龄	30岁以下	508	508	83
	31—35岁	886	886	126
	36—40岁	967	966	147
	41—45岁	553	552	114
	46—50岁	841	813	305
	51—55岁	1255	1094	337
	56—60岁	472	299	220
	61—65岁	0	0	0
	66—70岁	0	0	0
	71岁以上	2	0	1
入党时间	1945年9月—1949年9月	0	0	0
	1949年10月—1966年4月	0	0	0
	1966年5月—1976年10月	0	0	0
	1976年11月—1978年12月	0	0	0
	1979年1月—2002年10月	1712	1442	533
	2002年11月—2012年10月	2205	2120	410
	2012年11月及以后	1566	1556	390
职业	管理人员	378	378	58
	专业技术人员	4347	4347	839
	工人	393	393	143
	离退休人员及其他	366	0	0

【党建课题研究】　2022年，塔里木油田公司党工委坚持问题导向，年初征求各级党组织党建工作难点、痛点、堵点问题，立项141项党建课题，年中邀请集团公司党建研究专家开展党建研究方法及论文编写培训，加强和改进党建研究的思路和举措，年末邀请18位理论素养高、工作经验丰富的党的工作部门负责人、党委书记等组成评委会，采取背靠背互评方式对遴选出质量较高的65篇党建研究成果进行评审，最终评选出一等奖8篇，二等奖12篇，三等奖14篇，并择优推选5篇党建研究成果报送集团公司。塔里木油田公司《增强新时代石油青年志气骨气底气研究》《以党建联盟推进科研与生产深度融合的实践研究》

《油气田企业基层党建融入基层管理实践研究》分别获集团公司2022年度优秀党建研究成果一等奖、二等奖、三等奖。

【党费收缴】 2022年，塔里木油田公司党工委全体党员履行党员义务，按时足额交纳党费。2022年度党费收入5453001.39元（党员全年交纳党费5443058.9元、银行利息9942.49元），党费支出4778799.45元（上缴新疆维吾尔自治区党委党费2721529.45元，教育培训、走访慰问、表彰先进等党内活动费用2056597.26元，党费账户管理费、手续费等672.74元），党费累计结存1561982.47元（历年结余887780.53元、2022年结余674201.94元）。

【联合党建】 2022年，塔里木油田公司党工委全面推广甲乙方联合党建，优化党工委成员单位设置，实现塔里木探区党组织和党员管理全覆盖，同时，为加强油田党工委统一领导，发挥中国特色"油公司"党建优势，印发《中共塔里木油田分公司工作委员会联合党建工作实施办法》，明确联合共建组织形式、方式方法和运行机制，建立7个党建协作区，进一步健全"党工委统一领导、党委区域协作、党支部联合共建"组织体系，实现资源共享、优势互补、共同提高，切实以党建共建推动生产经营融合式一体化管理。

【党建"三联"责任示范点】 2022年，塔里木油田公司党工委根据塔里木油田公司副总师以上领导工作分工，结合安全生产承包点，合理调整塔里木油田公司副总师以上领导党建"三联"责任示范点。塔里木油田公司副总师以上领导深入党建"三联"责任示范点，定期研究、检查、指导分管领域党建工作，以"线上+线下""分批+集中"的方式累计指导基层工作46次，同时强化过程指导监督，党的工作部门深入基层27个单位调研督导，协调解决问题32项。

【党委书记基层党建述职评议会】 2022年，塔里木油田公司党工委按照工作要求，常态化全覆盖开展党组织书记抓基层党建述职评议，筹划研究制定实施方案，明确述职人员、时间、内容和程序，并将述职评议考核结果严格纳入领导干部业绩考核。12月2日，塔里木油田公司党工委召开2022年度党委书记抓基层党建述职评议考核会，全面考核各单位党委书记履行抓基层党建和全面从严治党第一责任人职责情况，6家基层单位和3家党工委油服成员单位党委书记进行现场述职及测评，32家单位党委书记进行书面述职。

【全面从严治党主体责任落实】 2022年，塔里木油田公司党工委以习近平新时代中国特色社会主义思想为指导，学习贯彻党的二十大精神，落实党中央重大决策部署以及集团公司党组、自治区党委要求，推动全面从严治党各项措施落地见效，为塔里木油田公司各项事业发展提供坚强政治保障。

学习宣传贯彻党的二十大精神。举办"奋进新征程，建功新时代，喜迎二十大"系列主题实践活动，推出系列报道，营造喜迎党的二十大的思想共识和浓厚氛围。在全探区形成学习宣贯热潮，集体收看党的二十大开幕式，召开党工委常委（扩大）会议传达学习贯彻党的二十大报告，组织党的二十大精神宣讲系列活动。印发学习宣传贯彻党的二十大精神的通知，明确22项务实举措，把学习贯彻成果转化为推动高质量发展的实际成效。

"第一议题"和"三重一大"决策制度。严格落实"第一议题"制度和落实机制，常委会议、理论学习中心组贯彻落实"第一议题"内容67项。严肃党内政治生活，制定并严格执行请示报告制度，油田党工委常委参加党建责任单位、党建"三联"责任示范点活动32次。严格执行"三重一大"决策制度，制定前置研究讨论事项清单，2022年研究决策"三重一大"事项152项。从严落实加强政治建设的重点措施，做到在大是大非问题上旗帜鲜明、表里如一。

理论武装。建立双周学习制度，中心组集中学习24次，开展"转观念、勇担当、强管理、创一流"主题教育活动，把学习成效转化为推动塔里木油田公司高质量发展的具体举措。全面建设驻疆央企首家新时代文明实践基地，构建"1+9+N"的三级志愿服务组织体系。推进石油精神和大庆精神铁人精神再学习再教育再实践再传播，推进文化物址建设，大力宣传选树先进典型，讲述好人好事，评选最美员工，通过定制手机彩铃、建立荣誉墙等身边小事来沉淀文化、浸润人心。

基层建设与群团工作。推动党的领导与公司治理有机融合，提升基层单位的独立作战能力，建设精干高效的价值型本部。加大不同年龄段优秀干部的选拔使用，加快优秀年轻干部培养，全力打造"三强"（政治坚强、本领高强、意志顽强）干部队伍。严格执行人才强企工作方案，实施"十百千"人才培养工程，专业人才队伍不断壮大。修订联合党建实施办法，调整优化党工委成员单位，成立塔里木油田公司党工委党校，总结出"四微一示范"（微服务、微培训、微监督、微目标，党员示范区）"五好管家"（安全、技能、健康、绿色、宣传)等16个有机融合典型经验。发挥群团组织桥梁纽带作用,开展"建功十四五,奋进创一流"专项劳动竞赛,做实普惠性服务,实施青年马克思主义者培养工程、青年精神素养提升工程,常态化开展创新创效工作,"超深气井化学高效解堵技术"课题项目获第十七届"振兴杯"全国青年职业技能大赛(职工组)银奖。

党风廉政建设。制定执行贯彻落实中央八项规定精神实施细则,结合实际创新开展"五种干部"(被动式执行、机械式执行、选择式执行、变通式执行、乖巧式执行)、"二十种人"排查整改,排查整改问题33238项,倡导"相关人开相关会,相关人的相关会相对集中开""云端联动、线上沟通、移动办公",进一步为基层松绑减负。制定实施加强对"一把手"和领导班子监督的实施细则,实施监督检查项目33个,发现问题272个。发挥巡察利剑作用,对18家本部部门党支部开展作风专项巡察,对1家单位党委开展常规巡察,发现问题791个。保持惩治腐败高压态势,对落实管党治党责任不力的2家单位党委(支部)从重考核。

和谐稳定。推进"平安油田"建设,实现"六零"(零暴恐、零群访、零非访、零破坏、零滋事、零事故)目标。构建"大外协"工作格局,成立企地融合发展办公室,探索建立更加开放的油地合作模式,做强做优新疆巴州能源有限责任公司、塔中西部公司两个合资公司。建立"我为油田献一策"和"我为基层(员工)办实事",推进民生工程建设常态化工作机制,献策37条,解决民生事项9465项。面对新冠肺炎疫情,构建形成"1+7+12"组织模式,制定"十条硬措施",率先实现人、物、环"三个无疫"。

(张大观)

【基层党建"三基本"建设与"三基"工作有机融合典型案例评选】 2022年,塔里木油田公司党工委坚持"抓党建就是抓发展"理念,把基层党建"三基本"建设与"三基"工作有机融合作为推动发展的固本之策,通过试点先行、总结经验、固化标准、全面推广的工作推行模式,推进有机融合制度化、体系化、标准化。为进一步深化基层党建"三基本"建设与"三基"工作有机融合,总结推广基层有机融合的经验做法,塔里木油田公司党工委广泛开展有机融合典型案例评选,征集26个单位47个典型案例,经过专家评委评审,最终评选出优秀案例一等奖3个、二等奖5个、三等奖8个。同时,将32个优秀案例汇编成册供各级党组织学习借鉴,为全面推进基层党建"三基本"建设与"三基"工作有机融合提供生动模板。在集团公司国企改革三年行动推进会、提升基层党建工作质量推进会上作典型经验交流;在《中国石油石化》《国企党建》等杂志发表党建工作经验3篇,1篇案例入选全国基层党建优秀案例,塔里木油田公司党建特色经验做法得到进一步展示和推广。

【塔里木油田党工委党校成立】 2022年8月26日,塔里木油田公司党工委成立中共塔里木油田分公司工作委员会党校,进一步强化油田党员干部的理论武装和党性教育,提升党员干部综合素质、管理水平和引领发展能力,为全面实现高质量发展提供高素质专业化干部队伍保障。成立油田党校后,9月底至10月初,连续举办5期党员干部轮训班,邀请中央党校、自治区党校、中国石油党校、兄弟油田等15位专家教授进行线上直播授课,覆盖党员干部820人,在党的二十大召开之前实现基层党员干部轮训全覆盖。

【党工委书记讲党课暨提升基层党建工作质量推进会】 2022年7月5日,塔里木油田公司党工委书记讲党课暨提升基层党建工作质量推进会召开,会议深入学习贯彻习近平新时代国有企业党建思想,全面落实集团公司提升基层党建工作质量推进会精神,总结成果,交流经验,分析形势,安排部署下一步重点任务。塔里木油田公司执行董事、党工委书记沈复孝出席会议并讲授题为《深入贯彻习近平新时代国有企业党建思想,以高质量党建引领保障世界一流大油气田建设》党课,强调全面提升基层党建工作质量,加快推进世界一流大油气田建设,为保障国家能源安全再作新贡献、再交新答卷。会上对塔里木油田第二批"基层党建示范点""三星级"标准化党支部代表进行授牌,油气工程研究院党委、博大采油气管理区党委、渤海钻探库尔勒分公司党委和勘探开发研究院库车勘探党支部、油气田产能建设事业部塔中项目经理部党支部、塔中采油气管理区塔中第三联合站党支部交流固堡垒、强管理、抓融合促发展的经验做法。

【《关于在疫情防控中充分发挥基层党组织战斗堡垒作用和广大党员先锋模范作用的通知》下发】 2022年8月12日,塔里木油田公司党工委印发《关于在疫情防控中充分发挥基层党组织战斗堡垒作用和广大党员先锋模范作用的通知》,动员塔里木油田甲乙方各级党组织和广大党员认清形势任务、抓住主要矛盾,发挥基层党组织战斗堡垒和党员先锋模范作用,主动承担急难险重任务，落实落细疫情防控各项政策措施。面对新冠肺炎疫情，塔里木油田公司党工委坚持"一手抓防疫、一手抓生产"，专门成立降低疫情影响工作专班，720名党员干部吃住在办公室，2000多名干部员工奋战在生产一线，协调油地、甲乙多方紧密联动，保障产运销各路工作平稳有序，油气日产量分别保持在1.9万吨、6660万立方米计划线上运行，最大限度降低疫情对生产经营的影响。

【"铁人先锋"党建信息化平台应用】 2022年，塔里木油田公司党工委"铁人先锋"党建信息化平台包括业务管理、在线考评、智能分析、信息资讯、学习教育、线上活动、交流服务管理、智能分析7大类一级功能，103个二级功能，基本覆盖油田党建工作全部业务。平台的重点功能包括组织管理、党员管理、党费管理、组织生活、发展党员、关系转接、在线考评、在线答题等，其中，基层党组织依托平台开展工作，使用频率较高的功能包括组织管理、组织生活、发展党员、关系转接、党费管理。为进一步提升平台功能模块精细化和智能化水平，塔里木油田公司对平台功能模块进行升级拓展，按照"优先实用功能、分批组织实施"的思路，根据塔里木油田公司基层党建工作现状和需求，结合基层党建标准化手册内容，对换届选举、组织生活2大党建业务8项功能进行全面升级，推动实现党建工作流程线上标准化建设。

(张 康)

【意识形态工作】 2022年，塔里木油田党工委学习贯彻党的二十大报告关于"坚定维护国家意识形态安全"战略部署和集团公司党组工作要求，做好全年特别是党的二十大期间的意识形态工作，实现意识形态领域总体受控，全年未发生意识形态领域事件，总体态势平稳可控。6月，下发《关于进一步加强意识形态工作通知》，从员工思想教育、阵地管理等7个方面对全油田意识形态工作作出部署，规范各单位社交媒体工作群1749个。疫情期间，召开特殊敏感时期新闻舆情和思想政治工作专题会议、意识形态和舆情工作推进会，及时发布9期舆情提示、工作提示。针对不同时期疫情防控任务，下发《关于进一步加强员工思想教育引导的通知》《关于进一步做好特殊敏感时期员工思想教育工作的通知》，累计下发工作提示30余期。及时跟踪甲乙方各单位党委落实情况，刊发3期好经验好做法简报。制定下发《关于开展涉疫法律法规全员宣传教育和涉疫相关案例警示教育的通知》《关于严格遵守疫情防控相关法律法规、进一步强化落实政府、社区和油田相关要求的通知》，开展警示案例教育，组织全员专题学习涉疫法律法规、涉疫违法案例。制定下发《关于进一步做好重点人员、特殊人群、前线长期未倒休人员关心关爱工作的通知》，组织各单位多形式做好重点人员、特殊人群、前线长期未倒休人员三类群体的关心关爱。

【统战工作】 2022年，塔里木油田公司党工委深入学习贯彻习近平总书记关于加强和改进统一战线工作的重要思想，发挥统战工作桥梁纽带作用，凝聚推进企业改革发展强大力量。1月，塔里木油田公司成立首个党外代表人士建言献策工作室——卞万江工作室，打造汇聚党外领军人物智慧的实体阵地。8月，集团公司党组成员、副总经理谢军与党外代表人士联谊交友对象——塔里木油田公司勘探开发研究院数值模拟与建模一级工程师卞万江进行线上交流。12月，党外知识分子勘探开发研究院企业技术专家肖香姣获塔里木油田2022年科学技术奖—突出贡献奖。截至2022年底，塔里木油田公司有民主党派成员1人，为物资采办事业部进口业务部雷世荣，所在党派为中国国民党革命委员会，担任库尔勒市民革三支部副主任委员。塔里木油田公司党工委有党外知识分子2865人，其中，二级副以上干部1人，副高级及以上职称218人；有少数民族职工1888人。

【党工委理论学习中心组学习】 2022年，塔里木油田公司党工委落实中央和集团公司党组、新疆维吾尔自治区党委关于中心组学习的要求，坚持把集体学习研讨作为加强党的政治建设和思想建设的重要抓手，学习贯彻习近平新时代中国特色社会主义思想和上级党组织重大部署。全年党工委理论学习中心组开展集中学习24次，其中参加集团公司学习3次、塔里木油田公司组织21次（专题学习12次、专题讲座7次、党课1次、集团公司工作会议精神1次）。学习习近平总书记最新重要讲话和指示批示精神64项，围绕学习贯彻党的十九届六中全会精神及党的二十大精神，聚焦总书记关于能源保障、国企发展、乡村振兴等重要论述开展专题研讨13次。

【政研工作】 2022年，按照集团公司关于做好党建与思想政治课题研究工作相关要求，塔里木油田公司党建思想政治工作研究会结合油田实际，拟定并下发党建参考选题44项、思想政治参考课题34项。各单位申报立项200项课题，其中党建课题141项、思想政治课题59项。评选党建研究课题一等奖8个、二等奖12个、三等奖14个，评选思想政治研究课题一等奖7个、二等奖9个、三等奖11个。

(祁明浩)

【塔里木油田公司本部机关党委工作】 2022年，塔里木油田公司本部机关党委坚决贯彻落实塔里木油田公司党工委各项部署，学习贯彻习近平新时代中国特色社会主义思想，以迎接宣贯党的二十大为主线，引导广大党员不忘初心、牢记使命，提高政治判断力、政治领悟力、政治执行力，本部作风建设持续加强，各项任务圆满完成，为建设中国式现代化世界一流能源企业贡献力量。

基础工作。理论武装：开展"两个维护"教育，引导本部党员干部深刻把握"两个确立"，坚决做到两个维护，督导本部22个支部认真宣贯十九届六中全会精神；集中开展主题党日，组织观看《长津湖》《狙击手》等主旋律红色电影，接受爱国主义教育。督导运作：坚持月度督导和季度检查相结合，完成18个处室半年督导工作，反馈发现共性问题。动态调整本部党委委员3人，调整各党支部委员16人，完成19个支部换届，新成立新能源事业部党支部、融媒体中心党支部，以提升组织力为重点，让每个支部在业务工作中充分发挥作用。党员发展：组织与本部23名发展对象开展入党前谈话，发出函调60余份，核实党员信息、严格材料审核、建立信息台账，完成25名党员党组织关系转接。本部送温暖工作：开展"六型本部"创建，紧扣"我为群众办实事"，落实关怀，对本部大病党员、优秀党务工作者等26名党员开展"七一"党内走访慰问。本部"送温暖""送清凉""送健康"等活动，完成工会会员福利发放，采购价值8万余元的地产樱桃、小白杏700余件。采购地产蟠桃610件，以实际行动助力乡村振兴。完成本部18个部门496项尼勒克扶贫产品统计，助力脱贫攻坚。抓健康管理，引导员工树立"每个人都是自己健康的第一责任人"健康意识，开展特色"工间操"活动，本部工会采取抽查和签到打卡相结合的方式，有效推进此项工作，增强身体素质，加强互动交流。同时为本部各部室配备在办公场所锻炼用的小健身器材；在勘探开发综合楼裙楼二楼建设活动阵地和文化阵地，配备跑步机、运动自行车等设施器材，为本部员工参加体育文化建设创造条件。

重点工作。作风建设：按照油田违规吃喝问题专项治理工作安排，完成本部支部书记讲授专题党课，提升纪律规矩意识，提高支部书记履职意识和履职能力；组织开展两级本部形式主义官僚主义典型"五种干部"（被动式执行、机械式执行、选择式执行、变通式执行、乖巧式执行）排查，深化"灯下黑"问题整治工作。为党的二十大胜利召开营造风清气正的政治环境。活动组织：组织本部职工"迎新春，庆虎年"棋牌比赛，"喜迎二十大 巾帼心向党"插花、烘焙、茶艺主题活动；开展2022"喜迎二十大，云端庆国庆"国庆节线上活动，收集本部员工对祖国的祝福、战疫的生活及对未来的展望；收到投稿103份，浏览次数达4929人次。优秀作品在油田电视、油田公众号、塔里木青年等主流媒体宣传，进一步展示本部文化建设浓厚氛围和成效。学习贯彻党的二十大精神：创新载体、丰富形式，提前进行安排部署，组织22个支部，460余名干部员工克服疫情影响，利用线上学习、自学等方式观看直播；持续掀起学习热潮，动员和激励党员干部统一思想行动，凝聚起建设中国式现代化世界一流能源企业的不懈动力。

(谢剑飞)

【第二十次"形势、目标、任务、责任"主题教育】 2022年3月，塔里木油田公司以"转观念、勇担当、强管理、创一流"为主题，全覆盖集中开展第二十次"形势目标任务责任"主题教育集中巡回宣讲。塔里木油田公司党工委召开党建工作部署会，传达集团公司主题教育活动部署安排，在甲乙方43家单位全面启动主题教育活动。结合干部员工知识结构和受众特点，编写主题教育宣讲提纲和多媒体材料，通过"能源饭碗""双碳""从严治党"等26个关键词深入解读集团公司和塔里木油田公司面临的形势任务。油田班子领导带头深入党建"三联"责任示范点、油田"访惠聚"驻村工作队、分管领域、分管单位和重点探井、重点项目（工程）现场开展宣讲，在千里探区广泛开展全员大宣讲。把"强管理"作为主题教育活动重要内容，引导干部员工结合自身岗位开展研讨400余场次。

【学习贯彻习近平新时代中国特色社会主义思想成果交流会】 2022年6月21日，塔里木油田公司举办"奋进新征程，建功新时代，喜迎二十大"塔里木油田学习贯彻习近平新时代中国特色社会主义思想成果交流会，学习贯彻习近平总书记对中国石油和中国石油相关工作重要指示批示精神，总结成果，交流经验，动员激励甲乙方全体干部员工坚持以习近平新时代中国特色社会主义思想为指引，全力推动世界一流现代化大油气田建设，以优异业绩迎接党的二十大胜利召开。塔里木油田公司执行董事、党工委书记沈复孝出席会议并讲话。塔里木油田公司总经理、党工委副书记王清华,塔里木油田公司领导田军、王虎、胥志雄、陈尚斌、何新兴、李亚英、刘强参加会议。会议由塔里木油田公司党工委副书记、工会主席田军主持。塔西南公司、勘探开发研究院、勘探事业部、油气田产能建设事业部、克拉油气开发部、东方物探塔里木前线指挥部六家单位党委讲述落实"第一议题"制度,坚持用习近平新时代中国特色社会主义思想武装头脑、指导实践,推动油田高质量发展的生动实践和丰硕成果;讲述加快油气勘探开发、矢志攻关超深"卡脖子"技术、向地球深部进军等典型故事。

【学习宣传贯彻党的二十大精神】 2022年,党的二十大召开以后截至2022年底,塔里木油田党工委理论学习中心组围绕党的二十大精神多形式开展9次学习,邀请中央党校教授、集团公司专家开展专题讲座2场次。深化集中学习研讨,聚焦"深入学习贯彻党的二十大精神,率先建成中国式现代化世界一流能源企业"主题,召开3次专题研讨会,邀请两家基层单位、3名省部级以上先进典型分享学习心得体会。发挥党工委理论学习中心组示范带动作用,每月共享学习内容,组织二级单位党委理论学习中心组开展党的二十大精神专题研讨110次、宣讲105场次、撰写心得792篇,支部学习743次、宣讲505场次、撰写心得2912篇,把广大干部员工的思想统一到党的二十大精神上,把力量凝聚到党的二十大确定的各项任务上。

【首个党外代表人士建言献策工作室成立】 2022年1月21日,塔里木油田公司举行首个党外代表人士建言献策工作室——卞万江工作室授牌仪式,塔里木油田公司党工委副书记、工会主席田军出席仪式并为工作室授牌。成立党外代表人士卞万江建言献策工作室是落实集团公司统战工作部署的重要举措,目的是打造汇聚党外领军人物智慧的实体阵地,发挥党外代表人士理论专长、科研优势及独特视角,在塔里木油田公司生产经营、科技创新、改革管理、安全环保、党的建设等方面,提出有针对性的政策建议和解决方案,为率先建成世界一流现代化大油气田建言献策献力。

(祁明浩)

纪律检查

【概述】 2022年,塔里木油田公司纪工委学习研究十九届中央纪委六次全会、新疆维吾尔自治区纪委十届二次全会、集团公司2022年党风廉政建设和反腐败工作会议部署要求,落实集团公司党组、纪检监察组、塔里木油田公司党工委决策部署,树立纪检工作服务于油田治理效能提升和高质量发展、服务于干部员工依法合规履职和安全发展的"两个服务于"理念(牢固树立纪检工作服务于油田治理效能提升和高质量发展、服务于干部员工依法合规履职和安全发展),坚持问题导向、目标导向与结果导向相结合,把纪检工作放在塔里木油田公司高质量发展的战略全局中谋划、部署和落实,协助党工委推进全面从严治党,忠诚履行监督执纪问责职责,为塔里木油田公司发展提供纪律保障。

2022年,受理检举控告类信访举报6件,处置问题线索20件,立案6件,给予纪律处分6人,分别同比下降64.7%、35.5%、57.1%、68.4%,挽回经济损失104.6万元。派出4个巡察组对18家本部部门开展作风建设专项巡察,对1家单位开展常规巡察,发现问题798个,改进工作作风,提升管理水平。坚持常规巡察、专项巡察、提级巡察、巡察"回头看"4种巡察模式相结合,分10轮对33个单位党组织开展巡察,发现各类问题2504个,责任追究145人,挽回经济损失3900余万元,实现巡察高质量、全覆盖。

(田 野)

【中共塔里木油田分公司纪律检查委员会成员】
2022年1月1日调整:
书记:李亚英;
副书记:赵卫东;
常委委员:刘炯、张保书、李进、李艳勇、陈利平、卢生才、邹跃飞。
2022年9月14日调整:
书记:王子云;
副书记:赵卫东;
常委委员:刘炯、张保书、李进、李艳勇、陈利平、卢生才、邹跃飞。

委员：杜文学、张存、朱林、李代华、陈江、王春生、姜昌勇、蒋东辉、刘兴茂、游琴、陈勃、秦常青、胡宁平、邹跃飞、张文波、焦玲玲、朱江、杨勇、冉克松、彭小茂、刘明光、吴莹、丁新云、陈平、李燕、郑威、付志远、蒋世予、王继中、吕军、董飞、唐斌、王毅、吴志国、刘乐、马新民、韩伟、何文涛、范伍军、潘会彬、熊大贵、张秀程、武延锋、欧阳文质

(樊望辉)

【党风廉政建设监督责任落实】 2022年，塔里木油田公司纪工委加强"两个责任"落实情况监督检查，形成"每年抽查、每两年全覆盖监督检查、不定期联合督导"的监督机制，压紧压实管党治党责任。及时向党工委报告上级有关会议精神和工作要求，定期汇报党风廉政建设和反腐败工作情况，分析全面从严治党形势，研判政治生态，提出工作建议37项，为压紧压实管党治党责任提供有力支撑。开展党风廉政建设年度考核，对责任落实不到位的20家单位（部门）党组织、9名"一把手"扣减业绩分值。加强党内政治生活监督，督促264名党员干部就本人接受谈话函询、提醒诫勉、纪律处分情况，在民主生活会或组织生活会上作出检查或说明，进一步严肃党内政治生活。严把党风廉政意见回复关，全年审核276个集体、2086人次党风和廉洁从业情况，提出暂缓或不宜意见6个。2022年塔里木油田公司政治生态问卷调查显示，干部员工对政治生态总体满意度为98.78%，同比上升0.6%，党风企风持续好转、新风正气更加充盈。

【党风廉政建设和反腐败工作会议】 2022年2月23日，塔里木油田公司在库尔勒召开2022年党风廉政建设和反腐败工作会议，学习贯彻习近平总书记系列重要讲话和重要指示批示精神，全面落实十九届中央纪委六次全会、新疆维吾尔自治区纪委十届二次全会、集团公司2022年党风廉政建设和反腐败工作会议及塔里木油田公司"两会"工作部署，总结塔里木油田公司党风廉政建设和反腐败工作，部署2022年重点任务，做好从严管党治党各项工作，为率先建成世界一流现代化大油气田提供坚强保障，以优异成绩迎接党的二十大胜利召开。

【政治监督】 "第一议题"制度监督。2022年，塔里木油田公司纪工委聚焦迎接和学习宣贯党的二十大精神和习近平总书记重要指示批示精神方面开展监督。常态化督促各级党组织严格执行"第一议题"制度情况，督导学习"第一议题"制度26次，督促贯彻落实13项，对营造喜迎党的二十大召开舆论氛围措施落实不到位等4项问题，提出3条整改建议。

"国之大者""企之要情"监督。聚焦保稳、保供、保安全"三件大事"，系统谋划政治监督具体化常态化实施方案，精准实施27项重点监督任务，坚决服务保障"三个环境"(保持平稳健康的经济环境、国泰民安的社会环境、风清气正的政治环境)。聚焦天然气保供开展专项监督，成立天然气保供监督工作专班，发现存在攻关能力不足等4个方面问题，2022年督促整改零散气管理不规范等67项问题，通报批评3人，先后3次向党工委呈报专题报告，提出意见建议11条。

党工委重点工作监督。围绕科技自立自强，对发现的项目推进力度不够等2项问题向相关部门、单位下发监督工作底稿4份，督促立行立改；围绕绿色低碳转型，明确9个方面督导工作方案，指导新能源事业部党风廉政建设工作，督促建立新能源业务廉洁风险识别及防控体系；围绕提质增效价值创造行动，采取"四不两直"方式，对22家单位(部门)进行跟踪督导，发现并督促整改措施不落地、上报数据与实际不符等8项问题；围绕依法合规治企方面，明确包括构建"大监督"工作体系等3个方面10条监督保障措施，查处经营业务合规管理问题9个，挽回和避免经济损失71.9万元，推动健全完善制度规范16项。

安全生产监督。下发4期监督检查通知，采取上下联动方式，统筹两级纪检机构"嵌入式"开展监督检查，发现并督促整改22项问题，对1项环保治理工作不严不实问题，问责4名领导干部。

新冠肺炎疫情防控督导检查。常态化开展疫情防控监督检查，本地疫情期间成立监督检查专班，精准开展督导检查，发现并推动整改问题31个，下发有关疫情防控期间工作《通报》15期，追责问责30人，切实让干部作风"实"起来。

【作风建设】 2022年，塔里木油田公司纪工委紧盯节假日、子女升学、干部调整、年终结算等关键节点，常态化开展廉洁教育提醒，全覆盖向甲乙方党员干部发送廉洁短信。先后6次到10家基层单位和前线20家甲乙方生活公寓开展"四风"突击检查，发现并督促整改问题8个。开展新员工分配专业范围内盲选监督。出台"四不两直"监督检查落实情况检查办法，深入基层开展落实情况督导检查，先后4次向党工委专题汇报督导情况，提出加强和改进建议11

条。专项调查迪那2气田产能大幅下降问题,给予相关人员通报批评并在大会上作检查。将两级本部部门"五种干部"(被动式执行、机械式执行、选择式执行、变通式执行、乖巧式执行)排查整改工作纳入日常监督和巡察重点,发现并推动整改问题19个。

(田 野)

【日常监督】 围绕各级"一把手"和领导班子监督。2022年,塔里木油田公司纪工委协助党工委制定《关于加强对"一把手"和领导班子监督的实施细则》,明确5个方面30项监督重点,细化分解和编制党组织书记等6类岗位任务清单,加强日常沟通和风险提示,将巡察、执纪审查、监督检查发现的837个问题反馈给领导班子成员,将监督发现分管领域存在的问题反馈班子成员,督促系统整改。

干部员工打招呼事项监督。制定出台《干部员工打招呼事项登记报告管理办法》,明确4个方面36项打招呼事项负面清单,建立登记、报告、保护、惩戒等落实监督管理的完整链条。

重大项目、重点领域监督。运用PDCA(即计划、执行、检查和处理)循环,推行监督检查项目化管理,采取"自主选题+统筹安排"方式,组织31家单位、部门精准立项33个,发现问题308个,追责问责25人,推动制修订制度36项,切实把监督抓在日常、严在经常。开展油基钻井液废弃物处理情况专项检查,发现油基钻井液废弃物拉运工作量不实等问题,督促规范拉运车辆计量标准、加强生产经营薄弱环节管理,形成发现问题、整改纠偏、深化治理的监督闭环。探索运用油田信息系统"大数据"监督,对30余井次钻试修作业、7个重点工程项目建设进展及工作量确认进行靠前监督,推动监督监管深入到业务前端。

【健全监督体系】 2022年,塔里木油田公司纪工委健全完善以党工委全面监督为统领、纪工委专责监督、巡察监督、审计监督和业务监管的"五位一体"监督工作体系,完善"审计先行、巡察跟进、纪检督阵"的联动监督新模式,明确211项监督任务和内容。出台《党风廉政建设和反腐败工作协调小组规则》,构建专业部门、综合管理部门、专职监督部门的"三道防线",建立健全日常沟通、协作配合等5项机制。围绕塔里木油田公司中心工作,加强对权力运行的监督,探索监督关口前移、内部"四不两直"监督检查、重点领域的监督检查、监督执纪成果运用等方面的监督,形成"一套体系""三道防线""五个抓手"的日常监督工作机制。

(杨 喆)

【党内巡视巡察】 油田内部巡察。2022年,塔里木油田公司纪工委首次探索开展本部作风建设专项巡察,全年派出4个巡察组对18家本部部门开展作风建设专项巡察、对1家单位开展常规巡察,发现问题798个,有效推动本部部门提升管理水平和治理效能、改进工作作风,实现党的十九大以来巡察全覆盖。党的十九大以来,坚持常规巡察、专项巡察、提级巡察、巡察"回头看"4种巡察模式相结合,分10轮对33个单位党组织开展巡察,发现各类问题2504个,责任追究145人,挽回经济损失3900余万元,实现巡察高质量、全覆盖。

巡视巡察反馈问题整改。发布《被巡察党组织落实巡察整改主体责任实施细则》,压实各层级巡察整改责任。深化集团公司巡视反馈问题整改,2022年深化整改举措150条,整改成效持续巩固。成立5个检查组,开展党的十九大以来巡视巡察发现问题整改情况专项检查,有效推动巡视巡察问题深入整改。严格落实"一责任三把关"机制(被巡察单位党委书记履行第一责任人责任,被巡察单位纪委书记全程监督把关、巡察组长重点环节把关、分管领导总体验收把关),党工委书记、纪工委书记先后3次组织召开巡视巡察发现问题整改情况专题汇报会,听取党的十九大以来问题整改情况和重点难点问题整改进度,研究部署整改工作。

【执纪审查】 信访管理。2022年,塔里木油田公司纪工委制定并下发《塔里木油田公司纪工委信访举报管理办法(试行)》,进一步厘清工作界面,完善工作流程。采取投递模拟举报信、现场走访、查阅资料等方式,开展信访举报渠道畅通专项检查,针对性提出相关工作要求,整改存在问题。

问题线索处置。构建案件全生命周期管理新模式,增强内控机制建设,重点做好源头把控和过程管控,确保从问题线索到组卷归档全链条规范化标准化制度化。细化落实执纪审查"一建、二跟、三评、四挂"四步工作法。"一建"即建章立制。加强规章制度宣贯及制度执行力度,夯实顶层设计,发挥制度管人、流程管事的真正作用。"二跟"即跟案督办。加强内控机制建设,推动问题线索接收、研判、处置、核查审查督办、后半篇文章等全链条规范化标准化。"三评"即案件评查。通过"案件评查、交叉互评"工作,及时将案件中的典型和突出问题"揭锅盖",将涉及的问题向承办部门一对一反馈，形成问题清单并督促承办部门整改。建立案件质量评查机制，从事实证据、定性处理、程序手续等方面进行全方位、全过程评查，逐案赋分定级，评查得分进行排名通报。

案件审理。严格执行有关工作规范和制度要求，坚持首尾衔接、环环相扣，确保审理程序合规。与审查组充分沟通，综合考虑行为后果、主观意图等因素，提高审理质量，确保定性准确。加强案件全生命周期管理，确保信访受理、问题线索处置、核查审查、审理等环节更加精准。

执纪审查。坚持从严执纪与激励爱护并举、查办案件与防范风险并重、思想引导与警示震慑结合，推动纪法情理贯通，2022年受理检举控告类信访举报6件，处置问题线索20件，立案6件，给予处分6人，释放执纪必严、违纪必纠的信号。精准运用监督执纪"四种形态"，批评教育帮助和处理29人。其中：运用第一种形态处理22人、占75.86%；第二种形态处理6人、占20.69%；第三种形态处理1人、占3.45%；无第四种形态情形。第一、第二种形态运用占比96.55%，第三、第四种形态运用占比3.45%。切实做到分类处置、精准施治，实现政治效果、纪法效果、社会效果有机统一。

以案促改。制定推动以案促改工作制度化常态化工作办法和实施细则，健全塔里木油田公司党工委统一领导、纪工委监督推进、案发单位具体落实的以案促改统筹联动机制，提升标本兼治综合效应。开展"反围猎"专项行动，对5家违规承包商分别给予通报批评、暂停产品交易权限等处理，推动修订完善制度56项，斩断"围猎"与"被围猎"利益链。以处分决定宣布会为契机，开展案例警示教育8次，并针对案件查办中发现的管理漏洞，下发纪律检查建议书和监督提醒函16份，督促整改问题30个，发挥案件治本功能。

（何　征）

【巡察典型案例汇编】 2022年，塔里木油田公司纪工委总结党的十九大以来巡察工作经验做法，梳理巡察发现的典型问题，举一反三查找不足，编写《党的十九大以来巡察工作总结》，系统总结党的十九大以来塔里木油田公司党工委、二级单位党委巡察工作做法、积累的经验和取得的成效；编写《党的十九大以来典型案例巡察方法操作指引》，选取66项典型案例进行汇编，详细阐述每个问题查找方法、问题依据，剖析问题产生原因；编写《党的十九大以来巡察小故事》，精选巡察工作中的50个故事，把发现问题、整改问题的方式方法等蕴涵于故事中，为做好新一轮巡察工作打好基础。

（冯志刚）

【纪律教育】 2022年，塔里木油田公司纪工委做实全员廉洁教育，坚持"逢会必说、逢节必抓、逢学必讲"，切实将廉洁教育抓在日常、融入平常。抓好"关键少数"教育，对58名新提任中层领导干部开展任职廉洁从业教育，治病于"未"的作用充分发挥。组织召开警示教育大会，制作违纪违法典型案例警示教育片并在大会上播放，用身边事教育身边人。丰富教育载体，开展廉洁从业专题讲座、新员工入职廉洁从业教育、廉洁从业观影等各类教育活动，组织集中观看由最高人民检察院组织拍摄的反腐题材电影《黑金危机》，党员干部纪律规矩意识不断增强。深化甲乙方廉洁共建，对100余家重点"三商"进行集体廉洁约谈，签订甲乙方廉洁合作公约709份，持续构建"亲""清"的甲乙方合作关系。

【廉洁文化】 廉洁文化建设。2022年，塔里木油田公司纪工委加强廉洁文化建设，丰富教育载体，聚焦落实中央八项规定及其实施细则精神，以"清廉塔里木，献礼二十大"为主题，开展廉洁文化作品征集评选展示活动，旨在多角度反映各单位（部门）在加强廉洁文化建设、开展纪律教育，以及激励干部担当作为、干事创业等方面的新思路、新实践、新成果，征集廉洁漫画、书法、警言警句等作品700余件，评选出60件获奖作品和3家优秀组织单位，并甄选部分优秀作品在塔里木油田公司办公楼举办廉洁文化优秀作品展。办好《塔里木石油报》"谈廉说纪"和门户网站"以案说纪"专栏，全年在《塔里木石油报》发布稿件25篇，更新以案说纪24篇，崇廉尚俭的氛围更加浓厚。用好用活廉洁文化教育基地，2022年组织油田各单位1255名党员干部实地参观廉洁教育基地。

廉风送基层活动。开展"廉风送基层"活动，督促各级党组织分级分类开展精准教育，加强年轻干部拒腐防变教育，干部员工纪律规矩意识持续增强。

廉洁家访活动。开展"廉洁家访"活动，全面了解、深度掌握纪检干部队伍"八小时外"思想动态，传递组织对党员干部的关爱，拉近与员工家属之间的情感距离，实现单位"大家庭"与员工"小家庭"紧密相连，让纪律监督和日常监督有机结合，进一步增强纪检干部队伍的凝聚力、向心力和执行力。

党风廉政教育月。2022年7月是新疆维吾尔自治区第二十四个"党风廉政教育月",塔里木油田公司纪工委以"学党纪法规,树廉洁新风,以实际行动迎接党的二十大胜利召开"为主题,开展廉洁纪律教育,加强廉洁文化建设,筑牢廉洁思想防线。纪工委组织召开重点承包商、供应商廉洁座谈会暨违规吃喝治理专题座谈会,宣贯廉洁从业有关规定和"三商"管理相关要求,通报典型案例,围绕违规吃喝治理、甲乙方廉洁共建等主题开展座谈交流。7月28日,塔里木油田公司召开2022年警示教育大会,通报违规吃喝典型案例,观看警示教育片。以党风廉政教育月为契机,为2022年新员工讲授廉洁教育"第一课",引导新员工增强纪律规矩意识。各单位组织党员干部和关键岗位员工到廉洁文化教育基地接受教育,党员干部重温入党誓词,在追忆先辈、接受廉政教育、经受精神洗礼中,进一步增强坚定理想信念、加强党性修养、强化廉洁自律的政治自觉。

【纪检干部队伍建设】 业务训练。2022年,塔里木油田公司纪工委加强纪检干部政治建设,把学习宣传贯彻党的二十大精神放在首位,开展纪检系统集中宣贯,做好学深悟透和转化落实"两件事"。突出加强业务能力建设,开设"业务大讲堂",先后举办纪委书记培训班、巡视巡察业务培训班、执纪审查业务培训班,选派2名纪检干部参加集团公司专项工作,2名纪检干部分别入选集团公司审理人才库、执纪审查人才库,加大实践锻炼力度。配合纪检监察组开展形式主义官僚主义专项整治,主动承接工作指引编制任务并圆满完成。定期督办两级纪检机构重点工作推进情况,经常与各单位纪委沟通约谈,督促依规依纪依法履职行权。

纪检干部监督。牢固树立"监督者首先要接受监督"的观念,坚持严管严教严治纪检队伍。开展纪检干部作风建设专项调研,逐级开展纪检干部廉洁家访,近距离掌握纪检干部思想、工作、作风状况。严格执行请示报告清单、离岗报备等制度规定,及时督促整改问题并纳入年度考核。

【纪检干部"十严禁"行为规范】 2022年,塔里木油田公司纪工委出台《纪检干部"十严禁"行为规范》,列出十条负面清单:(1)严禁发表、传播违背中央精神和上级决策部署的言论。(2)严禁在重要事项、重要问题上不请示、不报告,或未经组织批准接受采访。(3)严禁打听或泄露案情、为当事人说情、干预监督执纪工作。(4)严禁"打招呼",或利用影响干预被监督单位正常执行公务、插手干预人事和市场经济活动。(5)严禁擅自向被监督单位、涉案单位索要借用交通工具、通信工具及其他物品,或擅自处置涉案款物。(6)严禁利用职权或职务影响为本人或特定关系人谋取不正当利益。(7)严禁在执行公务中携同无关人员前往,或擅自变更出差路线。(8)严禁接受和安排超标准公务接待,或外出执行公务期间饮酒。(9)严禁在监督执纪过程中,打着纪检干部的旗号摆架子、耍特权、逞威风。(10)严禁穿着、佩戴影响纪检干部形象的服装及饰品。

【纪委书记述职考核会】 2022年,塔里木油田公司纪工委加大对两级纪检机构的统筹管理,定期督办重点任务推进情况,开展各单位纪委书记年度考核,采取"述""问""考"3种方式开展纪委书记年度履职专项考核,全覆盖听取纪委书记述职,对履行监督责任不到位的12名纪委书记考核扣分,督促履职尽责。用好特约监督员队伍,强化日常沟通和信息反馈,定期征求对纪检队伍的监督意见,外部监督作用充分发挥。

(田 野)

【党员干部廉政档案建设】 2022年,塔里木油田公司纪工委完善及印发《塔里木油田公司领导人员廉政档案管理办法》。新建及更新388名二级正副干部廉政档案,采集机关169名三级正、副干部廉政档案资料。廉政档案管理更加规范。分门别类、量身定制目视化标签,提高查询质效。对标对表集团公司党组管理干部廉政档案管理办法,优化制度,充实建档内容,将领导干部信访举报、线索处置、纪委书记评价、巡察报告、审计报告、生活会发言材料等11项内容纳入建档范围,打造廉洁档案数据库,为全面深入分析、把握领导干部党风廉政情况提供有力支撑。依托廉政档案电子数据库,将其作为党员干部提拔、任用、交流、表彰奖励,以及问题线索核查的重要依据,全年使用廉政档案查询相关人员信息215次,促进监督约束机制进一步完善。

(杨柳明)

【党风廉政建设和反腐败工作存在问题】 2022年,塔里木油田公司政治生态持续向好,但从监督检查、执纪审查、党内巡察发现的问题看,党风廉政建设和反腐败斗争形势依然严峻复杂,表现为四个"任重道远"。

反"围猎"拒腐蚀依然任重道远。油田业务链长、环节多、幅度广,市场开放程度较高,权力设租寻租和变现空间较大,利益勾结隐蔽性强、易发、难查,党员干部被"围猎"的风险始终高位运行。

纠"四风"树新风依然任重道远。有的党员干部心存侥幸，违规吃喝、违规收受礼品礼金等违反中央八项规定精神问题时有发生；有的干部工作作风不严不实，不敢担当作为，作风问题始终是塔里木油田公司高质量发展的"绊脚石"。

提升政治能力依然任重道远。有的党组织执行"第一议题"制度不到位，有的单位落实上级决策部署打折扣，有的单位对巡察、审计等发现问题思想上不重视、整改不彻底。

纪检队伍能力作风提升依然任重道远。有的纪检干部斗争精神不强、斗争本领不足，监督意识不强烈、重点不突出、成效不明显，不敢监督、不愿监督、不会监督的现象仍然存在，距离专业化、法治化、规范化要求存在一定差距。

【违规吃喝专项治理活动】 2022年，塔里木油田公司纪工委针对8类违规吃喝整治重点，部署3个方面21项重点任务，先后组织召开本部部门、二级单位、承包商座谈会，组织开展自检自查和专项检查，打出系列"组合拳"，形成上下贯通、左右联动、内外互动的违规吃喝综合治理工作机制。查处盛业公司、中科杰良公司新冠肺炎疫情管理期间在前线违规吃喝问题，追责问责7人。坚持纠树并举、破立并进，出台落实中央八项规定精神工作指引，归纳梳理"四风"问题104种表现形式，明确10个方面182项正负面清单，引导广大党员干部不触底线、不越红线。积极倡导"三多三少"（少出去应酬，多回家吃饭；少拉关系，多陪家人；少喝酒，多健身）健康生活模式，提醒党员干部注重从"一顿饭""一杯酒"抓起，更加注重抓早抓小、防微杜渐。

【"反围猎"专项行动】 2022年，塔里木油田公司纪工委开展"反围猎"专项行动，对5家违规承包商分别给予通报批评、暂停产品交易权限等处理，推动修订完善制度56项，斩断"围猎"与"被围猎"利益链。

【以案说纪】 2022年，塔里木油田公司纪工委进一步拓宽教育平台，丰富教育形式，在塔里木油田公司主页设立"以案说纪"专栏，通过警示案例、廉洁纪律红线等多种形式开展纪律教育，刊登24个警示案例，做到提醒常在、警钟长鸣，引导党员领导干部进一步筑牢思想道德防线。

（田　野）

群团工作与精神文明建设

QUNTUANGONGZUOYUJINGSHENWENMINGJIANSHE

工会工作

【概述】 2022年,塔里木油田公司工会落实企业民主管理制度,补选职工代表,召开职代会和职代会联席会议,审议重大经营决策。推进厂务公开、加大职工提案督办力度。服务职工群众,开展岗位慰问、困难家庭帮扶,心理健康疏导等工作。扎实开展文化体育活动,举办健步走网络公开赛、篮球、羽毛球赛、片区赛等群众性文化体育活动。

【塔里木油田公司工会领导成员】
工会主席:田军;
工会副主席:孙阳洋;
常委:(按姓氏笔画排序) 王春生、李进、李燕(女)、阿里木江·托乎提(维吾尔族)、陈江、姜昌勇、曹长城。
委员:(按姓氏笔画排序) 丁新云、于鑫泰、万红心、王开国、王继中、吕军、朱江、刘建江、李军、李代华、李晓明、杨勇、吴莹、张明、张林鹏、宗伟、胡晓军。

【工会第五届经费审查委员会】
主任:李艳勇;
副主任:卢生才;
委员:(按姓氏笔画排序) 丁凡琼、江国荣、左萌萌、朱林、梁俊梅。

【工会组织建设】 2022年,塔里木油田公司工会根据各二级单位人员变动情况,按照程序健全工会组织2个,补选基层工会主席9人,实现基层建会率、职工入会率100%。围绕培养工会干部思想引领、组织号召、资源整合3大能力建设,50余名工会干部接受培训,队伍整体素质提升。

【工会经费管理】 2022年,塔里木油田公司工会修订完善《工会经费管理实施细则》等3项制度。严格执行工会财务制度,依法合规使用工会经费,全年工会经费支出1418万元。其中,下拨基层工会775万元,送温暖活动支出318万元,劳动竞赛、职工创新、文体活动等支出325万元。

【职工民主管理】 2022年,塔里木油田公司工会贯彻落实以职工代表大会为基本形式的企业民主管理制度,召开六届三次职代会,审议重大经营决策,对领导班子及班子成员进行民主评议,确保各项职权全面履行。组织职工代表巡视科技研发中心、新小区、博孜—大北等重点工程建设,召开联席会审议《职工个人劳动防护用品管理办法》,畅通职工对切身利益事项的知情监督渠道。开展职工代表履职能力培训,职工代表参与民主管理的水平进一步提升。加大职工提案督办力度,塔里木油田公司两级160余条提案得到有效办理。推进厂务公开,公开招标项目743项,干部任免205人次、职称评审221人次,职工群众的知情权、参与权、监督权得到有效保障。

【劳动竞赛】 2022年,塔里木油田公司工会联合自治区总工会,启动"建功十四五、奋进创一流"新一轮主题劳动和技能竞赛,开展高效勘探、油气上产、工程技术、地面建设、科技创新、安全环保、提质增效、和谐稳定8类主题竞赛,分别为每类竞赛有详细内容和考核细则,每季度进行督导,年底总结评选,29家单位参赛,9700余人参加竞赛。激励甲乙方广大职工当好主力军、建功"十四五"。聚焦油田重大工程、重大项目和深地"卡脖子"关键技术,联合生产单位开展超深油气勘探、物探系统地震提质、乙烷制乙烯项目等专项竞赛。

【劳模选树】 2022年,塔里木油田公司工会大力弘扬劳模精神,广大职工战深地、斗沙海,涌现出一批先进典型。克拉采油气管理区获全国"安康杯"优秀组织单位,博大采油气管理区获开发建设新疆奖状,油气田产能建设事业部塔中项目经理部获新疆维吾尔自治区工人先锋号,塔西南公司获新疆维吾尔自治区产业工人队伍建设改革最佳实践单位,陈东获开发建设新疆奖章、陈元元获集团公司巾帼建功先进个人等荣誉。

【帮扶慰问】 2022年,塔里木油田公司工会落实新疆维吾尔自治区和集团公司慰问政策,开展困难家庭生活补助、临时困难应急救助、患重大疾病医疗补助、重大节日慰问等帮扶工作,帮扶3197人次,支出帮扶资金845万元。坚持夏季送清凉、冬季送温暖,深入克探1井、博孜—大北产能建设工程、塔西南天然气综合利用工程、尉犁县新能源项目、塔中明珠变电所等基层一线开展慰问活动47场次。

【健康服务】 2022年,塔里木油田公司工会组织"送健康"中医诊疗活动,对近2000名职工提供把脉问诊、针灸、理疗及健康养生指导服务。针对疫情期间职工心理出现的新情况新问题,及时开通全天候"职工心理咨询热线",邀请专家举办心理疏导网络直播讲座17场,覆盖1.5万余人次,帮助职工提升情绪管理水平,舒缓心理压力。

【职工(劳模)创新工作室创建】 2022年,塔里木油田公司工会推进职工(劳模)创新工作室工作,举办首届网上创新工作室成果交流展,19家工作室新增国家级专利36项、创新成果160多项,刘洪涛创新工作室、张辉创新工作室被命名为集团公司劳模和工匠人才创新工作室。

【合理化建议】 2022年,塔里木油田公司工会开展"金点子"合理化建议和"金哨子"隐患排查评选活动,766项成果获新疆维吾尔自治区创新活动表彰,塔里木油田公司评选"金哨子"10个。

【健康企业创建】 2022年,塔里木油田公司工会推进健康企业建设,开展全员线上健步走、"送健康"中医诊疗等活动,提升职工健康自我管理水平。

【我为员工办实事专项服务】 2022年,塔里木油田公司工会开展"我为员工群众办实事"实践活动,推动解决高质量发展、民生工程、周边社会、油服单位、政务后勤5大类项目1928项实际问题,切实把"问题清单"变成"幸福清单"。开展困难职工精准化、常态化帮扶工作,全年帮扶3197人次,支出帮扶资金845万元。

【疫情期间员工关心关爱工作】 2022年,塔里木油田公司工会在抗击新冠肺炎疫情关键时期,发挥党联系职工群众的桥梁纽带作用,开通"员工之家"和"心理健康咨询"24小时服务热线,下拨疫情防控专项资金近800万元,为在岗员工送去棉衣、食品、洗漱用品等100余万元暖心物资,紧急动员14人为员工家属爱心献血3300毫升,将4000余箱"暖心苹果"送到小区每一户职工家中。

【"喜迎二十大·建功新时代"全员线上健步走活动】 2022年,塔里木油田公司工会开展全员线上健步走活动,近万名职工参赛,员工参与率、达标率同比大幅增长,形成全民健身良好氛围。

【杨海军参加北京冬奥会火炬传递】 2022年2月3日,全国劳动模范、集团公司特等劳动模范、塔里木油田公司企业首席技术专家杨海军在张家口张北德胜村点位,高举火炬接力第20棒,参加2022年北京冬奥会火炬传递活动,代表百万石油人弘扬奥林匹克精神,为冬奥会加油助力。

(马海波)

共青团工作

【概述】 2022年，塔里木油田公司共青团工作以习近平新时代中国特色社会主义思想为指导，以学习宣传贯彻党的二十大精神为契机，深入学习贯彻落实习近平总书记关于青年工作的重要论述，发扬党有号召、团有行动的光荣传统，积极推进青年马克思主义者培养工程和青年精神素养提升工程，切实履行引领凝聚青年、组织动员青年、联系服务青年和维护青年合法权益的职能，凝聚起率先建成中国式现代化世界一流能源企业的强大青春力量。

【塔里木油田公司团委领导成员】

团委书记：张效东（2022年1月1日—11月28日）；

团委书记：赵志忠（2022年11月28日—12月31日）；

团委办公室主任：何伟（2022年1月1日—12月31日）。

【团建基础工作】 2022年，塔里木油田公司团委梳理完善团内各项流程和规章制度，根据团员变化情况及时调整相关团支部，对支部委员及时增补，保证党支部组织健全，做到按期换届。落实"三会两制一课"制度，根据新疆维吾尔自治区和集团公司团委的要求，及时组织每月主题团日活动，指导规范各级团组织生活记录，全年组织开展主题团日677次，团员大会215次，支委会498次，团课89次；每年初核定团员团费缴纳金额，全年线上收缴团费43627元。系统化培训团干部，举办塔里木油田公司第一期"青马工程"培训班，开展基层团干培训班，有效提升团员青年和团干部的综合素质和履职能力。抓实网络平台应用，高质量推进石油党建2.0平台共青团业务上线应用工作，各模块应用数据名列前茅。塔里木油田公司团员团籍注册完成率100%，团员入库数据比例100%。

【团员青年引导】 学习宣传党的二十大。2022年，塔里木油田公司团委开展"喜迎二十大、永远跟党走、奋进新征程"主题教育实践活动，围绕迎接学习宣传党的二十大，分"五四"前、"五四"后、党的二十大后3个阶段开展理论武装、主题团日、实践建功、"我为青年办实事"、宣传文化5大类工作，组织并参加红色教育、演讲比赛、先进事迹报告会等系列活动30余场次、近4000人次，"青年大讲堂"宣讲活动59场次，720名团员青年参加"学条例、促规范、强基础"专项活动，推动大会精神进基层、进一线、进班组。及时将学习情况录入智慧团建系统，录入率100%，做到应学必学，学习效果显著提升。

青年精神素养提升工程。深化青年精神素养提升工程，塔里木油田公司党工委副书记讲授主题团课，召开启动会下发实施方案，各单位团组织开展"我与先辈比奋斗"对标讨论会39场次，梳理问题194项，把精神素养提升成效转化为岗位建功的实际行动。推进青年马克思主义者培养工程，组织31名学员参加集团公司新疆协作区第一期"青马工程"联合培训班，成立由17人组成的青年讲师团，在重要核心刊物《中国共青团》发表1篇理论文章。

特色宣传阵地。加强"塔里木青年"微信公众平台建设，围绕重点工程、夺油上产、新能源建设、时代新人等重点策划和跟踪报道，与塔里木油田公司中心工作同频共振，为基层青年加油鼓劲。增设"青春献礼二十大""青年抗疫行动"等专栏，用音视频与图文结合方式，展现塔里木青年风采，全年发稿近300期，粉丝38000多人。

【青春建功活动】 岗位建功。2022年，塔里木油田公司团委认真学习习近平总书记"能源的饭碗必须端在自己手里"重要指示精神，围绕落实塔里木油田公司党工委安排战略部署以及深地科技创新、提质增效、绿色低碳发展等主题，开展青年岗位建功活动，推动油气产量连续6年百万吨增长。聚焦打造提质增效"升级版"，从管理流程、勘探开发、地面工程、辅助业务等全生产流程出发，举办"石油工人心向党、建功奋进新时代"单井动态分析大赛、提质增效合理化建议暨全员创新创效比赛，产生提质增效成果466项，创造经济效益超亿元。

"青字号"工程。加大石油青年宣传选树力度，组织十大杰出青年、石油英才、全国青年安全生产示范岗等评选、表彰、推荐工作。组织63个青年集体参与青年文明号、青年安全生产示范岗等"青字号"品牌创建工作，带动广大青年激发创新热情、投身安全生产、立足岗位创优。油田公司级先进集体29个、4个青年集体获集团公司及以上荣誉。

青年志愿服务。开展志愿服务一条街、"迎百年、助振兴"捐物暖心活动，向塔里木油田公司帮扶村捐赠衣物1.2万余件。落实塔里木油田公司新时代文明实践基地创建工作安排，制定下发《推进塔里木油田公司新时代文明（示范）实践基地志愿服务实施方案》《塔里木油田公司新时代文明（示范）实践志愿服务管理办法》，228名石油小区老中青志愿者和410名油田职工加入抗击新冠肺炎疫情志愿服务队伍中。

【提质增效合理化建议暨全员创新创效】 2022年，塔里木油田公司各单位按照《关于开展2022年提质增效合理化建议暨"万众创新"劳动竞赛、全员创新创效评选的通知》要求，聚焦"四精"（经营上精打细算、生产上精耕细作、管理上精雕细刻、技术上精益求精）管理要求，落实"3+2"（突出库车新区、寒武系盐下、塔西南山前3大新领域风险勘探，持续加强克拉苏构造带天然气、塔北—塔中原油集中勘探和精细勘探）战略部署，对标一流目标，紧盯油气上产硬任务，突出价值创造重点，全方位、全系统、全领域、全过程开展提质增效合理化建议专项行动，上报各类成果365项。经参赛单位综合评分、领导小组办公室综合评定，最终有35项成果入围终评。11月25日，塔里木油田公司团委通过线上组织召开塔里木油田公司2022年提质增效合理化建议终评会，塔里木油田公司首席技术专家李汝勇出席会议并担任评审组组长，14个机关部门相关负责人担任评审组组员。评审组围绕效益性、可行性、创造性，通过听取汇报、现场提问等方式对35项成果进行综合评审。领导小组办公室根据终评和初评结果综合评定出一等奖、二等奖、三等奖及鼓励奖。

【成长成才服务】 团干部联系青年制度。2022年，塔里木油田公司各级团干部采取集体座谈和"一对一"交流相结合的方式，直接联系青年1800余人次，掌握青年思想动态。开展"我为青年做实事"实践活动，帮助解决青年交友、职业发展等"急难愁盼"的事32件，真心服务青年、真情关爱青年。策划组织2022年"相约塔里木·油缘来相聚"大型联谊交友活动，40多名青年员工参加，各级团组织开展形式多样的小型联谊活动，服务单身青年的婚恋需求。开展"家书暖人心"活动，通过电子贺卡、书信、视频短片等方式，搭建"团组织—青年—家长"三方沟通体系，春节期间各级团组织寄送家书143封，制作视频5个，拍摄员工照片217张，向家人展示青年在工作中取得的成绩，增强团员青年归属感和幸福感。

青年提素拓能工作。落实塔里木油田公司《关于加强新入职员工培养管理工作指导意见》，采取"集中培养+单位培养"模式，对入职3年以内青年员工实现导师带徒全覆盖，加强岗位基本功训练。做好青年入职期、成长期、成熟期规划管理，组织开展"榜样在我身边"青年成长论坛，邀请5名各领域"十大杰出青年"讲述成长经历、分享成长经验，倡导正确的成才观。落实"推优入党""推优荐才"等工作机制，27名团员通过团组织推荐入党。

【第十二届单井动态分析大赛】 2022年，塔里木油田公司团委组织第十二届单井动态分析大赛活动，收集各单位初评成果124项，30项优秀成果参与终评，评出一等奖3名，二等奖6名，三等奖13名。

【塔里木油田第十三届石油英才奖评选】 2022年，按照《塔里木油田石油英才奖励基金管理办法》相关规定，塔里木油田公司团委（塔里木油田石油英才奖励基金管理委员会）开展第十三届石油英才奖评选工作，评选出获奖学生30名，其中"未来英才"奖20人、"金榜题名"奖10人。

（何 伟）

新闻宣传

【概述】 2022年，塔里木油田公司新闻宣传工作坚持以习近平新时代中国特色社会主义思想为指导，围绕塔里木油田公司重点工作，以报纸、电视、网络为主阵地，以外部主流媒体为展示窗口，开设富满油田产量突破300万吨、天然气冬供、进军超深油气等专栏专题36个，开展学习贯彻党的二十大宣传、油田零碳沙漠公路等专项宣传，组织富满油田超深油气产量突破300万吨表彰大会，首次开展油田慢直播活动，开创性推广塔里木油田公司专属手机视频彩铃，为完成全年生产经营任务、实现高质量发展、展示企业良好形象提供重要舆论支持。

【对外宣传】 2022年，塔里木油田公司加大对外宣传报道力度，强化与中央和新疆维吾尔自治区主流媒体沟通联络，全年在《人民日报》、新华社、中央电视台分别刊播发11篇、32篇、85条次，在中央电视台发稿数量位居集团公司第一。其中，零碳沙漠公路投运连获新华社6篇报道，累计阅读量超450万次，创新华社对塔里木油田公司单项内容报道数量之最，被国务院国资委纳入"央企超级工程"宣传；3月，《人民日报》头版、头条3次刊发塔里木油田公司内容，创《人民日报》头版单月报道油田数量之最。7月，3次登上中央电视台，创塔里木油田公司近年来单月上央视报道数量之最。12月，《人民日报》总社微信公众号发布"中国最大，突破300万吨！"，首次完整报道塔里木油田公司，浏览量突破10万+，获赞4000余个。全年在《人民日报》《光明日报》等中央主流媒体报纸刊发专版6个，创塔里木油田公司近年专版数量之最；博孜34井"入地8000米"、沙漠公路"零碳挺进沙漠"2场慢直播开创集团公司和塔里木油田公司慢直播先河。

【对内宣传】 2022年，塔里木油田公司强化新闻宣传顶层设计，按季度召开新闻宣传工作例会，围绕学习贯彻党的二十大、富满超深油气田产量突破300万吨、油气勘探重大发现、提质增效、新冠肺炎疫情防控等重大主题开展专题宣传，累计开设富满产量突破300万吨、天然气冬供、进军超深油气等专栏专题36个。全年发行报纸151期，播出电视新闻153期，发布微信1440条、抖音202条，形成具有塔里木油田特点的融媒体宣传格局。7月，在广州组织为期6天的宣传思想文化培训班，34名新闻工作者参加培训。8月15日，塔里木油田公司新版门户网站上线使用，网站改版整体保持原有风格，新增栏目12个，开设宣传专栏16个。

【专项宣传】 "超深层、高质量"塔里木特色品牌宣传。2022年8月，《科技日报》派出采访组深入塔里木油田一线采访，在"深瞳"专版推出"塔里木油田超深油气勘探开发纪实"报道，被推送全网。9月，《人民日报》以"推进高质量发展，建设世界一流企业"为题刊发油田专版报道。国务院国资委启动"我们这十年@坐标中国"网上主题宣传活动，推出"中国深度"之《钻进深井》专题报道轮探1井和塔里木油田超深油气勘探开发情况。集团公司推出的《中国福气》系列纪录片报道塔里木油田天然气勘探开发、深地科技创新、气化南疆等内容。10月，我国最大超深油田——富满油田累计生产突破1000万吨获主流媒体广泛关注，央视单日滚动播放24条次，15家中央及地方主流媒体集中报道。

博孜—大北超深气区100亿立方米产能建设开工宣传。2022年7月25日，塔里木油田公司邀请《人民日报》、人民网、央广网、《经济日报》等11名记者参加博孜—大北超深气区100亿立方米产能建设开工仪式。当天，《人民日报》客户端、人民网、《光明日报》、央广网、中国新闻网等中央媒体以图文形式发布"塔里木油田超大超深凝析气田全面投入开发建设""100亿方！我国最大超深凝析气田全面投入开发建设"等报道。26日，中央电视台"朝闻天下"播出《塔里木油田超深气区100亿立方米产能建设工程开工》报道。

我国最大超深油田——富满油田宣传。10月，中央电视台"朝闻天下""今日环球"等多个栏目播出"我国最大超深油田生产油气突破千万吨"报道。12月，新华社推出"我国最大超深油田——富满油田年产油气突破300万吨"宣传通稿，同步被《人民日报》总社微信公众号、人民网、中国新闻网等媒体转发。中央电视台"朝闻天下""新闻直播间"在"2022油气产业观察"栏目，报道富满油田增储上产情况。

【典型选树与宣传】 2022年，塔里木油田公司获第七届"中国工业大奖"、全国民族团结进步示范企业等国家级荣誉8项，开发建设新疆奖状、新疆维吾尔自治区工人先锋号等省部级荣誉12项，中国石油QHSE先进企业、中国石油健康企业等集团公司级荣誉99项。2022年塔里木油田公司表彰油田公司级荣誉469项、部门级荣誉756项。为宣传先进典型人物事迹，激发甲乙方干部员工荣誉感、使命感，塔里木油田公司在勘探开发综合楼一楼大厅外建立荣誉墙，制作荣誉榜、光荣榜板19块，同步在塔里木油田公司门户网站展播。

【舆情监测和舆论引导】 2022年，塔里木油田公司贯彻落实集团公司舆情管理办法，加强特殊敏感时段舆情监控，开展突发事件新闻媒体预案演练2次，加强同地方宣传部门、网信管理部门、重点媒体的沟通联系，有效引导热点舆论，全年未发生任何舆情事件。在党的二十大、全国"两会"、新冠肺炎疫情管理、天然气冬供等特殊时段开展敏感信息24小时舆情监控，不断升级管控等级，细化管控措施，实现"零"舆情目标。3月、6月，分别下发《关于进一步规范社交媒体工作群的通知》《关于进一步加强意识形态工作的通知》，对塔里木油田公司各部门单位共61个网络意识形态阵地、1749个社交媒体工作群进行登记备案，建立负责人动态管理机制，杜绝网络舆情风险事件发生。组建舆情专班，制定《塔里木油田舆情分级处理工作方案》，建立舆情处置程序，召开舆情例会45次，研判分析处理舆情信息60余条，点对点提醒和解释政策20余人次，对合理诉求，安排专人对接，及时协调解决。

【贯彻党的二十大宣传】 2022年10月16日党的二十大开幕当天，塔里木油田公司组织油田上下通过线上+线下的方式集体收看开幕式,在塔里木油田公司内外部媒体集中报道油田上下收听收看党的二十大会议盛况,以及先进典型、一线员工收听收看会议后的体会感想。塔里木油田公司"报台网微端"协同发力,通过开辟专题网页、设置专题专栏、撰写系列评论等多种方式,宣传报道甲乙方干部员工学习大会精神的新认识、新体会,以及各部门各单位学习贯彻党的二十大精神的具体举措和学习效果。塔里木油田公司各媒体全方面宣传党的二十大会议精神,报道塔里木油田公司上下学习贯彻会议精神情况。

【抗击疫情宣传】 2022年,塔里木油田公司聚焦新冠肺炎疫情防控一线广大志愿者、后勤保障人员和坚守岗位干部员工,围绕生活物资供应、人文关怀、坚守岗位保生产等主题,克服疫情期间记者、通讯员不能到达现场困难,以"人人都是宣传员",通过图文、短视频等形式,推出"抗疫有我们,我们在一起""我的抗疫经历"等报道1120条次,宣传抗疫人物700余人次,创疫情报道数量之最。组织为期23天的防疫知识竞赛活动,累计答题61万人次,正向宣传引领激励广大员工群众坚定抗疫信心。

【国务院国资委介绍塔里木零碳沙漠公路】 2022年6月28日,国务院国资委推出《中国路中国桥中国隧,央企超级工程再创新纪录!》专题报道,详细介绍"中国路""中国桥""中国隧"3个系列五项央企超级工程,其中塔里木油田沙漠公路零碳示范工程作为"中国路"被隆重推出,介绍了我国首条零碳沙漠公路建设的基本情况和重大意义。

【集团公司在塔里木油田开展深地油气勘探、零碳公路慢直播】 2022年"五一"期间,塔里木油田公司以正钻井——博孜34井为重点,以"入地8000米"为主题,开展集团公司首场慢直播,累计75万人次在线观看,15万人次点赞,收获评论4万条,开创国内工业生产一线首次连续直播先例。在世界防治荒漠化与干旱日之际,以"零碳挺进沙漠"为主题开展集团公司第二场慢直播,央视网"直播中国"、环球时报、"国资小新"、中国石油官微等20家媒体转发,累计观看突破1000万人次。

【塔里木油田公司专属手机视频彩铃推广使用】 2022年,塔里木油田公司围绕油田特色、兼顾油地和谐,制作首批专属视频彩铃10条并于11月4日下发《关于推广使用油田专属视频彩铃的倡议》。截至2022年底,4500余名干部员工开通使用专属彩铃,进一步提升油田知名度和美誉度,增强塔里木油田公司广大干部员工集体感、荣誉感和责任感,引导广大干部员工宣传塔里木、热爱塔里木、建设塔里木,展示塔里木油田良好形象。

【新媒体内容创作大赛】 2022年,集团公司第七届新媒体内容创作大赛共评选出"微记录""微电影""图文""摄影""动漫和H5""随手拍"6类获奖作品420部,塔里木油田公司25项作品在大赛中获表彰,获奖数量位居参赛单位前列,蝉联大赛优秀组织单位。其中,塔里木油田公司作为报送单位之一的《宝石花温暖万千家》《回家Ⅱ》两部系列微记录作品获特别优秀奖,融媒体中心报送的图文作品《塔里木油田建成我国首条零碳沙漠公路!》获一等奖,融媒体中心报送的微记录《我们的冬供》、东河采油气管理区报送的摄影《清罐人》、油气田产能建设事业部报送的图文《4天跨越920公里——柯7K-H1井长途搬迁纪实》等8部作品获二等奖,融媒体中心报送的微记录《油区精灵》、东河采油气管理区报送的摄影《汗如雨下》等14部作品获三等奖。

(王 翔)

文化体育

【企业文化建设】 2022年,塔里木油田公司企业文化工作围绕全面建设我国最大超深油田、率先建成中国式现代化世界一流能源公司的目标,聚焦喜迎党的二十大胜利召开和世界一流品牌形象建设,大力弘扬伟大建党精神、石油精神和塔里木精神,坚持文化引领,大力推进文化阵地建设、文化作品产品创作和文化活动开展,努力打造特色鲜明、底蕴深厚、有口皆碑的品牌形象。

文化理念体系建设。深化教育引导、舆论宣传、文化熏陶、实践养成、制度保障等具体实践,提升广大职工思想道德素质。制定下发《中共塔里木油田分公司工作委员会文化引领专项工作方案》,落实文化引领战略举措。结合新时代新要求,完善推广油田基本管理理念,丰富塔里木特色企业文化体系。弘扬石油精神,赋予塔里木精神新内涵、新做法、新实践。培育基层特色文化,推进基层特色文化建设,总结形成博大精神、监督精神等一批基层文化,征集367条、评选48条简洁凝练、易懂易记的塔里木特色石油名言名句，推动先进文化在基层落地生根。

文化惠民活动。开展"迎新春，写春联，送福进千家"活动，在基地小区及轮南、哈得、塔中、迪那等生产一线书写赠送春联、福卡、挂历等3000余幅，营造浓厚节日氛围。将书法培训纳入塔里木油田公司内培项目，举办塔里木油田公司2022年书法培训班，31名爱好者参加，营造良好文化氛围。举办"踔厉奋发新时代，勇毅前行向未来"书法作品网络展。举办"非凡十年•塔里木能源报国成就展"网络展，以摄影图片形式展示党的十八大以来取得的辉煌成就。

品牌形象。加强品牌形象建设，聚焦超深层、高质量品牌，打造一批精品力作。通过编纂企业文化品牌故事34篇、在基地小区设计制作4处造型宣传画、创新设计并发放企业文化宣传折页、剪辑制作24首油田歌曲及基层歌曲MV等方式，有效提升企业品牌形象，提高企业知名度。积极响应员工群众精神文化新期待，打造文学、书法等系列群众性品牌赛事，促进满足员工群众文化需求与增强精神力量相统一。

【石油精神宣贯教育】 2022年，塔里木油田公司推进石油精神和大庆精神铁人精神再学习再教育再实践再传播。开展新员工企业文化培训，举办新员工入厂教育企业文化讲座，253名新员工接受教育，增进对塔里木油田公司企业文化的认同感。抓好讲解接待工作，塔里木油田公司展览馆和廉洁文化教育基地全年接待访客87批次约2000人次。督促各单位有效发挥阵地宣传展示功能，组织各单位利用主题党日、主题团日、重大节点等时机，到属地内的文化阵地开展主题活动。

【文化阵地建设】 2022年，塔里木油田公司加强文化物址保护利用，推动塔里木油田历史展览馆改造，规划建设塔里木油田喀1井、依奇克里克油田旧址、轮南1井等文化物址，"1+3+N"环塔里木盆地石油文化长廊初具规模，打造一流品牌形象标识地。利用小区空地，建设一线功勋井、重要文化遗产等文化资源微缩景观，打造新时代石油主题文化公园，让小区居民感受石油文化的魅力，引导职工"感知油文化、支持大发展"，编制完成《石油文化公园及板房会议室恢复工程》方案，展示发展历程中形成的文化遗产。推进阵地数字化建设，完成26家基层单位数字展览馆建设大纲初稿，建成数字展览馆和多个数字主题展。改版升级油田企业文化网页展示内容，丰富线上文化传播新阵地。持续加强教育基地运行管理，结合新形势新要求，维护石油精神教育基地、工业文化遗产、油田纪念性物址等。

【文联工作】 2022年，塔里木油田公司贯彻落实习近平总书记在中国文联十一大、中国作协十大开幕式上的讲话精神，开展春节送春联、书法培训、诗文分享会、主题征文等系列文化活动，常态化开展文艺、摄影、书法、集邮沙龙，积极营造浓厚文化氛围。

2022年，塔里木油田公司骨干作家在省部级、国家级刊物上发表作品39篇，其中胡岚在省部级、国家级刊物上发表作品15篇，石春燕1篇。胡岚报告文学作品《烈日和星空》获全国农民报好新闻优秀奖，胡岚获2022年《作品》杂志"十佳评刊员"。

【文化作品】 2022年，塔里木油田公司传承弘扬石油精神，多渠道、多角度开展文化作品创作，宣传展示塔里木特色文化和企业形象。围绕油田改革发展进程中的重大突破、重大工程、重大节点、典型人物，组织编写30个塔里木品牌故事，设计独具特色的造型宣传画，剪辑制作24首油田歌曲及基层歌曲MV，填词创作10首经典歌曲，创新设计企业文化宣传折页，融入塔里木特色品牌、文化理念、重点油气井和文化物址，用艺术品的形式集中展示塔里木的丰厚底蕴和辉煌成绩，向全油田下发4000份。

【文体活动】 2022年，塔里木油田公司以"喜迎二十大"为契机，组织开展冬奥文化广场、夏季文化广场，以及趣味运动会、广场舞、太极拳等本土化、大众化、经常化的群众性文体活动640余场次，丰富职工疫情期间业余文化生活，组织特色线上活动285场次，全员以崭新面貌迎盛会、建新功，助推新时代文明实践基地建设。

【体育赛事】 2022年，塔里木油田公司组织庆新春、"三八"妇女节及广场舞、游泳、乒乓球、羽毛球比赛等文体活动13场次，覆盖甲乙方2.5万余人次，实现参与人数最多、仪式感最强、覆盖面最广、宣传效果最佳，职工文化建设呈现蓬勃发展态势。参加全国石油职工广播体操网络公开赛，获优秀组织奖、团体组一等奖、创编组二等奖等5项荣誉。

【新时代文明实践基地建设】 2022年，塔里木油田公司新时代文明（示范）实践基地全面建成。按照一个基地、一个实践站、三个服务站、九支志愿服务队、十个文明实践点、N个特色小分队的"1+1+3+9+10+N"总体架构，打造形成驻疆央企首家文明实践基地。构建形成1个总队、9个支队、N个小分队的"三级"志愿服务组织机构和"1+9+N"志愿服务体系。组建新冠肺炎疫情防控志愿服务队,228名小区老中青群众及398名职工投身疫情防控阻击战。

(祁明浩)

【"喜迎二十大"系列文化活动】 2022年,塔里木油田公司突出"喜迎二十大"主题,组织开展系列文化活动。联合工会共同举办"中国梦·劳动美—喜迎二十大 建功新时代"职工摄影比赛;联合巴州书法协会开展"礼赞新时代·奋进新征程"主题书法展,"传承红色基因,发扬优良传统"书法展。面向甲乙方各单位,开展"喜迎二十大、金句展风采"格言金句征集评选活动,共收到367条,评选出一等奖18条,二等奖18条,三等奖12条,用有温度有格局有分量的格言金句献礼党的二十大。举办"踔厉奋发新时代,勇毅前行向未来"书法作品网络展,来自油田生产、科研、后勤、管理等战线的数十位书法爱好者,将党的二十大报告中的金句,融合楷书、行书、隶书等书法技艺进行创作,共上报书法作品70余件,经塔里木油田文联专家线上评选,24件优秀作品入选网络展,部分作品在《塔里木石油报》发表。10月14日,举办"非凡十年·塔里木能源报国成就展"网络展,以摄影图片形式展示党的十八大以来取得的辉煌成就。

【塔里木油田公司展览馆改造】 2022年,塔里木油田公司重梳塔里木盆地勘探开发历史,厘清塔里木油田发展脉络,深入发掘重要文献资料和文物资料,新增展示实物,优化完善展示形式和手段,增强展览馆厚重历史感、人文故事感和现代科技感。邀请罗春熙、赵文博、买光荣等退休老领导、老专家参与讨论展览馆改造方案并提出修改意见。编制完成《阿克苏运行中心历史展览展示》方案。

(马云龙)

维护稳定

【概述】 2022年,塔里木油田公司完成党的二十大召开期间油田和谐稳定的重要政治任务,油气设施安全平稳运行。实现初信初访及时率受理率100%,实现"四重"(重点群体、重点领域、重点问题、重点人员)管控覆盖率100%。重点人员及特殊群体管控率100%,深化"平安油田"创建,平安示范单位创建率75%,被集团公司公示授予"平安企业"称号。全年未发生暴力恐怖袭击案件事件、大规模群体性事件,全面完成"六个坚决、两个确保"工作目标,为塔里木油田公司高质量发展和率先建成世界一流现代化大油气田建设保驾护航。

(张春鹤)

【源头治理】 2022年,塔里木油田公司按月常态化开展隐患排查,排查涉及信访、综合治理、安保防恐、民生问题等领域隐患问题315项,全部整改完毕。严密防范重大稳定风险,向涉事单位下发重大稳定风险预警函12份,明确目标任务、防范措施、处罚责任,通过现场督办、电话督办、函件督办等方式,确保重大风险处于可控状态。加强重点信访人员稳控,严格落实一类一策、一人一案,确保人员全面受控。加强涉众利益群体稳控,制定稳控工作预案68个。

【信访工作】 2022年,塔里木油田公司各级维稳信访部门接待来电来访215批371人次,办理集团公司党组信箱28封,党工委信箱56封,信访事项及时受理率、办结率均100%。办理地方政府及上级转办的欠款欠薪信访事项25件,化解率100%。

领导接访。各级领导接访下访1034人次,接访员工群众4205人次,解决矛盾问题392个。高度关注13类特殊群体思想状态、生活状况,联合人力资源部及时动态调整有偿解除劳动关系人员等重点群体帮扶标准,确保重点群体持续稳定。

法制信访。组织《信访工作条例》学习和答题活动36批次、2万余名甲乙方员工参加,悬挂宣传标语76幅,制作电子展板53个,营造良好法治信访环境。严格初信初访办理各环节闭环管理,做好接访、登记、受理、告知、办理、答复、送达、签收"八个环节",做到"事事有回音、件件有答复"。

信访积案化解。制定《信访积案化解实施方案》,成立10个专项工作组,以事要解决为核心,以息诉罢访为目标,思想疏导、事要解决与暖心帮扶相结合,建立"月调度、季通报、年考核"制度,入户家访135人次,走访慰问98人次,帮助解决困难22件,成功实现10个"钉子案""骨头案"彻底化解。

贯彻"枫桥经验"。结合塔里木油田公司实际践行新时代枫桥经验,探索甲乙方"五联"(维稳信息联通、矛盾纠纷联调、应急事件联处、重大问题联治、信访积案联解)化解、"接、查、研、解"四步联合接访工作法、"四位一体"企地化解等特色做法,打造出"稳定风险化解、矛盾纠纷化解、法治信访建设、突发事件应对"四个示范,形成塔里木特色名片。

(雷 明)

【民族团结】 中华民族共同体意识宣传教育。2022年，塔里木油田公司组织甲乙方干部员工学习习近平总书记在新疆考察时的重要讲话精神、中央民族工作会议、全国"两会"、党的二十大精神等，开展专题学习2530场次，8万余人次参加。各级组织开展铸牢中华民族共同体意识、爱国主义教育、弘扬中华民族优秀传统文化等主题活动，覆盖员工群众55890人次。新冠肺炎疫情期间，宣传各族员工群众齐心协力、共同防疫等图文、短视频报道300条次、抗疫先进典型700余人次。把贯彻落实关于加强和改进民族工作的重要思想与油田中心工作有机融合，完善、优化工作机制，做到方向明确、措施具体、确有实效。《塔里木油田公司关于铸牢中华民族共同体意识的实践与研究》课题研究，获塔里木油田公司2022年度思想政治工作优秀研究成果二等奖。

各族员工交往交流交融。见面走访活动。各级结亲干部创新工作方式，全年实地见面、线上走访21800户次，送去捐助金和慰问金39000余元，捐物6563件，办实事办好事723件，增进民汉感情。新冠肺炎疫情期间，用心、用力、用情解决大家的"急难愁盼"，做到电话不断、问候不断、生活物资保障不断、特殊药品不断，解决各族群众生活日用、防寒保暖、用药治病等需求。民族团结联谊活动。突出民族团结主题和内涵，组织开展各类升国旗、文艺晚会、体育运动、民汉聚餐等中华优秀传统文化、革命文化、社会主义先进文化教育活动1126场次，覆盖甲乙方各族员工2.5万余人次，促进各族干部员工在共同生产生活和工作学习中加深友谊、增进感情。困难帮扶。遵循"主动作为、真心帮扶"基本原则，准确摸清少数民族员工就业、就学、就医、家庭纠纷等困难诉求和矛盾隐患，分级分类建立管理台账，突出"导"的作用，针对性开展思想引导、困难帮扶等送温暖活动1万余人次，解决实际困难146件，最大限度争取和凝聚人心。

民族团结进步创建。总结推广经验。加大创建成果宣传，悬挂横幅91条，制作大型公交站台展板和小品17处，参与网络答题11000余人次，发放标语口罩13000个，发送短信154000条，在《新疆日报》、集团公司"油立方"等媒体投稿8篇，营造浓厚创建氛围。建立民族团结进步长效机制，被集团公司在全系统做典型推广。开展创建工作。运用、发展民族团结进步事业成功经验，结合油田中心工作，突出特色亮点，优化工作内容和形式，推动民族团结进步创建更趋系统化、规范化、体系化。实地指导15家单位开展分级分类创建，指出存在问题57项，共同研究、制定改进落实措施，提升创建实效。助推塔里木油田公司中心工作。通过系统开展创建工作，宝石花物业被命名2022年新疆维吾尔自治区民族团结进步示范单位，塔西南公司被推荐申创2022年全国民族团结进步示范单位，油气田产能建设事业部等13家单位被命名巴州2022年民族团结进步示范单位，为塔里木油田公司安全生产提供和谐基础。

【去极端化】 2022年，塔里木油田公司按照突出重点、抓住关键原则，组织开展"去极端化"条例、"新疆若干历史问题"等学习，参加5900人次，提高抵御宗教极端思想能力。通过3期90人次政策理论培训、发声亮剑等活动，筑牢全员思想防线。制定下发工作手册，加强工作重点和针对性，细化宗教活动、宗教极端主义行为和民族分裂行为等表现形式，提高各级组织和基层管理人员精准甄别能力。新冠肺炎疫情期间，各级干部强化员工思想引导和困难帮扶，防止因现实困难转化为思想问题。制定员工规范6项措施，严密防范"三股势力"渗透。

（艾尼瓦尔·亚生）

【安保防恐】 2022年，塔里木油田公司强化政治担当，以最高标准、最严要求、最周密措施，多方联动，协调公安、保安等927人次，全力保障北京冬奥会、残奥会、党的二十大等21次重大活动维稳安保万无一失。落实维稳值班制度，强化维稳值班值守，全年涉及11期特殊敏感时期，按照"六个常态化、四个到位"工作要求，落实正常值班200天、参与400人次，落实敏感时段领导双带班制度87天、参与261人次，参加新疆维吾尔自治区、巴音郭楞蒙古州维稳视频调度38次，保障重点时期值班在岗在状态。执行重点时期非常态化"三防"升级管理，油田投入维稳安保力量2856人，落实"查、询、核"工作措施，检查车辆154837车次，检查登记人员132904人次，巡逻11708次，应急演练193次；加强警企联动，联合公安开展武装拉动462次，出动车辆658车次，出动人员2380人次，形成社会面防控强大震慑态势。

【人民武装】 民兵整组。2022年，塔里木油田人民武装部按照巴州军分区预备役工作部署要求，开展塔里木油田公司人员潜力调查工作，通过摸排调研符合要求员工2933人，其中党员2023人。完成基层民兵干部花名册30名员工的信息核对、修订、录入工作。

国防教育和兵役登记。全面加强爱国教育、兵役登记备案工作。开展国防、人民防空、征兵政策等宣传教育，各单位将《中华人民共和国国防法》《中华人民共和国人民防空法》《中华人民共和国兵役法》等法律法规纳入年度学习计划，科学、有序组织开展，增强全员国防意识和爱国意识。根据库尔勒市人民武装部兵役登记有关要求，组织户籍在巴州塔里木公安局且2022年年满18周岁（2004年1月1日—12月31日出生）男性公民31人完成兵役登记，解释兵役登记法律政策31人次，完成率100%，完成2022年度兵役登记工作，为网上征兵报名打下基础。

退役军人服务。塔里木油田人民武装部与巴州退役军人事务局、油田人力资源部（党工委组织部）等部门协商沟通、详细核查，解决社会人员乔某复转后的社保补缴等工作。

【人民防空】 2022年，塔里木油田公司全面落实自治区人防办工作要求，做好库尔勒石油小区、大二线工业园区、油田前线生产区域防空警报设备日常管理，配合开展现场检查、维护、调试工作。配合新疆维吾尔自治区人民防空办公室开展"9·18"防空袭警报鸣放工作，提高塔里木油田公司员工防空意识。根据巴州住房和城乡建设局《缴纳防空地下室易地建设费通知书》的要求，协调规划计划部、财务部等部门完成防空地下室易地建设费1000万元的缴纳工作。

【安保管理体系试点建设】 2022年，塔里木油田公司推进安保管理体系试点建设，以PDCA循环法为方法论，修改完善《油气安保管理手册》《油气安保操作手册》，促进油气安保业务更趋科学、规范、合理。开展油气安保信息化建设，全面推进数字化、可视化、智慧化维稳安保进程，编制集团公司企业标准《保卫业务基础数据规范》与塔里木油田公司企业标准《维稳安保业务数据采集规范》《维稳安保业务数据模型》《维稳安保业务数据质控规则》，推进维稳安保管理规范化。加快塔西南公司安防维稳监控中心项目建设，推动数字科技与油气保卫工作融合。开展重点目标达标建设集中攻坚，国家级重点目标达标验收合格，完成精准分级与报审工作。

（魏康峰）

【宣传教育】 2022年，塔里木油田公司健全宣传教育机制，细化全年宣传教育学习措施，将社会主义核心价值观、维稳形势、民族团结、政策法规等21项学习内容纳入中心组、党支部、全员学习计划，组织各单位开展国家安全日、综治宣传月、民族团结教育月等主题活动。通过制作横幅和展板、入户宣传、发放宣传册、观看微视频等方式，宣传"平安油田"、国家安全、禁毒、防范电信诈骗等知识3935场次，参加52000余人次，从源头上杜绝和减少违法犯罪事件发生。

（周霞）

【党的二十大期间维稳信访安保防恐专项工作】 2022年7月4日，塔里木油田公司召开党的二十大维稳安保工作部署会议，会议提出"四个坚决守住"（坚决守住意识形态防线、坚决守住维稳安保防线、坚决守住民族团结防线、坚决守住信访工作防线）工作要求。下发《塔里木油田公司党的二十大维稳安保工作方案》，制定7个方面18项工作任务45项具体措施。8月15日，针对部分单位工作不实不细状况，下发《关于进一步做好党的二十大期间维稳信访安保防恐工作的通知》。塔里木油田公司下达62份责任令，明确阶段目标和责任。9月1日，在塔里木油田公司月度生产例会上，传达学习集团公司维稳信访安保工作会议精神，会议提出"三个着力"（着力做好信访工作，管住重点人员；着力加强重点目标防范，确保万无一失；着力解决群众急难愁盼问题，从源头上消除隐患）工作要求。

塔里木油田公司成立3个督导小组开展督导检查，以督导检查促工作落实，开展风险隐患排查，重点做好"四重"矛盾隐患排查，排查风险55个；完成安保风险隐患"大排查、大督查、大整改"，排查问题158项。落实风险隐患化解，风险化解措施制定100%，红色风险应急处置预案制定100%。落实领导干部接访下访，7月至党的二十大结束，接访下访92人63次，接访群众227人，解决矛盾问题3个。排查重点信访人员30人，全部实行一案一策。对重要信访事项实行领导包案，及时关注日常动态，推进动态清零。实行"三防"升级管理，重点区域人防、备勤全面到位，塔里木油田公司投入安保力量1430人，前线护厂队1248人，基地应急小分队287人，各单位物防、技防完好管用。强化偏远散场站管理，人防巡逻与技防巡查相结合，每日巡逻1—4次，每天通讯联系1次。创新开展"民族团结一家亲"活动，见面走访2793人次，办好事实事41件。塔西南公司举办社区大舞台文艺汇演，营造祥和气氛。

经过3个月不间断督导检查，塔里木油田公司各单位压实主体责任，从严落实党工委关于党的二十大各项维稳安保工作部署,完成"七个坚决不发生"硬性目标,即坚决不发生危害国家安全和社会稳定的重大政治事件,坚决不发生大规模群体性事件和非正常信访事件,坚决不发生破坏民族团结事件和非法宗教活动事件,坚决不发生重大舆情风险事件和个人极端案(事)件,坚决做到北京不去、乌鲁木齐不聚、网上不炒,坚决不发生暴力恐怖案(事)件,坚决不发生治安灾害事故和重大刑事案件。保证党的二十大期间塔里木油田公司大局和谐稳定。

(张春鹤)

油田与地方关系

综　述

【概述】 2022年，塔里木油田公司学习贯彻习近平新时代中国特色社会主义思想，认真履行央企三大责任，坚持中国石油"奉献能源、创造和谐"的企业宗旨，坚持"依靠行业主力、依托社会基础、统筹规划、共同发展"二十字方针和"一切为了大发展，一切为了老百姓"理念，实施一系列资源惠民、项目惠民、扶贫惠民举措，助力和促进地方经济社会发展，全力推进塔里木油田公司与地方关系一体化高质量融合发展。全年办理涉及11个县市的油气井、管线、电力线等临时用地项目手续350项，办理征用地2760.25万平方米；产生用地费用11068.55万元。援助地方各类资金(物资)5076.69万元。

（杨　慧　杜中科）

【塔里木油田公司公共关系工作】 2022年，塔里木油田公司坚持"有事没事常来往，大事小事常商量"原则，通过建立高层互访、定期沟通、干部交流机制，上下联动、全员参与，持续与地方政府部门开展日常走访交流活动，推动油地关系和谐稳定发展。受理地方政府来函、来电和信息反馈230余件，塔里木油田公司高层到南疆五地州走访20余次，接待地方厅、局级以上领导来访12余次，接待地方县市级领导15批次180余人，走访慰问涉油县市60余次。推动塔里木油田博孜12区块+塔河南岸+阿瓦3、阿瓦5区块生态敏感区块纳入合作开发，塔中西部公司首次实现盈利。加大共建共享力度，修建沙雅县、拜城县2条30.5千米的油地共建道路。向南疆相关涉油县市捐赠化肥4210吨，惠及130余个乡镇10余万群众。

【塔里木油田公司在各地州油气生产情况】 2022年，塔里木油田公司生产石油液体736.03万吨，其中巴州地区176.78万吨、阿克苏地区541.42万吨、和田地区12.7万吨、喀什地区5.12万吨。生产天然气323.04亿立方米，其中巴州地区17.48亿立方米、阿克苏地区293.66亿立方米、和田地区5.55亿立方米、喀什地区1.66亿立方米、克州4.68亿立方米(表1)。

表1　2022年塔里木油田公司在
南疆五地州油气产量统计表

地　区	石油液体产量（万吨）	天然气产量（亿立方米）
巴州地区	176.78	17.48
轮台县	160.25	14.98
且末县	16.06	2.23
尉犁县	0.46	0.26
阿克苏地区	541.42	293.66
库车市	99.91	38.12
沙雅县	341.50	11.62
拜城县	15.19	205.65
新和县	51.01	17.38
温宿县	33.81	20.87
和田地区	12.70	5.55
民丰县	12.41	2.31
墨玉县	0.28	3.24
喀什地区	5.12	1.66
叶城县	4.41	1.66
巴楚县	0.71	0
克州地区	0	4.68
乌恰县	0	4.68
合计	736.03	323.04

（杨　慧）

【疫情保障协调】　2022年8—12月，塔里木油田公司成立生产协调保障专班和降低新冠肺炎疫情影响工作专班，组建7个片区工作组，围绕生产现场困难问题，加强沟通协调，企地协作，克服困难，累计与新疆维吾尔自治区，以及各地州、县市沟通协调1.3万余次，向各级政府发送函件290份，最大限度把疫情影响降到最低；通过提前报备、点对点接送、承诺书、贴封条、专人押运、蚂蚁搬家、接力、资源共享、派人现场协助等方式，确保重点物资车辆人员顺利通行，协调办理A通行证50余个、车辆通行30021车次，协调甲乙方返岗复工人员通行5800余人次；推动博孜—大北区块地面骨架工程等冬季保供重点工程项目实施，减少对油气生产建设影响，确保疫情生产两手抓、两不误。组织采购15项101万件1559万元防疫物资，赠阿克苏地区、库车市、拜城县、沙雅县、库尔勒市、轮台县等地方政府部门，支援油区地方政府抗疫工作。

（杜中科）

【油地联席会商】　油地共建高层联席会议。2022年7月19日，塔里木油田公司与阿克苏地区举行高层座谈会，签订《战略合作框架协议》《"沙戈荒"新能源基地建设战略合作框架协议》，就立足阿克苏能源优势，进一步深化合作，共同推进油气勘探开发高质量高效益发展和"沙戈荒"新能源基地建设展开座谈交流，达成共识。阿克苏地委书记王刚，塔里木油田公司执行董事、党工委书记沈复孝，阿克苏地委副书记、行署专员迪里夏提·沙依木，塔里木油田公司总经理、党工委副书记王清华出席会议。王刚对塔里木油田公司长期以来对阿克苏在改革发展稳定、促进经济社会各项事业加快发展上作出的贡献表示感谢。希望双方围绕社会稳定和长治久安总目标，立足新起点，发挥油地共建优良传统，进一步密切油地关系，加快油气勘探开发和新能源项目早日落地建设、投产达效，让资源开发利用更好地惠及当地。阿克苏各级党委政府也将站在支持油田发展就是支持地区自身发展的高度，树立"助油营商"发展理念，推进与油田的战略合作，从矿权保护、土地征用、水土保持等方面，为重点项目投资落地生根创造条件，保障重大项目顺利进行。沈复孝对阿克苏地委行署长期以来对塔里木油田公司支持和帮助表示感谢，希望阿克苏地区各级党委政府一如既往地支持油田发展，双方多沟通、多交流，建立更加密切的定期沟通机制、干部交流挂职机制、成果共享机制，构建面向未来、战略合作、共建共享、互利共赢油地发展共同体，形成油地团结互助、齐头并进发展局面。会上，迪里夏提·沙依木、王清华作代表双方签订《战略合作框架协议》《"沙戈荒"新能源基地建设战略合作框架协议》。

塔里木油田公司领导与地方领导座谈。2022年1月4日，塔里木油田公司执行董事、党工委书记杨学文，总经理、党工委副书记沈复孝拜访巴州党委书记任广鹏，州党委副书记、州长巴图等党政主要领导，就强化油地共建、推动双方高质量发展开展座谈交流。任广鹏代表巴州党委、人民政府对塔里木油田公司2021年油气事业发展取得的成绩表示祝贺。希望双方在节能降耗、油气勘探、天然气保障等方面开展全方位、多层次的合作，将更多的油气资源优势转化为经济优势，不断推进油地融合发展。巴州党委、人民政府将进一步加大对油田发展的支持，协调解决企业在发展中遇到的困难和问题，特别是职工子女入园就学、生活物资保障等方面难题。杨学文感谢巴州党委、人民政府对塔里木油田公司的支持和帮助。希望巴州党委、人民政府一如既往地关心支持塔里木油田公司，共同促进地方经济社会发展和民生改善，为保障国家能源安全、实现新疆社会稳定和长治久安总目标作出新贡献。

2022年1月18—20日，塔里木油田公司总经理、党工委副书记沈复孝到克孜勒苏柯尔克孜自治州、和田地区、喀什地区拜访党政主要领导，分别与新疆维吾尔自治区政协副主席、克孜勒苏柯尔克孜自治州党委副书记、州长迪力夏提·柯德尔汗，克孜勒苏柯尔克孜自治州委常委、常务副州长王新刚，和田地委书记刘琛，地委委员、行署常务副专员李辉，喀什地委委员、行署常务副专员乔向华座谈，通报工作情况，就下一步深化合作、加强油地共建展开交流。沈复孝感谢各地州党委、政府和各族人民群众对油田发展的关心支持，表示塔里木油田公司全面落实新疆维吾尔自治区党委和各地州党委部署要求，加快油气资源勘探开发和天然气综合利用项目，做好天然气保供，为当地经济社会发展作出贡献。各地州领导感谢塔里木油田公司对当地经济社会发展、维护稳定和脱贫攻坚等作出的突出贡献，表示将一如既往地支持塔里木油田公司在当地的油气勘探开发等各项工作。希望塔里木油田公司持续加大勘探力度，扩大供气规模，进一步深化油地合作，让油田发展的成果更多地惠及当地百姓。

2022年6月18日，塔里木油田公司执行董事、党工委书记杨学文，塔里木油田公司总经理、党工委副书记沈复孝到阿克苏，与阿克苏地委书记王刚座谈交流，双方围绕产业发展、新能源布局、油地共建共赢、造福各族群众等方面开展交流。王刚对塔里木油田公司为阿克苏地区经济社会发展作出的贡献表示感谢。希望塔里木油田公司继续加大支持力度，在产业发展、新能源业务、科学技术等方面下力气，实现绿色低碳高质量发展，助力当地经济社会繁荣进步。阿克苏地委、行署将一如既往地支持油田勘探开发，推动双方进一步凝聚共识、巩固成果、拓展领域、携手共进，开启油地融合发展新局面，共同为建设新时代中国特色社会主义新疆作出新贡献。杨学文通报油田近期生产经营情况，感谢阿克苏地委、行署和各族人民给予塔里木油田公司发展的支持和帮助，对阿克苏地区经济社会发展取得成果表示祝贺。表示塔里木油田公司将贯彻落实新时代党的治疆方略，继续加大油气勘探开发力度，履行央企责任，做好天然气供应、生态环境保护等各项工作，更好地将油田发展成果惠及资源地群众。希望双方发挥各自优势，加强沟通协作，拓展合作空间，共同做好合资合作等各项工作，实现双方共同发展，谱写新时代高质量发展新篇章。沈复孝对阿克苏地委、行署对油田发展的支持帮助表示感谢。指出塔里木油田公司油气勘探开发集中在阿克苏地区，今后将认真贯彻党中央和自治区党委、集团公司党组部署安排，落实阿克苏各级党委政府工作要求，做好油气勘探开发、新能源业务发展等工作，更好地将发展成果惠及当地。希望阿克苏地区各级党委政府一如既往地关心、支持油田发展，推动各项工作走深走实，共同为保障国家能源安全、为新疆经济社会发展作出新的更大贡献。座谈交流期间，杨学文、沈复孝到阿克苏石油小区现场调研，实地了解公寓布局设施，对在为民服务、环境绿化等方面所做的工作给予充分肯定，要求进一步完善小区基础设施和民生建设，不断提升保障能力和服务水平，让员工家属住得踏实、出行放心、感觉幸福。

2022年7月7日，塔里木油田公司执行董事、党工委书记沈复孝与巴州党委书记任广鹏座谈，专题交流新能源业务发展。双方围绕油田在巴州区域的新能源业务布局交换意见，提出建设性思路，达成发展共识。任广鹏强调，油地双方要提高政治站位、强化使命担当，坚持思想同心、目标同向、行动同力，在新能源业务发展上开启油地合作的新篇章。双方应发挥各自优势、加强深度合作，巴州将塔里木油田公司新能源发展规划纳入巴州地区新能源规划，在保障性并网指标、土地资源利用等方面给予塔里木油田优先倾斜，在协调上库工业园区高载能项目绿电供应上积极支持，在抽水蓄能项目、光热等多能互补路径上加强合作，在巴州且末、尉犁等已合作区域持续扩大装机规模上全面保证，为塔里木油田公司在巴州区域发展新能源业务创造最有利的发展环境。沈复孝感谢巴州党委、人民政府对塔里木油田公司各项事业支持。表示塔里木油田公司将围绕2025年碳达峰2040年碳中和目标，做新能源业务发展的先行者，不断提高新能源产能占比，确保2025年新能源开发利用超300万吨油当量，努力打造"沙戈荒"新能源基地。希望巴州党委政府像支持油气事业一样支持新能源业务，在光伏发电、抽水蓄能、风力发电等新能源项目上给予支持，双方联合，加速布局新能源项目，推动塔里木油田公司在巴州地区新能源业务规模化、产业化、集群化发展，共同打造我国重要的新能源生产基地。

2022年8月3日，新疆维吾尔自治区党委常委、自治区副主席玉苏甫江·麦麦提在巴州组织召开座谈会，就深入学习贯彻习近平总书记在新疆考察时重要讲话精神，落实好石油石化企业座谈会工作要求，加快新疆油气产业高质量发展进行专题调研，听取塔里木油田公司工作汇报，协调解决存在的困难和问题。巴州党委副书记、政府党组书记、州长巴图参加调研，塔里木油田公司总经理、党工委副书记王清华作油田工作汇报。在听取油田工作汇报会后，玉苏甫江·麦麦提肯定塔里木油田公司今年取得的成绩，希望塔里木油田公司深入学习贯彻习近平总书记在新疆考察时的重要讲话精神，继续扩大有效投资，大力提升勘探开发力度，持续加强科技创新，抓实抓牢安全生产，夯实资源保供基地，筑牢油气稳产的压舱石，为推动新疆经济高质量发展、保障国家能源安全作出贡献。同时，要求相关厅局紧盯重点任务和关键环节，解放思想、通力协作，采取扁平化工作机制和协同推进模式，快速高效办理项目手续，真正打通项目落地的束缚因素。王清华表示塔里木油田公司将深入贯彻习近平总书记重要讲话重要指示批示精神，落实自治区党委决策部署和本次会议要求，提升勘探开发力度，完成全年目标任务，为新疆经济实现"全年稳""全年红"作出更大贡献。

2022年12月8日，塔里木油田公司执行董事、党工委书记沈复孝与巴州党委书记任广鹏到塔里木油田公司尉犁10万千瓦光伏发电项目施工现场，看望慰问一线的全体干部员工，现场听取光伏发电项目建设进展介绍，对下一步项目顺利建成、具备并网发电条件等提出具体要求。任广鹏在了解施工进展、查看现场组织后，对尉犁10万千瓦光伏发电项目的施工组织给予肯定。希望塔里木油田公司继续抓好后续施工组织，高质量按期建成，尽早实现并网发电，率先做出重点项目表率，为巴州重点项目复工复产树立"标杆"。沈复孝感谢巴州各级党委政府，长期以来对油田各项事业，特别是2022年以来对新能源业务发展的支持，在油田以竞配方式获取中国石油首个保障性并网指标后，积极服务支持油田尉犁项目落地实施。希望巴州党委政府支持油田新能源事业，全面落实新能源基地建设框架合作协议，企地双方共同推动库尔勒高新区光伏发电项目、若羌县风电光伏融合项目、乙烯二期新能源配套项目等不断取得进展。表示，塔里木油田公司将继续争取绿电并网指标，继续抓好项目施工组织，不断扩大新能源发展场面，为当地经济社会发展作出新的更大的贡献。

2022年12月16日，塔里木油田公司执行董事、党工委书记沈复孝与巴州党委副书记，政府党组书记、州长巴图座谈，就强化油地合作、共同推进油地发展共赢交流。巴州党委常委，政府党组副书记、常务副州长谢少迪参加座谈会。沈复孝代表塔里木油田公司甲乙各方广大干部员工感谢巴州党委、政府，特别是在新冠肺炎疫情期间对塔里木油田公司的关心关爱，介绍油田生产经营情况，对进一步强化双方沟通协作，共同推进油地共建共赢寄予厚望。表示塔里木油田公司将进一步强化与巴州党委政府的沟通交流，共同推进油地建设深入融合发展，让油田发展成果更好地惠及当地民众，为地方经济社会发展作出新贡献。巴图对塔里木油田公司克服疫情影响，在油气生产、新能源业务、安全稳定、天然气保供等方面取得成就表示祝贺，介绍巴州经济社会发展情况，对加强油地共建共赢充满期待。希望油地双方"一家人不说两句话"，进一步加强沟通交流协作，持续推进资源勘探开发，让资源优势转化为经济社会发展优势，为新疆社会稳定和长治久安作出新的巨大贡献。

2022年12月29日，塔里木油田公司执行董事、党工委书记沈复孝与喀什地委书记聂壮座谈，介绍双方发展情况，共商油地共建事宜，签订《战略合作框架协议》《沙戈荒新能源基地建设战略合作框架协议》，举行教育基金捐赠仪式。喀什地委委员、行署常务副专员乔向华，塔里木油田公司党工委常委、副总经理刘强出席座谈会。沈复孝感谢喀什地委、行署长期以来对塔里木油田公司的关心、支持和帮助，祝贺喀什各项工作取得新成效、新气象、新业绩，对持续加强油地共建，共同推进喀什地区经济社会发展寄予厚望。希望喀什地委、行署一如既往地支持油田发展，给予油田更多支持和帮助。塔里木油田公司将进一步加强与喀什地委、行署的沟通交流，履行央企"三大责任"，组织好昆探1井测试，加快寻找战略接替区；组织好甫沙9井钻井生产组织，扩大侏罗系勘探成果；运行好塔西南天然气综合利用工程；

加快喀什110万千瓦光伏项目建设;组织柯克亚储气库建设,提升开发效益,增加利民工程保供能力,让油田发展成果造福南疆各族群众。聂壮感谢塔里木油田公司长期对喀什地区经济社会作出的贡献。希望双方持续加强油地深度融合,建立良好沟通交流机制,推进油地关系持续向好。要完整准确贯彻新时代党的治疆方略,共同维护好社会稳定和长治久安总目标。要充分发挥央企职责使命,加快油气勘探开发,帮助谋划喀什地区油气产业布局,加大项目投资力度,加快形成油气产业链。做好南疆天然气利民工程,加大绿电项目建设,加大基础建设,共同把油气事业推向前进,助力地方经济发展。喀什地区各级党委、政府将全力支持塔里木油田公司在喀什的发展,让油田在喀什发展得更好,为国家油气事业作出更大贡献,更好地带动地方经济社会全面发展进步,更好地造福喀什各族人民。

地方领导到塔里木油田公司座谈。2022年1月5日,新疆维吾尔自治区党委书记马兴瑞到塔里木油田公司,听取油气资源勘探开发、科研技术攻关、促进工业强市工业强州建设情况汇报。指出要立足新疆能源资源优势,向资源开发和精深加工要发展,推动工业强基增效和转型升级,促进工业强市、工业强州。要实施更加开放的人才政策,识才爱才敬才用才,聚天下英才而用之。

2022年1月28日,塔里木油田公司总经理、党工委副书记沈复孝与前来慰问的巴州党委副书记、州长巴图座谈,就深化油地合作、推动双方高质量发展开展座谈交流。沈复孝感谢巴州党委、政府长期以来对塔里木油田公司发展支持和帮助,祝贺巴州2021年在经济发展、和谐稳定、疫情防控等方面取得的成绩。希望双方相互支持、形成合力,共同加快乙烷二期、南疆利民二期、塔中光伏发电重点项目建设,为保障国家能源安全、新疆经济社会发展作出新贡献。巴图感谢塔里木油田公司为巴州经济社会发展作出的贡献,表示巴州党委、人民政府将一如既往地支持油田发展,营造良好发展环境。希望双方进一步完善沟通联系机制,在节能降耗、油气勘探开发、石油装备制造服务等方面深化合作,将更多油气资源优势转化为经济优势,不断开创油地深度融合、共同发展的新局面。

2022年2月4日,喀什地委委员、行署常务副专员乔向华到塔西南公司南疆利民油气运行中心,就提升能源安全保障能力,促进区域高质量发展进行调研。听取南疆利民油气运行中心2021年重点工作汇报,指出要深入贯彻落实自治区党委书记马兴瑞在喀什调研时的指示精神,围绕紧贴民生推动高质量发展,更好保障天然气安全供给、清洁供给、稳定供给,助力地方壮大特色优势产业,带动区域经济发展,为加快构建具有新疆特色、惠及各族群众、支撑高质量发展的现代产业体系提供支撑。强调要加大油气资源勘探开发力度,力争再发现一批新的大中型油气田,为喀什地区经济社会高质量发展提供能源保障。要提升天然气管输能力和供应保障水平,加快天然气管道互联互通重大工程和储气库建设,优化管输效率,加强区域间、气源间互供互保,有效提升南疆利民管网输送能力和调气能力,保障南疆天然气安全平稳供应。乔向华一行还参观了南疆利民工程展馆。

2022年2月21日,新疆维吾尔自治区党委常委、政府副主席玉苏甫江·麦麦提到塔里木油田公司调研,就深入贯彻落实习近平总书记关于新疆工作的重要讲话重要指示精神、推进塔里木盆地油气业务加快发展进行调研。玉苏甫江·麦麦提先后到油田展览馆、油气运销部油气储运集中调控中心调研,听取油田勘探开发、科技攻关、安全绿色发展、和谐油田建设及天然气保供等情况介绍,并视频连线西气东输轮南集气站。指出塔里木油田公司党工委实施油气资源勘探开发,深化油地共建共享,为保障国家能源安全、助力当地经济社会发展和城市建设作出贡献。强调地方党委政府将一如既往地做好服务保障工作,和塔里木油田公司共同努力,发现和开发更多油气资源。塔里木油田公司执行董事、党工委书记杨学文表示,塔里木油田公司将贯彻落实习近平总书记重要指示批示精神,聚焦新疆工作总目标,把油气田管理好、开发好,推进世界一流现代化大油气田建设。

2022年3月1日,塔里木油田公司执行董事、党工委书记杨学文与来访的轮台县委书记、轮台工业园区党工委第一书记刘国强座谈。杨学文感谢轮台县委、县政府长期以来对塔里木油田公司发展提供的支持和帮助。表示塔里木油田公司将贯彻习近平总书记以人民为中心的发展思想,完整准确全面贯彻新时代党的治疆方略,把油田发展与资源地可持续发展结合起来,加大勘探开发力度,深化与当地油服企业的合作,使油田发展成果更好惠及地方各族群众,双方共同努力,为保障国家能源安全、助力新时代中国特色社会主义新疆建设作出新的更大贡献。刘国强感谢塔里木油田公司对轮台县经济社会发展的支持,表示轮台县将一如既往地支持油田勘探开发,希望双方加强沟通交流,进一步深化合作,将更多的油气资源优势转化为经济优势,共同推动当地经济发展、民生改善和社会和谐稳定,为实现新疆社会稳定和长治久安总目标奠定坚实基础。

2022年3月2日,塔里木油田公司执行董事、党工委书记杨学文与到访的阿克苏地区行署副专员张书文座谈,就深化油地合作等事宜进行交流。杨学文感谢阿克苏地委、行署及各族人民群众对塔里木油气事业的支持,祝贺阿克苏地区在经济社会发展、民生改善上取得的成绩。表示塔里木油田公司将围绕率先建成世界一流现代化大油气田发展目标,加大勘探开发力度,加快增储上产,履行央企责任,让油田发展成果更好地惠及地方各族人民群众,为保障国家能源安全、建设新时代中国特色社会主义新疆作出新的更大贡献。希望双方共同承担起"能源的饭碗必须端在自己手里"的责任和担当,深化合资合作,加强新能源业务开发和围绕油气业务的第三产业发展,促进融合发展不断走深走实。张书文对塔里木油田公司为阿克苏地方经济社会发展作出的贡献表示感谢,表示阿克苏地区将按照"油地共建、发展共谋、成果共享、人才共用"的新时代新型油地关系要求,以服务支持为重点,加强依法合规管理,全力支持塔里木油田公司和相关投资主体在阿克苏地区的油气勘探开发。

2022年3月26日,塔里木油田公司执行董事、党工委书记杨学文与喀什地委委员、行政公署常务副专员乔向华座谈,就油气勘探开发、天然气综合利用、新能源业务发展、油地共建共赢开展深入交流。杨学文祝贺喀什地区近年来各项事业取得的巨大进步,对喀什地委长期对塔里木油田的帮助支持表示感谢。表示塔里木油田公司将贯彻总书记关于大力提升勘探开发力度的重要指示批示精神,进一步加大博孜—大北和昆仑山前的勘探开发力度,推进天然气综合利用、光伏发电新能源业务,持续推进乡村振兴,让油田发展成果惠及资源地各族民众,为新疆社会稳定和长治久安作出新贡献。乔向华介绍喀什地区经济社会发展及民生改善情况,感谢塔里木油田公司对喀什地区经济社会发展作出的贡献,表示喀什地委、行署将一如既往地支持油田加快发展,双方要持续强化交流合作,共同推进勘探开发、天然气综合利用、新能源业务加快发展,加快资源优势向经济优势转化进程,实现互惠共赢,让发展成果惠及当地民众。

2022年3月28日,塔里木油田公司执行董事、党工委书记杨学文与和田地委副书记、行署副专员马合木提·吾买尔江座谈,就油气勘探开发、天然气综合利用、油地共建展开交流。杨学文对和田地区经济社会发展取得的变化表示祝贺,对和田地委、行署长期对塔里木油田公司的支持表示感谢,表示塔里木油田公司将持续落实好习近平总书记重要讲话和重要指示批示精神,推进勘探开发纵深发展,统筹推进乡村振兴工作,在保障国家能源安全的同时,让油田发展成果更加广泛惠及资源地各族人民,为新疆社会稳定和长治久安作出新贡献。马合木提·吾买尔江对塔里木油田公司为和田地区经济社会发展、民生改善作出的贡献表示感谢。表示和田地委、行署将一如既往支持塔里木油田公司勘探开发工作,持续加强油地共建、合作交流,加快和田地区资源优势向经济优势转化,让和田各族人民共享发展成果。

2022年3月29日,新疆维吾尔自治区人大常委会执法检查组到塔里木油田公司检查指导工作,参观塔里木油田公司科技研发中心和展览馆。自治区人大常委会委员、社会建设委员会副主任委员阿依夏木·玉努斯,自治区应急管理厅党委委员、副厅长买买提·阿不都热依木参加检查,巴州人大常委会主任图格杰加甫,塔里木油田公司执行董事、党工委书记杨学文,塔里木油田公司党工委副书记、工会主席田军陪同检查。检查组赞扬塔里木油田油气业务发展取得的成绩和对新疆经济社会稳定、保障国家能源安全所作的贡献,肯定塔里木油田公司"一法一条例"实施、生产主体责任落实、重点领域安全生产事故预防等工作开展情况。希望塔里木油田公司贯彻落实党的十九大和十九届历次全会精神,贯彻落实习近平法治思想,坚持人民至上、生命至上,树牢安全发展理念,落实安全生产责任制,推进安全生产治理体系和治理能力现代化,建设新时代中国特色社会主义新疆。杨学文表示,塔里木油田公司将认真学习贯彻习近平总书记系列重要讲话精神和重要指示批示精神,认真落实自治区党委决策部署,完整准确贯彻新时代党的治疆方略,牢固树立安全环保政治意识,高质量发展油气主营业务,高站位履行央企责任,高标准抓好安全环保,提升勘探开发力度,深化油地合资合作,全面推进绿色低碳发展,推进健康企业建设，为党的二十大胜利召开营造良好环境。

2022年5月22日，巴州人大常委会党组副书记、主任图格杰加甫一行到塔里木油田公司考察调研，并参观塔里木石油展览馆和保利·石油花园。塔里木油田公司副总经理何新兴陪同调研。图格杰加甫希望双方加强沟通联系，不断开创油地深度融合、共同发展的新局面。何新兴表示，塔里木油田公司大打勘探开发进攻战，加快推进新能源业务发展，坚决扛起能源安全保供责任，持续深化共建共享，履行央企责任，让塔里木油田公司发展成果更好地惠及地方各族人民群众，在助力巴州地方经济社会发展和改善民生方面贡献塔里木力量。双方希望相互支持，深化合作，实现共赢。

2022年6月27日，新疆维吾尔自治区党委常委、自治区副主席玉苏甫江·麦麦提来塔里木油田公司调研，了解上半年塔里木油田公司生产经营情况及勘探开发、科技攻关、油地共建等有关工作。对塔里木油田公司近年来取得的显著成果给予肯定，强调要立足新疆能源资源优势，进一步加大油气勘探开发力度，推动绿色低碳转型，加强科技攻关，为新疆经济社会发展再立新功。塔里木油田公司执行董事、党工委书记沈复孝表示，塔里木油田公司将认真贯彻新时代党的治疆方略，做好油气勘探开发、新能源业务发展等工作，加快推动高水平科技自立自强，加强油地共建，加快增储上产，实现绿色低碳高质量发展，为新疆经济社会发展作出新的更大贡献。

【油地合作项目】 2022年，塔里木油田公司成立阿克苏指挥部，联同塔西南、巴州两个基地，形成三点联动、协调推进企地融合发展的局面。塔里木油田公司分别与巴州、阿克苏地区、大唐公司等地方政企签订《战略联盟合作协议》，油地合作步入良性互动轨道。加大合资合作力度，塔里木能源公司合作成果持续扩大，塔中西部公司实现盈利，博孜12区块+塔河南岸+阿瓦3区块生态敏感区块纳入合作开发，实现油地双方优势互补、共赢发展。围绕打造企地融合示范基地，推动建立新型油地关系。推进产业融合，对接《新疆能源发展"十四五"规划》，融入新疆"三基地一通道"建设，在与地方政府签订《油地融合发展框架协议》《"沙戈荒"新能源基地建设战略合作框架协议》的基础上，加快油气勘探开发、新能源业务发展，推进工业强基增效和转型升级。推进项目融合，支持地方招商引资，支持更多项目落地南疆，支持地方企业参加油田项目建设。推进人才融合，深化油地双向选派挂职机制，持续选派塔里木油田公司干部到涉油县市挂职交流，推动地方干部到塔里木油田公司挂职交流，支持地方在石油天然气技术服务方面的人才培养和劳动力就业。

（李伊念）

油气合资合作事业部合作项目。油气合资合作事业部是塔里木油田公司油气合作业务管理和实施机构，按照石油合同对合作项目监督和管理，是塔里木油田公司油气合资业务出资人及股东代表，按照法人公司治理结构、法定程序执行职权。2022年，油气合资合作事业部履行塔里木油田公司对外合作项目的归口管理职能，管理迪那1、吐孜洛克、喀什北3个对外合作项目；同时承担合资公司（塔中西部公司）生产经营工作。截至2022年底，对外合作迪那1、吐孜洛克、喀什北项目利润完成51915万元；合资公司原油产能提升135吨/日、天然气产能提升18万米^3/日，净利润指标-14122万元，实际盈利1245万元。

（何 羽 张娇杨）

塔里木能源公司合作项目。新疆巴州塔里木能源有限责任公司（简称塔里木能源公司），由中国石油天然气股份有限公司与巴州国融投资有限公司共同出资，主要负责塔里木油田凝析气轻烃深度回收装置及乙烷回收装置运营工作。2022年，完成投资2.1亿元。处理天然气100.7亿立方米，生产液体122.4万吨。

（王学平）

【气化南疆】 2022年，塔里木油田公司把冬季保供作为重大政治任务和民生工程，坚持推进"气化南疆"，加快推进博孜1集气站扩建天然气脱水站工程、富满油田试采地面工程等5项天然气保供重点工程。全年累计向南疆天然气利民管网输气51.6亿立方米，保障南疆民生用气需求。

（杜中科）

油地共建

【支援地方建设】 2022年，塔里木油田公司始终将企业发展融入党和国家发展大局，在高质量发展中统筹考虑"国计"和"民生"，坚持"依靠行业主力、依托社会基础、统筹规划、共同发展"的二十字方针，履行央企政治、经济、社会三大责任，投入地方基础设施建设，创建和谐典范，彰显责任担当。坚持将企业发展与业务所在地可持续发展结合起来，关注民生和社会进步，与当地分享发展机遇和资源价值，参与地方社会建设，促进经济和民生社会和谐发展，扛起央企责任担当，全面落实乡村振兴战略。全年对外捐赠5076.69万元。

【对口帮扶】 2022年，塔里木油田公司聚焦社会稳定和长治久安总目标，以创建企地融合示范基地为抓手，履行央企三大责任，做好乡村振兴、公益事业及救灾抗疫等工作，将塔里木油田公司发展成果更多惠及资源地各族群众，为新疆经济社会发展和民生改善贡献石油力量。2022年，塔里木油田公司承担着1个县（集团公司委托定点帮扶县尼勒克县）、12个定点帮扶村（阿克苏库车市和喀什泽普县4个"访惠聚"村、喀什地区叶城县和莎车县8个第一书记村）、7个包联示范村（乌鲁木齐市达坂城区达坂城镇和东沟乡7个村），共20个帮扶点的帮扶工作任务。

【对外捐赠】 2022年，塔里木油田公司计划对外捐赠5200万元，实际对外捐赠5076.69万元，其中乡村振兴890万元，抗疫救灾500万元，化肥捐赠1097.04万元，社会公益2589.65万元。

【抗疫救灾】 2022年，塔里木油田公司执行董事会专题研究审定《2022年塔里木油田公司对外捐赠暨帮扶工作计划》，其中预留130万元资金用于南疆五地州应急救灾、医疗卫生、新冠肺炎疫情防控等突发性重大自然灾害和重大公共事件。8月，新疆维吾尔自治区爆发新一轮疫情，塔里木油田公司第一时间召开疫情防控工作协调会，再次调整对外捐赠计划，并追加疫情防控捐赠资金。在疫情防控最紧急、最关键的时刻，塔里木油田公司第一时间伸出援助之手，向库车市援助500万元防疫物资（由油田属地辖区二级单位援助）。10月，随着库车市新一轮疫情传播速度加快，塔里木油田公司从乌鲁木齐市和库尔勒市，将4车防疫用床、被褥、防护服等物资运送到阿克苏地区库车市疫情防疫指挥部。又在不到三天时间将剩余3车防疫物资发往库车市，解决当地防疫物资短缺的情况。塔里木油田公司对外援助谋实策、出实招、重实效。分别从乌鲁木齐市和库尔勒市调拨2.5万件防护服、76万片口罩等医疗物资和5000套"爱心床"、5000套被褥、5000套枕头等生活物资。地方政府支持塔里木油田公司原油拉运、管道巡护、应急处置等工作，累计为塔里木油田公司办理车辆通行3万多车次，帮助员工返岗复工5800多人次，复工102井次，避免等停70井次，保障10项冬季保供重点工程建设。

【社会公益】 2022年，塔里木油田公司坚持民生优先，将捐赠资金向教育医疗、公益救济和公共福利等民生领域倾斜，实施教育捐赠1178.6万元，其他公益捐赠1656.36万元，解决当地群众上学难看病难等问题，改善当地群众生活质量和水平。坚持"三个面向"优良传统，将捐赠资金向基层采油气管理区一线下放，调动基层参与油地协调工作的积极性，提升基层单位的独立业务工作能力。

（邱永志）

【"访惠聚"驻村工作】 2022年，塔里木油田公司落实新疆维吾尔自治区党委各项工作部署，履行中央驻疆企业政治责任、经济责任、社会责任，聚焦自治区"3+1"重点工作和"访惠聚"驻村7项重点任务，建强基层党组织，推进强村富民，提升治理水平，为民办事服务，巩固拓展脱贫攻坚成果同乡村振兴有效衔接，探索乡村振兴石油模式。强化顶层设计，起草《一村一帮扶方案》《助力乡村振兴情况调研报告》，编制《塔里木油田助力乡村振兴实施意见》，提出"12345"工作规划。坚持高标准严要求组建队伍，年龄结构上老中青搭配，业务构成上特长互补。持续提供后盾保障，就近安排所属塔西南公司、油气运销部作为支撑管理点，拨付资金550万元实施14个帮扶和支援项目。抓好学习宣传教育，全年组织学习宣传党的二十大精神专题学习104场次13545人次，宣传习近平总书记视察新疆重要讲话重要指示精神155场次27928人次。推进强村富民，开展各类实用技能培训177场次5726人次，培育新型经营主体、创业致富带头人48名，转移就业3016人，发展特色种植、庭院经济、林果示范园305个。践行群众路线，全年走访群众24158户次，举办各类民族团结活动151场次，解决群众困难诉求1771个，帮助特殊群体解决困难诉求514个，增强为民服务功能规范村阵地24个。

2022年，塔里木油田公司3个对口帮扶村成为新疆维吾尔自治区乡村振兴示范点，2个驻村工作队、14名个人分别获新疆维吾尔自治区"访惠聚"驻村工作先进集体、先进个人等荣誉。收到地方政府感谢信10封、锦旗5面。

资金帮扶。发挥710万元帮扶项目资金作用，推进农田建设标准化、林果种植特色化、畜禽养殖专业化、设施农业特色化，"一村一品一特色""种植、养殖、加工"产业模式初步形成。泽普县古勒巴勒乡尤库日喀拉尤勒滚村工作队推进循环经济体系发展，围绕一产打造1个种养循环，二产建设生物质燃料、特色农产品、油田堵漏剂、生物菌肥、榨油等5个加工厂，三产完善农产品销售、装饰装潢、农业产业发展、生态旅游等4个产业服务，实现全年村集体经济增长30万元。

技能扶贫。利用塔里木油田公司帮扶资金80万元作为技能培训专项资金，根据脱贫劳动力就业创业需求，针对性开展就业技能和创业培训，确保每个有培训意愿的脱贫劳动力，均能参加1次以上免费职业培训，提高农村劳动力就业创业能力。同时通过推行土地托管、牲畜托养、老幼托护、临近务工4项措施置换出劳动力800余人，解决农闲时零散就业渠道。2022年，尼勒克县和12个定点帮扶组织开展各类培训123次，培训1.3万余人次。

农资捐赠。结合"我为群众办实事"活动，开展化肥支农和暖心助农行动，解决农民群众农资短缺问题。2022年，塔里木油田公司向南疆各地捐赠化肥4210吨，助推当地农业稳产增收、特色产业发展及乡村振兴，减轻贫困群众在农业生产方面支出，调动大家种植积极性。

【"访惠聚"驻村工作队成员】

阿克苏地区库车市牙哈镇阿克布亚村
总领队、队长：魏林军；
副队长：常仁峰 李战春
队员：阿迪里·达吾提、杜福祥、伊利、姜宏伟。

阿克苏地区库车市牙哈镇星光村（原喀让古三村）
队长：李涛；
副队长：王鹏升、裴志松；
队员：麦麦江·胡吉、薛庆康、戴杰名、木合塔尔·吐尔红。

喀什地区泽普县古勒巴格乡吐格曼贝希村
队长：刘长华；
队员：赵宏韬、马依尔·买买提、买买提艾则孜·买买提、阿尔帕提·阿力木江、刘洋。

喀什地区泽普县古勒巴格乡尤库日喀拉尤勒滚村
队长：隋卫阳；
副队长：陈飞跃；
队员：艾山江·塔瓦库、张海生、帕哈尔定·太来提、欧阳君、守克尔·阿布都热依木。

【库车市牙哈镇阿克布亚村驻村惠民工作】 2022年，塔里木油田公司贯彻习近平总书记关于驻村工作有关批示指示精神，落实新时代党的治疆方略，围绕驻村工作4项重点任务，在实践中带强班子队伍，助力乡村振兴，提升法治水平。建立合作社模式，通过"农户+合作社"模式以点带面滚动发展致富，抓好小麦、玉米等支柱农业发展，新建滴灌设施农业200亩，协调捐赠废旧油管500余根，帮助修理水渠1500米，修建水渠护台6千米，帮助143户村民完成葡萄种植及上架工作，向村里6个小队297户援助春播化肥40吨，为村民捐赠衣物5000余件、新书桌板凳80套、板房2间、梧桐树80颗，全年入户访实情1567人次，化解村民矛盾纠纷和生产生活困难124件。

【库车市牙哈镇星光村驻村惠民工作】 2022年，塔里木油田公司学习党的二十大精神、新时代党的治疆方略和中央第三次新疆工作座谈会精神，落实塔里木油田公司各项部署要求，发挥协调、指导、督促、帮扶四项主要职能，建强基层党组织、推进强村富民、提升村级治理水平、为民服务大办实事好事。成立库车牙哈星途合作社，形成"党支部+合作社+农户+种植养殖产业"发展模式，全年农产品销售收入120万元，提供扶贫资金40万元，实施生态土鸡散养扶贫项目，捐赠优质化肥40吨、废弃油管2540根，组织村民集体劳动9次，清理村中巷道水渠杂草垃圾15吨，对公共面积10800平方米进行硬化，为群众解决看病就医、牲畜饲养、外出务工、合同债务等方面问题118项。

【泽普县古勒巴格乡吐格曼贝希村驻村惠民工作】 2022年，塔里木油田公司贯彻新时代党的治疆方略，落实新疆维吾尔自治区党委关于"访惠聚"重点工作任务部署，促进乡村稳定、发展、振兴和文化建设。严格分户包联、对接帮扶，坚持每月定期走访和随时入户，及时准确了解掌握脱贫户生产、生活、就业、就医等情况，对20户最低收入户，利用塔里木油田公司帮扶资金25万元购买生产母牛，实现每户增收4000元；使用塔里木油田公司帮扶资金15万元实施乡村振兴之村容村貌美化项目，捐赠化肥538袋、大米90袋、清油90桶、床上用品20套。通过常态化走访和4轮全覆盖入户，收集并解决房屋维修、就业、因病因学、欠薪等群众困难诉求351条，化解矛盾纠纷6起。

【泽普县古勒巴格乡尤库日喀拉尤勒滚村驻村惠民工作】 2022年，塔里木油田公司围绕建强基层组织、推进强村富民、提升乡村治理水平及为民办实事

4项重点任务，优化工作方式，提升工作效率和执行力，采取一对一帮扶村干部，多措并举开创美丽乡村新征程。成立瑞疆养殖农民专业合作社，引导创建7小组畜牧养殖小区，养殖户年均增收2万元以上，构建"企业+合作社+农户"模式，成立石榴籽蔬菜专业合作社，聘请农业技术专家，引进辣椒、向日葵、油用牡丹特色种植产业，建立"每日坚果"品牌，年营业额超25万元。全年累计解决生产、生活等7类450件困难，组织看望、慰问村干部、"四老"人员30余人次，发放蔬菜600千克、清油400千克、面粉200千克。

【塔里木油田公司派驻帮扶村第一书记成员】

喀什地区莎车县乌达力克乡

巴格买里村：王开国；

英霍伊拉村：叶强；

阔什阿瓦提村：席小龙；

英买里村：张国臣。

喀什地区叶城县柯克亚乡

塔尔阿格孜村：彭建国；

果萨斯村：阿里木江·卡德尔；

喀拉尤勒滚村：王伟；

阿其克拜勒都尔村：陈龙。

【派驻帮扶村第一书记工作】 2022年，塔里木油田公司落实新疆维吾尔自治区党委各项工作部署，履行中央驻疆企业政治责任、经济责任、社会责任，持续向喀什地区8个帮扶村派驻第一书记，巩固拓展脱贫攻坚成果同乡村振兴工作。

莎车县乌达力克镇英霍伊拉村，稳住村种植主导产业，套种特色林果业136.67公顷，其中巴旦木99.67万平方米、核桃37万平方米，经济作物特色种植万寿菊25.33万平方米、豇豆12万平方米、棉花18.47万平方米，发展设施农业，82座拱棚、25座温室大棚持续增收，畜牧养殖牛羊1550头（只），家禽养殖18100羽（只），合作社、卫星工厂、"十小"店铺和馕小屋加工厂为村集体经济发展增添活力，全年实现就业547人，就业率100%，村民年人均收入增长35.85%，协调助销扶贫农副产品13.1吨44.2万元，收集解决困难诉求92条。

莎车县乌达力克镇巴格买里村，抓好产业和就业两个关键，种植67个土豆大棚，35吨土豆销售往塔西南公司，为老百姓创收7万元，利用土桃树嫁接西梅30亩，全村收获西梅3吨，多方协调实现全村327名劳动力全部有效就业，落实防返贫动态监测机制，定期摸排困难群体，制度化、常态化解决动态增量问题，落实教育扶持、健康医疗和兜底保障等政策。全年为民办实事55件，化解信访矛盾纠纷32件。

莎车县乌达力克镇阔什阿瓦提村，持续做好高质量发展工作，投用膜下滴灌节水系统，应对缺水困难，提升施肥效能，节约用水增产增收，倡导厩肥还田，提高农产品品质，改善土壤结构，加大设施农业温室大棚蔬菜种植技术培训，提升农民大棚蔬菜种植技术，调研分析20村产业结构，提出"保种植、兴养殖、促就业"策略，人均年纯收入近1.4万元，利用帮扶资金安装温室大棚配套设施，补齐养殖短板、完善人居环境改造。

莎车县乌达力克镇英买里村，2022年开展3轮全覆盖大走访，入户走访1260人次，发现微线索16条，收集解决信访信息3条、困难诉求135条，处理家庭纠纷、邻里矛盾、土地争议、婆媳关系等15次，为群众办实事、办好事42件次，加大经济作物种植面积，全年种植小麦34.93万平方米、玉米30.67万平方米、巴旦木31.6万平方米、核桃18万平方米、樱桃5.67万平方米、土豆6.67万平方米、西瓜6.67万平方米、棉花8.33万平方米、万寿菊1.33万平方米、辣椒13.33万平方米，通过加强水肥管理，除因气候原因巴达木欠收外，其余农产品均丰收。

叶城县柯克亚乡塔尔阿格孜村，持续开展好大走访大排查大化解工作，入户走访1554户6146人，收集并解决群众困难诉求21件，化解群众矛盾纠纷12件，做好新冠肺炎疫情期间物资配送工作，为民服务事件达5300余条，针对孤寡、生活困难家庭，在节假日进行走访慰问。注重示范引领，培育选出致富能手4名，与用工企业联系，动员16名富余劳动力外出就业。依托农村资源优势，申报塔里木油田公司定点帮扶项目资金，持续壮大畜牧养殖业，助推乡村振兴。

叶城县柯克亚乡果萨斯村，抓好农民专业养殖合作社产业建设，316户1502人参与合作社分红脱贫，占比97.53%，合作社总估值1700万元，规模发展沿路商铺优势产业，发展"十小"商铺15间，解决辖区26个劳动力就业问题，对辖区内劳动力就业情况实行动态管理，全村劳动力546户1109人实现全部就业。增加活畜交易市场租金和塔里木油田公司社会援助资金投入，52只羊托养收益5.28万元，脱贫户人均纯收入1.37万元。

叶城县柯克亚乡喀拉尤勒滚村，坚持壮大村集体经济，对接柯克亚乡政府，促使机电城5套商铺和阿克塔什镇25.32万平方米村集体土地划转成功。研究落实村集体资产有偿使用方案，实现村集体资产管理使用规范化、程序化。组织国旗下宣讲37次、走访入户释义宣讲320余次，村级文艺队、演出队开展表演活动6次。研判困难群众需求，合理安排公益性岗位促进就业29人，其中护边员19人、护草员8名、保洁员2人。2022年，脱贫户收入增长23.64%，全村农业户籍群众收入增长21.74%。

叶城县柯克亚乡阿其克拜勒都尔村，做好派工、帮助就业工作，利用塔里木油田公司帮扶项目效应，优化原有岗位28个，开发本村就业岗位12个，按照人岗匹配和动态调整原则，实现全村304名劳动力100%就业。2022年脱贫人口人均纯收入1.72万元，同比净增长21.11%。做好困难群体日常走访关爱和困难解决，全年入户走访6000余户次，解决群众困难诉求329项次，全方位开展各类安全检查16次，发现并整改问题300余项，确保村民居家生活、工作出行安全得到保障。

(曾海龙)

土地征管

【概述】 2022年，塔里木油田公司坚持计划管理、问题管理、对标管理，围绕油气勘探开发中心任务，抢先抓早、有序有效做好用地管理工作，确保用地及时、有效、受控合法，保障塔里木油田公司勘探开发和重点产能建设工程实施。全年办理涉及11个县市的油气井、管线、电力线等临时用地项目手续350项，征用地（新增临时用地、一次性征用地、续签用地、复垦）2760.25万平方米；产生用地费用（新增临时用地费用、一次性征用地、续签、复垦、林植被恢复）11068.5533万元。完成占用林地、草地报批511项，涉及655宗地，面积1196.1538万平方米。组织开展2016—2019年滚动开发建设项目重新申报工作，取得自然资源部批复，消除涉及1864宗地、1366.67万平方米的违法用地隐患。协调阿克苏地区油区服务协调中心办理塔里木油田公司用地申报项目400余宗。

(杜中科)

【土地复垦】 2022年，塔里木油田公司完成2020年度滚动开发复垦方案的编制工作，指导并督促各用地单位签订完成塔里木油田公司2020年度滚动开发复垦合同签订工作21个，涉及巴州、阿克苏地区、喀什地区9个涉油县市，复垦面积合计548.89万平方米。

【重点项目用地管理工作】 2022年，塔里木油田公司编制《重点工程运行计划表》，加快推进重点项目土地审批等前期工作，为重点工程项目建设提供支持和保障。将土地管理系统纳入智能运营中心推广应用。全年重点项目23个，涉及库车、沙雅等7个涉油县市，截至2022年底，18个重点项目完成征地及林草评等用地管理工作。

(李伊念)

【用地保障制度】 2022年，塔里木油田公司现行用地管理制度为《塔里木油田公司土地管理办法》（塔油生产〔2020〕172号）。2022年，根据新疆维吾尔自治区《关于进一步规范临时用地管理的通知》，以及集团公司和股份公司修订的土地管理办法，塔里木油田公司修订土地管理办法内容。

【用地工作】 2022年，塔里木油田公司取得建设用地1853宗，总面积13712482平方米，土地取得费用47979万元；塔里木石油勘探开发指挥部未取得建设用地。全年共办理临时用地349宗，总面积7174453平方米，临时用地费用1969.35万元。缴纳临时用地耕地占用税24073.14万元；塔里木石油勘探开发指挥部无新增临时用地。

土地总量。塔里木油田公司用地5649宗、总面积71565167平方米；塔里木石油勘探开发指挥部用地622宗、总面积41521971.27平方米。

持有成本。缴纳城镇土地使用税2621.28万元；塔里木石油勘探开发指挥部共缴纳城镇土地使用税11577.68万元。

节约集约用地。节约集约建设用地8.95万平方米，节约用地费用673.8万元，节约集约临时用地34.27万平方米，节约用地费用849.62万元。

(贾国栋)

【用地取证工作】 2022年，塔里木油田公司开展2019年度滚动开发建设项目810宗地不动产登记工作，涉及南疆五地州14个涉油县（市）。完成独立选址项目不动产登记工作，其中哈拉哈塘外围骨架地面工程8宗地，吐孜洛克气田地面工程11宗地，南疆天然气利民工程16宗地，克拉苏气田克深2地面工程40宗地，克拉苏气田克深8地面工程28宗地，大北区块地面工程40宗地，迪北区块试采地面工程10宗地。

(帕尔哈提·马木提)

【卫片执法】 2022年,塔里木油田公司配合地方政府部门完成国土卫片年度执法检查、林地批后核查、专项检查等9个批次400余个图斑项目核实确认工作,提供80个项目的合同、付款凭证及所对应照片等资料,确保用地依法合规。完成塔里木油田公司土地清查工作,截至2022年底,塔里木油田公司(包括指挥部)共有宗地5888宗,面积10762.01万平方米。组织12人参加参加新疆维吾尔自治区林业和草原局举办"建设项目依法使用林地草原有关法律法规"培训班。

【生态红线和保护区调整】 2022年,塔里木油田公司协调新疆维吾尔自治区、巴州、阿克苏地区及各相关涉油县(市)政府职能部门,生态红线、保护区避让油田矿权,采矿权与各类生态红线重叠面积由1.6万平方千米调整至1.06万平方千米,上报至自然资源部待批复。

(杜中科)

人物与荣誉

新任塔里木油田公司副总师以上领导

沈复孝 汉族，1969年12月生，宁夏盐池人。1992年7月参加工作，1999年6月加入中国共产党，2007年3月西安石油大学石油与天然气工程专业毕业，硕士研究生学历，教授级高级工程师。

1992年6月西安石油学院应用化学专业毕业，分配到长庆石油勘探局第三采油厂地质工艺大队工作。1995年2月起，历任长庆石油勘探局第三采油厂地质工艺大队油田化学室副主任，长庆石油勘探局采气厂地采所副所长，长庆油田分公司第一采气厂庆达公司经理、第一采气厂副总经济师、第三采油厂副厂长，第三采油厂副厂长、党委委员，第三采油厂副厂长、党委委员兼超低渗透油藏开发项目经理部经理，超低渗透油藏开发部主任，第三采油厂厂长、党委委员，长庆油田分公司党委委员、副总经理、安全总监。2020年11月起，历任塔里木油田公司党工委常委、副总经理，塔里木油田公司党工委常委、副总经理、安全总监，塔里木油田公司总经理、党工委副书记、安全总监；2021年11月任塔里木油田公司总经理、党工委副书记。

2022年6月任塔里木油田公司执行董事、党工委书记，新疆塔里木石油勘探开发指挥部有限公司执行董事、总经理。

王清华 汉族，1969年8月生，湖北潜江人。1991年7月参加工作，1999年4月加入中国共产党，2007年12月浙江大学地质学专业毕业，博士研究生学历，教授级高级工程师。

1991年6月江汉石油学院石油地质勘查专业毕业，分配到塔里木石油勘探开发指挥部地监办工作。1998年6月起，历任塔里木石油勘探开发指挥部勘探研究中心玛山勘探研究项目组副组长，勘探开发研究院勘探所副所长兼储量油藏项目组组长，勘探开发研究院副院长兼勘探所所长、常务副院长，勘探事业部副经理、经理兼党委副书记，勘探开发部副主任（正处级）、主任，勘探事业部经理兼党委副书记，塔里木油田公司副总地质师，塔里木油田公司党工委常委、总地质师；2021年6月任塔里木油田公司党工委常委、副总经理、总地质师。

2022年6月任塔里木油田公司总经理、党工委副书记。

胥志雄 汉族，1969年10月生，四川蓬溪人。1992年7月参加工作，2009年10月加入中国共产党，博士研究生学历，教授级高级工程师。

1992年6月西南石油学院钻井工程专业毕业，分配到塔里木石油勘探开发指挥部钻井研究大队钻井室工作。自1999年12月起，历任勘探开发研究院钻采所综合设计室主任，工程项目管理部钻井工艺科工程师，勘探事业部钻井技术部工程师、副主任，勘探事业部评价项目经理部副经理，塔中勘探开发一体化项目经理部副经理兼钻井工程部主任，塔中勘探开发一体化项目经理部副经理兼安全总监、钻井工程部主任，塔中勘探开发项目经理部副经理兼安全总监、经理、经理兼党委副书记，库车油气开发部经理兼副书记，塔里木油田公司副总工程师，塔里木油田公司副总工程师兼工程技术处处长，塔里木油田公司党工委常委、总工程师；2021年6月任塔里木油田公司党工委常委、副总经理。

2022年12月任塔里木油田公司党工委常委、副总经理、总工程师、安全总监。

刘　强 汉族，1970年10月生，山东荣成人。1991年6月加入中国共产党，1992年7月参加工作，硕士研究生学历，高级工程师。

1992年6月西安石油学院采油工程专业毕业，分配到塔里木石油勘探开发指挥部试油处工作。1997年6月起，历任塔里木石油勘探开发指挥部油气开发公司东河作业区副经理，开发事业部轮南作业区副经理，开发事业部哈得作业区经理、党总支书记，办公室（党工委办公室）主任，办公室（党工委办公室）主任兼档案馆馆长，塔里木油田公司总经理助理，塔里木油田公司总经理助理兼塔西南公司常务副经理，塔西南公司党委书记；2018年10月任塔西南公司党委书记、经理。

2022年3月任塔里木油田公司党工委常委、副总经理。

王子云 汉族，1972年12月生，四川绵竹人。1993年3月加入中国共产党，1995年7月参加工作，大学本科学历，高级经济师。

1995年6月西南石油学院石油天然气储运工程专业毕业，分配到石油大学（北京）学生工作处管理教育科工作。1998年1月起，历任石油大学（北京）学生工作处管理教育科副科长，石油大学（北京）科研与设备处科员；2000年3月起，历任集团公司人事劳资部技术干部处干部，集团公司人事劳资部专业技术人员管理处高级主管、副处长，集团公司（股份公司）人事部员工培训处（留学服务中心）副处长，集团公司（股份公司）人事部技能开发处处长，集团公司（股份公司）人事部技能开发处（职业技能鉴定中心）处长，集团公司（股份公司）人事部员工培训处（留学服务中心）处长，集团公司人力资源部（党组组织部）、股份公司人力资源部人才工作处处长；2022年4月任集团公司人力资源部（党组组织部）、股份公司人力资源部副总经济师兼人才工作处处长。

2022年9月任塔里木油田公司党工委常委、纪工委书记。

文　章 汉族，1979年10月生，甘肃天水人。2002年4月加入中国共产党，2004年7月参加工作，大学本科学历，高级工程师。

2004年6月河北科技大学自动化专业毕业，到塔里木油田公司开发事业部工作。2007年10月起，历任开发事业部塔中作业区联合站副站长，开发事业部生产办公室副主任，开发事业部生产办公室主任，开发事业部副总工程师，开发事业部桑吉作业区党总支书记、副经理，开发事业部哈得作业区经理、党总支书记，哈得油气开发部党委委员、副经理兼安全总监，哈得油气开发部经理、党委副书记，塔里木油田公司总经理助理兼哈得油气开发部党委副书记、经理；2021年6月任塔里木油田公司总经理助理兼生产运行处处长。

2022年12月任塔里木油田公司党工委常委、副总经理。

杨海军 汉族，1970年12月生，河北卢龙人。1992年7月参加工作，1992年5月加入中国共产党，博士研究生学历，教授级高级工程师。

1992年6月石油大学（华东）石油地质勘查专业毕业，分配到塔里木石油勘探开发指挥部地质研究大队塔中分队工作。自1997年4月起，历任塔里木石油勘探开发指挥部勘探研究中心塔中勘探室副主任、塔中勘探研究项目组组长，勘探事业部副总地质师，勘探事业部塔中项目经理部经理，勘探开发研究院常务副院长、常务副院长兼碳酸盐岩研究中心主任、院长兼党委副书记兼碳酸盐岩研究中心主任，勘探开发研究院院长、党委副书记兼碳酸盐岩研究中心主任、党总支书记，勘探开发研究院党委副书记、院长；2020年1月任塔里木油田公司地质勘探（综合研究）首席技术专家。

2022年12月任塔里木油田公司党工委常委、总地质师。

刘 虎 汉族，1978年8月生，四川三台人。2002年7月参加工作，2005年8月加入中国共产党，大学本科学历，高级经济师。

2002年6月石油大学（华东）石油与天然气地质勘查专业毕业，到塔里木油田公司勘探开发研究院工作。2008年7月起，历任办公室（党工委办公室）文秘科副科长、科长，技术发展处技术管理科科长，办公室（党工委办公室）副主任，英买油气开发部党委副书记、工会主席；2020年3月任办公室（党工委办公室）副主任兼政策与发展研究室主任。

2022年12月任塔里木油田公司副总经理。

王洪峰 汉族，1978年4月生，黑龙江兰西人。2004年7月参加工作，2006年12月加入中国共产党，博士研究生学历，高级工程师。

2001年6月西南石油学院石油与天然气地质勘探技术专业大学本科毕业。2004年7月西南石油学院油气田开发工程专业硕士研究生毕业，到塔里木油田公司勘探开发研究院天然气所气藏工程工作。自2009年1月起，历任勘探开发研究院气藏工程室主任（副科级），勘探开发研究院库车前陆冲断带气藏、凝析气藏高效开发研究项目副项目长，天然气事业部迪那作业区总地质师（正科级），库车勘探开发项目经理部气藏主任工程师，库车勘探开发项目经理部党委委员、副经理、总地质师，库车油气开发部党委委员、副经理、总地质师，克拉油气开发部党委书记、副经理；2020年3月任迪那油气开发部经理、党委副书记。

2022年3月任塔西南公司党委书记、经理（二级特类正）。

刘 炯 汉族，1973年10月生，湖北黄陂人。1995年7月参加工作，2001年4月加入中国共产党，硕士研究生学历，高级经济师。

1995年7月新疆生产建设兵团经济专科学校企业管理专业毕业，分配到塔里木石油勘探开发指挥部钻井监督办（7012钻井队）工作。2003年7月起，历任塔里木油田公司人事处（组织部）劳动组织科副科长、科长，伊犁哈萨克自治州尼勒克县人民政府副县长（挂职），巴州兴塔劳务派遣有限责任公司经理，塔里木油田公司人事处（党工委组织部）人事服务中心（技能鉴定中心）主任，人事处（党工委组织部）副处长、副部长，英买油气开发部党委书记、副经理；2020年3月任办公室（党工委办公室）主任。

2022年8月任塔里木油田公司总经理助理兼办公室（党工委办公室）主任。

王永远 汉族，1969年1月生，陕西宁强人。1991年7月参加工作，2004年7月加入中国共产党，硕士研究生学历，高级工程师。

1991年6月江汉石油学院钻井工程专业大学本科毕业，分配到塔里木石油勘探开发指挥部试油监督办工作。2004年11月起，历任塔里木油田公司天然气事业部财务经营科副科长、科长，矿区服务事业部计划经营部主任，企管法规处（内控与风险管理处）副处长，生产运行处副处长，企管法规处（内控与风险管理处）副处长、处长，企管法规处（内控与风险管理处）处长兼北京市塔里木酒店有限责任公司执行董事、业主代表；2021年1月任企管法规处（内控与风险管理处）处长兼北京市塔里木酒店有限责任公司执行董事、业主代表，新疆博瑞能源有限公司董事。

2022年8月任塔里木油田公司总法律顾问兼企管法规部（内控与风险管理部）主任。

（王 建 梁 剑）

省部级以上先进个人

第三十一届孙越崎能源科学技术奖（能源大奖）

李亚林 汉族，1965年7月生，四川营山人。1986年7月参加工作，1989年3月加入中国共产党，1999年

6月成都理工学院地球探测与信息技术专业毕业，博士研究生学历，教授级高级工程师。

1986年7月成都地质学院石油地质专业毕业，分配到四川石油管理局地质调查处工作。2004年5月起，历任四川石油管理局地质调查处总地质师、地球物理勘探公司总地质师、副经理、党委书记、川庆钻探工程有限公司地球物理勘探公司党委书记、总地质师、经理；川庆钻探工程有限公司副总地质师；东方地球物理公司西南物探分公司党委副书记、经理；东方地球物理公司副总地质师；2018年4月任塔里木油田公司党工委常委、副总经理。2022年12月调任中国石油集团东方地球物理勘探有限责任公司党委委员。2022年获第三十一届孙越崎能源科学技术奖（能源大奖）。

第十七届中国青年科技奖特别奖

刘洪涛 汉族，1983年10月生，黑龙江大庆人。2005年10月加入中国共产党，2006年7月参加工作，大学本科学历，高级工程师。

2006年7月西南石油大学石油工程专业毕业，到塔里木油田公司监督管理中心试油监督办公室工作。2010年3月在塔中勘探开发项目经理部生产办公室工作；2012年3月在油气工程研究院工程设计中心工作；2013年5月任油气工程研究院试油研究室副主任；2015年5月任油气工程研究院井筒工艺研究室主任、完井党支部书记、刘洪涛创新工作室负责人；2017年12月任油气工程研究院钻完井所所长、刘洪涛创新工作室负责人；2018年12月任油气工程研究院党委委员、副院长；2020年3月任油气工程研究院院长、党委副书记。2022年获第十七届中国青年科技奖特别奖。

第十八届青年地质科技奖银锤奖

张银涛 汉族，1985年6月生，陕西扶风人。2006年11月加入中国共产党，2008年7月参加工作，大学本科学历，高级工程师。

2008年7月西安石油大学勘察技术与工程专业毕业，到塔里木油田公司人事处（党工委组织部）人事服务中心实习。2009年6月在勘探开发研究院物探中心工作；2012年9月任勘探开发研究院开发所物探二级工程师；2014年8月任勘探开发研究院开发所海相碎屑岩油田调整及滚动开发研究项目油藏地球物理研究课题长；2017年12月任勘探开发研究院油气藏评价所塔北二室副主任；2019年8月任勘探开发研究院油气藏评价所塔河南室主任、党支部副书记；2020年7月任勘探开发研究院油气藏评价所副所长；2021年11月任勘探开发研究院油气藏评价所所长、党总支副书记。2022年获中国第十八届青年地质科技奖银锤奖。

中国能源研究会能源创新奖优秀青年能源科技工作者

赵密锋 汉族，1979年10月生，陕西武功人。2008年7月参加工作，硕士研究生学历，高级工程师。

2006年7月吉林大学生物化学与分子生物学专业本科毕业，继续在本校攻读硕士研究生。2008年7月毕业后，到塔里木油田公司人事服务中心实习；2009年8月任油气工程研究院油田化学与防腐室工程师；2012年8月任油气工程研究院油田化学与防腐室采油气工程一级工程师；2019年8月任油气工程研究院钻井所井完整性室油井管研究二级工程师；2021年2月任油气工程研究院钻井所井完整性室主任。2022年获中国能源研究会能源创新奖优秀青年能源科技工作者奖。

开发建设新疆奖章

陈 东 汉族，1985年10月生，四川中江人。2005年10月加入中国共产党，2010年7月参加工作，硕士研究生学历，高级工程师。

2010年7月西南石油大学油气田开发工程专业毕业，到塔里木油田公司勘探开发研究院天然气所工作。2014年6月任勘探开发研究院天然气所塔西南高效开发项目气藏工程课题长；2017年11月任勘探开发研究院天然气所副所长；2021年1月任勘探开发研究院天然气所所长、党总支副书记。2022年获新疆维吾尔自治区开发建设新疆奖章。

贾虎彦 汉族，1989年11月生，甘肃甘谷人。2013年7月参加工作，大学专科学历，汽车维修技师。2013年7月甘肃畜牧职业工程技术学院汽车检测与维修专业毕业，到中国石油运输有限公司新疆塔里木运输分公司修保厂工作。2022年获新疆维吾尔自治区开发建设新疆奖章。

新疆维吾尔自治区首批天山英才计划"新疆工匠"

张　明　汉族，1969年2月生，山东莱州人。1988年3月参加工作，1994年6月加入中国共产党，1997年8月新疆维吾尔自治区党校经济管理专业毕业，成人大学专科学历，高级技师，集团公司技能专家。

1988年3月在泽普石油天然气开发公司保卫处工作；1989年3月在泽普石油天然气开发公司石化厂电气车间工作；2002年11月在塔里木油田公司塔西南公司石化厂电气车间工作；2004年2月在塔西南公司石化厂改扩建项目部工作；2006年7月在塔西南公司电力工程部维修车间工作；2019年9月在塔西南公司油气生产服务部泽普电力项目部工作。2022年获新疆维吾尔自治区首批天山英才计划"新疆工匠"称号。

李亚庆　汉族，1973年9月生，四川泸县人。1994年9月参加工作，2015年5月加入中国共产党，2010年新疆大学应用化工技术专业毕业，成人大学专科学历，集团公司技能专家。

1994年7月南疆石油技校采油工程专业毕业，到新疆石油管理局塔西南公司柯克亚作业区修井队工作。1998年8月在塔西南公司柯克亚试油队工作；2000年2月在塔里木油田公司塔西南公司柯克亚集输队工作；2003年9月在塔西南公司柯克亚处理站工作；2005年5月在塔西南公司柯克亚作业区柯克亚处理站工作；2015年5月在塔西南公司油气开发部柯克亚处理站工作；2019年1月在塔西南公司泽普油气开发部柯克亚处理站工作。2022年获新疆维吾尔自治区首批天山英才计划"新疆工匠"称号。

吴有明　汉族，1975年1月生，重庆云阳人。1995年9月参加工作，2003年7月加入中国共产党，2008年1月中国石油大学（华东）石油工程专业毕业，成人大学本科学历，首席技师、集团公司技能专家。

1995年9月在新疆石油管理局塔西南公司柯克亚作业区采油队工作。2006年7月在塔西南公司柯克亚作业区试采大队工作；2012年12月在塔西南公司博大油气开发部大北试采工作；2019年3月在塔西南公司博大油气开发部大北采气作业区工作；2022年1月在塔西南公司博大采油气管理区大北采气作业区工作。2022年获新疆维吾尔自治区首批天山英才计划"新疆工匠"称号。

集团公司优秀共青团员

张　宇　汉族，1996年10月生，四川宜宾人。2019年8月参加工作，2022年11月加入中国共产党，大学本科学历，工程师。

2019年7月中国石油大学（华东）石油工程学院海洋油气工程专业毕业，到塔里木油田公司塔西南公司博大油气开发部大北处理站、大北采油气作业区、采油气工程部实习。2021年3月在工程技术部工作；2021年5月在塔西南公司博大油气开发部采油气工程部工作；2022年10月任塔西南公司博大采油气管理区采油气工程部副主任。2022年获评2021—2022年度集团公司优秀共青团员。

杨　晨　汉族，1996年10月生，新疆库尔勒人。2019年8月参加工作，大学本科学历，助理工程师。

2019年7月重庆科技学院石油工程专业毕业，到塔里木油田公司迪那油气开发部采气作业区工作。2022年获评2021—2022年度集团公司优秀共青团员。

谢　凯　汉族，1991年10月生，河南上蔡人。2014年11月加入中国共产党，2015年7月参加工作，大学本科学历，政工师。

2015年7月长江大学地质学专业毕业，到塔里木油田公司职工教育培训中心工作。2016年8月在库车油气开发部克深作业区技术部工作；2019年1月在克拉油气开发部油气藏地质研究所工作；2019年6月在思想政治工作部（党工委宣传部）工作。2022年获评2020—2021年度集团公司优秀共青团员。

衡宣亦　汉族，1994年12月生，河南孟县人。2017年7月参加工作，2022年12月加入中国共产党，大学本科学历。

2017年7月重庆科技学院资源勘查工程专业毕业，到塔里木油田公司天然气事业部实习。2018

年11月在英买油气开发部采油气工程部工作；2019年4月在油气田产能建设事业部塔北项目经理部工作。2022年获评2020—2021年度集团公司优秀共青团员。

集团公司先进工作者

杨泰岩 满族，1983年12月生，河北隆化人。2007年11月加入中国共产党，2008年7月参加工作，大学本科学历，工程师。

2008年7月重庆科技学院石油工程专业毕业，到塔里木油田公司塔西南公司工程项目管理部项目办公室工作。2012年10月任塔西南公司工程项目管理部综合科科长（副科级）；2014年4月任塔西南公司工程项目管理部项目办公室主任（副科级）；2019年5月任塔西南公司工程项目管理部副经理（正科级）；2019年10月任塔西南公司地面工程部副主任（正科级）。2022年获评集团公司先进工作者。

姚　超 汉族，1989年10月生，湖南衡阳人。2015年7月参加工作，2010年12月加入中国共产党，硕士研究生学历，高级工程师。

2012年7月燕山大学石油工程专业大学本科毕业，2015年7月中国石油大学（北京）油气田开发专业硕士研究生毕业，到塔里木油田公司勘探开发研究院开发所工作。2019年4月在勘探开发研究院油气藏评价所工作。2022年获评集团公司先进工作者。

张　权 汉族，1983年2月生，吉林靖宇人。2012年5月加入中国共产党，2014年7月参加工作，博士研究生学历，高级工程师。

2014年7月中国石油大学（北京）油气井工程专业毕业，到塔里木油田公司油气工程研究院工作。2015年5月任油气工程研究院钻井工艺研究室钻井工艺一级工程师；2019年8月任油气工程研究院钻井所钻井工艺室副主任；2022年4月任油气工程研究院钻井所钻井工艺室主任。2022年获评集团公司先进工作者。

董　仁 汉族，1983年6月生，四川华蓥人。2005年7月参加工作，2012年12月加入中国共产党，大学本科学历，高级工程师。

2005年7月西南石油学院试油工程专业毕业，到塔里木油田公司工程项目管理部工作。2006年2月在监督管理中心工作；2011年4月任勘探开发部钻完井管理科副科长；2016年1月任工程技术处钻井管理科副科长；2016年7月任工程技术处钻井管理科科长；2021年11月任勘探事业部井筒技术部主任。2022年获评集团公司先进工作者。

杨　磊 汉族，1981年10月生，湖北宜昌人。2004年5月加入中国共产党，2007年7月参加工作，硕士研究生学历，高级工程师。

2007年7月长江大学油气田开发专业毕业，到塔里木油田公司天然气事业部工作。2012年9月任塔中勘探开发项目经理部采油运行副主任；2014年8月任塔中勘探开发项目经理部油藏工程部副主任；2014年12月任塔中勘探开发项目经理部油藏工程部主任；2018年11月任油气田产能建设事业部地质运行科科长；2019年7月任油气田产能建设事业部地质油藏部主任；2021年4月任油气田产能建设事业部开发方案一级工程师。2022年获评集团公司先进工作者。

崔　巍 汉族，1984年12月生，吉林梅河口人。2007年7月参加工作，2015年6月加入中国共产党，大学本科学历（双学士学位），高级工程师。

2007年6月中国地质大学（武汉）安全工程专业毕业，到塔里木油田公司天然气事业部英买作业区工作。2013年1月任天然气事业部英买作业区英潜运行部副主任；2014年9月任对外合作部迪那Ⅰ—吐孜对外合作中方项目部HSE代表；2017年10月任开发处对外合作中方项目部HSE代表；2018年8月任天然气事业部对外合作中方项目部HSE代表；2019年2月任迪那油气开发部对外合作中方项目部HSE代表；2019年4月任迪那油气开发部对外合作中方项目部副经理；2019年9月任油气合资合作事业部生产管理部副主任；2020年5月任油气合资合作事业部生产管理部主任；2022年4月任新能源事业部项目管理室主任；2022年12月任新能源事业部副经理。2022年获评集团公司先进工作者。

张宏强 汉族，1984年11月生，甘肃静宁人。2007年7月参加工作，2021年6月加入中国共产党，大学本科学历，高级工程师。

2007年7月重庆科技学院资源勘察工程专业毕

业，到塔里木油田公司监督管理中心任试油井下监督。2019年9月任克拉油气开发部采油气工程部副主任；2021年10月任克拉油气开发部克深10采气作业区经理；2022年2月任克拉采油气管理区采油气工程部主任。2022年获评集团公司先进工作者。

王子宇　汉族，1986年8月生，新疆奎屯人。2008年12月加入中国共产党，2009年7月参加工作，大学本科毕业，工程师。

2009年7月中国石油大学（华东）化学工程与工艺专业毕业，到塔里木油田公司开发事业部工作。2016年4月任开发事业部哈得作业区工艺部副主任；2019年3月任哈得油气开发部哈得四联合站站长兼党支部副书记（副科级）；2019年9月任哈得油气开发部哈得四联合站站长、党支部副书记；2022年2月任哈得油气开发部生产办公室主任。2022年获评集团公司先进工作者。

唐福俊　汉族，1978年11月生，四川武胜人。2001年12月加入中国共产党，2002年7月参加工作，大学本科学历，工程师。

2002年7月重庆石油高等专科学校机电一体化专业毕业，到塔里木油田公司开发事业部东一联合站工作。2006年1月起，历任开发事业部东河作业区东河采油队副队长、队长、党支部书记；2015年1月任塔北勘探开发项目经理部东河作业区运行部支部书记；2015年7月任塔北勘探开发项目经理部设备工艺科科长；2016年1月起，历任质量安全环保处HSE监督中心轮南站站长、油气工程研究院HSE监督中心监督一室主任、安全环保与工程监督中心地面HSE监督室主任、监督中心监督工作站站长。2022年获评集团公司先进工作者。

刘双伟　汉族，1980年2月生，河南漯河人。2004年4月加入中国共产党，2005年7月参加工作，大学本科学历，工程师。

2005年7月西安石油大学机械设计制造及其自动化专业毕业，到塔里木油田公司工程技术部井控中心工作。2011年1月在塔北勘探开发项目经理部工程部工作；2011年10月任塔北勘探开发项目经理部安全环保科副科长；2014年5月任塔北勘探开发项目经理部安全环保科科长；2016年1月任勘探事业部安全环保科科长；2021年11月任应急中心副主任兼安全总监。2022年获评集团公司先进工作者。

丁晗　汉族，1990年2月生，山东单县人。2020年7月加入中国共产党，2013年7月参加工作，大学本科学历，中级工程师。

2013年7月中国石油大学（华东）电气工程及其自动化专业毕业，到塔里木油田公司油气生产技术部电力测试队工作。2018年4月任油气生产技术部英买电力队副队长兼安全监督；2019年10月任油气生产技术部生产办公室副主任；2022年6月任油气生产技术部安全生产管理部副主任。2022年获评集团公司先进工作者。

钟勇　汉族，1969年2月生，湖南湘潭人。1991年7月参加工作，1991年7月加入中国共产党，1996年7月石油大学成人教育学院函授部工业企业管理专业大专毕业，2003年7月石油大学（华东）工商管理专业大学本科毕业，大学本科学历，高级经济师。

1991年7月承德石油高等技术专科学校工业分析专业毕业，分配到华北钻井公司实习。1992年9月任塔里木石油勘探开发指挥部企管处干部；1995年4月任塔里木石油勘探开发指挥部企管处合同科副科长；1999年9月任塔里木石油勘探开发指挥部企管与法规处经营管理科科长；2004年4月任塔里木油田公司企管与法规处经营管理科科长；2006年3月任企管与法规处市场管理科科长；2010年9月任矿区服务事业部计划经营部主任；2013年2月任企管法规处（内控与风险管理处）副处长；2018年1月任矿区管理部副主任；2020年3月任维稳与矿区管理办公室（保卫部）副主任；2022年7月任公用事业部党委委员、副经理。获评集团公司2022年度先进工作者。

钟金山　汉族，1973年8月生，重庆人。1994年7月参加工作，2005年9月加入中国共产党。1994年7月新疆独山子石运技工学校毕业，到中国石油运输有限公司新疆塔里木运输分公司特车运输大队任起重机驾驶员。获评集团公司2022年度先进工作者。

（谢　凯　马海波）

集团公司巾帼建功先进个人

何元元　汉族，1982年5月生，河北保定人。2005年3月加入中国共产党，2005年7月参加工作，大学本科学历，工程师。

2006年7月长江大学资源勘察工程专业毕业，到塔里木油田公司塔西南公司柯克亚作业区实习。2013年11月任塔西南公司油气开发部油气藏工程部开发规划工程师；2016年8月任塔西南公司柯克亚作业区开发技术部油田室地质工程师；2019年2月任塔西南公司博大油气开发部油气藏地研究所动态分析工程师；2019年12月任塔西南公司博大油气开发部油气藏地质研究所动态分析二级工程师。2022年获评集团公司巾帼建功先进个人。

集团公司信息工作先进个人

杨　能　白族，1989年3月生，云南大理人。2010年4月加入中国共产党，2015年7月参加工作，硕士研究生学历，中级政工师。

2015年7月南开大学思想政治教育专业毕业，到塔里木油田公司新闻文化中心工作。2016年11月起，历任办公室（党工委办公室）文秘科科员、副科长、督办信息科科长；2022年3月任产能建设事业部经理助理兼办公室主任；2022年9月任办公室、政策与发展研究室资深高级主管。2022年获评集团公司信息工作先进个人。

焦　杨　汉族，1996年10月生，河北秦皇岛人。2019年7月参加工作，大学本科学历，助理工程师。

2019年7月长江大学石油工程专业毕业，到塔里木油田公司塔中采油气管理区第三联合站任工艺工程助理工程师。2021年4月任塔中采油气管理区第一联合站工艺工程助理工程师。2022年获评集团公司信息工作先进个人。

集团公司天然气冬季保供工作先进个人

廖建华　汉族，1979年3月生，四川仪陇人。2001年4月加入中国共产党，2002年7月参加工作，大学本科学历，高级工程师。

2002年7月西南石油学院石油工程专业毕业，到塔里木油田公司油气生产技术部测井队工作。2005年1月任开发事业部哈得作业区油藏工程师；2007年2月任开发事业部哈得作业区工程技术主管；2009年3月任开发事业部哈得作业区哈一联运行主管；2011年11月在生产运行处生产协调科工作；2019年6月任生产运行处生产协调科副科长；2020年6月任生产运行处生产协调科科长；2022年7月任生产运行部副主任。2022年获评2021—2022年度集团公司天然气冬季保供工作先进个人。

集团公司"十四五"规划工作先进个人

雷　霆　汉族，1972年9月生，陕西华县人。1995年4月加入中国共产党，1995年7月参加工作，大学本科学历，高级工程师。

1995年7月江汉石油学院电子仪器及测量技术专业毕业，到塔里木石油勘探开发指挥部石油天然气开发公司工作，历任规划计划处规划管理科副科长、统计管理科科长、塔西南公司规划中心主任（挂职）、投资管理科科长、油气田产能建设事业部计划经营科科长、经理助理、规划计划处副处长等。2022年8月任新能源事业部经理、党支部副书记。2022年获评集团公司"十四五"规划工作先进个人。

罗俊成　汉族，1972年4月生，甘肃武威人。1994年7月参加工作，2018年8月加入中国共产党，2011年7月北京大学构造地质专业毕业，博士研究生学历，高级工程师。

1994年7月南京大学构造地质及地球物理专业大学本科毕业，到塔里木石油勘探开发指挥部勘探研究中心综合研究室工作。1999年8月在勘探开发研究院勘探所构造研究室工作；2003年4月在勘探开发研究院勘探所区域勘探室工作；2004年12月任勘探开发研究院勘探所区域勘探室副主任；2008年12月任勘探开发研究院勘探所区域勘探室主任；2010年1月任勘探事业部勘探管理科科长；2010年5月任勘探开发部勘探管理科科长；2016年1月任勘探事业部勘探管理科科长；2016年8月兼任勘探事业部新区勘探项目组项目长；2019年7月任资源勘查部（处）副主任。2022年获评集团公司"十四五"规划工作先进个人。

张大鹏　汉族，1969年12月生，河南南阳人。2001年3月加入中国共产党，2004年7月参加工作，2011年1月中国石油大学（北京）油气田开发工程专业毕业，硕士研究生学历，高级工程师。

2004年7月石油大学（华东）资源勘查工程专业

毕业，到塔里木油田公司试油监督办工作。2008年7月任开发处油气藏工程科副科长；2010年6月任勘探开发部开发管理科副科长；2010年12月任勘探开发研究院规划中心开发规划室主任；2011年9月任勘探开发研究院规划中心副主任；2015年1月任塔里木盆地新一轮油气资源评价项目副项目长兼塔里木盆地勘探开发战略规划研究课题长；2019年7月任勘探开发研究院规划信息所副所长。2022年获评集团公司"十四五"规划工作先进个人。

集团公司"十三五"财务工作先进个人

杜永安 汉族，1973年8月生，重庆万县人。1994年7月参加工作，2000年12月加入中国共产党，大学本科学历，高级会计师。

1994年7月四川石油财经学校计划统计专业毕业，到塔里木石油勘探开发指挥部生活公司工作。2007年9月任塔里木油田公司财务处预算管理科副科长；2009年10月任财务处结算中心清欠科科长；2011年2月任财务处预算管理科科长；2013年8月任财务处资金科科长；2015年12月任财务处结算中心副主任；2017年12月任巴州塔里木能源公司党委委员、总会计师；2020年4月任塔里木油田公司财务部副主任。2022年获评集团公司"十三五"财务工作先进个人。

姚永刚 汉族，1986年3月生，陕西蒲城人。2009年7月参加工作，2018年7月加入中国共产党，大学本科学历，中级会计师。

2009年7月西北大学会计学专业毕业，到塔里木油田公司塔西南公司销售部工作。2015年5月在塔里木油田公司财务处预算管理科工作；2016年10月任财务处投资核算科副科长；2018年11月任油气田产能建设事业部财务资产科副科长；2019年2月任财务处预算成本科副科长；2020年3月任财务处预算成本科科长；2022年8月任塔里木油田公司财务部副主任。2022年获评集团公司"十三五"财务工作先进个人。

肖娜梅 汉族，1983年12月生，四川仁寿人。2006年7月参加工作，2022年11月加入中国共产党，大学本科学历，高级会计师。

2006年7月大庆石油学院财务管理专业毕业，到塔里木油田公司天然气事业部牙哈作业区处理站工作。2007年9月在天然气事业部财务资产科工作；2009年6月在财务处成本核算科工作；2011年3月在财务处会计核算科工作；2016年4月任财务处资金管理科副科长；2019年7月任财务处结算中心结算管理科科长。2022年获评集团公司"十三五"财务工作先进个人。

姬文贞 汉族，1985年1月生，新疆阜康人。2007年7月参加工作，大学本科学历，会计师。

2007年7月厦门大学金融学专业毕业，到塔里木油田公司开发事业部桑吉作业区工作。2016年4月任财务处资产管理科副科长；2020年6月任财务处资产管理科科长；2021年5月任财务处资金管理科科长。2022年获评集团公司"十三五"财务工作先进个人。

王 谦 汉族，1985年7月生，新疆霍城人。2006年11月加入中国共产党，2007年7月参加工作，大学本科学历，中级工程师。

2007年7月中国科学技术大学自动化专业毕业，到塔里木油田公司英买作业区工作。2013年5月在财务处信息科工作；2016年4月任财务处信息科副科长；2018年1月任巴州塔里木能源公司财务经营科副科长；2018年4月任财务处会计科副科长；2019年5月任财务处会计科科长；2020年5月任财务处投资科科长；2021年2月任油气田产能建设事业部财务资产科科长；2022年8月任油气田产能建设事业部总会计师。2022年获评集团公司"十三五"财务工作先进个人。

李 霞 汉族，1972年8月生，河南滑县人。1989年9月参加工作，2015年11月加入中国共产党，成人大学本科学历，会计师。

1989年7月新疆化工技校无机化工专业毕业，到塔西南公司泽普石化厂工作。1992年4月在泽普石油运输公司工作；1997年4月起，历任泽普石油运输公司、电力工程部资产会计、会计主管，会计中心资金往来科主管会计；2014年9月任结算中心副主任、计划财务部预算科科长；2019年10月任计划财务部副主任。2022年获评集团公司"十三五"财务工作先进个人。

李雪超 汉族，1983年4月生，黑龙江富裕人。2004年5月加入中国共产党，2006年7月参加工作，大学本科学历，高级经济师。

2006年7月中国地质大学（北京）石油工程专业毕业，到塔里木油田公司任天然气事业部油（气）藏工程师。2013年7月任企管法规处（内控与风险管理处）企业管理科副科长；2019年10月任企管法规处（内控与风险管理处）法律事务科科长；2021年9月任企管法规处（内控与风险管理处）企业管理科副主任。2022年获评集团公司"十三五"财务工作先进个人。

孟祥宇 汉族，1979年10月生，吉林长春人。2000年7月参加工作，2008年6月加入中国共产党，大学本科学历，经济师（工商）。

2000年7月新疆石油学院市场营销专业毕业，到塔里木油田公司开发公司牙哈处理厂工作。2004年4月任天然气事业部克拉处理厂值班主任；2008年2月在生产运行处工作；2013年6月任生产运行处公共关系科副科长；2019年6月任生产运行处公共关系科科长。2022年获评集团公司"十三五"财务工作先进个人。

集团公司统计工作先进个人

侯泽森 汉族，1983年6月生，四川长宁人。2005年7月参加工作，2020年7月加入中国共产党，大学本科学历，高级经济师。

2005年7月四川大学化学工程与工艺专业毕业，到塔里木油田公司开发事业部塔中作业区工作。2008年4月在规划计划处计划管理科工作；2011年2月起，历任规划计划处计划管理科、统计管理科、投资计划科副科长、科长；2021年2月任规划计划部副主任。2022年获评集团公司统计工作先进个人。

谢　飞 汉族，1991年4月生，新疆石河子人。2014年7月参加工作，2020年7月加入中国共产党，大学本科学历，工程师。

2014年7月中国石油大学（华东）石油工程专业毕业，到塔里木油田公司塔北勘探开发项目经理部工作。2016年1月在勘探事业部从事钻完井工程管理工作；2021年12月在规划计划处投资计划科工作。2022年获评集团公司统计工作先进个人。

苑　冬 达斡尔族，1984年11月生，新疆塔城人。2009年7月参加工作，2019年11月加入中国共产党，大学本科学历，助理工程师。

2009年7月辽宁石油化工大学电子信息专业毕业，到塔里木油田公司开发事业部工作。2012年9月在规划计划处统计管理科工作。2022年获评集团公司统计工作先进个人。

集团公司"人才强企推进年活动"先进个人

王　琦 汉族，1972年8月生，山东陵县人。1993年3月加入中国共产党，1994年7月参加工作，大学本科学历，高级经济师。

1994年7月西安石油学院工业电气自动化专业毕业，到中油一建四分公司工作。1997年9月调入塔里木石油化工工程建设指挥部公用项目经理部工作；1998年3月在塔里木石油化工工程建设指挥部供电车间工作；2000年3月在塔里木石油化工工程建设指挥部基建处工作；2002年3月在塔里木石油化工工程建设指挥部人事处工作；2004年10月在塔里木油田公司塔里木石化分公司人事部工作；2010年8月在矿区服务事业部人事劳资部工作；2011年4月在人事处（党工委组织部）技术干部科工作；2011年6月任人事处（党工委组织部）技术干部科副科长；2013年3月任矿区服务事业部人事劳资部副主任；2016年9月任人事处（党工委组织部）工资科科长。2020年4月任人事处（党工委组织部）副处长、副部长；2022年8月任人力资源部（党工委组织部）副主任、副部长。2022年获评集团公司人才强企推进年活动先进个人。

集团公司党的二十大维稳信访安保防恐工作特别贡献个人

王　斌 汉族，1975年2月生，山东泰安人。1994年12月参加工作，1997年6月加入中国共产党，2002年7月西安陆军学院军事指挥专业毕业，成人大学专科学历，政工师。

1994年12月参军入伍，1998年1月分配到新疆石油管理局塔西南公司工作。1998年3月到新疆石油管理局塔西南公司消防队工作；1999年7月到塔里木油田公司塔西南消防队工作；2004年7月任塔西南公司武装部消防大队副中队长；2005年9月任塔西南公司武装部消防大队战训参谋；2010年4月任塔西南公司武装部综治科科长；2010年8月任塔西南公司武装部军事科科长；2019年3月任塔西南公司维护稳定工作办公室（武装保卫部）综治保卫大队副大队长；2020年1月任塔西南公司维护稳定工作办公室（武装保卫部）社区管理中心主任兼党支部副书记；2020年10月任塔西南公司维护稳定工作办公室（武装保卫部）综合治理办公室主任；2022年7月任塔西南公司维护稳定工作办公室（武装保卫部）主任助理。2022年获评集团公司党的二十大维稳信访安保防恐工作特别贡献个人。

朱　江　汉族，1984年1月生，甘肃武威人。2005年12月加入中国共产党，2006年7月参加工作，大学本科学历，工程师。

2006年7月中国石油大学（华东）石油工程专业毕业，到塔里木油田公司开发事业部哈得作业区工作。2007年8月任开发事业部塔中作业区联合站值班主任；2008年1月任开发事业部塔中作业区采注水站值班主任；2010年9月任开发事业部塔中作业区1号气田处理站副站长；2011年7月任开发事业部塔中作业区调度室主任；2012年8月任开发事业部经营管理科副科长；2016年8月任塔中油气开发部纪检监察科科长；2019年8月任油气运销部纪检监察科科长；2020年4月任油气运销部党委委员、副书记、纪委书记、工会主席。2022年获评集团公司党的二十大维稳信访安保防恐工作特别贡献个人。

孙赢坤　汉族，1986年1月生，黑龙江勃利人。2009年4月加入中国共产党，2009年7月参加工作，大学本科学历，政工师。

2009年7月大庆石油学院应用化学专业毕业，到塔里木油田公司人事服务中心、监督管理中心实习。2012年3月任库车勘探开发项目经理部监督办公室试油监督；2014年5月在库车勘探开发项目经理部生产运行科工作；2015年12月在库车油气开发部生产运行科工作；2017年5月在库车油气开发部办公室（党委办公室）工作；2018年3月任库车油气开发部人事科（组织科）副科长；2019年4月任维护稳定办公室（保卫部）维稳督办科副科长；2020年4月任维稳与矿区管理办公室（保卫部）保卫武装科副科长；2020年10月任维稳与矿区管理办公室（保卫部）保卫武装科科长；2022年7月任维稳信访工作办公室（保卫部）保卫武装科科长。2022年获评集团公司党的二十大维稳信访安保防恐工作特别贡献个人。

余　丹　汉族，1983年1月生，四川广安人。2005年7月参加工作，2012年2月加入中国共产党，大学专科学历，政工师。

2005年7月西南石油大学机械电子技术专业毕业，到塔里木石油勘探开发指挥部运输有限责任公司实习。2006年7月起，历任塔里木石油勘探开发指挥部运输有限责任公司技术员、设备管理员；2012年11月任塔里木油田公司运输事务部维修服务中心副主任；2017年8月任运输事务部运输二队副队长；2019年6月任哈得油气开发部办公室（党委办公室）副主任；2019年10月任油气生产技术部办公室（党委办公室）主任；2022年7月任油气生产技术部综合管理部（党委办公室、纪委办公室）主任。2022年获评集团公司党的二十大维稳信访安保防恐工作特别贡献个人。

张德双　汉族，1982年4月出生，黑龙江拜泉人。2004年7月参加工作，2008年5月加入中国共产党，2008年1月新疆大学计算机科学与技术专业毕业，成人大学本科学历，工程师。

2004年7月大庆石油学院信息及通信网络应用技术专业毕业，到塔里木油田公司通信有限责任公司工作。2005年4月在通信有限责任公司综合办公室工作；2007年9月任通信有限责任公司线路维护部副主任；2010年1月任通信事务部线路维护部副主任；2011年1月任通信事务部线路维护部负责人；2012年3月任通信事务部线路维护部主任；2012年8任通信事务部综合办公室主任；2015年9月任物资采办事业部人事科科长；2019年5月任勘探事业部经理助理兼办公室主任；2021年3月任勘探事业部经理助理。2022年获评集团公司党的二十大维稳信访安保防恐工作特别贡献个人。

周俊龙　汉族，1981年4月生，河南南阳人。2003年7月参加工作，2006年5月加入中国共产党，大学本科学历，高级工程师。

2003年7月江汉石油学院土木工程专业毕业，到塔里木油田公司塔里木油建公司工作。2007年6月在开发事业部塔中作业区工作；2008年4月在矿区服务事业部计划经营部工作;2013年4月在规划计划处工作;2019年9月任规划计划处项目管理科副科长;2021年7月任公用事业部运输管理中心党支部书记。2022年获评集团公司党的二十大维稳信访安保防恐工作特别贡献个人。

阿布力孜·阿布力米提 维吾尔族,1981年7月生,新疆和田人。2007年7月参加工作,2015年6月加入中国共产党,大学本科学历,政工师。

2007年7月西安石油大学设计制造及其自动化专业毕业,到塔里木油田公司塔西南公司化肥厂工作。2017年10月任塔西南公司职工培训中心办公室综合干事兼安全监督;2019年1月任塔西南公司职工培训中心职业技能教育培训中心辅导员;2019年4月任塔西南公司维护稳定工作办公室(武装保卫部)甄别组甄别干事;2019年8月任塔西南公司维护稳定工作办公室(武装保卫部)甄别组副组长;2022年7月任塔西南公司维护稳定工作办公室(武装保卫部)统战科副科长。2022年获评集团公司党的二十大维稳信访安保防恐工作特别贡献个人。

色米江·吐尔洪 维吾尔族,1988年11月生,新疆喀什人。2012年4月加入中国共产党,2013年7月参加工作,大学本科学历,政工师。

2013年7月西南石油大学石油工程专业毕业,到塔里木油田公司天然气事业部英买作业区天然气处理厂和采油气队实习。2014年9月任英买作业区采油气队采油(气)工程三级工程师;2016年1月任英买作业区综合办值班负责人;2019年2月任英买油气开发部综合服务部值班负责人;2020年1月任英买油气开发部综合服务部副主任。2022年4月任英买采油气管理区综合服务部主任。2022年获评集团公司党的二十大维稳信访安保防恐工作特别贡献个人。

史庆彪 汉族,1985年5月生,山东曹县人。2007年7月参加工作,2016年4月加入中国共产党,2021年1月北京科技大学本科毕业(远程教育),大学本科学历。

2007年7月克拉玛依职业技术学院专科毕业,到西部钻探工程有限公司青海钻井公司50574钻井队工作。2018年6月在西部钻探工程有限公司巴州分公司80005钻井队工作;2021年1月在西部钻探工程有限公司巴州分公司办公室(党委办公室)工作。2022年获评集团公司党的二十大维稳信访安保防恐工作特别贡献个人。

高文祥 汉族,1982年1月生,新疆昭苏人。2006年4月加入中国共产党,2006年7月参加工作,大学本科学历,高级工程师。

2006年7月成都理工大学石油工程专业毕业,到塔里木油田公司监督管理中心实习。2007年7月任监督管理中心试油井下监督办公室试油井下监督;2012年3月在库车勘探开发项目经理部工作;2012年9月任库车勘探开发项目经理部工程部完井工程二级工程师;2013年5月任库车勘探开发项目经理部工程部副主任;2015年8月任库车勘探开发项目经理部井下作业部主任;2015年12月任库车油气开发部井下作业部主任;2019年1月任克拉油气开发部采油气工程部临时负责人;2019年3月任克拉油气开发部采油气工程部主任、党支部副书记;2019年5月任克拉油气开发部党委委员、总工程师;2022年7月任克拉采油气管理区经理、党委委员、副书记。2022年获评集团公司党的二十大维稳信访安保防恐工作特别贡献个人。

莫菲 汉族,1979年6月生,江苏宜兴人。2001年9月加入中国共产党,1998年7月参加工作,大学本科学历,高级政工师。

1998年7月独山子新疆石油学校财务会计专业毕业,到塔里木油田公司物资总公司工作。2001年10月在工程技术部经营管理科工作;2004年10月在工程技术部前线服务中心工作;2005年2月在工程技术部综合办公室工作;2007年4月任工程技术部租赁中心副主任;2008年9月任工程技术部综合办公室副主任;2011年3月任工程技术部综合办公室主任;2020年1月任应急中心办公室(党委、纪委办公室)主任。2022年获评集团公司党的二十大维稳信访安保防恐工作特别贡献个人。

唐雁刚 汉族,1981年11月生,四川资阳人。2004年7月参加工作,2012年10月加入中国共产党,2011年7月中国地质大学(北京)地质工程专业工程硕士研究生毕业,硕士研究生学历,高级工程师。

2004年7月北京大学地质学专业毕业,到塔里木油田公司勘探开发研究院勘探所库车勘探室工作。2010年1月任勘探开发研究院勘探所库车勘探项目课题长;2012年9月任勘探开发研究院勘探所库车勘探项目课题长、地质勘探副主任工程师;2013年6月任勘探开发研究院勘探所库车勘探项目副项目长；2017年10月任勘探开发研究院勘探所库车勘探室主任；2018年12月任勘探开发研究院党委委员、总地质师；2019年1月任勘探开发研究院党委委员、总地质师兼勘探所所长、党总支副书记；2020年3月任勘探开发研究院副院长兼总地质师；2021年11月任塔西南公司博大油气开发部党委委员、书记、副经理；2022年8月任塔西南公司博大采油气管理区党委委员、经理、副书记。2022年获评集团公司党的二十大维稳信访安保防恐工作特别贡献个人。

常记佳 汉族，1984年10月生，河南郾城人。2004年3月加入中国共产党，2007年7月参加工作，大学本科学历，中级工程师。

2007年7月中国科学技术大学机械设计制造及自动化专业毕业，到塔里木油田公司天然气事业部牙哈作业区牙哈处理站实习。2007年12月起，历任牙哈作业区注气站设备工程师、HSE工程师；2011年4月任牙哈作业区注气站副站长、支部副书记；2013年5月任牙哈作业区注气站站长、支部副书记；2018年4月任牙哈作业区安全监督；2019年6月任迪那油气开发部工程项目部主任；2010年6月任迪那油气开发部计划经营科科长；2021年12月任迪那油气开发部办公室（党委办公室）主任。2022年获评集团公司党的二十大维稳信访安保防恐工作特别贡献个人。

集团公司优秀网评员

马　凯 汉族，1987年1月生，内蒙古扎兰屯人。2011年7月参加工作，2017年5月加入中国共产党，中国石油大学（北京）化学工程与工艺专业毕业，大学本科学历，政工师。

2011年7月新疆克拉玛依职业技术学院石油化工生产技术专业毕业，到塔里木油田公司塔西南公司石化厂工作。2013年11月在塔西南公司党群工作部工作；2019年5月任塔西南公司党群工作部宣传科科长；2021年10月任塔西南公司思想政治工作部（党委宣传部）宣传管理业务高级主管。2022年获评集团公司2021年度优秀网评员。

集团公司生产经营先进个人

王子宇 获评集团公司2022年度生产经营先进个人。（个人简历见集团公司先进工作者）

集团公司井控工作先进个人

陈　杰 羌族，1989年11月生，四川绵阳人。2010年5月加入中国共产党，2012年7月参加工作，2019年7月西南石油大学石油与天然气工程专业硕士研究生毕业，硕士研究生学历，工程师。

2012年7月西南石油大学石油工程专业毕业，到西部钻探工程有限公司准东钻井公司70137队、70502队任钻井工程师。2017年1月任西部钻探工程有限公司巴州分公司70089队、80005队平台经理（书记）；2020年5月任西部钻探工程有限公司巴州分公司工程技术科副科长兼博孜3-K1项目组技术主管；2021年1月任西部钻探工程有限公司巴州分公司第一项目经理部副经理；2022年1月任西部钻探工程有限公司巴州分公司第一项目经理部党支部书记。2022年获评集团公司井控工作先进个人。

龚晓军 汉族，1981年8月生，四川荣县人。2003年7月参加工作，2009年9月加入中国共产党，大学本科学历，工程师。

2003年7月新疆石油学院机电一体化专业毕业，到西部钻探工程有限公司准东钻井公司70005队、70126队工作。2009年2月任西部钻探工程有限公司巴州分公司70126队平台副经理；2010年2月任西部钻探工程有限公司巴州分公司70005队平台经理；2011年10月起，历任西部钻探工程有限公司巴州分公司南疆项目经理部工程办、70048队、70512队钻井工程师；2018年4月任西部钻探工程有限公司巴州分公司南疆项目经理部工程井控技术科井控技术主管；2020年6月任西部钻探工程有限公司巴州分公司对外合作项目经理部井控主管；2021年2月任西部钻探工程有限公司巴州分公司井控科副科长。2022年获评集团公司井控工作先进个人。

集团公司资质管理先进个人

杨小龙 汉族，1985年7月生，四川南充人。2007年5月加入中国共产党，2008年7月参加工作，大学本科学历，工程师。

2008年7月西南石油大学钻井工程专业毕业，到塔里木油田公司监督中心实习。2012年3月在勘探开发部钻井管理科工作；2015年8月在工程技术处钻井管理科工作；2022年3月任工程技术部钻井管理科副科长；2022年5月任工程技术部钻井管理科主管。2022年获评集团公司资质管理先进个人。

陈江林　汉族，1985年2月生，四川仪陇人。2007年6月加入中国共产党，2010年7月参加工作，大学本科学历，高级工程师。

2010年7月西南石油大学石油工程专业毕业，到塔里木油田公司监督中心工作。2012年3月任塔北勘探开发项目经理部钻井实习监督；2013年7月任塔北勘探开发项目经理部钻井副监督；2015年8月任塔北勘探开发项目经理部钻井正监督；2016年1月任勘探事业部钻井正监督；2017年2月任勘探事业部钻井工程师；2019年9月任勘探事业部井筒技术部副主任。2022年获评集团公司资质管理先进个人。

张栎柯　汉族，1993年6月生，河南登封人。2019年7月参加工作，硕士研究生学历，中级工程师。

2019年7月中国石油大学（华东）石油与天然气工程毕业，到塔里木油田公司人事服务中心实习。2020年9月在哈得油气开发部跃满采油作业区工作。2020年10月任哈得油气开发部跃满采油作业区采油工程助理工程师；2022年3月在油气田产能建设事业部钻采工程部工作。2022年获评集团公司资质管理先进个人。

张文军　汉族，1967年7月生，甘肃酒泉人。1988年7月参加工作，2009年1月中央广播电视大学会计学专业毕业，大学专科学历。

1988年7月甘肃玉门石油技校泥浆专业毕业，到玉门石油管理局钻井公司1005钻井队工作。1991年2月在吐哈石油勘探指挥部钻井公司32853钻井队工作；2017年12月在西部钻探工程有限公司巴州分公司市场经营科工作。2022年获评集团公司资质管理先进个人。

股份公司油气和新能源分公司勘探与生产工程监督先进个人

杜荡荡　汉族，1992年6月生，陕西延安人。2015年7月参加工作，大学本科学历，工程师。

2015年7月西安石油大学资源勘查工程专业毕业，到塔里木油田公司库车勘探开发项目经理部工作。2016年1月起，先后到勘探事业部、油气工程研究院工程监督中心、安全环保与工程监督中心工作；2019年7月任安全环保与工程监督中心地质副监督；2020年4月任安全环保与工程监督中心地质三级监督；2022年8月任监督中心地质二级监督。2022年获评股份公司油气和新能源分公司勘探与生产工程监督先进个人。

沈　凯　汉族，1990年12月生，湖北十堰人。2014年7月参加工作，大学本科学历，工程师。

2014年7月长江大学资源勘查工程专业毕业，到塔里木油田公司塔中勘探开发项目经理部工作。2015年8月起，先后在塔中勘探开发项目经理部、塔中油气开发部、油气工程研究院工程监督中心工作。2018年7月任油气工程研究院工程监督中心地质副监督；2019年2月任安全环保与工程监督中心地质副监督；2020年4月任安全环保与工程监督中心地质三级监督；2021年8月任安全环保与工程监督中心地质二级监督；2021年10月任监督中心地质二级监督。2022年获评股份公司油气和新能源分公司勘探与生产工程监督先进个人。

谭俊平　汉族，1986年8月生，四川广安人。2007年1月加入中国共产党，2008年7月参加工作，2011年7月中国石油大学（华东）资源勘查工程专业毕业，大学本科学历，工程师。

2008年7月西南石油大学石油与天然气地质勘探技术专业毕业，到塔里木油田公司监督管理中心工作。2012年3月任塔北勘探开发项目经理部地质副监督；2015年8月任塔北勘探开发项目经理部地质监督；2017年9月任勘探事业部地质正监督；2018年1月任油气工程研究院工程监督中心地质正监督；2019年2月任安全环保与工程监督中心地质正监督；2020年4月任安全环保与工程监督中心地质二级监督；2021年10月任监督中心地质二级监督。2022年获评股份公司油气和新能源分公司勘探与生产工程监督先进个人。

王　豪　汉族，1993年7月生，四川仪陇人。2015年7月参加工作，2020年8月加入中国共产党，大学本科学历，工程师。

2015年7月中国石油大学（北京）地质工程专业毕业，到塔里木油田公司库车勘探开发项目经理部工作。2016年1月在库车油气开发部工作；2018年1月在油气工程研究院工程监督中心工作；2019年2月在安全环保与工程监督中心工作；2020年4月任安全环保与工程监督中心地质三级监督；2021年10月任监督中心地质三级监督；2022年8月任监督中心地质二级监督。2022年获评股份公司油气和新能源分公司勘探与生产工程监督先进个人。

鲜让之 汉族，1985年8月生，四川南充人。2008年12月加入中国共产党，2013年7月参加工作，硕士研究生学历，工程师。

2013年7月西南石油大学矿产普查与勘探专业毕业，到塔里木油田公司勘探开发研究院工作。2014年11月任勘探开发研究院天然气所开发地质三级工程师；2015年4月在库车勘探开发项目经理部工作；2017年8月任库车油气开发部地质副监督；2018年1月任油气工程研究院工程监督中心地质副监督；2019年2月任安全环保与工程监督中心地质副监督；2020年4月任安全环保与工程监督中心地质三级监督；2020年10月任安全环保与工程监督中心地质正监督；2021年10月任监督中心地质二级监督。2022年获评股份公司油气和新能源分公司勘探与生产工程监督先进个人。

熊　捷 汉族，1991年5月生，四川邻水人。2014年7月参加工作，2019年8月加入中国共产党，大学本科学历，工程师。

2014年7月西南石油大学资源勘查工程专业毕业，到塔里木油田公司库车勘探开发项目经理部工作。2016年5月任勘探事业部库车勘探项目组地质监督；2020年7月任安全环保与工程监督中心地质四级监督；2021年8月任安全环保与工程监督中心地质三级监督。2022年获评股份公司油气和新能源分公司勘探与生产工程监督先进个人。

张胜强 汉族，1991年7月生，湖北黄冈人。2014年7月参加工作，2017年7月加入中国共产党，大学本科学历，工程师。

2014年7月长江大学勘查技术与工程专业毕业，到塔里木油田公司勘探开发研究院工作。2017年11月任勘探开发研究院物探与测井所测井监督；2019年1月任勘探开发研究院地球物理所测井监督；2019年7月任安全环保与工程监督中心测井监督；2020年8月任安全环保与工程监督中心测井三级监督；2021年10月任监督中心测井三级监督。2022年获评股份公司油气和新能源分公司勘探与生产工程监督先进个人。

郭小威 汉族，1987年10月生，湖北洪湖人。2009年7月参加工作，大学本科学历，工程师。

2009年7月长江大学石油工程专业毕业，到塔里木油田公司监督管理中心工作。2010年8月任监督管理中心钻井实习监督；2012年3月任库车勘探开发项目经理部钻井副监督；2017年1月任勘探事业部钻井正监督；2018年1月任油气工程研究院钻井正监督；2019年1月任安全环保与工程监督中心钻井正监督；2020年4月任安全环保与工程监督中心钻井二级监督；2021年3月任安全环保与工程监督中心钻井监督办公室副主任；2021年9月任监督中心钻井总监。2022年获评股份公司油气和新能源分公司勘探与生产工程监督先进个人。

韩忠青 汉族，1981年9月生，江苏盱眙人。2005年4月加入中国共产党，2005年7月参加工作，大学本科学历，工程师。

2005年7月长江大学石油工程专业毕业，到塔里木油田公司监督管理中心工作。2008年7月任监督管理中心钻井实习监督；2010年7月任监督管理中心钻井副监督；2011年7月任监督管理中心钻井正监督；2019年1月任安全环保与工程监督中心钻井正监督；2019年10月任安全环保与工程监督中心钻井一级监督；2021年9月任监督中心钻井总监。2022年获评股份公司油气和新能源分公司勘探与生产工程监督先进个人。

卢宗武 汉族，1986年10月生，重庆铜梁人。2009年12月加入中国共产党，2010年7月参加工作，大学本科学历，工程师。

2010年7月重庆科技学院石油工程专业毕业，到塔里木油田公司监督管理中心工作。2012年3月任库车勘探开发项目经理部钻井实习监督；2013年7月任库车勘探开发项目经理部钻井副监督；2018年1月任油气工程研究院钻井副监督；2018年8月任油气工程研究院钻井正监督；2019年1月任安全环保与工程监督中心钻井正监督；2020年4月任安全环保与工程监督中心钻井二级监督。2022年获评股份公司油气和新能源分公司勘探与生产工程监督先进个人。

任永利 汉族，1991年12月生，河南周口人。2013年12月加入中国共产党，2018年7月参加工作，硕士研究生学历，工程师。

2018年7月中国石油大学（北京）石油与天然气工程专业毕业，到塔里木油田公司勘探事业部工作。2020年10月在安全环保与工程监督中心工作；2021年8月任监督中心钻井四级监督；2022年8月任监督中心钻井三级监督。2022年获评股份公司油气和新能源分公司勘探与生产工程监督先进个人。

杨　桃 汉族，1987年1月生，四川乐山人。2009年6月加入中国共产党，2009年7月参加工作，2013年7月中国石油大学（华东）石油工程专业毕业，大学本科学历，工程师。

2009年7月西南石油大学高等职业技术学院钻井技术专业毕业，到塔里木油田公司监督管理中心工作；2012年7月任库车勘探开发项目经理部钻井实习监督；2013年7月任库车油气开发部钻井副监督；2015年12月任库车油气开发部钻井正监督；2018年1月任油气工程研究院工程监督中心钻井正监督；2019年1月任安全环保与工程监督中心钻井正监督；2020年4月任安全环保与工程监督中心钻井二级监督。2022年获评股份公司油气和新能源分公司勘探与生产工程监督先进个人。

邹林兵 汉族，1991年1月生，四川渠县人。2013年12月加入中国共产党，2014年7月参加工作，大学本科学历，工程师。

2014年7月重庆科技学院石油工程专业毕业，到塔里木油田公司工程技术部工作。2015年12月在库车油气开发部工作；2016年6月任库车油气开发部钻井实习监督；2018年1月任油气工程研究院工程监督中心钻井副监督；2019年1月任安全环保与工程监督中心钻井监督室钻井副监督；2020年4月任安全环保与工程监督中心钻井三级监督；2021年8月任监督中心钻井二级监督。2022年获评股份公司油气和新能源分公司勘探与生产工程监督先进个人。

刘　伟 汉族，1985年8月生，四川成都人。2008年4月加入中国共产党，2009年7月参加工作，大学本科学历，工程师。

2009年7月西南石油大学资源勘查工程专业毕业，到塔里木油田公司监督管理中心工作。2012年3月任库车勘探开发项目经理部钻井副监督；2016年1月任勘探事业部钻井正监督；2018年1月任油气工程研究院工程监督中心钻井正监督；2019年1月任安全环保与工程监督中心钻井正监督；2020年4月任安全环保与工程监督中心钻井二级监督；2021年10月任监督中心钻井二级监督。2022年获评股份公司油气和新能源分公司勘探与生产工程监督先进个人。

申川峡 汉族，1989年9月生，重庆忠县人。2012年7月参加工作，2012年7月加入中国共产党，大学本科学历，工程师。

2012年7月重庆科技学院石油工程专业毕业，到塔里木油田公司塔中勘探开发项目经理部工作。2014年3月任塔中勘探开发项目经理部三级工程师；2016年2月任塔中油气开发部井下作业部井下作业实习监督；2018年1月任油气工程研究院工程监督中心井下作业实习监督；2018年8月任油气工程研究院工程监督中心井下作业副监督；2019年1月任安全环保与工程监督中心井下作业副监督；2020年4月任安全环保与工程监督中心井下作业三级监督；2020年10月任安全环保与工程监督中心井下作业二级监督；2021年10月任监督中心井下作业二级监督。2022年获评股份公司油气和新能源分公司勘探与生产工程监督先进个人。

徐　路 汉族，1985年9月生，安徽淮北人。2006年12月加入中国共产党，2009年7月参加工作，大学本科学历，工程师。

2009年7月西安石油大学资源勘查与工程专业毕业，到塔里木油田公司监督管理中心工作。2012年3月任塔北勘探开发项目经理部试油监督；2013年3月任塔北勘探开发项目经理部试油副监督；2015年8月任塔北勘探开发项目经理部试油正监督；2016年1月任勘探事业部试油正监督；2018年1月任油气工程研究院工程监督中心试油正监督；2019年1月任安全环保与工程监督中心试油正监督；2020年4月任安全环保与工程监督中心试油二级监督；2021年10月任监督中心试油二级监督。2022年获评股份公司油气和新能源分公司勘探与生产工程监督先进个人。

徐 扬 汉族，1990年2月生，河北定州人。2013年6月加入中国共产党，2013年7月参加工作，大学本科学历，工程师。

2013年7月重庆科技学院石油工程专业毕业，到塔里木油田公司塔中勘探开发项目经理部工作。2015年8月任塔中油气开发部试油井下实习监督；2017年8月任塔中油气开发部试油副监督；2018年1月任油气工程研究院工程监督中心试油副监督；2019年1月任安全环保与工程监督中心试油副监督；2019年7月任安全环保与工程监督中心试油正监督；2020年4月任安全环保与工程监督中心试油二级监督；2021年10月任监督中心试油二级监督。2022年获评股份公司油气和新能源分公司勘探与生产工程监督先进个人。

股份公司油气和新能源分公司勘探与生产工程监督优秀管理者

张鑫磊 汉族，1990年3月生，黑龙江哈尔滨人。2015年7月参加工作，2022年10月加入中国共产党，硕士研究生学历，工程师。

2015年7月东北石油大学地质工程专业毕业，到塔里木油田公司库车勘探开发项目经理部工作。2016年2月任勘探事业部地质实习监督；2017年7月在勘探事业部从事测井管理工作；2020年9月在工程技术处从事测录井管理工作；2023年2月在工程技术部从事测井管理工作。2022年获评股份公司油气和新能源分公司勘探与生产工程监督优秀管理者。

赵 俊 汉族，1981年11月生，四川南充人。2005年7月参加工作，2014年5月加入中国共产党，2007年7月中国石油大学（华东）石油工程毕业，大学本科学历，高级工程师。

2005年7月重庆科技学院钻井专业毕业，到塔里木油田公司工程项目管理部工作。2006年2月任监督管理中心钻井实习监督；2010年7月任监督管理中心钻井副监督；2011年5月在塔中勘探开发项目经理部工作；2012年2月在规划计划处工作；2017年5月在油气工程研究院科研管理科工作；2017年12月在油气工程研究院经营科工作；2018年2月在油气工程研究院工程监督中心钻井监督室工作；2019年1月在安全环保与工程监督中心钻井监督室工作；2019年6月任安全环保与工程监督中心钻井监督室副主任；2021年9月任监督中心监督工作站副站长。2022年获评股份公司油气和新能源分公司勘探与生产工程监督优秀管理者。

股份公司油气和新能源分公司QHSE先进工作者

左振涛 汉族，1988年2月生，河南淅川人。2012年8月参加工作，2021年7月加入中国共产党，大学本科学历，工程师。

2012年7月沈阳化工大学过程装备与控制工程毕业，到塔里木油田公司塔西南石化厂炼油一车间工作。2015年10月起，历任塔西南公司质量安全环保部安全监督、副科长；2019年7月到塔里木油田公司质量安全环保处安全科工作；2021年1月任质量安全环保处质量科副科长；2022年9月任质量健康安全环保部监督检查主管。2022年获评股份公司油气和新能源分公司QHSE先进工作者。

杨 洋 汉族，1988年11月生，河南唐河人。2008年7月参加工作，2015年4月加入中国共产党，大学本科学历，高级工程师。

2008年7月承德石油高等专科学校电气工程及自动化专业毕业，到塔里木油田公司各事业部、钻井现场实习。2009年5月先后到塔中作业区联合站、工艺安全室工作；2013年4月任塔中工艺安全室副主任；2014年7月任塔中第三联合站副站长；2018年1月起，历任地面工程处自动化管理科自动化管理工程师、副科长、科长。2022年获评股份公司油气和新能源分公司QHSE先进工作者。

刘金龙 汉族，1988年9月生，重庆忠县人。2012年3月加入中国共产党，2013年7月参加工作，硕士研究生学历，高级工程师。

2013年7月西南石油大学油气井工程毕业，到塔里木油田公司油气工程研究院综合办公室实习。2014年8月任油气工程研究院工程设计中心钻井设计三级工程师；2015年2月任库车勘探开发项目经理部监督管理办公室钻井监督；2016年1月在勘探事业部塔北西部勘探项目组工作；2019年9月任勘探事业部秋里塔格勘探项目部钻井工程三级工程师；2020

年12月任勘探事业部台盆区勘探项目部钻井工程三级工程师。2022年获评股份公司油气和新能源分公司QHSE先进工作者。

孙一平 汉族，1987年4月生，陕西富平人。2008年5月加入中国共产党，2010年7月参加工作，大学本科学历，中级工程师。

2010年7月西安石油大学石油工程专业毕业，到川庆新疆分公司70508钻井队任钻井工程师；2013年4月任川庆新疆分公司70510钻井队技术负责人兼平台副经理；2017年10月任川庆新疆分公司70530钻井队支部书记；2021年1月在油气田产能建设事业部塔北项目经理部工作；2021年6月在油气田产能建设事业部塔中项目经理部工作；2021年10月任油气田产能建设事业部塔中项目经理部钻井工艺二级工程师。2022年获评股份公司油气和新能源分公司QHSE先进工作者。

朱　兵 汉族，1984年11月生，四川资中人。2006年12月加入中国共产党，2009年7月参加工作，大学本科学历，工程师。

2009年7月西南石油大学石油工程毕业，到塔里木油田公司勘探事业部实习。2010年8月在库车勘探开发项目经理部工作；2011年7月在库车勘探开发项目经理部安全环保科工作；2013年5月任库车勘探开发项目经理部安全环保科副科长；2015年12月任库车油气开发部质量安全环保科副科长；2017年5月任库车油气开发部质量安全环保科科长；2019年2月任克拉油气开发部质量安全环保科科长；2022年7月任克拉采油气管理区质量安全环保科科长。2022年获评股份公司油气和新能源分公司QHSE先进工作者。

薛　原 汉族，1984年6月生，新疆阿勒泰人。2006年7月参加工作，2009年7月加入中国共产党，大学本科学历，工程师。

2006年7月中国石油大学（华东）电子信息工程毕业，到塔里木油田公司牙哈作业区工作。2008年3月在迪那2凝析气田筹备组工作；2010年9月任迪那作业区维护部QHSE兼职设备工程师；2013年7月任迪那作业区采气部副队长；2016年4月任迪那作业区工艺安全室副主任；2017年9月任迪那作业区技术部主任；2017年12月任迪那作业区综合部主任；2019年2月任迪那油气开发部综合服务部负责人；2019年5月任迪那油气开发部办公室（党委办公室）主任；2021年11月任迪那油气开发部安全副总监。2022年获评股份公司油气和新能源分公司QHSE先进工作者。

周志强 汉族，1977年11月生，重庆丰都人。2002年7月参加工作，2006年9月加入中国共产党，大学本科学历，高级工程师。

2002年7月西南石油学院石油工程专业毕业，到塔里木油田公司开发事业部东河作业区工作。2004年6月在西气东输项目经理部工作；2004年11月任天然气事业部克拉作业区中央处理厂主控工程师；2005年9月任克拉作业区综合办公室副主任；2006年8月任天然气事业部克拉作业区第二处理厂副站长；2008年9月任天然气事业部克拉作业区第二处理厂站长；2010年12月任天然气事业部克拉作业区工艺安全室主任；2012年8月任天然气事业部安全环保科科长；2019年2月任英买油气开发部生产办公室主任；2020年4月任英买油气开发部经理；2021年9月任英买油气开发部副经理兼安全总监。2022年获评股份公司油气和新能源分公司QHSE先进工作者。

魏西尧 汉族，1984年4月生，四川营山人。2005年7月参加工作，2012年3月加入中国共产党，大学专科学历，工程师。

2005年7月西南石油学院机械电子技术专业毕业，到塔里木油田公司塔西南公司柯克亚作业区试井队工作。2006年5月在塔西南公司柯克亚作业区哈得项目部工作；2013年11月任塔西南公司油气开发部大北油气作业区生产技术室副主任；2015年6月任塔西南公司油气开发部大北作业区运行一部副主管；2019年11月任塔西南公司博大油气开发部大北处理站站长；2021年7月任塔西南公司博大采油气管理区安全副总监。2022年获评股份公司油气和新能源分公司QHSE先进工作者。

孟庆杰 满族，1985年5月生，内蒙古赤峰人。2008年7月参加工作，2015年4月加入中国共产党，大学本科学历，高级工程师。

2008年7月中国地质大学（武汉）安全工程专业毕业，到塔里木油田公司钻井队、牙哈装车站、物探队、英买作业区、塔中作业区实习。2009年4月到开发事业部塔中作业区联合站工作；2011年12月到开发事业部安全环保科工作；2019年7月任哈得油气开发部质量安全环保科副科长。2022年获评股份公司油气和新能源分公司QHSE先进工作者。

丁　路　汉族，1989年2月生，江苏宿迁人。2010年7月加入中国共产党，2013年7月参加工作，大学本科学历，工程师。

2013年7月西安石油大学油气储运工程专业毕业，到塔里木油田公司开发事业部桑吉作业区实习。2016年10月任开发事业部哈拉哈塘作业区哈六联合站副站长；2020年9月任东河油气开发部哈六联合站党支部书记、副站长；2022年8月任东河采油气管理区哈拉哈塘油气运维中心党支部书记、副经理。2022年获评股份公司油气和新能源分公司QHSE先进工作者。

李学武　汉族，1983年1月生，河南南阳人。2006年9月加入中国共产党，2007年7月参加工作，大学本科学历，工程师。

2007年7月北京化工大学化学工程与工艺专业毕业，到塔里木油田公司塔西南公司石化厂工作。2007年7月起，历任塔西南公司石化厂合成氨车间副班长、运行工程师、设备工程师；2014年5月任塔西南公司质量安全环保部安全科安全监督；2015年5月任塔西南公司质量安全环保部安全科科长；2019年3月任塔西南公司泽普油气开发部质量安全环保科副科长；2020年9月任塔西南公司泽普采油气管理区质量安全环保科科长。2022年获评股份公司油气和新能源分公司QHSE先进工作者。

熊竹顺　汉族，1982年10月生，安徽潜山人。2004年5月加入中国共产党，2005年7月参加工作，大学本科学历，高级工程师。

2005年7月重庆科技学院石油工程（油气集输）专业毕业，到塔里木油田公司开发事业部塔中作业区工作。2009年8月任开发事业部塔中作业区联合站副站长；2010年6月任开发事业部塔中作业区工艺安全室副主任；2013年3月任开发事业部塔中作业区安全监督；2015年8月任消防支队防火安全科科长；2020年4月任应急中心安全环保消防科科长。2022年获评股份公司油气和新能源分公司QHSE先进工作者。

孟攀雷　汉族，1985年9月生，陕西户县人。2009年7月参加工作，2018年8月加入中国共产党，大学本科学历，高级工程师。

2009年7月中国石油大学（华东）电气工程及其自动化专业毕业，到塔里木油田公司油气生产技术部工作。2010年7月到油气生产技术部电力测试队工作；2015年3月任油气生产技术部发电队副队长兼安全监督；2016年6月任油气生产技术部电力测试队副队长；2019年10月任油气生产技术部电力检维修中心副主任；2019年11月任油气生产技术部电力检维修中心主任。2022年获评股份公司油气和新能源分公司QHSE先进工作者。

库尔班江·阿木提　维吾尔族，1974年12月生，新疆喀什人。1998年7月参加工作，大学本科学历，工程师。

1998年7月新疆石油学院化工设备与机械专业毕业，到塔里木油田公司开发事业部生产技术服务大队工作。2001年8月任油气生产技术部井下作业二队技术员；2002年2月任开发事业部轮二转油站工艺工程师；2002年6月任开发事业部轮南天然气站400万吨原油处理装置生产监督；2007年12月任开发事业部轮南天然气站天然气一级工程师；2008年12月到质量安全环保处安全文化工作站工作；2019年3月任轮南油气开发部轮南处理站QHSE三级工程师；2020年3月任监督中心地面HSE监督室HSE三级监督；2022年7月任监督中心HSE二级监督。2022年获评股份公司油气和新能源分公司QHSE先进工作者。

股份公司油气和新能源分公司油气田地面工程建设前期管理先进个人

莫小伟　汉族，1986年9月生，湖北应城人。2008年5月加入中国共产党，2009年7月参加工作，大学本科学历，高级工程师。

2009年7月长江大学过程装备与控制工程专业毕业，到塔里木油田公司开发事业部东河作业区工作。2011年1月在开发事业部东河作业区工艺安全室工作；2012年1月在开发事业部东河作业区采油队工作；2013年10月在开发事业部哈得作业区哈四联合站工作；2014年5月在开发事业部哈得作业区工艺安全室工作；2015年5月在油气工程研究院地面设计室工作；2018年2月在油气工程研究院地面所油气集输室工作；2019年10月任油气工程研究院油气集输室油气集输工艺三级工程师；2021年8月在规划计划部项目前期管理科工作；2021年10月任规划计划部项目前期管理科副科长。2022年获评股份公司油气和新能源分公司油气田地面工程建设前期管理先进个人。

郭　宝　汉族，1985年3月生，甘肃武威人。2008年7月参加工作，2017年5月加入中国共产党，2011年7月中国石油大学（北京）石油工程毕业，大学本科学历，工程师。

2008年7月新疆克拉玛依职业技术学院机械制造及自动化专业毕业，到塔里木油田公司塔西南公司工作。2008年7月在塔西南公司柯克亚作业区工作；2014年7月在塔西南公司计划财务部规划中心工作；2019年8月在塔西南公司地面工程部工作；2020年10月任塔西南公司泽普油气开发部地面工艺部副主任；2021年8月在塔里木油田公司地面工程部工作。2022年获评股份公司油气和新能源分公司油气田地面工程建设前期管理先进个人。

谭川江　汉族，1982年11月生，四川安岳人。2004年3月加入中国共产党，2007年7月参加工作，硕士研究生学历，高级工程师。

2007年7月天津大学应用化学专业毕业，到塔里木油田公司开发事业部哈得作业区实习。2008年8月任开发事业部桑吉作业区工程师；2011年2月在开发事业部地面工程部工作；2014年6月任开发事业部地面工程部副主任；2019年5月任轮南油气开发部地面工艺部主任；2021年6月任油气工程研究院地面所所长兼党总支部书记。2022年获评股份公司油气和新能源分公司油气田地面工程建设前期管理先进个人。

雷志云　汉族，1980年1月生，四川南充人。2003年7月参加工作，2015年5月加入中国共产党，大学本科学历，工程师。

2003年7月西南石油学院测控技术与仪器专业毕业，到塔里木油田公司塔西南公司柯克亚作业区工作。2008年2月任塔西南公司柯克亚作业区哈得项目部责任工程师；2013年9月任塔西南公司博大油气开发部大北油气作业区副经理兼安全监督；2015年11月任塔西南公司泽普油气开发部和田河作业区经理；2019年6月任塔西南公司博大油气开发部总工程师。2022年获评股份公司油气和新能源分公司油气田地面工程建设前期管理先进个人。

张新庆　汉族，1986年7月生，内蒙古宁城人。2009年7月参加工作，2021年7月加入中国共产党，大学本科学历，高级工程师。

2009年7月天津工程师范学院电子信息工程毕业，到塔里木油田公司天然气事业部牙哈作业区实习。2011年4月任天然气事业部克拉作业区第二处理厂主控工程师；2012年8月任天然气事业部克拉作业区第二处理厂三级工程师；2014年7月任天然气事业部克深筹备组工艺工程三级工程师；2015年2月任库车勘探开发项目经理部克深作业区工艺工程三级工程师；2015年4月在库车勘探开发项目经理部克深作业区综合部工作；2015年12月在库车油气开发部克深作业区综合部工作；2017年1月在库车油气开发部人事科（组织科）工作；2018年2月在油气工程研究院地面所油气净化室工作；2019年9月任油气工程研究院地面所油气净化室天然气集输工艺三级工程师；2021年5月任克拉油气开发部地面工艺部工艺工程三级工程师；2021年7月任克拉油气开发部地面工艺部副主任。2022年获评股份公司油气和新能源分公司油气田地面工程建设前期管理先进个人。

股份公司油气和新能源分公司油气田地面工程基本建设管理先进个人

王朝晖　汉族，1969年5月生，甘肃武威人。1990年7月参加工作，1995年3月加入中国共产党，2004年7月石油大学网络教育学院工商管理专业毕业，大学本科学历，高级工程师。

1990年7月新疆交通学校路桥专业毕业，分配到新疆石油管理局筑路公司实习。1991年4月任塔里木石油勘探开发指挥部基建工程处监理；1992年10月任塔里木石油勘探开发指挥部基建监理办公室监理；1994年5月任塔里木石油勘探开发指挥部基建工程公司副主任监理；2004年12月任塔里木石油公司油建管理项目部项目办公室副主任；2007年1月任塔里木油田公司油建管理项目部工程管理科科长；2008年9月任规划计划处基建管理科科长；2010年8月任基建工程处工程管理科科长；2012年7月任基建工程处副处长;2018年8月任地面工程处副处长;2021年1月任油气田产能建设事业部党委委员、副经理。2022年获评股份公司油气和新能源分公司油气田地面工程基本建设管理先进个人。

尚浩鹏 汉族,1990年1月生,新疆乌鲁木齐人。2009年12月加入中国共产党,2012年7月参加工作,大学本科学历,工程师。

2012年7月中国石油大学(北京)自动化专业毕业,到塔里木油田公司开发事业部塔中作业区实习。2013年9月在塔中作业区联合站工作;2014年7月在塔中勘探开发项目经理部塔中作业区第三联合站工作;2017年1月在塔中油气开发部地面工程部工作;2018年3月在塔中油气开发部第二联合站工作;2019年3月任塔中油气开发部第二联合站副站长;2022年3月任塔里木油田公司地面工程处油气田建设科副科长。2022年获评股份公司油气和新能源分公司油气田地面工程基本建设管理先进个人。

余　征 汉族,1979年8月生,湖南宁乡人。2002年7月参加工作,2006年5月加入中国共产党,大学本科学历,高级工程师。

2002年7月江汉石油学院建筑工程专业毕业,到塔里木勘探开发指挥部经济发展总公司路桥分公司工作。2004年12月起,先后在塔里木油田建设工程有限责任公司管理项目部、办公室、矿建办公室工作;2010年9月在油气田产能建设项目部综合办公室工作;2012年3月在塔北勘探开发项目经理部工作;2020年7月任塔里木油田建设工程有限责任公司库车项目经理部党支部书记兼副主任(地面)。2022年获评股份公司油气和新能源分公司油气田地面工程基本建设管理先进个人。

高永辉 汉族,1979年7月生,陕西白水人。2003年7月参加工作,2020年9月加入中国共产党,大学本科学历,经济师。

2003年7月重庆石油高等专科学校采油工程专业毕业,到塔里木油田公司塔西南公司柯克亚作业区实习。2004年8月在塔西南公司柯克亚作业区开发技术部工作;2007年1月在塔西南公司规划中心工作;2011年1月任塔西南公司规划中心副主任;2019年10月任塔西南公司规划地面工程部规划及项目前期业务主管;2022年3月任塔西南公司规划地面工程部基建工程业务高级主管。2022年获评股份公司油气和新能源分公司油气田地面工程基本建设管理先进个人。

谢宽涯 汉族,1982年11月生,湖南常德人。2005年7月参加工作,2016年5月加入中国共产党,大学本科学历,高级工程师。

2005年7月四川大学金属材料专业毕业,到塔里木油田公司西气东输气田建设项目经理部实习。2006年8月任西气东输气田建设项目经理部助理工程师;2010年8月任南疆天然气利民工程项目经理部工程师;2013年9月任库车勘探开发项目经理部工程师;2015年8月任库车勘探开发项目经理部副主任工程师;2019年9月任克拉油气开发部工程项目部副主任。2022年获评股份公司油气和新能源分公司油气田地面工程基本建设管理先进个人。

方　伟 汉族,1979年5月生,内蒙古呼伦贝尔人。2005年4月加入中国共产党,2005年7月参加工作,大学本科学历,高级工程师。

2005年7月中国地质大学(武汉)石油工程专业毕业,到塔里木油田公司天然气事业部克拉作业区采气队实习。2010年9月任天然气事业部克拉作业区采气队主管;2012年11月任天然气事业部克拉作业区采气队高级主管;2016年1月任天然气事业部迪那作业区安全监督;2019年4月任迪那油气开发部质量安全环保科科长;2020年6月任迪那油气开发部安全副总监;2021年9月任迪那油气开发部总工程师;2022年7月任迪那采油气管理区党委委员、总工程师。2022年获评股份公司油气和新能源分公司油气田地面工程基本建设管理先进个人。

股份公司油气和新能源分公司油气田地面工程建设设计(含标准化设计)先进个人

刘　正 汉族,1985年7月生,湖南新宁人。2007年7月参加工作,2012年12月加入中国共产党,大学本科学历,高级工程师。

2007年7月中国石油大学(华东)油气储运专业毕业,到塔里木油田公司开发事业部实习。2019年4月在油气田产能建设事业部工作;2019年12月任油气田产能建设事业部地面工程部副主任；2021年11月任油气田产能建设事业部塔北项目经理部副主任。2022年获评股份公司油气和新能源分公司油气田地面工程建设基本设计（含标准化设计）先进个人。

孔令峰 汉族，1986年生，山东泗水人。2009年7月参加工作，2010年7月加入中国共产党，大学本科学历，工程师。

2009年7月中国石油大学（华东）自动化专业毕业，到塔里木油田公司塔中作业区实习。2016年2月到开发处地面管理科工作；2018年8月在地面工程处规划方案科工作；2022年8月任地面工程部工艺与完整性科副科长。2022年获评股份公司油气和新能源分公司油气田地面工程建设基本设计（含标准化设计）先进个人。

严东寅 汉族，1986年5月生，江苏南京人。2009年7月参加工作，2009年9月加入中国共产党，大学本科学历，高级工程师。

2009年7月长江大学石油工程专业毕业，到塔里木油田公司开发事业部哈得作业区实习。2016年1月任哈得作业区哈得四联合站副站长；2016年10月在开发处注水管理科工作；2018年2月任开发处地面管理科副科长；2018年10月任油气工程研究院地面所油气集输室主任。2022年获评股份公司油气和新能源分公司油气田地面工程建设基本设计（含标准化设计）先进个人。

谭秋仲 汉族，1981年7月生，湖北荆州人。2004年7月参加工作，2010年10月加入中国共产党，大学本科学历，高级工程师。

2004年7月长江大学石油工程专业毕业，到塔里木油田公司开发事业部东河作业区工作。2006年6月任开发事业部大宛齐作业区工程技术主管；2007年11月任开发事业部塔中作业区联合站副站长；2008年4月任开发事业部塔中作业区工艺安全室副主任；2010年4月任开发事业部塔中作业区联合站副站长；2012年5月任开发事业部塔中作业区联合站党支部书记；2014年10月任塔中勘探开发项目经理部采油队队长；2016年10月任塔中油气开发部塔二联党支部书记；2018年5月任哈得油气开发部跃满采油作业区经理、党支部副书记；2020年6月任哈得油气开发部采油气工程一级工程师；2021年6月任哈得油气采油气管理区副经理。2022年获评股份公司油气和新能源分公司油气田地面工程建设基本设计（含标准化设计）先进个人。

陆文忠 汉族，1981年6月生，河北遵化人。2005年7月参加工作，2012年5月加入中国共产党，大学本科学历，高级工程师。

2005年7月浙江大学资源环境与城乡规划管理专业毕业，到塔里木油田公司开发事业部轮南作业区实习。2006年6月在开发事业部桑吉作业区吉拉克凝析气集中处理站工作；2008年5月任桑吉作业区工艺安全室副主任；2009年4月任桑吉作业区维护部副主任兼压缩机维护队队长；2009年7月任桑吉作业区工艺安全室副主任；2010年3月任桑吉作业区生产管理室主任；2011年9月任桑吉作业区吉拉克凝析气集中处理站高级运行主管；2013年8月任桑吉作业区工艺安全室主任；2015年4月任桑吉作业区综合部主任；2019年2月任轮南油气开发部综合服务部主任；2020年2月任轮南油气开发部办公室（党委办公室）主任；2020年5月任轮南油气开发部轮一联合站站长；2021年12月任轮南采油气管理区经理助理。2022年获评股份公司油气和新能源分公司油气田地面工程建设基本设计（含标准化设计）先进个人。

股份公司油气和新能源分公司油气田地面工程建设施工（含标准化施工）先进个人

顾娟 汉族，1982年7月生，四川盐亭人。2004年11月加入中国共产党，2005年7月参加工作，大学本科学历，工程师。

2005年7月西南石油学院燃气输配专业毕业，到塔里木油田公司天然气事业部牙哈作业区实习。2006年6月在天然气事业部英买作业区工作；2008年12月在质量检测中心工程质量监督站工作；2009年8月在基建工程处工程质量监督站工作；2014年10月在基建工程处基建管理科工作；2018年7月开始在地面工程处综合公建科工作。2022年获评股份公司油气和新能源分公司油气田地面工程建设施工（含标准化施工）先进个人。

毕晶晶 汉族，1986年4月生，湖北荆州人。2007年4月加入中国共产党，2008年7月参加工作，2012年7月中国石油大学（华东）石油工程专业毕业，大学本科学历，工程师。

2008年7月长江大学油气开采技术专业毕业，到塔里木石油勘探开发指挥部开发事业部工作。2009年5月在开发事业部塔中作业区塔四联合站工作；2010年4月在塔中作业区采油队工作；2012年4月在塔中作业区生产办公室工作；2014年4月在塔中勘探开发项目经理部采油二队工作；2016年11月在塔中油气开发部地面工程部工作；2018年8月在油气田产能建设事业部地面工程部工作；2018年9月在油气田产能建设事业部安全环保科工作；2019年12月任油气田产能建设事业部安全环保科副科长；2022年1月任油气田产能建设事业部地面工程部副主任。2022年获评股份公司油气和新能源分公司油气田地面工程建设施工（含标准化施工）先进个人。

王　盼 汉族，1991年12月生，四川成都人。2013年11月加入中国共产党，2014年7月参加工作，大学本科学历，工程师。

2014年7月西南石油大学机械工程及自动化专业毕业，到塔里木油田公司塔西南公司油气开发部实习。2015年11月任塔西南公司油气开发部大北作业区运行一部工艺工程师；2016年11月任塔西南公司油气开发部大北处理站设备工程师；2020年6月任大北处理站副站长；2021年7月任大北处理站负责人；2022年6月任大北处理站站长兼博孜天然气处理厂筹备组组长；2022年8月任博孜天然气处理厂筹备组组长。2022年获评股份公司油气和新能源分公司油气田地面工程建设施工（含标准化施工）先进个人。

股份公司油气和新能源分公司油气田地面工程建设工程质量监督先进个人

陈新河 汉族，1989年1月生，河南信阳人。2013年7月参加工作，2018年9月加入中国共产党，大学本科学历，工程师。

2013年7月俄罗斯国立石油天然气大学地质学与矿物勘探专业毕业，到塔里木油田公司天然气事业部牙哈作业区实习。2014年1月任英买作业区采油气队采油（气）工程三级工程师、工艺安全三级工程师；2018年2月任油气工程研究院QHSE监督中心工程质量监督站工程质量监督；2019年2月任安全环保与工程监督中心工程质量监督站工程质量监督；2021年5月任安全环保与工程监督中心工程质量监督站副站长；2021年9月任监督中心地面工程质量监督站副站长。2022年获评股份公司油气和新能源分公司油气田地面工程建设工程质量监督先进个人。

股份公司油气和新能源分公司油气田地面工程建设数字化建设先进个人

李　莎 汉族，1985年3月生，湖北潜江人。2005年7月参加工作，2022年8月加入中国共产党，大学本科学历，高级工程师。

2005年7月上海交通大学应用化学专业毕业，到塔里木油田公司塔里木石化分公司工作。2013年7月任塔里木石化分公司合成氨生产部工艺工程师；2016年8月起，历任塔里木油田凝析气轻烃深度回收工程项目部工艺负责人、轻烃生产部总工程师；2017年6月任塔里木能源公司生产技术安全科临时负责人；2019年11月任塔里木能源公司副总工程师；2021年6月任塔里木能源公司副总经理。2022年获评股份公司油气和新能源分公司油气田地面工程建设数字化建设先进个人。

杜永红 汉族，1968年10月生，湖北天门人。1991年7月参加工作，1994年7月加入中国共产党，大学本科学历，高级工程师。

1991年7月江汉石油学院精密仪器专业毕业，分配到塔里木石油勘探开发指挥部钻采工艺技术研究大队工作。1997年3月任塔里木石油勘探开发指挥部勘探事业部综合办公室工程师；1999年11月任塔里木石油勘探开发指挥部钻井技术服务公司工程师；2000年10月任塔里木油田公司工程项目管理部工程师；2003年9月起，历任勘探事业部科技信息部工程师、副主任；2008年3月任信息管理部项目规划室主任；2017年8月任信息与通讯技术中心副总工程师；2021年9月任油气数智技术中心IT技术一级工程师。2022年获评股份公司油气和新能源分公司油气田地面工程建设数字化建设先进个人。

程　鹏　汉族，1989年4月生，甘肃泾川人。2012年3月加入中国共产党，2013年7月参加工作，大学本科学历，工程师。

2013年7月北京化工大学自动化专业毕业，到塔里木油田公司天然气事业部实习。2014年1月任牙哈作业区自动化队自动化工程师；2019年1月任迪那油气开发部地面工艺部电气仪表自动化三级工程师。2022年获评股份公司油气和新能源分公司油气田地面工程建设数字化建设先进个人。

省部级以上先进集体

表1　2022年塔里木油田公司省部级以上先进集体一览表

序号	荣誉名称	获奖单位
1	第七届"中国工业大奖"	塔里木油田公司
2	全国民族团结进步示范企业	塔里木油田公司
3	全国"安康杯"优秀组织单位	塔里木油田公司克拉采油气管理区
4	一星级全国青年文明号	塔里木油田公司塔西南公司行政事务部行政服务中心
		塔里木油田公司塔西南公司行政事务部塔里木喀什酒店
		塔里木油田公司勘探开发研究院勘探所
		塔里木油田公司克拉采油气管理区克拉采气作业区
		塔里木油田公司迪那采油气管理区牙哈采气作业区
		塔里木油田公司塔中采油气管理区塔中第一联合站
		塔里木油田公司哈得采油气管理区跃满采油作业区
		塔里木油田公司东河采油气管理区东河油气运维中心
		塔里木油田公司公用事业部公寓管理中心塔里木石油公寓前厅部
5	新疆维吾尔自治区开发建设新疆奖状	塔里木油田公司塔西南公司博大采油气管理区
6	新疆维吾尔自治区工人先锋号	塔里木油田公司油气田产能建设事业部塔中项目经理部
7	新疆维吾尔自治区第十九届青年文明号	塔里木油田公司勘探开发研究院油气藏评价所
		塔里木油田公司塔西南公司博大采油气管理区大北采气作业区
8	新疆维吾尔自治区产业工人队伍建设改革"最佳实践单位"	塔里木油田公司塔西南公司
9	新疆维吾尔自治区2022年度表现突出质量管理小组	塔里木油田建设工程有限责任公司化学助剂厂蒲公英QC小组
10	中国石油创新型企业	塔里木油田公司
11	中国石油QHSE先进企业	塔里木油田公司
12	中国石油绿色企业	塔里木油田公司
13	中国石油健康企业	塔里木油田公司

续表

序号	荣誉名称	获奖单位
14	中国石油平安企业	塔里木油田公司
15	集团公司《企业年度工作报告》编报优秀单位	塔里木油田公司
16	集团公司五四红旗团委	塔里木油田公司哈得油气开发部
		塔里木油田公司监督中心
17	集团公司2022年度"人才强企工程推进年活动"先进单位	塔里木油田公司
18	集团公司2022年度信息工作先进单位	塔里木油田公司
19	集团公司2022年度统计工作先进单位	塔里木油田公司
20	集团公司2021年度巾帼建功先进集体	塔里木油田公司勘探开发研究院规划信息所经济评价室
21	集团公司"十三五"财务工作先进集体	塔里木油田公司财务部
		塔里木油田公司哈得采油气管理区财务资产科
		塔里木油田公司勘探事业部财务资产科
		塔里木油田公司轮南采油气管理区财务资产科
		塔里木油田公司物资采办事业部财务资产科
		塔里木油田公司油气运销部财务资产科
		塔里木油田公司塔西南公司计划财务部
		东方地球物理公司塔里木物探处财务经营科(财务)
		渤海钻探工程有限公司塔里木钻井分公司计划财务科
		中国石油运输有限公司新疆塔里木运输分公司财务资产科
22	集团公司2021年度节能计量先进基层单位	塔里木油田公司英买采油气管理区英潜采油作业区
23	集团公司党的二十大维稳信访安保防恐工作特别贡献集体	塔里木油田公司维稳信访工作办公室(保卫部)
		塔里木油田公司塔西南公司维护稳定工作办公室(武装保卫部)
		塔里木油田公司塔西南公司泽普采油气管理区柯克亚处理站
		塔里木油田公司轮南采油气管理区
24	集团公司2022年度质量先进基层单位	塔里木油田公司塔西南公司博大采油气管理区大北处理站
25	集团公司2022年度资质管理先进基层单位	塔里木油田公司工程技术部
26	集团公司青年安全生产示范岗	塔里木油田公司塔西南公司博大采油气管理区大北采气作业区
27	集团公司QHSE先进基层单位	塔里木油田公司塔西南公司泽普采油气管理区和田河采气作业区
28	集团有限公司2021年度HSE标准化先进基层单位	塔中采油气管理区塔中第一联合站
29	股份公司油气和新能源分公司2022年度勘探与生产工程监督先进集体	塔里木油田公司监督中心

续表

序号	荣誉名称	获奖单位
30	股份公司油气和新能源分公司2022年度油气田地面工程建设前期管理先进单位	塔里木油田公司规划计划部
31	股份公司油气和新能源分公司2022年度油气田地面工程建设基本建设管理先进单位	塔里木油田公司地面工程部

表2　2022年塔里木油田公司先进集体一览表

序号	荣誉名称	获奖单位
1	2021—2022年度维稳安保先进集体	维稳信访工作办公室(保卫部)
		塔西南公司维护稳定工作办公室(武装保卫部)
		博大采油气管理区大北处理站
		泽普采油气管理区柯克亚处理站
		人力资源服务部退休职工管理中心
		勘探事业部
		克拉采油气管理区
		迪那采油气管理区
		英买采油气管理区办公室(党委办公室)
		轮南采油气管理区轮一联合站
		油气运销部阿克苏油气储运中心
		物资采办事业部
		应急中心
		油气生产技术部
		公用事业部运输管理中心
		宝石花物业塔里木油田地区公司物业服务项目部
		中国石油运输有限公司新疆塔里木运输分公司工程运输大队
		新疆博瑞能源有限公司
		中国石油测井塔里木分公司
		巴州塔里木公安局交警支队
2	2022年度督办信息工作先进集体	塔西南公司
		新能源事业部
		轮南采油气管理区
		油气数智技术中心
		监督中心
		生产运行部

续表

序号	荣誉名称	获奖单位
2	2022年度督办信息工作先进集体	人力资源部
		思想政治工作部
		质量健康安全环保部
		油气开发部
3	2022年度保密工作先进集体	勘探开发研究院
		油气工程研究院
		克拉采油气管理区
		东河采油气管理区
		英买采油气管理区
		油气数智技术中心
		融媒体中心
		资源勘查部
4	2022年度油气生产系统顾大局保整体贡献奖先进集体	塔西南公司
		克拉采油气管理区
		轮南采油气管理区
		油气运销部
		中国石油运输有限公司新疆塔里木运输分公司
5	2022年度油气生产系统装置检修卓越奖先进集体	塔西南公司博大采油气管理区大北处理站
		克拉采油气管理区克深处理站
		哈得采油气管理区哈得一联合站
		塔中采油气管理区塔中第一联合站
		轮南采油气管理区轮南处理站
		西南油气田塔里木油气工程分公司哈得检修项目组
6	2022年度油气生产系统生产保障提升奖先进集体	塔西南公司博大采油气管理区博孜试采作业区
		油气工程研究院地面所完整性室
		迪那采油气管理区生产办公室
		英买采油气管理区生产办公室
		哈得采油气管理区生产指挥中心(应急办公室)
		轮南采油气管理区生产办公室
		油气生产技术部安全生产管理部
		公用事业部运输管理中心
7	2022年度油气生产系统生产组织效率奖先进集体	塔西南公司泽普采油气管理区生产办公室
		勘探事业部博大勘探项目部
		油气田产能建设事业部塔中项目经理部

续表

序号	荣誉名称	获奖单位
7	2022年度油气生产系统生产组织效率奖先进集体	英买采油气管理区英西采气作业区
		塔中采油气管理区生产办公室
		哈得采油气管理区富源采油作业区
		轮南采油气管理区工程项目部
		新疆华油新海石油工程技术有限公司
8	2022年度油气生产系统生产管理先进集体	塔西南公司南疆利民油气运行中心生产管理室
		勘探事业部生产运行科
		油气田产能建设事业部生产运行科
		克拉采油气管理区克深10采气作业区
		迪那采油气管理区牙哈采气作业区
		英买采油气管理区英买处理站
		哈得采油气管理区跃满采油作业区
		东河采油气管理区生产指挥中心
		轮南采油气管理区桑吉采油作业区
9	2021—2022年度规划计划系统先进集体	塔西南公司计划财务部
		勘探开发研究院规划信息所(新能源)室
		油气工程研究院地面所公用工程室
		勘探事业部计划经营科
		英买采油气管理区地面工艺部
		东河采油气管理区财务经营办公室
		轮南采油气管理区地面工艺部
		油气运销部计划经营科
10	2021—2022年度组织人事系统先进集体	塔西南公司人事部(组织部)
		人力资源服务部(离退休管理中心)技能人才评价工作站
		勘探事业部人事科(组织科)
		克拉采油气管理区人事科(组织科)
		迪那采油气管理区人事科(组织科)
		英买采油气管理区人事科(组织科)
		东河采油气管理区党群办公室(党委组织部)
		轮南采油气管理区人事科(组织科)
11	2021—2022年度宣传思想工作先进单位	塔西南公司
		迪那采油气管理区
		塔中采油气管理区
		哈得采油气管理区

续表

序号	荣誉名称	获奖单位
11	2021—2022年度宣传思想工作先进单位	油气运销部
		应急中心
		融媒体中心
		东方地球物理勘探有限责任公司塔里木前线指挥部
12	2022年度信息化工作先进集体	办公室(党工委办公室)综合事务科
		生产运行部生产值班室
		财务部管理会计科
		地面工程部自动化管理科
		设备物资部通用设备科
		塔西南公司信息通讯部
		勘探开发研究院规划信息所数据信息室
		油气工程研究院钻完井远程管控中心
		迪那采油气管理区地面工艺部
		东河采油气管理区地面工艺中心
		油气运销部储运调控中心
		监督中心HSE监督组
		物资采办事业部电子商务部
		油气数智技术中心通讯网络部、数据技术部
		昆仑数智科技有限责任公司新疆大区、生产指挥可视化项目组、数据银行及数据湖项目组、钻完井远程管控支持中心研发项目组
		西部钻探工程有限公司巴州分公司录井及信息化项目部
		普联软件股份有限公司巴州分公司财务项目部
13	2021—2022年度管理创新先进单位	人力资源部
		克拉采油气管理区
		塔西南公司
		塔中采油气管理区
		油气工程研究院
		东河采油气管理区
14	2022年度质量提升先进集体	地面工程部油气田建设科
		塔西南公司质量安全环保部
		勘探事业部井筒技术部
		英买采油气管理区质量安全环保科
		监督中心地面工程质量监督站

续表

序号	荣誉名称	获奖单位
15	2022年度QHSE工作先进单位	克拉采油气管理区
		塔中采油气管理区
		迪那采油气管理区
		英买采油气管理区
		东河采油气管理区
		哈得采油气管理区
		勘探事业部
		塔西南公司
		泽普采油气管理区
		应急中心
		油气生产技术部
		监督中心
		渤海钻探工程有限公司库尔勒分公司
		川庆钻探工程有限公司新疆分公司
		四川石油天然气建设工程有限责任公司新疆分公司
		西南油气田塔里木油气工程分公司
		中国石油运输有限公司塔里木运输分公司
		昆仑数智科技有限责任公司新疆大区
		东方地球物理公司西南物探分公司
		机械工业上海蓝亚石化设备检测所有限公司
		宝石花物业塔里木油田地区公司
		中国石油集团安全环保技术研究院有限公司
16	2022年度QHSE工作先进集体	哈得采油气管理区富源油气运维中心
		英买采油气管理区英东采气作业区
		轮南采油气管理区轮南采油作业区
		塔中采油气管理区塔中第一联合站
		塔西南公司泽普采油气管理区和田河采气作业区
		油气运销部阿克苏油气储运中心
		油气田产能建设事业部塔北项目经理部
		油气合资合作事业部生产管理部
		塔里木能源有限责任公司质量安全环保部
		南疆利民油气运行中心和田管理站
		塔西南公司博大采油气管理区博孜试采作业区
		物资采办事业部生产服务部

续表

序号	荣誉名称	获奖单位
16	2022年度QHSE工作先进集体	油气数智技术中心平台技术部
		塔西南公司质量安全环保部
		塔西南公司油气生产服务部化验分析项目部
		新能源事业部项目管理室
		公用事业部公寓管理中心
		实验检测研究院油气分析测试中心
		塔里木油建公司广告与印刷分公司
		油气工程研究院安全环保节能室
		西部钻探工程有限公司巴州分公司90008钻井队
		川庆钻探工程有限公司新疆分公司90203钻井队
		中国石油集团测井有限公司塔里木分公司测井项目部
		川庆钻探工程有限公司新疆分公司压裂YS49125队
		渤海钻探工程有限公司新疆库尔勒分公司S19551队
		新疆中科杰良石油工程技术有限公司轮南项目部
		中油(新疆)石油工程有限公司富满油田果勒东Ⅰ区块工程项目部
		辽河油田建设有限公司富满油田项目经理部
		中油(新疆)石油工程有限公司塔里木分院
		中国石油沙漠运输分公司天然气回收处理公司
		中国石油运输有限公司塔里木运输分公司东河油田服务公司
		中国石油大港油田分公司大港油田检测监督评价中心特检站储罐附件检测室
		济柴动力新疆压缩机分公司哈得项目部
		东方地球物理公司塔里木物探处247队
		西部钻探工程有限公司巴州分公司测试项目部CS3052队
		中国石油运输有限公司塔里木运输分公司油田应急保障中心
		昆仑数智科技有限责任公司油田智能运营中心场地建设项目组
		新疆博瑞能源有限公司燃气项目管理中心
		山东海普安全环保公司油田咨询部
		新疆山河志远环境监理有限公司环境监理项目经理部
17	2022年度QHSE标准化建设示范站队	哈得采油气管理区哈得一联合站
		塔中采油气管理区塔中第一联合站
		英买采油气管理区英东采气作业区
		塔西南公司泽普采油气管理区和田河采气作业区
		轮南采油气管理区轮南采油作业区

续表

序号	荣誉名称	获奖单位
17	2022年度QHSE标准化建设示范站队	渤海钻探工程有限公司库尔勒分公司90007队
		四川石油天然气建设工程有限责任公司新疆分公司哈一联扩建项目部
18	2022年度QHSE标准化建设优秀站队	迪那采油气管理区牙哈油气运维中心
		英买采油气管理区英买处理站
		克拉采油气管理区克拉处理站
		油气运销部阿克苏油气储运中心
		油气生产技术部哈得电力工区
		轮南采油气管理区轮一联合站
		东河采油气管理区东河油气运维中心
		塔中采油气管理区塔中第一采油气作业区
		应急中心井控中心
		物资采办事业部生产服务部
		西部钻探工程有限公司巴州分公司90008队
		新疆派特罗尔能源服务股份有限公司90001队
		中油(新疆)石油工程有限公司富满油田果勒东I区块工程项目部
19	2022年度平安示范单位	塔西南公司
		勘探开发研究院
		油气工程研究院
		勘探事业部
		油气田产能建设事业部
		克拉采油气管理区
		迪那采油气管理区
		英买采油气管理区
		哈得采油气管理区
		东河采油气管理区
		轮南采油气管理区
		油气运销部
		监督中心
		新疆巴州塔里木能源有限责任公司
		物资采办事业部
		应急中心
		油气生产技术部
		油气数智技术中心
		公用事业部 宝石花物业塔里木油田地区公司

续表

序号	荣誉名称	获奖单位
19	2022年度平安示范单位	塔里木第四勘探公司(渤海钻探工程有限公司库尔勒分公司)
		中国石油运输有限公司沙漠运输分公司
		中国石油集团测井有限公司塔里木分公司
		巴州塔里木公安局
20	2022年度绿色企业创建先进集体绿色企业创建突出贡献团队	生产运行部
		思想政治工作部
		质量健康安全环保部
		工程技术部
		设备物资部
		塔西南公司博大采油气管理区
		勘探事业部
		新能源事业部
		哈得采油气管理区
		轮南采油气管理区
21	2022年度"能效领跑者"优秀集体	新能源事业部低碳节能室
		迪那采油气管理区牙哈处理站
		英买采油气管理区英潜采油作业区
		塔中采油气管理区质量安全环保科
		哈得采油气管理区哈得采油作业区
		轮南采油气管理区桑吉采油作业区
22	2022年度健康达人优秀团队	油气田产能建设事业部库车项目经理部
		英买采油气管理区英潜采油作业区
		塔中采油气管理区塔中第三联合站
		塔西南公司泽普采油气管理区和田河采气作业区
23	2021—2022年度合规管理先进集体	塔西南公司企管法规部
		勘探事业部计划经营科
		塔中采油气管理区计划经营科
		哈得采油气管理区计划经营科
		东河采油气管理区财务经营办公室
		油气运销部油气销售部
24	2021—2022年度勘探工作先进集体	勘探开发研究院勘探所风险勘探室、油气藏评价所塔河南室、地球物理所速度研究室
		勘探事业部博大勘探项目部、台盆区勘探项目部
		油气田产能建设事业部地质油藏部

续表

序号	荣誉名称	获奖单位
24	2021—2022年度勘探工作先进集体	监督中心地质监督组
		东方物探公司西南物探分公司山地一队、塔里木物探处物探方法研究所
		塔里木盆地研究中心西北分院研究团队
25	2021—2022年度矿权储量工作先进集体	勘探开发研究院勘探所台盆区勘探室
		勘探事业部地质工程部
		哈得采油气管理区油气藏地质研究中心
		东河采油气管理区油气藏地质研究中心
		轮南采油气管理区油气藏地质研究所
26	2022年度科技创新先进集体	塔西南公司博大采油气管理区采油气工程部、油气生产服务部泽普电力项目部
		勘探开发研究院勘探所库车勘探室、油气藏评价所塔北室、天然气所库车评价开发室
		油气工程研究院采油所油田化学室、地面所油气集输室
		勘探事业部井筒技术部
		克拉采油气管理区油气藏地质研究所
		英买采油气管理区油气藏地质研究所
		塔中采油气管理区油气藏地质研究所
		哈得采油气管理区油气藏地质研究中心
		东河采油气管理区油气藏地质研究中心
		油气数智技术中心平台技术部
		实验检测研究院油气藏工程实验中心
		中国石油集团渤海钻探工程有限公司库尔勒分公司工程技术科
		中国石油集团东方地球物理勘探有限责任公司研究院库尔勒分院塔西南新区室
27	2021—2022年度油气藏经营管理先进集体	塔西南公司博大采油气管理区油气藏地质研究所、泽普采油气管理区油气藏地质研究所
		勘探开发研究院开发所塔北室、天然气所提高采收率室
		克拉采油气管理区油气藏地质研究所
		英买采油气管理区油气藏地质研究所
		塔中采油气管理区油气藏地质研究所
		哈得采油气管理区油气藏地质研究中心
		东河采油气管理区油气藏地质研究中心
		轮南采油气管理区油气藏地质研究所
28	2022年度勘探与生产工程监督先进集体	监督中心

续表

序号	荣誉名称	获奖单位
29	2022年度工程技术最佳实践集体	油气工程研究院钻井所
		勘探事业部博大勘探项目部
		油气田产能建设事业部库车项目经理部
		克拉采油气管理区采油气工程部
		英买采油气管理区采油气工程部
		塔中采油气管理区采油气工程部
		东河采油气管理区采油气技术中心
		塔西南公司博大采油气管理区采油气工程部
		监督中心钻井监督组
		应急中心前线服务中心
30	2022年度井控管理先进单位	勘探事业部
		油气田产能建设事业部
		克拉采油气管理区
		川庆钻探工程有限公司新疆分公司
		渤海钻探工程有限公司库尔勒分公司
		新疆兆胜钻探有限公司
31	2022年度井控管理先进集体	油气工程研究院井控研究室
		勘探事业部井筒技术部
		油气田产能建设事业部塔中项目经理部
		哈得采油气管理区采油气技术中心
		英买采油气管理区采油气工程部
		监督中心监督工作站
		应急中心井控中心
		西部钻探工程有限公司巴州分公司90008队、80006队、90019队
		川庆钻探工程有限公司新疆分公司勘探项目部 90002队、40574队
		中石化中原石油工程有限公司塔里木分公司90118队
		渤海钻探工程有限公司库尔勒分公司70157队、80007队、70011队
		大庆石油管理局有限公司新疆分公司80013队
		新疆派特罗尔能源服务股份有限公司80002队、90002队
		新疆兆胜钻探有限公司90001队
		天津中油钻探工程有限公司70006队
		玉门石油管理局有限公司油田作业巴州塔里木项目部Sl 7861队
		渤海钻探工程有限公司库尔勒分公司Sl 9551队
		西部钻探工程有限公司巴州分公司录井及信息化项目经理部

续表

序号	荣誉名称	获奖单位
31	2022年度井控管理先进集体	渤海钻探工程有限公司库尔勒分公司第一录井项目部
		中海油田服务股份有限公司油技陆地作业公司新疆电缆测井作业中心
32	2021—2022年度工程技术系统先进单位	油气工程研究院
		哈得采油气管理区
		东河采油气管理区
		塔西南公司博大采油气管理区
		监督中心
		西部钻探工程有限公司巴州分公司
		渤海钻探工程有限公司库尔勒分公司
33	2021—2022年度工程技术系统先进集体	勘探开发研究院地球物理所生产测井室
		油气工程研究院采油气所
		勘探事业部台盆区勘探项目部
		油气田产能建设事业部钻采工程部
		迪那采油气管理区采油气工程部
		塔中采油气管理区采油气工程部
		轮南采油气管理区采油气工程部
		塔西南公司泽普采油气管理区采油气工程部
		监督中心试油井下监督组
		实验检测研究院采购产品检验中心
		川庆钻探工程有限公司新疆分公司70524队
		新疆派特罗尔能源服务股份有限公司90002队
		天津中油钻探工程有限公司50002队
		西部钻探工程有限公司巴州分公司井下项目部
		中国石油集团测井有限公司塔里木分公司测井项目部
34	2022年度地面管理先进集体	油气工程研究院地面所
		油气田产能建设事业部塔中项目经理部
		塔中采油气管理区地面工艺部
		塔西南公司博大采油气管理区工程项目部
		油气运销部储运技术部
		新疆巴州塔里木能源有限责任公司设备技术部
35	2021—2022年度设备物资管理先进集体	塔西南公司博大采油气管理区物资管理站
		塔西南公司泽普采油气管理区柯克亚处理站
		油气田产能建设事业部钻采工程部
		迪那采油气管理区迪那处理站

续表

序号	荣誉名称	获奖单位
35	2021—2022年度设备物资管理先进集体	塔中采油气管理区地面工艺部
		哈得采油气管理区地面工艺中心
		轮南采油气管理区地面工艺部
		物资采办事业部物资计划部
		冀东石油机械有限公司
		中国石油物资沧州有限公司
36	2021—2022年度党风廉政建设工作先进集体	哈得采油气管理区党委
		油气运销部(油气营销管理部)党委
		昆仑银行库尔勒分行党委
		塔西南公司纪委
		勘探事业部纪委
		油气田产能建设事业部纪委
		克拉采油气管理区纪委
		东方地球物理公司塔里木前线指挥部纪委
		人力资源部(党工委组织部)党支部
		企管法规部(内控与风险管理部)党支部
		塔西南公司人力资源服务部党支部
		融媒体中心党支部
		宝石花物业塔里木油田地区公司客户服务项目部党支部
		纪工委办公室监督检查科
		纪工委办公室执纪审查科
37	2022年度造价管理先进集体	勘探事业部
		油气田产能建设事业部
		克拉采油气管理区
		迪那采油气管理区
		哈得采油气管理区
38	2022年度新能源业务先进集体	新能源事业部
		油气工程研究院新能源研究中心
		泽普采油气管理区
		英买采油气管理区
		塔中采油气管理区
		轮南采油气管理区
39	2022年度矿区服务系统工作先进集体	塔西南公司职工医疗服务中心
		塔西南公司维护稳定办公室社区管理中心

续表

序号	荣誉名称	获奖单位
39	2022年度矿区服务系统工作先进集体	塔西南公司行政事务部
		塔中采油气管理区综合服务部
		轮南采油气管理区综合服务部
		应急中心办公室(党委 纪委办公室)
		公用事业部矿区管理部
		公用事业部公用资产管理中心
		宝石花物业塔里木分公司物业服务项目部
		宝石花物业塔里木分公司生活服务二项目部
40	富满油田超深油气产量突破300万吨先进典型突出贡献团队	勘探开发研究院油气藏评价所塔河南室
		油气工程研究院钻井所
		勘探事业部台盆区勘探项目部
		油气田产能建设事业部塔中项目经理部
		哈得采油气管理区满深油气运维中心
		东方地球物理公司塔里木前线指挥部2113队
		渤海钻探工程有限公司库尔勒分公司BHZ90001钻井队
		中油(新疆)石油工程有限公司富满油田FI19断裂带满深71井区试采地面工程项目部
		巴州华云石油技术开发有限公司哈得项目部
41	富满油田超深油气产量突破300万吨先进集体	油气开发部油气藏评价科
		地面工程部油气田建设科
		勘探开发研究院地球物理所物探工程设计室
		油气工程研究院地面所
		勘探事业部物探工程部
		油气田产能建设事业部塔北项目经理部
		哈得采油气管理区油气藏地质研究中心
		监督中心勘探台盆区钻井监督组
		物资采办事业部物资采办部
		应急中心井控中心
		油气生产技术部哈得电力工区
		油气数智技术中心应用系统部(项目管理室)
		东方地球物理公司研究院库尔勒分院富满油田地震资料处理团队
		西部钻探工程有限公司巴州分公司70139钻井队
		川庆钻探工程有限公司新疆分公司70524钻井队

续表

序号	荣誉名称	获奖单位
41	富满油田超深油气产量突破300万吨先进集体	大庆石油管理局有限公司新疆分公司大庆钻探新疆钻探项目经理部90020钻井队
		新疆派特罗尔能源服务股份有限公司80002钻井队
		中国石油集团测井有限公司塔里木分公司C1741队
		川庆钻探工程有限公司新疆分公司测试工程事业部
		玉门石油管理局有限公司油田作业巴州塔里木项目部
		中国石油运输有限公司新疆塔里木运输分公司哈得油田服务公司
		宝石花物业塔里木油田地区公司生活服务二项目部

表3　2022年塔里木油田公司先进个人一览表

序号	荣誉名称	所属单位	获奖个人
1	2021—2022年度维稳安保先进个人	塔里木"访惠聚"驻村工作人员	阿里木江·卡德尔　伊利
		办公室(党工委办公室)	杨立强
		人力资源部(党工委组织部)	梁剑
		纪工委办公室	殷志猛
		维稳信访工作办公室(保卫部)	雷明
		塔西南公司	何俊龙　谢俊　艾辉　玉山江·吉利力　党卿　王磊　颜刚　唐晖　冯军　王庆军　殷杭铭　汪希磊　帕力卡·牙生　徐晨祥　古里米拉·米吉提　周新伟
		勘探开发研究院	何利
		油气工程研究院	朱建华
		勘探事业部	丁肇鹏
		油气田产能建设事业部	林金波　徐文超
		克拉采油气管理区	刘杨
		迪那采油气管理区	马小龙
		英买采油气管理区	色米江·吐尔洪
		塔中采油气管理区	王庆育
		哈得采油气管理区	高敏
		东河采油气管理区	孙思
		轮南采油气管理区	孙均锋　徐振辉
		油气合资合作事业部	郭斌
		油气运销部	骆兴龙
		监督中心	宋丽珍

续表

序号	荣誉名称	所属单位	获奖个人
1	2021—2022年度维稳安保先进个人	新疆巴州塔里木能源有限责任公司	秦磊亮
		人力资源服务中心	杨　光
		物资采办事业部	连　欣
		应急中心	陈中奇　程　杨
		油气生产技术部	范张健
		油气数智技术中心	王旭辉
		实验检测研究院	陈培思
		塔里木油田建设工程有限责任公司	王艳英
		公用事业部	李金鹏　张怀龙
		融媒体中心	徐小红
		宝石花物业塔里木油田地区公司	郭　玮　李宝光　巴哈提亚·哈德尔
		塔里木第二勘探公司(川庆钻探工程有限公司新疆分公司)	田学平
		塔里木第四勘探公司(渤海钻探工程有限公司库尔勒分公司)	王维韬
		中国石油运输有限公司沙漠运输分公司	陈　利
		东方地球物理勘探有限责任公司塔里木前线指挥部	钟明亮
		巴州塔里木公安局	巴力杰　潘虹澎
		昆仑银行库尔勒分行	柔建新
2	2022年度督办信息工作先进个人	勘探开发研究院	周　烨
		油气工程研究院	马　磊
		克拉采油气管理区	冯梓轩
		英买采油气管理区	张　巧
		哈得采油气管理区	张宏博
		油气运销部	李碧龙
		新疆巴州塔里木能源有限责任公司	张程平
		办公室(党工委办公室)	戴永鹏　马　磊
		生产运行部	王　勇
		规划计划部	曹雪刚
		财务部	张永剑
		人力资源部	李　林
		企管法规部	田兆武
		资源勘查部	王俊友
		油气开发部	朱　轶

续表

序号	荣誉名称	所属单位	获奖个人
2	2022年度督办信息工作先进个人	工程技术部	郑如森
		地面工程部	张新岭
		纪工委办公室	田野
		维稳信访办公室	张春鹤
3	2022年度保密工作先进个人	勘探开发研究院	秦丽娟
		油气工程研究院	杨永凤
		塔中采油气管理区	曹拴平
		迪那采油气管理区	王红
		油气合资合作事业部	郭斌
		油气运销部	李俊峰
		应急中心	张静
		油气数智技术中心	张小娟
		办公室(党工委办公室)	钟鹤鸣
		思想政治工作部	宋蕾玲
4	2022年度油气生产系统顾大局保整体贡献奖先进个人	塔西南公司	陈祥振 李晓波 潘高祥 唐建刚 魏西尧 杨泰岩 周杰
		勘探开发研究院	崔仕提 蒋俊
		油气工程研究院	宋海涛 张治达
		勘探事业部	葛忠宇 田学文 尹宏
		油气田产能建设事业部	陈星宇 池晓舟 邵长春
		新能源事业部	崔巍
		克拉采油气管理区	甘念平 黄扬明
		迪那采油气管理区	胡玉生 王磊 赵鹏
		英买采油气管理区	李正涛 叶明新 张世鹰
		塔中采油气管理区	李剑 李振禄 张小红
		哈得采油气管理区	刘良宇 梁洪涛 张振涛
		东河采油气管理区	胡博 王海波
		轮南采油气管理区	陆文忠 毛小飞
		油气运销部	蒋定文 贾林
		监督中心	王维利
		新疆巴州塔里木能源有限责任公司	刘兴
		物资采办事业部	李建庆 刘琨
		应急中心	胡安智
		油气生产技术部	孟攀雷

续表

序号	荣誉名称	所属单位	获奖个人
4	2022年度油气生产系统顾大局保整体贡献奖先进个人	公用事业部	宋明
		办公室(党工委办公室)	李东
		生产运行部	杜中科
		财务部	刘宝成
		人力资源部	尹怀润
		质量健康安全环保部	薛江波
		资源勘查部	崔德育
		油气开发部	张晨
		工程技术部	郑如森
		地面工程部	赵建彬
		纪工委办公室	史继文
		中国石油运输有限公司新疆塔里木运输分公司	杨华
5	2022年度油气生产系统装置检修卓越奖先进个人	塔西南公司	郭睿朋 金光明 牛海东 彭豪 秦学亮
		油气工程研究院	陈庆国
		克拉采油气管理区	景玉平 梁挺
		迪那采油气管理区	关江涛 邓明健
		英买采油气管理区	孙旭华 胥猛生
		塔中采油气管理区	喻友均 蔡鹏
		哈得采油气管理区	董易凡 龚海龙
		东河采油气管理区	费发奇 郭志强
		轮南采油气管理区	岳兴周 李纪朋
		监督中心	陈运兵 库尔班江·阿木提
		新疆巴州塔里木能源有限责任公司	钱浩
		物资采办事业部	戴清
		油气生产技术部	丁晗
		实验检测研究院	骆卫成 杜广川
		生产运行部	庞浩
		质量健康安全环保部	左振涛
		地面工程部	宋跃海
		设备物资部	童根
		中国石油运输有限公司新疆塔里木运输分公司	王帅
		华油新海公司	周世云

续表

序号	荣誉名称	所属单位	获奖个人
5	2022年度油气生产系统装置检修卓越奖先进个人	辽河油田建设有限公司	张　宇
		西南油气田塔里木油气工程分公司	刘忠诚
6	2022年度油气生产系统生产保障提升奖先进个人	塔西南公司	纪晓飞　孔辉　凌跟翔　姚川　周杰　西尔艾力·艾力　艾尼瓦尔·阿都艾尼
		勘探开发研究院	陈丽群
		油气工程研究院	张金星
		勘探事业部	翟胜敏　赵文兵
		油气田产能建设事业部	程善平　黄超
		克拉采油气管理区	李姜超　姜金良
		迪那采油气管理区	秦振杰
		英买采油气管理区	李宏伟
		塔中采油气管理区	许波　张贤波
		哈得采油气管理区	刘宵　王子宇
		东河采油气管理区	陈勇
		轮南采油气管理区	阿里木·卡德尔　张雷
		油气合资合作事业部	刘志明
		油气运销部	李乐乐
		监督中心	王景辰
		新疆巴州塔里木能源有限责任公司	杨俊琦
		物资采办事业部	陈茂林　钱树成
		应急中心	闫炳芳　王耀辉
		油气生产技术部	李亚飞　毛晨彬
		油气数智技术中心	吴金峰
		实验检测研究院	宋宗君
		塔里木油田建设工程有限责任公司	谭宇
		公用事业部	潘保国　邱建华
		办公室(党工委办公室)	王珺琛
		生产运行部	蒋荣敏
		规划计划部	苑冬
		人力资源部	曾海龙
		思想政治工作部	祁明浩
		质量健康安全环保部	吴国磊
		企管法规部	修云明

续表

序号	荣誉名称	所属单位	获奖个人
6	2022年度油气生产系统生产保障提升奖先进个人	地面工程部	张立强
		设备物资部	王立辉
		审计部	陈亮
		维稳信访工作办公室	周霞
		塔里木第一勘探公司(西部钻探工程有限公司巴州分公司)	余明富
		塔里木第二勘探公司(川庆钻探工程有限公司新疆分公司)	孙本法
		塔里木第三勘探公司(中石化中原石油工程有限公司塔里木分公司)	草玉祥
		塔里木第四勘探公司(渤海钻探工程有限公司库尔勒分公司)	麻建华
		中国石油运输有限公司沙漠运输分公司	刘勇
		东方地球物理勘探有限责任公司塔里木前线指挥部	李树伟
		中国石油管道局工程有限公司新疆分公司	苗永青
		中国石油集团测井有限公司塔里木分公司	刘东阁
		新疆兆胜钻探有限公司	张在存
		新疆派特罗尔能源服务股份有限公司	徐俊华
7	2022年度油气生产系统生产组织效率奖先进个人	塔西南公司	邓德海 丁志飞 黄炯 李江 刘立铁 刘锁 唐正伟 张奎
		勘探开发研究院	魏聪 赵锐锐
		油气工程研究院	刘川福 王克林
		勘探事业部	胡浩 王志涛 吴全鹤
		油气田产能建设事业部	伍建军 袁野 张帆
		新能源事业部	李云鹏
		克拉采油气管理区	唐佳鑫 王珠峰
		迪那采油气管理区	范玉涛 李原杰
		英买采油气管理区	张鹏新
		塔中采油气管理区	刘廷
		哈得采油气管理区	龚海龙 夏云川
		东河采油气管理区	曹鹏
		轮南采油气管理区	于华文 王彦枫
		油气合资合作事业部	王积源
		油气运销部	郑斌 汪铭峰

续表

序号	荣誉名称	所属单位	获奖个人
7	2022年度油气生产系统生产组织效率奖先进个人	监督中心	唐福俊
		新疆巴州塔里木能源有限责任公司	张程平
		物资采办事业部	李丹阳
		应急中心	高 淼
		油气生产技术部	丁 晗
		生产运行部	李伊念
		规划计划部	李致宏
		人力资源部	李永坡
		质量健康安全环保部	张凯旋
		资源勘查部	林上文
		油气开发部	袁 伟
		工程技术部	黄文鑫
		地面工程部	青彩霞
		设备物资部	王浩东
		塔里木第一勘探公司(西部钻探工程有限公司巴州分公司)	宋年青
		塔里木第二勘探公司(川庆钻探工程有限公司新疆分公司)	麻荣华
		塔里木第三勘探公司(中石化中原石油工程有限公司塔里木分公司)	张志永
		塔里木第四勘探公司(渤海钻探工程有限公司库尔勒分公司)	张阳光
		东方地球物理勘探有限责任公司塔里木前线指挥部	王 超
		新疆博瑞能源有限公司	吴 焕
		中国石油集团测井有限公司塔里木分公司	张兆阳
		新疆华油新海石油工程技术有限公司	周小涛
		新疆兆胜钻探有限公司	杨建国
		新疆派特罗尔能源服务股份有限公司	黄 博
8	2022年度油气生产系统生产管理先进个人	塔西南公司	胡国荣 胡伟明 牛建永 饶 彬 宋华荣 王鹏程
		油气工程研究院	马 磊
		勘探事业部	姜忠南 徐铠炯
		油气田产能建设事业部	党 雷 张东宁
		新能源事业部	夏显威

续表

序号	荣誉名称	所属单位	获奖个人
8	2022年度油气生产系统生产管理先进个人	克拉采油气管理区	曲 力
		迪那采油气管理区	口俊林
		英买采油气管理区	蒋 宏
		塔中采油气管理区	彭 崇
		哈得采油气管理区	廖伟伟 王 蒲
		东河采油气管理区	魏盼龙
		轮南采油气管理区	肉孜·胡吉
		油气合资合作事业部	宋玉斌
		油气运销部	党金涛
		新疆巴州塔里木能源有限责任公司	嵇 翔
		物资采办事业部	时 德
		应急中心	刘显锋
		油气生产技术部	杨 萌
		油气数智技术中心	刘振民
		实验检测研究院	曹晓江
		公用事业部	王海龙
		财务部	瞿 强
		企管法规部	万林峰
		油气开发部	邹国鹏
		概预算管理部	史晓慧
		塔里木第一勘探公司(西部钻探工程有限公司巴州分公司)	刘艳泽
		塔里木第二勘探公司(川庆钻探工程有限公司新疆分公司)	火建忠
		塔里木第三勘探公司(中石化中原石油工程有限公司塔里木分公司)	曾华东
		塔里木第四勘探公司(渤海钻探工程有限公司库尔勒分公司)	王 彬
		中国石油运输有限公司沙漠运输分公司	吕永新
		东方地球物理勘探有限责任公司塔里木前线指挥部	邢晨辉
		中国石油集团测井有限公司塔里木分公司	刘海龙
9	2021—2022年度规划计划系统先进个人	办公室(党工委办公室)	何 飞
		生产运行部	成和平
		规划计划部	李卓颖

续表

序号	荣誉名称	所属单位	获奖个人
9	2021—2022年度规划计划系统先进个人	财务部	袁国铭
		人力资源部	夏丁栋
		质量健康安全环保部	何建萍
		企管法规部	王 峰
		资源勘查部	白 银
		油气开发部	付小涛
		地面工程部	陈 欢
		设备物资部	赵现如
		审计部	刘 东
		概预算管理部	蒋小兰
		塔西南公司	陈荚平 曹紫阳
		勘探开发研究院	刘美容
		油气工程研究院	郭金涛 孙凤枝
		勘探事业部	翟浪波
		油气田产能建设事业部	李新萍 朱玉明
		新能源事业部	陈亚兵
		克拉采油气管理区	赵 亚
		迪那采油气管理区	何 伟
		塔中采油气管理区	何 鹏
		哈得采油气管理区	曾 路
		油气合资合作事业部	张娇杨
		油气运销部	张 凡
		新疆巴州塔里木能源有限责任公司	孙 娟
		油气数智技术中心	周建杰
10	2021—2022年度组织人事系统先进个人	塔西南公司	赵伟威 王梦伶 李晓娟 杨 虹 赵晓磊 吴 鑫
		勘探开发研究院	张 勇
		勘探事业部	尹峰林
		新能源事业部	马桥歌
		克拉采油气管理区	王雪娇
		迪那采油气管理区	刘 瑶
		英买采油气管理区	马艳韵
		塔中采油气管理区	苟文丽
		哈得采油气管理区	纪玉清

续表

序号	荣誉名称	所属单位	获奖个人
10	2021—2022年度组织人事系统先进个人	东河采油气管理区	杨 婧
		轮南采油气管理区	胡 诚
		油气运销部	鲁 煜
		人力资源服务中心	杨宝冬
		应急中心	蔡晓华
		油气生产技术部	张 锐
		油气数智技术中心	王 丽
		办公室(党工委办公室)	谢成荣
		规划计划部	刘轩宇
		人力资源部(党工委组织部)	党 兵 巴特尔 刘 洋 周继兵
		油气开发部	杨双宝
		纪工委办公室	何 征
11	2021—2022年度宣传思想工作先进个人	塔西南公司	谢 丹
		勘探开发研究院	李玉含
		东河采油气管理区	魏元军
		监督中心	王 凯
		物资采办事业部	祁静雨
		油气生产技术部	张锡辉
		油气数智技术中心	范家伟
		塔里木第二勘探公司(川庆钻探工程有限公司新疆分公司)	丁小明
		中国石油运输有限公司沙漠运输分公司	王 权
		办公室(党工委办公室)	张 航
12	2021—2022年度宣传思想工作优秀记者	融媒体中心	王 川 王 祎 杨 雨 符悦诚 魏 东 王成凯 宋晓健 赵炳春 张尧尧 于 平 孙 杨
13	2021—2022年度宣传思想工作优秀通讯员	油气工程研究院	石春燕
		勘探开发事业部	郭韫莹
		油气田产能建设事业部	谭 辉
		克拉采油气管理区	景小雷
		英买采油气管理区	郭晓维
		轮南采油气管理区	牛作杰
		实验检测研究院	李建军
		宝石花物业塔里木油田地区公司	李 洋

续表

序号	荣誉名称	所属单位	获奖个人
13	2021—2022年度宣传思想工作优秀通讯员	塔里木第一勘探公司(西部钻探工程有限公司巴州分公司)	李 涛
		塔里木第四勘探公司(渤海钻探工程有限公司库尔勒分公司)	李胜民
14	2022年度信息化工作先进个人	规划计划部	谢 飞
		财务部	张玉婷
		人力资源部	徐 冠
		思想政治工作部	祁明浩
		科技管理部	刘 源
		质量健康安全环保部	左振涛
		企管法规部	朱海明
		资源勘查部	刘煜琦
		油气开发部	关增武
		工程技术部	张鑫磊
		地面工程部	杨 洋
		设备物资部	王 勇
		概预算管理部	李 鹏
		塔西南公司	许 鸿
		勘探开发研究院	高 辉
		油气工程研究院	叶明涛
		哈得采油气管理区	安 璐
		新疆巴州塔里木能源有限责任公司	辜兴春
		油气生产技术部	李亚飞
		油气数智技术中心	彭 浩 何 军 刘 鑫 肖 楠 陈国华 马 潇 袁 骁 陈 鑫 李智德
		实验检测研究院	肖 克
		北京国双科技有限公司	许彦明
		昆仑数智科技有限责任公司新疆大区	刘 胜 王尊超 王亚斌 王利云 张宁俊
		普联软件股份有限公司巴州分公司	汤国刚
		新疆润源新技术有限责任公司	杜飞龙
		库尔勒立德众邦石油技术有限责任公司	林 佳
		巴州浩展网络有限责任公司	张伟立
15	2021—2022年度管理创新先进个人	办公室(党工委办公室)	张 航
		人力资源部	林俊杰

续表

序号	荣誉名称	所属单位	获奖个人
15	2021—2022年度管理创新先进个人	思想政治工作部	王奕淇
		科技管理部	赵容怀
		企管法规部	田兆武
		资源勘查部	周 鹏
		油气开发部	欧阳国强
		工程技术部	卢俊安
		塔西南公司	杜 双
		勘探开发研究院	张大鹏
		油气工程研究院	曹立虎
		勘探事业部	汤明刚
		油气田产能建设事业部	王 谦
		新能源事业部	陶 波
		克拉采油气管理区	浦 硕
		迪那采油气管理区	李玉林
		东河采油气管理区	丁 路
		塔中采油气管理区	何 鹏
		哈得采油气管理区	廖伟伟
		英买采油气管理区	何 赟
		轮南采油气管理区	刘小龙
		油气运销部	钱昕磊
		监督中心	王善旭
		人力资源服务中心	杨 波
		物资采办事业部	余景刚
		应急中心	胡安智
		油气生产技术部	苏 伟
		油气数智技术中心	刘 爽
		融媒体中心	李丹丹
		公用事业部	周俊龙
16	2022年度质量提升先进个人	生产运行部	邱永志
		质量健康安全环保部	何中凯
		工程技术部	陈志涛
		设备物资部	郝志超
		塔西南公司	赵微良
		油气田产能建设事业部	彭晓刚

续表

序号	荣誉名称	所属单位	获奖个人
16	2022年度质量提升先进个人	克拉采油气管理区	段华庭
		迪那采油气管理区	鄢运德
		轮南采油气管理区	伏 强
		塔中采油气管理区	乐明聪
		油气运销部	甘思敏
		监督中心	刘俊峰
		物资采办事业部	石桂军
		实验检测研究院	杨晓娟 郭昱汝
17	2022年度QHSE工作先进个人	油田机关	马 原 钱 程 王玉柱 冯宇炜 张其基 何 伟 赵容怀 姜 涛 周 超 李建立 欧阳国强 王 师 顾 娟 唐 瑜 冯志刚 覃 淋 李跃龙 李戈弋
		塔西南公司	赵伟志 王 盼 王 宇 张 旋 火元明 金光明 廖 威 娄建新 翟小奇 范二楼 买买提艾力·斯地克 张建伟 姚秀伟
		勘探开发研究院	江 海
		油气工程研究院	王 博 郭海清
		勘探事业部	罗姜民 查 磊 阳君奇
		油气田产能建设事业部	王盛山 李 琰 党 雷 刘小钰
		新能源事业部	张志辉
		克拉采油气管理区	黄 锐 王 鹏 徐 箭
		迪那采油气管理区	苏 鹏 李 翔 腾伯东
		英买采油气管理区	李正涛 李 斌 努尔买买提·马合木提
		塔中采油气管理区	陶 建 宫景海 唐 强
		哈得采油气管理区	苟柱银 董易凡 王亚飞
		东河采油气管理区	李宝强 李 皓 赵振兴 童世俊
		轮南采油气管理区	陈 浩 常 琦 杜 鹤 张亚鹏
		油气合资合作事业部	刘志明
		油气运销部	熊 林 马亦德
		监督中心	许 潇 薛 健 李洪涛
		新疆巴州塔里木能源有限责任公司	花思杰 闫二轮
		人力资源服务中心	梦 霞
		物资采办事业部	隋志成 李 松
		应急中心	熊竹顺 杨 松 杨德才

续表

序号	荣誉名称	所属单位	获奖个人
17	2022年度QHSE工作先进个人	油气生产技术部	马 毅　代晓莉
		油气数智技术中心	郭亲佩　肖 楠
		实验检测研究院	骆卫成　唐 林
		塔里木油田建设工程有限责任公司	韩 涛　李 彬
		公用事业部	王运刚　王海燕
		融媒体中心	卢培华
		西部钻探工程有限公司巴州分公司	李易兴　陶春呈　张良安　胡向峰　马树明　李显东
		西部钻探工程有限公司西部井控应急救援响应中心	陈 勇
		川庆钻探工程有限公司新疆分公司	刘皓枫　张学兵　吕世勇　腾宏亮　朱 鹏
		渤海钻探工程有限公司库尔勒分公司	史宪法　张智国　雨 松　杨忠祖
		长城钻探工程有限公司录井公司	张 冬
		中国石油集团测井有限公司塔里木分公司	米 硕　徐宏科
		中油(新疆)石油工程有限公司	汪淏文
		中国石油管道局工程有限公司新疆分公司	张 鑫
		中石油第二建设公司	陈 礼
		大庆石油管理局有限公司新疆分公司	孙 建
		大庆油田设计院有限公司巴州分公司	张克木
		大庆油田工程项目管理有限公司	李 福
		辽河油田塔里木项目管理部	宰家锦
		中油辽河工程有限公司巴州塔里木分公司	孙立新
		中国石油工程建设有限公司塔里木分公司	谢晓勤
		新疆华油新海石油工程技术有限公司	周新理　丁建波
		新疆博瑞能源有限公司	王 非　陈俊均
		新疆石油管理局有限公司巴州塔里木项目部	张 帆
		中国石油管道局管道通信电力工程公司巴州分公司	王 栋
		中国石油集团电能有限公司	姚 涛
		中国石油集团工程技术研究院有限公司	刘德智
		昆仑数智科技有限责任公司	乔海金　夏晓红
		昆仑数智有限责任公司新疆大区	阳思伟　王玉琛　梁 翾
		东方地球物理公司塔里木物探处	周冰峰　简先知　董树鑫

续表

序号	荣誉名称	所属单位	获奖个人
17	2022年度QHSE工作先进个人	东方地球物理公司西南物探分公司	马 川 陈 刚
		东方地球物理公司新疆物探处	常春晖
		东方地球物理公司综合物化探处	乔 晶
		中油监理库尔勒分公司	李晓亮
		中国石油渤海石油装备制造有限公司	李 博
		中石化中原石油工程有限公司塔里木分公司	何小兵
		中石化江汉石油工程有限公司巴州塔里木测试分公司	张泽龙
		新疆派特罗尔能源服务股份有限公司	于永卿
		新疆兆胜钻探有限公司	吴则启
		斯伦贝谢中国公司	林世超
		上海神开石油科技有限公司	唐振福
		天津中油钻探工程有限公司	宋洪卫
		新疆永升南油能源有限责任公司	李中莹
		巴州华云石油技术开发有限公司	杜小刚
		四川鑫兴自动化及仪表工程有限责任公司	哈斯布合
		四川石油天然气建设工程有限责任公司新疆分公司	邓 飞
		巴州龙盛油田技术服务有限责任公司	邵昌沙
		江西中煤建设集团有限公司	王兵旗
		寰球工程项目管理(北京)有限公司	徐国斌
		新疆天维无损检测有限公司	董 鹏
		巴州邦德石油技术服务有限公司	王 新
		新疆平安顺消防安全技术服务有限公司	董 超 李 鹏
		北京普世科石油技术服务有限公司	王晶冰
		巴州天图石油技术服务有限公司	田 锋
		新疆新生代石油技术有限公司	董建基
		廊坊开发区华泰油田新技术有限公司	刘 辉
		巴州西部瑞普石油技术有限公司	刘文东
		冀东石油机械有限公司	尹建新
		中国特种设备检测研究院	张加东
		阿克苏地区特种设备检验检测所	黄浩轩 黄 旭
		巴音郭楞蒙古自治州检验检测中心	张 钰
		巴音郭楞蒙古自治州特种设备检验检测所	张 麒

续表

序号	荣誉名称	所属单位	获奖个人
17	2022年度QHSE工作先进个人	和田地区特种设备检验检测所	李盈泽
		喀什地区特种设备检验检测所	韩文成旭
		合肥通安工程机械设备监理有限公司	张海波
		机械工业上海蓝亚石化设备检测所有限公司	谢申
		北京博华信智科技股份有限公司	宗建勇
		宝石花物业塔里木油田地区公司	赵亮 张树立 张成 司百玲 张海燕
		新疆聚恒石油技术服务有限公司	杨晓华
		轮台群星建筑有限责任公司	缪红江
		巴州众才石油技术服务有限公司	王祎
		巴州山水源工程技术有限公司	章杰
		新疆水清清环境监测技术服务有限公司	张炎林
		克拉玛依市安迪注册安全工程师事务所有限公司	张炯
		嘉洋智慧安全科技(北京)股份有限公司	杨鹏
18	2022年度QHSE优秀监管人员	生产运行部	杜涛
		质量健康安全环保部	吴国磊 郭宗轲
		工程技术部	张超
		地面工程部	杨云成
		塔西南公司	赵军(塔西南天然气综合利用总厂) 郑德良(泽普采油气管理区)
		勘探事业部	仇海亮
		油气田产能建设事业部	徐国何
		克拉采油气管理区	刘晓东
		迪那采油气管理区	陈平
		英买采油气管理区	刘晓惠
		塔中采油气管理区	侯春生
		哈得采油气管理区	王俊敏
		东河采油气管理区	杨晓东
		轮南采油气管理区	周洋
		油气合资合作事业部	刘志明
		油气运销部	王延昌
		监督中心	马星星
		新疆巴州塔里木能源有限责任公司	魏金华

续表

序号	荣誉名称	所属单位	获奖个人
19	2022年度QHSE优秀审核员	生产运行部	敬承俊
		质量健康安全环保部	郭宗轲
		工程技术部	杨小龙
		地面工程部	宋跃海
		设备物资部	童　根
		塔西南公司	贺　辉
		油气工程研究院	吴　超　郭海清
		勘探事业部	何　斌
		克拉采油气管理区	段华庭
		塔中采油气管理区	侯春生
		哈得采油气管理区	刘德叶
		油气运销部	李　盼
		油气合资合作事业部	刘志明
		监督中心	唐福俊　杨永彬　周晓
		应急中心	熊竹顺
		油气生产技术部	马文宏
		油气数智技术中心	李　青
20	2022年度QHSE先进审核员	生产运行部	李中全　热依木·吾甫尔　杨星波　杜建龙
		科技管理部	赵容怀
		油气开发部	欧阳国强
		地面工程部	尚浩鹏　许　博
		设备物资部	王立辉　赵现如　唐　波　王　勇
		塔西南公司	牛海东　薄俊峰　高　鹏　王　盼　韩　睿　阿地来·吐尔洪
		油气工程研究院	宋美华　王　博
		勘探事业部	孙新堂　刘先伟
		克拉采油气管理区	刘汉广　姜　东
		迪那采油气管理区	王子辉　程　鹏　杨　晨
		英买采油气管理区	谢　尧　王　同
		塔中采油气管理区	陈　勇　宫景海　王晓辉
		哈得采油气管理区	刘良宇　孟庆杰　魏　民
		东河采油气管理区	任东兴　李宝强　曾海刚
		轮南采油气管理区	周　洋　周津捷　李纪朋　胡启良

续表

序号	荣誉名称	所属单位	获奖个人
20	2022年度QHSE先进审核员	油气运销部	熊小念 李 玮 周永亮
		监督中心	殷小勇 王维利 许 潇 令进儒
		新疆巴州塔里木能源有限责任公司	官耿垚
		物资采办事业部	隋志成
		应急中心	杨德才 宋全义
		油气生产技术部	刘列楚
		实验检测研究院	杨晓娟
21	2022年度绿色企业创建优秀个人	人力资源部	东宏伟
		科技管理部	刘 源
		质量健康安全环保部	许 丽
		资源勘查部	李建立
		油气开发部	朱 轶
		地面工程部	孔令峰
		迪那采油气管理区	周文志
		轮南采油气管理区	杨铠瑞
		油气数智技术中心	何 军
		公用事业部	郝攀程
22	2022年度"能效领跑者"优秀个人	地面工程部	肖 燕
		设备物资部	杨家林
		塔西南公司	田 华
		油气工程研究院	赵卫东
		新能源事业部	林国强
		克拉采油气管理区	王梅英
		东河采油气管理区	曹 强
		新疆巴州塔里木能源有限责任公司	代 杰
		油气生产技术部	王晓霞
		实验检测研究院	王清平
23	2022年度中央环保督察突出贡献个人	生产运行部	薛 军
		质量健康安全环保部	高 阳 苑家彬
		塔西南公司	颜 玮
		油气工程研究院	王 博
		新能源事业部	祝 伟
		克拉采油气管理区	朱 兵
		迪那采油气管理区	李云鹏

续表

序号	荣誉名称	所属单位	获奖个人
23	2022年度中央环保督察突出贡献个人	英买采油气管理区	叶明新
		油气生产技术部	刘列楚
24	2022年度健康达人优秀管理者	办公室(党工委办公室)	赵勇涛
		思想政治工作部	吴 震
		塔西南公司	盛 斌 兰晓峰
		油气工程研究院	刘文东
		勘探事业部	李玉华
		油气田产能建设事业部	商佳俭
		英买采油气管理区	吴秀英
		塔中采油气管理区	叶 鑫
		哈得采油气管理区	段 坤
		物资采办事业部	卿艳梅
		应急中心	姚再道
		油气数智技术中心	王坤茹
		公用事业部	郝攀程
		融媒体中心	王晓波
25	2021—2022年度合规管理先进个人	财务部	李建超
		质量健康安全环保部	陈 晨
		企管法规部(内控与风险管理部)	刘方霖
		地面工程部	杨云成
		设备物资部	赵现如
		纪工委办公室	宋书林
		塔西南公司	谢锡林
		勘探开发研究院	买 煜
		勘探事业部	曾右华
		油气田产能建设事业部	于佳立
		克拉采油气管理区	周利军
		英买采油气管理区	孙璐鑫
		塔中采油气管理区	陈文娟
		哈得采油气管理区	刘丹丹
		东河采油气管理区	于东瑶
		轮南采油气管理区	郭志广
		监督中心	王相飞
		物资采办事业部	王春放

续表

序号	荣誉名称	所属单位	获奖个人
25	2021—2022年度合规管理先进个人	油气生产技术部	李呈祥
		油气数智技术中心	李英林
26	2021—2022年度勘探工作先进个人	勘探开发研究院	章国威 王新新 罗强 罗枭 王翠丽 冯信莘 秦龙 徐珂 王佐涛
		油气工程研究院	冯觉勇 王孝亮
		勘探事业部	胡晓勇 江民 汤明刚 徐亚南 程青松 吕瑞 彭安华 吕策
		油气田产能建设事业部	蔡万春 苏东坡
		监督中心	张敬涛 向海 何光芒
		应急中心	高淼
		油气数智技术中心	陈鑫
		实验检测研究院	田东江
		资源勘查部	白银
		工程技术部	张鑫磊
		东方公司	刘军 高凯 王彦峰 潘俊吉
		塔里木盆地研究中心	董才源 王俊鹏
27	2021—2022年度矿权储量工作先进个人	勘探开发研究院	石磊 杨果 娄洪 孙迪 刘博 李婷 陈乃东 杨俊丰 章学岐 赵风云
		勘探事业部	宋金鹏 代俊杰 平忠伟
		油气田产能建设事业部	张新樵
		克拉采油气管理区	刘玉魁
		哈得采油气管理区	梁芮晗
		东河采油气管理区	苏洲
		英买采油气管理区	王涛
		轮南采油气管理区	吴梅莲
		油田办公室档案中心	姜萍
		财务部	仇东雪
		生产运行部	孟祥宇
		质量健康安全环保部	许丽
		资源勘查部	王建宁
		油气开发部	郑龙
28	2022年度科技创新先进个人	科技管理部	满益志 赵丽宏
		资源勘查部	王俊友
		油气开发部	范坤

续表

序号	荣誉名称	所属单位	获奖个人
28	2022年度科技创新先进个人	工程技术部	陈德飞
		设备物资部	刘绍东
		塔西南公司	董志君 梁 骁 陈宝新 李晓波
		勘探开发研究院	孙 冲 王开宇 王志民 胡方杰 赵龙飞 李海明 何 巧 朱文平 刘正文
		油气工程研究院	周小君 张端瑞 冯 泉 文 亮 刘军严 王鹏程
		勘探事业部	刘锋报
		油气田产能建设事业部	张 玮 陈 毅
		新能源事业部	陈亚兵
		克拉采油气管理区	张宏强
		迪那采油气管理区	贾 伟 程 鹏
		英买采油气管理区	王法鑫
		塔中采油气管理区	文国华
		哈得采油气管理区	刘迎斌
		东河采油气管理区	唐家诰
		轮南采油气管理区	杨文明 柴 雄
		油气运销部	朱军凯
		物资采办事业部	吴厚全
		油气生产技术部	雷春俊
		油气数智技术中心	程 颖
		实验检测研究院	图孟格勒 杨 川 丁友祥
		中国石油集团川庆钻探工程有限公司新疆分公司	范荣贵 贺 彬
		中国石油集团渤海钻探工程有限公司库尔勒分公司	王九龙
		中国石油运输有限公司新疆塔里木运输分公司	刘 东
		中国石油集团东方地球物理勘探有限责任公司研究院库尔勒分院	杨小川
29	2021—2022年度油气藏经营管理先进个人	塔西南公司	张 沛 李 强 汪 舒 韩俊岭 王东辰 谭 蓓
		勘探开发研究院	汪 鹏 徐程宇 邵光强 张红莉 李 飞 范中宇 丁志文 杨 露
		油气田产能建设事业部	王彦秋 刘小钰

续表

序号	荣誉名称	所属单位	获奖个人
29	2021—2022年度油气藏经营管理先进个人	克拉采油气管理区	聂延波 邵剑波 范秋海
		迪那采油气作业区	滕 藤 崔 灿 赵紫桐
		英买采油气管理区	逄 健 杨 辉 吕 腾
		塔中采油气管理区	陈仲旭 韩 于 胡婧婉
		哈得采油气管理区	王怀龙 牛 阁 梁芮晗
		东河采油气管理区	林清金 肖 云 罗 强
		轮南采油气管理区	周碧辉 张 磊 陈元勇
		油气合资合作事业部	宋玉斌
		监督中心	魏建华
		新疆巴州塔里木能源有限责任公司	陈 波
		油气生产技术部	王龙伟
		油气数智技术中心	肖 楠
		实验检测研究院	袁泽波
		办公室(党工委办公室)	李 雷
		规划计划部	王 宁
		资源勘查部	白 银
		油气开发部	李 阳 孙晓辉
		工程技术部	张 超
		概预算管理部	晁 申
30	2022年度勘探与生产工程监督先进个人	钻井专业	韩忠青 刘 伟 郭小威 杨 桃 卢宗武 邹林兵 任永利 雍立果 唐志龙 王晶晶
		地质专业	谭俊平 王 豪 鲜让之 沈 凯 杜荡荡 熊 捷 闫朝明 陈红彦 王建普
		测井专业	张胜强
		试油专业	徐 扬 徐 路
		物探专业	李晓亮 霍文红
		井下作业专业	罗 超 申川峡
31	2022年度勘探与生产工程监督优秀管理者	监督中心	赵 俊
		工程技术部	张鑫磊
32	2022年度工程技术最佳实践者	资源勘查部	方 兵
		油气开发部	李二鹏
		工程技术部	王 师 陈志涛
		勘探开发研究院	王 彭 李向云 朱 雷

续表

序号	荣誉名称	所属单位	获奖个人
32	2022年度工程技术最佳实践者	油气工程研究院	陈凯枫 鲁慧 宋国志 王银东 王鹏 吴红军 涂志雄 黎丽丽
		勘探事业部	刘长新 胡开银 何勇
		油气田产能建设事业部	邵长春 刘丰 邹国庆 刘浩
		克拉采油气管理区	刘文超 梁力 刘汉广
		迪那采油气管理区	向文刚 何川江
		英买采油气管理区	王法鑫 程春杰
		塔中采油气管理区	李彦召 冯光
		哈得采油气管理区	再米热·艾买江 徐良辰 杜健 曹宏 黄琳刚
		东河采油气管理区	刘伟 金子涵
		轮南采油气管理区	雷腾蛟 程开河 侯大炜 张雷 干华文
		博大采油气管理区	赵强强 翟臣
		泽普采油气管理区	王蕾琦 孙鸿 袁万鑫 付冬萍 周洪云
		油气合资合作事业部	肖铁
		监督中心	宗世玉 韩兴杰 李栋
		应急中心	陈家磊 艾买江·吐来克 艾海提江·买买提
		实验检测研究院	田鸣 曹雯 黄倩
33	2022年度工程技术工程管理能手	资源勘查部	崔德育
		油气开发部	张杰
		工程技术部	卢俊安 杨双宝
		勘探开发研究院	陈旭
		油气工程研究院	赵密锋 袁中涛 张绪亮 庹维志 刘春容 易俊
		勘探事业部	陈江林 阳君奇 刘成龙 晏智航
		油气田产能建设事业部	鲍秀猛 林希 张昌锋 刘学青
		克拉采油气管理区	徐鹏海 陈兴
		迪那采油气管理区	王春雷 张英林
		英买采油气管理区	秦浩然 孙力夫
		塔中采油气管理区	鞠成才 漆亚全
		哈得采油气管理区	刘毅石 章建勋
		东河采油气管理区	张静严 孙玉国

续表

序号	荣誉名称	所属单位	获奖个人
33	2022年度工程技术工程管理能手	轮南采油气管理区	王红标　董丰硕
		塔西南公司博大采油气管理区	姚茂堂　张雪松
		塔西南公司泽普采油气管理区	胡　萍　陈　松
		油气合资合作事业部	宋玉斌
		监督中心	刘志伟　蒋洪波　鄢家宇
		应急中心	张新成　高　燊
		油气数智技术中心	折雅琪
		实验检测研究院	王怀盛
34	2022年度井控管理突出贡献者	生产运行部	杜　亮
		科技管理部	张　晖
		质量健康安全环保部	左振涛
		工程技术部	郑何光　匡生平
		勘探开发研究院	郑广全
		油气工程研究院	邹光贵　张重愿
		勘探事业部	董　仁　李文华　刘金龙
		油气田产能建设事业部	夏天果　李建新　孙　志　刘先锋
		克拉采油气管理区	张　梁
		迪那采油气管理区	朱良根
		英买采油气管理区	张玫浩
		塔中采油气管理区	文国华
		哈得采油气管理区	双志强
		东河采油气管理区	王高玺
		轮南采油气管理区	周津捷
		塔西南公司博大采油气管理区	齐　军
		塔西南公司泽普采油气管理区	韩　磊
		油气合资合作事业部	王易斌
		监督中心	李学武　史　方
		应急中心	周忠泽　徐链韵
		人力资源服务中心	邱建军
		西部钻探工程有限公司巴州分公司	马利斌　韩佑汶　林　楠　文　高
		川庆钻探工程有限公司新疆分公司	邹　涛　孙本法　岳秋帆　先洪富
		中石化中原石油工程有限公司塔里木分公司	张怀兵　张振兴
		渤海钻探工程有限公司库尔勒分公司	吴昌欣　余友清　赵志成　王　涛

续表

序号	荣誉名称	所属单位	获奖个人
34	2022年度井控管理突出贡献者	大庆石油管理局有限公司新疆分公司	刘 勇
		新疆兆胜钻探有限公司	唐东军 田峰军
		新疆派特罗尔能源服务股份有限公司	田 磊 范 佺
		川庆钻探工程有限公司新疆分公司(修井)	刘士龙
		渤海钻探工程有限公司库尔勒分公司(修井)	田永军
		天津中油钻探工程有限公司	刘 振
		中国石油集团测井有限公司塔里木分公司	闫林峰
		库尔勒中录石油技术服务有限责任公司	周振华
		西部钻探工程有限公司巴州分公司(录井)	马树明
35	2021—2022年度工程技术系统先进个人	质量健康安全环保部	何中凯
		工程技术部	匡生平
		勘探开发研究院	段文星 周 露
		油气工程研究院	刘忠飞 唐 斌 周 宝 张 伟 任登峰 何剑锋 景宏涛
		勘探事业部	丁 峰 史永哲 邓 强 刘锋报 陈永衡 徐 强
		油气田产能建设事业部	孙一平 张宗谭 余 纲 杨玉增 李剑波 洪英霖
		克拉采油气管理区	张馨云 常有青
		迪那采油气管理区	朱良根 向文刚
		英买采油气管理区	程春杰 宋明哲
		塔中采油气管理区	韩艳伟 赵 昂
		哈得采油气管理区	贺湘辉 刘良宇
		东河采油气管理区	唐家浩 王 宏
		轮南采油气管理区	刘生勇 张亚鹏
		塔西南公司博大采油气管理区	王文岗 伍兴志
		塔西南公司泽普采油气管理区	刘 锁 覃园圆
		油气合资合作事业部	张恩霆
		监督中心	范高杰 周 彪 廖崇洋
		应急中心	杜锋辉 陈家磊
		油气数智技术中心	方海棠
		人力资源服务中心	李宁宁
		实验检测研究院	杨 川
		西部钻探工程有限公司巴州分公司	罗粒洪

续表

序号	荣誉名称	所属单位	获奖个人
35	2021-2022年度工程技术系统先进个人	中石化中原石油工程有限公司塔里木分公司	陈迎伟
		渤海钻探工程有限公司库尔勒分公司	李瑞强
		新疆兆胜钻探有限公司	唐东军
		渤海钻探库尔勒分公司井下项目部	申英勤
		新疆安东石油技术服务有限责任公司	张 坤
		渤海钻探库尔勒分公司测试项目部	杜成刚
		中国石油测井公司塔里木分公司(射孔)	谢乃震
		中油测井塔里木分公司测井项目部	刘士潮
		西部钻探巴州分公司录井及信息化项目部	王 超
36	2022年度地面管理先进个人	办公室(党工委办公室)	胡 超
		生产运行部	杨星波
		规划计划部	张凤波
		财务部	齐丽芹
		质量健康安全环保部	徐思宁
		企管法规部	万林峰
		设备物资部	刘绍东
		地面工程部	尚浩鹏 鲜 俊
		审计部	杨 涛
		概预算管理部	康海全
		塔西南地面工程部	任祖友
		油气工程研究院	吴 超 张春生
		油气田产能建设事业部	胡 晶 陈 叶
		新能源事业部	赵冬立
		克拉采油气管理区	吴长涛 王 辉
		迪那采油气管理区	龙俊汝
		英买采油气管理区	韩国强
		塔中采油气管理区	刘鹏程
		哈得采油气管理区	谢迁迢
		东河采油气管理区	张 北
		轮南采油气管理区	陈思一
		泽普采油气管理区	夏晓晖
		博大采油气管理区	张煊玮
		油气合资合作事业部	王积源

续表

序号	荣誉名称	所属单位	获奖个人
36	2022年度地面管理先进个人	油气运销部	程 曦
		监督中心	陈新河
		物资采办事业部	毛洪强
		油气生产技术部	杨俊峰
		油气数智技术中心	杜永红
		实验检测研究院	图孟格勒
		南疆利民油气运行中心	李晓波
37	2021—2022年度设备物资管理先进个人	生产运行部	王中廷
		规划计划部	罗梓洲
		财务部	方 昉
		科技管理部	张 晖
		质量健康安全环保部	张凯旋
		企管法规部	孙 瀚
		工程技术部	匡生平
		地面工程部	许 博
		设备物资部	杨家林
		塔西南公司	吕 鹏 张 星 崔占仓 朱恩雄 白敬洋
		油气工程研究院	张 波
		油气田产能建设事业部	程 林
		克拉采油气管理区	姜 东 钟文君
		迪那采油气管理区	孙道雄 王子辉
		英买采油气管理区	古再丽努尔·艾尔肯 彭 伟
		塔中采油气管理区	廉 军 潘 诚
		哈得采油气管理区	曲其森 刘 柱
		东河采油气管理区	曹 鹏 贺玉柱
		轮南采油气管理区	赵晓莉 李 洋
		油气合资合作事业部	王积源
		油气运销部	李文明
		监督中心	宫雪丽
		新疆巴州塔里木能源有限责任公司	辜兴春
		人力资源服务中心	钱 燕
		物资采办事业部	崔 凡 魏红万 杨艳琴 冯丽梅
		应集中心	张广毅

续表

序号	荣誉名称	所属单位	获奖个人
37	2021—2022年度设备物资管理先进个人	油气生产技术部	杨 萌
		油气数智技术中心	仇红燕
		实验检测研究院	樊文刚
		公用事业部	唐守军
		融媒体中心	金世国
		阿克苏地区特种设备检验检测所	玉散江·毛拉阿尤普
		巴音郭楞蒙古自治州检验检测中心	李 新
		昆仑数智科技有限责任公司	刘振华
		中国石油济柴动力有限公司新疆压缩机分公司	唐 琪
		中国石油集团渤海钻探工程有限公司	王志刚
38	2021—2022年度党风廉政建设工作先进个人	英买采油气管理区	左萌萌
		塔西南公司	艾克热木江·艾尔肯　蒋仁裕　杜 双
		审计部	李艳勇
		轮南采油气管理区	谭建华
		新疆巴州塔里木能源有限责任公司	邰建新
		油气运销部	朱 江
		油气数智技术中心	李 燕
		塔里木油田建设工程有限责任公司	付志远
		公用事业部	蒋世予
		川庆钻探工程有限公司新疆分公司	张晓曦
		渤海钻探工程有限公司库尔勒分公司	吴志国
		中国石油运输有限公司新疆塔里木运输分公司	韩 伟
		办公室（党工委办公室）	张大观
		财务部	曲文丽
		思想政治工作部	卢松兵
		勘探开发研究院	安增强
		油气工程研究院	陈 莉
		迪那采油气管理区	邹 凯
		塔中采油气管理区	孙晓辉
		实验检测研究院	王怀盛
		油气田产能建设事业部	李文岭
		东河采油气管理区	杨晨光

续表

序号	荣誉名称	所属单位	获奖个人
38	2021—2022年度党风廉政建设工作先进个人	物资采办事业部	姜存都
		油气生产技术部	罗小燕
		纪工委办公室	杨喆 田野 唐瑞泽 马振华
39	2022年度审计工作先进个人	塔西南公司	徐洪金
		勘探事业部	翟浪波
		新能源事业部	张雪刚
		规划计划部	蒲鸿春
		企管法规部(内控与风险管理部)	万林峰
		地面工程部	蔡永立
		审计部	赵卫斌 卜鹏鹏 吴冰倩 卞春燕
40	2022年度造价管理先进个人	规划计划部	莫小伟
		概预算管理部	杨明 王阳
		塔西南公司	魏莲琴
		油气田产能建设事业部	冯伟
		克拉采油气管理区	曾程
		迪那采油气管理区	杨苗
		哈得采油气管理区	王玉霞
		油气运销部	宋文红
		油气生产技术部	孙晓瑞
41	2022年度新能源业务先进个人	办公室(党工委办公室)	马洪坤
		生产运行部	贾国栋
		规划计划部	张凤波
		财务部	姬文贞
		人力资源部	王建
		思想政治工作部	傅连平
		科技管理部	满益志
		质量健康安全环保部	苑家彬
		企管法规部	刘方霖
		资源勘查部	方兵
		油气开发部	左超
		工程技术部	陈志涛
		地面工程部	牟晓波
		设备物资部	刘绍东
		审计部	张众

续表

序号	荣誉名称	所属单位	获奖个人
41	2022年度新能源业务先进个人	概预算管理部	王林强
		塔西南公司	张丽娜 黄旻袅 曹世宇 刘晓峰 也可亚江·买买提
		勘探开发研究院	魏 华
		油气工程研究院	高洁玉
		新能源事业部	陈百龄 李 梅 李震宇
		克拉采油气管理区	潘佳佳
		迪那采油气管理区	于跃云
		英买采油气管理区	胥猛生
		塔中采油气管理区	冯 伟
		哈得采油气管理区	夏东胜
		东河采油气管理区	丁 路
		轮南采油气管理区	陈杨磊
		油气运销部	田一波
		油气合资合作事业部	肖建英
		新疆巴州塔里木能源有限责任公司	许江铭
		油气生产技术部	苏 伟 李丽娜
		实验检测研究院	王清平
		融媒体中心	张思敏
42	2022年度矿区服务系统工作先进个人	办公室(党工委办公室)	彭冬冬
		生产运行部	帕尔哈提·马木提
		人力资源部	韩光普
		财务部	许三阳
		质量健康安全环保部	姜 涛
		思想政治部	于 江
		企管法规部	刘建阳
		维稳与信访管理办公室	王冬梅
		塔西南公司	冯 梅 阿布都热合曼·艾沙 依丽努尔·买买提依明 隗 勇 麦合丽娅·艾则孜
		克拉采油气管理区	赵晓楠
		英买采油气管理区	范成梅
		迪那采油气管理区	刘俊喜
		哈得采油气管理区	张宏博
		东河采油气管理区	谭京宁

续表

序号	荣誉名称	所属单位	获奖个人
42	2022年度矿区服务系统工作先进个人	塔中采油气管理区	孙晓辉
		轮南采油气管理区	刘丽
		应急中心	王吉福
		公用事业部	王周国 王英臣 李兵营 夏萍
		宝石花物业塔里木分公司	秦帅 王熙云 张晓飞 赵亮
		巴州医院塔指分院	邓蕾
43	富满油田超深油气产量突破300万吨先进典型突出贡献个人	生产运行部	廖建华
		油气开发部	张杰
		勘探开发研究院	李世银
		油气工程研究院	何剑锋
		勘探事业部	刘金龙
		油气田产能建设事业部	蔡万春
		哈得采油气管理区	张振涛
		监督中心	王甲昌
		东方地球物理公司研究院库尔勒分院	李相文
		中石化中原石油工程有限公司塔里木分公司	许越
		巴州天图石油技术服务有限责任公司	褚宏元
44	富满油田超深油气产量突破300万吨先进典型突出先进个人	工程技术部	卢俊安
		规划计划部	莫小伟
		资源勘察部	崔德育
		地面工程部	赵建彬
		设备物资部	王立辉
		勘探开发研究院	王彭 尹国庆 吴兴能 张晨阳
		油气工程研究院	刘会良 于海洋
		勘探事业部	朱长见 谢向威
		油气田产能建设事业部	鲍秀猛 张帆 张东宁
		哈得采油气管理区	王子宇 刘迎斌 谢迁迢 夏云川
		油气运销部	冯杰
		监督中心	刘小林 杨弼政
		物资采办事业部	张军
		应急中心	胡安智
		油气生产技术部	李丽娜
		油气数智技术中心	杜永红

续表

序号	荣誉名称	所属单位	获奖个人
44	富满油田超深油气产量突破300万吨先进典型突出先进个人	实验检测研究院	谌国庆
		塔里木油田建设工程有限责任公司	刘小璐
		融媒体中心	王　川
		中国石油勘探开发研究院	王　琦
		东方地球物理勘探有限责任公司西南物探分公司	马　川
		西部钻探工程有限公司巴州分公司	陈云军　汪兵兵　周　鹏
		川庆钻探工程有限公司新疆分公司	黄晓嘉
		渤海钻探工程有限公司库尔勒分公司	郭晓飞　刘　喆
		中海油田服务股份有限公司新疆分公司	方小良
		库尔勒中油能源技术服务有限公司	张宏德
		辽河油田建设有限公司新疆分公司	陈　超
		新疆石化工程建设有限公司	贾佰年
		中石油第二建设有限公司	陈　礼
		新疆油田准东采油厂南疆(哈得)项目部	房　文
45	2022年度储量研究突出贡献奖	勘探开发研究院	李　玲　陈常超　冯　凯　康鹏飞　刘瑞东　李　兵　张　旭　胡春雷　朱　波　王海波　朱文慧　李绍华　彭　丽　别　康　唐保勇　陈　丹　薛江龙　宋静波
		勘探事业部	李浩平　马腾飞　杨敬博　帅士辰
		油气田产能建设事业部	熊　昶　张兴旺
		泽普采油气管理区	王　鹏
		东河采油气管理区	马　斌
		英买采油气管理区	杨　辉
		轮南采油气管理区	黄时祯
		资源勘查部	周　鹏
		油气开发部	罗海宁
46	第九届十大杰出青年	塔西南公司	买尔旦·吐尔逊江
		勘探开发研究院	谢　舟
		油气工程研究院	彭　芬
		勘探事业部	刘锋报
		油气田产能建设事业部	王海涛
		克拉采油气管理区	朱松柏
		哈得采油气管理区	张振涛
		轮南采油气管理区	黄　煌

续表

序号	荣誉名称	所属单位	获奖个人
46	第九届十大杰出青年	应急中心	杜锋辉
		油气生产技术	丁 晗
		西部钻探工程有限公司巴州分公司	盛文博
		川庆钻探工程有限公司新疆分公司	岳秋帆
		中石化中原石油工程有限公司塔里木分公司	吴修振
		渤海钻探工程有限公司库尔勒分公司	江加国
		中国石油运输有限公司新疆塔里木运输分公司	王 强
		东方地球物理勘探有限责任公司西南物探分公司	汤兴友
		天然气销售新疆博瑞能源有限公司	代长友
		中国石油集团测井有限公司塔里木分公司	窦金涛
		中国石油工程建设有限公司西南分公司	尹 奎
		巴州塔里木公安局	耿俊俊
47	2022年度最美员工	英买采油气管理区英潜采油作业区：	艾斯卡尔·艾山
		物资采办事业部生产服务部：	艾明义
		川庆钻探工程有限公司新疆分公司70552队	阿不力米提·阿不都外力
		物资采办事业部仓储部	阿迪力江·艾沙江
		克拉采油气管理区巴州支油公司工程部	常红旗
		塔里木油田建设工程有限责任公司化学助剂厂	常雪梅
		哈得采油气管理区跃满油气运维中心	陈桂斌
		塔西南公司博大采油气管理区博孜试采作业区	陈怀勇
		融媒体中心策划编审部	陈 敏
		思想政治工作部	陈泽昊
		新疆博瑞能源有限公司零散气回收运营管理中心	代长友
		办公室(党工委办公室)综合事务室	戴永鹏
		公用事业部退休职工管理中心	邓传道
		轮南采油气管理区桑南处理站	丁洪坤
		中石化中原石油工程有限公司塔里木分公司70809队	董建忠
		英买采油气管理区英潜采油作业区	艾斯卡尔·艾山

续表

序号	荣誉名称	所属单位	获奖个人
47	2022年度最美员工	物资采办事业部生产服务部	艾明义
		川庆钻探工程有限公司新疆分公司70552队	阿不力米提·阿不都外力
		物资采办事业部仓储部	阿迪力江·艾沙江
		克拉采油气管理区巴州支油公司工程部	常红旗
		塔里木油田建设工程有限责任公司化学助剂厂	常雪梅
		哈得采油气管理区跃满油气运维中心	陈桂斌
		塔西南公司博大采油气管理区博孜试采作业区	陈怀勇
		融媒体中心策划编审部	陈　敏
		思想政治工作部	陈泽昊
		新疆博瑞能源有限公司零散气回收运营管理中心	代长友
		办公室(党工委办公室)综合事务室	戴永鹏
		公用事业部退休职工管理中心	邓传道
		轮南采油气管理区桑南处理站	丁洪坤
		中石化中原石油工程有限公司塔里木分公司70809队	董建忠
		轮南采油气管理区轮南采油作业区	杜小蓉
		塔中采油气管理区塔中第一联合站	段旭东
		公用事业部公寓管理中心	樊淑梅
		塔西南公司华油新海矿区技术服务部	范德明
		应急中心井控中心质量技术组	范洪兴
		东河采油气管理区地面工艺中心	高昌保
		宝石花物业塔里木地区公司轮南综合公寓	高松强
		中国石油管道局工程有限公司新疆分公司CPP209机组	高　宪
		塔西南公司医疗服务中心门诊医疗部	古丽扎尔·吾甫力
		油气运销事业部阿克苏油气储运中心装车队	郭　欢
		渤海钻探工程有限公司库尔勒分公司70036队	郭晓飞
		渤海钻探工程有限公司库尔勒分公司70146队	韩金台
		油气田产能建设事业部地面工程部	何　强

续表

序号	荣誉名称	所属单位	获奖个人
47	2022年度最美员工	监督中心监督工作站	何永鹏
		中国石油运输有限公司新疆塔里木运输分公司哈得油田分公司	贺卫红
		公用事业部安全设备部	侯光远
		新疆巴州塔里木能源有限责任公司质量安全环保部	花思杰
		塔里木油田建设工程有限责任公司生产管理科物资管理中心	黄红玉
		塔中采油气管理区地面工艺部	黄　强
		克拉采油气管理区克深处理站	黄永珍
		轮南采油气管理区桑南处理站	黄志强
		中国石油集团测井有限公司塔里木分公司C4747队	纪明明
		油气运销事业部库尔勒油气储运中心	江铭峰
		油气田产能建设事业部塔北项目经理部	靳来珠
		应急中心井控中心基地消防站	李蕃章
		英买采油气管理区综合服务部	李万宝
		塔西南公司塔西南天然气处理总厂喀什分厂	李孝军
		融媒体中心全媒采访部	李正虎
		公用事业部公寓管理中心接待公寓	凌　利
		塔西南公司泽普采油气管理区阿克采气作业区	刘　军
		勘探事业部物探工程部	刘　松
		油气田产能建设事业部地质油藏部	刘小钰
		克拉采油气管理区办公室	刘　杨
		油气工程研究院钻井所钻井设计室	罗仁坤
		实验检测研究院国家石油天然气大流量计量站塔里木分站	骆卫成
		新能源事业部新能源管理室	马　群
		宝石花物业塔里木地区公司安保管理项目部	马旭东
		科技管理部	满益志
		勘探事业部库车勘探项目部	潘红林
		实验检测研究院油气分析测试中心	乔锦玲
		油气运销事业部轮南油气储运中心	权　威

续表

序号	荣誉名称	所属单位	获奖个人
47	2022年度最美员工	东方地球物理勘探有限责任公司西南物探分公司山地项目部	任　尚
		英买采油气管理区综合服务部	色米江·吐尔洪
		监督中心监督工作站	申川峡
		油气工程研究院钻完井远程管控中心	宋海涛
		油气合资合作事业部财务经营部	苏　娟
		塔中采油气管理区办公室	孙晓辉
		宝石花物业塔里木地区公司物业服务项目部	田建明
		纪工委办公室党风监督科	田　野
		中国石油运输有限公司新疆塔里木运输分公司哈拉哈塘油气运维中心	王大宏
		公用事业部	王海民
		四川鑫兴自动化及仪表工程有限责任公司	王洪岗
		东河采油气管理区热普油气运维中心	王怀东
		油气数智技术中心综合管理部	王　洁
		资源勘查部矿权储量科	王俊友
		宝石花物业塔里木地区公司综合楼	王　婷
		西部钻探工程有限公司巴州分公司90001队司钻	王维杰
		应急中心应急指挥中心	王耀辉
		哈得采油气管理区综合办公室	王玉林
		油气数智技术中心通讯网络部	吴金峰
		东方地球物理勘探有限责任公司塔里木前线指挥部247队	吴志田
		西部钻探工程有限公司录井工程分公司L10981队	谢　鹏
		勘探开发研究院油气藏评价所塔河南室	谢　舟
		新疆巴州塔里木能源有限责任公司轮南轻烃厂	徐文专
		勘探事业部台盆区勘探项目部	徐亚南
		油气生产技术部轮南电力工区	杨憨憨
		勘探开发研究院开发所塔北室	杨孔航
		宝石花物业塔里木地区公司物业服务项目部	杨晓华
		中国石油运输有限公司沙漠运输分公司	杨自荣

续表

序号	荣誉名称	所属单位	获奖个人
47	2022年度最美员工	人力资源部	尹怀润
		辽河油田塔里木项目管理部富满油田FI20断裂带试采地面工程	张继良
		东河采油气管理区东河油气运维中心	张 凯
		英买采油气管理区英东采气作业区	张连文
		公用事业部退休职工管理中心	张 沛
		塔西南公司德米瑞便民超市	张巧丽
		油气生产技术部	张若洁
		宝石花物业塔里木地区公司五区生活便民超市	张晓飞
		人力资源服务中心综合办公室	张学礼
		中国石油集团测井有限责任公司塔里木分公司C1486队	张雁军
		勘探开发研究院科研科	赵晓叶
		迪那采油气管理区生产指挥中心	郑春宇
		渤海钻探工程有限公司库尔勒分公司(四勘)90007队	周俊峰
		油气工程研究院人事科	朱蔚蔚
		迪那采油气管理区牙哈油气运维中心	朱振国
		川庆钻探工程有限公司新疆分公司(二勘)70545队	祝启淋

逝世人物

梁狄刚 （1938—2022年）汉族，中共党员，1938年3月生，广东南海人。1952年从香港赴北京求学；1955年考入北京地质学院，后转入成都地质学院石油地质系学习；1960年8月毕业于成都地质学院石油地质系。1981年10月加入中国共产党，教授级高级工程师，享受国务院政府特殊津贴专家。1989年被评为全国劳动模范，时任塔里木石油勘探开发指挥部副总地质师兼地质研究大队队长。

1960年8月分配到中国科学院兰州地质研究所工作；1978年8月调至华北油田研究院，历任生油研究室副主任、院总地质师、副院长；1989年3月参加塔里木石油会战，任塔里木石油勘探开发指挥部（以下简称塔指）副总地质师；1991年11月任塔指总地质师；1993年12月任塔指副指挥兼总地质师、党工委常委；1997年11月离任，后任中石油勘探开发研究院常务副院长；1998年退休后，担任中国矿业协会理事，《天然气工业》杂志副主编，中国石油大学（北京）、西南石油学院、江汉石油学院、成都理工学院兼职教授，中国科学院有机地球化学重点实验室（广州）、气体地球化学国家重点实验室（兰州）学术委员，中国石油咨询中心专家委员会专家，中国石油勘探开发研究院专家室副主任，中国石油学会石油地质专业委员会第五届、第六届委员。

1961—1964年，参加中国科学院组织的青海湖现代湖泊陆相生油综合考察，从事第四纪地质湖区新构造、现代沉积和地球化学研究。期间发表《青海湖新构造运动》《湖泊形成和发展》《第四季沉积中沥青的生成》等论文。参与组织和编写的《塔里木盆地油气富集规律和勘探方向》获总公司1991年科技进步一等奖;《塔中四油田的发现》获1995年总公司科技大会重大成果奖。参加塔里木会战后,与童晓光主编《塔里木盆地油气勘探论文集》(1992年,新疆科技卫生出版社出版)、《塔里木盆地油气勘探新进展》(1993年9月塔克拉玛干沙漠国际学术讨论会及1994年6月世界石油大会论文)、《新疆塔里木盆地油气勘探新进展及石油地质新认识》(1995年新疆第三届天山地质矿产学术讨论会论文选辑,新疆人民出版社出版)、《塔里木盆地油气资源勘探开发与新疆经济发展》(1995年新疆人民出版社出版)、《关于塔里木盆地寻找大油气田的几个地质问题》(1995年总公司高级勘探专家座谈会专家建议汇编)等。

1981年、1987年获河北省劳动模范称号,1984年、1985年获"河北省优秀共产党员"称号。1985年,被中华全国总工会授予"全国优秀科技工作者"称号,获全国五一劳动奖章。1985年当选为中共河北省第三次代表大会正式代表,中国共产党全国代表大会正式代表。1987年,被总公司授予"矢志不渝,献身四化优秀知识分子"称号;1989年,被能源部授予"特等劳动模范"称号,被国务院授予"全国劳动模范"称号,国家人事部批准为"国家级有突出贡献的中青年专家"。1991年,由国务院批准为享受政府特殊津贴的专家。

1998年退休后完成的《中国石油股份公司勘探战略研究》(2004年)获全国优秀工程咨询成果一等奖。由石油工业出版社出版专著四本:《冀中坳陷油气的生成》(2001年)、《库车坳陷陆相油气的生成》(2004年)、《塔里木盆地海相油气的生成》(2004年)、《塔里木油气勘探20年》(2009年)。2002—2007年,受中国石化南方勘探开发公司委托,完成《广西十万大山盆地生烃成藏研究》《南方复杂构造区有效烃源岩评价》2个项目,为我国页岩气的开发提供科学依据。

2022年12月13日,梁狄刚因病在北京逝世,享年84岁。

王裕海 (1985—2020年)汉族,中共党员,1985年9月生,重庆垫江人。2005年7月参加工作,2009年12月加入中国共产党,大学本科学历,工程师。

2005年7月,于重庆科技学院数控技术及应用专业毕业,到塔里木油田公司工程技术部井控欠平衡中心工作。2006年9月任工程技术部井控欠平衡中心井控现场服务队队长;2008年3月任工程技术部欠平衡服务中心副主任;2012年3月任工程技术部井控中心主任;2016年7月任工程技术部生产技术科科长;2020年3月任应急中心井控与钻具中心主任。

2010年,获塔里木油田公司第十四届"全员创新创效活动"三等奖;2012年,获塔里木油田公司2011年度"井控工作先进个人"、塔里木油田公司第十五届"全员创新创效活动"三等奖;2015年,获集团公司"井控工作先进个人";2016年,获塔里木油田公司"2014—2015年度十大科技创新人物""优秀科技工作者"称号;2018年获塔里木油田公司"优秀共产党员"称号;2019年获"塔里木石油会战30周年劳动模范"称号,被塔里木油田公司党工委授予"井控安全的实干先锋"称号;获新疆维吾尔自治区科学技术进步奖。

2020年6月,在一次应急抢险过程中,王裕海为保护国家财产安全英勇牺牲。2022年4月19日,新疆维吾尔自治区人民政府评定王裕海同志为烈士。

基层与相关单位概览

塔西南公司

【概况】 塔西南公司为塔里木油田公司所属副局级单位,于1999年中国石油重组改制过程中整建制划入油田公司,生产生活基地位于喀什地区泽普县奎依巴格镇。业务范围涵盖油气开发、辅助生产和矿区服务。2022年,塔西南公司生产石油液体52.1万吨、天然气86.4亿立方米,油气产量当量740.5万吨。全年营业收入106.9亿元,利润总额38.4亿元。

【油气勘探开发】 2022年,塔西南公司坚持勘探开发一体化、生产运行一体化,集中资源完成大北3区块调气等3项产建工程,实现处理提量、分离提效、产品提质,油气日产能力1800吨、2737万立方米。强化探评价井利用,加快新井配套建设,全年投产新井17口,新建产能油13万吨、天然气13亿立方米。博孜、大北气田获中国石油"高效开发气田奖"。推进"压舱石工程",大北控产强排初见成效,柯克亚实施大规模循环气举和储气库建设,和田河地面增压与排水采气协同开发,阿克不断优化调整延缓水侵进度,老区储量动用程度和采收率稳步提升。摸清找准潜力方向,全年措施作业18井次,成功率94.4%,恢复日产能原油112吨、天然气163万立方米。严格产量计划运行,调整纠偏措施,保障石油液体高效转运、天然气高位平稳运行。组织7套装置检修,实现"应检必检""检必有效"。实施阿克苏—和田输气能力提升工程,夏季西气东进、冬季北气南调供气体系基本形成。新建泽普压气站、改造三岔压气站,南疆四地州日供气突破1000万立方米。南疆利民管网年输气20.57亿立方米。

【新能源新业务】 2022年,塔西南公司加快提Xai工程项目建设,解决工期缩半、设备建造、疫情限电、人员动迁、物料入场"五大难",克服食宿简陋、天寒地冻、长期作战"三大苦",守住质量、安全、工期"三条线",突破国外技术封锁,培育年轻技术骨干,实现关键核心装置国产化。光伏建设方面,加快建设22个清洁替代项目,实行购买服务模式,玛东3"零碳井场"、和田河3.6兆瓦光伏电站等4项工程相继投运,清洁替代率8.3%，完成考核指标。节能降耗方面，实施全过程清洁低碳行动，开展节能技措10项，整改低效高耗设备7台，全年节能4万吨标准煤，节水7万立方米，综合能耗6.6万吨标准煤，能耗强度、碳排放强度分别同比下降27%、15%。

(陈港)

【企业管理】 2022年，塔西南公司建立1套公司级、12套单位级指标体系。明确78项立标指标、159项追标措施，资产总额、井场站场数字化覆盖率等40项指标达到最优。探索创新管理方式，完成典型管理经验总结26项。落实"协同招标"理念，招标计划符合率同比提高43%。优化整合同质同类业务合同，合同数量同比下降10%。全面应用合同示范文本，使用率96%。对11大类86份合同，从违约金金额及兜底条款等8个方面增加951条违约条款，规避合同法律纠纷。常态化开展承包商资质资格核查，将结果与招投标、工作量直接挂钩。推行对标排序选商机制，在用承包商数量同比下降13%。全年修订制度10项，废止13项。开展12次制度体系完整性和运行有效性监督检查。开展信息系统账号和权限管理自检自查，清理5247人次"僵尸"权限，解决权限冗余和互斥问题。开展内控测试典型问题专项排查，在管理层测试、外部审计中例外事项、重大缺陷和实质性漏洞均为零。开展"合规管理强化年"工作，制订发布塔西南公司实施方案，从8个方面细化21项重点工作。每季度开展基层服务满意度测评，处理办结基层单位反映问题70余项。与招标中心对接，审批文件传递电子化，指导各单位做好新冠肺炎疫情期间到期项目合同延期办理。落实新冠肺炎疫情期间经营困难商户租金减免，受益商户231户，累计减免租金323万元。确保7家承包商队伍214万元疫情补助发放到位。

(梁学英)

【QHSE工作】 QHSE体系建设。2022年，塔西南公司深化安全生产承包点活动，开展活动422次，协调解决各类问题736项。从严"四查"分析和记分考核，对537名甲乙方员工记分792分。组织参与审核23次；创新"自主+远程"审核方式，典型问题"五个维度"管理追溯；强化闭环整改和管理改进，1656项体系审核问题全部销项，立改废制度48项。修订发布《塔西南公司"安眼"工程应用管理办法》。

(贺辉)

安全工作。开展危害辨识和风险评价，识别风险点3918个，落实三级控制措施，压实管控责任。排查各类隐患7.4万项，集中整治违章行为2.6万起；开展安全环保领域典型形式主义、官僚主义"二十种人"排查，画像2907人次，提示安全风险51期。投入隐患治理资金1.21亿元，解决单井碳钢管线更换等地面、井控安全重大隐患15项，完工5项。针对和田河气田开发调整地面工程等重点项目，完成安全设施设计、预评价审评11项，取得环评批复16个，编制水土保持方案8份，项目建设合规率100%，完成天然气综合利用项目"三同时"工作。迎接地方政府检查22次，查改各类问题52项，集团公司、塔里木油田公司全年审核问题808项，均整改完成。全年未发生一般C级及以上安全生产责任事故和环境污染事件。组织高危作业三类人员培训取证7期，92人取证。指导完成工程建设、检维修等8类89家承包商QHSE体系建设；组织承包商专项培训3场，200余人参加。推进"安眼"工程，实现远程监督。核查215家承包商资质资格，停工整顿6家，限减工作量3家；严格承包商施工作业现场管理，对19家承包商违章行为零容忍、硬考核，全年扣除合同款80余万元。完成基层单位35册管理手册、469本操作手册修订。完善"两册"缺陷1841项，和田河采气作业区连续2年获塔里木油田公司"示范站队"称号。常态化开展消防专项检查，整改各类问题465项。举办防御性驾驶培训5次，全年安全行驶1020万千米。实施危险化学品集中整治，发现并整改各类问题196项。开展燃气隐患排查，推进和洛墨城镇燃气安全专项整治，签订联单9000余份，入户排查4.1万户，整改各类隐患问题1.3万余项。3人在国家级集团公司HSE信息系统完成初始注册工作。

(李建忠 郝梅 贺辉)

环保工作。完成克拉苏大北、博孜、和田河等区块环境影响后评价工作。合理利用伴生资源，克拉苏大北区块通过新疆维吾尔自治区绿色矿山创建验收。调剂利用废弃物资3大类1028吨，处置危险废物五大类5165吨。完成柯克亚处理站、石化厂炼油装置两个地块土壤、地下水筛查工作。石油基地污水综合治理工程和生活垃圾填埋场扩建工程获集团公司投资批复。新办排污许可证12个，确保依法合规排污。通过新增零散气回收装置、气井加注甲醇不放喷等方式，博大采油气管理区年回收闪蒸气780余万立方米、节约电量20.9万千瓦·时，减少天然气消耗67.5万立方米，节能11336吨标准煤。泽普采油气管理区优化电力运行系统及加热炉、导热油炉运行方式和参数，回收放散气12万立方米，减少天然气用量257万立方米，节电量552万千瓦·时，减少柴油23吨，节能5017吨标准煤。泽普采取调整装置运行参数，改善装置运行效率，节约原水5.44万立方米。物业管理部通过南区供热系统改造，节电200万千瓦·时、节气100万立方米，节能1940吨标准煤、节水2万立方米。通过优化基地绿化水浇灌方式，节水4.5万立方米。获塔里木油田公司优秀节能节水项目3个。完成职业健康体检827人，体检率100%；健康体检8721人，体检率99.2%。

（盛斌　姚秀伟　颜玮）

质量监督。建立完善产品、地面工程、服务质量3个方面17项质量提升指标考核体系，开展27项质量提升重点工作。处理质量问题承包商31家，违约扣款26.65万元。完成监督检验34批次，对天然气质量问题通报5次，下发2份整改通知；实施博孜1集气站扩建天然气脱水站工程、大北处理站增设低温分离器，解决大北外输气带液问题。注册、备案17项工程，制订252个质监点监督计划，对建设项目的施工工序检查678次，入场材料验收102批次，合格率100%；抽查焊接1136道，一次焊接合格率98.3%；从材料设备验收、规范施工、必监点监督三道关口查改现场质量问题398个，每月开展监理履职能力评估，监理质量管控履职到位率84.2%。计量器具17216台，强制检定计量器具9105台，能源计量器具2539台，能源计量器具配备率100%，周期检定率100%。开展贸易交接计量合规管理，南疆利民天然气管网相对输差0.2%（挑战指标≤2%），较挑战指标提高经济效益2580万元。

（黎海新　赵微良　王娟）

【地面工程管理】　2022年，塔西南公司地面建设工程全面推行标准化施工管理，标准化施工覆盖率86.79%。完成大北201集气站至大北处理站集输管线建设工程、大北3区块集输系统完善工程、塔西南基地部分地段排水系统改造工程等重点工程建设任务。2022年12月30日，塔里木油田公司塔西南天然气综合利用工程核心工艺装置在新疆喀什地区建成投产。修订下发《塔西南公司前期工作管理实施细则》《关于塔西南公司进一步规范项目立项程序的通知》。

重点项目管理。配合油气田产能建设部门完成塔里木油田公司阿克苏至和田管道输送能力提升工程（泽普压气站）、南疆利民天然气增压输送工程调整工程（三岔分输清管站扩建为三岔压气站）等重点产能项目建设。组织项目立项专题讨论会，征集项目建议书4批次（含新能源1批次）113项，同意立项49项。组织项目调研30余次，审查20次。落实方案审查责任，坚持分级审查，其中计划开展项目前期24项，实际完成28项。参与系列重大项目方案和技术报告编制。完成《关于博大油气开发部单井及集输碳钢管线隐患的情况说明》《塔西南基地及周边污水治理调研情况说明》《柯克亚处理厂LPG及稳定轻烃产量分析报告》等技术方案和技术报告。开展项目后评价工作12项，"塔西南泽普基地便民服务中心改造工程"等4项简化后评价工作，"柯克亚凝析气田单井封闭工程"等8项归类汇总简表后评价工作。2022年，受新冠疫情影响，10项投资工程按计划完成7项。完成项目竣工验收35项，交工验收7项。

（任祖友　李尚林）

数字化管理。塔西南公司在塔里木油田公司信息化建设整体框架范围内，以保障油气开发、管输、数据安全为三条主线，信息规划八大类26个项目。博大采油气管理区大北处理站分两期建成4套DCS、2套SIS、2套GDS系统、1套SCADA系统。泽普采油气管理区依次在和田河气田、阿克气田、柯克亚凝析气田实现参数自动采集转变，除巴什托普油田、玛东3井、甫沙8CS井等边缘试采井外的生产井、8座计量站（集气站）、3座处理厂，所有站场、RTU阀室均实现数字化覆盖100%。南疆利民油气运行中心建立中心、管理站、站场三级系统控制网络，可实现系统故障状态下无缝衔接，保障南疆利民长输管线输气平稳安全。修订完善《塔西南公司2022年自动化管理工作提升实施方案》7类31项，编制发布《仪表及自控系统工作清单》18类86项31个附件，规范自动化管理基础工作。开展办公系统、网络弱口令专项排查、网络安全与数据中心检查工作，发现问题23项均完成整改；数字化单井覆盖率，大、中、小型站场数字化覆盖率，中小站场无人值守率均完成指标；实施22号、34号、42号阀室自动化改造，计量站无人值守改造，实施完成生产数据回传、高危作业监控等科研项目达到预期效果。开发地面工程项目管理、零购物资采购、设备调拨等系统并投入应用。

（张辉）

改扩建项目。3月30日，大北3区块集输系统完善工程投产。5月18日，甫沙8cs井试采地面工程(外电部分）通过交工验收。6月28日，塔西南基地部分地段排水改造工程通过交工验收。12月8日，南疆利民天然气增压输送工程调整工程（三岔分输清管站扩建为三岔压气站）投产。12月10日，塔里木油田公司火炬系统甲烷挥发性有机物排放治理工程投产。12月11日，塔里木油田公司阿克苏至和田管道输送能力提升工程（泽普压气站）投产。

（任祖友）

科技管理。开展股份公司天然气前期评价科研专题"柯克亚及周缘地区卡拉塔尔组成藏规律及滚动目标研究""和田河气田及周缘稳产潜力目标评价"项目，全年科研项目立项33项，计划执行率100%，完成率93.93%。申报知识产权24项，获授权专利6项、通过集团公司审核23项；组织推荐塔里木油田公司2022年度科技进步奖1项，获塔里木油田公司三等奖，1人获塔里木油田公司技能人才奖；组织推荐3个项目参加集团公司科技创新方法大赛，获一等奖1个、二等奖2个；被集团公司推荐参加新疆维吾尔自治区分赛区获一等奖1个、三等奖1个；被新疆维吾尔自治区推荐在全国大赛比赛获优秀奖（表1）。

表1　2022年塔里木油田公司参加新疆创新方法大赛暨中国创新方法大赛新疆分赛项目

序号	承担单位	比赛名称	所属行业	参赛队长	等级	备注
1	博大采油气管理区	超深超高压垢堵气井提产稳产关键技术创新及规模化应用	石油和天然气开采业	赵力彬	一等奖	晋级国赛，并获优秀奖
2	泽普采油气管理区	新型罐车拉运原油卸放底水装置的研发与应用	石油和天然气开采业	李亚庆	三等奖	

（曹卫全）

【生产运行】　2022年，塔西南公司开展罗斯2井试采评价，推动罗斯202井部署发现及罗斯2区块地面试采工程建设，上交股份公司天然气控制地质储量121亿立方米。投产新井17口，新建产能油343吨/日、气344万米^3/日。新井年产气6.94亿立方米、油5.01万吨。投产措施井19口，增加及恢复产能气147万米^3/日、油105.5吨/日。建成大北3区块集输系统完善工程，实现日调气约150万立方米。完成博孜1集气站扩建天然气脱水站工程建设，增加博大采油气管理区天然气处理能力500万米^3/日。优选柯克亚凝析气田柯301井进行注气，用气低峰实施注气，冬季用气高峰时采出。推进储气库注气，实施柯7010井储气库注气，年度累计注气1500万立方米。全年检修处理装置7套，完成装置检修、隐患缺陷消除、技改项目实施等工作300余项，累计缩短检修工期33天，少影响产量（天然气1.8亿立方米、石油液体8825吨）。持续做好24小时生产（应急）值班值守工作。组织应急培训3次103人；厂级培训68次1831人；车间站队级培训581次11048人。组织塔西南公司级演练3次123人；厂级演练53次1809人；车间站队级演练596次10524人。组织首次井控和井口设备结构原理现场实景培训，14人次参加培训交流，组织井控管理人员取证培训班，完成22人次取换证。修订《生产管理手册》生产保障业务程序，做好水电讯生产保障。全年未发生非计划停供电事件，供电可靠率99.99%。11月4日和田河3.6兆瓦光伏电站投运，是塔里木油田公司建设投运的第一个集中式光伏电站。12月2日，塔西南天然气总厂10千伏临时供电电源送电，实现总厂"12·30"按期投产。下发《关于认真做好2022年防汛抗洪工作的通知》，部署防汛抗洪工作，排查防洪隐患45处，实施防洪抢险及预防项目5项，均完成。

（王献策　马小奇）

【设备管理】　2022年，塔西南公司在用设备11691台（不含仪器仪表、办公设备），其中通用设备3461台、特种设备1407台、塔里木油田专用设备647台、电气设备5392台、车辆252台、通信网络设备415台、医疗设备117台。设备成新率47.90%、设备完好率99.97%、设备利用率97.37%、特种设备定期检验完成率100%、设备大修完成率100%，较大及以上设备事故为零。

（吕　鹏）

【党群工作】　2022年，塔西南公司修订《党的建设工作考核细则》，下发《关于执行〈塔里木油田基层党支部工作考核评议办法（试行）〉的补充通知》《关于明确塔西南公司党委成员单位及加强统一领导相关事宜的通知》，明确2家泽普石油基地驻矿单位、3家社区法人公司作为公司党委成员单位。优化调整6个基层党支部设置；22个党支部完成换届选举工作；召开8次党的建设领导小组会议；组织党建工作责任制和党委书记抓党建述职评议考核。全面开展基层党建"三基本"建设与"三基"工作有机融合，开展4场塔里木油田公司宣贯解读，组织13场次阶段督导。征集评选21篇典型案例，2篇获塔里木油田公司三等奖，"四看四清"工作法入选塔里木油田公司经验交流材料。组织实施88个"党建工作+生产经营任务"攻关项目。划分3个党委协作区，指导3个党支部开展联合共建，组织57个党支部完成属地内120名流动党员参加日常教育管理。开展学、讲、用条例等4项对标提升工作。53名党支部书记参加塔里木油田公司党校培训，举办8期党务干部履职能力和业务培训。征集党建研究成果67篇，评选奖励18篇，6篇获塔里木油田公司奖励。开展元旦春节期间、"七一"前夕党内走访慰问264人。吸收70名预备党员，转正53人。将华油新海公司市场化用工纳入年度发展计划。开展星级标准化党支部考评验收，命名二星级标准化党支部34个，9个党支部获塔里木油田公司"三星级"党支部评选。全年党费收入287056.25元。

（唐菊莉）

加强对"一把手"和领导班子监督，纪委书记到各基层单位就党委履行全面从严治党主体责任、纪律审查发现问题、巡察反馈问题整改、一体推进"三不"等工作开展督导23次，下发"履责提示"40项，与班子成员谈话15人次。编制下发违规吃喝问题专项治理工作安排，明确5个方面12项具体措施，各单位查找违规吃喝整治风险点161项，制订预防措施260项。受理信访举报及问题线索6件次（其中纪检外3件次），自查塔里木油田公司转办问题线索2件，转立案2件，纪律处分2人（开除党籍1人，党内警告1人）。开展原销售公司遗留问题专项检查，督促相关单位（部门）做好2名重复访人员政策解释工作，引导依法依规逐级反映诉求，减少重复访、越级访。开展近三年处分决定执行情况专项检查，核实26名受纪律处分和12名受诫勉谈话人员后续执行情况。组建巡察组，对4家单位党组织开展巡察"回头看"。9月29日，完成4家单位党组织"政治体检"，发现5个方面210个问题。对2021年5个基层单位巡察反馈问题整改情况进行验收，整改完成率100%。开展2021年巡察共性问题对照整改工作，梳理、发布共性问题17项，组织各单位（部门）进行对照整改。落实塔里木油田公司党工委2021年巡察发现突出问题整改督导建议书，全程跟踪"两区"问题整改落实情况，现场督导16次，查找系统性、全局性问题34项，制订整改措施97项并参改，下发深化整改督导建议书2份。开展2019年以来巡视巡察反馈问题整改及通报共性问题对照整改落实情况"回头看"，督促各级党组织严格落实"一责任三把关"巡察整改机制，推动形成整改闭环。采取面对面、一对一约谈方式，与9个部门负责人就部门监管职责与本年度重点监管任务开展谈话，编制发布《监管责任清单》124项，《2022年重点监管任务清单》32项。制作印刷《党员干部党纪党规再提醒系列挂图》47套，利用班前会、视频展播等形式开展党纪党规教育。开展"节日送廉"活动，制作廉洁提醒微视频、短信等12期。更新完善廉洁教育展厅，组织6批次300余名党员干部到油田廉洁文化教育基地、莎车县警示教育中心接受教育，组织200人参加塔里木油田公司警示教育大会，开展"清廉塔里木，献礼二十大"廉洁文化作品征集、评比、展播活动。

（熊 斌）

【群团工作】 召开塔西南公司九届三次职工代表大会，审议通过《经理工作报告》《职代会暨工会工作报告》《提案答复报告》《财务工作报告》，形成相关决议。制订九届三次职代会提案落实运行大表，答复率和落实率100%。征集上报塔里木油田公司职代会提案2件。组织两级代表民主评议工作，安排职工代表现场巡察、民主监督保利·石油花园二小区选房、验房工作。完成职工诉求，答复处理问题18项。常态化开展"安康杯"竞赛活动。组织开展"建功十四五，奋进创一流"专项劳动竞赛和"决战秋冬、决胜12·30"塔西南天然气综合利用工程专项劳动竞赛。评选"银点子"成果48项、"银哨子"案例34项，获塔里木油田公司"金哨子"案例6项。全年帮扶惠及困难家庭97户、患重大疾病职工（家属）159人，帮扶资金286万元。新创建塔西南公司职工（劳模）创新工作室2个，张明创新工作室被命名为"国家级高技能人才培训基地和技能大师工作室"，李亚庆技能专家工作室被命名为"集团公司专家工作室"。截至2022年底，塔西南公司有8个职工（劳模）创新工作室，涵盖采油气、管道集输、电气、信息、自动化等各个领域，全年完成各类攻关课题91个。参加全国油气开发专业职业技能竞赛暨集团公司首届技术技能大赛，两名员工分获1银1铜。组织2022年度单井动态分析大赛，4项成果获塔里木油田公司二等奖、三等奖，巩固提升创新创效品牌，9项成果获塔里木油田公司二等奖、三等奖。开展"建功千万吨"青年突击队竞赛活动，团青组织围绕本单位中心工作成立

10支青年突击队。组织"五四"评优表彰活动。新冠肺炎疫情防控期间，团委集结82名由塔西南公司员工、承包商员工、社区居民和返乡大学生组成6支抗疫志愿先锋队，减轻疫情防控人员紧缺压力，解决员工群众和特殊群体急难愁盼。持续开展"我为青年员工办件事"，春节前夕开展"家书暖人心"，走访慰问留守基地青年等活动，创新使用H5、视频、微信等新媒体制作家书。开展2022届新员工主题团日、青年联谊等活动。开展"青年五心"和乡村振兴志愿服务活动，入户服务346人次，捐赠衣物5000余件、家电等生活用品3000余件。

（杨晨 仲耀龙）

【维护稳定】 2022年，塔西南公司制订重点群体结对认亲方案，访谈50名团结关爱户包联干部，结合日常工作成效评估排名，优化改进国语提升措施，制订"结亲对子"综合素质提升计划，组织党的二十大期间"入户走访、线上访亲"2726人次，促进结对双方素质能力"双提升"。完成4家法人公司512名员工、3416名亲属基础信息摸排和线上滚动核查，评估清退风险人员25名。健全信息双向报送、相互反馈、专项奖励机制，发动员工群众力量，核查线索315条，移交公安处置打击14人。受理信访来电来访48人次、答复率100%，领导干部接访427次1603人；开通24小时信访受理热线和矛盾纠纷调解处理信箱，推动网上信访问题一次性化解；组织12家单位开展标准化信访"四零"承诺服务窗口创建；对22名信访重点人员按照"高、中、低"标准分级分类，执行"一人一策"稳控措施，加快2个信访督办事项，实现清零目标。

安保防控。结合实际重新划定七类重点要素范围，压实属地管控责任，不定期对账核查属地危化品，排查整改管控漏洞9项，责令下架风险商品22项。落实生活大门"三道防疫指令"，建立小区、街面步巡车巡一张表，日夜轮班值守周界围栏，防范新冠肺炎疫情输入风险。推进"平安管道"建设，实现违法犯罪零案发。保证 $2/3$ 安保力量在岗在位，强化每日体能、技能、战术训练，针对不同暴恐袭击方式组织"双盲"实战演练56次，联合公安专项处置演练8次；常态化做好物防、技防设备设施完好性检查，指导整改辖区及外探区安防隐患363项。

社会治安综合治理。对重点帮扶人员执行"红黄蓝"分类分级管控，与包联干部逐级签订责任书549份，实施每日信息"零报告"，维稳值班同步做好电话抽查和随机访谈，掌控重点人员行动轨迹；严格落实"三级研判"机制和外出请销假制度，累计风险研判36期56项，做好重点人员直系亲属关怀，引导亲属协助盯控人员动态。推进"平安塔西南"建设。在线上线下主阵地宣贯平安建设主题内容，举办"大家小家"MV竞赛、平安故事宣讲会等宣教活动，做到平安建设员工群众参与全覆盖，累计评选表彰平安单位24个、平安之星215名。流动人口管理实行"369"限时工作法，截至年底，辖区流动人口9271人，其中常驻流动人口2169人，外来流动人口7102人。

计划生育。依法实施三孩生育政策，根据中央精神及集团公司《关于做好涉及计划生育党内规范性文件专项清理工作的通知》要求，清理废止党内规范性文件4个。加强生育政策目标管理，实现出生人口准确率100%，政策符合率100%，系统重点数据准确率95%。开展各项计生服务12期受众群体2296人次，落实计划生育奖扶政策168人84.86万元。

拥军拥属。开展年度民兵军事训练、维稳战线干部员工年度军事技能训练。完成6名青年应征入伍，建军节慰问退伍军人11名。

消防救援。完成体能训练科目9项，技能训练科目16项，驾驶员训练科目7项，灭火实战演练27场次；出动火警27起、车辆40台196人次；动火值班42次，出动车辆45台150人次，值班时间1283小时；应急拉动40次，出动车辆51台441人次；安保执勤40次，出动车辆48台174人次，累计时长229小时。

社区服务管理。编制《塔西南新时代文明实践中心网格化服务实施方案》，将员工群众工作生活管理服务延伸至每个单元格中，2022年解决居民困难诉求93项，走访慰问孤寡老人90户，提供家政服务30次，安置就业68人，帮扶救助困难户59户，办理好事实事298件。

（何丽丽）

【疫情防控】 2022年，塔西南公司坚持严防严控严管，健全完善"一办七组七专班"[1]实战体系，因时因势调整防疫策略，落实"五应三联"(辖区应查尽查、应检尽检、应隔尽隔、应消尽消、应接尽接，做到协同联动、多方联合、责任联考)，从严全流程闭环管理，

---

[1] 塔西南公司新冠肺炎疫情防控领导小组下设防控办公室（生产协调办公室）、排查组、防控组、医疗组、保障组、宣传组、督查督导组、重点项目组7个工作组。其中排查组下设疫情流调专班，防控组下设集中医学观察管理专班、居家医学观察管理专班、"和易行"建设运行专班、接送专班，医疗组下设消杀管理专班，保障组下设物流防控管理专班。

以快制快、精准防控,实现"双零"目标。保供防疫生活医疗物资,守好员工群众菜篮子、米袋子、药箱子。扩建集中隔离点,建成2个方舱PCR实验室,233名防疫人员取得采样、检测资质,防疫力量从无到有、从弱到强。组建医疗队驰援库尔勒市塔指石油基地小区,助力疫情防控工作。坚持"一手打伞、一手干活",推行一线工作法、线上工作法,建立前线三级应急梯队,细化夺油上产措施,解决勘探钻井、油气生产、项目建设、人员物资难题。

(黄 满)

【博大采油气管理区工作】 2022年7月,按照塔里木油田公司新型采油气管理区改革方案要求,博大油气开发部更名为博大采油气管理区。2022年,有采油气井517口、开井126口、投产新井15口。

油气生产。2022年,博大采油气管理区生产石油液体46.72万吨、天然气76.81亿立方米,油气产量当量659万吨。全年完成销售原油0.6626万吨、凝析油40.1876万吨、轻烃5.8739万吨、零散气1108.2323万立方米、天然气76.7294亿立方米。全年投产新井15口,新建产能天然气394万米^3/日、油393吨/日;完成措施作业16井次,增加、恢复产能天然气160万米^3/日、油106吨/日。实施"五个专项行动",制定提质增效措施26项,全年完成14166万元。完成关键生产经营考核指标,实现主营业务利润549500万元。累计生产天然气338.40亿立方米,地质储量采出程度6.32%,可采储量采出程度11.69%。累计生产石油液体132.02万吨,地质储量采出程度5.55%,可采储量采出程度13.47%。

(唐正伟 李卫东)

生产运行。完成5套装置、9座集气站、91口单井年度检修任务,累计减少影响石油液体1070吨、天然气4600万立方米。建立"13610"项目管理机制,实行"标准化设计、工厂化预制、模块化采购、橇装化安装、智能化管理"的"五化"管理模式,大北3调气站、大北201集输站、大北12水处理、博孜1脱水站四大上产保供工程按计划投产,日增天然气集输能力678万立方米、处理能力500万立方米。开展老区治水提采,大北老区综合递减率由9.6%下降至7.9%。形成"11168"措施挖潜机制,全年完成作业16井次,恢复产能天然气160万米^3/日、原油106吨/日。

(朱崇艳)

油气藏管理。以地下大调查、动态分析为抓手,开展老油气田综合治理,系统推进有水气藏整体治水提采,确保老区生产平稳。加强随钻跟踪,优化完井试油方案,推动新井快速建产。树立"地质工程一体化"理念,严格落实"三总师"会审制度,保障措施高质高效。整体规划动态监测,支撑开发方案编制。完善管理区SEC储量评估领导小组,制定《博大采油气管理区2022年SEC增储专项行动方案》,开展治水提采、长停井躺井治理等一系列稳PD储量工作;年度老区负修正140亿立方米,新区扩边新增247亿立方米,实现SEC储量整体良性循环。制定《博大采油气管理区矿权管理实施细则(修订)》,确保矿权管理规范化运行。

(彭祖丽)

采油气工程。探索排水采气和流动保障技术。完成电泵及连续油管气举适应性分析,明确各种排水工艺技术适应性。连续油管气举排水不需动管柱,对出砂、产气井适应性较好,且利于保护套管,相对常规气举、电泵等排水采气工艺,优势明显。在大北101-3井、大北101-5井开展连续油管排水试验,并取得成功。连续油管采用2205双相不锈钢材质,可确保管柱长期安全生产。优化连续油管电加热防蜡工艺。井口装置由下至上为"连续油管剪切阀+悬挂密封器+电缆剪切器+电缆穿越器+接线盒",可实现140兆帕压力级别,主密封或者管缆失效、采气树泄漏时,剪断管缆落井,可维持采气树上所有阀门功能,在博孜10井成功试验。研发连续油管化学注入工艺。在油管内下入1.5英寸双相不锈钢连续油管,通过连续油管持续注入清防蜡剂,A0环空作为生产通道,维持高含蜡气井生产。装置由上至下为"单流阀+闸板阀+悬挂器+连续油管剪切器+连续油管+工具管串(连续油管连接器+单流阀+背压阀)",2022年,在大北14井开展现场试验。

井下作业。坚持问题导向、生产导向,大修复产、井筒畅通、储层改造、井筒解堵4项关键技术取得突破,15项技术在博孜—大北区块首次应用,高压凝析气藏开发。首次在高压气井成功开展MPC机械切割技术试验、DEC静态磁聚焦测井技术试验,首次在克深1101井成功开展"可取式封隔器+伸缩管+可溶筛管"完井试验,首次在博孜10井开展快速修井、易钻桥塞试验,作业周期较常规大修节约81天,避免大修作业过程泥浆污染。探索一套以"下得去、起得出、冲得动、返得出"特种连续油管作业方法,提升管柱疏通水平,具备8000米级井深作业能力。

工程项目管理。构建"13610"管理体系,推进全过程项目管理模式。推行项目组管理模式,坚持"项目长"全过程负责制,实现项目全过程安全受控。采用工程项目标准化设计、工厂化预制、模块化采购、橇装化安装、智能化管理的"五化"管理模式,实现项目建设零违章、零事故、零伤害、零污染、零缺陷"五零"管理目标。2022年,重点项目均完成。

地面工艺管理。制订并实施"4+4"质量能力提升工程,完成调气工程、博孜1脱水站工程、处理站内构件改造等,提升集输能力40万米^3/日,处理能力498万米^3/日,调气能力220万米^3/日。根据干线阀室、集气站和单井位置,建成博孜—大北新区4座集气站,计量骨架逐渐完善。优化"96口单井+103条采气支线+13条集气干线+7个集气站+1座处理站"大管网一体化核算模型,提出调改建议56项,为调产提供科学依据。

技术创新。成立五大专业技术创新团队,建创新工作室两个,联合高校和科研院所集智攻关。代表新疆维吾尔自治区和集团公司参加全国创新方法大赛,首次获中国创新方法大赛新疆分赛一等奖。首次主导完成并获第四届集团公司专利奖优秀奖。自主研发技术并申报发明专利15项。成功探索在裂缝性气藏利用示踪剂监测水侵通道技术,助推气藏治水提采。创新形成高压集输精确核算技术,指导科学配产和单井产能释放。自主研发生产分离器内构件改造和低温分离器分液技术,地质工程一体化气井解堵技术进一步完善。编制形成"5+4"数字化转型智能化发展规划。应用视频巡检、激光云台等7项数字化技术,实现井站无人化智能管理。

(朱崇艳)

【泽普采油气管理区】 2022年7月,按照塔里木油田公司新型采油气管理区改革方案要求,泽普油气开发部更名为泽普采油气管理区,加挂泽普储气库分公司牌子。2022年,有生产井121口、开井90口。实施注采新井2口。生产时率65.39%,井口日产天然气水平300.98万立方米、井口日产油水平80吨,含水74.65%,天然气年综合递减5.34%,天然气地质储量采气速度0.88%。

(郭德强)

油气生产。2022年,泽普采油气管理区生产石油液体5.41万吨、天然气9.58亿立方米,实现油气产量当量81.76万吨。全年完成销售原油10183.13吨、凝析油22636.4吨、轻烃6085.52吨、液化7935.86吨、零散气102.6824万立方米、天然气41341.3930万立方米。全年实施维护作业11井次,年增气0.54亿立方米、增油0.61万吨;实施措施复产5口井,年增气0.18亿立方米、增油0.15万吨;完成储气库方案编制,实施注采新井2口,实施老井注气1500万立方米。提质增效完成4374万元;完成关键生产经营考核指标,实现主营业务利润6521万元(不含喀什北合作区块中方利润7403万元)。截至2022年底,累计生产天然气253.54亿立方米,地质储量采出程度23.33%,可采储量采出程度42.99%;累计生产石油液体561.94万吨,地质储量采出程度18.02%,可采储量采出程度90.20%。

(王太作 郭德强)

生产运行。完成3套天然气处理装置年度检修,减少总工期11天,检修装置一次性投产成功增产石油液体1300吨、天然气745万立方米。做好今冬明春天然气保供,11—12月生产天然气1.85亿立方米,超产0.22亿立方米,保障南疆三地州民生用气需求。通过"产业+就业+捐赠"3种扶贫模式,巩固乡村振兴成果,全年向南疆地区捐赠化肥300吨、捐助各类物品500余件,吸纳周边群众100余人至各矿区从事后勤保障、运行维护工作。

(唐建刚)

油气藏管理。和田河气田新建2个低排高采井组,推动玛4-7H井投产,通过排水采气与地面增压协同,保障日产天然气39万立方米。开展罗斯2井短期试采评价,解决地面工程投资高、风险大的问题,推动罗斯202井钻探、控制储量上交、地面试采工程建设,夯实和田河稳产基础。完成《柯克亚凝析气藏尾矿注空气提高采收率先导试验方案》,探索形成中深层凝析气藏开发末期注空气热混相驱提高采收率配套技术。深化巴什托普地质认识,明确带水生产是东河砂岩最佳开发方式,推动群7井措施作业。

(郭德强)

采油气工程。电泵检泵周期730天,相对生产时率97.25%;抽油机井检泵周期729天,生产时率97.37%。2022年机采井维护作业2井次。新应用排水采气工艺1口,玛4-8H井应用坐挂连续油管气举排水采气技术,坐挂深度2022米,井斜62度,垂直距产层高差40米。6月27日投产,日均排水29.97吨、日产天然气2.9万立方米,年累计排水5395.55吨、年累计生产天然气524.21万立方米。

(胡 萍)

井下作业。2022年完成井下作业17井次,其中弃置封井作业1井次,储气库封井作业1井次,措施作业2井次,维护作业2井次,零星作业11井次,修井时效

92.7%。完善发布《泽普采油气管理区采油气工程管理体系文件》，修订4项实施细则与1项应急预案，新增6项管理办法，更新50项业务标准。汇编3类工程技术案例，形成技术经验库，提高安全案例警示性，技术案例指导性。通过优化方案设计、加强生产组织、减少管理成本支出、推广应用新工艺等多措并举，实现降本124.8万元。

（胡　萍）

工程项目管理。利用各专业力量，重点把握工程施工进度与质量安全关系，把关工程项目程序流程，确保项目依法合规。加强项目承包商管理，梳理合同考核，促使承包商提高队伍实力和人员素质，培养战略承包商，提升管理水平。重点以柯克亚储气库、注空气热氧化地面工程、柯克亚优化计量站改造工程等实施为主，组织做好工程建设管理和2022年两项投资项目验收收尾工作。

地面工艺管理。推动和田河气田开发调整地面工程、塔里木油田公司柯克亚储气库建设工程、罗斯2井单井试采地面工程及柯克亚计量站优化改造工程等工程前期工作及实施，组织各级审查20余次，提出优化意见300余条。积极推行开库设计，优先匹配库存物资。年度利库设计项目3项，利旧甲醇储罐、计量橇、钢管等10类，节约项目投资约1000万元。

地面工程建设。和田河气田开发调整地面工程2022年3月28日获勘探与生产分公司批复。主要内容为：建成天然气集输规模100万标准米^3/日，新建单井井场4座、增压气举站2座、注水井1座玛8集气站、玛2清管站改造，增设三甘醇脱水，干气输送；新建集气总站至新建处理厂间输气、输水管线，玛8集气站至处理厂输水管线1条；处理厂降级为集气总站，停运脱硫、脱水脱烃单元，增设注水装置，低压输送至和田2注水井，井口增压注水。8月20日工程开工建设，9月30日完成施工图0版及90%三维模型设计，截至2022年底总体形象进度25.4%。

塔里木油田柯克亚储气库建设工程主要内容为：新建5口注采井，采用"一级布站+辐射管网+注采合输方案"，新建400万米^3/日集注站1座，采用J-T阀制冷工艺，注气能力200万米^3/日；新建至南疆管网34号阀室双向管线48千米，工程建成后将提高南疆地区冬季保供及油气田冬夏季均衡开发保障。2022年6月20日完成工程初步设计，6月22日获批复，12月20日完成集注站90%三维模型及0版施工图审查。

罗斯2井单井试采地面工程主要内容为：新建采气井场1座（包括新建315千瓦真空加热炉1套、抗硫气液分离器橇1套、三甘醇脱水装置1套、放空火炬1套、放空分液罐1套、装车橇1套）；新建集气干线82千米，燃料气管线1条；新建截断阀室2座、清管接收装置各1套。工程建成后将实现罗斯2区块天然气产能释放，提高和田河气田产能。2022年10月23日工程初步设计获塔里木油田公司批复，10月24日完成线路部分施工图0版设计，12月25日完成井口部分施工图B版设计。

柯克亚计量站优化改造工程主要内容为：柯克亚4个计量站各新建1套低压自动轮井计量阀组、1座油气计量橇；新建计量分离器4台、放空分离器3台；3号计量站新建一台100千瓦电磁加热器；各计量站新建橇装机柜间及RTU各1套。工程建成后将实现柯克亚单井自动倒井计量，提高数智化，减少劳动量。2022年12月14日工程初步设计获塔里木油田公司批复，12月20日开展施工图A版设计。

组织地面夯基专项行动，专项行动经过启动、验收、表彰、检查等节点。梳理制度41项、流程9项；统一92项台账、15项报表，对报表、台账准确性、完整性开展专项核查，取全、取准、取实基础信息；核减各类台账9项、核减台账字段168项。

（吴　跃）

技术创新—采油气。井下作业类新技术3项（机械切割、套管锻铣、超细水泥封堵），针对套管锻铣工具进行改进，实现钻进提速，完成专利申报1项。应用采油气类新工艺1项（坐挂连续油管排水采气），在塔里木油田公司首次实现水平井斜井段排水，恢复玛4-8H区块低排高采效果。开展外协课题1个，针对柯克亚储层特点，研制3组修井液体系及2套储层改造酸液体系，完成论文1篇、专利申报1项。

（胡　萍）

技术创新—地面工艺。甫沙8井实现无人值守改造。甫沙8井为试采井，距离柯克亚矿区生活区较远，井场配备4人（两班）驻井值守，周边无社会依托，不符合集团公司数字化油田建设"小型站场无人值守率100%"要求。通过将单井采集数据经RTU柜从45千米架空光缆中把单井生产数据、维稳安防视频数据传输至柯克亚处理站主控室，实现该井远程监控、远程操作，彻底实现无人值守。

柯211井建设光伏供电设施。柯克亚柯211井场设有注水泵橇，橇内设有3台三柱塞泵，排量10米^3/时，注水压力50兆帕，电机功率160千瓦，注水规模为480

米³/日。根据负荷统计结果，拟订在柯211井建设装机容量75.6兆瓦的分布式光伏，配置1套80千瓦直流控制器，分3路接入3台注水泵的变频器柜，采用直流直接供电方式，光伏电直接接入变频器直流母线。相比已有"市电—变频器—负载"供电模式，光伏交流供电减少整流环节，通过变频器整流回路，切断光伏电源并入市电，实现不上网的方式运行。变频器的交直流双路供电，动力互补，保障机组正常供电。

提升柯克亚凝析气田油气处理厂轻烃回收率。自2020年建成投运后，在当前操作运行工况下负荷只有设计工况的36%，通过操作优化，提升产品回收率，将轻烃回收率47.95%提高至78%，产生生产效益。结合生产运行经验，开展论证深冷装置在极地负荷下的稳定、高效运行方案，逐步提升深冷装置的轻烃回收率。通过膨胀机防喘阀调整、DHX塔底回流量调节、深冷装置低负荷条件下运行参数摸索等措施，实现轻烃回收率由原来47%提高到72%再到78%，装置运行更平稳，温度场、压力场更稳定，操作方式更成熟，轻烃收率超设计考核指标，累计增加石油液体4490吨，创效1737万元。

（吴　跃）

储气库先导性试验。柯7010砂体储气库优化建设及运行，推动注空气热氧化提高采收率现场试验，提升效益开发质量。2022年10月21日—11月19日，柯7010井注气，井口注入压力18.1兆帕，日注气50万立方米，年注气0.15亿立方米。

（郭德强）

【塔西南天然气处理总厂】　塔西南天然气处理总厂成立于2022年11月22日，隶属塔西南公司，业务上由塔里木油田公司直接管理。"塔西南天然气综合利用工程""和田河气田天然气净化及综合利用工程"2项工程，是保障国家Xai气供应和南疆天然气供应的战略工程、民生工程，是塔里木油田公司探索新技术、拓展新业务，建成中国式现代化世界一流能源企业的创新工程、创效工程。2022年3月18日，勘探与生产分公司批复两项工程初步设计，5月20日两项工程开工建设，11月22日塔里木油田公司宣布成立塔西南天然气处理总厂，所辖喀什分厂及和田分厂。12月28日喀什分厂关键核心装置投产，12月30日现场举办投产仪式。

塔西南天然气综合利用工程建设。设计处理天然气120万米³/日，年产液Xai231吨、液化气6.75万吨，采用"催化脱氢+低温吸附"的Xai精制工艺，Xai产品纯度99.999%，是当前国内首套年产百万立方米级产品的提Xai工厂和国内最大的Xai液化工厂。2项工程采用EPC总承包、全模块化建设模式，约60%焊接量、70%高危作业在工厂完成。

和田河天然气综合利用工程建设。设计处理天然气100万米³/日，生产粗氦汽车外运至喀什分厂处理，生产粗Xai131万米³/年，混烃1881吨/年，采用"复合MDEA脱硫脱碳+分子筛脱水+两级克劳斯+CPH尾气处理工艺+低温深冷法生产粗Xai气"。

（谢锡林）

【物资供应】　2022年，塔西南公司紧盯重点工程项目、生产物资、公用工程、医疗卫生等重点物资，通过大二线、轮南点对点配送拉运生产物资162车次，2835项1619.98吨。全年收料7046项，2.91亿元；发料7699项，3.02亿元。物资保供及时率100%。制订物资管理专项方案，实时跟踪完成进度并及时采取纠偏、控增量、减存量等措施，年初库存2270.79万元、年末485.95万元，库存下降1784.84万元。落实新冠肺炎疫情防控政策，完善疫情物资保障制度，实现采购、物流、出库等环节无缝对接，全年疫情物资采购86.1万件332.94万元，发放251.7万件280.24万元。做好清欠、预算、专项指标管控，实现内部利润－4294.38万元，"两金"压控和专项指标全面受控。修订《塔西南公司物资回收处置管理实施细则》《塔西南公司物资管理实施细则》2项制度，制度宣贯13期146人次，整合优化业务流程23个，完善流程31个。调剂利用积压库存698.49万元，完成报废鉴定物资260.22万元，完成油田公司考核指标。严把乙供物资采购选商审核关，从源头杜绝超范围采购、非资源库选商问题。为塔里木油田公司9个采油气管理区及145家服务单位、井队提供油品保障服务，全年配送油品7.13万吨，加油5万车次，实现销售收入4.1亿元。

（兰　莉）

【油气生产服务】　2022年，塔西南公司年供电量1.06亿千瓦·时，供电可靠率99.99%；和田河电站安全运行1264天；完成实验检测15369台件，化验检测样品43390个，检测完成率99.83%；完成财务内部利润－4467万元，减亏128万元；清洁能源利用量438吨标准煤，新能源替代量完成值7.05%，完成年度指标。开展柯克亚10千伏生产一线、二线配网自动化建设，优化博大配网自动化参数，投用架空线路重合闸功能，提升电力线路连续平稳供电能力。石鸿变电所实施10千伏快切与35千伏备自投连锁改造，杜绝电源切换装置误动作。博大、泽普采油气管理区实施高低压电机抗晃电技术改造47项，提升机泵抗晃电能力。和田河电站两台机组中冷器国产化替代改造，优化低频减载程序，成功解决发电机组带载受限问题，和田河电力系统实现全年无瓦解。将博大、柯克亚、和田河电力自动化系统及视频信息传回塔西南电网调控中心集中监控，减少值班人员6名。建立生产科室前线值班制度，开展"6+2"活动，解决各类问题122项。承接和田河、博大采油气管理区电力低压运维业务，每年减少对外付现392万元。开展重点项目投产准备工作，和田河3.6兆瓦光伏电站等4项工程一次性成功投运。协调喀什国家电网供电公司，落实塔西南天然气处理总厂10千伏临时供电电源，保障天然气处理总厂"12·30"按期投产。

化验分析项目部通过6年一次实验室资质复审，新增稳定轻烃6个项目，具备7项52个检测能力，为天然气处理厂投产提供技术保证。喀什、和田天然气处理厂化验室投产，采取"倒排工期，专人跟进"模式，化验设备、试剂耗材提前到达现场。成功掌握塔里木油田公司高纯Xai产品99.999%检测能力，具备微量气体检测领域特有、领先技术能力。实验检测项目部成功取得安全阀检测资质，全年安全阀检测业务增收45.53万元，安全阀移动检测设备为新建项目阀门入厂检测质量控制提供技术保障。开拓外部市场，新增哈得、东河、迪那采油气管理区计量器具检定工作。

张明创新工作室尝试应用变频器进行绿电消纳，市电和光伏供电互补测试成功，达到无缝切换供电，并在石油基地供水站推广使用，为采油气管理区分布式光伏建设确立技术基础。建成供水站、信息通讯部、玛东3、和田河3.6兆瓦4个光伏项目，每年实现清洁发电660万千瓦·时，清洁能源替代量2035吨标准煤，减少碳排放3940万吨，氮氧化物排放875吨。

（陈海燕）

【信息通讯】 2022年，塔西南公司信息通讯收入1746万元，实际成本支出4010万元，内部利润实际完成−2263.77万元，"两金"压控指标综合完成率100%。协助塔里木油田公司完成剩余生产单元OTN塔西南片区接入工作，使"两区一中心"通过10G高速通道直接接入塔里木油田公司。完成泽普基地、和田河、喀什油气链路建设，实现网络零切换。实施南疆利民油气运行中心5个基层站及甫沙8井无人值守改造。9名业务骨干参加塔西南天然气综合利用工程建设，协调和田河施工现场，解决各类通信需求。全年协调组织抢修光缆中断12次，光缆线路中断恢复6次。完成新冠肺炎疫情防控系统开发，实现人员信息统一录入和网上流转。完成石油基地3个卡点升级改造、大学生公寓楼、职工医院发热门诊、核酸检测点、隔离点等区域无线网敷设工作。开展高危作业远程视频监控平台（安眼工程）研究，博大、和田河、阿克、南疆利民的相关固定监控点位实现远程监管，通过"固定+移动"摄像头对临时施工现场进行远程监管，智慧工地基本建成。租用运营商链路为南疆利民油气运行中心SDH传输系统组建6个局域环网，避免光缆中断造成上下游数据传输中断影响生产指挥调度。建设完成数据中心太阳能光伏发电接入项目，实现用绿色清洁能源供电，预计每年减少外购电量20.2万千瓦·时，减少煤量61.7吨，减少碳排放160吨。打通数据中心至医疗服务中心专网光缆链路，实现石油基地医保扫码支付。塔西南便民服务平台公众号正式上线，新增食品展示、餐厅订餐、就医服务、体检预约等功能。

（韩君丽）

【油地关系】 2022年，塔西南公司协调叶城县人民政府办公室、叶城县自然资源局关于塔里木油田公司2018年度、2019年度滚动开发建设项目建设用地预审和组卷报批，截至2022年底，待县政府出具上报意见。完成办理墨玉县境内2019年油田滚动开发用地手续（12.71万平方米），上交地区行署，待批复。协调库车市自然资源局签订塔里木石油勘探开发指挥部塔西南公司钻采设备厂（库车办事处南院）宗地剩余4.2万平方米土地"土地收回协议书"，完成该宗土地处置工作。向塔里木油田公司生产运行部上报关于阿克苏办事处整体对外处置的报告，将西院整体处置给阿克苏市政府。协助塔里木油田公司办理土地征用手续，协助油田产能建设事业部新签订临时用地合同4份；110千伏线路30万平方米用地完成办理用地手续（林评及草评手续）；完成办理柯中108H井草地补偿手续；办理玛东3光伏发电站用地手续，完成110千伏电力线路地区水利局跨河、地区交通局跨路相关手续。按照塔里木油田公司对外捐赠工作安排，塔西南公司编制2022年度对外捐赠分配方案并通过经理办公会审定。全年对外捐赠化肥200吨，对外捐赠资金90万元。

（吴乃帆）

勘探开发研究院

【概况】 勘探开发研究院为塔里木油田公司二级单位，是集油气勘探、油气田开发、地球物理、测井解释、地质实验为一体，学科齐全、技术配套、实力雄厚的石油勘探开发综合研究机构，是塔里木油田公司勘探开发决策部署的参谋部，是塔里木油田公司勘探开发理论技术创新研发中心、勘探开发技术支持与服务中心、科技人才培养中心。2022年，勘探开发研究院落实"学报告、战疫情、降影响、保安全、促生产"要求，完成勘探发现、圈闭井位、储量产量、方案设计等各项科研生产任务。

2022年，通过塔里木油田公司审查圈闭85个。探井成功率60.9%，油藏评价井成功率90%，开发井成功率98.3%，高效井比例68.8%，均完成挑战目标。新建油气产能完成率原油106.8%，天然气104.3%，油气产量符合率133.4%，完成挑战目标。完成开发方案19个，方案一次审查通过率100%。塔里木油田公司科技项目执行情况、上级科技项目执行情况以及科研项目绩效评价3项考核指标均获满分。党建、QHSE、人力资源管理、投资控制、科技创新、信息化等工作全面达标。获塔里木油田公司保密工作先进单位，首批创建成为油田"平安示范单位"。获集团公司科技进步奖一等奖2项、二等奖1项、三等奖3项，专利银奖1项；获石油石化联合会科技进步奖特等奖1项、一等奖1项；获塔里木油田公司科技进步特等奖1项、一等奖7项，技术发明一等奖1项。

（李玉含）

【科研成果】 2022年，统筹国家、股份公司、专业分公司和塔里木油田公司四级项目管理，承担国家"深地"研发相关课题1个、任务4个，股份公司三期课题8个，油气和新能源分公司课题15个，塔里木油田公司项目24个。全年获省部级科技奖励11项（其中牵头申报6项），获塔里木油田公司级科技奖励23项（其中牵头申报19项，含突出贡献奖1项），申报发明专利38件，获授权发明专利13件，登记国家软件著作权10项。

（朱文平　张勇）

【勘探所工作】 勘探所下设库车勘探室、台盆区勘探室、塔西南勘探室、风险勘探室和综合室5个科室。主要负责塔里木盆地新区新领域石油地质综合研究，开展区带、圈闭、井位、储量、矿权与盆地基础地质研究。

2022年，勘探所承担国家重点研发计划课题/任务1个、股份公司重大专项课题2个、油气与新能源分公司课题5个、塔里木油田公司项目5个。全年完成圈闭审查31个，部署9口预探井位和7口风险井位，获工业油气流井2口，其中克探1井在白垩系深层的突破，拓展库车坳陷天然气勘探领域。获塔里木油田公司科技进步奖特等奖1项、二等奖1项、三等奖1项，发表论文24篇，授权发明专利1项，申报发明专利5项。

（桑洪）

【油气藏评价所工作】 油气藏评价所下设塔河南室、塔北室、塔中室、综合研究室4个科室。主要承担塔里木盆地塔北—塔中富油气区带奥陶系碳酸盐岩勘探开发一体化研究，是塔里木油田原油规模增储上产主战场。

2022年，油气藏评价所承担股份公司重大专项2个、塔里木油田公司项目4个，开展3个专班研究。全年完成三级储量石油4.55亿吨、天然气2149亿立方米，首次实现年度探明石油储量超2亿吨，完成SEC储量石油949万吨、天然气28亿立方米，编制方案8个，部署井位96口（探评井18口、开发井78口），钻井成功率96%、高效井比例67.8%。

2022年，油气藏评价所被评为新疆维吾尔自治区青年文明号，2个科室获塔里木油田公司"业务先进集体"称号，7人获塔里木油田公司"业务先进个人"称号，1人获塔里木油田公司"十大杰出青年"称号。获塔里木油田公司年度科技进步奖一等奖3项、二等奖1项，塔里木油田公司提质增效及合理化建议一等奖、三等奖各2项，发表论文7篇（SCI 5篇、EI 1篇），论著2本。

（向东）

【天然气所工作】 天然气所下设库车评价开发室、提高采收率室、塔北开发室、塔西南开发室、综合室5个科室。主要承担塔里木油田碎屑岩天然气增储上产研究。具体负责库车地区克拉苏构造带精细勘探、圈闭搜索、目标优选、井位部署、天然气储量上交、方案编制、提高采收率技术等研究工作。

2022年，天然气所承担股份公司三期课题3个、勘探生产分公司课题2个、塔里木油田公司项目4个。完成圈闭审查23个、完成三级储量任务100%、完成SEC天然气储量任务100%、编制重点方案11个、部署井位41口（探评价井12口，开发井29口），新建油气产能完成率122%。获石油石化联合会特等奖1项，集团公司重大发现二等奖1项，塔里木油田公司科技进步奖一等奖1项、二等奖1项；塔里木油田公司提质增效合理化建议一等奖1项、二等奖2项、三等奖1项。撰写专利11件，申报软件著作权3项，申报标准4项，编写专著3部，论文23篇，发表论文11篇。

（刘新辉）

【开发所工作】 开发所下设塔北室、塔中室、滚动室、提高采收率室、综合室5个科室。主要负责碎屑岩油田精细勘探、滚动评价、矿权储量、圈闭落实、油藏精细描述、三维地质建模和数值模拟、开发技术政策、提高采收率、储气库建设等全生命周期研究，是碎屑岩原油稳产的主力军。

2022年，开发所承担各类重点攻关项目10个，其中股份公司重大专项课题3个、重大开发试验5个、塔里木油田公司项目2个；编制各类开发方案8个，技术支撑综合治理方案5个；部署新井15口，新井成功率100%，产能符合率125%；完成矿权储量任务，编制采矿权开采利用方案2个，完成圈闭5个，老区SEC储量修正36.9万吨；所辖区块全年生产石油液体118.4万吨，综合递减率9.3%。

党建工作通过复验三星级党支部1个，《党建工作与生产经营深度融合研究》政研论文获塔里木油田公司二等奖；《"三感三懂"筑牢老区稳产坚强堡垒》典型案例获塔里木油田公司三等奖；获塔里木油田公司主题征文三等奖3项。获塔里木油田公司科技创新先进个人2个、"十三五"科技创新成果1项；获集团公司首届技术技能大赛油藏动态分析竞赛获团队金牌1项、个人金牌1项、个人铜牌1项；参与项目获中国石油和化学工业联合会科技进步奖特等奖1项，牵头项目获集团公司科技进步奖二等奖1项、三等奖1项，牵头项目获塔里木油田公司科技进步奖一等奖1项、二等奖2项、三等奖1项；获软件著作权3件、发明专利3项，发表论文10篇，发布企业标准1项，出版专著1部。

（徐秋云）

【地球物理所工作】 地球物理所下设物探工程设计室、速度研究室、信号处理室、偏移成像室、油藏地球物理室、综合物探室、地质力学室、前陆测井室、台盆测井室、生产测井室、测试评价室、录井评价室及综合室13个科室。负责物探、地质力学、录井、测井、测试等科研生产与技术攻关，为圈闭、井位、方案、储量、产量、矿权等研究工作提供技术支撑和数据支持，服务于油气勘探开发全过程。

2022年，地球物理所承担国家课题相关研究任务1项、集团公司科技合作3项、股份公司课题3项、勘探与生产分公司课题9项、塔里木油田公司项目9项，管理外协课题145个，涵盖物探、地质力学、录井、测井、测试等塔里木油田公司特色技术。完成地震采集部署与工程技术设计、物探项目部署与地震处理技术设计、VSP采集设计、地震数据质控、速度研究、地震目标处理、储层预测叠后反演、测井资料处理与解释评价、测井储层参数研究、测井老井复查、地层测试解释评价、三维地质力学建模、井眼轨迹优化、复杂地层钻前压力预测、全井筒井壁稳定性预测、复杂条件可压裂性预测、断层活动性预测等科研生产工作，支持新增油气储量、方案编制与井位设计、圈闭研究质量、随钻跟踪研究等，并在深度域总装技术、非电法测井流体识别技术、注采动态力学建模技术等多个技术领域取得创新突破。

2022年，地球物理所获省部级奖励4项，塔里木油田公司级科技成果奖4项，提质增效奖1项，QC奖1项；授权发明专利9件（1件国际专利）、软件著作权5项；申报专利30件（2件国际专利）、软件著作权4项；发表论文27篇；牵头申报集团公司级标准规范1项、参与2项；制修订塔里木油田公司级企业标准规范10项。

（吴大成）

【规划信息所工作】 规划及新能源。2022年，规划信息所完成乙烷回收二期工程富气资源论证、环塔管网资源论证、2023—2035年中长期规划方案和运行方案编制；初步完成富满油田勘探项目后评价工作；在2021年油田油气伴生资源（氦、锂等）普查的基础上开展研究工作，完成塔里木油田公司CCS/CCUS潜力摸排、相关油气藏开发方案编制以及其他新能源业务技术支撑。

经济评价。编制2021年度已开发油气田效益评价报告及2022年季度效益评价报表；根据油气田开发及调整方案设计，编写经济评价报告，13个开发调整方案评价通过审查，优化投资20.6亿元，开展2022年度产能建设项目经济评价，优化投资22.6亿元；配合矿权圈闭储量评价，开展4个矿权区块、3个圈闭区块和2022年度股份公司级三级储量26个区块的经济性评价；编制塔里木油田公司级技术规范《已开发油气田区块、单井效益分类和评价方法技术规范》《碎屑岩油藏注气提采与储气库协同方案　经济评价技术规范》《枯竭油藏型储气库经济评价技术规范》3项。

数据管理。2022年，完成342.94太字节地震数据验收质控入库，提供数据服务1019.03太字节。完成开发基础数据维护，新投产油气水井141口，新增区块5个，新增入库结构化生产数据937万条，文档365个，补充完善历史数据9.6万条。《塔里木油田油气藏工程数据月报》新增原油、天然气、轻烃、液化气、乙烷产量数据，实现油气藏工程数据月报产量数据分项展示及A2系统查询和分析。

岩心岩屑管理。完成岩心新井验收、入库30井次228.72米，岩屑49井次3085盒84964包；提供岩屑观察取样390井次11026盒，百格盒观察取样204井次4099盒，下井1475井次19162盒，提供岩心观察取样服务1289人次。

2022年，规划信息所"十四五"发展规划获集团公司"十四五"规划优秀成果二等奖，获塔里木油田公司科技进步奖三等奖1项，获塔里木油田公司提质增效优秀措施二等奖2项、三等奖1项，获塔里木油田公司综合统计分析论文一等奖4篇。申请软件著作权1项、专利2项。获塔里木油田公司信息化工作先进集体、规划计划先进集体各1项。

（罗日升　仝　可　李建军）

【新能源研究】　2022年，勘探开发研究院根据塔里木油田公司最新要求，围绕"双碳"目标，坚持以科技创新为动力，联合高校、知名科研机构，开展重点项目科研攻关，为保障油田绿色低碳转型发展提供科技支撑。主要完成以下3项工作，即持续跟踪新钻井Xai检测，构建3种运移聚集模式，明确富集因素是源岩（火成岩或古老变质岩）规模、源储配置、深大断裂及活动性控制，计算有利区带资源量；在2021年库车地区锂资源普查基础上，开展全油田地层水系统取样，启动油田地层水伴生资源普查；首次编制完成《塔里木轮南油田轮南2井区CCUS-EOR先导试验方案》，通过股份公司审查，方案主要分CCUS-EOR和CCS两个阶段，实施后采收率较水驱标定提升27.4%，同时开展油田碳埋存总体地质评估，编制专项规划，为CCUS/CCS规模效益应用打牢基础。

（魏　华）

【矿权储量中心工作】　2022年3月，勘探开发研究院矿权储量中心成立。负责落实塔里木油田公司矿权储量委员会安排的各项工作，做好矿权储量工作年度计划及督办落实，做好矿权储量业务相关制度建设、技术培训等组织、管理工作，开展矿权储量相关的专题研究、信息化、标准化、数据库建设等工作。

矿权管理。开展矿权精细评价，组织编制17个到期探矿权退减方案，开展27个拟出让探矿权区块地质评价，17个公告出让探矿权区块价值评估，优选推荐10个建议出让区块，为塔里木油田公司探矿权精准退出和竞争决策提供客观、准确依据；完善矿权相关规章制度，修订《勘探开发研究院矿权管理实施细则》，编制《勘探开发研究院矿权工作标准化审核表单手册》，提升研究院矿权工作标准化、规范化水平；与规划信息所联合创新编制《塔里木油田矿权巡护重点地区工作指南》《塔里木油田公司勘探开发禁限区工作指南》，为矿权巡护和勘探开发部署设计提供有利技术支持。

国内储量业务。经过5轮次储量区块优化调整，完成塔里木油田公司年度新增石油天然气三级储量任务。SEC储量上交扩边与新发现储量石油942.27万吨、天然气294.65亿立方米；可采标定5个油气田8个区块，新增动用原油地质储量4889.13万吨、气层气地质储量650.14亿立方米；探明未开发储量原油47121.94万吨、天然气7204.23亿立方米开展分类评价，剩余控制储量原油22780万吨、天然气4697.17亿立方米开展分类评价，剩余预测储量原油33746万吨、天然气3407.88亿立方米开展分类评价。

信息化平台建设。组织开展储量数据库建设、培训和运行、完善，储量协同研究平台完成部分模块的开发试运行，油田矿权信息管理平台开展需求论证和工程技术设计。

2022年，矿权储量中心获新疆维吾尔自治区管理创新一等奖1项，获石油企协管理创新奖二等奖1项，获塔里木油田公司管理创新奖一等奖1项、二等奖1项，获塔里木油田公司SEC竞赛一等奖3项、二等奖1项，获塔里木油田公司提质增效鼓励奖1项。

（左小军）

【岩心岩屑库管理】　岩心岩屑库是塔里木油田公司负责新井岩心、岩屑、百格盒验收入库、日常管理和提供服务的场所；负责属地内特种设备管理、操作、日常维护、检验；负责自动化仓储系统及设备的操作、运行、维护保养。2022年，完成新井验收、入库（图像、伽马数据采集上传）30井次228.72米，岩屑49井次3085盒84964包，提供岩屑观察取样390井次11026

盒，百格盒观察取样204井次4099盒，下井1475井次19162盒，提供岩心观察取样服务1289人次；费用结算24单次215170元。

受自然资源部自然资源实物地质资料中心委托，开展塔里木油田公司2016—2022年所有实物地质资料基础信息、数字化应用情况统计、分类，并编制实物地质资料委托保管情况文字报告和实物地质资料数字化与信息化应用建设情况报告；克服新冠肺炎疫情带来的影响，塔里木油田勘探开发研究院在岩心库通过视频会议方式向国家储量委员会汇报油气储量工作；配合油气工程研究院地面所，完成智能岩心库可行性研究论证4次。全年开展火灾桌面应急演练1次、反恐演练1次、机械伤害（含心肺复苏）演练1次；对自动化仓储设备进行一级保养5次、二级保养3次，设备大修1次，屋顶漏雨防水施工改造1次；开展特种设备3台叉车年度检验，仪器仪表4台年检；2022年上下半年各开展一次消火栓（31个）测压工作，40个水电暖井（受限空间）深度测量和气体检测工作；开展13144个岩心盒倒库搬迁整理、原1号库露头样品的搬运和整理、3396个废旧钢托和8459个岩心盒的回收工作；在施工作业中，严格把控作业票审批关，全年开具常规作业许可13次、高危作业37次、动火作业19次，作业前重点加强JSA分析，重点检验工机具和劳保防护，确保施工作业中每个过程环节都有监护监督旁站指导，掌握风险消减消除手段，降低作业风险。全年岩心岩屑库发现各类隐患问题69项，其中塔里木油田公司体系审核发现6项、勘探开发研究院领导轮值检查发现37项、岩心库所领导和自检自查发现上报录入油田公司风险隐患监控系统平台26项，均全部建账整改验证闭环。11月11日，岩心岩屑库通过塔里木油田公司QHSE体系审核小组线上审核。

（汪 海）

【科技人才培养】 2022年，勘探开发研究院突出培养开发，健全完善系统长效的"生才"机制。搭建最小任务单元培训体系，打造野外室内及网络培训基地，开展技能竞赛11场次、青年论坛4期、博士讲坛3期。协助组织参加首届技术技能大赛，开展集训、编制命题，勘探开发研究院获3金1银1铜。突出吸引聚集，健全完善开放纳贤的"聚才"机制。依托协同平台和科研项目，组建联合科研攻关团队，助力五湖四海搞科研。扩大后备人才储备规模，选育石油科学家培育对象后备13人、石油科技英才后备52人，凝聚

创新发展智慧源泉。突出评价激励，健全完善精准科学的"理才"机制。制订核心骨干员工甄选及激励工作方案，修订绩效管理、员工业绩奖金和专项奖金分配制度，推广工作贡献系数，突出岗位价值贡献，强化考核分配正向引领。科学实施二级、三级工程师任期聘任，考核优秀的三级工程师直接聘任为二级工程师。突出人才使用，健全完善人尽其才"用才"机制。实行专班负责制，以专班统领国家、集团公司、油气和新能源公司、塔里木油田公司四级项目，搭建广阔平台，推动"老中青"各类科研人员认真履职；企业技术专家统领研究专班，享有"人财物事"权，为其履职作为提供保障；优选二级、三级工程师作为课题长和专题长，通过"压担子"促使其快速成长。

（李 刚）

【党群工作】 2022年，勘探开发研究院党委贯彻落实塔里木油田公司党工委各项决策部署，推进基层党建"三基本"建设与"三基"工作有机融合，推进党建科研生产深度融合。全年各项业绩指标完成。获塔里木油田公司科学技术奖23项，1项勘探开发关键技术获集团公司科技进步奖特等奖，1项开发关键技术获中国石油和化学工业联合会科技进步奖一等奖，全自主研发的油气藏数值模拟处理软件获中央企业熠星创新创意大赛优秀奖，富满油田规模增储上产一体化科研团队获评集团公司科技创新团队，3名青年在集团公司青年学术交流会上获一等奖2项、二等奖1项。

政治理论学习。勘探开发研究党委委员紧跟塔里木油田党工委学习节奏，以"第一议题"和中心组学习方式，围绕党史学习教育、党的十九届六中全会、新疆维吾尔自治区第十次党代会等集中学习14次，围绕高质量发展、传承石油精神、建设一流油田研究院等主题开展研讨发言58人次；组织全员学习14次，各级党组织及时跟进学，学以致用，听党话感党恩跟党走。开展主题教育，增强责任感使命感。3名党委委员开展"形势、目标、任务、责任"宣讲，勘探开发研究院经营管理架构及忠诚干净担当诠释科研本色系列专题教育，宣讲10场，组织群众大讨论，引导员工坚定信心、锁定六大核心业务目标，层层分解任务。

基础工作。首次在勘探开发研究院开展与生产经营业绩紧密结合的"优秀党员示范岗"评比；编纂党建工作手册，规范基层党建工作；针对性开展"三会一课"、换届选举、发展党员等党内业务培训，提

升支委工作能力;开展"学条例、促规范、强基础"专项活动,三级党组织累计开展条例宣讲39次,制作4个条例应知应会口袋书,组织党支部书记技能比武活动,开展全员知识竞赛,提升党员素质;开展理论学习、党员目标管理考核等党建项目研究,提升政治理论培训效果,激发党员内生动力;立足"三融合"优化支委责任清单,提升支委履职能力;形成"四融合四促进"做法,推进党建与科研深度融合;深化"四个一"特色创建,打造基层支部专属名片;坚持"三不"一体推进,提升作风建设综合效果。

岗位建功立业。坚持"科研的重点工作在哪里,劳动竞赛的项目就开展到哪里"的原则,广泛搭建建功立业平台,实施多种形式的岗位练兵,开展地震资料解释、碎屑岩薄片观察与鉴定等11项基本技能劳动竞赛,450余人次参加。推进职工(劳模)创新工作室创建,致力于解决超深复杂油气田工程技术难题,张辉创新工作室3项科技成果和专利获省部级以上奖励,创新成果成功应用于满深7井、克探1井等360余口油气井,获集团公司"劳模和工匠人才创新工作室"称号。卞万江创新工作室围绕碎屑岩油气藏老区提高采收率技术持续攻关,4项成果在首届西部油田建模数模技术交流会获一等奖,2项成果在集团公司动态分析大赛中获金牌。开展群众性创新活动,308项获新疆维吾尔自治区"五小"创新成果奖,在塔里木油田公司优秀合理化建议评比中获一等奖4项、二等奖3项、三等奖4项。

为民服务。开展"送温暖"工程,大病困难帮扶2人,组织患大病职工节日"送温暖"34人次。开展"三个明白"专题调研,征集院层面104项热点难点问题,全年推动解决86项,跟踪落实18项。开展"我为基层办实事"实践活动,对22名困难员工家属实施"包保"制,解决员工"急难愁盼"问题422项,开展"夏季送清凉""抗击疫情"等岗位慰问13次2815人次。开展球类比赛、健步走、趣味运动会等丰富多彩的文化娱乐活动17场,各工会小组开展活动20场,获塔里木油田公司乒乓球比赛女子团体冠军、男子团体季军,羽毛球比赛团体亚军,做到新冠肺炎疫情防控不松懈、文体活动不停歇,凝聚战疫情正能量。

(牛 玉 李玉含)

【疫情防控】 2022年,勘探开发研究院传达上级疫情防控精神,严格人员动态摸排与信息录入,做好疫苗接种、核酸检测、隔离帮扶等工作。成立工作专班,建立网格化管理模式,每日组织召开碰头会,细化完善实施方案,坚持"事前有方案、干前有部署,干中有组织、干后有总结"工作原则,组织物资配送、消毒消杀、垃圾清运、环境核酸取样、重点人群管理等工作,形成16类26项经验做法,保障科研生产正常运行。

(何 利)

油气工程研究院

【概况】 油气工程研究院为塔里木油田公司二级单位,设4个机关科室、3个科研所和2个研究中心。是集钻完井、采油气、地面、安全等多专业为一体的综合性工程技术研究单位。

管理提升。2022年,油气工程研究院修订11项管理制度流程,制订科研经营管理"口袋书"、差旅费报销指导手册、廉洁风险防控指导手册,发布员工奖惩实施细则,建立科研项目动态跟踪大表,完善油气工程研究院管理体系,管理成果连续2年获国家级创新成果奖二等奖。

科研攻关。推动重点区域工程技术攻关配套,富满油田长裸眼固井、140兆帕采气井口国产化、2205双相不锈钢管焊接等一批关键技术获突破,砾石层钻井提速、储层精细化改造、井筒流动保障、地面系统腐蚀防护、油气复杂组分处理等技术体系进一步配套完善,保障油田钻完井总体提速5.6%、储层改造提产4.61倍,库车山前新建井1年内完好率保持100%,固井质量满足集团公司红线要求,全年获省部级科技奖励7项、局级科技奖励9项,支撑2个国家重大科技专项高分通过结题验收,10个塔里木油田公司科研项目年度考核全优。

方案设计。推广区块标准井设计和"五能五减"设计准则,牵头制订集团公司井完整性设计标准,编制120项地面工程前期设计、69个钻采区块方案、590份钻采工程设计,分别同比增长47%、78%,发挥引领保障作用。

党建工作。推进组织建设工作,落实基层党建"三基本"建设与"三基"工作有机融合,探索形成"实施四个融合,提升四种素质"的亮点作法。建立产研党建联盟,与6家单位9个党支部签订党建联盟书,打造党建联盟平台,加快"科研与生产、上游与下游"相融互促,实现党建工作与中心工作深度融合。

提质增效。完成投资控减39293万元、控减成本3048万元、消减积压库存4260万元，形成井身结构科学瘦身等14项提质增效典型经验和17个合理化建议，成果数量和质量均位居塔里木油田公司第一，年度专项考核位居塔里木油田公司前列。

【业绩指标完成情况】 2022年，油气工程研究院贯彻落实集团公司和塔里木油田公司各项决策部署，全年部门费用控制在计划以内；项目前期工作质量130分；钻完井提产提速130分；钻井成功率100%，完成挑战目标；投资控减率130分；科研项目绩效评价130分；塔里木油田公司科技项目执行情况98.6分，上级科技项目执行情况96分，均完成挑战目标；方案和工程设计质量及时效（含投资项目前期时效）130分；积压及三年以上库存处理130分；党建工作完成情况129.05分；安全环保工作完成情况129.9分；生产经营管理工作完成情况128.36分；业绩考核129.73分。

【人事管理】 2022年，油气工程研究院人事科（组织科）坚持问题导向、目标导向，融合党建和人力资源工作，完成各项工作任务。制订理论学习有机融合计划，实践形成"春雨式"学习法和"四剂良方"（理解、输出、激励、回顾）工作法。油气工程研究院有机融合典型案例在塔里木油田公司获一等奖1个、二等奖1个，3个案例入选塔里木油田公司有机融合典型案例集。实施"支委储备—上岗前评估—针对性辅导"机制，针对半数党支部书记上岗不足一年的情况，开展两期党支部书记实战演练培训班，全院75名党支部书记、委员全覆盖，党支部书记履职能力测试优秀率由55.5%提升至92.5%。推广党建联盟，与12家目标党委22个党支部（49项技术难题）签订党建联盟书，开展"活动共办"、技术交流培训30余场次。发布"三会一课"记录模板、基层党支部议事决策等系列工作清单。开展专题培训指导，完成20个党支部选举、5名党员发展工作。开展"学条例、促规范、强基础"专项活动和"规范党旗党徽和党员徽章使用"自检自查等5个专项检查。开展"人才强企工程推进年"活动，引进新员工30人，在中国石油系统内公开招聘采油气、地面工程成熟人才，引进采油气成熟人才1人、地面成熟人才6人；招聘优秀博士2人、硕士研究生4人进入工作站。

突出精准奖励和奖励的及时性，按照"重点奖励""少而精""专款专用""规范管理"原则，重新修订油气工程研究院专项奖励管理实施细则，增加常设类专项奖优秀方案设计、"揭榜挂帅"设置。组织开展油气工程研究院楼栋值守工作。

（马泽萍）

【经营管理】 2022年，油气工程研究院办理市场准入业务6项；开展招标项目45个（其中科研类项目33个、地面前期2个、成本项目10个），组织合同谈判67场；签订各类合同112份，其中科研合同54份、地面前期12份、成本类合同43份、收入合同3份，办理合同变更45份（其中解除5份）；完成各类结算20064万元，其中科研结算7320万元、地面前期结算8210万元、其他结算4534万元。

（张 涛）

【财务管理】 2022年初，油气工程研究院下达部门费用预算26905万元，其中变动费用（含联合办院费用）9550万元，全年实际发生31512万元，扣除非考核项，完成预算考核指标。

部门费用（费用化研发支出）实际发生31512万元。其中变动费用实际发生10448万元，同比增加1025万元，主要是物料消耗增加754万元、劳动保护费增加309万元、内部劳务支出增加520万元、差旅费减少188万元、试验检验费减少229万元、运输费减少75万元、物业管理费减少80万元。"五项"费用全年实际发生149万元，其他变动费用实际发生10299万元，同比增加1203万元，其中物料消耗增加754万元、劳动保护费增加309万元。固定费用实际发生21064万元，其中员工费用19433万元、折旧摊销1631万元。同比增加3854万元，其中员工薪酬增加3814万元、折旧折耗及摊销增加40万元。

（高晓璇）

【科研工作】 2022年，油气工程研究院承担国家、集团（股份）公司、塔里木油田公司等各级科技项目31项，其中集团（股份）公司7项，油气与新能源分公司7项，塔里木油田公司17项，科研投资11561万元，其中集团公司4823万元、股份公司2452万元、塔里木油田公司4286万元，启动外协任务64个。

（肖 华）

【科研成果】 2022年，油气工程研究院牵头及联合申报省部级科技奖励获人物奖2项、项目奖10项，其中特等奖1项、一等奖3项、二等奖5项、三等奖1项（表1）。策划塔里木油田公司级科技成果奖励10项（8个项目奖、2个人物奖）；获项目奖8项，其中一等奖2项、二等奖6项，获人物奖1项（表2）。组织申报国家发明专利35件，授权发明专利32件，其中A类专利占比26%；申报软件著作权6项、学术论文提报77篇、组织学术交流会议论文征集13场次。推动专利转化创效,"全新油气井取样技术"入选中国石油天然气集团有限公司对外技术许可清单,以"鼓励对外许可"类技术为基础,与塔里木油田公司外两家公司签订技术许可合同,油气工程研究院作为塔里木油田公司唯一实现专利技术转化创效单位,全年创造技术许可费13.5783万元;推动与塔里木油田建设工程有限责任公司进行科研生产一体化行动计划,梳理出可重点转化的9种优势产品作为实施载体,使塔里木油田公司掌握产品核心知识产权,同时探索研产一体化新模式。

表1　2022年油气工程研究院牵头及联合申报获省部级奖励一览表

序号	奖项名称	项目名称	获奖等级	备注
1	第十七届中国青年科技奖特别奖		国家级	
2	中国能源研究会能源创新奖优秀青年能源科技工作者		省部级	
3	石化联合会科技进步奖	天然气驱油与地下储气库协同建设理论技术创新与工业化	特等奖	联合申报
4	新疆维吾尔自治区科技进步奖	塔里木油田天然气高效深冷加工技术创新及应用	一等奖	牵头申报
5	石化联合会技术发明奖	塔里木油田复杂难钻地层钻井提速关键工具工艺及应用	一等奖	牵头申报
6	自动化协会科技进步奖	深层超深层气井开采井筒流动保障技术体系及规模应用	一等奖	牵头申报
7	集团公司科技进步奖	超深致密砂岩复合分层改造技术研究与工业化应用	二等奖	牵头申报
8	自动化协会专利奖	一种在模拟井下套管外壁腐蚀环境中检测牺牲阳极电化学性能的方法和装置	二等奖	牵头申报
9	新疆创新方法大赛	高温高压油气田井完整性技术	二等奖	牵头申报
10	山东省科技进步奖	超深井稠油藏开发地面机采关键设备创制及产业化应用	二等奖	联合申报
11	中国钢铁工业协会科技进步奖	复杂和极端恶劣环境下油气开采用无缝钢管的关键技术及应用	二等奖	联合申报
12	石化联合会科技进步奖	塔里木超深层高温高盐油井流动保障技术创新与重大成效	三等奖	牵头申报

表2　2022年油气工程研究院牵头申报获塔里木油田公司级奖励一览表

序号	奖项名称	项目名称	获奖等级
1	人物奖	突出贡献奖	
2	技术发明奖	高温高压气井化学除垢解堵技术创新与应用	一等奖
3	科技进步奖	塔里木油田天然气高效乙烷回收工艺技术创新与应用	一等奖
4	科技进步奖	高温高盐油井有机固相沉积机理及治理技术研究	二等奖
5	科技进步奖	富满油田储层改造技术研究与应用	二等奖
6	科技进步奖	山前高压含水敏感性地层安全钻进技术	二等奖

续表

序号	奖项名称	项目名称	获奖等级
7	科技进步奖	气田采出水处理工艺及跨区注水提采模式创新与应用	二等奖
8	科技进步奖	含硫站场安全风险防控研究及应用	二等奖
9	科技进步奖	塔里木超深高温高压井下工具评价体系建立	二等奖

(杜雪玲)

【钻井所工作】 2022年，钻井所克服新冠肺炎疫情困难，对标提升，通过优化管理模式、细化运行安排、强化过程管控，提升方案设计质量、完善关键工程技术攻关配套、开展提质增效工作，完成全年各项工作任务。

方案设计。2022年完成单井方案81个，符合率98.8%，及时率100%；完成单井设计105个，符合率100%，及时率100%；完成区块方案42个，符合率100%，一次通过率100%。

科研攻关。2022年，钻井所承担国家、集团（股份）公司及塔里木油田公司各类科研项目16个，课题81个，其中自研课题20个。组织开展各类验收83次，结题38个。通过持续科研攻关，申报发明专利17件、标准10件、奖励10项、软件著作权2项、发表论文34篇。

决策支撑。从"八开八完"井身结构、万米超深井、工程技术模板制定、固化经验等方面开研究论证，为高效科学决策提供有力支撑。2022年完成技术报告208份，其中股份公司级30份、油田公司级113份、院级65份。

提质增效。按照"四精要求"，制订7类23项提质增效措施，完成12276万元，超额完成全年挑战目标。挖掘提质增效合理化建议12条，总结固化4项典型案例经验并参加塔里木油田公司评比。打开库存搞设计，增设"消库利旧专篇"，按照"同类替换""以高代低"原则，精细力学校核、优化配置管柱，确保使用安全，打消生产单位顾虑，2022年设计使用库存三年以上物资3509万元，完成全年考核目标。

现场支持。钻井所2022年赴前线103人次963人天，进行吐格6井、博孜25井、柯7K-H1井、富东1井等重点井技术支持、提速方案跟踪，并开展9口井套损现场分析。开展实验分析48项、软件校核467井次、"四新"评价12项，支撑现场生产。

(黄家颢)

【采油气所工作】 2022年，油气工程研究院采油气所推进方案设计、科研攻关、管理提升等工作，完成各项工作任务，业绩和党建考核位油气工程研究院前列。

方案设计。油气工程研究采油气所按照"成熟工艺直接沿用，重点技术问题加强论证"的主线开展方案优化，基于方案优化探索实践，初步定型富满油田、库车山前采油气区块工程方案模板，提升区块方案工作编制效率。基于富满油田开发实际和顺北油田对标结果，提出全生命周期开发理念，形成以"筛管+永久性管柱"为主体的完井工艺，解决碳酸盐岩完井方式选择的争议问题，并在富源3井、满深504H井方案中落实。2022年，编制采油气区块工程方案43个，重点井完井改造、采气单井方案127个、完井改造及井下作业单井设计451个，方案设计工作量与2021年基本持平。

科研攻关。围绕完井工具升级、精细化储层改造、库车山前流动保障、机采井数字化建设等生产难题开展科研攻关，高效支撑勘探开发，获集团公司科技进步奖二等奖1项、石油和石化联合会等学会科技奖励2项、新疆维吾尔自治区"五小"成果等奖励40项；塔里木油田公司级科学技术奖7项，其中一等奖1项、二等奖6项。试油完井方面，攻关突破245兆帕超高压射孔技术，支撑油田向超深层进军；研制国产大通径可回收封隔器，支撑库车山前小井眼机械分层压裂"分三层+可回收+大通径+国产化"，实现作业成本降低（成本不到现用5.5寸THT-S封隔器的18.50%）。改造提产方面，形成富满油田新井立体酸压提产技术和老井高压扩容提采技术，实现大油柱高度储层纵横向动用；创新采用储层品质系数，形成博孜—大北储层精细评估新方法，指导工艺优选；形成克深气田不同构造位置增排提气改造工艺优选对策，实现降水提气，定型缝洞型碳酸盐岩储层酸压改造提产技术，助力单井增产。采油气方面，攻关形成储气库建设及注气配套技术，为油田储气库建设提供技术支撑；攻关形成库车山前气藏排水采气技术，确保作业及生产过程中井控安全，实现作业成本降低目标；创新高压气井砂垢堵塞防治技术，实现高压气井精准除垢；突破机采智能化技术攻关，助力油田智能化转型。

决策支撑。编制各级汇报材料747份，其中股份公司级材料89份、油田公司级材料353份、院级材料305份，同比增长29.5%。

提质增效。树立"方案设计优化是最大提质增效"理念，把好方案设计源头关，重点开展改造液、环空保护液、解堵液3大液体优化，以方案设计优化和工程技术攻关配套为提质增效发力点，形成覆盖物料优减、关键工具国产化替代、提速提质、修旧利废4个方面17项具体举措，实现从液体一隅到全面深化的转变，打造出具有方案设计与科研单位特色的提质增效"升级版"。

（庹维志）

【地面所工作】 2022年，油气工程研究院地面所开展地面工程方案设计、标准化设计、地面系统建设运行维护、管道和站场完整性、健康安全环保等工作，为塔里木油田公司领导提供决策支持和技术支撑。全年签订勘察设计、委托研发、技术服务等各类合同44份，经营结算205项次，开展地面工程前期设计96项，承担各级研究任务42项，首次承担集团公司B类科技项目研究任务2项，首次承担油气与新能源分公司C2类科技项目课题或研究任务3项，首次作为牵头单位，联合长庆油田公司、大庆油田公司、中石油勘探开发研究院，承担上级大课题"油田低成本高效集输与处理技术研究和示范工程"和子课题"天然气可再生脱汞与含汞采出水、污泥处理技术研究与现场试验"。

设计源头提质增效。在富满油田奥陶系碳酸盐岩油藏开发地面骨架、博孜大北区块地面骨架、塔里木油田柯克亚储气库等工程的方案设计源头，制订提质增效措施12项，全年实现控投10180万元，降本599万元，创效528万元。

"五能五减"标准化设计。基于"五能五减"（"五能"指能混输不分输、能集中不分散、能自压不增压、能国产不进口、能利旧不新购，"五减"指精减阀门、精减仪表、精减尺寸、优减功能、优减面积）设计准则，按照"三分三定"（"三分"指分类型、分功能、分系列，"三定"指定流程、定模块、定三维）设计模式，打造地面工程标准化设计载体。塔里木油田公司层面成立以总经理为组长的领导小组，油气工程研究院牵头成立覆盖职能部门、技术部门、用户部门的标准化设计工作专班，由企业技术专家张明益担任组长，专班成员专业配置齐全、单兵业务能力强。全年完成油气单井标准化定型图，以油井I-2型常温抗硫集输井场为例，在富满油田推广应用，单座井场可控减投资70万元以上。

项目审查评价。严格复杂油气田地面工程"三段一体"设计管理，开展地面工程方案、初步设计、防腐、完整性、安全等技术审查229项，开展失效分析、试验研究16项。坚持技术经济一体化，审查项目经济128项，涉及概算投资590亿元，编制初审书31项，审减项目投资3284.33万元；专项评价392项，塔里木油田公司审查61项（次），股份公司审查26项（次），一次通过率100%。

现场技术支持。克服新冠肺炎疫情影响，保障地面工艺、完整性、地面施工、装置检修、竣工验收、腐蚀防护、生产异常处置等各类现场技术支撑，共1391人天。支撑塔里木油田公司VOCs治理、智能化工厂等探索性工作取得实质性进展，为业务部室提供决策参谋336项，形成各类技术报告及汇报材料486份。

有形化成果申报。形成标准规范、科技论文等各类有形化知识产权86项，获省部级一等奖1项，塔里木油田公司科技进步奖一等奖1项、二等奖2项；授权发明专利5件；获国家版权软件著作权1项。

【地面工程设计】 2022年，油气工程研究院地面所创新"项目群"管理理念，根据功能、场景、需求等要素，分类构建油气产能建设、优质资源利用、天然气保供、重大开发试验、储气库建设、智能化示范、民生保障大项目群，同类同质项目资源集中配置、经验快速共享、问题一体解决，确保项目群高效协同推进。全年开展96项前期设计，上半年启动73项，同比增长110%，34项前期设计提前完成，节约488天，保障所承担的博孜—大北区块地面骨架工程、塔里木富满油田Ⅱ区地面骨架工程等22项油田重点地面工程（全塔里木油田公司29项）前期设计均在计划批复时间之前完成。

（冯泉）

富满油田满深4—满深501H井区开发地面工程。按照勘探开发总体部署，富满油田满深4—满深501H井区地面建设规模为原油100万吨/年处理能力。油气集输系统采用"单井+集油阀组+计转站"布站方式。站外集输流程为单井单管不加热密闭集输进转站，计转站具有产液计量、三相分离、增压外输及转水供水功能，低含水油及伴生气通过外输管道输送到满哈输油、输气干线，实现井场、计转站无人值守、故障巡检集中监控。富满油田满深4—满深501H井区新建采油井场59座、扩建计转站3座、新建集油计量配水阀组站3座、各类管道303.6千米、35千伏变电站1座、35千伏供电线路60千米、道路94千米及其他配套工程。2022年3月24日，工程开发方案通过油气和新能源公司审查。8月2—3日，通过集团公司发展计划部审查。

富满油田富源303H井区初步开发地面工程。新建采油井场12座及配套单井管线；新建富源303–H13计量阀组站1座；试采点富源303–H7改扩建为计转站，后统一称为富源Ⅲ2号计转站；新增2座移动式注水橇；新建计量阀组站至富源Ⅲ2号计转站集油管线4.2千米，新建富源Ⅲ2号计转站至新建计量阀组站转水管道4.2千米；新建35千瓦变电站1座；配套自控仪表、通信、供配电、结构、防腐、道路等辅助设施。2022年11月15日，塔里木油田公司批复工程初步设计。

富满油田哈得302H—富源5井区初步开发地面工程。新建采油井场11座、4井式计量配水阀组橇1座；新建单井管道管径80毫米6.4兆帕柔性复合管45.9千米、单井管道管径100毫米6.4兆帕柔性复合管29.8千米、通信光缆75.7千米、10千瓦架空线路23.2千米。配套自控、通信、电气、消防、结构、防腐等辅助系统设施。2022年11月15日，塔里木油田公司批复工程初步设计。

（于海洋）

塔三联硫黄回收装置尾气达标治理工程。新建硫黄回收尾气处理装置1套，主要包括尾气焚烧炉1座、废热锅炉1座、急冷塔1座、二氧化硫吸收塔1座、二氧化硫再生塔1座、回流分液罐1座、冷凝液罐1座、溶剂排污罐1座、贫溶剂储罐1座、中和储罐1座、浓碱储罐1座、湿式静电除尘器1座、再生塔重沸器1座、贫富液换热器2台、过冷器空冷器1座、再生塔空冷器1座、溶剂净化橇1座、溶剂过滤橇1座、配套泵类设备和鼓风机等。新建除盐水装置1座，处理规模1米³/时，出水电导率小于等于50西门子/升。更换（引进）1套二氧化硫/硫化氢在线比值分析仪、尾气焚烧炉燃烧器、二氧化硫分析仪等装置。配套建设自控、通信、供配电、建筑、消防、供热暖通等辅助工程。2022年12月7日，塔里木油田公司批复工程可行性研究。2022年12月12日，塔里木油田公司批复工程初步设计。

（朱丽静）

富满油田$F_1$19断裂带满深71井区试采地面工程。为满足满深71井区试采需求，按照富满油田地面总体布局，结合生产现状，新建采气井场3座，改造采气井场1座；新建计量阀组站1座；扩建计转站1座；新建单井采气管道12.5千米，设计压力10兆帕，管径100毫米，材质柔性复合管；新建满深71井输气支线9.2千米，设计压力6.3兆帕，管径250毫米，材质20G无缝钢管；新建满深4号计转站至满深2号计转站输油干线17千米，设计压力6.3兆帕，管径150毫米，材质柔性复合管；新建满深4号计转站至满深2号计转站输气干线17千米，设计压力5.0兆帕，管径200毫米，材质L245NS钢管；新建油区四级道路14.3千米；配套建设自控、通信、电气、结构、防腐等辅助设施。2022年7月21日，塔里木油田公司批复工程方案设计。2022年8月5日，油田公司批复工程初步设计。

富满油田$F_1$20断裂带试采地面工。为满足满深8井区试采需求，按照富满油田地面总体布局，结合生产现状，新建采气井场5座、计量阀组站1座、计转站1座；扩建满深3号计转站1座，新建输气干线收球筒1座。新建单井集输管道11.35千米，设计压力10兆帕，管径100毫米，材质柔性复合管；新建单井集输管道16.72千米，设计压力10兆帕，管径250毫米，材质20G无缝钢管（利库）；新建单井集输管道0.5千米，设计压力6.3兆帕，管径100毫米，材质L245NS无缝钢管；新建计量阀组站至满深8号计转站输气支线9.0千米，设计压力6.3兆帕，管径200毫米，材质L245NS无缝钢管；新建燃料气管线37.57千米，设计压力2.5兆帕，管径50毫米，材质柔性复合管；新建满深8号计转站至满深3号计转站输油干线34千米，设计压力5.0兆帕，管径150毫米，材质柔性复合管；新建满深8号计转站至满深3号计转站输气干线33千米，设计压力9.0兆帕，管径250毫米，材质L245NS无缝钢管；新建油区四级道路31.86千米；工程配套自控、通信、电气、道路、结构、防腐等辅助设施。2022年7月21日，油田公司批复工程方案设计。2022年8月5日，塔里木油田公司批复工程初步设计。

（王 超）

柯克亚储气库建设可行性研究。改造分离计量装置，新建处理规模750万米³/日的干式除尘器和超声流量计各3台。新建1500万米³/日的脱水脱汞装置1台，其中分子筛脱水塔3座、脱汞塔2座、再生气压缩机1台、原料气过滤分离器1台、粉尘过滤器3台、换热器4台、再生气分离器1台。原料气分离器1台、污水闪蒸罐1台。扩建20万吨/年脱丁烷精馏系统，其中脱丁烷塔、塔顶空冷器、塔顶回流罐、塔底重沸器、稳定轻烃空冷器、轻烃水冷器、液化气水冷器各1座，塔顶回流泵2台。改造供热系统，新建6200千伏高温位导热油炉、14500千伏低温位导热油炉各2台。配套放空系统、装车站、燃料气系统、给排水及消防、自控、通信、供配电、建筑结构、总图、防腐等公用工程和辅助设施。2022年3月9日，柯克亚储气库建设可行性研究获生产与勘探分公司批复。

柯克亚储气库建设初步设计。新建注采井场5座，其中1座3井式井场，2座单井井场。新建集注站1座。在柯克亚循环注气站原址上改扩建，主要包括新建过滤分离设备1套，规模200万米³/日；新建单台功率4000千瓦、电驱往复式注气压缩机组2台，单台排量90万米³/日；新建处理能为400万米³/日J-T阀脱水脱烃装置1套；新建40吨/日乙二醇注入及再生装置和200万米³/日放空火炬各1套，扩建10米³/分空氮站1套等。新建注采管道3条：集注站—平台井注采管道1条，长度2.6千米、设计压力40兆帕、管径273毫米×26毫米、材质L3600无缝钢管；集注站—柯7K-H4井注采管道1条，长度2千米、设计压力40兆帕、管径168.3毫米×18毫米/28毫米、材质L3600无缝钢管；集注站—柯7K-H5井注采管道1条，长度3.4千米、设计压力40兆帕、管径168.3毫米×18毫米/24毫米、材质L3600无缝钢管。新建集注站—34号阀室双向输气管道1条，设计输量580万米³/日，设计压力8兆帕，长度41.1千米，管径457毫米×8.5毫米/11毫米。新建截断阀室1座，扩建34号阀室。利旧柯泽325管道1条，2条双向输气管道合计设计输量710万米³/日。配套自控、供配电、通信、给排水及消防、总图道路、建筑结构、供热暖通、防腐等辅助公用系统。2022年6月22日，柯克亚储气库建设工程初步设计获生产与勘探分公司批复。

（常　昊）

天然气乙烷回收扩建工程。原料气处理规模为100亿米³/年；设置2列规模为50亿米³/年脱水脱汞装置和乙烷回收装置，设置2列规模为3.33亿米³/年的乙烷产品脱碳装置和脱水装置，设置处理规模为100亿米³/年的天然气增压装置。设计内容包括7部分。乙烷回收厂部分：分离计量装置、2列脱水脱汞装置、2列乙烷回收装置、天然气增压装置、2列乙烷脱碳装置、2列乙烷脱水装置、乙烷外输增压装置、液烃外输装置、2套制冷系统、罐区及装车设施等主体工艺装置；配套导热油系统、冷冻水系统、除盐水系统等辅助生产设施。气源改造部分：克轮线取气阀室改造、新建取还气管线。气源置换部分：克轮复线至英买力输气管道、英轮线5号阀室、克轮线3号阀室、克轮复线2号和克轮复线3号阀室改造、新和末站改造、英买力输气站改造、新增监控阀室2座为K1号、K2号阀室。余热利用装置：1号能源站内新增1套单效热水型户外溴化锂吸收式制冷机组夏季制冷；新增2套水—水换热器，为下游供空调热水及供暖回水预热；新建乙烷厂至能源1号站余热热水管道；乙烷扩建冷冻水站内新建一套余热热水循环泵及配套管网。外输部分：牙哈处理站改造、牙哈装车站改造、液化气线路截断阀室改造、液化气外输管道、轻烃外输管道、液烃外输末站，牙哈处理站轻烃外输管线、轻烃反输管线。新能源利用部分：50兆瓦太阳能光伏发电系统、12.5兆瓦太阳能光热系统、低温位余热利用装置。配套自控、通信、供热和暖通、供电系统、给排水及消防、防腐、总图及土建等公用工程。工程投资估算42.9亿元（含增值税）。

轮南轻烃深度回收装置再利用工程。改造分离计量装置，新建处理规模750万米³/日的干式除尘器和超声流量计各3台，站外取气连接管线1.8千米。新建1500万米³/日的脱水脱汞装置1套，其中新建分子筛脱水塔3台、脱汞塔2台、再生气压缩机2台、原料气过滤分离器1台、粉尘过滤器3台、换热器4台、再生气分离器1台、原料气分离器1台、污水闪蒸罐1台。扩建20万吨/年脱丁烷塔精馏系统，其中新建脱丁烷塔、塔顶空冷器、塔顶回流罐、塔底重沸器、稳定轻烃空冷器、轻烃水冷器、液化气水冷器各1台，塔顶回流泵2台改造供热系统。新建高温导热油炉双温位导热油集中供热系统，包括2×12500千伏高温位导热油炉2台。配套放空系统、装车站、燃料气系统、给排水及消防、自控、通信、供配电、建筑结构、总图、防腐等公用工程和辅助设施。2022年6月2日，轮南轻烃深度回收装置再利用工程可行性研究获生产与勘探分公司批复。8月22日，轮南轻烃深度回收装置再利用工程初步设计获生产与勘探分公司批复。

（杨建宏）

博孜—大北区块地面骨架工程。塔里木油田博孜—大北区块地面骨架工程主要建设内容包括博孜天然气处理厂、油气外营管道、燃析油稳定及储运三部分。

博孜天然气处理厂新建1套2000万米³/日的集气装置,主要设备包括段塞流捕集器和一级闪蒸分离器各2台;新建2套1000万米³/日的脱水脱烃装置,主要设备包括2台气液分离器、2台原料气预冷器、2台原料气分离器、2台原料气后冷器、2台低温分离器、4台吸附塔;新建2套430吨/日的烃液提馏装置,主要设备包括2台醇烃液三相分离器、2台一级换热器、2台二级换热器、2台闪蒸塔;新建2套50吨/日的乙二醇再生装置,主要设备包括2台乙二醇富液三相分离器、2台乙二醇再生塔、7台乙二醇注入泵等;新建2套1450吨/日的凝析油闪蒸装置,主要设备包括2台二级闪蒸分离器、2台三级闪蒸分离器、2台凝析油换热器、2台凝析油加热器;新建1套闪蒸气增压装置,主要设备包括3台高压闪蒸气压缩机、2台低压闪蒸气压缩机;新建1套混烃存储装置,主要设备包括4座2500立方米混烃储罐、3台倒罐泵;新建1套400米³/日的污水处理装置,主要设备包括混凝沉降罐、破乳反应罐、喷射气浮装置、组合式改附过滤装置等;新建90.1千米110千伏外电线路;新建2×2兆瓦光伏电站、新建1套4兆瓦槽式太阳能集热器;配套建设自控、供配电、通信、暖通、给排水及消防等辅助设施;新建1座200人标准化公寓,建筑面积约9064平方米。新建集气干线7.9千米,设计压力20兆帕,管道规格为管径355毫米×17.5毫米,材质为L4150。原博孜处理厂西侧集气干线切改至新建博孜天然气处理厂。

油气外输管道新建151.8千米天然气管道,设计压力10兆帕,管道规格管径1016毫米×14.6毫米/17.5毫米,材质L485螺旋缝/直缝埋弧焊钢管,4处河流大中型穿越,设4座监控阀室,改造克拉2清管站。新建245.1千米凝析油外输管道,设计压力10兆帕,管道规格为管径273毫米×7.1毫米/9.3毫米,材质为L415无缝钢管,6处河流大中型穿越,设1座大北分输注入站、1座克深分输注入站、7座监控阀室、1座中间清管站、2座手动阀室、3座单向阀室。配套建设自控、供配电、通信、暖通、给排水及消防等辅助设施。

凝析油稳定及储运系统新建2套60万吨/年凝析油稳定装置,主要设备包括2台凝析油三相分离器、1台泄放闪蒸罐、4台凝析油换热器、2台稳定塔、4台凝析油稳定塔底泵、1台凝析油外输缓冲罐、3台9万米³/日的稳定气压缩机、3台18万米³/日中压压缩机、1座3000立方米事故油罐;新建1套15万吨/年轻烃分馏装置,主要设备包括1台脱乙烷塔、1台脱乙烷荟底重沸器、1台液化气塔进料轻烃换热器、1台液化气塔、2座400立方米液化气球罐;新建16千米牙哈集中处理厂至牙哈装车站凝析油管道,设计压力4.0兆帕,管道规格管径219.1毫米×6毫米,材质L245无缝钢管。配套建设自控、供配电、通信、暖通、给排水及消防等辅助设施。2022年5月25日,博孜—大北区块地面骨架工程初步设计获股份公司批复。

(王　坤)

中秋1区块试采地面工程调整初步设计。新建采气井场3座、单井采气管道3.5千米;新建中秋1区块阀室1座;新建中秋1集中试采点至博孜凝析油外输管线预留阀室输油管道1.6千米,设计压力10兆帕,管径50毫米;新建35千伏供电干线49.5千米,各单井35千伏供电支线调整为1.36千米;取消建设中秋1区块生活点;中秋1区块无人值守数字化改造。

中秋1集中试采点部分包括取消中压油气处理装置1套,新建高压油气处理装置1套;更换计量分离器、生产分离器、低温分离器各1座,更换空压机系统1套;改造甲醇加注工艺为乙二醇加注工艺,新增乙二醇加注橇1座、乙二醇卸车泵1台,新建乙二醇贫液、富液储罐各1座;改造凝析油/污油污水储罐,新增50立方米凝析油储罐3座、50立方米污油污水储罐1座、凝析油外输泵2台;配套建设自动控制、通信、供配电、总图、防腐、阴极保护等辅助设施。2022年3月14日,中秋1区块试采地面工程调整初步设计获塔里木油田公司批复。

(张　波)

克深气田100亿立方米稳产优化方案。采气集输工程新建措施井井场5座;新建单井采气管线3条3.6千米,其中管径65毫米管线2.4千米,管径80毫米管线1.2千米,材质22Cr。排水集输工程:改造气举排水井场22座;扩建克深处理站转输水设施1座;新建输水阀室5座;设置排水采气增压点12处、气举压缩机16台;新建排水管线10条,其中管径150毫米管线36千米,管径125毫米管线14千米、管径100毫米管线5.6千米,管径80毫米管线10.9千米,材质均为柔性复合管;新建气举管线8条,其中管径80毫米管线1.4千米、管径50毫米管线17.3千米;新建低压混输管线8条,其中管径150毫米管线8.2千米、管径100毫米管线12.4千米。采出水回注工程通过克拉2处理站至克拉3区块的采出水回注干线输至克拉3区块回注。新建管径150毫米采出水回注干线8千米,设计压力5.5兆帕,材质玻璃钢管;新建回注井6口;新建中间增压泵站3座。配套供配电、自控、通信、防腐等公用工程。

2022年1月20日，克深气田排水采气稳产优化方案获塔里木油田公司批复。

克深气田100亿立方米稳产优化地面工程初步设计。新建生产井场3座，新建单井采气管道1.2千米；改造气举排水井场12座，新建气举管线3.2千米、低压输气管道18.3千米、排水管线57.3千米、315千瓦压缩机橇4台、分离器橇4台以及气田水转输泵橇6套；改造克深天然气处理站，新增315千瓦压缩机1台、分离器橇1台；新建输水阀室1座，采出水增压泵站1座、250千瓦卧式多级离心泵4台、500立方米缓冲水罐1座。工程配套自控、供配电、通信、建筑、结构、总图、道路、防腐、暖通、给排水及消防等辅助设施。2022年3月25日，克深气田排水采气稳产优化地面工程初步设计获塔里木油田公司批复。

(赵帮稳)

阿克苏和田管道输送能力提升工程。扩建泽普输气站为压气站，新建2800千伏电驱往复式压缩机组1台；新建空压机橇及配套储罐各1座；新建组合过滤分离器2台、排污罐1座、排污泵1台。改造三岔压气站，新建2800千伏电驱往复式压缩机组1台；配套空冷器、分离器、变频、排水与消防、供配电、供热暖通、自控仪表、通信、建筑结构等辅助设施。2022年2月25日，阿克苏和田管道输送能力提升工程可行性研究获塔里木油田公司批复。3月25日，阿克苏和田管道输送能力提升工程初步设计获塔里木油田公司批复。

(耿远力)

克拉苏气田博孜101—博孜105断块开发方案。天然气集输采用气液混输工艺，单井连续计量，通过新建采气管线就近搭接至集气站，再通过集气支干线混输至博孜处理厂统一处理。新建4座采气井场，配套采气支线11.9千米，改造集气站1座，生产井转排水井2座，新建回注井1座，新建35千伏电力线路5千米，配套供配电、自控、通信、防腐等公用工程。工程投资估算6978万元(不含税)。

克拉苏气田博孜102—博孜106断块开发方案。天然气集输采用气液混输工艺，单井连续计量，通过新建采气管线就近搭接至集气站，再通过集气支干线混输至博孜处理厂统一处理。新建3座采气井场，配套采气支线7.5千米，改造集气站2座，生产井转排水井2座，新建回注井1座，新建道路0.2千米，整修巡井道路1.2千米，新建注水管线2.6千米，新建35千伏电力线路4.2千米，配套供配电、自控、通信、防腐等公用工程，开展项目"含特殊介质天然气处理厂长周期安全运行技术研究"。工程投资估算3892万元(不含税)。

克拉苏气田博孜1—博孜24断块开发方案。天然气集输采用气液混输工艺，单井连续计量，通过新建采气管线就近搭接至集气站，再通过集气支干线混输至博孜处理厂统一处理。新建5座采气井场，配套采气支线20.2千米，改造集气站2座，生产井转排水井1座，新建回注井1座，新建道路2千米，整修巡井道路4.2千米，新建排水干线22千米，注水干线7.2千米，新建35千伏电力线路29.8千米，配套供配电、自控、通信、防腐等公用工程。工程投资估算1.1669亿元（不含税）。

(王 坤)

南疆环塔天然气管网工程可行性研究。南疆环塔天然气管网工程包括东环线和西环线。东环线包括新建轮南—库尔勒输气复线，起点为轮南集气总站，终点为库尔勒输气末站，途经轮台县、铁门关市、库尔勒市，采用管径650毫米，设计压力8兆帕，设计输量1346.8万米^3/日，全长约200.7千米，沿线设6座阀室，3座站场。新建库尔勒—若羌—且末—38团输气管道，起点为轮库复线6号阀室，终点为38团末站，途经库尔勒市、尉犁县、若羌县、且末县和31团、33团、34团、3团—38团，采用变径方案，库尔勒至若羌采用管径500毫米，长427.9千米，设计输量350.6万米^3/日；若羌至且末采用管径400毫米，长286.8千米，设计输量139万米^3/日；且末至38团采用管径150毫米，长144.1千米，设计输量4.4万米^3/日；全线设计压力8兆帕，沿线设24座阀室，7座站场。东环线工程费用含增值税约24.52亿元，不含税约21.86亿元。

西环线包括新建英买力—三岔、三岔—泽普、泽普—和田输气管道，起点为英买力输气站，终点为和田输气站，途经新和县、温宿县、阿克苏市、柯坪县、巴楚县、麦盖提县、莎车县、泽普县、叶城县、皮山县、墨玉县，采用变径方案，英买力至三岔采用管径550毫米，长382千米，设计输量811.2万米^3/日；三岔至泽普采用管径400毫米，长290.5千米，设计输量289万米^3/日；泽普至和田采用管径350毫米，长326.2千米，设计输量160.6万米^3/日；全线设计压力10兆帕，全长约998.7千米，沿线设28座阀室，7座站场。西环线工程费用含增值税约21.36亿元，不含增值税约19.21亿元。全线工程总投资估算含增值税约65.57亿元，不含税约63.02亿元。

(耿远力)

柯克亚凝析气藏尾矿注空气热氧化大幅度提高采收率重大开发试验方案。合建注空气站和天然气增压站。压缩空气通过新建注空气管道输送至注空气井注入地下；油气水通过新建辐射状管网，经集气站和天然气增压站，进入原处理厂进行天然气和凝析油处理，利用第三方装置处理采出水，产品天然气统一外输。新建注空气站1座、注空气井场3座、注空气干线1.8千米、单井注空气管道3.0千米。采出气集输部分，新建集气站1座、采气井场23座、新建气举井场1座（利旧气举井场6座）、新建单井集气管线22.8千米、气举管线1.6千米、集气干线1千米。天然气处理部分，新建天然气增压站1座。配套供配电、仪表、通信、土建、给排水、暖通、道路、防腐等辅助设施。工程投资估算4.25亿元（含税）。

（王军伟）

克轮复线至英买力输气管道工程。新建克轮复线2号阀室至英买力输气站输气管道，设计压力10兆帕，管径700毫米+600毫米，长度104.8千米，设计输量1947万米³/日；改造场站2座（新和末站及英买力输气站），主要增设调压、计量功能；改造阀室1座（克轮复线2号阀室），增设清管功能；新增监控阀室2座；配套辅助工程。工程投资估算6.7亿元（含税）。

（常昊）

牙哈储气库建设工程。新建注采井场17座。在牙哈集中处理站扩建集注站1座，新建2390万米³/日集气装置1套，单台排量550万米³/日、排气压力40兆帕、电机功率25兆瓦的电驱往复式压缩机2台，处理能力1000万米³/日烃水露点控制装置2套，处理能力5吨/时乙二醇再生装置2套，处理能力1000万米³/日放空装置1套，处理能力40米³/分空氮站1座。新建注气干线2条、注气支线15条，设计压力41.9兆帕，注气干线管径250毫米、长度5.5千米，注气支线管径100毫米、总长度21.5千米；新建采气干线2条、采气支线15条，设计压力15兆帕，采气干线管径400毫米、长度5.5千米，采气支线管径150毫米、总长度21.5千米。新建双向输气管道管径1000毫米、长度6.5千米，在克轮复线4号阀室扩建分输站1座。配套建设自控仪表、供配电、通信、消防、建筑等公用辅助配套系统。工程投资估算17.5亿元（含税）。

（赵帮稳）

塔里木工控安全防护建设。在横向场站边界和纵向控制层级部署防火墙、网闸安全防护隔离设备；建立数据摆渡区，实现工控数据向办公网安全传输；在工控主机上部署主机安全防护系统，部署安全审计系统、入侵检测、日志审计，实现对异常事件的实时监测预警；配置工控系统设备的安全基线，建立工控安全管理中心，实现工控系统对来自内外部的风险可预防、可监测。2022年3月9日，《塔里木工控安全防护建设基础方案设计》通过塔里木油田公司审查。4月2日，《轻烃厂工控系统安全防护隐患治理项目实施方案》通过塔里木油田公司审查。5月24日，《东河油气开发部工控系统安全防护隐患治理项目实施方案》通过塔里木油田公司审查。5月25日，《克拉油气开发部工控系统安全防护隐患治理项目实施方案》《轮南油气开发部工控系统安全防护隐患治理项目实施方案》通过塔里木油田公司审查。9月8日，《迪那采油气管理区工控系统安全防护隐患治理项目实施方案》通过塔里木油田公司审查。11月30日，《英买采油气管理区工业控制系统安全防护方案》通过塔里木油田公司审查。

（唐志刚）

轮古西奥陶系油藏注水提采地面工程初步设计。台2区块新建提升泵站1座，主要包括提升泵2台，单台排量160米³/时、扬程400米；新建台2至东轮线输水干线1条，长度39.3千米，管径250毫米，设计压力5.5兆帕，材质玻璃钢管。轮古西区块新建9口注水井及配套设施；新建注水泵站4座，主要包括注水泵5台，其中利旧解放渠东转站2台（单台排量1600米³/日、出口压力16兆帕）、新建3台（其中2台排量750米³/日、1台排量500米³/日，出口压力16兆帕）；新建轮三联合站至轮古15-10井输水支干线1条，长度3.5千米，管径150—200毫米，设计压力6.4兆帕，材质柔性复合管；新建单井注水管线9.6千米，管径90—100毫米，设计压力16兆帕，材质柔性复合管。桑南注水站新建2台注水泵及配套设施，单台排量1000米³/日，出口压力16兆帕。2022年3月22日，轮古西奥陶系油藏注水提采地面工程初步设计通过塔里木油田公司批复。

（刘建超）

大二线工业园区规划。大二线工业园区东西长3.1千米，南北宽1.3千米，海拔955.5—1035.5米，北高南低，最大高差80米，位于库尔勒市西北，距离市区约12千米；北侧为吐和高速、南侧为南疆铁路线，总占地面积约4105.05亩，土地性质为工业划拨用地。大二线工业园区是集井控保障、物资仓储、油建生产等为一体的综合性生产服务基地。2022年1月，规划编制启动。2—5月，规划计划处、油气工程研究院多次组织现场对接会、协调会，深入论证园区存在问题，高效协同推动项目落地。2022年6月9日，大二线工业园区规划通过塔里木油田公司专题审查。

（程美林）

大二线锅炉房改造工程初步设计。该工程为民生工程，解决大二线园区员工就餐问题。根据大二线工业园区规划，改造现有锅炉房及周边设施，建设园区生活服务中心，总建筑面积1929.52平方米，工程配套场地平整、场地硬化及供水、供电、供气、供暖等辅助设施。2022年5月31日，大二线锅炉房改造工程初步设计获塔里木油田公司批复。

（黄 威）

【地面工程生产技术支持】 2022年，油气工程研究院地面所开展地面工程方案、初步设计、防腐、安全等技术审查229项、项目经济技术审查147项；开展实验、失效分析16项、专题研究2项；提供地面工艺、完整性、现场施工、设备检修、竣工验收、腐蚀防护、生产异常处理等现场技术支撑1471人天，技术审查600人天。

自动化技术。油气工程研究院地面所自动化技术支持24人次81人天。重点开展大北处理厂新建装置投产、乙烷回收工程投产前信息自动化技术支持，塔里木油田公司DCS系统WEB发布的推广和应用，轮南、东河油田油气生产物联网项目线上验收等工作。组织编制企业标准《油气田仪表及自控系统运行维护技术要求》，由塔里木油田公司1月25日发布，2月25日正式实施。

（陈绍云）

装置检修。2022年，油气工程研究院地面所成立3个装置检修技术支撑小组，全年现场工作42人次357人天，跟踪17座站场25套装置的检修，审查检修计划11份、施工方案73份，提出建议113项，主要跟踪容器腐蚀问题、容器内涂层状况，提供技术对策。进罐检查93次，协助处理缺陷85次，指导内涂层施工42次，协助现场及时消除容器隐患，保障装置本质安全。发现新建容器内涂层质量不佳问题，哈一联64%的容器、柯克亚处理厂（2021年投产，2022年首检）30%的容器内涂层存在问题。针对新建压力容器内涂层寿命短的问题，油气工程研究院将涂层施工"十二步法"拓展至设计期与建设期，编制发布内涂层技术要求（包含监造要点、验收要求），作为地面工程设计专篇内容和采购要求。

阴极保护。开展5个生产单位（东河、迪那、轮南、运销、哈得）阴极保护抽检，发现32个问题，提出25条建议措施，抽检464处，阴极保护率94%，同比提升1.4%。制定塔里木油田公司企业标准《智能阴极保护系统技术规范》。

非金属选材。总结塔里木油田公司在4种非金属管、玻璃钢容器方面的应用经验，形成非金属专业系列培训教材，出版成册。

（方 艳）

【地面及防腐技术攻关】 快速固化型高效压力容器内防腐涂料技术研究。2022年，油气工程研究院地面所研究确定适用于油田压力容器酸性环境及高温环境的快速固化涂料配方体系，研制出环保型小型喷砂设备、小型双组分喷涂机和循环加热养护设备，形成"快速固化防腐涂料+小型机械化施工机具+配套施工工艺"的压力容器内防腐技术体系。研发的快速固化防腐涂料及配套施工机具在轮一联油气分离器和桑吉高压抗硫分离器进行现场中试。结果表明，涂料施工由5道缩减为3道，施工周期缩短4天以上，涂层防腐性能满足标准要求。快速固化型高效压力容器内防腐涂料技术不仅缩短油田公司压力容器检修周期，减少对油气生产的影响，而且可提升内涂层防腐质量，降低安全风险，整体提升压力容器内防腐技术水平。

球形储罐在线状态监测与风险评价。轻烃、液化气球形储罐属于一级重大危险源，塔里木油田公司先后有9台球罐检出超标缺陷，但一直没有相应的监测手段。油气工程研究院地面所防腐技术团队通过2年多的研究，整理出一套承压设备在线状态监测与风险评价方法，创新研发"球罐在线安全状态综合诊断及预测评估系统"，实现材料断裂、泄漏、腐蚀、应力、不均匀沉降、温度等7种参数指标全方位实时监测。2022年6月，在轮南轻烃厂1501B罐成功投用，标志着承压设备多参数在线智能监测和综合安全状态实时评估系统首次在国内石油化工行业应用，拓展了在线监测技术应用领域。

玻璃钢接头"双密封"结构。2022年，油气工程研究院地面所针对管径250毫米玻璃钢管多次出现接头渗漏问题（施工粗放损坏密封圈），设计新型"双O形圈"连接结构，增加螺纹齿高且优化牙型，密封可靠性大幅度提高，连接强度由100兆帕提高至150兆帕，长期密封内压由6.3兆帕提高至8.5兆帕，极限压力由18.9兆帕提高至25.5兆帕，对施工方式的适应性更强。

玻璃钢压力容器筛选与性能评价研究。针对碳钢容器的腐蚀防护，油气工程研究院地面所探索站场内低压压力容器非金属化。通过调研分析、研究玻璃钢容器关键性能指标及选材方法、评价内构件黏接性能，按照英买2转油站三相分离器图纸，2022年10月制造出一台玻璃钢容器，容积100立方米，本体、内构件全部采用玻璃钢，是塔里木油田公司首台非金属玻璃钢压力容器。

（方　艳）

【地面建设项目前期专项评价】　2022年，油气工程研究院地面所开展环境影响评价、安全预评价、职业病危害预评价、地震安全性评价、水土保持评价、危险与可操作性分析及安全完整性评价、节能评估等地面建设项目前期专项评价，覆盖塔里木油田柯克亚储气库建设工程、塔里木油田牙哈储气库建设工程、富满油田富源3—富源303H井区试采地面工程、富满油田哈得32—哈得302H井区试采地面工程、克深气田100亿立方米稳产优化方案地面工程、轮古西奥陶系油藏注水提采地面工程、塔里木集中储气库先导试验方案地面工程、博孜1集气站扩建天然气脱水站工程、富满油田$F_1$20断裂带试采地面工程、富满油田富源303H井区初步开发方案地面工程、富满油田哈得302H—富源5井区初步开发方案地面工程、富满油田$F_1$19断裂带满深71井区试采地面工程等77项重点工程。截至年底，编制392项专项评价报告（包括未完成82项），取得地方政府批复98项，通过塔里木油田公司审查174项，上报地方政府待审查或待批复38项。

（周丝雨）

【管道站场完整性科研攻关】　2022年，地面所完整性室逐步开展管道站场完整性科研攻关，解决生产实际困难。

高压厚壁高含硫管道内检测技术突破。突破中口径高压厚壁变工况高含硫管道内检测技术，扩大管道缺陷识别率。针对壁厚大于12毫米的管道无法完全磁化、运行压力大于10兆帕、内部数据存储元器件失效的问题，通过科研攻关，形成在常规漏磁内检测器上增大铁芯导磁面积和磁铁体积，密封舱和电气连接件耐压性能的方案。截至2022年底，高压厚壁、高含硫管道内检测试验在塔中气气开发部、克拉油气开发部、博大油气开发部取得成功。

高压气田站场完整性管理。指导站场风险管控，针对站场完整性管理方法还不成熟，缺乏站场完整性管理具体流程与措施问题，从工艺、设备、电气、仪表4个方面开展技术攻关，通过失效原因和模式分析，形成高压气田站场完整性管理策略与方法，63项技术体系，302项标准体系。

智能化管道建设。探索智能化管道建设框架，开展智能管道建设需求度调研，收集文献及智能化先进案例，从学科分类、功能特征、技术综合性、技术发展层级和管道4种能力5个维度实施智能化技术研究，形成塔里木油田公司数字油田建设方案，根据智能管道实施建议，建设具备感知、预判、管控、自适应优化4项能力的管道，推动数据集成应用、可视化应用。

管道效能评价。调研国内外效能评价体系方法，结合油气田管理方式，形成评价方法；结合生产实际，以提高综合效率、检查各项工作目标和提高资源利用率3个问题为导向，开展效能评价研究，形成油气田完整性管理3类10项效能评价指标，开发评价软件1套（未实行），实现效能评价的信息化管理。

管道缺陷数据库建设。夯实完整性管理数据基础。针对管道缺陷类型多、缺乏管道缺陷的数据收录与统计分析的情况，开展科研攻关，形成缺陷数据库需求分析结果、9项缺陷数据库表单及缺陷数据库，便于查询和统计管道的缺陷成因，为提高精准识别、预知预判奠定基础。

管道失效经济量化测算指标。针对管道失效无法精准估算失效经济损失，开展科研攻关，从管道材料费、维护维修人工费等5个方面对气、油、水、工艺4种类别的管道进行测算，形成经济损失量化测算分析方法，集成在管道信息系统，实现软件化测算，为管道经济损失测算提供数据依据。

【油气田管道和站场完整性管理】　2022年初，油气工程研究院编制《塔里木油田公司管道和站场完整性管理2022年工作方案》《塔里木油田公司2022年油气管道数据治理方案》《2022年管道和站场智能化完整性管理示范区建设方案》等塔里木油田公司级工作方案，统筹规划塔里木油田公司2022年油气田管道和站场完整性管理工作。全年地面所完整性管理室编写发布油田公司企业标准4项。

完整性管理体系建设。2022年，油气工程研究院地面所开展《塔里木油田管道和站场完整性管理手册》修订工作。4月30日，正式发布《塔里木油田公司油气田管道和站场完整性管理手册(A版)》。

现状诊断与评估。2022年，受新冠肺炎疫情影响，塔里木油田公司无法开展现场诊断，依据股份公司检查清单和塔里木油田公司工作方案，对塔里木油田公司12家单位进行资料审查。

建设期完整性管理。2022年，油气工程研究院地面所完整性室审查30个项目的完整性专章，其中可行性研究阶段项目16个、初步设计阶段5个、施工图设计阶段9个，初步设计提出审查建议150条，132条建议被采纳。参"哈得逊油田玉科区块碳酸盐岩油气藏开发地面工程哈一联气系统扩建工程"完整性专项验收1次。

现场技术支持。2022年，油气工程研究院地面所完整性室作为技术支撑单位，审核内检测承包商施工技术方案、内检测报告等23项，提出意见及建议130条。另外还进行数据治理、审核培训、管线失效案例分析、清管过程问题、内检测过程故障分析等15人次102人天。

管道信息系统上线。按照管道和站场完整性管理平台的框架设计，完成管道基础数据管理、失效管理、清管任务、检验检测四大模块开发工作，2022年7月上线试运行。截至2022年底，录入142条具备收清管管道。管道基础属性数据1094391个、规格材质属性数据369771个推送至塔里木油田公司数据银行。

（张卫朋）

【新能源研究中心工作】 2022年，新能源研究中心主要在"沙戈荒"新能源大基地建设和油田绿色低碳转型两方面为塔里木油田公司新能源建设方案设计、科研攻关、生产运行等方面提供技术支撑、决策支持。

政策和网架研究。成立清洁电力小组，4人深入南疆五地州100人天，对接地方政府，明确各地光伏发电利用潜力和规划，厘清各地州新能源政策执行要点，编制光伏项目申报9步法标准化流程。搜集南疆批复各类新能源项目49个，分析各大央企新能源布局、申报路径应用、电力接入站点、储能配套技术等关键信息，明确重点申报方向。专班成员多次到国家电网相关单位学习，摸排南疆750千伏变电站7座、220千伏变电站61座，研究主电网架构及南疆电力"十四五"规划，跟踪环塔750千伏输变电工程建设和南疆750千伏变电站扩容等重点工程进度，寻找新能源项目接入点。全年组织编写新能源申报材料15个，装机容量817万千瓦，获批且末、尉犁、伽师、叶城项目总装机容量130万千瓦，且末和尉犁项目是集团公司首次通过公开竞配获新能源指标的项目。

新型方案设计体系。成立方案设计编制小组，新能源研究中心科室长任项目总负责人，企业技术专家任技术顾问，电气、土建、技经等相关人员为设计小组成员，直接与设计院各专业人员进行对接，及时解决设计过程遇到的问题。结合新能源业务特点及行业设计惯例，优化形成前期设计油气工程研究院两级审查制度，一级审查由编制小组各专业人员对设计思路和工程量进行把关；二级审查由气工程研究院邀请国网、电力设计院等专家对设计内容的合理性和合规性进行审查，提升审查的针对性。对光伏项目前期设计有关的国家标准、行业标准、企业标准、地方规章制度及政策性文件进行收集、分类和整理，涉及文件119个，建立标准、规范、政策数据库，基本满足设计需求。2022年，编制6个光伏项目方案设计，设计周期由41天缩短为31天，且末、尉犁20万千瓦光伏可行性研究和初步设计均获集团公司批复。

搭建交流平台。征集梳理塔里木油田公司在方案编制、指标申报等方面的技术需求，组织国网经济技术研究院有限公司、华为等电力设计院和厂家开展10余次技术交流，编制形成光伏制氢等5份专项技术报告，提交塔里木油田公司领导决策。针对油田新能源起步较晚，从业人员多从其他专业转岗而来的问题，策划新能源专家大讲堂，普及新能源技术，邀请中国电力科学研究院有限公司、西南石油大学、索比咨询公司等开展新能源基础知识及前沿技术培训3次100多人次，得到塔里木油田公司领导认可。

【绿色低碳转型】 方案管理。2022年，油气工程研究院落实集团公司低碳生产要求，结合油田实际，加大节能减排改造力度，提出节能减排、清洁替代、建设光伏电站或CCUS中和的改造思路，应用在富满油田、轮南油田、博孜—大北气田3个低碳生产项目，涉及技术措施29项，预计实施后减少标准煤约25.6万吨/年。审查4个新能源利用专篇，主要应用光伏发电技术，总装机规模0.42兆瓦，年发电34.83万千万·时，年减少标准煤约42.81吨。明确温室气体排放的核算范围、核算边界、核算方法，开发简单易操作的核算工具与温室气体排放报告模板，编制温室气体排放核算指南，核算方法精度同比提高2.84%。

科研攻关。总结国内外常用提Xai工艺特点，创新提出"两级半膜法"提Xai工艺，应用在塔中天然气综合利用研究试验装置工程，Xai气回收率由65%提升至85%。组织科研人员赴西南油气田现场调研采出水提锂，开展吸附法、电化学脱嵌法等技术论证，明确"橇装化—吸附法"提锂技术路线适合油田工况，在英买力气田开展50米³/日采出水提锂先导性试验。开展透平、双转子、螺杆3种膨胀机压差发电技术在油田推广应用适应性评价，优选透平膨胀技术在轮南西气东输首站进行先导性试验，设计装机600千瓦，预计年发电量480万千瓦·时。

（王克林）

【**新能源重点方案设计**】 2022年，油气工程研究院主要开展轮南油田低碳示范区建设工程、塔中天然气综合利用试验装置建设工程、富满油田低碳生产示范工程、博孜—大北零化石能源消耗气田示范工程、尉犁县、且末县10万千瓦光伏发电项目方案、尉犁县、且末县10万千瓦光伏发电项目、伽师县15万千瓦／60万（千瓦·时）配套储能和60万千瓦市场化并网光伏发电项目、叶城县12.5万千瓦／50万（千瓦·时）配套储能和50万千瓦光伏并网发电项目方案等8项新能源重点方案设计。

轮南油田低碳示范区建设工程方案设计。新建光伏发电规模6兆瓦峰值、10千伏开关站1座、3千瓦架空线路；新建6台换热器及相关配套设施；更换轮一联5台柱塞泵；轮南处理站原火炬头新增自动点火系统及配套设施；新建光电真空加热炉1台；在沙漠公路轮南段建设太阳能路灯50座。配套电气、自控、通信、道路与总图、结构及消防等公用工程。2022年7月15日，轮南油田低碳示范区建设工程方案获股份公司批复。

塔中天然气综合利用试验装置建设工程方案设计。天然气综合利用试验装置原料气来自塔一联合站和塔三联合站输送到塔二联合站的外输天然气，结合塔一联合站及塔三联合站含Xai天然气产量预测表，天然气综合利用研究试验装置建设规模如下：膜分离单元处理规模200万米³/日；脱二氧化碳单元规模23万米³/日，脱氢及变压吸附单元处理规模3200米³/日，低温精制单元设计规模1200米³/日。配套电气、自控、通信、道路与总图、结构及消防等公用工程。

富满油田低碳生产示范工程方案设计。对富满油田注水系统进行改造，更换2台水平注水泵为柱塞式注水泵；新建换热器2台，回收哈一联伴生气余热；新建4台热泵机组橇替代哈四联暖锅炉；新建3台热泵机组橇替代哈四联原油加热炉；新建53台空气源热泵替代单井井口加热装置。配套供配电、自控、通信、道路与总图、结构及消防等公用工程。

博孜—大北零化石能源消耗气田示范工程方案设计。针对博孜—大北区块以天然气加热为主的化石能源消耗现状，采用电能、太阳能等方式替代燃气加热炉；对31口单井井站燃气加热炉改造为空气源热泵；大北处理站新建电加热[配储能装置、配光伏发电站（2.6兆瓦）]替换原燃气导热油炉；博孜处理厂新建电加热[配储能装置、配光伏发电站（6兆瓦）]替换原燃气导热油炉；新建35千伏外电系统1套。配套供配电、自控、通信、道路与总图、结构、消防等公用工程。

尉犁县、且末县10万千瓦光伏发电项目方案设计。项目装机容量100兆瓦，新建1座110千伏升压站，升压站以1回110千伏线路架设至依明达西变的第二回补强线路，导线选用LGJ—240型导线，新建线路长约18千米。新建光伏场区由32个光伏方阵组成，每个光伏方阵设置1台3125千瓦的35千伏逆变升压一体机。每8台一体机并联后，经集电线路接入110千伏升压站的35千伏母线，经升压至110千伏后送入电网，全场共4回35千伏集电线路。配套储能系统及电气设备、进场道路、场内输变电线路检修道路等。2022年8月8日，巴州能源尉犁县10万千瓦光伏发电项目方案获股份公司批复。同日，塔中西部且末县10万千瓦光伏发电项目方案获股份公司批复。

尉犁县、且末县10万千瓦光伏发电项目初步设计。新建100兆瓦光伏场区及1座110千伏升压站。工程交流侧装机容量100兆瓦，直流侧装机容量140兆瓦峰值，容配比约1.4，配套建设1座110千伏升压站。光伏场区包括100兆瓦光伏电场场内通信、检修道路、集电线路、箱变基础、接地、光伏组件排布，支架基础，支架及组件安装，场区简易围栏等。110千伏升压站设计范围包括电气一次部分、二次部分、储能系统部分、土建部分、总平面布置、给排水、消防系统。2022年10月24日，巴州能源尉犁县10万千瓦光伏发电项目初步设计获股份公司批复。是日，塔中西部且末县10万千瓦光伏发电项目初步设计获股份公司批复。

伽师县15万千瓦／60万千瓦·时配套储能和60万千瓦市场化并网光伏发电项目方案设计。新建光伏发电站1座，安装容量754.46兆瓦，额定容量600兆瓦，容配比1.257。建设1160712套650峰瓦单晶硅双面双玻组件，建设2000台300千瓦组串式逆变器、181台3300千伏安箱式变压器变及1台2700千伏安式变压器；新建35千伏开关站1座；新建220千伏升压站1座，安装3台240兆伏安变压器；配套建设15万千瓦/60万千瓦·时磷酸铁锂电池储能系统。2022年12月19日，伽师县15万千瓦/60万千瓦·时配套储能和60万千瓦市场化并网光伏发电项目方案获股份公司批复。

叶城县12.5万千瓦/50万千瓦·时配套储能和50万千瓦光伏并网发电项目方案设计。新建光伏发电站1座，安装容量605.7兆瓦，额定容量500兆瓦，容配比1.21。建设931840套650峰瓦单晶硅双面双玻组件，160台3125千瓦逆变升压一体机；新建35千伏开关站1座；新建220千伏升压站1座，安装2台240兆伏安变压器。配套建设12.5万千瓦/50万千瓦·时磷酸铁锂电池储能系统和集控中心1座。2022年12月19日，塔里木油田叶城县12.5万千瓦/50万千瓦·时配套储能和50万千瓦光伏并网发电项目方案获股份公司批复。

【新能源科研项目】 2022年，油气工程研究院管理集团公司项目1个，天然气压差发电技术及装备研究；塔里木油田公司外协课题2个，新能源在油气田地面生产系统的应用先导性研究，塔里木油田碳核算模型及指南研究。

天然气压差发电技术及装备研究。项目通过采用降压发电系统，安装膨胀机吸收压降能量用于发电，利用天然气开采、管道集输、储运等全产业链应用场景中的压差能量，提高天然气的能量利用效率，实现零碳排放，对塔里木油田公司部署分布式发电业务和"双碳"目标完成具有重要意义。2022年，项目完成选址、技术路线和项目前期论证，确定在西气东输轮南输气首站开展先导性试验。

新能源在油气田地面生产系统的应用先导性研究。项目通过调研分析国内外新能源利用的成熟案例、相关文献资料及现场伴生能源及各类能源（电力、天然气、热能、冷能等）需求，建立余热、余压等伴生能源资源量及太阳能和风能等新能源可利用量的理论分析方法，厘清塔里木油田公司各区块主要生产系统的能耗结构、用能特点以及伴生气、余压、余热等伴生能源量；研制小型风光互补发电装置，通过参数监测和模拟分析，获油田太阳能和风能的分布状况，评估塔里木油田公司的新能源利用潜力；结合油气田开发实际设计多能互补的利用方案，优化配置分布式能源系统，制订新能源应用的技术路线并确定需要攻关的技术瓶颈，形成具有塔里木特色的新能源、伴生资源和国家网电等常规能源相结合的多能互补应用技术体系。2022年9月21日，项目结题验收。

碳核算模型及指南研究。项目通过对现行的油田碳核算过程对标分析研究，编制油气生产过程等碳排放核算指南；研究油田主要用能区域碳减排潜力，形成塔里木油田公司减排项目评估分析报告；对油田主要树种进行碳汇能力量化研究，形成塔里木油田主要树种碳汇能力和灌木碳汇林方法学初稿。2022年，主要完成《油田碳排放核算与监测报告》《油田减排项目评估分析报告》、林地取样监测等内容。

【新能源决策支持】 2022年，油气工程研究院新能源研究中心编制技术支撑材料21份。编制塔里木油田公司级17份，分别为塔里木油田公司碳达峰实施方案工作汇报（PPT），光伏组件技术规格书（单晶单面/双面），塔里木油田新能源项目申报阶段总结及下步工作建议，光伏发电及储能专用设备市场现状及发展趋势调研分析报告，光伏制氢、掺氢可行性分析报告；南疆电力外输通道建设可行性分析报告；抽水蓄能电站建设分析报告；南疆碳汇分析报告；2021年油田能耗分析报告；塔里木油田生产系统化石能源替换调研初步意见报告；塔里木油田新能源业务"十四五"规划；天然气压差发电与提锂技术调研分析报告；油气田重点节能低碳技术应用交流汇报；2022年新能源考核指标统计与核实；塔里木油田2022年新能源考核指标核算（PPT）；二氧化碳不同利用方案对比分析报告。编制院级材料4份，关于对接跟进自治区抽水蓄能项目扩展新能源指标获取途径的建议；关于以环塔管网撬动若羌新能源指标的建议；电化学储能调研报告；单井离网型光储柴发电方案。

（任久明）

【QHSE管理】 2022年，油气工程研究院坚持问题导向，风险导向，完成塔里木油田公司能效对标、健康管理提升、危化品管理提升、VOCs泄漏检测与修复试点等工作。

安全工管理。实施在役装置周期性工艺安全分析，对10家二级单位50个油气厂站开展分析，提出398项建议措施，接受建议398项，建议接受率100%。建立塔里木油田公司安全风险分级防控机制，健全塔里木油田特色双重预防机制，形成《油田安全风险分级防控专项评估报告》《安全风险分级管控机制建设工作方案》，编制工程技术业务、设备业务、地面工程业务3个试点业务领域风险分级防控文件，组织开展基层单位风险分级管控清单编制培训6次。

重大危辨识。按照《危险化学品重大危险源监督管理暂行规定》要求，开展重大危险源评估备案和油田安全生产许可证换证工作，对塔里木油田公司9家生产单位43个重大危险源重新辨识、安全评估、分级以及更新备案，新增3个、降级1个、升级3个、核销3个。按照《中华人民共和国安全生产法》要求，组织完成塔里木油田公司九大采油气管理区安全现状评估和安全生产许可证换证。

环境保护。编制《塔里木油田"十四五"污染减排方案》，明确油田公司"十四五"期间各基准年份产能及氮氧化物、二氧化硫、挥发性有机物、甲烷等污染物排放量；对标等量替换要求，量化不同情景下减排需求；量化现有减排措施减排潜力；结合减排要求，立足现有环保设施和工程减排现状，明确后续减排措施与工程情况。

VOCs研究。开展VOCs核算方法研究和边远试采井甲烷和VOCs协同控制技术研究，编制《塔里木油田VOCs检测与修复工作指南》《塔里木油田VOCs污染源排查工作指南》，形成《塔里木油田VOCs排放量核算方法》，为各单位进行VOCs排放量核算提供依据。边远试采井甲烷和VOCs协同控制技术取得阶段成果，明确技术路线。

排污许可规范。根据国家《排污许可证申请与核发技术规范-工业固体废物（试行）》规范要求，油气工程研究院完成13个简化管理、60个登记管理的资料补正及固废管理信息增加，将塔里木油田公司的固废管理纳入排污许可，推动塔里木油田公司环保工作向以排污许可制度为核心管理制度的转变。

生活污水评估。开展塔里木油田公司21处一线生活污水处理装置的《农村生活污水排放标准》对标研究，完成19处站点生活污水按照《农村生活污水排放标准》排放和利用评估，实现一线生活污水按照农村生活污水排放。

标准手册编印。筛选油气田生产相关环保法规标准201项，形成《环境保护法规标准汇编》，解读关键条文，编制《塔里木油田公司生态环境保护管理知识手册》，支撑中央环保督察工作。

节能降耗。按照塔里木油田公司"关于开展2022年油气田能效对标工作的通知"，高效开展对标过程指导和上报数据核查，完成9家油气开发部能效对标和标杆推荐，组织上报机采、注水、油气集输、处理等110套生产系统能效数据，同比增长112%，集团公司最终采纳4套生产系统指标作为集团公司标杆。

健康管理。开展健康企业建设技术支撑，编制《塔里木油田公司2022年健康管理提升方案》并支撑各项措施落地，推进健康小屋完善、员工健康筛查指导、医疗应急救护能力评估，实现塔里木油田公司"三高"人群数量下降，制定一线医疗服务相关标准。监测服务6088人次，对172名"五高"高风险人员电话回访，1994人次中风险人员微信风险提示，开展远程视频问诊59人次，针对高血压、糖尿病、高脂血等健康风险因素，组织对1152名高风险人员逐人制订下发告知函，每月电话回访。评估一线医疗应急救治能力、医疗设备配置，制定《一线医务室配套标准》及设备、人员、药品配置标准。开展2022年度职业病危害因素检测工作，基于检测计划增加点位226个，共检测1570个点位，编制职业病危害因素检测报告166份。

（刘文东）

【提质增效】 2022年，油气工程研究院坚持顶层设计，做好科研立项。做好外协科研合同签订各环节衔接管控，加快合同签订节奏，提高合同签订效率。减少环节，在项目开题同时进行外协课题开题，节约立项时间；流程前置，所有工作提前准备，在投资下达前提前编制立项审批表、招标方案和议标材料，在中标通知书下达前编制合同文本；加强沟通，与招标中心和课题组无缝对接，减少各环节等待时间；督办考核，在每周生产例会上通报合同签订进展，督办进度滞后课题；2022年，项目外协课题平均立项时间7天，同比缩短29天；项目外协课题平均招标时间36天，同比缩短32天；项目外协课题合同文本编制天数平均10天，同比缩短8天。

（张 涛）

【党建与科研生产融合】 2022年，油气工程研究院融合党建与科研生产，着力推动基层建设、党风廉政建设和工会工作。

基层建设。2022年，油气工程研究院抓理论学习、抓关键少数、抓活动载体，优化考核机制，培育采气工艺党支部、固井党支部等5个"三星级"标准化党支部，形成党建联盟等一系列基层党建经验，培养出严东寅、王鹏等一批既懂专业技术又善作思想工作的党支部书记。

党风廉政建设。聚焦"廉洁、防疫、维稳、舆情、保密、合规、安全"七大风险点,创新教育活动载体、开展监督检查、完善制度流程,推动全院干部员工提升"多为工程院争光、不为工程院抹黑"自觉性,"一票否决"意识得到增强,"自我管理、自我约束、自我监督"作风进一步提升。

工会工作。创新群团活动形式,用好用活工会经费,引进中医进院为200多名员工诊疗,开展"云歌嘹亮""云抗疫"等线上活动9场次,累计组织送温暖活动2500余人次。

(石春燕)

【疫情防控】 2022年,油气工程研究院各级党员干部带头冲锋在新冠肺炎疫情防控一线,制订办公楼五级网格化管理方案、3栋责任楼栋值守方案,稳住全院疫情防控大局,扭转初期被动局面。做好人员动态排查、防控政策宣贯、综合服务保障工作。"楼管"全程坚守办公楼,承担日常科研工作的同时,完成消毒消杀、核酸检测、物资配送等"额外"高强度工作。60名党员干部、团员青年投身志愿服务工作,创新楼栋管理方法并在塔里木油田公司推广,完成人员最多、难度最大的3区40栋的楼栋值守任务,及时为身患慢阻肺老人送去氧气瓶。

克服困难、做好食宿保障,多方协调将棉衣送到前线和后方。各级组织凝聚抗疫合力,开展系列线上文体活动缓解员工压力,组织拍摄《张峰:我的抗疫经历》系列宣传片,以身边人身边事引导员工正确认识病毒、坚定必胜信念;建立重点人群包保制度,电话不断、问候不断,及时为员工排忧解难。

(朱建华)

勘探事业部

【概况】 勘探事业部是塔里木油田公司二级单位,负责塔里木油田公司勘探行业管理和勘探生产组织实施工作。2022年,勘探事业部坚持油田党工委统一领导,坚持资源为王,实施"3+2"(库车新区、寒武系盐下、塔西南山前3个新区新领域风险勘探,库车天然气、塔北石油两个根据地集中精细勘探)战略,压实各级责任加快生产组织,聚焦井控核心严抓安全风险管控,突出效益导向实施技术创新、管理创新,保障各项生产完成任务。

提效提质。推进高效勘探,打造提效提质标杆。加强项目全过程组织管理,物探采集工程实现提速提质。钻井前期,采用"三同时(同时开展设计编制与生产经营、钻机比选与钻前施工、道路修建与基础施工)"施工方法,缩短钻前周期。推行项目管理,倒排工期、节点控制、挂图作战,助力油田公司完成三级储量任务和挑战目标。

科技创新。强化科技创新,打造一流配套技术。首次联合开展表层调查攻关,解剖塔西南巨厚黄土层。创新钻井提速方法,加强对标管理,打成一批提速标杆井。打造3件固井利器,持续推动山前盐层段和台盆区长裸眼段固井质量稳步提高。创新测试方式,采用非常规测试工艺,研发"三高"气井钻完井液保障技术。

安全环保。抓好安全环保,打造良好发展环境。树立"井控为天、井控为先"理念,推广应用DROC系统,多口外甩井复杂在最佳窗口期得到及时有效处置;专家骨干驻井靠前指挥,应急处置效率提升。以全员隐患排查为抓手,倒逼全员安全生产责任制落实。推进承包商资质资格核查走深走实,管住"人和设备"两个关键。升级"三化"环保管理,做到绿色勘探。

党建工作。加强党的建设,打造忠诚石油铁军。勘探事业部党委严格落实第一议题制度,发挥党委把方向、管大局、保落实作用,坚持"五湖四海"搞勘探,实施民生工程,凝聚甲乙各方力量,打造"命运共同体"。推动党建载体与勘探攻坚融合,党支部战斗堡垒能力提升。

【生产组织管理】 2022年,勘探事业部严格开展物探资料控制,加强地震采集全过程管理,有效实现钻前周期缩短、储量井提速,取得3个重大突破,6个预探发现和4个评价进展。

勘探部署。新区新领域获重大突破:富东1井、迪北5井、克探1井获战略突破;昆探1井有望获得突破。6个预探发现分别为大北13井、满深5井、满深8井、满深71井、满深72井、玉科7井。4个评价进展分别为博孜1302井、博孜2401井、博孜304井、大北303JS井。完试井20口,获工业油气流井12口,探井成功率60%。富东1井实现新领域轮南—富满台缘带重大突破,有望形成新的天然气战略接替区。迪北5井探索新类型获成功,解放近6000平方千米有利勘探区。克探1井探索新层系,当年部署、当年突破,实现"克拉之下找克拉"的梦想,拓展库车坳陷天然气勘探领域。完成油气三级储量当量保持高位增长。

物探资料质控。落实物探项目质量管理责任，坚持十二字质量管理方针，物探项目整体一级品率同比提高0.2%，合格品率提高0.03%，已验收项目仪器3项指标不合格率下降0.23%。推进施工方质量管理体系和"巡检+驻队"管理模式，落实三级检查制度和人员校核责任，开展巡检23次，物探项目主管驻队241天，加强人员对质量监控。质量监控手段更合理，强化辅助质控工具的研发与应用，运用倾角测试仪对全部已采集项目井斜进行控制，钻井下药视频及排列照片返回率100%。首次采用火车预警系统，实现实时可视化显示火车动态，精准利用夹缝时间采集，确保采集质量可控。

地震采集全过程管理。加强项目全过程管理，确保安全优质保量按期完成采集任务。强化施工方案设计，勘探事业部与勘探开发研究院联合，野外与室内结合、地面与地下结合，优化采集施工方案和点位设计。强化计划运行管理，细化最佳施工期，超前项目准备，加强运行推演，挂图作战，节点化管控，模块化、专业化、集约化生产组织，保障项目运行高效。落实"工序负责、自证合格、全面校核"质量方针和合格品计价体系。2022年采集项目11项，施工点位与技术设计符合率99.73%，采集评价合格炮比例99.86%，室内处理评价合格道比例98.14%。乌依塔格山地三维项目克服新冠肺炎疫情管控、雨雪天气、地震等影响，用时53天，10月30日按期完成。

钻前周期缩短。抢先抓早，无缝衔接，钻前周期平均每口井同比缩短34天，全年开钻25口井，较重点项目运行计划提前30天完成。

储量井提速。倒排工期、节点控制、挂图作战，16口储量重点井钻揭目的层完钻，确保进度满足储量上交要求。大北13井率先实现大北区块150天以内完钻目标（周期139.9天），成为区块提速新标杆。克深1901井完钻井深8110米，完钻周期266.6天，刷新克深区块最深井纪录和最快完钻周期。

地质资料录取。科研生产一体化，取全取准各项地质资料，为油气及时发现和储量研究提供第一手资料。测井采集施工155井次，测量长度37.56万米，资料优等率93.35%。录井采集地质剖面14.91万米、取心168.69米，油气显示814层3097米，油气落实准确率100%。工程异常预报1231次，溢流发现41次，预报准确率100%，确保井控安全和避免井下复杂。

【技术攻关】 2022年，勘探事业部在物探、钻井、固井、测录井等方面开展攻关，取得系列成效。

物探资料提质。勘探事业部针对山地采集效率低、信噪比低的问题，强化智能设计、技术创新、新工艺应用，效果显著。基于高精度遥感信息的"风险智能分级+点位智能优选"设计，提高地震采集点位的空间均匀性。2022年，首次联合应用"独立激发技术+无人机辅助作业+有线排列监控干扰"，解决高效采集和噪声控制问题。针对黄土塬地震资料品质低、黄土层速度刻画不准的问题，强化技术方案设计、创新表层调查技术，较以往老资料，得到一定改善。首次联合开展"地质露头调查+吸收衰减调查+小折射调查+断崖面地震矩阵观测"表层调查攻关，解剖巨厚黄土层。采集模板道在塔西南山前三维地震采集首次突破20000道，甫沙三维地震采集28800道。由大面积、大组合接收向方形小面积接收转变，减轻野外负担，提高空间属性均匀度，实现效率、效果双提升。

钻井提速。创新钻井提速方法，推广应用成熟钻井技术，博孜、满深区块实现整体提速。博孜区块上部砾石层推广使用"PDC钻头+垂钻+大扭矩螺杆+减震器"提速组合，平均机械钻速提高23.4%，平均完钻周期275.3天，同比缩短32.8天，提速10.6%。满深区块全力推进钻完井"一趟钻"工程，平均完钻周期166.75天，同比缩短34.05天，提速16.7%。对标区块最优指标，打成一批提速标杆井。大北13井钻井周期139.9天，完钻井深5330米，首次实现大北区块超5000米井150天内完钻。克深1901井钻井周期266.6天，完钻井深8110米，首次实现库车山前超8000米井300天内完钻。罗斯202井用时109.5天完钻，完钻井深6390米，首次实现罗斯区块120天内完钻。满深71井用时140.8天完井，完钻井深8492.2米，首次实现满深区块8500米以深150天内完钻。

固井技术。打造3件固井利器，推动山前盐层段和台盆区长裸眼段固井质量提高。集成应用"封隔式分级箍+低密度水泥浆"固井技术，实现台盆区长裸眼固井质量逐年提升。配套形成大排量固井装备和"随钻扩眼+小接箍套管+扶正器"固井技术，提高山前盐层段固井质量。首次开展测温短节研究与应用，实现固井试验基础数据由经验向科学转变。

测试技术。富东1井完成国内首次特高压（关井压力142兆帕、地层压力171.5兆帕）地层测试。针对井下溢漏并存、油气显示活跃、压力超高，且井筒安全屏障超极限，国内无成功经验可借鉴等测试难点，创新测试方式，采用非常规测试工艺；测试前编制压井方案并进行全员实际演练，测试期间压井全装、全员处于待命状态，确保井控万无一失；配置4条求产通道，保证不同制度连续求产，保障富东1井顺利完成测试，富满区块深层取得重大突破。

钻井液技术。攻关形成塔里木油田超深井3项钻井液关键技术，全面助推勘探钻井安全提速。自主研发形成钻井液"一高三强"（高触变，强封堵、强抑制、强携砂）复杂地层钻井液井壁稳定技术，保障克深1901井吉迪克组井壁稳定钻井提速26%。研发"三高"气井钻完井液保障技术，钻井完井液180℃20天高温沉降稳定，首次应用高密度超微体系作为环空保护液（1.80克/厘米³），保障富东1井完井测试一次成功。针对山前大尺寸、多漏层、窄窗口等条件下的堵漏难题，创新形成"随钻堵漏+段塞堵漏+专项堵漏+沉降堵漏"堵漏技术体系，实现克探1井上部压力亏空地层"零"漏失。

测录井新技术。加强测录井新技术应用，推广自主知识产权测井装备。在台盆区规模化应用中国石油自主知识产权 CPLOG 测井系列。引进中海油服ERMI仪器，保障超深、高温、高压井目的层水基钻井液井眼成像资料采集。改进直推式测井工艺，解决碳酸盐岩储层、山前复杂井眼安全测井难题，入井成功率100%。加强元素录井分析、连续轻烃技术等现场应用，为现场岩性准确识别、快速评价流体性质提供支撑。

【绿色安全生产】 井控安全。2022年，勘探事业部严抓"天字号"工程，保障井控安全。风险细致排查，开展井控检查122井次，整改隐患1236个，提高基层井控管理水平；演练贴近实战，以战带演，"四不两直"应急演练2次，其中富东1井检验34兆帕高关井压力下的井控应急能力；骨干攻坚克难，专家驻井39井次，成功处理溢流26井次，领导干部、技术专家、生产骨干驻井，第一时间处置富东1井、博孜25井、东秋7井等遭遇的井下溢流复杂。

隐患排查整改。严抓隐患排查和资质资格核查，落实安全生产责任制。开展全员隐患排查和"四查"分析，推进安全管理向基层走深走实。2022年编制隐患清单66项，排查隐患2.5万余项，较大隐患1825项，排查"二十种人"360人次，报送典型问题150余项，43人次获塔里木油田公司排查能手；组织"四查"分析46人次，安全记分86人次（事业部25人次）128分。开展资质资格核查，管住"人和设备"两个关键。核查钻井、物探队伍31支，评估934人，对不合格30人采取限制顶岗、离岗培训等措施。

绿色清洁。严抓"绿色矿山"建设，"三化"环保措施得到提升。设计减量化：博孜106井等4口井水基钻井液替代油基钻井液；博孜—大北"增聚减磺"井深大于2500米。过程减量化：推广负压振动筛8井次，实现单井配备率22.5%；物探采集项目可控震源总替换率14.2%。末端减量化：建立钻井液再利用平台，重复利用油基钻井液3642立方米，水基钻井液9275立方米。

信息化建设。推广应用DROC系统，及时处置井下故障复杂，提高应急处置效率。严格落实DROC值班制度、专家带班制度、分级会诊制度。实现全天候集中钻井、地质、钻井液、井控等专业技术人员进行实时远程会诊指导。恰探1井、柯探1井、昆探1井等多口外甩井遭遇井下复杂，在最佳窗口期得到及时有效处置。

【经营管理】 全过程投资管控。2022年，勘探事业部精细项目分类，以钻井概算项目为主线，将指标落实到各个基础工序；下达控制指标，结合业财融合管理平台，建立单井投资控制指标模块，动态跟踪投资，实时显示单井各项费用支出情况，定期查验和分析井进度；系统自动考核，自动计算单井各项指标得分及责任部门考核分值，生成报表。加强投资管控，开展19口井12个物探采集项目决算，与概算相比节约30781万元，投资控减率7.07%。

提质增效。通过实施价值创造专项行动措施，节约投资44205万元，完成目标值171.09%。建立对标指标库30项，推进"四全"管理，找差距、补短板、强弱项，部分区块物探和钻井项目成本逐年下降。二维项目平均成本同比下降3.7%。台盆区块三维平均成本同比下降2.2%。博孜区块钻井平均单井成本下降4.2%；钻井平均单位成本下降11.1%。

井长制管理制度。坚持项目管理，推行项目长负责制（井长制），实现项目"全过程、全要素、全生命周期"管理。一井一工程，突破专业局限设置井长，以岗位履职代岗位练兵，强化各项目井长独立作战能力，加速复合型人才培养。建立井长考核机制，井长挂牌作战，赋予"生产组织、安全环保、单井经营、联合党建"责任，最大限度发挥专业人才综合作用。

合规管理。落实"合规管理强化年"工作部署，成立专项工作领导小组，制订工作方案，细化工作措施，完成各项工作任务。自检自查招标合同项目267份，发现并整改问题3个。排查出可能被地方政府行政处罚风险2项,制订相应防控措施。划定合规高风险岗位57人,排查合规系统违规问题。在选商管理、属地管理阶段,加强对承包商企业资质、人员资格证书的查验。全面清理评价事业部各类规章制度86项,计划修订24项、行文废止制度4项。通过勘探大讲堂、"中油e学"等形式,开展《中华人民共和国国家安全法》《中华人民共和国保守国家秘密法》及合同纠纷警示案例等法律法规学习。

【党建工作】 2022年,勘探事业部融合党建载体与勘探生产,发挥基层党支部战斗堡垒和党员先锋作用,发挥党组织、群团组织桥梁和纽带作用,抓好各类民生工程。

党建生产融合。"党员责任区"与"井长制"融合,一井一党员,一井长一责任区,负责单井全生命周期管理;"党员突击队"与"生产攻坚小组"融合,7人驻守克孜尔卡点进行车辆引导,保障运输通畅;"党员先锋岗"与"志愿者服务"融合,34名员工主动投入到新冠肺炎疫情防控一线,保障民生服务。

民生工程。利用书记信箱、党建三联、党委联系专家、"三个明白"调研、职工提案等多种载体,畅通反映各类问题、各种困难的渠道。新冠肺炎疫情期间,实施干部分区域、分层级包保,解决前线后方、甲方乙方看病就医、缺衣少药、家庭困难等"急难愁盼"问题56件。协调处理农民工欠薪问题12起,做到把矛盾化解在基层。

【疫情防控】 2022年,勘探事业部党委推进党建载体与勘探生产深度融合,切实发挥基层党支部战斗堡垒和党员先锋作用。"党员责任区"与"井长制"融合,生产一线值守47人(20人驻单井),办公室驻守33人,基地小区楼栋管理18人,一井一党员,一井长一责任区,负责特殊时期责任区管理。"党员突击队"与"生产攻坚小组"融合,7人驻守克孜尔卡点进行车辆引导,加强与村镇联络及时了解新冠肺炎疫情防控政策,强化生产运行管理,有效调整工序,保障各钻井现场关键生产物资运输;每晚参加塔里木油田公司降影响专班会,召开事业部甲乙方复工复产协调会,推动复工复产,成功复工12口井,避免停等10口井;10月升级管控期间,开钻1口风险探井(雄探1井),取得1口预探发现(大北13井),目的层钻进6口井。

(宋金鹏)

油气田产能建设事业部

【概况】 油气田产能建设事业部为塔里木油田公司二级单位,主要负责组织油气田产能建设、油藏评价方案的实施、投资管控,完成新井产量任务;负责组织编制、审核油气产能建设及油藏评价的单井地质、工程设计;负责油气田产能建设和油藏评价实施过程的跟踪研究;负责南疆天然气利民工程和公建项目的实施工作;负责组织油气产能建设、油藏评价及所承担工程项目的招议标和合同签订;负责根据工作需要组建内部项目管理机构,实施项目管理,完成项目建设质量、工期、投资控制和安全环保任务;负责工程建设前期工作及竣工验收资料的准备、初审交接工作。

2022年,油气田产能建设事业部对标能力提升目标,抓过程、硬考核,推动新井抢建、抢投、抢产。集中资源动用富满、博孜—大北优质储量,确保整体建产高质量,两个区块钻井成功率均100%,其中富满油田高效井比例创新高。新建原油产能85.07万吨,近3年平均每年上产近50万吨。博孜—大北区块情况为高效井比例100%;新建天然气产能9.6亿立方米,2020—2022年,平均每年上产超10亿立方米。统筹开展老油气田二次综合治理、储气库等工作,2022年老井位占比42.7%,助力老油气田稳产及效益开发。全年投产新井138口,新建产能原油118.62万吨、天然气26.78亿立方米,新井产量原油95.69万吨、天然气20.30亿立方米,投产新井140口,新建产能超年计划,新井产能贡献率保持高水平(原油63.5%、天然气53.2%),新井油气产量连续5年实现"双超"。全年实施老区井位53口,新建原油产能19.73万吨、天然气产能9亿立方米。推动储气库、老区注水、气田水回注、和田河井位上钻16口,为冬季保供、老油气田稳产、和田河天然气综合利用等工程夯实基础。2022年,油气田产能建设事业部储气库、注水井、和田河井位上钻情况见表1。

表1　2022年油气田产能建设事业部储气库、注水井、和田河井位上钻情况表

序号	类别	井号	工况情况	投产/预计投产日期
1	储气库	东河1-H14井	已投注	2022.9.13
2	储气库	柯7K-H1井	待完井电测	2023.3.25
3	储气库	柯7K-H3井	准备侧钻	2023.4.25
4	储气库	塔中4-C6-H1井	二开钻进	2023.5.7
5	碎屑岩油藏注采井网完善	玉东7-5-3井	已投注	2022.1.10
6	碎屑岩油藏注采井网完善	玉东3TH井	已投注	2022.3.29
7	碎屑岩油藏注采井网完善	哈得1-27-3H井	已投注	2022.4.16
8	碎屑岩油藏注采井网完善	轮南3-3-21H井	已投注	2022.11.17
9	碎屑岩油藏注采井网完善	轮南3-3-12H井	完试待投	2022.12.25
10	碎屑岩油藏注采井网完善	轮南3-3-23H井	完井作业	2023.1.15
11	碎屑岩油藏注采井网完善	塔中40-H29井	正试油	2023.12.31
12	库车山前气田水回注	克拉3-1W井	完井作业,待转试油	2023.1.10
13	库车山前气田水回注	克拉3-2W井	目的层钻进	2023.2.28
14	库车山前气田水回注	克拉3-3W井	完井电测	2023.2.10
15	天然气综合利用	玛2-1H井	已完钻,待独立支撑改造	2023.1.25
16	天然气综合利用	玛3-H3井	二开钻进	2023.5.19

(张秀岩)

【生产运行管理】　2022年,油气田产能建设事业部提升生产运行管理能力,完成86口新井上钻,233项单井集输与电力工程验收任务,完成各项生产业绩指标。

生产协调。面对新冠肺炎疫情,油气田产能建设事业部生产管理全员靠前指挥,坚持"一手打伞、一手干活",保障钻完井和地面项目正常有序生产。成立沙雅红旗检查站、轮南、哈得35千米、拜城4个运输保障专班,投入甲乙方专职人员63人,引导车辆37台,整体运行效率提高近1倍。加大生产协调力度,第一时间在库车前线指挥部成立前线疫情防控生产协调指挥部,靠前指挥协调生产,每晚以视频形式召开疫情期间生产协调会,采取多种方式保障项目正常施工,加大与地方的沟通协调力度,重点解决人员物资跨县市、跨县镇流通问题。向地方发文61件,协调关键岗位人员流动646人次,拉运急需生产物资7000余车次。制订天然气保供专项工作方案和天然气保供安全环保风险防控工作方案,成立克深10区块产能建设项目、重点地面项目生产协调专班,加快冬季保供等重点项目的人员物资协调和施工建设进度。压实各级责任,发布《油气生产能力提升行动生产指令》11份,日跟踪、月考核、硬兑现,确保新井投产任务完成。坚持疫情生产协调例会机制和通报机制,成立以事业部主要领导为组长的督导小组,分区域明确生产协调责任人,对等停井和地面项目定人定责;压实承包商单位责任,利用协调能力强的承包商,加快乙供物资协调。召开生产协调会87次,解决各类生产问题1200余项,复工正钻井51井次、钻前项目2项、地面项目11项。

钻前施工管理。实施钻前区域管理,提升生产组织管理效率,带动新井快速上钻;统筹规划,以地质—工程—地面建设一体化为指导,探临路主干道依据主干油源断裂分布规划,实现对该区块全生命周期规划。2022年,钻前施工125口井,保障86口新井上钻。

钻机动迁流程优化。坚持"提前谋划、提前组织、精细运行、靠前指挥"的原则,一井一策制订钻机动迁方案,提前踏勘路线、召开搬迁协调会、制订运行计划,甲乙方干部均到一线指挥,现场作业,严把安全关。截至2022年11月5日,组织钻机动迁86井

次，未发生安全事故事件。钻机动迁周期持续降低，2022年度平均钻机动迁周期13.79天，平均钻机动迁周期同比缩短0.23天，柯7K-H1井搬迁距离901千米、钻机动迁周期11.75天，打破塔里木油田公司超长距离搬迁纪录，保障油田公司重点项目柯克亚储气库项目按期实施，富源6井用时7天修建8千米沙漠路，用时57天修建$F_1$19、$F_1$20两条断裂带65千米主干连接路，保障富满油田6口重点评价井的提前上钻，为后期开发井部署打好基础。在跃满20-H2等3口井成功应用新型可拆卸式钢结构钻机基础，实现钻机基础的重复性利用，减少水泥固废垃圾180米^3/井；节约施工时间约20%、节约费用约10万元/井。

应急管理。修订油气田产能建设事业部第三版应急预案，编撰《应急资源调查报告》；组织应急管理专项检查2次，发现问题隐患87项，整改率100%；坚持24小时应急值班，第一时间传达、接收并处置承包商反馈的各类应急信息，组织应急专项培训3次，应急演练4次；组织防洪防汛专项检查4次，发现问题隐患203项，整改率100%；组织抢险7次，处置大北17-H1井、克深10-1井等5口井的营房、井场道路、防洪坝冲毁险情，未发生人身伤害和环境污染事故。

土地管理。加快各项目用地协议签订、税费缴纳，配合各级政府部门开展执法检查，报送土地台账、移交土地档案等资料，按要求完成土地管理各项工作。油气田产能建设事业部与地方政府协调重点项目前置手续的办理，博孜—大北地面骨架工程用时10天完成涉及3个市县200多千米现场地类调查以及农民分户工作，为项目按时开工争取时间，夯实用地数据基础；新冠肺炎疫情期间与地区林草局沟通，获批部分紧急用地项目，进行林地手续报备先行许可，降低疫情管制对林地评估手续办理的影响；对接沙雅县自然资源局在疫情期间采取电子签章备案的方式签订一批紧急用地合同，避免违法用地。全年未发生损害塔里木油田公司对外形象或破坏油地关系的事件；开展临时用地现场勘查341宗，签订临时用地合同253份，取得林地批复98项，配合各级地方政府完成2022年前3季度的卫星照片执法检查，处理问题图斑4起，保障合规用地。

【方案优化】 2022年，油气田产能建设事业部树立"方案优化就是最大的提质增效"理念，围绕油气生产能力提升目标，以加快新井上钻和投产为切入点，坚持"地质工程一体化""动静结合"开展方案论证及实时优化，编制优化实施方案，强化方案执行、跟踪、考核，确保提速措施落实落地，按期完成能力提升目标。发挥一体化优势，井位、设计、投资、钻前、钻机等各环节整体推进、无缝衔接；发挥钻机资源优势，坚定"大小钻机接力""区域专打"；发挥单井地面建设推进专班作用，实现日跟踪、月考核、硬兑现。台盆区加强断裂刻画、侵入体及缝洞型储层预测，做好风险提示，消减钻井风险。全年非目的层异常体预警符合率100%，目的层断裂、储层预警符合率94%。库车山前针对克深10气藏东西两翼生产井见水及氯根异常，及时优化克深10-1井等5口正钻井轨迹，保证目的层钻揭斜厚、提高完钻海拔，为延长无水期、提高开发效果奠定基础(表2)。

表2 克深10气藏正钻井轨迹优化方案情况表

井 号	原设计 目的层厚度(米) 斜厚	原设计 目的层厚度(米) 垂厚	原设计 目的层井斜(度)	调整方案 目的层厚度(米) 斜厚	调整方案 目的层厚度(米) 垂厚	调整方案 目的层井斜(度)	理论增加避水高度(米)
克深10-1井	350	172	60	350	90	85	82
克深10-3井	350	181	59	350	90	86	91
克深10-4井	300	142	62	350	80	87	62
克深10-5井	360	192	58	350	70	90	122
克深10-6井	260	107	66	350	70	90	37

【地质油藏管理】 2022年，油气田产能建设事业部以油气生产能力提升行动为抓手，发挥地质油藏在一体化中的核心作用，通过加强新井前期方案论证、随钻地质跟踪、测录井资料录取、产能产量跟踪评估

等工作，坚持效率建产、质量建产和效益建产，助推新井产量连续5年实现新建产能、新建产量均超过全年生产任务指标。

方案论证。从源头确保效率建井、质量建井创新井位踏勘模式，提高前期方案论证工作效率。针对库车山前地面条件复杂、钻前工作量巨大，台盆区新井受地面管线、道路、民房建筑物、胡杨、农田等限制井场摆放及井口选取困难的问题，创新采用"无人机踏勘+数字化建模"技术，通过三维地表模型，线上线下组织各专业完成新井井口确认工作，实现地面地下一体化，进一步提高井位前期方案制订效率，钻前踏勘平均周期由12.3天缩短至9.7天，2022年完成140口新井钻前踏勘工作，为高质量、高效益建井夯实基础。创新方案论证工作方法，释放环境敏感区井位。针对环境敏感区井位，创新工作方法，通过地面条件论证、工程地质方案论证、经济可行性评估论证，各专业一体化结合，释放环境敏感区井位21口，设计产能31.5万吨、1.2亿立方米。

储量井组织与跟踪。夯实三级地质储量上交基础，发挥地质工程一体化优势，缩短重点储量井建井周期。在博孜2402井，通过细分盐上砾石层成分优化钻头选型、对比预测盐层盐底发育特征优化钻具组合、根据目的层钻探情况优化取心测井设计及根据储层特征优化完井试油方案等提速措施，打破博孜1片区钻井周期记录，助力塔里木油田公司完成2022年探明天然气储量任务。2022年支撑富源6井、羊塔22井、哈鹰901井、果勒305H井、满深504H井、富源304H井、富源218井、满深505井、满深701井、满深705井、满深506H等重点储量井组织与跟踪，确保高效建井。

储量井资料录取。为保障塔里木油田公司完成2022年储量任务，油气田产能建设事业部以取全取准为核心，突出上交质量和录取效率双导向，多措并举，开展资料录取工作。强化生产组织协调，优化人员配置，保证资料取成；坚持"应取尽取"原则，保障设计执行率，保证资料取全；加强资料品质管理，出现问题刨根问底，保证资料取准；提高国产测井设备应用占比，提高效率，降低测井资料获取成本；推进直推式测井工艺改进，提高测井一次成功率，减少测井无效时间。2022年，储量井设计执行率提升明显，其中目的层测井执行率由2021年的72.6%提升至88.3%；取心执行率100%；直推式测井一次成功率91.86%，同比提高26.74%；取心和成像测井质量提升明显，对判断走滑断裂发育期次、储层刻画及油气充注等基础研究提供有力依据，以此助力塔里木油田原油三级储量均超额完成，其中国石油探明地质储量提前两个月超计划1亿吨完成任务。

山前盐底卡层规范化管理。创新工作方式，助力山前盐底卡层规范化。基于近年来油气田产能建设事业部盐底卡层作业情况及管理现状，通过深入对标分析，发现诸如现场管理缺失、关键节点风险识别不到位、决策流程不规范等管理问题。通过总结并施行"两机制+五步法"基础管理经验，实现库车山前盐底卡层规范化管理、盐底卡层管理能力不断提升。截至2022年底，完成库车山前盐底卡层井20口，其中大斜度井15口，卡层成功率100%。

方案动态调整。2022年初，克深10气藏东西端两口采气井见水或氯根异常，为避免新井过早见水，油气田产能建设事业部主动与勘探开发研究院和克拉采油气管理区对接沟通新井钻探对策，结合区域储层纵向特征，将原设计钻揭目的层垂厚110—200米优化为70—90米，将原设计60度斜井变更为近水平井或水平井，维持或增加目的层段长至300—400米，该措施既保障钻遇足够长度的优质储层，又控制了完钻海拔，进一步增加避水高度，为延长无水采气期奠定基础。

地质工程一体化应用。在台盆区富满油田以一体化项目组为抓手，优化前期地质工程论证环节，多专业形成合力，制订钻井方案，强化单井设计工作。钻井现场与地质理论相结合，总结认识走滑断裂拉分段、叠覆段、线性段不同类型的断裂构造样式钻井地质特征，为富源304H井、果勒3-H5井等井在断裂核部成功取心提供有力保障，为塔里木油田公司超额完成三级储量提供资料基础。富满油田评价井持续突破，其中富源6井、富源304H井、满深505井、富源218井、满深705井分别在隐伏断裂、次级断裂实现滚动突破，满深301H井在灰岩顶以下623米获高产，创碳酸盐岩油柱高度最大纪录。

薄砂层储层钻遇率提升。塔中40-H29井目的层储层预测厚度1.3米，要求储层钻遇率90%以上，面对该区块构造不稳定、砂层厚度薄、实钻方位漂移等难点，油气田产能建设事业部采取3项措施：现场监督组驻井把关，制订水平井入靶方案，确保以合适井斜精准入靶；优选水平段旋转地质导向工具，在水平段钻进前结合邻井实钻资料及最新校正的构造图科学建模；发挥地质工程一体化，依据近钻头方位伽马、岩屑、气测、钻时等参数,对水平段轨迹实时跟踪与优化。实钻水平段进尺808米,储层钻遇率100%,为塔中40井区薄砂层的高效开发奠定基础。

生产能力提升行动。落实生产运行计划,结合塔里木油田公司产建框架计划、油气藏评价节奏和钻机运行实际,按照"三落实"(进尺落实到钻机、产量落实到单井、责任落实到人头)原则,科学严实编制运行计划,开展生产能力提升行动,集中动用博孜—大北、富满区块优质储量,缩短建产时间。全面优化产能建设部署,按照探评价井、两大主力上产区域、老油气田综合治理3个层次精细生产组织,完善"评价建产一体化"思路,以油气生产能力提升行动为抓手,强化跟踪,坚持以方案、设计为基本遵循,以井震结合的方式实现钻前"把脉交底"、钻中"预警提示"、钻后"跟踪评价",实现高质量建井。2022年投产新井138口,新建产能原油118.62万吨、天然气26.78亿立方米,新井产量原油95.69万吨、天然气20.30亿立方米,新井产量连续5年实现"双超"。

(王 伟)

【**钻完井工程管理**】 2022年,油气田产能建设事业部优化钻完井生产组织,加强工程技术配套,严格钻完井工程管理。

生产组织。2022年,油气田产能建设事业部采取4项措施,优化钻完井生产组织。钻机动用率高效运行,专人负责,紧密跟踪,比选、设计、预算实行"三同步",动用钻机92部,动用率99.69%。全面加快新井上钻节奏,突出抢先早打,牢固树立"三早"(早上钻、早完井、早投产)意识,全年开钻新井90口。推进区域专打,全年实施井位162口,专打率71.04%,其中库车山前、富满等主力区块专打率85.65%;塔中、塔西南和轮南、轮古专打率96.67%。全面推广独立支撑作业,全年独立支撑作业87口,大幅缩短原钻机作业周期,提前释放钻机资源,提升钻机运行效率。

工程技术配套。推进地质工程一体化,开展工程方案论证,完善区域提速模板,助力钻完井提速。2022年1—11月事业部钻井完井103口,平均钻井周期173.53天,同比缩短40.85天,提速17.54%;平均建井周期201.07天,同比缩短44.09天,提速18.93%,超过塔里木油田公司5%的挑战目标。深化地质认识,固化好的经验做法,创新工程技术应用。全年故障41井次,损失时间8997.96小时,故障时效1.79%;复杂68井次,损失时间10501.26小时,复杂时效2.08%,完成塔里木油田公司2个2.5%的挑战目标。库车山前全面推动砾石层配套提速技术,博孜区域钻井提速41.4%;富满油田持续优化创新工程实施思路,"大扭矩螺杆+垂钻""大扭矩螺杆+旋导组合"分别提速50.5%、142%;推进管理创新,优选风险总包试点井,通过"放、管、服"管理模式,调动勘探公司主观能动性,做好服务型甲方,富源3-H3试点井以周期117天创区块最快完井纪录。

故障复杂预防机制。分区块制定故障复杂防控模板,每日梳理井下风险,提前落实防控措施。2022年塔北项目经理部完井48口井,平均完井周期147.42天,同比减少15.99天;故障率0.4%,故障率同比减少2.05%。羊塔22井较设计提前29.9天完钻,创区块钻井周期最短纪录。玉东3TH井完钻周期121天,刷新玉东7区块最快钻井纪录。富源3-H3井实钻周期118天,创$F_1$16断裂带最快纪录。

现场安全管理。推进"两册"修订,开展岗位讲述,明确岗位职责与QHSE职责。组织开展井控装备培训、现场应急演练等培训演练,持续提升全员安全技能,2022年参与高危作业"三类人"及QHSE体系培训572人次。开展风险识别与隐患排查治理工作,通过现场检查、视频抽查及电话验证等方式,全年检查录入隐患1695项,审核通过1604项,较大及以上隐患98项。

固井管理。2022年,油气田产能建设事业部完井108口井,其中西部钻探工程有限公司巴州分公司完成固井35口、川庆钻探工程有限公司新疆分公司完成固井27口、渤海钻探工程有限公司库尔勒分公司完成固井33口、中国海油完成固井13口。固井添加剂服务:天津中油渤星工程科技有限公司完成47口、河北乾益化工科技有限公司完成31口、古莱特科技股份有限公司完成17口、成都欧美克石油科技股份有限公司完成10口、新疆贝肯能源工程股份有限公司完成2口、中国石油钻井院完成1口。塔北项目经理部完成注水泥作业137井次,其中内插法固井7井次、单级固井35井次、双级固井29井次、尾管固井36井次、回接固井10井次、注水泥塞作业20井次;塔中项目经理部完成注水泥作业133井次,其中插入式(表层)固井37井次、单级固井13井次、分级固井34井次、尾管固井42井次、回接固井0井次、零星作业7井次;库车注水泥作业124井次,其中表层固井11井次、盐上技术套管固井31井次、盐层套管固井25井次、目的层套管固井18井次、回接固井17井次、零星作业22井次;井筒质量统计产建103口,固井质量合格95口,合格率92.2%。库车山前固井

17口,合格16口,合格率94.12%;台盆区固井86口,合格79口,合格率91.86%。

故障复杂管理。作业井174口,钻井故障50井次,周期损失594.3天,平均井深7137米,平均钻完井周期191天,生产时效95.61%,纯钻时效23.35%,故障复杂时效3.45%,其中发生卡钻24井次,占总故障井次的48%;钻工具故障发生20井次,占总故障井次的40%;井下落物发生2井次,占总故障井次的4%;卡套管复杂发生4井次,占总故障井次的8%。富满油田发生故障28井次,周期损失272.35天,占全年故障损失时间的45.83%;库车山前发生故障10井次,周期损失172.22天,占全年故障损失时间的28.98%;老区发生故障12井次,周期损失149.72天,占全年故障损失时间的25.19%。

【井控全过程管控】 2022年,油气田产能建设事业部完善井控管理体系,多样化开展能力培训,常态化开展隐患排查,井控安全整体可控。

制度建设。完善井控管理体系,更新井控管理网络,发布液面监测管理实施细则、硫化氢防护安全管理实施细则等系列井控文件,覆盖设计、人员变更、井控操作、安全防护等12项井控配套制度。

井控培训。强化井控队伍能力提升。创新开展井控安全经验分享和井控每月一讲,2022年安全经验分享11次,井控制度宣贯3次;落实井控风险分级管理,组织开展作业队伍井控能力分级评估,全年实施20支B级队伍25井次联合升级管控;应用信息化,丰富井控培训形式,针对冬防保温、下尾管溢流剪切关井、下无接箍套管等特殊重点作业,录制教学视频,将管理要求与现场实操相结合,提高对井控操作直观感受;加强井控队伍能力提升,组织学习宣贯井控细则等内容,学习效果检测1333人次。

隐患排查与风险化解。防范化解井控过程风险,地质工程深入结合,综合考虑,合理选择目的层钻井液密度,升级把关审批;推进现场井控标准化管理,统一编制硫化氢危害告知牌及关井位置图模板,规范硫化氢危害告知内容及风险提示、现场关井标准管理;强化高风险作业风险管控,针对溢流处置、换装井口等目的层7项高风险作业,甲乙方共同参与,分解步骤,识别风险,制定防控措施。常态化开展井控隐患排查,建立项目经理部、专项督查、DROC抽查、事业部检查4级隐患排查制度;严厉井控责任追究和奖励,2022年井控违规追责43井次87.2万元。奖励26人次2.6万元。

井控应急管理。突出井控应急演练实战化,强化井控突发事件应急处置能力,6月12日、10月25日分别在克拉301HJS井、跃满20-H2井开展现场实战演练;建立区域井控应急保障体系,3座重泥浆储备站分别派驻2辆钻井液罐车全年值班,压裂车、液面监测分区域值班值守,开展硫化氢专项防护培训40井次,将井控应急保障纳入塔里木油田钻完井远程管控中心系统实现信息共享。2022年发生溢流18井次,其中套压较高井4井次,油气田产能建设事业部启动应急预案1井次,均按要求汇报并安全处置。

【地面工程管理】 2022年,油气田产能建设事业部地面建设组织完成重点项目44项,单井项目136口。坚持"油气上产、效益建产、精益生产"工作理念,坚持目标导向和问题导向,强化设计源头管理和工程项目建设全过程质量管控,夯实能力建设、技术创新、安全环保、合规管理等基础保障,克服新冠肺炎疫情影响,完成产能建设工作目标,实现重点产能建设项目建成投产。

设计管理。提前制订设计进度计划,新井开钻同步启动地面工程设计,组织设计、勘察、征地、环评等单位开展联合调研,推进一井一策,及时科学调整地面配套,7天完成哈得11-4-2H井注水转采油、玉东3TH井采油改注水等单井项目图纸优化,保证单井按期投产。在哈得32井区—哈得302H井区试采地面工程、富源3井区—富源303H井区试采地面工程初步设计阶段深入对接、密切协同,用时15天完成施工图设计,避免重复建设。2022年完成工程项目施工图设计183项,其中单井工程159项、重点工程24项。组织施工图审查会265次,完成审查会纪要265份、设计审查意见及答复9216条。建成专家审查库,依托互联网技术,三维模型审查方式,建立线上线下同步审查会制度,多人同步在线审核签批审查意见。推广橇装化,为工程项目提前备料、集中采购创造条件。按区块固化设计工艺和图纸文件,单井标准化设计复用率98%,其中开发井施工图设计周期由33.8天缩至22.3天。推进开库设计,制订物资使用计划,落实到具体施工图,加快库存物资消耗。通过修旧利旧、优化工艺流程、强化施工管理等措施,节约投资2224.85万元,完成塔里木油田公司下达指标的264%。落实"一项目一考核、过程和结果相结合"要求,全年下达设计处罚单41份,油气田产能建设事业部例会通报典型问题37项,排查整改设计问题245项,优化设计369项。

工程项目建设推进。提前规划单井项目，每月分解、下达单井投产指令，督促前期跟踪单井进度，提前落实准备工作，对工期滞后单井及时下发预警通知，对个别未能按期投产单井开展"四查"反思，汲取经验教训，制订纠偏措施。推行单井快速建产模式，站外管线提前建设，采用"提前启动设计—优化招标流程—物资代储代销—施工激励机制"一站式单井建产模式，抢建抢投新井96口。紧盯工程关键节点，提前开展施工图设计，采购计划并线运行，加快编制控制价，优选承包商队伍，细化施工方案，合理调整配置机械设备及技术力量，对滞后的环节及时提醒与通报。哈得逊玉科区块碳酸盐油气藏开发地面工程哈一联扩建项目一次性投运成功，较计划工期提前1天。富源210断裂带注水先导试验地面工程较计划工期提前22天。果勒东Ⅰ区块地面试采工程提前30天完工。统筹抓好冬供和产能释放项目建设，博孜管道、泽普压气站、满深71试采井和满深8试采井等作为塔里木油田公司重点冬供项目，坚持日会制度，细化梳理及协调每个项目存在问题。

工程经营指标。推行线上"四单"（设计变更单、经济签证单、施工技术联络单、材料代用单）管理制度，强化设计审查，预算各项费用，优化施工组织，截至2022年12月31日，处理"四单"567张，同比降低41.7%。抓各节点审核审批时效，通过为期3个月的"四单"管理专项整治行动，5万元以上"四单"流转时效从20—30天缩短为7—10天，5万元以下"四单"流转时效从4—5天缩短为2—3天。探索无纸化办公模式，开发"四单"线上管理工具，进一步优化"四单"管理流程，加快"四单"审批时效，同时确保"四单"在提报、审核、审批等环节全过程留痕，进一步提高"四单"的可查性和可追溯性。组织专题会议对新准入承包商资质、能力、人员、业绩、信誉等方面进行把关，严格编制、审核地面项目招标方案，将塔里木油田公司对承包商的年度、季度考核结果运用到地面项目招标工作中。2022年完成重点项目28个，编制及审查60余个标段的招标方案，配合完成107个单井项目的招标选商工作。建立经营结算跟踪制度，多次组织召开地面项目结算协调会，针对计划验收的竣工项目，专人月度跟进协调结算事宜，考核未完成结算资料提报的承包商，全年督促完成6个重点项目和139口单井结算资料提报，未出现因结算资料提报不及时影响项目结算及竣工验收的情况。采用分标段管理的方式，留存和发放重点项目施工图纸，执行"两个第一"工作原则，即收到图纸后第一时间按标段发放，发放完成后第一时间电话通知，避免影响工程招标、选商和现场实施进度。全年完成135个大项目及单井项目的设计文件收发工作。组织完成地面工程开复工专项检查、节前安全大检查、安全生产月大检查及冬防保温专项检查，检查承包商队伍48家，检查整改问题345项，考核未及时整改单位。全员参与隐患排查，地面工程建设领域录入2415项隐患，其中较大隐患126项。

【经营财务管理】 投资管理。2022年，塔里木油田公司下达投资计划135亿元，实际完成投资132.6亿元。其中钻井投资完成101.9亿元，地面工程投资完成30.7亿元。按油气属性分类，原油产能建设投资完成65.9亿元，天然气产能建设投资完成56.7亿元。

合同管理。新签订合同660份，签订合同金额70.6亿元，合同相对人154家。完成钻机比选43批次142井次，平均签订合同13天。完成地面比选166项，平均比选时间23.7天。为新井上钻，新井投产提供及时准确的合同保障。完成招标224次（不含二阶段评审），其中钻井类113次、地面类92次、生产服务类19次。完成二阶段评审352次。

提质增效。优化提质增效价值创造指标，编制油气田产能事业部提质增效价值创造行动方案，以5个专项行动13项具体措施为着力点，完成提质增效4.2亿元，完成塔里木油田公司下达指标，提质单项考核满分。

资产管理。完成转资71亿元，其中96口单井55亿元、地面工程16亿元。核销探评价井4井次4.67亿元。截至2022年底，油气田产能建设事业部固定资产原值1.8亿元，期末净值1.7亿元；无形资产原值214万元，净值83万元。

财务管理。以业财融合平台信息化建设为切入点，搭建一套钻井全过程投资分析管控体系，实现业务财务逐步融合，推动钻井投资管控数字化转型。

【技术攻关】 固井技术攻关。总结近年技术管理经验，编制完成控压固井指导意见、台盆区一次上返固井指导意见等十大固井专项指导意见，实现重点固井作业标准化，严格固井风险管控、强化固井质量提升。推进固井技术攻关，提升固井质量，固井合格率93.9%，同比提升10.35%。引进高强度韧性防窜水泥浆体系，攻克普通水泥石高强度与低弹模矛盾，大幅提高界面胶结质量，有效降低储气库井投产期间温、压交变应力作用下水泥环密封完整性失效风险,韧性水泥石力学性能满足《固井韧性水泥技术规范》要求。2022年1—10月,在东河储气库、柯克亚储气库应用4井次,固井质量平均合格率92.3%,平均优质率43%。针对塔标Ⅲ结构二开大段空套管问题,成功研发并现场试验200.03毫米封隔式分级箍,在热普7-H3井首次试验并取得成功,固井质量合格率86.1%,破解长裸眼易漏层固井难题。富满油田三开尾管固井全面推广"双凝双密度+控压固井",完成尾管控压固井19井次,固井质量平均合格率83.2%,平均质量优质率28.69%,同比提高3.2%,固井质量红线合格率100%。完善台盆区长裸眼易漏层固井技术体系,解决台盆区"老、大、难"问题——井段固井质量提升难题。提高井身质量控制水平,主力建产区规模化推广垂钻和旋转导向应用,从根本上解决井身质量控制问题。

完井技术攻关。全面推广使用完井一体化工具,降低山前完井时效,2022年使用13井次节约周期99天。优化射孔段长度提高改造效率,结合软分层、硬分层完井工艺,提高储层动用率,单井提产8.58倍。推进新工艺新技术试验,助力现场提质增效,大北11-H2井成功使用安全阀锁定工具恢复井筒,国产完井工具首次在库车山前完井投产使用,大幅降低试油费用。完善碳酸盐岩井完井方式,针对泥岩未封、侵入岩、破碎带等情况,优化使用无接箍套管支撑储层,建立长期生产通道,全年应用12井次。推进大通径一体化四通应用。在总结9⁵⁄₈大通径一体化四通成功应用基础上,推进10³⁄₄大通径一体化四通现场试验及应用,消减钻揭储层后换套井口风险,缩短完井周期,2022年使用34口井,节约作业周期204天。

特殊层段钻井技术。地质工程一体化开展井眼轨迹设计,坚持"三突出、三优化"("三突出":突出地质目标、突出优势储层、突出轨迹避险,"三优化"指优化井口选择、优化水平段长、优化造斜点位置)原则,兼顾地质目的实现和钻井风险预防,从源头确保高质量建井。开展二叠系火成岩井漏与井壁失稳主控因素及防漏治垮机理研究,以区域断裂、岩性划分、地震反射、工程取心为手段,进一步深化火成岩治漏防卡地质工程理论认识。细化二叠系火成岩钻井推荐做法,哈得32-H7井、富源6井、满深705井等多口井一趟钻快速安全钻穿二叠系,全年二叠系钻进期间未发生故障复杂。

新工艺新技术。以库车山前、富满油田为重点,持续深化技术和管理创新,推动钻井整体提速,平均建井周期230.92天,同比下降14.97天,提速7.46%;故障时效1.72%,同比下降0.5%。库车山前优化钻头选型及工具配套,巨厚砾石层提速41.4%;富满油田三开不断升级提速模板,提速50%以上。推行新型总包,争做"服务型甲方、诚信型乙方",试点井富源3-H3井完井周期119天,较合同周期提前67天,刷新区块最快纪录。坚持"区域专打",故障率由2.23%降至1.69%;建立"临机预警"机制,避免故障复杂132井次。台盆区区块垂钻工具提速效果显著,满深705井三开采用"Power-V(第五代旋转式自动控向垂钻系统)+大扭矩螺杆"配合强攻击性PDC钻头的提速工艺,平均机械钻速8.6米/时,对比同区块同开次井提速超30%。富源6井三开一趟钻采用"垂钻+江钻大扭矩螺杆"钻至铁热克阿瓦提组。台盆区旋转导向工具大幅应用,富源302-H4井三开定向段采用旋转导向工具,一趟钻钻完定向段,比设计提前5天以上,为旋转导向工具在碳酸盐定向段应用提供经验。坚持"一井一策",创新组合提速工具,满深801井用时64.86天钻至井深8000米,创集团公司单井钻达8000米周期最短纪录;满深707井三开实现单日进尺325米,刷新富满区块三开日进尺纪录;满深802井三开一趟钻进尺2029米,刷新富满区块三开单趟钻、单只钻头,进尺最高、机速最快纪录。

【安全环保】 2022年,油气田产能建设事业部制订全年QHSE工作计划,全面压实安全环保责任,落实"四全"隐患排查体系,提升全员安全环保意识能力,推行钻完井全过程清洁低碳,确保全年安全环保平稳受控。根据塔里木油田公司QHSE重点工作,以体系24要素为主线,部署9个方面108项QHSE工作任务,将工作任务分解到部门和个人,以人盯事、以月保年,压实责任。修订完善各岗位安全生产责任清单、细化工作任务、明确工作标准和量化考核标准,确保责任清单可落地;以强化岗位责任制落实为重点,修订发布实施"两册"。梳理、识别和完善12个专业《风险分级管控清单》和4个方面《隐患排查清单》,编制《油气田产能建设业务QHSE能力提升手册》,指导现场对标识危害、控风险和查隐患。坚持"1234"工作法对事业部203人和钻录井承包商1199人开展差异化、精准化能力评估,聚焦能力短板,突出基本功训练,开展"HSE工具应用竞赛、安全文化推进会"等多样化培训,2022年培训279次6100人次。落实承包商例会、"四查"分析会制度,研判安全环保形势,对接上级政策要求,部署安全环保重点工作和对策;

推进常态化全员隐患排查整改工作机制，落实"四全"隐患排查体系，抓好"三机制"落地，促进管理短板提升。制订落实18项工作运行大表通过中央环保督察；推行开展可拆卸式钻机基础替代水泥基础和油基危废减量化试验，推广清洁能源使用，全面减少废弃物产生。优化员工健康体检方案，开展全员健康评估与干预，对事业部52名心脑血管体检异常人员指定一对一健康帮扶人员；配备急救小药瓶，开展全民健身等健康宣教活动。

【党群工作】 2022年，油气田产能建设事业部党委固化"一大表、两提示、三例会"工作机制，研究确定8个方面82项工作纳入党建运行大表，坚持每月召开党建工作例会，通报党委落实主体责任和党委委员落实"一岗双责"情况，督办全年重点工作进展和历次例会安排工作落实情况；全年发布助理级以上党建工作提示和党支部工作提示22份，分别安排重点工作79项和204项。举办"探访红色足迹、赓续红色血脉"活动，组织党务干部到第二师铁门关市革命历史陈列馆参观学习；建立常态化"学讲用"条例机制，举办"学条例、促规范、强基础"知识竞赛；举办"喜迎二十大·永远跟党走"微党课比赛。评选2020—2021年度"两优一先"，对29名优秀党员、13名优秀党务工作者和3个先进基层党组织进行表彰。七一前夕，慰问表现突出的29名党员。配备补齐基层党务干部，基层党支部健全率100%。全年8个党支部按期完成换届选举工作，新发展党员4名，党员转正5名。开展"三会一课"435次，"主题党日+"活动120余次；组织11名党支部书记参加培训班，覆盖率100%；组织开展党务干部"五清三会"基本功训练16期，980余人次参加。组织党支部书记先后到轮南油气管理区、油气运销部等兄弟单位现场学习。制定党支部工作考核评价实施细则。编制油气产能建设事业部基层党建"三基本"建设与"三基"工作融合方案，涵盖5个方面27项具体工作。开展岗位职责"大梳理大讲述大检查"活动，形成全员"一体化岗位责任清单"。2个融合案例在塔里木油田公司分获一等奖、优秀奖。全年组织各党支部攻坚克难22个生产项目。与工程院、监督中心、应急中心开展党建联盟活动。

【人事工作】 2022年，油气田产能建设事业部落实塔里木油田公司人事管理各项规章制度，做好劳动组织、薪酬发放、专项奖、职称评审、员工培训等工作。围绕事业部业务工作制订事业部年度培训计划，促进业务能力再提升；加强业绩考核管控，逐级分解落实责任，完成各层级合同编制及签订；做好"三年三阶段"培养工作，完成2019—2021年57名新员工年度考核答辩。落实《塔里木油田公司人才强企行动方案》，制定落实7个方面12项具体措施。专业技术干部作用有效发挥，在创新引领、业务把关、智囊参谋、人才培养方面开展具体工作118项。盘点干部资源，完成优秀基层干部和年轻干部后备工作；全年选拔交流基层干部17人次，平均年龄31岁，在安全、党务等岗位上锻炼9人。开展基层干部及专业技术干部轮岗交流锻炼，开展"轮岗实践"锻炼人才37人次，逐步转向一专多能复合型队伍。开展岗位练兵，推动人才强企，全年组织事业部QHSE管理工具竞赛等练兵活动5项。做强塔中新员工培养基地，修订新员工培养手册、培训矩阵以及重点人员培养方案，落实双导师管理，"月月讲评练"，举办11期塔中大讲堂。优化员工考核机制，保证公平公正，按照贡献大小进一步拉大收入差距。

【疫情防控】 2022年，油气田产能建设事业部修订油气田产能建设事业部新冠肺炎疫情防控方案，以及基地办公楼、4个项目经理部的疫情防控专项方案，组织召开疫情防控工作专题会议，每日召开防控领导小组例会、生产运行沟通协调会议，根据当日政府防疫要求分区域协调生产机具、物资、人员，疏通各承包商单位壁垒，最大程度保障生产运行开发现异常快速处置。累计联系隔离人员、大病、慢性病员工及家属、长期坚守岗位员工800余人次。疫情防控总体受控。

(林金波)

克拉采油气管理区

【概况】 2019年2月1日成立克拉油气开发部，2022年7月18日成立克拉采油气管理区，为塔里木油田公司二级单位，是塔里木油田公司主要油气生产单位之一，也是最大的天然气生产单位。主要负责库车山前克拉苏构造带克深、克拉区带及中秋区块油气井开发。2022年，塔里木油田公司下达克拉采油气管理区投资计划29718万元，实际完成投资29614万元。截至2022年底，生产天然气148.86亿立方米、石油液体产量1.42万吨，油气产量当量1187.58万吨。

(王卫华)

【油气生产】 2022年，克拉采油气管理区有采气井135口，开井111口。有气田水回注井6口，日注水能力2589吨，年回注水68.96万吨。日产天然气4320万立方米、油39吨；年产天然气148.86亿立方米、油1.42万吨；自开采以来累计生产天然气1955.6亿立方米、油10.4万吨。探明地质储量采气速度1.51%、采出程度18.74%，可采储量采气速度2.48%、采出程度30.77%。年措施增产天然气6.76亿立方米，超计划4.7亿立方米。应急下调产量14次，影响天然气产量3.55亿立方米，新井投产滞后影响天然气产量2.15亿立方米。

（范秋海）

【生产运行】 2022年，克拉采油气管理区投产新井6口，全年生产天然气2.52亿立方米，新增产能315万米^3/日。实施措施井46口，恢复日产能216万立方米，措施井产量6.76亿立方米。建成克深3—克深2输气管线，提升克深至克拉调气能力200万米^3/日。克拉一站、二站控制系统合并及自控系统升级改造，推进数字化建设。融合应急队伍，强化双盲演练，完善应急储备。通过提升气藏排水，合理控制气藏生产规模，综合递减率由2021年的6.23%降至2022年的5.09%。

（李姜超）

【油气藏管理】 2022年，克拉采油气管理区克深气田、克拉2气田近年来水侵形势日趋严峻，为破解老气田开发难题，根据气藏特点，以控制水侵、提高气井产能为目标，从措施挖潜、综合治理、排水采气工艺、动态监测等方面入手开展综合治理。坚持水侵通道精细表征，实现气田由单井治水向整体治水转变，通过多手段融合开展"断—缝—隔"耦合研究，明确气藏水侵通道，针对性开展通道上的整体治水，克深8气藏、克深8-15井等见水井生产稳定，整体治水取得阶段性成效。

（范秋海）

【采油气工程】 2022年，克拉采油气管理区对各油气井出现的复杂情况进行归类、评估、对策研究，探索形成库车山前"三超"气井井下作业标准化配套工艺流程，井筒异常问题得到有效解决，做到"井控有保障、复杂处理快、复产效率高"，有效支撑克深气田100亿立方米稳产工程。针对采油气井井完整性、井筒堵塞、无法复产等形成一套异常井评估方法。井完整性为低风险橙色或黄色井，采用监控生产措施；井筒堵塞采用井筒解堵、连续油管带压疏通，根据井筒、地层堵塞物情况优选重晶石解堵、非酸性解堵、酸性解堵、加砂压裂以及复合酸压等解堵方法；井完整性为红色或高风险橙色以及无法复产井采用大修作业。为降低作业时间和高效复产，探索出"带压作业起断点以上油管+复杂处理"和"对接管柱+油管切割"的处理措施。大修作业探索形成油管柱切割工艺、封隔器处理工艺及封隔器上下管柱处理措施。封隔器上部管柱能切不倒、能倒不套、能套不磨，主要为精准套铣、磨铣技术，封隔器下部油管采用高强度薄壁套铣、高强度公母锥或高效磨鞋钻磨、在小井眼内套铣埋砂后打捞管柱等措施。总结一次完井各项经验，形成二次完井高效复产配套工艺技术，主要有套损检测、管柱标准化设计、清洁完井工艺、环空保护液优化技术、个性化储层改造技术。

【井下作业】 2022年，克拉采油气管理区措施增产井完成25口，日恢复产能216万立方米。排注水措施井完成19口，增注措施有效率100%，日增注水2230立方米。完成大修作业井4口，其中跨年井1口（克深8井），跨年弃置封井作业1口（克深2井），完成常规检泵作业2口；克深2-2-20井探索出"带压作业+复杂大修"新模式，管柱对接后首次实施4$^1\!/_2$英寸大尺寸油管RCT切割，克深904井历时45天，将6637米连续油管全部捞获。

（魏 波）

【工程项目管理】 2022年，克拉采油气管理区完成上产保供重点工程4项，包括克深3—克深2集输管线建设工程、克拉苏气田克深8区块提高采收率重大开发试验地面工程、克拉2气田开发调整地面工程、克深气田100亿立方米稳产优化地面工程，其中克深3—克深2集输管线建设工程完工投产，其余3项工程在建。

（蒲 波）

【地面工艺管理】 2022年，克拉采油气管理区以设计为龙头，强化项目管理全过程管理，优化方案审查组织，形成"三级审查、联合审查、现场审查"审查模式，从项目立项、设计、采购、施工、结算等方面开展项目管理。全年提出设计审查问题1007项，采纳957项。协调解决采购问题100余项，解决施工问题200余项，保障16项工程项目按期实施。编制完善《克拉采油气管理区内部集输管网及井位分布图》《水系统流程图》及工艺管理制度5项，进一步规范设备、管道、设计行业管理。主动承担塔里木油田公司大型气田智能化无泄漏示范区建设的任务，打造智能化无泄漏示范区。升级合并中秋试采站、克拉一站、克拉二站DCS、消防系统，实现中秋、克拉区块站内外在一站集中监控。

（李 全）

【安全环保】 2022年，克拉采油气管理区贯彻落实塔里木油田公司各项QHSE工作要求，锚定"零事故、零污染、零伤害、零缺陷"目标，以QHSE体系和常态化全员隐患排查整改机制运行为抓手，推进油田安全生产三年专项整治、基层站队QHSE标准化建设达标晋级、绿色企业创建提升、全过程清洁低碳、质量管理提升、健康企业创建、科技兴安七大专项行动，完成各项QHSE关键指标，未发生生产事故及环境责任事件，获塔里木油田公司"QHSE管理先进单位"称号，持续建设"平安、绿色、健康"克拉采油气管理区。

（刘晓东）

【党建工作】 2022年，克拉采油气管理区党委组织制订《克拉采油气管理区党支部工作考核评价实施细则（试行）》《克拉采油气管理区党建工作责任制考核实施细则》2项制度，形成党建工作领导小组会议、办公室会议、党员大会、支委会议事决策清单，压实责任。建立月度办公室、季度小组例会机制，制订管理区党的建设工作计划，明确党建"3+"（党建引领工程、纪检监督工程、工会服务工程）工程3类39项、常规工作9类95项。建立基层党建"月度分析—精准提醒""季度督导—现场反馈—例会通报"闭环式管理机制。以"学条例、促规范、强基础"为主题，党组织书记分层宣讲解读，开展党建基础知识口袋书、"铁人先锋"线上答题、支部书记"开讲啦"等活动。管理区党委制定31项有机融合具体措施，以时间表、任务书的方式，推进各项融合工作落实落地。以修订岗位说明书入手，"突出业务、党建、QHSE职责"三个融合"，实现"三单一书"合一，创新考核方式岗检与考核再融合。以党建"三联"为抓手，创新"四微"联系点，升级党员"示范区"，克拉处理站党支部通过实践，提升员工技能水平，服务站队安全、"两册"应用等年度重点工作，落实QHSE标准化站队建设。克深处理站党支部案例《创新"三基"融合载体 践行"四全"管理体系》获二等奖，克拉处理站党支部案例《四微一示范，双螺旋式载体融合探索》获三等奖。

（洪 妮）

【水侵通道定量综合表征技术】 2022年，克拉采油气管理区探索形成"多手段地震属性迭代、示踪剂追踪水侵通道，水性亲缘关系刻画"为核心的水侵通道定量综合表征技术，在克深8区块、克深24区块、克深2区块等识别主力水侵通道14条。地震属性和相干属性对克深气田构造具有较好适应性，更高精度刻画断裂；首次引进示踪剂技术识别水侵通道成功，弄清克深201井区、克深8西部和克深24西部水侵通道，实现主力水侵通道的刻画和气田治水由定性粗放向定量精准转变。

（范秋海）

迪那采油气管理区

【概况】 2019年2月1日成立迪那油气开发部，2022年7月18日成立迪那采油气管理区，为塔里木油田公司二级单位，主要负责迪那、牙哈及周边油气田开发生产管理工作。迪那采油气管理区所辖油气田包括牙哈气田、迪那2气田、吐孜洛克气田、迪北气田4个气田，以及牙哈油田、依奇克里克油田2个油田。2022年，塔里木油田公司下达迪那采油气管理区投资计划20339万元，实际完成投资20033.64万元，完成率98.5%。年产石油液体61.56万吨、工业产气量55.89亿立方米，油气当量506.90万吨。

【油气生产】 2022年，迪那采油气管理区所辖各类井127口，其中采油气井96口，开井79口；注气井18口，未开井18口；日产天然气1664万立方米，凝析油1402吨，综合含水率66.57%。气田水回注井9口，遗留井4口。牙哈凝析气田年注气6.13亿立方米，累计注气155.23亿立方米，累计回注率49%。天然气地质储量采气速度2.81%，地质储量采出程度45.95%，地质储量采油速度0.78%，原油地质储量采出程度37.17%。

（宿晓斌）

【生产运行】 2022年，迪那采油气管理区完成年度检修工作。组建专班驻点负责油地协调，每天保障40余辆重点物资、机具车辆通行，完成牙哈检修任务39项、博孜凝析油稳定工程前期工作89项，消除调节阀内漏等隐患59项，检修项目完成率100%。开展双盲演练，检验甲乙双方应急响应能力，以练促战；开展防汛隐患排查治理，汛前完成防洪隐患治理7项；组织牙哈乙二醇加注管线三通刺漏等22起生产异常处置，承办塔里木油田公司一级应急演练，系统检验抢险力量。抢先抓早部署四方面88项措施。其中牙哈站外地面系统改造，增加处理能力30万米^3/日，迪北集输干线增加电磁加热器,消除集输管线冻堵风险,稳定输送天然气8万米³/日。

(乔宏彬)

【油气藏管理】 2022年,迪那采油气管理区按"四清楚、一具体"全面有序开展综合治理研究。按照"管理区主力、两院支持、专业齐全、研究继承"原则,合理搭配专业,组建迪那和牙哈2个研究小组,做好资源配置;制订研究计划表,细化方案编制内容,落实具体负责人,推行挂图作战,全部工作具体化、具体工作责任化、责任落实高效化;强化"三总师"会审制度,增加"一级师会审"专家技术把关,细化"施工流程"时间节点把控,先后推出管理区《油气藏预警管理实施细则》《生产井动态跟踪管理操作指南》,规范油气藏管理和生产调控,做好"三抓一管"(即抓好成本控制,抓好施工进度,抓好结算管理,管好单井措施)。完成牙哈2、迪那2、迪北、迪那1、牙哈7、吐孜洛克6个油气田8个区块综合治理研究工作,做好迪那2气田控水稳产工作,以及牙哈气田注气及产气结构调整。

(宿晓斌)

【采油气工程】 2022年,迪那采油气管理区处理井口故障22井次,放空气回收1031万立方米,创新增收965.3万元;在迪那区块、牙哈区块、依奇克里克等区块开展井控隐患排查400余井次,发现隐患201处、封堵184井次,环空异常带压井8口,比例21.62%,优于油田平均水平,开展季度井筒质量、井完整性专项检查,发现并处置环空异常井19井次。

【井下作业】 2022年,迪那采油气管理区完成措施作业22井次,完成率122%;创新研发"以硬带软、交替打捞"的打捞技术,塔里木油田公司首次完成牙哈301井管外绳缆落鱼打捞作业并成功找堵水,获高产油气流;设计"卡瓦捞筒逐段清理油管残体+套铣封隔器解封解锁装置"分段施工方案,完成牙哈3-1H井油套连通、B环空超压隐患井治理及复杂打捞工作;完成台201井5060米最长裸眼段固井作业和自主创新"筛管+遇水膨胀封隔器+悬挂封隔器"完井工艺,完成该井回注修井工作;迪那205H井较计划提前20日完成电缆传输压力计打捞作业,完成采气树(105兆帕)国产化配件、国产高温高压完井井下工具山前井应用、全溶解管清洁完井技术应用。

(王春雷)

【工程项目管理】 2022年,迪那采油气管理区全面推行项目长负责制,以工程项目全过程管控清单关键节点,有序推进71个工程项目建设。组织迪那2气田开发调整地面工程、凝析油稳定部分2个重点项目的现场实施,缓解迪那2气田水侵影响,将污水回注能力提升至3500米³/日;有序组织博孜—大北区块地面骨架工程(凝析油稳定部分)长周期设备的到场,完成关键设备基础施工。完成牙哈7区块注水系统改造工程,提升牙哈7区块注水能力;完成迪那采油气管理区防爆电气设备隐患治理、牙哈处理站注气机组入口压力调节隐患治理、牙哈处理站牙哈7装置换热器隐患治理、迪那采油气管理区可燃气体报警器隐患治理、液化气水冷器隐患治理、牙哈3-1H井环空压力异常隐患治理6个隐患治理项目。

(王超航)

【地面工艺管理】 2022年,迪那采油气管理区地面工艺以问题为导向,强化地面工艺、设计管理。开展设计35项,其中投资项目7项、产能项目3项、单井集输工程5项、专项资金项目12项、成本项目8项。完成设计27项,开展设计8项,均按期完成设计工作。组织开展技术交流16次,现场实地调研29次,组织设计审查130余次,提出审查意见超2000项。迪那2气田开发调整地面工程立足现场,优化集输线路和注水模式,精简排水方案和电力线路节约投资4944万元。博孜凝析油稳定工程优化工艺流程,合理利用冷热料,取消凝析油空冷器,减低轻油、液化气空冷器负荷。编制《迪北气田2022年冬季运行方案》等工艺方案11项,审查管理区重大变更35项,审查各类投产、检修专项方案26项,编制管理区地面生产系统典型厂站生产运行参数优化分析报告等专项报告3项,组织召开管理区工艺安全分委会6次,协调解决工艺问题28项。

(侯建民)

【安全环保】 2022年,迪那采油气管理区深化QHSE体系建设,签订安全环保责任书17份,发布安全环保责任清单113份,完善基层站队"两册"63份。开展2次体系审核,聚焦管理改进,突出问题追溯,发现问题175项。发布隐患排查整改"四全"管理子体系运行管理规定、隐患排查整改闭环管理规定,建立综合评价机制,优化各部门基础指标,形成"一手清单+一手台账+视频自证"隐患排查方法,组织编制设备设施清单、台账296份,修订岗位分级分类隐患排查清单298份,完善7项高危作业监督指导卡。查改隐患1.6万项,其中较大隐患2271项,同比增长4.57倍。绿色低碳发展方面,梳理环保提升措施13项,修订环保管理实施细则,明确"三废"处置程序,提前完成2.2万吨历史遗留含油污泥处置,通过中央环保督察检查。实施节能提效措施10项,节能0.4万吨标准煤、节水4.76万立方米,能耗总量减少0.76万吨,能耗强度下降18%。

(牛绍茳)

【党建工作】 2022年,迪那采油气管理区开展基层党建"三基本"建设与"三基"工作有机融合,总结固化优秀实践做法,探索构建党建品牌文化创建工作基本流程体系,完善党的建设工作考核机制。发挥党员先锋模范作用及基层党支部战斗堡垒作用,应对各类风险挑战,完成塔里木油田公司下达各项工作任务,做到以高质量党建引领高质量发展。基层党支部规范化、标准化建设取得成果,3个党支部通过塔里木油田公司三星级党支部验收。

(管宸婧)

【疫情防控】 2022年,迪那采油气管理区召开9次新冠肺炎疫情防控领导小组会议,根据地方政府防疫政策和疫情形式变化,调整前线员工返岗政策,完善外出填报,开通离、返岗人员线上申报系统,简化流程,加强管理。组织员工签订疫情防控承诺书,定期抽查管理区14个党支部对疫情防控要求掌握情况。启动疫情防控封闭管理工作方案,根据前线周边地区疫情形式和地方政府防疫政策要求调整管理措施,协调生活物资,安排员工就地轮休,解决8名员工老人儿童独自留守家中问题和2名员工家属就医问题。派出10名员工驻守基地办公楼、13名员工担任基地小区楼栋志愿者。12月6日,管理区恢复前线基地正常倒班。

(马小龙)

【迪那2气田控水稳产】 2022年,迪那采油气管理区新增5口接替井,即迪那2-H18井(已建)、迪那2-19H井、迪那2-H32井、迪那3-1H井、迪那2-H29井,接入高压气液混输集输系统。将6口采气井转为排水井(迪那2-21井、迪那2-28井、迪那202井、迪那2-22井、迪那2-1井、迪那2-27井),对生产井进行改造,满足排水的生产要求。

(侯建民)

【数字化试点建设】 2022年,迪那采油气管理区推进数字化试点建设。为实现"数字化代替人干活、削减安全风险、降低劳动强度、提升工作效率、推动提质增效、保障员工正常倒休"数字化转型目标,从数据采集完善、自动控制改造、通信传输完善、应用系统升级方面,着手编制《迪那数字化采油气管理区试点建设工程》;项目设计内容40项,2022年实施26项。组织开展现场设计勘察12次,梳理工作量清单,协同设计院远程开展设计,完成初步设计内容;组织现场运维人员自主开展自控程序编制工作,完成2个项目自控组态内容;与施工队伍协同作战,互通物流通道信息,静态管理期间通过物流专线将2个项目物资拉运到场。

(侯建民)

英买采油气管理区

【概况】 2019年2月1日成立英买油气开发部,2022年7月18日成立英买采油气管理区,为塔里木油田公司二级单位,主要负责英买力气田和英买力油田开发生产管理工作。2022年,塔里木油田公司下达英买油气开发部投资计划5528万元,实际完成投资5117万元。截至2022年底,生产天然气20.06亿立方米、油60.38万吨。

【油气生产】 2022年,英买采油气管理区总井数235口,其中气井70口、油井138口、注水井8口、地质注水井19口(产出水回注井15口);油气井开井145口(油井109口、气井36口),日产天然气622万立方米、油1672吨,综合含水率71.46%。年生产石油液体61.03万吨,其中原油产量58.73万吨、液化气2.30万吨。日注水869立方米,年注水23.15万立方米;年生产天然气20.06亿立方米、油60.38吨,油气产量当量220.85万吨。原油自然递减率19.58%,综合递减率7.21%,地质储量采油速度0.50%、可采储量采油速度2.13%;天然气自然递减率8.26%,综合递减率5.51%,地质储量采气速度2.22%、可采储量采气速度3.82%;年注水18.56万立方米,注气400万立方米,增油2.52万吨,降低自然递减率2.1%。

(李 旭)

【生产运行】 2022年,英买采油气管理区创新实践"1+2+N"新型生产模式(1项年度重点工作运行计划,装置检修和天然气保供2件大事,N项具体实施方案),统筹谋划、一体推进、科学组织,确保生产平稳有序。全年完成石油液体61.03万吨,天然气20.06亿立方米,超计划0.53万吨、1.06亿立方米,实现油气当量220万吨,累计产量当量突破4000万吨。石油液体1725吨/日、天然气590万米³/日，分别同比提升20吨/日、30万米³/日。措施增产7.85万吨，开井率提升12.96%，达69.71%。推进装置检修工作，2022年，管理区提前1天安全完成检修任务，较计划减少产量影响天然气15万立方米，石油液体669吨。梳理划分3级异常处置，明确1级异常3类、2级异常8类、三级异常20类，由属地和技术部门制定两级异常处置措施；每日跟踪上传生产异常日报，严控处置周期、提升处置效率，形成分管领导负责、生产办组织、技术部门参与、属地单位执行的"四位一体"异常处置机制。通过对标管理，提升上报及时率，提前3个月实现及时率100%。跟踪处理完成Ⅰ类异常201次，Ⅱ类异常80次，其中单井异常222项，持续跟踪15项；跟踪处理场站异常59项，持续跟踪7项；跟踪处理监屏重点报警389项。

（党刘根）

【油气藏管理】 2022年，英买采油气管理区构造位于塔北隆起西部，从上到下发育新近系、古近系、白垩系等9套含油气层系，发现31个油气藏，其中5个碳酸盐岩油藏、12个砂岩油藏、14个砂岩凝析气藏。油气藏数量多、地理位置分散、类型多样，80%以上油气藏处于开发后期，油气水关系复杂。2022年，主要开展气井排水采气、非主力层系挖潜、井筒异常治理等措施。深化见水气井水锁机理及剩余油气潜力认识，建立定量描述水锁伤害及复产条件方法，复产4口井。碎屑岩油藏重点围绕强化注水开展工作，提升注水能力440吨/日。碳酸盐岩油藏重点围绕英买2油藏转变开发方式增加储量动用。开展提水平、控递减、降成本、扩边新发现、盘活PDNP5大储工程。建立油气井（藏）分类管理预警机制，完善油气藏动态管理工作机制，推行"三总师+地面"一体化会审机制、两级油藏管理和油气藏开发对标管理。注重源头治理产能恢复，启动"压舱石工程"，制订3年6个方案编制规划，明确稳产提采技术对策。针对却勒—玉东古近系开展测井二次解释及储层展布研究，完成8口井岩心观察、5个区块60井次测井二次复查，重新建立测井解释标准图版，支撑羊塔1二砂组7亿立方米和玉东1二砂组33亿立方米天然气资源落实，摸排潜力井8口。完成矿权范围内"古近系+白垩系"地震资料拼接和评价，开展构造精细解释、含气砂岩亮点响应特征研究及沉积储层分析，在羊塔1南、玉东2北新发现2个构造圈闭线索。英买2油田进入开发中后期，针对单井注水替油失效、井组注水驱油水窜严重、老井稳产难度大等问题，需采取有效措施增加连通井组数量，扩大井组注水规模，治理井组注水水窜问题。建立一套"地质刻画—数模判定—动态验证"相结合的连通性评价方法，利用该方法新发现连通井组2个，扩大连通范围井组2个。在英买2-14井实施"酸化解堵+转注水"作业，完善该井组注采井网。优化调整4井组注水参数。全年井组注水18.15万立方米，增油1.95万吨。针对英买2-12-5井组水窜严重问题，首次开展井组气水交替注入驱油试验，全年注氮气400万立方米，年增油0.47万吨。英买470油藏，注水配套滞后造成产能递减加快。

（李　旭）

【采油气工程】 2022年，英买采油气管理区精益技术管理，抓好基础资料、机采方式优化、故障预警及快速处置机制、机采井管理等高效管理制度，组织并固化采油气工程月报编写，检泵周期835天，检抽周期826天，机采井相对生产时率98.3%，检泵周期同比提升30天，检抽周期同比提升21天，机采井生产时率年上升2.7%。实施酸化增注4井次，有效率100%，平均增注率132.2%。实现清蜡工具串零落井；优化清蜡工艺，减少因清蜡发生的异常事件。在英买7-13H井开展涂层油管防蜡技术应用，将清蜡周期从2天延长至10天。开展两级井下节流技术应用，在羊塔2-1井、英买33-3井、英买33-H5井成功应用。玉东7油藏开展气举工艺解决沥青质析出井人工举升难题试验，定型玉东7油藏采油气工艺及解堵工艺。针对气井开采后期逐渐出砂导致井底砂埋气井停喷、多轮冲砂复产难的问题，开展化学防砂试验，在英买231H井成功应用，作业后该井复产天然气，不出砂。

（程春杰）

【井下作业】 2022年，英买采油气管理区按计划完成井下作业59井次，其中上修作业47井次，零星作业12井次，修井机利用率93.02%，维护作业有效率100%，措施作业有效率95%。在玉东7及英买470区块开展套损治理工作，实现一次捞获成功率90%，处理成功率100%。针对制约英买力薄砂层气藏滚动开发的难题，研究形成大斜度井管外窄短距堵水工艺技术，解决以往层间距离短，井斜大无法循环封窜的阻碍，成功应用于英买171-1H井及羊塔1-9井，增油5432吨。井控方面，落实井控"一把手工程"，参与"6·24"井控警示教育活动，增强井控意识，完善《英买井控工作履职清单》，增加总会计师、油藏一级工程师职责,建立管理区井控专家团队,推广线上小程序评估模式,加强培训评估,提升井控能力;强化过程管控,落实全员隐患排查制度,全年摸排隐患3970项,整改率99.9%。开展硫化氢井拆解电泵期间井口刺漏实战演练,获九大管理区井控突发事件应急演练竞赛第一名。承揽塔里木油田公司《连续油管工艺技术及风险控制》《连续油管作业期间泄漏关井及压井处置方法》调研总结工作,剖析油田连续油管作业井控风险,总结形成4种工况应急关井及压井方法;编制井完整性评估大表,一井一表,治理羊塔2-1井、英买33-3井2口风险井,确保生产井风险受控;编制《英买采油气管理区疫情期间井控保障方案》,"物资+人员+设备"重点保障,确保疫情期间井控安全。

(程春杰)

【工程项目管理】 2022年,英买采油气管理区组织实施地面建设项目47项,其中投资项目10项、隐患项目6项、成本项目31项,投运27项,结算项目费用2071.93万元,未发生质量、安全、环保事件。完成塔里木油田公司质量提升指标考核12项,其中地面项目物资必检率等10项均完成,交工验收通过率、焊接一次合格率2项超考核指标完成。制定工程项目运行计划,全年项目完工率同比提升7.4%。编制开复工指南、英买采油气管理区成本项目程序检查清单、优化英买采油气管理区地面建设工程质量管控要点检查表,编制《英买采油气管理区地面建设管线焊接管理要求》,提升施工质量。编制《英买地面建设典型问题汇编》,提升安全能力。新冠肺炎疫情期间,采用"一证三固"方式,组织7家承包商151人有序开展施工,确保项目顺利推进。全年实施玉东704H井、玉东707H井气举生产地面配套项目、玉东7-3-4井气举生产地面配套项目、玉东703H井气举生产地面配套项目、英买油气开发部挥发性有机物隐患治理项目和英买2转油站零散气发电项目投运。

(杨彦章)

【地面工艺管理】 2022年,英买采油气管理区首次将空气热源泵应用于油井,单台设备年节约用电23.76千瓦·时,贡献空气热能清洁能源量29.2吨标准煤;完成6座火炬自动点火改造,率先实现大型天然气处理厂熄灭火炬长明灯,年减少燃料气放空205.24万立方米;英买7集气站1台干线加热炉试点高温红外热辐射涂料,年节气1万立方米,节气率约8%;结合英买465转油站注水设施,首次在站外应用一体化橇装污水处理装置,英买470区块水质综合达标率提升17%。特种设备系统更新录入17台压力容器,ERP系统更新完善30台动设备信息,设备数据管理与应用系统更新完善403台小型机泵信息;特种设备定期检验计划完成率100%、特种设备注册登记率100%。完成管理区设备资产清查,分析研判闲置设备价值,维修利旧高架罐14座、高压分离器2座,调剂利旧轮南高压分离器1座,管理区内部调剂利旧低压分离器2座、电磁加热器2台、加药橇4套、高架罐4座、真空加热炉1台、燃料气分液包1座以及壁挂式空调10台,超额完成塔里木油田公司闲置资产利用指标。组织鉴定移交报废资产96项,减少生产成本70万元。

(韩国强)

【技术创新】 2022年,英买采油气管理区发布《专业技术攻关白皮书》,开展"揭榜挂帅""关键项目军令状"等活动。首次实施井组气水交替驱油获成功,定型注气解水锁复产、复杂套损井治理等技术,发表专业论文6篇,获发明专利授权1项、局级优秀成果5项。缝洞型碳酸盐岩油藏水窜井组治理技术:由高含水井转变为纯油井,累计增油0.42万吨。固化成果,提出控压差防气窜、后续周期注水保稳产开发技术政策,确保注水注气效果长效性。高含水长停凝析气井注气复产技术:深化气井水淹机理研究,利用高压气体注入水淹气井,突破水锁渗流屏障与地层中天然气形成连续相,建立气体渗流通道后采出水封外天然气实现高含水凝析气井有效复产,同时配套建立井口氮气和天然气注入装置和生产流程。建立定量描述见水气井关井后水锁伤害及复产条件的方法,确立注气解水锁5项选井原则。薄砂层岩性油藏精细描述及滚动评价:利用地震高频信息,进行波阻抗反演,提高薄储层纵向分辨率,明确岩性薄储层纵向展布特征;以沉积相带为方向,按层序地层学思路,明确每套砂组展布特征;分析构造断裂演化规律,明确油气运移成藏规律;精细描述圈闭特征,落实滚动评价目标。发现有利圈闭却勒周缘、羊塔1、玉东1井组Ⅱ砂组、英买50周缘、英买17东物源5个,计算资源量油1211万吨、天然气215亿立方米。利用老井开展滚动评价,措施上返英买171-1H井、羊塔1-9井等5口井,平均日增气29万立方米、油56吨。

(李 旭)

【安全环保】 2022年,英买采油气管理区深化QHSE体系运行,推进常态化全员隐患排查整改,推进标准化站队建设和健康企业创建,各项QHSE考核指标完成。管理区4个基层站队通过塔里木油田公司达标晋级验收。完成17个部门、212名员工全员责任清单、责任书制（签）订。完成8本管理手册、83本操作手册修订。开展HSE实用工具、关键人员QHSE履职能力等专项培训。开展承包商资质资格核查，实现承包商全覆盖，排查问题95项，停工整顿3家，限期整改5家。制定《隐患排查"双积分+双目标"激励办法》，排查整改隐患问题20042条。突出绿色低碳发展，完成6口井3万立方米磺化泥浆处置。经济回收零散气288万立方米，资源化利用还原土3.8万立方米。完成玉东2-1余热利用、玉东702空气源热泵和英买2转油站放空气回收等项目，节能1.07万吨。严格质量提升专项行动，部署11个方面37条提升措施。严格施工过程质量管控，地面工程管线焊接一次合格率提升3.5%。开展入井材料和流体、井身质量隐患排查，全年排查整改质量隐患1980条。注册质量管理小组11个，全员覆盖率37%，获油田公司QC评比一等奖1项、二等奖2项；发布《英买采油气管理区健康企业建设行动方案》，部署完成37项80条，创建塔里木油田公司平安示范单位。

（刘晓惠）

【新能源业务】 2022年，英买采油气管理区结合自身装置特点，通过能耗对标分析，找差距，补短板，有序推进"三降一提"+"健体"14项举措，创建"节能降耗减排示范区"，引领管理区整体绿色低碳转型工作。通过利用介质自身压力、就地脱水、分时段运行加热设备等手段，年节约电量537万千瓦·时；通过熄灭火炬长明灯、余热利用、节能涂料等措施，年节约天然气259万立方米；通过发电利用、就近增压、检修气回收等措施，年回收放空气507万立方米；通过分布式光伏、空气热能利用、余热综合利用等措施，年清洁替代2600吨标准煤。

（韩国强）

【党群工作】 2022年，英买采油气管理区强化政治引领，开展第一议题学习57项，中心组学习14次，全员政治理论学习14次。规范"三重一大"决策程序，召开党委会25次，经理办公会18次。推进党建联盟联建，指导质量安全环保科、油气藏地质研究所、采油气工程部3个党支部与勘探开发研究院、油气工程研究院等6个党支部开展党建联盟工作。吸收预备党员8人，预备党员转正3人。开展"二十种人""五种干部"、教育经费、差旅费、选人用人、检修工作量签证、季度岗检7项监督检查，整改问题27项。动态管理66名干部廉政档案，对52名新提拔干部进行廉洁从业教育，组织党员干部22人到塔里木油田公司廉洁教育基地接受教育；组织28家承包商召开甲乙方廉洁合作共建座谈会，约谈承包商27家。开展专题宣讲9场次，群众性大讨论14场次，提出80余条促进技术进步、管理提升的好方法新举措。选树表彰20名长期扎根一线为管理区发展作出贡献的个人，宣传策划"辉煌十五载"6期。举办单井动态分析、安全运动会暨班组技能竞赛等比武活动和创新创效等群众性活动，18项成果获新疆维吾尔自治区表彰。开展庆祝建团100周年系列活动，制定《青年精神素养提升工程实施方案》。制定《维稳安保工作实施方案》，安排部署7个方面18项具体工作。妥善化解信访事件5起，及时化解各类矛盾4起。25对结亲户全覆盖，帮助解决员工就医子女就业等问题5项，开展节假日联谊活动8次。组织各单位开展保密自检自查4次、专项检查3次，检查非密计算机240台，清除违规存储文件38份。

（郭晓维）

【疫情防控】 2022年，英买采油气管理区发布《英买采油气管理区新冠肺炎疫情防控方案》，制定《疫情防控十一条措施》，成立以管理区经理、党委副书记带队到前线组织安全生产，党委书记、副经理带队负责新冠肺炎疫情防控工作"两套班子"，建立保队伍稳定、保渠道畅通、保物资供应、保主力上产的"四保机制"，开展风险识别、隐患排查、人员管控、环境消杀、核酸检测、督导检查等工作。面对疫情静默、交通熔断，管理区建立与兄弟单位、承包商、地方政府"大外协"辅助运行机制，实现信息、资源有效互补，确保前线生产正常运转。采取运输接力、搭车配送、专车送达、区域共享等方式保障关键物资、急需药品等有效流通，安排专人到新和县检查站驻守，确保管理区用车优先通行，疫情期间帮助油气田产能建设事业部等兄弟单位协调通行车辆400余辆。协调油区办负责人直接驻扎英买前线，现场协助作战，抢先抓早，提前做好前线生产生活物资、防疫物资、冬防保温物资准备。疫情期间管理区恢复产能油326吨/日，天然气25万米^3/日。

（郭晓维）

塔中采油气管理区

【概况】 2019年2月1日成立塔中油气开发部,2022年7月18日成立塔中采油气管理区,为塔里木油田公司二级单位,主要负责塔中地区油气开发生产管理工作,下辖油气田包括塔中I号气田、塔中4油田、塔中16油田、塔中10油田以及塔中6凝析气田。2022年,塔里木油田公司下达塔中油气开发部投资计划9850万元,实际完成9653万元。全年完成原油产量39.03万吨、天然气8.08亿立方米,油气产量当量103.38万吨。

(高永梅)

【生产运行】 2022年,塔中采油气管理区抢建满深17集输工程,抢投新井11口,贡献产量7.1万吨。推行计划管理,督办重点工作764项,完成率100%。精细产量管理,坚持日跟踪、旬分析、月总结,产量始终保持线上运行。组织装置检修,提前3天完成,减少影响油2320吨、天然气1204万立方米。强化冬季生产和保供工作,稳定供气2.63亿立方米。主动作为,降低疫情影响,协调生产物资280余车次,人员1300余人次,确保新冠肺炎疫情期间装置检修、塔里木油田公司重点项目实施。

(李振禄)

【开发指标】 2022年,塔中采油气管理区采油气井397口,开井225口,注气井5口,开井0口,注水井37口,开井17口。日产天然气209万立方米、凝析油832吨;年产天然气8.08亿立方米、凝析油39.03万吨,综合含水率82.34%。日注19.3万立方米,年注气0.71亿立方米,累计注气1.8亿立方米,累计回注率2.78%。日注水708立方米,年注水25.82万立方米,累计注水1705.2万立方米。地质储量采气速度1.41%,天然气地质储量采出程度36.56%,地质储量采油速度0.36%,原油地质储量采出程度26.44%。

(韩 于)

【油气藏管理】 2022年,塔中采油气管理区深化综合治理,构建合理开发秩序,精细油气藏管理。开展"剩余油"挖潜攻关,实施"断控剩余油"2井次,"物性遮挡剩余油"1井次,年增油0.47万吨,形成一套成熟的剩余油挖潜技术。加大石炭系二油组储量动用,1口井获工业油气流,优势储层段和储量规模得到落实。开展碳酸盐岩储集体发育方向和层间岩溶控储控藏规律研究,部署3口侧钻井获得成功,逐渐摸清油气富集规律。$F_1$17断裂新井效果明显,部署3口新井均获高产油气流,实现塔中气开发有力接替。开展天然气复合驱重大开发试验,开展注气提采工作,初步井网构建完成,开展注采动态调整,年注气7081万立方米、增油4000万吨;强化措施作业,年增油3万吨,超年计划0.3万吨。制订能力提升目标,开展逐井逐项分析,抓实措施增产、躺井复产、老井稳产,生产能力分别提升油145吨/日、天然气22万米^3/日。

(韩 于)

【采油气工程】 2022年,塔中采油气管理区强化注水能力,修井、酸化双管齐下,系统恢复单井注水能力621吨/日。实施分层注水检管柱4井次,水井大修1井次,总结形成"磨、套、捞"一体化处理技术。塔中40-H9井克服双台阶水平井、套损、管柱腐蚀严重等不利因素,恢复井组注水。酸化增注5井次,结合地质、水质特征,优选适应性强的复配缓速酸体系,提升酸化波及范围、降低储层伤害,实现注水井高效恢复注水。完成修井作业37井次,零星作业42井次。以方案优化、施工组织为抓手,故障井日复产原油97吨,维护作业周期下降4.5%;检泵、检抽作业费用分别下降6.06%、2.55%。精细化单井工况管理,优化调参34井次,故障处理69井次,塔中4-8-H27井产量突降,精准诊断分析故障原因,完成检管柱作业,原油产量同比故障前增加47.3%。塔中涉及17项采油气业务指标全部完成。其中增产措施有效率93.10%;维护作业有效率91.67%;修井机利用率94.40%;电泵井平均检泵周期1229日,抽油机井平均检泵周期838日。

(胡素明)

【井下作业】 2022年,塔中采油气管理区完成修井作业37井次,零星作业42井次,修井机利用率94.40%,维护作业周期下降4.5个百分点,检泵作业费用下降6.06个百分点,检抽作业费用下降2.55个百分点。塔中4-8-H27井检管柱作业修井时效创塔中近10年纪录,原油产量同比故障前增长47.3%。塔中40-H9井双台阶水平注水井管柱腐蚀严重、分层注水管柱难解封、套损多重复杂难题,实践形成抗盐耐高温堵剂封堵套损、"磨、套、捞"一体化打捞落鱼工艺技术,攻克注水井治理难题,恢复井组注水。

(文国华)

【工程项目管理】 2022年,塔中采油气管理区编制《塔中采油气管理区重点项目运行计划表》,厘清部门工作界面，建立旬通报制度，压实各方责任，突出项目计划性和实施性。编制《塔中采油气管理区柔性复合管施工实践做法》《塔中采油气管理区金属管道施工实践做法》，规范现场施工、检查依据，拓展管理区地面工程项目管理深度和细度。组织实施完工项目15项，其中投资项目4项，隐患项目8项，成本项目3项。8月15日，满深17区块集输管道建设工程开工，受新冠肺炎疫情影响，人员、物资无法及时到场，影响项目正常开展。管理区与各兄弟单位及地方政府协调，疏通塔中运输渠道，8月底—10月，陆续从大二线、库车、轮台、沙雅等地协调施工人员23人，物资18车。10月30日，满深17区块集输管道投产，释放满深17片区3口井天然气产能。

【地面工艺管理】 2022年，塔中采油气管理区满深17区块无集输系统、燃料气系统，依托西北局顺北42X外输气管线超负荷运行，无法接入多余气量。满深17井—中古162-H1集油站混输管线管径较小，距离较长，无法完成输送任务。燃料气系统依靠满深17井临时投产，由于该井气量较多，温度较低，造成分离器无法实现气液分离功能，在租用地面队柴油加热炉之后，实现生产。新建满深17区块外集输系统及燃料气系统，施工方为辽河油田建设有限公司，监理方为岳阳长岭炼化方元建设监理咨询有限公司，无损检测方为新疆鑫泰材料设备检测有限公司。2022年8月15日开工，10月30日完成管线施工并投产。

(陈建波)

【技术创新】 2022年，塔中采油气管理区开展碳酸盐岩老井提采工艺技术研究试验，先后实施水力扩容2井次、氮气泡沫吞吐1井次、注气驱阁楼油2井次、过油管穿孔挖潜水平井产能1井次、镀钨油管防腐试验2井次，工艺成功率100%，中古29-2井、中古45-H1井等获产能突破，配套形成"低压补能+高压增能接力式水力扩容""橇装注气设备注举一体化""碳酸盐岩气举管柱配置优化"等工艺技术，形成技术成果《超深高含硫碳酸盐岩气举采油典型经验》，同年11月获塔里木油田公司"2022年度工程技术最佳实践集体"称号。

(鞠成才)

【安全环保】 2022年，塔中采油气管理区修订下发安全环保责任清单97份。完成塔里木油田公司指导审核，发现整改问题181项，修订完善制度6项。固化"岗位日查、基层周查、业务专查、领导抽查"四级排查机制，压实各级责任；修订完善《隐患排查清单》和56项《专项检查表》；修订QHSE考核细则，建立全员积分细则，每季度对隐患排查数量和质量较高的人员奖励；建立月度统计分析机制，统计分析隐患排查和各级监督检查问题，找短板，制订关键参数比对机制等19项管理提升措施；建立两级"四查"分析机制，每月对较大隐患和典型重复隐患四查分析，追溯相应隐患的属地、直线和领导等各项责任，深挖"二十种人"，加大安全生产记分，全年扣除承包商合同款35.6万元，安全生产记分甲方人员62分，承包商队伍5分、乙方人员340分。发现隐患38537项，较大隐患3347项，获塔里木油田公司隐患排查能手29人。编制健康企业建设规范汇编4套，下发相关制度33项，建立全流程指引文件989项，建设健康小屋2间，开展全员健康体检，筛查"四高"43人，制订分级干预方案；开展工间操、健康达人、沙漠运动会、特色"家文化"等21种系列活动，培育特色沙漠健康文化。《"死亡之海"铸就"健康绿洲"》获国家卫健委优秀创建案例。

(陶 建)

【党群工作】 2022年，塔中采油气管理区全面学习贯彻习近平新时代中国特色社会主义思想，落实"第一议题"制度，捍卫"两个确立"、践行"两个维护"更加坚定自觉。《"四化"清单助力党建与生产互融互通》入选国企党建创新优秀案例。制订一体推进"三不"工作计划58项，形成整体协调推进机制。开展安全生产、作风建设督导，深化廉洁教育，廉洁提醒覆盖近3000人次，组织甲乙方廉洁从业座谈会9场次。发挥外宣窗口作用，沙漠公路零碳示范工程在国内20多个主流媒体刊发，《人民日报》《工人日报》专版报道3篇。常态化开展民生工程，办民生实事近160件。

(高永梅)

【疫情防控】 2022年，塔中采油气管理区新冠肺炎疫情防控建立日会制度，传达塔里木油田公司和地方疫情防控会议精神，任务到位、责任到人。科学制订网格化管理方案，建立"一套台账、两级帮扶"机制及四个不断的"124"关爱机制，疫情管控有条不紊。协调生产物资32批次600余吨、人员1300余人，推动塔中片区勘探开发和管理区平稳生产。协调生活物资255吨，防疫物资20多类10万余件。协调员工家属外出就医20余人次、返乡500余人，为岗位员工配送防寒保暖衣物500套、急救药品790余份等。疫情期间开展线上"云联欢",300人参加,作为典型经验在塔里木油田公司推广。

(高永梅)

【储气库先导试验】 2022年,塔中采油气管理区按方案计划有序推进塔中402C_{III}储气库先导试验。储气库注气井4口、排液井12口,日配注气量70万立方米,实际注气70.2万立方米,累计注气量2.46亿立方米。继续实施3井次排液井作业,扩大注气规模,同时加强注储协同,探索注气提采效果。

(韩 于)

哈得采油气管理区

【概况】 2019年2月1日成立哈得油气开发部,2022年7月18日成立哈得采油气管理区,负责哈得逊碎屑岩、富满碳酸盐岩两大油田14个区块开发生产管理工作。2022年,塔里木油田公司下达哈得采油气管理区投资计划9851万元,实际完成9360万元。全年生产原油298.24万吨、天然气9.23亿立方米。

【油气生产】 2022年,哈得采油气管理区有采油气井407口,开井305口;注水井68口,开井53口。日产原油8170立方米、天然气342.5万立方米;年产原油298.24万吨、天然气9.3亿立方米,综合含水率54.17%。日注水6472立方米,年注水217.57万立方米,累计注水2887.8万立方米。地质储量采油速度2.18%,原油地质储量采出程度25.78%。

(张 洁)

【生产运行】 2022年,哈得采油气管理区实施油气生产能力提升专项行动,统筹抓好新区上产、老区稳产,原油产能8900吨/日、天然气产能470万米³/日。系统推进数字化油田建设,生产调控中心辐射哈一联、哈四联、富源联、跃满转油站,形成"1+4"管理架构。哈一联Ⅲ列天然气处理装置、满哈二线等重点工程一次性投产成功,新改扩建零散气回收站6座,增加原油集输能力128万吨/年、天然气4.8亿米³/年。富满油田加大单元注水力度,注水122万立方米,增油36万吨,靶向推广"酸化+X"特色增产措施,增油4万吨。完成100余项生产运行任务,新井投产70口,哈一联检修提前7日完成。开展注水橇装化无人值守,实施20井次,注水19.7万立方米。协助地方建立跃满7-4物资转运站,提供哈得墩35千米检查站物资保障、车辆通行,提供电力配套设备、机具等12项。自建新板房生活营地,可容纳200人衣食起居。

(梁洪涛)

【油气藏管理】 2022年,哈得采油气管理区加快新区产能建设,深化老区综合治理,实现原油产量连年高峰增长。坚持勘探开发一体化、工程地质一体化、地下地面一体化,推动富满油田规模集中建产,管理区全年新建产能99.5万吨,原油产量突破298万吨。富满油田开发技术对策研究取得重要进展,"富满油田断控油藏提采关键技术的研究与应用"获塔里木油田公司科技创新二等奖,全年应用80井次,增油41万吨。开展富满油田注水精细调控,全面注水开发,年注水增油36万吨,注水年自然递减率下降10%以上。首次开展超深薄层砂岩油藏水平井小层精细描述,明确隔夹层展布与剩余油分布规律,实施措施3井次,年增油1300吨。哈得4区块开展油藏精细描述工作,量化剩余油分布规律,老区综合递减控制在10%以内。升级"经理+三总师"审查机制,形成"充分论证、全面跟踪、效果后评价"闭环管理模式。优选高效措施推广应用,全年完成措施27井次,核减低效措施4井次,措施有效率85%,措施增油5.7万吨。

(牛 阁)

【采油气工程】 2022年,哈得采油气管理区以油田机采井管理模范示范区建设为切入点,依托机采井智能化井场建设项目,完善配套采油工艺技术及日常管理开展井下参数及液面自动监测技术试验26口井,实现机采数据采集全覆盖,指导现场调参25井次,实现机采井异常"早发现、早处理"。与油气工程研究院联合开展基于电参的机采井工况智能诊断技术研究与应用实验,监测机采井电流,通过电参运算公式模拟功图及电流卡片,按照模型智能诊断异常,开展42口机采井智能诊断对比,排查异常11井次;通过模拟功图及电流卡片后与现场情况比对,实现训练准确率93.4%,测试准确率87.3%;完成提升变频控制系统普及率固化措施,安装变频控制柜7井次,变频控制系统普及率58%,安装变频控制柜机采井系统效率平均提升5.1%。推广长柱塞抽油泵5井次,综合防砂采油新工艺3井次,形成防卡系列技术,解决异物卡阻造成故障及泵效、系统效率降低问题,未发生卡泵故障,技术应用油井系统效率平均提升4.6%。创新形成富满油田"酸化+X"特色配套技术,建立老井重复改造高效选井4条金标准,优先实施潜力大、成功率高、风险低油井优选实施,优选3类不同酸液体系及规模来满足不同井况老井个性化改造需求;酸化前通过软件校核、模拟试注、酸化过程环空注入高密度油田水、优化施工参数等举措,实现封隔器失效井成功实施不动管柱酸化作业3口井(哈得32井、跃满20C井、跃满5−3井)。实施储层改造10井次,超原计划5井次,同比增油2.15万吨。

【井下作业】 2022年,哈得采油气管理区按计划完成井下作业工作量97井次(修井60井次),修井生产时率与修井机利用率分别为96.62%、97.72%,实现维护作业有效率100%,措施有效率91.30%。开展井筒治理配套工艺技术攻关与成果固化推广工作,创新形成回接非标大通径套管套损治理新工艺技术、大斜度井碳酸盐岩井筒畅通、连续油管水平井挤堵工艺等成熟井筒治理工艺技术体系。全年采取提质增效举措137次,节约作业周期50天。通过创新队伍管理模式、完善规章制度、开展常态化隐患排查与井控专项检查223井次,发现问题1738项问题,整改率98.85%;开展井控关键岗位能力及全员能力评估235人次。强化全员井控意识及井控能力提升工作,组织管理区井控安全管理人员,到工程院、应急中心学习井完整性、井控装备等方面知识培训3次31人次;开展井控警示教育专题展览、井控案例宣讲及反思等活动。强化应急管理,提高井控应急处置能力提升,开展补孔后高套压及采油树法兰井口渗漏井控突发事件应急实战演练2井次。建立井完整性高风险井档案及单井应急预案,规范环空异常带压处置流程,生产井井控隐患全面可控。

(陆爱华)

【工程项目管理】 2022年,哈得采油气管理区各类项目34项,完工17项,验收合格率100%、专项质量达标率100%、年度计划完成率100%。11月1日,哈四联原油处理装置硫化氢腐蚀隐患治理工程完工。设计新建7千米哈四联至哈一联含硫原油非金属输油管线。12月1日,哈得逊碎屑岩油田集输处理系统优化改造工程主体工艺完成。设计新建7千米哈一联至哈四联气联络线、注水干线以及哈四联新建1座滤罐操作间,2022年2月25日开工建设,9月30日主体工艺完工。2022年12月30日,满深区块天然气增压工程主体工艺部分完成。设计在满深1计转站新建天然气增压系统1套,2022年7月30日开工建设,12月底完成主体工艺部分。

(龚 锐)

【地面工艺管理】 2022年,哈得采油气管理区实施哈一联气提改造、两站优化等17个重点项目。哈一联天然气处理装置投产,处理能力200万米^3/日。投产满深2等3座计转站,减少原油拉运1500吨/日。满深401H井—满深1计转站临时管线,释放原油产能400吨/日、天然气25万米^3/日。满哈线接力增压提高集输能力50万吨/年,哈一联气提改造提升处理能力30万吨/年。加快火炬熄灭工程,投运回收站4座、改扩建回收站2座、新建增压站1座,回收率98%。建成并投运果勒3等零散气回收站4座、改扩建回收站2座、新建增压站1座,增加天然气回收处理能力260万米^3/日,回收零散天然气2.9亿立方米,零散气回收率98%以上。自建富源5井等4口探评价井至回收站临时管线,完成哈一联、富源3回收站最大负荷测试,9条输气管线清管30次,确保冬供极限天然气产量470万米^3/日。推广常温集输和低温冷采,停运加热器52台。开展3口单井光伏发电,实现单井零碳排放。全年减少碳排放18万吨,减少能耗7万吨标准煤,能耗强度同比下降50%。完善碳酸盐岩区域注水管网,新建并投用哈一联—玉科计转站、哈四联—富源210区域注水管线,减少污水拉运26万立方米。新增8座电信通信基站,升级数字对讲通讯,重点生产区域信号覆盖率100%。新冠肺炎疫情期间畅通生产生活物资渠道,协调生产物资700余车次。提升污水池蓄水能力2万立方米。铺设水源井至水首站供水复线9千米,增加生活用水供应600米^3/日。

(曾 路)

【技术创新】 2022年,哈得采油气管理区针对老井稳产"卡脖子"难题,推行"赛马制"技术攻关,形成套损治理、水平井堵水、井筒畅通、高效酸化4项特色采油工程工艺。3口长井段套损井恢复产能20吨/日,3口井堵水后综合含水率下降20%,3口垮塌井畅通后恢复产能80吨/日,10口老井酸化增油4.89万吨。重点攻关"蜡堵、结垢、场站能力不足"等集输堵点,实施融蜡解堵、加注减阻剂、更换玻璃钢井口等举措,减缓碳酸盐岩管线结蜡速率,提高跃满转油站外输量600吨/日,解决地面集输难题。

(曾 路)

【安全环保】 2022年,哈得采油气管理区推进标准化建设,修订"两册"内容522处,发布基层管理手册5个、操作手册102个。查改问题192项,完成制度立改废14项。查改隐患1.9万项,突出"鼓励发现问题、奖励整改隐患、从严处理事故"工作机制,完善排查清单80个,开展典型问题"四查"分析46项、奖惩172人次。建立高风险井动态管理台账和包保责任制,开展岗位能力评估198人次,监督检查242井次,查改隐患1837项。完成生活污水池清淤、固废场封场、地下水监测等10余项重点环保工作。停用高能耗设备133台,核减电伴热15.5千米,降低能耗7944吨标准煤。塔里木油田公司首座单井分布式光伏电站在哈得1-13H井成功并网运行,哈得11-5-1H井光热储能一体加热炉投运,管理区清洁能源利用实现零突破。开展甲乙方1500余人健康状况排查,为57名"三高"人员配备急救小药瓶,新冠肺炎疫情期间采购发放慢性病药品1200余件。

(丁希瑞)

【富满油田产量突破300万吨】 2022年,哈得采油气管理区富满油田油气产量突破300万吨,达309.05万吨。富满油田是我国最大超深海相断控缝洞型碳酸盐岩油藏,该油田位于塔克拉玛干沙漠腹地,油藏埋深7500—10000米,具有超深、超高温、超高压等特点。创建超深海相碳酸盐岩断控成藏地质理论,先后探明4条断裂带,新发现4条断裂带,以"富满深层找富满"勘探思路,推动富东1井获战略性突破,夯实富满油田横向百里连片、纵向千米含油资源规模。加快打造钻完井提速、提产、提效等利器,攻克巨厚火成岩、膏盐岩等多套难钻复杂岩层,在最高190℃超高温、145兆帕超高压井况下,近2年在超深层打出9口千吨井,开发井成功率100%。转变开发建产模式,推动勘探、评价、开发一体化并进,开发管理从生产型向经营型转变,助力富满油田原油产量连续3年以50多万吨速度增长。同年油气增量占全油田原油产量增量的六成,为我国超深油田高效勘探、效益开发提供"塔木方案"。

(魏 民)

【党群工作】 2022年,哈得采油气管理区严格落实"第一议题"制度,建立落实台账71项。聚焦党工委决策部署,抓好哈一联投运、火炬熄灭等大事要事,召开5场党委扩大会议。开展"建功新时代、喜迎二十大"专题活动,实施27项落实措施。制订二十大精神学习宣贯方案,班子成员带头学、主动讲,到一线开展专题党课,推动精神进班组、到岗位。制订基层党建"三基本"建设与"三基"工作有机融合实施方案,编制一体化责任清单。开展"学条例、促规范、强基础"专项活动,整治"低老坏"问题32个。加强党建典型经验总结,2个案例、2篇论文在塔里木油田公司获奖。加强党建带团建,连续3年获塔里木油田公司单井动态分析大赛一等奖,哈得采气管理区团委获"集团五四红旗团委"称号。省部级以上主流媒体发表宣传报道20余篇。总结凝练"胡杨魂·哈得家"文化,编印企业文化手册,建立"标杆哈得"公众号、视频号,搭建文化展示载体。开展庆祝"富满油田深油气产量突破300万吨"系列活动。细化全面从严治党责任清单、纪实手册,压实各级管党治党责任纠"四风"、树新风,建立"一岗双责"述职考评机制,开展述职20人次。以"三查三审"方式,整治"五种干部""二十种人",解决不作为、慢作为问题1700余项。一体推进"三不",落实44项计划,完成第一轮内部巡察,查摆整治共性问题29项。

【疫情防控】 2022年,哈得采油气管理区实行五级网格化管理,压实四方责任,从严管控"人车物"三大风险,创新应用自动消杀门、数字哨兵等智能化手段,实现新冠肺炎疫情封控期间零疫情零感染。构建"大外协"格局,专人驻守卡点,24小时沟通协调,降低疫情对生产运行和建设的影响,实现防疫生产两不误。

(高 敏)

东河采油气管理区

【概况】 2019年2月1日成立东河油气开发部,2022年7月18日成立东河采油气管理区,为塔里木油田公司二级单位,主要负责东河塘油田、牙哈1油田、红旗油田、哈拉哈塘油田塔河北岸生产区域油气生产。2022年,塔里木油田公司下达投资计划1.1496亿元,实际完成1.1266亿元。年产天然气1.21亿立方米、原油65.8万吨;年注水178.57万立方米,年注氮气3118万立方米(碳酸盐岩1652万立方米,碎屑岩1466万立方米)。

【油气生产】 2022年,东河采油气管理区有采油井292口,开井185口;注水井14口,开井4口;注气井8口,开井7口;遗留井25口。日产油1076吨,天然气53.55万立方米,综合含水率62.32%;年产原油65.8万吨、天然气1.20立方米,储气库垫底气8255万立方米,超计划3%,油气生产能力同比提高51吨/日;累计注水175.08万立方米;年注气1.9989亿立方米,累计注氮气3118万立方米(碳酸盐岩1652万立方米,碎屑岩

1466万立方米）。

（马燕妮）

【生产运行】 2022年，东河采油气管理区突出资源高频流动、高效配置，各项指标均线上运行。创新实施计划"三率"管理机制。完善地面集输管线16千米，消除2口试采井，增收天然气16.61万立方米，减少原油拉运1.6万吨。完成14口作业井拆甩当日投产，平均周期减少4.21日，注水设备搬安投注24井次，周期由6.3日缩短至2日，注气设备搬迁18井次，投注时间由12.8日缩短至5日。构建"通信、指挥、调度"一体化生产指挥平台，实现生产数据和视频监控融合应用，发现处置各类生产异常118次，管线异常处置时效提升41.23%。施行"数据采集+视频巡检"，视频巡检替代人工现场巡检。220口生产井、3座转油站每4小时巡检一次，外出巡检人员由16人/日减至5人/日。带泵注水8台可移动注水橇实现远程数据采集，现场无人值守转型升级。

（魏盼龙）

【油气藏管理】 2022年，东河采油气管理区明确哈拉哈塘油田"断裂+岩溶"复合控储，深化"油气沿走滑断裂输导、与断裂连通的断溶—岩溶缝洞空间成藏"认识，优选断层核油气富集带，围绕F_I7、F_{II}15、F_{II}15-13条断裂富集部部署新井9口，投产9口，新建产能11.64万吨。按照"稳步推进能量充足井提液、强化注水注气井配套机采、开展增储类措施实施、持续推进长停井复产"原则安排措施，完成23井次，年产油3.23万吨。开展精细注水、效益注水工作，年注水175.08万立方米，年产油23.83万吨，水驱控制储量4597万吨。优化注选井标准，精细剩余油刻画，对顶部阁楼型剩余油、底水未波及型剩余油、井间低动用型剩余油3种类型开展注气挖潜，指导19井21轮次注气，累计注气1999万立方米，注气产油2.08万吨，吨油耗气由2021年的1045米^3/吨下降至961米^3/吨。哈拉哈塘油田首次推广应用碳酸盐岩堵水、调流道及表面活性剂现场试验，利用堵剂堵住优势通道、挖潜非优势通道剩余油，在哈121-3井等5口井应用，油井含水率快速下降，平均日增油20吨，年增油0.12万吨。东河4油藏开展非烃类注气试验，年注气1465万立方米，东河4-4井动液面上升，初步受效。开井率63.4%，油井时率69.40%以上，综合递减9.81%，自然递减率11.53%，SEC储量连续3年正修正。

（马燕妮）

【采油气工程】 2022年，东河采油气管理区完成措施井作业25口、采油气新技术试验6项33井次，超年初计划17井次；优化作业井顺序5口，提前4个月完成全年措施井任务；针对管理区各类油井开发需求配套形成六大技术，即大斜度长裸眼段井畅通井筒配套技术、复杂套损井治理配套技术、复杂井筒解堵配套技术、碎屑岩注气提采气举采油配套技术、碳酸盐岩油藏注水注气机采配套技术、机采井解卡技术。

【技术创新】 2022年，东河采油气管理区试验"双悬挂防砂+电泵管柱"设计，提高日产液90吨，改善电泵在碳酸盐岩井的适应性。创新抽油泵技术方案，优化管柱结构设计，形成高压注入工艺的抽油泵选型2类、机采管柱2套，解决注水注气管柱防砂能力有限、无法解决砂卡的问题，年故障率同比下降47%。自主开展封隔器结构优化论证，创新"SHP/DOH套管全通径双封封堵+抽油泵掺稀管柱"，打破掺稀完井管柱对长跨度套损治理工艺的制约，实现套损井"零增量"。建立高压注入井评价体系与配套方案，创新井完整性评价体系、施工参数控制标准，保障油气井口井控安全。

（曹　鹏）

【工程项目管理】 2022年，东河采油气管理区组织管理工程项目21项，2套天然气装置停产检修。交工验收13项，验收率100%；竣工验收完成6项，高效完成全年工程项目计划。坚持以生产问题为导向，精心组织、高效实施，为管理区夺油上产，消除隐患。项目实施过程，加强承包商资质和开复工资料审查，夯实项目实施过程管理，工程建设未发生一般C级安全事故，实现工程项目建设零事故、零事件的"双零"目标。

【地面工艺管理】 2022年，东河采油气管理区完善输水管网。借鉴牙哈一管线内穿插成功经验，内穿插技术修复哈601转油站废旧管线，输水能力增加400米^3/日，提升污水管输能力；提前部署搭接新垦9-4井至新垦转油站修复油管输水管线16千米，完善输水管网建设。开展关停并转，实施哈15转油站油气混输，停运输气管线及运行设备，减少管理节点，年节约费用71.22万元。

（常镇伟）

【安全环保】 2022年，东河采油气管理区分级设定安全环保责任指标，全员逐级签订安全环保责任书118份，修订完善岗位安全环保责任清单120份；建立问题整改"三级"验证机制，完善制度8项、操作规程11项、基层"两册"26项，全年175项问题整改验证完成率100%，按照分类分级原则，打造隐患排查清单2.0版，完成油气井站401路现场视频接入音视讯平台，实现"现场旁站+HSE巡监+远程视频"全方位监管，查改隐患2.1万余项。统筹部署29项具体工作，开展4轮次自检自查，梳理13类3000余份资料，规范环保设施现场33处，形成"一井一档""一事一档"。固化哈六联容器检修密闭清洗流程、配置固液分离设施等举措，年均减少含油污泥约550吨，源头减量化取得实效，5724立方米还原土用于油田道路铺设、固废场封场覆土，超额完成塔里木油田公司指标。

(杨晓东)

【新能源业务】 2022年，东河采油气管理区全年能耗总量42378吨标准煤，能耗强度58.17千克标准煤/吨，清洁能源利用率6.62%，电气化率28.12%。建成东河富余气和哈六联检修气回收装置，年回收天然气2000余万立方米；优化加热炉运行、调节导热油炉空燃比、实施火炬熄灭、强化余热利用，年节约燃气消耗160余万立方米；完善偏远试采井电力线路，消除试采井柴油发电。实施CCUS东河区块年注二氧化碳2509吨；年利用地热水井、原油余热、尾气余热1.74亿兆焦耳；实施园区174盏太阳能路灯更换，年节电5.4万千瓦·时；红旗102井实施光热炉替代，年节气3.8万立方米；实施三大园区绿化和退出井复垦复绿，年绿化面积22万平方米，固碳282吨。

(常镇伟)

【党群工作】 2022年，东河采油气管理区规范组织4个党支部换届选举、13个党支部选举成立，选优配强支委64人次，调整管理层党建"三联"责任示范点，确保组织健全率100%、党建三联覆盖率100%。修订《基层党支部工作考核实施细则》等3项党建制度，发布党员大会和党支部委员会会议事决策指导清单，常态化开展督导工作。制订"12345"条例学习机制，组织"天天向上"条例分享110天，开展6期线上测验，奖励68人次，组织14名支部书记开展条例知识竞赛。梳理完善五大类别25项融合措施。明确党建项目化融合重点，大类27项"揭榜挂帅"项目稳步推进，总结提炼实践经验形成党建政研论文。开展"绿色固碳、节能降耗"劳动竞赛，组织前线员工1500人次植树1.6万余棵。开展年度装置检修劳动竞赛，职工群众克服疫情影响，完成两站检修任务。

(杨 婧)

【储气库先导性试验】 2022年，东河采油气管理区科学编制塔里木油田东河塘储气库先导试验方案，2022年4月8日，方案获股份公司批复通过。新增投产注采井1口，日注气能力增加至80万立方米，排液井措施完成2井次，录取先导试验重点资料监测11井次，新增存气量8332万立方米。

【东河1石炭系油藏累计注气突破10亿立方米】 截至2022年12月5日，东河采油气管理区东河1石炭系油藏累计注气10.19亿立方米，存气5.6亿立方米，增油53.41万吨。

【CCUS先导试验】 2022年，东河采油气管理区贯彻落实"碳达峰、碳中和"要求，启动《东河外围小区块注非烃类气体提采方案》编制，东河外围小区块具有294万吨碳埋存能力，采收率提升35%。

(马燕妮)

【郑伟涛创新工作室】 2022年，东河采油气管理区郑伟涛创新工作室在第四届全国石油石化专业职业技能竞赛暨中国石油集团公司首届技术技能大赛中，孙得喜获采油工竞赛个人铜牌，于雪飞获油气开发数字化运维竞赛个人铜牌。"东河富余气回收"获塔里木油田公司优秀污染减排项目二等奖，获塔里木油田公司HSE工具应用比赛三等奖。发布实用新型专利1项，解决生产现场疑难问题5项。

(费发奇)

轮南采油气管理区

【概况】 2019年2月1日成立轮南油气开发部，2022年7月18日成立轮南采油气管理区，为塔里木油田公司二级单位，是塔里木油田公司主要油气生产单位之一。管理区辖区有7个油气田，即轮南油田、桑塔木油田、解放渠东油田、轮古油田、轮古气田、提尔根气田、吐格尔明气田、吉拉克气田（2019年环保退出）。2022年，塔里木油田公司下达轮南采油气管理区投资计划12769万元，实际完成投资12236万元。截至2022年底，生产石油液体36.77万吨、天然气2.12亿立方米。

(白 骏)

【油气生产】 2022年，轮南采油气管理区采油气井349口，开井168口；注气井1口，未开井；注水井68口，开井23口。日产油816吨、天然气54.78万立方米；年产原油35.77万吨、天然气2.12亿立方米；综合含水率81.95%。地质储量采油速度0.24%、采出程度

27.64%，地质储量采气速度0.74%，采出程度48.76%。

（王林基）

【生产运行】 2022年，轮南采油气管理区坚持全过程"计划管理"，实现油气产量双超。健全"1+N"计划管理体系，年生产计划完成率98.6%。油气井生产时率高位运行，检泵周期979天，检抽周期989天，分别同比增加39天、29天；井下作业完成63井次，超计划完成30%。组织检修，加大新型防腐涂料、快装式移动作业平台等新工艺应用，3套装置检修均提前完成，减小影响原油产量1860吨。全面建设应急预案体系，推行重点岗位应急处置卡，首次与地方政府联合开展实战应急演练，多次高效处理生产异常。在新冠肺炎疫情、洪水期间，牵头各方力量，协调地方政府多个部门，实现轮南区域正常运转。强化项目组织领导责任意识，制定工程项目作战图，实施项目建设协调和目标考核机制。吐东202井地面工程提前22天投产，加快释放吐东片区天然气产能。

（孔凡磊）

【油气藏管理】 2022年，轮南采油气管理区联合两院科研单位开展技术攻关，形成配套技术。首次创新发展构造沉积耦合新思路，强化构造隆升对沉积物分散过程的控制作用研究，重建轮南地区三叠系碎屑岩沉积体系取得重要进展，首次在塔里木油田开展陆相河道砂体构型研究，创新发展稀井网下超深碎屑岩河流体系砂体构型研究技术。创新发展薄砂岩储层识别技术，为轮南碎屑岩油藏剩余油滚动上产和高效开发提供技术保障。创新老井测井二次评价技术，提出"避干层动好层""油水同采"新对策。碳酸盐岩开发方面，围绕断裂控储控藏特征，梳理明确油源断裂原因，进一步总结深化轮古奥陶系油气富集规律；在储层精细描述与连通性分析基础上，扩大注氮气规模，2013年开始注氮气提采，规模不断扩大，成为主要稳产手段；优化实施《轮古西奥陶系油藏注水提采方案》，开展北水南调引迪那气田排水—轮古西油田注水提采，迪那气田排水稳气降递减，实现轮古西油藏注水调整提采增油。

（周碧辉）

【钻完井管理】 2022年，轮南采油气管理区创新推动修井机侧钻大修，单井建产成本下降39%，为老区效益调整挖潜找到新出路，相关技术经验可复制、可推广。形成修井加深侧钻工艺体系和修井机侧钻人员、设备配套规范，降低单井建产经济极限产量，将规模无效益储量变为效益储量；在塔中、哈得、英买力等埋深小于5500米的油藏推广实施。

【采油气工程】 2022年，轮南采油气管理区采油气指标持续高位运行，检泵周期986天、检抽周期998天，同比增加42天；开井率52.2%，同比提高3.7%；电泵相对时率97.6%，同比提高0.7%；抽油机相对时率97.8%，同比提高0.8%；电泵系统效率21.3%，同比提高0.3%；抽油机系统效率29.5%，同比提高0.1%。提质增效工作在固化2021年成果的基础上，进一步在作业工艺、工序、生产组织上开展优化工作，全年采油气领域开展提质增效举措9项，降本增效1619万元，提前完成提质增效目标。井下作业计划40井次（措施20井次、维护20井次），全年完成52井次，其中措施30井次，完成年计划100%，成功率97%；维护作业22井次，成功率100%；修井机利用率98%，超指标8%，同比提高2.59%。

（雷腾蛟）

【工程项目管理】 2022年，轮南采油气管理区实施地面建设工程项目20项，其中投资项目8项、隐患项目8项、成本项目4项。组织交工验收项目11项，跨年实施项目9项。建成轮古西奥陶系油藏注水提采地面工程，实现迪那采出水跨区域调控配注，轮南构建成互联互通；组织轮南油田低碳示范区建设工程光伏发电站部分施工，完成并网发电，微型光伏工程投产4项，助力塔里木油田公司绿色低碳转型。

（王 忠）

【地面工艺管理】 2022年，轮南采油气管理区消除13.5兆瓦加热炉炉管裂纹隐患，3号液化气球罐埋藏缺陷判定安全；依据风险设立194条管道594个监测点、压力管道更换6条5.3千米，管道失效由15次下降至8次，下降46%；完成第三批次3904台防爆设备问题治理。核减轮古西奥陶系油藏注水提采地面工程新建管线22千米，完成《轮南油田采出水完善》等9项重点方案论证；优选注水井、降低管网压力和提升注水泵效等措施，注水系统效率54.3%。打造快装式移动作业平台，有效提升容器、电缆桥架作业等检修工作效率，搭建速度提升50%。应用新型防腐涂料，使轮一联合站2号油气分离器和轮南631-1井高压计量分离器应用新型快干涂料，涂层固化养护时间由7日缩短至4日；原油缓冲罐首次开展"拉拔"测试验证涂层附着强度，固化5日即具备封罐条件，缩短检修周期2日。

（侯永宾）

【技术创新】 2022年，轮南采油气管理区针对轮南老区侧钻需求量大,开展850修井机实施侧钻作业探索,采用经济手段释放油气产能,实施桑塔2-4井三叠系侧钻作业、桑塔6-1井奥陶系加深作业,日产油19吨、天然气11万立方米,作业费用较钻机侧钻费用下降37%,证明修井机侧钻的可行性和经济性。应用耐高温高盐堵剂解决高矿化度地层水、高地层温度条件下高含水段封堵困难问题,结合油井漏失及井筒工况,自主设计挤堵工艺,全年应用轮南320井等5井次,封堵成功率100%。形成"液力反馈泵+环空加药(环空掺稀)""电泵+环空加药(环空掺稀)""电泵+镀钨油管"等复合举升工艺,该工艺在轮古8-5井等5口高凝析油井现场应用,实现日增油45吨。4月提前完成轮南2-23-14井等2口注气井更换注气管柱作业,7月实施注入二氧化碳,形成注气井配套技术,针对注气受效采油井,提前开展防气窜封堵技术、防气锁机采举升技术攻关,形成气举为主、高效气液分离器电泵举升为辅的配套机采技术。

(雷腾蛟)

【安全环保】 2022年,轮南采油气管理区开展管理区内审,发现整改问题530项,培养审核员17人;开展安全里程碑49次,组织以HSE工具为主题的安全运动会,开展"真发现隐患、发现真隐患"劳动竞赛,安全经验分享40余次;优化完善管理手册,两个站队晋级示范、优秀站队。全年查改隐患21069项,较大隐患1948项;召开"四查"分析会8次,分析典型隐患17项,问责考核35人次;以典型隐患为载体,排查"二十种人"580人次,单位、个人安全生产记270分。利用"安眼工程"强化监督,开展视频回放监督16次,实时视频监督13次,发现较大问题2项。开展承包商资质资格核查,发现问题45项,限期整改10家;发布关键施工作业清单,开展每日微信群风险提示,安全实施高危作业10293次。完成7千米晒水池治理,排查611口单井,建立"一井一档""一事一档",消除环保隐患27项;引进环保管家,开展环保系统诊断,发现整改问题55项;形成《管理区生态环境保护管理程序》《环保标准汇编》2本手册,对标绿色矿山创建验收细则制订45项任务清单,累计规整17处迎检现场、59项2500余份佐证资料。建立106名高风险人员管控台账;点对点帮扶17名高风险人员,多渠道集中协调慢性病药7次,组织25次线上健康培训。建立12个方面32项质量提升指标,制订47项具体措施,月度跟踪督促,发现物资、施工等质量隐患1644项。修订完善自产产品质量控制措施和不合格产品处理、信息反馈程序,开展产品质量抽查监督4次,自产产品合格率100%。开展节能节水项目15项节电112.69万千瓦·时,节气83.77万立方米;中国石油首台光电加热炉投用,2口单井光伏和6兆瓦光伏电站建成,新能源利用率7.8%。

【党群工作】 2022年,轮南采油气管理区组织党员干部及技术骨干到轮南2井、达西村、铁门关革命纪念馆等实地学习教育6次;组织建设轮南1井教育基地,申报轮南2井新疆工业文化遗产,创建轮一联合站油田党建示范点。以线下走访和线上视频方式,开展"民族团结一家亲"活动。开展"建功十四五,奋进创一流"专项劳动竞赛,13个单位参加比赛。践行"我为基层办实事",出台基层减负10条措施,9月份以来解决民生问题63项。开展6批次送清凉活动,为检修现场配备遮阳棚、自行车10辆和桌椅12套。解决防疫物资4批次、购买慢性病药品5批次,帮扶库尔勒隔离人员24人次;创新组织"云升旗"和世界杯知识竞猜等线上活动;创意工间操、中西面点等比赛,1800人次参加。新冠肺炎疫情期间,慰问员工840余人次。组织前线三方联线直播元旦晚会、文化活动日、元宵节民族团结健步走、"三八"妇女节寻宝探秘、冬至包饺子、"五一"劳动节团建、端午节包粽子、国庆线上云升旗等文体活动。开展线上工会活动16次、线下工会活动49场次。

【疫情防控】 2022年,轮南采油气管理区明确责任,细化标准,严格控制人、车、物传播风险,坚决守住新冠肺炎疫情"零疫情"底线。前线基地一体统筹,过程管控分工负责;工业园区统一组织,各自履行主体责任,管理区内部以风险传播为单元构建立体网格,明确三级网格责任;根据活动类别从时间、空间两个维度细化管控措施,明确"干什么、怎么干、干到什么程度",专班督导抽查;完善工业园区疫情应急处置细则;协调备用隔离房110间;实战应急演练3次。

(白 骏)

【低碳示范区建设】 2022年,轮南采油气管理区6兆瓦光伏发电站投运B区装置,实现3兆瓦并网发电,光伏电站占地9.98万平方米,有光伏面板10998块,分为A、B两个区域,各承担3兆瓦发电功能。建设微型光伏工程,实现偏远单井电力供应和绿电替代。5月20日,提尔根3T井5千瓦·时光伏投产发电。7月29日,中国石油首台光电加热炉在轮南39-2井建成投用。

(侯永宾)

新能源事业部

【概况】 2022年3月12日,新能源事业部成立,列塔里木油田公司二级单位序列,为二级一类管理,为塔里木油田公司风、光、热、电、氢、战略资源开发、碳汇林及二氧化碳捕集、利用与埋存(CCUS)等绿色低碳新能源业务的责任主体、实施主体、落实主体,负责新能源市场开发、项目一体化管理等工作,牵头规划新能源技术研究等工作,是塔里木油田公司新能源(新产业)及绿色低碳业务归口管理及项目实施运行部门。新能源事业部秉承扁平化管理改革思路,实行"管理+技术+核心技能岗位"甲乙方融合式管理模式。

【新能源及绿色低碳指标】 2022年,新能源及绿色低碳发展考核指标完成情况为能耗总量完成248.75万吨标准煤。商品量能耗强度完成77.64千克标准煤/吨。节能量3.67万吨标准煤。节水13.5万立方米。碳排放总量230.42万吨二氧化碳。碳排放强度69.6千克二氧化碳/吨。清洁能源利用率8.02%。光伏发电并网指标获取130万千瓦。光伏发电项目建成规模20万千瓦。

【新能源管理】 2022年,新能源事业部制订并滚动优化塔里木油田公司碳达峰实施方案并监督执行,明确"25·40"时间表和路线图,制订新能源业务规划、沙戈荒新能源基地规划,明晰发展思路和目标,坚持抓油田节能降耗减碳扩绿(内部瘦身健体)和沙戈荒新能源基地建设(对外清洁供能),明确新能源业务六条实施路径和"12621"重点工程。全年获取130万千瓦并网光伏发电指标;12月29日,尉犁10万千瓦光伏发电项目建成;且末县10万千瓦光伏发电项目9月26日开工;截至2022年底,总体形象进度75%。全年开展油气田新能源开发关键技术研究与应用课题8项,协助集团公司开展课题研究3项,全力支撑新能源及绿色低碳发展。

【方案设计】 2022年,新能源事业部组织编制各类新能源申报方案23项。组织完成尉犁、且末20万千瓦保障性并网项目的可行性研究、初步设计审查;组织完成喀什110万千瓦市场化并网发电项目的可研审查,并提前组织项目初步设计编制工作。为适应自治区光伏等新能源项目快速建产要求,规范塔里木油田公司风电光伏等新能源投资项目前期审查管理程序,编制印发《关于加强风电光伏等新能源投资项目前期设计及审查把关的通知》。

(葛青青)

【业务机构优化设置】 2022年7月30日,新能源事业部聘任袁俊为新能源事业部副经理(二级正)。8月23日塔里木油田公司调整新能源事业部机构编制,增设财务经营室,编制定员7人,调整综合管理室编制定员6人。8月26日聘任李柱为新能源事业部副经理。12月18日塔里木油田公司调整新能源事业部职数和岗位设置,增设副经理兼安全总监1人,崔巍任新能源事业部副经理。

(李赞博)

【财务经营】 2022年8月4日,新能源事业部完成尉犁塔新耀能能源有限责任公司、且末塔新煜能能源有限责任公司工商登记,9月3日完成纳税登记、11月以较低利率(低于五年期及以上市场贷款利率0.17)与中油财务公司签订两个子公司借款合同。

(熊 玲)

【党群工作】 2022年6月14日,新能源事业部党支部成立,6月20日召开党员大会完成第一届支部委员会选举工作,建立健全党支部,增强党建工作根基。完成预备党员转正1名,积极分子转预备党员1名。开展"学条例、促规范、强基础"活动,组织党课宣讲、大讨论、线上线下答题活动。常态化落实"第一议题"制度、开展政治理论学习,学习宣传贯彻党的二十大精神,制订学习计划大表并落实,组织全体党员干部撰写心得体会,发表6篇相关稿件,组织"永远跟党走,奋进新征程"线上知识竞赛,营造学习氛围。以"三查四比"工作法推进"五种干部"排查整改工作,排查问题174条。加强重点时段、重要工作报道策划,发表中国石油报3篇,塔里木油田公司要闻22篇,基层动态、塔里木石油报17篇,电视新闻7篇,微信公众号及视频号7篇。开展新员工座谈、制订新员工培养计划,组织合理化建议暨提质增效评选。关注员工身心健康,开展线上线下形式多样、健康文体活动7次。开展民生工程,新冠肺炎疫情期间建立员工及家属困难需求统计表,协调解决问题50余项。

【疫情防控】 2022年,新能源事业部贯彻塔里木油田党工委决策部署,坚持"三个统筹"、精准"四个场所",突出"五类群体",抓好新冠肺炎疫情防控工作。针对办公场所和物资采办楼共同办公实际情况,制定《塔能楼新冠肺炎疫情联防联控工作机制》,

在和物资采办事业部商讨研究基础上，靠实3个方面12条措施，落实两家单位在区域消杀、核酸检测、垃圾清运、人员外出等联防联控责任，打破行政编制界限，做到步调一致、行动统一，杜绝死角，筑牢防线。针对现场实际情况，靠实8项措施，保证安全施工。落实包保楼栋、居家人员防疫工作。通过"八个第一时间"模式，有效落实居家人员管控措施。建立12层公寓大学生员工健康监测登记台账，每日动态登记体温、抗原结果以及身体状况。抓好疫情防控措施落实情况督导检查，确保各项工作执行到位，疫情防控实现办公场所、生产一线、包保楼栋零感染。

（李梅）

油气合资合作事业部

【概况】 油气合资合作事业部为塔里木油田公司二级单位，加挂新疆塔中西部油田有限责任公司牌子，履行塔里木油田公司对外合作项目的归口管理职能，管理迪那1、吐孜、喀什北3个对外合作项目；同时承担塔中西部公司的生产经营工作，2022年8月成立喀什北和迪那1—吐孜2个前线生产指挥中心。2022年，油气合资合作事业部年产原油9.76万吨、天然气18.57亿立方米，油气产量当量157.73万吨。全年盈利53160万元，对外合作项目盈利51915万元；合资公司盈利1245万元，同比减亏8686万元。

【油气生产】 2022年，油气合资合作事业部所辖各类井83口，开井46。油井45口，气井38口，其中塔中西部区块45口，开井25口；迪那1区块5口，开井4口；吐孜区块19口，开井16口；喀什北区块14口，开井11口。全年完成油气产量当量157.7万吨。其中，石油液体9.76万吨（合作项目3.15万吨、塔中西部公司6.61万吨），天然气18.57亿立方米（合作项目17.66亿立方米、塔中西部公司0.91亿立方米）。

（朱轶）

【生产运行】 2022年，油气合资合作事业部组织开展极限产能测试和冬季保供地面系统和采气工艺适应性评价，提前发现问题并及时整改；编制吐孜气田压缩机降压运行方案，工艺参数优化和工艺安全分析制定消减措施，9月下旬完成吐孜气田压缩机降压运行的测试工作。通过气田水回注和拉运暂存，多渠道落实阿克气田采出水去向问题，保障气田正常生产。新冠肺炎疫情期间，采取检修人员现场吃住、点对点接送等措施，完成检修项目88项，整改生产计量汇管腐蚀等较大隐患34项。完成喀什北项目86台压力容器年度检查，14台压力容器全面检验和283条工业管道检验。完成14台压力容器检验和251条工业管道检验，更换迪那1集气站腐蚀管线。开展井控风险隐患自检自查工作，协调业主与承包商井控专家及井控装备保障人员驻井。组织学习井控典型案例350人次。协调钻井液材料、牙轮钻头、钻工具等物资，协调组织测井、下套管和固井等16支服务队伍陆续到井。就地取材完成电伴热保温工作，组织当地锅炉维护队伍完成锅炉安装。

（何羽）

【财务经营】 2022年，油气合资合作事业部围绕"质效双增、价值创造"，把握高油价有利时机，强化SEC储量增储挖潜，降低资产折旧折耗1.16亿元。优化完善事业部制度18项、岗位说明书24份、业务流程10项。完成19项审计问题整改，整改金额86601万元。迪那1及吐孜项目2018—2019年审计问题的欠款及筹款全部清理完毕，建立作业者分成款结算流程。塔中西部公司实现近3年以来首次盈利，净利润指标-14122万元，实际盈利1245万元，同比减亏8686万元。迪那1、吐孜、喀什北项目对外合作利润完成51915万元，完成预算利润指标35522万元的146.15%。提质增效指标963万元，实际完成2463万元，完成率256%，其中优化投资1453万元，节约成本1010万元。

（张娇杨）

【新能源业务发展】 2022年，油气合资合作事业部代表塔里木油田公司参与巴州光伏项目招标，中标且末10万千伏示范性光伏项目，完成新公司注册。成立采出水提锂专项攻关小组，截至2022年底，完成12吨采出水处理，制得300升氯化锂浓溶液。

【安全环保】 2022年，油气合资合作事业部常态化开展生产井、长停井、弃置井井控隐患排查工作。建立完善环保管理"一井一档、一事一档"113项次，整改环保隐患6项，通过中央环保督察。组织开展采气树和液控柜冬季保供适应性评估工作。查改问题隐患21项，完成整改。完成采气树阀门维修保养176台（次）。开展制度流程"立、改、废"，修订各类制度41项。开展全员风险隐患排查整改，查改各类隐患2062项，其中较大隐患231项。组织开展燃气安全、消防安全、作业许可等8次业务领域专项检查，查改各类隐患635项,其中较大隐患83项。组织开展反违章专项整治,查改5个方面"三违"问题1235项,上报典型问题64项。组织开展安全生产大检查及"回头看",查改"六个不到位"问题隐患346项。严格落实"二十种人"排查整改、安全生产记分、约谈等制度规定,分析处理较大隐患6个,处理乙方单位5家,约谈乙方单位2家,合作双方及承包商人员安全生产记分16分、罚款6.85万元。引进"环保管家"咨询服务,协助梳理环保工作、排查环保隐患,完成迪那1固废场4.5万立方米磺化固废合规处置及封场,完成喀什北项目3口老井9000立方米磺化固废合规处置,合作项目老井磺化固废全部处理。

【喀什北对外合作项目部管理】 2022年,喀什北康苏6井在白垩系和侏罗系均见到良好油气显示,全井见气测显示72米/24层,在白垩系、侏罗系解释出差气层50.8米/11层,可能储层11.5米/1层。截至2022年底,阿克气田生产天然气39.10亿立方米。新建天然气处理厂1座,设计规模300万米^3/日,年产天然气10亿立方米,新建采气井场6座;新建采气管道13.7千米、集气管道10.0千米,新建35千伏变电站1座、架空线路12.3千米,10千伏线路20千米。

【塔中西部合作项目部管理】 塔中西部公司连续多年亏损,2022年列入集团公司亏损治理企业,截至2022年底,亏损1.98亿元,2019年、2022年实现盈利,其他年份亏损。油地双方分别成立工作专班,制订工作计划,明确人员分工,深挖亏损原因,统筹新井上产、老井稳产、措施增产、管理促产,编制油气生产能力提升方案,加快$F_1$17断裂带滚动评价,部署实施4口新井。2022年底,原油产能提升135吨/日、天然气产能提升18万米^3/日,均高于年初计划。全年实现净利润1245万元,同比减亏10348万元。

【迪那对外合作项目部管理】 2022年,迪那1气田实际开发效果好于开发方案设计。迪那1-4井投产后,冬季保供期间气田最高产量220万米^3/日。气藏无监测井,气水界面变化不清,水侵形势不太明确,需控制合理生产规模,降低东部出水风险,加大资料录取,监测生产动态。迪那1项目投资10.53亿元(中国石油前期费用2.05亿元、盛业投资8.48亿元),收入60.84亿元,上缴增值税3.04亿元。

【吐孜对外合作项目部管理】 2022年,吐孜气田开发效果未达到方案设计规模,方案设计年产气9.5亿立方米、实际5.7亿立方米,方案设计采气速度4.19%、实际2.57%。增压站投产后,降低吐孜气田废弃压力,气田最终采收率提高18%,产量在175万米^3/日。投资16.89亿元(中国石油前期费用1.6亿元、盛业投资15.29亿元),收入55.12亿元,上缴增值税2.76亿元。

【党群工作】 2022年,油气合资合作事业部完善"三重一大"决策程序,召开党支部委员会20场次,党员大会16场次。组织员工参与塔里木油田公司党的二十大学习知识竞赛、答题闯关等活动。结合实际制定事业部党建工作责任清单、《2022年油气合资合作事业部党风廉政建设和反腐败工作计划》《2022年油气合资合作事业部一体推进"三不"工作计划》。逐级签订党风廉政建设责任书18份、签订关键岗位廉洁自律从业承诺书6份,开展逐级党风廉政廉洁谈话23次。排查廉洁风险点24个,涉及员工数24人,排查风险点49个,制定措施56条,根据岗位变动情况,适时更新岗位廉洁风险防控表6人次。开展"五种干部""二十种人"排查整改,开展违纪吃喝问题专项治理工作。利用微信群开展宣传学习6次,开展警示教育10余次,专题学习6次,组织领导党员干部廉洁教育基地参观学习1次。超额完成新闻宣传任务指标,强化维稳安保、保密管理等工作,未发生泄密事件;开展元旦棋牌比赛、春季登山、"三八"妇女节蛋糕烘焙制作、"五一"劳动节座谈会、民族团结一家亲等活动。向巴州申报民族团结进步示范单位。

【疫情防控】 2022年,油气合资合作事业部克服新冠肺炎疫情影响,提前落实冬防体温物资和油品储备。从冬季运行风险再分析、现场薄弱点再排查、工作措施再细化、落实情况再检查、相关人员再培训、物资储备再盘点、突发状况再演练8个方面,系统排查整改问题隐患32项。组织开展专项检查4次,查改各类一般隐患137项、较大及以上隐患14项。对各类运输车辆进场设置停车区间,做好消杀和查验检测报告。严格执行"来客登记""严格消杀"等规定,重点管控外来车辆、人员、物资等对接工作。加强与当地生活物资供应商沟通,掌握销售和库存等情况,加紧调配蔬菜、肉蛋奶等生活物,提前为井上员工购置生活必需品,完成25车次物资运输工作。

(何 羽)

油气运销部

【概况】 油气运销部成立于1990年12月16日(原塔

指运销处），1999年底塔里木油田公司重组改制更名为销售事业部，2012年3月6日塔里木油田公司储运销售机构编制调整更名为油气运销部，2022年8月1日为强化塔里木油田公司油气市场营销归口管理职能，油气运销部加挂油气营销管理部的牌子，为塔里木油田公司二级单位，负责油气储运、油气营销两大业务，管理油田大型场站11座，油气管网6774千米，油气计量点125个，10余种油气产品的交接计量，年外输能力天然气500亿立方米、石油液体870万吨。2022年，销售石油液体734万吨，销售天然气309.42亿立方米，累计向西气东输供气253.08亿立方米，向周边地区供气54.96亿立方米。

【生产经营指标】 销售收入指标：2022年，油气运销部销售收入611亿元。其中：销售石油液体734万吨，实现收入309亿元；销售天然气305亿立方米，实现收入296亿元；其他收入6亿元。

运营成本指标：账面累计发生运行成本75473万元，其中，不可控费用实际发生48665万元，全年发生可控费用26808万元，完成预算指标31716万元的85%。"五项费用"预算142万元，实际发生额157万元。其他可控费用预算31574万元，实际发生额26651万元。

投资控制指标：完成办公及生产用非安装设备转资34项26.77万元。完成投资2.26亿元，在建项目13项，余额2.63亿元。

应收账款与存货压控指标："两金"压控指标控制在塔里木油田公司下达考核指标内。其中，应收款项实际完成年底应收账款余额为0；存货控制实际完成12730万元。

【生产运行】 2022年，油气运销部以数字化为方向，坚持数字+平台+应用，新增SCADA系统点位1206个，流程图19张，3万余个参数集中监控，2205个区域电子化巡检，35处零散点计量数据远传，运销App功能不断完善，油气运销实现可视、可监、可控。推进调控管理。加快调度能力培养，建立两级调控体系，修订5项储运生产管理制度，规范13个水力系统、47条管道调控提升管网运行效率。数智赋能成效初显。以"两减两提"（减少投资、减小劳动强度、提高管理效率、提高调控水平）为目标，依托参数远程监控、数字化巡检等手段，优化管道巡护、站场运维业务42人，发挥集中调控平台优势，报表制作时长由2小时降为2分钟，分质分输调控作业时长由6小时降为20分钟。冬季保供平稳有序，完成调压系统改造、管道缺陷修复，轮库输气管道供气能力提升至960万米³/日。筹措保供资源，组建保供专班，建立分析和压减机制，发挥冬季保供主力军作用。累计向西气东输供气突破3000亿立方米，向南疆五地州供气突破500亿立方米。

【阿克苏油气储运中心】 2022年，油气运销部阿克苏油气储运中心"保上游、畅下游"，完成销售天然气10.32亿立方米，外销凝析油130.45万吨，其中火车外销76.12万吨、管输外销54.33万吨（其中代销11.62万吨）。销售轻烃14.68万吨，液化气31.77万吨。完成7座储罐（1座消防水罐、2座原油罐、4座液化气球罐）检修任务。以"运销好管家"为载体，建立隐患排查认领机制、季度及年度奖惩机制，明确隐患认领专业、时限、考核等，压实全员隐患排查、治理责任，全员参与率100%，较大隐患697项，同比提升209.78%。隐患排查权宝、李汉成个人排查隐患占比3%，获隐患排查能手。面对多轮次新冠肺炎疫情，建立"外防输入"防控体系，推出"无接触装车""随到随装""志愿者上线"等举措，累计完成清管27次2865千米，其中自主清管里程1015千米；冬供期间组织西气东输主力气线清管5次，周边民生供气管线清管2次，处理民生管线冻堵3次。建立"效益账本"，运用"逐项计划、逐项督促、动态核算、动态更新"的模式，推动油气装车业务整合、生活锅炉无人值守改造等业务整合，节约成本330余万元。

【轮南油气储运中心】 2022年6月1日，油气运销部塔轮油气储运中心更名为轮南油气储运中心，轮南油气储运中心累计接收原油443.71万吨，移库445.2万吨。销售天然气214.88亿立方米。销售工业硫黄6430.22吨、轻烃10.83万吨、液化气14.21万吨。坚持"安全了再干、合规了再干"工作原则，完成7号、4号储罐大修任务，将5万立方米大罐检修期控制到5个月之内，较计划提前30天。坚持发现真隐患、真发现隐患，全员排查隐患8150项，整改率99%，较大隐患490项，同比增长5倍。贯彻落实地方政府安全管理各项工作要求，按计划完成危废专项整治三年行动计划收官阶段工作，组织哈得凝析油线缺陷管道更换作业，提升运销设施完整性管理能力。开展自主计量比对核查工作，完善计量差异核查标准化工作机制，追回天然气20.7万立方米，实施原油质量控制"源头减、中心控"工作原则，外输原油含水超标频次从267次降低至6次。坚持精细化管理，围绕创新发展和绿色低碳开展专项行动，实施原油外输系统机泵三级变二级等10项提质增效措施，创效129万元。

【库尔勒油气储运中心工作】 2022年，油气运销部库尔勒油气储运中心销售石油液体460万吨、天然气16.23亿立方米、乙烷70.36万吨。完成实施细则42项、操作规程48项、应急预案9项修订工作，结合全员隐患排查，及时发现、记录制度体系缺陷，形成制度体系制定、检查、修订良性循环的管理机制，优化和实现生产运行标准化、规范化、体系化。依靠机制引导、鼓励、倒逼全员主动发现问题、消除隐患，发现上报各类隐患问题4235项，其中重大隐患3项，较大隐患337项，一般隐患3785项，人均发现问题47项，整改率96.1%。建全测量管理体系、完善计量系统核查手册，做到"无一差错、无一纠纷、无一滞后、无一例外"，客户满意率100%。

【党群工作】 2022年，油气运销部坚持抓党建就是抓发展，落实"第一议题"制度，专题推进习近平总书记重要指示批示精神再学习再落实。举办党的二十大精神大家谈、知识竞赛、主题征文系列活动。开展主题教育，全面推进基层党建"三基本"建设与"三基"工作有机融合，优化组织设置，配强党支部书记，打造西气东输第一站党支部示范基地，带动阿克苏装车站党支部创建三星级党支部，打造两个示范典型，引领各党支部对标先进，提升基层党组织凝聚力、战斗力。落实人才强企工程，树立重实干、重实绩鲜明导向，优化薪酬分配机制，畅通管理、技术和操作多序列并行晋升通道，推进青年员工培养，全年提拔年轻干部8人，聘任二级工程师2人、三级工程师2人，选拔聘任企业技能专家1人、特级技师1人，35岁以下干部占比提升40%，李志国获集团公司"先进工作者"称号。践行"快乐学习、快乐工作、快乐生活"运销文化，建立"运"温暖•"销"难题办实事机制，建成前线慢步道、美化一线办公环境等民生工程236项。发挥5个协会作用，打赢脱"高"攻坚战，"三高"人员占比由20%降至18%，乒乓球、羽毛球、篮球等在塔里木油田公司比赛中成绩突出，通过"平安示范单位"验收，完成党的二十大重点时段维稳安保任务。

【疫情防控】 2022年，油气运销部落实常态化新冠肺炎疫情防控，守护员工生命健康，205名党员参与疫情防控"先锋"行动。全面实行网格化管理，从严管控三大风险，创新开展云端观影、网络健身等线上活动，累计开展楼栋值守、风险排查、物资保障、重点工程、宣传教育等各类活动超过3000余人次；建立关心关爱"一对一"帮扶机制，解决缺衣少药、紧急就医等甲乙方员工急难愁盼98项，做到电话、问候、物资、药品"四个不断"。面对管道巡线、物资拉运，驻站员工就餐等难题，油气运销部党委通过与各地州疫情防控指挥部多方沟通与协调，为各销售点危化品车辆备案200余次，通过生活物资拉运车辆将6500个N95口罩、1380瓶消毒液、310瓶酒精带到前线站队，解决疫情期间物资急需问题，确保疫情防控工作落实到位。

【基础管理提升专项行动】 2022年，油气运销部按照"先打基础、再精细、再精益"的节奏，编制《油气运销部基础管理提升方案》，部署5部分17类44项具体工作，以"两册"修订完善执行为抓手，以隐患排查清单化、现场培训实操化、应急演练实战化为核心的基本功训练，以现场标准化、生产组织精细化、工作制度化为核心的基础工作，编制发布《油气储运集中调控中心长输管道调控手册》，47条长输管道、13个水力系统管网调控操作更加规范。建立"集中调控、两级监控、三级巡检、统一应急"的生产组织体系，统筹优化油气装车、管道巡检业务，减少用工42人，节约成本650万元。

【机关服务基层工作专班】 2022年，油气运销部深化"五不让"（不让上级布置的工作在我手里耽误、不让需要我办的事情在我手里积压、不让各种差错在我这里发生、不让办事人员在我这里受到冷落、不让单位的形象在我这里受到损害）作风建设，抓实"二十种人""五种干部"排查整改，开展解决形式主义突出问题专项行动，落实一线工作法，组建一线工作专班，协调解决一线生产难题49项，建成前线慢步道、美化一线办公环境等民生工程236项。

（李碧龙　杨子萱）

监督中心

【概况】 监督中心为塔里木油田公司二级单位，主要负责监督安全生产、环境保护的法律法规、国家标准、行业标准和集团公司、塔里木油田公司安全环保规章制度、工作部署执行情况；负责制订并执行年度安全环保监督工作计划；定期上报监督结果、分析报告、对策建议；抽查验证问题整改完成情况及效果；负责塔里木油田公司重点建设工程、工程技术服务、检维修施工现场和生产经营关键环节进行安全环保监督；对承包商施工作业过程进行现场监督，负责对建设项目"三同时"（同时设计、同时施工、同时投入生产和使用）执行情况开展跟踪监督；为各单位提供安全环保监督咨询和评估诊断服务；参与塔里木油田公司事故（事件）调查及HSE审核、检查，负责钻井、地质、试油监督管理工作及地面建设工程质量、井筒质量监督工作。2022年，监督作用发挥取得新成效，助力钻试修现场累计节约投资9100余万元；深度参与重点及复杂井方案制定217井次、现场处置564井次，钻井故障复杂时效同比下降2.21%，保障富东1等重点探井的勘探突破；落实技术措施，助力塔里木油田公司平均单井改造增产4.86倍，优化测井项目工艺，测井一次成功率96%。风险排查更加精准，全年发现较大隐患518项，同比增长11倍，助力基层安全管理改进提升。质量把关作用更加突显，发现并清理20种不合格入井材料，制止质量不合格钻工具入井15起，促进井身质量、固井质量达标。强化地面建设工程质量监管，推动25项重点工程建成投产。编制注册审核和现场检查"两张清单"，发现隐患1053项，同比增长63.7%，推动隐患系统整改和质量终身责任制落实见效。

【改革管理】 2022年，监督中心锚定建设塔里木特色一流监督队伍目标，树立大抓基层的鲜明导向，深化监督业务改革，坚持资源向一线倾斜、服务向一线延伸、管理向一线问效，形成小机关、大基层的运行模式。围绕现场技术管理、风险管控、质量把关等主责主业，靠前支撑、靠前决策、靠前指挥，推行区域总监负责制，突出现场技术支撑和监督运行管理；推行与业主单位融合办公，协同开展方案制定、现场处置、监督管理，形成"工作共干、监督共管、责任共担"联合作战模式。因事议岗、以岗定能、以能择人，开展岗位价值评估，实现工作到岗、责任到人。推行综合事务一插到底，强化服务保障，减员20%以上。践行"云端联动、线上沟通、移动办公"模式，优化固化业务流程，开发推广线上办公程序13项，推动业务工作规范化、线上化和闭环管理；克服时间紧、任务重、疫情影响等困难，主导方案设计和施工建设，完成安眼监控室投运上线，夯实远程监督可视化基础。

（兰天智）

【井筒质量监督】 2022年，监督中心井筒质量监督站坚持问题导向、需求导向、结果导向，形成"四全体系"（全员井筒质量监督、全要素制度及标准、全过程井筒质量监督、全方位质量抽检）、"三个打造"（打造沟通交流新窗口、打造质量监督新形象、打造数智监督新模式）的特色做法，助力塔里木油田公司实现井身质量合格率96.6%、固井质量合格率91.4%，完成集团公司考核。以井筒质量监督站为依托，形成由34名兼职巡查监督和5名兼职技术人员组成的监督网络，对6家建设单位和29家承包商基地、固井实验室等监督检查9次，发现问题358项，其中固井实验造假、旧螺杆重复使用等典型问题15类，编制并上报工程技术部管理现状报告5份。组织开展老井分析4次，分析5口井身质量不合格井和12口固井质量不合格井原因；向井筒质量总站报送井筒质量监督月报12份，固井质量月报12份；向塔里木油田公司安全环保部报送井筒质量指标12份；组织参加集团公司油井工程质量监督总站第一届井筒质量监督优秀论文及优秀管理创新评比活动，获一等奖2项、二等奖4项、三等奖9项。

（王卫阳）

【地面工程质量监督】 2022年，监督中心地面工程质量监督站贯彻落实塔里木油田公司质量提升行动部署要求，全年新注册项目36项，在监工程69项，总投资48.7亿元；编制监督计划35项，开展现场监督交底25次，提交监督报告29份，完成监督档案归档14项；开展现场监督检查188次，审核质量控制资料88次，发现各类质量问题1053项，签发质量问题处理通知书29份；通过塔里木油田公司生产例会、地面建设质量公报等平台通报典型隐患115项。

（薛 健）

【钻井监督】 2022年，监督中心钻井监督落实3个源头责任，常态化开展隐患排查、承包商资质资格核查，深度参与方案制订、关键环节、特殊施工旁站把关，强化井控过程管理，保障安全、快速、优质钻井。协助集团公司、塔里木油田公司开展井控、工程设计、井筒质量等专项检查5次，检查钻试修井队149井次，发现主要问题491项，整改率100%。聚焦风险探井、目的层、故障复杂井等高风险井风险管控，调派监督450余人次驻井把关，突出技术支撑，加强事前预防和过程管控，监督落实现场技术方案165井次，处置卡钻溢流280余井次；聚焦井筒质量管控，细化20条红线管控措施，开展隐患排查工作，发现隐患1505项，从源头上夯实作业质量基础，井身质量合格率96.6%，同比提升0.8%，固井质量合格率91.4%，同比提升8.4%。开展承包商资质资格核查485井次，通报"二十种人"100余人次，发现各类隐患12461项，其中较大2151项，推动重点工作部署落实落地。

（赵　俊）

【地质监督】　2022年，监督中心地质监督围绕效益提升，参与优化精准卡层落实方案，提高方案可操作性，完成地质卡层172井次。落实区域专打机制，针对高风险井、地质复杂井，整合资源，发挥"专家会诊"团队优势，形成库车山前"盐底卡层七步工作法"、塔中塔北"碳酸盐卡层标准化模板"，以及大斜度、水平井"最优着陆角选择四要素"3个典型做法，保障富东1井等重点探井的勘探突破。

【试油井下监督】　2022年，监督中心试油井下监督围绕勘探突破、完井提产、修井复产3项中心工作，聚焦安全、质量、效益，发挥日费制管理模式下的试修监督在生产组织、技术指导、监督管控三方面的主导作用，实现"三提两控"(提质、提产、提效、控险、控期)，监督试修井545井次，完成下管柱、射孔、酸化（压）、地面测试等单项作业1238项，全年未发生井控和安全环保事故事件。落实完井现场"五项制度"（试油工具设备第三方检测制度、试油工具两级清单检查制度、采油气井口安装试压检测制度、高压气井完井管柱气密封检测制度、"一证书两报告"管理制度），把控工具、管柱和井口三大部件，保障"三高井"(高产、高压、高含硫) 井完整性。新投产井井完整性完好率连续4年保持100%，助力富东1井、恰探1井等重点探井获重大发现。检查入井材料106井次，查验高压管件（汇）1520件，排查不合格材料和管件69件。督促整改安全隐患1080项。监督改造总规模6.5万立方米，100兆帕以上的高压施工47场，实现高压施工安全零事故，助力塔里木油田公司单井改造增产5.7倍。加强试修日费制管理，优化施工方案，强化过程监督，完善作业方案，试油、井下作业监督提出建议42项，提出工序优化建议53项，节约施工周期215.5天，节约成本3135.3万元。建立隐患问题数据库，重点领域集中整治，提升试修现场安全管控水平。检查发现各类隐患问题10391个，较大隐患743个，跟踪整改率100%。总结射孔枪处理推荐做法、小井眼封隔器处理推荐做法，推动现场经验成果化，助力复杂打捞作业更好更快施工，助力克深904井、克深8井等成功复产，节约施工周期204天，增气1.9亿立方米。

（彭永洪）

【测井监督】　2022年，监督中心测井监督以取全取准高品质资料为主线，以工艺安全和资料质量为抓手，重点开展直推测井仪器维修保养专项检查，采取"远程+现场"方式，盯防测井工程数据质量，结合现场优化测井工艺、优选测井项目，择机补测不合格资料，避免钻井停等，实现测井一次成功率96%，解决复杂井测井下不去、测不全、质量低难题，保障大北1205井等一批储量井收官。

（王景辰）

【HSE监督】　2022年，监督中心HSE监督对生产现场监督检查1733次，发现隐患2967项，现场纠正1300项、叫停作业116项。践行装置检修"双监督"包保制，发现并督促整改各类隐患156项，完成39套装置检修旁站包保。首次启动钻试修现场HSE监督巡查，并由定期巡查逐步转为常态化巡查，进一步提升督查能力。

（许　潇）

【数智化转型】　2022年，监督中心开发工程监督管理系统，搭建九大模块23项功能，手持终端钻试井现场覆盖率100%，推进工程监督动态管理、履职过程记录、隐患数据分析等信息化工作。自主研发完成HSE监督助手，构建3个基础数据库，搭建监督线上工作平台，实现监督工作无纸化、业务管理线上化、隐患数据分析自动化。HSE监督助手二期建设增加隐患智能对标及分级判定等13项功能，实施智能化建设。按照塔里木油田公司安眼工程和数智监督建设要求，完成油田公司级安眼监控中心远程监督可视化平台的开发与上线运行。

【监督队伍建设】　2022年，监督中心健全管理体系，梳理6个部门50个岗位职责，修订完善各类管理制度17项，保障全年监督招聘、晋级考核等工作有序推进。完善人才培养机制，建成线上"培、练、考"一体化平台，自助开发微视频课件21项，配套考核倒逼机制。举办骨干监督能力提升班1期。优化监督队伍结构，严把监督入口关，外聘监督通过率49%，实习合格率96%。规范监督晋级考核，畅通成熟人才破格晋级通道，晋级二级监督42人。集中培养油田公司工程技术领域新员工57人，培养输出工程技术人才47人。分级培养年轻监督，派驻重点复杂井以干带培，二级及以上监督占比由30.6%提至38.6%，三级以上监督占比提高21%，监督人员结构得到改善。

（兰天智）

【人事管理】　2022年，监督中心组织基层干部选拔任用3批4名，其中内部推选1人、竞争上岗转内部推选1人、公开招聘2人；基层干部退出领导岗位（离职在岗)2名。组织推荐15人建立后备人才库。组织全员绩效合同签订备案,逐级组织业绩考核和总监述职考核,强化考核结果运用,监督排序分档,专项奖励12批73人次。在塔里木油田公司范围内招聘、转岗补充监督9人,四批次外聘监督44人。压实总监、培养导师责任,严格答辩,考核成绩"红黑榜"硬排序,公示红榜55人次,黑榜17人次,评选优秀新员工、优秀导师各8人;2人获评塔里木油田公司优秀实习生、8人获评塔里木油田公司优秀导师。组织二级及以下监督晋级考核1次,晋级157人。组织开展第三届"星火杯"监督论坛,30项成果获奖。

(李明和)

【财务经营管理】 2022年,监督中心"五项费用"支出42万元,可控成本支出1.3亿元,内部利润2910万元,全面完成塔里木油田公司考核指标。按照业务分层级建立健全17项监督管理制度。推进深化岗位责任制工作,细化明确50个岗位标准,组织编写8个岗位操作手册,监督管理进一步规范。科学设定8项评价指标,开展工程监督承包商评价工作,突出合同履行权重,促进承包商加强管理、提升服务质量。新引进玉门油田试油井下监督,内部监督服务公司由2家增至3家,推动承包商有序竞争,激发队伍活力。实施工程监督提质增效措施超500项,产生塔里木油田公司认可效益9010万元,完成目标的117%。

(王相飞)

【党群工作】 2022年,监督中心落实"第一议题"制度,开展"奋进新征程、建功新时代、喜迎二十大"系列活动,制订学习党的二十大精神宣贯方案,开设宣传专栏,分级开展宣讲;组织开展"学精神、战疫情、保安全、促生产"专题劳动竞赛。推进监督融合式管理,将钻井、地质监督党员融入业主单位区域党支部管理,与业主单位签订党建联盟协议,通过联合开展主题活动、技术攻关、人才培养、监督检查等形式,推动工作。常态化开展"四比一创"劳动竞赛,分专业制定评比细则,定期评比奖励32人次。系统梳理监督发展历程,总结提炼并弘扬"扎根现场、坚守底线、攻坚克难、团结协作"监督精神,以文化引领监督队伍继承传统、勇于斗争。全面梳理排查党委、党支部各项基础工作。补选职工代表6名。实施厂务公开69次。落实"我为员工群众办实事"长效机制,解决员工困难100余项。开展"寻找好员工、讲述好故事"群众性活动,2人获塔里木油田公司"最美员工"称号。通过"四比一创"活动,成功创建6个优秀团队。组织参加新疆维吾尔自治区总工会职工创新评比活动,《基于总监负责制模式的监督队伍建设与管理的探索与实践》等21项创新创效成果获集团公司"五小"群众性优秀创新成果奖,1项获劳动模范创新成果奖。聚焦提质增效征集合理化建议13项,在塔里木油田公司评比中获二等奖1项、三等奖2项、鼓励奖5项。聚焦安全风险识别和隐患排查,征集"铜哨子"123项,表彰"银哨子"41项,1项成果获塔里木油田公司"金哨子"奖。慰问前线员工1100人次、基地加班员工180人次。关心患病职工及家属困难,为1名新增大病职工申请应急救助金1万元,为1名职工子女患病申请大病慰问金2000元。巩固脱贫攻坚成果,采购2个对口扶贫点农副产品10.8万元。

(王 凯 杨 帆)

【疫情防控】 2022年,监督中心组建7个专班施行分片包保、专项督导,统筹推进新冠肺炎疫情防控和钻试修生产。加入楼栋管控、消毒消杀专班,10名员工参与塔里木油田公司青年志愿服务队,109名监督反疆备勤,260多名工程监督坚守生产一线。封控期间,组织开展健康讲座、线上心理辅导,视频慰问200余人次,对大病、长期坚守岗位等103人全覆盖慰问;组织开展6期线上健步走团队赛、9期个人竞赛,每期参与人数450余人,10个团队和277人次达标获奖。

(兰天智)

新疆巴州塔里木能源有限责任公司

【概况】 新疆巴州塔里木能源有限责任公司(简称塔里木能源公司),为塔里木油田公司二级单位。由中国石油天然气股份有限公司与巴州国融投资有限公司共同出资,主要负责塔里木油田凝析气轻烃深度回收装置及乙烷回收装置运营工作。2022年,处理天然气100.7亿立方米,生产液体产品122.4万吨。液烃产量122.4万吨、净利润3.56亿元、投资完成率99.78%,无一般B级及以上生产安全事故及环境责任事件。

(王学平)

【投资经营】 2022年,塔里木油田公司下达乙烷回收工程投资计划2.1亿元,累计下达投资14.62亿元,全年完成投资2.1亿元,累计完成投资14.59亿元,累计投资账面完成率99.79%。

【提质增效】 2022年,塔里木能源公司坚持以提质增效为抓手,全年实现降本创效6971万元。1项提质增效措施获塔里木油田公司三等奖,2项合理化建议获塔里木油田公司二等奖。通过自主搭建全流程仿真模型,提高班组对操作参数认识深度,全系统参数对标优化降耗增效,发现解决相关问题15项,全年节约气449.9万立方米、节约电2435.6万千瓦·时,降本增效1919万元;同时基于仿真模型开展创新措施,挽回或增产液体产量15.48万吨。通过打造回温技术升级版,节约作业成本97.32万元,增加液烃产量0.36万吨,间接增产增效587.8万元,措施增加经济效益685.1万元。多措并举提收率,乙烷收率提升1.2%,日增产乙烷57吨,全年创造经济效益1681.8万元。

(李婧希)

【召开股东会】 2022年2月8日,塔里木能源公司召开2022年第一次股东会,审议通过《修改塔里木能源公司章程并授权董事会办理工商变更登记》议案。5月27日,塔里木能源公司召开2022年第二次股东会,审议通过《2021年董事会工作报告》《2021年财务决算报告》《2022年财务预算草案》《2022年资产处置》《2021年股利分配》《2021年监事会工作报告》6项议案。8月28日,塔里木能源公司召开2022年第三次股东会,审议通过《2022年增资扩股》《成立合资公司》《向合资公司出资》《修改公司章程》《开展联村包户工作》《增加慰问费用额度》6项议案。

【召开董事会】 2022年5月11日,塔里木能源公司召开第一届董事会第十二次会议,审议通过《2021年董事会工作报告》《2021年财务决算报告》《2022年财务预算草案》《续聘会计师事务所》《2022年资产处置》《2021年股利分配方案》《聘任副总经理职务》7项议案。8月28日,塔里木能源公司召开第一届董事会第十三次会议,审议通过《2022年增资扩股》《成立合资公司》《向合资公司出资》《开展联村包户工作》《增加慰问费用额度》5项议案。

【监事会】 2022年,塔里木能源公司根据《中华人民共和国公司法》《塔里木能源公司章程》规定,监事会成员李艳勇、张中亚、曹诚全程监督2022年第一、第二、第三次股东会、第一届董事会第十二、第十三次会议共15项议案审议,确保过程依法合规。

(万春红)

【生产运行】 2022年,塔里木能源公司统筹年度产量任务,靠实月度生产计划,实行日跟踪、旬分析、月对比,灵活调整生产策略,保障优质气源供给,实施产业链生产同步。落实对标管理,实施爆破吹扫等措施,消除系统及冷箱高压差瓶颈,装置负荷100%。运用模拟技术优化操作,乙烷收率提升至94%以上。开展装置运行技术攻关,自主完成全流程仿真模型搭建,有效指导装置操作,解决装置运行难题,乙烷装置气耗电耗均低于设计值。编制实施夏季和冬季运行方案,提升应对极端天气能力。创新实施轻烃压缩机替代运行方案,解决外输压缩机电机故障期间装置运行问题。全年处理天然气100.7亿立方米,生产石油液体122.4万吨。

(杨振宇)

【设备技术管理】 2022年,塔里木能源公司针对性实施导热油炉程序优化升级,火焰检测器替换,解决导热油炉非正常停炉、点火异常难题。集中开展40天外输压缩机技术攻关,消除油压低联锁停机、控制系统与变频器通信故障等潜在隐患,压缩机运行更加稳定可靠。结合设备状态监测制定符合现场实际设备维护策略,注重巡检和维修质量,提升设备有效运行时间。建立设备特护制度,实行关键设备包保,保障设备可靠运行。仪表自控率显著提升,智能化工厂各功能模块建设稳步推进。电力系统运行稳定性增强,防爆设施典型做法成为塔里木油田公司示范样板。特种设备管理范围实现全覆盖,依法合规管理使用基础靠实。开展轻烃停用设备维护保养,设备保持完好状态。

【装置检修】 2022年,塔里木能源公司为确保下游乙烯装置连续运行,创新采用"一列运行、一列检修"模式,推行工艺处置和检修作业标准化,严格工艺检修界面,检修质量安全进度全面受控。两列装置首检任务提前完成,并一次开车成功,设备隐患得到消除,主要工艺参数优于设计值,为装置连续平稳运行创造条件。

(单来民)

【新能源业务】 2022年,塔里木能源公司按照塔里木油田公司绿色低碳三步走总体部署,以节能降耗、光伏发电、二氧化碳回收等工作为主线,实施全过程清洁低碳行动,节能3586吨标准煤。通过脱丁烷塔、乙烷脱碳脱水工艺优化等技术攻关,实现燃料气消耗降低;通过平衡膨胀机、丙烷离心机冷量,实现装置电耗降低。配合塔里木油田公司完成尉犁县10千伏光伏发电项目,建成并具备发电能力。推进二氧化碳回收及余热回收利用工程。从设计源头入手，在乙烷回收扩建工程中争取清洁能源替代方案，提升余热利用率，实现能耗降低。

【智能化工厂】 2022年，塔里木能源公司智能化工厂主要功能均已上线试运行，通过对各域业务功能整合、闭环及联动，在智能感知、智能操控、智能诊断、智能预警、智能优化决策方面均取得成果。围绕以上五大场景，形成生产全过程闭环管控、全厂工艺动态模拟仿真、生产运行实时优化、设备健康实时感知、生产安全实时受控、应急指挥协同联动、生产过程动态可视、保障高效精益管理、收率提升能耗降低、运行稳定效益增加的阶段目标。

【球形储罐智能安全监测与风险评价系统投产运行】 塔里木油田公司为解决球形储罐传统定期检验作业风险高、任务重、作业强度大的问题，探索快速、长效、智能的球罐风险管理模式，开展"球形储罐在线状态监测与风险评价系统开发研究"课题。课题全面梳理摸排历年球罐失效因素及相应临界参数，开展现场和室内攻关研究，对传统的声发射、应力监控等成熟检测技术进行智能化、系统化升级，开发出适用于球罐等压力容器的在线监测传感装置，实现材料断裂、泄漏、腐蚀、应力、不均匀沉降、温度等7项参数指标全方位实时监测，是当前国内监测指标最全面、算法最先进的系统，2022年7月，在轮南轻烃厂投产并平稳运行。课题研发成功弥补定期检验的不足，填补多项技术空白，国内首次实现承压设备的多参数在线智能监测和综合安全状态实时评估，引领行业技术的发展，推动国内承压设备综合诊断及预测的应用和发展，具有广阔的应用前景。该课题发表论文1篇，受理发明专利4项、软件著作权1项。

(程会武)

【隐患治理】 2022年，塔里木能源公司落实"四全"管理体系，开展"四查"分析，排查整改一般隐患5311项，较大及以上隐患411项，对23项典型问题开展"四查"分析。建成实施"安眼"工程，初步建立"远程监督+现场验证"的智能化监管机制，全年发现违章行为116项。

【QHSE】 2022年，塔里木能源公司修订发布覆盖全岗位安全环保责任清单47份，QHSE责任进一步明确。健全QHSE管理考核体系，加大正向激励力度，全年奖励金额2.61万元。开展体系内审队伍建设，锻炼培养11名体系内审员。发布《安全风险清单及隐患排查手册》，其中包含3609条危害因素、44类危害后果、12000余项控制措施，形成双重预防工作载体。全年修订发布两册17本、各类制度和操作规程300余项。开展各类QHSE培训800余人次，提升员工安全能力和意识。完成安全生产专项整治三年行动。开展危险化学品、燃气安全、消防安全等领域安全专项整治，组织专项检查16次，整改问题170余项。常态化开展承包商资质资格核查，总结固化受限空间作业"甲方首入+可视化安全技术交底""检修项目安全监督包保责任制"等安全成果。固化"三废"管理"源头减量化、过程规范化、末端资源化"工作模式，梳理形成"1+2+3"制度体系，通过中央环保督察。通过实施绿色检修，降低检修废弃物生成量。组织实施质量管理体系创建，形成《质量管理体系制度清单》《质量管理手册》等体系成果，通过质量管理体系认证。探索实施"1+X"体检新模式，完成健康企业创建，通过集团公司验收。

(官耿垚)

【疫情防控】 2022年，塔里木能源公司落实塔里木油田公司和地方新冠肺炎疫情防控政策要求，制定发布针对性专项防控措施及方案，构建疫情防控制度体系，管住输入性、流动性、交叉感染三大风险，确保前线生产生活平稳有序。统筹安全生产和疫情防控"两手抓两手硬"，确保装置生产运行未受影响，员工生活保障正常运转，基地楼栋包保服务周全。围绕"衣、食、住、行、医"生活服务，克服困难采购常备药品、方便食品，保障生活必需物资供应。发挥"家·能源"志愿服务队作用，急难险重任务实行专人定点服务，确保工作在哪里，服务保障就在哪里。妥善安置乙方服务人员200余人，车辆50余辆，确保甲乙方员工投入安全生产。坚持油地共建共享，与轮台县和轮南镇及社区，建立沟通协调机制，保障前线物资运输、人员流动畅通，定期组织慰问，开展爱心捐款，就近采购当地农户滞销瓜果蔬菜。

【党群工作】 2022年，塔里木能源公司落实"第一议题"制度，学习传达习近平总书记重要讲话和指示批示精神，开展党的二十大精神专题学习宣贯活动，结合实际工作任务开展研讨，将党的二十大精神落实到工作部署中。建立《研讨意见落实责任表》，明确职责任务，确保落实落地。全年组织党委理论中心组学习15次，各党支部及全员理论学习规范开展。配齐配强党支部委员会班子，修订"三单合一"(党建工作责任清单、全面从严治党主体责任清单和党风廉政建设监督责任清单合成为一张党的建设工作责任清单）党建责任清单，明确支委责任任务，做到责任清晰、目标明确。继续充实生产运行党支部"三融三定"（融心浇胡杨之"根"，锚定乙烷工程投产目标不动摇；融力健胡杨之"躯"，坚定乙烷工程投产过程不折腾；融智铸胡杨之"魂"，笃定乙烷工程投产运行不懈怠）联合党建模式和以"向上求生、向下扎根"为内核的胡杨文化阵地，以及安全技术党支部"红色阵地"特色文化，提升党建基础工作。生产运行党支部再次创建"三星级"党支部，2篇党建与思想政治论文分别获塔里木油田公司二等奖和三等奖。坚持正确选人用人导向，全年提拔交流4名基层干部。重视青年员工培养，开展专项调研明确培养方向，实施岗位轮训，加快青年员工立足岗位成长成才。持续改进工作作风，开展"二十种人""五种干部"排查，落实整改措施，推动作风建设向善向好。运用"四种形态"，对9人开展诫勉谈话、提醒谈话或批评教育。围绕安全生产、合规管理、疫情防控等重点工作，纪委与专业部门联合开展监督检查，使管理、监督形成合力。编制发布《工会工作提升方案》，全年以"十件实事""民生工程清单"为抓手，解决员工急难愁盼问题58项。始终将"一家人"理念贯穿各项工作全过程，搭建"家•能源"文化框架。落实"两个一切为了"，完成健身房、乒乓球室、篮球场地坪维修、装车站停车场、道路建设等民生和安全零星工程，实施轻轻公寓绿化工程，装车站办公用房改造、碳汇林项目等民生项目立项论证，逐步改善前线生产生活和办公条件。落实党的二十大特别重点阶段维稳信访安保防恐管控措施17项，守住稳定底线，通过"维稳安保达标单位"验收。开展"民族团结一家亲"活动，凝聚民族团结向心力。与轮台县和轮南镇社区，建立良好的互信和沟通协调机制，新冠肺炎疫情期间解决员工和物资流动困难。开展慰问、捐款等爱心帮扶活动，参与轮台县百企联村包户行动，深化油地关系。

（敖福艳　杨振宇）

人力资源服务中心

【概况】　人力资源服务中心为塔里木油田公司二级单位，是集员工培训、技能鉴定、人事服务、普教协调为一体的服务机构，主要负责塔里木油田公司培训项目的组织实施、新员工培养和考核、技能开发及鉴定工作，组织技师、高级技师、首席技师、企业技能专家评聘及技能专家工作室建设，为塔里木油田公司各单位提供员工管理、薪酬管理、人事档案、基本人事政策咨询、培训咨询等人事共享服务，协调解决普教事宜。2022年，人力资源服务中心树立"急生产一线所需，解员工群众之难"工作理念，坚持"一手打伞、一手干活"，统筹推进疫情防控和中心工作，完成油田公司各项考核指标。

【技能人才建设】　2022年，人力资源服务中心编制高技能人才管理、职业技能等级认定、技能专家工作室管理三项制度；修订完善7个工种800道实操题库；推荐选拔集团公司技能专家3人，推荐"石油名匠"重点培养对象1人，选聘企业技能专家11人，特级技师8人。疏通新疆维吾尔自治区高技能人才成长渠道，协商形成并定期汇报塔里木油田公司高技能人才成长工作机制。推荐新疆维吾尔自治区高技能领军人才2人，张明技能专家工作室被新疆维吾尔自治区推荐为国家级技能大师工作室。参加新疆维吾尔自治区"新疆工匠"培养项目，申报技能导师3人、培养对象17人。试点开展承包商员工技能等级认定。建立健全钻井液工和石油钻井工技能认定题库；首次组织开展石油工程领域技能等级认定，43名石油钻井工取得技能等级证书。11月29日，成立塔里木油田公司技师协会，主要协助技能人才工作业务主管部门，服务于塔里木油田公司安全生产、技能人才队伍建设等工作，在技术技能攻关、技改革新、技艺传承、决策咨询、班组建设和班组管理、人才培养等方面发挥作用。12月10—11日，举办塔里木油田公司首届内部兼职培训师大赛。

【人事服务】　2022年，人力资源服务中心实施机构改革人员划转工作，完成岗位异动254人次，办理调出塔里木油田公司7人次、调入塔里木油田公司8人次、退休143人，组织岗位招聘报名及资质审核工作68人次，上报工伤及劳动能力鉴定23人次、残疾人认定28人次，组织签订新员工劳动合同及续签机关部门300余人劳动合同，完成借聘人员管理等工作。

【技能评价与竞赛】　2022年，人力资源服务中心研究制订各项比赛参赛方案，优选生产、科研单位进行承办训练，组建教练团队，层层选拔参赛选手，聘请外部教练交流，协调新疆油田公司、长庆油田公司等场地冲刺训练。在全国油气开发专业和集团公司技术技能竞赛中，获个人金牌2枚、银牌6枚、铜牌9枚，团队金牌、银牌、铜牌各1枚，团体一等奖1个，优秀组织奖3项。

2022年7月15—18日，塔里木油田公司数字化运维6名选手到长庆油田公司参加第四届全国油气开发专业职业技能竞赛暨中国石油首届技术技能大赛，获个人银牌1枚，铜牌2枚，以及优秀组织奖。

2022年7月15—19日，塔里木油田公司采油工4名选手到长庆油田公司参加第四届全国油气开发专业职业技能竞赛暨中国石油首届技术技能大赛，获个人银牌1枚，铜牌2枚，团队铜牌及优秀组织奖。

2022年7月23日，塔里木油田公司参赛选手在第四届全国油气开发专业职业技能竞赛暨中国石油首届技术技能大赛消防战斗员个人竞赛项目中获银牌2枚、铜牌1枚。

2022年7月29日—8月1日，塔里木油田公司参赛选手在集团公司首届技术技能大赛油藏动态分析比赛中，获个人金牌2枚、银牌2枚、铜牌4枚，团体金牌1枚、银牌1枚，团体一等奖1个，并获优秀组织奖。

【员工培训】 2022年，人力资源服务中心开办各类培训班318班次24767人次。其中：塔里木油田公司外部培训13班次481人次；塔里木油田公司内部培训56班次11225人次；井控培训159班次7622人次；硫化氢培训30班次1454人次；安全文化培训28班次3246人次；特种作业培训4班次134人次；技能操作培训28班次605人次。全年完成256名新员工入职培训。提前预判新冠肺炎疫情形势，精炼课程设计，邀请塔里木油田公司8名首席专家参与授课，抽调基层青年骨干，在20天内完成新员工接待、入职报到、体检、资料审核、培训和文艺汇演系列工作，在疫情封前将新员工全部分配到各基层单位。疫情静默期间，组织全体新员工完成线上集中培训。完成重点跟踪培养对象推荐和"双证制"取证摸底工作。

【教学管理与协调】 2022年，人力资源服务中心开展培训大调研，实施塔里木油田公司培训顶层设计，搭建QHSE、设备管理、监督等三大业务领域培训体系，编制完成培训课件257个、10本新版井控培训教材、7个专业课件和题库。组织专家取得井控培训教师证27个。加大送培训到一线力度，全年到生产一线办班42期次，培训3035人次。通过集团公司培训机构教学评估。签订油地教育事业合作三年协议。

【人事共享服务】 2022年，人力资源服务中心组织完成塔里木油田公司员工工资晋档、薪酬结构优化调整、新员工入职定薪、补充台账维护、公积金汇缴、工资标准核定、工资处理及薪酬数据维护等工作；协调中国石油共享运营有限公司乌鲁木齐业务部将报表统计分析业务纳入共享服务。

【社保服务】 2022年，人力资源服务中心征缴各类基金9.7亿元；向巴州医保局争取并落实基本医疗缴费基数五险合一惠企政策沿用，调控企业补充医疗保险阶段降费，累计减少企业保险支出7100万元；完成全国社保三版系统上线，实现基本医疗保险关系转移、退休申报、待遇申领全程电子化，新退休人员待遇领取由原来8个月提速至3个月内；核定并完成6952名退休人员年度养老金调待；落实失业保险稳岗补贴申领并返还442.66万元；协调新增1个特殊慢病就诊集中报销定点商业门店。

【公积金汇缴】 2022年，人力资源服务中心完成塔里木油田公司员工公积金个人账户设立及个人账户信息变更、缴存基数年度核定、缴存基数调整、汇缴核定及汇缴、补缴、个人账户封存和启封等工作。完成公积金汇缴74532人次，汇缴金额39894万元；缴存基数年度核定6124人次；个人账户设立199人次；办理公积金个人账户封存143人次、启封8人次。在新冠肺炎疫情静默期间，与巴州住房公积金中心塔里木油田分中心沟通协调，通过线上线下、网上服务大厅、手机App等渠道完成塔里木油田公司公积金汇缴工作，保证员工住房公积金的正常使用。

【培训信息化建设】 2022年，人力资源服务中心开发油藏动态分析竞赛软件，完成"塔培在线"手机App开发建设，实现在线报名、随堂练习、课程回放和培训电子证件管理查询等功能。搭建二楼阶梯教室、302教室及轮南培训基地1间共3间数字化教室，实现集平台使用、教学管理、培训体验、经验萃取、数据分析、技术支持一体化功能。利用手机考试软件和视频监考的方式，组织塔里木油田公司分布在全国170余个考点的210余名井控从业人员，完成评估理论线上考试，形成线上评估考试组织模式。

【党群工作】 2022年，人力资源服务中心举办"喜迎二十大"系列活动，组织全体员工线上收看党的二十大开幕；党员干部带头分享学习感悟；召开专题系列学习7期；开展研讨24人次；召开"学习二十大，工作上台阶"务虚会，展开集中宣讲6次。创建"人才强企第一站"特色党支部品牌，形成党员先锋队6个，党员突击队2人。成立巡察迎检小组，配合完成塔里木油田公司党工委第二巡查组巡察任务；督促巡察问题整改；开展"五种干部"排查整改；组织反腐倡廉专题及案例警示教育6次；开展节假日廉洁教育提醒83

人次；组织干部员工到油田廉洁文化教育基地学习1次。成立首届工会委员会；组织开展迎新春晚会、春秋游、全员健步走、桑葚采摘、居家瑜伽、送温暖送清凉等活动，全年组织慰问前线员工、驻村干部、大病员工等222人次；开展"我为油田献一策"和发现身边好员工活动；组织员工参加"巾帼心向党喜迎二十大"运动会、"塔里木好声音"歌唱大赛、职工乒乓球比赛等活动。

【疫情防控】 2022年，人力资源服务中心执行场所码扫码，消杀教室和公共区域，实现零感染。落实办公地点和居家新冠肺炎疫情隔离防控措施，履行1区26栋防疫包保责任，完成临时隔离区工作任务，教育员工做好个人防护。为隔离和办公室值守人员配备保暖衣物，协调员工外出就医、购置急用医药品、培训老师笔记本电脑等问题。

【承办集团公司油藏动态分析竞赛】 2022年，人力资源服务中心首次承办集团公司一类竞赛——油藏动态分析竞赛。提前细化制订办赛方案；成立竞赛组织机构、竞赛小组7个；采购电脑92台；升级改造人力资源服务中心402电教室、405电教室；成立专家团队；制订技术方案；完成1100道理论题、48套作图题、11套区块动态分析题的竞赛题库；开发一套评分软件系统，提前模拟打分，保障赛事公平公正。

【首届内部兼职培训师大赛】 2022年12月10—11日，人力资源中心承办塔里木油田公司举办首届内部兼职培训师大赛，来自28家单位的78名选手有塔里木油田公司各领域的高技能人才、各单位的培训师、有授课需求人员及专业技术过硬且愿意从事培训业务的离职在岗干部。邀请专业培训人员对参赛选手开展线上专项培训，以云端线上5分钟课程实战讲授的形式公平竞争，旨在通过技能大赛平台的实战锤炼，提高内部兼职培训师的课程开发能力和传授水平，形成选拔培育优秀内训师、打造精品课程、传播企业经验的系统化运作模式，推动人才强企工程落实落地。

（付红艳）

物资采办事业部

【概况】 物资采办事业部为塔里木油田公司二级单位，主要负责塔里木油田公司物资采购、仓储物流和物资回收等工作，有轮南和大二线两大物流基地，有库房118栋，料棚51栋，料台14个，料场85个，铁路专用线2条，特种设备55台(套)，仓储总面积73.5万平方米，年吞吐能力85万吨。在塔西南公司、克拉采油气管理区、英买采油气管理区、迪那采油气管理区、东河采油气管理区、轮南采油气管理区、塔中采油气管理区、油气运销事业部等9个生产单位建立N点生产物资储备库，仓储面积16万平方米。2022年，物资采办事业部全年物资采购金额46.7亿元，采购资金节约率10.95%，入库物资检验合格率100%，期末库存最低达3.9亿元，较年初降低40%，库存周转次数9.82次创历史新高，内部利润0.9亿元超额完成挑战目标，保障塔里木油田公司32个重点工程项目建设。

（祁静雨）

【物资计划与采购】 2022年，物资采办事业部坚持"一切成本皆可降"理念，加强计划评审及编制，实施标准化集中采购，节约采购资金5.1亿元，物资采购资金节约率10.92%，平均采购时效18.94天。以物资计划管理为重点，从源头强化计划风险管控，协助塔里木油田公司职能部门及用户单位评审塔里木油田公司带量计划，石油专用管上报量较原始计划优化比例12.55%，采油气井口优化比例44.90%。

标准化集中采购。采取"物资行业牵头，专业处室支撑，用户单位参与"方式，形成"一统一、两整合、三共同"(统一协调指导，整合规格型号、整合技术标准，共同审定技术规格书、共同拟定采购方案、共同审议招标文件）实践做法，推进物资标准化集中采购。石油专用管、采气井口、压力容器等物资，结合标准化规格型号+标准化订货规格书进行集中采购，占集采品类34.04%；暂无标准化订货规格书的物资，通过分析历年数据，从设计、需求计划等方面与用户沟通，选择采购频次较高的规格型号进行集中采购，占集采总额65.96%。全年形成有效框架合同375个，采购目录3.54万项，平均采购时效18.94天。

规模集采。着眼于规模集采，实现价格硬下降。配合集团公司优化一级物资采购方案，严格执行集团公司最新集采结果，按照集团公司采购结果调价公告，开展年度合同价格变更；加强与供应商进行二级物资采购的价格谈判工作；利用规模采购优势，采取框架协议方式，降低重点项目钻完井进口物资采购价格。制定重点项目保障方案，组建井下物资、地面物资、物流配送3个工作组，开展全流程、一体化保障工作。搭建沟通平台，每周召开保障例会，协调解决问题；指派专人驻厂监造，催交催运；提前锁定资源，缩短长周期物资的采购时间；开展线上评标和价格谈判，发挥电商优势，确保新冠肺炎疫情期间保障不停歇；针对地质、井深特殊性实施应急采购，"量身定做"油套管2批次0.7万吨，满足个性化需求，保障塔里木油田公司"四新"（新工艺、新技术、新材料、新设备）领域勘探取得重大突破。根据检维修时间倒排保供计划，利用区域集中储备平台、工业品采购平台实施规模采购，签订备品配件年度框架合同，先行储备资源，持续跟踪采购和交货进度，保障42个场站的检维修需求。

新款工服的换装。统计塔里木油田公司全部用户单位新装尺码，要求供应商执行劳动防护服装工艺及技术要求及指标，克服困难，用时3个月完成全员12000件新款工服换装。

（左祥敏 李涛）

【**物资发放与配送**】 2022年，物资采办事业部创新启动"大件专车、小件拼车"模式，大宗物资厂家专车发运，零星物资区域集中拼车，降低物流车流受阻影响。定期到现场服务，协调物资交付、安装调试，保障塔里木油田公司32个重点工程项目建设。瞄准前沿，保障钻完井物资。严把检验关，及时发现解决质量问题，送井物资合格率100%，做到安全保供。全年发料177750吨37735项6462102件10862车次。

集中统一调度。发挥集中统一调度优势，开展提质增效工作。根据塔里木油田公司仓储扁平化管理要求，按照"一级设库，分片设点，集中配送，统筹安排，统一核算，分类操作"思路，提升配送效率，落实"变领料为送料"的服务理念，满足各生产用户需求，合理优化配送方式，压减管理层级，简化工作方式，让物资保供直达现场。针对塔里木油田公司生产物资配送特点，结合油田区域分布现状，编制物流配送保障方案，解决塔里木油田公司零星物资数量大、批量少、路线长、分布广的配送难题，合理规划物资配送路线，采取以线带点的集中配送方式，对塔里木油田公司生产片区的零星物资集中送货上门。根据探区主要生产单位分布情况，确定塔中、库车山前、塔西南3条零星物资配送路线，统一调度车辆、统一结算运费，优化配送方式和路线，实现库车区域2小时达、轮南—塔中区域4小时达。通过合理调配，全年将用户自提约200车次的5600余项零星物资，合并为98车次送至九大油气开发部、油气生产技术部、油气运销部、塔西南公司等生产用户，节约运费69.12万元。

防疫物资直达现场。新冠肺炎疫情期间，物资采办事业部与塔里木油田公司生产运行部、地方防疫部门沟通，汇总统计每日高中风险地区车辆发运信息，协调348车次物资送达用户现场，协调9批次库尔勒低风险区物资、滞留乌鲁木齐的1136只阀门和重点项目设备有序运回大二线库房。对于还未发运物资，党支部根据疫情防控形势，优化进疆汽运配送路线，在疆外设立物流集散点，以大件物资为主，小件物资聚集的方式，"拼车"发运，以专车运送的方式将油田生产物资有序运往生产建设现场。疫情期间，每日与天津、温州、上海供应商沟通发车信息，协调三地供应商物流优势，把散落在沈阳、山东、温州等厂家的泵、仪表阀、变送器等小件物资，统一装车运往生产建设现场30车次近4000件。

（李伏强 李涛 李松）

【**库存物资管理**】 2022年，物资采办事业部树立"源头控制库存、物资共享、库存经营"理念，严格计划管理，加快物资周转，控制积压物资产生，开展3年以上库存专项设计，多措并举控增减存，一体化联合推动物资降库。

控制增量。加强物资需求计划的评审及编制工作，严格按照"五不采"（钻井物资井位不落实不采购、需求计划项目不落实不采购、有库存的物资不采购、能代用的物资不采购、有进口的物资国内物资不采购）原则，落实"六平一代"（平库存、平积压、平期货、平闲置、平修旧、平代储，能够平衡代用的物资），提高采购计划准确率，做到物资计划宏观及精准管理，确保新采购物资不形成库存。

减少存量。推进开库设计，与工程、管理、用户协同配合，在设计中设计使用库存；每月跟进、公示消库方案执行情况，督促消库方案中涉及物资的使用力度，降低库存资金占用，全年积压及3年以上库存处置8818.21万元，处置率60.65%；3年以上库存物资占比由2019年40.41%降至13.81%。针对2798项闲置物资逐项对形成原因进行追溯，判定使用价值；对塔里木油田公司3313项库存物资进行盘点和物资质量状况清查，根据清查结果提出具体处置盘活方案。利用集中储备，减少塔里木油田公司库存占用，开展石油专用管材联储、大宗物资代储、检维修用料设点寄售，优化代储代销目录。2022年，塔里木油田公司代储代销平均库存3.70亿元，代储代销率88.35%，零库存管理节约费用1231.88万元；塔里木油田公司平均库存下降15255.82万元，零库存管理节约费用508.02万元，库存周转次数9.82次。

(左祥敏)

【仓储管理】 2022年，物资采办事业部推进仓储扁平化管理。制定《N点储备库"一库一策"实施策略》，方案包含库区规划、目视化管理、物资摆放标准等内容，定期监督检查和指导对各储备库整改措施；对各油气开发部N点储备库现场指导，组织培训提高ERP物资账实相符准确率，推进仓储业务管理"五统一"（技能标准统一、库区规划标准统一、仓储管理制度执行标准统一、资料管理标准统一和财务管理标准统一）管理，仓储业务管理水平得以提升。将共享共用作为仓储物流资源分配的导向，构建"区域共享库+现场储备库"两级架构，靠前保障、多点支撑、直达现场，推动资源由分散向共享转变。整合资源，构建"3+N"仓储布局，即在库车、轮南、大二线设置3个区域共享库，在主要生产区域设置N个现场储备库，压减仓储管理层级。借助信息技术，优化资源配置，对内平替代用、对外调剂外销，提高仓储利用率、降低库存，实现资源共享共用。大二线以储存勘探、钻井生产大宗物资为主，轮南片区以储存检维修备品备件、三抽为主。各区域共享库、各现场储备库之间具备物资内部移拨功能（资金账、代储账两种情况），实现资源共享。

(单艳霞　严　峰)

【废旧物资管理】 2022年，物资采办事业部修订物资回收管理实施细则及回收再利用处置流程。加大塔里木油田公司废旧物资的处置力度，减少回收物资占用库容。推行现场处置方式，在各生产现场完成废旧物资处置约364.43吨，减少物资倒运工作量，降低运输和仓储作业成本。全年因新冠肺炎疫情影响，废旧物资处置4批次，成交价约269.21万元。

(张汉林)

【供应商管理】 2022年，物资采办事业部加强供应商准入管理，办理供应商登记准入197家（集采结果登记56家、公开招标登记112家、应急及其他登记29家），无新准入供应商；供应商信息变更（复审）303家；处罚供应商8批次22家，其中暂停产品交易权限供应商8家，通报批评、责令整改供应商13家；列入黑名单供应商1家；实地核查供应商12家；组织供应商年度考核评价341家。截至2022年底，塔里木油田公司在用物资供应商408家。其中：一级供应商191家，二级供应商217家；制造商322家，贸易商50家，代理商36家。制定60大类物资采购策略，物资供应商压减44.21%、贸易商压减35.71%，供应商总量从622家核减至475家，逐步实现少量优秀。2022年二级物资贸易商比例控制在23.42%。

(胡寒琳)

【"三标"工作机制】 2022年，物资采办事业部以"快、准、省、优"为目标，建立上游、下游及综合3个业务对标小组，落实"三标"（立标、对标、追标）工作机制。立标工作开展情况：全面梳理业务流程，明确重点工作和管理要点，针对业务流程、重点工作和管理要点，从提质和增效两个方面开展立标工作。对标工作开展情况：外部对标长庆油田公司、大庆油田公司、西南油气田公司；内部对标分析近年最优业绩，分析存在的差距和问题。追标工作开展情况：分解各阶段各岗位追标指标及措施，实施"四全"（全员、全过程、全方位、全要素）对标工作，形成9个方面30项指标46项措施的一流物资保障实施方案（对标方案）。组织开展对标工作"回头看"，对标冀东油田公司先进经验开展对标工作检查，梳理完善对标指标库，对标指标库由年初的30个增至47个。以"三控三提"为抓手持续开展提质增效工作，制订2022年提质增效价值创造专项行动落实方案和工作运行大表，同步按照一流物资保障实施方案（对标方案），常态化开展对标和提质增效工作，每月对工作进度及指标完成情况进行检查、统计、报送。全年节约采购资金4.4亿元，采购资金节约率10.47%；可控成本较2021年下降262万元；期末库存5.8亿元，为2018—2022年最低；库存周转次数9.82次；必检物资送检率100%，入库物资合格率100%；期末库存三年以上物资占比从2017年的76.19%降至13.81%。完成对标管理提升和提质增效各项考核指标。

(于长春)

【党群工作】 2022年，物资采办事业部严格落实"第一议题"制度，学习党的二十大和十九届六中全会精神，领导班子到基层宣讲12次。制定党委前置研究讨论重大生产经营管理事项清单、领导班子成员权责清单，进一步发挥"把管促"作用。实行党建与生产经营一体化考核，分类制定支部考核标准，注重定性与定量结合，以实际业绩检验党建成效。优化党支部设置，促进党建责任与岗位责任融合、支部决策与行政决策融合。聚焦生产经营，开展"采购能手评比""仓储业务每月一考"等党建活动。推进甲乙共建，物资采办事业部党委和党支部分别与宝钢市场、仓储服务商开展联合党建活动。围绕凝心聚力，形成"三强化提升物资保障三力"等典型案例。开展"学条例、促规范、强基础"活动，组织条例大讲堂、党建比武、情景模拟和知识竞赛，对标查改问题32个。落实党务基础资料清单。深化星级党支部建设，3个党支部通过三星级标准化党支部复验。采购部门开展里程碑、经验分享、供应商廉洁座谈会活动；仓储部门开展"严把入库关、杜绝微腐败"里程碑活动。开展内部巡察和采购价格专项检查，组织纪检委员交叉互查。推进"我为员工群众办实事"常态化，分层级建立民生工程清单，收集问题239项，均解决或答复；大二线食堂公寓、轮南办公用房等民生项目实施，改善员工工作环境。

(祁静雨)

【物资供应保障】 2022年，物资采办事业部设置生产保障先锋岗，针对重点项目和钻完井急需物资开展远程评标13次、视频谈判20次，供应石油专用管材12.38万吨、井口151套、套管头111套、石油化学剂4.14万吨，为塔里木油田公司213口钻井、44个工程项目提供物资保障。成立新冠肺炎疫情防控物资保供专班，统筹线上线下资源，协调、采购防疫物资900余项，超过300万件；紧急调运秋衣裤9000余套、袜子6万余双，紧急采购御寒工装近4000套，解决一线值守员工御寒问题。设置物流协调先锋岗，与地方防疫部门沟通，协调348车物资送达生产现场。组建防疫物资装卸突击队，单日装卸量最高12万件。组建楼栋值守突击队，11名员工参加居民楼栋专班。

(冉 旭)

【疫情防控】 2022年，物资采办事业部统筹推进生产经营、新冠肺炎疫情防控、安全管理等宣传举措，抓好出行请假报备、核酸报告查验、健康码查验等措施，预约登记来访人员，查验"健康码""行程码""核酸报告"，落实领导审批手续，向广大员工普及疫情知识、提示疫情风险、宣传防控政策，每日转发疫情动态、每日疫情"零报告"、重点人员排查等制度，组织开展疫苗接种。

(连 欣)

应急中心

【概况】 应急中心作为塔里木油田公司二级单位，统筹负责塔里木油田公司应急处置，承担塔里木油田公司井控保障、钻工具监督和消防保障服务等工作，主要包括应急抢险，井控、油气场站油气管道、炼化等突发事件以及自然灾害、火灾的应急处置；井控装备检维修、现场服务、使用监督、钻工具业务市场监督及技术标准制定；高风险作业消防监护、消防宣教、消防安全监督及考核；应急队伍管理、培训及应急物资储备；预案制订、演练及应急能力评估。

【生产保障】 2022年，应急中心进一步优化资源配置，基本实现井控装备"零外租""零大修"保生产，钻工具万米失效率近3年最低，完成塔里木油田公司下达的挑战指标。

井控装备保障。编制《应急中心井控装备生产保障推荐做法》，实施"年编制+季调整+月完善+旬执行"井控装备保障方案，全年按需配送井控装备2372套，生产保障及时率100%。靶向定位井控装备故障点，完善井控装备修理方案，整合优势资源，推广防喷器活塞、侧门孔等部位"项修"代替返厂大修，平均单台节约修理周期86天。制定《应急中心特殊时段生产保障方案》，形成"现场服务+远程指导"机制，处置满深501-H2井环形防喷器失效、博孜903井液压卡箍液缸刺漏等事件。

井控装备质量管控。梳理关键要素，完善防喷器、管汇等技术要求19项。推行关键装备"技术交底+首台验证+投产监测"，将不合格品拒之门外，确保新购远控台、防喷器各项问题提前发现。推广应用三维激光扫描仪、闸板胶芯半圆弧通止规等检测工具，提升精细检维修手段。实施"单井失效分析+月度故障汇集+季度措施总结"管理模式，全年开展现场故障分析12次；针对环形胶芯易失效、防喷器销轴难打开等14项重点问题，制定研判胶芯使用寿命提前更换、优化主活塞盘根、重新定义销轴表面处理工艺等34项预防措施，同类故障逐步减少。

钻工具监管。推动大宗钻具驻厂监造，确保钻具关键制造工艺质量控制有效落实；开展硬度抽查、第三方性能检测、焊缝小K值超声精扫等措施，杜绝存有质量隐患的558根（只）钻具进入油田市场。督促钻具资产方开展现场探伤检测，发现危害性缺陷17井次；组织实施在用钻工具排查，预防性更换钻具131井次、超期使用吊卡98井次；运用DROC（钻完井远程管控系统）实时监控工程参数，实施预警干预68井次。开展74支队伍现场巡井指导，整改影响钻柱使用安全问题25项；对5家市场主体钻工具服务商开展质量审核,督促整改问题37项;开展钻工具失效故障"四查"分析,进一步压实"四方"(领导、直线、属地、监督)责任,全年钻工具万米失效0.08起,同比下降46%。

【应急消防】 2022年,应急中心围绕井控应急保障、消防保障职能,完成大型活动保障18次、现场消防监护116次、应急响应出动63次。在疫情冲击下,应急救援及时率100%,完成塔里木油田公司下达挑战目标。

应急体系。优化组织机构,细化应急职责,初步搭建横纵联合的"1+1+10"(1个应急中心应急领导小组、1个应急领导小组办公室、10支专兼职应急队伍)应急组织架构;邀请专家开展预案诊断评估,修订9项应急预案和24项处置预案;制定2项管理制度、2项应急标准,补全管理制度和标准空白。

队伍建设。强化甲方人员前线带班值班责任落实,提升专兼职队伍应急能力,推动10支应急队伍完成组建,重点围绕井控应急保障任务,完善指导手册,定期组织开展技能训练797次、手册演练53次。

应急装备。对照预案和标准,结合应急压井、火灾扑救等灾害特点,系统梳理和论证,投资3452万元完成7类35项应急装备购置计划,推动排烟车、气防车、水陆两栖车等应急保障关键装备落实落地。

消防战训。坚持以战促训,开展差异化、多险种救援技能训练6380课时,组织高层建筑火灾、液化气球罐着火等应急演练154次,促进技战术水平和救援能力快速提升。参加省部级技能比武2次,获3金2银2铜。

践行央企责任。与地方应急管理局、巴州消防支队等区域应急机构保持联防联训,参与营救村民被困羊群、地方棉花厂着火等54次社会面应急救援任务,收到锦旗、感谢信8次,促进油地关系稳定向好。

【质量管控】 2022年,应急中心采取6项主要措施,强化质量管控。常态化开展全员隐患排查,推进安眼工程建设,持续修订隐患排查清单,全年排查整改一般隐患18473项,较大隐患1421项。强化高风险作业管控。梳理制定特殊时段关键作业清单,明确5项高危作业管控措施,强化36项高风险作业监管抽查,开展每日高风险作业公示。健全质量管理体系。邀请专家开展质量管理体系及QC活动培训与指导,开展质量管理体系内审,保持体系有效运行,一项成果获新疆维吾尔自治区质量管理小组三等奖,两项QC成果获塔里木油田公司二等奖、三等奖。做好井控警示教育。组织举办36场次塔里木油田公司井控警示教育专题活动,引导48家单位1148员工感受井喷的危害及影响。全面履行防火责任。完成277次消防安全重点单位监督检查,组织消防现场监护任务119次,消防安全培训53次,完成塔西南天然气综合利用工程等33个建设项目的消防设计预审查验收。强化设备工艺管理。开展特种设备分类及风险评估、设备操作规程和维修规程工作循环分析,控制设备操作和作业风险。严格实施新设备投运前安全审查,确保井控行吊顺利安全投用。

【财务经营】 2022年,应急中心完成内部利润6351万元,可控成本40858万元,超额完成塔里木油田公司下达的财务预算挑战目标。制定提质增效措施14项,控减投资成本10854万元,完成年计划139%。

合规管理。开展"严肃财经纪律,依法合规经营"综合治理以及合同、报销、资金和税收业务专项检查,整改问题72个;严肃37项审计和内控测试问题整改,开展岗位廉洁风险排查,完善廉洁风险防控措施945条;召开承包商座谈会进行案例分享和合规培训,防范和控制经营风险。

业财融合。业财融合管理平台按时高效运行,搭建覆盖九大业务的经营管理驾驶舱,被塔里木油田公司作为辅助单位标准模板推广应用;开展财务"三张表"培训和财务政策学习宣贯,提升基层财务经营业务水平;完善合同条款300余条,提升合同的针对性和可操作性。

资产管理。开展资产分类分级评价,强化结果应用,全年调剂利用闲置资产12项,原值613万元,利用闲置资产开展外租创收约2167万元;加大库存物资利用,库存金额从274万元降至93万元;实施原厂配件、主要标准采购件框架采购,推行代储代销,物资周转逾20次。

【党建工作】 2022年,应急中心党委落实"第一议题"制度,深入学习贯彻习近平总书记重要讲话和党的二十大精神,制订学习宣传二十大运行大表,开展多形式、分层次、全覆盖培训,推动党的二十大精神进课堂、进机关、进一线、进班组。落实意识形态工作责任,成功创建塔里木油田公司平安示范单位和巴州民族团结示范单位。选优配强管理和技术两支干部队伍,新提拔优秀青年干部6人,聘任专业技术干部2人,1人被塔里木油田公司聘任为特级技师,干部队伍结构逐步改善,开设井控装备、消防等专业培训班4期,全方位提能力、强素质,激发人才活力。开展习近平总书记重要指示批示精神再学习再落实再提升主题活动及"转观念、勇担当、强管理、创一流"主题教育,推进基层党建"三基本"建设与"三基"工作有机融合,打造井控党建示范点,井控中心和应急指挥中心成功创建三星级党支部。开展作风能力大讨论,以"五种干部""二十种人"排查为抓手,提升科级干部执行力。倡导线上办公,优化会议组织,为基层减负。开展违规吃喝专项治理,一体推进"三不"机制,基层党支部巡察全覆盖。建立常态化民生工程机制,开展"我为员工群众办实事"实践活动,解决民生实事209项,切实把问题清单变成幸福清单。关注员工身心健康,丰富线上线下工团活动,支持5个文体协会活动,争创健康企业。实施食堂就餐环境改善、前线3个消防站生活办公点修缮等民生工程,增强员工幸福感。

【疫情防控】 2022年,应急中心组织35名员工成立物资保供小分队和3人核酸检测小分队,主动承担基地小区、大二线工业园区的核酸检测、环境消杀、物资装卸及配送等急难险重工作,保障小区73栋居民楼全体居民的物资需求,1名志愿者到开发区支援社区新冠肺炎疫情防控工作,获塔里木油田公司嘉奖。

(李文涛)

油气生产技术部

【概况】 油气生产技术部为塔里木油田公司二级单位,主要负责发供电、产供水、井下技术服务及供暖(供冷)4大主营业务。2022年,供电14.72亿千瓦·时,供水426.62万立方米,供冷(暖)16.5万平方米,供热水5.7万立方米,完成井下作业2365井次。

【生产管理】 2022年,油气生产技术部完善"生产实施手册""专项实施方案",健全"1+N"制度体系,职责界面更清晰,各类生产活动更有序。构建"日常+带电+搭车"为主、集中检修为辅检修模式,实行"一站一案""一线一案"检修方式,全年消除缺陷2520项,消缺量同比提高22.40%,非计划停电同比下降17.20%,减少影响原油产量1599吨、天然气413万立方米。提前介入部署、分阶段检查、指导问题解决、制订演练方案,哈得Ⅲ列装置电力系统一次性成功投运。对冬季天然气保供重点场站7座、线路30条,消除隐患115处,配套专项应急保障方案,重点区域未发生非计划停电事件。建立新冠肺炎疫情期间"交叉补位""化整为零""轮换值守"运维模式,各工区(中心)"一手打伞、一手干活",降低疫情对电网安全运行影响。修订应急手册1项、预案9项,补齐应急物资30项,4支塔里木油田公司专兼职队伍完成乙烷、牙哈高压电缆、拉哈线倒塔、库尔勒原油末站变压器及电缆故障等抢修任务。完成克深、迪那防洪项目,就近储备应急设备物资,低压反供实训拓宽电力保障手段。

【电力运行】 2022年,油气生产技术部以保障油气增储上产为目标,确保电力供给平稳可靠。全年下达调度指令13293条,执行正确率100%,优化定值441份,保护动作正确率100%。供电量14.72亿千瓦·时。自发电量4876.72万千瓦·时,其中轮南燃机电站年发电4654.20万千瓦·时,塔中明珠和沙油电站年发电222.52万千瓦·时。外购电量14.44亿千瓦·时(100%直购电),其中阿克苏电网外购电1.70亿千瓦·时、巴州电网外购12.73亿千瓦·时;直购电量完成12.42亿千瓦·时,节约电费2016万元。5月18日,哈得Ⅲ列天然气装置电力系统投运。5月27日,110千伏迪那变电所1号主变35千伏侧电流互感器及避雷器投运。8月6日,35千伏轮西变电所Ⅲ段母线35千伏西古线投运。

【采供水】 2022年,油气生产技术部把握供水规律,提前组织修复保养,修复水源井8口、供水管线47处;对接地方水利部门,依法办理9个水源地取水许可。保障轮桑、轮西、哈得、克拉、克深、牙哈、迪那、英买力、东河油气田生产生活用水,草湖、轮南两个乡镇用水,每季度对轮南、哈得、英买力、克拉等9个片区水质进行取样送检。2022年,供水系统管辖水源地9处,供水站点8个,水源井45口,集输水管线296.7千米,各类阀井283座。全年供水426.62万立方米。

【热力生产】 2022年,油气生产技术部强化暖(热、冷)系统运行管控,合理调配余热锅炉、溴化锂机组运行方式,在保证冷热供应充足的前提下,有效降低系统运行风险。对冷暖管网及配套设施设备进行全面检修,更换冷暖管网管线300米,消除跑冒滴漏26处,保障冷暖及时供应。2022年,供暖(冷)系统负责运维能源站2座、换热器3台、热水锅炉2台、真空加热炉2台、溴化锂直燃机组1台,为轮南地区提供生产生活热、冷负荷供应,供冷(暖)面积16.5万平方米,供热水5.7万立方米。

【井下技术服务】 2022年，油气生产技术部培养井下技术服务不等不靠思想，牢固树立"多干一口井，少花一分钱"的理念，全年开展井下技术作业2365井次。管理区承包商因封控无法到达现场，自主编写螺杆泵下泵操作程序，英买46-H3井首次下泵一次投运成功；完成轮南21-3X井套管穿越器安装、电缆连接；轮古15-19C井连续监测工作，保证新冠肺炎疫情期间英买、轮南管理区措施井作业有序进行。

【工程项目建设】 2022年，油气生产技术部厘清工程项目管理职责，细化项目管理节点，压实项目组工作责任。组织实施投资项目3项，成本项目9项，隐患项目8项，竣工验收项目4项。参加且末、尉犁县光伏项目、富满油田Ⅱ区地面骨架工程等重点项目施工图审查。组织第三批隐患项目、渭干变至拉塘变改造工程、英买力第二电源建设等工程施工图审查工作。开展提质增效，控减项目成本，优化供电通信网及工控系统改造与完善工程中哈水首变电站视频建设工作量，设备、材料施工费约8万元；以现场实际需求为准线，从设计源头入手，删减供电通信网及工控系统改造与完善工程中轮南工业园区中心变、轮西、轮古等10个变电站结余投资62万元。

【安全环保】 2022年，油气生产技术部分类分级设定考核条款，逐级签订安全环保责任书724份，全年问责15项典型问题责任人，甲乙方62人安全生产记77分，罚款7000元，对6家承包商单位罚款4.2万元，明责、履责、督责闭环工作机制逐步成型。开展QHSE体系审核，系统查找体系运行中短板要素，修订管理制度9项，健全业务流程1项，完善工作方案1项。推进基层站队标准化建设，哈得电力工区通过塔里木油田公司优秀站队验收，获集团公司QHSE先进集体。动态完善隐患排查清单2.0版本，全年发现隐患20354项，12人获塔里木油田公司隐患排查能手。制定高风险作业管控清单，推动"安眼"工程建设，严格"本部+视频"两级监控，2685次高风险作业零事故。实施轮南燃机电站烟气在线监测系统升级改造，高标准建成投运危废暂存间，合规处置废旧油桶1.98吨、废铅蓄电池22.8吨，实现绿色生产。启用健康小屋，配备运动器材101件，推行前线员工"一对一"健康提醒，开展全民健身活动，常态化举办太极拳培训，员工健康习惯逐步养成。构建"四同"工作法，统筹前后线、甲乙方、塔油社区内外管理，34名门长恪尽职守，50余名党员在抗疫一线，党委、工会、各党支部关怀、守护员工及家属生命安全。

【技术支撑】 2022年，油气生产技术部发挥行业优势，坚持创新引领、技术驱动，支撑传统电力和新能源业务稳健发展。审查富满油田骨架工程、博孜—大北开发工程等重点项目设计文件256份，提出建议1300余条，采纳率85%以上，从源头上保障项目建设质量。编制发布《单井分布式光伏发电系统并网配置规范》《塔里木油田变电站投运技术条件》《塔里木油田35千伏架空线路标准化设计》。组织防爆电气设备实操培训3期66人次，对9个二级单位开展防爆电气隐患项目核查及现场指导11次，发现问题735个，促进塔里木油田防爆电气隐患有效治理。选派近30余名骨干参与新能源项目建设，全过程推动尉犁、且末2个100兆瓦光伏发电项目落地实施，参与伽师、叶城、轮南低碳示范区等项目前期工作，促成196口单井分布式光伏项目逐步实施。围绕生产实际，发挥"徐立民创新工作室""雷春俊创新工作室"作用，解决自动控制、电网谐波、带电作业等疑难问题18个，7项成果获评新疆维吾尔自治区群众创新"五小"优秀成果。践行一家人理念，协助兄弟单位处理电器设备设施故障10个，保障油气连续生产。

【提质增效】 2022年，油气生产技术部以价值创造为核心，坚持依法合规，打造提质增效升级版，稳步推进机构改革。坚持业绩导向、过程推动，实施季度阶段考核+年终拉通考核方式，考核"指挥棒"作用凸现。推动薪酬分配改革，启动岗位价值评估，修订薪酬绩效管理实施细则，细化专项奖管理实施细则，为实现差异分配、精准激励奠定基础。开展"严肃财经纪律，依法合规经营"综合治理行动，对虚假会计信息、债务风险、依法纳税3个方面进行自查自纠，发现收入核算、资金管理、会计基础等问题20个，完成整改19个，经营风险有效降低。以价值创造为核心，围绕优化投资、节约成本、创效增收，制定7个方面23项具体措施，每月跟踪落实情况，全年控减投资70万元，增加效益216万元，降低成本1394万元，超额完成年度计划，4篇优秀措施在塔里木油田公司获奖。稳步实施"大部制"改革，核减三级机构4个、三级职数8人；同步推进职责分工再梳理，减少职能交叉重叠，弥补漏洞。

【党群工作】 2022年，油气生产技术部围绕党建任务，树立大抓基层鲜明导向，着力打基础、固堡垒、转作风、促发展。搭建并推广"建功新时代、喜迎二十大"文化广场，多层级、多形式学习，多方位、多元化宣传。分层分类推进党建活动，评选服务之星、隐患排查小能手各23人,优秀党员责任区31个、党员示范岗37个,党员"揭榜挂帅"16个重点难点工程及科技攻关项目,"三基本"建设与"三基"工作融合出新活力。培育打造塔中电力工区党支部文化,获批塔里木油田公司党建示范点;总结提炼电力检维修中心党支部优秀做法,电力检维修中心党支部和塔中电力工区党支部成功晋级"三星级"标准化党支部。平安护航北京冬奥会、党的二十大,成功创建"平安示范"单位,获塔里木油田公司维稳安保先进集体,解决员工群众"急难愁盼"问题130个。上线"技术部风采"公众号,推出当日阅读量1431人次。落实"两个责任",健全完善"大监督"格局,一体推进"不敢腐、不能腐、不想腐",排查整改"五种干部"问题585个、"二十种人"问题221个,处理安全生产、疫情防控等重点工作落实不力党支部4个,问责10人,开展"以案说纪""廉风送基层"等各类纪律教育23次,专项监督整改电力运检工程项目问题12个,对照塔里木油田党工委巡察共性问题查摆整改问题54个,风清气正的政治生态持续巩固。

【疫情防控】 2022年,油气生产技术部统筹前后线、甲乙方、塔油社区内外管理,召开新冠肺炎疫情防控工作例会20余次,将甲乙方员工思想统一到塔里木油田公司和技术部工作部署上。50余名党员干部管理5栋居民楼、2处涉疫场所,34名门长落实网格化管理要求,共享生活物资、生产技术资源、典型经验做法,实现生产办公场所零感染、舆情零负面。

【协助地方完成国家电网阿克苏供电公司项目施工】 2022年,油气生产技术部组织富源Ⅱ骨架电网图纸审查、队伍选商、物资招标等工作,为新井上钻提供电力保障。发挥技术部电力专业优势全面负责富源35千伏骨架网电和正钻井转生产井网电建设工作。

【22.8吨废铅蓄电池处置工作完成】 2022年,作为塔里木油田公司废铅蓄电池的主要产生单位,油气生产技术部开展零散危废(废铅蓄电池)处置工作,对各基层单位废铅蓄电池做好称重及回收登记,确保合同谈判整体重量的准确性。截至2022年底,共回收、暂存废铅蓄电池1371块22.8吨。考虑到废铅蓄电池物资暂存占用场地及环保管理要求,联系物资采办事业部物资回收管理部对废铅蓄电池进行转移和处置。为确保移交、清运和转移处置工作顺利进行,与物资采办事业部签订废旧物资回收安全管理协议,与物资采办事业部以及回收企业相关负责人到轮南库房存放点进行核对确认。2022年2月9日,轮南库房暂存废铅蓄电池清运、转移和合规处置工作全部完成。

(包玲玉)

油气数智技术中心

【概况】 2022年,油气数智技术中心以推进智慧化油田建设为目标,加强数据技术、通信网络、平台技术、网络安全业务领域技术研发支撑,完善应用系统、测试运维方面的产品研发与客户服务;围绕塔里木油田公司数字化转型重点部署,并由塔里木油田公司党委委员揭榜挂帅,组建成立4个专班,推动前端油气生产数字化智能化、中端油气智能运营中心建设、后端协同研究和业财融合、"坦途"应用体验提升和基础支撑,实现任务项目化、项目方案化、措施责任化、责任具体化,促进科研生产、经营管理可视化和协同化,在数据源头采集、安全风险管控、前后方协同工作、业财融合等方面取得全新突破。

2022年,塔里木油田公司对原信息与通讯技术中心进行两次机构调整及更名。撤销运行管理部,将QHSE管理职能划入综合管理部(党委办公室)、设备物资管理职能划入财务经营部;撤销软件管理室、数据管理室、网信安全室、系统运行室、通讯运维站5个部门。编制定员113人,领导班子及助理副总师职数不变,职能部门2个,基层单位6个。职能部门设综合管理部(党委办公室)、财务经营部,三级机构。其中:综合管理部(党委办公室)编制定员15人,三级职数1正4副,另设三级正专项职数2人;财务经营部编制定员12人,三级职数1正2副。基层单位设通讯网络部、数据技术部、平台技术部、网络安全部、应用系统部、测试运维部,三级机构,编制定员75人,三级职数7正13副。根据机构编制调整优化方案,对各科室干部进行调整。

2022年4月25日,信息与通讯技术中心正式更名为油气数智中心。7月18日,油气数智中心更名为油气数智技术中心,加挂数字和信息化管理部牌子,信息化管理职能划入油气数智中心,增设数字化管理部,三级机构,列职能部门序列,编制定员4人,三级职数1正1副。科技信息处信息管理科成建制划入油气数智技术中心。调整后,油气数智技术中心编制定员117人，领导班子及助理副总师职数不变，三级职数10正20副，另设三级正专项职数2人。

【生产保障】 2022年，油气数智技术中心规划数智化油田标准8大类31小类116项，累计完成编制108项，首次完整挺进沙漠"慢直播，集团公司技能大赛、新疆维吾尔自治区领导视频调研等9次通信网络重大保障工作，康苏6井、富东1井等16次井场通讯保障工作。DROC现场信息化服务完成3.88万天/357口，累计运维次数2352次（含远程运维），数据中断率低于5%，用户满意度超95%。应急通讯车从单一卫星接入改为卫星、网桥、运营商网络多种方式接入，新增无人机应急保障支撑，实现应急现场全方位多角度视频回传、重要工艺数据实时采集传输。视频会议平台支持远程多方会商、生产实时决策及应急指挥，通讯频宽从2.8兆赫提升至15兆赫。

【应急保障】 2022年，油气数智技术中心发布突发事件总体应急预案1个（油气数智技术中心突发事件总体应急预案），专项应急预案4个（油气数智技术中心火灾突发事件专项应急预案、油气数智技术中心恐怖袭击突发事件专项应急预案、油气数智技术中心群体性突发事件专项应急预案、油气数智技术中心公共卫生突发事件专项应急预案），完成备案。编制塔里木油田公司井控应急指导手册通讯支持组分册，全年开展二级、三级突发事件应急演练23次，参加迪那采油气管理区油气管道泄漏着火突发事件演练，通过视讯系统、移动通信、光纤网络等信息化手段展示"录播+直播"，参与富东1井应急处置。

【通信网络】 2022年，塔里木油田公司建成光传输骨干环网45个OTN站点并形成"四大"环网，实现万兆到汇聚、千兆到桌面，服务用户2.6万户；完成卫星小站、无线网桥安装192次、拆除179次；制订"一井一策"方案，传输带宽从原来最大4兆比特每秒增加至20兆比特每秒以上；公共信息网、无线WiFi基本实现探区生活场所全覆盖，服务用户6.4万户。

【统一运维】 2022年，油气数智技术中心将运维合同划分为运维、安全、财务经营、管理4个部分，并在一体化运维调度监控平台中分类登记调度，实现运维合同线上验收，运维全过程管理受控，运维数据可监可查。全年受理各类任务6.79万件，问题完成率100%，用户回访满意率99.8%，运维方式由被动向主动转变，故障率同比下降25.5%。

【网络信息安全】 2022年，塔里木油田公司未发生重大网络安全事件，完成网络安全实战攻防演习、国庆、党的二十大、进博会等重保任务，在集团公司第二届网络安全攻防大赛中获优胜单位奖；制定发布4个网络安全标准规范；开展网络安全隐患治理，全年未发生重大网络安全事件，集团公司网络安全通报次数同比下降83%，塔里木油田公司网络安全考核成绩和考核排名同比大幅提升。

【QHSE管理】 2022年，油气数智技术中心落实风险分级管控、隐患排查、应急救援工作。修订QHSE管理体系文件29项，签订责任书、承诺、责任清单各158份；排查治理隐患3070项，整改率99.51%，参与率93%。发布《数智中心跟工实施细则》，升级9项硬措施，规范施工作业行为；以党员揭榜挂帅方式，实现偏远高危作业视频监控率100%；利用安眼工程协助完成140次高危作业；编制24项企业标准，提报8项QC成果。

【人才强企】 2022年，油气数智技术中心按照"优秀人才优先培养、紧缺人才抓紧培养、骨干人才重点培养"思路，分层分类组织人才培养工作。以实操训练、导师带徒、业务竞赛、应急演练、在线学习为抓手，开展重点信息人才、操作技能人才、新入职员工培育工作；通过业务及QHSE知识培训、高工大讲堂、岗位讲述、劳动竞赛、能力评估等搭建学习竞技平台，营造比、学、赶、超良好工作氛围；优选优秀专业人才制定订单式人才培养计划，实行双导师制，形成师傅带徒弟，发挥二级、三级工程师技术专家作用；加强干部队伍建设，全年开展干部选拔调整3批次，提拔基层干部3人次，35岁及以下干部占比26.67%。

【党建工作】 2022年，油气数智技术中心开展党支部达标晋级管理，固化党建工作例会、常态化党建指导、党建与生产经营一体化考核机制。制修订3项党建工作制度，开展"学条例、促规范、强基础"专项活动，开启"党建项目化管理"揭榜挂帅活动，确定10个党建目标，探索形成"四干五子"（自己干、带着干、看着干、放手干，搭台子、找路子、结对子、架梯子、压担子）和"五双向工作法"（思想与文化双向促进、党员与骨干双向培养、团建与青年双向提升、作风与民主双向推进、党建与业务双向融合）融合案例，开展岗位讲述和岗位实践活动19场次。推进政治监督具体化常态化，制定政治监督清单，坚持"三不"（不敢腐、不能腐、不想腐）一体推进抓作风建设，强化党员领导干部和管理人员失职问责力度，发挥"第一种形态"责任追究24人次；常态化开展日常监督，开展巡察回头看,定期督办19项重点工作。

【疫情防控】 2022年,油气数智技术中心落实塔里木油田公司新冠肺炎疫情防控政策,建立疫情防控日例会和日报工作机制,制订网格化管理实施方案和18个管理实施细则,梳理工作流程,明确区域、划定路线、限定时间、压实责任,形成安排部署、督导检查、纠治整改的管理闭环。

【民生工程】 2022年,油气数智技术中心以民生工程为载体,围绕数智家文化抓实各项工作,打造"三心一有"(舒心、顺心、齐心、有人情味)的数智家文化。常态化开展"我为油田献一策、我为基层办实事"活动,组织"我为员工群众办实事"实践活动,实现"点单、接单、晒单"闭环管理,完成民生事项450项。

(高　敏)

实验检测研究院

【概况】 实验检测研究院为塔里木油田公司二级单位,是集科研生产为一体的综合性实验检测机构,主要为塔里木油田公司勘探、开发、钻井、试油、地质研究等多个领域提供检验、检测技术服务和技术支撑。实验检测研究院与国家石油天然气大流量计量站塔里木分站合署办公,实行"一个机构、两块牌子"管理。主要承担地质实验、钻完井工程实验、油气藏工程实验、质量检测、计量检测、环境监测等职责。下设地质实验中心、钻完井工程实验中心、油气藏工程实验中心、油气分析测试中心、采购产品检验中心、轮南检测中心、计量标定站、环境监测站8个基层单位,专业领域涵盖塔里木油田公司油气勘探、开发、钻完井、试油、质量计量、安全环保等科研生产的各个环节。有各类实验测试仪器设备1000余台(套),固定资产原值1.45亿元,实验室面积2.5万平方米,工作场所分布在油田基地二号实验楼、大二线料场、轮南工业园区和塔石化实验楼。

2022年,实验检测研究院完成实验检测任务9.25万样次,涵盖地质、油气藏、钻完井、油气水、环境、计量检定、自产产品、采购产品等领域,发放各类检测报告1.32万份,计量检定证书6.03万个,实验工作任务完成率100%,为油田勘探开发提供有力的科研实验支撑。考核完成16409万元,支出9128万元,完成内部利润493万元,完成考核指标。

(李建军)

【组织机构调整】 2022年,实验检测研究院深化机构改革,深入领会塔里木油田公司党工委深化改革的部署,以"机构扁平化、管理专业化、运行高效化"为目标,起草实验检测研究院机构改革方案。机关实施"大部制",减少管理层级。基层整合计量业务、产品检验职责,增加科研实验专业技术岗位人员编制,实现专业化、集约化管理,解决职责交叉、效率不高、人员配置不合理等问题,降低管理成本,提升工作效率。

【科研攻关】 2022年,实验检测研究院首次承担塔里木油田公司特色实验能力建设项目,围绕生产实验问题,按项目、课题制进行实验技术攻关,实验人员从任务操作逐步向技术研究和应用方向转型,科研意识逐步提升,攻关氛围逐渐形成。开展"揭榜挂帅"活动,确定15个攻关课题,制定揭榜挂帅方案,同生产单位共建联合攻关平台。

项目攻关。完善多尺度储层表征技术,建立扫描电镜图像分析、X衍射分析和全直径CT扫描重构实验能力,填补储层实验微纳米和空间三维描述空白。拓展实验设备功能,精准测出返排液氯根、溴、碘含量,查明返排液"身份",为满深20井、中寒2井、康村1井等重点井试油提供支撑。首次采用渗透性钢制岩心检验储层敏感性实验方法,支撑塔里木储层改造工艺优化,助力迪北致密气开发攻关研究。针对富满油田高温深层螺杆橡胶频繁失效难题,利用气—质联用技术找准原因,保障满深3-H2井、哈得32-H7井高温深井段安全平稳钻进。拓展设备功能,开发氦、锂、溴、碘等特殊元素检测与测定实验项目,支撑塔里木油田公司找矿行动与新能源业务发展。

成果有形化。首次申报石油石化联合会、塔里木油田公司科技进步奖3项、发明专利9项。参与制修订国家行业标准23项,标准研究项目11项,制修订塔里木油田公司企业标准15项。其中天然气重烃含量的测定与取样方法,为首次牵头的国家行业标准研究项目,对上游领域天然气重组分构成、能量计量和开采工艺提供关键基础数据,软实力和"话语权"不断增强。

【提质增效】 2022年,实验检测研究院紧扣"刀刃向内、自我革命",立足塔里木油田公司发展大局的总体定位,成立提质增效专班,每月专题研究各部门提质增效措施,及时调整举措。以创新"两检一地"回收油套管质量控制模式，为塔里木油田公司盘活沉寂资产726.7万元。

【地质实验】 实验组织。2022年，实验检测研究院实时跟踪重点井钻进情况，采取主动接样、优化流程、改进实验方法等措施，合理组织生产，开展吐格6井、迪北5井、康苏6井、坪探1井、麦探1井等预探井烃源岩评价实验850样次，新发现多套有利烃源岩，其中坪探1井总有机碳含量4%，塔里木油田公司首次钻获井下奥陶系优质烃源岩，为地质认识提供实验支撑。地化生标研究能力提升，用时2天完成中深101井气相色谱、质谱、同位素等全地化项目实验并进行数据分析，保证钻井进度。完成迪北5井岩矿、孔渗和有机地化分析1148样次，实验结果与库车北部阿合组区域特征一致，指导地质认识助力试油获高产。保障储量实验任务进度，克服新冠肺炎疫情带来的困难，提前将新磨制的薄片进行居家鉴定，完成满深8井、满深701井、博孜2402井、富源302-H3井等储量井实验分析782样次，实验结果用于储层分析和测井孔隙度标定，为储量上交提供实验支撑。

技术成果。逐步构建多尺度储层表征实验技术，新建扫描电镜图像分析和X衍射分析两项实验能力，补足油田公司在储层微纳米级孔隙特征和微观成岩特征实验方面的短板，样品分析周期缩短至2天，实验效率大幅度提升。独立掌握全直径岩心CT扫描、重构、分析全套实验技术，定量描述岩心内部孔喉结构、裂缝特征等三维空间参数，填补油田公司三维储层表征技术空白，应用到迪北5井、满深8井、恰探1井、博孜106井、英买32-2H井等11口井，为超深裂缝性致密砂岩和缝洞型碳酸盐岩等非均质储层表征研究提供技术支撑。

重点实验室建设。稳步推进集团公司天然气成藏与开发重点实验室，塔里木分室建设购置的7台实验仪器全部到位，完成颗粒荧光仪、地质冷热台、电感耦合等离子体质谱仪、岩石热解仪等新设备的安装调试和应用培训，初步建立相关分析能力，为超深层油气资源评价技术系列建设奠定基础。

成果有形化。根据自身实验能力，参与塔里木油田公司科研项目，承担地质特色实验能力建设及应用课题，"揭榜挂帅"课题3个，破解地质实验领域难题，自主研发覆压孔渗实验数据处理程序，对迪北气藏2737块岩心孔渗实验数据进行建模，完成覆压校正，支撑迪北侏罗系致密砂岩气藏评价工作。申报发明专利2项，发表论文2篇，投稿论文1篇，落实标准化推进工作，首次牵头修订《岩石荧光薄片鉴定》行业标准。

【钻完井工程实验】 2022年，实验检测研究院围绕钻井液、固井水泥、流动监测、岩石力学、固井工具、井下工具"六大板块"完善钻完井工程实验技术，完成钻完井工程实验4128样次，为优化快速钻井和井筒质量保障提供实验支撑。

实验研究。为解决塔里木油田公司各实验室固井水泥浆实验方法差异大、结果差异大，影响和制约现场固井施工工艺决策的难题，开展高温深井固井水泥浆实验方法优化研究。测试取得水泥浆在不同条件、不同操作流程下的试验数据，结合油田高温深井固井条件及对比试验结果，按照贴合现场实际、简化实验流程的原则，分温区、分密度制定符合塔里木油田公司固井现场实际的水泥浆试验标准，为油田深井、超深井固井提供准确可靠的实验数据支撑。初步探明低密度固井水泥石长期强度衰退机理。针对低密度水泥石长期强度衰退问题，开展油田在用1.35克/厘米^{3}密度水泥浆长期强度发展规律实验，评价塔里木油田公司在用3套低密度水泥浆体系长期强度发展规律，结合扫描电镜分析，探究不同温度养护条件下水泥石强度和内部微观结构变化情况，优化实验方法克服低强度水泥石开裂难题，为低密度水泥石强度衰退机理及长期强度稳定技术方案提供支撑。开展塔西南公司破碎性地层井壁稳定钻井液配方研究实验研究。分别从强化现有钻井液体系和引进硅酸盐新体系两条技术路线开展钻井液配方优化和实验研究，结合评价现场岩屑（掉块样品）的力学性能，分析判断阻卡、垮塌原因，优化钻井液性能，为突破破碎性地层井壁失稳瓶颈进行技术探索与储备。开展超深井复杂地层卡钻故障处理技术分析与研究。针对超深复杂易坍塌层段，储备系列最优酸液解卡配方。对康苏6井、吐格6井、麦探1井等井易塌层位掉块开展全岩组分分析，兼顾岩石的溶蚀效果和金属管柱的缓蚀效果，积累酸液解卡配方，开展酸液防窜实验研究，形成高密度差封隔防窜技术（申报专利），支撑现场酸液解卡作业安全施工，并助力恰探1井成功解卡。开展水基钻井液可胶结桥堵堵漏技术评价实验。针对库车山前井漏堵漏成功率低，通过引入不同粒径的可胶结桥堵材料，分别在室温和120℃条件下，使用CDL-Ⅱ型高温高压动静态堵漏模拟实验装置进行动态堵漏实验，测定其封堵压力和漏失量。为现场堵漏材料优选提供实验支撑。

现场生产保障。开展螺杆橡胶失效分析实验研究。针对目的层螺杆橡胶失效频发问题，系统评价工作介质与螺杆橡胶配伍情况，结合气—质联用技术，明确中质芳香烃类原料油对橡胶溶胀影响最大，优选出同橡胶配伍性好的饱和烃类原料油，探明螺杆橡胶溶胀失效主要影响因素，为高效钻井提供技术支持。满深3-H2井、哈得32-H7井等高温深井段螺杆未再脱胶，支撑现场配套管控措施，并推广应用。开展负压振动筛现场试用跟踪评价实验研究。跟踪评价负压振动筛聚合物、聚磺、油基3套钻井液体系中的固废减排效果，完成钻井液性能检测11组33样次，完成岩屑含液率实验36组72样次，负压振动筛通过负压抽吸作用降低过筛钻屑附着的液相含量，达到钻井固废减排效果，为其推广应用提供数据支撑。开展钻井液对固井水泥浆污染机理实验研究。针对满深401H井钻井液污染固井水泥浆的问题，采用单因素法筛选出有促凝效果的钻井液单剂，结合红外光谱和扫描电镜分析，评价钾聚磺钻井液及其处理剂对固井水泥浆性能的影响，探明污染机理，为台盆区志留系水泥浆污染问题开展系统研究奠定基础。系统评价储气库韧性水泥全套性能，为储气库建设提供数据支撑。开展柯克亚储气库拟使用的韧性水泥浆体系施工性能及力学性能评价工作，保证储气库固井材料满足相关标准要求。引入水泥水化热实验能力，助力台盆区套损机理分析。针对玉东103-H2井套损问题，开展水泥水化热测试，为套管热应力分析提供基础数据支撑。

标准优化。参与制定国家标准《石油天然气钻采设备刚性和半刚性扶正器》完成意见征求稿；主导制定塔里木油田企业标准《套管扶正器性能检验技术规范》。修订塔里木油田公司标准《室内评价防塌剂封堵性能推荐程序》(Q/SY TZ 0043—2001)。对封堵性能评价方法进行重大修改（原标准主要是动态封堵评价，新增加静态封堵评价），修改后的标准更能与生产现场结合，满足现场应用要求。

【油气藏工程实验】 2022年，实验检测研究院承担科研项目取得突破。组织科研人员细致调查油田需求，结合自身实验能力，承担股份公司—油田公司—实验检测研究院三级科研课题5个，其中股份公司级课题1个，塔里木油田公司级课题1个，院级"揭榜挂帅"课题3个。

项目管理。完成"塔里木油田公司特色实验能力建设（I）"立项、开题设计及过程管理。2022年存续的科研项目"暂堵转向剂在天然气裂缝中行为特征实验研究""高温高压下堵塞物形成机理及防治方法"相继开展阶段检查、中期验收和结题验收，建立科研课题的验收—结算流程。在项目立项和课题结算管理中，锻炼一批科研管理人才，为科研转型贡献力量。

实验研究。立足超深层、高含硫地层流体研究，创新形成高温高压复杂流体全组分相态实验技术，解决高含硫化氢相态实验难题，建立近临界油气藏判别方法，阐明东河油田注气提高采收率机理，建成150兆帕、200℃、硫化氢20000毫米/米³PVT分析能力。6月，牵头组织行业专家对该技术进行评审，鉴定结果为国际先进，部分技术国际领先。

现场支撑。完成采油化学实验72样次，PVT实验44样次，酸化压裂实验165样次，储层评价实验538样次。为油田勘探开发提供重要支撑。参与迪北5井储层评价。针对迪北难开发气藏，做好非达西渗流评价，储层敏感性分析，是否符合致密气藏国家补贴标准的评估。创新使用透气钢制岩心开展敏感性评价，评价迪北储层敏感性均为中等偏弱，为全面认识迪北增产机制提供重要支撑。完成大北重沸器垢样分析，支撑大北处理厂工艺优化。针对大北处理厂结垢堵塞问题，通过红外谱图、XRD等分析，该垢样的主要成分为氯化钠，其中取自重沸器内部样品含二氧化硅和磷酸铵，实验结果支撑现场工艺优化。完成博孜、大北防蜡剂优选评价，支撑博孜大北含蜡气井开发。建立高压凝析气井用液体防蜡剂凝点评价方法，从10个清防蜡剂样品筛选出4种防蜡剂，可明显降低博孜102-2井凝析油和混配油的凝点，优选出防蜡剂最优加量2000微克/克。开展东河6井注二氧化碳沥青析出实验评价，支撑现场注气开发试验。设计一套高温高压混相及沉淀实验装置，表征东河6井注气胶质、沥青变化规律。建立高含硫化氢相态实验方法，支撑富满油田及西北油田储量申报。通过技术攻关，实现全程"零气味、零排放、零伤害"的"三零"含硫油气样品的高压物性分析操作，使用该方法在2022年富满区块已分析PVT样品14井次，支撑富满油田10亿吨大油气田储量上报。完成顺北区块5口高含硫化氢重点井PVT分析，创收56.25万元，对外创收同时促进"中中合作"。开展现场压裂液质量监控，保障现场正常施工。面对现场工作量增加，通过精细管理，合理安排人员上井服务，保质保量完成现场技术服务工作。完成83井次技术服务，相比2021年多8井次。新冠肺炎疫情期间，提前安排人员在前线值班值守，保障前线生产正常运行。

成果有形化。2022年，申报专利4项，发表科研论文2篇。申报石油石化联合会奖1项，塔里木油田公司科技进步奖二等奖（与油气工程研究院联合）1项，申报三等奖1项，均为实验检测研究院首次，取得历史性突破。完成国家标准1项（《天然气热力学性质计算第2部分》征求意见稿），完成编制《含硫化氢流体物性分析方法》《除垢用金属阳离子螯合剂性能评价方法》《酸化压裂用交联酸技术要求》3项企业标准。其中，在国家标准制修订中实现排名靠前。

实验能力建设。广泛调研实验室需求，论证实验能力建设可行性，牵头编制的《塔里木油田实验室建设规划》通过塔里木油田公司审批，协助完成《实验室建设可行性论证》，通过塔里木油田公司审查，为塔里木油田公司实验室建设奠定基础。

【油气产品检验】 2022年，实验检测研究院完成3902样次油气产品检验，其中天然气1618样次、原油1279样次、成品油244样次、地层水572样次、硫黄（硫膏）9样次、液化气130样次、轻烃50样次。

深层天然气组成检测实验。针对库车山前天然气含复杂介质问题，利用天然气全组分分析特色技术系列，完成多批次库车山前含蜡天然气的碳1至碳30组成分析、干烃水露点监测、金属含量检测等检测实验120样次，支撑克深气田含蜡情况和规律摸索及大北处理站工艺调整，保障天然气处理场站安全平稳运行。

外销产品指标异常研究。建立液化气中甲醇、二甲醚、二甲酸酯等氧化物含量分析能力，开展塔里木油田公司外销液化气产品氧化物来源排查，有力支撑油田自产产品质量提升。

地面工程参数测定试验。开展塔里木油田公司重点地面工程项目参数测定试验，对博孜凝析油、大北凝析油、大北轻烃、牙哈凝析油及17口单井完成加急现场取样16样次，历时2天，为后续检测争取足够时间；依据产量预测，对博孜凝析油、大北凝析油、大北轻烃、牙哈凝析油进行掺混调配，预测覆盖到2045年设计值，掺混样品10组，用时3天，完成凝点、密度、蜡含量、析蜡点、0—60℃黏度参数等实验286次，为工程建设提供有利依据。对塔西南公司天然气综合利用工程上游源头气气质开展3批次全分析，准确分析气源中战略资源含量和杂质含量，为工艺设计提供有力支撑。对塔中3个联合站外输产品气中的战略资源含量进行多轮普查，为开展过程化橇装设备的需求论证提供基础保障。

伴生资源检测。按照塔里木油田公司新能源业务工作部署，完成《石油及石油产品中微量金属元素的测定微波消解电感耦合等离子体法》等2项企业标准编制工作，为普查铀、锂、溴、氦等16种伴生元素提供技术支撑。开展455样次地层水中锂含量检测，发现塔里木油田公司地层水中锂含量分布较为零散，部分单井含量较高，汇总至处理场站后平均含量较低。

标准制修订。完成《工业硫黄中金属元素的测定电感耦合等离子体原子发射光谱法》《油田水中微量金属元素的测定电感耦合等离子体原子发射光谱法》《石油及石油产品中微量金属元素的测定电感耦合等离子体原子发射光谱法》《石油和石油产品及添加剂机械杂质含量的测定离心法》《天然气中氢氦含量的检测气相色谱法》5项企业标准制定。参与的1项国家标准已发布，3项国家标准、1项行业标准待发布。

【采购产品检验】 2022年，实验检测研究院开展石油专用管、化学剂紧急检测、取样任务73批次，保障迪北、富源等重点区块、重点井生产需求。完成回收退料管、再生管检验5次，年度投入生产用套管844支，助力塔里木油田公司节约运输和装卸成本17万元，助力油田积压管材消库726万元。发现各类不满足标准或技术说明书要求的各类产品67批（样）次。其中：化学剂55批（样）次，比2021年86批（样）次下降36%；石油管材类12批次，比2021年11批次上升9.1%，油田勘探开发生产本质安全得到保障。

【计量标定】 2022年，实验检测研究院完成计量仪器仪表入库检验39批次590台（件）；检定计量器具6212（入库抽检590，外请1287，计量标定站4335）台（套）。组织现场检测约14批（次），57台（套）；组织计量器具外送30批次，415台（套）；完成3次质量监督抽检。质量监督活动5次；质量控制活动5次。完成各类检定/校准/分析任务62563台（件/样次），发放检定证书/报告62563份。其中检定计量器具55714台（件）；分析化验样品2336样次；阀门检测4513台（件）。

【环境监测】 2022年，实验检测研究院按规定做好环境监测工作。

环境质量、污染源监测。完成各类环境质量、污染源监测样品分析3931样次，报告发放1975份，地下水监测同比增长79.2%,为塔里木油田公司地下水现状调查提供数据支撑。全年实现部门收入1200万元,创历史最高。

土壤监测。首次承接塔里木油田土壤监测,打通土壤样品外送的"最后一公里"。深入分析用户需求,针对各用户单位提出的土壤监测需求,基于无法开展挥发性有机物、半挥发性有机物的现状,调研行业内有资质的第三方检测单位,通过资质审查、现场调研、盲样考核等措施确保第三方能力,合力完成塔里木油田公司76样次土壤监测任务。

环保隐患复查环境监测。开展1082样次固体废弃物、235样次地下水监测,以平行样、盲样形式发放质控样品57样次,保证检测质量。对分析结果进行分析,为塔里木油田公司摸清不合格项分布、针对性治理提供数据支持。

碳排放检测。开展塔里木油田公司范围内甲烷、VOCs监测,助力塔里木油田公司绿色企业创建。完成轮南、克拉、博大等采油气管理区20余座场站相关资料收集与分析,完成33座油气处理场站、7口单井30余万处动静密封点泄漏检测工作。初步明确油气场站各设备组件管线泄漏比例、不同泄漏浓度范围泄漏特征,为各采油气管理区有针对性地进行修复提供依据。初步明确不同组件排放速率,建立3份排放因子,为塔里木油田碳排放核算,摸清塔里木油田减排潜力提供支持。

节能监测普查。摸清塔里木油田公司各类能耗设备效率状况,助力塔里木油田公司提质增效。完成塔里木油田公司9个采油气管理区3个生产辅助单位839台(套)重点耗能设备的节能监测普查工作。现场提出调整或技改措施163条,节约天然气400万立方米、电300万千瓦·时,节能效果明显。

例行监测。协助用户开展例行监测任务。提前1个月成立技术服务小组,技术人员与各委托单位进行一对一多次沟通,编制例行监测任务书模板,明确监测频次、监测要求,及时解决用户在任务下达过程中存在的问题。完成塔里木油田公司13家委托单位的例行监测任务,保证环境监测任务按需检测,杜绝"无单检测"现象。

【质量管理】 2022年,实验检测研究院修订体系文件13章,制定作业指导书1项,建立工作流程1项,规范数据统计模板4项,完善抽样影像、合同评审和资质认定变更等内容,形成质量管理数据定期汇总、通报、分析和纠偏体系。开展产品检验多维度大数据分析,初步建成可动态更新的基础数据库。建立与监督中心和业务部门的协同联动工作机制,建成时效管理和分析信息化模块,开展审核检查和数据分析,纠正不符合91项。参与外部质量控制活动18项,抽检覆盖率不小于25%、阶段检测计划完成率100%、及时率99.96%、准确率99.86%。完成塔里木分站天然气实流检定次级标准装置项目建设,进一步完善天然气溯源体系。运用计量测试查明乙烷商品气交接计量出现误差的原因,为亏损评估提供技术支撑。严把质量管控关,实验检测研究院获新疆维吾尔自治区质量标杆单位,1项QC成果获集团公司三等奖、2项获塔里木油田公司一等奖、1项获塔里木油田公司三等奖。

【塔里木分站工作】 标准制修订。2022年,塔里木分站主导《液位计》(QSYTZ 0425—2022)校准规范的修订,完成报批。成立QC活动小组,完成"提高旋进旋涡流量计检测准确性"QC项目活动。

装置能力验证。2022年3月,塔里木分站实流检定装置参加国家油气站总站组织的装置比对工作。由于参与比对的其他单位工艺压力都是中压,唯独塔里木分站是高压,所以塔里木分站需完成比对试验压力不同条件下的技术修正难题,才能完成此次能力验证工作。塔里木分站克服困难,组织完成能力验证,试验结果数据稳定可靠,装置性能优良,得到上级部门高度肯定。7月26日,塔里木分站离线检定参加新疆维吾尔自治区市场监督管理局组织的2022年全疆冷水水表比对活动,分站在规定时间内完成比对任务,比对效果良好。

质量体系建设。开展自身质量体系建设工作,完成质量手册的修订改版和宣贯培训,按计划开展工作级标准装置期间核查,开展标准装置重复性和稳定性试验,组织开展装置的外部能力验证,质量监督活动15次,质量控制活动10次,承包商检验检测结果公正性监督20次,开展质量体系内审1次,迎接通过国家市场监督管理总局组织的法定计量检定机构监督检查工作,组织前线员工晚间集中学习62期,每晚培训2小时,模拟考试11期,4名员工通过国家二级注册计量师资格考试。

【实验平台建设】 实验室建设。2022年,实验检测研究院围绕塔里木油田公司一流实验平台建设,系统规划超深实验平台,梳理勘探、开发、采油气等领域17个方面实验攻关需求,按照"功能模块,应用组装"的思路,采取"自建、共建、共享"方式,规划55个功能模块,已建成20个。《塔里木油田公司实验室建设规划方案》《塔里木油田实验室建设可行性论证》通过塔里木油田公司审查。

信息化建设。借助国家超深研发中心建设及油田数字化转型智能化发展机遇,按照"整体规划、分步实施"原则,将智能实验检测系统纳入数字化油田建设第11个场景,并进入工程技术设计阶段。紧跟塔里木油田公司数字化建设步伐,率先开展计量业务数字化工作,坚持"业务主导、信息统筹"建设思路,完成计量标准分析、业务流程固化、数据模板优化、软件平台搭建。

【基础管理工作】 基础管理。2022年,实验检测研究院完善合同台账,梳理合同结算流程,查找结算超时的"堵点",开展结算提示、预警,调整结算周期并明确违约条款,增强合同履行严肃性和经营核算及时性。针对经营分析预亏2000万元的严峻形势,开展"强化管理大干100天,坚决打赢扭亏攻坚仗"专项活动,重新核算各部门收支考核指标,每旬跟踪工作进展,及时协调解决问题,增强站队长经营意识,提升基层精细化管理水平。编制《依法合规综合治理专项行动方案》《合规管理强化年实施方案》,发现记录不规范、报告错误、任务完成不及时等4项问题,落实"三个一批"处罚承包商9家、责任人10人次,考核并约谈超范围加盖CMA章承包商负责人。

管理提升。坚持"四结合"开展对标管理,领导班子率先研读油田公司对标工作方案,各部门按工作计划有序推进。钻完井工程实验中心、地质实验中心率先进行部门对标管理经验介绍,强化思路引领、建立常态化对标工作机制。随机抽查对标工作进展,集中讨论、及时纠偏、持续改进,发现局限于历史对标,或只关注技术对标的倾向,及时引导其向油田先进对标、管理对标,进一步提升对标质量。

体制机制。实验检测研究院领导班子召开4次会议专题讨论,制定"三步走"岗位价值评估及结果应用方案,推荐29名职工代表成立评估小组,自上而下梳理部门和岗位说明书122份,评价41个关键核心岗位,完成岗位价值评估。修订发布新版绩效考核实施细则,初步形成"以岗定薪,按绩取酬"的分配体系。

【党群工作】 党建生产融合。2022年,实验检测研究院每季度召开"三基"与"三基本"融合推进会,分享融合典型经验。探索推动党建项目化管理,通过"揭榜挂帅"、党员先锋示范互动,"兄弟单位"党建联盟等方式,助推党建与生产经营有机融合。钻完井工程实验中心、采购产品检验中心2个党支部获塔里木油田公司三星级党支部,1个案例获评塔里木油田公司"三基"与"三基本"有机融合优秀案例。

廉洁建设。坚持标本兼治,一体推进"三不"(不敢腐、不能腐、不想腐)机制建设,健全管理制度、规范管理流程,构建"不敢腐"高压线,筑牢"不能腐"防护墙,夯实"不想腐"安全堤。坚持纠治"四风"不止步,紧盯重要节点和关键领域,密切关注"四风"问题的新形式、新表现,学习典型案例43起,约谈承包商负责人13家,廉洁提醒1350人次。紧盯关键"少数",对11名新提任干部进行"六个一"廉洁从业教育。

群团建设。组织员工参保127人次、中医健康义诊110人次,为员工办实事、解难事。加大困难员工关心、帮扶力度,解决"急难愁盼"问题62项,开展线上心理健康讲座18场次,构筑心理健康保护屏障。开展迎新春游园、第二届职工趣味运动会、云上健步走等活动,释放压力,愉悦身心。开展"弘扬志愿精神•助力乡村振兴"暖心活动,捐赠衣物223件,传递正能量。

【塔里木分站次级标准装置建成】 塔里木分站是南疆地区唯一一座高压实流天然气检定标准装置。该站的工作标准装置、核查流量计系统每年需送国内有次级标准的天然气实流检测机构进行量值溯源。由于地理位置偏远,每年在拆装和长途拉运设备中,不仅存在着安全风险,而且送检周期长、运输检定费用高。因此,2022年,塔里木油田公司在国家石油天然气大流量计量站塔里木分站建成次级标准装置,为集团公司在疆的首套次级标准装置。2022年3月,次级标准装置现场施工完毕,实现初交,4月装置完成吹扫、投产试运,5月7日成功投产。8月,次级标准建标技术服务合同签订完毕。开始建标考核的调试和试验数据录取工作。在集团公司科技管理部的总体部署下,次级标准装置的技术能力提升工作同步开展,与西南油气田公司签订技术服务合同。

(李建军)

塔里木油田建设工程有限责任公司

【概况】 塔里木油田建设工程有限责任公司(简称

油建公司）是中国石油天然气股份公司的全资子公司，由股份公司委托塔里木油田公司代行管理的国有企业，涉及化学助剂生产、钢结构设施的制造和安装、拼接钻井液池和营房租赁、送变电施工、水泥预制件生产、割缝管激光加工、印刷与广告等多个业务板块。

2022年，油建公司实现收入3.88亿元，利润268万元，实现安全平稳运行。

【经营管理】 2022年，油建公司坚持"突出职能、责任压实"，加强内控体系执行力度，发挥风险防控作用。在2021年提质增效"升级版"的基础上，制定"三提升、三控减"（提高经济效益、提高运行效率、提高安全水平，控投资、控成本、控递减）系列措施，开展12项具体措施累计节约成本664万元，完成任务指标291万元的228%。油建公司从提升内部利润、控本节流、提质增效等方面，通过纵向对标分析，查找差距，结合实际，制定对标提升行动措施，建立对标指标44项，依法合规治企和强化管理，制定45项具体工作措施。开展招标投标领域违法违规问题和风险自查，梳理招标制度6项、相关规范11项、业务流程5项，全面自查合同252项。贯彻落实《塔里木油田公司关于油建公司经营困难专题讨论会纪要》及相关会议要求工作任务21项，牵头完成推进岗位责任制落实，梳理、制修订65项规章制度。从严承包商管理，清理、清退评价不合格和两年无业绩的"三商"（承包商、供应商、服务商）队伍10家，实现总量下降5%。

【化学助剂生产】 2022年，油建公司生产助剂产品24206吨。其中，SMP产品6211吨，润滑剂1868吨，原油集输及水处理1728吨，环空保护剂1311吨，油气集输用缓蚀剂1411吨，油气集输用除硫剂52吨，加工有机盐3345吨，贸易类产量3892吨。

【工程项目施工】 2022年，油建公司工程项目部具有住建部门颁发的安全生产许可证、建筑工程总承包资质二级、石油化工工程施工总承包资质三级、输变电工程专业承包资质二级、钢结构工程专业承包资质二级、环保工程专业承包资质三级，业务范围涉及钢结构施工、土建施工、输变电工程施工等。2022年，完成产值4731万元，在建工程项目5项，完成68口单井、101千米电力线路施工任务。按照塔里木油田公司要求，工程项目不再承揽新业务，并逐步退出。

【构件生产】 2022年，油建公司构件生产部下设激光加工中心、轮南租赁中心（2022年3月，轮南营房租赁中心更名为轮南租赁中心）、轻板厂及水泥件预制厂。全年生产产值8632.69万元，生产营房31间、电杆3618根、三盘5138块、割缝管1196根、储罐133个、生产钻井液池153个，租赁营房430间、钢木基础223块、泥浆池709个。

【广告与印刷】 2022年，油建公司具有新疆维吾尔自治区B级印刷资质，是巴州指定保密印刷企业之一。主要从事各类广告设计、宣传展板设计制作、书籍排版设计、大型会议场地设计、石油基地文化阵地建设和报刊及各类材料印刷等业务。广告与印刷分公司落实油建公司决策部署，围绕生产经营中心工作，新冠肺炎疫情期间面对原材料短缺、三分之二的员工居家办公以及信息核对不便等困难，完成印刷业务2980单，产值506.95万元；完成广告业务2669单，产值794.76万元。

【市场开发】 2022年，油建公司四大业务板块签订合同98份，变更协议6份，开票结算33261万元（不含税）。新增采油用清蜡剂月桂基磷酸脂、钻井液用低荧光润滑剂植物油类、油气集输用抗高流速缓蚀剂咪唑啉、油气集输用抗氧缓蚀剂咪唑啉、油气集输用阻垢缓蚀剂咪唑啉、油气集输用缓蚀剂咪唑啉、钻井液用抗温抗盐润滑剂植物油、注水处理用脱汞净水剂无机盐类及集团公司一级物资激光加工中心割缝套管9项产品和钢结构环保池租赁及维修服务、钻机钢木基础租赁服务、钻井液罐钻井泵租赁服务3项服务，共12项准入业务。

化学助剂板块参加2022年集团公司一级物资公开招标取得历史最好中标成绩。其中：SMP-2首次中标疆外长庆油田公司；PRH-2首次进入北疆市场；SMP-3出口至哈萨克斯坦，首次迈向国际市场。

工程板块按照塔里木油田公司战略调整，优化调整项目结构，逐步退出土建、建筑装修装饰工程，主要开展新业务油套管项目。完成年初制定的经营指标及应收账款清零。

【培训工作】 2022年，油建公司培训304班次3680人次，本单位组织培训285班次3462人次。参加集团公司线上培训3项3期3人次，塔里木油田公司外部培训4项4期4人次，组织塔里木油田公司内部培训9项12期31人次，组织完成各类特种作业取证培训34人次。组织参加技能鉴定21人次。组织零星外培1项1期1人次，完成工程八大员45人次，建筑类安全生产治理培训4人次，等待取资质证人员及继续教育119人次。

【安全生产】 2022年，油建公司按照集团公司及塔里木油田公司QHSE体系管理运行相关要求,结合实际生产经营情况,修订完善部分规章制度,并认真落实。开展油建公司质量、职业健康安全、环境管理体系认证工作,取得认证资格证书;开展承装电力设施资质人员资质取证、建造师继续教育、建筑类岗位继续教育、硫化氢等6类42人次特种作业取证培训;开展集团公司、塔里木油田公司、油建公司及基层单位4个层级培训,年度各类培训201项300期3032余人次,组织3个工种21人职业技能鉴定考试。截至2022年底,油建公司有国家注册安全工程师资格证8人。开展"安全生产月""反违章专项整治行动""全员隐患排查整改""力戒形式主义、官僚主义从严抓实做细安全环保工作,形象刻画二十种人活动"、月度及专项监督检查、安全生产大检查及回头看、安全生产三年专项整治等活动,对所有生产办公场所多方位进行危害识别和隐患排查,严格执行"五全"要求,对不同作业项目199个工序进行风险识别和评价,并下发执行。各级检查发现问题5360项,其中一般隐患5354个,较大隐患6个,整改完成率99.66%,较大隐患全部整改完毕。

【技术创新】 2022年,油建公司自产产品防蜡剂在博大采油气管理区成功应用,打破进口产品的不可替代性,促使美国贝克休斯公司防蜡剂价格从7.5万元/吨降至5.25万元/吨,增加塔里木油田公司在该产品上的议价能力,降低生产成本;自产产品减阻剂在轮库输油管道复线上的增输率最高63%,使轮库管线年输送能力从600万吨提升到900万吨;攻克超厚合金钢套管切割工艺,完成产能建设事业部30根15毫米超厚合金钢套管割缝急料加工任务;联合油气工程研究院、西安三环石油管材科技有限公司、西南石油大学、长江大学等油田内外科研机构攻克油气集输缓蚀剂、沥青分散剂、溶垢剂等产品的技术难关,与油气工程研究院共同制定助剂及构件7项新产品的研发实施方案;"提高SMP-3产品自检合格率"获新疆维吾尔自治区优秀QC成果,蒲公英QC小组获新疆维吾尔自治区"表现突出质量管理小组"称号,"提高阻垢剂产品自检合格率"等2项课题分获塔里木油田公司二等奖、三等奖。通过国家科技部审查,成为国家级高新技术企业。

【化学助剂实现"三个首次突破"】 2022年,油建公司SMP-3产品首次走出国门销往哈萨克斯坦52吨;SMP-2首次中标疆外区块(川庆钻探长庆钻井总公司)1125吨;PRH-2首次进入北疆市场(新疆石油管理局),中标830吨。油建公司化学助剂实现"三个首次突破"。

【疫情防控】 2022年,新冠肺炎疫情期间,油建公司靠前指挥,200余名干部员工坚守岗位,向一线运送助剂产品461车次5460吨,保障前线430间营房、641个环保池正常运转,协助大二线管委会协调2885辆运输车辆、2970人次通行上户镇疫情防控卡点,为基地小区调配8间营房,印制封条、通行证等11万余张,抽调人员及吊装挖掘车辆确保满深705井等2口单井顺利投产。

【党群工作】 2022年,油建公司以高质量党建引领和保障高质量发展,激发队伍活力。

重点工作。跟踪督办"第一议题"制度落实、塔里木油田督办重点工作、油建公司"两会"精神、"三重一大"决策程序和事项执行等具体工作,强化对"一把手"和领导班子权力运行的监督。迎接塔里木油田公司党工委巡察组对油建公司党委党的十九大以来巡察整改情况的"回头看",进一步巩固整改成效。

制度建设。2022年,油建公司根据塔里木油田公司制度,结合实际,发布《塔里木油田建设工程有限责任公司党的建设考核实施细则(试行)》,修订党委委员"三联"工作规范,按照"四同步四对接"工作要求,配齐配强党支部班子成员,及时开展生产党支部和工程项目部党支部委员补选工作。

基层建设。学习宣传贯彻党的二十大精神,在党委、党支部两个层级开展学习研讨4次,举办"红色诗词朗诵比赛、手语操报展演"等庆"七一"、喜迎党的二十大系列特色活动5场次。组织"凝人心、聚合力、强信心"主题系列活动,慰问在防疫保供期间坚守岗位人员25人次,评选出10支党员突击队,7名最美党员,19名最美员工,组织温暖进一步传递、团队力量进一步彰显。化学助剂厂党支部和构件生产部党支部通过2022年度塔里木油田公司三星级标准化党支部评审,党支部战斗堡垒作用进一步增强。

反腐倡廉。做好监督主责,运用联合监督手段,在安全生产、物资管理、合规经营、新冠肺炎疫情防控等重点领域工作中发现各类问题51项,组织开展违规吃喝专项治理和"反围猎"专项行动,重点抓好与承包商开展廉洁谈话、与关键岗位员工探讨岗位廉洁风险识别与防控等工作。做细廉洁教育,将党风廉政教育纳入党委理论学习中心组、党员学习及全员学习,强化重大节点廉洁提醒,在生产会前常态化组织开展"以案说纪"、岗位廉洁风险讲述活动23期,对新提拔的2名科级干部、3名业务主管严格落实党风廉政意见回复并做好"六个一"廉洁教育,动态更新完成8名处级干部、25名科级干部和2名纪检干部廉政档案,动员干部员工原创漫画、书法等廉洁文化作品10幅,其中1幅漫画作品获塔里木油田公司二等奖。

主题教育。制定并下发《油建公司"转观念、勇担当、强管理、创一流"主题教育活动运行计划表》,结合"形势、目标、任务、责任"主题教育活动开展宣讲8场次,并组织开展全员解放思想大讨论活动,排查整改6个方面23项具体问题,切实提升主题教育质量和效果。

创新创效。组织开展群众创新创效活动,征集提质增效合理化建议3项,全部获奖,1项获新疆维吾尔自治区级,2项获塔里木油田公司级。

（汪宣斌）

融媒体中心

【概况】 根据塔里木油田公司深化改革总体部署和《塔里木油田公司深化后勤业务改革方案》,2022年7月18日,新闻文化中心更名为融媒体中心,原新闻文化中心文体业务划归公用事业部。改革后,融媒体中心主要负责塔里木石油电视、报纸、微信、抖音、新闻App等媒体的采编运行。负责塔里木油田展览馆、廉洁教育基地的管理运行服务。

【组织机构调整】 2022年,融媒体中心聚焦新闻宣传业务,优化内设机构设置。核减融媒体中心二级副职数,增设副总编辑。撤销文体服务部机构编制。调整后,融媒体中心编制定员30人,领导班子职数1正3副,设主任1人,副主任2人,副主任兼中国石油报塔里木记者站站长。另设主任助理1人、副总编辑1人（兼策划编审部主任）、副总会计师1人。内设综合管理部、策划编审部、全媒采访部、融创制作部4个三级机构,编制定员23人,三级职数3正8副。融媒体中心记者、编辑等使用第三方用工,总定员控制在75人以内。

【新闻宣传】 2022年,融媒体中心围绕迎接学习贯彻党的二十大为主责主线,完成学习贯彻习近平新时代中国特色社会主义思想报告会、庆祝建党101周年、天然气冬供等重大新闻宣传20余次。对外宣传报道1433篇（条）,塔里木油田公司相关报道3次登上《人民日报》头版,并实现近年来首次登上头版头条。央视"新闻联播""新闻直播间""朝闻天下""央视财经"21次报道塔里木油田油气发展上产业务。出版《塔里木石油报》151期,播出电视新闻153期,制作短视频564部、专题片16部,实况录像及直播10场,新开辟专题专栏46个,各媒体总发稿1.4万余篇（条）,受众约8.4万人。获全国行业新闻奖46项、中国石油记者协会新闻奖18项,连续10年获全国先进企业电视台、五星级记者站。

（郝文娟）

【塔里木石油报编辑出版】 2022年,塔里木石油报刊发稿件5001篇（记者稿件2748篇,通讯员稿件2253篇）,其中重点工程92篇、天然气保供72篇、提质增效88篇、党建270篇、党的二十大报道135篇、安全生产513篇。策划编辑专题专版272个,评论203篇,专版数量和评论数量创历年同时期最高。

（袁静）

【塔里木电视新闻采编】 2022年,塔里木电视节目全面改版、扩容,升级电视节目新品相、栏目新表达、传播新场域,从电视"大屏",向手机"小屏"延伸共振,视频业务急剧增长。播出电视新闻153期,总长度3045.7分钟,总条数1821条,其中记者1324条、通讯员497条。新开辟新闻专栏37个。制作短视频564部,专题片16部。8月新推出综合性栏目"今日塔里木",多元讲述一线员工和老百姓的烟火气。

（王晓波）

【微信公众号运行】 2022年,融媒体中心推送微信1440条,微信粉丝50315人,阅读量平均值1006。设计制作微信公众号推文的头图、栏目图和底部图;增设菜单栏,提高新媒体的服务性;《努力的人,到底有多"帅"……》《热化了!来看看不服"暑"的塔里木石油人!》等93条微信、抖音被人民日报新闻客户端、学习强国、铁人先锋、集团公司官微等平台采用。

【抖音运行】 2022年,融媒体中心推送抖音202条,抖音粉丝24000人。主要对塔里木油田公司"两会"、零碳沙漠公路建成、二小区竣工等重点选题以及春节、"五一""十一"等重要节点进行宣传报道。

【微信视频号开通】 2022年8月,塔里木油田微信"视频号"正式开通,4个月推送发布短视频500余部,总阅读量突破117万次,粉丝突破6000人。

【塔里木新闻App运营】 2022年,塔里木油田新闻

App客户端全年推送新闻4618条,用户10273人。客户端对塔里木油田公司内部用户推送推荐要闻、数字报、视频、直播、图片、基层动态、媒体聚焦等栏目,对外部用户推送塔里木油田公司动态、媒体聚焦、塔里木油田公司简介、企业文化、官方微信和官方抖音等栏目。

(陈 敏)

【电视新闻后期包装制作】 2022年,融媒体中心制作播出后期合成"油田新闻"153期;后期合成"今日塔里木"39期;后期包装合成专题纪录片、汇报片23部,短视频后期包装合成52个;完成塔里木油田公司重大会议和活动的实况录像及直播10场;电视新闻栏目片头创作7个;公益广告、短视频创作29部;宣传片创作3部;MG动画短视频制作36个;MV剪辑制作20个。

【电视节目播出服务】 2022年,融媒体中心自办塔里木1频道播出节目8760小时,上载节目3653小时,录制节目2351小时;塔里木油田公司网络电视上载节目795小时,向电信上传油田新闻154期、新增栏目"今日塔里木"39期。

(金世国)

【党群工作】 2022年,融媒体中心强化党建政治引领、思想引领、组织引领、作风引领"四个引领",践行"抓党建就是抓发展"理念。落实"第一议题"制度,开展学习贯彻党的二十大精神、"转观念、勇担当、强管理、创一流"主题教育、"学条例、促规范、强基础"专项活动,讲授专题党课10次,开展调研座谈6场,政治理论学习覆盖1000余人次,获塔里木油田公司党建和思想政治优秀研究成果二等奖1项。推进"全媒型"采编队伍建设,在急难险重任务、基层一线培养发展党员2名。"三不"一体推进,对新闻采编第一党支部、新闻采编第二党支部开展内部巡察。召开党风廉政建设与反腐败会议,开展专项监督检查8次、重点工作督查9次,组织廉政教育33次,获塔里木油田公司党风廉政建设工作先进集体。8月,选举产生融媒体中心党支部委员会。12月,增补2名党支部委员,成立4个党小组。12月20日,融媒体中心组织召开第一次工会会员大会,选举产生第一届工会委员会委员。工会全年组织开展活动12场次,932人次参加。

【疫情防控】 自2022年8月13日开始,新冠肺炎疫情封控期间,融媒体中心35名采编人员吃住在办公室110余天,工作量达到日常的3倍以上。融媒体中心一手抓新闻宣传,一手抓疫情防控,及时传达地方政府及塔里木油田公司疫情政策,做好内部员工的动态管理。按照"高、中、低"风险划分区域,落实网格化管理措施,分类分级动态管理各类员工信息,第一时间掌握人员情况。疫情期间,融媒体中心负责管理三区13栋、17栋、23栋的74户小区居民的疫情管理服务工作,实现"无疫楼栋"目标。

【宣传队伍建设】 2022年,融媒体中心有员工96人,其中合同化员工31人、第三方用工65人。按照"管理(合同化员工)+专业技术(第三方用工)"模式培养使用。选拔交流2名科级干部,选聘新闻采编专业技术岗位26人。按照构建新闻宣传大格局要求,开展通讯员培训36次,评选优秀通讯员10人,聘任塔里木油田公司各单位特约记者56人。

【抗击疫情宣传】 2022年,融媒体中心聚焦防疫一线广大志愿者、后勤保障人员和坚守岗位干部员工,围绕生活物资供应、人文关怀、坚守岗位保生产等主题,通过图文、短视频等形式,推出《致敬!志愿者》等报道320条次,宣传抗疫人物530余人次。

【媒体升级改版】 2022年,融媒体中心媒体向全媒型、融媒体转型发展。电视向宣传片、短视频转型,做精新闻节目,做活特色栏目,做优专题栏目。报纸向理论报、工具报、参考报转型,突出大事要闻,增加评论文章、总结经验做法、挖掘人物故事、创新布局编排。新媒体微信、抖音、新闻App和电视、报纸内容联动,差异互补,强化塔里木价值。塔里木油田公司门户网站全面改版,整合新增栏目12个、开设宣传专栏18个。

(郝文娟)

【连续10年被评为《中国石油报》五星级记者站】 2022年,塔里木油田记者站把握媒体行业发展趋势,按照集团公司党组的新要求,打好"学习贯彻落实党的二十大"、率先建成中国式现代化世界一流能源企业、深地攻坚、央企责任、民生发展、绿色转型"六大攻坚战",落实17项重点选题、50多个具体选题。全年组织完成17次重点或专题报道,在中国石油报系统、网站、微信等媒体刊发图、文、新媒体报道575篇(条),其中在《中国石油报》刊发稿件328篇,上稿数量同比增长25%;头版头条报道17篇、专版14个。记者站连续10年获评《中国石油报》五星级记者站。全年在新华社、人民网、《人民日报》《新疆日报》等中央和国内主流媒体报纸、网站、客户端等发布、被转载的文字图片新闻超470篇(条),首发373篇

（条）。其中，新闻报道3次登上《人民日报》头版，近年来首次登上头版头条；全国"两会"召开之际，塔里木油田公司高质量发展专题报道在《人民政协报》刊发；党的二十大召开前后，《人民日报》专版刊出《塔里木油田率先建设中国式现代化世界一流能源企业发展纪实》。在中国石油海外媒体平台、新华社、《人民日报》海外媒体累计报道11次；国务院国资委在"我们这十年@坐标中国"主题宣传中推出塔里木钻进深井专题报道，全网互动超1.2亿人次。

（张思敏）

【**新闻作品获奖情况**】 2021年中国石油新闻工作者协会评奖。通讯类二等奖《高高山上一口井》，作者蒋俐；消息类一等奖《油田新发现10亿吨级超深油气区》，作者苏华；融媒体图文类一等奖《揭秘！那40颗原生胡杨去哪儿了》，作者陈士兵；融媒体图文类二等奖《冻到裂开，为你加气御寒》，作者陈士兵；副刊作品杂文类三等奖《司钻手里三条命》，作者蒋俐；副刊作品杂文类三等奖《气如兰兮长不改》，作者王伟伟；摄影篇目经济新闻类二等奖《施工再难，也难不倒咱》，作者陈士兵；摄影篇目经济新闻类二等奖《跋涉深山的冬供人》，作者陈士兵；摄影篇目经济新闻类三等奖《守护气脉》，作者陈士兵。

集团公司第七届新媒体内容创作大赛评奖。图文作品三等奖《你瞧！好一幅干劲十足的"春耕图"……》，作者陈士兵；图文作品三等奖《村里上"新"了，快来看看吧！》，作者陈士兵；图文作品三等奖《我说一句塔里木太美了，没人反对吧？》，作者陈士兵。系列微纪录片特别优秀奖《宝石花温暖万千家》，作者王仕杰、杨雨；系列微纪录片特别优秀奖《回家Ⅱ》，作者王祎；微纪录片二等奖《我们的冬供》，作者李瑶；微纪录片二等奖《帕米尔保供人》，作者王仕杰；微纪录片二等奖《沙海绿色守护者》，作者陈敏、冯丽、雷彪；微纪录片二等奖《绿色长城赋新能》，作者王新宇；微纪录片二等奖《油区精灵》，作者孙杨、景小雷、唐龙；微纪录片三等奖《绝活》，作者杨雨；微纪录片三等奖《抢线》，作者罗琳耀；微纪录片三等奖《为了点亮沙海"灯塔"》，作者夏合巴努；微纪录片三等奖《寒冬之上》，作者王新宇；微纪录片三等奖《夏至·西气之源》，作者孙杨、景小雷、唐龙；微纪录片三等奖《你不是一个人在战斗》，作者王川。

2021年度"中国石油优秀新闻作品"评奖。短视频专题类二等奖《抢线》作者罗琳耀；短视频专题类二等奖《岁月留痕》作者罗琳耀；国际传播类二等奖《油田发现新的10亿吨级油气区》作者王川。

2021年度"中国石油电视好新闻"评奖。消息类一等奖《塔里木盆地新发现10亿吨级超深油气区》，作者张红艳、王川；消息类一等奖《塔里木油田：夜战风雪保冬供》，作者张红艳、王川；消息类二等奖《消逝的信号路》，作者张红艳、王川；消息类二等奖《一步千年，南疆新增气化400万人》，作者张红艳、王川；消息类三等奖《满深的路，蛮"深"的路》，作者符悦诚、任延蓉；专题类一等奖《宝石花温暖万千家》之《雪满天山保供人》《抢线》《寒冬之上》，作者赵志忠、张红艳、王川、罗琳耀、王新宇；专题类一等奖《石油工人心向党》之《何晓勇和他的物探兄弟》《赵志信：到最艰苦的地方去》《钻二代青春在井场绽放》，作者赵志忠、张红艳、王川、杨雨。

2022年度"全国企业电视好新闻"评奖。特别节目一等奖《喜迎二十大·奋进新征程》，作者赵志忠、张红艳、王川、杨雨、王祎、王仕杰、罗琳耀；消息类一等奖《天然气利民工程推动南疆经济发展民生改善》，作者李进、王川；消息类二等奖《我国首次在8000米以深获天然气勘探重大突破》，作者赵志忠、王川；消息类二等奖《我国建成首条零碳沙漠公路》，作者王川、王新宇；消息类三等奖《党员坚守重点井 奋战第二个万亿方大气区》，作者李正虎；文艺类一等奖《塔里木对祖国说》，作者于平，文艺类二等奖《塔里木油田庆祝建党101周年文艺晚会》，作者金世国、涂朝辉、石峰、于平；外宣类一等奖《塔里木油田日产天然气首破一亿立方米》，作者李进、张红艳、王川；外宣类一等奖《塔里木盆地采出超深天然气2000亿方》，作者赵志忠、张红艳、王川。

2022年度中国能源传媒优秀影视作品。"能源奥斯卡"评奖短视频一等奖《我们的"西游记"》，作者王川；纪录片二等奖《光荣使命》，作者李进、赵志忠、张红艳、王祎；综合专题片三等奖《大国深度》，作者李亚林、李进、赵志忠、王祎。

2021年度行业电视节目展评。好作品《走基层：物探亲兄弟》，作者李瑶；优秀作品《我和我的沙漠》，作者王新宇；好作品《物探父子兵》，作者王新宇；最佳作品《数模人生》，作者罗琳耀；好作品《战风雪、保冬供》，作者王川；好作品《公益广告：专心开车请勿使用手机》，作者涂朝辉、于平、卡德尔丁·买买提沙吾尔。

（王晓波　袁静）

公用事业部

【概况】 2022年8月，塔里木油田公司实施后勤业务改革，整合维稳与矿区管理办公室（保卫部）矿区管理职能和行政事务部全部业务，新闻文化中心文体业务（展览馆、廉洁文化教育基地等文化场馆运行服务业务除外），公共事务部离退休、房产及卫计业务，轮南工业园区及大二线工业园区相关业务，成立公用事业部，属塔里木油田公司二级三类机构，列二级单位序列，编制4个机关职能部门，9个基层中心，137人。公用事业部是塔里木油田公司矿区业务归口管理、后勤服务部门，矿区业务包括物业管理、房产管理、退休职工管理、绿化和爱国卫生管理、人口和计划生育管理；后勤服务包括运输服务、公寓服务、行政服务、文体服务和公用资产管理。同时，履行油田绿化和爱国卫生委员会、人口和计划生育委员会办公室职能。

【经营管理】 2022年，公用事业部聚焦"控投资、降成本、增效益"三大目标，实现内部利润797万元，控减成本3327万元，创效155万元，完成年度生产经营指标。其中，根据改造项目决算审计资料，收回喀什地区、阿克苏地区已支付供电系统资金2149.47万元，停用大二线35兆瓦、40兆瓦两台热水采暖锅炉，节约人工费、检验费、维护保养费费用100.9万元。通过招标方式，与4家生鲜物资供应商签订采购合同，化解零星报销方式采购存在的合规风险，通过询比价合同谈判签订采购合同22份，节约采购金额130余万元。开展制度立、废、改工作，梳理评估现行有效制度，新制订13项、修订73项、废止28项。组织开展全业务领域合规风险排查，梳理研判物资采购、招标合同、工程建设等重点业务领域40个合规风险点，研究制订52条风险防范措施，排查解决发票开具、酒店注册资本、公用资产产权证办理等6项历史遗留问题，在合同及招标、资产、资金、工程建设项目管理4个业务领域确定15个关键环节，发布57个风险控制点。

【安全环保】 2022年，公用事业部完成运输管理中心、公寓管理中心"两册"编制和修订应急预案8个，完善行车、消防、特种设备等8项管理制度，新建《工程项目管理实施细则》《承包商QHSE管理实施细则》2项安全管理制度。制订常态化隐患排查质量提升方案，编制较大隐患排查清单，累计排查消除隐患6504个，其中较大隐患68项，"三违"问题796个。组织开展综合、专项性安全大检查16次，安全能力评估713人，甲乙方员工新冠肺炎疫情防控评估测试1406人。开展房屋建筑物安全专项整治工作，委托新疆建设工程质量安全检测中心规范建设手续、设计资料、违规改造、结构外观、设备设施5项检查内容，按照4个阶段摸底排查库尔勒小区、大二线工业园区安全风险隐患。开展燃气专项治理工作和燃气安全生产"百日行动"活动，对塔西南公司民用燃气系统进行检测研判，发现并整改123项问题。完成锅炉低氮改造、蒸汽加热炉热效改造等工程，节水节电节气305万元。发布《公用事业部健康企业建设实施方案》，分解塔里木油田公司"健康企业"验收细则79项任务，组织线上线下健康培训23次。

【卫生防疫】 2022年，公用事业部协调巴州人民医院制订员工就医、转院绿色通道方案，做好员工就医、转院工作。组织开展3次爱国卫生活动，发放灭虫、灭害药品4次，小区灭蚊虫加药380余次，组织油田公司各单位开展卫生大扫除4次。

【运输保障服务】 2022年，公用事业部督促中国石油运输有限公司沙漠运输分公司、中国石油运输有限公司新疆塔里木运输分公司更新生产用车13台，调整公务用车8台。设置24小时应急值班，调整大二线、轮南工业园区通勤班车，增设网上预订功能，便于前线员工倒休返岗。投用洗车房，补充改造基地小区14个班车候车站台，为基地小区居民提供车辆搭电、轮胎充气、代办车辆保险等免费便民服务。定期开展安全监督检查、安全观察与沟通，固化员工安全行为，培养员工安全驾驶"六个习惯"（转弯变道打转向、路口观察左右左、盲区观察要仔细、刹车要看后视镜、停车车头要朝外、下车反手开车门）。评估驾驶员健康能力，形成出车前酒精、血糖、血压检测长效机制。开展北斗过程监控，推出长途大客车实施双驾制度，落实特殊时段"三交一封"（"三交"指交车钥匙、交车辆行驶证、交准驾证，"一封"指车辆的夜间停封）制度，特殊天气行车及夜间行车审批报备等升级管理。全年调派车辆14.16万台次，安全行驶2978万千米。审核路单112108条，退回1336条，节约115.43万元。通过北斗系统终端核实同轨迹车辆，缩小轨迹里程与结算里程的差值，节约金额234.37万元。

【计划生育】 截至2022年底，塔里木油田公司本部常住户籍总人口14063人（汉族12540人，少数民族1523人），已婚育龄妇女3181人，全年办理生育服务证46份、独生子女证21份、出生人口140人、特别帮扶17人。塔西南公司总人口11247人（汉族4125人、少数民族7122人），已婚育龄妇女1875人，办理生育服务证41个，出生人口56人，死亡人口74人。公用事业部"查缺补漏"核查人员信息6923条，办理塔里木油田公司退休人员奖励证明194人，停发独生子女保健费105人，新冠肺炎疫情期间慰问孕妇45人。

【食品安全监督检查】 2022年，公用事业部开展厨师营养配餐与健康专题培训，合理调整食材烹饪方式，督促餐厅结合减盐、减油、减糖要求制定健康食谱。每季度监督指导职工食堂运行服务情况，监督检查食品质量、食品安全、设备设施安全，对基地餐厅服务满意度调查，综合考核承包商单位。

【公寓服务】 2022年，公用事业部落实第四届全国石油石化专业职业技能竞赛暨集团公司首届技术技能大赛油藏动态分析竞赛保障任务，落实重要接待、会议保障接待106批次，做好280名新入职员工食宿保障。开展巩乃斯"自驾游"优惠活动，推出"棕有情"、年夜饭和新冠肺炎疫情期间上门理发等暖心举措，提供卤制品、油条、特色菜品等外卖服务，增加修补衣服和收发快递业务，通过美团、携程等服务拓展增加订房数量，疫情期间保障油田疫情防控指挥部和隔离观察点各项后勤服务。

【行政服务】 2022年，公用事业部修订完善《公用事业部会议服务保障工作实施细则》《勘探开发综合楼接待服务管理规范》等9项工作规范，完成2370次线上线下办会任务。推进"300"一站式服务热线，全年出售机票7000余张，完成会议桌签、打字排版、录音整理、打印复印、刻录光盘等文印服务7200余次。

【文体服务】 2022年，公用事业部完成塔里木油田公司学习贯彻习近平新时代中国特色社会主义思想成果交流会、集团公司技术比武颁奖典礼、冬奥文化广场专场演出3项大型活动保障任务，举办篮球、羽毛球、乒乓球、游泳等体育赛事，创意开展春节游园会、"三·八"妇女节、"七·一"文艺演出等节庆活动，高标准完成夏季文化广场晚会、油田歌手大赛及新生文艺汇演。全年组织球类游泳等培训48场次1300人次，完成大型活动服务保障工作2145场次10200人次，石油展览馆接待来宾74场次1837人次，廉洁教育基地接待来宾16场次552人次，五区老年活动中心开放462场19997人次。实施篮球场灯光更换、田径场跑道更换、五区活动中心灯光改造、体育馆卫生间改造等6项工程项目。响应塔里木油田新时代文明实践基地建设，成立文化体育志愿者服务队。

【离退休职工管理】 2022年，公用事业部管理服务离退休人员2843人，其中本部2316人，托管527人。建立《退管中心特殊困难退休员工关心关爱帮扶机制》《退休员工居家安全检查制度》，按照时间节点及费用标准完成27项统筹费用发放。联合社区开设老年大学，打造社区"文化养老"新模式，开办书法、绘画、摄影、声乐、模特、瑜伽等8个学科，组建班级10个，在册学员500人。全年为36人办理老年人优待证、4人申请80岁高龄补贴，组织80余名退休人员开展健康大讲堂讲座和上门防范诈骗宣讲，帮助40余名特殊人员上门开展生存认证，协助开具党费缴纳证明95份，政审20余人次，重大节日和"七一"慰问退休老党员，困难党员及老干部82人。

【乌鲁木齐研发服务中心管理】 2022年，协调塔里木油田公司职工及家属在乌鲁木齐看病就医224人次，代办机关在乌鲁木齐业务61项，接待职工及家属住宿2469房（晚），就餐5519人次。9月19—22日，原乌鲁木齐塔里木石油酒店完成第七届中国—亚欧博览会接待任务，接待来自中央广播电视台、《人民日报》等16家媒体76名记者。10月，原乌鲁木齐塔里木石油酒店转型为乌鲁木齐研发服务中心，主要负责为技术研发中心提供办公、会务、成果展览、技术交流等服务保障工作，为集团公司内部单位及塔里木油田公司提供会议服务。塔西南宾馆参与地方新冠肺炎疫情防控工作，提供隔离方舱及援助乌鲁木齐医疗队入驻点。

【研发中心管理】 2022年，成立由公用事业部主导、承包商参与的项目经理部，梳理确定系统运行维护、公共区域管理和合同、工作量核定等7项主要工作职责，编制研发中心运行管理规范、研发中心水系绿化管理规范等5项规章制度，装配员工工位1620个，企业专家单人间家具133套。完成塔里木油田公司6月6日研发中心暨保利·石油花园竣工交付仪式的保障任务，油气数智技术中心搬迁入驻。采取"自检自查+三方协作联动"方式，排查整改研发中心各楼栋问题隐患117项。

【党建工作】 2022年，公用事业部新成立、换届选取12个党支部委员会，修订5项党的建设相关制度，完善"一岗双责"纪实手册，签订党员干部党风廉政建设责任书166份。开展"转观念、勇担当、强管理、创一流"暨第二十次"形势、目标、任务、责任"主题教育宣讲18场次,以"第一议题"、党委中心组集中学习19次、研讨12次,"三重一大"研究重大事项20项,组织开展"忆红色初心,喜迎二十大"活动和"党旗映天山•学达西砥砺奋进新征程"主题党日活动。逐级签订党风廉政建设责任书110份、廉洁从业承诺书266份,组织开展"清廉塔里木、献礼二十大"廉洁文化作品征集评选活动,针对性开展监督检查32项次,完成10个党支部内部巡察工作,发现整改问题122个,分别对16名干部员工、3名承包商员工给予诫勉、批评教育、提醒谈话或责成所属单位进行处理。组织开展"三个明白"调研工作,汇总答复56个问题,走访生活困难员工、员工遗孀18人,慰问生病员工、退休职工37人次,为7名患重大疾病职工申请帮扶资金3.5万元。完成民族团结文化阵地建设,建立25对"结对认亲"对子,利用元旦、春节、肉孜节等节日走访慰问129次,300余人次参加"民族团结一家亲"联谊活动。

【疫情防控】 2022年,公用事业部在新冠肺炎疫情期间,按照国家《新型冠状病毒肺炎防控方案》(第九版)要求,制定塔里木油田公司疫情管理措施,推进段长制、门长制、楼长制管理机制和网格化管理制度,从严出入口管理、生活物资管理、返回人员管理、楼栋管理、消毒消杀管理等,执行人、车、物升级管理程序,突出抓好办公场所、公共区域管理,保障隔离点、观察点正常运转,高标准完成运输服务和药品、物资配送任务。重点区域往返人员排查26次2792人次,重点地区返回人员核查19次621人次,调整塔里木油田公司疫情管理政策151次。持续做好重点时段疫情管理工作,发布特殊敏感时段专项管理工作通知指示4次,组织油气工程研究院、轮南油气开发部等46家单位开展疫情防控应急演练180余次,编制《深化"四个一"保障疫情全面受控》材料,在集团公司《企业疫情防控动态(第33期)》发布。

【"我为员工群众办实事"实践活动】 2022年,公用事业部收集整理库尔勒石油小区、泽普石油小区6类21项民生项目,完成小区路灯亮化维修二餐厅改建和冬奥文化广场、塔西南燃气系统改造,建设投运员工服务中心,新投放300辆共享单车,推进基地小区电动汽车充电桩安装和大二线通信系统、电力系统、供水管线、燃气管线维修改造、新餐厅建设。修订一卡通运行管理办法,实施门禁智能化改造。研究制定塔里木油田公司与宝石花物业公司合作协议,优化矿区行业管理业务流程。推广"线上物业服务大厅",增设"440"物业服务应急热线。沟通库尔勒住建、自然资源、税务、不动产登记、住宅维修资金等相关管理部门,编制6个办证流程,制作发放办证宣传手册6000本,完成843套房屋产权证书办证工作。

【石油公寓前厅部被评为"一星级全国青年文明号"】 2022年8月,全国创建青年文明号组委会办公室授予公用事业部公寓管理中心塔里木石油公寓前厅部"一星级全国青年文明号"称号,这是石油公寓前厅部连续12年获此荣誉。

宝石花物业塔里木油田地区公司

【概况】 2019年11月27日,宝石花物业塔里木油田地区公司(宝石花地区公司)正式挂牌运营,按照塔里木油田公司二级单位模式运行,主要承担库尔勒生产生活小区、大二线工业园区和前线油气生产工业园区工业物业综合运行服务保障,包括工业园区生活服务、商饮服务、公寓服务、办公服务、园区绿化、环境卫生、安防监控、消防监控、安保服务,以及工业园区水、电、暖、冷、电梯、污水处理、工程维护等综合运行服务保障;承担库尔勒生产生活小区居民物业服务,包括居民楼保洁、绿化环卫、安保和工程维修维护服务,以及热水、消防报警、电梯、房屋装修等运行与维护服务;承担库尔勒生产生活小区幼儿教育、超市等社会化服务。

【安全生产管理】 2022年,宝石花地区公司推进QHSE管理体系运行,抓实岗位操作标准化建设,全面开展体系宣贯培训,完善体系审核量化评分标准,规范体系审核全流程管理,编制隐患判定清单"口袋书"153册,发现隐患563项,整改隐患553项。制订特殊敏感时段生产服务保障方案,开展各类业务专项检查。协调解决问题93项,跟踪督办重点工作129项。修订完善宝石花地区公司突发事件应急救援总案、宝石花地区公司新冠肺炎疫情防控应急总案,评审基层站队现场处置预案29个,新增物业服务项目部火灾和触电应急处置预案2个。组织开展"双盲"演练17次。按季度开展应急物资设备检查3次,并整改存在问题。完善地区公司安全环保风险分级管控和隐患排查治理双重预防机制,逐级签订安全生产责任书3273人。修订161个岗位安全环保责任清单、

《宝石花物业塔里木油田地区公司危害识别、风险管控、隐患排查治理实施细则》。完善宝石花地区公司安全环保隐患判定清单，明确宝石花地区公司重大安全环保隐患判定清单59项，较大安全环保隐患判定清单133项，一般安全环保隐患判定清单223项。

【财务经营管理】 2022年，宝石花地区公司围绕工作目标，梳理流程，修订和完善管理手册，夯实会计基础工作，跟进资产设备清查，加强税务税收管理，完成各项经营指标。全年实现经营收入71152万元，成本支出71068万元。

税费缴纳。依法上缴税费475万元，其中增值税98万元，城建税等附加11万元，印花税24万元，残疾人就业保障金29万元，企业所得税11万元，个人所得税302万元。

经营管理。加强合同全过程管理，加大合同前期工作的组织协调力度，提高合同前期工作质量。加强合同前期合规性审查力度，规避合同法律风险。2022年签订合同184份（收入合同83份、支出合同101份），支出合同变更72份，增加合同金额3789.83万元。

合规管理。以依法合规为基点，结合生产经营实际，发布制度10个，废止4个。组织法律培训9场（线下培训4场、线上培训3场、"中油e学"2场），开展法律体检，完成法律运行合规报告，更新法律法规适用清单。

【提质增效】 2022年，宝石花地区公司在材料、降低能耗、修旧利废、创新结余、压减项目等方面加强成本控制。紧盯塔里木油田研发中心、物资采办事业部、新能源事业部等单位签订新业务，拓展新市场。受疫情影响，全年实现降本增效398.85万元，安全管控目标全部实现，服务满意度86.4分。

【办公服务】 2022年，宝石花地区公司承担塔里木油田公司19栋楼25个单位近22万平方米的办公楼保洁、会务、接待服务工作及部分办公楼运行监督管理工作，以"优质高效细致做好会务保障"为目标，主动适应塔里木油田公司新任务新要求，建立完善全流程标准化制度体系，推行岗位服务规范化、标准化，坚持"361"会务服务法（会前"六了解一准备"，即了解会议议程、了解开会人数、了解会议时间、了解客人身份、了解会议音响、了解话筒使用要求，准备会场布置；会中"六服务一规范"，即引领服务、立岗服务、茶水服务、香巾服务、跟会服务、个性服务，规范服务程序；会后"六步骤一总结"，即微笑目送宾客、清理室内卫生、归还宾客物、清洗会议用品、检查设备设施、记录会务意见、总结会务情况）。推进"十八字服务标准"（站相迎、笑相问、双手接、快速办、亲手递、提醒送），即"八无四细"（"八无"即无垃圾、无杂物、无灰尘、无污渍、无印记、无异味、无蛛网、无隐患，"四细"即标准细化、人员细心、检查细致、工作精细），接待服务"124"（1个微笑，即用真诚、热情的微笑与用户沟通；2项要求，即礼仪规范、态度友好；"四项服务"，即维修报修做到"想用户之所想，把问题解决在用户提出前"的提前服务，楼层保洁做到"主动花卉更换、地毯清洗、鱼缸换水、文件递送、办公用品配备"的主动服务，前厅对访客做到"微笑服务，把访客当亲人"的亲情服务，楼层接待做到"关注领导个性习惯，使服务细致入微"）的细节服务等工作方法，推进办公物业平台，组织360名员工开展服务技能大赛前期培训，开展3场高标准会务礼仪培训，编制项目部日常考核规范细则。2022年完成新疆维吾尔自治区级接待3场51人次，局级领导会议2611场56683人次；重要接待会议13场312人次；视频会议590场11396人次；普通会议13617场242390人；接待访客189106人。

【客户服务】 2022年，宝石花地区公司以"做好随叫随到的24小时贴心卫士"为目标，建立线下物业管家和线上"440"诉求反映"双通道"，落实首问责任制和一小时反馈机制，解决住户合理诉求，做到事事有回音、件件有着落。全年处理消防报警9万余次、烧干锅事件35起，未发生次生灾害；处理违停车辆、门禁故障、录像追溯等3万次；办理一卡通、车禁、收费业务36万人次；处理桌面维护、系统升级等1.5万余次；"低、老、坏"排查问题30余项，安全隐患26项；居民"搭把手"服务220余人次；组织平台活动、专题会议50余次；开展礼仪、法律培训11次；看望生病、退休人员6人次。开展二期综合信息平台建设，完善和拓展平台功能，公务用车和隐患管理模块；编制一区车库和勘探开发综合楼地下车库车位引导方案；配合编制场站自动化改造方案，编制审核供水、供电计量改造方案；实施新时代文明实践基地信息化配套项目，编制审核小区不文明行为抓拍处理初步方案。规范电话接听、服务受理、现场解决、入户回访等标准，提升服务品质；在重阳节、端午节、中秋节等节日，关心孤寡及困难群体，服务满意度由2021年82分提至86分。

【基地餐饮服务】 2022年，宝石花地区公司以"让员工吃得放心舒心暖心"为目标，巩固提升平台标杆建设经验，对标对表行业一流标准，创新打造"五湖四海"烹饪系列,解决基地饮食多元化需求。基地餐饮服务由宝石花物业塔里木油田地区公司生活服务一项目部负责,主要包括基地小区9个职工餐厅和大二线生活组、独山子石化公司塔里木石化分公司生活组和乙烯项目生活组3个外围生活组综合性工作。全年基地餐厅就餐人数91.05万人次;大二线就餐人数22.14万人次;独山子石化公司塔里木石化分公司就餐人数8.93万人次。提供盒饭服务,其中基地餐厅38.27万份(其中疫情期间盒饭量35.52万份)、大二线8.85万份、独山子石化公司塔里木石化分公司7.77万份。小吃部就餐10.69万人次,熟食部消费34.91万人次。

【安保服务】 2022年,宝石花地区公司以"构建平安和谐小区"为目标,贯彻"预防为主、主动服务、标本兼治、综合治理"方针,健全长效化、常态化工作机制,完善人防、物防、技防措施,强化特殊敏感时段维稳安保执勤,实现"四类案件"0起。严把"入口关",执行"三必查",全年基地小区3个大门进入小区车辆1721584辆,外来车辆检车站检查车辆293276辆,登记人员2116645人,检查箱包34233次,开包检查9334次,查获违禁物品12次。组织应急演练236场2649人次。处理上访事件49件126人次。开展网格化24小时巡逻,巡逻里程198551千米,巡逻重点区域8928次。清理乱停乱放车辆3904辆,锁车245辆;清理外部过夜车辆,列入黑名单255辆。清理闲杂人员79名,清理住宅楼外围电动车违规充电行为358次,劝阻人行道骑车4814次,制止违规遛狗人员1674次,发现和制止翻越围栏2次/20人。主动服务居民,收到锦旗13面,感谢信62封。新冠肺炎疫情期间,塔里木油田公司中门进入小区车辆2194辆,消杀2194辆;中门进入小区人员3269人,隔离点返回人员消杀456次,中门监督隔离点返回人员现场做抗原456人;小区居民活动时间,拉警戒带派出124人次;搬卸生活物资278车/1390吨;值守重点楼栋540人次。

【前线生活服务】 2022年,宝石花地区公司生活服务二项目部负责前线餐饮生活服务,主要向塔里木油田公司17个生产区域42个食堂、50个公寓(营房)提供餐饮、住宿、会议、办公、健身、休闲综合服务;有合同化员工35人(新增1人),新疆宝石花兴塔石油技术服务有限责任公司、巴州众才石油技术服务有限责任公司、新疆德瑞酒店管理有限责任公司、巴州支油油田生活服务有限公司、新疆塔林鼎尚餐饮管理(集团)有限公司承包商用工1165人。一线就餐551.3万人次,塔里木油田公司级以上接待74批675人次;前线生活物资配送1.2亿元,其中采购拜城县民生实业供应生活物资1119.17万元,采购塔里木油田公司定点扶贫乡村农副产品452万元。布草清洗、消毒、熨烫219882套次,前线检修人员后勤送餐80480人次,夜班加餐服务90257人次,送隔离餐49257人次,零星维修19947项,污水处理83093立方米。收到业主单位表扬信16封。

【大二线物业管理】 2022年,宝石花地区公司大二线管理项目部承担大二线工业园区工业物业服务,主要包括园区水、电、暖系统运行维护、公共区域生活污水处理、公寓住宿、环卫清洁和绿化服务、园区安保等工作。为大二线工业园区内甲乙方13家单位提供水电暖保障。自来水主管网长约18千米,年供水量41.5万立方米;供电主线路长约5.3千米,年供电量443.82万千瓦·时;供气主管网长约10.1千米,年供气量157.90万立方米;供暖主管网长约25.4千米,供暖面积约10.1万平方米;疏通和维护排水管井308口,污水拉运3.4万立方米。针对封停3口绿化水井及市政供水压力不够等问题,实时与库尔勒市政供水沟通做好园区绿化灌溉工作,有序开展园区33.3万平方米的绿化带和草坪浇水及虫害防治工作。修剪树木约6100株,完成490立方米枯枝、病叶及林带杂草的拉运清理工作。做好属地内19.81万平方米路面的清扫保洁工作。公寓入住率90%,全年公寓浴室为住宿人员提供洗浴服务7718人次,在新冠肺炎疫情期间合理调配各单位洗浴时段和人数。公寓班组承担属地内人员密集场所及公共区域的消杀工作,每日当班人员消杀17216平方米。园区安保队与驻地派出所开展拉练52次,巡逻检查3285次,检查登记出入园区车辆353213辆,人员12247人。

【幼儿园管理】 2022年,宝石花地区公司以"让家长工作安心、让孩子生活高兴"为目标,强化师资队伍建设,严把教学质量、严抓卫生安全、严控疫情防疫,开展攻教研创新关。全年幼儿在册916人,有32个保教班级,1个亲子园,143名保教员工。教学期间幼儿平均出勤率87%,同比提高7%;服务满意度同比提高3.09%。7名青年教师走上了班长岗位。有新教师65人,占全园总人数的46%,教研组通过制订月培养计划、周工作分析总结、日跟踪指导等形式,促进新教师成长。开展"为人师表、立德树人"演讲比赛、"优秀服务法"分享交流活动,有23名教师的"优秀服务法"在全园推广。2022年下半年,在停园期间启动线上教学,制订教学计划,录播线上课程210节。重点开展"服务质量提升月""优秀服务法分享会""服务示范窗口"等活动。组织家长助教245人次；线下家长会38批次894人次；临托服务479人次；线上家长课堂8场6300人次。组织822名幼儿进行4:2:1体检和视力检查，录入系统，进行分析评价，对异常幼儿建立档案，分析原因，对症处理、跟踪复查。重点推出"幼儿进餐情况专项检查"管理项目，创新开展以班级出勤率、传染病发病率、幼儿意外伤害综合考核为基础依据的"为幼儿健康成长护航优秀班组"动态评比活动。

【绿化保洁服务】 2022年，宝石花地区公司以"高标准、低成本、一盘棋"为目标，执行"花有样、树有型、草要平、水要清、路要净、不见土"标准，创新工作措施，实施专业化、精细化管理，小区环境在高品质模式中持续提升。深化强基提质，推进管理升级，推行九大网格管理，完善三级包保管理体系，招聘9个网格长，明确权力、职责、标准及工作流程，确保除建筑以外物业品质服务提升，全年完成54.26万平方米绿化养护，48万平方米卫生保洁。购置清扫车、洒水车5台，探索机械化物业服务模式，提升小区绿化养护、环卫保洁服务品质。编制小区绿化管理提升专项方案，厘清责任目标，修订《管理手册》1个和《岗位操作手册》29个，规范员工作业规程，解决员工如何干、干到什么标准。开展树有型、花有样等工作，按照步骤逐步推进，实施小区秋末冬初、春季绿化、围栏文化、轮南葡萄园长廊等工程，提升小区景观效果。

【设备与工艺管理】 2022年，宝石花地区公司开展设备操作规程评估，完成84个操作规程和11个维保规程修订工作，保证操作规程流程化、规范化。在部分电梯资料缺失的情况下，与库尔勒市场监督管理局特设科沟通协调，办理79部电梯使用登记证。组织开展设备设施维修维护，计量器具、安全附件、安全阀、压力表、可燃气体报警、温度变送器等计量器具的检定工作，保证设备运行工况良好。

【系统运行】 2022年，宝石花地区公司系统运行项目部60个站点10个班组，有员工271人（其中合同化员工33人），设备1591台（套），其中特种设备包括锅炉2台、油专设备41台、在用安全阀31个、正压呼吸器9套，主要承担生活小区供暖、供冷、供热水、供电、消防、安防运行及车库管理等工作。全年完成整改隐患104项、90台机泵大修、56台供冷设备保养，变电系统清扫、夏季空调系统流程倒换、管廊流程切换、系统盲板拆除、清洗13组冷却塔。实施设备检维修506台（套）、检验计量和安全附件2511只。开展消防井检查886口（次）、阀井采暖井巡检628口（次）、管廊巡检49千米、排水2658立方米、日常水暖维修2036次。全年供电4411.07万千瓦·时、配电设备巡检6201人次。处理初期火灾烧干锅8起、接警391起。开展培训304次、应急演练74次。落实基层QHSE标准化达标建设97项154个创建内容。

【工程维护】 2022年，宝石花地区公司工程维护项目部有弱电维修班、工程管理班、水电暖运行班及电梯路灯维修班；有7家长期承包商，主要负责生活小区水、电、暖、气、空调、计量、门禁等系统的日常维修工作；负责宝石花地区公司管辖范围内的电梯、小区路灯、音响、排水系统的运行维修工作；负责零星维修管理工作，参与工程项目管理。全年完成排水外网检查32880口，疏通窨井4582口，排污管线67980米，室内排水维修3608项，电气维修6263项，水暖维修8976项，天然气维修检查1564项，排水井冬防保温328口，弱电维修669项，配电室电力系统清扫41座，检修9次，重要活动电力供应保障3次；完成小区路灯巡检550次，线路维修19次，光源更换1521盏，清洗灯罩1154个，清洗灯笼43个，清洗中国结和国旗49个，背景音响系统软件维护39次，更换音箱2个；完成电梯维修保养1480次、电梯调试及故障维修302次、电梯困人应急解救9次、年度检测79台。

【物资供应管理】 2022年，宝石花地区公司物资供应项目部完成生活物资配送1.7亿元，其中扶贫物资1586万元。前线各生活点供应物资677车6469吨；基地各餐厅供应物资5283车3608吨，生产物资供应3146万元。超市业务全年实现收入3443万元。3月初，接管六餐食品销售点业务，新冠肺炎疫情管控期间，为小区居民供应蔬菜、水果、禽蛋、牛奶及肉类等生活物资800余吨，保障小区居民日常生活物资供应。全年开展物资品质监督检查85次，其中前往前线检查2次，覆盖35个站点，发现并督促整改问题43个。

【民生工程】 2022年，宝石花地区公司将民生改善工程作为"我为基层办实事"实践活动的重要载体，推动第二职工餐厅改扩建、宝石花文体活动中心建设等39个项目落实落地，为基层员工群众办实事解难事70余项。

【党建工作】 2022年，宝石花物业塔里木油田地区公司树牢大抓基层的鲜明导向，以基层党建"三基本"建设与"三基"工作有机融合为重要抓手，推进党建与生产同时部署、同频检查、同步整改、同向考核，将党员目标管理考核5%纳入月度考核内容，组织地区公司各党支部书记到勘探开发研究院开展党建学习交流活动；开展经理助理、班组长岗位讲述比赛5场73人次；开展一场到烈士陵园现场教学、观看一部防恐电教片、讲一堂党课、重温一次入党誓词，开展一次走访慰问、一场忆初心座谈会。以志愿服务为基本形式，组织开展爱护环境、民族团结等一系列文明实践活动。大二线管理项目部党支部晋级塔里木油田公司2022年度三星级标准化党支部。大二线工业物业水电暖运行、系统生活小区水电暖运行、生活一第八职工餐厅、生活二英买生活组四个班组通过宝石花物业管理有限公司验收。

【疫情防控】 2022年，宝石花地区公司落实塔里木油田党工委新冠肺炎疫情防控措施，成立六大专班539人，其中消杀专班18名员工消杀530万平方米、五区超市保供专班13名女工分装生活物资近千吨，无人感染。编制《塔指小区消毒消杀管理办法》，明确预防性消杀、随时消杀和终末消杀的程序，组建垃圾专班、消杀专班，负责小区医疗垃圾和小区人员转运、重点楼栋、办公区域的随时消杀和终末消杀。每两日清运小区医疗垃圾336车，每日两次清运生活垃圾3028.04吨；组织310人开展终末消杀工作。防控管理期间消毒消杀专班出动1471人次，每日对18栋高层、20个单元的电梯和大厅进行消毒消杀，日均消杀面积在1200平方米以上；对石油公寓、12层公寓、六勘等8个重点区域消杀562.7万平方米；入户消杀134次，转运人员消杀310次。塔里木油田公司给予消毒消杀工作队集体通报嘉奖，10名员工获塔里木油田公司"最美员工"称号。

【获自治区"民族团结进步示范单位"称号】 2022年7月，宝石花物业塔里木油田地区公司被新疆民族事务委员会命名为2022年自治区"民族团结进步示范单位"，是本年度获此荣誉的唯一中央驻疆单位。

【首获国家级食品安全管理体系认证】 2022年，宝石花地区公司组织建立食品安全文化，确立食品安全方针、食品安全目标。第二职工餐厅对餐饮制售过程的风险组织建立自查自纠机制，进行预防措施的有效部署。建立餐饮制售和服务全过程的标准化规范、规程和制度。根据体系运行监视活动、内部审核、管理评审结果。8月15日，宝石花物业塔里木油田地区公司首次获国家级食品安全管理体系认证。

（刘玲霞）

西部钻探工程有限公司巴州分公司

【概况】 西部钻探工程有限公司巴州分公司（简称西部钻探巴州分公司）是西部钻探工程有限公司下属二级单位，塔里木油田公司党工委油服成员单位。是以钻井、试油、井下、录井、定向、固井、压裂、工程技术研究、钻井液、管具技术服务为一体的井筒工程油服单位。2022年，西部钻探巴州分公司秉承"成就甲方才能成就自己"的理念，以"转观念、勇担当、强管理、创一流"主题教育活动为契机，开展"培训年"活动与"单井安全提速创效工程"，全年保障油田勘探开发进尺16.12万米，打出满深72井、满深3—H7井、富东1井等高产井；其中，西部钻探巴州分公司获塔里木油田公司2022年度"工程技术系统先进单位"称号，70139钻井队获"富满油田超深油气产量突破300万吨先进集体"称号。

【工作量】 2022年，西部钻探巴州分公司与塔里木油田公司勘探事业部、油气田产能建设事业部，新签订27口井钻完井工程合同；中标油气田产能建设事业部风险总包井试点井3口，宿探1井、雄探1井、富东1井等"一字号"工程3口；全年动用钻机19部，实现22开26完，承钻8000米以上超深井13口，深井市场占有率同比提升160%，进尺增长27.46%。自研扭冲获塔里木油田公司准入，录井、固井、酸化压裂获承包商年度考评第一；钻井队在塔里木油田公司年度排名"667"（塔里木油田公司1—30名钻井队中，西部钻探巴州分公司的队伍有6支，30—72名中队伍有6支，73—116名中有7支队伍），其中90008队、90019队分别排名第一、第二。

【钻井技术指标】 2022年，西部钻探巴州分公司纯钻时间29642小时、钻机月177.04台月，钻机月速910.44米/（台·月），机械钻速5.39米/时、钻井工作总时间124993小时，生产时间122956小时，非生产时间2037小时。生产时率96.94%，纯钻时率23.47%，事故时率1.28%，复杂时率1.05%。取心4井次，取心进尺24.67米，平均收获率87.67%。

【生产组织】 2022年，西部钻探巴州分公司统筹组织钻机资源，推进区块总包业务，形成山前、台盆

"9+9"钻机布局。建立日进尺计划管理、地面提速考核、工期对标等有力措施，开次转换、搬迁作业整体提速8.6%，非生产时效下降11%。新投80DB大钻机1部，升级改造钻机2部，启动15000米特深井智能钻机项目、12000米超深井自动化钻机项目。推进"四化"建设，配备井场自动化装备45台（套），推广防单吊环装置16套、气动重粉罐18套，提升设备本质安全。建立前线应急泥浆储备站、物资集中储备点，构建2小时常态保供圈。

【技术攻关】 2022年，西部钻探巴州分公司参与科技项目6个，其中"陆上井控应急关键装备与配套技术研究"集团公司级项目1个，"克拉区块提速提效关键技术集成与试验""富源3区块复杂地层优快钻井技术研究""直驱搅拌器的现场应用技术研究"西部钻探公司级3个，"直驱搅拌器的现场应用技术研究""库车坳陷水平井定向段提速技术研究""富满区块深部井段安全中完配套技术研究"自筹项目3个。"山前区块定向钻井安全配套技术研究"获西部钻探工程有限公司科学技术委员会三等奖，"钻机拖移技术研究"获巴州分公司技术创新成果三等奖。

【钻工具管理】 2022年，西部钻探巴州分公司服务保障塔里木油田钻井进尺72.25万米，钻井176口（台盆区+山前井），修井223口。累计发放各类钻具31.1万根（件）。钻具探伤666井次，累计44.31万头，钻具断裂失效率0.06起/万米。加大成熟技术应用，推广自主研发垂直钻井工具代替进口工具应用6井次，增效589.43万元；国产扭力冲击器服务17井次，进尺6585米，纯钻时间1536.9小时，机械钻速4.28米/时，创效668.08万元。

【井控管理】 2022年，西部钻探巴州分公司目的层井施工累计31井次，发生3井次溢流，同比溢流下降25%。正确处理满深3-H3井、满深702井非目的层、富源302-H2井、克拉3-1W井目的层的疑似溢流，以及大北12-H1井目的层溢流、富东1井目的层2次钻遇异常高压溢流。完善井控明白人考核制度，选聘54人担任班组井控明白人。组织线上App考试，参加考试10923人次，合格率98.53%。建立满深区块重泥浆应急储备服务，满足1000立方米区域应急需求。与塔里木油田公司、应急抢险中心、专业化单位开展联合井控应急演练，建立"联责、联管、联动"管理网络和应急保障体系。

【安全环保】 2022年，西部钻探巴州分公司紧盯塔里木油田公司各项安全环保工作要求，严肃违章处罚、安全记分管理，查处典型违章243起，安全记分589分，压实各级安全职责。开展安全生产专项治理，加强高危作业管控，"大数据"分析查改问题3万余项，开展领导安全承包点活动129次，副总师以上领导开展"四不两直"巡井巡查205次。推广能源替代35井次，实施率提升8%，减少碳排放1.6万吨。推进"源头减量、过程无害、利用多元"的一体化产业进程，合规处置岩屑4.6万立方米。全年安全进尺16.12万米，获西部钻探工程有限公司"QHSE先进单位"称号。80006钻井队获西部钻探工程有限公司"安全环保节能先进集体"称号，90008钻井队获"中国石油天然气集团有限公司HSE标准化建设示范站队"称号。

【员工培训】 2022年，西部钻探巴州分公司选拔48名队级、15名处级兼职培训师，开展操作技能与实践能力培养，全年完成培训课时2318学时，培训员工1万余人次。开展塔里木油田公司级首次钻井队各岗位技能竞赛活动，评选技能比武先进团体6个，其中80005钻井队一等奖，90019钻井队、70093钻井队二等奖；XD80603钻井队、90001钻井队、90030钻井队三等奖；技能提升竞赛先进个人66名。组织参加西部钻探工程有限公司专兼职培训师授课竞赛，90001钻井队兼职培训师周志勇"泥浆井控坐岗规范培训"获优秀奖。组织14名技师、高级技师参加考评人员学习，11名员工获考评员，3名员工获质量督导员任职资格。

【廉政建设】 2022年，西部钻探巴州分公司组织签订党风廉政建设责任书301份，实现责任清单全覆盖，开展党支部书记、行政负责人述职述廉评议15人次。聚焦新冠肺炎疫情防控、工程技术、安全环保、提质增效等重点领域，监督打造深井钻探第一军决策部署落实情况，通报防疫不力单位1个；结合科级干部岗位分管领域，组织46名科级干部签订廉洁从业承诺书；检查节日期间公务用车、公务接待等重点廉洁风险点25次，提出意见和建议62条，开展重点节点廉洁提醒谈话20人次。落实报批报备制度，建立红白喜事档案3份，引导广大党员干部依规办事、合理办事、顺利办事。

【维稳工作】 2022年，西部钻探巴州分公司党委贯彻塔里木油田公司党工委维稳安保工作部署，围绕新疆社会稳定和长治久安总目标，强化"三防"各项工作落实。明确科室、专业化单位及钻井队的属地主体责任，层层签订维稳防恐工作责任书50份。修订完善维稳安保管理实施细则，领导干部带班值班工作制度、冬季安保维稳运行保障方案等规定、规范和要求，为开展具体工作明确方向。组织开展"党的二十大"安保防恐风险隐患"大排查、大督查、大整改"活动，印发《党的二十大特别重点阶段巴州分公司维护稳定工作方案》，签订《维稳信访安保防恐特别重点阶段责任令》43份，压实党的二十大期间各部门属地职责。协调因病去世职工遗孀相关诉求，化解承包商员工经济纠纷事件2起，营造稳定和谐氛围。

【党群工作】 2022年，西部钻探巴州分公司完善基层党建"三基本"建设与"三基"工作有机融合举措，机关9个党支部优化调整为机关第一党支部、机关第二党支部；打造西部钻探公司示范党支部2个，达标党支部23个，在塔里木油田公司18家党工委成员单位党建考核排名第六。选拔钻井队三级副职3名，引进大学生6人。聘任平台经理2人、工程师15人，择优转录社会化用工2人，选派技术骨干到塔里木油田公司学习交流12人次。举办安全井控、工程技术、设备操作等培训126期9100人次。开展送技能进现场，实施员工学、岗位练、高手赛活动，500余人次参与竞技。外聘专家授课3场次128人次，外送培训3批次18人次，参加上级线上培训256人次，提升员工技能。组织开展如何将集团公司"五大发展战略""四大战略举措"落实到基层班组政研课题开展研究部署，获西部钻探公司思想政治研究课题三等奖。开展"弘扬石油精神、重塑良好形象"活动，参加社区升国旗、爱心义卖等活动，引导激励广大党员干部担当作为。开展党史学习与主题教育，各级党组织集中学习160余次，细化开展"转观念、勇担当、强管理、创一流"主题教育活动60余场次。推进"健康企业"建设，配备文体设备35台（套），200支健康手环，配备应急箱34个，噪声监测仪17台，电子血压仪17套，除颤仪2套，速效救心丸钥匙扣1041个。拨付钻井队文体经费26万元，提供小型娱乐设施62件（次），举办小型多样文体活动35场(次)。

【疫情防控】 2022年，西部钻探巴州分公司把新冠肺炎疫情防控和生产经营同部署、同推进，3名领导班子成员分布区块值守，机关科室和项目经理部派驻骨干力量下沉井队指导把关，机关后勤封闭式办公强化服务，落实靠前指挥、靠前协调、靠前指导、靠前保障的"四靠前""零距离"统筹协调模式。协调塔里木油田公司、地方资源，疫情期间组织各类送井物资121车；加强应急响应联防联动机制建设，坚持区域物资共享，利用富东1井完井泥浆、剩余材料，保障周边4口重点井、目的层施工井，降低疫情对物资组织困难的影响。为19支钻井队配送常规药、慢性病药品865盒，为200余名员工组织保暖衣物，为800余名坚守岗位一线员工发放超时补贴，维护队伍稳定。

（史庆彪）

川庆钻探工程有限公司新疆分公司

【概况】 川庆钻探工程有限公司新疆分公司（简称川庆新疆分公司）是塔里木油田公司党工委油服成员单位。其前身是1987年参加塔里木石油勘探开发大会战的四川石油天然气工程公司南疆钻井指挥部，1989年塔里木探区成立塔里木石油勘探开发指挥部，1995年更名为塔里木石油勘探开发指挥部第二勘探公司，2018年更名为川庆新疆分公司。截至2022年底，钻井队21支，试修队5支，设备新度系数0.19。2022年，川庆新疆分公司承钻的富源303-H2井、满深5-H9井等6口井获高产油气流，助力富满油田油气产量突破300万吨，迪北5井试获高产油气流，推动库车北部构造带勘探取得重大突破。2022年塔里木油田公司承包商综合考评中川庆新疆分公司获7家勘探公司榜首，获中油技服"市场创新先进集体"称号，川庆钻探公司"先进企业""提质增效价值创造先进单位"称号，塔里木油田公司"QHSE先进单位""井控先进单位"称号。

【工作量】 2022年，川庆新疆分公司动用钻机21部，开钻36口井、完成35口井，进尺17.33万米，钻机利用率94.39%，同比提高8%，试修作业开工36口井，完工35口，作业时率81%，同比提高20%。井下事业部完成常规固井作业191井次，同比增幅16.5%；注水泥塞等193井次，同比增长2.66%；固井作业注水泥量30890吨，同比增长30%；压裂酸化作业57井次，同比减少25.97%，注入液量3.08万余立方米，注入地层总砂量770.8吨。钻采事业部完成定向井、欠平衡等各类技术服务119井/层次，同比下降3.25%。测试工程事业部完成地面计量、地层测试服务58井次。运输事业部完成运输货运量19.8万吨，同比下降32.19%；货物周转量1.54亿吨·千米，同比提高32.14%。钻井液事业部完成钻井液服务48井次，进尺15.58万米。井控主体设备维修2681台套，井控现场检维修587井次，井控现场安装试压2456井次。

【钻井技术指标】 2022年，川庆新疆分公司强化地质、工程、钻井液、装备和定向技术管理，集成应用垂钻、旋导、大扭矩螺杆等提速工具，抓好钻具组合推广，完善库车山前、塔南、塔中提速模板，全年平均完井周期164.05天，提速6.8%。其中，大北13井完钻周期139.9天，克深1901井完钻周期266.6天，均刷新区块最快完钻周期纪录，获中油技服贺信表扬。富满区块10口井同比区块平均完井周期缩减31.32天，领跑富满区块钻井提速。

【生产组织】 2022年，川庆新疆分公司深耕塔里木市场，推动勘探开发双轮驱动，获井位35口，占比塔里木油田市场21.88%，名列塔里木油田公司第二。调整市场重心向库车山前、塔河南岸转移，获大北13井、博孜19井等12口勘探井位，区域占比41.38%。推进区域资源共享，开展博大、塔中、塔西南区域人员、工具、材料、井控服务、车辆机具等资源共享，提高生产组织效率，降低整体运行成本；建成塔中泥浆储备站，实现应急资源共享与区域泥浆统筹调剂。应对新冠肺炎疫情，成立生产保障专班，发挥川庆新疆分公司领导、机关、项目部、钻修井队各方作用，抓协调强保障，降影响保生产，累计开展沟通协调700余次，向各级地方政府、甲方发送专项申请100余份，保障600余车次1.8万吨重点物资通行，实现复工80井次。

【技术攻关】 2022年，川庆新疆分公司实施6个项目技术推广，开展2个局级、13个处级科研项目，申报"套管水力切割技术"等3项国家专利，获授权2项。开展"塔里木寒武系优快钻进技术研究与试验"项目，在塔里木地区塔西南区块罗斯202井试验，集成应用预弯钻具组合、大扭矩螺杆、高效PDC钻头、混合钻头，用时109.5天完钻井深6390米，较设计周期提前30.5天。该井以机械钻速7.73米/时、21.72米/时分别刷新寒武系盐下井和碳酸盐潜山井平均机械钻速和单只钻头最快机械钻速两项纪录。开展"塔里木台盆区超深水平井提速钻井技术研究与实验"科研项目，在塔里木地区富源区块试验，集成应用预弯钻具组合、异形齿PDC、混合钻头、大扭矩螺杆等提速工具，完善主动防漏、治漏技术，强化钻井参数，用时118.27天，完成钻井总承包改革试点井富源3-H3井（8136米）施工作业，创塔里木探区8000米井深完井最快钻井周期纪录。

【钻工具管理】 2022年，川庆新疆分公司落实《塔里木油田钻工具管理与使用办法》规定，实施自有钻具9井次，抓实全过程管控，新钻具从订货技术协议、到货验收、第三方检测、备案入网等流程严格执行塔里木油田公司钻具入网管理相关标准与要求。梳理完善机关职能部门、钻具井控技术事业部、钻井队各层级责任，组织职能部门修订钻工具使用手册，优化出入库管理办法，细化定期盘存流程，完善钻具判修、监修标准，抓现场巡检及培训工作，确保钻工具完整有效。

【井控管理】 2022年，川庆新疆分公司严格执行塔里木油田公司井控实施细则和井控管理各项规定，开展井控风险识别分析，突出现场井控实战演练，落实专家驻井把关制度，派驻专家驻井把关49井次，及时发现处置溢流14井次，平均关井时间1分钟，平均压井准备时间3.64小时，平均处置时间11.94小时，杜绝20兆帕以上高套压及井控险情。强化全员井控意识，制作下发标准化关井应急演练视频，通过复工培训、倒班培训、工程师培训等方式，对一般操作员工、井控关键岗位员工和技术管理骨干进行井控知识专项培训，提高全员井控技能水平。

【安全环保】 2022年，川庆新疆分公司未发生一般C级及以上安全环保事故，实现"十二个杜绝"目标。强化安全监管，落实国务院安全生产十五条硬措施，开展安全生产三年专项整治行动，制定下发特殊敏感时段升级、禁止作业管理清单，强化承包商、拆搬安等重点领域和关键环节风险管控，升级管理高危作业8691项。运用"现场+视频"方式开展安全生产检查，排查治理隐患4万余项。推进环保治理，实施清洁生产48井次，开展电代油49口井，累计用电8734万千瓦·时，同比增长125%，替换柴油2.18万吨，减少碳排放1.81万吨。

【党群工作】 2022年，川庆新疆分公司严格落实"第一议题"制度，学习贯彻党的创新理论和习近平总书记重要指示批示精神。组织喜迎党的二十大系列活动，利用电视、网络、讲座等多种形式开展学习研讨、集中宣讲，推进大会精神进一线、进班组、进岗位。成功召开第一次党代会，创新提出"三年登高"计划，统筹推进"六大工程"，进一步凝聚共识，增强团结。完善基层党建"三基本"与"三基"工作有机融合机制，开展"甲乙方党建联盟""新疆区域党建联盟"等联合党建活动，构建"资源共享、平等互利、优势互补、协同发展"新党建格局，形成一系列特色党建品牌。推进"大部室"改革,合并减少机关科室1个,实现机关减员2人。健全选人用人机制,13名35岁以下优秀年轻干部走上科股级岗位;畅通专业技术人员培育渠道,转聘优秀社会化技术人员6名,引进成熟人才5名,提高干部队伍素质水平,优化年龄结构。完善教育培训体系,建立川庆新疆分公司"培训大讲堂"、教育培训中心专项培训、教导示范队跟岗培训、基层站队师带徒四级联动培训体系。推进全面从严治党,落实中央八项规定精神,组织内部巡察,开展反围猎专项行动、违规吃喝专项整治,通报违法违纪典型案例,筑牢党员干部拒腐防变防线。发挥宣传阵地作用,营造干事创业浓厚氛围,《创造历史,南天山8000米深井首次300天内完钻》等4篇报道首次登央视频。落实意识形态工作责任制,持续肃清流毒影响。强化保密工作日常管理,杜绝失泄密事件。落实维稳安保责任,开展"民族团结一家亲"活动。关心关爱员工,开通网上"员工诉求直通车",摸排解决员工急难愁盼问题,投入306万元落实大病帮扶、金秋助学等惠民政策。

【疫情防控】 2022年,面对新冠肺炎疫情,川庆新疆分公司以快制快精准防疫,成立疫情防控专班,抓好疫情管控期间生产生活物资、日常药品保障,保护干部员工及家属的身体健康和生命安全。全年下拨党组织工作经费、工会经费273万元用于疫情防控,发放疫情专项补助908万元。抓住疫情防控政策"窗口期",协调组织113人包机返岗,保障一线生产平稳运行和人员有序接替。

(雷成杰)

中国石化中原石油工程有限公司塔里木分公司

【概况】 中国石化中原石油工程有限公司塔里木分公司(简称中原石油塔里木分公司)是中国石化中原石油工程有限公司下属二级单位和塔里木油田公司党工委油服成员单位。主要承揽新疆范围内西北油田公司、塔里木油田公司、科威特油田公司的石油钻井工程服务。2022年底,有钻井队21支,其中中国石化集团公司甲级队12个、乙级队9个、达标队4个。有各种型号钻机24部,其中ZJ90D钻机5部、ZJ80D钻机1部、ZJ70D钻机10部、ZJ70LDB钻机8部。国内部署钻机21部,在西北油田市场90型钻机3部、80型钻机1部、70型钻机11部,在塔里木油田市场90型钻机2部、70型钻机4部;国外3部70型钻机均部署在科威特市场。

2022年国内市场累计开钻35口井,交井37口,钻井进尺24.16万米,完成钻井平均井深7037.11米,平均钻井周期110.69天,钻机台月180.55台月,钻机月速1338.17米,平均机械钻速8.96米/时。国外市场累计开钻14口,交井14口,完成钻井进尺28097.77万米。中原石油塔里木分公司累计刷新中国石化集团公司钻井纪录3项、中原石油工程公司及区块钻井纪录40项。在西北油田分公司塔河工区业绩排名中,所属5部钻机进入前20名(4部钻机进入前10名);在西北油田分公司顺北工区业绩排名中,所属7部钻机进入前20名(3部钻机进入前10名);夺得西北油田分公司流动红旗25面,获评优质井21口、良好井37口。

2022年,中原石油塔里木分公司在塔里木油田公司部署钻机6部,累计开钻9口井,交井6口,钻井进尺68025.59米。平均机械钻速7.79米/时,生产时效83.46%,纯钻时效20.3%。在西北油田公司部署钻机19部,累计开钻26口井,交井31口,钻井进尺173581.4米。在科威特市场部署钻机3部,开钻14口井,交井14口,钻井进尺28097.77米。

2022年,中原石油塔里木分公司获评中原石油工程公司2021年度先进单位,70730队、70172队、财务计划部获评中原石油工程公司2022年度先进基层单位,刘磊获评中原石油工程公司2022年度劳动模范,秦春光获评中原石油工程公司2022年度先进工作者。90107队、70188队获评中原石油工程公司2022年度HSE先进基层队,何小兵获评中原石油工程公司2022年度HSE先进管理者,刘天文获评中原石油工程公司2022年度HSE先进个人。

【市场开发】 2022年,中原石油塔里木分公司计划在塔里木油田市场部署井位189口,截至2022年底实际部署186口(实际上钻井位121口),部署井位主要为满深、跃满等区块。西北油田市场计划部署井位171口,实际部署井位228口(含采油厂侧钻井,实际上钻93口)。部署井位主要为塔河主体区块为主,顺北区块下步部署井位根据顺北6X井、顺北61X井、顺北12X井等试采评价结果。

2022年，中原石油塔里木分公司累计中标45口，累计新签合同40口（6口新井合同待签），合同金额7.28亿元。

【技术管理】 2022年，中原石油塔里木分公司发布故障复杂专项治理实施方案、异常高压溢流发现及处置推荐做法等规章制度，规范工作流程，提高技术管理水平。制定细则规定5个，升级区域技术模板7个，完成控压施工、奥陶系漏失强钻等推荐做法10种，形成技术管理制度体系，取得提速效果。塔河121163井钻井周期25.94天，周期节约率39.67%，刷新中国石化集团公司同类型井最短钻井周期纪录。于深1井刷新中国石化集团公司241.3毫米井眼钻深最深和193.7毫米套管下入最深两项纪录。

【经营管理】 2022年，中原石油塔里木分公司坚持"地质工程一体化"理念，下发《对标提升活动实施方案》，在塔河、顺北项目部搭建对标平台，激励各单位扛红旗、争第一，一开、二开机械钻速分别提高21%、27%。坚持以业绩换市场，争取到顺深1井、顺北81X井等一批高效井、一字号井施工权，为优胜钻机保持井位连续，为提升创效能力奠定坚实基础。

【装备管理】 2022年，中原石油塔里木分公司按照"外围强化、塔河优化"工作思路，对外围市场设备持续整体强化，累计配套更新改造钻机、井架、高压钻井泵、高压管汇、自动化装置等38台（套）；对塔河市场设备持续瘦身健体，累计回收闲置设备135台（套），区域化整合柴油机、钻井泵及顶驱相互调剂，实现装备资源共享、钻机轻装快搬。构建装备部门考核钻井队、钻井队考核大班、大班考核班组的"三级"考核体系，明确考核项点，考核83队次，下发督查通报6期，整改设备隐患425个，促进装备管理逐级落实到位。开展钻井队15天上5000米设备"零修理"活动，14支达标钻井队获奖励。

【安全管理】 2022年，中原石油塔里木分公司制定发布《QHSE管理体系手册（2022版）》，确定一级要素6个、二级要素36个。制定安全管理承接制度11项；开展体系内审，发现整改不符合项191个，实现体系建设与生产运行有机融合。聚焦基层、紧盯现场，针对"拆搬安""下套管"等重大风险作业，落实处级、科级、井队"三级领导带班"制度，领导班子成员和各级干部带头实施个人安全行动计划672次，承包帮扶167次，安全观察179次，解决问题296个，提升干部员工安全意识和能力素质。

【重点工程】 2022年，中原石油塔里木分公司70730队施工的塔河121163井创中国石化集团公司同类型井最短钻井周期纪录。设计井深8890米，2022年5月12日开钻，2021年6月7日完钻，完钻井深6071米，钻井周期25.94天，较设计提前17.06天，周期缩短率39.67%。

90107队施工的于深1井创中国石化集团公司241.3毫米井眼钻深最深和193.7毫米套管下入最深两项纪录。设计井深8630米，2021年12月1日开钻，2022年5月16日完钻，完钻井深8670米。

70615钻井队承钻的塔河756-3H井刷新中原石油工程公司5000—5500米钻井周期最短纪录。设计井深5137.18米，2022年6月15日开钻，2022年7月10日完钻，完钻井深5137.18米，钻井周期21.41天，比设计钻井周期节约13.59天。

70805队施工的雅东3井刷新中原石油工程公司5500—6000米钻井周期最短纪录。设计井深6716米，2022年6月30日开钻，2022年8月22日完钻，完钻井深5645米。实际周期22.81天，周期节约率52.13%，平均机械钻速30.07米/时。

70730钻井队施工的塔河12290H井刷新6500—7000米钻井周期最短纪录。设计井深6729.5米，2022年2月18日开钻，2022年4月19日完钻，完钻井深6725.22米。

70812钻井队施工的热普7-H6井创同区块塔里木油田周期最短纪录，同时创中原石油工程7000—7500米最短周期纪录。设计井深7264米，2022年5月21日开钻，2022年7月29日完钻，完钻井深7264米。

【纪检监督工作】 2022年，中原石油塔里木分公司坚持严格主基调，把监督挺在前面，一体推进"三不"（不敢腐、不能腐、不想腐）机制建设，营造风清气正的政治生态。组织副职以上干部签订《禁止领导干部及其亲属违规经商办企业承诺书》，排查登记公司员工及其亲属经商办企业、搞"影子公司""影子股东"等涉及靠企吃企情况，整肃干部作风。坚持廉政教育常抓不懈，开展党风廉政建设教育月活动，各类廉政教育、警示教育30场次。开展"钻头与钻工具使用管理、运输费用使用管理、钻井液药品使用管理、依法合规经营管理"4个专项治理工作，堵塞管理漏洞。坚持权责一致，抓早抓小、防微杜渐，运用"四种形态"，开展岗位廉洁风险专项排查，为做好廉洁工作奠定基础。

【队伍建设】 2022年，中原石油塔里木分公司党政领导班子18人，其中行政领导班子9人、党委领导班子9人。2022年，调整基层领导人员1批16人次，其中提拔4人、调整6人、免职6人。调整后，基层领导人员62人，平均年龄43.23岁。基层管理干部队伍年龄结构、专业布局、知识分布进一步科学化、规范化、合理化。持续建设人才成长通道，坚持技能操作、技术岗位到管理岗位双通道建设。全年11人成长为基层队干部（6名技术一线技术人员成长为基层队正职，5名监督、操作骨干成长为基层队副职）；13名技术助理晋升为技术主管；10名实习技术员晋升为技术助理；5名技术主管降为技术助理；1名技术助理调整为操作岗。夯实职称评审工作，全年组织符合条件的申报专业技术任职资格85人，通过评审80人，其中高级职称8人、中级职称29人、初级职称33人。

【党群工作】 2022年，中原石油塔里木分公司坚持以党建统领全局，探索党建工作新思路、新机制、新方法，推动党建和业务工作相融互进。组织班子成员分别到所在党支部、挂钩单位开展"学习党的二十大精神"专题教育22场次，党支部书记授课83场次。实施党建质量提升"365"工程，推进基层党支部"党日活动+五个一"工作法、"五长"制班组建设、党支部书记负责制，开展"一部一品"党建示范点创建、"甲乙方联合党建""我身边的共产党员故事会"等活动，组织党支部与甲方、地方、乙方及兄弟单位开展党建共建活动6场次，将党建工作融入安全活动、技术交流、开钻验收等钻井各个环节。

2022年，面向基层，聚焦一线，以"三个明白"（明白本单位职工在想什么、干什么、需要组织做什么）调研和"点亮微心愿"活动为抓手，做好送温暖、送关爱和扶残助学等工作，走访慰问各类困难人员3545人次，慰问款物368.47余万元，解决员工微心愿和小诉求510余项，提高员工归属感。

（常 城）

渤海钻探工程有限公司库尔勒分公司

【概况】 渤海钻探工程有限公司库尔勒分公司（简称渤海钻探库尔勒分公司）是中国石油渤海钻探工程有限公司下属二级单位，也是塔里木油田公司党工委油服成员单位，主要为塔里木油田公司、大庆油田塔东项目部、新疆油田公司、中国石化西北油田公司提供钻井、试油测试、井下作业、钻井液技术、固井、定向井、录井、管具等综合性工程技术服务。2022年，服务塔里木油田公司建设世界一流现代化大油气田，推进市场开发，严抓安全环保井控，强化工程技术提速，严格故障复杂控制，严密生产组织衔接，深挖提质增效潜力，开钻38口，完井47口，进尺30.35万米，市场创收22.27亿元，安全井控、维稳安保、廉政建设平稳运行。

2022年，渤海钻探库尔勒分公司在塔里木油田公司动用钻机34部，开钻38口，同比减少14口；完井47口，同比增加3口；进尺30.35万米，同比减少3.73万米。渤海钻探库尔勒分公司开钻、完钻及进尺分别占塔里木油田公司的29.01%、30.87%、30.8%，市场占有率30.23%，探井开钻、完井及进尺占比分别是35.71%、35.29%、34.61%，探井市场占有率35.21%。钻机利用率94.09%，同比增长1.92%。钻机月速768.1米/(台·月)；平均机械钻速5.36米/时，同比提高1.09米/时；故障率1.42%，同比下降1.26%。

【钻井技术指标】 2022年，渤海钻探库尔勒分公司完成8000米以深井13口，综合提速12%，获中油技服贺信4封。满深8井、满深71井获油气当量上千吨，23口井获百吨以上高产，占比50%。克深1井、天湾1井获集团公司油气勘探重大发现特等奖。满深8井完钻井深8726.8米，钻完井周期174.9天，创集团公司定向井斜深、垂深、造斜点最深纪录。满深71井首次实现塔里木油田公司"8500米级超深井150天内完钻"目标。满深705井首次实现"满深区块120内完钻"目标。满深801井64.86天钻至井深8000米，创单井钻达8000米用时最短纪录。BH-VDT垂钻工具服务进尺4.4万米，创使用井深最深、单趟入井时间最长纪录。

【生产组织】 2022年，渤海钻探库尔勒分公司严细生产组织，突出EISC远程技术支持，加大装备保障力度。推广高效搬安开工法，完善中完作业标准化流程，口井搬安开周期缩短1.11天，中完周期平均缩短1.97天。完成90DB钻机租赁配套2部；开展钻机自动化升级改造3部，全套自动化钻机达14部。升级改造动力猫道、铁钻工、钻台小绞车、固控系统、气动搅拌15队次，试验负压振动筛4队次，成立伦纳机电工作室开展专项培训。

【技术攻关】 2022年，渤海钻探库尔勒分公司开展科研攻关，针对瓶颈问题开展联合攻关，实施"巨厚砾石层提速""窄密度窗口地层安全钻井""国产垂钻工具"等12项技术创新，承担局级以上科研项目9个，获渤海钻探公司科技进步奖特等奖、一等奖各1项，连续3年被评为渤海钻探公司科技先进单位，成为唯一获塔里木油田公司科技创新先进单位的勘探公司。克探1井、天湾1井获集团公司油气勘探重大发现特等奖。

【钻井项目部工作】 2022年，渤海钻探库尔勒分公司第三钻井项目部钻机10部，其中70型钻机5部、80DB钻机1部、90DB钻机4部。开钻11口，交井13口，进尺11.42万米，钻机利用率89.46%。

井下作业项目部修井机3台，其中750修井机2台、850修井机1台，连续油管设备1套，1200型制氮车1套、700型水泥车2台。全年完成修井作业27井次，水泥车完成69井次。

泥浆技术服务项目部现场服务队伍19支，其中钻井液服务队伍18支、试油服务队伍1支。开钻51口，完钻27口，服务进尺29.4万米。

固井项目部车辆65台，其中水泥车19台、辅助车辆46台；各类化验设备11台（套），立式灰罐193个。开展各类固井施工280井次。

测试项目部有地面计量设备6套，其中超一类2套、一类4套，140兆帕除砂器2台，25兆帕高压分离器4台，测试工具37套，完井工具24套。完成地面测试3井次，工程测试4井次，地面计量42井次，完井工具16井次。

定向井项目部有进口APS仪器8套、自主研发BH－兆瓦D工具8套、郑州士奇高温兆瓦D工具5套，可以满足21个施工现场同时施工。2022年施工开钻43口，完井48口。

管具项目部有各种设备70多台，各类型封井器14套，各种钻具资源50余万米，可同时为30个钻井队提供钻工具服务。2022年提供钻工具服务32口井，服务进尺20.19万米。

工程院项目部在塔里木油田公司开展垂直钻井、套管附件销售、测卡打捞、工具检测、油田化学、工程设计6项服务。有垂钻设备BH－VDT工具40余套（现场服务队伍12支），测卡松扣设备2套。2022年VDT服务31井次，服务进尺4.42万米；销售固井工具1538套，测卡技术服务2井次，完成钻井工程设计3口，区块开发方案1个，支撑材料2个，软件模拟3井次。

第一录井项目部有综合录井仪17台，元素录井设备6套，早期溢漏监测设备3套。2022年录井33口，元素录井13口，完井27口。

【钻工具管理】 2022年，渤海钻探库尔勒分公司按照塔里木油田公司关于钻工具管理相关要求，完善钻工具运行管理办法，明确钻工具管理职责，细化运行流程，明确奖惩措施。针对现场工具使用过程中出现的问题，加大现场使用和维护力度，缩短钻工具探伤检测周期，避免钻工具故障，渤海钻探库尔勒分公司自带钻具服务进尺20.19万米。

【井控管理】 2022年，渤海钻探库尔勒分公司获评塔里木油田公司、渤海钻探公司井控工作先进单位。强化"井控第一反应"意识，落实"两个第一责任人""三个100%"要求，开展"六个评估"和关键岗位能力提升。落实"双盯"制度，每月合理安排处级责任人、专家盯驻井把关，以周为节点对风险井动态进行分析，制定阶段性风险管控措施，指导现场施工。各层级井控管理人员驻井指导，对事发井第一时间商讨决策处置。专家驻井监督盯防钻开油气层、换装井口等关键环节76井次，关键环节处级领导盯防14井次。加大监督检查力度，累计检查256队次，发现问题1257项，追溯管理原因18个。强化重点风险管控，抓实现场井控统一管理，落实坐岗制度和"双盯"工作要求，正确处置溢流13井次，未发生有责溢流。

【安全环保】 2022年，渤海钻探库尔勒分公司获塔里木油田公司、渤海钻探公司QHSE先进单位。

体系管理。厘清职责边界，修订安全生产责任清单，严格落实直线责任、属地责任和包保责任。推进体系运行，整合体系文件与塔里木油田公司QHSE制度109项资料。开展综合评审、诊断评估和拉网式审核，查找问题1054个，优化措施16项。

风险管控。实行日作业风险预警、报备公示，视频连线及安全巡查举措，掌握作业前准备情况、提示关键风险点、完善防范措施，以"四不两直"（不发通知、不打招呼、不听汇报、不用陪同接待、直奔基层、直插现场）等方式对控制措施落实情况、现场监管人员履职情况等进行检查确认。通过"发公告说风险、连视频定措施、查现场抓落实、找短板补弱项"的风险管控模式，确保现场风险全过程受控，作业安全平稳进行。

隐患排查。井控、技术、装备、生产等部门编制专业隐患排查方案，对标对表开展排查，钻井队通过日常岗位巡检、"你查我改""每周一专项"等方式进行排查；HSE监督中心实行日排查、周总结，每周发布HSE监督检查通报。开展司钻违章操作整治，进行设备设施吊点整治"回头看",开展专项整治活动12项,制修订管理制度4项,夯实安全基础。

安全技改。为钻井队增配机械手、铁钻工、动力猫道等自动化设备,减轻员工劳动强度,消除人员误操作风险。完成新型圆井可拆卸盖板、井架加长引销配备,改善作业环境和作业方式,降低作业风险。推广小绞车载荷调节装置、游吊系统过载预警装置、泵压超限保护装置、离心机低压自动控制装置等技改项目,实现设备安全联锁防护,防止能量意外聚集突然释放。发挥基层员工聪明才智,立足岗位开展小改小革,分享推广气水两用清洗枪、气动刮泥装置、新型吊钩防脱装置等7项优秀技改项目,现场本质安全水平提升。

环境保护。加强单井环保综合治理,实施"一井两案",推广环保技改项目和环保设备,加大节能减排力度,消除环境污染隐患。加大"跑、冒、滴、漏"排查与治理,强化钻井液不落地管控,依法合规处置废弃物,完成井环保治理,未发生环保事故事件。

【提质增效】 2022年,渤海钻探库尔勒分公司制订提质增效价值创造行动方案,优化设置挖潜项目,坚持"一个问题、一个目标、一套举措",明确挖潜措施和考核细则,强化过程督导和奖惩兑现,全年提质增效7556万元,其中装备管理节支3200万元、物资管理节支1636万元、财务管理节支758万元。加强单井项目经营管理,明确单井承包周期和成本控制指标,使钻井队施工有目标、过程有管控、考核有依据。制订月度生产运行计划,考核月度生产过程,梳理生产过程中合同外、设计外工作量追补及相关方扣罚,并督促职能部门和钻井队及时认。做到"应追尽追,应扣尽扣",提升职能部门和钻井队"颗粒归仓""省一分钱就是赚一分钱"的意识,实现单井项目科学化、系统化、精益化管理。开展事前审计,完善合规风险识别预警机制。强化招标管理,助力节支降耗。规范合同管理,规避经营风险和法律风险。细化相关方管理,推动高质量协同发展。

【队伍建设】 2022年,渤海钻探库尔勒分公司贯彻落实新时代党的组织路线,按照全面从严治党、从严管理干部的要求,落实干部选拔程序,提拔调整科级干部9名,基层队干部23人次,举办科队级干部培训1期30人。按照渤海钻探专业技术岗位改革要求,执行职数及任职条件规定,组织选拔技术专家8人,工程师21人,制定目标任务书,发挥专家作用。加大人才培养选拔,推荐参评后备高级专家2人,青年科技人才6人,公司级技能专家1人,技术能手3人,优秀新员工5人,将优秀新员工与"雏鹰计划"人选纳入渤海钻探工程公司后备技术人才队伍重点培养。细化毕业生培养措施,建立党委联系毕业生制度,为毕业生配备"双导师",通过召开座谈会、谈心谈话等方式,鼓励引导毕业生扎根基层历练本领。开展"技能培训年"活动,制订技能培训年活动实施方案,成立五路由领导带队的培训实施组,开展技术井控、安全环保、设备管理使用、基础操作、各专业业务知识等培训,开展"线上+线下""理论+实操"培训130余场次。规范技能操作岗位能力评估,按岗位编制下发《钻井队操作岗位培训及能力评估管理办法》,完善培训及能力评估体系,提高培训及能力评估科学性和针对性,激发员工学习热情和动力。以导师带徒、岗位练兵、现场技能比武为主要途径,设置100万元岗位练兵专项奖励,实现岗位练兵常态化,在天津市第三届"海河工匠杯"技能大赛中获团体二等奖、个人铜牌3枚,1人被评为技能专家。2022年组织参加各类培训班125个6950人次,其中参加渤海钻探公司组织的培训班12个143人次,各专业培训班32个2008人次,特种作业培训班17期1173人次,兼职教师培训2760人次。全年12个集体和25名个人获局级以上表彰。

【党群工作】 2022年,渤海钻探库尔勒分公司深化党的建设。落实"第一议题"、党委理论学习中心组学习等制度,学习宣贯党的二十大精神,开展党史学习教育和"转观念、勇担当、强管理、创一流"主题教育,组织"庆七一"系列活动,坚持中心组学习、"三会一课"常态化,深化党员培训,推进"一线筑垒"工程,强化正面宣传和舆论引导,干部员工社会主义核心价值观进一步彰显。加强基层党建,召开第五次党代会,完成"两委"换届。完善基层党支部考评体系,推进基层党建"三基本"建设与"三基"工作深度融合,推广"党建+"模式,深化"学习强国""铁人先锋"等网络平台应用,组织13个党支部开展换届选举,发展党员22名,党组织覆盖率100%。常抓廉洁建设,强化"两个责任"和"一岗双责"贯通联动、一体推进,健全和完善监督制度8项,调整廉洁从业风险点12个。开展"反围猎"和治理违规吃喝专项行动,强化日常教育和敏感时段提醒,开展集体谈话、任前谈话126人次,约谈相关方49次。紧盯重点领域、关键环节、"四风"问题开展内部巡察,组织专项检查28次,编制建议书12份。坚持以文化人、以文育人,配合塔里木油田公司完成的4个视频短片在央视平台播放,42篇人物报道相继在《人民日报》《中国能源报》及铁人先锋媒体平台发表，受到社会各界广泛关注。立足行业特点，打造"党建文化走廊、党建文化展厅"等教育实践点，设立心理健康小屋，配套建设活动室、阅览室等多个文化活动阵地，形成"党建引领、思想筑垒、融合生产"的深井文化。贯彻落实维稳安保系列工作部署，开展危爆物品清查整治，加强"三防"建设，依法合规做好信访工作，开展反诈宣传，维稳督导22队次，联合防恐演练113次。发挥工团组织桥梁纽带作用，开展"三送"、帮扶救助慰问等活动，发放帮扶、节日福利、慰问金200余万元，体检车前线服务20队次，传递组织关怀关爱。青年人才脱颖而出，90021队和90007队被评为渤海钻探公司青年文明号和青年安全生产示范岗，80010队平台经理江加国被评为塔里木油田公司十大杰出青年。

【疫情防控】 2022年，渤海钻探库尔勒分公司严格落实新冠肺炎疫情防控常态化要求，做好风险地区人员排查，抓好外出管控和相关方入厂把关，实施人员精准防控；做实消杀工作，严控冷链食品，抓好进口物资消杀检查，做到物资防控无死角。坚持防疫与生产两手抓，通过远程办公、线上会议等方式，维持生产经营正常运转。疫情期间组织新井上钻6口，复工复产55井次，全国范围内调集急需物资1200余吨。发挥EISC远程监控指导作用，抽查310队次，特殊作业风险提示1500余项，指挥井下异常处置26井次，确保疫情期间生产平稳运行。配合塔里木油田公司做好生产物资保障工作，70201队主动承担富源303-H4井区域物资中转责任，在维持本队正常生产前提下，为兄弟单位装卸物资300多车，中转各类工具、物资5000余吨。

（毛竹青）

中国石化胜利石油工程有限公司塔里木分公司

【概况】 中国石化胜利石油工程有限公司塔里木分公司（简称中国石化胜利石油塔里木分公司）位于新疆维吾尔自治区巴音郭楞自治州轮台县，是塔里木油田党工委油服成员单位。1990年5月18日入疆会战，1995年3月18日塔指按六大油田钻井公司入疆时间为序，将其更名为塔里木油田第六勘探公司。1995年9月成为胜利石油管理局直属二级单位，名称为塔里木胜利钻井公司。2013年初，划归中国石化胜利石油工程有限公司，名称为中国石化胜利石油工程有限公司塔里木分公司。33年来，由8支钻井队发展成为有20支队伍专业化钻井公司，具有年施工7000米以上深井60口，进尺30万米，产值13亿元生产经营能力。

截至2022年底，中国石化胜利石油塔里木分公司有20支钻井队，国内19部钻机中，西北油田市场12支、胜利北疆新春市场7支，国外土库曼斯坦市场1支；有钻机23部，其中国内19部、沙特2部、土库曼斯坦1部。70LDB型钻机8部、70D型钻机3部、80D型钻机6部、90D型钻机1部、120DB型钻机1部，能从事各类井型石油钻探施工。2022年，中国石化胜利石油塔里木分公司在塔里木油田市场未开展业务。

【制度建设】 2022年，中国石化胜利石油塔里木分公司抓依法合规管理。推进落实"合规管理强化年"工作方案，筑牢合规管理防线，修订完善5项制度，梳理9类26个高风险岗位，开展693个控制点内控穿行测试。按照上级制度管理要求，结合关于落实6大制度体系建设工作计划，定期梳理、修订各类制度。全年新制定制度3个，对接胜利工程公司要求，结合实际，完善《中国石化胜利石油塔里木分公司"三重一大"决策制度实施细则》相关条款。梳理归类胜利工程公司发布的各种制度，对执行类制度及时进行签收和学习，并根据实际情况进行有针对性转发执行；对实施类制度，在明确责任部门后，下达承接时间计划，及时制定制度并下发执行。完善中国石化胜利石油塔里木分公司制度管理台账。截至2022年底，制定制度73项，执行胜利工程公司执行类制度131项。

梳理完善各项管理制度，严格执行党委会、领导班子会议集体议事规则和"三重一大"决策制度，防范决策风险。坚持"管业务必须管合规、管业务必须管风险"，健全风险防控和内控体系，推进风险内控合规管理一体化运行。发挥纪检部门专责监督和业务部门职能监督合力，同部署、同检查、同考核，抓实物资采购、招标选商、合同履行等关键环节、重点领域风险管控，防止业务部门"挂空挡"，杜绝流程"走形式"，提升依法合规管理水平。2022年，中国石化胜利石油塔里木分公司开钻25口，交井27口，完成钻井进尺17.58万米，实现收入10.20亿元，考核利润6097万元，完成上级下达的指标任务。

【钻井生产指标】 2022年，中国石化胜利石油塔里木分公司推进资源统筹，生产组织高效运行。

生产运行。建立集生产运行、技术支持、安全监控、装备保障于一体的生产应急指挥中心。推行口井生产信息及重点工序动态机制，开展生产晨会，统筹组织协调，明确生产任务，落实施工进度，实现生产平稳、安全、高效运行。在南疆，4支井队进入塔河区块前十名，3支井队进入顺北区块前十名，80121队排名顺北工区第一。在北疆，80122队获80型以上钻机队伍排名第一。70588队和80123队现场标准化受到中国石化集团公司领导高度赞誉。

设备迁装。调研钻前施工进度，提前踏勘新老井地理环境、道路运距，制订口井搬迁方案，倒排搬迁周期，瘦身简配装备，累计组织搬迁25井次，从起吊到起井架，平均用时4.48天，同比提速10.1%。班子成员下沉一线，靠前指挥，以"班子成员分区域包干、项目部统筹运行、技术专家驻井"方式，多措并举、综合施策，开展业务培训、设备保养、应急演练、冬防保温等工作，确保复工复产高效平稳运行。采取"外送内运"方式，储备物资5320项8.64亿件，为南北疆施工井队调运疫情防控、生产材料等物资，保供柴油4360吨。

【生产组织与保障】 2022年，中国石化胜利石油塔里木分公司优化生产组织运行，激活生产增速单元。以生产运行部为中心，集合视频监控中心、安全、技术等部门成立生产应急指挥中心，同时联动西北油田公司、承包商等资源，实现区域信息、生产资源共享，最大程度减少钻机停待，提高钻井生产效率。领导和部室负责人划区承包，下沉一线，帮扶井队协调搬迁上钻、钻井施工和生产运行等环节，强化各工序间紧密衔接，尤其是在新冠肺炎疫情管控期间，统筹生产、生活和防疫物资及时供井，把疫情对生产的影响降到最低。全年获西北油田公司19面月度流动红旗，15.38%的队伍获西北油田公司全年26.39%的流动红旗。

【财务经营管理】 2022年，中国石化胜利石油塔里木分公司抓成本精细化管理工作，督导检查各部门指标分解情况、责任落实情况、工作运行情况，创新全面预算机制，加强经济活动分析，强化问题导向，采取切实措施，稳中求进、开拓创新，完成工程公司下达的生产经营任务和年度效益目标。全年成本预算管理工作抓主要矛盾，取得成效的资金管理工作保障生产经营平稳运行；资源优化配置工作有增有减取得新突破；挖潜增效工作妙招频出招招见实效；财务计划基础工作精雕细刻实现新提升。

【物资管理】 2022年，中国石化胜利石油塔里木分公司强化制度执行，规范采收用全流程。树立制度意识，加强制度建设，增强制度指导性，强化制度执行，固化工作流程，做到敬畏制度、维护制度、遵守制度、落实制度。修订完善《物资供应管理实施细则》《物资供应考核实施细则》《废旧物资管理办法》等制度规定，明确业务流程、强化岗位管理、落实主体责任，科学规范各项制度。强化物资管控，保供与降本两不误。

现场物资管理坚持月度抽查，季度全覆盖盘查模式推行，通过现场盘库，做到清楚掌握各生产单位物资库存状况，摸清物资家底。物资部门每周结合生产例会各单位反馈的生产运行情况，提前做好物资需求预判，在口井搬迁上钻前，做到物资提前供井。按月对接物资需求计划，平衡利库，现场盘点出的闲置、冗余物资倡导资源共享，调剂到其他井队使用或回收至库房，做到内部材料互相调配，物尽其用，提升物资使用率。有效降低现场物资库存，降低成本占用。

【技术攻关】 2022年，中国石化胜利石油塔里木分公司实施创新驱动，技术实力显著提高。深化研究提速模板，根据区域"四大剖面"特性，推广应用新技术、新工艺、新工具，分井型、分区块固化区域，优化钻井提速方案。塔河区块形成"PDC钻头+预弯曲钻具组合"等提速模式，平均钻井周期由48.90天下降至38.34天。顺北区块形成"抗冲击PDC钻头+大扭矩螺杆"等提速模式，平均机械钻速提高27.57%。北疆区块准噶尔盆地准中地区呼图壁以上地层，采用"强攻击长寿命钻头+高扭冲大功率螺杆"，钻井时效提高。集中力量研究关键核心技术，重点攻关顺北断裂带提速提效、抗高温无固相可降解钻完井液技术，解决"卡脖子"难题。顺北10斜井二开采用非平面异形齿PDC+超大扭矩螺杆提速、致密封堵防漏堵漏技术，平均机械钻速较设计提高92.6%。全年创中国石化纪录5项，区块钻井新纪录及高指标33项。

【钻井提速】 2022年，中国石化胜利石油塔里木分公司创新推广应用钻井技术，为提速提质插上翅膀。聚焦甲方工作要求，技术部门紧扣"技术一盘棋、一井一方案、一序一策略"工作思路，以降低故障复杂提升生产时效为抓手，通过专家引领和团队协作攻坚，开展塔河和顺北区块钻井技术攻关研究，总结提炼成熟的提速模式加以固化推广，借鉴区块先进指标，探索自主技术创新研发，实现整体提速、全面提速。推行"首席专家包区、专家包井、工程师包技术措施执行"的网格化管理，集中技术优势攻克一批1字号井和超深高难度井。

2022年，中国石化胜利石油塔里木分公司15口井获西北油田公司双优井，占公司在西北油田分公司施工井总数的65.22%。顺北区块平均机械钻速提高27.57%，塔河区块平均钻井周期由48.90天下降至38.34天。

2022年，70588钻井队和70751钻井队年进尺均突破2.5万米，70650队年进尺突破2万米，创中国石化纪录4项，区块钻井新纪录及高指标32项。中国公司示范井塔河121167井钻井周期22.98天，周期节约率50.04%，创中国石化6000—6500米井深钻井周期最短纪录。顺北84斜井井深突破9200米，成为中国石化第6口井深超9000米的井，助力"深地工程"勘探开发迈上新台阶。甲方多次组织工区各钻井公司到中国石化胜利石油塔里木分公司井队召开中完作业交流会、快速搬迁观摩会和提速经验推进会。

【风险管控及隐患排查】 2022年，中国石化胜利石油塔里木分公司每季度梳理更新风险清单，按照风险矩阵相关要求，量化风险，分层级管控，制定详细风险管控措施，明确责任人。以基层队周检、安全监督站月度巡检和季度大检查为抓手，结合上级、各甲方单位要求，开展隐患排查治理工作，涉及环保、设备设施、季节性风险隐患排查、人群健康、高风险作业、安全用电、后勤场站等方面，查找问题根源，按照基层队整改类和机关整改类，落实整改责任到基层岗位和机关科室，并限定整改日期，按照"谁检查谁负责"原则，督导问题整改关闭，起到以检查促提高的目的。重点隐患治理项目稳步推进，开展顶驱专项风险警示教育活动，开展顶驱导轨加装保险绳防护工作，制作顶驱安装操作动漫视频。为基层配备移动监控视频7套，由监控中心统一调配，实现迁装作业全过程视频监控。配备钻井泵爬梯、封井器航吊、检维修升降操作平台、转角梯子改直梯、完善井架生命线等项目，组建专业化技术服务队伍，在封井器拆装、套管切割坐挂等方面为基层队提供专业化服务，得到基层队一致好评。

【维稳工作】 2022年，中国石化胜利石油塔里木分公司编写主题行动实施方案，细化22个项点85条措施，推动各项工作在西部工区站排头、争第一。面对新冠肺炎疫情反复、复工复产困难的严峻考验，党委班子成员自7月起主动停止倒休，疫情之初提前进驻三大区块，以"班子成员分区域包干、项目部统筹运行、技术专家驻井"的方式，统筹疫情防控、生产运行、安全井控等工作。班子成员平均在疆时间306天，最长达349天，展现"以西部的硬安全硬稳定，保障东部各项重点工作顺利推进"的政治担当。组织开展"机关强作风，基层严管理，对标争一流，再创新佳绩"大讨论活动，组织集体学习研讨、座谈29场次，员工代表发布视频谈心会、谈措施39人次。建立企业文化上墙，制作光荣榜，营造人人学榜样、学先进良好氛围。开辟"亲情寄语嘱安全""疫路同心""百日安全行动"等专栏，把握安全生产形势，教育引导全员树牢安全理念。

【井控管理】 2022年，中国石化胜利石油塔里木分公司加强井控综合管理，强化井控管理水平提升。执行井控分级管理和专家驻井制度，加大"三高井"、复杂井等高风险井井控管理，全年井控专项检查117井次，整改井控隐患935项。为顺北施工井配齐电子液面监测仪，改造旋塞抢接装置，全年未发生井控险情。完善井控制度体系，细化公司井控部门、项目部、基层队井控安全职责，压实井控责任，完善井控管理体系，落实井控风险分级管控和专家驻井制度，加强对超深井、"三高井"、目的层井等高风险井管理，杜绝井控事故发生。严肃井控考核问责，按照井控实施细则要求，规范操作程序和应急处置流程，杜绝自选动作。开展每日井控销项、月度井控检查，防控重点井、重点领域、关键施工环节的井控风险，对各基层队月度井控考核进行排名、奖优罚劣。加强井控应急培训，宣贯井控案例及标准制度，督导全员掌握井控常识。开展井控管理人员和关键操作岗位技能提升培训，邀请专家进行井控培训和实操训练，提升全员井控应急抢险和处置能力。

【QHSE管理】 2022年，中国石化胜利石油塔里木分公司完善QHSE管理体系。对照国家安全生产电视电话会议部署的15条重要举措，制定28大项123小项分工运行表，修订"保命条款"，建立完善9项制度、2个现场检查表，细化基层正职监督旁站"二十条"项点，落实安全生产责任。加强有感领导践行力，制定"三个三"任务目标，开展全员履职能力评估，提高领导干部HSE引领力。"两特两重"、重大节日期间，领导班子成员提级管理，全年到承包点检查指导226队次，反馈观察卡180张，提出问题及建议195项。开展风险隐患排查治理。开展"百日安全行动"等活动，落实风险分级管控和隐患排查治理双重预防机制，公示安全风险预测50期；开展重点部位、关键装置、安全用电、冬防保温等专项检查8次，发现问题238项，整改顶驱导轨、井架底座等风险隐患173项。为使用顶驱的井队配齐牛头吊卡，购置19套智能套管通径规，提升操作安全系数。严格关键时期、特殊环节管控。强化拆迁安等直接作业环节监督管控，完成安全搬迁25井次，起放井架47井次；开展远程视频和现场HSE监督"双监控"，制止各类违章隐患1215起，处理违章195起，处罚教育441人次，罚款19.23万元，记380分。夯实绿色环保生产根基。开展"绿色低碳，节能先行""落实'双碳'行动，共建美丽家园"主题活动，年累计碳排放量同比下降36%。网电钻机利用率68%，网电折算油耗占比59%，结余柴油5925吨。强化固废处置全过程监管，为北疆拉运车辆安装GPS和影像系统，接入胜利石油工程公司内部监管平台。为钻井队配备环保厕所，绿色基层队创建比例100%。

【环保节能】 2022年，中国石化胜利石油塔里木分公司在西北局和胜利北疆区块的所有施工井队全部用上钻井液不落实装置，做到钻井液不落地。开展井场交井前的小环保治理工作，按照规定排放危废物，建立一井一策危废物档案，强化口井环保治理。配套新式生物降解环保厕所11套，配备9套生活污水净化处理装置，与甲方交接21口井钻后环保治理工作。开展绿色基层队创建验收工作，全年11支钻井队全部通过胜利石油工程公司绿色钻井队验收。确定每一口新井位后，设备部门及时安排网电服务厂家和前指人员去现场勘查，能使用网电的，及时办理各项手续，确保开钻前使用上；不能使用网电的，尽量安排上动力总包机组。全年使用网电22井次，用电量3930.34万千瓦·时，约替代燃油9432.82吨，节约成本约786.07万元。

【提质增效】 2022年，中国石化胜利石油塔里木分公司坚持提质增效工作主线，引导各类资源向价值创造流动，引导各项措施向价值创造聚焦，以系统思维统领节支增收、挖潜增效，确保经济运行优质高效。加大绩效考核管控，激发创效活力。树立"一切工作围绕井队转，井队工作围绕效益转"的考核意识，坚持推行"月度预考核+单井考核+单机考核"模式，加大单井考核力度，定期更新月度在钻井、完成井经营情况，做好预警提示及过程分析，发挥绩效考核"指挥棒"作用，调动全员创效积极性。增强依法合规管理，筑牢业务底线。围绕"守规则、防风险"主线，抓好依法合规经营，完善合规管理、风险内控、财务监督、审计监督协同运作机制，开展风险实时监控、专项排查，完善重大风险应对预案和措施，确保各类风险可控受控。巩固降本增效成果，提升盈利水平。坚持"一切成本皆可控"理念，建立成本管控长效机制，以事前算赢倒逼成本优化，预算从紧，考核从严，瞄准争取政策支持，严控非生产性支出、外委费用管控，细化具体措施，压实机关职能部门、项目部及基层队责任，上下联动，合力攻坚，推进挖潜增效。

【队伍建设】 2022年，中国石化胜利石油塔里木分公司将科级指数和专业序列向基层一线倾斜，竞聘选拔1名市场总监，10名科级干部，4名主任师，11名副主任师，为优秀干部人才畅通成长成才创业渠道。实施年轻干部成长计划，建立63人"后备干部库"，精准滴灌、跟踪培养，为高质量发展做强人才支撑。搭台架梯，发挥人才效能。推行专家驻井、包井制度，"1"字号井和重点探井全部由专家"揭榜挂帅"，针对高风险地层、超深井施工难点"把脉问诊"，为一线生产提供坚强技术保障，全年创中国石化纪录5项、区块纪录和高指标33项。优化基层班子年龄结构、知识结构、能力结构，先后交流调整基层班子16人次，班子整体效能提升。着力严管厚爱，提升人才素养。结合引才留才"四联系、双考核"工作机制，修订后备骨干人才培养激励办法、技术人才工作实施方案、司钻岗位特殊津贴管理办法，为152名骨干人才分类定级、发放奖励，稳定骨干人才队伍。引进12名高校毕业生、6名项目化人才、96名项目化用工，缓解缺员矛盾。完善考评机制，约谈基层干部2名，对1名基层正职降职；解除2名长期不在岗人员劳动合同，推动从严管工作、管作风、管纪律形成常态。

【党群工作】 2022年，中国石化胜利石油塔里木分公司坚持"务实创新融合"的工作方法，推动党建"三基本"与"三基"工作深度融合，发挥党支部和党员堡垒先锋作用，夯实基层党建基础。70650钻井队被评为胜利工程"十大铁军队伍"。强化党支部标准化规范化建设，实施"党建+互联网"，推进组织生活"上云端"，组织机关党总支和14个基层党支部改选换届，规范党内组织生活；实施"党建+安全"，开展"三查三强"促安全主题党日活动，19个基层党支部设立安全委员，在专项行动中排查整改问题276项，促进党建工作与安全生产同轨运行。开展党务与生产经营"双融"学习,组织倒休班党支部书记到组织部门进行"挂职轮训",培训党支部书记38人次。全年在《齐鲁晚报》《中国石化报》等局级以上重要媒体发表新闻稿件58篇,在各类新媒体发表微信、抖音460条,在中国石化新闻网、石化党建、公司网站等网络平台发表稿件375篇。落实人文关怀长效机制,进行"双战双胜""关爱员工、夏送清凉""走基层、访万家"走访慰问62队次,开展困难帮扶、节日慰问、金秋助学1300余人次,组织EAP一线行、心理咨询、专题讲座15场,发放新冠肺炎疫情工作奖励18.16万元。

【疫情防控】 2022年,面对新疆新冠肺炎疫情防控形势,中国石化胜利石油塔里木分公司落实上级防控措施,精准掌控全员动态,及时发送防控物资,建立职工防疫档案。领导和机关人员想尽办法,办理道路通行证,把生产物资运送到井上,保证生产正常运转。定期对员工进行核酸检测和各种健康检测,对核酸检测出现问题的员工第一时间隔离治疗。在疫情防控工作中,涌现出殷国志、罗涛、任利军、程卫东等一大批先进人物。

(邱振军)

辽河油田外部市场项目管理部（塔里木项目管理部）

【概况】 辽河油田外部市场项目管理部（塔里木项目管理部）(简称辽河油田塔里木项目管理部）为辽河油田公司上市业务二级单位,也是塔里木油田公司党工委油服成员单位。涉及业务主要为基建工程项目、油田工程项目设计、生产运行承包管理、科研合作、技术服务、大小修作业、产品服务、工程监理、员工培训等。2022年底,设机关职能科室7个,即综合管理部、党委工作部、财务资产部、经营管理部、市场开发部、生产协调部、质量安全环保部;所属三级机构18个,即地质技术支持中心、工艺技术支持中心、人力资源支持中心、煤层气项目部、青海项目部、浙油项目部、塔里木技术服务项目组、中燃油项目部、吉林项目部（CCUS项目组）、塔西南市场开发项目组、华北项目组、大庆项目组、西南项目部、广东石化项目组、克拉玛依项目组、新能源新技术项目组、塔里木项目部、吐哈项目部,有员工184人。固定资产原值1808万元,净值767万元,新旧系数0.42,资产使用率100%;无形资产原值420万元。

2022年,辽河油田塔里木项目管理部开发项目111项,完成市场开发额8.15亿元。其中:自主开发项目65项,合同额4.35亿元;主导开发项目46项,合同额3.8亿元。全年形成产值19754万元,受项目移交业务退出及新冠肺炎疫情对工作量影响,收入同比减少15606万元。

【经营管理】 2022年,辽河油田塔里木项目管理部坚持以效益为中心,优化市场布局、创新服务模式、加强项目管理,推动外部市场开发工作提档升级。全年组织对行政和党务三级正(副)职干部双向调整36人次。协助完善塔里木油田公司《外部市场开发管理细则》《外部市场项目管理细则》,修订完善管理部《工效挂钩考核办法》《项目制管理办法》。塔里木、长庆、西南、青海、吐哈、煤层气等油田市场不断巩固深化,业务范围逐渐向区块总包等高端项目拓展延伸,挺进新疆油田市场及重庆合川、四川威远等油田区域。开展合规管理3个专项行动,规范管理,推动项目合规运营。

【技术攻关】 2022年,辽河油田塔里木项目管理部构建外闯市场"技术池",集成辽河特色技术资源库,依托小修带大修、减氧空气驱等多项辽河特色技术,促进市场开发由重规模向重效益转型。紧盯天然气清洁能源市场,在煤层气致密气、长城钻探页岩气等多个区块寻求合作。与吉林油田签署CCUS框架协议,加大新能源业务领域市场开发。

【安全环保】 2022年,辽河油田塔里木项目管理部开展全员安全环保履职能力评估,组织编制《管理部QHSE考核细则》,每季度进行考核打分,先后对19家单位进行分值扣减,促进QHSE管理工作规范化开展。落实"发现隐患项目有奖机制",排查整改隐患问题389项。组织开展安全生产大检查,发现整改问题568项。推进"健康辽河2030"行动,邀请专家开展健康知识讲座,专家对100余名中高风险人员健康指标进行监测,实行分类管理指导和咨询。推行"三减"行动,开展"全员健身"活动,引导员工关注健康、增强体魄。

【提质增效】 2022年,辽河油田塔里木项目管理部科学制订项目运行和奖励激励办法,建立形成"双向选择""末位淘汰""以岗定薪,易岗易薪"竞争机制。对76个运营项目综合考虑产值收入、项目利润、生命周期、边际贡献四大因素，按照不同权重进行项目分级，实行分类管理。按照"有所为，有所不为"原则，发展A类高评价项目，萎缩退出C类低端业务，提升市场判断敏感度和洞见性。开展"管理提升"活动，定期梳理应收款项，排查重点应收项目，加快资金回流5000余万元。落实提质增效专项行动计划，坚持生产上精耕细作，经营上创新管理，实现增效807万元，保障162万元。

【党群工作】 2022年，辽河油田塔里木项目管理部学习贯彻习近平新时代中国特色社会主义思想和党的二十大精神，组织党委中心组学习13次，专题研讨4次。落实"第一议题"制度，学习习近平总书记重要讲话21次。规范执行"三重一大"决策制度，科学民主决策67项。开展"形势、目标、任务、责任"教育，集中学习研讨12场次40学时，基层开展宣讲10余场，受众600余人次，解决员工实际问题22个。落实《三十项党建重点工作项目化管理实施方案》，推动党建"三基本"建设与"三基"工作深度融合。与锦州采油厂、辽河油田建设有限公司等11家单位建立"党建联盟"，构建"八个协同"工作机制，引导外部市场员工共举辽河一面大旗，共创辽河特色品牌。开展党员讲述、专题党课、谈心谈话等系列活动75场次。制订发布落实"两个责任"推进运行计划，形成34项任务清单，组织签订《党风廉政建设责任书》《廉洁自律承诺书》171份。对80名三级副以上领导干部开展廉洁教育，累计参与1200余人次。开展安全生产"大反思、大讨论、大排查、大整治"活动，收集党员干部反思报告83份，形成讨论成果500余条，排查安全管理问题200余项；发布"筑牢安全网、护航二十大"微学习18篇。制定发布《2022年民生改善工程工作方案》，围绕"健康护航安心、生产生活暖心、工会普惠聚心、安居服务舒心"4项内容，细化10个健康项目，帮助解决职工"急难愁盼"问题13件。

（王子今）

中国石油运输有限公司新疆塔里木运输分公司

【概况】 中国石油运输有限公司新疆塔里木运输分公司（简称塔运司）是中国石油运输有限公司下属二级单位，也是塔里木油田公司党工委油服成员单位，1991年5月成立，地处新疆库车市东城区314国道南侧。主要为塔里木油田公司提供井队搬迁、原油运输、器材运输、特种安装以及采油和油田技术服务等综合配套服务。

2022年，塔运司落实集团公司、油田公司、运输公司各项工作部署，进一步动员广大干部员工振奋精神、凝聚力量，推进塔运司稳健高质量发展。完成经营收入12.05亿元，同比增长2.21%。其中：运输服务业务完成收入7.51亿元，同比下降1.83%；油田服务业务完成收入2.22亿元，同比增长6.22%；维修加工业务完成收入1.78亿元，同比增长17.88%；后勤服务业务完成收入0.54亿元，同比增长0.06%。

【运输服务】 2022年，塔运司运输服务业务有效应对新冠肺炎疫情蔓延对生产运行不利影响，发挥其驻南疆组长单位职能，确保塔里木油田井队搬迁、器材拉运、公路原油运输市场占有率100%，保证生产经营平稳进行。完成塔里木油田井迁227井次，转运原油185万吨，拉运物资309万吨，分别同比下降15.8%、15.9%和增长9.3%。完成货运量494万吨、货物周转量7.27亿吨·千米，吊车650万吨小时，工程机具1878.7万马力·小时。支援青海成品油配送、西藏地区战略投送621车次。

【油田服务】 2022年，塔运司油田服务业务推进"场站运检维一体化"发展模式，介入富满联合站筹建，新承接运行东河、哈得等片区计转站4座。淡化水运行市场实现塔里木油田市场占有率100%。实现塔中采油气管理区站外工艺改造市场和电力隐患整改项目双项"零突破"，增收500万元。维修加工业务取得"塔运制造"商标注册和压力容器D级制造资质，4项科技成果获国家使用新型技术专利证书。制作和维修营房135间、架设浮桥271米、销售劳保服装75174套（件），承接油田营房基地、体育馆建设、油建项目及零星施工343项，油气装置检修393项。

【后勤服务保障】 2022年，新冠肺炎疫情静态管控期间，塔运司为保障各类生活物资供应多方联系储备生活及应急物资，把控生活物资的购进、验收、发放记录等环节，对蔬菜、水果、肉类等生活物资实施价格管控，确保各点食堂饭菜伙食质量。对疫情防控物资实行统一管理，计划调拨，确保疫情防控期间各点需求；各生活生产点克服人员紧张、就餐人员多，物资匮乏等困难，完成驻点人员食宿工作。配合做好拉运生产物资车辆司助的后勤保障工作，执行疫情防控管理措施，闭环管理140余人次，配备蔬菜包280余份、馕300余个。

【安全环保】 2022年，塔运司实施党委班子成员前线蹲点安全督导制，对5个前线生产区块统筹开展全行业安全工作检查指导，实现以库车基地为中心、辐射所有生产区域和站点，消灭"流浪车"。识别新增关键领域风险48个。建立安全违章曝光机制，发挥警示警醒作用，督促全员落实安全生产责任。安全检查常态化、日常化，加大"三违"行为查处力度，开展"四不两直"检查178次，检查问题316项，对70名违章和管理失职责任人进行严肃追责和考核。完善常态化新冠肺炎疫情防控机制，配发防护用品、消毒用品56000余件（个）。通过交通运输企业普货运输、危货运输及机动车维修安全生产标准化达标建设评审换证工作。

【设备管理】 2022年，塔运司加快更新能耗高、效率低、排放标准低的老旧车辆设备，促进高效、清洁、节能发展，新投资车辆设备59台、淘汰报废车辆50台，固定设备投资190台（套）。全年保养设备323台（套），其中一级保养243台(套)、二级保养80台(套)；完成A类、B类及部分通用设备维护保养标准90个。

【技术创新】 2022年，塔运司根据场站需求将原甲醇橇升级为加注橇，增加多项数据远程功能，优化工艺流程，增添加注类型，新设备承压能力从2.5兆帕到25兆帕共分6级，增加脱硫剂、沥青分散剂、缓蚀剂、破乳剂、乙二醇等加注介质，储存容积从5立方米、10立方米、20立方米到30立方米有多种选择，可以满足单井单点或站内多点加注，成功在克拉采油气管理区和博大采油气管理区投入使用。推行"对号入座"管理机制，车辆定时、定点、定修保队伍进行修保，不再按照运行公里数安排修保，提升管理效率、缩短待料、待修时间，激发员工履行设备主人制的积极性，车辆工作率同比提高0.23%。

【提质增效】 2022年，塔运司开展8大专项行动、46项具体举措的"提质增效"劳动竞赛。结合经营收入、利润指标、用工总量等指标，实施阶梯性奖金基数及考核。新购置大吨位卡、罐、吊等车辆77台，标记吨位、吊装能力分别提升866车吨、757吨。完善大北、英买力、顺北油田等生产生活支撑点建设。强化车辆基础管理，车辆百公里综合油耗、材料费、修理费消耗分别同比下降3.04%、14.73%、10.85%。严控"五项费用"，非生产性支出同比下降23%。整合原油田服务业务单位2个，提高市场竞争力。推进资产轻量化，处置报废车辆设备105台（套）、闲置资产1153.16万元。争取稳就业、城镇土地使用税等优惠政策，申领稳岗补贴、扩岗补助及留工培训补助等减负增效297万元。物资管理类提质增效指标全部达标，节约年度采购金额634.89万元。开展技改技革、修旧利废和替改代活动，增效130.4万元，21项创新成果获2022年新疆维吾尔自治区总工会"五小"群众性优秀创新成果奖。

【队伍建设】 2022年，塔运司推进岗位责任制建设，对照工作内容、标准、考核等方面完善岗位履职清单413个。围绕规章制度、业务流程、工作标准累计开展培训学习328场次8200余人次。加强跨专业、跨业务以及双向交流锻炼，机关、基层干部交流27人，跨业务领域交流8人，党务干部与行政干部交流6人，干部队伍综合素质有效提升。实施青年管理人员基层"墩苗"历练。注重人才引进质量，招聘重点院校、专业对口的13名大学毕业生充实员工队伍。择优选派8名年轻干部参加"青马工程"、运输市场开发、履职能力等专项能力提升培训班，促进青年干部赋新能、长才干。加快专业技术人员的选聘工作，组织完成1名三级工程师、4名主管、4名助理工程师的选聘工作，技能操作人员职业技能晋升238人次。

【基础管理】 2022年，塔运司落实国企改革三年行动方案，推进实施定岗、定员、定编，落实岗位责任制。修订完善综合绩效考核管理办法，自上而下明确细化领导班子、机关科室、基层单位直线责任，明晰职能定位，明确职责归位。梳理各项规章制度141项，新修订24项，废止制度17项。建立日汇总、周例会、月总结、季分析工作机制。常态化开展物资管理、合同管理、招标业务等关键领域自检自查，进一步规范业务流程，加强内部控制，增强经营风险防范意识，事后合同率降至0.54%。

【党建工作】 2022年，塔运司执行"第一议题"制度，全面落实党委理论中心组学习，提升党员干部政治理论素质。推进党建"三基本"与"三基"工作有机融合，完成塔运司基层党支部换届选举工作，开展党支部书记抓党建工作述职评议。优化党员队伍的质量和结构，发展党员、确定发展对象和入党积极分子34人。提拔干部29人，其中"90后"年轻干部7人、"85后"年轻干部10人，干部结构得到优化。开展组织谈话7人，否决当月绩效2人，对不作为、懒作为干部停职检查1人、免职1人，因违法犯罪开除党籍和公职1人。加大效能监察力度,开展加油卡管理、新车分配、送外维修、合同管理、体检费使用等业务监管23项,监管发现问题15项。畅通员工矛盾诉求及化解渠道,落实信访接待日活动930余次,与员工谈心谈话1742人次,接访118人次,解决问题43个。利用微信、铁人先锋、抖音等新媒体宣传阵地,累计对外发表消息及短视频694个,累计阅读量近8万人次。塔运司获局级以上集体和个人荣誉114项,员工贾虎彦分别获新疆维吾尔自治区"开发建设新疆奖章"和"青年岗位能手"称号。

【工团工作】 2022年,塔运司组织开展广场舞、民族舞、广播操展演、篮排球、元宵节、写春联送祝福等文化活动25场次1900余人次参加,红色观影3场次180人次。开展工会会员慰问4423人次;送清凉1252人次;节日走访劳模、慰问前线员工523人次。在"永远跟党走"全国石油职工第五届健步走网络公开赛中获900人以上组一等奖。年度分别开展专项主题团日12场次、示范性主题团日2次,9个生产点952人次参加。为91名团员配发2022年度团员教育学习笔记本。组织"青年大学习"23期,团员完成学习率100%。推荐17名团干部参加新疆维吾尔自治区级团干培训。组织团内"岗位大练兵"学习测试,制作播放建团100周年塔运司共青团专题片,集中开展青年读书会,征集读书音视频36条,展播6期。撰写参加运输公司庆祝建团100周年表彰会发言材料,7人参加集团公司庆祝建团成立100周年座谈会。开展学习《致中国石油全体团员青年的倡议书》活动。集中开展青年素养提升工程宣传2次,下发学习文件8篇,2名青年在运输公司第一期"青马学员"分享会作交流发言。开展新入职大学生团课授课及群团知识培训,参与新入职员工座谈会。组织学习集团公司董事长戴厚良为新员工讲授入职第一课,开展"我与先辈比奋斗"大讨论活动等,378名团员青年展开座谈交流。组织238人在线观看集团公司"青年讲师团"宣讲活动、"第21届全国青年岗位能手"宣讲报告会、"一带一路"国际合作青年故事会直播等。组织366名团员青年收听收看党的二十大开幕式,开展讨论交流。325人参加"青春心向党,百年开启航"主题云团课。年度各工作站点共检查宿舍1526间,选出"红旗宿舍"65间,评出"黑旗宿舍"13间。

【疫情防控】 2022年,塔运司严格落实上级和地方政府新冠肺炎疫情防控工作要求,确保"零疫情、零感染"。两次疫情期间,抽调26名志愿者开展各类志愿服务。直接服务居民3600余户次,发放爱心购物券300余张,运送生活物资7800余件次,发放蔬菜包800余份,服务老人75人次,送医送药227户次,发放抗原试剂3000余份,服务时长4100小时。

【"访惠聚"驻村工作】 2022年,塔运司驻库车市乌尊镇色根苏盖特三村工作队,聚力基层党组织建设,开展国语教学120个课时。对辖区内29户脱贫户、14户边缘户及408户一般户家庭开展入户调查,对农业生产、务工就业、困难诉求等情况进行常态化摸排,使群众的"两不愁、三保障"有效得到落实。鼓励脱贫户自主发展产业,脱贫户入户类项目中生产母牛37头、生产母羊195只;开展致富带头人现场培训为增收创收打下良好基础;积极帮扶就业,2022年,脱贫户稳定就业57人,监测户15人;开展小额贷款资金帮扶,为11名脱贫户提供小额贷款25.5万元。

(石泽正)

中国石油运输有限公司沙漠运输分公司

【概况】 中国石油运输有限公司沙漠运输分公司(简称沙运司)是中国石油运输有限公司下属二级单位,也是塔里木油田公司党工委油服成员单位,1993年4月成立,驻地新疆库尔勒市,在塔中、轮南设有生产生活基地,主要为塔里木油田公司、青海油田公司、中油国际(尼日尔)有限公司、大庆油田新疆塔东油气勘探开发有限公司提供沙漠运输、机具值班、原油运输、小车客车、油气采输、天然气回收处理、油田建设、路桥施工、环保作业等综合性服务,2022年货运量145万吨,货运周转量1.69亿吨千米。2022年底,设9个职能科室、1个机关附属机构、18个基层单位,员工1313人。

【运输服务】 2022年,沙运司按照"主动协调、高效运转"的工作方法,与塔里木油田公司各开发部联系掌握生产动态,紧跟塔里木油田公司勘探开发重点区域,优化重组提升运营能力,由沙漠运输大队整合沙漠区域搬迁、原油拉运和修理绿化等工作量,提升生产组织效率,强化服务保障能力。同时依托塔里木油田公司运输管理平台,在生产组织上形成用户下单、行政事务部派单、车队接单、执行并反馈任务完成情况、回访用户下一步用车需求和建议的闭环流程，保障塔里木油田公司各单位的用车需求。全年承揽古探1井、满深、果勒、富源等地区的井场推筑、井队搬迁任务，完成26部钻机、45部修井机搬迁，完成货运量145万吨，货物周转量1.69亿吨·千米，吊车工作263万吨·小时，机具工作1871万马力·小时，小车、客车安全运行1353万千米。

【油田生产技术服务】 2022年，沙运司承担26座天然气回收处理站、521口井（其中生产井137口、待命井140口）、7座集油集气站、9个集中采油点、244口长关井巡井、试采发电3口井。承接叉车维护、药剂配送加注、低压单井罐车计量、抢维修、大库运维、机泵维护、塔中西部站外试采井发电等工作。以"设备租赁+技术服务+自主运营"发展模式，投运跃满西、玉东7等4个站点，形成英买力、东河、哈得各片区链条式覆盖，玉科401H、跃满西处理站实现从增压回收向干气外输、LNG回收方式转变。同时为加大油气田生产技术人才培养力度，组织关键岗位40余人参加项目运行系统学习，外送8名员工到吐哈油田公司系统学习工艺流程及管理经验，通过"传帮带"、技术攻关、引入专家等方式，推进人才强企工程，确保天然气回收、试采运行、排水采气等油气田生产技术服务项目的安全高效运行。

【油田环保服务】 2022年，沙运司响应塔里木油田公司低碳绿色发展战略，依托含油污泥无害化处理领域的技术实力和实践经验，以油田废弃物环保无害化处理技术为核心，打造含油污泥处理、磺化钻井液废弃物处理、油基钻井液废弃物处理、工业和生活污水处理为基础的"三固一液"环保产业发展格局，经过调整初具规模。塔中资源回收站热洗技术进行升级改造为热解技术，处理量从原有2万吨/年扩建至6万吨/年。轮南绿色环保站从6.07万吨/年扩建至15万吨/年，保障后期钻、采、运、销等各环节产生的含油废弃物处理，辐射轮南、哈得、东河、英买等作业区块，持续为塔里木油田公司环保贡献力量。全年处理含油污泥废弃物5.3万吨、磺化钻井液废弃物4.5万吨，分别同比增长49%、16%。

【油气田工程建设】 2022年，沙运司紧跟塔里木油田公司"十四五"规划，拓展各采油气管理区基础建设、零星工程业务，积极推进新能源项目建设。全年组织实施内外部工程39项，完成探临路修筑68千米，其中完成塔中沙漠公路零碳示范工程，巩固沙漠公路全线生态防护林管护、道路养护、垃圾清运业务并与太阳能利用工程进行一体化整合运维，实现沙漠公路全线零碳排放，为我国荒漠治理和沙漠公路运维提供样板。该项目入选央企十大超级工程，每年可节约柴油1082吨，减少二氧化碳排放约3410吨，推进绿色低碳发展。

【安全管理】 2022年，沙运司严守"四条红线"，突出体系建设，狠抓隐患治理，各级领导干部坚持重心前移，加强重点时段作业升级管理，利用远程布控球机开展"四不两直"监督排查，杜绝施工作业现场违章行为，确保操作受控。开展"金哨子"全员安全风险识别及隐患排查评选活动，识别危险因素1036项、风险路段（区域）234条，制定管控措施3768项，绘制完善道路风险图151册。开展消防隐患专项排查13次，迎接运输公司QHSE管理体系审核2次，迎接地方上级部门监督检查4次，整改隐患问题274项。

ABC动态管理。结合运输公司员工ABC动态管理要求，编制发布《沙运司操作岗位员工ABC动态定级评价实施方案》，动态评价员工业务技能、QHSE履职等情况，每月开展操作岗位员工定级评价，将定级评价结果与员工绩效考核挂钩。定级评价驾驶员455人，操作岗位员工616人。

员工健康管理。加强与巴州医院体检中心沟通协作，运用全员健康体检结果，建立定期统计分析、实时告知提示机制，全面掌握员工健康现状。组织员工健康体检1105人，职业病体检418人，发送健康复查告知书18份，调岗建议书1份，配备电子血压计12台、酒精检测仪11台、血糖监测仪12台，邀请专业检测机构对固定工作场所职业病危害因素检测18处。

【技术创新】 2022年，沙运司加强专业技术人员钻研业务的积极性和解决设备疑难问题的能力，与中汽北消（北京）应急装备科技有限公司、三一重工有限公司等生产厂家技术人员开展技术交流。发表省级相关论文6篇，完成6项科技创新奖励申报。与中汽北消（北京）合作研发的T105型沙漠车于2022年5月在古城支撑点搬迁过程中进行实地测试。在载重50吨以上6×6沙漠车领域，打破国外技术垄断，使我国具备在沙漠腹地运载9000米60吨以上钻机的能力。

【设备管理】 2022年，沙运司制定《设备信息管理工作要点》，明确全年工作目标。开展车辆专项隐患排查、设备管理检查，春秋两季"整车爱车、设备维护"等活动。为进一步确保在用设备管理制度的适宜性，重点修订5项管理制度、33项设备操作规程。下发设备管理整改通报37期，排查整改隐患347项，完成车辆整修4836台次，归场检查车辆9.4万余台次，车辆完好率98%。

【党群工作】 2022年，沙运司开展群众性活动，利用"元旦""春节""国庆"等节假日，开展多种形式趣味活动，凝聚企业发展合力。对1209名会员进行节日、生日慰问，慰问生病住院员工28人。组织参加集团公司全国石油职工第二届广播体操网络公开赛，获混合创编组一等奖。参加塔里木油田公司"喜迎二十大，奋进新征程，建功新时代"职工气排球比赛，获女子排球冠军。加强青年队伍建设，成立"沙运强音"宣讲团进站点、进班组宣讲8场次。组织开展主题团日活动42次，"拒绝躺平远离佛系"主题演讲比赛、"我与先辈比奋斗"专题讨论会、"争做诚实守信员工"演讲等活动。"金驼铃"青年志愿者服务队开展为小区居民理发、沙漠公路清理生活垃圾等志愿活动16次。

【疫情防控】 2022年，沙运司全面贯彻落实地方政府、运输公司、塔里木油田公司新冠肺炎疫情防控要求，强化生产统筹组织，严格落实24小时值班值守工作制度，及时处置突发事件，与塔里木油田公司、地方政府和交警部门沟通协调，寻求政策支持，办理车辆通行证96张，报备车辆信息1800余台次，配合塔里木油田公司更新涉油卡点60余次，发布预警、提示信息400余条，与地方物流中心签署保障协议，筛选出35台合规车辆办理塔里木油田公司临时入网，执行轮南至克深、满深片区油田重点物资运输任务，保障防疫、生活物资正常配送和生产应急车辆正常通行。

(赵　林)

中国石油运输有限公司一公司

【概况】 中国石油运输有限公司一公司（简称中油运输一公司）1999年成立，是一家集油田运输、货物、油品公路运输、特种运输、石油化工产品配送、特种大件运输、国际贸易、国际联运、国际和国内航空货运代理、物流贸易、油田试采发电、单井地面工程建设、汽车维修、发电机组修理、机械设备安装与维修、特约产品代理、车载油罐和储油罐等压力容器制作、天然气汽车改装、防冻液及滤芯器生产加工、钻采设备及配件制造、维修和安装、乘用车辆服务、通勤送班、后勤服务等多位一体的综合性运输物流企业。中油运输一公司机关设在新疆乌鲁木齐市石油新村，在昌吉、克拉玛依、鄯善、库尔勒、轮南、准东、哈密等地设有生产生活基地。

2022年，中油运输一公司以建设国内一流的物流企业为目标，牢固树立"站着做人，跪着服务"的服务理念，恪守"赢在执行，细节决定成败"的工作理念，开拓市场，聚焦提质增效，突出服务保障，落实安全责任，全年完成货运量1179万吨、货物周转量15.6亿吨·千米，足额上缴各类款项，实现收支平衡，略有盈余。

(余婷婷)

【运输管理】 2022年，中油运输一公司强化落实生产合规管理及新《中华人民共和国安全生产法》，实施现场安全管控、现场违章纠治，开展风险排查47次，隐患治理584项。通过视频监控、轨迹回放等方式，加强路口、弯道等重点路段和关键环节违章行为治理，轨迹回放3万余台次，抽查运行车辆视频2万余台次。

(扎振俊)

【油田运输服务】 2022年，中油运输一公司塔里木油田运输市场做好新冠肺炎疫情管控时期重点工程建设急需物资的运输保障工作，通过塔里木油田公司运输管理平台派车19528车次，完成各类器材物资运输79.4万吨。面对疫情管控和资源紧张叠加影响，配合塔里木油田公司和油地办公室，委派专人6人投入通行缓慢的主要卡点进行车辆疏导，有效缩短通行周期30%以上。防控期间，提高车辆运行数量，投入各类型车辆212辆，转运货物19.5万吨，强化各油品配送市场资源互补，保障兵团、部队、油田井队等客户的用油需求，完成井队配送16.76万吨，完成甲醇、轻烃等化工原料运输6.32万吨。

(庄　旭)

【安全生产】 2022年，中油运输一公司通过坚持"四全""四查"机制、"两走"（走出去、走下去）工作方法，以基层岗位标准化建设为着力点，推动基础管理能力提升和安全文化建设，完善岗位安全生产责任制，安全环保总体形势持续向好。

主体责任落实。贯彻落实习近平总书记关于安全生产和环境保护的重要论述精神，将QHSE发展贯穿生产经营各领域和全过程。机关领导和科室长承包联系点开展宣讲送教36场次，各单位组织全员观看生命重于泰山专题片和《安全生产法》114场次，悬挂安全宣传横幅43条，制作场地安全宣传展板19块，逐级签订QHSE承诺1577人，结合新《安全生产法》组织机关各部门、各单位岗位员工修订更新安全生产责任清单80余份，明确各层级、各岗位的责任人员和责任范围，各级领导干部坚持"两走"工作思路和"党政同责、一岗双责、齐抓共管、失职追责"的原则，驻点一线、靠前指挥、带头宣贯，全年开展督导包联270余次，引导全员坚持"人民至上、生命至上"理念，深化对安全生产工作极端重要性的认识，增强做好各项工作的责任感，筑牢安全发展理念。

管理模式。结合安全健康环保管理业务，以表格式、清单式持续规范安全教育培训、监督检查、应急管理、消防安全、隐患治理、资质证件等基础管理业务，整理下发安全健康环保基础管理工作任务清单，通过结合HSE信息系统，规范和简化上报流程，提高基层单位安全基础管理能力。完成中国船级社质量认证公司对中油运输一公司环境体系、职业健康体系认证年度复审工作，推动相关基层单位、部门"以认证审核推进基础管理提升"的局面。开展"安全文化下基层""安全大讲堂""安全演讲比赛""安全生产月"等活动，联系政府在安全生产月期间组织大型政企交流开放日活动、消防宣传月启动仪式等，提升公司安全文化建设，展现出良好的安全舆论氛围，推动安全基础规范管理。

培训宣贯。发布安全教育学习内容50期，组织干部员工学习中国石油运输有限公司、中油运输一公司新修订制度、文件；联系培训机构基层送教培训6场次；发布16个多媒体培训课件。将员工教育培训规范化，建立有培训计划、有培训课件、有培训过程、有培训成绩、有培训效果的完整记录，履行法律规定的员工培训学时。为验证培训效果，强化培训过程管理，按照PDCA管理模式，实行"培训有计划、有落实、有考核验证、有改进"的"四步工作法"，通过线上培训考核验证，做到管理人员与从业人员对安全管理、防御型驾驶技能的掌握程度得到有效提升。开展"互联网+"培训新模式，积极与培训机构联系，采取App线上培训方式，重点以法律法规、防御性驾驶、安全操作技能、应急处置、事故警示等内容作为培训内容，在4家基层单位进行试点，283名驾驶员按时完成线上培训任务且成绩合格。

事故隐患。以抓好道路交通关键风险和防范道路交通事故为总目标，按照道路交通安全关键风险管控责任清单，压实各级管理人员和岗位员工安全职责。结合生产实际，反复修改3次驾驶员ABC评价办法，主要负责人亲自带头开展培训，驾驶员ABC动态评价管理步入正轨，能有效地突出重点人员管控，使部门之间切实推动"齐抓共管"的合力，发挥"正向激励、反向促动、动态管理、分类考核"的作用。全面组织开展全员风险写实活动，结合各业务系统管理实际，划分管理单元、拆分作业环节，通过"人、物、管、环"4个方面对生产作业活动、生产管理活动辨识风险142条。对辨识出较大及以上风险、公司7项道路交通关键风险、11项设备关键风险等完善管控措施，明确岗位、基层、业务系统管控责任层级，提升消减风险的能力。

（吴　磊）

【人事劳资管理】　干部管理。2022年，中油运输一公司通过岗位分析和人员能力评价，调整岗位27人次，激发各岗位人员工作潜能。为青年员工搭建脱颖而出的舞台和机会，全年推荐、提拔干部11人。其中，推荐二级副2人，提拔三级副5人、三级正3人、助理级1人，一批优秀青年走向领导和管理岗位。

技术培训。按照运输公司"能力提升年"的工作部署及"业务大学习大培训"活动要求，机关科室组织培训21场次803人次；各单位组织培训655场次12235人次。153人完成职业技能培训取证。分2批次组织22个党支部书记参加基层党支部书记培训班；推荐2名员工参加集团公司青年马克思主义者培养工程培训，推选2名员工参加运输公司优秀年轻干部培训，促进复合型干部成长。

（陈　磊）

【制度修订】　2022年，中油运输一公司利用各类审核、检查发现的问题，分析短板症结，针对管理漏洞修补制度缺陷，全年新增制度2项，修订制度11项，同时按照综合管理体系平台融合工作要求，完成体系平台51项管理制度，19项作业文件，72个记录表单的维护与修订。

（朱永林）

【装备管理】　整车爱车活动。2022年，中油运输一公司组织各单位严格按照整车爱车活动相关要求和标准，落实活动措施，对每天早、晚进入车场的车辆，不定期全面检查，上地沟检查传动轴、气路管线、轮胎等，全方位检查其他各个环节，将整车爱车活动落到实处。从最基础的车辆安全设施检查整改入手，夯实设备的管、用、养、修工作，坚决杜绝车辆带病运行。

外修流程规范。细化送外修理审批流程，需要外修时，车队需填写外修通知单并填写送外修理原因，然后修理厂填写送外修理意见，经设备信息科、中油运输一公司分管领导、主要领导同意确认后，方可实施送外修理，从源头上控制外修流程，车队、机关层层把关，降低外修费用。

新购车辆维修保养。依托特约维修站的技术和配件供应优势，车辆厂家依托特约维修站及时直接从厂家供料，解决配件采购难的问题。同时，结合各车队运行路况的特殊性，设备信息科针对车辆部分部件进行改进，确保新购车辆的正常生产运行。

废物管理。制定修理业务、基建业务废物管理规定，明确修理业务、基建业务废物管理范围及标准，明确管理人员及各管理职能部门的职责，明确废物收集、贮存、转移的流程，确保各产废单位合法收集、贮存、转移废物。

设备管理培训。组织设备管理10项风险管控措施、归场检查方法与检查标准、牵引鞍座原理及使用维护、车辆防自燃检查、燃气车使用注意事项、网络安全等培训5场次，分类制作多媒体技术课件，从车辆底盘、发动机、轮胎等方面入手，重点讲解操作和故障排除、设备电气线路的维修、ERP数据录入、车辆归场检查、设备管理工作要点等几方面，培训员工和管理人员475人次。

（王益民）

【数质量管控】 2022年，中油运输一公司做好与甲方的对接力度，准确掌握甲方需求，突出管理增效、管理创效，并持续落实管理干部跟车押运、空重车过磅、车载液位仪应用等措施，将数质量综合损耗率控制在规定范围以内；开展数质量事故事件警示教育工作，组织员工开展"讲危害、识风险、写心得、明措施"大讨论137场4572人次，撰写心得1000余份，加强风险防控。

（扎振俊）

【党群工作】 2022年，中油运输一公司开展"党史学习教育"活动，严格落实"第一议题"制度，学习贯彻习近平总书记重要指示批示和党的二十大精神，组织开展党委中心组理论学习12场次，党的二十大精神集中宣讲10场次，撰写学习心得230篇。坚持全面加强党的领导，坚持民主集中制，严格落实党委工作规则和"三重一大"决策制度，公司党委"管大局、把方向、促落实"领导作用有效发挥。根据组织机构调整实际情况，调整合并6个基层党支部，新成立1个基层党支部；完成22个基层党支部换届工作，推进各党支部委员的增补，进一步加强组织建设和党务干部队伍建设。细化党群工作年度要点和基层党组织的考评标准，对基层党组织进行月考核、季排名、全年综合排序，全年开展党群工作例会12场次，开展党支部党建工作通报考核12次。分2批次组织22名党支部书记参加中油运输一公司党支部书记培训班，达到上岗资格取证全覆盖。

完善密切联系群众、党建联系点等3项工作方案，召开党风廉政和反腐败工作会议1场次、听取纪委工作汇报2次。签订《党风廉政建设责任书》和《领导人员廉洁从业承诺书》。强化党员领导干部"一岗双责"责任落实，班子成员联系基层党风廉政建设26次。组织党员干部廉政学习4场次820余人次，学习警示案例16篇；组织党员干部观看集团公司、公司党员领导干部违纪违法典型案例警示片3场次。

坚持开展"夏送清凉、冬送温暖"主题活动，为员工发放清凉饮料、冰糖、茶叶等必要的防暑降温用品，看望慰问基层一线员工1000余人次；做好困难家庭、工亡家属的慰问工作，全年走访慰问困难员工4人、住院生病员工48人；深入开展"民族团结一家亲"活动，及时解决员工工作和生活困难。创新开展"安全文化下基层"活动，深入8个片区、20个基层单位开展安全文化展演；组织参加中油运输一公司广播操比赛，获广播操组和混编组二等奖。

（李倩）

【疫情防控】 2022年新冠肺炎疫情期间，中油运输一公司塔里木油田运输一大队抽调20台罐车，专车专线配送油田成品油，未发生因成品油不足导致的停工停产。疫情严防严控的同时，也是南疆棉花等重要物资外运时期，面对整个南疆车辆运力不足和车辆通行不畅，塔里木油田运输二大队一面积极配合塔里木油田公司各片区事业部、管理区和油地办，委派专人6人投入通行缓慢的主要卡点进行车辆疏导，缩短通行周期30%以上。面对连续井迁社会车辆不足，使用自有车辆主动出击，安全平稳准时完成17井次井队搬迁拆卸搬迁安装，为钻井安全平稳上产做出运力保障，得到塔里木油田公司油气田产能建设事业部嘉奖，同时一公司在全疆各油田公司的防疫防控保障工作持续发力，得到吐哈油田公司、克拉玛依市交通运输局多家单位的会议表彰和书面感谢，彰显央企的责任担当。在疫情期间，机关18名领导干部、基层253名管理人员坚守岗位127天，保证生产指挥系统的有序运转。

（庄　旭）

东方地球物理勘探有限责任公司塔里木物探处

【概况】　东方地球物理勘探有限责任公司塔里木物探处（简称东方物探公司塔里木物探处）是东方地球勘探有限责任公司二级单位和塔里木油田公司党工委油服成员单位。2022年，东方物探公司塔里木物探处完成二维工作量368.91千米、三维工作量2759.85平方千米。新冠肺炎疫情封控期间7.5万道采集设备、200多台机械设备和800余名员工实现跨省跨区转场，为乌依塔格三维和满深—满加、红旗—牙哈三维项目奠定基础。自主研发物理点选点软件，创新噪音干扰控制技术，应用无人机排列监控等新软件、新技术、新装备，资料合格品率99.88%。

【物探技术攻关】　2022年，东方物探公司塔里木物探处坚持问题导向，承担完成各级科研项目12项。创新塔西南巨厚黄土区连续介质激发参数设计技术，改变激发深度越深越好传统观念，甫沙三维项目钻井总进尺减少29万米；创新走时延拓+多参寻优表层结构预测和折射+层析联合迭代反演等表层建模技术，提高复杂区表层模型及静校正精度；创新台盆区基于目的层反射能量和背景噪声关系的邻炮干扰评价方式，采集效率提升20%以上；创新完善多地形Q值调查方法，实现钻井工作量、检波器使用量、施工工艺及施工成本"双减双降"；创新沙丘区拟真地表物理点优选等辅助技术，形成技术流程；创新便携式微震源及超深MVSP装备，降低表层调查工序安全风险和作业成本；开展多地形单只超高灵敏度检波器试验，为接收技术优化探索新方向；无公网区智能化地震队系统实现特色运行；国家发明专利申请8项，实用新型专利1项，获集团公司专利银奖1项，中国地球物理学会工程奖银奖1项。

【设备物资管理】　2022年，东方物探公司塔里木物探处完成恢复性修理410台，设备完好率95%以上。协调租用东方物探公司内部资源42台（套）、检波器10万余串。配件保障261批次1492件，靠前和现场维修支持保障3987人天。实施修旧利废和技术革新323件（项），节约资金191.54万元。对视频记录仪、柴油驻车取暖器等进行集中管理，加大可重复使用物资调配力度，调拨使用9289件，降低物资使用成本342.32万元。

【人力资源管理】　2022年，东方物探公司塔里木物探处首次开展二级工程师到东方物探公司技能专家的选聘工作，形成2名东方物探公司技能专家、44名工人技师领衔的高技能操作人才队伍。通过校企合作、劳务派遣、社会化招聘等方式引进25人。劳动用工总量同比下降14.7%。改变采集项目人工费核定标准。开展内训师能力提升，培训选聘51人，组织各类培训项目10个12班次2111人次。开发技能鉴定理论考试模拟系统，通过率提升17%。物探处获评东方物探公司组织人事工作先进集体。

【和谐企业建设】　2022年，东方物探公司塔里木物探处征集职工提案34件，优秀合理化建议210条，形成创新成果52个。投入133万元开展"四比一创"主题劳动竞赛。举办岗位练兵、技术比武活动832人次，签订师徒结对共建协议47个，建成物探处首个职工信息化培训教室，组织"书香塔里木"阅读沙龙8期。为地震队、机关二线配备除颤仪7个、健身及净水设备50套。组织慰问工伤职工及工亡家庭32人，六一慰问一线职工子女186人，救助困难职工83户，再就业人员224人次，圆梦大学56人，金秋助学25人。2170队获东方物探公司"优秀职工小家"称号。组织7个兴趣协会开展系列文体活动。开展信访维稳、安保防恐、社会治安综合治理、计划生育、民族团结一家亲等工作，保持安全和谐稳定局面。

【安全环保】　2022年，东方物探公司塔里木物探处修订完善安全生产"两个清单"，开展项目风险防控预评审，探索开展复杂山地项目安全风险三级防控和包下药标准化操作课题研究，组织山地防洪等突发事件应急演练110场次；启动第二期安全文化工作站，开展安全生产月、消防宣传月、"链工宝"答题及安全文化"七个一"系列活动20场次，覆盖职工家属6500人次。针对涉及HSE工作的1项职代会提案和18条意见建议，逐项落实反馈；防御性驾驶培训师、特种作业等关键岗位人员外派培训取证、审验431人次；落实三级HSE培训，举办各类培训班91期次。落实民爆物品"五化+两控""一项目一策",制定发布全地形摩托车安全管理实施细则,建立分包商管理及考核实施细则;整改各类"低老坏"问题346项,全年安全生产记分67人92分,罚款3.45万元,识别治理各类隐患5500条。召开新冠肺炎疫情防控专题会议83次,从内地和全疆协调药品及各类防疫物资20余批次47.2万元。举办心理健康讲座和线上活动,缓解员工心理压力;发布健康管理规定,规范员工健康和职业健康档案管理,筛查健康高风险人群380人,配齐地震队健康监测和急救设备,组织医疗专家队伍定期到地震队开展巡诊,建立"点对点"远程会诊和紧急救治绿色通道;环保工作实现零投诉。247队、2170队分别获东方物探公司"2022年度HSE标准化示范队"称号,HSE管理"安康杯"竞赛先进基层单位称号,2113队获2022年度中油技服"安全里程碑竞赛优秀队伍"称号。

【党建工作】 2022年,东方物探公司塔里木物探处党委落实"第一议题"制度,跟进学习14次68项。运用"三会一课"、主题党日、红色教育等制度载体,坚持"线上+线下"相结合,宣讲党的二十大精神9场次3000余人次。加大年轻干部选拔培养力度,建立见习副队长制度,形成"预备队""战略预备队"17人,储备三级后备干部44人,调整交流4人。制订三级干部"四个一"能力提升计划,开展基层干部能力素养提升轮训,开办由10名二线单位和地震队组成的党务干部研习站,培训学习79天,开展课题研究6项,形成成果18篇。修订"三重一大"决策制度实施细则,制定党委前置研究讨论重大经营管理事项清单,规范决策程序,召开会议14次,决策重大事项50项。坚持党的建设工作季度例会制度,一季一安排、半年一督导、一年一考核,形成党建工作闭环管理。加强基层党组织建设,撤销党总支1个,支部换届9个,发展党员6名。修订完善党建制度11个,组织党务干部"学制度用制度严制度"3期,开展标准党支部达标晋级,19个党支部全部达标。推进"一部一品",物探方法研究所指南针党支部、2113队胡杨党支部品牌效应彰显。实施"党员+"工程,开展党员责任区、党员先锋岗、党员突击队等活动,新冠肺炎疫情期间,组成党员突击队和志愿者服务队,为打赢疫情阻击战和勘探生产攻坚战发挥作用。开展学习贯彻习近平总书记重要指示批示精神及落实上级党组织重大决策部署监督检查。开展各类廉洁谈话259人次。坚持两级领导干部系列讲纪、以案说纪等党纪党规教育。履行纪委监督专责,召开大监督会议3次。开展违规吃喝、"四风八规""反围猎"和基层"微腐败"等专项检查治理4个,约谈5人,2人给予党内警告、诫勉谈话和批评教育。东方物探公司塔里木物探处纪委被评为塔里木油田公司2021—2022年党风廉政建设工作先进集体。层级签订意识形态责任书29份,开展敏感信息清查4次。发挥"一馆一碑"作用,举办红色精神宣讲、先进事迹报告会、职工文艺汇演等活动,选树"物探勇士"和"物探勇士标兵",开展"转观念、勇担当、高质量、创一流"主题教育和"形势、任务、目标、责任"教育,开展"五个当先锋做表率"大讨论。

【疫情防控】 2022年,在新冠肺炎疫情防控第一线,东方物探公司塔里木物探处党委发出倡议书,号召广大干部职工争当凝心聚力的"宣传员"、专业岗位的"辅助员"、民生保障的"服务员"、平安家园的"守护员"。在党委组织协调下,先后两批志愿者近100人主动请缨,到抗疫一线开展志愿服务工作。在库尔勒市防疫政策仍为静居管控期间,东方物探公司塔里木物探处部分干部职工奋战在一线,对在库尔勒长期一线人员、集中隔离人员、机关外派人员、留守老幼孕居家人员等职工家庭开展关心关怀工作。广大党员、领导干部和生产骨干积极参加志愿者服务,配合社区做好疫情防控各项工作。塔里木物探处强化施工队伍疫情期间管控和指导,召开疫情防控专题会议83次,从内地和全疆协调药品及各类防疫物资20余批次47.2万元。

(应 花)

东方地球物理勘探有限责任公司物探研究院

【概况】 东方地球物理公司物探研究院是东方地球物理公司研究院的库尔勒分院,又称塔里木油田公司物探研究院(简称物探研究院),接受东方地球物理公司塔里木前线指挥部(塔里木油田公司党工委油服成员单位)的统一协调管理,为塔里木油田公司开展物探研究工作,包括物探采集(支持)、处理、解释等。全年处理二维13024千米,三维满覆盖面积12050平方千米；解释二维53414千米，三维79168平方千米；新发现圈闭227个，总面积4528.7平方千米，复查落实圈闭38个，总面积728平方千米；提供各类井位230口，被采纳177口，完钻井32口（不含开发井），新获工业油气流井24口。编制各类构造图件252张，各类分析图件388张。配合塔里木油田公司取得3个重大突破、7个新发现、4个评价进展，油气重大成果参与率和风险井位完成率实现双百，获中国石油2022年油气勘探重大发现奖3项，其中特等奖、一等奖、三等奖各1项，在塔里木油田公司勘探年会上，成为唯一一家并列发现单位。

【科研管理】 2022年，物探研究院加强科研生产组织协调，推进项目提速提效取得成效。2022年，开展验收项目45个，全部一次性按时通过塔里木油田公司最终验收。调整研究机构，顺利与甲方进行业务对接。加强阵地战精细勘探和新领域研究，成立相应勘探项目组，配专职书记负责重点区块圈闭研究。签订绩效合同，分解考核指标，落实责任目标，严考核硬兑现；实施项目激励机制，修订库尔勒分院单项奖励制度管理办法、新制定出台库尔勒分院知识产权专项奖励管理办法、圈闭专项奖励管理办法、风险井位专项奖励管理办法3项配套管理制度，为项目运作搭建制度平台，确保项目运作质量和效率，对项目实施精准奖励。开展劳动竞赛活动，强化周期管控。处理解释会战项目周期短、工作量大、任务艰巨，物探研究院克服新冠肺炎疫情影响，严卡时间节点，层层压实分解任务，做细做实过程中的单元节点，升级工序质检，全体参战人员加班加点，重点会战项目全部按期或提前完成。加强项目重要节点质量控制，处理项目紧跟塔里木油田公司节奏，执行分工序质控章程，强化四道工序质控质检。解释项目严格三级质控流程，重点开展工序控制、成果把关和质量检查；加强一体化对接管控，"六早介入"工作模式实现处理解释无缝连接；重点项目重点管控，升级质控管理，优化质控流程。

【综合研究成果】 2022年，物探研究院按照塔里木油田公司规划和自身发展需求，实施"风险勘探、高效勘探、油藏服务、处理业务"四位一体均衡发展策略，组织开展各类科研攻关，取得系列成效。

自主风险井位。突出盆地基础研究、推动风险区带准备和自主研究，实现风险井位数量质量双增长。在库车含油气系统，重点突出富油气区的立体式勘探，克探1井在白垩系亚格列木组获高产油气流，"克拉之下找克拉"梦想得以实现，自主研究提供宿探1井，配合落实托探1井；在塔西南含油气系统，深化麦盖提成藏体系认识，创新提出石炭系小海子组台内滩及奥陶系断控体风险领域，自主提供群探1井，并支撑塔里木油田公司提供罗探1井；在满加尔含油气系统，细化深层碳酸盐岩领域的区带构思和目标落实，开展新一轮轮南—富满寒武系台缘带整体认识，自主提出夏探1风险井，配合塔里木油田公司落实国内第一口万米科探井塔科1井。

富油气区带勘探。强化圈闭落实和探评价井位论证，富满和克拉苏捷报频传、三级储量持续保持高位增长。在富满地区，利用"两宽一高"（宽频、宽方位、高密度）连片资料新发现断裂带15条（段），累计上交圈闭28个，三级地质储量石油4.54亿吨，高效井比例达67%，富东1井在新层系新领域获发现，获集团公司油气勘探重大成果特等奖。在克拉苏地区，处理解释一体化合力攻关，发现落实圈闭20个，提供采纳井位34口，获1个发现，5个评价进展，夯实博孜—大北万亿立方米气区产能基础。

油藏业务。实现从开发方案支撑向开发和滚动并重演化、从油藏特征描述向新圈闭落实拓展、从开发支持向地震地质工程一体化深入、从塔里木油田向中国石化区块进军。2022年开展油气藏精细描述支撑25个开发方案编制，优化论证48口方案实施井，优选部署的5口滚动井全获突破，增储526万吨，碎屑岩老油藏上交圈闭4个，资源量油970万吨。地震地质工程一体化市场额呈稳步增长态势，VSP地震地质导向跟踪井位28口，随钻跟踪井位108口，复杂工程预测符合率提升3.1%，成为油田公司钻井降低故障率不可或缺利器。

处理解释一体化。物探研究院践行"守土有责、寸土必争"市场开拓理念，协同探区一体化单位挺进塔里木油企和中国石化市场，以复杂山地、碳酸盐岩、VSP随钻3大核心技术品牌为媒介进行宣讲，获中国石化、大庆油田公司等优质客户的高度认可，进入各勘探主体在塔里木油气的业务，在项目运行中重质量、重效率、重成果，以优质高效的精品工程打造优质服务商品牌，区外新市场快速拓展，2022年新签市场5000万元，成为物探研究院重要增长业务。

【技术攻关】 2022年，物探研究院坚持科技自立自强，以处理解释攻关年为契机，采用"产研结合、自研课题、集成配套"3项科技创新实施策略，处理解释融合发展持续攻关，推进复杂山地、碳酸盐岩两大核心配套技术系列快速进步。2022年,物探研究院塔西南新区室获塔里木油田公司"科技创新先进集体"称号,杨小川获塔里木油田公司"科技创新先进个人"称号,获集团公司科技进步奖2项,局级奖6项,申请并受理专利11项,发表论文29篇,其中国际学术论文2篇。

复杂山地处理解释技术。瞄准速度建模和构造落实持续发力,推动复杂山地处理解释技术系列集成发展。推广KLSeis、Diva及GeoEast4.0在复杂山地处理解释中应用,把握全深度建模关键点,以"复杂地表、巨厚砾岩、大型冲断"3大问题为导向,将"AI智能化表层建模、多方位网格层析"2项前沿方法应用到复杂山地速度建模中,并研发"数字露头速度带帽、井相联控速度建模"技术方法,发展真地表TTI叠前深度偏移处理解释技术系列,处理解释合力提高库车、塔西南地震地质研究质量。

碳酸盐岩处理解释技术。聚焦保真成像和量化描述攻关,实现碳酸盐岩处理解释技术系列升级换代。保真成像从信号处理和偏移方法入手,发展"基于正演的减去法去噪、表层Q场建立与补偿、叠前组合多次波压制、相控小尺度多方位网格层析、Q层析及Q深度偏移"等技术方法,提升走滑断裂和层序界面成像精度;针对地质体量化描述,创新"AI驱动相控反演、低序级断裂加强、黏弹性流体预测、碳酸盐岩层序解释"等技术手段,逐步实现碳酸盐岩特殊地质体写真式研究,在富满油田高效开发和超深碳酸盐岩领域油气勘探中发挥重要作用。

【队伍建设】 2022年,物探研究院加强人才队伍建设,为发展提供人才保障。严格干部选拔任用制度,选拔年轻干部,16名青年骨干(平均年龄35岁)走向负责人岗位。新引进4名大学生(硕士)。

【疫情防控】 2022年,物探研究院120余名员工长期坚守办公室,实施三级网格化管理,建立片区长、楼栋长、楼层长责任负责制,加强人员管理,动态管理,严格落实排查措施,对全体员工去向、健康状况、核酸检测情况、隔离情况等情况全面核实,确保不漏一人,及时上报,每日通报;加强后勤保障,与社区和物资供应市场联系和沟通,保障员工餐饮供应,做到物资消杀静止无疫接触,专人专车送餐,楼层长负责送至房间,保障员工吃上热乎饭;提前采购大量感冒、发热等药物,保障生病员工及时用药;加强环境消杀,新冠肺炎疫情期间,组织志愿者队对办公楼、宿舍楼实施每日两次喷雾消杀,办公室专人酒精喷杀一次;加强人文关怀,做到"四个畅通"(班子领导和部室负责人与员工、包保责任人与包报人、班子领导与特殊人群、医生与患者做到"电话不断、问候不断、关心不断、服务不断"),建立联系群,及时关心员工身体和身心健康,及时解决员工诉求,为员工办实事,封控期间,经多方沟通协调,物探研究院临产员工顺利入院分娩。

(王建忠)

中国石油集团测井有限公司塔里木分公司

【概况】 中国石油集团测井有限公司塔里木分公司(简称中油测井塔里木分公司)是中国石油集团测井有限公司下属二级单位,也是塔里木油田公司党工委油服成员单位。前身是2003年7月组建成立的中国石油测井公司塔里木事业部。2017年12月26日,按照《中国石油工程技术业务改革重组框架方案》要求实施测井业务改革重组,原中国石油集团测井有限公司塔里木事业部更名为中国石油集团测井有限公司塔里木分公司,服务于塔里木油田公司的中国石油5家钻探公司测井技术服务单位相关的裸眼测井、随钻测井、生产测井、射孔、工程测试及解释评价等业务全部划归分公司统一管理。

中油测井塔里木分公司是以测井技术研发、测井工程技术服务、测井资料处理解释、新技术推广应用为主的技术、人才和资金密集型现代专业化高新技术石油企业,中央企业驻疆单位,隶属于中国石油集团测井有限公司(英文缩写CPL),机关及生活基地坐落于新疆库尔勒市经济技术开发区,生产指挥、服务基地坐落于新疆轮台县虹桥工业园区。

2022年,中油测井塔里木分公司有具备中国石油集团公司资质、塔里木油田公司准入的测井队伍33支,其中裸眼井成像测井作业队伍15支、随钻测井作业队伍5支、生产测井作业队伍6支、射孔作业队伍7支;设有生产服务站、危险品管理中心等生产支持单位,为塔里木油田公司提供集成化常规测井、成像测井、随钻测录井、生产测井与测试、射孔、井壁取心与数字岩心、统一软件与测井网、数字信息化、远程测井、测井处理解释、油气评价、新技术推广、油田设备测井技术配套等全业务专业化工程技术服务。有完备的特殊测井工艺，提供超深井、复杂井、大斜度井、水平井、小井眼井、开窗井等特殊环境测井服务，能在极端复杂的高温、高压地层条件下提供测井技术服务。具备年测井、射孔2000口以上的作业服务能力。

【财务经营】 2022年，中油测井塔里木分公司实现收入40020万元，同比增加6845.69万元，增长20.6%。全年营业总成本支出37717万元，同比增长16.3%。全年下达投资计划427万元，实际完成投资1893万元，其中固定资产1374万元，长摊资产149万元，安全隐患治理项目370万元。

【测井业务】 2022年，中油测井塔里木分公司以井为中心配置资源，以调度为中心组织生产，生产重心前移，优化资源配置。整合各项目部资源，成立生产运行、安全技术、工艺保障、车辆设备等8个保障组，做到指挥部署到一线、推进落实到一线、督促检查到一线，提升服务保障能力。完善轮台基地配套设施，领导靠前指挥，队伍靠前部署，打造以轮台基地为中心的4小时作业圈，平均单井作业提速5.6%。成立轮台前线指挥部，理顺生产管理方式，推广灵活组队模式，打造多功能型测井队伍，深化远程测井、智能测井作业系统应用，全年实施各类作业1063井次，其中裸眼测井356井次、工程测井385井次、射孔214井次、生产测井83井次、随钻25井次，测井作业一次成功率98.04%，到井及时率99.5%，单队创效达1480万元。加大CPLog全系列推广力度，CPLog测井作业队由2支扩充到3支，完成73井次测井作业。直推式测井作业实施99井次，成功率95.9%，RDT饱和度测井作业开展16井次，均创历年最高工作量。完成克探1井、恰探1井、古探1井等一批股份公司风险探井的直推式测井作业，在满深8井，C4747队创下塔里木油田公司直推存储式测井最深纪录（8726.24米）。在克深1901井，C4518队首次应用CPLog小直径测井仪器，打破CPLog系列国内固井质量测井最深纪录（8050米）。在中寒2井，C3294队创下塔里木油田公司带压RCT切割最深纪录(7915.6米)。

【测井设备管理】 2022年，中油测井塔里木分公司有具备中国石油集团公司资质、塔里木油田公司准入的专业化测井队伍33支，裸眼测井设备20套，其中EILog成像测井地面系统及井下仪3套、ECLIPS-5700成像测井系统15套、LOGIQ高温高压小井眼测井地面系统及井下仪2套。生产测井设备6套，其中4套WELLSUN3000生产测井地面系统及井下仪、Sondex1套、RAS1套。射孔作业设备8套。随钻兆瓦D和TOLTEQ测井装备3套。

【测井解释】 2022年，中油测井塔里木分公司落实与勘探事业部探井解释服务合作，全年收入2077.3万元。探索"集中+靠前"模式，发挥专家及集中处理整体优势，在中油测井地质研究院塔里木分院与重点井新技术处理解释中心共同努力下，开展探井解释31井次，完成动态监测各类资料解释129井次，完成1407井次生产支持保障。评定曲线3363条，曲线优等率99.34%。各类新技术处理56井次，全年解释探井试油14井次，符合率91.4%，同比提高5%，油气层漏失率0，试油成功率66%。

精细评价。落实区域综合治理及老井再评价项目5项，科研经费655.48万元，完成轮南—轮古、英买力、塔中老井再评价768井次。带动套后饱和度工作量12井次，产值180万元。与中油测井公司地质研究院油藏动态研究所共同完成轮南10区块油藏综合评价，项目经费98万元，带动套后剩余油测井1井次，能谱水流测井2井次，阵列噪声测井1井次，工程测井6井次，带动采集产值共150万元。

项目研究。2022年解释评价类课题研究19项，课题覆盖岩石物理研究、低对比度气藏评价、致密气评价、白云岩评价、风险勘探支持、远探测声波处理及工程应用、固井质量评价、区块复查、数据治理9个方面。全体科研攻关人员多次获业主单位表扬，收到感谢信2封。

探井解释。建议的迪北5井、中深101井获重大勘探突破，其中迪北5井试油日产油4.9立方米、天然气12万立方米，打破库北阿合组勘探10多年沉寂；中深101井实现塔中志留系重大勘探突破；博孜1301井、博孜2401井获高产油气流。夯实博孜1气藏千亿立方米储量规模。克探1井风险探井，利用核磁共振、横波各向异性、斯通利波衰减评价低孔砂岩储层品质，在亚格列木组含砾砂岩段解释气层3层/10米，差气层10层/35.5米，试油日产气52万立方米，实现"克拉2之下找克拉2"的勘探目的。

【新技术引进】 2022年，中油测井塔里木分公司推广CPLog仪器在塔里木油田公司的应用，全年在塔里木油田公司作业73井次，测井一次作业成功率97.2%，曲线优等率97.6%。满深8井创造国内CPLog声感仪器测井最深纪录8117.5米，克深1901井刷新国内CPLog固井质量测井最深纪录8110米。攻关CPLog小直径仪器，完成克深1901井现场作业。研发推广245兆帕超高压射孔技术，首次在博孜1301井、博孜1302井应用。直推式测井作业99井次，工作量提升94%，测井一次成功率提升28%，仪器可靠性较高，基本满足超深、超温、易喷易漏复杂井况测井。RDT饱和度测井作业16井次，工作量提升300%，测井一次成功率100%。DEC静态磁聚焦及SNT阵列噪声测井作业3井次，被塔里木油田公司列为山前高压气井措施前必测项目。推广应用测井生产智能支持系统（EISS），覆盖市场管理、生产作业、资料解释、设备管理、放射源管理等重点业务，每日跟踪钻井动态，精准预测工作量，优选施工队伍。针对重点井，技术专家通过EISS远程指导施工，作业人员严格进行底层数据录入。

【安全环保】 2022年，中油测井塔里木分公司贯彻落实安全环保和新冠肺炎疫情防控工作部署，加强风险管控和隐患排查，动态调整疫情防控措施，未发生否决性指标事故事件，完成中油测井公司下达安全考核指标，被中油测井公司评为QHSE先进单位。结果性控制和过程性控制指标季度执行率良好，结果性控制指标中4项健康体检相关指标、隐患治理项目完成率100%。开展全员危害因素辨识874条，并经评估分级，评估出13项较大风险，全部进行评价分级并制定防控措施。全员安全生产承诺活动100%覆盖，签订年度QHSE责任书13份，全员签订QHSE责任制及重点任务考核清单，严格落实个人安全行动计划，对27个重点场所、关键设备设施风险等级进行评估，确定承包人，挂牌落实管理职责。定期召开两级井控会议，部署井控重点工作，排查井控工艺风险3项、井控安全隐患33项，开展井控应急实战演练36次，确保现场井控安全。定期开展健康知识讲座、急救技能培训及演练、现场问诊及知识答题等活动；制订重点领域风险分级防控措施表，明确分级防控措施295条；开设"机关大讲堂"，中油测井塔里木分公司领导班子逐一登台授课，带头狠抓落实；安全总监制作培训课件，开展安全理念信念培训。

【提质增效】 2022年，中油测井塔里木分公司成立提质增效工作领导小组，统筹组织领导提质增效活动的开展实施，制订可操作、可量化、可考核的实施方案，细化7个方面23项具体措施，推进项目部效益核算工作，抓好市场开发创收增效，做好成本管控节支创效，抓好经验总结推广应用，强化合规管理、投资管理，全年创收节支10809万元，其中推广应用直推式测井91井次，创造产值8210万元。

【队伍建设】 2022年，中油测井塔里木分公司落实从严治党、从严管理干部要求，深化人才发展体制改革，为高质量发展提供人才支撑。突出政治引领，强化政治意识，不断提高党员干部政治"三力"。狠抓政治理论学习，推进作风建设，发挥班子整体合力作用。经营管理队伍方面，落实工作要求，以打造"三强"（政治坚强、本领高强、意志顽强）干部为目标，调整26人次，平均年龄同比下降2岁，跟踪掌握后备干部20人，缓解"盖层太厚、断层太深、储层太薄"矛盾；专业技术队伍方面，推进双序列改革，优化岗位编制设置，明确分级分类评价标准，强化考核与结果应用，激励人才作用发挥；技能操作队伍方面，将岗位练兵、实操训练、导师带徒、竞赛比武、应急演练等融入员工教育培训，着力培养一支高水平技能人才队伍，在"中国石油首届技术技能大赛"中获1金2铜。摸清人才需求现状，完善薪酬分配政策，找准人才补充途径；明确人才发展定位，做好年轻骨干短、中、长期发展规划，构建人才使用机制，做好干部队伍接替，加强优秀年轻干部培养。

【党建工作】 2022年，中油测井塔里木分公司带领全体干部员工学精神、战疫情、强效益、保稳定，完成生产经营、维稳防恐、疫情防控等重点任务。在中油测井公司党建考核中被评为A级。

"第一议题"制度落实。中油测井塔里木分公司党委理论中心组集中学习，专题研讨，落实"三重一大"决策制度，召开党委会27次，做出决策128项。

思想建设。召开意识形态专题工作会，部署意识形态工作。开展主题教育宣讲16次，覆盖率100%，开展有害信息清除5次、舆情管控排查1次、员工思想调查1次。加强新闻宣传，制定下发《塔里木分公司新闻宣传工作管理办法》，规范新闻管理工作，在省部级媒体发稿12篇，中油油服主页发稿27篇。

廉政建设。组织7名新提任领导干部开展"六个一"廉洁教育，组织观看"反围猎"纪录片6场次，集中学习教育6场次。聚焦重点工作部署落实情况监督，发现并督促整改问题7项。开展安全生产、新冠肺炎疫情防控、合规管理专项监督3次，开展机关工作作风督导3次。开展集团公司党组巡视问题对照整改，查摆问题6项，制定并落实整改措施9项，完善规章制度3项；整改中油测井公司党委巡察反馈5个方面86个问题；开展联合监督问题整改，落实4类整改措施。

基层建设。编制基层党建"三基本"建设与"三基"工作有机融合实施方案，推进工作落实。优化组织机构设置,合并,成立党支部4个。开展党建标准化课题研究,打造基层党建示范点,创建油田"三星级"标准化党支部。深化"联合党建",与塔里木油田公司业务单位开展经验交流、技术攻关。总结剖析中油测井塔里木分公司定位和目标、标准和要求、企业精神和价值观念,提炼形成以"厚德兴业长又安,慧眼识藏苦而乐(库尔勒)"为核心的塔里木特色文化理念。编制中油测井塔里木分公司企业文化手册、视觉形象手册、员工行为手册,形成以企业精神为核心的理念识别系统、以企业标识为核心的视觉形象系统和以员工形象为核心的行为识别系统。打造"十德"和"新风正气"两条文化走廊,新时代"沙漠之舟"文化墙,建立首个职工阅览室。制作中油测井塔里木分公司形象宣传片,文艺作品《植根长安城,铸魂塔里木》获庆祝中油测井公司成立20周年文艺视频展演大赛一等奖;参加集团公司庆祝建团一百周年文化作品创作大赛,获文学作品三等奖,投稿中油测井公司成立20周年征文大赛,2篇作品获二等奖。

群团工作。开展各类慰问31次1200余人次,组织"三八"妇女节、端午节活动以及"生态菜园"建设活动,开启一周一主题的"文化周末",开展"八段锦"工间操练习。推进民主管理,加大厂务公开,深化岗位建功。突出青年建设,党委书记亲自讲授《清澈的爱,只为油气》主题团课,以建团百年和党的二十大胜利召开重要历史节点为契机,制订学习计划,每月一主题,编制下发专题学习资料6期。举办青年演讲比赛,开展征文、青年大讨论活动。开展集团公司、中油测井公司两级"青马工程"学员实践锻炼和课题研究;成立青年"防疫志愿队""后勤保障队",做好厂区疫情防控。参与技术比武,2名青年在"中国石油首届技术技能大赛"中获1金2铜;窦金涛获塔里木油田公司和中油测井公司"十大杰出青年"称号。开展"号手岗队"争创活动, C3400作业队被表彰为中油测井公司"青年文明号",C1744、C4747作业队被继续认定为中油测井公司"青年文明号";备案5支作业队为中油测井公司"青年安全生产示范岗"作业队。

信访维稳。深化"六个一"维稳安保工作模式,明确"五级责任人",开展"四重"排查12次;制定《党的二十大特别重点阶段维稳安保工作方案》,逐级压实责任,党的二十大期间重点时段中油测井塔里木分公司大局稳定;首次获评塔里木油田公司平安示范单位、维稳信访先进集体。

【疫情防控】 2022年,中油测井塔里木分公司落实新冠肺炎疫情防控部署,针对8月疫情防控工作需求,落实扫码测温、戴口罩和规范消杀等疫情防控措施,开展核酸检测15149人次,摸排信息37次,储备口罩55372个、防护服148套,中油测井塔里木分公司疫情防控"双零"成果得到持续巩固。

(张永迪)

新疆博瑞能源有限公司

【概况】 新疆博瑞能源有限公司于2009年7月20日由昆仑能源有限公司、海南海然高新能源有限公司共同出资成立,隶属于中国石油昆仑能源有限公司,2017年回归天然气销售分公司(昆仑能源有限公司)直管系列,是塔里木油田公司党工委油服成员单位。经营范围包括零散气回收与处理,压缩天然气、液化天然气、混烃生产与销售,高压排水采气等全产业链,承担塔里木油田矿区和东方物探小区燃气保供任务。2022年,新疆博瑞能源有限公司完成零散气回收加工处理3.48亿立方米,开展排水采气作业57井次,轮南LNG工厂生产LNG2.3万吨。

【生产运行】 2022年,新疆博瑞能源有限公司强化生产组织运行,确保各场站长满优运行,其中,跃满回收站全年运行时率95%以上。开展标准化场站建设,提升保供服务基础。红旗102回收站、牙哈7增压站被评为优秀,优秀率超50%。强化基础工作、开展全员培训,英买7和羊塔5站边缘场站管理提升。完成燃气管道数字化建设,生产管理系统全面推进,管道完整性、设备、生产、应急以及安全管理模块全部上线,工艺设备管理、管道巡检、安全检查等管理实现线上管控。

【安全环保】 2022年,新疆博瑞能源有限公司强化安全责任落实,专题学习全国安全生产电视电话会议精神,专项部署15条硬措施落实,全员签订QHSE责任书。落实安全包保制度,班子成员全年到基层检查指导工作150人次,发挥有感领导作用。开展安全"四查"及安全积分处罚,进行安全检查通报,推进安全责任落实。开展QHSE体系内审,迎接天然气销售分公司体系外审,开展体系短板专项提升活动,体系审核问题整改率100%，促进安全管理水平提升。突出隐患治理与风险管控。推进安全隐患排查及整改常态化，投入590万元进行轮南LNG工厂中控室等8项隐患治理，哈得回收站推倒重建，提高装置本质安全水平。完善风险分级管控措施，双重机制建设稳步推进。强化高危作业申报与管控公示制，全年高危作业安全无事故。开展安全生产专项整治三年行动、城镇燃气专项整治、危化品隐患排查集中整治和燃气安全"百日攻坚"专项行动，安全管理基础得到提升，红旗102回收站获天然气销售分公司质量健康安全环保先进站队，燃气中心获塔里木油田公司QHSE先进集体。开展健康企业和绿色企业创建工作。健康体检覆盖全员，职业健康体检覆盖全体操作员工。全面推进绿色企业建设，绿色企业C级达标验收成功，牙哈7增压站"绿色矿山"创建成功。

【零散气回收】 2022年，新疆博瑞能源有限公司回收加工处理零散气3.48亿立方米。全年建设并新投产哈得32LNG液化工厂、哈一联回收站、克拉3回收站、富源3二期扩建4个项目，增强回收保供能力。其中，塔里木油田公司冬季保供重点项目——哈一联回收站2022年7月15日开工，12月18日建成投产，全过程实行一体化设计、建设和运行，采用标准化施工、工厂化预制、橇装化采购、模块化组装、智能化管理。扩建吐东202井地面集输管道、跃满801回收站集输工程项目，解决管理区单井试采期间和管理区检修期间放空问题。

【燃气项目】 2022年，新疆博瑞能源有限公司聚焦民生用气，持续提升城燃保供能力。落实燃气安全责任，调整领导分工，专人负责燃气业务管理。组织收看云南燃气、哈尔滨中庆燃气事故警示教育专题片，吸取教训，部署工作，督导落实，全方位确保城城市燃用气安全。根治隐患保安全，完成燃气调压站阀兰及密封垫片和东方物探小区燃气管线隐患整改，开展标准化场站建设，燃气站面貌焕然一新。强化运维保障能力，开展24小时巡线巡检工作，建立24小时客户服务机制，及时解决用户网上充值、燃气各种故障。新冠肺炎疫情期间，解决用户气表充值及故障700余次，处理燃气漏气9起。强化用户端管理，开展用气安全入户宣传，提升居民用气安全意识。推进燃气风险隐患管控，为居民更换燃气报警器，推进智慧燃气建设，组织入户安检，对多次到访不遇用户通过技术措施切断气源，杜绝隐患，有效控制风险。开展燃气管道数字化建设，实现巡检数据自动采集和实时远程监控，天然气管道基础数据全部入库，密闭空间覆盖天然气管道率100%。

【轮南LNG工厂】 2022年，新疆博瑞能源有限公司轮南LNG工厂生产LNG2.3万吨，累计运行220天，8—12月受新冠肺炎疫情影响停产106天。针对上游原料气组份多变、低温液生产带来的负荷损失等各类问题，通过与上游沟通，及时调参、冷箱提前吹扫、调试脱烃装置提前预冷等多种措施，全年提前预防冻堵15次，处理设备异常32次，实现非气源变化冻堵零次，负荷率由50%提升至67%。根据巴州应急管理局和轮台县应急管理局要求，率先作为新疆维吾尔自治区试点单位将"双重预防机制数字化建设"工作分解落地。2022年，完成新建抗爆中控室、LNG储罐围堰改造等较大及以上隐患治理，保障一般B级及以上"零"生产安全事故。组织完成春、秋两次全面检修，确保设备安全正常运转。对厂容厂貌整体规划施工，完成全厂保温更换、全设施重新喷漆、地面戈壁硬化、厂房外墙修复等施工作业。

【党群工作】 2022年，新疆博瑞能源有限公司落实"第一议题"和中心组学习制度，规范决策行为，重大经营管理事项党总支前置研究。开展喜迎党的二十大活动，建立"党员示范岗"，开展党员过"政治生日"等活动。发挥"党员突击队"作用，在项目建设、燃气管线巡检、入户安检等中心任务中开展主题党日活动，促进党建与生产经营融合。开展"转观念、勇担当、强管理、创一流"主题教育活动，班子成员带头开展"形势、目标、任务、责任"宣讲6次，受众人数91人次。开展"我为员工群众办实事"活动，改善一线员工住宿条件，为燃气站员工改善办公环境和卫生条件。开展团队建设，参加塔里木油田公司羽毛球、乒乓球、歌唱比赛等活动，1人获油田公司"喜迎二十大、奋进新征程"好声音歌手大赛三等奖。获天然气销售公司和塔里木油田公司先进个人荣誉21人次，代长友获塔里木油田公司"十大杰出青年"称号。聚焦安全生产、提质增效、能源保供、疫情防控等主题，推广经验，选树典型，弘扬正能量，外发"战疫情、保生产""复工复产""年终答卷"等专题稿件48篇。推进党风廉政建设和反腐败工作，签订2022年党风廉政建设责任书13份，开展党风廉政建设约谈13人次，签订廉洁承诺书80份，开展廉洁教育学习25次，通过月度会开展廉洁经验分享，节假日廉洁提示，开展关键岗位、重点领域、重点环境监督，筑牢红线意识。

【防疫防控】 2022年,新疆博瑞能源有限公司强化全员新冠肺炎疫情防控思想意识,传达上级精神,使员工清楚疫情防控政策要求,执行各项防控措施不走样、不变通,未发生聚集性疫情。制订疫情防控管理办法和具体方案,开展疫情防控常态化应急处置演练,按照"外防输入、内防扩散"要求,严格生产、生活区域管理,开展办公生活场所消杀等工作,采取错峰就餐等措施。强化疫情防控物资保障,累计发放药品、口罩、防护服等物资17400项。做好外来人车物登记消杀。疫情期间,主要领导和关键骨干带头住办公室,一线员工坚守岗位,开展人员思想引导和关心关爱工作,做到电话不断、问候不断、生活物资保障不断、站队互助活动不断。在疫情进入尾声阶段,提前开展设备保养维护、工艺操作培训、冬季运行方案落实等工作。疫情解封后,将疫情期间滞留在西安、乌鲁木齐、库尔勒等多地物资组织到场,全力组织复工复产。

(卢宏卿)

新疆派特罗尔能源服务股份有限公司

【概况】 新疆派特罗尔能源服务股份有限公司(简称新疆派特罗尔公司)是拥有中国石油、中国石化钻井市场一级准入资质的民营企业,主要从事石油天然气钻井工程服务、钻井工艺技术服务、钻井工程节能服务和管具服务等为主营业务的油田工程技术服务。截至2022年底,新疆派特罗尔公司钻机31部,其中ZJ50D钻机1部、ZJ70LDB钻机6部、ZJ70D钻机10部、ZJ80D钻机10部、ZJ90D钻机4部(含自动钻机2部)。

【钻井生产】 2022年,新疆派特罗尔公司动用钻机22台,全年开钻26口,交井30口,钻井总进尺17.24万米。发挥指挥中心中枢和大脑作用,保持与生产现场的信息传递和沟通渠道畅通,减少中间环节,保证生产指令、技术措施、安全管控第一时间直达现场,提高生产时效。

【经营管理】 2022年,新疆派特罗尔公司面对新冠肺炎疫情冲击,坚持以市场为导向,拓展业务领域,加大市场开发力度,努力创收增收。挖掘内部潜力,实施降本增效,加强招投标管理和合同管理,执行内控管理制度,实施过程监控,物资采购采取询价、谈判、招标方式,货比三家,优质优价,对供应商实行淘汰退出机制。加强内部业绩考核,层层签订工作目标责任书,考核结果同工资奖金挂钩,严考核,硬兑现,形成有效激励。引入金蝶云财务系统,提高办公效率,降低差错率。加强预算管理和资金结算,提高资金周转率,降低财务费用。

【钻井技术指标】 2022年,新疆派特罗尔公司完成井平均井深7142米,平均完井周期197.43天,生产时率91.9%,纯钻时率22.83%,机械钻速5.44米/时,事故时率3.48%,复杂时率2.52%,井身质量合格率、固井质量合格率和资料归档率均为100%。80002钻井队承钻的富源212-H4井三开$9\frac{1}{2}$英寸井眼单只钻头进尺1667米,创富满区块单只钻头进尺纪录,全井提前合同工期35.54天;90002钻井队承钻的克深10-1井在克深10区块钻井提速取得成效;80010队承钻的顺北8-3H井节约周期37.42天,被中国石化西北油田分公司评为优质井。70001钻井队承钻的柯坪1加深井克服小井眼、长裸眼段、多套压力系统同层等困难提前完井。

【设备管理】 2022年,新疆派特罗尔公司按照"规范安装、排除隐患、强化管理、提升水平"工作思路,抓以"十字作业"为基础的现场标准化设备管理,加强油水管理,提升现场设备管理水平和设备完好率。开展2套70LDB升级为70D钻机的改造,对80D、90D钻机更新配套2台2200HP钻井泵及电控系统,设计制作并试用清理钻井液罐装置,减轻工人劳动强度。

【井控管理】 2022年,新疆派特罗尔公司组织修订并实施井控管理规定、井控专家管理办法、井控工作考核办法、井控突发事件专项应急预案、井控履职清单、井控培训管理办法等管理文件,完善井控管理制度,细化考核办法,加大责任追究力度,增强各部门、各单位、各岗位做好井控工作的主动性和责任感,促进井控"直线责任""属地管理"落实。充实井控管理力量,增设相关岗位,补充管理人员,组织取证培训457人次,持证率100%。内部组织井控培训32次5217人次。全年发生溢流3井次,平均处置时间24小时,均做到及时发现、正确处置。

【节能工作】 2022年,新疆派特罗尔公司供电量5.69亿千瓦·时,其中外部电量4.66亿千瓦·时,内部电量1.03亿千瓦·时,节约柴油17.07万吨,减少二氧化碳排放52万吨,最高日供电量234万千瓦·时,新增架线

【安全环保】 2022年，新疆派特罗尔公司树立安全发展理念，坚持生命至上、安全第一的思想，实施安全环保"全员、全过程、全天候、全方位"管理，推进QHSE体系建设，强化岗位安全环保责任落实，狠抓现场风险隐患双重预防和排查整治，开展HSE标准化站队建设，开展能岗匹配和培训评估工作，提高全员安全履职能力。开展危害识别，识别777处一类风险点，717处二类风险点，组织开展全员隐患排查治理。全年安全监督排查问题隐患12123项，其中较大及以上隐患482项，一般隐患11641项；跟踪、督促整改地方、业主单位检查的问题4769项。全年开展各类培训30余次3500多人次。开展环保主题专项排查4次。

【企业文化】 新疆派特罗尔公司重视企业文化建设，注重企业形象塑造，打造行业"新派"品牌。制作反映公司发展历程专题纪录片《奔向远方》、宣传片《砥砺前行的派特罗尔人》。创办公司内部报刊《派特罗尔人》，年内发布3期。制作企业宣传短视频21个上传网络平台，开设企业公众号，扩大知名度、美誉度和影响力。

【党建工作】 2022年，新疆派特罗尔公司加强党建工作，发挥党组织政治引领作用，采用多种形式开展政治学习和主题党日活动，参加塔里木油田公司党工委和地方各级党组织的党建活动，学习贯彻党的二十大精神和习近平新时代中国特色社会主义思想。全年4名预备党员转正，8名入党积极分子被列为培养发展对象。开展典型选树工作，80002钻井队获塔里木油田公司"富满油田超深油气产量突破300万吨先进集体"称号，90002钻井队被巴音郭楞蒙古自治州总工会授予工人先锋号，王军获巴音郭楞蒙古自治州开发建设巴州奖章，80002钻井队、90002钻井队获塔里木油田公司2022年度井控管理先进集体，新疆派特罗尔公司被库尔勒市委、市政府授予2022年地方经济突出贡献优秀企业。开展"职工之家"建设，维护员工权益，坚持为一线送温暖、送凉爽，实施全员健康体检和职业体检，开展群团活动。

【疫情防控】 2022年，新疆派特罗尔公司严格执行地方及塔里木油田公司各项新冠肺炎疫情防控政策及要求，落实各项疫情防控措施。成立生产保障领导小组，坚持疫情防控工作统筹谋划，提前部署，因时因势调整防控策略，落实落细常态化防控措施，建立信息共享机制，每日发布国家疫情信息和巴州、阿克苏等地区疫情实时政策，为生产运行、钻机动迁、员工返岗及时进行疫情预警。25名生产骨干坚守工作岗位，吃住在机关办公楼，组织指挥现场施工、协调运力、运送生产生活物资，保证钻井生产顺利进行。为机关、井队储备生活物资，及时配发疫情防控所需防疫物资；开展外来人员、车辆等登记、检查，制定防护隔离措施，设置隔离点，指定专人，定时进行清扫、消杀。

（赵向婷　李小平）

新疆华油能源工程服务有限公司

【概况】 新疆华油能源工程服务有限公司成立于2011年11月18日。业务范围主要围绕钻井液、综合录井、液面测试、仓储管理、实验检测等业务板块。为塔里木油田公司提供现场钻井、试油、修井钻井液与完井液技术服务，复杂地层特殊钻井液技术服务，钻井液技术的科研、实验、培训和咨询；油田勘探开发钻井全过程的气测、钻井液、地质等各项参数资料录取、处理和解释；为钻井、修井提供液面数据及其他相关服务工作。2022年，为塔里木油田公司提供钻井液技术服务10口井。

【生产管理】 2022年，新疆华油能源工程服务有限公司依法合规管理，本着"成就客户、服务客户"的服务理念，科学组织、统筹安排，强化QHSE责任落实，提高运行效率和质量。利用人力和设备，加强工艺管理，满足客户要求。合理安排年度生产计划，通过强化技术攻关、过程管控、降本增效等管理理念，开展生产组织工作，保证现场生产进度和合同要求。强化成本控制意识，对产品包装、材料回收、钻井液储运、设备仪器维护维修等严格管控。根据现场施工消耗库存，对单井施工情况，提前进行室内实验，根据井底温度、地质条件，优选性价比高的同类型材料。统筹各井材料计划，做到"车满即发"。时刻关注泥浆站储存情况，根据合同约定，做到存储量不超定额。如超出，倒运至作业井，减少储存费用。对于易损设备，每季度进行整合和维修，减少设备采购。在满足现场作业井要求的情况下，库存强检设备保持1—2套，减少强检费用。

【钻井液技术服务】 2022年，新疆华油能源工程服务有限公司开展新开井钻井液体系设计、配方复查、复杂预案的制订，为现场生产提供技术支撑；定期对钻井液进行检测，提出预防处理方案，为正钻井提供保障；对现场材料进行定期质量检测，确保材料质量和井下安全；成功应用国产油基钻（修）井液材料，该材料具有抗膏盐污染能力、抗高温能力、抗盐水污染能力、完井沉降稳定性等特点，解决采购周期长的关键问题。全年为塔里木油田公司提供10口井钻井液技术服务。

【油气技术服务】 2022年，新疆华油能源工程服务有限公司加强油气技术服务的安全管理工作，严格落实岗位责任制，明确各岗位工作职责和任务。完善补充《属地管理手册》《岗位作业指导书》，按内控要求规范物资验收流程，杜绝不合格品入库，严把质量关，提高工作效率。

综合录井。负责塔里木油田公司综合录井服务5口井，地质资料与录井资料全部为一类资料，资料齐全率、资料取准率、油气显示发现率100%，剖面符合率95%以上，数据差错率小于0.3%，录井报告均为优秀报告。

液面测试。巩固强化员工专业知识和技能，以自学、班组培训、集中培训等多种形式开展技能培训，做到知流程、会操作，实现培训学习常态化。2022年在塔中采油气管理区所辖区块开展液面测试完井1井次。

仓储项目。对物流共享平台优化和完善进度进行跟踪，推动出入库时效及"无纸化"工作进度，实现物资到货预报、接运、入库、出库等仓储业务环节，完成无线终端操作，减少纸质版和电子资料传递。完成全年收入目标，甲方签证单满意度考核为合格，月度考核单平均成绩90分以上，费用结算无扣减，生产物资保障无服务质量投诉，物资收发准确率、及时率100%。

【实验检测】 2022年，新疆华油能源工程服务有限公司实验检测中心落实各项管理制度和相关要求，加强基础管理，注重科研创新，重视人才培养，坚持以质量和安全两条主线为核心理念，以做好各类科研、实验、检测项目和为现场钻井液服务提供技术支撑为核心任务，完成各项科研实验及检测任务。

科研实验项目。开展科研项目"抗高温抗盐降滤失剂的研究与应用""抗高温抗盐悬浮剂的研究与应用"2项；新增开展科研项目"抗高温油基钻完井液的研究与应用""抗高温无固相钻完井液的研究与应用"2项。

技术资源储备。引进新体系、新技术、新材料，关注行业动态，开展实验并优化"水基环保钻井液体系处理剂筛选与评价""抗高温高密度油基完井液处理剂筛选与配方摸索""无固相修井液处理剂筛选与配方优化""国产油基钻井液处理剂筛选与配方优化"等实验项目。

业务拓展。利用CNAS实验室优势，拓展实验检测业务。完成油田分公司实验检测研究院钻完井工程实验中心"钻井液实验技术服务"项目，实验分析数据详实可靠，准确率达99%。2022年全员履职能力评估中获优秀2人、良好6人；并在QC项目、技术交流和"五小"成果活动中获优秀奖。与新疆塔里木油田建设工程有限责任公司续签油田化学剂检测合同，完成多批次油田化学剂实验检测任务。全年为塔里木油田公司提供钻井液试剂服务125井次，结算钻井液试剂服务费75井次。与中国石油集团工程技术研究院有限公司合作完成博孜25井油基试油体系性能评价项目，完成油基试油体系室内评价实验任务。

【QHSE管理】 2022年，新疆华油能源工程服务有限公司以实施QHSE管理为主线，以"安全年""安全月"等主题活动为载体，落实制度建设、监督检查、隐患整改、宣传教育培训等关键措施，实现安全生产平稳过渡，为生产提供安全保障。签订HSE责任状，将指标向各部门进行分解，层层传递压力，层层落实责任。根据部门及人员变动情况，调整QHSE管理委员会成员及分工并重新发布。8月，北京中质协质量保证中心对QHSE体系进行重新认证审核，通过体系外审。全年参加资质培训、报名取证141人次，其中中国石油培训99人、特种作业培训26人、中国石化培训11人、西部钻探及川庆钻探承包商培训5人，产生培训费用109140元；组织开展新员工培训4次，培训人数50人，试卷评估合格率100%。全年开展公司级安全检查8次，各部门自检自查12次，主要涉及工艺系统运行管理、设备设施管理、有毒有害气体检测设施的防护、应急管理等方面。开展生产现场悬挂横幅、事故应急预案演练、夏季安全生产大检查等活动，进行安全管理短板及改进方法讨论，上报QHSE周报50期、安全月报和学习培训记录11期、ESG数据8期，收集《我身边的安全》征文20篇，组织开展正压式呼吸器比赛。学习宣贯国家、地区、客户的安全管理文件、通知及要求，掌握油田安全管理方向及动态，通报各业务单元生产类事故事件情况，对要开展高危作业进行作业前安全提示，提升员工安全意识。

【自主创新】 2022年，新疆华油能源工程服务有限公司进行研究开发与技术成果转化，加强产权保护，在"专业化""精品化""特色化""创新化"上下功夫，分析解读国家财政、税收、金融、贸易等优惠政策，争取政府补贴资金，提升无形资产价值。全年完成数据维护、高新技术研发费用季报、年报及研发项目归集管理工作，获政府高新技术企业认定奖励资金10万元；开展中小企业平台公共服务活动，对接企业与服务机构的有效合作，开展企业调查问卷3次，中小企业平台网站发表信息248条，通过新疆维吾尔自治区工信厅、巴州工信局等政府部门调研、考察3次。加强知识产权保护，管理、利用有关的专利文献和专利信息，为科研实验、现场作业、经营管理提供专利服务，全年完成18项专利的申请、登记、维持、检索、分析、评估、失效等维护工作，对申报专利进行报前检索，以判断专利是否符合专利的新颖性、创造性和实用性要求，避免重复研发和侵权事件发生；对符合申请要求的专利与专利代理机构进行沟通，争取以最优水平实现专利授权，防止专利资产流失，保证经营安全。2022年，成功申请"新型钻井液用润滑剂的实施与应用"项目，获巴州知识产权局5万元资金奖励。

【党建工作】 2022年，新疆华油能源工程服务有限公司开展"5·20"向党表白主题党日、老党员为新党员佩戴党徽活动，"七一"建党节开展"不忘入党初心，争做优秀党员"主题活动。履行企业社会责任，慰问轮台县草湖乡可可桥村驻村工作队和2户困难群众。截至2022年底，有党员48人（其中在职党员24名），预备党员3名，积极分子4名。全年召开党支部委员会14次、党员大会7次、专题党课学习4次、党支部谈心谈话13次、"开展党旗映天山"主题党日活动11次，缴纳党费7645元。

【疫情防控】 2022年，新疆华油能源工程服务有限公司修订完善新冠肺炎疫情防控实施方案，建立疫情防控工作沟通群，成立前线生产安全协调领导小组，分享各区域疫情管控措施，累计开展现场办公会和线上电话办公会50余次。实人员健康监测和动态管理，报送员工动态信息291次；规范特殊时段采购流程，制订疫情期间紧急物资管理办法，协调前线人员办公用品、防寒物资、各类工具采购工作，做好疫情防控常态化物资储备工作。与业主方沟通，反馈作业情况，提前做好各作业单井材料计划和车辆报备工作，根据现场施工进度，协调组织车辆8次，运输材料133吨；转运钻井液1500余立方米未发生等停事件；仓储保管项目17人在岗，收发料30余次，300余吨。制定加强返岗员工行为管理和居家办公行为管理规范，多渠道采购口罩、消毒洗手液、额温枪、防护服、紫外线消毒灯、消毒片等防疫物资，统筹做好复工复产后倒休和返岗计划，安排人员适时返岗。

（高雅婷）

新疆宝石花兴塔石油技术服务有限责任公司

【概况】 新疆宝石花兴塔石油技术服务有限责任公司（简称新疆宝石花兴塔公司）是非自然人投资或控股的法人独资公司，前身为巴州兴塔石油技术服务有限责任公司，是塔里木油田公司合同化员工配偶、子女的统一归口管理机构，2020年11月完成调整股权为核心的深化改革工作。经营范围包括：劳务派遣服务、检验检测服务、通用航空服务、石油天然气技术服务、旅客票务代理、物业管理、云计算装备技术服务、网络技术服务、技术服务、会议及展览服务、化工产品生产、人力资源服务、石油钻采专用设备销售、石油钻采专用设备制造、财务咨询、信息技术咨询服务、数字技术服务、计算机软件硬件及辅助设备零售、办公服务等项目。2022年，新疆宝石花兴塔公司推进管理转型，坚持以市场为导向，调整经营思路，开拓市场，强化企业制度建设、团队建设，提升员工专业技能水平，利用新媒体+传统宣传相结合的方式，增加新疆宝石花兴塔公司企业知名度。截至2022年底，营业收入24913.85万元，上缴增值税995.13万元，利润收入159.58万元。

【信息化建设】 2022年，新疆宝石花兴塔公司规范内部管理，梳理职责分工，根据部门职责要求，把制订OKR、填报周报及月报放在突出位置，适时调整各时期OKR，提升日常工作效率，促进各项工作正常推进。完成财务个税管理系统搭建部署，开发个税管理系统与人事系统员工基本信息接口、工资发放明细接口及数据回填（含权限配置、参数配置、员工信息、月度计算、年度计算、纳税申报、查询统计、系统初始化等）。

【安全管理】 2022年，新疆宝石花兴塔公司根据"管生产务必管安全"原则，实行安全生产工作职责制，员工对所在岗位安全生产负责，实行全员安全生产承诺制度，构成一个全方位、分层次的安全工作职责管理网络。实施安全生产工作管理规定，做到职责明确到人、考核落实到人。在日常安全生产管理上做到组织到位、职责到位、检查到位、考核到位、奖惩到位。对不安全因素做到早发现、早报告、早解决，做好安全防范工作。

【技能培训】 2022年，新疆宝石花兴塔公司按照塔里木油田公司技能鉴定计划，上报鉴定及培训计划219人，涉及26个岗位工种，对接塔油在线新系统及老系统运行及数据维护362人；补办2018年消防战斗员等技能鉴定证书131份，办理发放硫化氢等特种作业证书17份。开展技能培训、特种作业取证培训、外部培训、自主培训工作，做到员工持证上岗，缴纳鉴定及培训费2.36万元。全年审核取证及外出培训费用14.65万元，完成2021年员工年度考核工作，47个单位考核人数1097人，审核考核数据5485份，入档考核表1097份，对优秀员工226人行文发布，奖励金额11.3万元。

【专业技术服务】 2022年，新疆宝石花兴塔公司通过服务优势，扩大与二级单位合作范围，扩充技术型人才队伍建设，为员工就业提供高技能要求、高附加值、高回报的新型"三高"岗位。重点推进油田各类技术专家服务项目，开展专业技术服务招聘工作10场，收集简历101人次，公示录用30人。截至2022年底，完成5家单位合同签订工作。

【项目服务】 2022年，新疆宝石花兴塔公司增加合规化管理理念，完善项目管理制度，明确合同从立项到选商、洽谈、签订等一系列工作流程及要求，增加项目经理管理制度，同期配套完善项目经理业绩考核办法。开展围绕稳定用工规模、提升人员业务技能、拓宽人才储备、建立考评聘、规范员工薪酬调整等方面业务工作并完成。拟计划推进仓储业务、试验检测业务项目整体业务承包工作，截至2022年底，完成项目承接报告。传统人力资源业务收入占总体收入90%以上，通过走访拜会、定期开展人力资源分析会、建设人才库等方式从稳求发展，增加传统业务规模。与塔里木油田公司科技管理部共同开展科技成果转换项目，后续根据中国石油科技成果许可清单，增加科技成果转化种类。全年运行项目部49个，新增业务9项，签订合同增量金额758.94万元。2022年，开展招投标工作，完成招投标工作从无到有，共参加公开招标39次（含二次报名），其中有效投标23次，放弃投标6次，中标13次，中标率56.5%，废标率0。

【降本增效】 2022年，新疆宝石花兴塔公司利用税收优惠政策，申请享受相关政策福利，做好税收筹划，合规合法减少税收成本，为企业降本增效，开源节流作出贡献。利用税收政策，做好税收筹划、减少税收成本。完成申报《西部大开发战略企业所得税优惠政策》企业所得税减免10%，退还2018—2019年度企业所得税额62万元；办理残疾人备案，支付残疾人工资企业所得税100%加计扣除，个人所得税减免50%。降低票务成本，提高票务收入。通过申报减少配置号、疫情减免、增加机票服务费、向航空公司申请代理人奖励等，全年实现收入增加约7.7万元。

【党群工作】 2022年，新疆宝石花兴塔公司加强党工团建设，成立学习组加强政治理论学习，参加组织多项群团活动，获较好成绩。搭建以新疆宝石花兴塔公司主页为主、微信公众号及抖音为辅的宣传平台，坚持新闻宣传工作一盘棋理念，加强统一领导，各项目部共同参与发挥各自优势。做细、做实日常工作，为员工提供最优后勤服务保障工作，提高员工满意度。全年完成4个节日慰问、生病慰问56人、丧葬抚恤发放30人，春节在岗员工慰问200余人，夏季送清凉慰问361人，大病员工"两节"送温暖80人，办理退休人员独生子女奖励金120人。

【疫情防控】 2022年，新疆宝石花兴塔公司落实新冠肺炎疫情防控各项措施，做好疫情防控工作。配合小区和楼栋志愿者完成疫情防控工作，80多名员工参加楼栋值守和志愿者服务队伍，为居民配送物资8930余件。配合社区工作安排，组织员工做好居家消毒，减少人员聚集。配合宣传疫情管控，正面引导社会舆论，开展防护知识科普宣传，提醒员工提高自我防护意识。

【管理提升】 2022年，新疆宝石花兴塔公司适应发展需要，加强内部管理，改进工作思路，理顺职责分工，将综合管理部工作划分为行政、党建、后勤保障三块主要工作，加强部门员工业务培训，增强团队与服务意识。规范工作细节，制修订各项规章条例，促进工作向规范化、程序化、系统化方向转变；促进各项事务规范、高效运转,组织制度学习,制度执行落实。

【回访调研】 2022年,新疆宝石花兴塔公司开展服务单位拜访工作,拜访机关处室19家、二级单位43家。地方政府部门6家,完成基层调研50余次,并与基层200余名员工进行座谈,并对调研后的问题进行汇总,通过员工反映问题做出及时反馈。改进工作方法,突出工作重点,发挥"组织、协调、服务、管理"职能作用,有序推进各项工作。开展各层级领导拜访回访工作,真正做到多露面、多请示、多汇报。通过回访拜会工作,寻求业务发展机会。

(王 静)

巴州塔里木公安局

【概况】 巴州塔里木石油公安局(简称塔里木公安局)成立于1990年5月,1998年4月纳入国家公安行政序列,归公安机关统一管理,2002年8月移交巴州人民政府,更名为巴音郭楞蒙古自治州塔里木石油公安局(正处级单位),是自治州负责保卫国家能源安全,维护塔里木油田社会稳定,服务巴州经济发展的政府职能部门。主要担负反恐维稳、刑事案件、经济案件侦破及缉毒工作、社会治安管理、交通安全管理、消防安全监管、网络安全管理、外事管理、户政管理等职责。

2022年,塔里木公安局坚持以习近平新时代中国特色社会主义思想为指引,深入学习贯彻党的十九大、十九届历次全会精神和党的二十大精神,完整准确贯彻落实新时代党的治疆方略,牢牢扭住社会稳定和长治久安总目标,紧盯党的二十大安保维稳工作主线,全力以赴防风险、保安全、护稳定、促生产,完成斋月、党的二十大等安保维稳任务,维护塔里木辖区社会大局持续和谐稳定及油气生产安全有序。2022年底,内设机构16个(其中6个派出所下辖6个便民警务站),总警力305人(民警88人、辅警207人、协管员7人、司机3人)。

【人员管理】 2022年,塔里木公安局全力做好管理服务,坚持公安、油田、社区、单位协同管理机制,常态化梳理研判涉稳、涉访涉诉、涉利益诉求等重点群体,分级分类管理,定期开展联合入户走访、教育疏导、困难帮扶。入户走访重点群体900余人次,协调解决困难32起,重点人员稳控率100%。

【警务协作】 2022年,塔里木公安局推行"警社联动、警网融合"勤务改革,整合公安、社区、物业等方面的人员力量、资源信息、职责职能,协作配合、捆绑作业服务小区。建立10项警务联勤协作工作机制,常态化开展联合武装拉动、武装清查。开展联合警务活动41次,联合入户走访180余次,宣传宣教40余场次。

【社会面巡逻】 2022年,塔里木公安局落实巡逻防控措施,严守"1、3、5分钟"处置底线,突出重点单位、要害部位及人员密集场所,动态部署警力、优化巡逻路线,采取专职车辆巡防、值班夜巡、保安交叉巡相结合的方式开展巡逻防控,全面提升见警率、管事率。联合塔里木油田公司各单位出动巡护力量1.5万余人次,开展武装巡逻5.3万余千米,盘查1.1万余人次,开展联合应急处置演练350余次。

【交通管理】 2022年,塔里木公安局推进事故预防"减量控大",落实好"831"工作机制,动态开展重点车辆、重点违法、重点时段道路交通安全集中整治和道路安全隐患整治,严管严查各类交通违法行为,完成疲劳驾驶预警、坡道(陡坡)预警、智能弯道来车预警等系统建设。全年各类交通事故数同比下降43.33%。摸排道路隐患134处,检查运输企业70家次,发现整改安全隐患15处。

【疫情防控】 2022年,塔里木公安局从严落实新冠肺炎疫情防控"外防输入、内防反弹"各项举措,发挥大数据优势,常态化开展涉疫人员核查、疫区返乡人员摸排,高标准做好宣传引导、秩序维护、帮扶解困、疏通保畅、社区服务工作。落地核查上级推送疫情核查指令246期、16万余人,涉及辖区2073人次,开展核酸安保150轮,为企业、群众解决困难75件。

【油气安保】 2022年,塔里木公安局开展塔里木油田公司"反内盗"工作,全面排查整治油气生产安全隐患,制发《塔里木公安局打击整治盗窃原油、生产物资维护油田生产秩序工作方案》等工作方案4份,建立警企协作机制18个,常态化开展油气作业人员大清查、"三防"安全隐患大排查、涉油犯罪线索大摸排。检查重点单位629家次、油气单井5357个次,发现整改问题隐患393处,下发整改通知书132份。清查流动人口1万余人次。

【打击犯罪】 2022年,塔里木公安局推进扫黑除恶、命案攻坚、追逃专项行动,依法打击"盗抢骗""黄赌毒"等违法犯罪,严打严防电信网络诈骗犯罪,抽调精兵强将组建专项攻坚组,全力攻坚涉油案件。全年电信诈骗案件、涉油案件100%告破。破获盗窃油田物资案7起,掩饰隐瞒犯罪所得案2起,抓获犯罪嫌疑人15人。抓获在逃人员7名,召开返赃大会2场次,返还涉案资金16万元。

(何　晶)

【重点要素管控】　2022年,塔里木公安局深化危爆物品管理清查整治,联合塔里木油田公司制发《塔里木油田公司强化危爆物品管理清查整治工作实施方案》,全面清缴历史遗留爆炸物品,全程监督施工点危爆物品使用管理情况。检查危化品从业单位963家次,发现问题192处,下发整改通知书91份,检查爆破作业现场105个,清查周边农户、商贩608户,清查偏远散施工场所、单位249家次。

【"放管服"改革】　2022年,塔里木公安局依托"平安巴州微警务"平台,推行"互联网+公安行政服务管理",完成"一站通办"勤务改革,治安、交管、出入境窗口业务全部下放警务站,并引入社区服务,实现"一网办、一窗办、一次办";推出"随时办""上门办""延伸办"等便民利企创新措施,安排专人为孤寡老人、行动不便的群众提供上门服务,打通服务企业、服务群众"最后一微米"。全年"一站通办"办理各项业务4362笔,网上办理业务1057笔,开展上门服务315次,办理行政审批303次。

【法治公安建设】　2022年,塔里木公安局完善法治体制建设,梳理权责10项,制定出台常见刑事案件证据标准和取证指引21种,用好"执法监督管理平台"、规范"执法办案管理中心"运行,推进网上案件办理、"单轨制"流转,开展网上巡查、执法突出问题整治、涉案财物清理,推广"柔性执法""阳光警务"。通过岗位比武、旁听庭审、法律竞赛等多种形式开展精细化培训,有效提升民辅警依法履职能力。开展网上巡查150次,下发巡查日报112期、巡查周报45期,整顿瑕疵案件25起,清理涉案财务140余万元;公开刑事案件办理进度信息94条,行政处罚决定书13份。

【矛盾纠纷排查化解】　2022年,塔里木公安局聚焦"矛盾不上交、平安不出事、服务不缺位"工作目标,以"百万警进千万家"活动为抓手,常态化开展入户走访,动态排查化解群体矛盾纠纷41起,化解率100%。

【政治建警】　2022年,塔里木公安局以"喜迎二十大·忠诚保平安"主题实践活动为抓手,常态化开展党史学习、忠诚教育,落实"第一议题"制度,学习宣传贯彻习近平新时代中国特色社会主义思想,开展网上祭英烈、升旗仪式、宣誓仪式、演讲比赛等系列活动,筑牢对党忠诚的思想根基。组织开展党委专题、党委中心组、党支部"三会一课"等各类学习1960余场次,开展"喜迎二十大·忠诚保平安"专题活动100场次。

【从严治警】　2022年,塔里木公安局巩固教育整顿成果,严格落实党风廉政建设"两个责任"和领导干部"一岗双责",用好"四种形态",整治一线执法岗位"微腐败"。从严抓好队伍管理,从实开展"滚动式""拉网式"保密隐患排查整治,从细落实日常盯办督办、常态巡查、专项督察。巡查窗口单位、执法单位1800余次,查结违纪案件3起,开展督导检查300余次、专项工作检查55次,盯办工作187件,通报处理单位97个次、民辅警116人次。

【实战练兵】　2022年,塔里木公安局分层次推进全警练兵、实战练兵、基础练兵,由3名公安局领导牵头挂帅、2名厅级教官包片、10名地区级教官包点、28名县级教官及业务骨干包所队,采取夜校培训、上门送教、岗位练兵、师傅带徒弟等方式,开展练兵活动。开展全警实战练兵100余场次,参训民辅警3000余人次,举办夜校培训100余场次,组织实弹射击600余人次。

【暖警爱警】　2022年,塔里木公安局常态化开展谈心谈话、心理健康培训,举办"110警察节""萌娃进警营""浓情过端午"等主题活动,建成健身房、暖警洗衣房、理发室、阅览室、医务室,完成塔中、轮南、大二线等一线所队营区改建,建立勤务、防疫、生活物资保障机制。落实从优待警措施,发挥爱警办作用,协调解决11名民辅警公租房和20名民辅警子女入学入托问题,为全警购买保险,组织全警体检。举办心理健康讲座15场,走访慰问74人次,发放物资3.4万余件,组织惠警团购428人次,表彰奖励先进集体5个、先进个人52人次。

【侦破系列盗割采油单井电缆线案】　2022年2月25日—3月4日,塔里木油区发生5起采油单井电缆线被盗案件。案发后,塔里木公安局成立专案组,通过走访调查、排查布控等串并案件4起,抓获犯罪嫌疑人9名,扣押涉案车辆5辆,移送起诉8人,取保候审1人,返还被盗电缆线58米,铜线220余千克,价值1.8万元。

【破获电信网络诈骗案】　2022年5月11日,塔里木公安局接李某某报案称被骗50余万元,塔里木公安局采取行动,第一时间将被骗资金全数冻结,派专案组到内地侦查打击，在广西某地将犯罪嫌疑人廖某某抓获，并返还全部被骗资金。

【抓获脱逃35年目标逃犯】 2022年4月13日，塔里木公安局研判逃犯线索1条。接线索后，塔里木公安局党委高度重视，召开4次会议专题研究，通过查阅在逃人员历史案卷材料，依托数据平台比对锁定在逃人员身份，外派打击组到广州等地开展摸排，于5月3日在广东某地成功抓获从监狱脱逃35年的逃犯李某某。

（何　晶）

昆仑银行库尔勒分行

【概况】 昆仑银行库尔勒分行成立于2010年，是塔里木油田公司党工委油服成员单位。自成立以来，始终坚持走产融结合特色化发展道路，依托能源、扎根当地、提升品质，实现良性健康发展。机构设有产融（公司）业务管理部（普惠金融部）、产融（公司）业务市场部、个人金融部、信贷管理部、风险合规部、渠道运营部、计划财务部、人力资源部（党委组织部）和行长办公室（党委办公室、纪委办公室、党群工作部）"八部一室"，下辖分行营业部、塔里木石油支行、小微支行、新城支行、塔西南石油支行、香梨大道支行、石化大道支行7家营业网点。

2022年底，员工总数186人，其中市场化员工166人、劳务派遣工20人；大学本科及以上学历159人，大学专科27人；高级专业技术职务8人，中级41人，初级92人。

截至2022年底，昆仑银行库尔勒分行资产总额165.02亿元，负债总额183.18亿元。存款总量170.39亿元，同比增长19.22亿元，其中对公存款56.5亿元，储蓄存款113.89亿元；贷款总量51.83亿元，同比增长3.24亿元，其中公司类贷款38.29亿元、个人类贷款13.54亿元。存款总量同行业第五。

【公司业务】 2022年，昆仑银行库尔勒分行聚焦特色产品为切入点，以点带线。参团新疆曙光绿华100亿项目10万吨BDO装置工程项目5亿元银团贷款份额、与库尔勒市城建集团、阿克苏绿色实业两家国资企业建立合作，合计债券授信1.8亿元；围绕本地基础设施项目建设监管资金、公积金、财政资金增存成效明显，2022年公积金存款余额21.83亿元，财政类资金存款1亿元。贵州产融团队业务围绕成品油、天然气、化肥售销3个主要业务板块全面实现点的突破，重点围绕投融通加油站抵押业务实现量的突破。贵州产融团队2022年末公司存款时点余额2560万元，公司贷款时点余额3.19亿元，实现营收489万元。山西产融团队于2022年6月中旬实现正式入驻，围绕油气核心单位，拓展市场。

【个人金融业务】 2022年，昆仑银行库尔勒分行成功办理首笔农户个人经营性贷款业务，电子收单业务突破1000户，个人贷款余额突破13亿元，储蓄存款突破100亿元，信用卡申办136张，电子银行新增注册5645户，中间业务累计销量89.92亿元，其中理财销售86.39亿元、基金销售3.44亿元、保险销售416万元、贵金属销售366万元。创新以应收账款质押为担保方式的农户贷款产品，打破分行以按揭贷款和经营类贷款为主的局限性，拓宽经济发展业务支持渠道。受新冠肺炎疫情影响，响应落实当地政府对中小微企业和个体工商户助企纾困政策，安排2名专职人员负责个贷延期政策的咨询、登记和处理工作，批量办理延期还款业务3100余笔，延期贷款余额6.2亿元，进一步提升社会责任感。

【产融结合】 2022年，昆仑银行库尔勒分行贯彻落实昆仑银行总行"控风险、增规模、稳息差"经营策略，结合分行实际，确定对公业务发展导向为精耕产融、开疆拓土坚持"四做"，深耕本地，融入地方，打造团队质与量。产融贷款产品的使用9项，同比增加1项，气易贷产品余额位于昆仑银行分行排名第一；通过与中国石化、中国海油等核心企业的沟通，延伸产融服务链条，以线扩面的拓展，实现中国石化首笔产融业务落地。以新疆经济大发展为契机融入本地，抓住基础设施建设投资高峰期，对接政府职能部门，打开银、政、企深入合作局面。

【债务处置】 2022年，昆仑银行库尔勒分行有不良贷款余额8315.42万元，不良率1.60%，较年初1.65%下降0.05%。年度清收不良贷款本息497.54万元，完成全年清收任务指标的116.81%，超额完成分行清收任务考核指标。

【党群工作】 2022年，昆仑银行库尔勒分行落实"第一议题"制度，开展"建功新时代，喜迎二十大"习近平总书记重要指示批示精神再学习再落实再提升主题活动，以及"转观念、勇担当、强管理、创一流，奋进二次创业"主题教育活动，全面学习贯彻落实党的二十大精神，组织开展党委书记上专题党课2次，党委委员分别在党建联系点开展专题宣讲。组织青年文化作品征集、红色主题团日活动以及青年典型选树活动,庆祝建团100周年活动。推进"我为员工群众办实事",发现和征集问题意见62项,其中对7项重点工作分别由领导班子成员牵头整改。组建新媒体工作室,累计制作视频150余部,点击量超过12万次。强化党的理论研究,分行报送政研论文获昆仑银行二等奖。探索实施"党员+项目"工作模式,立项11个。组建新冠肺炎疫情防控应急小组,岗位值守109天,开展系列线上文化活动,发挥两级党工团作用,解决员工居家期间问题诉求15件。

(初 艳)

北京阳光和怡塔里木酒店

【概况】 北京阳光和怡塔里木酒店主要承担塔里木油田公司接待、商务会议,为油田职工和家属在京提供食宿、看病就医等便民服务。2022年,北京阳光和怡塔里木酒店围绕"立足石油、面向市场、规范管理、提质增效"经营思路,统筹推进新冠肺炎疫情防控和酒店经营各项工作平稳有序开展。

【经营管理】 2022年,北京阳光和怡塔里木酒店以承接冬奥服务、集团公司重大外事活动及协助酒店属地政府疫情防控体系为契机,开展经营活动。针对2019年北京市拆违办下发的关于酒店会议服务楼、锅炉房和员工宿舍违建拆除通知,妥善解决违建拆除问题,确保酒店资产完整性。

【服务管理】 2022年,北京阳光和怡塔里木酒店服务大局,完成各项服务保障工作。

冬奥服务。1月21日—3月10日,北京阳光和怡塔里木酒店作为北京2022年冬奥会官方签约酒店,历时50多天为来自中国、美国、加拿大、日本等20个国家243名国内外媒体记者提供住宿服务,保障北京冬奥会的圆满举行。

外事接待。10月29日—11月12日,北京阳光和怡塔里木酒店完成集团公司重大外事接待任务,提供个性化服务,酒店在饭菜质量、会议住宿服务、新冠肺炎疫情防控及和谐企地关系协调沟通等方面,为集团公司的重大商务谈判创造有利条件。

暖心服务。落实"一切为了老百姓"理念,做好塔里木油田公司员工看病就医等民生和其他工作。做好塔里木油田公司员工因疫情滞留酒店的服务保障。

【疫情防控】 2022年,北京阳光和怡塔里木酒店持续落实北京市和集团公司各项新冠肺炎疫情防控决策部署,按照"外防输入、内防反弹"防疫要求,压实属地管控责任,落细各项防控措施,做好扫码、测温、登记、冷链食品管控等工作。3月11日—7月6日,承担北京朝阳区集中隔离点服务保障任务,实行客房动态循环利用,接待隔离任务8批次1949人次。

(郭 伟)

管道局工程有限公司新疆分公司

【概况】 中国石油管道局工程有限公司新疆分公司(简称管道局新疆分公司)是塔里木油田党工委油服成员单位,接受塔里木油田党工委的领导,驻地库尔勒市,代表中国石油管道局负责新疆区域的市场开发与工程建设管理工作,主要为塔里木油田公司提供油田地面建设、通信电仪、管道应急抢险、应急救援等服务。

【工程建设】 2022年,管道局新疆分公司新开工项目11项,完工项目8项,跨年度施工项目6项。评估项目组织机构、管理人员能力,审核项目进度计划和资源计划,加强工程信息报送和现场检查,对比工期计划,与业主、监理建立起三方沟通机制,及时掌握项目进展,协调解决各类问题,保证施工进度,克服疫情影响,博孜天然气外输管线重点工程提前投产。

【安全管理】 2022年,管道局新疆分公司围绕施工生产,开展"安全生产大检查""安全生产专项整治自查自改""安全生产月"等系列活动,总结安全生产专项整治三年(2020—2022年)行动经验,强化内部管理,修订HSE奖惩制度,加强项目现场QHSE督导管控,建立实施内部优胜劣汰考核制度。8—12月新冠肺炎疫情封控期间,采取"视频监督管控+现场蹲点督导"管理模式,坚持抓好疫情管控和安全生产两不误,抓实特殊敏感时段安全生产升级管理工作,落实安全生产"15+1"硬措施,压实项目管理责任,确保党的二十大期间生产生活安全稳定,全年16个项目实现安全生产无事故。

(梁智萌)

【市场开发】 2022年,管道局新疆分公司树立"全员市场"理念,围绕市场开发,加强市场信息追踪,市场开发跟踪项目36个,新签合同14个,中标合同额约5.0亿元。

(张 鑫)

【提质增效】 2022年,管道局新疆分公司围绕提质增效目标,树立"一切成本皆可降"理念,贯彻落实集团公司部署,精简人员、车辆,实现降本增效。开展内部机构改革,调减管理人员数量,单月缩减管理成本约3.5万元;办公及职工住宿用房租赁费降低租赁成本0.5万元;调减租赁车辆数量,降低租赁成本1.8万元,合理调派车辆,降低油料消耗。

【党建工作】 2022年,管道局新疆分公司党总支按照"四同时"要求,同步完成基层支部设置调整。党总支中心组理论学习13次,组织召开基层党支部组织生活会2次,召开党总支会10次,规范"三重一大"决策程序,研究决策"三重一大"事项;落实"第一议题"制度,组织第一议题学习12次;开展"转观念、勇担当、高质量、创一流"主题教育、党史学习教育,领导班子到基层单位、项目调研24次。组织参加党史学习教育活动和纪念中国共产党成立101周年庆祝活动,成立党史学习教育活动领导小组,到党建"三联"联系点讲党党史专题党课。组织签订2022年度党员领导干部党风廉政责任书。

(梁智萌)

【疫情防控】 2022年,管道局新疆分公司贯彻落实地方政府、塔里木油田公司及管道局相关新冠肺炎疫情防控文件精神及管控要求,组织全员签订疫情防控责任书,配合塔里木油田公司参与核酸检测志愿者工作;做好入场员工的防疫信息登记、统计和报备工作;落实访客和外来车辆检查登记、测温、验码及消毒等防控措施;组织全员定期开展核酸检测,按期组织疫苗接种并报备;强化防疫教育培训,组织学习塔里木油田公司《关于全面从严升级疫情防控的讲话》《中国石油驻疆企业疫情防控和维稳安全会议精神》《新冠疫情防控43问》等文件精神,梳理应急物资台账,督促落实防疫物资储备。

(王作君)

附 录

FU LU

重要文件选辑

塔里木油田公司规章制度管理实施办法

第一章 总 则

第一条 为加强塔里木油田公司（以下简称油田公司）规章制度管理，提高规章制度质量和执行力，提升规范管理水平，根据《中国石油天然气股份有限公司规章制度管理规定》，结合油田公司实际，制定本办法。

第二条 本办法适用于油田公司机关部门、直属机构和所属单位的规章制度管理工作。

塔西南勘探开发公司依据本办法制定规章制度管理实施细则，报企管法规处备案。

油田公司负责管理的中国石油天然气集团有限公司和中国石油天然气股份有限公司（以下统称总部）全资、控股公司依据总部规章制度管理规定和本办法通过法定程序制定本单位制度，报企管法规处备案。

第三条 油田公司规章制度分为公司治理类制度、职能管理类制度、专业管理类制度、生产作业类制度、党的建设类制度五个类别。

本办法所称规章制度是指油田公司机关、直属机构和所属单位依据职责和权限，按照本办法规定程序制定的规范内部生产经营管理活动和员工行为的具有长期约束力的规范性文件。本办法所称规章制度管理包括规章制度制定、实施、清理、评价、改进和管理监督等工作。

党的建设类、工会、共青团的制度管理不适用本办法，按照党组织、工会组织、共青团组织规范性文件的管理要求制定。

第四条　规章制度管理以油田公司发展目标为导向，统筹规划、突出重点、持续改进，构建系统完备、科学规范、运行有效的规章制度体系，推进油田公司治理体系和治理能力现代化，为率先建成世界一流现代化大油气田奠定坚实的制度基础。

第五条　规章制度管理实行统一制度、分级制定、归口管理、分工负责的体制，遵循坚持党的领导、坚持依法合规、坚持继承创新、坚持立行并重的原则。

第二章　制定权限和管理职责

第六条　油田公司规章制度分为公司级制度、部门级制度、单位级制度三个层级。公司级制度由机关部门、直属机构和承担业务管理职能的所属单位（以下统称业务管理部门）制订，在油田公司范围内具有效力；部门级制度由业务管理部门制订，在本业务范围内具有效力；单位级制度由所属单位制订，是规范本单位内部事项的制度，在本单位范围内具有效力。机关部门、直属机构规范内部事项的制度视同单位级制度。

第七条　业务管理部门根据法律法规、总部制度、上级要求和管理需要，就下列事项制订相应类别的公司级制度：

（一）对规范油田公司执行董事办公会、总经理办公会等治理机构运行规则的事项制订公司治理类制度；

（二）对规范油田公司履行管理职能、组织开展各类生产经营管理业务的事项制订职能管理类制度，主要包括油田公司生产运行、投资、资产、预算、人事、科技信息、市场、合同、招标、法律、审计、安全环保等管理制度；

（三）对本业务领域范围内生产、建设、技术、销售等业务事项制订专业管理类制度，主要包括油田公司资源勘查、油气开发、工程技术、地面建设等管理制度；

（四）对油田公司开展生产作业和经营活动的事项制订生产作业类制度。主要包括物探作业、地面建设施工、钻试修作业等现场施工作业制度。

第八条　业务管理部门就履行专业管理职责的事项制订相应类别的部门级制度：

（一）对贯彻执行总部、油田公司职能管理类制度制订配套制度；

（二）对本专业领域范围内业务事项制订专业管理类制度；

（三）对油田公司开展生产作业和经营活动的事项制订生产作业类制度。

第九条　所属单位就其职权范围内有关事项制订相应类别的单位级制度：

（一）对本单位开展生产作业和经营活动的事项制订生产作业类制度；

（二）就贯彻执行公司级和部门级制度，细化和配套制定本单位的实施性制度；

（三）其他管理要求。

第十条　油田公司企管法规处统一归口管理油田公司规章制度，主要履行以下职责：

（一）组织制订规章制度管理制度；

（二）组织建立健全油田公司规章制度体系；

（三）组织制订油田公司制度制修订年度计划；

（四）组织或参与油田公司级制度的论证和起草工作；

（五）审核公司级和部门级制度草案；

（六）组织对油田公司规章制度管理工作进行督促检查，协调处理油田公司制度执行中的冲突；

（七）指导检查业务管理部门、所属单位和总部委托管理单位规章制度管理工作；

（八）组织油田公司制度的清理与评价；

(九)会同数字和信息化管理部门,按照股份公司统一要求组织规章制度信息系统的维护和运行管理工作。

第十一条 业务管理部门负责所管业务领域的公司级和部门级制度的管理,主要履行以下职责:
(一)负责贯彻执行总部制度;
(二)负责建立健全所管业务领域规章制度体系;
(三)负责所管业务领域公司级和部门级制度的起草、制修订和废止;
(四)负责所管业务领域总部、公司级和部门级制度的宣贯培训、组织实施、监督检查;
(五)负责所管业务领域公司级和部门级制度的清理、评价与改进;
(六)指导检查油田公司、所属单位和总部委托管理单位相关业务领域规章制度管理工作。

第十二条 所属单位负责本单位的规章制度管理工作,主要履行以下职责:
(一)负责贯彻执行总部、油田公司级和部门级制度;
(二)负责建立健全本单位规章制度体系;
(三)负责本单位规章制度的制修订和废止;
(四)负责本单位规章制度的宣贯培训、组织实施和监督检查;
(五)负责本单位规章制度的清理、评价与改进。

第三章 规章制度制定

第一节 一般规定

第十三条 制定规章制度应当满足以下要求:
(一)贯彻落实党的路线方针政策和决策部署,符合国家法律法规和监管要求;
(二)体现油田公司业务发展、生产经营、改革创新和管理提升的要求,维护油田公司整体利益;
(三)反映生产经营管理规律,体现先进的管理思想和方法;
(四)具有合理的权力制衡机制,权责明确、程序清晰、内容具体、便于实施;
(五)与相关规章制度衔接配套,内容不重复、不矛盾。

第十四条 制定规章制度应当遵循效力位阶要求:
(一)股份公司章程在规章制度中具有最高效力,其他规章制度不得同章程相抵触;
(二)集团、股份公司制度的效力高于专业公司制度和油田公司制度,专业公司制度和油田公司制度不得同集团、股份公司制度相抵触;
(三)专业公司制度的效力高于油田公司制度,油田公司制度不得同专业公司制度相抵触;
(四)油田公司制度中,公司级制度的效力高于部门级制度,部门级制度不得同公司级制度相抵触。部门级制度的效力高于单位级制度,单位级制度不得同公司级、部门级制度相抵触;
(五)同一层次的制度,旧的规定与新的规定不一致的,适用新的规定;一般规定与特别规定不一致的,适用特别规定;新的一般规定与旧的特别规定不一致,不能确定如何适用时,由解释部门负责解释或报油田公司领导裁定。

第十五条 上位制度明确要求制定配套制度的,应当及时制定。没有要求且直接适用上位制度可满足管理需要的,可不再制定;法律法规、政府监管有制定要求的执行相关要求。

制定配套制度,不得违背上位制度的强制性、禁止性要求,作出的规定应当更有针对性、可操作性,对上位制度已经明确规定的内容除非必要不作重复性规定。

所属单位的共同事项由业务管理部门统一组织制定制度,一项业务原则上由一项制度进行规范,减少制度重复转化。

需要授权所属单位制定的具体制度,应当明确制定程序,加强指导和监督,保证规章制度质量。

第十六条 规章制度的名称为章程、规则、规定、办法、细则。

章程仅用于载明公司组织和活动的基本准则。

规则仅用于明确公司治理机构的议事程序和要求。

规定用于明确某一领域或某一方面的管理权限、基本要求和强制性禁止性规范。

办法用于明确某一领域或某一方面的管理方法、工作程序和工作要求。

细则用于与规定、办法配套,明确某一领域或某一方面的具体程序和操作规范。

对上位制度进行贯彻落实制定规定、办法和细则的,可用实施规定、实施办法和实施细则。

油田公司制度原则上应使用规范的名称和制度模板,责任制、禁令等有特殊要求的,根据实际情况,可以不采用规定的名称和制度模板。

第十七条　规章制度使用条款形式表述,根据内容需要可以分为章、节、条、款、项、目。内容较少的,可不分章节。章、节、条的序号用中文数字依次表述,款不编序号,项的序号用中文数字加括号依次表述,目的序号用阿拉伯数字依次表述。

油田公司制度管理部门负责制定发布示范模版,除有特别规定外,制度体例格式应按照示范模版起草。

第十八条　规章制度内容应当逻辑严密、清晰,条款明确、具体,用语准确、简洁,具有可操作性。

第二节　立　　项

第十九条　企管法规处根据总部和油田公司规章制度体系架构和管理目标,组织业务管理部门开展年度制度梳理,编制油田级和部门级制度制修订年度计划。原则上,年度计划应当于每年十二月份编制完成,次年一月下发执行。

第二十条　业务管理部门在计划编制过程中应对单体规章制度制修订的必要性进行论证,并作为计划的必要内容一并向企管法规处提交单项制度立项建议。

立项建议应包括制度名称、制度级别、制度类别、制修订依据、制修订的必要性、计划完成时间、责任领导及具体责任人员等内容。

业务管理部门编制的油田级和部门级制度制修订年度计划(含立项建议)应经部门负责人审核后,上报油田公司业务分管领导审批,审批后报送企管法规处。

第二十一条　论证规章制度制修订的必要性,应当从油田公司业务发展需要和改革创新、管理提升出发,考虑国家法律法规、总部制度变化和固化典型经验做法等方面加强制度体系顶层设计。提出规章制度制修订建议,要注重弥补制度缺失、完善制度体系,要注重优化制度内容、提升制度质量,要注重简化制度架构、避免制度庞杂,并与其他管理文件衔接配套。

第二十二条　企管法规处对各业务管理部门编报的油田级和部门级制度制修订年度计划进行程序性审查和汇总,编制油田公司制度制修订年度计划,经油田公司企管法规业务领导批准后发布实施。

第二十三条　油田公司制度制修订年度计划可根据实际情况比照计划程序进行滚动调整。业务管理部门认为需要调整的,按照年度计划管理程序,经批准后实施。以下情形由业务管理部门报企管法规处进行程序性审核后可组织制修订:

(一)根据法律法规变化需制修订的制度;

(二)按照总部要求制修订的制度;

(三)根据油田公司决策会议或专业委员会会议要求制修订的制度;

(四)油田公司内外部监督检查中发现制度存在问题,并要求制修订的制度;

(五)其他特殊情况急需调整的制度。

第三节　起　　草

第二十四条　起草规章制度应由起草部门负责人组织成立起草小组,拟订起草计划,明确工作内容和分工。对于跨职能部门的综合性规章制度,应明确牵头部门,并组成联合工作小组负责起草。

第二十五条　起草部门应根据规章制度规范的事项,收集研究相关法律法规、总部制度、油田公司相关规章制度、标准等,结合业务实际、典型经验做法和管理要求,并就有关问题开展制度调研和对标。

第二十六条 起草部门应当对规章制度的规范事项、管理程序、风险节点、控制措施、管理要求进行梳理,对需要解决的问题和解决方案、管理职责划分和管理部门职责界定等做出充分论证,设计形成规章制度草案的基本框架。重要的规章制度应当进行专项调研并形成论证材料。

第二十七条 起草部门应当根据调研论证情况和规章制度草案的基本框架,组织起草人员编写规章制度草案。

规章制度草案体例形式应当统一规范,具备以下基本内容:

(一)规章制度名称;
(二)依据和宗旨;
(三)适用范围;
(四)管理部门及职责;
(五)管理程序和具体规范;
(六)监督与责任;
(七)解释部门;
(八)发布生效时间。

第二十八条 起草部门应当将规章制度草案分送油田公司相关部门和所属单位征求意见。征求意见可以采用公告、会议、定向征集等多种方式,原则上征求意见时间一般不少于10个工作日。

有关劳动报酬、工作时间、休息休假、劳动安全卫生、保险福利、职工培训、劳动纪律以及劳动定额管理等直接涉及员工切身利益的规章制度,应当征求油田公司工会意见。

被征求意见的部门和单位应当认真组织研究,提出书面修改意见。

制度起草部门要研究征求的意见,完善制度草案,向有关单位反馈意见的采纳情况。

对存在争议的事项,起草部门应当与相关部门或单位充分协商并达成一致;不能达成一致的,可由企管法规处组织协调或报请油田公司业务分管领导裁定。

第四节 审 查

第二十九条 企管法规处负责组织公司级和部门级制度草案的审查。业务管理部门完成规章制度起草工作并将征求意见修改完成后,应向企管法规处提交下列资料:

(一)规章制度草案;
(二)上位制度以及关联制度;
(三)内部审核意见;
(四)相关部门和单位的意见;
(五)需要说明和解决的问题;
(六)其他需要提交的材料。

上述资料除内部审核意见外均可以以电子版提供,需要起草部门确认的应当履行确认程序。

第三十条 企管法规处在收到材料后,应对规章制度草案的内容、形式从制度合法性、规范性、关联制度衔接、起草论证程序等方面组织审查。

原则上,公司级制度和新制定的部门级制度应组织会议审查,其他制度可采用会议或书面审查。

对部门间职责划分存在争议的,由人事部门提出意见进行确定,不能解决的提交油田公司领导裁决。

需要继续讨论研究的,企管法规处会同起草部门向相关业务管理部门和所属单位征求意见或组织会议讨论。

审查完毕后,企管法规处出具书面审查意见。审查意见应当提出审查情况、制度分类分级以及最终审定方式的建议。

第三十一条 经审查,对符合要求的规章制度草案由起草部门按照油田公司相关规定呈报审批;对不符合要求的,企管法规处协商起草部门补充、修改;对应当撤销的,企管法规处与起草部门会签后报油田公司分管领导予以撤销。

第五节　审批与发布

第三十二条　油田公司级和部门级制度的审批分别按照下列规定进行:

(一)油田公司工作制度、议事决策、生产经营管理等基本制度,干部人才、生态环保、维稳安保等制度,基本工资制度、津补贴制度、绩效管理办法、专项奖管理办法等重要制度,由油田公司决策会议审议批准。油田公司决策会议审议基本制度时总法律顾问和企管法规处应当列席;

(二)基本制度以外的其他公司级制度,由油田公司业务分管领导召集会议审议批准。在前期论证和审核比较充分,内容没有分歧的情况下,可以采用书面审批的方式;

(三)部门级制度,原则上由油田公司业务分管领导组织会议审议或书面审批。落实上位制度,细化管理程序和补充工作表单的实施性办法、细则等部门级制度,可由业务管理部门负责人或业务分管领导组织审议批准。

第三十三条　以会议方式审议油田公司制度按以下程序进行:

(一)规章制度送审稿和起草说明应当在审议前送达全体与会人员;

(二)起草部门对规章制度送审稿及起草情况作出说明;

(三)与会人员进行审议,形成决定。

第三十四条　油田公司级和部门级制度经审议决定通过或原则通过的,起草部门应当按照审议意见修改完善,报企管法规处审核确认后发布。

经审议认为需要进一步研究论证的,起草部门应当按审议意见深入论证,修改完善后重新申报审议。

经审议决定撤销或废止的,终止制定工作或办理废止手续。

第三十五条　制度审议通过后,按照公文处理规定,行文发布。

公司级制度以油田公司文件发布,部门级制度以部门文件发布。规章制度行文发布时,应当由企管法规处和相关业务管理部门会签同意,印发时抄送企管法规处。

第三十六条　实际工作迫切需要但还不够成熟的规章制度,可以标注试行。试行期限一般不超过3年。

第三十七条　总部或政府相关部门对规章制度有报备要求的,按照规定由制度起草部门进行报备。

第三十八条　制度发布后,业务管理部门应在10个工作日内录入制度管理系统。

第六节　单位级制度的制定

第三十九条　所属单位应当依据油田公司规章制度体系架构和本办法,结合本单位管理层级和管理方式等实际,明确本单位规章制度制定权限、健全本单位制度体系,完善各项制度。

第四十条　所属单位应当参照油田公司级和部门级制度制定的规定建立本单位规章制度制定程序,并严格执行。重要规章制度应按照本单位议事决策程序提交相关会议审议;直接涉及职工利益的应当履行职工代表大会讨论或工会协商等民主程序,并履行公示和告知义务。

第四十一条　所属单位制定本单位规章制度,应当符合以下要求:

(一)制度的职责权限、管理程序、管理要求与公司级、部门级制度有效衔接;

(二)根据本单位生产经营管理实际,对管理程序和要求进行细化,保证制度规定落实到位;

(三)制度内容应当体现油田公司整体意志,不得与公司级和部门级制度的精神相抵触,不得违反公司级和部门级制度的强制性、禁止性规定。

第四十二条　所属单位应当落实公司级和部门级制度,按照制度权限制定本单位制度,提高规章制度的集约性和体系化。

第四十三条　公司级制度和部门级制度未规定的事项,所属单位可根据本单位需要制定临时性制度,报相关业务管理部门备案后执行。

业务管理部门应当及时组织制定相应的公司级制度或部门级制度。公司级制度和部门级制度发布后,所属单位应当对临时性制度进行修订或废止。

临时性制度视同试行制度。

第四十四条 所属单位制度发布时,抄送企管法规处和相关业务管理部门,并录入规章制度管理系统。

第四章 规章制度实施和改进

第四十五条 各级领导干部和员工应当不断强化制度意识,按照规章制度规定的管理程序和工作要求规范开展工作,严格执行制度强制性规定,不得违反各项禁止性规定。

第四十六条 规章制度发布后2个月内,业务管理部门应当对与规章制度实施有关的部门、单位相关人员进行宣贯培训,使相关岗位人员掌握规章制度内容。培训情况应于培训结束后10个工作日内向规章制度管理部门反馈。涉及员工切身利益的制度应当组织全体员工进行培训并妥善保管培训档案。

第四十七条 业务管理部门、所属单位在开展员工培训、业务培训时应当将与培训主题相关的规章制度作为培训内容;人事部门应当将规章制度培训纳入年度培训计划统筹管理,并提供培训资源保障。

第四十八条 业务管理部门、所属单位在组织开展工作时,应当以规章制度的规定为依据,积极落实各项制度规定,工作组织运行不得与制度规定相抵触,未履行制度修订程序不得用通知、纪要等其他文件随意改变制度规定。业务管理部门、所属单位可将规章制度的规定细化落实到员工岗位手册和其他工作文件,保障制度规范的统一和执行。

第四十九条 规章制度执行过程中,相关部门和所属单位发现有冲突、遗漏、管理缺陷等问题,应当及时向起草制度的业务管理部门提出。业务管理部门应当组织研究,对规章制度存在的问题进行修订完善。

第五十条 规章制度执行中,需要解释的应当采用书面形式,其解释不得违背规章制度的规定。

第五十一条 制度中如需明确对合同相对人、利益相关方的责任、义务或其他管理要求的,合同履行或具体工作负责单位应当将相关内容与其协商落实到合同或协议中,并严格履行。

第五十二条 业务管理部门、所属单位在业务管理中应当对规章制度管理情况进行跟踪检查,将规章制度制修订和执行情况作为工作考核、业绩评价的内容。内部审计、内控测试、体系审核、巡视巡察以及其他专业检查应当将相关规章制度的制修订和执行情况作为检查内容。

检查规章制度制修订和执行情况主要检查规章制度是否建立、是否健全完善、是否存在缺陷以及是否得到有效执行、违规行为是否得到及时纠正等。

第五十三条 检查发现规章制度制修订和执行存在相关问题的,检查部门应当向起草制度的业务管理部门提出整改意见,并抄送规章制度管理部门。业务管理部门应当组织整改,对规章制度存在问题的应当进行修订完善。

第五十四条 业务管理部门、人事部门、纪检部门和所属单位对于发现的违反规章制度规定的问题,应当按照《中国石油天然气集团有限公司员工违规行为处理规定》及其他相关规定追究责任。

第五十五条 企管法规处应定期组织业务管理部门开展规章制度清理、评价。根据需要可针对某一领域或范围的规章制度组织专项清理、评价。

第五十六条 业务管理部门对所管业务领域内、所属单位对本单位的规章制度进行清理,评价以下内容:

(一)系统完备性。规章制度是否覆盖各项业务,是否配套齐全,是否与其他相关制度或管理文件存在重复、冲突;

(二)合法合规性。规章制度依据的法律法规、监管要求、上位制度是否发生调整,是否满足新的要求,是否违反有关规定;

(三)科学适用性。规章制度涉及的管理机构、职责、权限、程序或要求是否仍然适用,是否已发生变化,是否符合管理规律、满足管理提升的需要,是否存在管理缺陷;

(四)实施有效性。规章制度是否得到有效实施,是否满足执行要求,是否产生积极的管理效果。

第五十七条 业务管理部门、所属单位通过规章制度评价,应当提出规章制度继续有效、修订或废止的意规章制度（部分文字被遮挡）可不进行修订，按职能承接关系继续执行。

第五十九条 符合（部分文字被遮挡）应当废止：

（一）被新的规章制度取代的；

（二）规章制度规范的事项已不继续存在的；

（三）规章制度没有实际执行的；

（四）其他规章制度评价认为需要废止的。

规章制度被新制度取代的，应在新制度中宣布废止；宣布废止制度的审批权限高于新制度的，对废止事宜应按照废止制度的审批权限进行审批。其他原因需废止规章制度的，应按照审批权限通过审批，由业务管理部门行文宣布废止。

第六十条 油田公司所属单位应当深化规章制度对管理体系融合的支撑作用，将管理体系要求的管控措施融入规章制度明确具体要求，形成企业各管理体系共建共享、融合运行的统一制度规则平台。

第五章 监督与责任

第六十一条 企管法规处组织开展规章制度管理工作督导检查，对工作突出的业务管理部门和单位给予表扬，对工作不力的业务管理部门和单位予以通报批评。

第六十二条 违反本办法，有下列情形之一的，给予责任单位批评并责令整改；造成严重后果的，按照《中国石油天然气集团有限公司员工违规行为处理规定》及其他相关规定追究责任。

（一）违反程序、超越权限制定规章制度的；

（二）制定的规章制度与法律法规、监管要求、上位制度相抵触的；

（三）未按规定履行规章制度制修订和废止、宣贯培训、监督检查职责的；

（四）未按规定进行规章制度评价和改进的；

（五）违反本办法的其他行为。

第六章 附 则

第六十三条 本办法由企管法规处负责解释。

第六十四条 本办法自印发之日起施行。《塔里木油田公司制度管理办法》（塔油企法字〔2018〕70号）、《关于印发塔里木油田公司制度分类分级管理和制修订权限与责任的指导意见的通知》（塔油企法〔2021〕97号）同时废止。

塔里木油田分公司法治建设职责管理规定

第一条 为贯彻落实集团有限公司《关于深化依法合规治企进一步加强法治建设的指导意见》《领导人员履行推进法治建设职责实施办法》，进一步推动塔里木油田分公司（以下简称油田公司）法治企业建设，明确法治建设职责，保障高质量发展，结合油田公司实际，制定本规定。

第二条 本规定适用于油田公司、本部部门和所属单位。

油田公司负责管理的中国石油天然气集团有限公司或中国石油天然气股份有限公司（以下统称总部）全资或控股公司（以下统称托管企业）通过法定程序执行本规定，制定本单位法律工作管理职责制度报企管法规部备案后执行。

第三条 法治建设工作必须坚持党的领导，一体化推进依法合规治企与从严治党，充分发挥党工委（党委）把方向、管大局、促落实的领导核心和政治核心作用。坚持统筹协调，做到依法治理、依法经营、依法管理共同推进，法治体系、法治能力、法治文化一体建设；坚持权责一致，确保有权必有责、有责要担当、失责必追究；坚持以身作则、以上率下，各级领导人员带头尊法学法守法用法。

各级领导人员应当切实履行推进法治建设重要组织者、推动者和实践者的职责，贯彻党中央关于法治建设的重大决策部署，认真落实国务院国资委、新疆维吾尔自治区党委、集团公司党组和油田公司党工委关于法治建设的各项要求，自觉运用法治思维和法治方式深化改革、推动发展、化解矛盾、维护稳定，把法治建设纳入全局工作统筹谋划，对重要工作亲自部署、重大问题亲自过问、重点环节亲自协调、重要任务亲自督办，把各项工作纳入法治化轨道。不断深化治理现代、经营合规、管理规范、诚信守法的法治企业建设，为油田公司发展提供强有力法治保障。

第四条 油田公司党工委书记、执行董事是推进法治建设的第一责任人，油田公司党工委在推进法治建设中履行以下职责：

（一）认真执行"第一议题"制度，深入学习贯彻习近平总书记关于法治建设重要指示批示精神；

（二）落实全面从严治党、依规治党要求，加强制度建设，提高党内法规制度执行力；

（三）组织研究部署法治建设总体规划，将推进法治建设纳入议事日程、年度重点工作安排，加强指导督促，及时研究解决重大问题，确保把方向、管大局、促落实的领导作用在法治建设中充分体现；

（四）明确各级领导班子推进法治建设职责，定期听取法治建设进展情况报告，并将履行法治建设职责情况作为各级领导班子成员年度述职、任期述职重要内容；

（五）重视干部队伍法治素质和法治能力提升，定期组织党工委理论学习中心组开展依法合规专题学习，结合干部培训教育坚持开展法治知识培训，深入推进法治宣传教育，推动本单位形成浓厚的法治氛围；

（六）重视法治素养和法治能力的用人导向，强化选人用人法治导向，将法治素养和依法履职情况作为考察使用干部的重要条件，把宣贯依法合规治企要求、明确法治建设责任，作为提任中层以上干部任前谈话必备内容；

（七）强化依法决策，落实总法律顾问列席党工委常委会、执行董事办公会、总经理办公会等决策会议参与研究讨论或审议涉及法律合规相关议题，将合法合规性审查和重大风险评估作为重大决策事项必经前置程序；

（八）健全企业法律顾问制度，按集团公司要求配备总法律顾问。加强法律工作机构建设和队伍建设，培养法律人才，推动完善法律管理组织体系，支持总法律顾问和法律工作机构依法依规履行职能、开展工作。

第五条 油田公司成立法治建设（依法治企）领导小组（合规管理委员会），由执行董事、党工委书记任组长（主任），总经理、法律事务分管领导任副组长（副主任），成员包括油田公司领导班子成员、塔西南勘探开发公司负责人、油田公司总经理助理、副总师和油田公司本部各部门负责人。主要履行以下职责：

(一)贯彻落实集团公司法治建设工作有关部署和要求,负责法治建设的顶层设计、总体布局、统筹协调、整体推进和督促落实;

(二)审议公司法治建设规划、工作方案、工作报告等并监督实施,听取年度工作报告、阶段性工作汇报或专题工作汇报等;

(三)每年组织召开法治建设工作会议,研究法治建设重点工作。

法治建设(依法治企)领导小组(合规管理委员会)办公室设在企管法规部(内控与风险管理部),由油田公司总法律顾问任办公室主任。

第六条 本规定所称的领导人员包括油田公司领导班子、首席专家、总经理助理、副总师、总法律顾问等油田公司管理层成员,本部部门、所属单位、领导班子成员。

第七条 油田公司总经理在推进法治建设中履行以下主要职责:

(一)加强对法治建设的组织推动,根据集团公司法治建设部署和油田党工委法治建设总体规划,研究制定年度工作计划,切实抓好组织落实;

(二)贯彻落实集团公司规章制度,依法建立健全经营管理制度,确保本单位各项经营管理活动有章可循;

(三)督促管理层其他成员和各职能部门负责人依法依规经营管理,加强内部监督检查,纠正违法违规经营管理行为;

(四)推动法律管理与企业经营管理深度融合,充分发挥总法律顾问和法律事务机构作用,健全法律风险防范机制和内部控制体系,落实规章制度、重大决策、经济合同法律审核制度,加强合规管理和法律监督;

(五)完善法律工作人员日常管理、业务培训、考评奖惩等工作机制,拓宽职业发展通道,并为其履职提供必要条件;

(六)组织实施普法规划,强化法治宣传教育,大力提升全员法治意识,努力打造法治文化。

第八条 油田公司领导班子其他成员、首席专家、总经理助理、安全副总监、副总工程师等管理层成员,遵循"管业务管依法合规"原则,协助主要负责人履行推进法治建设职责,按照分工履行相应职责。

第九条 油田公司设总法律顾问,在推进法治建设中履行以下职责:

(一)负责根据集团公司、油田公司法治建设工作部署,协助油田公司领导开展法治建设顶层设计、统筹协调、整体推进等各项工作;

(二)负责组织制订公司法治建设规划、工作方案、年度工作报告等;

(三)负责列席党委会、执行董事办公会、总经理办公室等重要决策会议,参与研究讨论或审议涉及法律合规相关议题并发表意见;

(四)负责组织建立完善公司法治体系建设,防控法律风险,加强法律队伍建设和人才培养,提升法律队伍工作水平;

(五)负责组织开展规章制度、重大决策法律论证、合同法律审核、纠纷案件管理、外聘律师管理、合规管理等业务;

(六)负责组织召开法治建设工作例会,及时向公司法治建设领导小组做汇报。强化法治宣传教育,举办法治专题讲座,大力提升全员法治意识,努力打造法治文化;

(七)按集团公司要求做好总法律顾问述职工作;

(八)其他应当由总法律顾问履行的职责。

第十条 企管法规部(内控与风险管理部)是油田公司法治建设(依法治企)领导小组(合规管理委员会)办公室,负责落实领导小组的安排部署,指导油田公司各单位、本部各部门开展法治建设工作,主要履行下列职责:

(一)负责制修订油田公司法治建设和法律事务管理制度,并组织实施;

(二)负责根据集团公司部署和油田公司工作安排,拟定法治建设规划、工作方案、年度工作报告草案;

(三)负责组织落实法治建设工作,督促各部门(单位)及时推进法治建设工作。适时向党工委、法治建设领导小组或主管领导报告工作情况,组织召开法治工作例会,总结前期工作、查找问题、提出整改意见并部署下一步工作；

(四)负责公司法律风险防控、法律纠纷、法律法规、证照、授权委托、商标、外聘律师、法治宣传教育等工作；

(五)负责油田公司诉讼事务管理工作，处理油田公司及所属单位发生的法律纠纷；

(六)负责办理油田公司、指挥部的工商登记事务，指导或组织所属单位和托管企业办理本单位工商登记事项；

(七)负责办理油田公司和指挥部授权事务，负责对口法律和企改部申请授权；

(八)负责健全法律风险防控机制，组织完善规章制度、重大决策、经济合同法律审核制度，加强法律监督；

(九)负责涉法事项的法律论证管理，审查有关决议、制度及其他重要文件的合法性；

(十)负责建立健全依法考核体系，督促各单位依法合规经营管理，组织内部监督检查，纠正违法违规经营行为；

(十一)负责总部和油田公司法治建设领导小组安排的其他工作。

第十一条 本部部门根据职责分工，负责相关业务事项的法治建设和具体法律事务，相应履行以下职责：

(一)负责本部门所管理业务涉及的法律法规的宣传教育和培训；

(二)负责将本部门所管理业务涉及的法律法规要求落实到业务管理制度及流程中；

(三)负责组织开展本部门所管理业务的法律风险分析评估，制定落实防控措施，对重大法律风险进行预警；

(四)负责本部门所辖业务有关证照及相关许可的新办、年检、变更、换证、注销、保管、备案等工作，做好专业指导、督促、协调工作；

(五)负责组织本部门所管理业务的法律风险隐患排查治理，组织问题整改，组织或参与违规问题调查处理；

(六)负责对本部门涉及法律风险的业务事项，按照规定组织法律论证或提交法律审查；

(七)负责对部门业务相关法律管理工作进行督促检查和指导；

(八)负责根据工作需要，配备兼职法务人员；

(九)其他油田公司法治建设领导小组和办公室安排的相关工作。

第十二条 油田公司相关本部部门根据职责分工，负责相关业务事项的法治建设和具体法律事务，相应履行以下职责：

(一)油田公司办公室(党工委办公室)：

1.负责协助党工委、执行董事、总经理落实议事规则和涉法事项决策机制，落实"三重一大"涉法事项合规审查前置要求；

2.负责协助法治建设领导小组听取、审议、审批公司法治建设规划、工作方案、年度工作报告或阶段性工作汇报，并将法治建设工作内容（履行推进法治建设第一责任人职责情况、依法合规治企总结和安排）纳入公司年度工作报告。

(二)人力资源部(党工委组织部)：

1.负责协助公司领导建立健全公司总法律顾问和法律负责人制度，加强法律队伍建设和人才培养，完善法律管理组织体系；

2.负责将法治培训纳入培训计划，建立领导干部法治知识考试制度；

3.负责在油田管理制度中将法治素养和法治能力作为油田选拔使用干部的必要条件；将依法合规治企要求和法治建设责任纳入中层以上干部提拔谈话必备内容；将法治建设责任落实情况作为各级领导班子成员和关键岗位述职内容；

4.负责将依法合规经营指标纳入企业领导人员业绩考核。

(三)思想政治部(党工委宣传部)：

1.负责组织开展油田公司党工委及直属单位党委中心组法治学习，协助落实"第一议题"制度，深入学习贯彻习近平总书记关于法治建设重要指示批示精神；

2.负责推进领导班子学法常态化、制度化，党工委理论学习中心组每年开展依法合规专题学习不少于2次；

3.负责油田公司法治宣传工作,推动油田公司法治文化建设。

(四)纪委办公室、巡察办公室、审计部等部门:

1.负责完善法治建设监督内容,将各级领导班子推动法治建设情况作为巡察、审计、内控测试等工作重点内容;

2.负责发挥监督作用,完善"大监督"体系,形成依法合规监督合力。

第十三条 所属单位主要负责人(党委书记、党委副书记)是本单位法治建设第一责任人,所属单位党委在推进法治建设中履行以下主要职责:

(一)认真执行"第一议题"制度,深入学习贯彻习近平总书记关于法治建设重要指示批示精神;

(二)落实全面从严治党、依规治党要求,加强制度建设,提高党内法规制度执行力;

(三)执行落实油田公司党工委法治建设总体规划部署;

(四)落实重大涉法事项党委研究讨论重大事项前置程序将合法合规审查和重大风险评估作为必经环节,使依法合规成为决策的基本前提;

(五)贯彻落实集团公司规章制度,依法建立健全经营管理制度,确保本单位各项经营管理活动有章可循;

(六)督促领导班子其他成员依法依规经营管理,加强内部监督检查,纠正违法违规经营管理行为;

(七)组织实施普法规划,强化法治宣传教育,大力提升全员法治意识,努力打造法治文化;

(八)落实油田公司以及法治建设领导小组办公室安排的相关工作。

第十四条 所属单位领导班子其他成员,应当协助主要领导履行推进法治建设职责,按照分工履行相应职责:

(一)负责将本单位业务涉及的法律法规要求落实到业务管理制度及流程中;

(二)在油田公司法律和业务部门指导下,具体负责本单位依法合规经营管理、法律风险防控、合同、证照、纠纷、法律论证、授权、工商、商标、法治宣传教育等法务工作;

(三)根据总部和油田相关要求和工作需要,配备专兼职法务人员;

(四)负责完成油田公司安排的其他法律工作。

第十五条 领导人员应当将履行推进法治建设职责情况列入年终述职内容,对本单位或本部门及下级单位推进法治建设情况开展定期检查和专项督查。

第十六条 本规定未尽事宜按照总部相关规定执行。

本规定发布后总部修订相关规定或者增加新的要求,按照总部规定和要求执行。

第十七条 本规定由企管法规部负责解释。

第十八条 本规定自印发之日起施行。《塔里木油田公司领导人员履行推进法治建设职责实施细则》(塔油党发〔2017〕58号)同时废止。

重要论文选辑

塔里木盆地富满油田成藏地质条件及勘探开发关键技术❶

田 军　杨海军　朱永峰　邓兴梁　谢 舟　张银涛
李世银　蔡 泉　张艳秋　黄腊梅

(中国石油塔里木油田公司　新疆库尔勒　841000)

摘 要：塔里木盆地超深层海相碳酸盐岩油气资源丰富,已发现中国最大的风化壳型油田和最大的凝析气田,但勘探开发长期局限在古隆起及斜坡部位。近年来,随着勘探上突破"古隆起控油、斜坡富集"的传统理论认识以及地震、钻井与开发配套技术进步,在坳陷区发现了超深层(大于7500米)走滑断裂断控型油田——富满油田。富满油田的勘探开发实践与研究表明:(1) 走滑断裂的发育不仅沟通了深层下寒武统烃源岩,而且控制了中奥陶统碳酸盐岩缝洞体储层的发育,并与上奥陶统巨厚泥岩构成了优越的走滑断裂断控型油气成藏体系;(2) 油气沿走滑断裂破碎带呈条带状差异分布,具有圈闭类型特殊、油柱高度大、油品性质好、单井产量高等特点;(3) 发现三级石油地质储量达4亿吨,石油资源量达10亿吨,开发高效井多,快速建成了原油产量达160万吨/年的产能。通过持续攻关,逐步形成了沙漠区超深层高密度宽方位三维地震采集、弱走滑断裂刻画、碳酸盐岩破碎带圈闭评价、高效井位部署、超深层钻完井等配套技术,支撑了超深层复杂断控型碳酸盐岩油藏的规模与效益勘探开发。

关键词：超深层油田；走滑断层；断裂破碎带；成藏条件；高效勘探开发中

中图分类号：TE122.3　**文献标识码**：A

塔里木盆地寒武系—奥陶系海相碳酸盐岩分布面积超过40万平方千米,厚度超过3千米,油气资源非常丰富[1-3]。1988年,轮南1井在塔北隆起首次发现奥陶系碳酸盐岩油气藏,此后,相继发现了轮古—塔河油田和塔中Ⅰ号气田、哈拉哈塘油田、富满油田、顺北油田等亿吨级油气田,其中,轮古—塔河油田和塔中Ⅰ号气田分别是中国最大的海相碳酸盐岩油田和凝析气田。前期的研究表明,塔里木盆地海相碳酸盐岩的基质储层致密,为次生孔、洞、缝组成的复杂三重孔隙,油气主要分布在塔北隆起与塔中隆起的斜坡部位,具有"古隆起控油、斜坡富集"的油气分布规律,并建立了风化壳与礁滩体大面积准层状油气成藏模式。然而,由于下古生界碳酸盐岩储层的非均质性极强、油气分布变化大、油气产出复杂多变,油气从发现至探明往往经历漫长的过程。

---

❶引用：田军,杨海军,朱永峰,邓兴梁,谢舟,张银涛,李世银,蔡泉,张艳秋,黄腊梅. 塔里木盆地富满油田成藏地质条件及勘探开发关键技术[J]. 石油学报,2021,42(8):971-985.

基金项目：国家科技重大专项"深层—超深层油气成藏过程与勘探新领域"(2017ZX05008-004)和中国石油天然气股份有限公司科技重大专项"缝洞型碳酸盐岩油气藏效益开发关键技术研究与应用"(2018E-18)资助。

第一作者及通信作者：田军,男,1964年2月生,1986年获石油大学(华东)学士学位,2006年获西南石油大学矿产普查与勘查专业博士学位,现为中国石油塔里木油田公司教授级高级工程师,主要从事地质勘探研究。Email:Tianjun1-tlm@petrochina.com.cn

随着塔里木盆地碳酸盐岩油气成藏地质理论不断深化和地震、工程技术的持续进步，勘探领域从古隆起/古斜坡向坳陷区扩展，勘探对象从碳酸盐岩潜山岩溶、礁滩体岩溶向层间岩溶再到断控岩溶转变，中国石油勘探持续突破7000米、7500米乃至8000米的超深层下限[4-5]。富满油田属典型断裂控制型岩溶区，是现阶段塔里木油田碳酸盐岩增储上产的主要领域。2014年5月，位于富满油田的跃满3井获高产工业油气流，拉开了碳酸盐岩断控型油气藏大规模勘探开发的序幕，随后，在富满油田范围内勘探实践连续6年向坳陷更深处拓展并持续获得发现[6]。2021年2月11日，位于富满油田的满深3井在奥陶系一间房组获得高产油气流，10毫米+8毫米（等效于13毫米）油嘴放喷求产，获产油量1610米³/日、天然气52.5万米³/日，油气当量1690吨/日，创塔里木盆地碳酸盐岩领域单井日产量最高纪录，证实了碳酸盐岩埋深大于8000米的超深层仍然具有良好的勘探开发前景。截至2020年底，富满油田奥陶系已探明石油地质储量1.02亿吨，发现三级油气储量当量为4亿吨，高效建成了原油产量为160万吨/年的大油田。总结富满油田碳酸盐岩超深层断控型油气藏的特征和勘探开发关键技术必将丰富古老碳酸盐岩油气成藏理论，提高对大型、特大型油田形成规律的认识，对下一步勘探部署、决策和新领域拓展具有重要的指导意义。

1 基本地质特征

1.1 油田位置与构造特征

富满油田主体位于塔里木盆地北部坳陷中部的阿满过渡带，其中，中国石油天然气股份有限公司的矿权面积为1.7万平方千米，主力产层为中奥陶统鹰山组二段——一间房组。阿满过渡带南、北连接了中央隆起和塔北隆起，东、西倾没于满加尔凹陷和阿瓦提凹陷，为一近SN走向的"马鞍形"构造低梁（图1）。富满地区经历了多期构造活动，但长期处于南、北两大隆起区之间的构造低部位，奥陶系目的层现今的构造平缓，呈北高南低、东西倾没的大型鼻状，埋深在7200—8500米，平均约为7500米。

1.2 地层特征

富满地区古生界发育齐全，前寒武纪裂陷-坳陷体系以及寒武纪—奥陶纪克拉通碳酸盐台地从形成到消亡的演化控制了古生界碳酸盐岩生-储-盖组合的分布。盆地古构造特征的研究表明，塔里木盆地具有南华纪为断陷盆地、震旦纪为坳陷盆地的"二元"结构模式[7]，富满地区主体处于裂陷-坳陷体系的沉降中心区。早寒武世早期，富满地区继承了震旦纪晚期的坳陷构造背景，沉积了一套从陆棚斜坡到盆地相的玉尔吐斯组优质烃源岩。寒武纪—中奥陶世，富满地区作为塔西台地的一部分，发育了总厚度超过3千米的海相碳酸盐岩地层，形成了上、中、下3套储-盖组合（图2）。其中，在早、中寒武世，塔西台地从雏形到形成阶段，下寒武统潮坪相白云岩与中寒武统潟湖相膏盐岩构成了下部储-盖组合，整体厚度约为1千米；晚寒武世—早奥陶世，塔西台地达到最大范围，沉积了1500米厚的白云岩和灰岩，并在自身局部致密灰岩封盖下形成中部储-盖组合；中奥陶世，塔西台地范围缩小、南北开始分异，富满地区中奥陶统鹰山组一段+二段和一间房组连续沉积了厚度约为600米的厚层灰岩，与晚奥陶世沉积的混积陆棚巨厚泥岩形成优质的储—盖组合。

1.3 储层特征与成因

富满油田一间房组、鹰山组碳酸盐岩储层总体具有基质物性差、缝洞储层非均质性强的特点。岩心的物性分析显示，孔隙度分布在0.54%—7.46%，平均为2.17%，主峰位于1.80%—4.50%；渗透率分布在0.0079—391.0000毫达西，主峰位于0.1—1.0毫达西，81%的样品实测渗透率小于1.0毫达西，基质基本不具备有效储集空间。岩心的薄片分析显示，碳酸盐岩原生孔隙几乎消失殆尽，储集空间主要为构造破裂及次生溶蚀作用形成的裂缝、孔、洞（图3），镜下多见未充填的构造缝、溶蚀缝和沿裂缝形成的溶蚀孔洞，少见粒间溶孔和粒内溶孔。钻井统计表明，目的层钻遇的洞穴与规模缝洞体普遍发生大量的钻井液漏失或钻井放空现象，总体上，完钻井的放空漏失率占比达67.5%。其中35.7%的井钻遇洞穴发生放空，最大垂直放空为18.6米（跃满7JS井），最大水平放空为6.2米（满深3井，未探到边界）；67.5%的井在钻进过程中发生钻井液漏失，最大漏失量为3231.33立方米，漏失段与测井解释的Ⅰ类、Ⅱ类裂缝—孔洞型储层的对应性好。

富满油田奥陶系鹰山组二段——一间房组的碳酸盐岩缝洞型储层受走滑断裂控制非常突出。该地区所处的阿满过渡带长期处于南、北两大古隆起夹持的构造低部位，沉积期水体较深、地层连续，远离加里东期古隆起不整合区的距离达80—150千米（图1），缺乏表生岩溶条件，且在已有的23口取心井中尚未发现典型的表生溶蚀证据；取心观察到的有效孔、洞均与裂缝密切相关，溶蚀现象对颗粒、胶结物没有选择性，具有成岩后埋藏溶蚀的特征。富满地区近万平方千米的三维地震储层预测表明，缝洞型储层在平面上沿走滑断裂呈条带状展布，集中发育在走滑断裂附近100—2000米范围内，缝洞带的峰值宽度为200—400米，且80%的缝洞带宽度小于600米，储层带沿断裂延伸长度可达上百千米；纵向上，储层沿断裂破碎带呈花状、板状结构，具有明显的穿层特征，一般发育在鹰山组二段——间房组厚度为500米的范围内，最大可达700米以上；在没有断裂的地区，整体上缺乏缝洞储层发育(图4)。

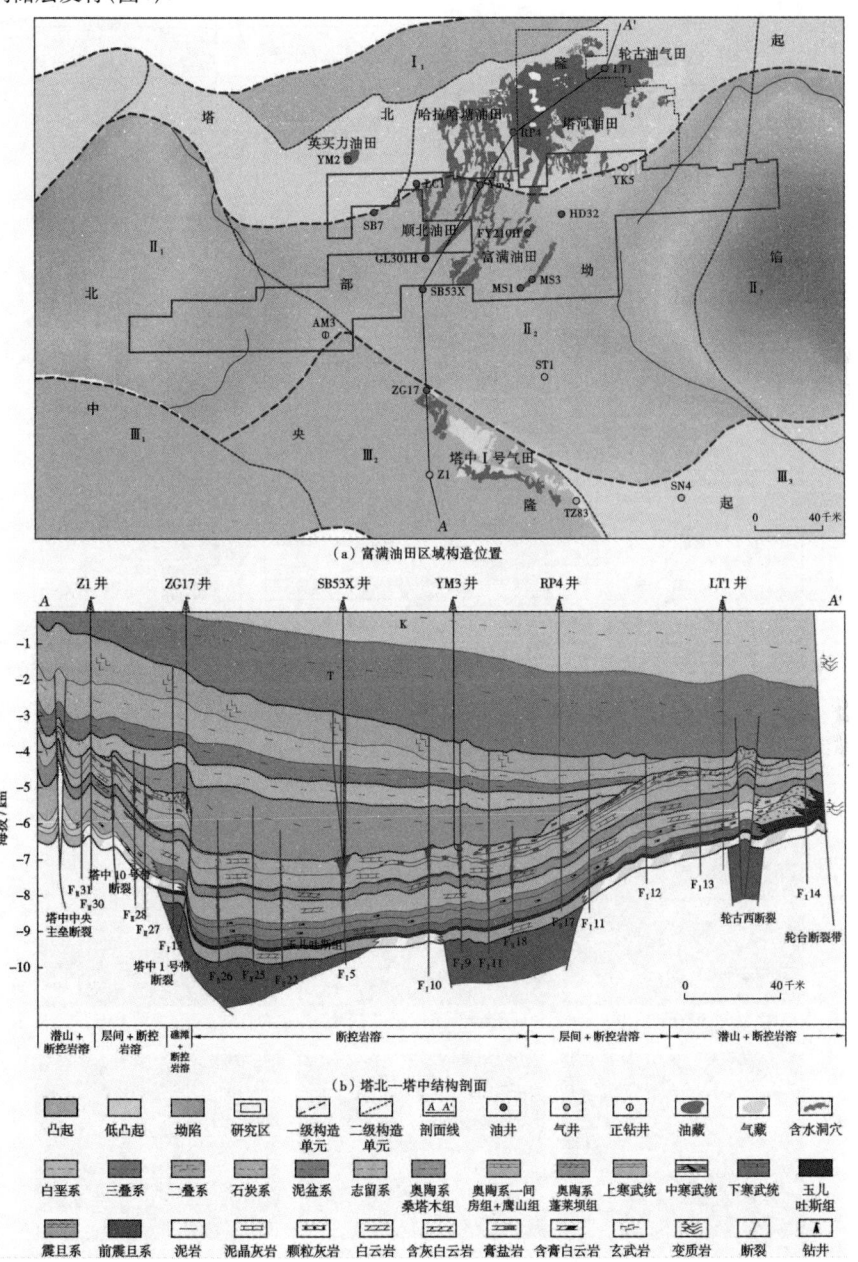

注：I₁—轮台凸起；I₂—英买力低凸起；I₃—轮南低凸起；II₁—阿瓦提凹陷；II₂—阿满过渡带；II₃—满加尔凹陷；III₁—巴楚凸起；III₂—塔中凸起；III₃—古城低凸起。

图1　富满油田区域构造位置及SN向结构剖面

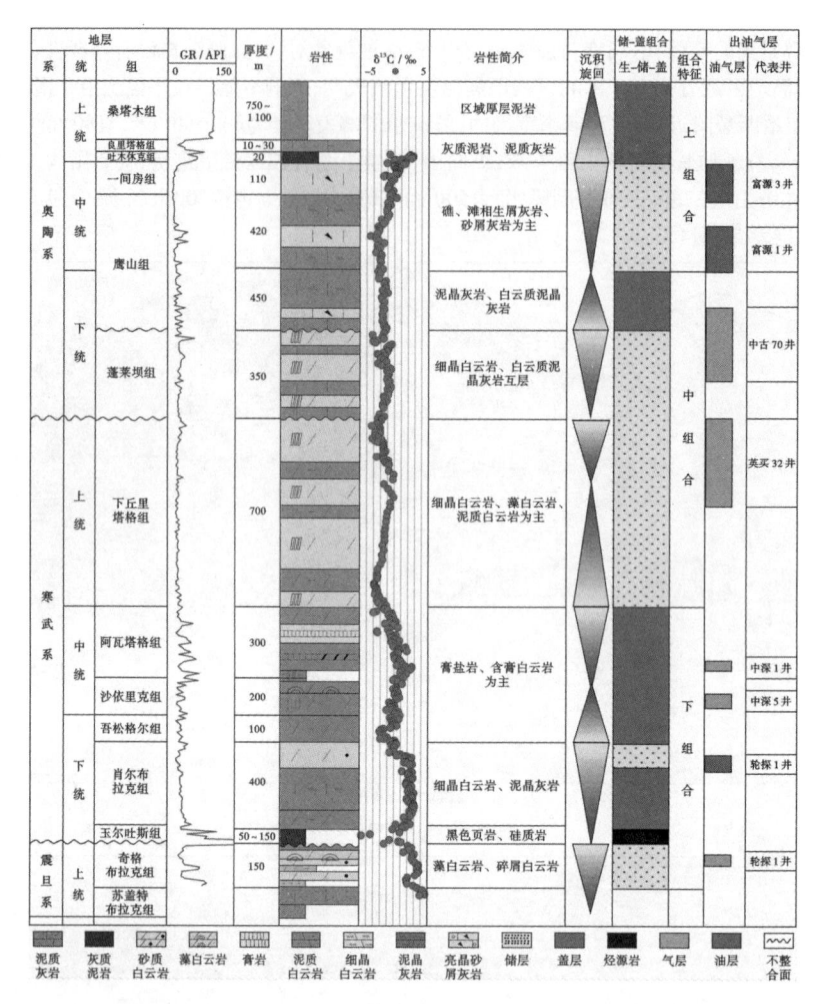

图 2　塔里木盆地富满油田下古生界碳酸盐岩综合地层特征

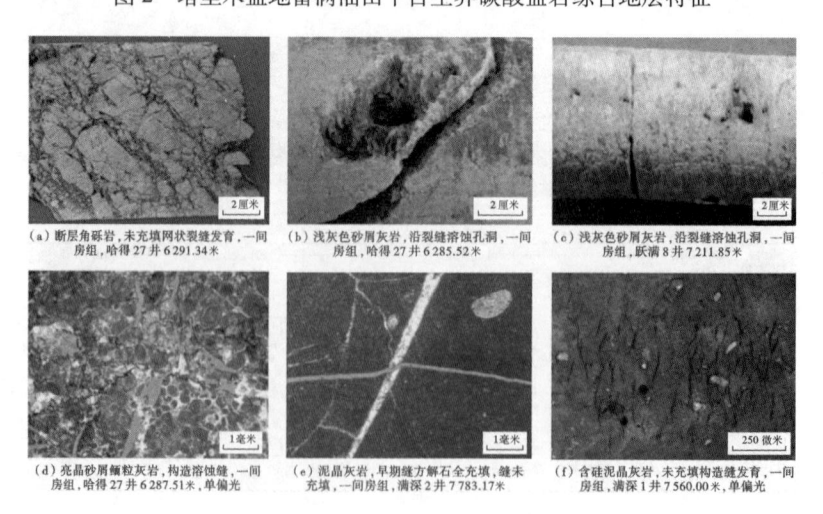

图 3　富满油田奥陶系碳酸盐岩储层典型岩心薄片

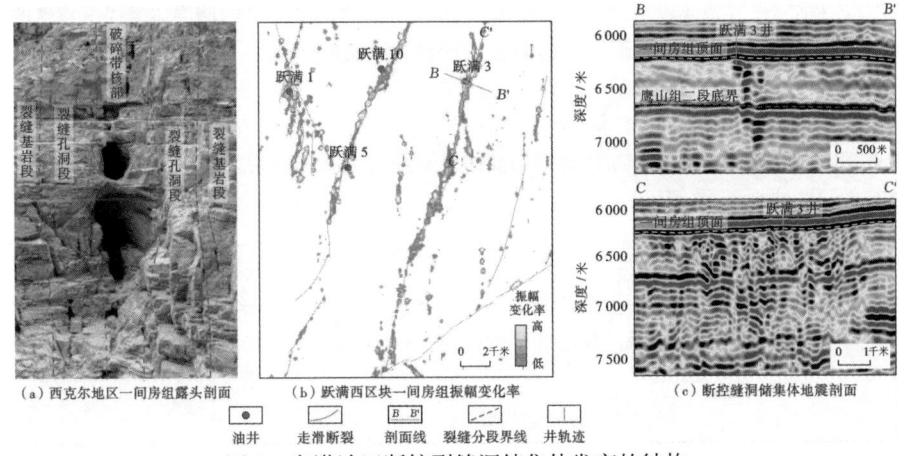

图4　富满油田断控型缝洞储集体发育的结构

综合分析认为,断裂破裂作用是富满地区巨厚碳酸盐岩脆性地层形成规模缝洞型储层的决定性因素。这突破了以往碳酸盐岩高能相带、次生溶蚀、构造破裂"三元"控储的认识,与塔北隆起、塔中古隆起及其围斜区的潜山岩溶、层间岩溶、礁滩体岩溶形成的缝洞型储层有显著差异。一方面,走滑断裂的复杂断层结构在挤压、拉分应力作用下可产生大量构造裂缝和破碎角砾岩缝网;另一方面,走滑断裂特有的海豚效应和丝带效应能够直接在断面形态突变处形成空腔洞穴[8],由这些储集空间形成复合的断裂体-缝洞储集空间。储层发育程度受断裂结构控制,断层面越多、结构越复杂、断层越发育。在多组断裂的交叉处、断裂斜列叠接的拉分段和压隆段、断层面纵横向丝带状扭曲部位,储层最发育;而在断层平直段,储层整体欠发育。此外,中—下奥陶统连续上千米的碳酸盐岩脆性层可有效保护断裂体储层不易受到压实作用影响,这使得在埋深超过8千米的深度处仍然可发育优质裂缝—孔洞型储层。地震标定显示,富满油田发生放空的55口井,其放空段普遍位于断层面上,104口井的漏失段均标定在断层面附近或断裂破碎带内部。

1.4　断控型圈闭特征

前人的研究早已认识到断裂在油气成藏和分布中起着十分重要的控制作用,而早期研究的侧重点是将断裂作为油气运移的垂向通道与油气聚集的侧向遮挡条件。2004年,罗群等[9]提出了自然界可能存在"断层体"圈闭,但并未引起重视;2012年,邬光辉等[10]提出断裂控制了塔中地区奥陶系碳酸盐岩储层的发育和油气富集。近年来,中国断裂控储控藏油气地质理论取得了许多新认识和新成果,相继发现并提出了塔里木盆地塔河—顺北地区奥陶系碳酸盐岩断溶体油藏[11-14]、四川盆地和鄂尔多斯盆地致密砂岩断缝体油气藏[15-16]。这些概念的提出及其良好的勘探开发效果给断控型圈闭研究带来了新的启示。

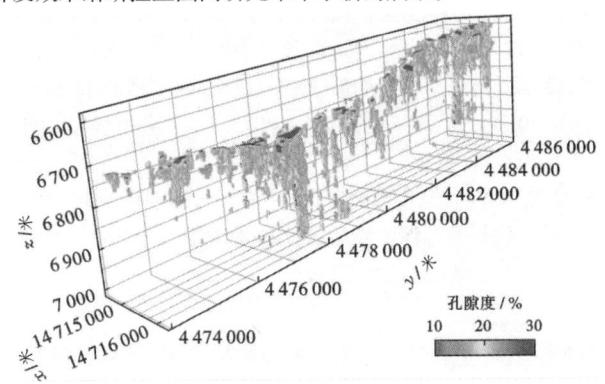

图5　F_117断裂破碎带奥陶系碳酸盐岩储层刻画

富满地区独特的断裂控储特点决定了该地区发育一种新型的碳酸盐岩断控型圈闭,其本质上是走滑断裂相关的缝洞储集体周缘被封闭。这明显不同于储-盖条件分明、遮挡受控于岩层弯曲或断层封闭的常规圈闭。首先，储集空间特殊，在沿走滑断裂发育的致密灰岩中，具有极高孔渗性的储层体组成了特殊的"二元"储层单元，缝洞储层的边界局限在断裂破碎带范围内，造成储层纵横向变化大、物性变化大、孔渗的相关性差；其次，盖层与遮挡条件特殊区域上以上奥陶统桑塔木组巨厚泥岩（750—1100米）作为顶板盖层，奥陶系致密碳酸盐岩既能次生成储也可以侧向封堵，断裂破碎带往往是储集空间而不是封堵边界；最后，单一走滑断裂的走向分段性和减弱消亡特征以及断裂破碎带内储层空间的连通结构控制了沿断裂分段形成不同的圈闭，同一断裂的不同段具有不同的油水界面(图5)。

2 油气藏特征

富满油田目前已发现的油气区面积近7000平方千米，烃类流体类型多样。对现有31口井进行了地层条件下流体的PVT测定，三角图版判定45%的样品为挥发油、42%的样品为正常轻质原油、13%的样品为凝析气—干气(图6)。

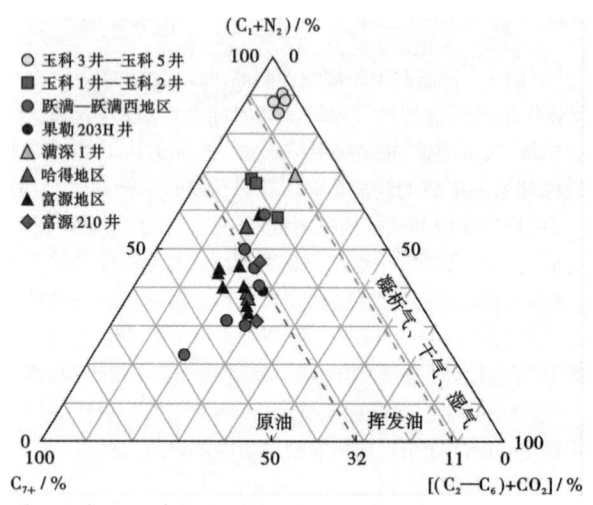

注：C_1—甲烷；C_2—C_6—乙烷—己烷；C_{7+}—庚烷以上烷烃；CO_2—二氧化碳；N_2—氮气。

图6 富满油田烃类流体类型

2.1 原油特征

富满油田整体油质较轻，属于低黏度、低含硫、高含蜡、少胶质和沥青质的优质原油（表1）。轻质原油的密度为0.8201—0.8538克/厘米³，平均为0.8279克/厘米³；黏度为2.027—8.993毫帕·秒，平均为2.776毫帕·秒；含硫量为0.0226%—0.5140%，平均为0.2211%；含蜡量为6.8%—21.8%，平均为11.7%；胶质+沥青质含量为0.1%—8.1%，平均为1.2%；低凝固点。挥发油的原油密度为0.7871—0.8193克/厘米³，平均为0.8080克/厘米³；黏度为1.225—2.780毫帕·秒，平均为1.826毫帕·秒；含硫量为0.0678%—0.1960%，平均为0.1400%；含蜡量为6.2%—13.7%，平均为10.9%；胶质+沥青质含量为0.11%—1.25%，平均为0.45%；凝固点低。凝析油的密度为0.7789—0.8005克/厘米³，平均为0.7915克/厘米³；黏度为1.007—1.521毫帕·秒，平均为1.240毫帕·秒；含硫量为0.0539%—0.0912%，平均为0.0665%；含蜡量为4.2%—12.9%，平均为8.0%；胶质+沥青质含量为0.01%—0.79%，平均为0.43%；凝固点低。化学性质方面，饱和烃含量高(76.32%)，饱和烃/芳烃比值高(6.62)；全油色谱呈前峰单峰态分布，主峰碳为nC_{10}—nC_{11}，轻烃组分保留完整；原油的姥植比（Pr/Ph）为0.87—1.38，由于原油成熟度高及受后生作用的影响，检测到的生物标志化合物含量极少。

2.2 天然气特征

富满油田的天然气以烃类气体为主，气油比为269—2346米³/吨，不同油气分布区气体组分的含量存在显著差异（表2）。甲烷含量为63.47%—88.06%，乙烷含量为2.64%—11.13%，丙烷以上组分的含量为3.19%—15.37%，CO_2含量为1.16—2.44%，N_2含量为4.95%—7.59%，H_2S含量为47.75—3556毫克/米³。轻质油区、挥发油区的天然气干燥系数为72%—82%，为典型湿气；凝析气区的天然气干燥系数高达94%—98%，平均为94.9%，接近于干气。轻质油区、挥发油区的天然气碳同位素含量与北部哈拉哈塘油田具有相似性,其中,甲烷碳同位素($\delta^{13}C_1$)平均为$-48.8‰$,乙烷碳同位素($\delta^{13}C_2$)平均为$-36.4‰$;凝析气区的天然气碳同位素含量与轮古东部地区奥陶系较为接近,其中,$\delta^{13}C_1$平均为$-35.1‰$,$\delta^{13}C_2$平均为$-34.9‰$。原油与天然气地球化学特征的差异反映了富满油田的奥陶系具有多期充注、大面积成藏、早油晚气的成藏特点。

表1 富满油田奥陶系鹰山组二段——一间房组的原油物性

组分	原油密度（克/厘米³）	运动黏度（50℃）（毫帕·秒）	凝固点（℃）	含硫量（%）	含蜡量（%）	胶质+沥青质（%）
轻质油	0.8279	2.776	-6.69	0.2211	11.7	1.20
挥发油	0.8080	1.826	-3.22	0.1400	10.9	0.45
凝析气	0.7915	1.240	-4.22	0.0665	8.0	0.43

表2 富满油田奥陶系鹰山组二段——一间房组天然气组分

区块	气油比（米³/吨）	相对密度	甲烷（%）	乙烷（%）	丙烷以上（%）	N_2（%）	CO_2（%）	H_2S（毫克/米³）	干燥系数（%）
轻质油区	269	0.8532	63.47	11.13	15.37	7.59	2.44	3556.00	72.0
挥发油区	469	0.7408	73.90	9.13	8.23	6.88	1.86	316.22	82.0
凝析气区	2346	0.6334	88.06	2.64	3.19	4.95	1.16	47.75	94.9

2.3 油气藏分布特征

塔北—塔中地区的奥陶系碳酸盐岩缝洞型油气藏整体上具有"西油东气、高重低轻（隆起区高部位原油密度大、坳陷区低部位原油密度小）"有序分布的特征（图7）。自塔北隆起、塔中隆起向富满过渡带，原油密度由大于1.00克/厘米³过渡至0.76克/厘米³，依次出现重质油、轻质油、挥发油、凝析气和干气等分布区，呈现出靠近生烃中心埋深增加、原油密度降低、气油比升高、油气成熟度变大的特点。这种油气性质差异性的形成与下寒武统玉儿吐斯组烃源岩早油晚气且多期生烃[17-18]、走滑断裂在加里东期—海西期活动以及中寒武统膏盐岩盖层的分布有关。在富满油田中寒武统的台缘带及其以东的YK3井区和YK4井区，由于缺乏中寒武统膏盐岩遮挡，早期形成的油藏被喜马拉雅期充注的天然气改造并形成凝析气藏；而在中—西部中寒武统潟湖相膏盐岩分布区，由于几乎未受到晚期气侵改造，以发育海西期轻质油藏和挥发油藏为主。

2.4 温压系统

富满油田奥陶系油气藏在沿大型走滑断裂分布的奥陶系鹰山组二段和一间房组油藏中，纵向连通性较好，普遍为正常温度压力系统，油藏平均深度7500米处的平均地层压力为87.01兆帕、地温160.48℃、压力系数为1.14—1.18、温度梯度为2.33℃/百米。然而，在远离走滑断裂的鹰山组中存在局部孤立的缝洞体，有多口井钻遇异常高压，如富源1井、果勒1井、果勒2井等井中的实测压力系数达1.36—1.63。通过物质平衡方程计算，这些井钻遇的缝洞体规模普遍小于5万立方米，综合分析定容小型缝洞体在海西期成藏后的长期封闭性，中生界—新生界快速深埋产生的水热增压作用是造成局部异常高压的主要原因。

2.5 油藏类型与油气成藏模式

富满油田奥陶系鹰山组二段——一间房组碳酸盐岩油气藏是受走滑断裂控制的碳酸盐岩缝洞型断裂体油藏（图8）。平面上，油气主要沿通源的深大断裂或与之相关的次级断裂呈条带状展布，通常表现为"大断裂、大油藏"和"小断裂、小油藏"，不同断裂带和同一断裂带不同断裂体圈闭没有统一的油水界面。

阿满过渡带的油气主要来源于其下部的下寒武统玉儿吐斯组斜坡相凝缩段烃源岩及东部满加尔坳陷寒武系至中—下奥陶统盆地—斜坡相烃源岩[19-20]。流体包裹体、油气地球化学特征的综合研究表明，油气成藏的关键时期为海西晚期和喜马拉雅期。油气成藏具有"寒武系供烃、多期成藏、断裂控储、垂向运聚"的特点（图8）[21]。在加里东期志留系沉积后，北部坳陷广泛生油，走滑断裂规模发育；由于成岩作用较弱，断裂与储层的连通性好，油气主要向古隆起高部位运聚，并在上奥陶统泥岩减薄尖灭区遭受强烈氧化降解，形成稠油、沥青分布区，如在富满地区多口井的岩心中可见早期沥青质残留。在海西期二叠系沉积后，受火成岩影响，地温梯度升高、走滑断裂普遍活化，烃源岩生成大量轻质油沿走滑断裂垂向运聚，在富满地区的奥陶系中形成大范围规模成藏。喜马拉雅期以来，满加尔坳陷由于埋深大、地温梯度高而成为生气中心，并在中寒武统台缘带的膏盐岩缺失区，从轮古东部地区到古城地区寒武系台缘带发生严重气侵，早期形成的油藏被后期充注的天然气所改造，形成凝析气藏；而在中—西部广大地区，由于受膏盐岩塑性封堵，仅在大型走滑断裂的局部活动段有晚期点状充注，最终形成目前"西油东气"的分布格局。

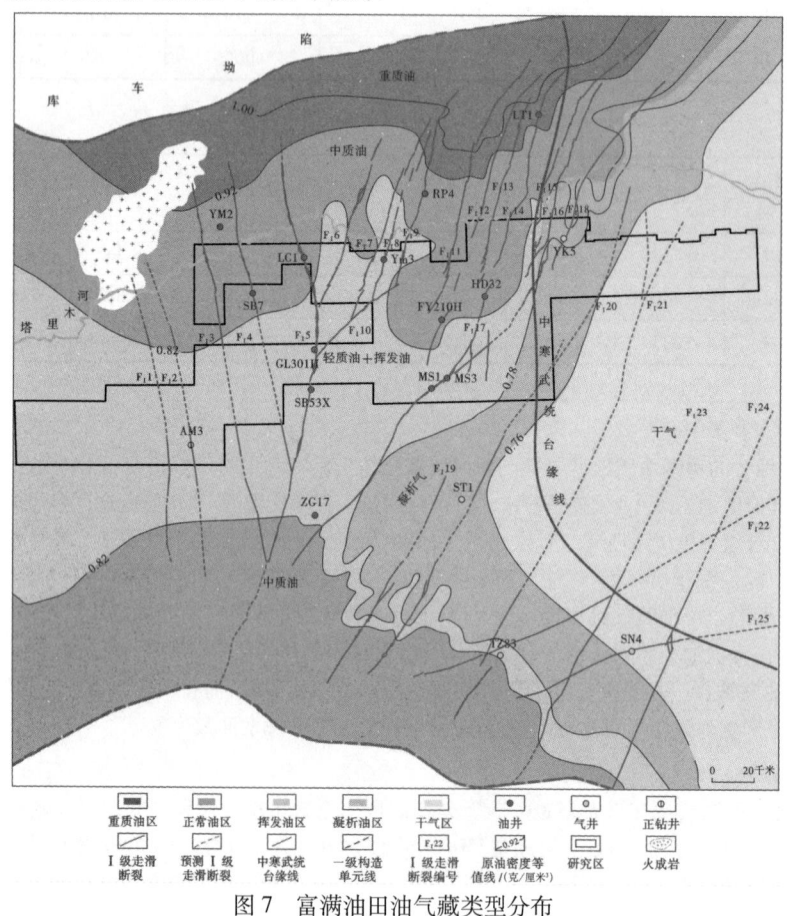

图 7 富满油田油气藏类型分布

Fig.7 Distribution of oil and gas reservoir types in Fuman oilfield

3 大油田形成的地质条件

3.1 下寒武统烃源岩大面积分布，油气源条件优越

2012年以前，塔北—塔中地区奥陶系碳酸盐岩油气藏的主力烃源岩层位存在一定争论[22-24]，但随着中深1井、轮探1井等井相继在寒武系测试获得高产油气流，目前从地质角度确定中—下寒武统玉尔吐斯组为塔北—塔中地区主力烃源岩的认识已成为主流。塔里木盆地北部坳陷下寒武统玉尔吐斯组是一套陆棚斜坡—盆地相的优质烃源岩，具有分布范围广、有机质丰度高、类型好、成熟度高的特点。野外剖面上玉尔吐斯组的总有机碳（TOC）含量测定显示，其含量可达7%—14%，局部区域可高达22.39%。2020年，中国石油天然气股份有限

公司部署在塔北隆起上的亚洲陆上第一口深井轮探1井钻穿寒武系，在盆地内8600米以下钻遇玉尔吐斯组优质烃源岩，厚度为81米。其中，下段灰黑色泥岩厚度为18米，TOC分布在2.43%—18.48%（样品数量为22）、平均为10.10%，有机质类型为腐泥质，Ro为1.5%—1.8%；上段含泥灰岩段厚度为63米，TOC分布在0.02%—3.70%、平均为1.45%，达到中等烃源岩标准。富满油田奥陶系原油与轮探1井玉儿吐斯组烃源岩的生物标志化合物特征高度一致，其三环萜烷以C_{23}为主峰，C_{30}藿烷与C_{29}藿烷相当，C_{27}、C_{28}、C_{29}甾烷呈"V"型分布，由此判断富满地区原油主要来自玉尔吐斯组烃源岩。

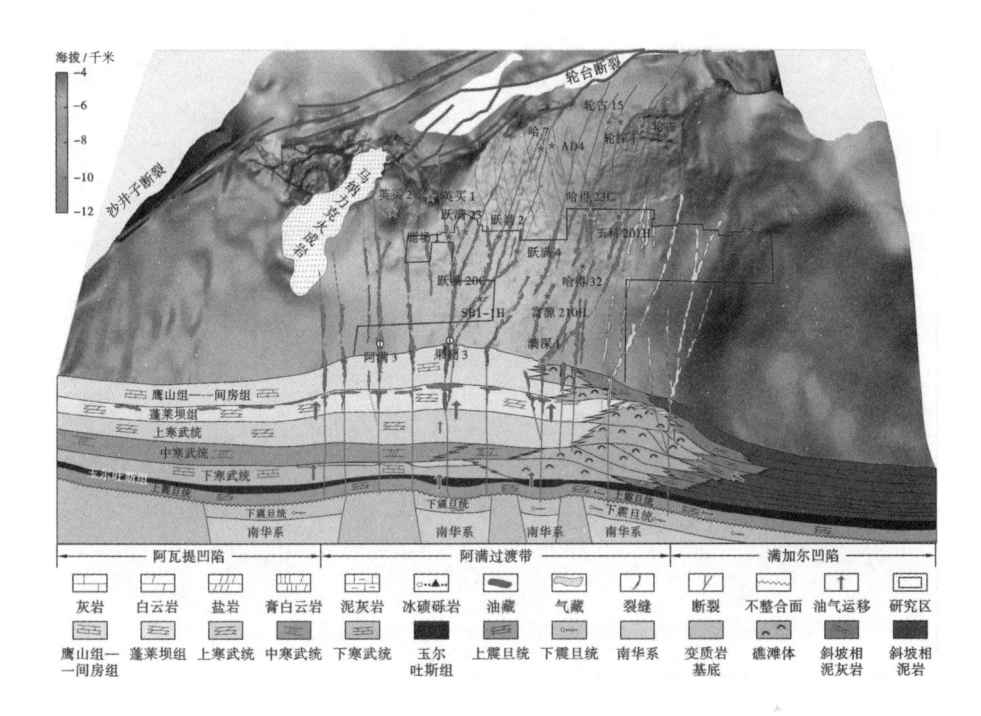

图8　富满油田EW向油藏模式

近几年，中国石油塔里木油田公司坚持盆地基础研究，利用覆盖全盆地的7.2万千米二维地震格架线与塔北—塔中地区近5万平方千米的三维地震资料，结合阿克苏地区十余条露头剖面和多口钻井资料（星火1井、轮探1井、旗探1井、库南1井、尉犁1井、塔东1井、塔东2井等），通过追踪寒武系底部玉尔吐斯组对应的地震波组，落实了下寒武统烃源岩在塔北隆起与北部坳陷内呈大面积连片发育，分布面积达21.6万平方千米。富满油田处于北部坳陷寒武系主力烃源岩之上，烃源岩厚度为50—150米（图9），构造位于满加尔凹陷与阿瓦提凹陷之间的低梁带上，区域位置十分有利且发育大量走滑断裂沟通烃源岩，油气源条件十分优越。

3.2　中—下奥陶统碳酸盐台地继承性发育，缝洞型储层规模发育的物质基础好

塔里木盆地寒武系—中奥陶统主要发育2个稳定相区，分别是东部满加尔坳陷的盆地相区和西部广泛分布的碳酸盐台地相区。寒武纪—早奥陶世，塔里木盆地总体处于加里东运动早期拉张、伸展阶段，塔西地区发育稳定的克拉通碳酸盐岩建造[25]，塔中—塔北地区处于统一的塔西大型台地内。早奥陶世末期—中奥陶世，受阿尔金岛弧和库地岛弧碰撞影响，塔里木板块周缘由离散向聚敛转变，鹰山组沉积晚期塔中—巴楚地区隆起抬升，塔北地区、塔中地区开始出现分异（图10）。至一间房组沉积期，尽管主体的古地理格局依旧为"西台东盆"，但塔北地区、塔中地区进一步分化（图11）。富满地区所在的阿满过渡带长期处在南、北台隆和东、西凹陷夹持的腰部，虽然中奥陶统的沉积能量较隆起区低，中奥陶统鹰山组——间房组岩性以泥晶灰岩、泥晶颗粒灰岩为主，受不整合暴露溶蚀的条件也比较差，但厚达1200米的巨厚碳酸盐岩脆性地层为后期规模发育的走滑断裂破裂成储提供了丰厚的物质基础。

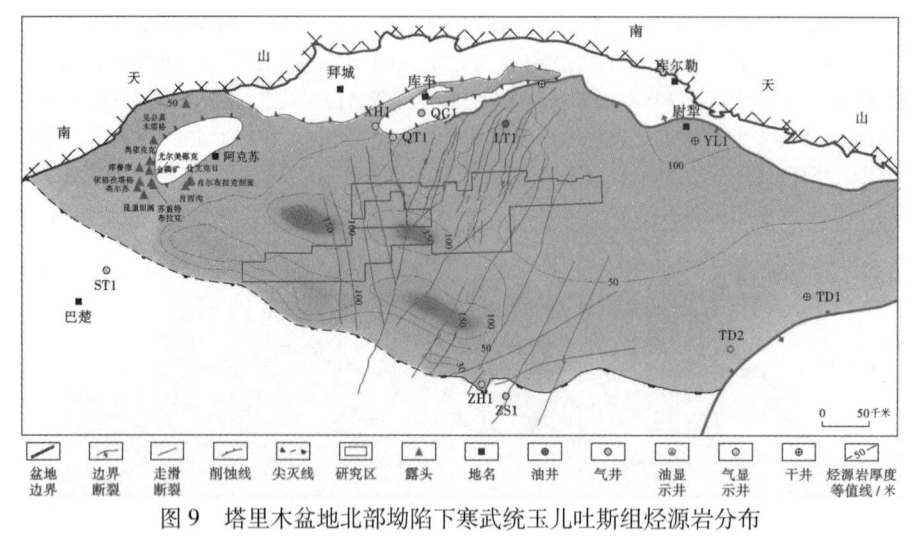

图 9　塔里木盆地北部坳陷下寒武统玉儿吐斯组烃源岩分布

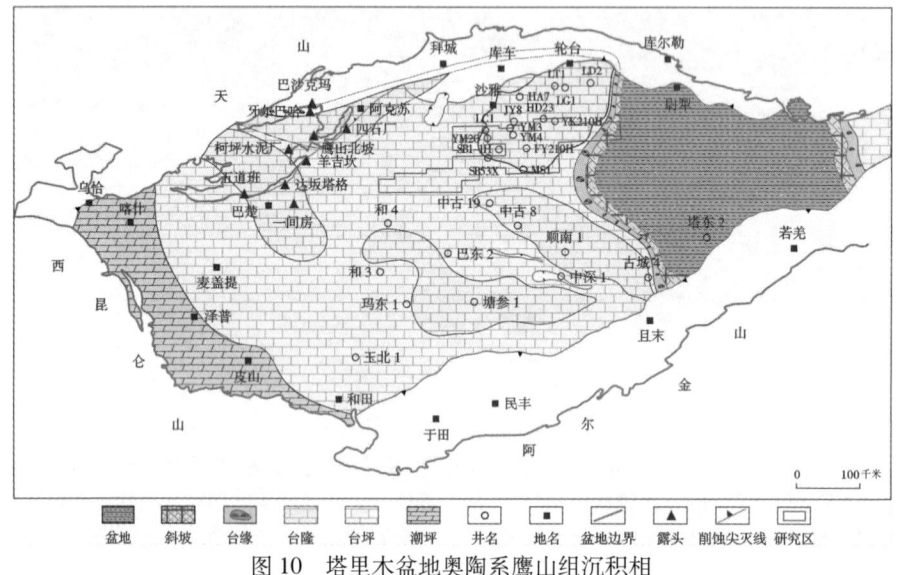

图 10　塔里木盆地奥陶系鹰山组沉积相

3.3　大型走滑断裂发育,既破裂成储又通源控藏

塔里木盆地是典型的小克拉通盆地,盆地周缘被昆仑山、阿尔金山、天山三大造山带所环绕,多块体、多期拼合挤压造成板块内部走滑断裂大规模发育。通过塔北—阿满—塔中地区5万余平方千米三维地震连片解释成图,发现大型断裂带70条,形成分布面积达9万平方千米的走滑断裂系统。受南、北古隆起形态及演化过程控制,塔北地区、塔中地区、阿满过渡带形成相对独立的四大走滑断裂系统分区:塔中凸起NE向调节走滑断裂体系;塔北隆起"X"型共轭走滑断裂体系;阿满过渡带东部NE向单剪走滑断裂体系;阿满过渡带西部NW向单剪走滑断裂体系(图12)。

受多期构造运动影响,走滑断裂具有"多期活动、继承发育"的特征。加里东运动中—晚期(中奥陶统—上奥陶统沉积期),昆仑洋、阿尔金洋先后差异俯冲闭合,盆内形成了来自西南缘、东南缘的强挤压应力,台盆区走滑断裂整体形成,塔中—巴楚地区发育一系列NW向逆冲断裂,NE向走滑断裂体系调节切割逆冲断裂,整体自南向北延伸,大多数消亡于塔中Ⅰ号坡折带;塔北地区受被动大陆边缘反冲作用影响,发育纯剪"X"型共轭走滑断裂体系,断裂整体自北向南延伸、消亡;阿满过渡带处于南、北断裂体系的消亡交汇区,走滑断裂带具有多段生长连接的特征,如F₁17断裂在满深1井呈多段连接的"S"形展布。海西期,南天山洋自东向西呈"剪刀式"闭合造山，工区内F_15断裂、F_117断裂、F_120断裂等Ⅰ级走滑断裂再次活动。印支期—喜马拉雅期，阿满过渡带构造相对稳定，仅在轮南低凸起有个别NE向走滑断裂继承性发育至中生界—新生界。

富满地区整体位于北部坳陷寒武系主力烃源岩之上，走滑断裂具有控储层、控输导、控富集的特征，断裂既是油气输导的路径，又是油气富集的场所。Ⅰ级、Ⅱ级主干走滑断裂向下断穿寒武系烃源岩，向上断至奥陶系灰岩主产层中，纵向上的平均高度为3—4千米，成为油气运移的"高速公路"。统计分析表明，工区绝大多数高效井分布在主干断裂上或主干断裂附近600米范围内，而远离主干断裂或位于分支断裂上的井普遍累计产量低或出水。

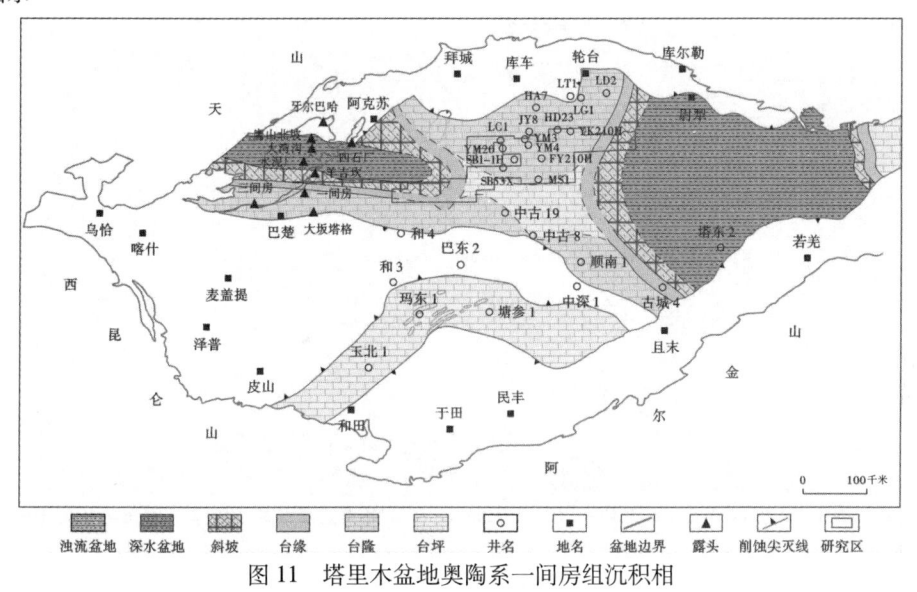

图11 塔里木盆地奥陶系一间房组沉积相

3.4 区域巨厚泥岩盖层长期稳定，为油气保存提供优越条件

晚奥陶世，富满地区碳酸盐台地建造结束，转为混积陆棚，沉积了750—1100米的桑塔木组巨厚泥岩，形成了区域分布的优质盖层，与下伏一间房组—鹰山组发育的缝洞型储层形成了良好的储-盖组合。虽然富满油田中走滑断裂发育且呈多期活动，但油气仍然主要富集在中奥陶统碳酸盐岩中，并未发生大规模的调整、破坏，仅有少量向上运移至志留系、石炭系。一方面，工区仅有F_15断裂、F_117断裂、F_120断裂3条区域Ⅰ级走滑断裂持续活动至海西期，其余断裂均截止于中奥陶统顶或消亡于桑塔木组巨厚泥岩中，且走滑断裂的小断距特点对巨厚泥岩的封盖能力影响较小；另一方面，工区走滑断裂在加里东期形成、海西期活化的演化时间与玉儿吐斯组烃源岩的主力生烃期对应，断裂是油气垂向运移的关键通道。因此，上奥陶统巨厚区域性泥岩盖层和走滑断层演化的特点为富满油田奥陶系碳酸盐岩油气的成藏、保存提供了重要保障。

3.5 勘探潜力与方向

富满地区超深层碳酸盐岩断控型油气藏的发现是塔里木盆地台盆区油气勘探近10年的重大突破。目前，中国石油天然气股份有限公司在该地区的矿权面积约为1.7万平方千米，整体位于北部坳陷寒武系主力烃源岩之上，油气源条件优越；控储、控藏的走滑断裂发育，油气多期充注富集的程度非常高，满深2井钻探证实的油柱高度达550米，仍未见到底水。现已落实Ⅰ级、Ⅱ级走滑断裂34条，总长度为1310千米，测算油气资源量达15亿吨油当量（石油为11亿吨、天然气为5000亿立方米），将成为塔里木油田"十四五"规划（2021—2025年）原油增储上产的主战场之一。目前，在现有三维地震资料区，20条走滑断裂的钻探均获得了突破，石油资源量约为6亿吨，已经快速建成了200万吨原油生产能力，且还在继续上产；富满油田东部无三维地震资料区的面积约为2300平方千米，二维、三维地震解释走滑断裂280千米，估算石油资源量为3亿吨，是现阶段加快勘探的领域；在富满油田西部，埋深小于8千米的有利勘探范围有2800平方千米，发育走滑断裂161千米，估算石油资源量为2亿吨，目前部署的探井阿满3井在鹰山组——间房组已见到良好油气显示，是富满油田的重要接替领域。预计

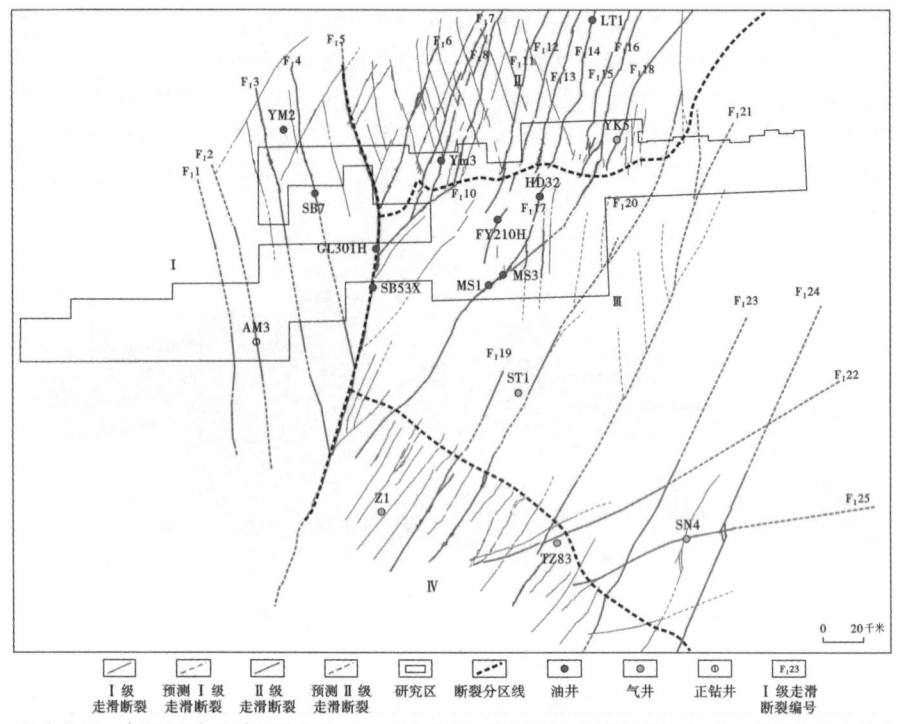

到2025年，富满地区可探明5亿吨石油地质储量，建成500万吨油气产能阵地。

注：I—斜向挤压-单剪NW向走滑断裂体系；II—斜向挤压-单剪NE向走滑断裂体系；III—挤压纯剪走滑共轭断裂体系；IV—复杂构造冲断、调节走滑系统。

图12 塔北隆起、北部坳陷、中央隆起奥陶系走滑断裂纲要

4 高效勘探开发关键技术

4.1 沙漠区"两宽一高"三维地震勘探技术

富满地区奥陶系由于埋藏深度大、地表条件差（主要为浮土、沙漠覆盖区），造成目的层三维地震资料的信噪比低、资料品质差，垂向小断距走滑断裂刻画困难。为满足深层缝洞型碳酸盐岩油气藏精细雕刻的地质需求，中国石油塔里木油田公司大力攻关经济与技术并举的沙漠覆盖区高密度三维地震采集处理技术，地震采集向宽方位、宽频带、高密度转变；突破单一强化地表采集参数的传统做法，形成百万道以上炮道密度、500次以上覆盖次数以及0.7以上纵横比的采集参数，提高深层地震资料品质；地震处理向全局数据驱动网格层析速度建模及逆时偏移转变，攻关形成垂直地震剖面（VSP）驱动地震处理技术，有效提高了断溶体的成像精度；地震解释向断控型碳酸盐岩圈闭描述和缝洞单元定量雕刻转变。储层钻遇率由40%提升至90%。

4.2 碳酸盐岩断控型圈闭描述与评价技术

有效的碳酸盐岩断控型圈闭同样离不开"生、储、盖、运"四大主控因素的有机结合。四大主控因素中的"生"与"储"之间需要建立油气的运移通道，沟通油源的走滑断裂成为圈闭是否有效的关键因素；具有一定储集空间的有效储层及具备封堵条件的盖层同样是断控型圈闭成藏的关键因素。中国石油塔里木油田公司通过近年的勘探开发实践，逐步形成了通源走滑断裂、有效储层描述和盖层条件预测等系列研究思路和技术方法，实现了断控型圈闭的定量描述；提出了断控型圈闭走滑断裂定带、定段、定边、定面、定容的"五定"圈闭识别与评价方法、流程与规范；形成了双重滤波属性、张量厚度、最大似然属性技术评价走滑断裂破碎带的分布与强度；创新利用沉积相+断裂地震相"双相控"地质统计学反演、振幅梯度及其三维雕刻技术描述断裂体储层分布、规模及结构。目前，应用断控型圈闭识别、评价方法技术，已梳理出塔里木盆地70条深大走滑断裂带和一大批断控型圈闭，实现了超深层碳酸盐岩勘探的重大突破、储量有效动用和高效规模建产。

4.3 超深层断控缝洞型碳酸盐岩油藏高效布井技术

抓住深大断裂的控储、控圈、控藏作用,形成了断裂带集中布井,"逐条勘探、逐段评价、一体化探明开发"的布井思路。对于勘探初期的少量预探井,利用逐条断裂取得的发现,快速控制整体含油气格局;在评价阶段,对于每段上的少量评价井,通过开发的快速介入,开发井兼顾评价作用,评价油柱高度和不同类型断裂段的油气产能,形成储量与建产同步;在开发阶段,以油藏单元为对象,择优集中建产。如F_I17走滑断裂在中国石油天然气股份有限公司矿权区内的延伸长度达87千米,2020年,中国石油塔里木油田公司依靠MS1井和HD32井2口一南一北的预探井快速落实了一条石油资源量超过2亿吨的断裂带。

围绕主干走滑断裂,中国石油塔里木油田公司总结形成了"四定"高效井位部署技术:通源断裂分级、分期定富集带,主要选择在Ⅰ、Ⅱ级断裂开展井位部署;断裂分类、分段定富集段,优先选择储层连通性好的张扭拉分段,其次为压扭挤压段,平移线性段目前的开发效果最差;主干断裂规模储集体定高效井,优先选择缝洞储集体雕刻体积大、纵向发育深、振幅反射强的目标;走滑断裂破碎带建模定井型,采用短半径水平井横穿断裂破碎带,从"见好就收"到"打漏强钻",提升优质储层的钻遇率,增大泄油面积,大幅度提高储量动用程度。通过不断优化高效井位部署技术,富满油田近3年的钻井成功率从70%提升至95%以上,新井的单井产油量从35吨/日提高至70吨/日以上,高效建成了百万吨大油田。

4.4 地质—工程一体化钻完井配套技术

通过持续提升地质—工程一体化配套技术,有效推动了富满油田断控碳酸盐岩的高效开发。攻关形成VSP随钻地震处理技术,提高地震资料品质和缝洞体空间归位,工程及时调整钻井靶点及轨迹,确保钻遇规模缝洞储集体,提高放空漏失率。通过不断优化井身结构,保障全生命周期井的完整性。2016年之前,技术套管下深并未将吐木休克组泥岩封堵,造成生产后期砂埋、井眼垮塌等工程复杂状况,目前,通过调整技术套管下深至一间房组顶面以下2—4米,井筒垮塌、堵塞大幅度减少,保障了后期单井试采效果。

持续完善超深层碳酸盐岩完井及储层改造技术,实现单井提产增效。通过在无固相中完井,减少储层伤害;推广应用"胶凝酸+交联酸+自生酸"酸液体系,实现对近、中、远地层分段深度刻蚀,建立长期、高效的渗流通道,大幅提高单井产量。2020年实施储层改造10井次,改造后平均单井产油量由59米^3/日增加至91.6米^3/日,提高55%。

5 结论

(1)富满油田发育新型超深层碳酸盐岩断控型油气藏,走滑断裂控储层、控圈、控富集,具有圈闭类型特殊、油柱高度大、油品性质好、单井产量高等特点。在埋深达8千米的碳酸盐岩巨厚脆性地层中,断裂破裂作用仍然能够形成优质的缝洞型储层,走滑断裂既是油气垂向充注的路径,又是油气富集成藏的场所。富满油田勘探的重大突破及理论技术创新与实践对中国其他海相碳酸盐岩盆地油气勘探具有重要的借鉴意义,将有力推动中国超深层油气勘探的进程。

(2)沙漠区超深层高密度、宽方位三维地震采集、弱走滑断裂刻画、碳酸盐岩断裂体圈闭评价、高效井位部署、超深层钻完井等配套技术是支撑富满油田超深层复杂碳酸盐岩油藏实施规模与效益勘探开发的关键。

参考文献

[1] 田军.塔里木盆地油气勘探成果与勘探方向[J].新疆石油地质,2019,40(1):1–11.

[2] 黄少英,杨文静,卢玉红,等.塔里木盆地天然气地质条件、资源潜力及勘探方向[J].天然气地球科学,2018,29(10):1497–1505.

[3] 宁超众,孙龙德,胡素云,等.塔里木盆地哈拉哈塘油田奥陶系缝洞型碳酸盐岩储层岩溶类型及特征[J].石油学报,2021,42(1):15–32.

[4] 朱光有,曹颖辉,闫磊,等.塔里木盆地8000m以深超深层海相油气勘探潜力及方向[J].天然气地球科学,2018,29(6):755–772.

[5] 杨海军,陈永权,田军,等.塔里木盆地轮探1井超深层油气勘探重大发现与意义[J].中国石油勘探,

2020, 25(2): 62-72.

[6] 杨海军,邓兴梁,张银涛,等.塔里木盆地满深1井奥陶系超深断控碳酸盐岩油气藏勘探重大发现及意义[J].中国石油勘探, 2020, 25(3): 13-23.

[7] 陈永权,严威,韩长伟,等.塔里木盆地寒武纪/前寒武纪构造—沉积转换及其勘探意义[J].天然气地球科学, 2019, 30(1): 39-50.

[8] 李映涛,漆立新,张哨楠,等.塔里木盆地顺北地区中——下奥陶统断溶体储层特征及发育模式[J].石油学报, 2019, 40(12): 1470-1484.

[9] 罗群,黄捍东,庞雄奇,等.自然界可能存在的断层体圈闭[J].石油勘探与开发, 2004, 31(3): 148-150.

[10] 邬光辉,杨海军,屈泰来,等.塔里木盆地塔中隆起断裂系统特征及其对海相碳酸盐岩油气的控制作用[J].岩石学报, 2012, 28(3): 793-805.

[11] 鲁新便,胡文革,汪彦,等.塔河地区碳酸盐岩断溶体油藏特征与开发实践[J].石油与天然气地质, 2015, 36(3): 347-355.

[12] 程洪,汪彦,鲁新便.塔河地区深层碳酸盐岩断溶体圈闭类型及特征[J].石油学报, 2020, 41(3): 301-309.

[13] 焦方正.塔里木盆地顺北特深碳酸盐岩断溶体油气藏发现意义与前景[J].石油与天然气地质, 2018, 39(2): 207-216.

[14] 刘宝增,漆立新,李宗杰,等.顺北地区超深层断溶体储层空间雕刻及量化描述技术[J].石油学报, 2020, 41(4): 412-420..

[15] 王威,凡睿.四川盆地北部须家河组"断缝体"气藏特征及勘探意义[J].成都理工大学学报:自然科学版, 2019, 46(5): 541-548.

[16] 何发岐,梁承春,陆骋,等.鄂尔多斯盆地南缘过渡带致密-低渗油藏断缝体的识别与描述[J]. 石油与天然气地质, 2020, 41(4): 710-718.

[17] 张水昌,朱光有,杨海军,等.塔里木盆地北部奥陶系油气相态及其成因分析[J].岩石学报, 2011, 27(8): 2447-2460.

[18] 赵文智,朱光有,苏劲,等.中国海相油气多期充注与成藏聚集模式研究——以塔里木盆地轮古东地区为例[J].岩石学报, 2012, 28(3): 709-721.

[19] 潘文庆,陈永权,熊益学,等.塔里木盆地下寒武统烃源岩沉积相研究及其油气勘探指导意义[J].天然气地球科学, 2015, 26(7): 1224-1232.

[20] 易士威,李明鹏,郭绪杰,等.塔里木盆地寒武系盐下勘探领域的重大突破方向[J].石油学报, 2019, 40(11): 1281-1295.

[21] 张丽娟,范秋海,朱永峰,等.塔北哈6区块奥陶系油藏地质与成藏特征[J].石油地质, 2013, 2(2): 7-12.

[22] 赵靖舟.塔里木盆地北部寒武—奥陶系海相烃源岩重新认识[J]. 沉积学报, 2001, 19(1): 117-124.

[23] 卢玉红,肖中尧,顾乔元,等.塔里木盆地环哈拉哈塘海相油气地球化学特征及成藏[J].中国科学D辑:地球科学, 2007, 37(S2): 167-176.

[24] 朱光有,杨海军,朱永峰,等.塔里木盆地哈拉哈塘地区碳酸盐岩油气地质特征与富集成藏研究[J].岩石学报, 2011, 27(3): 827-844.

[25] 林畅松,杨海军,蔡振中,等.塔里木盆地奥陶纪碳酸盐岩台地的层序结构演化及其对盆地过程的响应[J].沉积学报, 2013, 31(5): 907-919.

库车前陆冲断带博孜—大北万亿方大气区的形成机制

杨学文[1]　王清华[1]　李　勇[1]　吕修祥[2,3]　谢会文[1]　吴　超[1]
王翠丽[1]　王　祥[1]　莫　涛[1]　汪　瑞[2,3]

1．中国石油塔里木油田公司,新疆　库尔勒841000
2．中国石油大学(北京)地球科学学院,北京102249
3．中国石油大学(北京)油气资源与探测国家重点实验室,北京102249

摘　要：库车前陆盆地克拉苏构造带博孜—大北地区超深层是塔里木油田目前油气勘探的重点领域,评价天然气资源量超万亿立方米。基于岩心、薄片、分析化验、测井及生产资料,对博孜—大北地区的油气源、储层、盖层特征进行分析,系统研究了该地区油气输导与充注特征,深入分析了博孜—大北地区油气成藏条件和油气聚集过程,明确了博孜—大北万亿立方米大气区的形成原因。研究结果表明:油气成藏具有"早期聚油,晚期聚气,超压充注,垂向输导、高效聚集"的总体特征。"早期浅埋、晚期快速深埋"使烃源岩具备持续生烃能力;良好的储、盖配置关系和断裂体系的垂向输导为油气的运聚提供了先决条件。成熟过成熟的烃源岩,平面成排成带、垂向叠置分布的圈闭群,优质储层相带以及巨厚膏盐岩盖层在博孜—大北地区有效叠合,形成高丰度、超高压的大气藏群。

关键词：库车前陆盆地;前陆冲断带;克拉苏构造带;高压;油气聚集模式

中图分类号：TE122　**文献标志码**：A　**文章编号**：1005 2321(2022)06 0175 13

引言

前陆盆地是世界上油气资源最丰富的一种盆地类型,前陆冲断带处于前陆盆地活动翼(activelimbs),是重要的深层油气聚集场所[1-2]。我国中西部叠合盆地经历了多期改造,在燕山—喜山运动后,形成了多条大型前陆冲断带,冲断带内圈闭面积大、输导体系高效、油气资源潜力巨大。前陆冲断带大气田在我国中西部叠合盆地广泛分布,资源量丰富,其成藏条件与富集控制要求较为严苛,主要受烃源岩发育、储层发育、圈闭条件、盖层条件等多要素的综合影响;由于逆冲断裂发育,断裂在油气的运移成藏中发挥了重要作用,因此前陆盆地保存条件非常关键,优质盖层区是大气田发育有利区;多年的勘探实践表明构造圈闭为前陆盆地中的油气勘探重点目标[3-4]。

库车前陆盆地是我国重要的天然气勘探开发基地,油气资源主要富集在前陆冲断带[5],近些年来,在克拉苏冲断带西段的博孜—大北地区连续获得勘探突破。2015年以来,在库车前陆盆地博孜—大北地区累计发现圈闭54个,资源量超万亿立方米,新发现气藏22个,上交天然气三级储量近8000亿立方米,克拉苏构造带又一个万亿立方米大气区基本建成。前人对库车前陆盆地油气成藏的研究主要侧重于对克拉苏东部克拉、克深区块的典型油气藏特征、成藏过程、油气成藏条件与成藏主控因素的分析[5-8]。随着博孜—大北区块勘探的不断深入,需要对大气区形成机制进行全面的总结,以丰富前陆冲断带油气地质理论,并为进一步的勘探工作提供可靠的依据。

收稿日期：2022-07-07；修回日期：2022-07-26
基金项目：中国石油天然气股份有限公司重大科技专项（2018E-1806）
作者简介：杨学文（1962—），男，博士，教授级高级工程师，主要从事油气勘探研究及管理工作。E-mail:yangxuewen@petrochina.com.cn

本文利用岩心、薄片、分析化验、地震、测井等生产资料,分析储盖配置关系,厘清油气来源及成藏期次,明确圈闭发育分布规律,系统梳理研究区大型油气聚集区形成的关键控制因素,回答博孜—大北地区为什么能形成万亿立方米规模的大型气区,并建立博孜—大北地区油气聚集模式。

1 区域地质概况

库车前陆盆地位于塔里木盆地北部,南天山褶皱带与塔北隆起之间[9],平面上表现为中部宽、向东西变窄的NE-SW向狭长条带,是一个经历多期构造变形的"再生"含盐前陆盆地。现今库车坳陷的构造格局可以划分为4个构造带、3个凹陷带和1个隆起带[10-11],由北部单斜带、克拉苏构造带、依奇克里克构造带、秋里塔格构造带、阳霞凹陷、拜城凹陷、乌什凹陷和南部斜坡带8个次级构造单元组成,博孜—大北区块位于库车前陆盆地北数第二排构造,即克拉苏构造的西段(图1)。

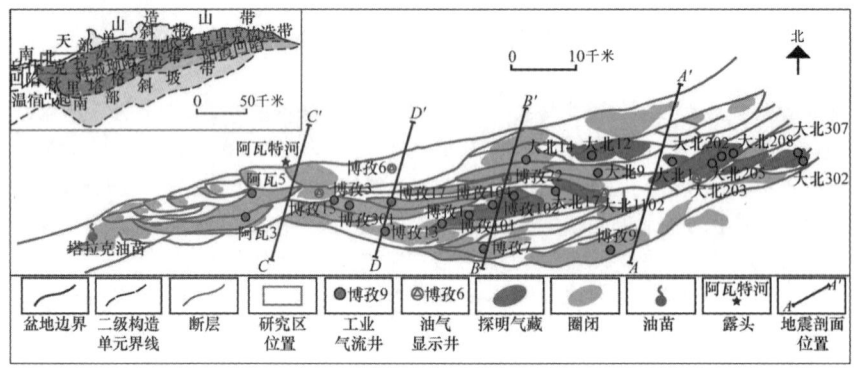

图 1 博孜—大北地区构造特征与圈闭分布
(据文献[12]修改)

博孜—大北地区圈闭具有南北成排成带、垂向叠置的特点,以断背斜和突发构造为主,主要含油气层系为白垩系巴什基奇克组和巴西改组,岩性以砂岩和砂砾岩为主,上覆巨厚的古近系库姆格列木群盐层、膏盐岩层,形成一套优质的储盖组合。气藏埋深5000—8200米,压力81.20—144.34兆帕,压力系数为1.55—1.89;流体主要以凝析气、湿气为主,气藏间气油比差异大,东部的大北3区块表现为干气特征,南部的博孜7区块为挥发性油藏。

2 良好的储盖配置

2.1 储集性能良好的巨厚储层

库车坳陷克拉苏构造带具有区域性的优质储、盖组合,古近系巨厚的膏盐岩具有封闭高压—超高压油气层的能力[12-14]且直接覆盖白垩系巴什基奇克组与巴西改组砂岩—砾岩储层之上,具备了形成大型超大型、高压—超高压油气藏的物质条件(图2)。

博孜—大北地区在白垩系沉积时期,气候炎热干旱,受古地貌、古物源和古水流控制,自西往东,沉积环境由双物源的半封闭湖盆变化为单物源的宽广湖盆。西部博孜区段在温宿古隆起和南天山造山带限制下,盆地南北向可容空间相对较小,湖盆深度浅,沉积厚度相对较薄,为南天山、温宿隆起双物源沉积;东部大北区段早白垩世沉积主要受南天山造山带影响,沉积可容空间较西部相应变大,湖盆变深,沉积厚度增大,为南天山单物源沉积。

巴西改组底部沉积物以杂色小砾岩、细砾岩、砂砾岩等为主,中下部为灰褐色中砂岩、细砂岩夹薄层褐色泥岩,指示扇三角洲前缘亚相沉积,巴西改组上部水体变深,沉积物以褐色泥岩夹褐灰色细砂岩、粉砂岩为主,为湖泊相滨浅亚相沉积。巴什基奇克组以褐色中砂岩、细砂岩为主,为辫状河三角洲前缘亚相沉积,砂体多为水下分流河道沉积。巴什基奇克组在整个库车坳陷范围内大面积快速沉积,垂向上多期河道砂体相互叠置,形成巨厚的砂岩储集体[15](图3)。

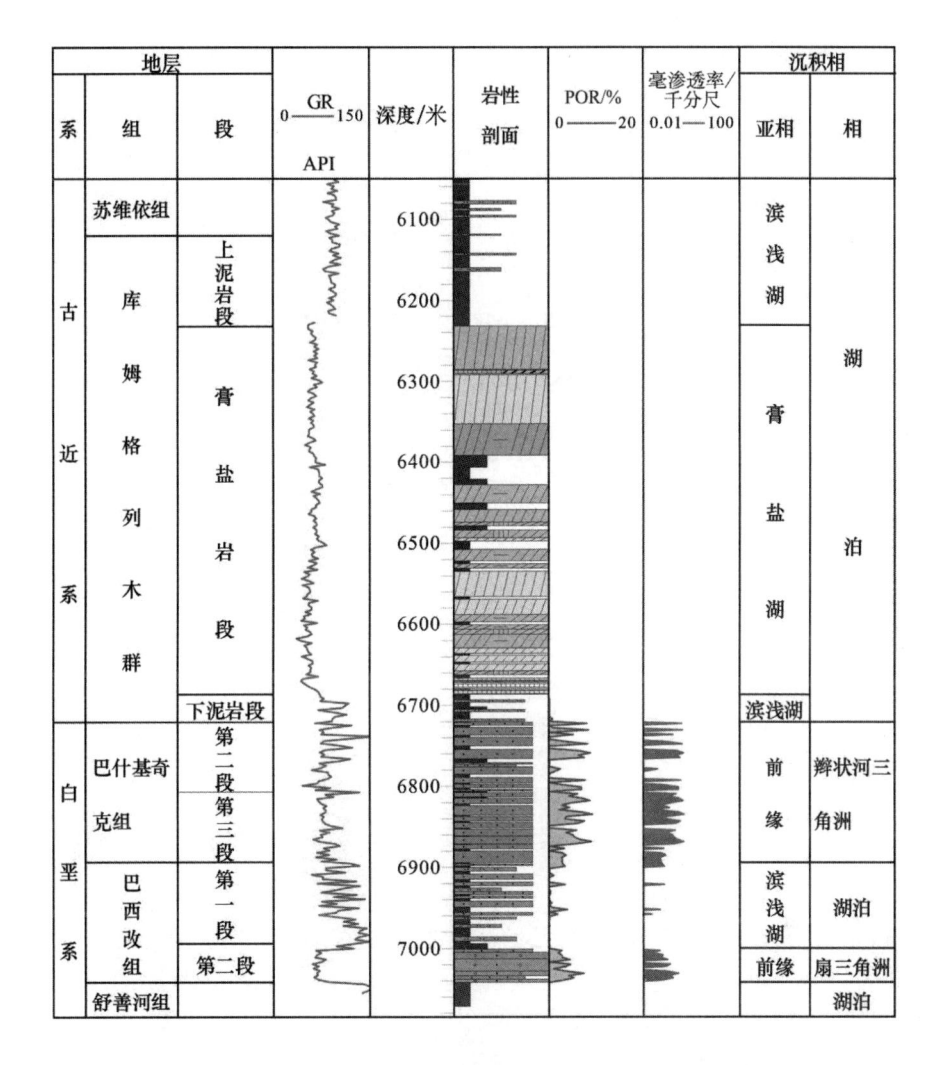

图 2　博孜 104-2 井古近系—白垩系综合柱状图

白垩纪末期,塔里木盆地整体抬升,全盆地白垩系遭受不同程度剥蚀[16-17],博孜—大北地区,受温宿古隆起的影响,构造变形剧烈,剥蚀强度明显高于东部克深地区。巴什基奇克组厚度自东向西逐渐减薄,厚度20—200米,呈阶梯状分布;巴西改组厚度分布稳定,厚度100米左右。博孜—大北地区巴什基奇克组与巴西改组总厚度一般在100—300米左右,净毛比50%—80%,储层规模较大(图3、图4)。

博孜—大北地区白垩系巴什基奇克组岩石类型以中、细粒长石岩屑砂岩为主,其次为岩屑长石砂岩,成分成熟度较低,显示了山前近源沉积的特点;碎屑颗粒分选中等、好,磨圆度为次棱、次圆,颗粒以点—线接触为主,结构成熟度较低。巴西改组砾岩主要是杂色小砾岩、小砾岩、砂砾岩等,砾石成分主要是变质岩砾、岩浆岩砾,其次为沉积岩砾,成分成熟度中等,结构成熟度较高。从薄片中可以看出,储集空间类型以原生粒间孔和粒间溶孔为主,占储集空间的90%左右,另外还有少量粒内溶孔和微裂缝(图5)。本区巴什基奇克组和巴西改组储层有效孔隙度集中在4.0%—10.0%,平均值一般为5%—8%,基质渗透率一般在0.05—0.5毫达西。受巨厚膏盐岩的保护,研究区储层物性受埋深的影响较小,超过8000米埋深还具有良好的储集性能,且研究区裂缝发育,储层整体评价为低孔砂岩储层。博孜—大北地区白垩系储层展布规律清晰,储集条件较好,厚度巨大,是万亿立方米大气区形成的重要载体[15,18-19]。

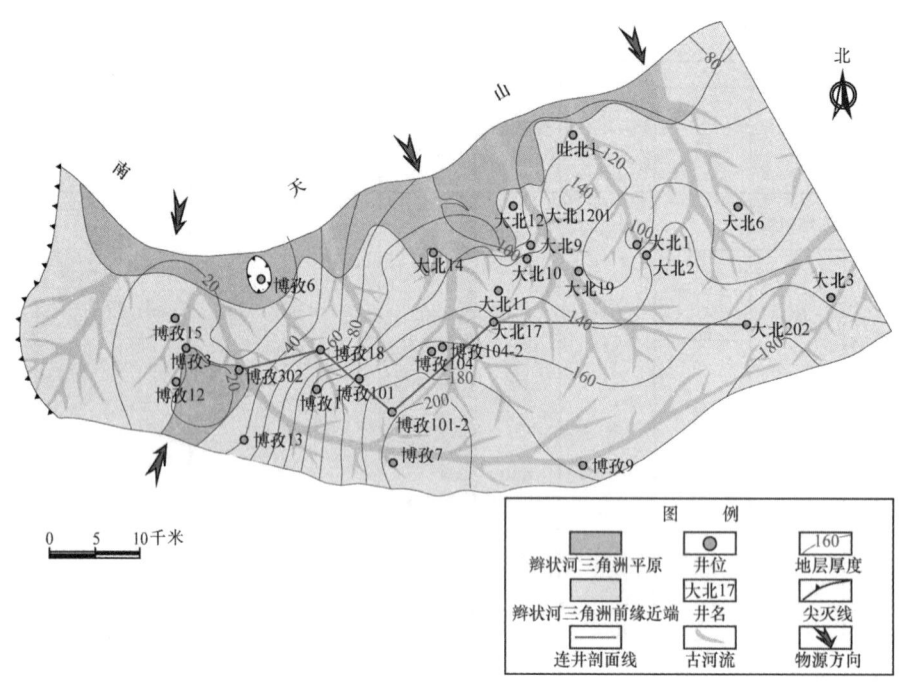

图 3　博孜—大北地区巴什基奇克组第二岩性段沉积相平面图

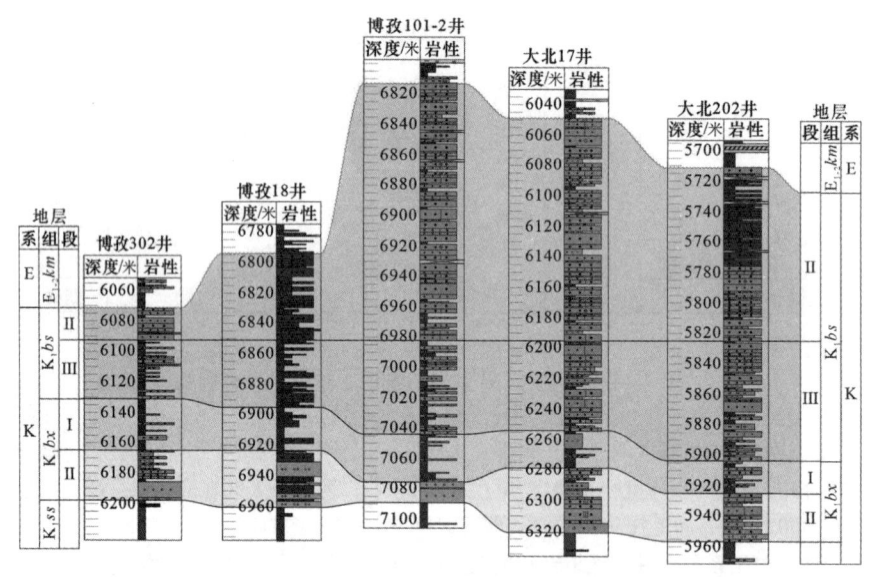

图 4　博孜—大北地区白垩系巴什基奇克组和巴西改组地层对比图（剖面位置见图3）

2.2　强封盖性的膏盐岩盖层

克拉苏构造带古近系库姆格列木群膏盐岩是极其优越的区域性盖层[20-24]。膏盐岩在埋藏较深时，通常具有极高的突破压力和排替压力，受到古溶蚀的影响较弱，此时膏盐岩的封盖性主要受发育规模、厚度、连续性以及构造作用的影响[25]。研究区的膏盐岩以巨厚层状的白色、灰白色盐岩与巨厚层状褐色泥岩互层为主，博孜—大北地区膏盐岩厚度一般为200—4000米，受古隆起影响，研究区部分区域为无盐区，无盐区盖层主要为泥岩（图6），一般泥岩多含有盐质或膏质成分。从20个样品的压汞法突破压力测试结果可以看出，不同岩性的突破压力略有差异，但整体都在15兆帕以上，对应的气柱高度大于1500米，说明博孜—大北地区的泥岩、膏岩和盐岩盖层在构造平静期封盖性很强(图7)。

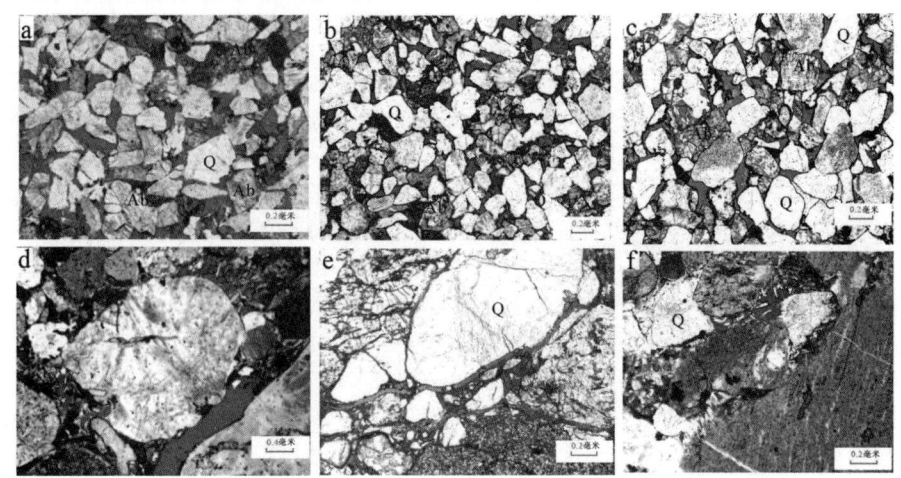

a—博孜17井,6057.15米,K₁bs³,中粒长石岩屑砂岩,粒间孔、粒间溶孔;b—博孜9井,7679.96米,K₁bs,中粒长石岩屑砂岩,粒间孔;c—博孜7井,7742.79米,K₁bs,中粒长石岩屑砂岩;d—博孜302井,6187.43米,K₁bx,砂质细、中砾岩,粒间孔、粒间溶孔,孔隙中见自生钠长石晶粒;e—大北12-8井,5888.14米,K₁bx,砂砾结构,微裂缝沿砾缘分布;f—博孜302井,6187.07米,K₁bx,砂砾结构、粒间孔、粒间溶孔,孔隙中见自生钠长石晶粒。Q—石英;Ab—钠长石。

图5 博孜—大北地区白垩系巴什基奇克组和巴西改组储集空间类型

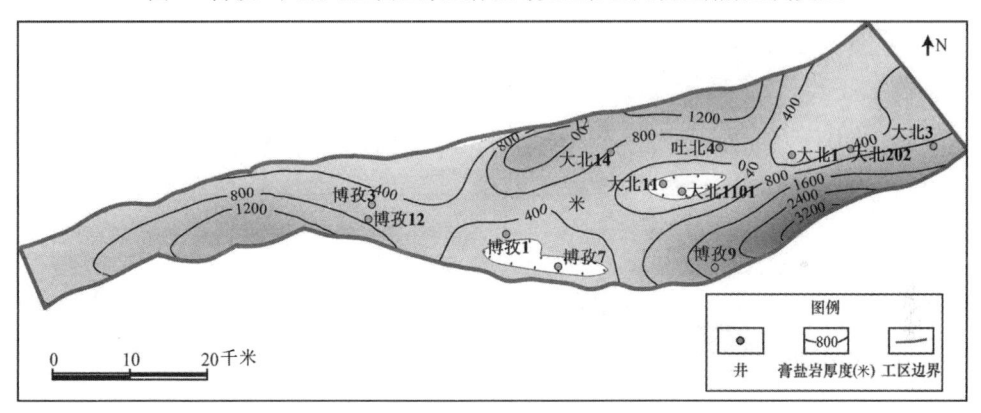

图6 博孜—大北地区古近系库姆格列木群膏盐岩厚度图

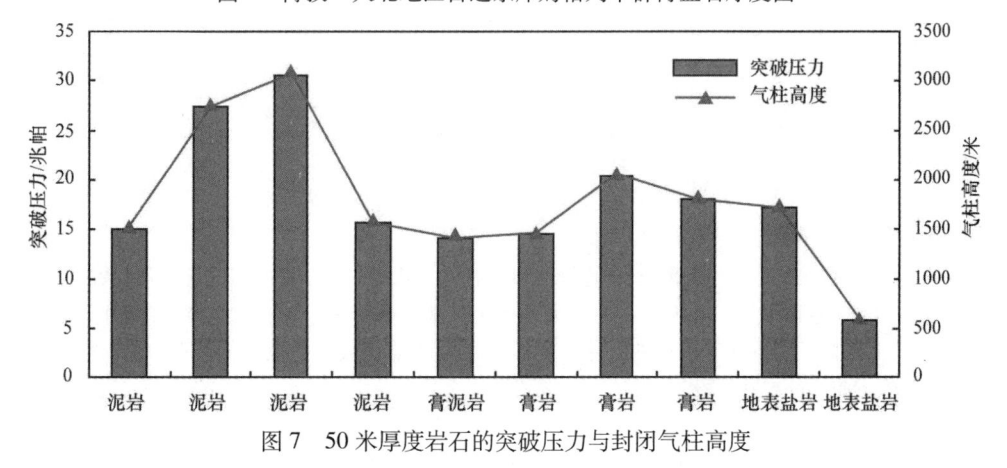

图7 50米厚度岩石的突破压力与封闭气柱高度

3 充足的油气来源

3.1 烃源岩条件优越

博孜—大北地区发育三叠系和侏罗系烃源岩,其中侏罗系恰克马克组烃源岩厚50—300米,沉积中心主要位于吐北4井区西侧(图8a),阳霞组烃源岩厚50—250米,沉积中心主要位于吐北4—大北6井区(图8b),向四周逐渐减薄;三叠系烃源岩厚度平面分布规律与侏罗系烃源岩近似,厚度为200～550米(图8c)。侏罗系泥岩的有机质丰度明显高于三叠系泥岩,其中,阳霞组和克孜勒努尔组煤系泥岩的有机碳平均含量大于2%,热解潜量在2.5—3.5毫克/克,氯仿沥青"A"含量在0.4‰—0.6‰,相当于中等级别烃源岩。恰克马克组泥岩属于湖相沉积,尽管平均有机碳含量仅1.54%,但平均热解生烃潜量为3.1毫克/克,氢指数平均109毫克/克,属于中等好级别烃源岩。侏罗系泥岩碳同位素为−31‰—−22‰,其中恰克马克组烃源岩干酪根碳同位素$\delta^{13}C$值均低于−25‰,主要为Ⅰ—Ⅱ型有机质,克孜勒努尔组和阳霞组烃源岩干酪根碳同位素$\delta^{13}C$值均大于−25‰,主要为Ⅲ₁型有机质。三叠系黄山街组泥岩干酪根碳同位素$\delta^{13}C$值多数分布在−6‰—−23‰,为Ⅲ₂型有机质,干酪根碳同位素$\delta^{13}C$值偏重可能与其成熟度高有关。从埋藏史、热史图中可以看出,研究区早期持续浅埋,古近纪以来快速下沉,导致烃源岩早期熟化程度低,整体处于低成熟成熟状态,生排烃强度规模不大,喜马拉雅期以来的快速沉降,促使温度快速升高(图8d),烃源岩快速熟化,进入成熟过成熟阶段[26-27]。

研究区三叠系烃源岩Ro分布在1.6%—2.4%,侏罗系烃源岩成熟度Ro较三叠系烃源岩低,分布在1.2%—1.6%,处于大规模生油、凝析油阶段,最大生气强度(250—300)亿米³/千米²,最大生油强度(160—200)万吨/千米²(图9)。

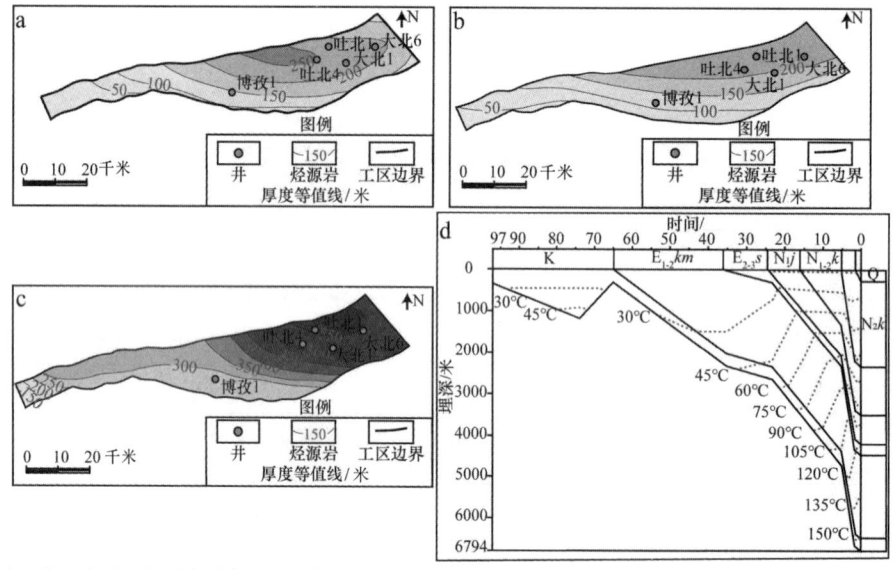

a—博孜—大北地区J₂q烃源岩厚度图;b—博孜—大北地区J₁y烃源岩厚度图;
c—博孜—大北地区T烃源岩厚度图;d—博孜—大北地区热史图。

图8 博孜—大北地区烃源岩厚度图及热史图

3.2 博孜—大北油气源对比

厘定油气来源是准确刻画油气运移方向的基础[28]。塔里木盆地主要发育下寒武统、石炭系—二叠系和三叠系—侏罗系3套主力烃源岩[29],其中,博孜—大北地区是三叠—侏罗系烃源岩的主要发育区,三叠系烃源岩主要为一套半深湖深湖相的富含有机质的暗色泥岩;侏罗系烃源岩为暖温带潮湿气候下的沼泽相的碳质泥岩和煤层,目前均处于成熟过成熟阶段。

3.2.1 油源对比

生物标志化合物对比技术和原油单体碳同位素是进行油源对比的重要手段[30-33]。博孜—大北原油萜烷系列中（图10），$C_{19}C_{26}$三环萜烷以C_{19}为主峰、呈单斜分布，C_{24}四环萜烷丰度远大于C_{26}三环萜烷；藿烷系列中，Ts与Tm之间存在明显的C_{30}未知藿烷（$XC_{30}H$）化合物，C_{30}重排丰度（$DiaC_{30}H$）异常高且与$C_{30}H$丰度相近或更高，或为藿烷系列的主峰。该区全油碳同位素较重，在−27.6‰——−28.9‰，轻于典型的煤成油（大于−25‰）但重于三叠系湖相原油（−30‰±），与恰克马克组烃源岩干酪根碳同位素相近。

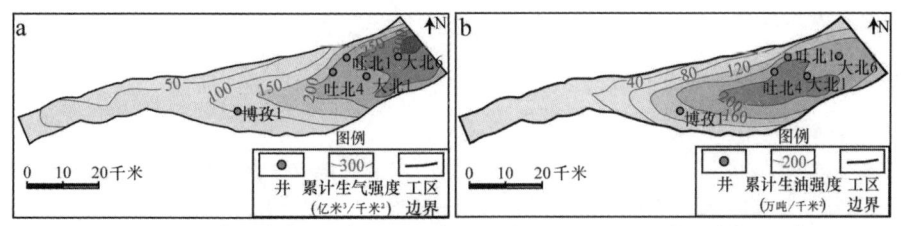

a— 博孜— 大北地区T+J烃源岩累计生气强度图；b— 博孜— 大北地区J_2q烃源岩累计生油强度图。

图9 博孜—大北地区烃源岩生气、生油强度图

库车发育多套烃源岩。其中，博孜—大北地区及其周缘主要发育的恰克马克组和黄山街组湖相烃源岩以生油为主，侏罗系克孜勒努尔组、阳霞组和三叠系塔里奇克组湖沼相烃源岩以生气为主。恰克马克组烃源岩萜烷系列化合物中最显著的特征是发育高丰度的重排藿烷系列，几乎为藿烷系列的主峰，并且Ts与Tm之间的$XC_{30}H$丰度异常高；黄山街组烃源岩三环萜烷系列呈双峰分布且以C_{23}为主峰，藿烷系列以$C_{30}H$为主峰，Ts与Tm之间不发育C_{30}未知藿烷，C_{30}重排丰度极低。

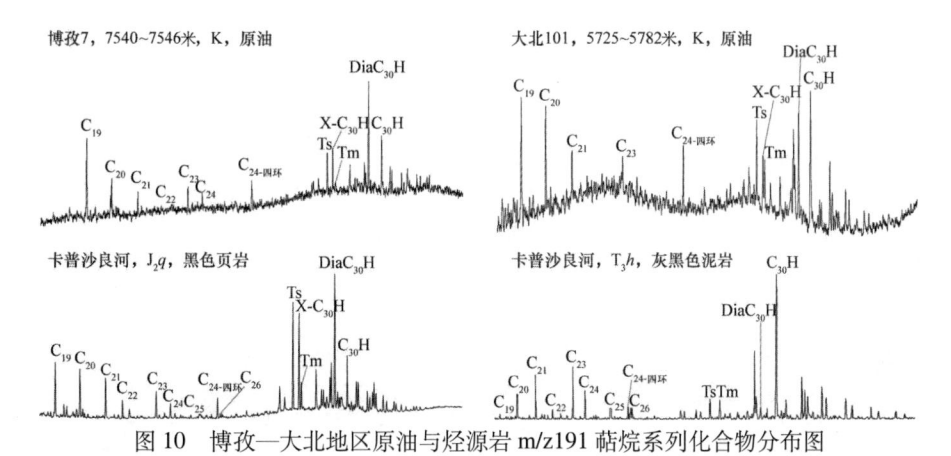

图10 博孜—大北地区原油与烃源岩 m/z191 萜烷系列化合物分布图

因此，原油及烃源岩的生标组合和碳同位素特征对比结果表明，博孜—大北地区原油与中侏罗恰克马克组湖相泥岩均存在高丰度的重排藿烷系列，且该地区原油与恰克马克组烃源岩干酪根碳同位素相近，因此，博孜—大北地区原油主要来源于中侏罗统恰克马克组。

3.2.2 气源对比

博孜—大北地区天然气组分中以烃类气体为主，甲烷含量在78.2%—95.6%，CO_2+N_2含量在0.38%—10.8%。干燥系数在81.3%—99.8%，大北天然气以干气为主，博孜地区以湿气为主。

气态烃碳同位素组成特征是进行天然气类型划分、气—气对比及气源判识的有效的地球化学指标。通常乙烷碳同位素值用来划分天然气的类型，而甲烷碳同位素组成则主要受烃源岩有机质类型和热演化程度的影响。

研究区天然气乙烷碳同位素值为−19.2‰——−25.1‰。塔里木盆地通常将$δ^{13}C_2$为−28‰作为划分煤型气和油型气的标准[34]，同时根据文献[35]（图11）可知，博孜—大北区块天然气来源于侏罗系煤系烃源岩。甲烷碳同位素值为−25‰——−30.7‰，利用包建平建立的塔里木盆地库车坳陷天然气$δ^{13}C_1R_0$经验关系式[36]计算了研究区天然气成熟度，大北天然气成熟度在1.51%—2.21%，博孜天然气成熟度相对较低，在1.15%—1.56%。

丙烷碳同位素值为-15.7‰——19.2‰，丁烷碳同位素值为-17.6‰——25.4‰。部分单井丙烷与丁烷碳同位素出现明显倒转，这说明博孜—大北天然气接受了多源、多期不同演化阶段生成的天然气充注。

综上所述，博孜—大北天然气以干气为主，部分井区为湿气，主要来源于侏罗系煤系烃源岩在高过成熟演化阶段生成的气态烃，部分井因混入大量恰克马克组烃源岩生成的原油伴生气导致天然气成熟度降低、重碳组分碳同位素倒转。

4 断裂构造圈闭带晚期强充注

4.1 连片叠置分布的圈闭带

受塑性膏盐岩、区域挤压应力、基底先存构造等因素的控制，博孜—大北地区的构造变形规律呈现差异性，大北段受双盐湖影响，主要发育楔形冲断叠瓦构造；博孜—大北区转换带段受斜向挤压，双盐湖及古隆起三重因素的共同影响，发育完整突发构造样式、大规模推覆构造样式及楔形冲断叠瓦构造样式；博孜区段主要受古隆起阻挡，发育破碎型突发构造样式，阿瓦特—博孜区构造转换带主要受应力斜向挤压及单盐湖影响，构造样式为楔形冲断叠瓦，发育雁列式圈闭群（图1、图12）。

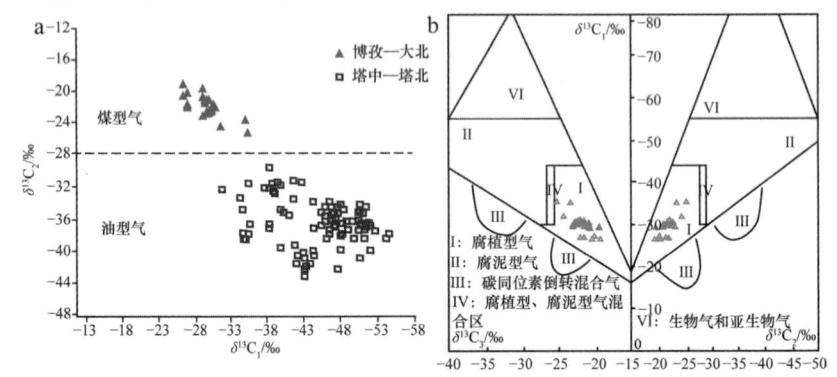

图 11 利用天然气碳同位素判识有机烷烃气成因

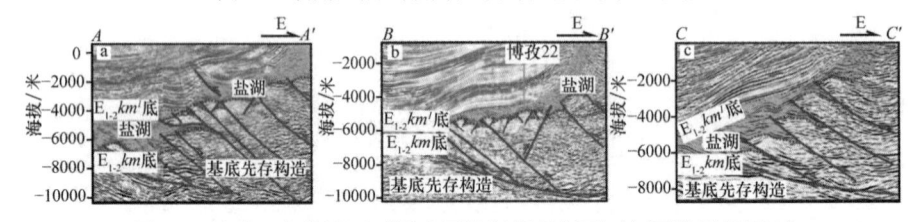

图 12 博孜—大北地区不同成因的断背斜剖面（剖面位置见图1）

4.2 断裂—裂缝网络"大垂向—小横向"高效输导

4.2.1 断裂"大垂向"输导

博孜—大北白垩系储集层位于三叠系—侏罗系生烃中心之上，三叠系—侏罗系主力源岩与白垩系巴什基奇克组储层之间发育白垩系舒善河组、侏罗系齐古组等大套泥岩，油气横跨巨厚的上覆泥岩层进入白垩系巴什基奇克组砂岩储层，深大断裂将起到非常必要的桥梁纽带作用。博孜—大北地区自北向南发育4条自燕山期开始变形的北倾、基底卷入的一级逆冲断裂，自北向南依次为博孜—克拉断裂、克拉苏断裂、克深断裂和拜城断裂（图13）。断距自北向南逐渐减小，北部断距1500—2500米，南部断距500—1000米，呈近E—W向展布。一级断裂向下切穿侏罗系和三叠系烃源岩，向上终止于古近系库姆格列木群盐岩、膏盐岩层内，沟通了烃源岩与储层，是油气运移的主要通道[37]。在4条一级断裂的内部发育多条二级断裂，控制了构造区块，此外构造区块内部发育三级断裂及中小尺度的裂缝，为油气在储层内的快速聚集提供了通道。

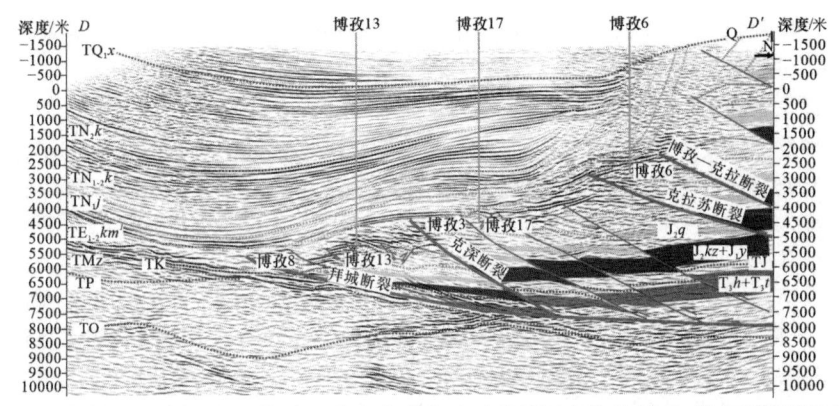

图 13　博孜 13—博孜 17—博孜 6 井南北方向地震叠前深度偏移剖面（剖面位置见图 1）

4.2.2　裂缝网络"小横向"输导

油气沿气源断裂垂向运移到储层后，再在层内作侧向运移。盐下白垩系砂岩储层具有大面积连片分布特征，三角洲沉积相带稳定，前缘砂体纵向叠置、横向连片，砂体厚度大，为天然气大面积成藏提供了储集空间。由于构造背景、沉积作用和成岩作用等对储层物性的影响，储层物性总体上呈现为低孔低渗的特征。储层内部的非均质性差异说明其具有自身的特殊性，大北—博孜区带发育从巨型节理到破裂溶蚀型喉道的多尺度缝网体系，充当盐下冲断带储层的主要天然气输导路径，增强了储层的流通能力。博孜—大北地区的裂缝类型以半充填全充填网状缝为主，优势缝长一般几十厘米至几十米，线密度0.5613条/米，开度一般为0.1—2毫米，这对于天然气的输导和高产稳产起着至关重要的作用(图14)。

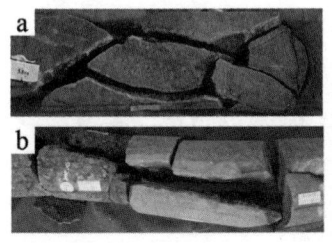

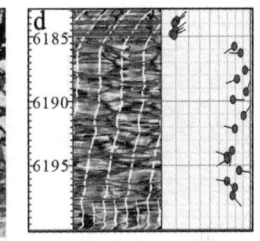

a—博孜301井，K_1bs，中砂岩，网状缝；b—大北901井，K_1bx，灰色砂砾岩、中砂岩，高角度张性缝，方解石半充填；c—大北902井，5095.9米，颗粒点—线接触，粒间、粒内溶孔，见微裂缝，面孔率5.1%；d—博孜302井，6185～6200m，K_1bx，发育两组共轭裂缝。

图 14　博孜—大北地区裂缝发育图

颗粒贯穿缝常伴生发育于直劈缝的末端，沿缝有明显的溶蚀充填作用，延伸长度几厘米至几十厘米，缝宽一般为1—60微米。破裂溶蚀型喉道常环颗粒或粒内应力薄弱处分布，延伸长度为毫米级、微米级，缝宽<1微米，主要为粒缘缝和粒内隙。该类型裂缝呈线（片）状，多见雁列式展布，胶结与溶蚀普遍，是盐下深层储层最重要的喉道类型。颗粒贯穿缝、微米、纳米级粒缘缝网的发育连通粒间原生孔，形成裂缝溶蚀孔，导致孔隙连通性好，有效性高，不仅改善了储层的物性，也增强了其流通能力，特别是关键成藏期酸性有机质的进入溶蚀，增加了储层的渗透率，改善砂体输导性能。

4.3　晚期强充注成藏

4.3.1　烃源岩晚期持续生排烃

库车前陆冲断带中生代缓慢沉降和晚白垩世的抬升，导致三叠、侏罗系两套烃源岩在新近纪之前一直处于低成熟状态（R_o<0.6%—0.7%）；而新近纪以来的急剧下沉，则导致两套烃源岩在短短的12Ma内迅速经历了R_o>1.0%—R_o>1.3%—R_o>2.0%—R_o>2.5%的快速深埋热演化过程，结果导致两套烃源岩的生油高峰期和生干气期都很晚。在拜城凹陷中心，上三叠统烃源岩在中新世（23～12毫安）大量生油；中下侏罗统烃源岩则是在5毫安以后大量生气，特别在2毫安以后大量生干气，累计生气强度高达(350—400)亿米^3/千米^2。模拟实验表明，库车前陆冲断带三叠系和侏罗系烃源岩基本上都是在库车组末期达到最大演化程度,这主要是由于新近纪的快速沉降,目前规模生排烃过程仍在持续(图15)。

4.3.2 大源—储压差提供天然气晚期强充注的动力

库车组快速沉降导致的欠压实作用,快速生烃作用以及构造挤压作用的联合,导致地层剩余压力非常可观,源储压差为天然气的强充注提供了动力条件。首先,盐下深层属封闭压力体系,烃源岩埋深达8000—10000米,厚度大,热演化程度高,已处于生干气阶段,产生的烃源岩内压非常大。其次,侏罗系烃源岩距离白垩系巴什基奇克组砂岩顶部1500—4000米,平均3000米,直接导致博孜—大北区带具有较大的压力幅度,气藏压力分布在80—144兆帕,压力系数分布在1.5—1.93。保存条件好,源—储压差越大,源—储间断—缝网络系统的高效疏通,使源—储形成统一的超压系统,压力传递区的压力系数越大,将导致浅部压力系统的超压幅度越强烈,这是前陆冲断带盐下超高压气藏形成的关键因素。同时,源储断裂发育时,在压差作用下,深部超压流体将对于浅部的储层发生强充注。源—储压差作为油气充注的持续动力,其形成的累计效应对天然气的聚集具有重要的控制作用,在巨大源—储压差的驱动下,天然气持续向上覆储层中强充注,从而形成气藏规模大、含气饱和度高的大气田[38-41]。

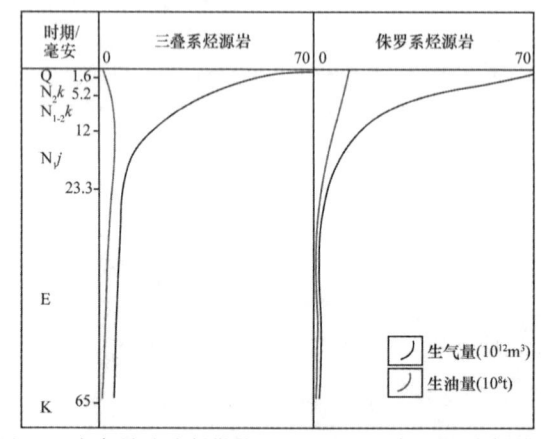

图15 库车前陆冲断带侏罗系—三叠系烃源岩生烃模拟

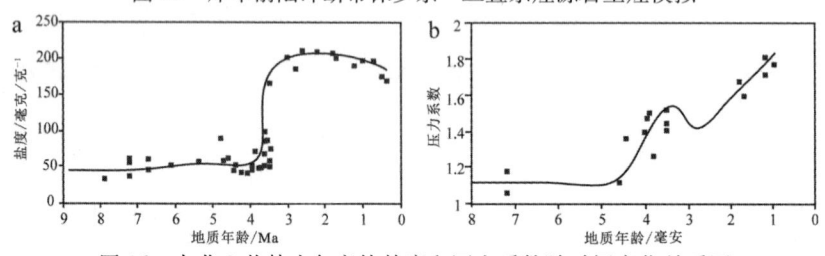

图16 大北2井盐水包裹体盐度和压力系数随时间变化关系图

4.3.3 天然气晚期强充注证据

一般情况下,当油气藏的封闭条件比较好时,储层的流体的成分一般保持恒定,地层水矿化度和成分均保持相对稳定。当储层有新的流体注入时,不但地层水的矿化度和成分会发生改变,储层中的烃类成分和压力特征都可能发生改变,这种古流体成分和压力特征可以被流体包裹体所记录。大北地区大北2井2块砂岩样品盐水包裹体盐度和压力系数演化为晚期流体强充注提供了直接证据(图16),大北2井巴什基奇克组深度为5555.7—5559.1米的样品中的盐水包裹体盐度在距今9—4Ma保持相对稳定,为50毫克/克左右,在距今4毫安开始增加到100毫克/克左右,这可能与油的充注带来新的流体注入有关。实测数据点显示大约在距今3毫安,盐水包裹体盐度增加到近200毫克/克,这可能是断层活动造成新的流体注入的结果。储层压力系数随时间变化关系显示:在距今5毫安以前,储层孔隙流体压力为常压,压力系数不到1.2;在距今5毫安时,孔隙流体压力开始快速增加,压力系数最大可达1.6;在距今3毫安时,地层的抬升剥蚀使断层发生活动,这可能造成储层流体压力降低；接着流体压力又再次升高，最高压力系数可达近1.8。

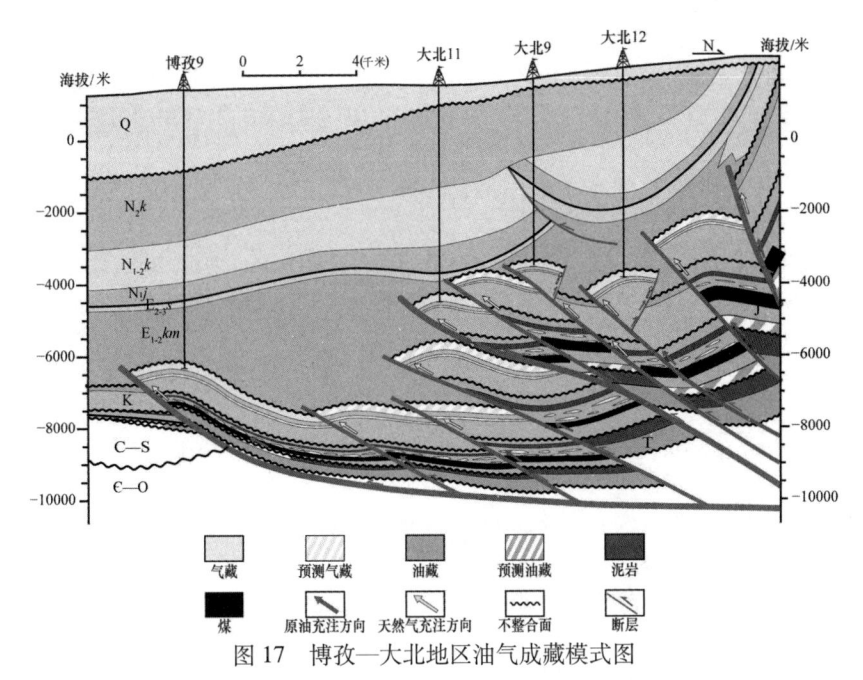

图 17 博孜—大北地区油气成藏模式图

4.4 盐下断背斜晚期天然气强充注成藏模式

博孜—大北盐下深层油气藏具有高压、超高压和高产特点，主要为背斜和断背斜构造型气藏、凝析气藏。中生界烃源岩在新近纪吉迪克组—康村组沉积时期进入成熟阶段，随着前陆冲断带的形成和地层的加速沉积，在库车组沉积时期，烃源岩迅速演化至高成熟—过成熟阶段，至今仍在进一步埋深演化。研究区烃源岩晚期的生烃强度很高，最高超过13000米³/米²且生烃量大；同时，小分子、易散失的天然气被损耗的机会大大减少，因而大规模聚集成藏的可能性大大增加。盐下应力在顶蓬构造之下集中释放，形成多排多级断裂体系，为油气从源到储运移提供了有利通道。欠压实作用、构造挤压和生烃作用使深部烃源岩层形成了超高压，与白垩系巴什基奇克组储集层产生巨大的压差，这个压差为深部超高压的天然气向储层运移提供了强大的动力。同时，顶蓬之下膏盐岩的流动加厚不但可以产生垂向的封挡作用，同时可以对天然气产生侧向封挡[42-43]。在生烃演化、输导体系及构造圈闭等多因素匹配条件下，形成了盐下深层天然气晚期持续强充注断背斜成藏模式（图17），侏罗系—三叠系烃源岩生成的天然气在巨大的源储压差动力推动下，沿深大气源断裂快速强充注于盐下储集层，在储集层内沿多尺度缝网进行砂体"小横向"运移，加上膏盐层垂向封盖和侧向封堵，实现在盐下断背斜高效聚集成藏[44-47]。

5 结论

（1）博孜—大北地区白垩系三角洲前缘亚相高孔渗砂岩连续沉积厚度达200米，潟湖相膏盐岩厚度达400—4000米，优质储层和盖层不仅厚度大而且分布广，良好的储盖组合为该区厚层大面积含气奠定了基础。

（2）博孜—大北地区的原油主要来源于侏罗系恰克马克组烃源岩，天然气来源于侏罗系煤系烃源岩，油气成藏具有"早期聚油，晚期聚气，超压充注，垂向输导，高效聚集"的总体特征。

（3）博孜—大北地区多套巨厚烃源岩的持续生、排烃，断层的垂向输导，圈闭的叠置连片，裂缝的网络运聚和优质盖层的上封侧堵是该区形成高丰度、超高压的大气藏群的主要原因。

参考文献

[1] 何登发,李德生,王成善,等.中国沉积盆地深层构造地质学的研究进展与展望[J].地学前缘,2017,24

(3):219-233.

[2] 蔚远江,杨涛,郭彬程,等.中国前陆冲断带油气勘探、理论与技术主要进展和展望[J].地质学报,2019, 93(3):545-564.

[3] 何登发,李德生,吕修祥.中国西北地区含油气盆地构造类型[J].石油学报,1996(4):8-18.

[4] 李剑,曾旭,田继先,等.中国陆上大气田成藏主控因素及勘探方向[J].中国石油勘探,2021,26(6): 1-20.

[5] 杜金虎,王招明,胡素云,等.库车前陆冲断带深层大气区形成条件与地质特征[J].石油勘探与开发, 2021,39(4):385-393.

[6] 王招明,王廷栋,肖中尧,等.克拉2气田天然气的运移和聚集[J].科学通报,2002(增刊):103-108.

[7] 马玉杰,卓勤功,杨宪彰,等.库车坳陷克拉苏构造带油气动态成藏过程及其勘探启示[J].石油实验地 质,2013,35(3):249-254.

[8] 王招明.塔里木盆地库车坳陷克拉苏盐下深层大气田形成机制与富集规律[J].天然气地球科学,2014, 25(2):153-166.

[9] 杨海军,孙雄伟,潘杨勇,等.塔里木盆地克拉苏构造带西部构造变形规律与油气勘探方向[J].天然气工 业,2020,40(1):31-37.

[10] 孙冬胜,金之钧,吕修祥,等.库车前陆盆地古隆起及双超压体系对天然气成藏的控制作用[J].石油与 天然气地质,2007,28(6):821-828.

[11] 能源,李勇,谢会文,等.库车前陆盆地盐下冲断带构造变换特征[J].新疆石油地质,2019,40(1):54- 60.

[12] 王珂,张荣虎,曾庆鲁,等.库车坳陷博孜—大北地区下白垩统深层—超深层储层特征及成因机制[J]. 中国矿业大学学报,2022(2):1-18.

[13] 孙冬胜,金之钧,吕修祥,等.沉积盆地超压体系划分及其与油气运聚关系[J].石油与天然气地质,2004 (1):14-20,38.

[14] 冯松宝.超高压大气田(藏)成因机理:以库车坳陷为例[J].新疆石油地质,2012,33(5):517-519,515.

[15] 张荣虎,杨海军,王俊鹏,等.库车坳陷超深层低孔致密砂岩储层形成机制与油气勘探意义[J].石油学 报,2014,35(6):1057-1069.

[16] 张荣虎,王俊鹏,马玉杰,等.塔里木盆地库车坳陷深层沉积微相古地貌及其对天然气富集的控制[J]. 天然气地球科学,2015,26(4):667-678.

[17] 田军,杨海军,吴超,等.博孜9井的发现与塔里木盆地超深层天然气勘探潜力[J].天然气工业,2020,40 (1):11-19.

[18] 曾庆鲁,莫涛,赵继龙,等.7000m以深优质砂岩储层的特征、成因机制及油气勘探意义:以库车坳陷下 白垩统巴什基奇克组为例[J].天然气工业,2020,40(1):38-47.

[19] 冯松宝,徐文明,顿亚鹏.库车坳陷克拉苏构造带超高压大气田储层流体包裹体特征及成藏信息[J].石 油实验地质,2014,36(2):211-217.

[20] 范秋海,吕修祥,杨明慧.膏盐层在秋里塔格构造带构造形成及油气聚集中的控制作用[J].石油天然气 学报(江汉石油学院学报),2005(增刊1):153-155,5-6.

[21] 黄一鹏.成藏"功能要素"联合组合控藏研究:以库车坳陷克拉苏构造带为例[J].新疆地质,2020,38 (1):82-85.

[22] 何登发,李德生,何金有,等.塔里木盆地库车坳陷和西南坳陷油气地质特征类比及勘探启示[J].石油 学报,2013,34(2):201-218.

[23] 史超群,张慧芳,周思宇,等.塔里木盆地库车坳陷克拉苏构造带—秋里塔格构造带白垩系巴什基奇 克组深层、高产储层特征及控制因素[J].天然气地球科学,2020,31(8):1126-1138.

[24] 吕修祥,金之钧.塔北隆起羊塔克构造带油气成藏分析[J].石油大学学报(自然科学版),2000,24(1):

[25] 李永豪,曹剑,胡文瑄,等.膏盐岩油气封盖性研究进展[J].石油与天然气地质,2016,37(5):634-643.

[26] 王飞宇,杜治利,李谦,等.塔里木盆地库车坳陷中生界油源岩有机成熟度和生烃历史[J].地球化学,2005,34(2):136-145.

[27] 王珂,杨海军,李勇,等.塔里木盆地库车坳陷北部构造带地质特征与勘探潜力[J].石油学报,2021,42(7):885-905.

[28] 丁飞,刘金水,蒋一鸣,等.东海陆架盆地西湖凹陷孔雀亭区油气来源及运移方向[J].海洋地质与第四纪地质,2021,41(2):156-165.

[29] 杨学文,田军,王清华,等.塔里木盆地超深层油气地质认识与有利勘探领域[J].中国石油勘探,2021,26(4):17-28.

[30] 王廷栋,蔡开平.生物标志物在凝析气藏天然气运移和气源对比中的应用[J].石油学报,1990(1):25-31.

[31] 田金强,邹华耀,周心怀,等.辽东湾地区烃源岩生物标志物特征与油源对比 [J].中国石油大学学报(自然科学版),2011,35(4):53-58.

[32] 李振广,宋桂侠,于佰林.色谱-质谱分析在有机地球化学研究中的应用[J].分析测试学报,2004(增刊1):309-313.

[33] 唐海忠,赵建宇,高岗,等.酒泉盆地营尔凹陷油源地质分布关系[J].天然气地球科学,2019,30(11):1590-1599.

[34] 徐永昌.天然气成因理论及应用[M].北京:科学出版社,1994,1-414.

[35] 戴金星.各类烷烃气的鉴别[J].中国科学:B 辑,1992,11(2):185-193.

[36] 包建平,朱翠山,张秋茶,等.塔里木盆地库车坳陷不同构造单元天然气地球化学特征[J].石油与天然气地质,2007(5):664-668,674.

[37] 赵光杰,李贤庆,刘满仓,等.库车坳陷北部构造带断裂活动及油气成藏意义[J].矿业科学学报,2022,7(1):34-44.

[38] 唐守宝,高峰,樊红海,等.库车坳陷大北地区白垩系— 古近系异常高压形成机制[J].新疆石油地质,2011,32(4):370-372.

[39] 施立志,王震亮,姚勇,等.塔里木盆地库车坳陷现今异常高压分布特征及其成因[J].大庆石油学院学报,2006,30(3):1-4.

[40] 王刚,范昌育,李子龙,等.强挤压型盆地最大埋深期泥岩压实重建及其油气地质意义:以库车前陆盆地为例[J].天然气工业,2021,41(10):29-38.

[41] JIA C Z,LIQ M.Petroleum geology of Kela-2,the most productive gas field in China[J].Marine and Petroleum Geology,2008,25(4):335-343.

[42] 王招明.试论库车前陆冲断带构造顶蓬效应[J].天然气地球科学,2013,24(4):671-677.

[43] 王招明,李勇,谢会文,等.库车前陆盆地超深层大油气田形成的地质认识[J].中国石油勘探,2016,21(1):37-43.

[44] 付广,付晓飞,吕延防.新疆库车坳陷逆掩断裂在油气运聚中的作用[J].地质科技情报,2004(1):73-77.

[45] 曾联波.库车前陆盆地喜马拉雅运动特征及其油气地质意义[J].石油与天然气地质,2004(2):175-179.

[46] 武芳芳,朱光有,张水昌,等.塔里木盆地油气输导体系及对油气成藏的控制作用[J].石油学报,2009,30(3):332-341.

[47] 张海祖,肖中尧,赵青,等.库车坳陷克拉苏构造带天然气成藏特征及控制因素[C]∥2018年全国天然气学术年会论文集(01地质勘 探).北京:中国石油学会天然气专业委员会,2018:677-686.

索 引

使 用 说 明

一、本索引采用内容分析索引法编制。除大事记外，年鉴中有实质检索意义的内容均予以标引，以便检索使用。

二、索引基本上按汉语拼音音序排列，具体排列方法如下：以数字开头的，排在最前面；以英文字母打头的，列于其次；汉字标目则按首字的音序、音调依次排列，首字相同时，则以第二个字排序，并依此类推。

三、索引标目后的数字，表示检索内容所在的年鉴正文页码；数字后面的英文字母a、b，表示年鉴正文中的栏别，合在一起即指该页码及左右两个版面区域。年鉴中用表格、图片反映的内容，则在索引标目后面用括号注明（表）、（图）字，以区别于文字标目。

四、为反映索引款目间的隶属关系，对于二级标目，采取在上一级标目下缩二格的形式编排，之下再按汉语拼音音序、音调排列。

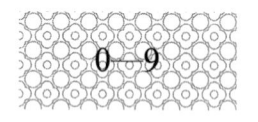

0—9

"1+9"数智化管理制度体系建立　320b
"1+9"数智化管理制度一览表　320
4个升级管控专班　251b
"6+4"研究专班　89a

A—Z

QC成果获局级及以上奖项一览表　352
CCUS/CCS业务发展规划　174b
CCUS-EOR先导试验　170a
QHSE标准化建设　343a
QHSE工作总结表彰　343b
QHSE数智化建设　343a
QHSE体系建设　342b
QHSE体系审核　343a

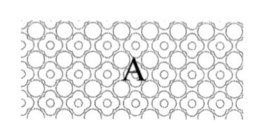

A

阿克莫木气田　158b
阿克苏至和田管道输送能力提升工程（泽普增压站）　195a
安保防恐　384b
安保管理体系试点建设　385a
安全管理　343b
安全环保　4a,203b
安全培训　347a
安全生产月活动　347a
安全责任落实　343b
安全专项整治　344a
奥陶系深层新发现4条富油气断裂带　96b

B

巴什托普油田　153a
巴州20万千瓦光伏发电项目　177a
巴州塔里木公安局　606a
　"放管服"改革　607a
　从严治警　607b
　打击犯罪　606b
　法治公安建设　607a
　概况　606a
　交通管理　606b
　警务协作　606b
　矛盾纠纷排查化解　607a
　暖警爱警　607b
　破获电信网络诈骗案　607b
　人员管理　606a
　社会面巡逻　606b
　实战练兵　607b
　疫情防控　606b
　油气安保　606b
　侦破系列盗割采油单井电缆线案　607b
　政治建警　607a
　重点要素管控　607a
　抓获脱逃35年目标逃犯　608a
帮扶慰问　377a
宝钢超级13铬油管评估　120b
宝石花物业塔里木油田地区公司　568b
　安保服务　570a
　安全生产管理　568b
　办公服务　569a
　财务经营管理　569a
　大二线物业管理　570b
　党建工作　571b
　概况　568b
　工程维护　571b
　获自治区"民族团结进步示范单位"称号　572a
　基地餐饮服务　569b
　客户服务　569b
　绿化保洁服务　571a
　民生工程　571b
　前线生活服务　570a
　设备与工艺管理　571a
　首获国家级食品安全管理体系认证　572a
　提质增效　569a
　物资供应管理　571b
　系统运行　571a
　疫情防控　572a
　幼儿园管理　570b
宝石花医疗集团援疆医疗队驰援塔里木油田公司　252a
保利·石油花园建设　252b
保密工作　240b
北京阳光和怡塔里木酒店　609a
　服务管理　609a
　概况　609a
　经营管理　609a
　疫情防控　609b
"北水南调"工程　187b
被评为中国石油绿色企业　174b
标准化　293a
博孜1集气站扩建天然气脱水站工程　200a
博孜1气藏4口井测试获高产油气流　95a
博孜—大北地区油气藏地质研究　169a
博孜—大北区块地面骨架工程（凝析油稳定部分）　195b
博孜气田　167a
博孜天然气处理厂建设工程　188a
博孜油气外输管道工程　188b
渤海钻探工程有限公司库尔勒分公司　578a
　安全环保　579b
　党群工作　580b
　队伍建设　580a
　概况　578a
　技术攻关　578b

井控管理　579b
生产组织　578b
提质增效　580a
疫情防控　581a
钻工具管理　579b
钻井技术指标　578b
钻井项目部工作　579a
不规则部署边界地震采集技术　112a

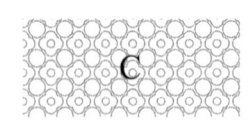

C

财务共享　231b
财务资产管理　228a
采购管理　333b
采油气工艺　141a
参加新疆创新方法大赛暨中国创新方法大赛新疆分赛项目　478
仓储库存管理　333b
测井工作量完成情况统计表　92
测井技术攻关　123a
测井录井　121b
测井录井管理　122a
测井评价　123a
测录井工作量完成情况一览表　122
测试解释与评价　124a
长输管道清管作业实施情况统计表　210
产能建设　140b
产品计量　217b
产品质量管控　217a
产品质量监管　350a
超深层工程技术系列手册发布　109a
超深层工程技术系列手册——固井技术手册　129a
超深层弱信号恢复与增强技术　113b
沉积储层研究　99a
成本管理　229a
成长成才服务　379a
承包商安全管理　347a

承包商管理　204a
承包商考核评估　133b
承担国家级科技项目(课题)一览表　257
承担集团公司科研项目一览表　257
承担上级标准发布情况一览表　293
承担油气和新能源公司科技项目（课题）一览表　258
出版发行科技著作目录　287a
出版发行科技著作一览表　287
储层保护　131b
储层改造技术攻关　131a
储层改造新工艺现场试验　133b
储层改造作业　131a
储层预测工序质控平台　113b
储量研究　98b
储气库建设　141b
储运生产数字化转型升级　204b
储运与销售　203
川庆钻探工程有限公司新疆分公司　574b
　安全环保　575b
　党群工作　575b
　概况　574b
　工作量　574b
　技术攻关　575a
　井控管理　575b
　生产组织　575a
　疫情防控　576a
　钻工具管理　575b
　钻井技术指标　575a

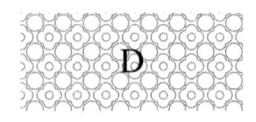

D

《大国深度》科普视频入围2022年全国科普微视频大赛　255a
大北13井白垩系巴什基奇克组获高产　95a
大北201集气站至大北处理站集气管线工程　200b
大北303JS井获高产气流　95b

大北3区块集输系统完善工程　199b
大北气田　162a
大北气田大北12区块开发方案地面工程　194a
大尺寸长裸眼堵漏技术　120a
大吨位套管坐挂吨位技术图版　129a
大事记　55
大宛齐油田　152b
党的二十大期间维稳信访安保防恐专项工作　385b
党的建设　354
党费收缴　366a
党风廉政建设和反腐败工作存在问题　374b
党风廉政建设和反腐败工作会议　371a
党风廉政建设监督责任落实　371a
党工委理论学习中心组学习　368b
党工委书记讲党课暨提升基层党建工作质量推进会　367b
党工委下发的重要通知一览表　358
党工委油服成员单位党组织机构及领导成员　362a
党建"三联"责任示范点　366a
党建督查　239b
党建工作　4b，363a
党建课题研究　365a
党内培训　364a
党内巡视巡察　372b
党委书记基层党建述职评议会　366a
党员发展　364b
党员干部廉政档案建设　374b
党员情况一览表　365
党政值班　239a
党组织　360a
档案工作　248b
档案管理　248b
档案中心馆藏情况统计表　249
地层构造研究　99a
地面工程管理　182a
地面工程技术攻关　187a
地面工程建设　179
地面工程建设一览表　179

地面工程体系建设　182a
地面系统安全管理　184b
地面系统数字化管理　185b
地球物理勘探　89b
地震处理质控平台　112b
地震关键技术攻关　110a
地震岩石物理分析技术　113a
地质力学攻关与应用　110b
地质认识　98b
低渗水敏油藏注二氧化碳复合氮气驱技术　170a
迪北5井获工业油气流　5b
迪北区块试采区　166a
迪那1凝析气田　165b
迪那2控水稳产技术　171b
迪那2气田　160a
迪那2气田地质研究　169a
迪那2气田开发调整地面工程　196a
迪那采油气管理区　519b
　安全环保　520b
　采油气工程　520a
　党建工作　521a
　地面工艺管理　520b
　迪那2气田控水稳产　521a
　概况　519b
　工程项目管理　520a
　井下作业　520a
　生产运行　519b
　数字化试点建设　521a
　疫情防控　521b
　油气藏管理　520a
　油气生产　519b
砥砺奋进高质量　勇毅前行创一流　以优异业绩迎接党的二十大胜利召开——杨学文在塔里木油田公司六届三次职代会暨2022年工作会议上的主题报告　9
第二十次"形势、目标、任务、责任"主题教育　369b
第三十一届孙越崎能源科学技术奖（能源大奖）　401b

第十八届青年地质科技奖银锤奖　402a
第十二届单井动态分析大赛　379b
第十七届中国青年科技奖特别奖　402a
第一座单井分布式光伏发电项目正式并网发电　177b
典型选树与宣传　380b
电泵工况实时监测　172a
电力保障　330a
东方地球物理勘探有限责任公司塔里木物探处　593a
　安全环保　593b
　党建工作　594a
　概况　593a
　和谐企业建设　593b
　人力资源管理　593b
　设备物资管理　593a
　物探技术攻关　593a
　疫情防控　594b
东方地球物理勘探有限责任公司物探研究院　594b
　队伍建设　596a
　概况　594b
　技术攻关　595b
　科研管理　595a
　疫情防控　596a
　综合研究成果　595a
东河采油气管理区　529b
　CCUS先导试验　531b
　安全环保　530b
　采油气工程　530a
　储气库先导性试验　531a
　党群工作　531a
　地面工艺管理　530b
　东河1石炭系油藏累计注气突破10亿立方米　531b
　概况　529b
　工程项目管理　530b
　技术创新　530b
　生产运行　530a

新能源业务　531a
油气藏管理　530a
油气生产　529b
郑伟涛创新工作室　531b
东河塘油田　145a
冬季保供　211b
动态监测　141a
对标管理　225a
对口帮扶　394a
对内宣传　380a
对外捐赠　394a
对外宣传　379b

E

二三维联合叠后反演　113b

F

法律事务　224b
"反围猎"专项行动　375b
防洪管理　329a
防疫物资保障　342a
房产管理　251a
房租减免工作　233a
"访惠聚"驻村工作　394b
"访惠聚"驻村工作队成员　395a
非API套管规范化管理　121a
非地震勘探之时频电磁　114b
非地震勘探之微生物油气检测　114a
发展党员情况一览表　364
风险分级管理　135a
风险分级管理与隐患排查治理　344b
风险管理　223b
风险勘探　104b
风险勘探管理　88b

风险勘探项目投入物探队伍及完成工作量情况表　91

甫沙8试采区　155a

"服务型甲方、诚信型乙方"工作机制　225b

附录　611

复杂山地Walkawy-VSP成像技术　113b

富东1井实现富满油田主干断裂之外新类型勘探历史性突破　94a

富东1井探索新领域获重大突破　5b

富满油田　154a

富满油田$F_1$19断裂带满深71井区试采地面工程　191b

富满油田$F_1$20断裂带试采地面工程(满深8)　192a

富满油田超深井钻井技术　119b

富满油田超深油气产量突破300万吨总结表彰大会　142a

富满油田富源3—富源303H井区试采工程　192b

富满油田果勒东I区奥陶系油藏试采地面工程　192b

富满油田哈得32—哈得302H井区试采工程　193a

富满油田老井储层改造配套技术　170b

富满油田连获重大发现　5a

富满油田完井工艺设计优化　171a

富满油田跃满区块奥陶系油藏开发方案地面工程　189b

富源210断裂带注水先导试验地面工程　190b

富源4井获高产油气流　96a

G

概况　1，2a，87a，106a，109b，114b，121b，125a，129b，134a，138a，173a，175a，179a，182a，203a，205a，215b，222a，228a，233a，246b，248b，250b，253a，319a，327a，331b，342a，343b，348a，349b，350a，363a，370b，376a，378a，379b，383a，387a，397a

干部管理　244a

高泵压挤原油解堵新工艺　172a

高强高韧钛合金钻杆　120b

高质量战略合作伙伴培育　226b

各勘探公司完成井钻井　118b

各勘探公司钻井　118a

各区块钻井　115b

各区块探井、评价井、开发井钻井统计　116

各区块直井、定向井、水平井钻井统计　116

工程方案论证和技术交流　109a

工程管理　204a

工程技术　106

工程技术服务队伍管理　106b

工程技术攻关　107a

工程技术提质增效　108a

工程技术信息化建设　107b

工程建设管理　183b

工程类科研项目管理　107b

工程量清单计价　232b

工程造价管理　232b

工程造价制度体系建设　232a

工会第五届经费审查委员会　376a

工会工作　376a

工会经费管理　376b

工会组织建设　376b

工商事务及股权管理　225a

工作综述　2

公务用车　239b

公用事业部　566a

　"我为员工群众办实事"实践活动　568a

　安全环保　566a

　党建工作　567b

　概况　566a

　公寓服务　567a

　计划生育　566b

　经营管理　566a

　离退休职工管理　567b

　石油公寓前厅部被评为"一星级全国青年文明号"　568b

　食品安全监督检查　567a

　卫生防疫　566b

文体服务　567a
乌鲁木齐研发服务中心管理　567b
行政服务　567a
研发中心管理　567b
疫情防控　568a
运输保障服务　566b
公用资产管理　251a
共青团工作　378a
股份公司油气和新能源分公司QHSE先进工作者　415b
股份公司油气和新能源分公司勘探与生产工程监督先进个人　412a
股份公司油气和新能源分公司勘探与生产工程监督优秀管理者　415a
股份公司油气和新能源分公司油气田地面工程基本建设管理先进个人　418b
股份公司油气和新能源分公司油气田地面工程建设工程质量监督先进个人　421a
股份公司油气和新能源分公司油气田地面工程建设前期管理先进个人　417b
股份公司油气和新能源分公司油气田地面工程建设设计(含标准化设计)先进个人　419b
股份公司油气和新能源分公司油气田地面工程建设施工(含标准化施工)先进个人　420b
股份公司油气和新能源分公司油气田地面工程建设数字化建设先进个人　421b
固井工作量　125b
固井作业　125a
固井指标统计表　125
《关于在疫情防控中充分发挥基层党组织战斗堡垒作用和广大党员先锋模范作用的通知》下发　367b
关键岗位井控能力评估　134b
管道保护　211a
管道和站场完整性管理　185a
管道局工程有限公司新疆分公司　609b
　安全管理　609b
　党建工作　610a
　概况　609b
　工程建设　609b
　市场开发　610a
　提质增效　610a
　疫情防控　610b
管道清管作业　210b
管道巡护　210a
管道应急抢险事件　211b
管道运行管理　209a
管道专项检测　211a
管理创新成果　225a
管理效益审计及专项审计　247a
贯彻党的二十大宣传　380b
规划管理　226b
规划计划与统计　226b
规章制度　134b
国家科研课题　256b
国家油气供应物联网应用示范二期工程　213a
国家站塔里木分站次级标准建设　352b
国企改革三年行动"回头看"　225b
国务院国资委介绍塔里木零碳沙漠公路　381a
过程管控　135a

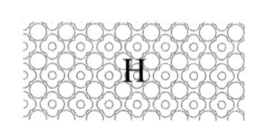

H

哈得251断裂带地面配套工程　193b
哈得采油气管理区　527a
　安全环保　528b
　采油气工程　527b
　党群工作　529a
　地面工艺管理　528b
　富满油田产量突破300万吨　529a
　概况　527a
　工程项目管理　528a
　技术创新　528b
　井下作业　528a
　生产运行　527a

索　引　·657·

疫情防控　529b
油气藏管理　527b
油气生产　527a
哈得逊油田　148a
哈得逊油田玉科区块碳酸盐岩油气藏开发地面
　　工程　191a
哈拉哈塘油田　147b
哈拉哈塘油田富源Ⅱ区块奥陶系油藏滚动开发地面
　　工程(集油部分)　189b
含油气系统研究　99b
合规管理　203b
合理化建议　377b
合同管理　224a
和田河气田　158a
和田河气田光伏电站建成　177a
和田河气田天然气净化及综合利用工程　199b
核心服务器系统管理　323b
红旗油田　145b
侯启军电话连线慰问塔里木油田公司　44b
环保督察问题整改　348b
环境保护　348a
环境监测　349a
挥发性有机物治理　187b
回收油管管理　334b
会计核算　230b
会议管理　239a
获集团公司科技奖励情况一览表　261
获集团公司科技进步奖一等奖项目　265a
获集团公司专利奖一览表　288
获奖科技成果　261a
获授权国家发明专利一览表　289
获授权软件著作权一览表　292
获新疆维吾尔自治区科技奖励情况一览表　261
获新疆维吾尔自治区科技进步奖一等奖项目　264a
获中国石油和化工自动化应用协会科技奖励情况一
　　览表　263
获中国石油和化工自动化应用协会科技进步奖特等
　　奖项目　267b
获中国石油和化工自动化应用协会科技进步奖一等
　　奖项目　268b
获中国石油和化学工业联合会技术发明奖一等奖
　　项目　266a
获中国石油和化学工业联合会科技奖励情况一
　　览表　262
获中国石油和化学工业联合会科技进步奖一等奖
　　项目　266b

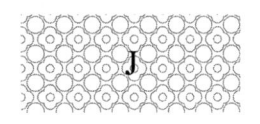

J

机采井自动液面监测　172a
基层党建"三基本"建设与"三基"工作有机融合典型
　　案例评选　367a
基层基础管理　225a
基层基础管理提升推进会　226a
基层与相关单位概览　475
基础地理数据采购与处理项目　325a
基础网络优化完善工程项目　325a
基础研究　97b
基建市场与承包商管理　184b
基于Web的地震数据可视化　114a
基于共炮检点矢量互换原理的炮、检点布设方法
　　112b
集团公司"人才强企推进年活动"先进个人　408b
集团公司"十三五"财务工作先进个人　407a
集团公司"十四五"规划工作先进个人　406b
集团公司党的二十大维稳信访安保防恐工作特别
　　贡献个人　408b
集团公司巾帼建功先进个人　405b
集团公司井控工作先进个人　411b
集团公司考核指标完成情况统计表　332
集团公司科研项目　257a
集团公司生产经营先进个人　411a
集团公司首台井口光电一体化加热炉试运成功
　　177b
集团公司首台井口光电一体化加热炉在塔里木油田

公司成功投运　7a
集团公司首台井口光电一体化加热炉在油田试运
　　成功　342b
集团公司天然气冬季保供工作先进个人　406a
集团公司统计工作先进个人　408a
集团公司先进工作者　404a
集团公司信息工作先进个人　406a
集团公司优秀共青团员　403b
集团公司优秀网评员　411a
集团公司在塔里木油田开展深地油气勘探、零碳公
　　路慢直播　381a
集团公司资质管理先进个人　411b
计划管理　212a, 227b
计价依据管理　232b
计量管理　352b
计量检定管理　352b
计量检定校准综合管理平台建设　353a
计量质量管理　204b
纪检干部"十严禁"行为规范　374a
纪检干部队伍建设　374a
纪律检查　370b
纪律教育　373b
纪委书记述职考核会　374b
技术发明奖获奖成果一览表　269
技术干部管理　244b
坚持依法合规治企和强化管理工作推进会　226a
监督中心　538b
　　HSE监督　540b
　　财务经营管理　541a
　　测井监督　540a
　　党群工作　541a
　　地面工程质量监督　539b
　　地质监督　540a
　　改革管理　539a
　　概况　538b
　　监督队伍建设　540b
　　井筒质量监督　539a

人事管理　540b
试油井下监督　540a
数智化转型　540b
疫情防控　541b
钻井监督　539b
建设工程审计　247a
建设项目职业病防护设施"三同时"管理　349b
"健康企业"建设　349b
健康服务　377a
健康管理　349b
健康企业创建　377b
健全监督体系　372a
节能技术科研攻关　176b
节能监测　176a
节能减排　175a
节能降耗减排示范区　176b
节能节水宣传　177a
节能挖潜　176a
解放渠东油田　143b
经济评价　227b
经济责任审计　246b
经营管理转型　212b
井场无线宽带网络接入建设工程项目　325b
井控工作量　134b
井控管理　134
井控例会　135a
井控培训　135a
井控现场支撑　135a
井控隐患检查及整改　135a
井控装备管理　134a
井筒距离与深横波联合评价井旁反射体有效性
　　技术　124b
井筒质量评价　124b
井完整性管理　141b
井下复杂　136a
井中地震处理解释技术　113a

K

喀什110万千瓦光伏发电项目　177b
开发方案　140a
开发技术　169a
开发建设新疆奖章　402b
勘探测井　92a
勘探成果　89b
勘探概况　2b
勘探管理　87b
勘探计划　87b
勘探井位研究及部署　100b
勘探开发研究院　486a
　党群工作　489b
　地球物理所工作　487a
　概况　486a
　规划信息所工作　487b
　开发所工作　487a
　勘探所工作　486a
　科技人才培养　489a
　科研成果　486a
　矿权储量中心工作　488a
　天然气所工作　486b
　新能源研究　488a
　岩心岩屑库管理　488b
　疫情防控　490a
　油气藏评价所工作　486b
勘探录井　91b
勘探事业部　506a
　党建工作　509a
　概况　506a
　技术攻关　507a
　经营管理　508b
　绿色安全生产　508a
　生产组织管理　506b
　疫情防控　509a

勘探效益　88b
勘探研究及认识　97b
勘探钻井　91a
抗击疫情宣传　381a
抗疫救灾　394a
柯克亚储气库建设工程　190a
柯克亚近衰竭凝析气藏转建储气库与注气提采协同
　技术　170b
柯克亚凝析气田　155a
科技创新先进集体、先进个人名单　274
科技攻关成效　256a
科技奖励　261a
科技交流与知识产权　276a
科技进步奖获奖成果一览表　269
科技平台管理　314a
科技人才培养和"十百千"人才培养工程　246a
科技与信息化　3b
科学技术管理　253
科学技术奖终评会　255a
科学技术委员会（扩大）会议　254b
科研攻关与推广应用　134b
科研管理　255a
科研经费　256a
科研项目　256b
科研项目管理　255a
科研项目一览表　259
克拉2气田　156b
克拉2气田开发调整地面工程　198a
克拉采油气管理区　517b
　安全环保　519a
　采油气工程　518a
　党建工作　519a
　地面工艺管理　518b
　概况　517b
　工程项目管理　518b
　井下作业　518b
　生产运行　518a
　水侵通道定量综合表征技术　519a

油气藏管理　518a
油气生产　518a
克深10气藏正钻井轨迹优化方案情况表　511
克深10区块开发地面工程　193b
克深1901井获工业气流，实现克深5南区块低效到高产转变　95a
克深24区块排水采气　171b
克深3集气站至克深2清管站输气管道工程　196b
克深8区块排水采气　171b
克深8区块提采重大开发试验地面工程　197b
克深气田　163a
克深气田100亿立方米稳产优化地面工程　197a
克探1井风险勘探新层系白垩系亚格列木组获重大突破　94b
克探1井探索新层系获成功　5b
库车坳陷侏罗系阿合组致密气迪北5井获重大突破　94a
库车前陆冲断带博孜—大北万亿方大气区的形成机制　637
库车山前"西气东调"工程　187b
库车山前难钻地层系统提速技术　119b
库车山前排水采气工程　201a
库车市牙哈镇阿克布亚村驻村惠民工作　395a
库车市牙哈镇星光村驻村惠民工作　395b
矿区管理　250b
矿权储量管理　88a
昆仑银行库尔勒分行　608a
　产融结合　608b
　党群工作　608b
　概况　608a
　个人金融业务　608b
　公司业务　608a
　债务处置　608b
昆探1井石炭系测井解释气层5.5米/2层　97b

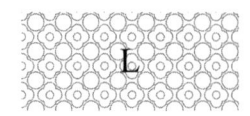

L

劳动竞赛　377a

劳动组织管理　243a
劳模选树　377a
老油气田综合治理　140b
联合党建　366a
廉洁文化　373b
两大根据地评价　89a
辽河油田外部市场项目管理部（塔里木项目管理部）　585a
　安全环保　585b
　党群工作　586a
　概况　585a
　技术攻关　585b
　经营管理　585b
　提质增效　585b
裂缝性漏失智能堵漏决策软件首次应用　120a
零井源距VSP综合标定软件　113b
零散气回收　187a
零碳沙漠公路入选"2022年度央企十大超级工程"　177a
领导干部任期制和契约化管理　246a
录井技术攻关与应用　124b
录井工作量完成情况统计表　91
录井评价　124a
轮古气田　157a
轮古西奥陶系油藏注水提采地面工程　198b
轮古油田　144a
轮南采油气管理区　531b
　安全环保　533a
　采油气工程　532b
　党群工作　533b
　地面工艺管理　532b
　低碳示范区建设　533b
　概况　531b
　工程项目管理　532b
　技术创新　532b
　生产运行　532
　疫情防控　533b
　油气藏管理　532a

油气生产　531b
　　钻完井管理　532a
轮南油田　142a
轮南油田低碳示范区光伏发电项目　178a
轮南油田低碳示范区建设工程　174b
罗斯试采区　168b
螺纹结构和质量问题导致5井次钻工具失效　121a
绿化管理　251b
绿色低碳转型　3b,173b
绿色企业创建提升行动　349a

M

马兴瑞到塔里木油田公司调研　44a
玛东区块试采区　154b
门户管理　324a
民生工程常态化建设　242b
民生工程建设　251a
民族团结　384a

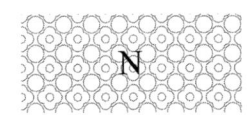

N

南疆利民管网天然气增压输送工程（三岔压气站）　194b
南疆天然气管网新增对外供气点一览表　217
南疆天然气利民工程供气情况一览表　220
南疆天然气利民工程管网运行　215b
内控管理　223a
能效对标　176a
能源管控　175b
能源及水资源消耗　175b

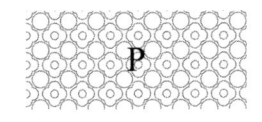

P

排污管理　349a

派驻帮扶村第一书记工作　396a
盆地级地震数据库建设　114a

Q

企业标准发布目录　294
企业改革　4a,222b
企业改革与管理　222a
企业管理　222
企业文化建设　381b
气化南疆　393b
气密封扣油套管四新产品认证　121a
气田开发　155a
恰探1井石炭系—二叠系测井解释差气层63米/7层　97b
前期工作管理　182b
强化生产组织　深化提质增效　高质量完成全年生产经营目标任务——在沈复孝塔里木油田公司六届三次职代会暨2022年工作会议上的生产经营报告　18
青春建功活动　378b
轻质油分质分销　221b
清防蜡工艺技术　172b
清洁供能　177a
清洁替代　176a
区带目标研究　98a
取心　115b
去极端化　384b
圈闭研究　98b
全面从严治党主体责任落实　366a
全天候太阳能真空加热系统在轮古11-5井投运　178a
群团工作与精神文明建设　376
群众性质量活动　350b

R

人才强企工程 246a
人力资源服务中心 544a
    承办集团公司油藏动态分析竞赛 546a
    党群工作 545b
    概况 544a
    公积金汇缴 545b
    技能评价与竞赛 544b
    技能人才建设 544b
    教学管理与协调 545a
    培训信息化建设 545b
    人事服务 544b
    人事共享服务 545a
    社保服务 545b
    首届内部兼职培训师大赛 546a
    疫情防控 546a
    员工培训 545a
人民防空 385a
人民武装 384b
人物与荣誉 399
日常监督 372a
融媒体中心 563a
    党群工作 564a
    电视节目播出服务 564a
    电视新闻后期包装制作 564a
    抖音运行 563b
    概况 563a
    抗击疫情宣传 564b
    连续10年被评为《中国石油报》五星级记者站 564b
    媒体升级改版 564b
    塔里木电视新闻采编 563b
    塔里木石油报编辑出版 563b
    塔里木新闻App运营 563b
    微信公众号运行 563b
    微信视频号开通 563b
    新闻宣传 563a
    新闻作品获奖情况 565a
    宣传队伍建设 564b
    疫情防控 564a
    组织机构调整 563a

S

"三院一中心"安全专项检查 348a
"三重一大"决策制度建设 242a
三十条措施力戒形式主义 242b
桑塔木油田 143a
沙戈荒新能源基地建设 174a
沙漠公路管网改造 331a
沙漠公路生态防护林 330b
沙漠公路太阳能利用工程 331a
上级标准发布情况 293a
上级领导考察活动 44
设备材料价格管理 232b
设备承包商管理 334b
设备基础管理 331b
设备节能提效 341a
设备能效管理 175b
设备物资创新攻关 342a
设备物资管理 331b
设备物资数智化转型 342a
设备隐患管理 334a
设计管理 183a
设计研发高抗内压抗硫套管 120b
社会公益 394b
深层薄砂层油藏滚动开发 169b
深入学习贯彻党的二十大精神　率先建成中国式现代化世界一流能源企业——沈复孝在塔里木油田公司学习贯彻党的二十大精神报告会上的宣讲提纲 36
沈复孝春节前夕慰问在岗甲乙方干部员工 45a

沈复孝到"三院一中心"调研慰问　47b
沈复孝到基地小区检查疫情管理工作　48b
沈复孝到监督中心调研　46a
沈复孝到克拉和迪那生产一线调研　48a
沈复孝到轮南片区调研慰问　46b
沈复孝到轮南生产一线调研慰问　47a
沈复孝到南疆利民油气运行中心调研慰问　49a
沈复孝到石油基地开展新冠肺炎疫情管理调研　48b
沈复孝到塔里木油田公司驻村工作队调研慰问　44b
沈复孝到塔西南公司调研　48a
沈复孝到物资采办事业部调研　45a
沈复孝到新能源事业部调研　47a
沈复孝到研发中心智能运营中心现场调研　48a
沈复孝到应急中心、油建公司和实验检测研究院调研　45b
沈复孝与任广鹏到尉犁光伏发电项目现场调研　48b
沈复孝与王清华到钻完井远程管控中心调研　48b
沈复孝在富满油田超深油气产量突破300万吨总结表彰大会上的讲话　41
沈复孝在塔里木油田公司2022年科学技术委员会(扩大)会议上的讲话　28
沈复孝在塔里木油田公司基层基础管理提升推进会上的讲话　33
沈复孝走访慰问塔西南公司员工　44a
审计成果　248a
审计工作　246b
审计理论研究　248b
审计问题整改　247b
审计信息化建设　247a
审计质量控制　247b
生产计划管理　327b
生产协调　212a
生产用车管理　329b
生产运行　327a
生产运行领域数字化转型　331a

生产运行与安全环保　327
生产组织协调　327a
生态红线和保护区调整　398b
省部级以上科技获奖人物　272a
省部级以上先进个人　401b
省部级以上先进集体　422
省部级以上先进集体一览表　422
省部级优秀学术论文奖　273a
石油精神宣贯教育　382a
实验检测研究院　555a
　　采购产品检验　558b
　　党群工作　560a
　　地质实验　556a
　　概况　555a
　　环境监测　558b
　　基础管理工作　560a
　　计量标定　558b
　　科研攻关　555b
　　实验平台建设　559b
　　塔里木分站次级标准装置建成　560b
　　塔里木分站工作　559b
　　提质增效　555b
　　油气藏工程实验　557a
　　油气产品检验　558a
　　质量管理　559a
　　组织机构调整　555b
　　钻完井工程实验　556b
"十横十纵"盆地格架线　89a
史志年鉴工作　250a
示踪剂技术　172b
示踪流量测井解释评价　125a
市场管理　223b
市场营销　217a
事故复杂汇总表　136
事故复杂时间超过1000小时的井统计　136
事故事件管理　348a
试油工作量　129b
试油完井工具管理　129a

试油完井工作量情况一览表　129

试油完井工作量统计表　130

试油完井技术攻关　130a

试油完井新工艺现场试验　132a

试油新获工业油气流井统计表　93

试油作业　129b

逝世人物　473

首次实现沙漠偏远单井"零碳绿电"　177b

首个党外代表人士建言献策工作室成立　370a

首获全国设备管理与技术创新成果奖项　342b

首届HSE实用工具应用竞赛　348a

数据管理　324a

水平井、定向井、直井钻井　117b

税价管理　230a

思想建设　363a

四类改善注水提采技术　171a

四新领域勘探　89a

碎屑岩油藏气驱　169b

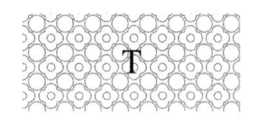

T

塔标Ⅲ井身结构封隔式双级固井技术　129a

塔里木盆地"十横十纵"20条格架线处理　113a

塔里木盆地地理概貌　1a

塔里木盆地富满油田成藏地质条件及勘探开发关键技术　623

塔里木盆地主相区地层优化命名草案　105b

《塔里木油田矿权巡护重点地区工作指南》编制　89b

《塔里木油田重点区块工程技术模板》编制发布　109b

塔里木油田大北201集气站至大北处理站集输管线工程建成投产　6b

塔里木油田党工委党校成立　367b

塔里木油田第十三届石油英才奖评选　379b

塔里木油田定点帮扶村通过国家巩固脱贫攻坚成果同乡村振兴有效衔接实地考核评估　7b

塔里木油田分公司法治建设职责管理规定　619

塔里木油田公司2022年党风廉政建设和反腐败工作会　50a

塔里木油田公司2022年度党委书记抓基层党建述职评议考核会　53a

塔里木油田公司2022年度科技创新先进集体和先进个人　274a

塔里木油田公司２０２２年基层基础管理提升推进会　52b

塔里木油田公司2022年警示教育大会　51b

塔里木油田公司2022年科学技术奖终评会　53b

塔里木油田公司2022年科学技术委员会(扩大会议　51b

塔里木油田公司2022年失利探井统计表　101

塔里木油田公司颁发嘉奖令表彰塔西南公司医疗专家团队　252b

塔里木油田公司本部机关党委工作　369a

塔里木油田公司党工委2022年专项巡察动员部署会　50a

塔里木油田公司党工委常委会　355a

塔里木油田公司党工委工作概述　354a

塔里木油田公司党工委书记讲党课暨提升基层党建工作质量推进会　51a

塔里木油田公司党工委下发的重要通知　358b

塔里木油田公司党工委召开全委(扩大)会　50b

塔里木油田公司党史学习教育总结会议　49a

塔里木油田公司党组织概述　360a

塔里木油田公司二级单位党组织机构及领导成员　360a

塔里木油田公司改革三年行动工作总结暨2022年深化改革工作部署会　50a

塔里木油田公司各类设备统计表　332

塔里木油田公司工会领导成员　376a

塔里木油田公司公共关系工作　387a

塔里木油田公司规章制度管理实施办法　611

塔里木油田公司获新疆维吾尔自治区第十六届自然科学优秀学术论文名单　273

塔里木油田公司获中国工业大奖　352a

索　引　·665·

塔里木油田公司建设世界一流暨深化改革工作部
　　署会　49b
塔里木油田公司开展集团公司首次慢直播活动　7a
塔里木油田公司开展自主核酸检测　252a
塔里木油田公司科学技术委员会　253b
塔里木油田公司科研实验楼项目　191a
塔里木油田公司科研项目　259a
塔里木油田公司领导现场办公　44
塔里木油田公司六届三次职代会暨2022年工作会议
　　49a
塔里木油田公司南疆三地州老站供气情况一览表
　　220
塔里木油田公司南疆天然气利民工程管线供气情况
　　一览表　218
塔里木油田公司凝析油储运系统完善工程　195a
塔里木油田公司派驻帮扶村第一书记成员　396a
塔里木油田公司企业标准发布目录　294a
塔里木油田公司设备物资考核指标完成情况统计表
　　332
塔里木油田公司首次完成固井质量刻度井资料采集
　　128a
塔里木油田公司团委领导成员　378a
塔里木油田公司新能源工作推进会　52a
塔里木油田公司学习贯彻党的二十大精神宣讲
　　报告会　53a
塔里木油田公司在各地州油气生产情况　387b
塔里木油田公司展览馆改造　383a
塔里木油田公司召开人才强企推进会　51a
塔里木油田公司专属手机视频彩铃推广使用　381a
塔里木油田哈一联气系统扩建工程建成投产　6b
塔里木油田基本情况　2a
塔里木油田建成沙漠公路零碳示范工程　5b
塔里木油田建设工程有限责任公司　560b
　　安全生产　561b
　　党群工作　562b
　　概况　560b
　　工程项目施工　561a
　　构件生产　561a

　　广告与印刷　561b
　　化学助剂生产　561a
　　化学助剂实现"三个首次突破"　562a
　　技术创新　562a
　　经营管理　561a
　　培训工作　561b
　　市场开发　561b
　　疫情防控　562b
塔里木油田累计向西气东输供气突破3000亿立
　　方米　6b
塔里木油田刘洪涛获中国青年科技奖特别奖　8a
塔里木油田入选集团公司首批"中国石油绿色
　　企业"　349a
塔里木油田深入推进健康企业建设　7b
塔里木油田完成第二轮中央环保督察配合工作
　　348a
塔西南公司　475a
　　QHSE工作　476a
　　博大采油气管理区工作　481a
　　党群工作　478b
　　地面工程管理　477a
　　概况　475a
　　企业管理　476a
　　群团工作　479b
　　设备管理　478b
　　生产运行　478a
　　塔西南天然气处理总厂　484a
　　维护稳定　480a
　　物资供应　484b
　　新能源新业务　475b
　　信息通讯　485a
　　疫情防控　480b
　　油地关系　485b
　　油气勘探开发　475a
　　油气生产服务　484b
　　泽普采油气管理区　482a
塔西南公司管道运行管理　213b
塔西南公司天然气长输管道一览表　207

塔西南三网分离改造项目　326b
塔西南天然气综合利用工程　199a
塔西南天然气综合利用工程建成投产　6a
塔一联至塔二联原油外输管道改造工程　200b
塔油坦途　320a
塔中10油田　149b
塔中16油田　150b
塔中4油田　148b
塔中6凝析气田　160b
塔中Ⅰ号气田　161b
塔中采油气管理区　525a
　安全环保　526a
　采油气工程　525b
　储气库先导试验　527a
　党群工作　526b
　地面工艺管理　526a
　概况　525a
　工程项目管理　525b
　技术创新　526a
　井下作业　525b
　开发指标　525a
　生产运行　525a
　疫情防控　526b
　油气藏管理　525a
塔中东部石炭系生屑灰岩段油藏地质研究　169b
塔中石炭系碳酸盐岩储层测井综合评价技术　170a
塔中西部油田　153b
台盆区奥陶系深层碳酸盐岩5口预探井获高产　96b
探井试油　92a
碳酸盐岩油气藏地质研究　100a
套管井测井评价　124a
特载　9
特种设备管理　333a
提质增效　212a,228a
提质增效合理化建议暨全员创新创效　379a
体育赛事　382b
天然气销售业务移交　221a
"铁人先锋"党建信息化平台应用　368a

通用设备管理　333a
统计管理　227b
统一运维管理　324a
统战工作　368b
投资管理　227a
土地复垦　397a
土地征管　397a
吐格尔明气田试采区　168a
吐孜气田　166b
团建基础工作　378a
团员青年引导　378a
退休职工管理　251a

W

外事工作　241b
外输管道高后果区识别与管理　211b
完整性管理　211a
万米深地钻完井工程技术　119a
王清华到东方物探山地物探项目部、西北研究室
　调研　47b
王清华到尉犁10万千瓦光伏发电项目施工现场
　调研　48a
网络安全重点保障　325a
网络建设与通讯保障　323a
危险化学品与重大危险源管理　347a
违规吃喝专项治理活动　375a
违规追责　248b
维护稳定　383a
卫片执法　398a
卫星通信系统升级改造（远端小站配套）项目　325b
卫星通信系统升级改造项目　325a
文化体育　381b
文化阵地建设　382a
文化作品　382b
文联工作　382b
文书工作　240a

索　引　·667·

文体活动　382b
"我为基层(员工)办实事"　242b
"我为油田献一策"　242b
我国首条零碳沙漠公路建成投产　177a
我为员工办实事专项服务　377b
无线电管理　324b
"五种干部"排查整改　242a
物探　109b
物探工程设计　112a
物探管理　109b
物探技术攻关　110a
物业管理　251a
物资保障管理　333b
物资采办事业部　546a
　"三标"工作机制　548b
　仓储管理　548a
　党群工作　548b
　废旧物资管理　548a
　概况　546a
　供应商管理　548a
　库存物资管理　547b
　物资发放与配送　547a
　物资供应保障　549a
　物资计划与采购　546b
　疫情防控　549a
物资质量管理　334b

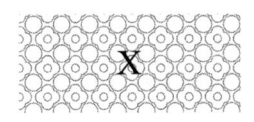

X

西部钻探工程有限公司巴州分公司　572b
　安全环保　573a
　党群工作　574a
　概况　572b
　工作量　572b
　技术攻关　573a
　井控管理　573a
　廉政建设　573b
　生产组织　572b
　维稳工作　573b
　疫情防控　574a
　员工培训　573b
　钻工具管理　573a
　钻井技术指标　572b
下发重要通知一览表　234
现场调研　239a
现场钻井液性能监测工作　108a
先进个人一览表　437
先进集体一览表　424
向南疆五地州供气　217b
向学会/协会推荐、推选人员任职情况一览表　280
向周边地区销售天然气情况表　216
向周边地区销售天然气统计表　216
项目竣工管理　184b
项目前期管理　226b
消防安全管理　347a
消灭拉油点专项行动　187b
协办、参加学术交流活动　277b
协办、参加学术交流活动一览表　277
"喜迎二十大"系列文化活动　383a
"喜迎二十大·建功新时代"全员线上健步走活动　377b
《新冠肺炎疫情期间承包商结算付款政策》制定发布　233a
新疆巴州塔里木能源有限责任公司　541b
　QHSE　543a
　党群工作　543b
　概况　541b
　监事会　542a
　球形储罐智能安全监测与风险评价系统投产运行　543a
　设备技术管理　542b
　生产运行　542a
　提质增效　542a
　投资经营　541b
　新能源业务　542b

疫情防控　543b
　　隐患治理　543a
　　召开董事会　542a
　　召开股东会　542a
　　智能化工厂　543a
　　装置检修　542b
新疆宝石花兴塔石油技术服务有限责任公司　604b
　　安全管理　605a
　　党群工作　605b
　　概况　604b
　　管理提升　605b
　　回访调研　606a
　　技能培训　605a
　　降本增效　605b
　　项目服务　605a
　　信息化建设　604b
　　疫情防控　605b
　　专业技术服务　605a
新疆博瑞能源有限公司　599b
　　安全环保　599b
　　党群工作　600b
　　防疫防控　601a
　　概况　599b
　　零散气回收　600a
　　轮南LNG工厂　600b
　　燃气项目　600a
　　生产运行　599b
新疆华油能源工程服务有限公新疆华油能源工程服务有限公司　602b
　　QHSE管理　603b
　　党建工作　604a
　　概况　602b
　　生产管理　602b
　　实验检测　603a
　　疫情防控　604a
　　油气技术服务　603a
　　自主创新　604a
　　钻井液技术服务　603a

新疆派特罗尔能源服务股份有限公司　601a
　　安全环保　602a
　　党建工作　602a
　　概况　601a
　　节能工作　601b
　　经营管理　601a
　　井控管理　601b
　　企业文化　602a
　　设备管理　601b
　　疫情防控　602a
　　钻井技术指标　601b
　　钻井生产　601a
新疆维吾尔自治区首批天山英才计划"新疆工匠"　403a
新媒体内容创作大赛　381b
新能源工作推进会　174b
新能源事业部　534a
　　财务经营　534b
　　党群工作　534b
　　方案设计　534a
　　概况　534a
　　新能源管理　534a
　　新能源及绿色低碳指标　534a
　　业务机构优化设置　534b
　　疫情防控　534b
新能源业务　173
新能源制度体系建设　173b
新任塔里木油田公司副总师以上领导　399a
新时代文明实践基地建设　382b
新式石油液化气铁路罐车投入使用　212b
新闻宣传　379b
新业务　178a
新一轮塔里木盆地主要地质时期温压场研究　105a
薪酬管理　243b
信访工作　383b
信息安全　324b
信息服务商管理　321b
信息管理　320a

信息化管理　319
信息化建设　319a
信息化投资项目管理　321a
信息化承包商考核不合格承包商一览表　322
信息化承包商考核优秀承包商一览表　321
信息科技发明专利申报情况一览表　322
信息科技论文发表情况一览表　322
信息科技申报软件著作权一览表　323
信息技术　323a
信息科技成果管理　322a
信息科技知识产权管理制度建设　323a
行政管理　233a
虚拟化平台管理　324a
宣传教育　385a
学会/协会管理　279a
学习贯彻习近平新时代中国特色社会主义思想成果
　交流会　369b
学习宣传贯彻党的二十大精神　370a
巡察典型案例汇编　373a

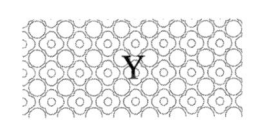

Y

牙哈1油田　146a
牙哈7油田　146b
牙哈凝析气田　156a
杨海军参加北京冬奥会火炬传递　377b
杨学文到博孜、大北勘探开发一线调研　45a
杨学文到档案中心调研　46b
杨学文到迪那油气开发部生产一线调研　45a
杨学文到富满勘探开发一线调研　45b
杨学文到公共事务部调研　47a
杨学文到科技研发中心调研　46a
杨学文到克拉、克深勘探开发一线调研　45a
杨学文到克深一线调研　44a
杨学文到轮南轻烃厂和东河油气开发部调研　45b
杨学文到轮南生产一线调研　45b
杨学文到塔西南公司调研　46a
杨学文到塔中一线调研　46a
杨学文到英买油气开发部调研　45a
杨学文到泽普油气开发部调研　46a
杨学文在塔里木油田公司2022年党风廉政建设和反
　腐败工作会议上的讲话　23
野外单炮实时智能评价技术　112b
业财融合管理建设　231a
业务接待　239b
移动端科技评审系统投用　256b
以案说纪　375b
疫情保障协调　388a
疫情期间员工关心关爱工作　377b
意识形态工作　368a
引进合同设备清单　335
隐患治理项目统计表　344
应急处置能力　135a
应急管理　211b,328b
应急中心　549a
　财务经营　550b
　党建工作　550b
　概况　549a
　生产保障　549b
　疫情防控　551a
　应急消防　550a
　质量管控　550a
英买采油气管理区　521b
　安全环保　523b
　采油气工程　522b
　党群工作　524a
　地面工艺管理　523a
　概况　521b
　工程项目管理　523a
　技术创新　523b
　井下作业　522b
　生产运行　521b
　新能源业务　524a
　疫情防控　524b
　油气藏管理　522a

油气生产 521b
英买力凝析气田 159a
英买力油田 151a
营销体制改革 204b
用地保障制度 397b
用地工作 397b
用地取证工作 397b
优秀QC小组成果一览表 350
油藏评价 140a
油藏型储气库先导试验 170b
油地共建 393b
油地合作项目 393a
油地联席会商 388b
油气藏开发研究 140a
油气产量统计表 139
油气产销调运 328a
油气成藏研究 100a
油气储运 205a
油气储运科研与技术创新成果 212a
油气储运小型站场实现无人值守 212b
油气工程研究院牵头及联合申报获省部级奖励一览表 492
油气工程研究院牵头申报获塔里木油田公司级奖励一览表 492
油气开发项目投入物探队伍及完成工作量情况表 91
油气田产能建设事业部储气库、注水井、和田河井位上钻情况表 510
油气销售量统计表 215
油气预探项目投入物探队伍及完成工作量情况表 90
油气长输管道一览表 205
油气工程研究院 490b
　QHSE管理 504b
　财务管理 491b
　采油气所工作 493a
　党建与科研生产融合 505b
　地面工程设计 494b
　地面工程生产技术支持 500a
　地面及防腐技术攻关 500b
　地面建设项目前期专项评价 501a
　地面所工作 494a
　概况 490b
　管道站场完整性科研攻关 501a
　经营管理 491b
　科研成果 491b
　科研工作 491b
　绿色低碳转型 502b
　人事管理 491a
　提质增效 505b
　新能源决策支持 504b
　新能源科研项目 504a
　新能源研究中心工作 502a
　新能源重点方案设计 503a
　业绩指标完成情况 491a
　疫情防控 506a
　油气田管道和站场完整性管理 501b
　钻井所工作 493a
油气合资合作事业部 535a
　安全环保 535b
　财务经营 535b
　党群工作 536b
　迪那对外合作项目部管理 536a
　概况 535a
　喀什北对外合作项目部管理 536a
　生产运行 535a
　塔中西部合作项目部管理 536a
　吐孜对外合作项目部管理 536a
　新能源业务发展 535b
　疫情防控 536b
　油气生产 535a
油气和新能源公司课题 258a
油气集中调控中心运行管理 212a
油气开发 3a
油气开发指标 139b
油气勘探 87

油气生产技术部 551a
　　22.8吨废铅蓄电池处置工作完成 553a
　　安全环保 552a
　　采供水 551b
　　党群工作 552b
　　电力运行 551b
　　概况 551a
　　工程项目建设 552a
　　技术支撑 552b
　　井下技术服务 552a
　　热力生产 551b
　　生产管理 551a
　　提质增效 552b
　　协助地方完成国家电网阿克苏供电公司项目施工 553a
　　疫情防控 553a
油气生产能力提升行动工作推进会 141b
油气生产能力提升专项行动 141a
油气数智技术中心 553b
　　QHSE管理 554b
　　党建工作 554b
　　概况 553b
　　民生工程 555a
　　人才强企 554b
　　生产保障 554a
　　通信网络 554a
　　统一运维 554a
　　网络信息安全 554a
　　疫情防控 555a
　　应急保障 554a
油气田产能建设事业部 509b
　　安全环保 516b
　　党群工作 517a
　　地面工程管理 514b
　　地质油藏管理 511a
　　方案优化 511b
　　概况 509b
　　技术攻关 515b

经营财务管理 515b
井控全过程管控 514a
人事工作 517a
生产运行管理 510a
疫情防控 517b
钻完井工程管理 513a
油气田开发 138
油气销售 215a
油气销售管理 216b
油气营销管理部成立 204b
油气运销部 536b
　　阿克苏油气储运中心 537b
　　党群工作 538a
　　概况 536b
　　机关服务基层工作专班 538b
　　基础管理提升专项行动 538b
　　库尔勒油气储运中心工作 538a
　　轮南油气储运中心 537b
　　生产经营指标 537a
　　生产运行 537a
　　疫情防控 538a
油套管、井口、钻杆产品和井下工具质控 121a
油套管特殊接头商检公差与设计公差关系式 120b
油田公司执行董事办公会 233b
油田公司重要通知 234b
油田开发 142a
油田科技奖励 269b
油田库尔勒基地至泽普塔西南基地10千兆字节骨干网建设工程项目 325b
油田设备物资引进 335a
油田生产单元OTN接入完善工程项目 326a
油田虚拟化平台及网络设施升级改造项目 325b
油田与地方关系 387
油田专用公路 330b
舆情监测 324b
舆情监测和舆论引导 380b
"云端联动、高效办公"工作模式建立 242a
与阿克苏签订战略协议 175a

与巴州签订战略合作框架协议　175a

与大唐新疆发电有限公司签订战略联盟合作协议　175a

与海峡能源公司签订战略联盟合作协议　226b

与喀什签订战略协议　175a

与新疆和硕县签订合作开发意向书　175a

玉东7油田规模化转气举生产　171b

玉科7井在奥陶系一间房组裸眼常规测试获高产油气流　5b

玉苏甫江·麦麦提到塔里木油田公司调研　44a

玉苏甫江·麦麦提听取塔里木油田公司工作汇报　44a

预算管理　228b

员工管理　245a

员工健康监护及防护　349b

源头节能管控　175b

源头治理　383b

云平台　321a

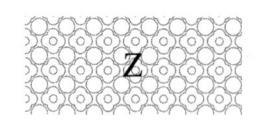

Z

在南疆五地州油气产量统计表　388

"张明技能大师工作室"获评国家级技能大师工作室　246b

造价指标体系建设　232a

泽普县古勒巴格乡吐格曼贝希村驻村惠民工作　395b

泽普县古勒巴格乡尤库日喀拉尤勒滚村驻村惠民工作　395b

战略资源开发工程　178b

战略资源普查工程　178a

招标管理　224a

政务信息　240a

政研工作　239a,368b

政治监督　371a

支援地方建设　393b

知识产权保护　288a

执纪审查　372b

直推存储式单发八收数字声波处理技术　124b

职工(劳模)创新工作室创建　377b

职工民主管理　376b

职业病危害因素检测与现状评价　349b

制度建设　107a,223a,363b

质量管理　350a

质量提升专项行动　108b,184b,350b

质量月活动　352a

智能化油气田建设　187b

智能运营中心建设　325a

中共塔里木油田分公司工作委员会成员　360a

中共塔里木油田分公司纪律检查委员会成员　370b

中国创新方法大赛新疆分赛　273a

中国创新方法大赛新疆分赛获奖名单　273

中国能源研究会能源创新奖优秀青年能源科技工作者　402b

中国石化胜利石油工程有限公司塔里木分公司　581a

　QHSE管理　583b

　财务经营管理　582a

　党群工作　584b

　队伍建设　584b

　风险管控及隐患排查　583a

　概况　581a

　环保节能　584a

　技术攻关　582b

　井控管理　583b

　生产组织与保障　582a

　提质增效　584a

　维稳工作　583a

　物资管理　582b

　疫情防控　585a

　制度建设　581b

　钻井生产指标　582a

　钻井提速　582b

中国石化中原石油工程有限公司塔里木分公司　576a

索 引 ·673·

安全管理　577a
党群工作　578a
队伍建设　577b
概况　576a
纪检监督工作　577b
技术管理　577a
经营管理　577a
市场开发　576b
重点工程　577a
装备管理　577a
中国石油超深层复杂油气藏勘探开发技术研发中心
　第一届技术委员会第一次会议　317b
中国石油超深层复杂油气藏勘探开发技术研发中心
　第一届技术委员会第一次会议　53b
中国石油超深层复杂油气藏勘探开发技术研发中心
　机构设置　315a
中国石油超深层复杂油气藏勘探开发技术研发中心
　建设　314a
中国石油超深层复杂油气藏勘探开发技术研发中心
　启动运行　6a
中国石油集团测井有限公司塔里木分公司　596b
　安全环保　598a
　财务经营　597a
　测井解释　597b
　测井设备管理　597a
　测井业务　597a
　党建工作　598b
　队伍建设　598b
　概况　596b
　提质增效　598a
　新技术引进　597b
　疫情防控　599b
中国石油运输有限公司沙漠运输分公司　588b
　安全管理　589b
　党群工作　590a
　概况　588b
　技术创新　589b
　设备管理　589b

疫情防控　590a
油气田工程建设　589a
油田环保服务　589a
油田生产技术服务　589a
运输服务　588b
中国石油运输有限公司新疆塔里木运输分公司
　586a
"访惠聚"驻村工作　588b
安全环保　587a
党建工作　587b
队伍建设　587b
概况　586a
工团工作　588a
后勤服务保障　586b
基础管理　587b
技术创新　587a
设备管理　587a
提质增效　587b
疫情防控　588a
油田服务　586b
运输服务　586b
中国石油运输有限公司一公司　590a
　安全生产　590b
　党群工作　592a
　概况　590a
　人事劳资管理　591b
　数质量管控　592a
　疫情防控　592b
　油田运输服务　590b
　运输管理　590b
　制度修订　591b
　装备管理　591b
中秋1区块试采区　166b
中深101井、塔中56H获工业油流　96a
中台建设　321a
中中合作　109a
重大活动组织　239a
重大开发试验　141b

重大事项督查督办 239b
重点地面工程 188
重点刊物发表、收录论文一览表 281
重点井储层改造 133a
重点期刊发表科技论文目录 281a
重点项目(工程)推进会 187b
重点项目用地管理工作 397b
重泥浆应急储备站 135b
重要工作会议 49
重要论文选辑 623
重要文件选辑 611
周边工业用气销售 221a
侏罗系目的层欠平衡钻井液技术 120a
主办、承办学术交流活动 276a
主流媒体专题聚焦塔里木油田超深层勘探开发 7a
注减氧空气提采实验研究 171a
注水注气 140b
专利工作及获国家发明专利情况 288b
专文 9
专项宣传 380a
专项治理 251b
装置检修 328a
资产管理 230b
资金管理 229b
自动化管理 186a
综合事务 241b

综述 87a,106a,138a,173a,179a,203a,253a,319a,354a,387a
总述 1
组长单位负责制 226a
组织机构 134a
组织建设 363b
组织人事管理 243a
组织人事管理概况 243a
钻井 114b
钻井队伍 117a
钻井管理 115a
钻井技术指标分析 117b
钻井清洁生产 349a
钻井时速 115a
钻井时效 115a
钻井事故 135b
钻井事故与井下复杂 135b
钻井新纪录 118a
钻探目标失利分析 100b
钻完井方案设计 107b
钻完井工程事故复杂管理 107b
钻完井远程管控(DROC) 121a
钻完井远程管控值班值守机制 121b
作风建设 371b
主办、承办学术交流活动情况一览表 276